Internationale Wirtschaftsbeziehungen

Von

Professor

Dr. Gustav Dieckheuer

Zweite Auflage

R. Oldenbourg Verlag München Wien

Die Deutsche Bibliothek — CIP-Einheitsaufnahme

Dieckheuer, Gustav:
Internationale Wirtschaftsbeziehungen / von Gustav
Dieckheuer. – 2. Aufl. – München ; Wien : Oldenbourg, 1991
  ISBN 3-486-22085-3

Gesamtherstellung: R. Oldenbourg Graphische Betriebe GmbH, München

ISBN 3-486-22085-3

Inhaltsverzeichnis

Zweiter Teil: Internationale Dependenzen und Interde-
pendenzen aus nationaler Sicht

Dritter Teil: Devisenmärkte und Weltwährungsordnung. 315

Kapitel F: Devisenmarktgeschäfte und Wechselkursbestimmung 317

Kapitel G: Währungssysteme 369

Vierter Teil: Internationale Wirtschaftspolitik und Probleme der Weltwirtschaft

Vorwort

Die internationalen wirtschaftlichen Verflechtungen werden sowohl auf den Gütermärkten als auch auf den Kapitalmärkten immer enger geknüpft, und die ökonomische Integration von Ländern gewinnt zunehmend an Bedeutung. Wirtschaftspolitik auf makroökonomischer Ebene und Unternehmungspolitik auf einzelwirt-
schaftlicher Ebene lassen sich deshalb kaum noch ohne die Berücksichtigung weltwirtschaftlicher Dependenzen und Interdependenzen betreiben. So ist es zwingend,
daß sich heute jeder Student der Wirtschaftswissenschaften eingehend mit den institutionellen Bedingungen der internationalen Wirtschaftsbeziehungen sowie den
theoretischen Grundlagen zur Erklärung der weltwirtschaftlichen Zusammenhänge beschäftigen muß. Obwohl in inhaltlicher und methodischer Hinsicht die globale
makroökonomische Perspektive vorherrschend ist, wurde dieses Lehrbuch nicht
nur für Studenten der volkswirtschaftlichen, sondern auch für Studenten der be-
triebswirtschaftlichen Studienrichtungen geschrieben. Denn in vielen betriebswirt-
schaftlichen Funktionsbereichen sind für ein internationales Management nicht
zuletzt fundierte Kenntnisse von den übergreifenden außen- und weltwirtschaftlichen Zusammenhängen erforderlich.

Mit Blick auf die Zielgruppen ist dieses Buch darauf angelegt, einerseits die theoretischen Grundlagen der internationalen Wirtschaftsbeziehungen zu vermitteln
und in grundlegende Fragen der internationalen Wirtschaftspolitik einzuführen,
andererseits aber auch einen Einblick in die aktuellen außen- und weltwirtschaftlichen Probleme zu geben und die ökonomischen Bedingungen aufzuzeigen, die den
Rahmen für die internationalen Wirtschaftsbeziehungen bilden. In jedem Kapitel
des Buches wird ein bestimmter Problembereich – soweit wie eben möglich – in einer
in sich geschlossenen Darstellung behandelt. Obwohl die verschiedenen Problembereiche in einer gewissen logischen Folge behandelt werden und im Text gelegent-
lich auf einige grundlegende Erkenntnisse aus bereits abgeschlossenen Kapiteln
Bezug genommen wird, ist das Buch so konzipiert, daß der Leser die Möglichkeit
hat, seinen besonderen Interessen zu folgen und dementsprechend einzelne Kapitel
herauszugreifen oder die Kapitel in einer anderen Reihenfolge zu lesen.

Das Buch ist in enger Verknüpfung mit dem Aufbau des volkswirtschaftlichen
Schwerpunktfaches „Internationale Wirtschaftsbeziehungen" an der Universität
Bamberg zwischen dem Wintersemester 1986/87 und dem Sommersemester 1989
entstanden und zu Beginn des Wintersemesters 1989/90 an der Universität Münster
abgeschlossen worden. Großen Dank bin ich meinen Mitarbeitern am Lehrstuhl
für Allgemeine Volkswirtschaftslehre der Universität Bamberg, Herrn Diplom-
Volkswirt Martin Arnold, Herrn Dr. Peter Schießl (jetzt Deutsche Bundesbank
Frankfurt), Herrn Diplom-Volkswirt Herbert Schmidt, Herrn Dr. Günter Seitz
(jetzt Fichtel & Sachs AG Schweinfurt) und Herrn Diplom-Volkswirt Frank Strau-
be schuldig, mit denen ich viele fachliche Details diskutieren konnte und die mir bei
der Korrektur des Manuskripts behilflich waren. Besonders zu danken habe ich
auch Frau Irene Gunreben (Universität Bamberg), die die Hauptlast der teilweise
mühsamen Schreibarbeiten getragen hat, sowie Frau Ute Hanß (Universität Bamberg) und Frau Helga Balzer (Universität Münster), die mir bei einer Vielzahl von
Ergänzungen des Manuskripts sowie bei den abschließenden Schreibarbeiten eine
große Hilfe waren. Schließlich danke ich auch meinen neuen Mitarbeitern an der
Universität Münster, Herrn Diplom-Mathematiker Reinhold Hügel, Herrn Di-

plom-Volkswirt Willi Quandt, Herrn Diplom-Volkswirt Günter Solf sowie Herrn Johannes Scheelje und Herrn Alexander Westhoff für ihre Mitwirkung bei den Korrekturarbeiten.

Gustav Dieckheuer

Erster Teil:
Grundlagen internationaler
Wirtschaftsbeziehungen

Kapitel A:
Zahlungsbilanzen, internationale ökonomische Verflechtungen und grundlegende Weltwirtschaftsprobleme

A-1: Internationale Transaktionen und Zahlungsbilanz eines Landes

A-1.1: Das Zahlungsbilanzschema

Der Wert aller ökonomischen Transaktionen, die Inländer mit Ausländern in einem bestimmten Zeitraum abwickeln, wird in der *Zahlungsbilanz* eines Landes erfaßt. Anders als der Begriff vermuten läßt, enthält die Zahlungsbilanz also keine Aufzeichnung von *Bestandsgrößen*, sondern von *Stromgrößen*. Der Wert der Forderungen und der Wert der Verbindlichkeiten von Inländern gegenüber Ausländern – die Bestandsgrößen – werden demgegenüber im *Auslandsvermögensstatus* eines Landes aufgezeichnet. Zur systematischen Erfassung der internationalen ökonomischen Transaktionen ist es üblich, die Zahlungsbilanz in Teilbilanzen aufzugliedern. Der Wert der gesamten Warentransaktionen wird in der *Handelsbilanz*, der Wert aller Dienstleistungstransaktionen in der *Dienstleistungsbilanz* und der Wert aller Finanztransaktionen in der *Kapitalbilanz* gebucht.

Die Aufzeichnungen in der Zahlungsbilanz erfolgen grundsätzlich nach dem *Prinzip der doppelten Buchführung*. Gebucht wird also nicht nur die Leistung im Rahmen einer Waren-, Dienstleistungs- oder Finanztransaktion, sondern auch die entsprechende Gegenleistung. Steht einer Waren- oder Dienstleistungstransaktion eine andere Leistungstransaktion, z. B. einem Warenexport ein Warenimport gegenüber, so erfolgt die Gegenbuchung in der Handelsbilanz oder in der Dienstleistungsbilanz; findet die Gegenleistung zur Waren- oder Dienstleistungstransaktion in Form einer finanziellen Transaktion, z. B. in Form eines Kredits oder einer Devisentransaktion statt, so ist die Gegenbuchung in der Kapitalbilanz vorzunehmen; steht einer bestimmten Finanztransaktion, z. B. einem Wertpapierkauf, eine andere finanzielle Transaktion, z. B. die Gewährung eines Kredits oder eine Devisentransaktion gegenüber, so erfolgt die Gegenbuchung innerhalb der Kapitalbilanz. Internationale ökonomische Transaktionen – sowohl Leistungs- als auch Finanztransaktionen – können allerdings auch unentgeltlich bzw. ohne Gegenleistungen erfolgen. In diesem Fall wird die Gegenbuchung in der *Übertragungsbilanz* vorgenommen.

Das Prinzip der doppelten Buchführung bzw. der Gegenbuchungen bedeutet zwangsläufig, daß sich die Salden der Teilbilanzen der Zahlungsbilanz zu Null addieren. Die gesamte Zahlungsbilanz eines Landes ist also ex definitione immer ausgeglichen.

Unter dem Aspekt gleichartiger Entstehungsgründe und/oder gleichartiger Wirkungen ist es sinnvoll, bestimmte internationale Transaktionen, die in verschiedenen Teilbilanzen der Zahlungsbilanz gebucht werden, zusammenzufassen. Am gebräuchlichsten sind die Zusammenfassung von Handelsbilanz und Dienstleistungsbilanz zum *Außenbeitrag* sowie die Zusammenfassung von Handelsbilanz, Dienstleistungsbilanz und Übertragungsbilanz zur *Leistungsbilanz*. Der Außenbeitrag umfaßt die internationalen Transaktionen, die direkt in das Sozialprodukt eines Landes einfließen. Dem Saldo der Leistungsbilanz steht aufgrund des Gegenbuchungsprinzips ein gleich großer Saldo der Kapitalbilanz gegenüber, und dieser

Saldo entspricht deshalb der Veränderung der Auslandsposition (der Differenz zwischen Auslandsforderungen und Auslandsverbindlichkeiten) eines Landes. Ein positiver Leistungsbilanzsaldo impliziert eine Erhöhung der Nettoauslandsforderungen bzw. eine Verbesserung der Auslandsposition.

Es ist üblich, die Kapitalbilanz noch weiter aufzugliedern, und zwar in die *Devisenbilanz*, in die *Bilanz des kurzfristigen Kapitalverkehrs* und in die *Bilanz des langfristigen Kapitalverkehrs*. In der Devisenbilanz werden alle Transaktionen gebucht bzw. gegengebucht, die mit einer Veränderung der Auslandsforderungen oder der Auslandsverbindlichkeiten der nationalen Währungsbehörde – das ist in aller Regel die Zentralbank – verbunden sind. In den Bilanzen des kurz- und des langfristigen Kapitalverkehrs – insgesamt als *Kapitalverkehrsbilanz im engeren Sinne* bezeichnet – werden somit alle Transaktionen gebucht bzw. gegengebucht, die eine Änderung der Auslandsforderungen oder der Auslandsverbindlichkeiten der übrigen

Tabelle A.1:   Das Zahlungsbilanzschema

Teilbilanzen		Transaktionen	Salden
Leistungs-bilanz	Handels-bilanz	Warenexporte – Warenimporte	HB
	Dienstleistungs-bilanz	Verkäufe von Dienstleistungen – Käufe von Dienstleistungen	DLB
	Übertragungs-bilanz	Empfangene Übertragungen – Geleistete Übertragungen	ÜB
Kapital-bilanz	Bilanz des kurz-fristigen Kapital-verkehrs (privater Wirtschaftssubjekte und öffentlicher Haushalte ohne Zentralbank)	Kreditaufnahme (Veränderung der kurzfristigen Auslandsverbindlichkeiten) – Kreditgewährung (Veränderung der kurzfristigen Auslandsforderungen)	KKB
	Bilanz des lang-fristigen Kapital-verkehrs (privater Wirtschaftssubjekte und öffentlicher Haushalte ohne Zentralbank)	Nettokapitalanlagen von Ausländern im Inland (Veränderung der langfristigen Auslandsverbindlichkeiten) – Nettokapitalanlagen von Inländern im Ausland (Veränderung der langfristigen Auslandsforderungen)	LKB
	Devisenbilanz	Veränderung der Auslands-verbindlichkeiten der Zentralbank – Veränderung der Auslands-forderungen der Zentralbank	DB
Summe der Salden			0

volkswirtschaftlichen Sektoren (der privaten Wirtschaftssubjekte und der öffentlichen Haushalte ohne Zentralbank) mit sich bringen.

In der Tabelle A.1 sind die Teilbilanzen der Zahlungsbilanz und die in den Teilbilanzen erfaßten internationalen Transaktionen zusammengestellt worden.

So wie es in den Zahlungsbilanzstatistiken der Deutschen Bundesbank üblich ist, werden die in der Bilanz des kurzfristigen Kapitalverkehrs gebuchten Transaktionen als Kreditaufnahme bzw. als Kreditgewährung und die in der Bilanz des langfristigen Kapitalverkehrs gebuchten Transaktionen als Nettokapitalanlagen von Ausländern im Inland bzw. als Nettokapitalanlagen von Inländern im Ausland bezeichnet. Wie schon erwähnt, addieren sich die Salden der Teilbilanzen der Zahlungsbilanz zu Null:

$$(A-1) \qquad HB + DLB + \ddot{U}B + KKB + LKB + DB = 0$$

Positive Salden der Kapitalverkehrsbilanzen ($KKB > 0$ und $LKB > 0$) drücken einen *Nettokapitalimport* bzw. eine Zunahme der Nettoauslandsverbindlichkeiten, negative Salden der Kapitalverkehrsbilanz einen *Nettokapitalexport* bzw. eine Zunahme der Nettoauslandsforderungen – jeweils der privaten Wirtschaftssubjekte und der öffentlichen Haushalte ohne Zentralbank – aus. Ein positiver Saldo der Devisenbilanz impliziert analog dazu eine Erhöhung der Nettoauslandsverbindlichkeiten der Zentralbank bzw. eine Abnahme der *Nettowährungsreserven* der Zentralbank und umgekehrt.

Bei Warenlieferungen ins Ausland und aus dem Ausland fallen in aller Regel Transport- und Versicherungskosten an, die vom Lieferanten oder vom Abnehmer oder auch von beiden getragen werden müssen. Vor einer Buchung in der Zahlungsbilanz ist zu klären, inwieweit solche Kosten dem Wert der Warenexporte oder der Warenimporte zugerechnet werden sollen. Zwei Bewertungsverfahren sind international gebräuchlich. Bei einer Bewertung gemäß „fob" (free on board) sind im Wert der Warenlieferungen die Transport- und Versicherungskosten bis zur Grenze des Lieferlandes enthalten, bei einer Bewertung gemäß „cif" (cost, insurance, freight) enthält der Wert der Warenlieferungen die Transport- und Versicherungskosten bis zur Grenze des Abnehmerlandes. In aller Regel werden die Warenexporte gemäß „fob" bewertet, wogegen bei den Warenimporten häufig alternativ beide Verfahren zu finden sind.

Die Wahl des Bewertungsverfahrens hat sowohl Bedeutung für die Höhe der Salden der Handelsbilanz und der Dienstleistungsbilanz als auch für die internationale Kompatibilität von Handelsbilanzsalden. Am Beispiel einer Warenlieferung zwischen Deutschland und USA sei das erläutert. Ein deutscher Importeur möge Waren aus den USA beziehen, die unter Einschluß der Transport- und Versicherungskosten bis zur Einschiffung im amerikanischen Exporthafen einen Wert von 100 000 DM haben. Die Fracht- und Versicherungsleistungen bis zur deutschen Grenze werden von einer amerikanischen Unternehmung übernommen und belaufen sich auf 5000 DM. Bei einer Bewertung gemäß „fob" erscheint in der Handelsbilanz der USA unter der Rubrik „Güterexporte" ein Betrag von umgerechnet 100 000 DM und in der Handelsbilanz der Bundesrepublik Deutschland unter der Rubrik „Güterimporte" ebenfalls ein Betrag von 100 000 DM. Gleichzeitig findet aus der Sicht der Bundesrepublik ein Dienstleistungsimport in Höhe von 5000 DM statt, der in der Dienstleistungsbilanz zu buchen ist. Infolge der genannten Transaktion wird also die deutsche Handelsbilanz um 100 000 DM und die deutsche Dienstleistungsbilanz um 5000 DM verschlechtert. Würden nun die Exporte der USA weiterhin gemäß „fob", die deutschen Importe jedoch gemäß „cif" bewertet, so stünde der Verbesserung der US-Handelsbilanz um umgerechnet 100 000 DM eine Verschlechterung der deutschen Handelsbilanz um 105 000 DM gegenüber. Die deutsche Dienstleistungsbilanz bliebe jetzt unverändert, wogegen in der US-Dienstleistungsbilanz auch in diesem Fall Einnahmen in Höhe von 5000 DM verbucht würden. Eine Kompatibilität von Handelsbilanzen und Dienstleistungsbilanzen ist nun also nicht mehr gegeben. Demgegenüber haben die Bewertungsunterschiede auf den Außenbeitrag und auf den Saldo der Leistungsbilanz keinen Einfluß.

Obwohl eine einheitliche Bewertung gemäß „fob" im Interesse einer internationalen Vergleichbarkeit von Handelsbilanzen wünschenswert wäre, ist die Bewertung von Warenimporten nach dem „cif"-Verfahren weithin gebräuchlich. Für das Empfängerland sind damit nämlich zwei Vorteile verbunden: Zum einen liegt dem gesamten Warenverkehr der Wert an der eigenen Grenze zugrunde, zum anderen entfällt die oftmals aufwendige Beschaffung von Informationen über die Transport- und Versicherungskosten zwischen den Lieferländern und der eigenen Grenze.

Die Kompatibilität von Handelsbilanzen wird auch vom Zeitpunkt der Erfassung bzw. Buchung der internationalen Transaktionen berührt. Als Alternativen bieten sich beispielsweise der Zeitpunkt der Lieferung oder der Zeitpunkt der Zahlung an. Es ist allerdings üblich, dem güterwirtschaftlichen Transferzeitpunkt und nicht dem Zeitpunkt des entgegengerichteten monetären Transfers den Vorzug zu geben. Ein Land erfaßt seine Warenexporte und Warenimporte deshalb im allgemeinen zum Zeitpunkt des materiellen Überschreitens der eigenen Grenze. Bei längeren Transportwegen fallen dabei aber die Zeitpunkte der Erfassungen im Liefer- und Empfängerland auseinander. Zwischen den für einen bestimmten Zeitraum festgestellten nationalen Handelsbilanzsalden kann es deshalb zu gewissen – quantitativ jedoch meistens unbedeutenden – Divergenzen kommen.

Abweichungen zwischen dem Liefer- und dem Zahlungstermin müssen sich in der Kapitalverkehrsbilanz eines Landes niederschlagen. Erfolgt eine Zahlung auf Ziel, so ist in der (kurzfristigen) Kapitalverkehrsbilanz des Lieferlandes eine Kreditgewährung und in der (kurzfristigen) Kapitalverkehrsbilanz des Empfängerlandes eine Kreditaufnahme zu buchen. In der Praxis erweist sich jedoch die statistische Erfassung solcher Kreditbeziehungen und der genauen Zahlungstermine im Zusammenhang mit Gütertransaktionen als äußerst schwierig, zumal hierüber seitens der Ex- und der Importeure in der Regel keine umfassende Auskunftspflicht gegenüber den zu erfassenden Institutionen (in der Bundesrepublik Deutschland gegenüber dem Statistischen Bundesamt oder – in Hinsicht auf den Kapitalverkehr – gegenüber der Deutschen Bundesbank) besteht. Wie weiter unten noch deutlich wird, ist das ein Grund für gewisse Erhebungsfehler, die im sogenannten Saldo der *statistisch nicht aufgliederbaren Transaktionen* bzw. in den *Restposten* der Zahlungsbilanz (errors and omissions) zum Ausdruck kommen.

A-1.2: Die Zahlungsbilanz der Bundesrepublik Deutschland

Die Tabelle A.2 zeigt die Teilbilanzen der Zahlungsbilanz der Bundesrepublik Deutschland für das Jahr 1988. Faßt man die Salden der Handelsbilanz, der Dienstleistungsbilanz, der Übertragungsbilanz und der Bilanzen des kurz- und des langfristigen Kapitalverkehrs zusammen, so ergibt sich ein Betrag von − 35,69 Mrd. DM. In der Devisenbilanz wird aber nur ein Saldo von 32,52 Mrd. DM ausgewiesen. Die Nettoauslandsforderungen der Zentralbank sind demnach um 32,52 Mrd. DM gesunken. Die Differenz von 3,17 Mrd. DM ist wie folgt zu erklären:

1. Die Veränderungen der Forderungen und der Verbindlichkeiten der Deutschen Bundesbank enthalten auch Wertänderungen der Bestände, die z. B. auf Wechselkursänderungen zurückzuführen sind, sowie – in Form einer Zuteilung von Sonderziehungsrechten seitens des Internationalen Währungsfonds – von Bestandsänderungen, denen unmittelbar keine Leistungstransaktionen oder andere Finanztransaktionen gegenüberstehen. Hierfür weist die Deutsche Bundesbank einen sogenannten Ausgleichsposten zu ihrer Auslandsposition aus, der 1988 einen Wert von + 2,16 Mrd. DM hatte. Die Nettoauslandsforderungen der Deutschen Bundesbank sind somit von hierher um 2,16 Mrd. DM gestiegen. Auf die Leistungs- und Finanztransaktionen, die in der Leistungsbilanz sowie in den Bilanzen des kurz- und des langfristigen Kapitalverkehrs zu buchen wären, ist folglich eine Veränderung der Nettoauslandsforderungen der Deutschen Bundesbank in Höhe von − 34,68 Mrd. DM zurückzuführen.

Tabelle A.2: Die Zahlungsbilanz der Bundesrepublik Deutschland 1988 (in Mrd. DM)

Teilbilanz	Art der Transaktionen	Transaktionswerte	Salden
Handelsbilanz	Warenexporte* (fob) Warenimporte (cif) Saldo	567,51 −439,77	127,74
Dienstleistungs- bilanz	Einnahmen Ausgaben Saldo	152,30 −162,83	−10,53
Übertragungs- bilanz	Empfangene Übertragungen Geleistete Übertragungen Saldo	21,92 −53,94	−32,02
Bilanz des kurzfristigen Kapitalverkehrs	Kreditaufnahme Kreditgewährung Saldo	17,79 −53,76	−35,97
Bilanz des langfristigen Kapitalverkehrs	Nettokapitalanlagen im Inland Nettokapitalanlagen im Ausland Saldo	11,44 −96,35	−84,91
Devisenbilanz	Änderung der Verbindlichkeiten Änderung der Forderungen Saldo	7,02 −(−25,50)	32,52
	Ausgleichsposten zur Auslands- position der Bundesbank		2,16
Restposten	Saldo		1,01
Summe			0,00

*) einschließlich Saldo aus Ergänzungen und Transithandel

Quelle: Statistische Beihefte zu den Monatsberichten der Deutschen Bundesbank, Reihe 3, Zahlungsbilanzstatistik, August 1989, S. 2.

2. Die statistisch nicht aufgliederbaren Transaktionen machen einen Betrag von 1,01 Mrd. DM aus. Dieser Restposten resultiert aus nicht registrierten Leistungs- oder Finanztransaktionen sowie aus statistischen Erhebungsfehlern. Wie weiter oben schon erwähnt, können fehlende Angaben über Finanztransaktionen ein Grund für diesen Restposten sein. Werden beispielsweise Waren gegen Einräumung eines Kredits seitens der ausländischen Lieferanten importiert und dabei zwar die Warenimporte in der Handelsbilanz, nicht jedoch die Kreditaufnahme in der Bilanz des (kurzfristigen) Kapitalverkehrs registriert, so ergibt sich zwingend eine Divergenz in den Salden der Teilbilanzen der Zahlungsbilanz, die dann als Restposten ausgewiesen werden muß. Der Restposten (RB) wird aus der Differenz zwischen der Veränderung der Nettoauslandsforderungen der Zentralbank (unter Einschluß des Ausgleichspostens) und den Salden der Leistungsbilanz sowie der Kapitalbilanz im engeren Sinne (der Bilanzen des kurz- und langfristigen Kapitalverkehrs) ermittelt:

$$(A-2) \qquad RB = -DB - HB - DLB - ÜB - KKB - LKB$$

Die Warenimporte sind in der Tabelle A.2 nach dem „cif"-Verfahren bewertet worden. Dabei wird in der Handelsbilanz ein Überschuß von 127,74 Mrd. DM erzielt. Die Bewertung der Warenimporte nach dem „fob"-Verfahren führt, wie die Tabelle A.3 zeigt, demgegenüber zu einem Handelsbilanzsaldo von 138,62 Mrd. DM.

Tabelle A.3: Handels- und Dienstleistungsbilanz der Bundesrepublik Deutschland 1988 bei Bewertung der Importe nach fob und cif

	fob	cif
Handelsbilanz	138,62	127,74
Dienstleistungsbilanz	−21,41	−10,53
Summe	117,21	117,21

Quelle: Statistische Beihefte zu den Monatsberichten der Deutschen Bundesbank, Reihe 3, Zahlungsbilanzstatistik, August 1989, S. 2 und S. 4.

Bei einer Bewertung nach „cif" werden in der Handelsbilanz also Ausgaben für Transport- und Versicherungsleistungen erfaßt, die eigentlich in der Dienstleistungsbilanz gebucht werden müßten. Dementsprechend weist die Dienstleistungsbilanz beim „cif"-Verfahren lediglich ein Defizit von 10,53 Mrd. DM, beim „fob"-Verfahren dagegen von 21,41 Mrd. DM auf.

A-1.3: Leistungstransaktionen der Bundesrepublik Deutschland mit Ländergruppen

Die Tabelle A.4 zeigt die Leistungstransaktionen (die Warenexporte und -importe, die Verkäufe und Käufe von Dienstleistungen sowie die empfangenen und geleisteten Übertragungen) mit den wichtigsten Ländergruppen in den Jahren 1980 und 1987.

Tabelle A.4: Leistungstransaktionen der BRD mit Ländergruppen (in Mrd. DM)

			1980			1987		
			Credit	Debet	Saldo	Credit	Debet	Saldo
Industrie-länder	Total	HB	263,6	235,1	28,5	427,0	310,8	116,2
		DLB	65,4	88,4	−23,0	119,2	134,1	−14,9
		ÜB	12,7	28,4	−16,2	17,7	38,5	−20,8
		LB	341,7 [79,0]	352,4 [76,9]	−10,7	563,9 [85,7]	483,4 [83,8]	80,5
	EG	HB	156,8	146,5	10,3	260,2	196,2	64,0
		DLB	29,4	43,0	−13,6	54,7	70,9	−16,2
		ÜB	10,6	17,6	−7,0	13,9	27,6	−13,7
		LB	196,8 [45,5]	207,1 [45,2]	−10,3	328,8 [50,0]	294,7 [49,3]	34,1
Entwick-lungs-länder	OPEC	HB	23,3	35,9	−12,6	14,3	10,6	3,7
		DLB	8,5	6,0	2,5	5,2	6,5	−1,3
		ÜB	0,1	0,6	−0,5	0,2	0,3	−0,1
		LB	31,9 [7,4]	42,5 [9,3]	−10,6	19,7 [3,0]	17,4 [3,0]	2,3
	ohne OPEC	HB	28,7	29,8	−1,1	36,5	35,0	1,5
		DLB	7,3	9,3	−2,0	12,5	15,0	−2,5
		ÜB	0,2	5,1	−4,9	0,3	4,5	−4,2
		LB	36,6 [8,4]	44,2 [9,6]	−8,0	49,3 [7,5]	54,5 [9,4]	−5,2
Staats-handels-länder		HB	19,7	16,0	3,7	22,3	17,4	4,9
		DLB	3,3	2,7	0,6	3,0	3,6	−0,6
		ÜB	0,0	0,3	−0,3	0,0	0,6	−0,6
		LB	23,0 [5,3]	19,0 [4,1]	4,0	25,3 [3,8]	21,6 [3,7]	3,7

Quelle: Deutsche Bundesbank, 40 Jahre Deutsche Mark, Monetäre Statistiken 1948–1987, Frankfurt 1988, S. 274ff.; Anteile in Klammern.

Die Daten machen einige Charakteristika der weltwirtschaftlichen Verflechtungen der Bundesrepublik sichtbar:

1. Der weitaus größte Teil der deutschen Leistungstransaktionen findet mit den anderen Industrieländern statt. 1980 stammten 79 %, 1987 bereits mehr als 85 % der Einnahmen aus Leistungstransaktionen mit dieser Ländergruppe. Auf der „Importseite" wurden mit ca. 77 % bzw. ca. 84 % ähnlich hohe Anteile realisiert.
2. Die Bundesrepublik wickelt zur Zeit etwa 50 % ihrer Transaktionen (sowohl auf der Export- als auch auf der Importseite) innerhalb der Europäischen Gemeinschaft ab. Seit 1980 ist dieser Anteil – wie schon in den Jahren zuvor – sukzessive gestiegen. Hierin kommt u. a. der hohe Integrationsgrad der EG zum Ausdruck.

3. Der 1980 noch relativ hohe Anteil der Importe aus den OPEC-Ländern ist vor allem aufgrund der Ölpreissenkungen erheblich geringer geworden und macht gegenwärtig nur noch etwa 3 % aus. Auf den Einnahmenrückgang aus dem Ölgeschäft haben die OPEC-Länder mit Einschränkungen ihrer Importe aus den Industrieländern reagiert. Dementsprechend hat sich auch der Anteil der deutschen Exporte in diese Länder in den vergangenen Jahren erheblich verringert.

4. Der Wert der Leistungstransaktionen mit den Entwicklungsländern außerhalb der OPEC (das sind immerhin weit mehr als 100 Länder) ist nach wie vor sehr gering. Auf der Importseite hat sich der Anteil dieser Transaktionen zwischen 1980 und 1987 kaum verändert; auf der Exportseite ist demgegenüber – relativ gesehen – ein Rückgang zu verzeichnen, weil viele Entwicklungsländer wegen ihrer Verschuldungsprobleme zu Importrestriktionen gezwungen waren. Die absolute Zunahme des Wertes der Leistungstransaktionen sowohl auf der Export- als auch auf der Importseite ist nahezu vollständig auf eine Zunahme der Waren- und Dienstleistungstransaktionen mit den asiatischen Entwicklungsländern, hier vor allem mit Hongkong, Singapur, Südkorea und Taiwan (den „four little tigers" bzw. den neuen asiatischen Industrieländern) zurückzuführen. Der absolute Wert der Leistungstransaktionen mit den afrikanischen und den lateinamerikanischen Entwicklungsländern lag demgegenüber im Jahr 1987 kaum höher als im Jahr 1980.

5. Der Anteil der Exporte in die Staatshandelsländer ist zwischen 1980 und 1987 erheblich gesunken; und auch bei den Importen hat es einen gewissen Anteilsverlust gegeben. Diese Entwicklung ist mit der zur Zeit schwindenden internationalen Konkurrenzfähigkeit und – dazu in einem engen Zusammenhang – der eklatanten Devisenknappheit der Staatshandelsländer zu erklären. Daran hat sich auch in jüngster Zeit (1988/89) nichts geändert.

A-2: Internationale Wirtschaftsverflechtungen

A-2.1: Entwicklung des Welthandels

Im Anschluß an die industrielle Revolution in den meisten europäischen Ländern sowie in Nordamerika und Japan fand im 19. Jahrhundert und zu Beginn des 20. Jahrhunderts eine erhebliche Intensivierung der weltwirtschaftlichen Beziehungen statt, die eine rasche Ausweitung des Welthandels mit sich brachte. Diese Entwicklung wurde durch den 1. Weltkrieg und – nach einer kurzen Wiederbelebung in den 20er Jahren – vor allem durch die Große Weltwirtschaftskrise zwischen 1929 und 1933 jäh unterbrochen. Während der Weltwirtschaftskrise ging das Welthandelsvolumen um etwa zwei Drittel des Standes von 1928/29 zurück. Zwar trat anschließend eine gewisse Erholung ein, doch die nationalstaatliche Bewegung der 30er Jahre, die überwiegend mit einer sehr rigiden protektionistischen Außenwirtschaftspolitik verbunden war, sowie der 2. Weltkrieg verhinderten ein Wiedererstarken des Welthandels.

Erst in der Zeit unmittelbar nach dem 2. Weltkrieg gelang es, auf internationaler Ebene neue Richtlinien für die Weltwirtschaftsordnung (z. B. mit dem Währungssystem von Bretton Woods oder mit dem Allgemeinen Zoll- und Handelsabkommen GATT) durchzusetzen und damit wichtige Rahmenbedingungen für die Ausweitung der weltwirtschaftlichen Beziehungen zu schaffen. Die 50er und die 60er Jahre waren daraufhin von einem hohen Wachstum des Welthandelsvolumens geprägt, das Hand in Hand ging mit einer allgemeinen ökonomischen Prosperität in den meisten Regionen der Welt. Trotz einiger Krisen in den 70er Jahren und zu Beginn der 80er Jahre – hier sind vor allem der Zusammenbruch des Währungssystems von Bretton Woods 1971, die beiden Ölpreisschocks von 1973/74 und 1979/80 sowie die weltweite Konjunktur- und Wachstumskrise 1981/82 zu nennen – setzte sich die positive Entwicklung des Welthandels bis heute fort. In der jüngsten Zeit (seit 1987)

Tabelle A.5: Wachstumsraten des Welthandels 1971–1988
(durchschnittliche jährliche Wachstumsrate in Prozent)

Wachstumsraten des Exportvolumens

	1971–80	1981/82	1983/84	1985/86	1987/88
WELT	5,7	−0,4	5,8	3,8	7,7
Industrieländer	6,3	0,9	6,4	3,7	7,0
Entwicklungsländer	3,6	−6,0	4,5	5,1	10,8
Ölexportierende Länder	0,4	14,4	2,4	4,3	6,3
Nichtölexportierende Länder	6,8	3,1	9,5	6,1	12,6
EG	5,6	2,3	5,8	3,5	5,3
USA	7,7	−6,3	2,1	5,1	18,7
Japan	9,6	4,6	11,9	2,3	2,4
BRD	5,4	5,0	4,5	3,6	5,2
Afrika	2,1	−9,4	4,2	4,9	0,7
Asien	11,1	4,4	11,3	10,1	16,1
Lateinamerika	1,8	2,9	7,9	−1,7	9,4
Four little tigers	16,1	6,2	15,2	12,2	19,0

Wachstumsraten des Exportwertes

	1971–80	1981/82	1983/84	1985/86	1987/88
Industrieländer	18,8	−3,4	2,8	9,9	16,1
Entwicklungsländer	25,1	−6,3	0,6	−5,5	17,5
Ölexportierende Länder	32,9	−11,7	−8,4	−22,0	8,5
Nichtölexportierende Länder	20,1	−1,0	7,4	3,8	40,3

Quelle: IMF, World Economic Outlook, April 1989, Statistical Appendix, S. 117ff. und eigene Berechnungen.

sind sogar wieder Wachstumsraten des Welthandels wie in den 50er und 60er Jahren zu verzeichnen.

Die Tabelle A.5 zeigt die Wachstumsraten des Exportvolumens (der preisbereinigten Exporte) und teilweise des Exportwerts für die ganze Welt, für bestimmte Ländergruppen sowie für einzelne Länder. Die regionale Betrachtung des Exportvolumens macht erhebliche Entwicklungsunterschiede deutlich. In der (im Durchschnitt) überwiegend positiven Wachstumsphase der Jahre 1971 bis 1980 schnitten die Entwicklungsländer Afrikas und Lateinamerikas relativ schlecht ab. Mit Wachstumsraten von 2,1 % bzw. 1,8 % lagen sie weit unter dem Durchschnitt des Gesamtwachstums von 5,7 %. Allerdings erreichten auch die ölexportierenden Länder mit 0,4 % nur ein sehr geringes Exportwachstum. Auf die exorbitanten Preissteigerungen beim Rohöl reagierten nämlich die Importländer mit drastischen Einsparungen, die vor allem von den Industrieländern durch Produktionsinnovationen und andere Substitutionsmaßnahmen forciert wurden.

Der Einbruch in der Welthandelsentwicklung in den Jahren 1981 und 1982 traf die Entwicklungsländer Afrikas und die ölexportierenden Länder, aber auch die USA am härtesten. Auch der Wiederaufschwung des Welthandels ab 1983 war nicht gleichmäßig verteilt. Die höchsten Wachstumsraten der Exporte erreichten die asiatischen Schwellenländer Hongkong, Singapur, Südkorea und Taiwan (die „four little tigers"), die übrigens auch in den Krisenjahren 1981/82 noch einen beachtlichen Exportzuwachs erzielt hatten. Die lateinamerikanischen Entwicklungsländer mußten 1985/86 – vor allem bedingt durch politische Instabilitäten – trotz der im großen und ganzen positiven Weltwirtschaftsentwicklung sogar Exporteinbußen hinnehmen. Bemerkenswert sind außerdem die hohen Zuwachsraten der USA, die nicht zuletzt auf die deutliche Abschwächung des Dollarkurses seit 1985 zurückzuführen sind, und das neuerdings relativ bescheidene Exportwachstum Japans, das mit gewissen Einfuhrrestriktionen der USA und der Europäischen Gemeinschaft sowie mit Produktionsverlagerungen japanischer Unternehmungen ins Ausland zu erklären ist.

Tabelle A.6: Wachstumsraten des realen Bruttosozialprodukts und des Exportvolumens 1971–1988 (durchschnittliche jährliche Wachstumsrate in Prozent)

	1971/80		1981/88	
	Brutto-sozial-produkt	Export-volumen	Brutto-sozial-produkt	Export-volumen
WELT	3,9	5,7	3,0	4,2
Industrieländer	3,2	6,3	2,8	4,5
Entwicklungsländer	5,5	3,6	3,2	3,6
Ölexportierende Länder	6,6	0,4	0,7	−0,4
Nichtölexportierende Länder	5,0	6,8	4,4	7,8

Quelle: IMF, World Economic Outlook, April 1989, Statistical Appendix, S. 117ff.; eigene Berechnungen

Das Welthandelsvolumen sowie das Exportvolumen vieler Länder sind in der Zeit nach dem 2. Weltkrieg überwiegend stärker gestiegen als das reale Weltsozialprodukt bzw. die realen Bruttosozialprodukte der einzelnen Exportländer. Die Tabelle A.6 macht das für die Zeiträume 1971/80 und 1981/88 deutlich. Eine Ausnahme bilden jedoch die ölexportierenden Länder, deren reales Bruttosozialprodukt im Jahresdurchschnitt der beiden betrachteten Zeiträume stärker gewachsen ist als das Exportvolumen. Dieses Ergebnis ist im wesentlichen auf die außergewöhnlichen Ölpreissteigerungen in den 70er Jahren zurückzuführen, die sich einerseits dämpfend auf das Exportvolumen ausgewirkt haben, andererseits aber den ölexportierenden Ländern hohe Deviseneinnahmen zuführten, durch die interne Wachstumsimpulse ermöglicht wurden. Sieht man von dieser Sonderentwicklung ab, so läßt sich der Schluß ziehen, daß die Dynamik der Welthandelsentwicklung in den betrachteten Zeiträumen größer gewesen ist als die Dynamik der rein binnenwirtschaftlichen Entwicklungen. Es ist zu erwarten, daß die Wachstumsraten des Welthandels auch in den nächsten Jahren – zumindest im Durchschnitt eines längeren Zeitraums – relativ hoch sein werden und der Welthandel deshalb weiterhin ein wichtiger Wachstumsmotor für die binnenwirtschaftliche Entwicklung vieler Länder sein wird.

A-2.2: Welthandelsanteile

Die unterschiedlichen regionalen Wachstumsraten der Exporte geben bereits einen Hinweis auf gewisse Veränderungen der Anteile an den gesamten Exporten der Welt bzw. am Welthandel. In der Tabelle A.7 wird die Entwicklung der Welthandelsanteile für bestimmte Regionen und Länder zwischen 1970 und 1988 aufgezeigt. Diese Anteile beziehen sich auf die nach dem „fob"-Verfahren bewerteten nominellen Exporte und sind somit definiert als Relation von regionalem bzw. länderspezifischem Exportwert und Weltexportwert. Es ist also zu beachten, daß in den Anteilen sowohl Mengen- als auch Preiseinflüsse enthalten sind.

Die Entwicklung zwischen 1970 und 1980 war vor allem durch die ungewöhnlichen Ölpreissteigerungen geprägt. Das zeigt sich deutlich in der Erhöhung des Welthandelsanteils der OPEC von 5,6 % im Jahr 1970 auf 15,4 % im Jahr 1980. Die Zunahme des Anteils der Gruppe der Entwicklungsländer und speziell der asiatischen Entwicklungsländer, die hier die Ölförderländer des mittleren Ostens einschließen, von 18,1 % auf 28,2 % bzw. von 8,0 % auf 17,6 % ist fast vollständig auf diese spezielle Entwicklung zurückzuführen. Die starke Verschiebung der Welthandelsanteile zugunsten der OPEC-Staaten ging vor allem zu Lasten der Gruppe der Industrieländer, deren Anteil von 71,7 % im Jahr 1970 auf 62,9 % im Jahr 1980 sank. Die Gruppe der Staatshandelsländer war weit weniger betroffen, weil die Sowjetunion aufgrund eigener Ölvorkommen ebenfalls von der Ölpreisentwicklung profitierte. Die globale Betrachtung der Entwicklungsländer Afrikas, Asiens und Lateinamerikas darf allerdings nicht darüber hinweg täuschen, daß die nicht ölexportierenden Entwicklungsländer dieser Regionen im Zuge der Ölpreisexplosion ebenfalls erhebliche Einbußen an Welthandelsanteilen hinnehmen mußten. Daß sich der Anteil Afrikas von 4,1 % im Jahr 1970 auf 4,7 % im Jahr 1980 erhöhte, ist ausschließlich auf den Einfluß der Ölförderländer Algerien, Libyen und Nigeria zurückzuführen. Ähnlich ist die Stabilität des Welthandelsanteils der lateinamerikanischen Entwicklungsländer allein der ölpreisbedingten Ausweitung der Anteile Mexikos und Venezuelas zu verdanken.

Mit der Ölpreissenkung und dem vorübergehenden Ölpreisverfall (im Jahr 1986) trat nach 1981 eine Umkehrung der Entwicklung der 70er Jahre ein. Der Welthan-

Tabelle A.7: Welthandelsanteile 1970–1988, in Prozent
(auf der Basis von Exportwerten, fob)

	1970	1975	1980	1985	1986	1987	1988
Industrieländer	71,1	65,7	62,9	65,7	69,3	69,6	69,4
– EG	36,9	35,0	34,2	33,2	37,0	38,4	37,1
– Japan	6,2	6,4	6,5	9,1	9,9	9,3	9,3
– USA	13,8	12,4	11,1	11,1	10,3	10,2	11,2
– BRD	10,9	10,3	9,7	9,5	11,4	11,8	11,3
Entwicklungsländer	18,1	24,4	28,2	23,7	20,0	21,0	21,2
– Afrika	4,1	4,0	4,7	3,1	2,3	2,2	n.v.
– Asien	8,0	14,6	17,6	14,4	12,9	14,6	15,6
– Lateinamerika	5,4	5,1	5,4	5,5	4,2	4,1	4,2
– OPEC	5,6	13,0	15,4	8,0	5,4	5,7	n.v.
– Four tittle tigers	n.v.	n.v.	3,7	4,8	5,2	6,0	6,8
Staatshandelsländer	10,8	9,9	8,9	10,6	10,7	9,4	9,4
– China	0,7	0,8	0,9	1,4	1,5	1,6	n.v.
– DDR	1,5	1,2	0,9	1,3	1,3	n.v.	n.v.
– UdSSR	4,1	3,8	3,8	4,5	4,6	n.v.	n.v.

Quelle: United Nations, Statistical Yearbook 1985/86, New York 1988; IMF, World Economic Outlook, April 1989, Washington, D.C. 1989; IMF, International Financial Statistics, Vol. XLII, August 1989, Washington, D.C. 1989; eigene Berechnungen.

delsanteil der OPEC ging auf 5,4 % im Jahr 1986 zurück und pendelt sich derzeit etwa beim Ausgangswert des Jahres 1970 ein. Parallel dazu nahm der Anteil aller Entwicklungsländer ab und der Anteil der Industrieländer wieder zu. Die Entwicklung der Welthandelsanteile wurde in den 80er Jahren allerdings noch durch weitere wichtige Einflüsse bestimmt:

1. Der scharfe Anstieg des Dollarkurses bis 1985 beeinträchtigte die Exporte der USA und brachte – mit einer gewissen zeitlichen Verzögerung[1] – Anteilseinbußen mit sich. Mit der Dollarkurssenkung kehrte sich diese Entwicklung, wie schon erwähnt, in jüngster Zeit allmählich wieder um.
2. Japan konnte seinen Welthandelsanteil aufgrund eines hohen Technologie- und Produktivitätsvorsprungs in der ersten Hälfte der 80er Jahre erheblich steigern (von 6,5 % im Jahr 1980 auf 9,9 % im Jahr 1986). Erst in jüngster Zeit ist der Anteil wegen der restriktiven Einfuhrpolitik der USA und der EG, der Dollarkursabschwächung, der Produktionsverlagerungen seitens japanischer Unternehmungen ins Ausland sowie des neuen Technologieschubs in den europäischen Industrieländern wieder etwas gesunken.
3. Die EG hat zeitweise (zwischen 1982 und 1985) erhebliche Anteilseinbußen gehabt, in denen Verluste internationaler Wettbewerbsfähigkeit – vor allem gegenüber Japan – zum Ausdruck kamen. Für den Mangel an Produktivitäts- und Innovationsdynamik wurde in dieser Zeit der Begriff der „Eurosklerose" geprägt. Inzwischen ist dieser Mangel jedoch behoben. Allerdings haben auch die

---

[1] Die zeitliche Verzögerung ist auf den sogenannten J-Kurven-Effekt zurückzuführen. Siehe hierzu das Kapitel C.

jüngsten Maßnahmen zum weiteren Ausbau der wirtschaftlichen Integration der Europäischen Gemeinschaft – vor allem die Schritte zum Europäischen Binnenmarkt im Jahr 1993 – eine Exportintensivierung mit sich gebracht.

4. Der mit der hohen Auslandsverschuldung einhergehende Schuldendienst hat die ohnehin chronische Devisenknappheit vieler Entwicklungsländer noch weiter verstärkt und den Auf- und Ausbau exportorientierter Produktionsbereiche in diesen Ländern beeinträchtigt. In einem engen Zusammenhang mit der Verschuldungskrise sind die politischen und sozialen Instabilitäten zu sehen, die den ökonomischen Entwicklungsprozeß ebenfalls erheblich gehemmt haben. Die internationale Wettbewerbsfähigkeit konnte deshalb nicht adäquat gesteigert werden. Vor allem die afrikanischen und lateinamerikanischen Entwicklungsländer haben vor diesem Hintergrund relativ große Verluste an Welthandelsanteilen hinnehmen müssen.

5. Bemerkenswert ist, wie weiter oben schon aufgezeigt, die Exportintensivierung seitens der sogenannten „four little tigers", die zwar den asiatischen Entwicklungsländern zugeordnet werden, aber längst zu modernen Industrieländern aufgestiegen sind. Sie haben ihren Welthandelsanteil in den 80er Jahren von 3,7 % (1980) auf 6,8 % (1988) erhöht. Diese Erfolge haben über die konjunkturellen Zusammenhänge und über Anreizeffekte auch die Exportfähigkeit anderer asiatischer Entwicklungsländer positiv beeinflußt. Fast der gesamte fernöstliche Raum hat so eine beachtliche Exportkraft und einen relativ hohen Welthandelsanteil erlangt.

6. In jüngster Zeit (seit 1987) haben ökonomische und politische Krisen die Exportfähigkeit der Staatshandelsländer erheblich beeinträchtigt. Das zeigt sich nicht zuletzt in dem Verlust an Welthandelsanteilen im Jahre 1987. Mit weiteren Anteilsverlusten ist zu rechnen, weil die Reformbewegungen, die vor allem in der DDR sowie in Polen, der Sowjetunion und Ungarn in Gang gesetzt wurden, kurzfristig keine ökonomischen Erfolge mit sich bringen dürften und weil auch der ökonomische Entwicklungsprozeß Chinas durch die politischen Unruhen im Jahr 1989 gehemmt wurde.

A-2.3: Welthandelsverflechtungen

In der Tabelle A.8 sind die internationalen Handelsverflechtungen wichtiger Ländergruppen sowie – mit Japan, USA und UdSSR – einzelner Länder im Jahr 1987 dargestellt worden.

Die Tabelle gibt allerdings lediglich einen groben Einblick in die Wege der Welthandelsströme. Da nationale Statistiken – vor allem von Entwicklungsländern – häufig unvollständig sind, wurden viele länderspezifische Daten, die man zur Aggregation zu einer bestimmten Gruppe benötigt, geschätzt; die Importwerte, die oftmals nur auf der Basis des „cif"-Verfahrens verfügbar sind, wurden nach Schätzungen des Dienstleistungsanteils (insbesondere aus Transport- und Versicherungsleistungen) in Hinsicht auf eine „fob"-Bewertung bereinigt; zur Umrechnung der ursprünglich in bestimmten nationalen Währungen bewerteten Exporte und Importe in US-Dollar waren in vielen Fällen Schätzungen von Wechselkursen erforderlich; einige Länder, so z. B. das in jüngster Zeit weltwirtschaftlich gewichtige Taiwan, wurden überhaupt nicht erfaßt und sind somit in den in der Tabelle enthaltenen Differenzen zwischen den Exporten bzw. den Importen der Welt und der explizit aufgeführten Ländergruppen versteckt; die Handelsverflechtungen zwischen den Staatshandelsländern, die nicht dem Internationalen Währungsfonds angehören, bleiben in der Tabelle einerseits wegen fehlender Daten und andererseits

Tabelle A.8: Die Welthandelsverflechtungen 1987 (in Mrd. US-Dollar, fob)

an (Importe) → ／ von (Exporte) ↓	Industrieländer				Entwicklungsländer					Staatshandelsländer		WELT
	Total	EG	Japan	USA	Total	Ölexp. Länder	Afrika	Asien	Lateinamerika	Total	UdSSR	
Industrieländer [20] Total	1287,9	750,2	60,5	254,8	359,3	62,7	42,3	133,2	69,6	29,9	20,4	1716,5
EG	765,0	560,5	15,8	82,9	163,2	34,1	31,2	36,8	20,2	16,8	10,6	958,1
Japan	141,7	38,3	–	85,0	74,1	11,5	4,0	51,1	8,0	3,3	2,6	231,3
USA	158,5	60,6	28,2	–	82,7	10,6	4,1	28,3	35,0	1,7	1,5	250,4
Entwicklungsländer [133] Total	360,4	145,1	65,0	125,8	165,9	18,9	12,9	88,7	22,0	29,5	20,3	584,0
ölexp. Länder	85,0	35,4	25,2	22,0	33,2	2,1	2,0	14,4	7,1	0,8	0,1	125,8
Afrika [52]	44,2	29,6	3,5	10,0	10,9	0,6	3,8	2,2	1,9	0,7	0,5	65,8
Asien [35]	141,8	35,7	37,1	56,6	88,3	8,0	4,6	67,9	3,1	5,9	4,4	241,4
Lateinamerika [17]	76,0	21,4	5,4	44,3	20,0	2,4	1,2	3,5	12,2	2,4	1,1	100,6
Staatshandelsländer (*) [8] Total	27,1	18,2	2,6	0,6	26,3	1,2	0,9	5,0	0,6	–	–	53,4
UdSSR	20,2	13,6	2,2	0,4	16,9	0,6	0,5	3,3	0,3	–	–	37,2
WELT	1717,0	920,6	135,2	405,2	563,4	84,6	56,8	235,1	93,2	59,4	40,7	2354,4

Quelle: IMF, Direction of Trade Statistics, Yearbook 1988, Washington, D.C. 1988.
(*) Nichtmitglieder des IMF: Albanien, Bulgarien, DDR, Kuba, Mongolei, Nordkorea, Tschechoslowakei, UdSSR.

wegen der schwierigen Bewertung der vorwiegend auf Rubel-Basis vorgenommenen Transaktionen unberücksichtigt; nicht zuletzt fließen die statistischen Ermittlungsfehler, die in den nationalen Handelsbilanzen, wie weiter oben schon erwähnt,
enthalten sind, auch in die hier erfaßten Welthandelsverflechtungen ein.

Daten zum Welthandel und zu den Welthandelsverflechtungen sind aus unterschiedlichen statistischen Quellen verfügbar, z. B. von den Vereinten Nationen, der
OECD oder, wie bei der Tabelle A.8, vom Internationalen Währungsfonds. Jede
Institution verwendet andere Erhebungs- und Schätzverfahren, aus denen dann
auch unterschiedliche Darstellungen der internationalen Handelsströme resultieren. Ein Vergleich der verschiedenen Quellen zeigt aber auch, daß die Abweichungen in einer Bandbreite von maximal ± 5 % liegen. Es ist deshalb zu vermuten, daß
sich die in der Tabelle A.8 enthaltenen Fehler in Grenzen halten und die grobe
Struktur der Welthandelsströme einigermaßen verläßlich nachgezeichnet worden
ist.

Aus den Daten zu den Welthandelsverflechtungen lassen sich auch gewisse Informationen über internationale Exportabhängigkeiten sowie über den Grad der wirtschaftlichen Integration von Ländergruppen ableiten. Hierzu wurden in der Tabelle
A.9 die Anteile der Exporte (genauer der Exportwerte) einzelner Ländergruppen in
Hinsicht auf die Abnehmerländer für die Jahre 1980 und 1987 zusammengestellt. Es
wird deutlich, daß die Industrieländer den größten Teil ihrer Exporte (nämlich
67,5 % im Jahr 1980 und 75,0 % im Jahr 1987) untereinander abwickeln, wogegen
die Exporte der Entwicklungsländer nur zu einem relativ geringen Teil (27,7 % im
Jahr 1980 und 28,4 % im Jahr 1987) innerhalb dieser Gruppe getätigt werden. Am
geringsten sind die Handelsverflechtungen jeweils zwischen den Ländern der Gruppen „Ölexportierende Länder" und „Afrika". Die Entwicklungsländer insgesamt
und auch die Untergruppen der Entwicklungsländer realisieren den größten Teil
ihrer Exportwerte im Handel mit den Industrieländern. Im Außenhandel sind sie
dementsprechend in hohem Maße von der Nachfrage der Industrieländer, die ihrerseits wesentlich von der Konjunkturlage in diesen Ländern bestimmt wird, abhängig.

Die Intensität der „internen" Handelsverflechtungen deutet auch auf den Grad
der wirtschaftlichen Integration hin. So wickeln beispielsweise die Länder der Europäischen Gemeinschaft, die inzwischen einen hohen Integrationsgrad erreicht haben, den größten Teil ihrer Exporte (55,7 % im Jahr 1980 und 58,5 % im Jahr 1987)
im Innenverhältnis ab. Die ökonomische Integration der afrikanischen Länder ist
demgegenüber trotz vieler Integrationsbestrebungen noch immer äußerst gering.
Bemerkenswert ist auch, daß – gemessen an den Exportanteilen – die Intensität der
Handelsbeziehungen zwischen den lateinamerikanischen Ländern von 1980 bis
1987 erheblich gesunken ist. Offenbar hat hier sogar eine ökonomische Desintegration stattgefunden.

Der Grad der „internen" Handelsverflechtungen und der ökonomischen Integration hängt, wie sich an der Gruppe der ölexportierenden Länder besonders deutlich
zeigt, nicht zuletzt von der Produktbreite im Exportgüterbereich ab. Eine enge und
in einer Ländergruppe außerdem noch weitgehend ähnliche Produktpalette, so wie
sie auch im Fall Afrikas gegeben ist, verhindert den gegenseitigen Güteraustausch
und wirkt von daher integrationshemmend. Am Beispiel Asiens wird deutlich, daß
der Industrialisierungsprozeß, der ein breites Produktionsspektrum impliziert,
nicht nur Exportsteigerungen in andere Ländergruppen möglich macht, sondern
auch die gegenseitigen Handelsbeziehungen fördert. In der Gruppe der asiatischen

Tabelle A.9: Exportanteile nach Empfängerländern (in Prozent)

	Jahr	Indu-strie-länder	EG	Ent-wick-lungs-länder	Öl-expor-tieren-de Länder	Afrika	Asien	Latein-amerika	Staats-handels-länder
Industrie-länder	1980	**67,5**	42,8	27,8	7,9	4,7	7,0	6,0	2,5
	1987	**75,0**	43,7	20,9	3,7	2,5	7,8	4,1	1,7
EG	1980	72,8	**55,7**	23,3	7,8	6,1	3,0	3,1	2,3
	1987	79,8	**58,5**	17,0	3,6	3,3	3,8	2,1	1,5
Ent-wicklungs-länder	1980	63,6	29,4	**27,7**	3,7	2,4	10,1	7,0	4,5
	1987	61,7	24,8	**28,4**	3,2	2,2	15,2	3,8	5,1
Ölexpor-tierende Länder	1980	72,7	33,9	25,0	**1,5**	1,2	8,7	8,0	0,2
	1987	67,6	28,1	26,4	**1,7**	1,6	11,4	5,6	0,6
Afrika	1980	69,7	38,7	15,6	1,2	**4,4**	1,7	5,9	0,8
	1987	67,2	45,0	16,6	1,0	**5,8**	3,3	2,9	1,1
Asien	1980	58,9	15,7	36,0	6,4	2,7	**24,0**	2,3	3,1
	1987	58,7	14,8	36,6	3,3	1,9	**28,1**	1,3	2,4
Latein-amerika	1980	65,4	23,1	30,3	2,7	1,8	1,8	**22,2**	2,8
	1987	75,5	21,3	19,9	2,4	1,2	3,5	**12,2**	2,4

Quelle: Eigene Berechnungen unter Verwendung von: IMF, Direction of Trade Statistics,
        Yearbook 1987 und Yearbook 1988.

Entwicklungsländer sind es vor allem die sogenannten „four little tigers", die in
dieser Hinsicht in den 80er Jahren erfolgreich gewesen sind. Es zeichnet sich ab, daß
diese Länder zusammen mit Japan in naher Zukunft einen großen ökonomischen
Integrationsraum bilden könnten.

A-2.4: Die Weltzahlungsbilanz

Für verschiedene Ländergruppen und einzelne große Länder wurden zuvor lediglich die internationalen Warenhandelsbeziehungen aufgezeigt. Der Warenaus-
tausch spielt zwar im Weltwirtschaftssystem nach wie vor eine herausragende Rolle,
aber im Zuge der weltweiten Strukturverschiebungen zugunsten der Dienstlei-
stungsbereiche sowie angesichts einer zunehmenden Liberalisierung des internationalen Kapitalverkehrs haben Dienstleistungs- und Finanztransaktionen in den vergangenen Jahren erheblich an Bedeutung gewonnen. Dabei ist zu berücksichtigen,

daß der internationale Kapitalverkehr Zinsendienstleistungen induziert und deshalb ein enger Zusammenhang zwischen den Finanztransaktionen und den Dienstleistungstransaktionen besteht. Eine Fixierung auf die Warenhandelsströme würde also wesentliche Elemente der heutigen Weltwirtschaftsbeziehungen außer acht lassen.

Leider sind zur Zeit noch keine brauchbaren Daten über die Verflechtungen im Rahmen der Dienstleistungs- und der Finanztransaktionen – analog zu den Handelsverflechtungen gemäß Tabelle A.8 – zwischen den verschiedenen Ländergruppen und einzelnen Ländern der Welt verfügbar. Vorhanden sind lediglich Zusammenstellungen der nationalen Zahlungsbilanzen sowie Aggregationen zu den Zahlungsbilanzen gewisser Ländergruppen. Einen Einblick in solche Zahlungsbilanzen (für das Jahr 1987) gibt die Tabelle A.10.

Tabelle A.10: Regionale Zahlungsbilanzen 1987 (in Mrd. US-Dollar)

Region/Land		Teilbilanz	Credit	Debet	Saldo
Indu-strie-länder	Total	HB (fob) DLB ÜB	1672,3 807,7 62,8	1692,8 788,6 108,3	−20,5 19,1 −45,5
		LB	2542,8	2589,7	−46,9
		KB RB	892,4 –	867,3 –	25,1 21,8
	EG	HB (fob) DLB ÜB	915,0 455,2 56,9	884,2 426,5 77,0	30,8 28,7 −20,1
		LB	1427,1	1387,7	39,4
		KB RB	410,5 –	449,0 –	−38,5 −0,9
	Japan	HB (fob) DLB ÜB	224,3 79,5 0,6	127,9 85,3 4,3	96,4 −5,8 −3,7
		LB	304,4	217,5	86,9
		KB RB	204,9 –	288,3 –	−83,4 −3,5
	USA	HB (fob) DLB ÜB	249,2 174,9 2,2	409,5 155,6 15,5	−160,3 19,3 −13,3
		LB	426,3	580,6	−154,3
		KB RB	211,2 –	74,7 –	136,5 17,8

Tabelle A.10:   Regionale Zahlungsbilanzen 1987 (in Mrd. US-Dollar)

Region/Land		Teilbilanz	Credit	Debet	Saldo
Entwick-lungs-länder	Ölexportierende Entwicklungsländer	HB (fob)	121,4	83,1	38,3
		DLB	31,6	57,5	−25,9
		ÜB	0,5	14,4	−13,9
		LB	153,5	155,0	−1,5
		KB	8,9	3,2	5,7
		RB	−	−	−4,2
	Nichtölexportierende Entwicklungsländer	HB (fob)	484,9	472,5	12,4
		DLB	140,2	183,1	−42,9
		ÜB	50,7	6,0	44,7
		LB	675,8	661,6	14,2
		KB	47,1	50,7	−3,6
		RB	−	−	−10,6

Quelle: IMF, Balance of Payments Statistics, Vol. 39, Yearbook 1988, Part 2; IMF, International Financial Statistics, Vol. XLII, August 1989; eigene Berechnungen. Umrechnung von SDR in US-Dollar zum Durchschnittskurs von 1,29307 $/SDR.

Abkürzungen: HB (fob) = Handelsbilanz, berechnet auf Basis "free on board"; DLB = Dienstleistungsbilanz; ÜB = Übertragungsbilanz; LB = Leistungsbilanz; KB = Kapitalbilanz; RB = Restposten.

Aus den Daten ist unmittelbar ersichtlich, daß die Dienstleistungs- und Finanztransaktionen vor allem in den Zahlungsbilanzen der Industrieländer ein großes Gewicht haben. Bemerkenswert ist der Umfang der Finanztransaktionen Japans; die Auslandsforderungen (Debet) wurden 1987 um ca. 288 Mrd. US-Dollar, die Auslandsverbindlichkeiten (Credit) um ca. 205 Mrd. US-Dollar erhöht, so daß sich ein Nettokapitalexport in Höhe von ca. 83 Mrd. US-Dollar ergab. Auch die Nettokapitalexporte der EG waren 1987 mit ca. 38 Mrd. US-Dollar relativ hoch. Den Nettokapitalexporten Japans und der EG stand mit etwa 136 Mrd. US-Dollar ein extrem hoher Nettokapitalimport der USA gegenüber, der zur Finanzierung des gleichfalls ungewöhnlich hohen US-Leistungsbilanzdefizits benötigt wurde.

Wie sich die Zahlungsbilanzsalden der Gruppe der Industrieländer sowie der Gruppen der ölexportierenden und der nichtölexportierenden Entwicklungsländer im Zeitablauf entwickelt haben, läßt sich – für 1981 bis 1987 – der Tabelle A.11 entnehmen.

Trotz der keineswegs sicheren Daten – wie weiter unten noch zu erläutern ist – lassen sich einige wichtige Informationen gewinnen:

1. Die Handelsbilanz der Gruppe der ölexportierenden Länder hat sich, vor allem bedingt durch die Ölpreissenkungen, nach 1981 tendenziell verschlechtert, wogegen in der Handelsbilanz der Gruppe der nichtölexportierenden Entwicklungsländer tendenziell eine Verbesserung eingetreten ist; diese Verbesserung ist vor allem auf die Exporterfolge der asiatischen Entwicklungsländer und auf Import-

Tabelle A.11: Weltzahlungsbilanzsalden 1981–1987 (in Mrd. US-Dollar)

		1981	1982	1983	1984	1985	1986	1987
Industrie- länder	HB (fob) DLB ÜB	−21,0 32,1 −28,8	−15,6 24,1 −29,8	−19,5 25,3 −27,8	−42,3 14,9 −29,5	−37,7 20,2 −33,5	−4,7 26,3 −41,4	−20,5 19,1 −45,5
	LB	−17,7	−21,3	−22,0	−56,9	−51,0	−19,8	−46,9
	KB	4,2	−22,9	8,5	19,0	26,7	−12,8	25,1
Öl- exportierende Entwicklungs- länder	HB (fob) DLB ÜB	122,8 −53,8 −22,6	64,9 −52,8 −21,6	45,3 −46,6 −19,3	56,1 −44,0 −17,1	56,9 −36,1 −16,8	13,9 −23,9 −14,5	38,3 −25,9 −13,9
	LB	46,4	−9,5	−20,6	−5,0	4,0	−24,5	−1,5
	KB	−39,1	12,6	26,4	6,0	−2,6	24,2	5,7
Nichtöl- exportierende Entwicklungs- länder	HB (fob) DLB ÜB	−81,2 −55,5 39,4	−50,0 −62,7 38,9	−20,9 −56,6 39,1	−0,1 −61,4 39,3	−6,8 −59,6 40,8	0,7 −54,4 43,1	12,4 −42,9 44,7
	LB	−97,3	−73,8	−38,4	−22,2	−25,6	−10,6	14,2
	KB	92,8	79,8	40,6	23,9	24,1	1,6	−3,6
Welt	HB (fob) DLB ÜB	25,9 −82,5 −7,7	9,3 −97,6 −7,3	17,6 −84,1 −5,7	27,2 −96,4 −5,5	17,8 −76,5 −6,0	16,7 −49,1 −5,6	42,6 −51,7 −5,2
	LB	−64,3	−95,6	−72,2	−74,7	−64,7	−38,0	−14,3
	KB	70,6	61,1	69,2	47,9	38,8	6,5	22,8

Quelle: IMF, Balance of Payments Statistics, Vol. 39, Yearbook 1988, Part 2; eigene Berechnungen.

restriktionen der afrikanischen und der lateinamerikanischen Entwicklungsländer zurückzuführen.

2. Die Dienstleistungsbilanz der Industrieländer weist durchweg einen Überschuß, die Dienstleistungsbilanz der Gruppe aller Entwicklungsländer laufend ein Defizit auf. Zu erklären ist das zum einen mit dem Wettbewerbsvorsprung der Industrieländer im Bereich von Versicherungs- und Bankleistungen und zum anderen mit den relativ hohen Kapital- bzw. Zinserträgen der Industrieländer aus Direktinvestitionen in Entwicklungsländern sowie aus Kreditforderungen gegenüber Entwicklungsländern.

3. Die Übertragungsbilanzen der Gruppe der Industrieländer und der Gruppe der ölexportierenden Entwicklungsländer sind im gesamten Zeitraum defizitär. Hierin zeigen sich vor allem die Entwicklungshilfeleistungen, die der Gruppe der nicht ölexportierenden Entwicklungsländer zugute gekommen sind.

4. Die Nettokapitalimporte der Gruppe der nicht ölexportierenden Entwicklungsländer, aus denen sich eine laufende Erhöhung der Auslandsverschuldung ergab, sind nach 1981 sukzessive gesunken und haben sich 1987 – vor allem bedingt durch Nettotilgungen auf die bestehende Auslandsverschuldung – sogar in Nettokapitalexporte umgekehrt.

5. Die Gruppe der ölexportierenden Entwicklungsländer, die im Jahr 1981 mit Hilfe der Deviseneinnahmen aus dem Ölgeschäft noch relativ hohe Kapitalexporte getätigt hatten, wurde ab 1982 – parallel zur Verschlechterung der Handelsbilanz – tendenziell zu einem Nettokapitalimporteur. Hier waren es vor allem Indonesien, Mexiko und Nigeria, die die Einnahmeausfälle, die insbesondere mit der Ölpreisverringerung verbunden waren, durch Kreditaufnahmen im Ausland kompensieren mußten.

Die Tabelle A.11 deckt ein Phänomen auf, das die Genauigkeit der Zahlungsbilanzdaten in Frage stellt. Wären die Daten in allen nationalen Teilbilanzen der Zahlungsbilanzen richtig erfaßt worden, so müßte die Aggregation in jeder Teilbilanz einen Saldo von Null ergeben. Die Aggregation zur Weltzahlungsbilanz führt aber Jahr für Jahr zu hohen Differenzbeträgen. Betrachtet man einmal das Jahr 1987, so weist die durch Aggregation gewonnene Welthandelsbilanz einen Überschuß von 42,6 Mrd. US-Dollar, die Weltdienstleistungsbilanz ein Defizit von 51,7 Mrd. US-Dollar, die Weltübertragungsbilanz ein Defizit von 5,2 Mrd. US-Dollar und schließlich die Weltkapitalbilanz einen Nettokapitalimport von 22,8 Mrd. US-Dollar auf. Der Nettokapitalimport in der Weltkapitalbilanz bedeutet beispielsweise, daß die Nettoauslandsverbindlichkeiten weltweit stärker gestiegen sind als die Nettoauslandsforderungen; das Defizit in der Weltübertragungsbilanz impliziert, daß die Summe aller international registrierten geleisteten Übertragungen größer ist als die Summe aller registrierten empfangenen Übertragungen.

Die Tabelle A.12 zeigt – exemplarisch für 1982 und 1987 – etwas detaillierter, bei welchen Transaktionsarten Divergenzen in den Dienstleistungs- und den Übertragungsbilanzen aufgetreten sind. Für die Diskrepanzen, die bei der Aggregation zur Weltzahlungsbilanz offenkundig werden, lassen sich mehrere Gründe nennen:[2]

1. Die Zurechnung von Warentransaktionen zur Handelsbilanz und von Dienstleistungstransaktionen zur Dienstleistungsbilanz ist aufgrund der weiter oben schon erläuterten verschiedenen Bewertungsverfahren (z.B. fob oder cif) sowie der zeitlichen Differenzen zwischen den Buchungen des Warenausgangs und des Wareneingangs nicht eindeutig gelöst. Obwohl die Handelsbilanzdaten in den Tabellen A.11 und A.12 einheitlich auf „fob"-Basis aufbereitet wurden, dürften in der Welthandelsbilanz noch immer Nettodienstleistungsexporte und in der Weltdienstleistungsbilanz Nettowarenimporte versteckt sein.

2. Transportkosten, die im Zusammenhang mit Warenlieferungen anfallen, werden zwar von den Importländern korrekt verbucht, tauchen aber zu einem gewissen Teil in den offiziellen Dienstleistungsbilanzen der Exportländer nicht wieder auf. Einnahmen aus Transportleistungen werden also, beispielsweise zum Zwecke der Steuerhinterziehung, nicht vollständig gemeldet. Die hohen Defizite in der Weltdienstleistungsbilanz für Transportleistungen per Schiff (siehe Tabelle A.12) können hierfür als Hinweis dienen.

---

[2] Siehe hierzu: International Monetary Fund, World Economic Outlook, April 1987, Washington, D.C., 1987, S. 103 ff.

Tabelle A.12: Diskrepanzen in der Weltleistungsbilanz 1982 und 1987 (in Mrd. US-Dollar)

	Salden	
	1982	1987
Handelsbilanz	9,3	42,6
Dienstleistungsbilanz	−97,6	−51,7
− Transportleistungen per Schiff	−33,4	−32,3
− übrige Transportleistungen	−4,3	0,5
− Reisen	1,9	1,0
− Kapitalerträge aus Direktinvestitionen	−6,7	30,1
− Übrige Kapitalerträge aus Wertpapieren und Krediten	−37,1	−62,8
− Sonstige öffentliche Dienstleistungen	−17,9	−6,9
− Sonstige private Dienstleistungen	0,1	18,7
Übertragungsbilanz	−7,3	−5,2
− Private Übertragungen	4,5	10,4
− Öffentliche Übertragungen	−11,8	−15,6
Leistungsbilanz	−95,6	−14,3

Quelle: IMF, Balance of Payments Statistics, Volume 39, Yearbook 1988, Part 2.

3. Ein erheblicher Teil der unentgeltlichen öffentlichen Übertragungen von Industrieländern in Entwicklungsländer (insbesondere im Rahmen der Entwicklungshilfe) wird zwar in den Geberländern korrekt gebucht, erscheint aber bei den Empfängerländern nicht in den offiziellen Zahlungsbilanzstatistiken. Offenbar versickern gewisse Teile der Entwicklungshilfe in illegalen Verwendungen.
4. Vor allem Zinszahlungen, die Entwicklungsländer auf ihre Auslandsverschuldung leisten, treten zu einem erheblichen Teil in den Zahlungsbilanzen der Empfängerländer nicht in Erscheinung. Die Zinsempfänger nehmen es offenbar mit der Deklarierungspflicht nicht sehr genau. Das gilt nicht nur für die Zinsempfänger in den Industrieländern, sondern vermutlich auch für solche in den Entwicklungsländern, hier insbesondere in den ölexportierenden Entwicklungsländern selbst. Es ist deshalb auch zu erwarten, daß die Defizite in den Dienstleistungsbilanzen der Gruppe der ölexportierenden und der Gruppe der nicht ölexportierenden Entwicklungsländer überhöht sind.
5. Kapitalexporte werden, vor allem wenn es sich um Kapitalflucht handelt oder Steuerhinterziehungsmotive maßgebend sind, oftmals nicht gemeldet und deshalb in den offiziellen Kapitalverkehrsbilanzen nicht erfaßt. Umgekehrt tauchen diese Finanztransaktionen jedoch in aller Regel als Kapitalimporte in den offiziellen Kapitalverkehrsbilanzen der Empfängerländer auf, weil diese Länder, wie beispielsweise im Fall der USA, Kapitalimporte relativ umfassend kontrollieren oder, wie im Fall von Entwicklungsländern, aus hohen Kapitalimporten, die eine Erhöhung der Auslandsverschuldung und zusätzliche Zinszahlungsverpflichtungen mit sich bringen, Forderungen nach zusätzlicher Entwicklungshilfe ableiten.

Insgesamt bleibt festzustellen, daß die internationalen Zahlungsbilanzdaten – und zwar in jeder Teilbilanz – fehlerhaft sind und daß diese Daten folglich keine absolut verläßlichen Informationen über die tatsächlichen Transaktionsbeziehungen in der Weltwirtschaft vermitteln.

A-3: Grundprobleme der Weltwirtschaft

A-3.1: Zahlungsbilanzungleichgewichte, Entwicklungsdivergenzen, Wechselkursfluktuationen und Auslandsverschuldung

Die vorangegangenen Betrachtungen der weltwirtschaftlichen Beziehungen haben zwei Phänomene deutlich gemacht:

1. Die Leistungsbilanzen von Ländern und von Ländergruppen sind – auch über längere Zeiträume – nicht im Gleichgewicht. Einzelne Länder, vor allem die Bundesrepublik Deutschland und Japan, erzielen fast in jedem Jahr relativ hohe Leistungsbilanzüberschüsse, wogegen eine Reihe anderer Industrieländer, darunter seit Anfang der 80er Jahre auch die USA, sowie viele Entwicklungsländer ständig mit Leistungsbilanzdefiziten konfrontiert sind. Die Leistungsbilanzdefizite einer großen Zahl von einzelnen Entwicklungsländern sowie der Gruppe der Entwicklungsländer insgesamt wären sogar noch erheblich größer, wenn nicht umfangreiche unentgeltliche Übertragungen von den Industrieländern und von internationalen Organisationen in diese Länder – vor allem im Rahmen der Entwicklungshilfe – vorgenommen würden.
2. Die weltwirtschaftliche Entwicklung vollzieht sich regional höchst ungleichmäßig. In den 70er Jahren waren es vor allem die OPEC-Staaten, die ihren Anteil am Welthandel – gemessen am Exportwert – zu Lasten der Gruppe der Industrieländer und der Gruppe der nichtölexportierenden Entwicklungsländer ausdehnten. Nach 1982 nahm demgegenüber der Anteil der westlichen Industrieländer sowie der neuen asiatischen Industrieländer (der „four little tigers") am Weltexportvolumen und am Weltexportwert Jahr für Jahr erheblich zu. Die OPEC-Staaten mußten – wegen des Ölpreisverfalls – gleichzeitig drastische Exportwerteinbußen hinnehmen. Vor dem Hintergrund interner ökonomischer und politischer Probleme sowie eines Mangels an internationaler Wettbewerbsfähigkeit gingen außerdem die Welthandelsanteile der afrikanischen und lateinamerikanischen Entwicklungsländer sowie der Staatshandelsländer zeitweise drastisch zurück.

Die Leistungsbilanzungleichgewichte und die ungleichmäßige Partizipation an den internationalen Leistungstransaktionen sind allerdings keineswegs beschränkt auf die 70er und die 80er Jahre. Solche Probleme gehören seit jeher zu den weltwirtschaftlichen Beziehungen, und sie waren sehr häufig Ursache weltweiter ökonomischer Krisen. Solche Krisen wurden u. a. dadurch ausgelöst, daß Länder auf anhaltende Leistungsbilanzdefizite mit einer protektionistischen Außenwirtschaftspolitik reagierten und/oder daß Länder angesichts eines Verlustes an weltwirtschaftlicher Bedeutung in einen außenwirtschaftlichen Isolationismus flüchteten. Beispielhaft für diese Reaktionen war die Zeit während und nach der Großen Weltwirtschaftskrise.

Allein die Erkenntnis, daß die weltwirtschaftlichen Beziehungen und deren Intensivierung in aller Regel allen Beteiligten Beschäftigungs-, Einkommens- und Wohlfahrtssteigerungen bringt, hat immer wieder zu einer Reaktivierung der internationalen ökonomischen Beziehungen geführt. Trotz vieler Versuche ist es aber bis heute nicht gelungen, eine Weltwirtschaftsordnung zu errichten, die einen störungsfreien Güter- und Kapitalverkehr gewährleistet und anhaltende Ungleichgewichtssituationen, so wie sie oben beschrieben wurden, vermeiden hilft. So ist beispielsweise das einzige Ordnungssystem, das bisher fast weltweit praktiziert wurde, nämlich das Währungssystem von Bretton-Woods, nach beachtlichen Anfangserfolgen letztlich gescheitert, weil es nicht geeignet war, lang anhaltende internationale Ungleichgewichte zu vermeiden und die daraus resultierenden Spannungen abzubauen. Immerhin blieb aus der Zeit dieses Währungssystems eine weltwirtschaftliche ordnungspolitische Institution, der Internationale Währungsfonds (einschließlich der Weltbankgruppe), erhalten. Er erfüllt wichtige internationale Koordinations- und Finanzierungsaufgaben, indem er einzelnen Ländern und Weltregionen bei der Bewältigung ihrer Zahlungsbilanzprobleme hilft und so dazu beiträgt, größere internationale ökonomische Krisen zu vermeiden oder einzudämmen. Der IWF verfügt allerdings nicht über Vollmachten, die nationalen Politiken in Richtung auf eine gemeinsame weltwirtschaftspolitische Strategie zu steuern oder gar eine Weltwirtschaftspolitik zu betreiben, der sich alle Länder der Welt unterzuordnen hätten. Die Weltwirtschaft besitzt also zur Zeit weder ein selbstregulierendes Ordnungssystem noch eine mit weitreichenden Handlungskompetenzen ausgestattete weltwirtschaftspolitische Institution. Kennzeichnend für die gegenwärtige Weltwirtschaftsordnung sind Ad-hoc-Koordinationen von außenwirtschaftlich relevanten Teilen nationaler Wirtschaftspolitiken sowie Versuche zur Schaffung größerer ökonomischer Integrationsräume (z. B. EG) mit einer gemeinsamen Außenwirtschaftspolitik.

Die oben genannten Zahlungsbilanzungleichgewichte und ungleichmäßigen regionalen Wirtschaftsentwicklungen haben eine Reihe von Folgewirkungen, die ihrerseits grundlegende Weltwirtschaftsprobleme darstellen:

1. Leistungsbilanzdefizite müssen finanziert werden und bedeuten einen Verlust an vorhandenen Devisenbeständen (bzw. Währungsreserven) oder machen, sofern Devisen fehlen, Kreditaufnahmen auf den internationalen Kapitalmärkten erforderlich. Werden anhaltende Defizite mit Krediten finanziert, so nimmt die Auslandsverschuldung laufend zu. Mit der Auslandsverschuldung ergeben sich aber über den Zinsendienst neue defizitäre Wirkungen auf die Leistungsbilanz. Leistungsbilanzdefiziten ist über diesen Weg eine gewisse Eigendynamik immanent, die letztlich erhebliche Finanzierungsprobleme hervorrufen kann. Aus solchen Zusammenhängen ist die Verschuldungskrise vieler Entwicklungsländer entstanden, die seit Beginn der 80er Jahre zu den Hauptproblemen der Weltwirtschaft zählt. Leistungsbilanzdefizite aufgrund einer Jahr für Jahr defizitären Handelsbilanz sowie der zunehmenden Zinsverpflichtungen gegenüber dem Ausland haben im Laufe der 80er Jahre allerdings auch die USA zu einem internationalen Schuldnerland – inzwischen sogar zum Land mit der höchsten Auslandsverschuldung – gemacht. Daß sich hieraus – anders als bei den Entwicklungsländern – bisher keine Verschuldungskrise entwickelt hat, ist vor allem der weltweiten Akzeptanz des US-Dollars als internationales Zahlungsmittel und Reservemedium zu verdanken. Die USA können deshalb nämlich ihre Leistungsbilanzdefizite nach wie vor mit in US-Dollar nominierten Krediten finanzieren.
2. Die Zahlungsbilanzungleichgewichte und die Auslandsverschuldungsprobleme bedeuten eine ständige Gefährdung der Stabilität auf den internationalen Devisenmärkten und den internationalen Kapitalmärkten. Die Instabilitäten kommen vor allem in relativ starken Wechselkursfluktuationen (insbesondere in Bezug zum US-Dollar) sowie in großen Divergenzen und Schwankungen der internationalen Zinssätze und Wertpapierkurse zum Ausdruck. Von hierher ergeben sich immer wieder Störungen des internationalen Güter- und Kapitalverkehrs, die ihrerseits häufig neue Zahlungsbilanzungleichgewichte hervorrufen.
3. Die ungleichmäßige weltwirtschaftliche Entwicklung ist im allgemeinen mit länder- oder regionalspezifischen Schwankungen der Export- und/oder der Import-

preise verbunden. Daraus resultieren häufig eklatante Veränderungen der Terms of Trade einzelner Länder oder Ländergruppen. So fand beispielsweise in den 70er Jahren eine teilweise drastische Verringerung der Terms of Trade nichtölexportierender Entwicklungsländer statt, weil die Ölpreisexplosion die Importe stark verteuerte; und in den 80er Jahren setzte sich die Terms of Trade-Verschlechterung vor allem für die afrikanischen und die lateinamerikanischen Entwicklungsländer trotz des Ölpreisverfalls fort, weil sie wegen Mangels an internationaler Wettbewerbsfähigkeit erhebliche Exportpreisverringerungen hinnehmen mußten. Die Verschlechterung der Terms of Trade kann sowohl Wohlfahrtsverluste als auch Devisenverknappungen herbeiführen. Ein Mangel an Devisen zwingt aber häufig zu Importrestriktionen, von denen auch wichtige Investitionsgüter betroffen sein können. Auf diesem Wege besteht die Gefahr, daß Terms of Trade-Verschlechterungen schließlich den internen ökonomischen Entwicklungsprozeß hemmen und so zur Ursache weiterer Verluste an internationaler Wettbewerbsfähigkeit sowie neuer Leistungsbilanzdefizite werden.

A-3.2: Weltwirtschaftlich wichtige Fragestellungen

Die grundlegenden weltwirtschaftlichen Gegebenheiten und Probleme werfen eine Reihe von Fragen auf, welche die Richtschnur für die weiteren Untersuchungen in diesem Buch darstellen:

1. Warum tauschen Länder überhaupt Güter untereinander aus? Worin liegen die Vorzüge eines freien internationalen Handels? Wäre es nicht vorteilhafter, sich den möglicherweise höchst problematischen internationalen Verflechtungen durch eine absolute oder zumindest weitgehende Autarkie zu entziehen? (Kapitel B und H)
2. Welche Faktoren bestimmen Richtung und Umfang der internationalen Handelsströme? Wie wirken sich marktspezifische Rahmenbedingungen, insbesondere ein vollkommener oder unvollkommener Wettbewerb, auf den internationalen Handel aus? (Kapitel B)
3. Welche Einflüsse gehen von der Weltwirtschaft auf wichtige ökonomische Größen eines Landes, auf die Leistungsbilanz und die Kapitalbilanz, auf das Volkseinkommen sowie auf das nationale Preis- und Zinsniveau aus? Auf welche Einflüsse sind anhaltende Leistungsbilanzungleichgewichte, insbesondere Leistungsbilanzdefizite zurückzuführen? (Kapitel C und E)
4. Inwieweit beeinträchtigen internationale Einflüsse die Möglichkeiten der nationalen Wirtschaftspolitiken (der Geld- und der Fiskalpolitiken) bei der internen Steuerung von Einkommen, Beschäftigung, Zinsniveau und Preisniveau? Welche Möglichkeiten gibt es, den von den Weltmärkten ausgehenden unerwünschten Einflüssen durch nationale wirtschaftspolitische Maßnahmen, z. B. durch eine geeignete Wechselkurspolitik, entgegenzutreten? (Kapitel D)
5. Welche internationalen Transaktionen finden auf den Devisenmärkten statt und wie bilden sich dabei die Wechselkurse? Wodurch werden die starken Wechselkursfluktuationen verursacht? (Kapitel F)
6. Gibt es eine Weltwährungsordnung, mit der sich lang anhaltende Zahlungsbilanzungleichgewichte vermeiden lassen? Warum haben sich bestimmte Währungssysteme, z. B. das System von Bretton-Woods, in der Praxis – zumindest auf längere Sicht – nicht bewährt? Ist das Europäische Währungssystem geeignet, wenigstens innerhalb Europas binnen- und außenwirtschaftliche Stabilität zu gewährleisten? (Kapitel G)

7. Wie wirkt sich die protektionistische Außenwirtschaftspolitik eines Landes sowohl auf nationaler als auch auf internationaler Ebene aus? Kann ein einzelnes Land durch Protektionismus Vorteile im Vergleich zur Freihandelssituation erlangen? (Kapitel H)

8. Welche Vorzüge und welche Nachteile – sowohl aus nationaler als auch aus weltweiter Sicht – hat die wirtschaftliche Integration mehrerer Länder? Lassen sich mit einer Integration zumindest zwischen den Mitgliedsländern die obengenannten grundlegenden Weltwirtschaftsprobleme vermeiden bzw. lösen? (Kapitel H)

9. Wie und durch welche Finanztransaktionen entstehen internationale Kreditbeziehungen? Lassen sich enge Zusammenhänge zwischen Finanz- und Leistungstransaktionen beobachten und ergibt sich aus solchen Zusammenhängen möglicherweise eine Tendenz zum Zahlungsbilanzausgleich? (Kapitel I)

10. Worin sind die wesentlichen internen und externen Ursachen der hohen Auslandsverschuldung sowie der Verschuldungskrise der Entwicklungsländer und neuerdings auch der östlichen Staatshandelsländer zu sehen? Welche Möglichkeiten sowohl auf nationaler als auch auf internationaler Ebene bieten sich zur Lösung des Verschuldungsproblems an? (Kapitel I)

Abschließend wäre noch die Frage zu stellen, wie denn eine globale Weltwirtschaftsordnung beschaffen sein sollte, die geeignet ist, die internationalen Wirtschaftsbeziehungen zu fördern, anhaltende Zahlungs- und Leistungsbilanzungleichgewichte zu verhindern, eine möglichst gleichmäßige weltwirtschaftliche Entwicklung zu gewährleisten und grenzüberschreitende ökonomische Konflikte weitgehend zu unterbinden. Auf diese zentrale Frage ist bis heute keine befriedigende Antwort gefunden worden. Vermutlich ist es eine unlösbare Aufgabe, den äußerst komplexen weltwirtschaftlichen Beziehungen einen allgemein gültigen Ordnungsrahmen zu geben, der den Ansprüchen und Zielvorstellungen aller oder zumindest der meisten Länder gerecht wird. In den weiteren Untersuchungen wird wegen der Komplexität des Problems darauf verzichtet, der Frage nach einer umfassenden Weltwirtschaftsordnung nachzugehen oder gar den Entwurf einer solchen Ordnung zur Diskussion zu stellen.

Kapitel B:
Ursachen des Außenhandels und internationales Tauschgleichgewicht

B-1: Ursachen des internationalen Handels

Die Wirtschaftssubjekte eines Landes werden, sofern sie frei von politischem Druck entscheiden können, internationale Handelsbeziehungen nur dann aufnehmen und aufrechterhalten, wenn ihnen daraus im Vergleich zu ausschließlich binnenwirtschaftlicher Orientierung Vorteile erwachsen. Vorteile bzw. Gewinne aus internationalem Handel lassen sich aus einer Vielzahl objektiver Tatbestände oder subjektiver Bewertungskriterien ableiten. Die wichtigsten Kriterien sind: Differenzen zwischen den Preisen in- und ausländischer Güter; die Möglichkeit in den Besitz von Gütern zu kommen, die im Inland nicht vefügbar sind; persönliche Käuferpräferenzen für bestimmte in- oder ausländische Anbieter; sachliche Käuferpräferenzen für spezifische in- oder ausländische Produkte; räumliche Käuferpräferenzen für Güter einer bestimmten regionalen Herkunft.

Sind bestimmte Güter im Ausland – auch unter Berücksichtigung von Transportkosten – billiger zu beschaffen als im Inland, so dürfte es zu Importen kommen, und umgekehrt ist mit einer entsprechenden Exporttätigkeit zu rechnen, wenn das Inland bestimmte Güter preisgünstiger anbietet als ausländische Unternehmungen. Die Außenhandelsgewinne resultieren in diesem Beispiel aus objektiv feststellbaren internationalen *Preisdifferenzen* für direkt vergleichbare und folglich gegeneinander substituierbare Güter. Solche Preisdifferenzen lassen sich bei freien nationalen und internationalen Gütermärkten mit divergierenden Produktions- und/oder Nachfragebedingungen in den Handelsländern erklären. Hinsichtlich der Produktionsbedingungen spielen vor allem Unterschiede in der relativen Ausstattung der Länder mit Produktionsfaktoren und/oder unterschiedliche Faktorproduktivitäten bzw. Produktionskosten in vergleichbaren Produktionssektoren der Länder eine wichtige Rolle. Internationale Preisdifferenzen können aber auch auf Verhaltensweisen von Marktteilnehmern oder auf externe Eingriffe in Gütermärkte zurückzuführen sein, die die freie Preisbildung sowie den freien Güteraustausch an den internationalen Märkten hemmen oder verhindern. Zu nennen sind in diesem Zusammenhang beispielsweise Preisabsprachen, Dumping, Mengenkartelle sowie Protektionismus in Form von exportfördernder und importhemmender staatlicher Zoll-, Steuer-, Subventions- oder Kontingentierungspolitik.

Internationale Preisdifferenzen haben als Determinante des internationalen Handels keine oder nur eine untergeordnete Bedeutung, wenn bestimmte Güter im Inland bzw. Ausland überhaupt nicht oder nicht in ausreichender Menge zur Verfügung stehen. Der Mangel an *Verfügbarkeit* kann vielfältige Ursachen haben: Zur Produktion unbedingt erforderliche Rohstoffe sind nicht vorhanden; die natürlichen klimatischen oder bodenspezifischen Bedingungen lassen bestimmte Produktionen nicht zu; Produktionstechnologie, technisches Know-how oder produktionsrelevante Fähigkeiten des Humankapitals sind vergleichsweise unterentwickelt; Kapazitätsengpässe begrenzen das inländische Güterangebot. Es ist offensichtlich, daß die Nichtverfügbarkeit von Ressourcen oder Produkten in besonderem Maße zeitabhängig ist. Nahezu jede Produktionsrestriktion läßt sich über kurz oder lang durch Substitution (z.B. bei Rohstoffmangel), Innovation (z.B. bei fehlender Technologie), Ausbildung (z.B. in Hinsicht auf die Qualität des Faktors Arbeit) oder Investitionen (z. B. bei Kapazitätsengpässen) beseitigen. Da aber immer wieder neue Restriktionen auftreten können, kommt dem Verfügbarkeitsargument in allgemeiner Form auch auf Dauer eine große Bedeutung für die Begründung des internationalen Handels zu. Der Vorteil eines Handels mit ansonsten nicht verfügbaren Gütern ist evident: nur durch ihn kann eine Befriedigung entsprechender Nachfrage und folglich die Realisierung bestimmter gewinn- und nutzenbringender Produktions- und Verbrauchswünsche erfolgen.

Die Argumente der Preisdifferenzierung und der Verfügbarkeit bzw. Nichtverfügbarkeit finden im allgemeinen auf solche international gehandelten oder handelbaren Güter Anwendung, die eine objektive Differenzierbarkeit zulassen und für die es aus der Sicht eines Landes eindeutige Handelsrichtungen gibt. Konkret bedeutet das, daß ein bestimmtes Gut nur Import-, nicht jedoch Exportgut ist und vice versa. Die Erfahrung zeigt aber, daß Güter, die – scheinbar objektiv – der gleichen Kategorie zugeordnet werden, zugleich Import- und Exportgüter eines Landes sein können. Man spricht in diesem Fall von einem *intra-industriellen* bzw. *intra-sektoralen* Außenhandel im Unterschied zum *inter-industriellen* bzw. *inter-sektoralen* Außenhandel, bei dem Import- und Exportgüter eines Landes verschiedenen Kategorien angehören. Eine Hauptursache hierfür dürfte in der Existenz *persönlicher, sachlicher* oder *räumlicher individueller Präferenzen* zu sehen sein, die ihrerseits Ausdruck subjektiver Bewertungen sind. So wird beispielsweise ein bestimmtes Produkt im Ausland gekauft, obwohl es im Inland zu einem günstigeren Preis verfügbar ist, weil besondere persönliche Beziehungen zum ausländischen Lieferanten bestehen, weil das ausländische Produkt trotz des Fehlens objektiver Differenzierungsmerkmale als qualitativ besser eingeschätzt wird oder weil emotionale Bindungen zum Lieferland bestehen. Aufgrund solcher Präferenzen liegt auf den internationalen Gütermärkten *heterogene Konkurrenz* vor. Es ist zu beobachten, daß *Produktdifferenzierungen* innerhalb gleicher Güterkategorien auf den internationalen Märkten zunehmend an Bedeutung gewinnen. Diese zielen insbesondere auf die Bildung sachlicher Präferenzen ab. Der Vorteil bzw. der Gewinn des Außenhandels ergibt sich in diesem Fall aus dem – im Vergleich zum Kauf eines subjektiv nur ähnlichen inländischen Produkts – höheren subjektiven Nutzen.

Der Aspekt der internationalen Preisdifferenzen und dementsprechend die Analyse unterschiedlicher Produktions- und Nachfragebedingungen nehmen in der Außenhandelstheorie den breitesten Raum ein. Hierzu steht nämlich mit der volkswirtschaftlichen Markt- und Preistheorie ein Instrumentarium zur Verfügung, das weit entwickelt ist sowie durch formale Eleganz und klare Logik besticht. Diese Theorie macht es nicht zuletzt möglich, für bestimmte Rahmenbedingungen, z.B. für die Marktform der vollständigen Konkurrenz, eindeutige Implikationen abzuleiten. Die Produktverfügbarkeit und die heterogene Konkurrenz bzw. die Produktdifferenzierung als Determinanten des internationalen Handels sind dagegen einer stringenten formal-theoretischen Analyse weit weniger zugänglich. Beide Determinanten beinhalten ein breites Spektrum von Ergebnismöglichkeiten. Das Argument der Produktverfügbarkeit weist nämlich eine besonders starke zeitliche Invarianz auf, und beim Argument der persönlichen, räumlichen und sachlichen Präferenzen im Rahmen der heterogenen Konkurrenz sind rein subjektive Bewertungskriterien vorherrschend. Demgegenüber stellen internationale Preisdifferenzen objektive, empirisch leicht faßbare Phänomene dar, die in einem kurz- und mittelfristigen Zeitrahmen relativ stabil sind. Vor diesem Hintergrund ist es verständlich, daß der Aspekt der Produktverfügbarkeit sowie die heterogene Konkurrenz in vielen Lehrbuchdarstellungen nur kurz behandelt werden, während dem Argument der internationalen Preisdifferenzen ein breiter Raum vorbehalten ist. Die Produktverfügbarkeit und insbesondere die heterogene Konkurrenz werden in diesem Kapitel zwar eingehender als allgemein üblich untersucht, aber der Analyse der internationalen Preisdifferenzen wird auch hier ein besonderes Gewicht gegeben. Denn gerade diese Analyse und die dafür in der Außenhandelstheorie gebräuchliche Methodik sind in besonderem Maße geeignet, wichtige Einsichten in die nicht immer einfachen internationalen Handelsbeziehungen zu vermitteln. Sobald die grundlegenden außenwirtschaftlichen Zusammenhänge aus der Analyse der internationalen Preisdifferenzen bekannt sind, ist es relativ einfach, die beiden anderen Argumente für den internationalen Handel zu berücksichtigen und zuvor abgeleitete Ergebnisse entsprechend zu modifizieren.

B-2: Produktivitätsunterschiede und Außenhandelsgewinne

B-2.1: Absolute und komparative Produktionskostenvorteile: die klassische Begründung des internationalen Handels

Daß Arbeitsteilung für die Güterversorgung einer Volkswirtschaft vorteilhaft ist, gehört zu den Grunderfahrungen im ökonomischen Handeln von Menschen. Es ist deshalb auch verständlich, daß der Aspekt der Arbeitsteilung in der klassischen Nationalökonomie, die sich eingehend mit der Frage beschäftigte, wie der Wohlstand von Nationen vermehrt werden könne, von zentraler Bedeutung gewesen ist. Adam Smith, der neben David Ricardo wohl bekannteste Begründer der heute als klassische Nationalökonomie bezeichneten Lehre, stellte mit Nachdruck fest, daß Arbeitsteilung nicht nur innerhalb einer Volkswirtschaft, sondern auch auf internationaler Ebene praktiziert werden müsse. Internationaler Handel, so betonte er, sei wohlstandsfördernd, wenn ein Land Güter, die es – im Vergleich mit einem anderen Land – nur mit höheren Kosten produzieren kann, importiert und dafür solche Güter exportiert, bei denen es selber geringere Produktionskosten verursacht.

Vor dem Hintergrund der damals praktizierten merkantilistischen Lehre, nach der sich der Nutzen des Außenhandels in möglichst hohen Exporten ausdrückte, konnte die Idee von Adam Smith als revolutionär bezeichnet werden. Seine Begründung des Außenhandels räumte nämlich gerade der Importseite eine herausragende Rolle ein. Diese Begründung setzt allerdings die Existenz absoluter Produktionskostenvorteile – im folgenden nur Kostenvorteile genannt – voraus. Der Außenhandel ist demnach hinsichtlich einer quantitativ besseren Güterversorgung nur dann nutzenbringend, wenn bestimmte Güter in einem Land absolut kostengünstiger produziert und billiger angeboten werden können als in einem anderen Land. Wäre diese These richtig, so wäre Außenhandel für ein Land unter dem Aspekt der quantitativen Güterversorgung nicht vorteilhaft, wenn es alle Güter kostengünstiger produziert als andere Länder, und gleichermaßen würde sich für ein Land, das alle Güter mit höheren Kosten produziert, Außenhandel verbieten, da den Importen keine Exporte entgegengesetzt werden könnten. Es ist u. a. das Verdienst David Ricardos, den Ansatz der absoluten Kostenvorteile zu einem allgemeinen Ansatz erweitert und erst damit die wesentliche Begründung für den Nutzen des internationalen Handels geliefert zu haben. Ricardo zeigte nämlich, daß Handel zwischen Ländern auch dann wohlstandsfördernd ist, wenn es keine absoluten Kostenvorteile gibt, sofern nur bestimmte Güter in den verschiedenen Ländern mit relativen bzw. komparativen Kostenvorteilen produziert werden. *Das nach dieser Erkenntnis benannte Gesetz des komparativen Vorteils besagt, daß sich mit Außenhandel eine größtmögliche quantitative Güterversorgung einzelner Volkswirtschaften und aller Nationen insgesamt erreichen läßt, wenn sich jedes Land auf die Produktion der Güter spezialisiert, bei denen es komparative Kostenvorteile besitzt, und diese Güter international gegen Güter tauscht, die sich in inländischer Produktion nur mit komparativen Kostennachteilen herstellen lassen.*[1] Zweifellos gehört der Ansatz Ricardos zur Begründung des internationalen Handels zu den bedeutendsten Grundideen der Nationalökonomie. Es ist deshalb wichtig, ihn ausführlich darzustellen. Die von Adam Smith gelieferte Begründung von Außenhandelsgewinnen mit absoluten Kostenvorteilen wird dabei als ein Spezialfall ebenfalls gewürdigt.

B-2.2: Produktionstheoretische Grundlagen des klassischen Modells

Die Analyse geht, so wie es auch für die originären Ansätze von Smith und Ricardo typisch ist, von relativ einfachen güterwirtschaftlichen Zusammenhängen aus. Damit wird es aber durchaus möglich, die wesentlichen Aspekte der absoluten und der komparativen Kostenvorteile zu erfassen. Es werden zwei Länder, das Inland und das Ausland, betrachtet, und in jedem Land gibt es zwei Produktionssektoren, die jeweils ein homogenes Gut, das Gut 1 oder das Gut 2, herstellen. Die Nachfrager betrachten jeweils ein Gut als völlig homogen, gleichgültig, ob es aus inländischer oder ausländischer Produktion stammt. Folglich sind die Produktionen eines bestimmten Gutes im In- und im Ausland vollständig gegeneinander substituierbar.

Gemäß der klassischen Arbeitswertlehre konzentriert sich der Input in der Produktion jedes der beiden Güter auf den Faktor Arbeit, und analog zum Ansatz von Ricardo sei angenommen, daß in jedem Sektor und in jedem Land ein linearer Zusammenhang zwischen Produktionsmenge und Faktoreinsatz besteht. Die sektoralen Produktionsfunktionen eines Landes lassen sich dann wie folgt schreiben:

(B-1) $\quad x_1 = a_1 A_1$ $\qquad$ (B-1a) $\quad x_1^* = a_1^* A_1^*$

(B-2) $\quad x_2 = a_2 A_2$ $\qquad$ (B-2a) $\quad x_2^* = a_2^* A_2^*$

x_1 und x_2 (bzw. x_1^* und x_2^*) sind die Produktionsmengen der Güter 1 und 2 im Inland (bzw. im Ausland) innerhalb eines bestimmten Zeitraums, z. B. eines Jahres. A_1 und A_2 (bzw. A_1^* und A_2^*) geben die erforderlichen Faktoreinsätze, z. B. ausgedrückt in geleisteten Arbeitsstunden, an. Schließlich drücken a_1 und a_2 (bzw. a_1^* und a_2^*) jeweils die Arbeitsproduktivität in den Produktionssektoren aus.[2] Die ge-

---

[1] Die Bedeutung der komparativen Kostenvorteile ist auch von anderen Nationalökonomen kurz vor oder fast zeitgleich mit Ricardos Veröffentlichungen erkannt worden. Zu nennen sind hier z. B. der Ire Robert Torrens (1780–1864) und der aus Riga stammende Deutsche Heinrich von Storch (1766–1835). Vgl. hierzu: Jochen Schumann, Englische klassische Außenhandelslehren, ihre Rezeption und Weiterentwicklung der deutschen klassischen Nationalökonomie des 17. Jahrhunderts, in: H. Scherf (Hrsg.), Studien zur Entwicklung der ökonomischen Theorie VI, Berlin 1988, S. 29–64.

[2] Es ist auch durchaus möglich, A_1 und A_2 (bzw. A_1^* und A_2^*) jeweils als Indikator für ein Konglomerat mehrerer verschiedener Produktionsfaktoren zu interpretieren, die in einer bestimmten festen Kombination im Produktionsprozeß eingesetzt werden. Entsprechend würde dann mit a_1 und a_2 (bzw. a_1^* und a_2^*) die Produktivität dieser Faktormengenkombination bezeichnet. In diesem Sinne ist der Ansatz von Haberler zu verstehen, der die klassische Theorie der komparativen Kosten durch Einführung des Begriffs der Opportunitätskosten neu interpretiert und allgemeiner formuliert hat. Die Gedankengänge Haberlers fin-

samte im Produktionszeitraum zur Verfügung stehende Faktorausstattung – der potentielle Arbeitsinput – sei mit A bzw. A* fest vorgegeben:

(B-3) $\quad A = A_1 + A_2 \quad$ (B-3a) $\quad A^* = A_1^* + A_2^*$

Folglich ergibt sich von hierher eine Begrenzung der Produktionsmöglichkeiten, die sich bestimmen läßt, wenn die Faktormengenrestriktion (B-3) in die Produktionsfunktionen (B-1) und (B-2) einbezogen wird. Im Inland besteht demnach die folgende Produktionsgrenze für das Gut 1 bzw. für das Gut 2:

(B-4) $\qquad x_1 = a_1 A - \dfrac{a_1}{a_2} x_2 \quad$ mit $\quad x_1 \geq 0, x_2 \geq 0$

Dieser Zusammenhang macht deutlich, um wieviel die Produktion des Gutes 1 bei Vollauslastung des Produktionsfaktors Arbeit verringert werden muß, wenn die Produktion des Gutes 2 erhöht werden soll. Das entsprechende Transformationsverhältnis $-dx_1/dx_2$ ergibt sich aus dem Verhältnis der Arbeitsproduktivitäten a_1/a_2 in den beiden Produktionssektoren. Man bezeichnet dieses Verhältnis auch als Grenzrate der Transformation, hier der Transformation von Gut 1 in Gut 2. Zugleich gibt dieses Verhältnis die sogenannten marginalen Opportunitätskosten der Produktion des Gutes 2 an, denn es zeigt, welche Kosten in Form eines Verzichts auf das Gut 1 die Produktion einer zusätzlichen Mengeneinheit des Gutes 2 verursacht. Umgekehrt lassen sich aus der Gleichung (B-4) auch die Opportunitätskosten der Produktion des Gutes 1 bestimmen. Löst man nach x_2 auf, so erhält man als Grenzrate der Transformation bzw. als marginale Opportunitätskosten:

(B-4a) $\qquad -\dfrac{dx_2}{dx_1} = \dfrac{a_2}{a_1}$

Aufgrund des linearen Zusammenhangs zwischen x_1 und x_2 ergibt die grafische Darstellung (siehe Abbildung B.1) der Gleichung (B-4) eine Gerade, die auch Transformationsgerade genannt wird.

Die Transformationsgerade zeigt die Produktionsmöglichkeiten auf, die das betrachtete Land – hier das Inland – aufgrund der vorhandenen Faktorausstattung und der Faktorproduktivitäten in den beiden Produktionssektoren besitzt. Die Steigung der Transformationsgeraden entspricht dem zuvor erläuterten Transformationsverhältnis, und die Schnittpunkte mit den Achsen geben jeweils die Maximalproduktion eines jeden Gutes für den Fall an, daß die vorhandenen Ressourcen nur in einem einzigen Sektor Verwendung finden. Analog zur Gleichung (B-4) und zur Abbildung B.1 ist auch die Transformationsgerade des Auslands darstellbar.

Wie hoch nun die tatsächliche Produktion von Gut 1 und Gut 2 in dem betrachteten Land ist, läßt sich aus der Transformationsgeraden nicht ablesen. Ohne Kenntnis der Nachfrageverhältnisse kann hierüber auch keine Aussage getroffen werden.

---

den, nicht zuletzt durch Verwendung des Begriffs der Opportunitätskosten, in den weiteren Untersuchungen zumindest implizit Berücksichtigung, ohne daß es jedoch erforderlich scheint, den Ansatz Haberlers gesondert zu diskutieren.
Siehe dazu: G. Haberler, Die Theorie der komparativen Kosten und ihre Auswertung für die Begründung des Freihandels, in: Weltwirtschaftliches Archiv, Bd. 32, 1930, S. 349–370; J. Schumann, Außenhandel III: Wohlfahrtseffekte, in: Handwörterbuch der Wirtschaftswissenschaft (HdWW), Bd. 1, Stuttgart – Tübingen – Göttingen 1977, S. 407 f.

Abbildung B.1:

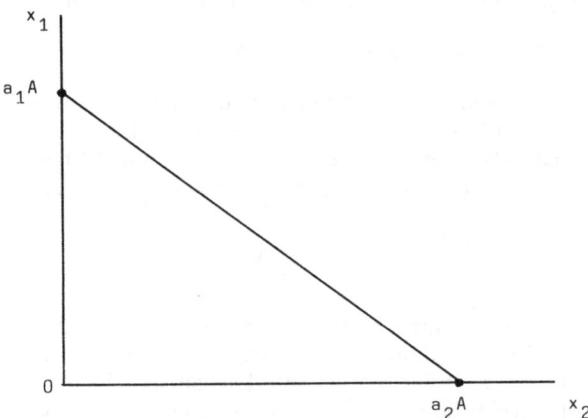

Geht man, wie im klassischen Modell, davon aus, daß die vorhandenen Faktorressourcen immer vollständig beschäftigt bzw. ausgelastet sind, so ist lediglich bekannt, daß die tatsächlich realisierte Gütermengenkombination auf der Transformationsgeraden (siehe Abbildung B.1) liegt. Diese Kenntnis genügt allerdings zunächst, um die Vorteile des internationalen Handels zu verdeutlichen.

B-2.3: Außenhandelsgewinne bei absoluten Kostenvorteilen

Die zuvor angestellten Überlegungen haben gleichermaßen für die beiden in der Analyse betrachteten Länder Gültigkeit. Mit einem Blick auf die Produktionsmöglichkeiten beider Länder läßt sich nun auch zeigen, welche Außenhandelsgewinne aufgrund absoluter oder relativer Kostenvorteile möglich sind. Alternativ mögen vier verschiedene Rahmenbedingungen für die Produktionen in den beiden Ländern gegeben sein (siehe Tabelle B.1).

Mit den Fällen 1 bis 3 sei zunächst angenommen, daß die beiden Länder über die gleiche Faktorausstattung verfügen. Dem Fall 4 liegt dagegen eine unterschiedliche Faktorausstattung zugrunde. Die Arbeitsproduktivitäten im Fall 1 wurden so gewählt, daß das Inland bei der Herstellung des Gutes 1, das Ausland bei der Herstellung des Gutes 2 einen absoluten Kostenvorteil besitzt. Dagegen weist das Inland in den übrigen Fällen einen absoluten Kostenvorteil bei der Herstellung beider Güter auf. Wie noch zu zeigen ist, besitzt das Ausland in den Fällen 2 und 4 bei der Herstellung des Gutes 2 allerdings einen relativen Kostenvorteil, während im Fall 3 keine relativen Kostenvorteile gegeben sind.

Die Abbildungen B.2a) und B.2b) zeigen die Produktionsmöglichkeiten der beiden Länder für Fall 1. Gemäß Gleichung (B-4) ergeben sich die entsprechenden Transformationsgeraden bzw. Produktionsmöglichkeiten in den beiden Ländern als:

(B-5) $x_1 = 4000 - 2x_2$ (Inland)

(B-6) $x_1^* = 2000 - 0{,}4x_2^*$ (Ausland)

Da die Nachfrageseite hier nicht explizit erfaßt ist, sei willkürlich angenommen, daß die Nachfragestruktur und entsprechend auch die Produktionsstruktur im

Tabelle B.1:

		Fall 1 In- land	Fall 1 Aus- land	Fall 2 In- land	Fall 2 Aus- land	Fall 3 In- land	Fall 3 Aus- land	Fall 4 In- land	Fall 4 Aus- land
Faktorausstattung, z. B. in Mio. Beschäftigtenstunden pro Jahr:	A	1000	1000	1000	1000	1000	1000	1000	600
Arbeitsproduktivität im Sektor 1 (Gut 1):	a_1	4	2	4	2	4	3,33	4	2
Arbeitsproduktivität im Sektor 2 (Gut 2):	a_2	2	5	6	5	6	5	6	5
Produktion im Autarkiezustand von Gut 1:	x_1	1500	1300	2200	1300	2200	1500	3000	800
von Gut 2:	x_2	1250	1750	2700	1750	2700	2750	1500	1000

Autarkiezustand, also vor Aufnahme von internationalen Handelsbeziehungen, im Inland durch den Punkt A und im Ausland durch den Punkt B jeweils auf den Transformationsgeraden festgelegt ist.

Die beiden Transformationsgeraden werden nun in der Abbildung B.3 so zusammengefügt, daß neben den länderspezifischen Produktionsmöglichkeiten auch noch die internationalen Tauschmöglichkeiten erfaßt werden. Im Punkt E ist die internationale Produktionsstruktur dadurch gekennzeichnet, daß das Inland nur das Gut 1, das Ausland nur das Gut 2 herstellt. Jedes Land ist hier somit auf die

Abbildung B.2:

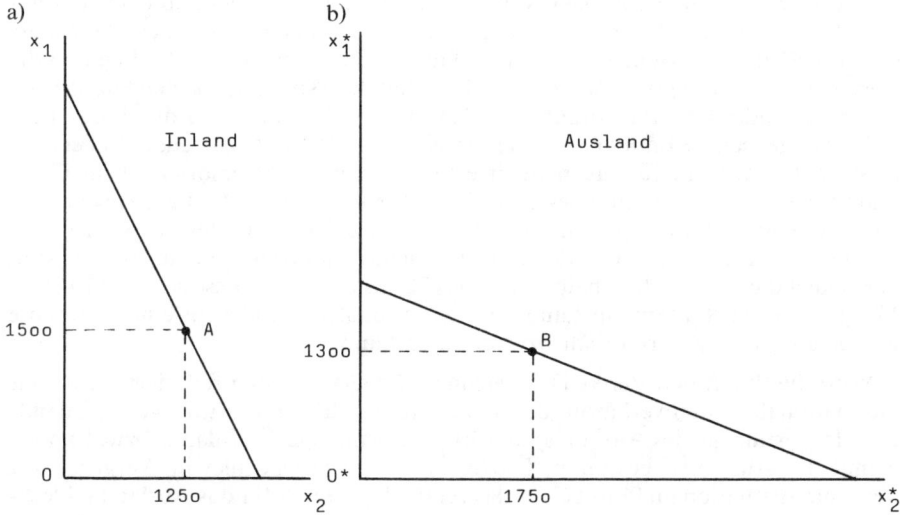

Abbildung B.3:

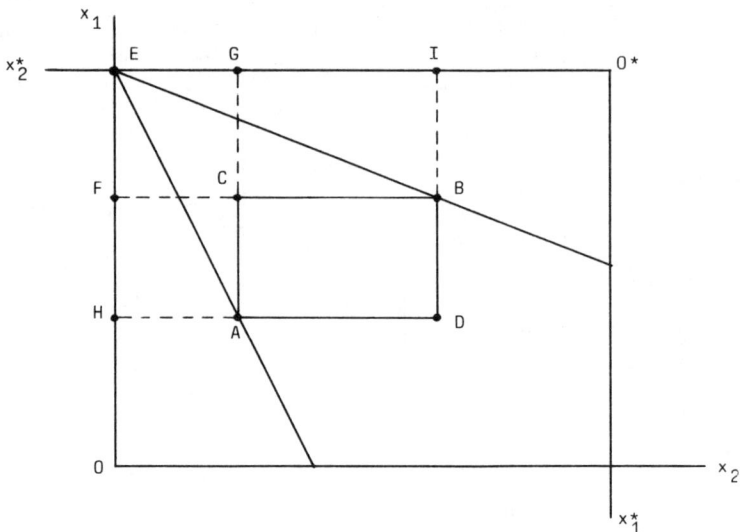

Herstellung des Gutes spezialisiert, bei dem es einen absoluten Kostenvorteil besitzt. Es liegt auf der Hand, daß die Produktionsmengen für jedes Gut in internationaler Sicht maximiert werden, wenn diese Spezialisierung erfolgt.

Offen ist allerdings die Frage, wie diese Produktionsmengen auf die beiden Länder verteilt werden, zumal ja aus dem Autarkiezustand bekannt ist, daß in jedem Land für jedes Gut ein Bedarf besteht. Ein Land wird nur dann freiwillig zur Aufnahme von internationalen Handelsbeziehungen bereit sein, wenn sich im Vergleich mit der Autarkiesituation zumindest keine Verschlechterung in der Güterversorgung ergibt. Ein Anreiz zu internationalem Handel dürfte sogar nur bestehen, wenn daraus eine bessere Güterversorgung resultiert. Unter dem hier ausschließlich betrachteten quantitativen Aspekt ist der internationale Handel dann eindeutig mit einer besseren Güterversorgung verbunden, wenn zumindest von einem der beiden Güter eine größere Menge als im Autarkiezustand verfügbar wird, ohne daß die Menge des anderern Gutes sinkt. Diese Konstellation sowie die beiden Situationen gleichbleibender Güterversorgung werden in der Abbildung B.3 durch das Feld ABCD abgedeckt. Kommt eine Güterverteilung im Punkt C zustande, so liegt der Außenhandelsgewinn für das Inland in einer besseren Güterversorgung beim Gut 1 und für das Ausland in einer besseren Güterversorgung beim Gut 2. Erreicht wird diese Verteilung dadurch, daß das Inland die Menge EF des Gutes 1 exportiert und dafür die Menge EG des Gutes 2 aus dem Ausland importiert und umgekehrt. Man bezeichnet dieses Tauschverhältnis auch als Terms of Trade. Diese geben an, welche Menge an Importgütern ein Land im internationalen Handel für eine bestimmte Menge an Exportgütern erhält bzw. erhalten kann.

Wird die durch den Punkt D bezeichnete Güterverteilung realisiert, so ist das internationale Tauschverhältnis durch die Strecken EH (Exportmenge des Inlands bzw. Importmenge des Auslands) und EI (Importmenge des Inlands bzw. Exportmenge des Auslands) bestimmt. Die Terms of Trade sind hier im Vergleich zur Verteilungssituation im Punkt C für das Inland besser und für das Ausland schlechter. Im Vergleich zur Autarkiesituation ergeben sich allerdings für beide Länder Gewinne. Es ist offensichtlich, daß bei einer Güterverteilung gemäß Punkt A bzw. Punkt B nur dem Ausland bzw. dem Inland Außenhandelsgewinne zufallen. Innerhalb des Feldes ABCD liegen schließlich alle Verteilungssituationen, bei denen sich in jedem Land für jedes Gut eine bessere Versorgung ergibt und die folglich für jede Seite eindeutig Handelsgewinne bringen.

Es ist durchaus möglich, daß der Außenhandel von beiden Ländern auch dann als vorteilhaft bewertet wird, wenn die Güterverteilung zwar im Bereich zwischen den beiden Transformationsgeraden, aber außerhalb des Feldes ABCD liegt. Um hierüber konkret Aussagen machen zu können, müssen jedoch die entsprechenden Bewertungskriterien bekannt sein. Hierauf kann erst näher eingegangen werden, wenn die Güternachfrage explizit in die Analyse einbezogen wird. Bis dahin bleiben eindeutige Ergebnisse zu den Gewinnen des internationalen Handels auf das Feld ABCD beschränkt.

B-2.4: Außenhandelsgewinne bei komparativen Kostenvorteilen

Wie aber lassen sich internationale Handelsgewinne darstellen, wenn ein Land, wie gemäß Tabelle B.1 in den Fällen 2 und 4 angenommen, bei der Produktion beider Güter absolute Kostenvorteile besitzt? Für das Zahlenbeispiel des Falls 2 wurde die Abbildung B.4 analog zur Abbildung B.3 konstruiert.

Die Darstellung macht deutlich, daß es sinnvoll ist, wenn sich auch hier das Inland auf die Herstellung des Gutes 1 und das Ausland auf die Herstellung des Gutes 2 spezialisiert. Betrachtet man die nationalen Transformationsverhältnisse, so zeigt sich nämlich, daß das Inland zu mehr Produktion von einer Mengeneinheit des Gutes 1 auf die Produktion von 1,5 Mengeneinheiten des Gutes 2 verzichten muß, während andererseits im Ausland eine zusätzliche Produktion des Gutes 2 von 1,5 Mengeneinheiten lediglich einen Produktionsverzicht von 0,6 Mengeneinheiten für das Gut 1 bedeutet. Auf dem Weg zur Spezialisierung auf die Herstellung

Abbildung B.4:

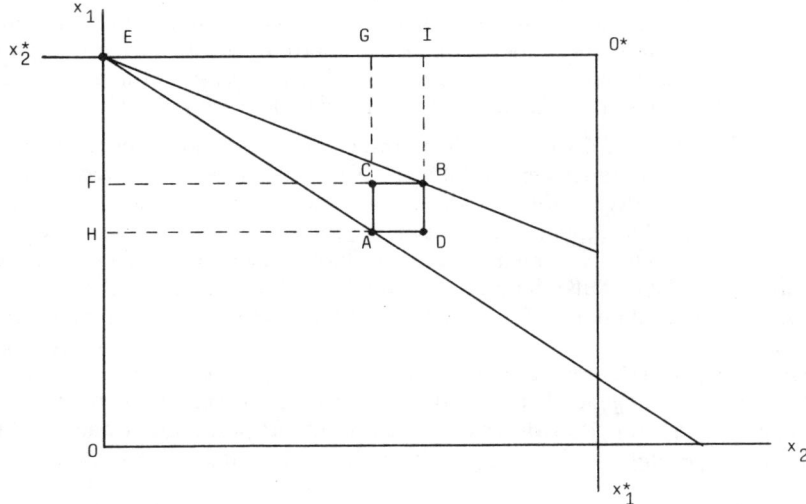

Abbildung B.5:

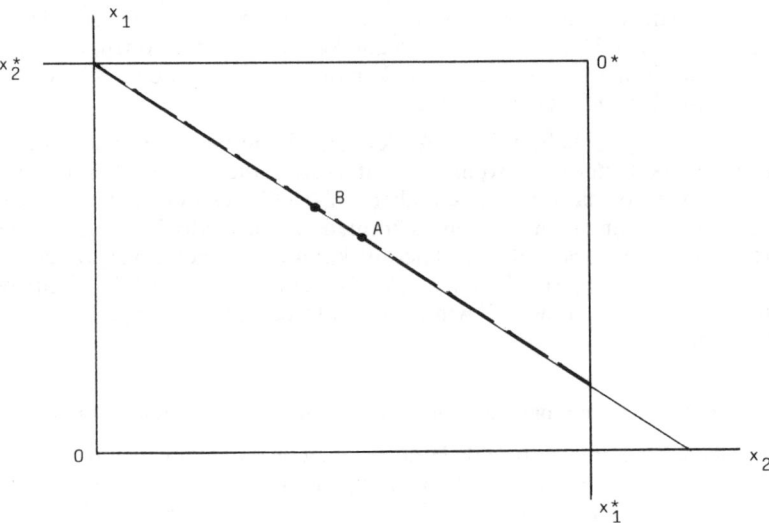

des Gutes, für das ein relativer Kostenvorteil besteht, entstehen somit aus internationaler Sicht sukzessive Produktionszuwächse bei beiden Gütern. Daraus folgt auch zwingend, daß die Ausschöpfung der relativen Kostenvorteile eine vollständige Spezialisierung erfordert.

Ob nach Produktionsspezialisierung und Aufnahme von internationalen Handelsbeziehungen für beide Länder Außenhandelsgewinne entstehen, hängt von der Verteilung dieser Produktionszuwächse ab. Analog zur Darstellung des Falls absoluter Kostenvorteile in der Abbildung B.3 lassen sich ohne genaue Kenntnis der nationalen Nachfragebedingungen eindeutige Ergebnisse nur für Verteilungssituationen im Feld ABCD (siehe Abbildung B.4) gewinnen. Hierbei wird zumindest keines der beiden Länder hinsichtlich der Güterversorgung schlechter gestellt. Bestimmte Nachfragepräferenzen vorausgesetzt, sind aber auch jetzt bei Verteilungssituationen außerhalb des Feldes ABCD, die allerdings im Bereich zwischen den Transformationsgeraden liegen müssen, Außenhandelsgewinne für beide Länder möglich. Die Analyse der Nachfrageseite wird das deutlich machen.

Liegen die absoluten Kostenvorteile bei nur einem Land und bestehen außerdem, wie im Fall 3 angenommen, keine relativen Kostenvorteile, so lassen sich unter dem Aspekt der quantitativen Güterversorgung aus dem internationalen Handel keine Gewinne erzielen. Die Abbildung B.5 gibt diese Situation wieder. Da beide Transformationsgeraden im relevanten Produktionsblock zusammenfallen, existiert kein Bereich für mögliche Außenhandelsgewinne. Verzichtet das Inland beispielsweise im Zuge von Außenhandel auf die Produktion von 1,5 Mengeneinheiten des Gutes 2, um eine Mengeneinheit des Gutes 1 zusätzlich herzustellen, so läßt sich dies im Ausland nur gerade kompensieren, weil nämlich dort eine Mehrproduktion des Gutes 2 um 1,5 Mengeneinheiten exakt den Produktionsverzicht von einer Mengeneinheit beim Gut 1 erfordert. Internationale Produktionszuwächse durch Strukturverlagerungen in Richtung auf eine Spezialisierung fallen somit in diesem Beispiel nicht an.

B-2.5: Ländergröße und Außenhandel im klassischen Modell

Schließlich soll mit dem Fall 4 noch gezeigt werden, daß der Ansatz der komparativen Kostenvorteile von Ricardo in seiner allgemeinen Form unabhängig von der relativen Ausstattung mit dem Produktionsfaktor Arbeit gültig ist. Verdeutlicht wird dies mit Hilfe der Abbildung B.6.

Auch hier existieren im Bereich zwischen den Transformationsgeraden Verteilungskonstellationen für die spezialisierungsbedingten Produktionszuwächse, die Außenhandelsgewinne für beide Länder möglich machen könnten und vor dem Hintergrund der mit A und B angenommenen Autarkiesituationen im Feld ABCD auch eindeutig möglich machen. Die Begründung dafür entspricht derjenigen, die schon für den Fall 2 geliefert wurde. Ein Vergleich mit dem Fall 2 (siehe hierzu die Abb. B.4) zeigt allerdings, daß der für den internationalen Handel relevante Bereich zwischen den beiden Transformationsgeraden durch die Reduktion der Faktorausstattung des Auslands kleiner wird; und bei einer weiteren Verschiebung der relativen Faktorausstattung zu Lasten des Auslands würde dieser Bereich noch stärker eingeengt werden. So ist es dann auch leicht möglich, daß das relativ kleine Ausland selbst nach vollständiger Spezialisierung auf die Herstellung des Gutes 2 die von der Nachfrageseite her gewünschte Mindestversorgung mit diesem Gut nicht decken kann. Auch nach Aufnahme des Außenhandels muß das relativ große Inland deshalb noch das Gut 2 produzieren, und die weiter oben für den Fall 2 skizzierte vollständige Spezialisierung dieses Landes auf die Herstellung des Gutes 1 ist dann unmöglich. Immerhin lassen sich aber durch eine vollständige Spezialisierung im Ausland und durch eine Verschiebung der Produktionsstruktur zugunsten des Gutes 1 im Inland Handelsgewinne erzielen. Die Abbildung B.7 gibt hierfür ein Beispiel.

A und B bzw. B' bezeichnen wieder die Güterkombinationen in der Autarkiesituation. Es sei angenommen, daß im Inland nach Aufnahme des Außenhandels der Punkt F auf der Transformationsgeraden realisiert wird. Da sich das Ausland an-

Abbildung B.6:

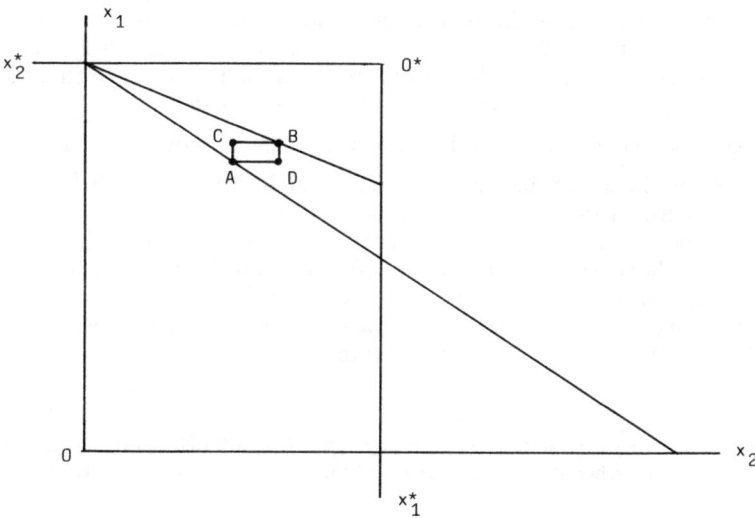

Abbildung B.7:

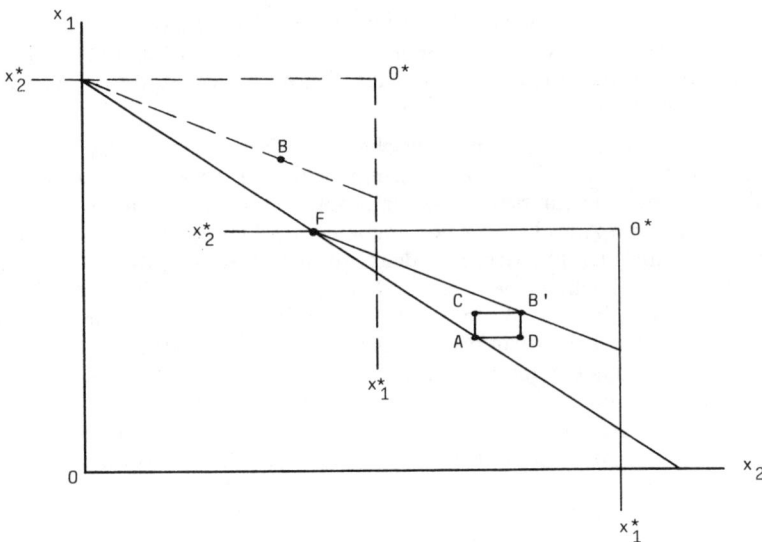

nahmegemäß vollständig auf die Produktion des Gutes 2 spezialisiert, ist die Transformationsgerade dieses Landes entsprechend in den Punkt F zu verschieben, um so den Bereich der Produktionszuwächse aufzuzeigen, die aus der Voll- und der Teilspezialisierung resultieren. Handelsgewinne ergeben sich eindeutig, wenn die Verteilung dieser Zuwächse innerhalb des Feldes AB'CD liegen. Diesbezüglich ist auf die bereits bekannte Darstellung der Fälle 1 und 2 zu verweisen.[3]

B-2.6: Perspektiven für Modellerweiterungen

Als Fazit der vorangegangenen Untersuchungen bleibt festzuhalten: Internationaler Handel eröffnet die Möglichkeit einer insgesamt besseren quantitativen Güterversorgung, wenn in jedem der beteiligten Länder eine vollständige oder, wie z.B. im Fall eines relativ großen Landes, wenigstens eine Teilspezialisierung auf die Herstellung des Gutes erfolgt, für das ein absoluter oder ein komparativer Kostenvorteil im Vergleich zu den anderen Handelsländern besteht.

Die Analysen lassen aber eine Reihe von Fragen unbeantwortet:

1. Wie werden die durch die Voll- oder Teilspezialisierung ermöglichten Produktionszuwächse tatsächlich auf die Handelsländer verteilt?
2. Wie werden die Ergebnisse über die Vorteile des internationalen Handels beeinflußt, wenn die rein güterwirtschaftliche Betrachtung durch die Berücksichtigung von Güterpreisen und Wechselkursen ergänzt wird?
3. Welche Rolle spielen die nationalen Nachfragepräferenzen für Richtung, Ausmaß und Vorteil des internationalen Handels?

---

[3] Wenn die Güterpreise in die Analyse einbezogen werden, läßt sich zeigen, daß die Handelsgewinne sehr wahrscheinlich nur dem kleinen Land zufallen. Siehe hierzu den Abschnitt B-3.3.

4. Wie sind die Ergebnisse zu modifizieren, wenn die Zusammenhänge zwischen Produktion und Faktoreinsatz, also die Produktionsfunktionen, nicht, wie zuvor angenommen, linear sind?

5. Inwieweit werden die Ergebnisse beeinflußt, wenn neben dem Produktionsfaktor Arbeit (oder einem nicht differenzierten Konglomerat von verschiedenen Produktionsfaktoren) noch weitere Produktionsfaktoren in differenzierter Betrachtung Berücksichtigung finden?

6. Ist die relative Größe der Handelsländer für die Verteilung der Gewinne aus dem internationalen Handel von Bedeutung?

7. Läßt sich der tatsächlich realisierte internationale Handel ausreichend mit der besseren quantitativen Güterversorgung erklären oder haben möglicherweise qualitative ökonomische Aspekte und/oder außerökonomische Einflüsse ein besonderes Gewicht?

8. Welche Rolle spielt der Faktor Zeit für Verteilung, Richtung und Ausmaß des internationalen Handels?

Mit den folgenden Untersuchungen soll versucht werden, nach und nach Antworten auf diese Fragen zu geben.

B-3: Preisverhältnisse, Güternachfrage und internationales Tauschgleichgewicht

B-3.1: Zur Bedeutung der Güterpreise für den Außenhandel

Die zuvor dargestellten klassischen Ansätze machen lediglich deutlich, daß durch Außenhandel eine quantitativ bessere Güterversorgung möglich ist, sofern die Produktionsbedingungen in den beteiligten Ländern bestimmte komparative Produktivitätsvorteile bzw. Produktivitätsnachteile aufweisen. Für die Kaufentscheidungen der Nachfrager sind aber nicht Produktivitätsunterschiede, sondern Preisdifferenzen und Preisrelationen maßgebend. Ein Gut, das in ausreichender Menge gleichermaßen aus in- und ausländischer Produktion zur Verfügung steht, wird nur dann importiert, wenn der Angebotspreis des Auslands niedriger ist als der des Inlands. Und entsprechend läßt sich ein Gut nur exportieren, wenn es vom Inland mit einem Preisvorteil angeboten werden kann. Darüber hinaus hängt die Nachfragestruktur, unabhängig davon, ob die einzelnen Güter aus in- oder ausländischer Produktion stammen, von den relativen Güterpreisen ab. Eingehende Untersuchungen zu den Güterpreisrelationen, den internationalen Preisdifferenzen und der Güternachfrage sind also erforderlich, wenn es um die Erklärung von Richtung, Ausmaß und gütermäßiger Struktur der tatsächlichen Außenhandelsbeziehungen geht.

Die zuvor bereits zugrunde gelegten produktionstheoretischen Zusammenhänge werden vorerst unverändert beibehalten: Es gibt nur einen Produktionsfaktor, nämlich den Faktor Arbeit, und die Faktorproduktivitäten sind in jedem der beiden Produktionssektoren sowohl im Inland als auch im Ausland konstant. Vor diesem Hintergrund möge konkret der schon diskutierte Fall 2 (siehe die Tabelle B.1) vorliegen, in dem das Inland bei der Herstellung des Gutes 1, das Ausland bei der Herstellung des Gutes 2 einen relativen Kostenvorteil besitzt.

B-3.2: Wechselkurs und internationale Preisdifferenzen

In einem ersten Analyseschritt sei zunächst angenommen, daß sich das Güterpreisverhältnis im Autarkiezustand in jedem Land umgekehrt zum Verhältnis der Faktorproduktivitäten verhält:

(B-7) $p_1/p_2 = a_2/a_1$ (B-7a) $p_1^*/p_2^* = a_2^*/a_1^*$

Das Gut ist also relativ billiger, das mit der größeren Faktorproduktivität hergestellt wird. Im Autarkiezustand mögen im Inland und im Ausland die in der Tabelle B.2 genannten Preise gegeben sein. Die Währung des Inlands sei die Deutsche Mark (DM), diejenige des Auslands der US-Dollar ($).

Tabelle B.2:

	Inland	Ausland
Gut 1	36,– DM	20.– $
Gut 2	24,– DM	8,– $

Um nun einen Vergleich zwischen den Güterpreisen im Inland und im Ausland zu ermöglichen, muß mit Hilfe des Wechselkurses – mit w bezeichnet[4] – eine Umrechnung in eine der beiden Währungen erfolgen. Bei einer Umrechnung in DM ergeben sich beispielsweise für die drei alternativ gewählten Wechselkurse $w_0 = 2,20$ DM/$, $w_1 = 3,20$ DM/$ und $w_2 = 1,70$ DM/$ die in der Tabelle B.3 verzeichneten Güterpreise.

Tabelle B.3:

	Inland	Ausland		
		w_0	w_1	w_2
Gut 1	36,– DM	44,– DM	64,– DM	34,– DM
Gut 2	24,– DM	17,60 DM	25,60 DM	13,60 DM

Bei einem Wechselkurs von w_0 ist das Gut 1 im Inland, das Gut 2 im Ausland billiger, und entsprechend wird das Inland nach Aufnahme von internationalen Wirtschaftsbeziehungen das Gut 1 exportieren und das Gut 2 importieren. Dagegen besitzt das Inland bei einem Wechselkurs von w_1 für beide Güter einen Preisvorteil, und in diesem Fall ist es für die Nachfrager des Auslands vorteilhaft, beide Güter aus dem Inland zu importieren, während sich für das Inland Importe aus dem Ausland verbieten. Hierzu umgekehrt zeigt sich die Situation bei einem Wechselkurs von w_2. Bei w_1 würde sich eindeutig ein Handelsbilanzdefizit für das Ausland, bei w_2 für das Inland ergeben. Damit es überhaupt zu einem Güteraustausch, also

---

[4] Hier in DM ausgedrückter Preis eines US-Dollars.

zu Exporten und Importen, kommen kann, muß der Wechselkurs im vorliegenden Beispiel im Bereich zwischen 1,80 DM/\$ und 3,00 DM/\$ liegen, oder die Güterpreise müssen im Inland und/oder Ausland so weit angepaßt werden, daß auch bei einem Wechselkurs w_1 oder w_2 ein gegenseitiger Güteraustausch stattfindet. Ob, ausgehend von einem Wechselkurs w_1 oder w_2, eine Anpassung über eine Wechselkursänderung oder über Preisänderungen erfolgt, hängt einerseits von den Bestimmungsgründen und der Flexibilität des Wechselkurses und andererseits von der Flexibilität der Güterpreise ab.

Wenn eine freie Wechselkursbildung am Devisenmarkt erfolgt und wenn sich überdies die internationalen Wirtschaftsbeziehungen auf den Güterverkehr beschränken bzw. die Wechselkursbildung von den Bewegungen in der Handels- und Dienstleistungsbilanz determiniert wird, paßt sich der Wechselkurs so an, daß nicht nur die Voraussetzungen für einen gegenseitigen Güteraustausch gegeben sind, sondern auch die Handels- und Dienstleistungsbilanz der beiden Länder immer im Gleichgewicht ist. Sind die genannten Voraussetzungen nicht erfüllt, so ist die adäquate Wechselkursanpassung zumindest ungewiß. Und in einem System mit staatlich fixiertem Wechselkurs ist die Anpassung selbstverständlich von vornherein ausgeschlossen. Sofern nur eine ausreichend große Preisflexibilität gegeben ist, wäre in diesem Fall allerdings eine Güterpreisanpassung zu erwarten. Liegt der Wechselkurs beispielsweise bei w_2, so käme es im Inland aufgrund des Importdrucks zu einer Verringerung beider Güterpreise, wodurch sich dann internationale Preisdifferenzen herausbilden, die durch Export des Gutes 1 und Import des Gutes 2 einen gegenseitigen Güteraustausch möglich machen.

In der ökonomischen Realität ist jedoch leider häufig zu beobachten, daß die im Interesse eines gleichgewichtigen internationalen Güteraustausches erforderlichen Wechselkurs- und/oder Güterpreisanpassungen ausbleiben. Oftmals liegt das an staatlichen Interventionen, durch die z. B. im Falle eines Wechselkurses von w_2 eine Aufwertung des US-Dollars durch das Ausland und/oder Güterpreissenkungen im Inland verhindert werden. Nicht zuletzt gewinnt der internationale Kapitalverkehr eine immer größere Bedeutung für die Bestimmung des Wechselkurses, so daß es trotz voller Wechselkursflexibilität an der für den internationalen Güterverkehr notwendigen Anpassung fehlen kann. Aus all dem erwächst schließlich die Gefahr protektionistischer Eingriffe in den internationalen Güterverkehr.

Auf die hier angedeuteten Probleme – Inflexibilitäten, Kapitalverkehr, Protektionismus – kann allerdings erst später näher eingegangen werden. An dieser Stelle sei angenommen, daß über eine freie Bildung des Wechselkurses zumindest die Voraussetzungen für einen gegenseitigen Güteraustausch erfüllt sind.

B-3.3: Das internationale Tauschgleichgewicht bei konstanten Kosten

Die Nachfragemöglichkeiten eines Landes kommen in der Budgetgleichung (auch Bilanzgleichung genannt) zum Ausdruck:

(B-8) $Y^n = p_1 y_1 + p_2 y_2$

Das Nominaleinkommen Y^n der gesamten Volkswirtschaft wird im hier diskutierten Beispiel für den Kauf der Güter 1 und 2 verwendet. Die Nachfrage- bzw. Verbrauchsmengen dieser Güter sind mit y_1 und y_2 bezeichnet worden, und durch Multiplikation mit den Güterpreisen ergeben sich die entsprechenden Verbrauchsausgaben. Löst man diese Gleichung nach y_1 auf, so zeigt sich unmittelbar, auf

welche Verbrauchsmenge des Gutes 1 die Nachfrager verzichten müssen, wenn sie
bei gegebenem Einkommen und gegebenen Güterpreisen eine zusätzliche Mengeneinheit vom Gut 2 zu kaufen wünschen:

$$(B-9) \qquad y_1 = \frac{Y^n}{p_1} - \frac{p_2}{p_1} y_2$$

Das Nachfrage-Transformationsverhältnis dy_1/dy_2 entspricht – mit negativem
Vorzeichen – dem umgekehrten Preisverhältnis. Die Nachfragemöglichkeiten werden im Autarkiezustand selbstverständlich durch die Produktionsmöglichkeiten
begrenzt. Und es liegt auf der Hand, daß die Bilanzgleichung (B-9) und die produktionstechnische Transformationsgleichung (B-4) übereinstimmen, wenn die Produktionsmöglichkeiten durch Vollbeschäftigung des Faktors Arbeit ausgeschöpft
werden und das Preisverhältnis p_2/p_1 dem – umgekehrten – Verhältnis der sektoralen Arbeitsproduktivitäten a_1/a_2 gleich ist. In grafischer Darstellung gehen dann die
Transformationsgerade gemäß Gleichung (B-4) und die Budgetgerade gemäß Gleichung (B-9) ineinander über. Es sei angenommen, daß diese Übereinstimmung im
Autarkiezustand für jedes der beiden Länder zutrifft. In der Abbildung B.8 wird
zunächst das Inland betrachtet.

Abbildung B.8:

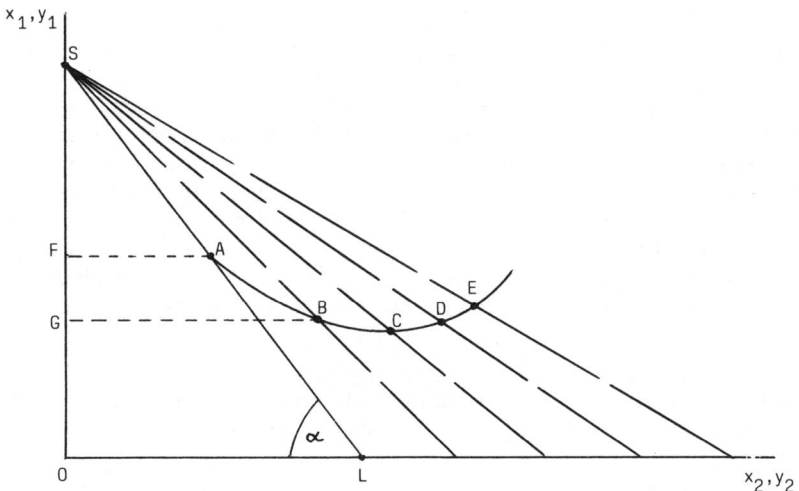

Die Linie SL sei die Budgetgerade und zugleich auch die produktionstechnische
Transformationsgerade des Inlands im Autarkiezustand. Die Steigung tg α dieser
Geraden entspricht dem Preisverhältnis p_2/p_1 bzw. dem Verhältnis der Arbeitsproduktivitäten a_1/a_2 in der Produktion des Gutes 1 bzw. des Gutes 2. Der Punkt A
bezeichnet die Nachfrage- und Produktionsstruktur im Autarkiezustand. Wie
schon in früher skizzierten Beispielen, so möge auch hier das Inland bei der Herstellung des Gutes 1 einen relativen Kostenvorteil besitzen, der sich gleichzeitig in
einem entsprechenden Preisvorteil widerspiegelt. Die Aufnahme von Außenhandelsbeziehungen bedeutet folglich, daß das Gut 2 im Inland durch die Importe
relativ billiger wird und daß sich dieses Land auf die Produktion des Gutes 1 spezia-

lisiert. Für die Budgetgerade ergibt sich daraus eine Drehung im Punkt S, denn zum einen sinkt das Preisverhältnis p_2/p_1 und zum anderen werden die Nachfragemöglichkeiten in Hinsicht auf das Gut 1 durch die Produktionsspezialisierung gemäß der Transformationsgeraden des Inlands begrenzt.

Wie aber reagiert die Nachfrage im Inland auf die relative Preissenkung des Gutes 2? Zwei Effekte können unterschieden werden: Aufgrund der relativen Preisänderung ist im Normalfall eine Verschiebung der Nachfragestruktur zugunsten des Gutes 2 und damit zu Lasten des Gutes 1 zu erwarten. Man bezeichnet diesen Vorgang als *Substitutionseffekt*. Infolge der Preissenkung für das Gut 2 kommt das Inland auch noch in den Genuß eines höheren Realeinkommens, und das dürfte normalerweise eine Zunahme der Nachfrage nach beiden Gütern – nach Gütern des gesamten Warenkorbes – implizieren.[5] Dieses ist der sogenannte *Einkommenseffekt*.

Während also bei normaler Reaktion die Nachfrage des Inlands nach dem Gut 2 eindeutig steigt, bleibt die Nachfrageänderung für das Gut 1 theoretisch unbestimmt, da hier Substitutions- und Einkommenseffekt entgegengerichtet wirken. Man geht allerdings für den Normalfall allgemein davon aus, daß der Einkommenseffekt erst dann besonders gewichtig wird und sogar dominierend werden kann, wenn es eine beträchtliche Veränderung des Preisverhältnisses und der Nachfrage zugunsten des relativ billigeren Gutes gegeben hat. In der Abbildung B.8 ist eine mögliche Reaktionslinie ABCDE der Nachfrage des Inlands für verschiedene Preisverhältnisse dargestellt worden: Bis zum Punkt C überwiegt bei der Nachfrage nach dem Gut 1 der Substitutionseffekt, darüber hinaus ist der Einkommenseffekt dominierend. Diese Reaktionslinie wird auch Tauschkurve – hier des Inlands – genannt. Sie zeigt nämlich, welche Mengen des Gutes 1 bei verschiedenen Preisverhältnissen vom Inland zum Export angeboten werden und welche Mengen des Gutes 2 dafür zu importieren sind, um die Nachfragewünsche zu befriedigen. Die Tauschkurve berücksichtigt somit zugleich das Güterangebot und die Güternachfrage des Inlands.

Der Punkt A auf der Tauschkurve stellt eine Grenzsituation dar. Das Inland kann, wie für den Autarkiezustand bekannt ist, die entsprechenden Nachfragewünsche aus eigener Produktion befriedigen. Die gleiche Güterversorgung ist aber auch bei Spezialisierung auf die Herstellung des Gutes 1 möglich, indem nämlich die Menge FS dieses Gutes exportiert und dafür die Menge FA des Gutes 2 importiert wird.

Eine Möglichkeit, die Reaktion der Nachfrager auf Veränderungen der relativen Güterpreise theoretisch exakt zu bestimmen, ist mit dem Instrumentarium gesellschaftlicher Nutzenfunktionen gegeben. Aus solchen Nutzenfunktionen lassen sich Indifferenzkurven ableiten, die jeweils alle Gütermengenkombinationen angeben, die bei unterschiedlichen Preisverhältnissen den gleichen gesellschaftlichen Nutzen implizieren. Unter gewissen Voraussetzungen, die hier nicht diskutiert werden sollen, liegt ein eindeutiges System solcher Indifferenzkurven vor, aus dem sich die in der Abbildung B.8 eingezeichnete Reaktionslinie ABCDE bestimmen läßt, und

---

[5] Es ist aber auch denkbar, daß die Nachfrage nach einem der beiden Güter mit steigendem Einkommen sinkt. Man spricht dann von einem inferioren Gut. Beobachten läßt sich ein solcher Einkommenseffekt insbesondere bei Gütern des sogenannten minderen Bedarfs. Siehe hierzu z. B.: J. Schumann, Grundzüge der mikroökonomischen Theorie, 5. Aufl., Berlin – Heidelberg – New York 1987, S. 29 ff.

zwar aus den Tangentialpunkten von Budgetgeraden und Indifferenzkurven. Die Tangentialpunkte bezeichnen genau die Gütermengenkombinationen, die bei den verschiedenen Preisverhältnissen den jeweils größten gesellschaftlichen Nutzen stiften.[6] Die Abbildung B.9 zeigt ein Indifferenzkurvensystem I_0 bis I_4, das zur gleichen Reaktionslinie der Güternachfrage wie in der Abbildung B.8 führt.

Abbildung B.9:

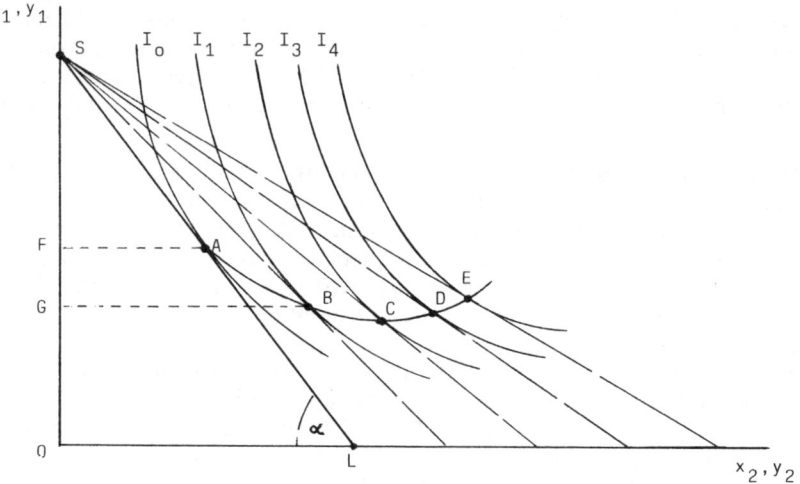

Im folgenden wird allerdings darauf verzichtet, gesellschaftliche Nutzenfunktionen und daraus abgeleitete Indifferenzkurven explizit zu verwenden. Für die anstehenden Problemlösungen reicht es nämlich aus – wie weiter oben bereits praktiziert –, bestimmte logisch nachvollziehbare Nachfragereaktionen auch ohne formal-theoretische Exaktheit anzunehmen. Dem Leser steht es frei, konkrete Beziehungen solcher Reaktionen zu einem Ansatz gesellschaftlicher Nutzenfunktionen und Indifferenzkurven selbst herzustellen.

Jede Güterkombination auf der Tauschkurve impliziert eine ausgeglichene Handels- und Dienstleistungsbilanz, d. h. der Wert der Exporte und der Wert der Importe stimmen überein. Bezeichnet man mit e die Exportmenge des Gutes 1 und mit m die Importmenge des Gutes 2 – jeweils des Inlands –, so gilt:

(B-10) $p_1 e = p_2 m$

Löst man diese Gleichung nach der Exportmenge auf, so erhält man:

(B-11) $e = (p_2/p_1) m$

Dieser Zusammenhang ermöglicht eine andere Darstellung der Tauschkurve. Die Abbildung B.10 erfaßt auf der Ordinate die Exportmenge e und auf der Abszisse die Importmenge m jeweils für das Inland. In Übereinstimmung mit der

---

[6] Zur Konzeption gesellschaftlicher Nutzenfunktionen und Indifferenzkurven siehe beispielsweise: K. Rose, Theorie der Außenwirtschaft, 10. Aufl., München 1989, S. 352 ff.

Abbildung B.10:

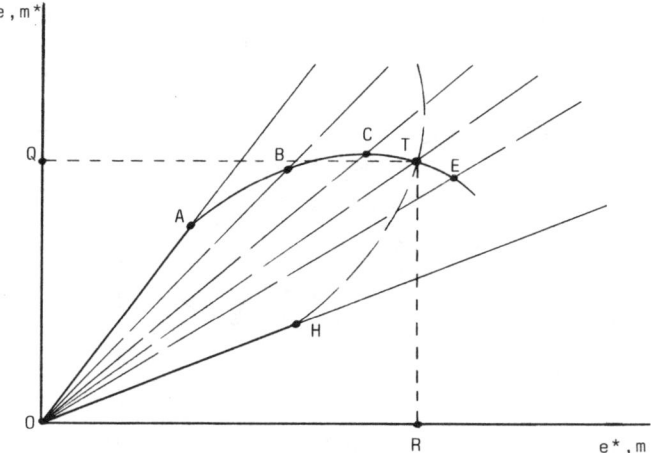

Abbildung B.8 wurde der Zusammenhang zwischen e und m gemäß Gleichung (B-11) für verschiedene Preisverhältnisse eingezeichnet. Die Linie OA ergibt sich für das Preisverhältnis im Autarkiezustand des Inlands. Ausgehend vom Autarkiepunkt A beschreibt die Linie ABCTE die an Produktionsmöglichkeiten und Nachfragepräferenzen orientierten Tauschwünsche des Inlands. Der Punkt T korrespondiert dabei mit dem Punkt D in der Abbildung B.8 bzw B.9.

Um nun zu einem internationalen Tauschgleichgewicht zu kommen, das die Produktionsmöglichkeiten bzw. das Güterangebot und die Nachfragepräferenzen in den beiden Handelsländern in Einklang bringt, ist auch die Tauschkurve des Auslands zu berücksichtigen. Dessen Herleitung erfolgt in gleicher Weise wie für das Inland. Die Linie OH ist für das Preisverhältnis im Autarkiezustand des Auslands konstruiert, und H sei der Autarkiepunkt dieses Landes. Die Linie HT möge die Tauschkurve des Auslands sein. Ein internationales Tauschgleichgewicht ergibt sich dann im Schnittpunkt T der beiden Tauschkurven: Beim Gut 1 entspricht die Exportmenge e des Inlands der Importmenge m* des Auslands, und entsprechend stimmen beim Gut 2 die Exportmenge e* des Auslands und die Importmenge m des Inlands überein. Darüber hinaus sind im Tauschpunkt T die Handels- und Dienstleistungsbilanzen beider Länder ausgeglichen. Ist p_1 der in DM ausgedrückte Preis des Gutes 1 (Exportgut des Inlands) und p_2^* der in US-Dollar ausgedrückte Preis des Gutes 2 (Exportgut des Auslands), so gilt:

(B-12) $p_1 e = w p_2^* m$

(B-13) $\dfrac{p_1 m^*}{w} = p_2^* e^*$

Das internationale Preisverhältnis im Tauschgleichgewicht $p_1/p_2 = p_1/w p_2^* = m/e$ gibt zugleich die Terms of Trade des Inlands an. Die Terms of Trade des Auslands verhalten sich hierzu umgekehrt.

Tauschkurven und Tauschgleichgewicht sind in der Abbildung B.11 auch im Rahmen einer Darstellungsart aufgezeigt worden, wie sie bereits aus früheren Ana-

Abbildung B.11:

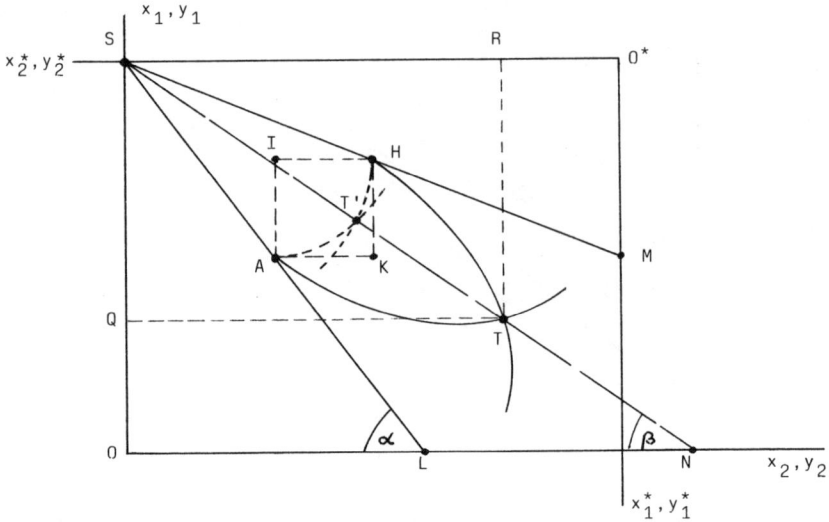

lysen bekannt ist. Die Linie SL ist die Transformationsgerade und zugleich die im Autarkiezustand gültige Budgetgerade des Inlands, die Linie SM gilt entsprechend für das Ausland. A und H sind die Autarkiepunkte beider Länder, und S bezeichnet den Spezialisierungspunkt. AT und HT sind die schon aus der Abbildung B.10 bekannten Tauschlinien der beiden Länder. Das Tauschgleichgewicht ergibt sich analog zur Abbildung B.10 im Punkt T. Dabei wird ein internationales Preisverhältnis p_2/p_1 realisiert, das der Steigung tg β der Linie SN – bzw. der Linie OT in der Abbildung B.10 – entspricht.

Das Inland (Ausland) exportiert (importiert) die Menge SQ – bzw. OQ in der Abbildung B.10 – des Gutes 1 und importiert (exportiert) dafür die Menge SR – bzw. OR in der Abbildung B.10 – des Gutes 2. Das im vorliegenden Beispiel gewonnene Tauschgleichgewicht impliziert für das Inland im Vergleich mit dem Autarkiezustand eine höhere Versorgung mit dem relativ billiger gewordenen Gut 2, aufgrund des Substitutionseffektes jedoch gleichzeitig auch einen geringeren Verbrauch des Gutes 1. Dazu umgekehrt zeigt sich die Verbrauchssituation im Ausland. Da die Güterkombination des Tauschpunktes T von den Nachfragern beider Länder gegenüber der Güterkombination im Autarkiepunkt A bzw. im Autarkiepunkt H präferiert wird, impliziert das Tauschgleichgewicht in T für beide Länder Außenhandelsgewinne.

Bevor die Nachfragepräferenzen bzw. die Reaktionen der Nachfrageseite auf Veränderungen der Preisrelationen berücksichtigt worden waren, ließen sich eindeutige Aussagen über Außenhandelsgewinne bekanntlich nur für Güterkombinationen machen, die bei beiden Gütern mindestens das Versorgungsniveau des Autarkiezustandes sicherstellen. Selbstverständlich können die Nachfragepräferenzen in beiden Ländern so beschaffen sein, daß das Tauschgleichgewicht eine solche Güterkombination beinhaltet und der Tauschpunkt folglich im Feld AKHI der Abbildung B.11 liegt. Diese Alternative ist mit den Tauschlinien AT′ bzw. HT′ skizziert worden.

Mit dem Tauschgleichgewicht ist ein bestimmtes international gültiges Preisverhältnis verbunden. Über die absoluten Preise der beiden Güter sowie über den Wechselkurs lassen sich dagegen keine genauen Aussagen machen. Allerdings darf der Wechselkurs, wie schon weiter oben festgestellt, gewisse Grenzwerte nicht überschreiten, wenn es zu einem beiderseitigen Güteraustausch kommen soll. Die absoluten Preise und der Wechselkurs bilden sich im Zuge von Prozessen der Anpassung an das Tauschgleichgewicht. Nach Aufnahme der internationalen Wirtschaftsbeziehungen dürften die Ressourcen – hier der Faktor Arbeit – in jedem der beiden Länder nur allmählich in Richtung auf die Produktionsspezialisierung umgelenkt werden, und es wird dadurch zunächst zu Divergenzen zwischen Angebot und Nachfrage auf den beiden Gütermärkten kommen, die ihrerseits Änderungen der absoluten Preise hervorrufen. Wie groß diese Preisänderungen sind, hängt nicht zuletzt von Ausmaß und Dauer der güterwirtschaftlichen Ungleichgewichte ab. Die güterwirtschaftlichen Ungleichgewichte können durchaus Überschüsse bzw. Defizite in den Handels- und Dienstleistungsbilanzen der beiden Länder implizieren, durch die dann – sofern der Wechselkurs nicht fixiert ist – auch Änderungen des Wechselkurses induziert werden. Auf die Bildung der absoluten Güterpreise sowie des Wechselkurses im Zuge von internationalen Wirtschaftsbeziehungen kann allerdings erst später näher eingegangen werden.

Ein besonderes Ergebnis ergibt sich für den Fall, daß eines der beiden Handelsländer sehr klein ist. Sind die Nachfrage- und Angebotsmengen des kleinen Landes so gering, daß sie auf den beiden internationalen Gütermärkten nach Aufnahme von Außenhandel kaum ins Gewicht fallen, so gehen von diesem Land keine oder keine nennenswerten Einflüsse auf die Preise der Ex- bzw. Importgüter aus. Das internationale Preisverhältnis entspricht folglich – weitgehend – dem Preisverhältnis, das in dem großen Land bereits im Autarkiezustand bestanden hat. Wie schon weiter oben skizziert wurde, spezialisiert sich das kleine Land vollständig auf die

Abbildung B.12:

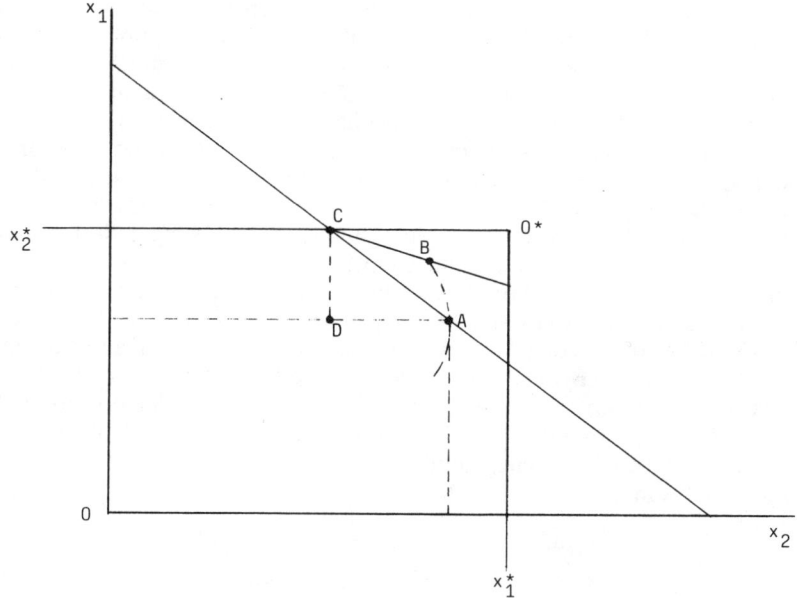

Herstellung des relativ kostengünstiger hergestellten Gutes. Im großen Land muß dementsprechend eine Produktionsverlagerung zugunsten des anderen Gutes erfolgen, ohne daß es hier allerdings zu einer vollständigen Spezialisierung kommt. Dargestellt ist ein solcher Fall in der Abbildung B.12. A und B sind die Autarkiepunkte. Die Linie BA zeigt die Tauschkurve des kleinen Landes. Da das Preisverhältnis für das große Land unverändert bleibt, ändert sich die Nachfragesituation in diesem Land auch nach Aufnahme des Außenhandels nicht, und folglich liegt das Tauschgleichgewicht im Autarkiepunkt A des großen Landes. Die Produktion in beiden Ländern wird nun aber durch den Punkt C beschrieben, und somit exportiert das kleine Land die Menge AD des Gutes 2 für eine Importmenge CD des Gutes 1.

Der gesamte Außenhandelsgewinn fällt dem kleinen Land zu, da sich ja die mengenmäßige Güterversorgung des großen Landes nicht geändert hat. Voraussetzung dieser einseitigen Verteilung ist allerdings die Bereitschaft des großen Landes, mit dem kleinen Land überhaupt Handelsbeziehungen aufzunehmen, und dazu, ohne einen Zuwachs bei der internen Güterversorgung, eine Verschiebung der Produktionsstruktur in Kauf zu nehmen.

B-3.4: Außenhandel und Produktionsspezialisierung bei steigenden Produktionskosten

Sind die Arbeitsproduktivitäten in den Produktionssektoren eines Landes konstant, so ist die Mehrproduktion einer Gütereinheit in einem bestimmten Sektor immer mit konstanten Opportunitätskosten verbunden. Will man durch Ausnutzung der relativen Kostenvorteile die maximal möglichen Außenhandelsgewinne realisieren, so ist, wie die Analysen zuvor deutlich gemacht haben, bei konstanten Opportunitätskosten bzw. bei konstanten Produktionskosten zwingend eine vollständige Spezialisierung auf die Herstellung eines Gutes erforderlich. Eine Ausnahme hiervon bildet lediglich der Fall, in dem ein sehr großes Land und ein sehr kleines Land miteinander Handel treiben. Die bisher gewonnenen Ergebnisse sind zu modifizieren, wenn sich im Zuge einer Mehrproduktion steigende Opportunitäts- bzw. Produktionskosten ergeben. Relative Kostenvorteile, die im Autarkiezustand für ein bestimmtes Gut bestehen, werden dann nämlich bei zusätzlicher Produktion dieses Gutes, die zur Realisierung von Außenhandelsgewinnen erforderlich ist, allmählich verringert. Und es ist möglich, daß die relativen Kostenvorteile verlorengehen oder sogar in relative Kostennachteile umschlagen, bevor eine vollständige Spezialisierung erreicht ist. Die Kurve der Produktionsmöglichkeiten bzw. die Transformationskurve verläuft, wie in der Abbildung B.13 dargestellt, bei steigenden Opportunitätskosten konkav zum Ursprung.

Wird zum Beispiel – vom Produktionspunkt A ausgehend – die Produktion des Gutes 2 sukzessive um jeweils eine bestimmte Menge (z.B. um BC = DE = FG) erhöht, so erfordert dies den Verzicht auf eine laufend zunehmende Menge des Gutes 1 (EF > CD > AB). Die Grenzrate der Substitution dx_1/dx_2 (des Gutes 1 durch das Gut 2) nimmt also – absolut gesehen – mit steigender Produktion des Gutes 1 zu. Die Grenzrate der Transformation entspricht – mit negativem Vorzeichen – dem Verhältnis der Grenzproduktivitäten des Produktionsfaktors – hier des Faktors Arbeit – in den beiden Sektoren:

(B-14) $$\frac{dx_1}{dx_2} = -\frac{\delta x_1/\delta A_1}{\delta x_2/\delta A_2}$$

Abbildung B.13:

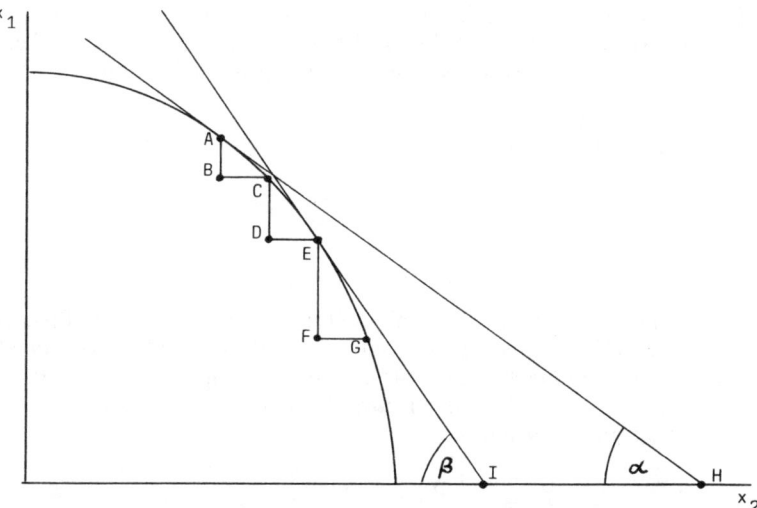

Diese Beziehung resultiert unmittelbar aus den Produktionszusammenhängen. Für eine Änderung der Produktionsmengen in den beiden Sektoren gilt:

(B-15)
$$dx_1 = \frac{\delta x_1}{\delta A_1} dA_1$$

(B-16)
$$dx_2 = \frac{\delta x_2}{\delta A_2} dA_2$$

Bei Vollbeschäftigung des Faktors Arbeit, wie sie ja für die Kurven der Produktionsmöglichkeiten zutrifft, ist die Restriktion $dA_2 = - dA_1$ zu beachten. Eine Mehrproduktion in einem Sektor läßt sich nur durch eine adäquate Ressourcenumschichtung erreichen. Wird diese Restriktion in die Gleichung (B-16) eingesetzt und aus (B-15) und (B-16) das Verhältnis von dx_1 und dx_2 gebildet, so ergibt sich die Beziehung (B-14). Grafisch kommt die Grenzrate der Transformation in der Steigung der Transformationskurve zum Ausdruck (z. B. durch Tangens α im Punkt A oder durch Tangens β im Punkt E der Abbildung B.13).

Es ist nun zu klären, welche Produktionsstruktur im Autarkiezustand und – alternativ – bei Außenhandel realisiert wird. Wie schon für den Fall konstanter Opportunitätskosten, so sei auch hier angenommen, daß die Produktionsressourcen – der Faktor Arbeit – immer vollständig genutzt werden, so daß der Produktionspunkt auf der Transformationskurve liegen muß. Eine formal besonders anschauliche und zugleich relativ einfache Lösung zur Bestimmung des Produktionspunktes ist dann möglich, wenn auf den beiden Gütermärkten vollständige Konkurrenz besteht und jeder der beiden Produktionssektoren das Ziel der Gewinnmaximierung verfolgt. Diese Voraussetzungen sind typisch für die klassische Außenhandelstheorie, und sie sollen auch hier zunächst zugrunde gelegt werden.

Der Gewinn G_i eines Sektors i ergibt sich aus der Differenz zwischen den Erlösen $p_i x_i$ und den Kosten $l_i A_i$ für den Faktoreinsatz – hier den Einsatz des Faktors Arbeit:

(B-17) $G_i = p_i x_i - l_i A_i$

Der Sektor i ist annahmegemäß Mengenanpasser, und entsprechend ist der Güterpreis p_i vom Markt vorgegeben. Der Lohnsatz l_i möge für den Sektor i ebenfalls eine exogene Größe sein. Die Gewinnmaximierung impliziert nun:

(B-18) $\dfrac{dG_i}{dA_i} = p_i \dfrac{\delta x_i}{\delta A_i} - l_i = 0$

oder:

(B-19) $\dfrac{\delta x_i}{\delta A_i} = \dfrac{l_i}{p_i}$

Im Gewinnmaximum entspricht somit die Grenzproduktivität des Produktionsfaktors Arbeit dem Verhältnis von Lohnsatz und Güterpreis. Die sektoralen Grenzproduktivitäten in der Gleichung (B-14) können folglich bei Gewinnmaximierung durch die Verhältnisse von sektoralen Lohnsätzen und Güterpreisen ersetzt werden. Aus dieser Gleichung folgt dann:

(B-20) $\dfrac{dx_1}{dx_2} = -\dfrac{l_1/p_1}{l_2/p_2} = -\dfrac{l_1 p_2}{l_2 p_1}$

Um in jedem Sektor das Gewinnmaximum zu erreichen, ist demnach eine Grenzrate der Transformation zu realisieren, die mit dem negativen Produkt aus der sektoralen Lohnsatzstruktur l_1/l_2 und dem umgekehrten Preisverhältnis p_2/p_1 übereinstimmt. Geht man jedoch, wie in der klassischen Außenhandelstheorie üblich, davon aus, daß auch auf dem Arbeitsmarkt die Bedingungen vollständiger Konkurrenz erfüllt sind, so müssen die Lohnsätze in den beiden Sektoren des betrachteten Landes gleich sein. Für die dem Gewinnmaximum entsprechende Grenzrate der Transformation ist dann lediglich das Preisverhältnis maßgebend.

Abbildung B.14:

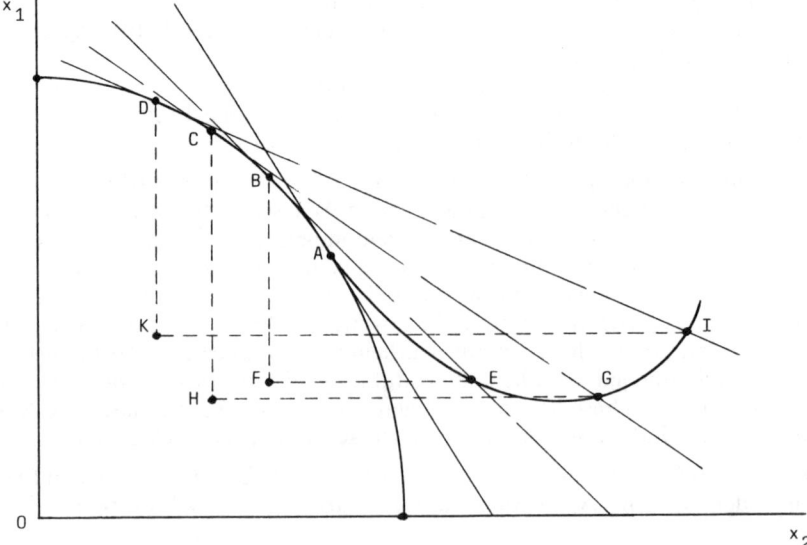

Abbildung B.15:

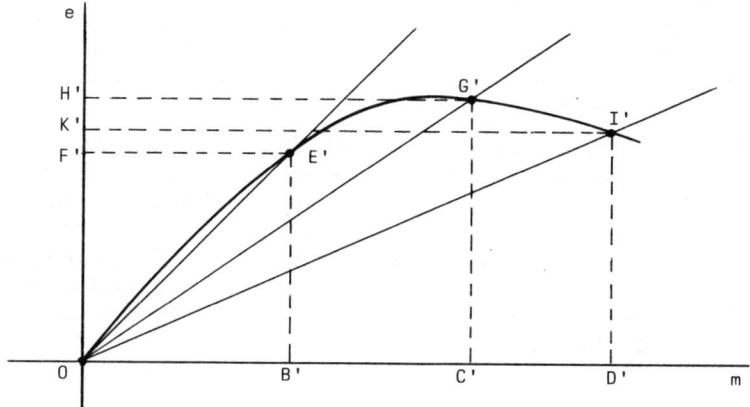

Der in den Abbildungen B.14 und B.15 skizzierten Lösung wird diese Situation zugrunde gelegt. Der Punkt A kennzeichnet die Produktions- und Nachfragestruktur des betrachteten Landes im Autarkiezustand. Das entsprechende Preisverhältnis bestimmt die Steigung der Preislinie, die die Transformationskurve im Punkt A tangiert. Nach Aufnahme von Außenhandel möge es zu einer relativen Preissenkung des Gutes 2 kommen, so daß die Preislinie im Vergleich zum Autarkiezustand flacher verläuft. In der Abbildung B.14 sind alternativ drei internationale Preisverhältnisse dargestellt worden.

Mit Bezug auf die Abbildung B.14 werden nun in der Abbildung B.15 die Exportmengen und die Importmengen des betrachteten Landes erfaßt. In diesen Abbildungen stellen BE und OE′, CG oder OG′ sowie DI und OI′ jeweils korrespondierende internationale Preislinien – bzw. Preisverhältnisse – dar. Mit den Punkten E, G und I in der Abbildung B.14 mögen die Nachfragestrukturen des betrachteten Landes bei den verschiedenen Preisverhältnissen ausgedrückt sein. Im Falle eines internationalen Preisverhältnisses, das in der Preislinie BE (bzw. OE′ in der Abbildung B.15) zum Ausdruck kommt, wird der Produktionspunkt B realisiert. Folglich ist zur Befriedigung der heimischen Nachfrage die Menge EF (bzw. E′F′ in der Abbildung B.15) des Gutes 2 zu importieren, wogegen die Menge BF (bzw. B′E′) des Gutes 1 für den Export zur Verfügung steht. Der Exportwert p_1e und der Importwert p_2m stimmen bei diesen Mengen überein.

Sinkt das Preisverhältnis im Zuge von Außenhandel noch weiter, so nimmt die Importmenge für die Preislinie CG auf GH (bzw. G′H′) sowie für die Preislinie DI auf IK (bzw. I′K′) zu. Die durch die Linie AEGI dargestellte Reaktion der Nachfrage macht deutlich, daß zunächst der Substitutionseffekt überwiegt, mit weiter sinkendem internationalen Preisverhältnis jedoch der Einkommenseffekt dominierend wird. Die Exportmenge steigt dementsprechend zunächst an, geht aber nach Überschreiten eines bestimmten internationalen Preisverhältnisses wieder allmählich zurück. Diese Nachfragereaktion kommt auch im Verlauf der Tauschkurve OE′G′I′ in der Abbildung B.15 zum Ausdruck.

Analog läßt sich auch für das zweite Land eine Tauschkurve gewinnen. Sofern im Autarkiezustand in beiden Ländern unterschiedliche Preisverhältnisse gegeben sind, dürfte es nach Aufnahme von Außenhandel über eine Anpassung der nationalen Preisverhältnisse an ein einheitliches internationales Preisverhältnis zu einem Tauschgleichgewicht kommen, das dann durch den Schnittpunkt der beiden Tauschkurven gekennzeichnet ist. In diesem Zusammenhang sei auf die Darstellung verwiesen, die für den Fall konstanter Opportunitätskosten (in der Abbildung B.10) skizziert worden ist.

Ein Beispiel für ein internationales Tauschgleichgewicht gibt die Abbildung B.16. Die Produktions- und Nachfragestrukturen im Autarkiezustand der beiden Länder sind durch die Punkte A und B gegeben. Entsprechend bilden die Tangenten in diesen Punkten die Preislinien vor Aufnahme von Handelsbeziehungen. Das Gut 2 ist demnach im Ausland relativ billiger als im Inland, und folglich führt die Aufnahme von Handelsbeziehungen dazu, daß Nachfrage des Inlands nach dem Gut 2 in das Ausland umgelenkt wird und sich umgekehrt Nachfrage des Auslands nach dem Gut 1 auf das Inland richtet.

Abbildung B.16:

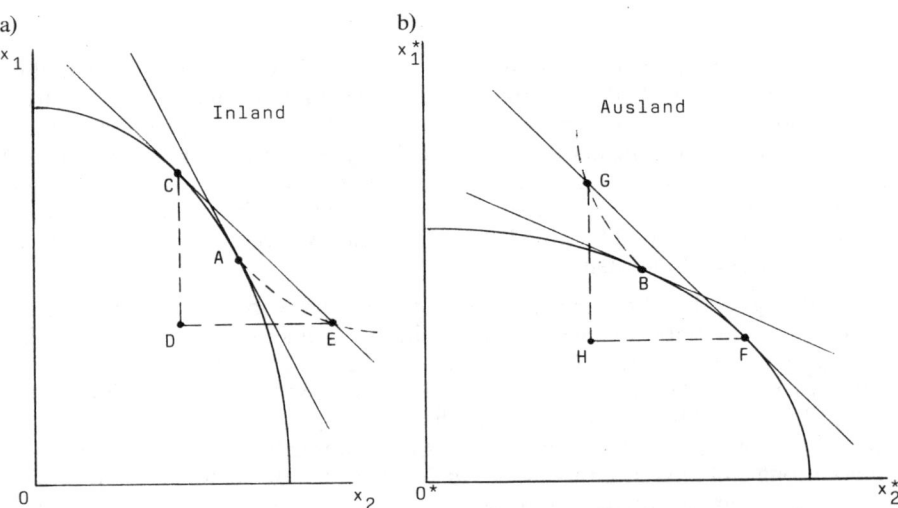

Voraussetzung für diese zweiseitigen Nachfrage- bzw. Handelsströme ist allerdings, wie schon weiter oben erläutert wurde, ein adäquater Wechselkurs. Infolge der Nachfrageverschiebung wird nun das Gut 2 im Ausland und das Gut 1 im Inland im Vergleich zum Autarkiezustand relativ teurer. Entsprechend verändern sich die nationalen Preisverhältnisse in Richtung auf ein einheitliches internationales Preisverhältnis, bei dem dann ein Tauschgleichgewicht realisiert wird. In der Abbildung B.16 gilt das für die Preislinie CE bzw. GF. Die Nachfragestruktur des Inlands möge auf der Tauschkurve AE durch den Punkt E, die Nachfragestruktur des Auslands auf der Tauschkurve BG durch den Punkt G gekennzeichnet sein. Als neue Produktionspunkte ergeben sich C und F. Das Inland (Ausland) exportiert (importiert) die Menge CD bzw. GH des Gutes 1 und importiert (exportiert) die Menge DE bzw. FH des Gutes 2. Beide Länder partizipieren an den Außenhandelsgewinnen, die hier durch die Ausnutzung der absoluten bzw. der komparativen Kostenvorteile gegenüber dem Autarkiezustand auftreten.

Das Beispiel macht allerdings auch deutlich, daß nun nicht mehr zwingend eine vollständige Produktionsspezialisierung erfolgt. Die Realisierung der neuen Produktionspunkte C und F bedeutet in jedem Land lediglich eine Teilspezialisierung. Aufgrund der steigenden Opportunitäts- bzw. Produktionskosten würde sich das Inland nämlich bei einer über C hinausgehenden Produktionsverlagerung zugunsten des Gutes 1 in den Bereich komparativer Kostennachteile gegenüber dem Ausland begeben. Umgekehrt gilt dies im Ausland für das Gut 2.

Dieses Ergebnis weist auf einen wesentlichen Unterschied zum Fall konstanter Opportunitäts- bzw. Produktionskosten hin. Bei konstanten Opportunitätskosten haben die Nachfragepräferenzen im Autarkiezustand eines Landes keine Bedeutung für das nationale Preisverhältnis. Unabhängig von der Nachfrage- und Produktionsstruktur wird ein bestimmtes, konstantes Preisverhältnis realisiert, das üblicherweise der konstanten Grenzrate der Transformation entspricht. Ob die Aufnahme von Außenhandel gewinnbringend ist, hängt nicht von den Nachfragepräferenzen, sondern ausschließlich von den Produktionsbedingungen ab. Demgegenüber gewinnen die Nachfragepräferenzen bei steigenden Opportunitäts- bzw. Produktionskosten eine erhebliche Bedeutung für die Preisverhältnisse im Autarkiezustand und damit für die Frage, ob es zur Aufnahme von Außenhandel kommt. Eine Betrachtung der Produktionsbedingungen genügt nun nicht mehr, um diese Frage zu beantworten. Dies sei mit Hilfe der Abbildungen B.17 und B.18 gezeigt.

Abbildung B.17:

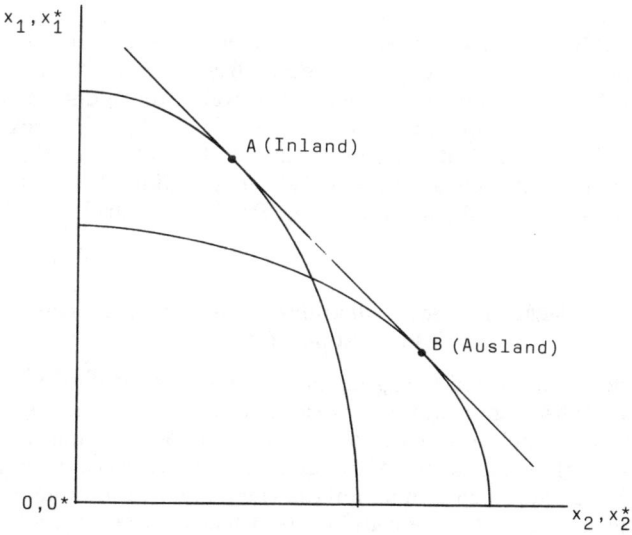

Die Abbildung B.17 weist für die beiden Länder höchst unterschiedliche Produktionsbedingungen aus, wogegen die Abbildung B.18 von exakt gleichen Produktionsbedingungen in den beiden Ländern ausgeht. Im Beispiel der Abbildung B.17 sind die Preisverhältnisse in den beiden Ländern aufgrund der spezifischen Nachfragepräferenzen bereits im Autarkiezustand identisch. In den Autarkiepunkten A und B stimmen die Grenzraten der Transformation in beiden Ländern überein. Es besteht deshalb auch kein Anreiz, Außenhandel aufzunehmen. Allerdings ist zu

Abbildung B.18:

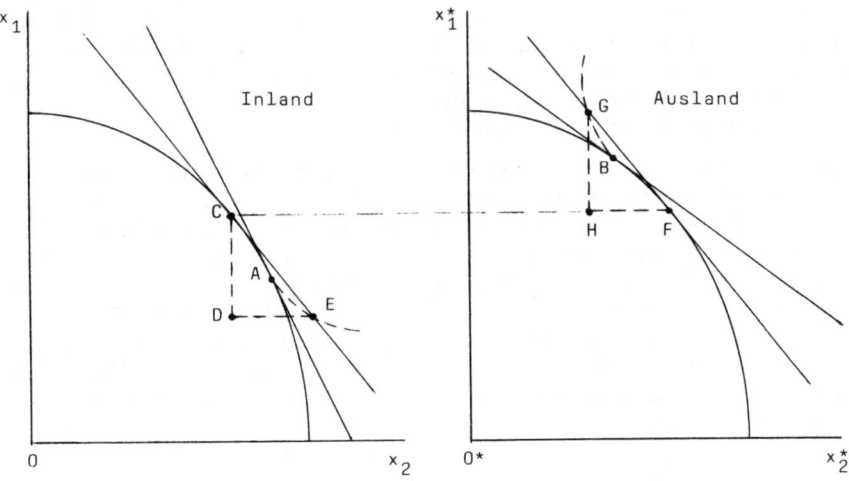

beachten, daß eine nur geringe Veränderung der Nachfragepräferenzen in einem der beiden Länder die Basis für gewinnbringende Außenhandelsbeziehungen legen würde.

Das in der Abbildung B.18 dargestellte Beispiel unterscheidet sich im Ergebnis kaum von dem weiter oben in der Abbildung B.16 skizzierten Fall. Im Autarkiezustand (Punkte A und B) sind die nationalen Preisverhältnisse unterschiedlich, und es kommt deshalb zu Außenhandelsbeziehungen, die durch die Dreiecke CDE bzw. GHF gekennzeichnet sind. Infolge der identischen Produktionsbedingungen wird hier allerdings – im Unterschied zum Beispiel der Abbildung B.16 – in jedem Land nach Aufnahme von Außenhandel die gleiche Produktionsstruktur (Punkte C und F) realisiert.

B-3.5: Außenhandel und Produktionsspezialisierung bei sinkenden Produktionskosten

Vor allem in der industriellen Fertigung lassen sich im Zuge der Mehrproduktion bestimmter Güter Massenproduktionsvorteile erreichen, die sich in sinkenden Opportunitäts- bzw. Produktionskosten ausdrücken. Gerade der internationale Handel bietet die Möglichkeit, solche Vorteile durch eine teilweise oder vollständige Spezialisierung der einzelnen Länder auf die Herstellung bestimmter Güter auszunutzen. Häufig kommen Massenproduktionsvorteile überhaupt erst nach Aufnahme von Außenhandel zum Tragen. Anhand der Abbildung B.19 soll ein spezielles Beispiel für eine solche Situation erläutert werden.

Sowohl im Inland als auch im Ausland sei die Mehrproduktion jedes der beiden Güter zu sinkenden Opportunitätskosten möglich. Die Transformationskurven verlaufen dann konvex zum Ursprung. In beiden Ländern mögen ähnliche Produktionsbedingungen herrschen, die sich insbesondere darin äußern, daß die vorhandenen Ressourcen – hier der Faktor Arbeit – bei vollständiger Spezialisierung auf ein bestimmtes Gut die gleiche Produktionsmenge zulassen. Die Autarkiepunkte sind

Abbildung B.19:

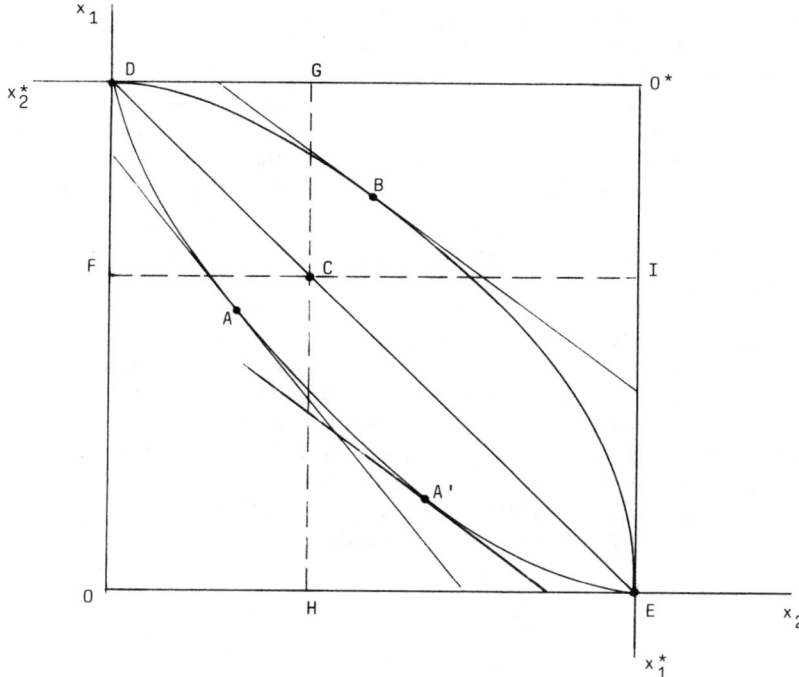

mit A und B bezeichnet worden, und die Tangenten in diesen Punkten entsprechen den nationalen Preislinien vor Aufnahme von internationalen Handeslbeziehungen. Es sei angenommen, daß das Gut 2 im Inland aufgrund der länderspezifischen Nachfragepräferenzen relativ teurer ist als im Ausland. Bei Aufnahme von Außenhandel ist folglich damit zu rechnen, daß Nachfrage des Inlands nach dem Gut 2 in das Ausland umgelenkt wird und daß umgekehrt das Ausland nun das Gut 1 im Inland nachfragt. International möge es zu einem Tauschgleichgewicht im Punkt C kommen. Die Steigung der durch diesen Punkt laufenden Preislinie gibt somit das internationale Preisverhältnis an. Infolge der genannten Nachfrageverlagerung dürfte sich das Inland vollständig auf die Produktion des Gutes 1 und das Ausland vollständig auf die Produktion des Gutes 2 spezialisieren. Das Inland (Ausland) exportiert (importiert) dann die Menge DF des Gutes 1 und importiert (exportiert) dafür die Menge DG des Gutes 2.

Die Nachfragestruktur des Punktes C ließe sich allerdings auch realisieren, wenn sich das Inland vollständig auf die Produktion des Gutes 2 und das Ausland vollständig auf die Produktion des Gutes 1 spezialisieren würde. In diesem Fall müßte das Inland (Ausland) die Menge EH des Gutes 2 exportieren (importieren) und dafür die Menge EI importieren (exportieren). Die Richtung des Außenhandels ist im vorliegenden Beispiel also nicht eindeutig bestimmt. Lediglich aufgrund der Preisverhältnisse im Autarkiezustand ergeben sich, wie oben skizziert, gewisse Nachfrageströme, die eine bestimmte Spezialisierungsrichtung vermuten lassen.

Vollends unbestimmt werden Spezialisierungs- und Handelsrichtungen jedoch für den Fall, daß die Preisverhältnisse in den beiden Ländern im Autarkiezustand übereinstimmen. Sofern nicht durch einen „falschen" Wechselkurs Verzerrungen auftreten, gibt es dann keine internationalen Preisdifferenzen, von denen ein Anreiz zu Nachfrageverlagerungen ausgehen könnte. Um die Massenproduktionsvorteile zu nutzen, müßte deshalb eine solche Verlagerung bewußt herbeigeführt werden, z. B. durch internationale Absprachen derart, daß ein Land den Preis eines der beiden Güter autonom senkt. Für den in der Abbildung B.19 skizzierten Fall ist es dabei völlig gleichgültig, ob der Preis des Gutes 1 oder des Gutes 2 im Inland oder im Ausland gesenkt wird. Letztlich führt dieser Impuls zu einem internationalen Tauschgleichgewicht, das für beide Länder gewinnbringend ist.

Der Autarkiepunkt des Inlands möge in der Abbildung B.19 beispielsweise in A' liegen, so daß die Preislinien durch B (im Ausland) und durch A' die gleiche Steigung aufweisen. Würde nun der Preis des Gutes 1 im Inland gesenkt, so wäre damit zu rechnen, daß sich Nachfrage des Inlands nach dem Gut 2 in das Ausland verlagert und umgekehrt Nachfrage des Auslands nach dem Gut 1 in das Inland umgelenkt wird. Dementsprechend wird sich das Inland auf die Herstellung des Gutes 1, das Ausland auf die Herstellung des Gutes 2 spezialisieren. Ein internationales Tauschgleichgewicht könnte letzten Endes beispielsweise im Punkt C erreicht sein. Hierzu umgekehrte Handels- und Spezialisierungsrichtungen, die aber dennoch zu dem gleichen Tauschgleichgewicht führen könnten, wären zu erwarten, wenn das Inland nicht beim Gut 1, sondern beim Gut 2 eine – hier möglicherweise nur vorübergehende – Preissenkung vornehmen würde.

B-4: Faktorausstattung, Faktorpreise und internationaler Handel

B-4.1: Das Modell von Heckscher und Ohlin

In den bisher durchgeführten Untersuchungen wurden die internationalen Preisdifferenzen, die im Autarkiezustand zu beobachten sind, auf relative Produktivitätsunterschiede bei der Herstellung jeweils vergleichbarer Güter oder auf unterschiedliche Nachfragepräferenzen bzw. nachfragebedingte Produktionsstrukturen in den einzelnen Ländern zurückgeführt. Die quantitative Ausstattung der Länder mit Produktionsfaktoren und deren mögliche Bedeutung für internationale Preisdifferenzen blieben bislang noch weitgehend unberücksichtigt. Zumeist wurde implizit eine identische Faktorausstattung in den Ländern angenommen, und dort, wo der internationale Handel zwischen einem relativ großen und einem relativ kleinen Land zur Diskussion stand, spielte die unterschiedliche Ausstattung mit dem einen Produktionsfaktor Arbeit wegen der Annahme linearer Kostenverläufe für die internationalen Preisdifferenzen keine Rolle.

Um den Zusammenhang zwischen relativen Produktivitätsunterschieden oder unterschiedlichen Nachfragepräferenzen einerseits und internationalen Preisdifferenzen andererseits zu verdeutlichen, konnte sich die Analyse vereinfachend auf die Betrachtung nur eines homogenen Produktionsfaktors, nämlich des Faktors Arbeit, beschränken. In der Realität sind aber zur Produktion eines bestimmten Gutes in der Regel gleichzeitig mehrere Produktionsfaktoren erforderlich. So ist es in der modernen ökonomischen Theorie üblich, mindestens zwei Produktionsfaktoren, die Faktoren Arbeit und Kapital, differenziert zu erfassen. Diese Differenzierung wird jetzt ebenfalls vorgenommen.

Damit ist es möglich, eine in der Außenhandelstheorie wichtige Hypothese der schwedischen Ökonomen Eli Heckscher und Bertil Ohlin zu verdeutlichen.[7] *Diese Hypothese besagt, daß jedes Land – unter bestimmten Bedingungen – die Güter exportiert, zu deren Produktion relativ viel vom reichlich vorhandenen Produktionsfaktor einzusetzen ist, und dafür die Güter importiert, die einen relativ hohen Einsatz des knappen Produktionsfaktors erfordern.* Im Ansatz von Heckscher und Ohlin geht es also darum, zu zeigen, daß die relative Ausstattung der Länder mit den verschiedenen Produktionsfaktoren, konkret mit Arbeit und mit Kapital, eine wichtige Determinante für Richtung und Ausmaß des internationalen Handels sein kann.

Um nun die Rolle der relativen Faktorausstattung isoliert von anderen handelsrelevanten Einflüssen darstellen zu können, bietet es sich in Anlehnung an das Modell von Heckscher und Ohlin an, die folgenden Annahmen zu treffen:

1. Die Produktionsfunktionen für jeweils vergleichbare Güter sind in den betrachteten Ländern identisch.
2. Alle Produktionsfunktionen sind linear-homogen.[8]
3. Die Nachfragepräferenzen stimmen in den beiden Ländern völlig überein.

Mit den beiden Annahmen über die Produktionsgegebenheiten wird ausgeschlossen, daß unterschiedliche Faktorproduktivitäten neben den unterschiedlichen Faktorausstattungen ebenfalls determinierend für die internationalen Preisdifferenzen im Autarkiezustand sein können, und die dritte Annahme macht es möglich, die Einflußgröße ,,unterschiedliche Nachfragebedingungen" auszuschließen.

Um die Analyse möglichst einfach zu gestalten, werden, wie schon bisher, nur zwei Länder betrachtet, die jeweils zwei Güter herstellen. Damit bei unterschiedlichen Preisverhältnissen auf jeden Fall eine volle Auslastung bzw. Beschäftigung der in jedem Land verfügbaren Produktionsfaktoren gewährleistet ist, sei noch angenommen, daß das Faktoreinsatzverhältnis bzw. die Faktorintensität (das Verhältnis von Kapitalinput zu Arbeitsinput oder umgekehrt) bei der Produktion jedes Gutes in jedem Land zumindest innerhalb eines für die Analyse ausreichenden Spielraums jeweils variabel ist. Für jedes Gut ist somit eine substitutionale Produktionsfunktion gegeben. In der Abbildung B.20 sind jeweils zwei Isoquanten für die Produktion des Gutes 1 und des Gutes 2 dargestellt worden (x_{11} und x_{12} für das Gut 1 sowie x_{21} und x_{22} für das Gut 2). Eine Isoquante gibt ein bestimmtes Produktionsniveau an, das bei entsprechender Faktorsubstitution mit allen technisch möglichen Faktorintensitäten realisierbar ist. Annahmegemäß stimmen die Isoquanten für die Produktion eines vergleichbaren Gutes in beiden Ländern hinsichtlich Gestalt und Lage überein, so daß mit der Abbildung B.20 gleichzeitig die Produktionsverhältnisse in den beiden betrachteten Ländern erfaßt sind.

Die Gültigkeit der Hypothese von Heckscher und Ohlin setzt voraus, daß unter sonst gleichen Rahmenbedingungen, z. B. bei identischen Faktorpreisverhältnissen

---

[7] E. Heckscher, The Effects of Foreign Trade on the Distribution of Income, in: H. S. Ellis und L. A. Metzler (Eds.), Readings in the Theory of International Trade, London 1950, S. 272–300. (Originalartikel: Utrikeshandelns verkan pa inkomstfördelningen, in: Ekonomisk Tidskrift, Bd. 21, 1919, S. 497–512.) B. Ohlin, Interregional and International Trade, Cambridge, Mass., 1933, ch. 5, 7 und 8.

[8] Werden die Einsatzmengen der Produktionsfaktoren im proportionalen Verhältnis zueinander verändert, so ergibt sich eine dazu proportionale Veränderung der Produktionsmenge. Man spricht in diesem Fall auch von konstanten Skalenerträgen.

Abbildung B.20:

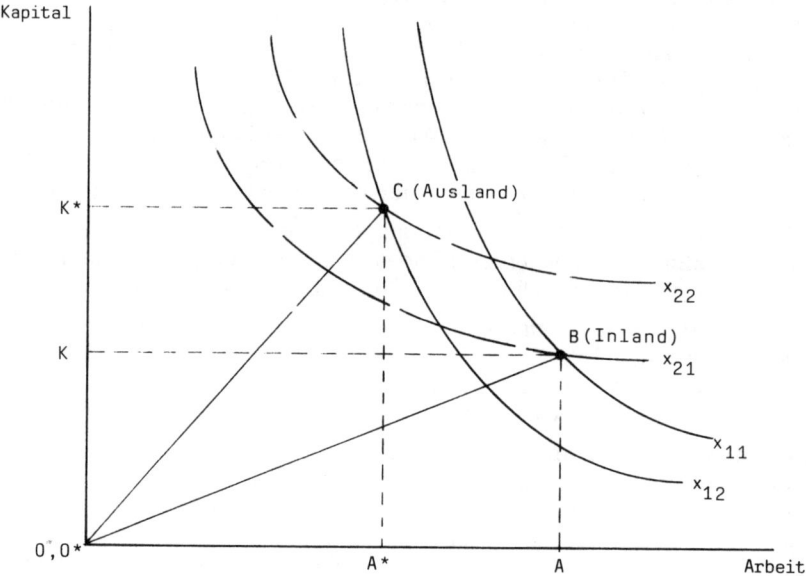

in jedem Produktionssektor, in den Produktionen der beiden Güter – jeweils in jedem Land – unterschiedliche Faktorintensitäten realisiert werden. Dies drückt sich in einer unterschiedlichen Gestalt der Isoquanten für die Produktion des Gutes 1 und des Gutes 2 aus. Die in der Abbildung B.20 festgehaltenen Produktionszusammenhänge implizieren, daß das Gut 1 (Gut 2) bei jedem beliebigen Faktorpreisverhältnis mit einer größeren Arbeitsintensität (einer größeren Kapitalintensität) hergestellt wird als das Gut 2 (Gut 1). Das Inland möge über einen Kapitalbestand von K und ein Arbeitspotential (z. B. ausgedrückt in Beschäftigtenstunden) von A verfügen. Für das Ausland sei entsprechend eine Faktorausstattung von K^* und A^* gegeben. Die beiden Länder unterscheiden sich also hinsichtlich ihrer relativen Faktorausstattung.

Bei vollständigem Einsatz der Produktionsfaktoren läßt sich somit beispielsweise im Inland ein Produktionsniveau von x_{11} für das Gut 1 oder alternativ ein Produktionsniveau von x_{21} für das Gut 2 realisieren. Im Ausland sind demgegenüber alternativ Produktionsniveaus von x_{12} oder x_{22} möglich. Demnach zeigen sich bei einem Vergleich der beiden Länder Unterschiede in den maximal möglichen Produktionsniveaus der jeweils vergleichbaren Güter. Und diese Unterschiede sind im hier dargestellten Heckscher-Ohlin-Modell ausschließlich auf die unterschiedliche relative Faktorausstattung zurückzuführen.

Die maximal möglichen Produktionsniveaus werden in die Abbildung B.21 übertragen. Sie stellen jeweils die „Endpunkte" der Produktionsmöglichkeitenkurve bzw. der Transformationskurve der beiden Länder dar. Die Gestalt der Transformationskurven hängt, wie weiter unten noch zu zeigen ist, insbesondere von den Produktionsfunktionen bzw. vom Verlauf der Isoquanten für jedes der beiden Güter ab. Für die im Modell getroffene Annahme, daß die Produktionsfunktionen linear-homogen sind, daß also bei einer bestimmten Faktorintensität konstante Skalenerträge erzielt werden, verlaufen die Transformationskurven eindeutig kon-

Abbildung B.21:

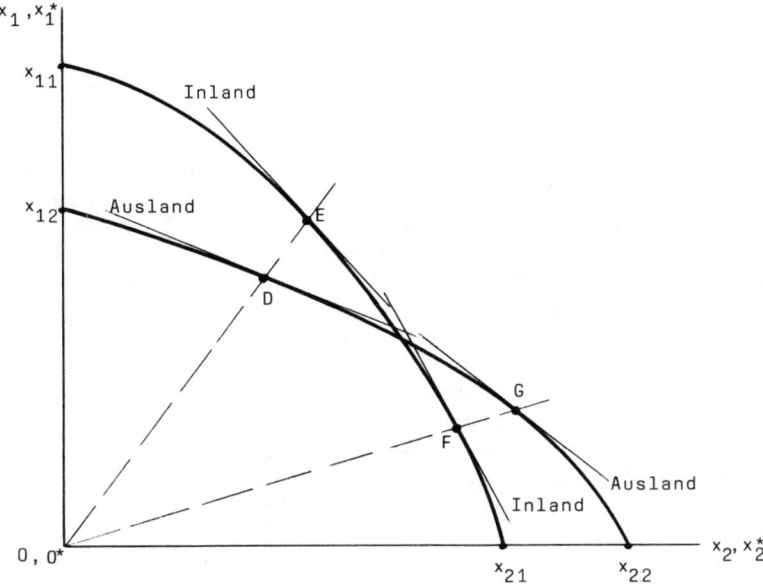

kav zum Ursprung. Und darüber hinaus verläuft die Transformationskurve des Inlands, so wie in der Abbildung B.21 dargestellt, bei jedem beliebigen Gütermengenverhältnis x_1/x_2 steiler als diejenige des Auslands.

Annahmegemäß stimmen die Nachfragepräferenzen bzw. die nachfragebedingten Produktionsstrukturen in den beiden Ländern jeweils im Autarkiezustand überein. Zwei mögliche Strukturen sind in der Abbildung B.21 mit den Linien ODE oder OFG skizziert worden. Dementsprechend wird im Inland die Gütermengenkombination gemäß Punkt E oder F, im Ausland gemäß Punkt D oder G realisiert. Die Tangenten in diesen Punkten geben bei vollständiger Konkurrenz bekanntlich die nationalen Preislinien und ihre Steigungen die nationalen Preisverhältnisse im Autarkiezustand wieder. Auch wenn für beide Länder anstelle gleicher Nachfragestrukturen x_1/x_2 identische gesellschaftliche Indifferenzkurven zugrunde gelegt würden, ergäbe sich hinsichtlich der Unterschiede in den nationalen Preisverhältnissen ein ähnliches Ergebnis. Für das in der Abbildung B.21 dargestellte Beispiel verlaufen die Preislinien im Inland bei jeder Nachfragestruktur steiler als im Ausland. Folglich ist das Gut 1 (Gut 2) im Inland (Ausland) im Autarkiezustand relativ billiger als im Ausland (Inland).

Aus den bisherigen Untersuchungen ist aber nun bekannt, daß sich bei dieser Konstellation der nationalen Preisverhältnisse für beide Länder die Aufnahme von Außenhandelsbeziehungen lohnt. Das Inland würde dann die Produktion des Gutes 1 zu Lasten des Gutes 2 ausdehnen und gewisse Mengen des Gutes 1 im Austausch mit dem Importgut 2 in das Ausland exportieren. Die Produktion wird bei Außenhandel also in Richtung auf das Gut spezialisiert, bei dessen Herstellung ein relativ hoher Einsatz des relativ reichlich vorhandenen Produktionsfaktors, hier des Faktors Arbeit, erforderlich ist. Umgekehrt muß das Ausland im Zuge von Außenhandel die Produktion des Gutes 2 zu Lasten des Gutes 1 erhöhen, und auch hier gilt, daß eine Produktionsspezialisierung in Richtung auf das Gut erfolgt, das einen relativ großen Einsatz des relativ reichlich vorhandenen Faktors, hier des Faktors Kapital, bedingt.

Die zuvor nur verbal begründeten Transformationskurven, so wie sie in der Abbildung B.21 dargestellt sind, sollen jetzt noch exakt hergeleitet werden. Dazu wird mit der Abbildung B.22 für eines der beiden Länder, z. B. für das Inland, ein sogenanntes Box-Diagramm (auch Edgeworth-Box genannt) konstruiert, dessen Seitenlängen durch die Faktorausstattung mit Kapital und mit Arbeit gegeben sind. Ausgehend vom Ursprung 0_1 werden die Isoquanten für die Produktion des Gutes 1 und ausgehend vom dazu entgegengesetzt angeordneten Ursprung 0_2 die Isoquanten für die Produktion des Gutes 2 eingezeichnet. Alle Schnitt- und Tangentialpunkte der Isoquanten innerhalb des Box-Diagramms sowie an den Eckpunkten 0_1 und 0_2 geben Faktoreinsatzkombinationen an, die eine volle Beschäftigung der beiden Produktionsfaktoren implizieren. Optimal sind aber nur solche Faktoreinsatzkombinationen, die aus Tangentialpunkten von Isoquanten resultieren; denn nur dort sind Produktionsgegebenheiten realisiert, bei denen sich durch eine andere Verteilung der Produktionsfaktoren die Produktionsmenge eines Gutes nicht mehr steigern läßt, ohne daß die Produktionsmenge des anderen Gutes verringert wird. In der Abbildung B.22 liegen diese optimalen Faktoreinsatzkombinationen auf der Linie 0_1BC0_2. Dieses ist die sogenannte Effizienzlinie.

Abbildung B.22:

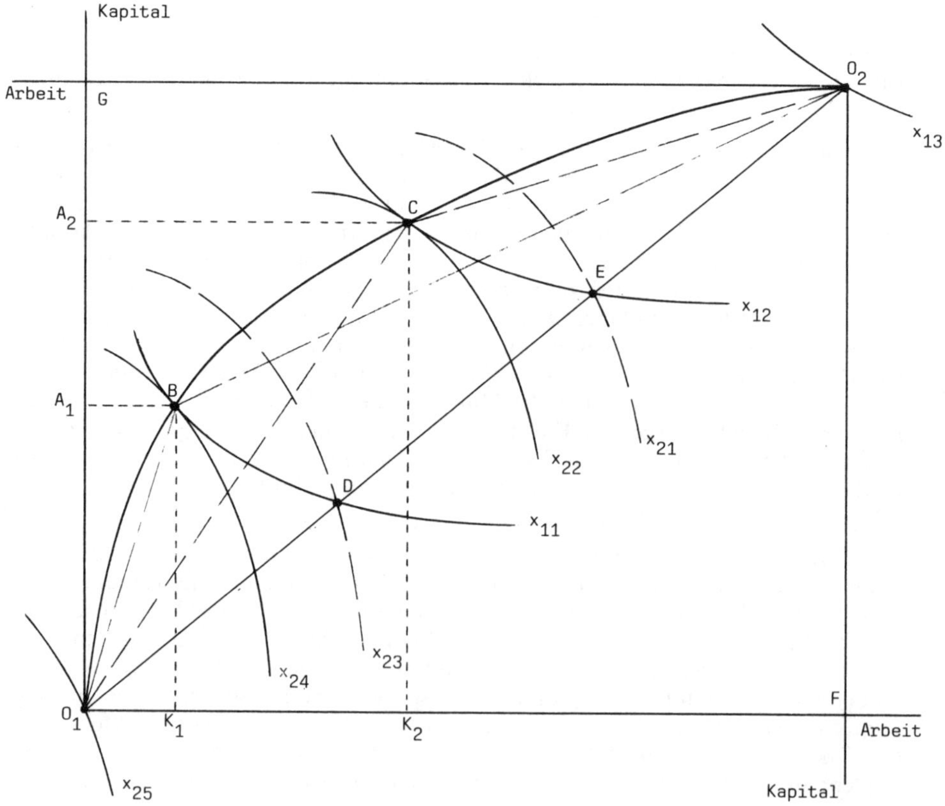

Vergleicht man beispielsweise die möglichen Faktoreinsatzkombinationen D und B miteinander, so ist unmittelbar ersichtlich, daß die Kombination D nicht optimal ist: eine Umverteilung der Produktionsfaktoren entlang der Isoquante x_{11} in Richtung auf den Punkt B würde sukzessive eine Erhöhung der Produktion des Gutes 2 ermöglichen. Die Isoquante x_{24} für das Gut 2 weist nämlich eine höhere Wertigkeit auf als die Isoquante x_{23}. Gleichermaßen ist auch die Faktoreinsatzkombination C der Faktoreinsatzkombination E vorzuziehen. Der Verlauf der Effizienzlinie impliziert, daß das Gut 1 bei effizienter Produktion mit einer größeren Kapitalintensität hergestellt wird als das Gut 2. Dies läßt sich beispielsweise unmittelbar den Steigungen der Linien 0_1B und 0_2B bzw. 0_1C und 0_2C entnehmen. Es sei noch einmal daran erinnert, daß die unterschiedlichen Faktorintensitäten eine wesentliche Bedingung des Heckscher-Ohlin-Modells sind.

Aus der Effizienzlinie kann nun die Produktionsmöglichkeitenkurve bzw. die Transformationskurve hergeleitet werden, denn jeder Faktoreinsatzkombination auf der Effizienzlinie ist eine bestimmte optimale Produktionsstruktur zugeordnet. So ergibt sich beispielsweise die in der Abbildung B.23 dargestellte Transformationskurve. Mit den Punkten B und C auf der Effizienzlinie korrespondieren, wie sich den entsprechenden Isoquanten entnehmen läßt, die Punkte B' und C' auf der Transformationskurve. Auch die zu D und E korrespondierenden Punkte D' und E' sind in die Abbildung B.23 übernommen worden. Hier wird deutlich, daß nur die Punkte B' und C' eine effiziente Produktion implizieren.

Abbildung B.23:

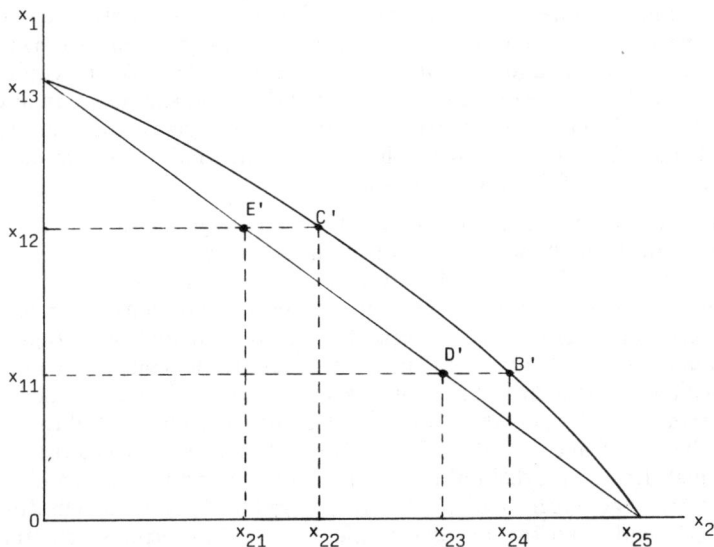

Linear-homogene Produktionsfunktionen für beide Güter vorausgesetzt, verläuft die Transformationskurve aufgrund der unterschiedlichen Faktorintensitäten konkav zum Ursprung. Die Isoquanten in der Abbildung B.22 repräsentieren linear-homogene Produktionsfunktionen. Entlang der Linie $0_1 0_2$, die eine konstante Faktorintensität impliziert, nimmt der Output proportional zur Faktorvermehrung zu. So gilt: $x_{12} = 2x_{11}$ und $x_{13} = 3x_{11}$ sowie $x_{23} = 2x_{21}$ und $x_{25} = 3x_{21}$, wenn der Faktoreinsatz in proportionalem Verhältnis jeweils verdoppelt bzw. verdreifacht wird. Hier liegen also konstante Skalenerträge vor. Diese Outputverhältnisse sind entsprechend in die Abbildung B.23 übertragen worden. Würden sich aber beispielsweise bei der Produktion des Gutes 2 zunehmende Skalenerträge ergeben, so wäre die folgende Lösung denkbar: bei einer Verdoppelung bzw. Verdreifachung des Faktoreinsatzes entlang der Linie $0_2 0_1$ möge gelten: $x_{24} = 2x_{22}$ und $x_{25} = 3x_{22}$. In diesem Fall folgt aus der Effizienzlinie der Abbildung B.22 eine Transformationsgerade. Analog zu diesem Beispiel läßt sich nun leicht zeigen, daß die Transformationskurve sogar konvex zum Ursprung verläuft, wenn die Isoquanten x_{24} und x_{25} eine noch größere Outputerhöhung implizieren würden. Wird die Annahme linearhomogener Produktionsfunktionen aufgehoben, so ist also nicht mehr sichergestellt, daß die Transformationskurve konkav zum Ursprung verläuft.

B-4.2: Außenhandel und internationale Anpassung der Faktorpreise

Das Heckscher-Ohlin-Modell macht nicht nur deutlich, wie sich aus unterschiedlichen relativen Faktorausstattungen von Ländern unter bestimmten Bedingungen Außenhandelsvorteile ergeben, sondern es ermöglicht zugleich gewisse Aussagen über die Entwicklung von Faktorpreisverhältnissen nach Aufnahme von Außenhandel. Wenn die Preise der beiden Produktionsfaktoren Arbeit und Kapital – nämlich Lohnsatz und Zinssatz – aus Angebot und Nachfrage auf dem entsprechenden Faktormarkt resultieren oder die Angebots- und Nachfragebedingungen wenigstens eine wichtige Determinante der Faktorpreise sind, so ist zu erwarten, daß – die Annahmen des Heckscher-Ohlin-Modells vorausgesetzt – der Preis des Faktors Arbeit in dem Land, in dem Arbeit relativ knapp ist, im Autarkiezustand vergleichsweise hoch ist und dementsprechend der Preis des Faktors Kapital relativ niedrig ist. Sind l und k die Preise der Faktoren Arbeit und Kapital im Inland, l* und k* die entsprechenden Preise im Ausland, und verfügt das Inland über ein relativ hohes Arbeitspotential, so dürften sich die nationalen Faktorpreisverhältnisse im Autarkiezustand wie folgt verhalten: $l/k < l^*/k^*$.

Wie die Analyse zum Heckscher-Ohlin-Modell gezeigt hat, dehnt das Inland bei Aufnahme von Außenhandel die Produktion des Gutes aus, das mit einer relativ hohen Arbeitsintensität herzustellen ist, und verringert gleichzeitig die Pruduktion des Gutes, dessen Herstellung eine relativ hohe Kapitalintensität erfordert. Die Produktionsstruktur des Auslands verändert sich dementsprechend zugunsten der Produktion des Gutes 2, zu dessen Herstellung relativ viel vom dort verhältnismäßig reichlich vorhandenen Produktionsfaktor Kapital eingesetzt werden muß. Im Inland nimmt folglich bei Außenhandel die Nachfrage nach dem Faktor Arbeit zu, während die Nachfrage nach dem Faktor Kapital sinkt. Im Ausland ist es entsprechend umgekehrt. Bleibt das Faktorangebot unverändert und gelten die oben genannten Voraussetzungen über die Faktorpreisbildung, so wird sich durch diese Produktions- und Faktornachfrageverschiebung das Faktorpreisverhältnis l/k des Inlands erhöhen und gleichzeitig das Faktorpreisverhältnis l*/k* des Auslands verringern. *Somit kommt es im Zuge der Aufnahme von Außenhandelsbeziehungen tendenziell zu einer Annäherung der nationalen Faktorpreisverhältnisse.*

Es läßt sich theoretisch nachweisen, daß unter bestimmten Bedingungen, so insbesondere unter der Voraussetzung vollständiger Konkurrenz auf allen Güter- und Faktormärkten sowie vollkommener Faktormobilität, letztlich nicht nur die Faktorpreisverhältnisse, sondern sogar die jeweils entsprechenden absoluten nationalen Faktorpreise identisch sind. Auf den Nachweis einer solchen totalen Faktorpreisanpassung soll hier jedoch verzichtet werden.[9]

In allen bisher durchgeführten Untersuchungen, so auch bei der Analyse des Heckscher-Ohlin-Modells, wurde davon ausgegangen, daß es keine internationalen Faktorwanderungen gibt. Diese Annahme war erforderlich, um Veränderungen der nationalen Faktorausstattungen und daraus resultierende Einflüsse auf den internationalen Handel auszuschließen. Ließe man freie Faktorwanderungen zu, so wäre zu erwarten, daß Unterschiede in den nationalen Faktorpreisen für Arbeit und/oder für Kapital so lange zu einer Abwanderung des im Vergleich mit dem Ausland gering entlohnten Faktors und einer Zuwanderung des anderen Faktors führen, bis die Faktorpreise jeweils im In- und Ausland so weit angeglichen sind, daß kein Anreiz mehr zu grenzüberschreitenden Faktorwanderungen besteht. Wenn aber, wie zuvor für das Heckscher-Ohlin-Modell erläutert, die Anpassung der Faktorpreise im Zuge des Außenhandels erfolgt, erübrigen sich solche Faktorwanderungen. Der internationale Austausch von Gütern tritt dann an ihre Stelle. *Außenhandel, der in Richtung und Ausmaß der relativen Faktorausstattung der Länder entsprechend dem Ergebnis des Heckscher-Ohlin-Modells Rechnung trägt, macht demnach grenzüberschreitende Faktorbewegungen unter dem Aspekt der Faktorentlohnung überflüssig.*

B-4.3: Heckscher-Ohlin-These und ökonomische Realität

B-4.3.1: Das Leontief-Paradoxon

Obschon sich die von Heckscher und Ohlin aufgestellte These über die Richtung der Produktionsspezialisierung bei Außenhandel theoretisch eindeutig nur auf der Grundlage einiger zum Teil restriktiver Annahmen nachweisen läßt, fand sie eine breite Zustimmung. Lange Zeit galt es als nahezu selbstverständlich, daß ein Land Güter exportiert, zu deren Herstellung relativ viel vom reichlich vorhandenen Produktionsfaktor einzusetzen ist, und dafür Güter, die eine relativ hohe Absorption des knappen Faktors erfordern, importiert. So wurde beispielsweise darauf verwiesen, daß industrialisierte Länder fast ausschließlich Güter exportieren, die mit einer relativ hohen Kapitalintensität hergestellt werden, und sich der Export der Entwicklungsländer auf der anderen Seite in der Regel auf solche Güter beschränkt, deren Produktion dort eine relativ hohe Arbeitsintensität aufweist. Zweifellos läßt sich die Heckscher-Ohlin-These für den Handel zwischen der Gruppe der Industrieländer, die relativ reichlich mit Kapital ausgestattet sind, und der Gruppe der Entwicklungsländer, die ja nicht zuletzt durch ihre Kapitalknappheit gekennzeichnet sind, über lange Zeit hinweg bestätigen. Gilt aber diese These auch für den Außenhandel einzelner Industrieländer und insbesondere für die Handelsbeziehungen zwischen den Industrieländern?

Daß diese Frage nicht generell zu bejahen ist, machen empirische Untersuchungen deutlich, die von Wassily Leontief für die USA zunächst unter Verwendung sektoraler Daten des Jahres 1947, später aber auch für andere Beobachtungsjahre

---

[9] P.A. Samuelson, International Trade and the Equalization of Factor Prices, in: The Economic Journal, Vol. 58, 1948, S. 163 ff. Derselbe, International Factor Price Equalization Once Again, in: The Economic Journal, Vol. 59, 1949, S. 181–197.

durchgeführt wurden.[10] *Leontief fand nämlich heraus, daß die Exportgüter der USA mit einer höheren Arbeitsintensität hergestellt werden als die Güter, die mit den Importgütern der USA unmittelbar konkurrieren.* Auf der Importseite beschränkte sich Leontief aus Gründen der Datenverfügbarkeit auf die importkonkurrierenden Güter und folglich auch nur auf solche Güter, die zugleich in den USA produziert werden. Damit wurden sicherlich überwiegend solche Importgüter erfaßt, die typisch für die Handelsbeziehungen zwischen Industrieländern sind. Das als *Leontief-Paradoxon* bekannt gewordene empirische Ergebnis ist später wiederholt auch für einige andere Industrieländer bestätigt worden. Aus der Fülle der Erklärungen, die das Leontief-Paradoxon in der ökonomischen Literatur gefunden hat, sollen hier nur einige herausgegriffen und im folgenden skizziert werden.

B-4.3.2: Umschlagende Faktorintensitäten

Die Produktionsbedingungen im Heckscher-Ohlin-Modell sind u. a. dadurch charakterisiert, daß ein bestimmtes Gut sowohl im Inland als auch im Ausland entweder mit einer relativ hohen Arbeitsintensität oder mit einer relativ hohen Kapitalintensität hergestellt wird. In der Realität sind aber Produktionsbedingungen möglich, die es nicht mehr zulassen, vergleichbare Güter im In- und Ausland eindeutig nach ihrer Faktorintensität zu klassifizieren. Ist das der Fall, so kann die Heckscher-Ohlin-These für die Erklärung der Richtung des Außenhandels ihre Gültigkeit verlieren, auch wenn alle übrigen Bedingungen des Heckscher-Ohlin-Modells erfüllt sind. Das sei anhand der Abbildung B.24 erläutert.

Die Produktion des Gutes 1 erlaube nur relativ geringe Spielräume für eine Faktorsubstitution, wogegen in der Produktion des Gutes 2 eine relativ hohe Flexibilität in Hinsicht auf die Substitution des einen Produktionsfaktors durch den anderen Produktionsfaktor bestehen möge. Dieser Sachverhalt kommt in der Gestalt der Isoquanten zum Ausdruck. In der Abbildung B.24 ist jeweils eine Isoquante für die Produktion des Gutes 1 und des Gutes 2 dargestellt worden, und die Isoquante x_1x_1 für das Gut 1 weist, in Richtung auf den Ursprung, eine stärkere Konvexität auf als die Isoquante x_2x_2 für das Gut 2. Folglich ergeben sich – anders als in der Abbildung B.20, in der das Heckscher-Ohlin-Modell dargestellt ist – für die Isoquanten zwei Schnittpunkte.

Das Inland möge eine relativ hohe Kapitalausstattung besitzen, und das Ausland verfüge demnach über ein relativ großes Arbeitspotential. Gemäß dieser Faktorausstattung ist zu erwarten, daß während des Autarkiezustandes Kapital im Inland relativ billig, im Ausland dagegen relativ teuer ist. Die entsprechenden Faktorpreisverhältnisse seien in der Abbildung B.24 durch die Linie AB für das Inland und CD für das Ausland skizziert. Bei Vollauslastung der Produktionsfaktoren mögen A und B optimale Produktionspunkte im Inland sowie C und D optimale Produktionspunkte im Ausland sein. Folglich wird das Gut 2 im Inland mit einer relativ hohen Kapitalintensität, im Ausland dagegen mit einer relativ hohen Arbeitsintensität hergestellt, und die Produktion des Gutes 1 erfolgt im Inland mit einer relativ hohen Arbeitsintensität, im Ausland dagegen mit einer relativ hohen Kapitalintensität. Nach der These von Heckscher und Ohlin müßten also bei Aufnahme von

---

[10] Leontief, W., Domestic Production and Foreign Trade: The American Capital Position Re-examined, in: Economia Internazionale, Vol. 7, 1954, S. 3–32; wiederabgedruckt in: R. E. Caves und H. G. Johnson (Eds.), Readings in International Economics, Homewood, Ill., 1968, ch. 30.

Abbildung B.24:

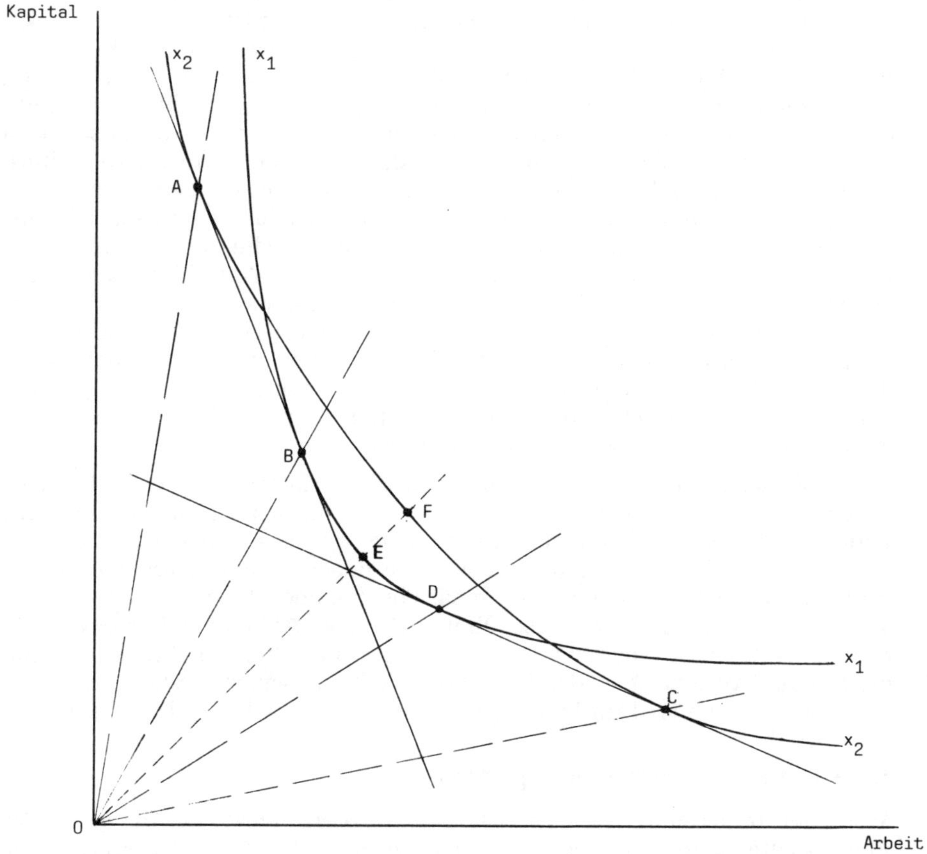

Außenhandel beide Länder die Produktion des Gutes 2 ausdehnen und dieses Gut zu ihrem Exportgut machen. Eine solche Produktionsspezialisierung ist aber in sich widersprüchlich. Die Ursache hierfür liegt, wie in der Abbildung B.24 verdeutlicht, in sogenannten umschlagenden Faktorintensitäten. Das sei für das Inland exemplarisch erläutert.

Würde der Faktor Arbeit in diesem Land relativ billiger, so käme es im Produktionsprozeß beider Güter zu einer Substitution von Kapital durch Arbeit. Bliebe es – zufällig – bei den durch die Isoquanten x_1x_1 und x_2x_2 repräsentierten Produktionsniveaus, so würde sich die Substitution beim Gut 2 durch eine Bewegung vom Punkt A in Richtung auf den Punkt C und beim Gut 1 vom Punkt B in Richtung auf den Punkt D äußern. Haben die beiden Isoquanten in den Punkten E und F die gleiche Steigung, so ergibt sich bei einem Passieren dieser beiden Punkte ein Wechsel bzw. „Umschlagen" der Kapitalintensitäten: Das Gut 2 wird nun mit einer höheren Arbeitsintensität hergestellt als das Gut 1. Die größere Substitutionsflexibilität in der Produktion des Gutes 2 hat es dann ermöglicht, relativ viel Kapital durch den Faktor Arbeit zu ersetzen, während in der Produktion des Gutes 1 nur ein relativ geringer Kapitalverzicht möglich war.

Das Beispiel macht allerdings auch deutlich, daß die These von Heckscher und Ohlin für die hier dargestellten Produktionsbedingungen nicht in jedem Fall außer Kraft tritt. Wenn nämlich im Autarkiezustand beide Länder Produktionspunkte auf den Isoquanten x_1x_1 und x_2x_2 realisieren, die jeweils rechts oder links von den Punkten E und F liegen, so verhalten sich die Faktorintensitäten in der Produktion eines bestimmten Gutes in beiden Ländern gleichgerichtet. Das trifft allerdings nur dann zu, wenn hinsichtlich der relativen Faktorausstattung der beiden Länder kein allzu großer Unterschied besteht und deshalb die nationalen Faktorpreisverhältnisse im Autarkiezustand nicht allzu weit voneinander abweichen. Liegen jedoch entgegengerichtete Faktorintensitäten vor, dann muß, wenn überhaupt Außenhandel zustandekommen soll, eines der beiden Länder die Produktion des Gutes zum Zwecke des Exports ausdehnen, zu dessen Herstellung im Autarkiezustand relativ viel vom knappen Faktor einzusetzen ist. Bezogen auf das empirische Ergebnis Leontiefs würde das bedeuten, daß die USA der These von Heckscher und Ohlin im Interesse des Außenhandels zuwiderhandeln, während die anderen, im Vergleich mit den USA relativ kapitalarmen Länder in Übereinstimmung mit der Heckscher-Ohlin-These eine Produktionsspezialisierung in Richtung auf das Gut betreiben, das eine relativ hohe Arbeitsintensität impliziert.

Das hier skizzierte Beispiel umschlagender Faktorintensitäten weist aber auch auf einen Sachverhalt hin, der in den empirischen Untersuchungen Leontiefs keine Berücksichtigung fand. Das kapitalreiche Inland (z. B. die USA) mag zwar das Gut exportieren, das in diesem Land mit einer relativ hohen Arbeitsintensität hergestellt wird – im Beispiel der Abbildung B.24 das Gut 1 –, doch dieses Gut wird, wie ein Vergleich der Steigungen der Linien 0B und 0D in der Abbildung B.24 zeigt, während des Autarkiezustandes im Ausland mit einer noch höheren Arbeitsintensität produziert. Im Vergleich zu den Produktionsverhältnissen im Ausland erfolgt die Produktion des Gutes 1 im Inland also mit einem relativ hohen Kapitaleinsatz.

B-4.3.3: Divergierende Nachfragepräferenzen

Wie schon früher erläutert, spielen die Nachfragepräferenzen für die nationalen Preisverhältnisse im Autarkiezustand eine wichtige Rolle. Im Heckscher-Ohlin-Modell wird diese Determinante neutralisiert, indem für beide Länder identische Nachfragepräferenzen bzw. Nachfragestrukturen angenommen werden. Das Leontief Paradoxon könnte sich aber auch durch Aufhebung dieser Annahme erklären lassen. So ist es beispielsweise denkbar, daß die Nachfrager in den USA relativ starke Präferenzen für das Gut haben, das dort mit einer relativ hohen Kapitalintensität hergestellt wird. Diese Nachfragepräferenzen können sogar der Grund für die Kapitalakkumulation und den daraus entstandenen relativen Kapitalreichtum der USA gewesen sein. Trotz des Kapitalreichtums ist es nun möglich, daß aufgrund der Nachfragebedingungen das Gut im Autarkiezustand relativ teuer wäre, das mit einer hohen Kapitalintensität hergestellt wird. Im Ausland kann dagegen, z. B. ebenfalls aufgrund entsprechender Nachfragebedingungen im Autarkiezustand, gerade das Gut relativ teuer sein, dessen Herstellung eine hohe Arbeitsintensität erfordert. Folglich müßte sich ein für beide Seiten gewinnbringender Außenhandel entgegengesetzt zur Heckscher-Ohlin-These entwickeln.

B-4.3.4: Faktordifferenzierung

Sowohl im Heckscher-Ohlin-Modell als auch in den empirischen Untersuchungen Leontiefs werden nur zwei Produktionsfaktoren, Arbeit und Kapital, getrennt erfaßt, und darüber hinaus wird angenommen, daß jeder der Faktoren im In- und Ausland völlig homogen ist. Nimmt man jedoch eine weitergehende Differenzierung unter Berücksichtigung der in der Realität tatsächlich verwendeten Produktionsfaktoren vor, so bietet sich eine allgemeiner gefaßte Interpretation der Heckscher-Ohlin-These an, die mit den empirischen Ergebnissen Leontiefs kompatibel ist. Zwei Möglichkeiten seien hier kurz diskutiert.

Eine Güterproduktion erfordert in der Regel nicht nur den Einsatz von Arbeit und Kapital, sondern gleichzeitig auch von sogenannten natürlichen Ressourcen, beispielsweise von bestimmten Rohstoffen. Für die USA läßt sich aber nachweisen, daß Güter, deren Produktion einen relativ großen Input an natürlichen Ressourcen impliziert, zugleich mit einer relativ hohen Kapitalintensität hergestellt werden. Und es sind diese Güter, die zusätzlich zur inländischen Produktion importiert werden. Umgekehrt absorbiert die Produktion der typischen Exportgüter, die ja nach den Ergebnissen Leontiefs durch eine relativ hohe Arbeitsintensität gekennzeichnet sind, relativ wenig an natürlichen Ressourcen. Demnach exportieren (importieren) die USA insbesondere Güter, bei deren Produktion relativ wenig (viel) vom knappen Produktionsfaktor „natürliche Ressourcen" verbraucht wird. Die Einführung des dritten Produktionsfaktors vermag also den Widerspruch zwischen der Heckscher-Ohlin-These und dem Ergebnis Leontiefs aufzulösen.

Eine andere Möglichkeit zur Rettung der Heckscher-Ohlin-These beruht in einer Differenzierung des Produktionsfaktors Arbeit. Es ist nachgewiesen worden, daß in der US-Exportgüterindustrie relativ zu den importkonkurrierenden Produktionssektoren hochqualifizierte Arbeitskräfte beschäftigt sind und deshalb relativ hohe Löhne und Gehälter gezahlt werden. Die Qualität des Faktors Arbeit ist aber Ausdruck eines bestimmten Bestandes an sogenanntem Humankapital, das nicht zuletzt aufgrund des Ausbildungssystems zustandekommt. Es läßt sich nun vermuten, daß die USA im Vergleich mit den Ländern, aus denen insbesondere die Importgüter bezogen werden, über relativ viel Humankapital verfügen. Betrachtet man dieses als einen weiteren Produktionsfaktor, so ist also festzustellen, daß die USA vor allem solche Güter exportieren (importieren), deren Produktion mit relativ viel (wenig) Humankapital bzw. mit einem relativ großen Einsatz hochqualifizierter Arbeitskräfte erfolgt.

B-4.3.5: Protektionismus

Mit dem Argument, Arbeitsplätze zu sichern, wenden viele Länder protektionistische Maßnahmen an, mit denen vor allem die inländischen Produktionsbereiche geschützt werden sollen, deren Produktion durch eine relativ hohe Arbeitsintensität gekennzeichnet ist. Zum Maßnahmenkatalog zählen beispielsweise staatliche Subventionen oder Steuererleichterungen für die genannten Produktionsbereiche oder Zölle bzw. andere steuerliche Belastungen für die entsprechenden Konkurrenzgüter aus dem Ausland. Die internationale Preisdifferenz wird dann, sofern nicht kompensierende Preiseffekte aufgrund entgegengerichteter Maßnahmen des Auslands gegeben sind, zugunsten der inländischen Produkte verzerrt, die mit einer relativ hohen Arbeitsintensität hergestellt werden. Zumindest für den Zeitraum, der den empirischen Untersuchungen Leontiefs zugrunde liegt, lassen sich für die USA gravierende zollpolitische Maßnahmen zum Schutz von Produktionssektoren mit relativ hoher Arbeitsintensität feststellen. Ohne Zweifel wirkt das Handelsströmen, wie sie nach dem Heckscher-Ohlin-Modell zu erwarten wären, entgegen, und das Leontief-Paradoxon ließe sich damit wenigstens teilweise erklären.

B-5: Datenänderungen, internationales Tauschgleichgewicht und Terms of Trade

B-5.1: Veränderungen der Nachfragepräferenzen

Die Tauschkurve eines Landes ist Ausdruck sowohl der Produktionsbedingungen als auch der Nachfragepräferenzen. Änderungen der Faktorausstattung, der Faktorproduktivitäten oder der Struktur der Güternachfrage wirken sich folglich auf die Lage der Tauschkurve aus. Die weiteren Untersuchungen sollen zeigen, wie solche Änderungen den internationalen Güteraustausch zwischen zwei Ländern – dem In- und dem Ausland – sowie die Terms of Trade beeinflussen.

In diesem Abschnitt geht es zunächst nur um Änderungen der Nachfragepräferenzen eines Landes. Die Struktur der Güternachfrage des anderen Landes sowie die Produktionsbedingungen beider Länder bleiben unverändert. Im Ausland mögen sich die Präferenzen der Nachfrage zugunsten des Importgutes – des Gutes 1 – und damit zu Lasten des Exportgutes – des Gutes 2 – verändern. In der Abbildung B.25 wird das durch eine Drehung der ausländischen Tauschkurve von TK_0^* nach TK_1^* bzw. alternativ von TK_1^* nach TK_2^* bzw. von TK_2^* nach TK_3^* dargestellt. TK ist die Tauschkurve des Inlands.

Die Punkte A, C, D und F geben internationale Tauschgleichgewichte an. Die im Gleichgewicht bestehenden internationalen Preisverhältnisse bzw. die Terms of Trade lassen sich aus der Steigung der Preislinien q_0 bis q_3 ablesen. Die Terms of Trade des Inlands sind als p_1/p_2 bzw. m/e, die Terms of Trade des Auslands als p_2/p_1 bzw. $m^*/e^* = e/m$ definiert. Der Winkel der Preislinie mit der Ordinate e bzw. m^* gibt somit die Terms of Trade des Inlands, der Winkel mit der Abszisse e^* bzw. m die Terms of Trade des Auslands an.

Zuerst sei die Drehung der Tauschkurve von TK_0^* nach TK_1^* betrachtet. Die entsprechende Veränderung der ausländischen Nachfragepräferenzen impliziert bei dem zunächst noch unveränderten Preisverhältnis q_0 einen Nachfrageüberschuß in Höhe von GH für das Gut 1 bzw. für das Exportgut des Inlands und gleichzeitig einen Angebotsüberschuß in Höhe von AG für das Gut 2 bzw. für das Importgut des Inlands. Normale Preisreaktionen vorausgesetzt, führt das zu einer relativen Preiserhöhung (Preissenkung) für das Gut 1 (das Gut 2). Damit aber verbessern sich die Terms of Trade des Inlands, und hierzu korrespondierend kommt es zu einer Verschlechterung der Terms of Trade des Auslands. Ein neues Tauschgleichgewicht wird schließlich im Punkt C erreicht. Gleichermaßen vollziehen sich die Preisanpassungen sowie die Veränderungen der Terms of Trade, wenn die Tauschkurve des Auslands von TK_1^* nach TK_2^* oder von TK_2^* nach TK_3^* gedreht wird und Nachfrageüberschüsse von DI bzw. JK sowie Angebotsüberschüsse von CD bzw. EJ entstehen.

Die Entwicklung der Ex- und Importmengen ist, wie sich aus der Abbildung B.25 leicht ablesen läßt, entscheidend von der Gestalt der Tauschkurven des Inlands abhängig. Bei einer Bewegung vom Punkt A zum Punkt C auf der inländischen Tauschkurve geht mit der Verbesserung der inländischen Terms of Trade sowohl eine Zunahme der Importmenge (um AB) als auch der Exportmenge (um BC) einher. In diesem Bereich der Tauschkurve überwiegt hinsichtlich des Gutes 1 der Substitutionseffekt den Einkommenseffekt: Die relative Preissenkung des Gutes 2 lenkt Nachfrage vom Gut 1 auf das Gut 2 um, so daß der Export des Gutes 1 erhöht werden kann.

Abbildung B.25:

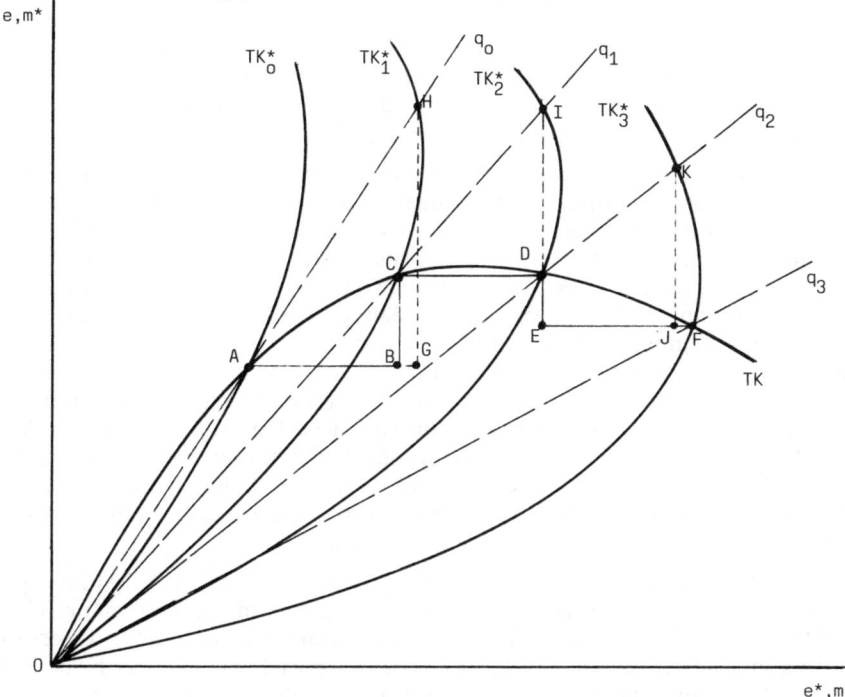

Beim Übergang vom Punkt C zum Punkt D ergibt sich nur eine Zunahme der inländischen Importe (um CD). Hinsichtlich der inländischen Nachfrage nach dem Gut 1 gleichen sich hier der Substitutions- und der Einkommenseffekt aus, und folglich bleibt das Exportangebot des Inlands unverändert. Die weitere Verbesserung der Terms of Trade im Zuge der Bewegung von D nach F bewirkt zwar eine Zunahme der inländischen Importe (um EF), gleichzeitig aber eine Reduktion der inländischen Exporte (um DE). Die Realeinkommenserhöhung, die sich im Inland aufgrund der Verbesserung der Terms of Trade ergibt, hat einen so starken Anstieg der Nachfrage nach dem Gut 1 zur Folge, daß die preisinduzierte Substitution zu Lasten dieses Gutes überkompensiert wird. Der Einkommenseffekt ist hier stärker als der Substitutionseffekt.

Diese Vorgänge lassen sich auch mit Hilfe der Elastizitäten von Importnachfrage und Exportangebot des Inlands ausdrücken. Die Elastizität der Importnachfrage (des Exportangebots) gibt an, um wieviel Prozent die Importmenge (die Exportmenge) verändert wird, wenn die Terms of Trade um ein Prozent steigen. Da der Exportwert $p_1 e$ und der Importwert $p_2 m$ in den hier untersuchten internationalen Tauschgleichgewichten übereinstimmen und damit die Beziehung $p_1/p_2 = m/e$ gilt, entspricht die Differenz zwischen der Elastizität der Importnachfrage und der Elastizität des Exportangebots dem Wert Eins.[11] Im Bereich zwischen den Punkten A und C auf der inländischen Tauschkurve sind beide Elastizitäten positiv, so daß wegen der gerade genannten Bedingung die Elastizität der Importnachfrage in diesem Bereich auf jeden Fall größer als Eins sein muß. Im Bereich zwischen D und F ist die Elastizität des Exportangebots dagegen negativ, und folglich muß die (positive) Elastizität der Importnachfrage hier kleiner als Eins sein. Der Bereich CD impliziert dagegen (näherungsweise) eine Elastizität des Exportangebots von Null und somit eine Elastizität der Importnachfrage von Eins.

Im Ausland vollzieht sich die Entwicklung der Ex- und Importmengen umgekehrt zu derjenigen des Inlands. Wie eingangs erwähnt, ändern sich in dem hier diskutierten Beispiel die Nachfragepräferenzen des Auslands zugunsten des Importgutes, also des Gutes 1. Beim Übergang vom Tauschgleichgewicht A zum Tauschgleichgewicht C ist dies auch tatsächlich mit einer Zunahme der Importmenge (um BC) verbunden. Bei der weiteren Bewegung von C nach D und von D nach F tritt aber das scheinbar paradoxe Ergebnis ein, daß trotz der genannten Präferenzänderungen die Importmenge unverändert bleibt bzw. sogar sinkt. Verursacht wird das durch die zunehmende Verschlechterung der Terms of Trade des Auslands, die schließlich so starke Realeinkommensverluste impliziert, daß im Vergleich zur Ausgangssituation sogar Einbußen bei der mengenmäßigen Güterversorgung eintreten, und zwar sowohl hinsichtlich des Gutes 1 als auch des Gutes 2. Im Inland ergibt sich eine entsprechende Verbesserung der mengenmäßigen Versorgung mit beiden Gütern.

Da die Produktionsbedingungen in beiden Ländern erhalten geblieben sind, kann die Veränderung der mengenmäßigen Güterversorgung unter ökonomischem Aspekt als ein Indikator für Wohlstandsveränderungen dienen. Beim Übergang vom Tauschgleichgewicht in C zu den Tauschgleichgewichten in D oder F verzeichnet das Inland somit im Zuge der Verbesserung der eigenen Terms of Trade einen Wohlstandsgewinn, das Ausland im Zuge der Verschlechterung der eigenen Terms of Trade einen Wohlstandsverlust. Die Verlagerung des Tauschgleichgewichts von A nach C dürfte zwar für das Inland ebenfalls einen Wohlstandsgewinn bringen, der Wohlstandseffekt für das Ausland läßt sich hier jedoch ohne genaue Kenntnis der sozialen Bewertungen der Güterbündel im alten und neuen Tauschgleichgewicht nicht feststellen. Zwar wird der Verbrauch des Gutes 2 im Ausland eingeschränkt, doch dem steht eine höhere Versorgung mit dem Gut 1 gegenüber. Trotz Verschlechterung der Terms of Trade kann also in diesem Fall ein Wohlstandsgewinn möglich sein.

B-5.2: Wechselkursänderungen und Stabilität des Tauschgleichgewichts

Die Währung des Inlands sei die Deutsche Mark (DM), die Währung des Auslands der US-Dollar ($). In der Ausgangssituation liege bei einem Wechselkurs von

---

[11] Es gilt: $\dfrac{m}{e} = \dfrac{p_1}{p_2} = q.$

In Veränderungsraten ausgedrückt, ergibt sich hieraus näherungsweise:

$$\frac{dm}{m} - \frac{de}{e} = \frac{dq}{q} \quad \text{oder} \quad \frac{dm}{dq}\frac{q}{m} - \frac{de}{dq}\frac{q}{e} = 1$$

Der erste Ausdruck ist die Elastizität der Importnachfrage, im folgenden mit $\varepsilon(m, q)$ bezeichnet, der zweite Ausdruck die Elastizität des Exportangebots, im folgenden mit $\varepsilon(e, q)$ bezeichnet.

$w_0 = 2,50$ DM/\$ ein internationales Tauschgleichgewicht vor. Gemäß der Tabelle B.4 sei der Preis des Gutes 1 in diesem Gleichgewicht 50 DM bzw. 20 \$, und das Gut 2 habe einen Preis von 40 DM bzw. 16 \$. Das Gut 1 möge das Exportgut, das Gut 2 das Importgut des Inlands sein. Folglich ergibt sich für die Terms of Trade des Inlands ($q = p_1/p_2$) ein Wert von 1,25 und für die Terms of Trade des Auslands ($1/q$) ein Wert von 0,8.

Aufgrund adäquater Maßnahmen im Rahmen der Wechselkurspolitik werde die Währung des Inlands aufgewertet; der Wechselkurs möge sich auf $w_1 = 2,00$ DM/\$ verändern. Der Preis des inländischen Exportgutes steigt dadurch im Ausland auf 25 \$, und der Preis des ausländischen Exportgutes verringert sich im Inland auf 32 DM. Entsprechend kommt es zu einer Verbesserung der inländischen Terms of Trade auf 1,5625 und zu einer Verschlechterung der ausländischen Terms of Trade auf 0,64.

Abbildung B.26:

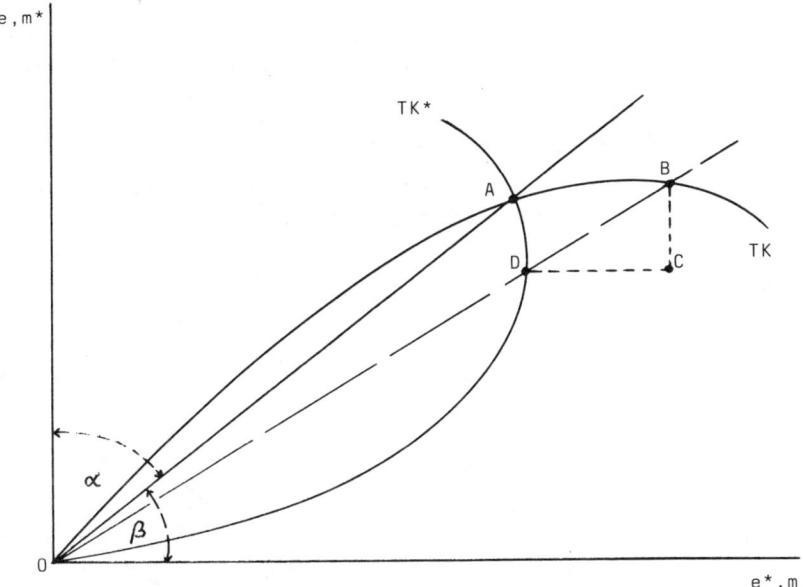

Die hier skizzierte Entwicklung ist in der Abbildung B.26 dargestellt worden. TK ist die Tauschkurve des Inlands, TK* diejenige des Auslands. Ein Tauschgleichgewicht besteht im Punkt A, und die Steigung der Preislinie 0A gibt die Terms of Trade des Inlands (tg α) bzw. des Auslands (tg β) an. Durch die Aufwertung wird die Preislinie nach 0B gedreht. Auf dem Markt für das Gut 1 entsteht aufgrund der Veränderung des internationalen Preisverhältnisses ein Angebotsüberschuß (Nachfragedefizit) in Höhe von BC, auf dem Markt für das Gut 2 ein Angebotsdefizit (Nachfrageüberschuß) in Höhe von CD. Normale Preisreaktionen vorausgesetzt, wird es dadurch zu einer Preissenkung des Gutes 1 und einer, zumindest relativen, Preiserhöhung des Gutes 2 kommen. Hierdurch tritt eine Verschlechterung der Terms of Trade des Inlands und eine Verbesserung der Terms of Trade des Auslands ein, und demgemäß dreht sich die Preislinie wieder in Richtung auf die Ausgangslage. Die Preisanpassungen finden so lange statt, bis ein neues Tauschgleichgewicht erreicht ist. Da sich die Tauschkurven der beiden Länder nicht verändert haben, müßte folglich die ursprüngliche Gleichgewichtssituation wiederhergestellt werden. Die Terms of Trade stimmen dann auch mit den Ausgangswerten überein. Allerdings haben sich die absoluten Preise der Güter – zumindest in der Währung eines der beiden Länder – im Vergleich mit der Ausgangssituation verändert. Eine mögliche neue Preiskonstellation läßt sich den beiden letzten Spalten der Tabelle B.4 entnehmen. Das Inland hat den Preis des Gutes 1 auf 45 DM gesenkt, das Ausland den Preis des Gutes 2 auf 18 $ erhöht.

Es ist aber keineswegs sicher, daß nach den Preisanpassungen schließlich wieder das ursprüngliche Tauschgleichgewicht erreicht wird. Die Abbildung B.27 zeigt

Tabelle B.4:

	Ausgangs-gleichgewicht $w_0 = 2{,}50$ DM/$		Ungleichgewicht und Aufwertung $w_1 = 2{,}00$ DM/$		Endgleich-gewicht $w_1 = 2{,}00$ DM/$	
	Inland	Ausland	Inland	Ausland	Inland	Ausland
Gut 1	50,– DM	20,– $	50,– DM	25,– $	45,– DM	22,50 $
Gut 2	40,– DM	16,– $	32,– DM	16,– $	36,– DM	18,– $
Terms of Trade	1,25	0,8	1,5625	0,64	1,25	0,8

Abbildung B.27:

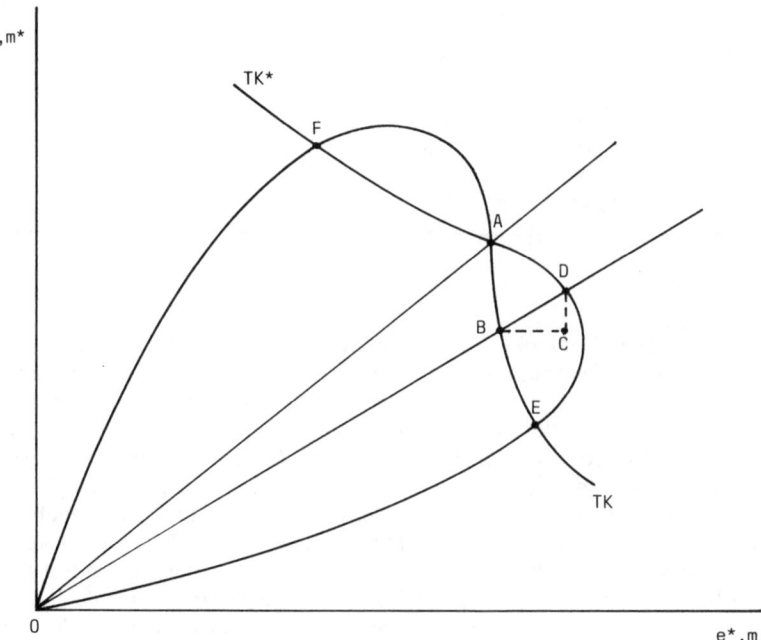

spezifische Tauschkurven des In- und Auslands, die drei Schnittpunkte (A, E und F) besitzen und die somit drei verschiedene internationale Tauschgleichgewichte implizieren. In der Ausgangssituation möge ein Tauschgleichgewicht im Punkt A bestehen, und diese Situation sei hinsichtlich der Güterpreise, der Terms of Trade sowie der Ex- und Importmengen identisch mit dem Tauschgleichgewicht A der Abbildung B.26. Die relative Preissenkung des Gutes 2 führt jetzt allerdings beim Gut 1 zu einem Angebotsdefizit (Nachfrageüberschuß) in Höhe von CD und beim Gut 2 zu einem Angebotsüberschuß (Nachfragedefizit) in Höhe von BC. Sind die Preisreaktionen normal, so muß sich folglich der Preis des Gutes 2 relativ zum Preis des Gutes 1 noch weiter verringern. Damit aber verändern sich die Terms of Trade noch mehr zugunsten des Inlands und zu Lasten des Auslands, und entsprechend wird die Preislinie in Richtung auf den Punkt E gedreht.

Die Preisanpassungen finden so lange statt, bis das neue Tauschgleichgewicht im Punkt E erreicht ist. Anders als im obigen Beispiel, sind das ursprüngliche und das neue Tauschgleichgewicht nun nicht identisch. Das ursprüngliche Tauschgleichgewicht erweist sich in diesem Fall als nicht stabil.

Ein Vergleich der Abbildungen B.26 und B.27 macht unmittelbar deutlich, daß es vom Verlauf der Tauschkurven abhängt, ob nach Abschluß der Anpassungsprozesse wieder das ursprüngliche Tauschgleichgewicht im Punkt A oder ein völlig neues Tauschgleichgewicht realisiert wird. Der Verlauf der Tauschkurven aber drückt bestimmte Elastizitäten der Importnachfrage und des Exportangebots aus. Mit Hilfe der Elastizitäten läßt sich deshalb auch eine Bedingung für die Rückkehr zum ursprünglichen Tauschgleichgewicht bzw. für die Stabilität des ursprünglichen Tauschgleichgewichts formulieren. Bezogen auf das vorliegende Beispiel muß hierzu nämlich der Preis des Gutes 1 relativ zum Preis des Gutes 2 im Zuge des Anpassungsprozesses sinken. Bei normalen Preisreaktionen ist das nur möglich, wenn für das Gut 1 ein Angebotsüberschuß bzw. für das Gut 2 ein Angebotsdefizit vorliegt. Es muß also gelten:

(B-21) $e - m^* > 0$ bzw. $e > m^*$

Da in der Ausgangssituation ein Tauschgleichgewicht mit $e = m^*$ besteht, ist diese Bedingung erfüllt, wenn die prozentuale Änderung des inländischen Exportangebots im Zuge der Verbesserung der inländischen Terms of Trade größer ist als die prozentuale Änderung der ausländischen Importnachfrage. Unter Verwendung der entsprechenden Preiselastizitäten bedeutet das:[12]

(B-22) $\varepsilon(e, q) > \varepsilon(m^*, q)$

Wie schon früher erläutert wurde (vgl. den Abschnitt B-5.1), ergibt die Differenz zwischen der Elastizität der inländischen Importnachfrage und der Elastizität des inländischen Exportangebots einen Wert von Eins.

(B-23) $\varepsilon(m, q) - \varepsilon(e, q) = 1$

---

[12] $\varepsilon(e, q)$ gibt die prozentuale Änderung des inländischen Exportangebots aufgrund einer Änderung der inländischen Terms of Trade q um 1 % an. $\varepsilon(m^*, q)$ bezeichnet entsprechend die prozentuale Änderung der ausländischen Importnachfrage bei einer Änderung von q um 1 %. Die genannte Bedingung gilt streng genommen nur für marginale Änderungen von q, kann aber näherungsweise auch für die im Beispiel skizzierte diskrete Veränderung der Terms of Trade verwendet werden.

Folglich läßt sich die zuvor genannte Bedingung auch schreiben als:

(B-22a) $\varepsilon(m, q) - 1 > \varepsilon(m^*, q)$ mit: $\varepsilon(m, q) > 0, \; \varepsilon(m^*, q) < 0$

bzw.

(B-22b) $\varepsilon(m, q) - \varepsilon(m^*, q) > 1$

Als Fazit ist somit feststellbar: das ursprüngliche Tauschgleichgewicht wird nach den Preisanpassungsprozessen wieder erreicht – dieses Gleichgewicht ist stabil –, wenn die Summe der Preiselastizitäten der in- und ausländischen Importnachfrage (absolut gesehen) größer als Eins ist.

B-5.3: Veränderungen der Faktorausstattung

B-5.3.1: Produktionseffekte

Kommt es in einem Land zu einer Erhöhung der Faktorausstattung, z. B. durch einen Anstieg des Arbeitspotentials und/oder durch eine Vermehrung des Kapitalbestandes, so nimmt auch das Produktionspotential zu, und demnach wird die Kurve der Produktionsmöglichkeiten bzw. die Transformationskurve dieses Landes nach außen verlagert. Dieser Produktionseffekt wirkt sich direkt auf die Produktionsmenge des Exportgutes und des Importgutes aus und beeinflußt darüber letztlich auch die Export- und die Importmenge des Landes. Mit der Zunahme des Produktionspotentials steigt aber auch das Volkseinkommen, und der Einkommenszuwachs wird seinerseits die Güternachfrage des Landes stimulieren und möglicherweise sogar Veränderungen der Nachfragestruktur mit sich bringen. Dieser Nachfrageeffekt ist ebenfalls für die Entwicklung der Exporte und Importe des Landes von Bedeutung.

Im folgenden werden der Produktionseffekt und der Nachfrageeffekt jeweils isoliert sowie hinsichtlich ihrer gemeinsamen Wirkung für den Fall untersucht, daß die Terms of Trade des betrachteten Landes keine Änderung erfahren. Handelt es sich um ein relativ kleines Land, so entspricht diese Annahme sogar weitgehend der Realität; denn ein kleines Land kann durch Variation seines Exportangebots und seiner Importnachfrage die Weltmarktpreise der entsprechenden Güter nicht oder nur unwesentlich beeinflussen. Später soll allerdings die hier getroffene Annahme aufgehoben und gleichzeitig auch eine Veränderung der Terms of Trade des betrachteten Landes in die Analyse einbezogen werden.

Um den Produktionseffekt isoliert zu erfassen, wird vorerst auf eine Betrachtung der Nachfragebedingungen verzichtet. Vor der Faktorvermehrung möge der Produktionspunkt A auf der Transformationskurve in der Abbildung B.28 realisiert werden. Die Tangente im Punkt A beschreibt die Preislinie p, deren Steigung dem internationalen Preisverhältnis entspricht. Aufgrund der erhöhten Faktorausstattung soll nun ein Produktionspunkt ermöglicht werden, der auf der neuen Preislinie p′ liegt. Da das internationale Preisverhältnis annahmegemäß konstant bleibt, verläuft die neue Preislinie p′ parallel zur Ausgangspreislinie p.

Zur Klassifizierung des Produktionseffektes sind fünf verschiedene neue Produktionspunkte eingezeichnet worden:

1. Wird die Produktionsmöglichkeitenkurve durch die Faktorvermehrung so verschoben, daß die neue Preislinie diese Kurve im Punkt B tangiert, so bleibt die ursprüngliche Produktionsstruktur, wie sie in der Steigung der Geraden 0A zum

Ausdruck kommt, erhalten, und man spricht in diesem Fall von einem *neutralen Produktionseffekt* hinsichtlich der Herstellung des Ex- und des Importgutes.

2. Ist das Gut 2 das Exportgut des betrachteten Landes, so implizieren Produktionspunkte, die rechts (links) vom Punkt B auf der neuen Preislinie liegen, eine Verschiebung der Produktionsstruktur zugunsten des Exportgutes (des Importgutes). Produktionspunkte, die sich rechts vom Punkt C (links vom Punkt D) befinden, bedeuten darüber hinaus eine absolute Verringerung der Produktion des Importgutes (des Exportgutes).

a) Erfährt die Produktion des Exportgutes eine relative Ausweitung und die Produktion des Importgutes dementsprechend eine relative Reduktion, so spricht man von einem *positiv handelsorientierten Produktionseffekt* (Produktionspunkte nach B bis einschließlich C).

b) Demgegenüber liegt ein *negativ handelsorientierter Produktionseffekt* vor, wenn die Produktion des Exportgutes zugunsten des Importgutes relativ verringert wird. (Produktionspunkte nach B bis einschließlich D).

c) Bei absoluter Verringerung der Produktion des Importgutes ist es üblich, den Produktionseffekt als *stark positiv handelsorientiert* zu bezeichnen (z. B. Produktionspunkt E).

d) Wird die Produktion des Exportgutes absolut verringert, so ist der Produktionseffekt dementsprechend *stark negativ handelsorientiert* (z. B. Produktionspunkt F).

Welche neuen Produktionspunkte bei gegebenem Preisverhältnis realisiert werden, hängt zum einen vom Typ der Produktionsfunktionen und zum anderen vom Verhältnis der Faktorvermehrung ab. Legt man, wie zumeist üblich, ein Modell zugrunde, in dem in einem Land zwei Güter mit Hilfe von zwei Produktionsfaktoren, nämlich Arbeit und Kapital, hergestellt werden, so lassen sich beispielsweise die folgenden Ergebnisse gewinnen:

1. *Sind die Produktionsfunktionen in der Herstellung beider Güter linear homogen und werden die beiden Produktionsfaktoren im Verhältnis der anfangs bestehenden Faktorintensität vermehrt, so ergibt sich ein neutraler Produktionseffekt (Punkt B in der Abbildung B.28).*

2. *Sind die Produktionsfunktionen für beide Güter linear homogen, unterscheiden sich die beiden Produktionsbereiche jedoch – wie im Heckscher-Ohlin-Modell – hinsichtlich der Faktorintensität und wird nur ein Produktionsfaktor vermehrt, so nimmt die Produktion des Gutes überproportional zu, das eine relativ intensive Nutzung dieses Faktors impliziert, und die Produktion des anderen Gutes wird absolut verringert.*

Dieses zweite Ergebnis ist unter dem Namen „*Rybczynski-Theorem*" bekannt.[13] Die Abbildung B.28 zeigt – alternativ – zwei neue Produktionsmöglichkeitenkurven, die mit den Punkten E bzw. F zu einem solchen Ergebnis führen.

Die Produktion des Gutes 1 sei durch eine relativ hohe Arbeitsintensität, diejenige des Gutes 2 durch eine relativ hohe Kapitalintensität gekennzeichnet. Wird nun der Kapitalbestand bei fixiertem Arbeitspotential erhöht, so ergibt sich zum Beispiel die neue Produktionsmöglichkeitenkurve mit dem Produktionspunkt E. Die

---

[13] T. M. Rybczynski, Factor Endowments and Relative Commodity Prices, in: Economica, N.S., Vol. 22, 1955, S. 336–341.

Abbildung B.28:

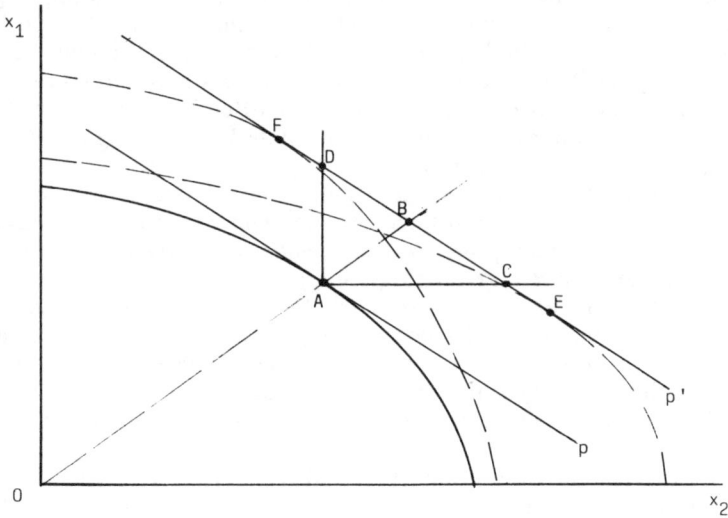

Produktion des Gutes 2, das mit einer relativ hohen Kapitalintensität hergestellt wird, steigt überproportional, während die Produktion des Gutes 1 absolut sinkt. Ist das Gut 2 zugleich das Exportgut des Landes, so liegt hier ein stark positiv handelsorientierter Produktionseffekt vor. Wird demgegenüber das Arbeitspotential bei gegebenem Kapitalbestand erhöht, so ergibt sich beispielsweise die Produktionsmöglichkeitenkurve mit dem neuen Produktionspunkt F. In diesem Fall sinkt die Produktion des Exportgutes, und der Produktionseffekt ist demnach stark negativ handelsorientiert.

Die verbale Erklärung des Rybczynski-Theorems ist nicht schwierig. Der Kapitalbestand möge zunehmen. Angebot und Nachfrage nach beiden Produktionsfaktoren sollen auch nach der Kapitalvermehrung ausgeglichen sein, ohne daß es zu einer Veränderung des Faktorpreisverhältnisses kommt, die mit dem fixierten Güterpreisverhältnis unvereinbar wäre. Damit aber müssen die ursprünglich realisierten Faktorintensitäten in den beiden Produktionsbereichen erhalten bleiben. Wird die Produktion des Gutes 2 erhöht, so ist neben zusätzlichem Kapital, das ja zur Verfügung steht, auch ein größerer Input an Arbeit erforderlich. Dieses Arbeitspotential kann aber nur aus dem Produktionsbereich des Gutes 1 abgezogen werden, so daß die Produktionsmenge dieses Gutes zwingend sinken muß. Zwar wird dabei auch Kapital freigesetzt, doch aufgrund der vorgegebenen Faktorintensitäten in relativ geringerem Maße als es im Produktionsbereich des Gutes 2 in Kombination mit dem freigesetzten Arbeitspotential benötigt wird. Folglich ergibt sich hier die Notwendigkeit, zusätzliches Kapital aus der exogenen Faktorvermehrung einzusetzen. Durch eine adäquate Produktionsumlenkung läßt es sich somit erreichen, daß auch der zusätzlich vorhandene Kapitalbestand letztlich vollständig genutzt wird. Umgekehrt ist eine Produktionsumlenkung zugunsten des Gutes 1 und gleichzeitig zu Lasten des Gutes 2 ausgeschlossen, da hierbei mehr Kapital freigesetzt würde als im Produktionsbereich des Gutes 1 in Kombination mit dem ebenfalls freigesetzten

Arbeitspotential zusätzlich zum Einsatz kommen könnte. Folglich bliebe dann nicht nur das Kapital aus der exogenen Faktorvermehrung, sondern sogar noch ein Teil des freigesetzten Kapitals ungenutzt.[14]

B-5.3.2: Nachfrageeffekte

Der einkommensinduzierte Nachfrageeffekt läßt sich analog zum Produktionseffekt klassifizieren. Nimmt die Nachfrage nach den beiden Gütern gemäß dem ursprünglich realisierten Verhältnis zu, so ergibt sich für die Außenhandelsorientierung ein *neutraler Nachfrageeffekt*. Ausgehend von einer Nachfragestruktur im Punkt A der Abbildung B.29 gilt das für den Punkt B.

Abbildung B.29:

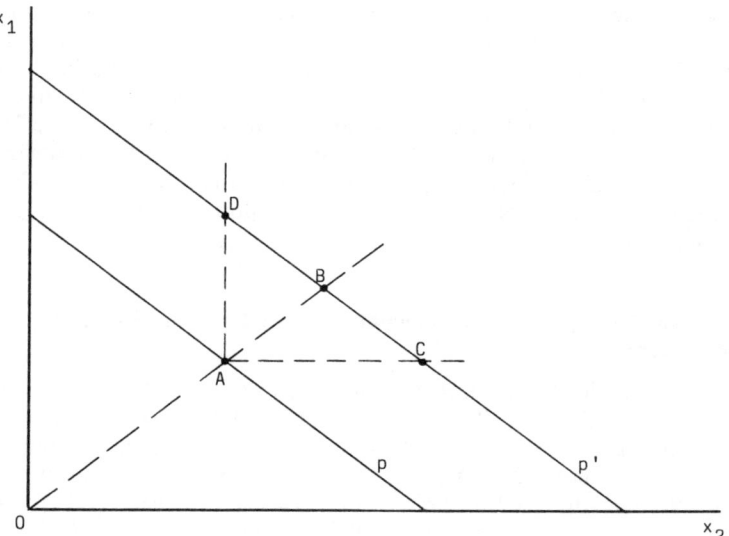

Die neue Preislinie p' weist hier wegen der Annahme eines unveränderten internationalen Preisverhältnisses die gleiche Steigung auf wie die Ausgangspreislinie p. Impliziert die Nachfrageerhöhung zugleich eine Strukturverschiebung zugunsten des Exportgutes (Importgutes) und kommt dies in einem Punkt zwischen B bis

---

[14] Mit einer ähnlichen Argumentation läßt sich das *Stolper-Samuelson-Theorem* begründen, das – wie das Rybczynski-Theorem – im Rahmen des Heckscher-Ohlin-Modells gültig ist. Es lautet: Steigt der Preis des Gutes, das mit einer relativ hohen Arbeitsintensität (Kapitalintensität) hergestellt wird, so wird der Lohnsatz (der Zinssatz) relativ zu den Preisen beider Güter erhöht und der Zinssatz (der Lohnsatz) relativ zu beiden Güterpreisen reduziert. Die in diesem Theorem aufgezeigte Wirkung einer Veränderung der Güterpreisrelation auf die Faktorpreise wird hier allerdings nicht weiter analysiert. Diesbezüglich ist zu verweisen auf W. F. Stolper und P. A. Samuelson, Protection and Real Wages, in: Review of Economic Studies, Vol. 9, 1941, S. 58–73; W. Ethier, Modern International Economics, New York 1983, S. 99f.; K. Rose, Theorie der Außenwirtschaft, 10. Aufl., München 1989, S. 492ff.

einschließlich C (zwischen B bis einschließlich D) zum Ausdruck, so spricht man von einem *negativ (positiv) handelsorientierten Nachfrageeffekt.*

Wird überdies die Nachfrage nach einem der beiden Güter sogar absolut reduziert, so liegt bei einer neuen Nachfragestruktur rechts des Punktes C, also bei einer Reduktion der Nachfrage nach dem Importgut (dem Gut 1), ein *stark negativ handelsorientierter Effekt* vor. Bei einer neuen Nachfragestruktur links vom Punkt D ist der Nachfrageeffekt somit *stark positiv handelsorientiert.*

Entscheidend für die Richtung des Nachfrageeffekts ist die Einkommenselastizität der Güternachfrage. Erfahrungen zeigen, daß sich die Nachfragestrukturen im Zuge von Einkommenserhöhungen tatsächlich merklich ändern. Die Nachfrage nach Gütern des sogenannten Grundbedarfs nimmt zumeist nur unterproportional zum Einkommen zu, und die Einkommenselastizität ist demnach zwar größer als Null, aber kleiner als Eins. Demgegenüber steigt die Nachfrage nach Gütern des gehobenen Bedarfs bzw. nach sogenannten Luxusgütern überproportional an, so daß die Einkommenselastizität hier größer als Eins ist. Dies ist eine gesamtwirtschaftliche Variante des aus der Mikroökonomik für einzelne Haushalte formulierten Engelschen (oder auch Engel-Schwabeschen) Gesetzes. In der Realität weniger häufig anzutreffen ist der Fall des sogenannten inferioren Gutes. Die Nachfrage nach einem solchen Gut geht mit steigendem Einkommen absolut zurück. Zu erwarten ist dieser Effekt beispielsweise für minderwertige Güter, die durch ähnliche, aber höherwertige Güter ersetzt werden. Die Einkommenselastizität der Nachfrage ist in diesem Fall negativ.

B-5.3.3: Veränderung des Exportangebots und der Importnachfrage bei konstanten Terms of Trade

Die Veränderung des Exportangebots und der Importnachfrage des betrachteten Landes ist das Ergebnis aus Produktions- und Nachfrageeffekt. Beide Effekte sind in der Abbildung B.30 zusammengeführt worden. In der Ausgangssituation sei die Produktionsstruktur durch den Punkt A und die Nachfragestruktur durch den Punkt B – jeweils auf der Preislinie p – gegeben. Die Strecke AC gibt somit die Exportmenge des Gutes 2, die Strecke BC die Importmenge des Gutes 1 an.

Bei neutralem Produktions- und neutralem Nachfrageeffekt werden die Punkte D und E auf der neuen Preislinie p' realisiert. In diesem Fall nehmen die Exporte und die Importe proportional zur Produktions- und Einkommenserhöhung in diesem Land zu. *Der Gesamteffekt ist dann ebenfalls als neutral zu bezeichnen.* Das gleiche Tauschdreieck mit den Seitenlängen DF (Exporte) und EF (Importe) ließe sich jedoch auch bei anderen Produktions- und Nachfragestrukturen erreichen, beispielsweise mit dem Produktionspunkt D' und dem Nachfragepunkt G. *Der Nachfrageeffekt ist hier zwar negativ handelsorientiert, doch das wird durch den positiv handelsorientierten Produktionseffekt kompensiert. Auch hier ist der Gesamteffekt neutral.* Und das gilt für jedes Tauschdreieck, dessen Eckpunkt F bzw. F' auf der Linie MN liegt.

Nehmen die Ex- und Importe nur unterproportional zur Produktions- und Einkommenserhöhung zu, so ist der Gesamteffekt *negativ handelsorientiert.* Das Tauschdreieck GHI gibt hierfür ein Beispiel. Kommt es sogar zur Reduktion von Ex- und Importen, so spricht man von einer *stark negativen Handelsorientierung* des Gesamteffekts. Das gilt beispielsweise für das Tauschdreieck DGJ. Die Linie QR bildet die Grenze zwischen negativer und stark negativer Handelsorientierung.

Abbildung B.30:

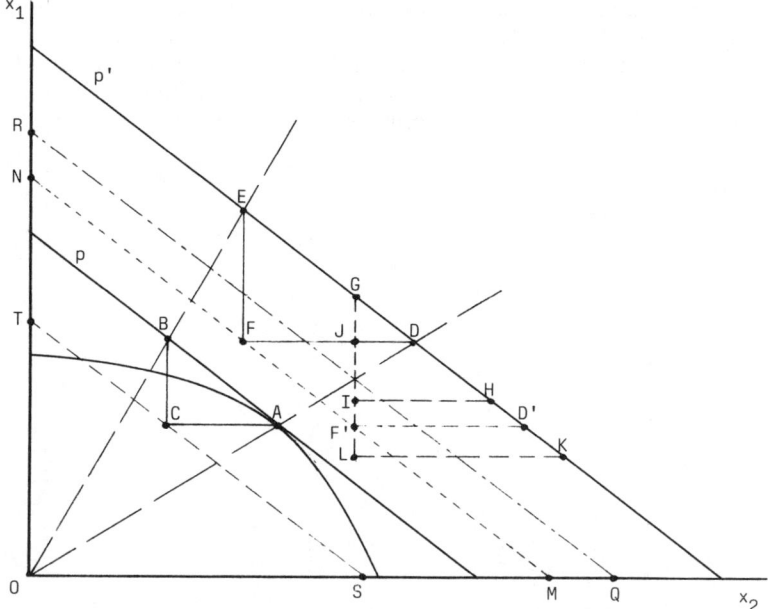

Liegt der Eckpunkt (z. B. der Punkt J) des Tauschdreiecks rechts dieser Linie, so sind Ex- und Importe absolut geringer als in der Ausgangssituation.

Der Gesamteffekt ist demgegenüber *positiv handelsorientiert*, wenn die Ex- und Importe überproportional zum Produktions- und Einkommenszuwachs steigen. Dieser Fall ist beispielsweise beim Tauschdreieck GKL gegeben, und allgemein trifft das für alle Tauschdreiecke zu, deren Eckpunkt (z. B. L) links der Linie MN liegt. Schließlich läßt sich der Gesamteffekt als *stark positiv handelsorientiert* bezeichnen, wenn die Zunahme der Importe absolut größer ist als der Einkommensanstieg. Der Eckpunkt am rechten Winkel des Tauschdreiecks müßte dann links der Linie ST liegen.

B-5.3.4: Veränderungen der Terms of Trade und Wohlfahrtseffekte

Die Analyse der Produktions- und Nachfrageeffekte hat deutlich gemacht, daß bei gegebenem internationalen Preisverhältnis bzw. gegebenen Terms of Trade das Exportangebot und die Importnachfrage des betrachteten Landes im Zuge einer Erhöhung von Produktion und Einkommen steigen, konstant bleiben oder sinken können. Damit aber ergeben sich auch verschiedene mögliche Wirkungen auf die Tauschkurve dieses Landes. Handelt es sich um ein kleines Land, so haben Veränderungen der Lage der Tauschkurve nur einen geringen oder im Extremfall überhaupt keinen Einfluß auf das internationale Preisverhältnis. Die zuvor durchgeführten Untersuchungen reichen dann – wie schon erwähnt – aus, um zumindest näherungsweise die Veränderungen der Ex- und Importe abschließend zu ermitteln. Ist der Anteil des Landes am Weltmarkt jedoch relativ groß, so sind in der Analyse auch Veränderungen des internationalen Preisverhältnisses zu berücksichtigen, und erst dadurch wird die endgültige Bestimmung der Veränderung der Ex- und Importe des Landes ermöglicht. Ergibt sich in einem relativ großen Land im Zuge einer Faktorvermehrung bei zunächst vorgegebenem internationalen Prisverhältnis eine Erhöhung des Exportangebots, so wird – normale Preisreaktionen vorausgesetzt – der Preis des Exportgutes relativ zum Preis des Importgutes sinken, und folglich verschlechtern sich die Terms of Trade dieses Landes. Sinkt dagegen das Exportangebot, so ist eine Verbesserung der Terms of Trade zu erwarten.

Abbildung B.31:

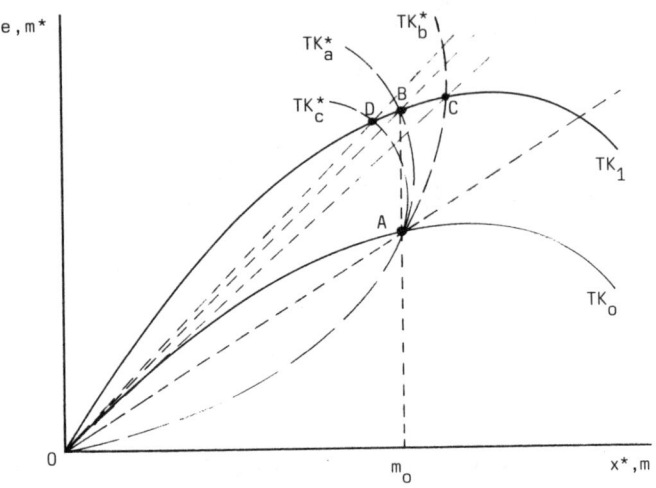

Je nach Elastizität des Exportangebots bzw. der Importnachfrage des anderen Landes können die Importe des betrachteten Landes im Vergleich zur Ausgangssituation letztlich größer, kleiner oder gleich sein. Dieses Ergebnis läßt sich mit Hilfe der Tauschkurven der beiden Länder leicht darstellen (Abb. B.31). Wird die Tauschkurve des Inlands aufgrund einer Erhöhung des inländischen Exportangebots von TK_0 nach TK_1 verlagert, so kann sich je nach Verlauf der ausländischen Tauschkurve ein neues internationales Tauschgleichgewicht beispielsweise im Punkt B oder C oder D einstellen. Gegenüber dem Ausgangsgleichgewicht mit m_0 kann die Importmenge also unverändert bleiben, steigen oder sinken. Im ersten Fall ist die Preiselastizität des ausländischen Exportangebots in bezug auf eine Änderung der Terms of Trade des Auslands Null, im zweiten Fall positiv und im dritten Fall schließlich negativ. Entsprechend ist der Wert der Preiselastizität der ausländischen Importnachfrage im ersten Fall Eins, im zweiten Fall größer als Eins und im dritten Fall kleiner als Eins. Die Exportmenge ist demgegenüber aufgrund der inländischen Angebotserhöhung auf jeden Fall gestiegen.

Folgt der Faktorvermehrung im Inland eine Erhöhung des Exportangebots, so kommt es, wie zuvor deutlich gemacht wurde, zu einer Verschlechterung der Terms of Trade dieses Landes. Für eine bestimmte Importmenge muß das Inland nun eine größere Menge des Exportgutes an das Ausland abgeben. Die Verschlechterung der Terms of Trade kann, wie die Abbildung B.31 verdeutlicht, sogar dazu führen, daß das Inland trotz Erhöhung seiner Exporte weniger importiert als in der Ausgangssituation (bei Gültigkeit von TK_c^*). Obwohl das inländische Produktionspotential

Abbildung B.32:

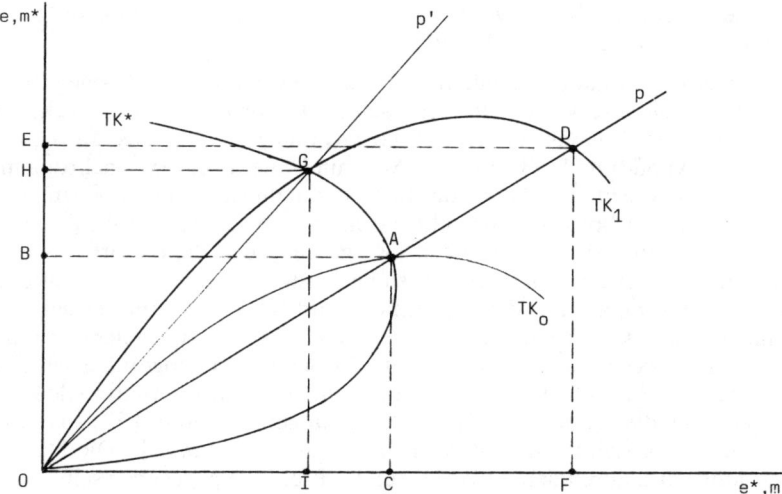

Abbildung B.33:

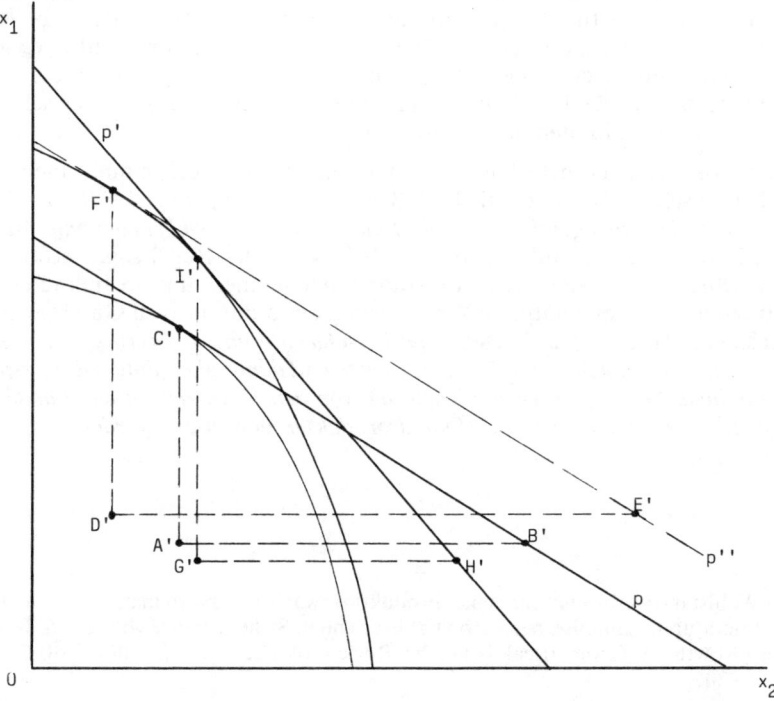

zugenommen hat, ist es von daher nicht auszuschließen, daß die inländische Versorgung mit dem Gut 1, dem Exportgut, und dem Gut 2, dem Importgut, sinkt und dann eindeutig ein Wohlstandsverlust eintritt.[15] Ein solches Ergebnis soll mit Hilfe der Abbildungen B.32 und B.33 skizziert werden.

In der Ausgangssituation sei ein Tauschgleichgewicht im Punkt A gegeben (Abbildung B.32). Die Strecke AC gibt demnach die Exportmenge, die Strecke AB die Importmenge des Inlands an. Damit korrespondierend ist das Tauschdreieck A′B′C′ in der Abbildung B.33 zu sehen. Aufgrund einer Faktorvermehrung mögen nun die Produktionsmöglichkeiten des Inlands zunehmen. Bei gegebenen Terms of Trade käme es zum Produktionspunkt F′ und zum Nachfragepunkt E′. Dadurch wird die Tauschkurve des Inlands nach TK_1 gedreht, und die Exportmenge würde dann bei unverändertem, durch die Preislinie p bzw. p″ ausgedrücktem internationalen Preisverhältnis auf DF, die Importmenge auf DE steigen. Infolge des höheren Exportangebots sinkt aber nun der Preis des inländischen Exportgutes (des Gutes 1) relativ zum Preis des Importgutes (des Gutes 2). Schließlich möge ein neues Tauschgleichgewicht im Punkt G zustandekommen, und das neue internationale Preisverhältnis sei durch die Preislinie p′ (in den Abbildungen B.32 und B.33) ausgedrückt. Damit aber ergibt sich im Inland der neue Produktionspunkt I′. Die Nachfragestruktur möge nun durch den Punkt H′ auf der Preislinie p′ gegeben sein. Das neue internationale Tauschgleichgewicht impliziert somit eine quantitativ geringere Versorgung des Inlands sowohl mit dem Gut 1 als auch mit dem Gut 2.

Das hier skizzierte, für das Inland höchst unerwünschte Ergebnis ist jedoch nur möglich, wenn die Preiselastizität der Importnachfrage des Auslands relativ gering ist und deshalb die Erhöhung des inländischen Exportangebots eine sehr hohe Veränderung des internationalen Preisverhältnisses zu Lasten des inländischen Exportgutes bewirkt. Diese Bedingung ist auf den Weltmärkten keineswegs unrealistisch. Insbesondere für Agrarprodukte und bestimmte Rohstoffe (z.B. Rohöl) besteht häufig eine äußerst geringe Preiselastizität der Importnachfrage, so daß – eine ausreichend freie Preisbildung vorausgesetzt – die Exportländer solcher Produkte tatsächlich Gefahr laufen, im Zuge einer Angebotsausweitung schließlich Wohlstandsverluste hinnehmen zu müssen.

Die zuvor durchgeführte Untersuchung macht aber auch einmal mehr (siehe auch den Abschnitt B-5.1) deutlich, daß *eine Verschlechterung der Terms of Trade eines Landes nicht zwingend einen Wohlstandsverlust mit sich bringen muß.* Im Zuge einer Erhöhung des Produktionspotentials ist es in der Regel sogar erforderlich, eine Verschlechterung der Terms of Trade hinzunehmen, um im Inland eine den Nachfragepräferenzen adäquate Verbesserung der quantitativen Güterversorgung zu erreichen. Mit anderen Worten: *eine Verschlechterung der Terms of Trade kann nötig sein, um zusätzlich exportieren zu können und damit ohne Finanzierungsprobleme zusätzliche Importe zu ermöglichen, die von den Nachfragern des Landes ohne Einbußen bei der Versorgung mit Inlandsprodukten gewünscht werden.*

---

[15] Der Wohlstandsverlust im Zuge eines Produktionswachstums wird in der englisch-sprachigen Literatur als „immiserizing growth" bezeichnet. Siehe hierzu: J. Bhagwati, Immiserizing Growth: A Geometrical Note, in: Review of Economic Studies, Vol. 25, 1958, S. 201–205.

B-5.4: Technischer Fortschritt

B-5.4.1: Verfahrensinnovationen

Im ökonomischen Sinne liegt technischer Fortschritt dann vor, wenn

- neue Produktionsverfahren zur Anwendung kommen, die eine Zunahme der Faktorproduktivität implizieren (Verfahrensinnovation)
- qualitativ bessere oder völlig neue Produkte mit der bestehenden Faktorausstattung hergestellt werden (Produktinnovation).

Die Wirkungen der Verfahrensinnovation lassen sich im Rahmen der in der Außenhandelstheorie üblichen Zwei-Faktoren-/Zwei-Güter-/Zwei-Länder-Modelle analog zu den Wirkungen einer Faktorvermehrung darstellen. Erhöht sich die Produktivität eines Produktionsfaktors oder beider Produktionsfaktoren, so nimmt die Produktion des betrachteten Landes zu, wenn man weiterhin auf eine volle Beschäftigung beider Faktoren abstellt. Wie im Fall der Faktorvermehrung, so ergibt sich auch hier eine Verlagerung der Produktionsmöglichkeitenkurve in expansiv orientierter Richtung. Die genaue Veränderung der Produktionsmöglichkeiten hängt nun davon ab, in welchem Verhältnis die Produktivitäten der beiden Faktoren zunehmen und in welchem Produktionsbereich die Verfahrensinnovation bzw. der Produktivitätszuwachs eintritt. In einem bestimmten Produktionsbereich kann der technische Fortschritt eine proportionale Zunahme beider Faktorproduktivitäten oder eine relativ stärkere Erhöhung der Kapitalproduktivität oder einen relativ stärkeren Anstieg der Arbeitsproduktivität implizieren. Im ersten Fall läßt sich der technische Fortschritt als *neutral*, im zweiten Fall mit Blick auf den vergleichbaren Effekt einer Zunahme des Kapitalbestandes als relativ *kapitalvervielfachend* und entsprechend im dritten Fall als relativ *arbeitsvervielfachend* bezeichnen.[16]

Der Produktionseffekt der Verfahrensinnovation ist – linear homogene Produktionsfunktionen vorausgesetzt – eindeutig positiv handelsorientiert, wenn im Exportgütersektor entweder neutraler technischer Fortschritt vorliegt oder ein technischer Fortschritt mit einer relativen Vervielfachung des Faktors eintritt, der in diesem Sektor eine relativ hohe Inputintensität aufweist. Umgekehrt liegt ein negativ handelsorientierter Produktionseffekt vor, wenn die entsprechenden Formen des technischen Fortschritts im importkonkurrierenden Produktionssektor auftreten. Es läßt sich nachweisen, daß die Produktionseffekte für die gerade genannten Fälle des technischen Fortschritts im Rahmen des Heckscher-Ohlin-Modells gemäß dem Rybczynski-Theorem sogar stark positiv (negativ) handelsorientiert sind, also die Ausweitung der Produktion des Exportgutes (des Importgutes) mit einer absoluten Verringerung der Produktion des Importgutes (des Exportgutes) verbunden ist.[17]

---

[16] Eine ähnliche Klassifizierung des technischen Fortschritts ist unter dem Aspekt der Faktoreinsparung bei gegebenem Output möglich. Man spricht dann in Anlehnung an das Klassifikationsschema von Hicks analog von neutralem, kapitalsparendem und arbeitssparendem technischen Fortschritt. Siehe hierzu: H. Walter, Technischer Fortschritt I: in der Volkswirtschaft, in: Handwörterbuch der Wirtschaftswissenschaft (HdWW), Bd. 7, Stuttgart – Tübingen – Göttingen 1980, S. 569 ff.; K. Rose, Theorie der Außenwirtschaft, 10. Aufl., München 1989, S. 404 ff.; B. Södersten, International Economics, 2. ed., New York 1980, S. 132 ff.

[17] Siehe hierzu K. Rose, Theorie der Außenwirtschaft, 10. Aufl., München 1989, S. 406.

Auf eine ausführliche Analyse der Produktionseffekte des technischen Fortschritts soll hier verzichtet werden, zumal sich im Vergleich zu den oben dargestellten Wirkungen einer effektiven Faktorvermehrung keine wesentlich anderen Gesichtspunkte ergeben. Die Vielfalt der Erscheinungsformen des technischen Fortschritts (Neutralität oder Nichtneutralität, Verteilung auf die verschiedenen Produktionssektoren) ist überdies so groß, daß sich überwiegend keine allgemein gültigen Produktionseffekte bestimmen lassen. Das trifft insbesondere dann zu, wenn auch noch berücksichtigt wird, daß sich technischer Fortschritt in der Regel nicht auf einen spezifischen Produktionssektor begrenzen läßt, sondern mit mehr oder weniger langen zeitlichen Verzögerungen Diffusionsprozesse auftreten.

Auf drei Aspekte sei hier allerdings noch hingewiesen.

1. Im Zuge technischen Fortschritts kann es zu Veränderungen der funktionalen, an die Produktionsfaktoren Arbeit und Kapital geknüpften Einkommensverteilung und/oder der personellen, an sozialen Gruppen orientierten Einkommensverteilung kommen. Solche Veränderungen können ihrerseits gravierende Auswirkungen auf die Nachfragestruktur eines Landes haben. Bei der Ermittlung der Nachfrageeffekte des technischen Fortschritts müßte dies eine besondere Beachtung finden.

2. Technischer Fortschritt kann das Verhältnis der Faktorproduktivitäten zwischen den Produktionssektoren eines Landes so stark verändern, daß Sektoren, die in internationaler Sicht vormals komparative Produktions- bzw. Kostennachteile hatten, nun komparative Kostenvorteile besitzen. Damit aber wäre eine Umkehr der Handelsströme verbunden. So ist es einigen Ländern, deren Exportstärke ehemals vor allem bei Agrarprodukten und Produkten des minderen Bedarfs lag, durch Forcierung der technischen Entwicklung gelungen, die Exporttätigkeit primär auf höherwertige Industriegüter und neuerdings auf Dienstleistungen zu verlegen. Beispielhaft hierfür ist die Entwicklung der Außenhandelsströme zwischen den USA und England in den vergangenen 200 Jahren. Allerdings zeigt dieses Beispiel auch, daß einer Umkehr der Handelsströme langwierige Prozesse der Industrialisierung und technologischen Entwicklung vorausgehen.

3. Die Diffusion technologischer Innovationen findet nicht nur – wie im vorangegangenen Beispiel – zwischen den Sektoren eines Landes, sondern mit gewissen zeitlichen Verzögerungen auch zwischen den Handelsländern statt. Auch deshalb sind güterspezifische komparative Produktions- bzw. Kostenvorteile und Produktionsnachteile eines Landes vielfach nicht auf Dauer festgeschrieben. Es ist nicht einmal ungewöhnlich, daß die Verteilung der komparativen Produktionsvorteile und Produktionsnachteile auf die Handelsländer aufgrund von Diffusionsprozessen für bestimmte Produktgruppen zyklischen Veränderungen unterliegt. Die Abbildung B.34 gibt hierfür ein Beispiel. Ein Land möge ein bestimmtes Gut (bzw. Güter einer bestimmten Produktgruppe, z. B. Textilien) zunächst mit komparativen Kostennachteilen herstellen und deshalb zusätzlich zur eigenen Produktion importieren. Zum Zeitpunkt t_1 werde in diesem Land eine neue Produktionstechnologie entwickelt, die allmählich Eingang in die Produktionssektoren findet, die dieses Gut herstellen. Die Produktionskosten sinken, und dadurch wird es möglich, im Zeitablauf im Vergleich zu konkurrierenden Anbietern des Auslands komparative Kostenvorteile aufzubauen. Das Gut entwickelt sich so von einem Import- zu einem Exportgut. Solange die neue Technologie z. B. durch Patente geschützt ist, ist ihr Transfer ins Ausland unterbunden oder zumindest mit Kosten verbunden. Das verschafft dem betrachteten Land einen gewissen Vorsprung. Es ist aber damit zu rechnen, daß das Ausland eigene For-

Abbildung B.34:

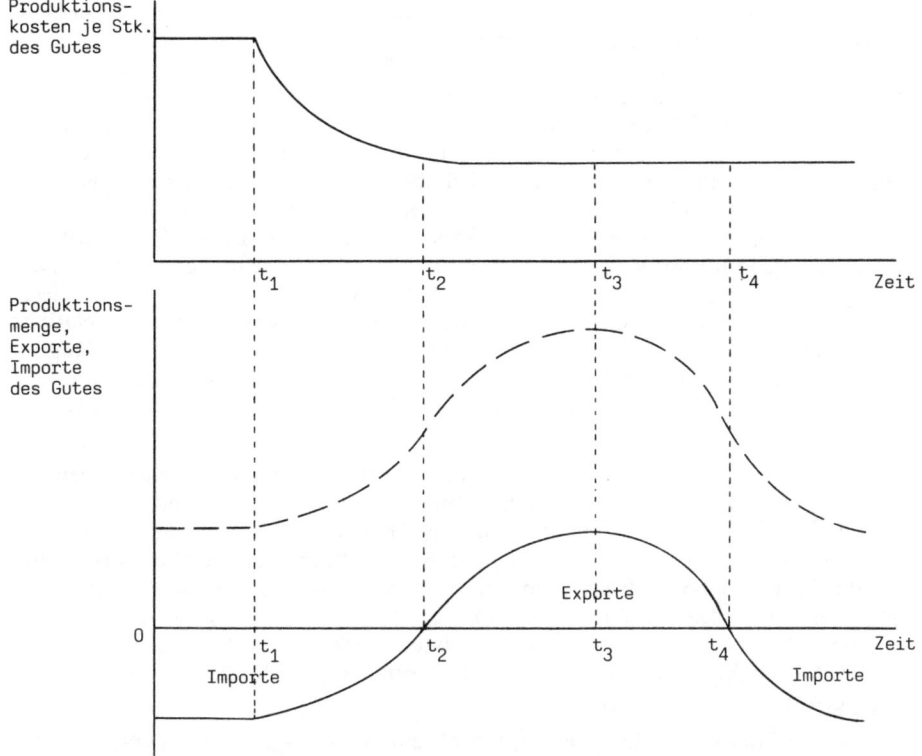

schungsanstrengungen zur Überwindung der aufgetretenen Technologielücke unternimmt, daß der Patentschutz durch Imitation unterlaufen wird oder daß das betrachtete Land die neue Technologie sogar selbst an das Ausland verkauft. Dem betrachteten Land bleiben die komparativen Kostenvorteile deshalb in der Regel nur für eine gewisse Zeit erhalten. Nach ihrer vollständigen Diffusion spielt die neue Technologie als Ursache komparativer Kostenvor- oder Kostennachteile keine entscheidende Rolle mehr. Sofern sich die übrigen Produktionsbedingungen in der Zwischenzeit nicht nennenswert verändert haben, sind dann wieder die Ursachen maßgebend (z. B. relative Faktorausstattungen), die zu Beginn der hier skizzierten Entwicklung für die relativen Kostennachteile (bzw. Kostenvorteile) relevant waren. Damit wird aus dem Exportgut wieder ein Importgut des betrachteten Landes.

Die herkömmlichen Instrumente und Methoden der Außenhandelstheorie sind kaum geeignet, die dynamischen Abläufe im Wirkungsprozeß des technischen Fortschritts, konkret der Veränderungen der Einkommensverteilung und der Technologiediffusion adäquat zu erfassen. Ihre Anwendungsmöglichkeiten beschränken sich im wesentlichen auf die statische Analyse und, bereits mit gewissen Vorbehalten, auf eine komparativ-statische Analyse. Formaltheoretische dynamische Ansätze der Außenhandelstheorie sind zwar bereits vorhanden, ihnen fehlt es aber noch an der Klarheit, Ausgewogenheit und Stringenz des klassischen statischen Theoriengebäudes. Auf ihre Darstellung soll deshalb an dieser Stelle verzichtet werden.

B-5.4.2: Produktinnovationen

Gravierende Änderungen der Außenhandelsstruktur eines Landes, möglicherweise
verbunden mit Richtungsänderungen der Handelsströme, lassen sich nicht allein
mit Verfahrensinnovationen und sektoralen Produktivitätszuwächsen erklären.
Seit jeher hat – und das vielleicht sogar überwiegend – auch die Produktinnovation
solche Änderungen herbeigeführt. Mit qualitativ verbesserten Produkten lassen
sich Verschiebungen der Nachfragestrukturen zu Lasten anderer Produkte erreichen, und mit völlig neuen Produkten wird überdies zusätzliche Nachfrage geschaffen. Die statische Analyse der herkömmlichen Außenhandelstheorie ist auch nicht
dafür konzipiert, die internationalen Wirkungen des technischen Fortschritts in
Form von Produktinnovationen zu erklären. Neue Produkte und qualitativ bessere
Produkte lösen internationale Handelsströme nämlich nicht über die in dieser
Theorie relevanten Differenzen der relativen Produktionskosten bzw. der relativen
Preise aus, sondern sie werden unter dem Aspekt der Produktverfügbarkeit zu
internationalen Handelsobjekten. Erst dann, wenn es zu Imitationen in anderen
Ländern kommt, gewinnen Produktionskosten- bzw. Preisdifferenzen an Bedeu-
tung.

Der technische Fortschritt in Form der Produktinnovation unterliegt ebenfalls
einer internationalen Diffusion, so daß Handelsvorteile, die ein Land wegen qualitativ besserer Produkte oder aufgrund von Angebotsmonopolen besitzt, mit der
Zeit verlorengehen können. Und es ist durchaus denkbar, daß sich Güter bestimmter Produktgruppen nach ihrer Imitation im Ausland sogar kostengünstiger herstellen lassen und diese Güter sich dann im Inland von Export- zu Importgütern
wandeln. Solche Güter durchlaufen gewissermaßen einen „Produktzyklus", der
bestimmte Richtungen und Richtungsänderungen der Handelsströme zwischen
Ländern und Ländergruppen impliziert.

In der Abbildung B.35 ist exemplarisch ein typischer Produktzyklus, z. B. für
Güter der Produktgruppen Foto, Uhren oder Unterhaltungselektronik, dargestellt
worden. Die Produktinnovation erfolgt in einem Industrieland, und trotz möglicherweise hoher Herstellungskosten läßt sich das neue Gut – anfangs sogar mit
Mengensteigerungen verbunden – ins Ausland exportieren. Nach und nach kommt
es jedoch in den anderen Industrieländern, die bereits über ein entsprechendes technisches Know-how verfügen, zur Produktimitation. Da hier bereits neueste Her-

Abbildung B.35:

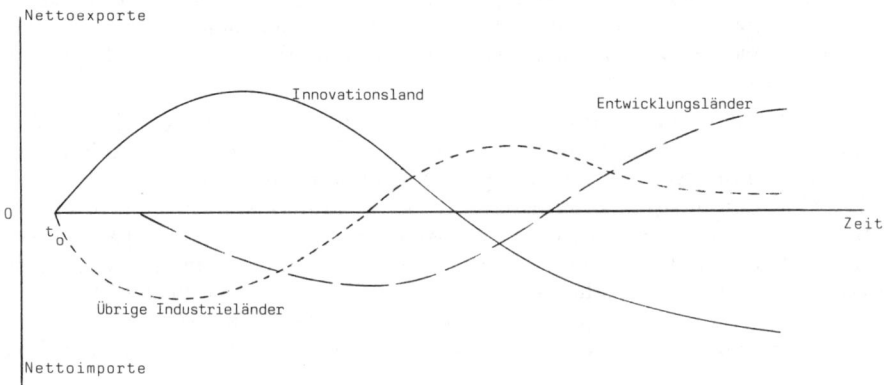

stellungstechniken eingesetzt und die Massenproduktionsvorteile genutzt werden, liegen die Produktionskosten oftmals niedriger als im Innovationsland, so daß sich die imitierenden Länder nun zu den Exportländern für das Gut entwickeln und es für das Innovationsland sogar günstiger wird, das Gut zu importieren. Schließlich treten auch die weniger industrialisierten Länder, die Entwicklungsländer, als Anbieter auf den Weltmarkt. Mit einer mehr oder weniger langen zeitlichen Verzögerung sind nun auch sie zur Produktimitation in der Lage. Aufgrund der geringeren Arbeitskosten ist dort die Produktion kostengünstiger als in den Industrieländern, und folglich drängen jetzt zunehmend die Entwicklungsländer in die Rolle der Exporteure. Für die in diesem Beispiel angesprochene Produktgruppe findet also sukzessive eine Produktionsverlagerung vom industrialisierten Innovationsland über die anderen Industrieländer in die Entwicklungsländer statt.

Für eine Reihe von Rohstoffen läßt sich dagegen eine Produktionsverlagerung von der Gruppe der nicht oder weniger industrialisierten Entwicklungsländer zu den Industrieländern beobachten. Anfangs sind die Industrieländer gezwungen, Rohstoffe zu importieren. Mit der Entwicklung von Gütern, die vollständige Substitute darstellen, versetzen sich die Industrieländer jedoch mehr und mehr in die Lage, den Import durch eigene synthetische Produkte zu ersetzen. Schließlich ist es möglich, daß solche Substitutionsprodukte von den Industrieländern am Weltmarkt billiger angeboten werden als die entsprechenden originären Rohstoffe. Güter der hier angesprochenen Produktgruppe können sich so für die Entwicklungsländer (als Ländergruppe) von Nettoexportgütern zu Nettoimportgütern wandeln.

B-6: Unvollkommene Märkte und internationaler Handel

B-6.1: Einführung

Die bis hierher vorgenommenen Untersuchungen über Richtung und Ausmaß des internationalen Handels bewegten sich überwiegend im Rahmen der traditionellen Außenhandelstheorie. Wie im einzelnen jeweils verdeutlicht wurde, baut diese Theorie auf einer Reihe von Annahmen auf, die zwar eine hinsichtlich Stringenz und Logik bestechende Analyse ermöglichen, aber mit der Realität nicht in jedem Fall vereinbar sind. Von grundlegender Bedeutung ist beispielsweise die Annahme der vollständigen Konkurrenz auf allen Märkten, die ihrerseits u. a. die Gewinnmaximierung der Anbieter, die volle Preisflexibilität, das Fehlen persönlicher, sachlicher oder räumlicher Präferenzen sowie die Existenz totaler Markttransparenz aller Anbieter und Nachfrager impliziert. Es gibt sicherlich einzelne Gütermärkte, auch im internationalen Bereich, für die die Annahme der vollständigen Konkurrenz zutrifft oder zumindest vertretbar ist, insbesondere Märkte mit minderwertigen Massenproduktionsgütern, z. B. aus den Produktbereichen Textil, Rundfunk und Fernsehen. Auf vielen Märkten aber dürfte unvollständige Konkurrenz vorherrschend sein. Beobachtbar sind beispielsweise Monopole oder Oligopole sowie Preis- oder Mengenkartelle auf der Anbieterseite, durch die die freie Marktpreisbildung aufgehoben wird; auf der Nachfrageseite sind häufig Präferenzen sachlicher oder persönlicher Art anzutreffen, die es möglich machen, den Wettbewerbsdruck durch Produktdifferenzierungen zu mildern oder gänzlich zu umgehen; gerade die internationalen Wirtschaftsbeziehungen sind vielfach durch räumliche Präferenzen geprägt oder durch staatliche protektionistische Maßnahmen beeinflußt, womit Produktdifferenzierungen auf in- und ausländischen Märkten gefördert oder die internationalen Handelsströme bewußt gelenkt werden.

Internationale Wirtschaftsbeziehungen können die Konkurrenz- bzw. Wettbewerbsformen auf den nationalen und internationalen Märkten nicht nur beeinflussen, sondern in Einzelfällen auch determinieren:

1. Der internationale Handel kann bewirken, daß *monopolistische oder oligopolistische Marktstrukturen* sowie *Preis- oder Mengenkartelle*, die im Autarkiezustand eines Landes bestehen, beseitigt werden und auf einigen nationalen Märkten sogar Wettbewerbsverhältnisse eintreten, die denjenigen der *vollständigen Konkurrenz* nahekommen.

2. Es läßt sich aber gleichfalls beobachten, daß im Zuge internationaler Wirtschaftsbeziehungen Marktformen mit unvollständiger Konkurrenz überhaupt erst entstehen. Beispielsweise können viele kleine Anbieter und mit ihnen Wettbewerbsformen der vollständigen Konkurrenz auf den vormals geschlossenen inländischen Märkten durch den Eintritt mächtiger ausländischer *Monopol- oder Oligopolanbieter* ausgelöscht und die Marktpositionen der dann *multinationalen Anbieter* sogar noch gestärkt werden.

3. Mit dem freien Zugang zu räumlich abgegrenzten Märkten kann es möglich werden, für bestimmte Güter *Preisdifferenzierung* bzw. *Dumping* zu betreiben.

4. Schließlich ist es denkbar, daß *Produktdifferenzierungen* und damit die Schaffung inhomogener Marktsegmente in Hinsicht auf Produktmengen und Stückkosten erst dann vorteilhaft sind, wenn über den internationalen Handel neue Märkte erschlossen worden sind.

Einige der hier aufgezählten Phänomene unvollständiger Märkte und deren Bedeutung für die Zusammenhänge auf den nationalen und internationalen Märkten werden in den folgenden Abschnitten näher analysiert.

Hält man sich die vielfältigen Möglichkeiten der unvollständigen Konkurrenz vor Augen, so ist es nicht erstaunlich, wenn sich die Richtung von Handelsströmen mit relativen Kostendifferenzen, Unterschieden in den relativen Faktorausstattungen oder divergierenden Nachfragepräferenzen nicht hinreichend erklären läßt. Trotz dieser Realität besteht kein Anlaß, die traditionelle Außenhandelstheorie zu verwerfen. Bis heute bietet nämlich nur sie ein in sich geschlossenes theoretisches Instrumentarium, mit dem sich in logisch klarer und formal präziser Analyse ein Einblick in einige der wichtigsten internationalen Zusammenhänge gewinnen läßt. *Relative Kostendifferenzen, relative Faktorausstattungen und unterschiedliche Nachfragepräferenzen spielen für Aufnahme, Richtung und Ausmaß des internationalen Handels zweifellos auch im Rahmen unvollkommener Märkte eine herausragende Rolle*, auch wenn dies wegen der Überlagerung durch andere Einflußfaktoren nicht unmittelbar deutlich wird. Die ökonomische Theorie muß sich mit den anderen Einflußfaktoren auseinandersetzen, wenn sie den Anspruch erhebt, die Realität der internationalen Wirtschaftsbeziehungen erfassen und erklären zu wollen. Die Ergebnisse der traditionellen Außenhandelstheorie stellen dafür jedoch eine wichtige Orientierungshilfe dar. Und diese Theorie eröffnet nicht zuletzt die Möglichkeit, die Ergebnisse einzuschätzen, die eintreten würden, wenn auf den nationalen und den internationalen Märkten bestimmte Rahmenbedingungen – nämlich die der freien Marktpreisbildung bzw. der vollständigen Konkurrenz – gegeben wären. Damit aber stehen – im normativen Sinne – wertvolle Informationen für die Ausrichtung der nationalen und internationalen Wirtschaftspolitik – z. B. auf mehr Freihandel – zur Verfügung.

Abbildung B.36:

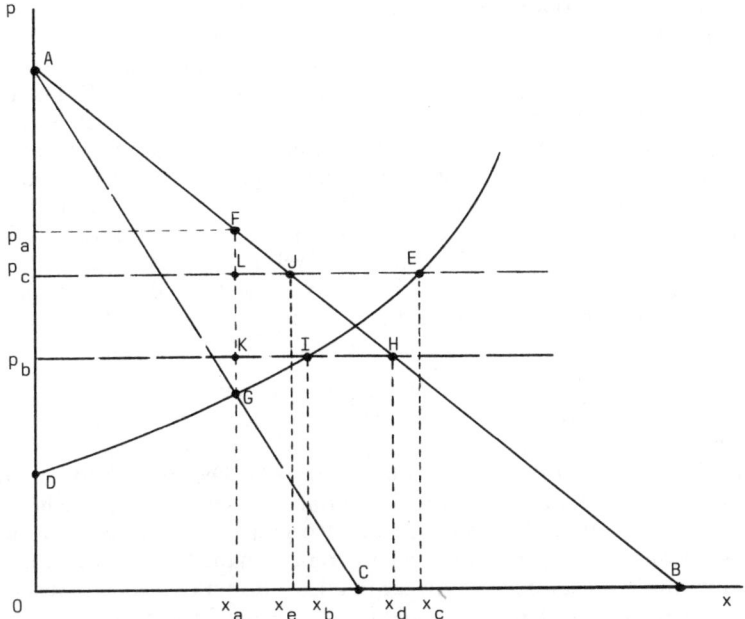

B-6.2: Angebotsmonopol vor Aufnahme des internationalen Handels

Während des Autarkiezustandes möge im Inland auf einem bestimmten Gütermarkt ein Angebotsmonopol bestehen. Im folgenden wird ausschließlich dieser
Gütermarkt betrachtet, und es sei angenommen, daß die Angebots- und Nachfragebedingungen auf diesem Markt nicht oder nicht nennenswert von Vorgängen auf
den anderen Gütermärkten beeinflußt werden. Der Angebotsmonopolist betreibe
Gewinnmaximierung. Wie in der Abbildung B.36 dargestellt, werden die Nachfragebedingungen auf dem betrachteten Gütermarkt vereinfachend mit einer linearen
Preis-Absatzfunktion (Linie AB) beschrieben.

Die Linie AC gibt dementsprechend die Grenzerlöse an, die der Monopolist bei
alternativen Produktionsmengen erzielen kann. Die Produktionsbedingungen mögen steigende Grenzkosten gemäß der Linie DE implizieren. Zur Gewinnmaximierung bietet der Monopolist bekanntlich die Gütermenge an, bei der Grenzerlöse
und Grenzkosten übereinstimmen. Im Autarkiezustand erfordert das eine Produktionsmenge von x_a sowie einen Güterpreis von p_a. Damit aber erzielen die Nachfrager eine Konsumentenrente, die der Fläche des Dreiecks AFp_a entspricht, während
dem Monopolisten eine Produzentenrente in Höhe der Fläche p_aFGD zukommt.[18]

Nimmt das Inland nun internationale Wirtschaftsbeziehungen auf, so wird sich
der Angebotsmonopolist einem Konkurrenzdruck aus dem Ausland ausgesetzt se-

---

[18] Zum Begriff der Konsumenten- und der Produzentenrente siehe z. B.: J. Schumann,
    Grundzüge der mikroökonomischen Theorie, 5. Aufl., Berlin – Heidelberg – New York
    1987, S. 256 f.

hen, es sei denn, er produziert ein Gut, für das es im Ausland kein Substitut gibt. Es sei hier aber angenommen, daß das Gut im Ausland von vielen Anbietern produziert wird und die internationale Öffnung des inländischen Marktes dadurch zur vollständigen Konkurrenz führt. Alternativ sollen zwei Weltmarktpreise betrachtet werden. Bei einem Preis von p_b ergeben sich die Grenzerlöse des inländischen Anbieters aus der Linie p_bH, bei einem Preis von p_c aus der Linie p_cE. Die Produktionsmenge des Inlands beträgt dann – weiterhin Gewinnmaximierung des Anbieters vorausgesetzt – x_b bzw. x_c. Dem steht eine inländische Güternachfrage in Höhe von x_d beim Preis p_b bzw. von x_e beim Preis x_c gegenüber. Folglich kommt es bei dem niedrigeren Weltmarktpreis zu einem Import in Höhe der Strecke HI und bei dem höheren Weltmarktpreis zu einem Export in Höhe der Strecke von EJ. Zwischen p_b und p_c gibt es selbstverständlich einen Weltmarktpreis, bei dem die inländische Nachfrage exakt aus der inländischen Produktion befriedigt werden kann und deshalb für das hier betrachtete Gut weder Importe nötig noch Exporte möglich sind.

Mit einem Blick auf die Veränderung der Konsumenten- und der Produzentenrente läßt sich jetzt auch zeigen, daß die Aufnahme der internationalen Handelsbeziehungen dem Inland Wohlstandsgewinne bringt. Im Falle eines Preises von p_b steigt die Konsumentenrente um die Fläche Fp_ap_bH. Die Produzentenrente sinkt einerseits um die Fläche Fp_ap_bK, nimmt aber andererseits um die Fläche GIK zu. Für die gesamte inländische Volkswirtschaft ergibt sich somit ein Zuwachs der Summe aus Konsumenten- und Produzentenrente um die Flächen FHK und GIK. Dieser Zuwachs kann als Wohlstandsgewinn des internationalen Handels gedeutet werden. Hierbei ist zu beachten, daß die Rente, die der Fläche Fp_ap_bK entspricht, infolge der Preissenkung von p_a und p_b intern vom Anbieter auf die Nachfrager umverteilt wird. Sinkt der Preis lediglich auf p_c, so steigt die Konsumentenrente um die Fläche Fp_ap_bJ. Die Produzentenrente sinkt zum einen um Fp_ap_cL, nimmt aber zum anderen um die Fläche EGL zu. Der Gesamtzuwachs an Konsumenten- und Produzentenrente entspricht also der Summe der Flächen FLJ und EGL.

Zusammenfassend ist festzustellen, daß durch die Aufnahme internationaler Wirtschaftsbeziehungen die Marktform des Angebotsmonopols im Inland beseitigt wird und dadurch Wohlstandsgewinne in Form eines Zuwachses der Summe von Konsumenten- und Produzentenrente erzielt werden. Solche Gewinne treten sowohl im Fall von Importen als auch im Fall von Exporten des betrachteten Gutes auf. Und es läßt sich anhand der Abbildung B.36 leicht nachvollziehen, daß sich Wohlstandsgewinne auch ergeben, wenn es weder zu Importen noch zu Exporten des Gutes kommt.

Es darf allerdings nicht übersehen werden, daß diese Ergebnisse im Rahmen einer Partialanalyse nur eines Gütermarktes gewonnen wurden. Bei Aufnahme von Außenhandel treten aber vermutlich auch auf anderen Gütermärkten Preisänderungen auf, die ihrerseits Substitutions- und Einkommenseffekte auslösen (siehe hierzu den Abschnitt B-3.2). Solche Effekte wirken sich aber auf alle einzelnen Märkte aus; es kommt dort zu Veränderungen der Güternachfrage. In der Abbildung B.36 würde sich das in einer Verschiebung der Preis-Absatzfunktion ausdrücken, wobei es ohne genaue Kenntnis der Substitutions- und Einkommenseffekte nicht möglich ist, die Richtung dieser Verschiebung zu benennen. So läßt sich dann auch nicht mehr eindeutig feststellen, ob nach Aufnahme des Außenhandels Wohlstandsgewinne auf dem hier betrachteten Markt erzielt werden oder ob diese nicht vielmehr auf anderen Gütermärkten auftreten. Nur eines dürfte sicher sein: *Unter Berücksichtigung aller Gütermärkte ergibt sich im Inland eine Erhöhung der Summe aus Konsu-*

menten- und Produzentenrente, wenn internationale Handelsbeziehungen aufgenommen und dabei monopolistische Marktformen aufgrund einer größeren internationalen Wettbewerbsintensität überwunden werden.

B-6.3: Dumping

Wird ein bestimmtes Gut im Ausland zu einem niedrigeren Preis verkauft als im Inland, so spricht man von Dumping. Eine solche räumliche Preisdifferenzierung setzt voraus, daß

1. der entsprechende inländische Markt gegenüber dem Ausland abgeschirmt ist, z. B. durch staatliche protektionistische Maßnahmen,
2. auf dem inländischen Markt ein unvollkommener Wettbewerb besteht, z. B. bei Existenz eines Angebotsmonopols oder aufgrund kartellmäßiger Absprachen.

Die erste Bedingung ist erforderlich, um sowohl einen Zustrom ausländischer Anbieter als auch Reimporte zu unterbinden. Mit der zweiten Bedingung soll ausgeschlossen werden, daß durch Konkurrenzdruck inländischer Anbieter eine Anpassung des Inlandspreises an den niedrigeren Auslandspreis erzwungen wird.

Der Begriff Dumping wurde offenbar mit der Vorstellung geprägt, ein Anbieter würde Produktionsmengen, die er im Inland nicht abzusetzen vermag, auf den ausländischen Märkten „abladen", und damit ihm das gelingt, fordert er dort nur einen relativ geringen Preis. *Überkapazitäten können zweifellos einen Exportdruck auslösen und Dumping-Praktiken fördern* – allerdings nur dann, wenn sich der Inlandsabsatz aufgrund einer sehr geringen Preiselastizität der Nachfrage durch Preissenkungen nicht adäquat steigern läßt.

Die Politik der Preisdifferenzierung ist auch üblich, wenn ein Anbieter im Ausland Marktanteile erobern möchte. Um zusätzliche Nachfrage zu mobilisieren oder andere Anbieter zu verdrängen, ist er – wenigstens vorübergehend – gezwungen, auf dem ausländischen Markt einen relativ niedrigen Preis zu setzen. Vor dem Hintergrund der hier skizzierten Zielsetzungen ist es verständlich, daß Dumping häufig – vor allem von Politikern und ausländischen Anbietern – der Kategorie unfairer Praktiken des Verdrängungswettbewerbs zugeordnet wird.

Dumping kann aber auch ein völlig normales Ergebnis der bestehenden Wettbewerbsbedingungen sein, und es muß auf den ausländischen Märkten keineswegs eine dort herrschende faire Wettbewerbspraxis verletzen. Das soll mit Hilfe eines einfachen Beispiels erläutert werden. Ein Anbieter sei auf einem bestimmten inländischen Gütermarkt Monopolist, er möge aber auf dem vergleichbaren ausländischen Markt einer vollständigen Konkurrenz ausgesetzt sein. Wie schon als Bedingung für Dumping genannt, sei der inländische Markt des Monopolisten vor der ausländischen Konkurrenz geschützt. Der Angebotsmonopolist verfolge das Ziel der Gewinnmaximierung. Die Abbildung B.37 zeigt die Preispolitik des Anbieters im Autarkiezustand und nach Aufnahme des internationalen Handels. Vereinfachend wurde angenommen, daß die inländische Preis-Absatzfunktion (Linie AB) auf dem betrachteten Gütermarkt linear ist und daß sie von Vorgängen auf den anderen Gütermärkten nach Aufnahme von Außenhandel unberührt bleibt. Die Gerade AC bezeichnet die Grenzerlöse auf dem inländischen Markt, und die Kurve DE gibt die Grenzkosten des Monopolisten an. Im Autarkiezustand bietet der Monopolist die Menge x_a zum Preis von p_a an. Auf dem ausländischen Markt möge ein Preis von p_b oder alternativ von p_c erzielbar sein. Wegen der vollständigen Konkurrenz auf diesem Markt ist dem inländischen Anbieter dort nur eine Mengenanpassung mög-

Abbildung B.37:

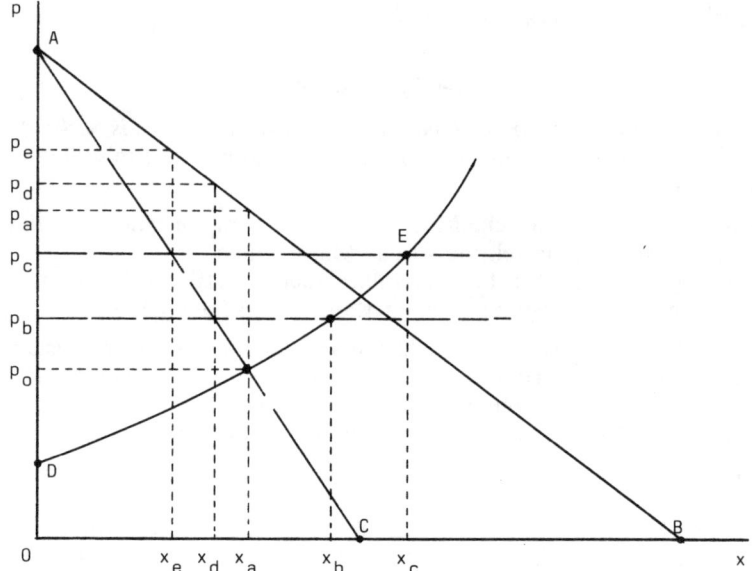

lich. *Um auch nach Aufnahme des internationalen Handels seinen Gewinn zu maxi-
mieren, muß der inländische Anbieter die folgende Bedingung erfüllen:*[19]
Grenzkosten = Grenzerlös auf dem inländischen Markt
= Grenzerlös auf dem ausländischen Markt
Der Grenzerlös auf dem ausländischen Markt entspricht dem dort herrschenden
Preis p_b bzw. p_c. Der Grenzerlös auf dem inländischen Markt ergibt sich aus der
Geraden AC. Um also die genannte Bedingung einzuhalten, muß der Monopolist
beim Auslandspreis p_b die Menge x_b und beim Auslandspreis p_c die Menge x_c
produzieren. Davon setzt er im Inland die Menge x_d zum Preis von p_d bzw. die

---

[19] Die Gewinnfunktion des inländischen Monopolanbieters lautet:
(a) $G = p(x)x + p^*x^* - K(X)$ mit $X = x + x^*$
p und x sind Preis und Absatzmenge auf dem Inlandsmarkt p* und x* entsprechend auf
dem Auslandsmarkt. Zwischen p und x besteht ein negativer Zusammenhang, der Auslandspreis p* ist dagegen ein Datum.
Zur Bestimmung des Gewinnmaximums ist partiell nach x und x* zu differenzieren:
(b) $\delta G/\delta x = p + x\dfrac{dp}{dx} - \dfrac{\delta K}{\delta X}\dfrac{\delta X}{\delta x} = O$
(c) $\delta G/\delta x^* = p^* - \dfrac{\delta K}{\delta X}\dfrac{\delta X}{\delta x^*} = 0$
Es gilt selbstverständlich $\delta X/\delta x = \delta X/\delta x^* = 1$
Somit folgt aus (b) und (c):
(d) $\delta K/\delta X = p + x\dfrac{dp}{dx} = p^*$
Siehe hierzu: J. Schumann, Grundzüge der mikroökonomischen Theorie, 5. Aufl., Berlin –
Heidelberg – New York 1987, S. 253 f.

Menge x_e zum Preis von p_e ab. Die Mengendifferenz entspricht jeweils den Exporten des Monopolisten. Hier wird zweierlei deutlich: zum einen impliziert die Aufnahme der internationalen Handelsbeziehungen einen Preisanstieg auf dem inländischen Markt und zum anderen setzt der Monopolist auf dem inländischen Markt den Preis um so höher an, je höher der Preis auf dem Auslandsmarkt ist. Der inländische Monopolist kann seinen Gewinn durch ein Angebot auf dem ausländischen Markt jedoch nur steigern, wenn der Auslandspreis größer als p_0 ist. Andernfalls wird er sich auf den Inlandsmarkt beschränken und dort weiterhin die für den Autarkiezustand gültige Preis-Mengenkombination mit p_a und x_a realisieren.

Wie weit der Inlandspreis vom Auslandspreis abweicht, hängt von der Preiselastizität der Nachfrage auf dem inländischen Markt ab. Ist die Preiselastizität gering, so muß der inländische Anbieter, wenn er den Inlandspreis im Zusammenhang mit seiner Dumping-Politik erhöht, nur eine relativ geringe Reduktion der Inlandsnachfrage in Kauf nehmen – und umgekehrt. Folglich ist die Differenz zwischen dem Inlandspreis und dem fest vorgegebenen Auslandspreis um so größer, je niedriger die Preiselastizität der inländischen Nachfrage ist. Stimmen allerdings die Preiselastizitäten der Nachfrage auf dem inländischen und dem ausländischen Markt überein, so sind auch die Preise auf beiden Märkten identisch.[20] Dem inländischen Anbieter bringt dann nämlich die Preisdifferenzierung keinen zusätzlichen Gewinn. Im oben diskutierten Beispiel ist die Preiselastizität auf dem Auslandsmarkt unendlich groß, auf dem Inlandsmarkt jedoch erheblich kleiner als unendlich. Sofern der Auslandspreis über p_0 liegt, erfordert die Gewinnmaximierung also eine Politik des Dumpings.

Dumping stößt im Ausland meistens auf harte Kritik und wird dann nicht selten mit Gegenmaßnahmen, z. B. in Form von Zöllen oder mengenmäßigen Einfuhrbeschränkungen, beantwortet. Solche Reaktionen lassen aber häufig den Einblick in die tatsächlichen internationalen Zusammenhänge vermissen. Es ist üblich, ausschließlich den von Dumping betroffenen Gütermarkt bzw. die von Dumping betroffenen Produktionssektoren zu betrachten. Entscheidend für die Beurteilung des Dumpings ist aber nicht die Preisdifferenz auf einem singulären Markt, sondern die Wirkung der Preisdifferenzierung auf die Wohlfahrt des gesamten Landes. So ist es durchaus möglich, daß es gerade die Dumping-Praktiken bestimmter inländischer Anbieter sind, die dem Ausland Wohlstandsgewinne bringen. Der relativ hohe bzw. der steigende Preis auf dem von Dumping betroffenen Inlandsmarkt kann nämlich eine Umlenkung von Inlandsnachfrage auf andere Güter hervorrufen, und zwar möglicherweise auf solche Güter, für die das Ausland einen hohen Importanteil besitzt. Ist das der Fall, so ergibt sich für das Ausland eine Produktionssteigerung dieser Güter. Und selbst wenn die Produktion der Güter, die dem Dumping ausgesetzt sind, reduziert werden müßte, ließe sich dennoch eventuell ein positiver Nettoeffekt erzielen. Das schon bekannte Instrumentarium der traditionellen Außenhandelstheorie wäre durchaus geeignet, ein solches Ergebnis nachzuweisen.

Von besonderer Bedeutung können auch die längerfristigen Wirkungen des Dumpings sein. Der Konkurrenzdruck auf dem von Dumping betroffenen Markt kann nämlich im Ausland den Zwang zu produktivitätsfördernden Verfahrensinnovationen und/oder zu Produktinnovationen verstärken. Und es ist zu erwarten,

---

[20] Siehe hierzu: J. Schumann, Grundzüge der mikroökonomischen Theorie, 5. Aufl., Berlin – Heidelberg – New York 1987, S. 253 ff.

daß sich aus der so bewirkten Verbesserung der internationalen Wettbewerbsfähigkeit letztlich Wohlstandsgewinne ableiten lassen.

Dumping wurde zuvor unter dem Aspekt betrachtet, daß der Preis für ein bestimmtes Gut im Ausland niedriger ist als im Inland. Denkbar ist selbstverständlich auch eine dazu umgekehrte Preisdifferenzierung, wenn nämlich ein inländischer Anbieter ein bestimmtes Gut auf dem Inlandsmarkt preisgünstiger anbietet als im Ausland. Man spricht dann von *„reverse dumping"*. Auch diese Art des Dumpings kann das Ergebnis eines Gewinnmaximierungskalküls sein. Besteht auch auf dem ausländischen Markt keine vollständige Konkurrenz und ist darüber hinaus die Preiselastizität der Nachfrage auf diesem Markt geringer als die entsprechende Elastizität auf dem Inlandsmarkt, so muß der inländische Anbieter, will er seinen Gewinn maximieren, im Inland einen niedrigeren Preis setzen als im Ausland.[21]

Manchmal werden in der ökonomischen Literatur und auch in der politischen Diskussion noch zwei weitere Phänomene mit dem Begriff „Dumping" umschrieben. Es handelt sich um das sogenannte *Valuta-Dumping* und um das *soziale Dumping*.[22] Von Valuta-Dumping ist die Rede, wenn man annimmt, daß die Währung eines Landes unterbewertet ist und dadurch die Produkte dieses Landes im Ausland preisgünstiger angeboten werden können als durch die dort ansässigen Unternehmungen. Es ist durchaus denkbar, daß der Außenwert einer Währung durch staatliche Devisenmarktinterventionen gegen die Marktkräfte bewußt niedrig gehalten wird. Damit aber werden alle exportorientierten Anbieter des Landes unterstützt und gleichzeitig die Importe erschwert. Man sollte diese Politik deshalb dem Maßnahmenkatalog des staatlichen Protektionismus zuordnen. Die für das Dumping typische räumliche Preisdifferenzierung auf einzelnen Gütermärkten liegt beim Valuta-Dumping nicht vor.

Noch problematischer ist die Bezeichnung „soziales Dumping" für den Tatbestand, daß es einem Land aufgrund relativ geringer Lohnkosten möglich ist, bestimmte Güter auf ausländischen Märkten zu einem niedrigeren Preis anzubieten als es die dort ansässigen Unternehmungen vermögen. Dieses Phänomen hat mit Dumping im Sinne einer räumlichen Preisdifferenzierung ebenfalls nichts gemein. Vielmehr handelt es sich um einen völlig natürlichen Fall komparativer Kostenvorteile, der ja bekanntlich eine der wichtigen Ursachen für die Aufnahme internationaler Wirtschaftsbeziehungen überhaupt darstellt und – wie die klassische Außenhandelstheorie zeigt – vollauf mit den Prinzipien des Freihandels vereinbar ist.

B-6.4: Produktdifferenzierung

Der Austausch von Gütern vergleichbarer Produktgruppen gewinnt im internationalen Handel – insbesondere im Handel zwischen den Industrieländern – immer mehr an Bedeutung. Viele einander ähnliche Produkte, z. B. Kraftfahrzeuge, Werkzeugmaschinen, Textilien und Möbel, sind in einem Industrieland sowohl bei den Ex- als auch bei den Importgütern zu finden. Dieser *intra-industrielle Handel* – und nicht der in der traditionellen Außenhandelstheorie ausschließlich beschriebene

---

[21] Dieses Ergebnis läßt sich relativ einfach für den Fall ableiten, daß der inländische Anbieter sowohl auf dem Inlands- als auch auf dem Auslandsmarkt Angebotsmonopolist ist. Zu einem solchen Modell siehe: J. Schumann, Grundzüge der mikroökonomischen Theorie, 5. Aufl., Berlin – Heidelberg – New York 1987, S. 253 ff.

[22] Siehe hierzu: B. Külp, Außenwirtschaftspolitik, Tübingen – Düsseldorf 1978, S. 97 f.

inter-industrielle Handel – ist heutzutage typisch für die internationalen Wirtschaftsbeziehungen entwickelter Volkswirtschaften. Zwischen einzelnen Ländern, so vor allem im EG-Raum, erreichte der intra-industrielle Handel bereits einen Anteil von 80 % am gesamten Güteraustausch.[23]

Grundlage dieser Entwicklung sind Existenz und zunehmende Ausprägung sachlicher Käuferpräferenzen, die es den Anbietern erlauben, über Produktdifferenzierung Marktsegmente zu schaffen. Ausbreitung und Wachstum des internationalen Handels tragen wesentlich dazu bei, sachliche Präferenzen mit einer fortschreitenden Auffächerung entstehen zu lassen. Einerseits wurden und werden die Nachfrager eines Landes durch die internationale Öffnung der Märkte mit neuen Produktvarianten bekannt gemacht, die differenzierte Käuferwünsche wecken, andererseits erzwingt der internationale Wettbewerbsdruck auf der Anbieterseite immer neue Produktdifferenzierungen, durch die man sich wenigstens vorübergehend einen gewissen Spielraum für eine autonome Preis- und Mengenpolitik schaffen kann. In diesem Zusammenhang ist auch zu erwähnen, daß Unternehmungen häufig nur dann eine Chance haben, in ausländische Märkte einzudringen, sich dort zu behaupten und zugleich noch Gewinne zu machen, wenn sie ihr Güterangebot auf ein bestimmtes, noch unbesetztes oder wenig besetztes Marktsegment mit spezifischen Käuferpräferenzen ausrichten. Nicht zuletzt ist festzustellen, daß sich oftmals nur durch internationale Wirtschaftsbeziehungen Kenntnisse von spezifischen Produktionsverfahren gewinnen und Massenproduktionsvorteile nutzen lassen, ohne die eine breit gefächerte Produktdifferenzierung unmöglich wäre.

Wie zuvor schon angeklungen ist, bedeutet die Marktform der heterogenen Konkurrenz, so wie sie bei Existenz von Nachfragepräferenzen und darauf abgestimmter Produktdifferenzierung vorliegt, keineswegs das Fehlen von Wettbewerb auf nationalen und internationalen Märkten. Wettbewerb drückt sich bei dieser Marktform eben nicht so sehr in der Flexibilität von Güterpreisen, sondern primär in einer Flexibilität des qualitativen Güterangebots aus. Für viele Märkte mit heterogener Konkurrenz ist es geradezu typisch, daß sich der Absatz eines Gutes auch über drastische Preisreduktionen nicht stabilisieren läßt, wenn sich die Käuferpräferenzen von diesem Gut grundsätzlich abwenden. Die Existenz sachlicher Präferenzen erlaubt einem Anbieter aber auch nicht, in der Preispolitik völlig autonom handeln zu können. Einerseits kann vor allem bei internationalen Verflechtungen sehr schnell Konkurrenz mobilisiert werden, wenn der am Markt erzielbare Preis relativ hohe Gewinne verspricht, andererseits ist zu erwarten, daß die Nachfrager bei Überschreiten einer oberen Preisschwelle schnell geneigt sind, ihre Präferenzen für ein bestimmtes Gut zugunsten eines vergleichbaren Gutes aufgeben. Umgekehrt dürfte die Möglichkeit, mit Preissenkungen zusätzliche Nachfrage zu mobilisieren, begrenzt sein; käme es nämlich zu einem merklichen Absatzverlust auf den Märkten der direkt vergleichbaren Güter, so würden die dort tätigen Anbieter sicherlich ebenfalls ihre Preise senken, um so die Nachfragestruktur zu erhalten. Damit aber würden Reaktionsmuster der Marktform der vollständigen Konkurrenz bestimmend. Die zuvor skizzierten Phänomene werden in der mikroökonomischen Theorie – dort allerdings ohne Berücksichtigung internationaler Zusammenhänge – teilweise in verschiedenen Modellen der sogenannten monopolistischen Konkurrenz

---

[23] Siehe hierzu: H. Hesse, Hypothesen zur Erklärung des Warenhandels zwischen Industrieländern, in: Probleme der Weltwirtschaftlichen Arbeitsteilung, Berlin 1974, S. 39–60; derselbe, Außenhandel I: Determinanten, in: Handwörterbuch der Wirtschaftswissenschaft (HdWW), Bd. 1, Stuttgart – Tübingen – Göttingen 1977, S. 383 ff.

Abbildung B.38:

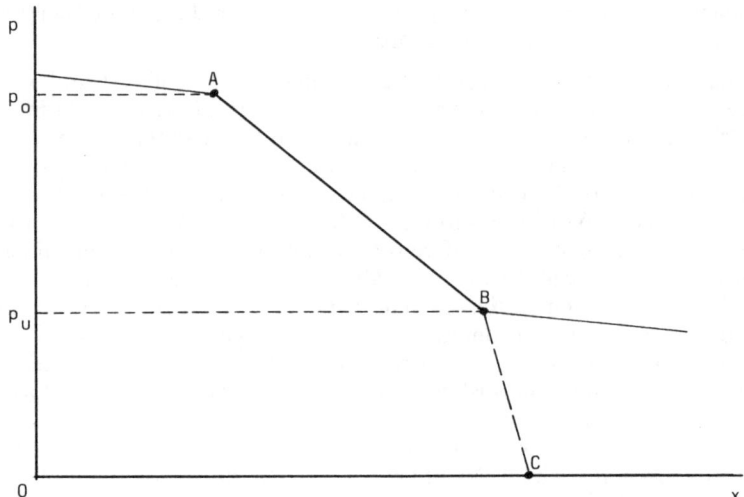

(z. B. von Chamberlin und von Gutenberg) oder des Angebotsoligopols bei heterogener Konkurrenz (z. B. von Sweezy, von Krelle und von Ott) analysiert.[24]

Im folgenden sollen allerdings nur exemplarisch einige der obengenannten Phänomene der heterogenen Konkurrenz auf der Grundlage des Ansatzes von Gutenberg skizziert werden. Betrachtet wird eine Unternehmung, die sowohl im Inland als auch im Ausland Alleinanbieter eines Gutes ist, das aus der Sicht der in- und ausländischen Nachfrager spezifische Eigenschaften besitzt und für das dementsprechend sachliche Präferenzen bestehen. Zugleich werden von einer großen Zahl anderer Unternehmungen jedoch ähnliche Produkte angeboten, die für die Nachfrager grundsätzlich als Substitute für das hier betrachtete Gut in Frage kommen können. Die Untersuchung konzentriert sich nun auf das Marktsegment, in dem der genannte Monopolist tätig ist. Gutenberg unterscheidet in seinem Modell drei Bereiche der Preis-Absatzfunktion dieses Teilmarktes, einen monopolistischen Bereich, in dem die Preiselastizität der Nachfrage aufgrund der sachlichen Käuferpräferenzen relativ niedrig ist, sowie je einen Bereich oberhalb und unterhalb eines bestimmten Grenzpreises, in dem die Preiselastizität der Nachfrage jeweils sehr groß – im Extremfall sogar unendlich groß ist (Abbildung B.38). Nur im monopolistischen Bereich (Linie AB) kann sich der Anbieter preispolitisch wie ein Monopolist verhalten. Nach Überschreiten des oberen Grenzpreises p_o geben die Nachfrager ihre Präferenzen für das betrachtete Gut zugunsten ähnlicher Produkte auf; folglich werden dann weitgehend die Bedingungen der vollständigen Konkurrenz maßgebend, und der Anbieter verliert schließlich sein Marktsegment vollständig. Erfolgt eine Preissenkung in den unteren Grenzbereich hinein (unterhalb von p_u),

[24] Siehe hierzu: J. Schumann, Grundzüge der mikroökonomischen Theorie, 5. Aufl., Berlin – Heidelberg – New York 1987, S. 274–284 und S. 300–313; H. Bartling, Monopolistische Konkurrenz, in: Handwörterbuch der Wirtschaftswissenschaft (HdWW), Bd. 5, Stuttgart – Tübingen – Göttingen 1980, S. 280–286.

so zieht der Anbieter in großem Umfang Nachfrage von den Teilmärkten der ähnlichen Produkte ab, was wiederum dem Ergebnis bei vollständiger Konkurrenz entspricht. Der starke Absatzrückgang im oberen Grenzbereich läßt sich, wie schon erwähnt wurde, nicht nur mit dem Verlust der Käuferpräferenzen, sondern zugleich auch mit der Mobilisierung anderer Anbieter begründen, die es bei dem relativ hohen Preis für lohnenswert finden, in dieses Marktsegment einzudringen. Der hohe Nachfragezustrom im unteren Bereich dürfte dagegen nur von kurzer Dauer sein oder erst gar nicht eintreten. Denn hier ist mit massiven Preisreaktionen der Anbieter auf den Märkten der vergleichbaren Güter zu rechnen. Die Preiselastizität der Nachfrage ist deshalb in diesem unteren Grenzbereich vermutlich sehr gering, z. B. gemäß der Preis-Absatzlinie BC. Vor diesem Hintergrund ist es für den Anbieter empfehlenswert, sich mit seiner Preisgestaltung sowohl im Inland als auch im Ausland jeweils im monopolistischen Bereich der Preis-Absatzfunktionen zu bewegen. Er kann sich innerhalb dieses Rahmens im in- und ausländischen Marktsegment wie ein Angebotsmonopolist verhalten. Wie weiter oben bereits erläutert, impliziert das auch, daß er zwischen dem in- und dem ausländischen Markt eine Preisdifferenzierung vornehmen kann, wenn Reimporte bzw. Reexporte, z. B. wegen der zusätzlichen Transportkosten, keine Rolle spielen. Unter dem Aspekt der Gewinnmaximierung ist die Preisdifferenzierung sogar erforderlich, wenn die Preiselastizitäten der Nachfrage auf dem in- und ausländischen Markt unterschiedlich sind. Der Preis ist dort höher anzusetzen, wo die Preiselastizität relativ niedrig ist. Hier zeigt sich, daß das sogenannte Dumping auch auf die Existenz sachlicher Käuferpräferenzen zurückgeführt werden kann und nicht zwingend das Ergebnis staatlicher protektionistischer Maßnahmen sein muß.

Wie sind nun die Wohlfahrtseffekte der heterogenen Konkurrenz für den Fall von Käuferpräferenzen und Produktdifferenzierung zu beurteilen? Echte Angebotsmonopole sowie Preis- und Mengenkartelle wirken im Vergleich zu Marktformen mit stärkerer, möglichst sogar vollständiger Konkurrenz wohlstandsmindernd, wenn die Summe aus Konsumenten- und Produzentenrente als Wohlfahrtsindikator Verwendung findet. Bei diesem Vergleich geht man allerdings davon aus, daß es sich um einen Markt handelt, auf dem ein homogenes Produkt angeboten wird und dementsprechend Käuferpräferenzen keine Bedeutung haben. Die Marktform der monopolistischen Konkurrenz ist demgegenüber das Ergebnis von Käuferpräferenzen. Eine ausgeprägte Produktdifferenzierung ist Ausdruck einer Anpassung der Angebotsstrukturen an die spezifischen Käuferwünsche, und deren Befriedigung sollte in einer freien Wirtschaftsordnung als positiver Wohlfahrtseffekt interpretiert werden. Es ist zu vermuten, daß sich die breit gefächerten Präferenzen in Marktformen der vollständigen Konkurrenz überhaupt nicht realisieren ließen. Damit läßt sich auch der folgende Schluß ziehen: *Kommt es im Zuge von internationalen Wirtschaftsbeziehungen zur Ausweitung monopolistischer Marktformen, die auf Produktdifferenzierung und sachlichen Käuferpräferenzen beruhen, so kann das mit einer Wohlfahrtssteigerung sowohl im Inland als auch im Ausland verbunden sein.*

B-6.5: Internationale Kartelle

Für eine Reihe von Gütern, so insbesondere für Rohstoffe (z. B. Rohöl, Kupfer, Zinn), noch nicht weiterverarbeitete landwirtschaftliche Produkte (z. B. Kaffee, Tee, Weizen) und gewisse industrielle Zwischenprodukte (z. B. Stahl) ist eine Produktdifferenzierung überhaupt nicht oder nur sehr begrenzt möglich. Auch in der subjektiven Einschätzung der Nachfrager sind solche Güter homogen oder zumindest annähernd homogen. Es fehlt dementsprechend an sachlichen Käuferpräferenzen.

Gibt es auf den internationalen Märkten eine größere Zahl von Anbietern eines bestimmten homogenen Gutes und herrscht Freihandel, so befindet sich ein einzelner Anbieter in einer Wettbewerbssituation, die derjenigen der vollständigen Konkurrenz entspricht oder ähnlich ist. Die Preiselastizität der Nachfrage nach dem Produkt eines einzelnen Anbieters ist unendlich groß oder zumindest sehr groß. Anders als im Fall der Produktdifferenzierung, besitzt der Anbieter keinen (nennenswerten) Spielraum für eine autonome Preispolitik. Diese Situation ist für den einzelnen Anbieter unproblematisch, solange der vom Weltmarkt vorgegebene Güterpreis relativ stabil ist und wenigstens einen angemessenen Unternehmergewinn zuläßt. Die Preisstabilität hängt im wesentlichen von drei Reaktionsparametern ab:

– von der Einkommenselastizität der Nachfrage auf dem gesamten Markt
– von der Preiselastizität der Gesamtnachfrage
– vom Angebotsverhalten der Mitkonkurrenten.

Je größer die Einkommenselastizität ist, desto mehr wirken sich konjunkturelle Einkommensschwankungen auf den Weltmarktpreis aus; je geringer die Preiselastizität ist, desto größer sind die Änderungen des Weltmarktpreises bei Angebotsvariationen; und schließlich neigt der Weltmarktpreis um so eher zu Instabilität, je stärker die Variabilität des Angebots ist. Die Angebotsvariabilität ist besonders hoch, wenn einige Anbieter einen relativ großen Anteil am Weltmarkt besitzen und beispielsweise aus politischen Motiven eine aggressive Angebotspolitik betreiben (z. B. bei bestimmten Rohstoffen) oder wenn das Angebotspotential von umweltbedingten Einflüssen abhängig ist (z. B. bei Kaffee).

Für viele Rohstoffe, landwirtschaftliche Grundprodukte und einige industrielle Zwischenprodukte ist eine niedrige Preiselastizität der Gesamtnachfrage sowie eine große Angebotsvariabilität zu beobachten. Darüber hinaus zeichnet sich die Nachfrage nach Rohstoffen sowie nach industriellen Zwischenprodukten auch noch durch eine hohe Konjunkturreagibilität aus. Vor diesem Hintergrund ist es verständlich, daß die Anbieter solcher Güter häufig staatliche Maßnahmen zur Sicherung von Preisen und Absatzmengen fordern oder bemüht sind, mit den Konkurrenten kartellmäßige Absprachen zu erzielen. Länder oder Ländergemeinschaften greifen vor allem auf den Märkten solcher Güter zu direkten staatlichen Schutzmaßnahmen (z. B. in Form von Zöllen, Importkontingenten oder staatlichen Preis- und Mengengarantien), bei denen sie weder auf der Import- noch auf der Exportseite international abhängig sind. Die protektionistische Politik der Europäischen Gemeinschaft sowie der USA bei Agrarprodukten, Kohle und Stahl bietet hierfür ein gutes Beispiel. Bei Gütern, die einen hohen Exportanteil besitzen und dadurch eine starke internationale Abhängigkeit implizieren, werden dagegen internationale staatliche oder private Preiskartelle bevorzugt. Staatliche Schutzmaßnahmen in Form von Exportsubventionen sind hier kaum sinnvoll, da sie letztlich sehr kostspielig sind und eigentlich auf eine Subventionierung der Abnehmerländer hinauslaufen. Internationale Kartelle lassen sich vor allem auf den Märkten für Rohstoffe beobachten. Beispiele hierfür sind: Die Organisation erdölexportierender Länder (OPEC, u. a. mit Saudi-Arabien, Kuweit, Abu Dhabi, Iran, Irak, Libyen, Algerien, Nigeria, Venezuela, Ecuador, Indonesien) seit 1973, die internationale Bauxitvereinigung (IBA, u. a. mit Australien, Guinea, Jamaika, Jugoslawien) seit 1974 sowie die Phosphat-Gruppe (u. a. mit Marokko und Tunesien) von 1972 bis 1974.

Abbildung B.39:

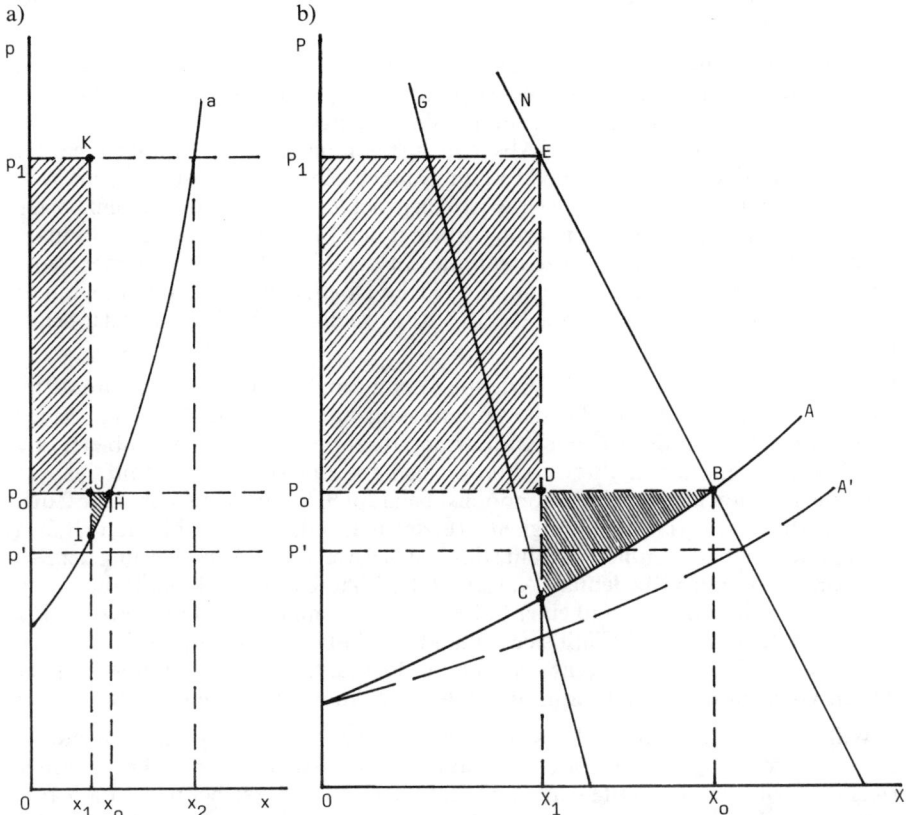

Die Wirkungen der Kartellbildung (z.B. für einen internationalen Rohstoffmarkt) sollen mit Hilfe der Abbildung B.39 kurz erläutert werden. Der Abbildungsteil b) zeigt den Gesamtmarkt. Die Linie A gibt das aggregierte Angebot, die Linie N die aggregierte Nachfrage auf dem Weltmarkt wieder. Das gesamte Angebot resultiert aus der Addition der Angebotsmengen der (möglicherweise vielen) einzelnen Produzenten. Lediglich exemplarisch ist die Angebotsfunktion eines dieser Produzenten im Abbildungsteil a) mit der Linie a skizziert worden. Die Angebotsfunktion impliziert steigende Grenzkosten. In der Konkurrenzsituation bildet sich aus Angebot und Nachfrage am Weltmarkt der Preis p_0. Der Gesamtabsatz beträgt dann X_0, und davon entfällt auf den hier betrachteten einzelnen Anbieter die Menge x_0.

Käme es infolge einer Produktionsausweitung der Konkurrenten oder durch den Eintritt eines neuen Anbieters zu einer Erhöhung des Angebots auf dem Gesamtmarkt (im Abbildungsteil b) beispielsweise durch die Drehung der Angebotsfunktion nach A′ ausgedrückt), so würde es aufgrund der geringen Preiselastizität der Nachfrage auf dem Weltmarkt zu einer relativ starken Preissenkung (nach p′) kommen. Diese brächte dem hier betrachteten Anbieter eine hohe Absatzeinbuße, und wegen seiner spezifischen Kostensituation ist die Gefahr groß, daß er bei einem weiteren Rückgang des Weltmarktpreises schließlich sogar aus dem Markt ausscheiden muß, sofern er nicht bereit und in der Lage ist, Verluste hinzunehmen. Der Anbieter wird also auf jeden Fall bestrebt sein, mit seinen Konkurrenten ein Kartell zu bilden.

Unter der Voraussetzung, daß sich alle Anbieter an dem Kartell beteiligen, entsteht auf dem Weltmarkt ein reines Angebotsmonopol. Die gemeinsame Gewinnmaximierung aller Anbieter im Rahmen dieses Angebotsmonopols würde einen Weltmarktpreis von p_1 und eine Absatzmenge von insgesamt X_1 implizieren. Die Gerade G in der Abbildung B.39 b) gibt nämlich die Grenzerlöse auf dem Weltmarkt an, und die Angebotskurve A ist Ausdruck der aggregierten Grenzkosten. Die gemeinsame Gewinnmaximierung erbringt den Mitgliedern des Kartells insgesamt einen Zuwachs an Produzentenrente. In der Abbildung B.39 b) steht einer Erhöhung der Produzentenrente um die Fläche Dp_0p_1E eine Verringerung um die Fläche BCD gegenüber, so daß sich der Nettozuwachs aus der Differenz der beiden Flächen ergibt.

Problematisch ist allerdings die Verteilung der zusätzlichen Produzentenrente auf die verschiedenen Anbieter. Da die gesamte Angebotsmenge bei Gewinnmaximierung geringer sein muß als in der Konkurrenzsituation, sind einzelne Anbieter oder alle Anbieter gezwungen, ihre Produktionsmengen zu reduzieren. Damit das Kartell seine Position als Angebotsmonopolist behaupten kann, ist also über die Zuteilung der Produktionsquoten Einigkeit zu erzielen. Für den in der Abbildung B.39 a) explizit betrachteten Anbieter könnte das beispielsweise eine Verringerung der Produktion von x_0 auf x_1 bedeuten. Aufgrund des höheren Preises kommt dieser Anbieter dennoch in den Genuß einer höheren Produzentenrente (Differenz der Flächen Jp_0p_1K und HIJ). Es läßt sich anhand der Abbildung allerdings leicht nachvollziehen, daß es einen Grenzwert für die Produktionseinschränkung gibt, bei dessen Überschreiten die Produzentenrente des Anbieters sinken würde.

Während mit der Bildung des Kartells die Produzentenrente auf der Anbieterseite steigt, nimmt die Konsumentenrente auf seiten der Nachfrager ab. Die Verringerung der Konsumentenrente trifft vor allem die Länder, die selber nicht am Kartell beteiligt sind, jedoch Güter des Kartells importieren. Sie erleiden ceteris paribus einen Wohlstandsverlust. Bei Ländern, die dem Kartell angehören, ist der Wohlstandseffekt aus der theoretischen Analyse nicht eindeutig ableitbar. Für den Fall, daß es sich für ein Mitgliedsland des Kartells überwiegend oder sogar ausschließlich um Exportgüter handelt, die der Preispolitik des Kartells unterliegen, wird über den Zuwachs der Produzentenrente ein Wohlstandsgewinn eintreten. Ist dagegen der Eigenbedarf an den Gütern des Kartells relativ hoch, so ist zwischen Zuwachs an Produzentenrente und Verringerung von Konsumentenrente abzuwägen.

Internationale Kartelle haben nach allen Erfahrungen nur selten einen längeren Bestand. Am jüngsten Beispiel des OPEC-Kartells lassen sich sehr deutlich die wesentlichen Einflußfaktoren aufzeigen, die die längere Funktionsfähigkeit des Kartells in Frage stellen:

1. Der relativ hohe Kartellpreis zieht neue Anbieter auf den Markt, die im Fall des Konkurrenzpreises nicht in der Lage gewesen wären, kostendeckend zu produzieren. So wurde beispielsweise die Erschließung der Ölquellen in der Nordsee durch England und Norwegen erst lohnenswert, nachdem das OPEC-Kartell 1973/74 und nochmals 1979/80 drastische Preiserhöhungen vorgenommen hatte. Je kleiner der Anteil des neuen Anbieters am Weltmarkt ist, desto günstiger ist es für ihn, sich nicht am Kartell zu beteiligen. Sein zusätzliches Angebot übt nämlich keinen nennenswerten Druck auf den Weltmarktpreis aus, und er kommt

voll in den Genuß des relativ hohen Kartellpreises, ohne sich der Quotenzuteilung des Kartells unterwerfen zu müssen. Der neue Anbieter nimmt dann die sogenannte vorteilhafte Außenseiterposition ein. Er ist quasi ein „Trittbrettfahrer" (free rider). Wäre dies der in der Abbildung B.39 a) betrachtete Einzelanbieter, so zeigt sich, daß er beim Kartellpreis von p_1 die Menge x_2 auf den Markt bringt und so einen weitaus höheren Gewinn erzielt als bei Kartellmitgliedschaft. Das Kartell müßte versuchen, den neuen Anbieter als Mitglied zu gewinnen. Soll das gelingen, so muß der neue Anbieter allerdings bei der Zuteilung der Produktionsquote bevorzugt werden. Für die übrigen Teilnehmer ist dieses Zugeständnis zwingend mit einer (weiteren) Reduktion der Produktionsquote verbunden; und eine entsprechende Übereinkunft dürfte kaum ohne Konflikte erzielbar sein. Selbstverständlich können einzelne Anbieter auch von vornherein darauf verzichten, sich am Kartell zu beteiligen und dessen Quotenregelung zu akzeptieren. Sie warten die Kartellbildung ab, um anschließend auf der Basis des Kartellpreises eine autonome Mengenpolitik zu betreiben. Für das OPEC-Kartell ist die Außenseiterposition einiger Länder immer ein Problem gewesen. So ist beispielsweise die UdSSR niemals Mitglied geworden, und auch neue Anbieter wie England und Norwegen haben sich nicht beteiligt. Aber selbst Gründungsmitglieder des Kartells, z. B. der Iran, haben die vereinbarten Produktionsquoten wiederholt nicht eingehalten, um so einen höheren Anteil an der Produzentenrente zu erzielen.

2. Der hohe Kartellpreis macht Aktivitäten lohnenswert, die darauf gerichtet sind, die Abhängigkeit von den Gütern des Kartells zu verringern oder gar gänzlich zu beseitigen. Hierbei geht es insbesondere um die Entwicklung direkter Substitutionsgüter (z. B. alternative Energien) oder den Einsatz von Produktions- und Verbrauchsverfahren, die die Produktivität der teuren Kartellgüter erhöhen. Die Nachfrage auf dem vom Kartell beherrschten Markt beginnt also längerfristig zu sinken. Der hohe Kartellpreis ist folglich über einen längeren Zeitraum nicht zu halten. Selbst wenn das Kartell nun Preissenkungen vornimmt, läßt sich häufig nicht verhindern, daß aufgrund der veränderten Nachfragebedingungen gegenüber der Ausgangssituation Absatzeinbußen hinzunehmen sind. Preis- und Absatzreduktion können aber eine erhebliche Verringerung der Produzentenrente implizieren. In dieser Situation erweist es sich als äußerst schwierig, das Kartell überhaupt noch aufrechtzuerhalten. Die Mitglieder müßten sich nämlich zu einem Zeitpunkt, zu dem ihre Gewinne ohnehin schrumpfen, mit geringeren Produktionsmengen zufrieden geben. Erfahrungsgemäß neigen die einzelnen Anbieter jedoch dazu, jetzt aus dem Kartell auszuscheren und es mit einer eigenen Preis- und Mengenpolitik zu versuchen. Auch hierfür bietet das OPEC-Kartell in jüngerer Zeit (insbesondere 1986/87) ein gutes Beispiel. Als es nämlich mit rückläufiger Nachfrage auf dem Ölmarkt erforderlich wurde, die Produktionsquoten der Mitgliedsländer drastisch zu reduzieren, ließ sich keine Einigung erzielen, die es ermöglichte, eine Stabilisierung des Ölpreises zu erreichen. Zu viele Mitgliedsländer beharrten auf relativ hohen Produktionsquoten, und die am Kartell nicht beteiligten Länder betrieben angesichts sinkender Gewinne sogar noch eine expansive Förderpolitik.

Die jüngste Entwicklung der OPEC macht nicht nur deutlich, daß die Preis- und Mengenpolitik eines Kartells konfliktreich und der Zusammenhalt eines Kartells von daher ständig bedroht ist, sondern daß der zeitweise durchgesetzte, relativ hohe Monopolpreis für die einzelnen Mitgliedsländer sowie für die Länder, die sich als Außenseiter des hohen Kartellpreises bedient haben, letzten Endes sogar schädlich sein kann. Drei Aspekte seien hier genannt:

1. In den Abnehmerländern wird Nachfrage dauerhaft auf Substitutionsgüter umgelenkt, d. h., selbst beachtliche Preissenkungen können die alte Nachfragesituation nicht wiederherstellen.
2. Investitionen, die einzelne Anbieter auf der Grundlage des hohen Kartellpreises und der dadurch erzielten hohen Gewinne im Produktionsbereich der Kartellgüter vorgenommen haben, stellen sich schließlich als Verschwendung von Ressourcen heraus, die bei anderer Verwendung möglicherweise zur Stabilisierung der längerfristigen Wirtschaftsentwicklung beigetragen hätten.
3. Die Produktionssektoren eines Landes, die in den Genuß des hohen Kartellpreises kommen, sind angesichts ihrer überdurchschnittlich guten Gewinnsituation häufig bereit, relativ hohe Faktorkosten, insbesondere relativ hohe Lohnkosten zu akzeptieren. Sie ziehen dadurch qualifizierte Arbeitskräfte aus anderen Produktionssektoren ab und setzen überdies einen Maßstab für das Produktionskostenniveau (insbesondere das Lohnkostenniveau) der gesamten Volkswirtschaft. Damit aber sinkt die internationale Wettbewerbsfähigkeit der übrigen exportorientierten sowie der importkonkurrierenden Sektoren des Landes. Traditionelle Exportsektoren eines Landes können so ihre frühere Bedeutung verlieren und in ihrer weiteren Entwicklung erheblich gehemmt werden. Wenn dann der Kartellpreis unter Druck gerät und der Absatz der vormals begünstigten Sektoren sinkt, läßt sich die Wettbewerbsfähigkeit der anderen Produktionssektoren nicht so rasch wiederherstellen, und das Land gerät zwangsläufig in eine Strukturkrise. Für das hier skizzierte Phänomen wurde in der englischsprachigen Literatur der Begriff „*Dutch disease*" geprägt, wobei auf die Situation der Niederlande (und ähnlich Englands und Norwegens) Bezug genommen wird, die in der Zeit von 1974 bis zum Beginn der 80er Jahre durch ein Zurückdrängen wichtiger Exportsektoren zugunsten der erdgasproduzierenden (bzw. der erdölproduzierenden) Sektoren geprägt war.[25]

---

[25] Siehe hierzu: Caves, R. E. und Jones, R. W., World Trade and Payments, 3. ed., Boston – Toronto 1981, S. 108 ff.

Zweiter Teil:
Internationale Dependenzen
und Interdependenzen
aus nationaler Sicht

Kapitel C:
Wechselkurs, Leistungsbilanz und Volkseinkommen

C-1: Zu den Zielen und Wirkungsmöglichkeiten von Wechselkursänderungen

In einem System mit autonom festgelegten Währungsparitäten sind Änderungen von Wechselkursen ein wichtiges wirtschaftspolitisches Instrument zur Beeinflussung des internationalen Güter- und Kapitalverkehrs sowie von Einkommen, Beschäftigung und Güterpreisen. Und in einem Währungssystem, in dem Wechselkurse durch Angebot und Nachfrage auf den Devisenmärkten frei bestimmt werden, stellt sich immer wieder die Frage, wie bestimmte marktbedingte Wechselkursänderungen auf wichtige ökonomische Größen eines Landes, insbesondere auf Handelsbilanz, Preise und Beschäftigung, wirken und ob es in Hinsicht auf solche Wirkungen sinnvoll ist, durch autonome Eingriffe in die Devisenmärkte die freie Wechselkursbildung zu korrigieren und damit eine Politik des sogenannten kontrollierten Floatens zu praktizieren.

Autonome Wechselkurspolitik in einem Festkurssystem, kontrolliertes Floaten in einem System flexibler Kurse oder die Beurteilung bestimmter Paritätsänderungen bei völlig freier Kursbildung setzen eine genaue Wirkungsanalyse in Hinsicht auf bestimmte wirtschaftspolitisch relevante Zielgrößen voraus. Vor allem unter Wirtschaftspolitikern ist die Meinung weit verbreitet, ein Land könne durch eine Abwertung der eigenen Währung auf mittlere und längere Sicht die Handels- oder auch die Leistungsbilanz verbessern sowie Einkommen und Beschäftigung steigern. Zwar wird dabei auch gesehen, daß eine Abwertung zugleich die Preise der Importgüter erhöht und darüber gewisse Impulse in Richtung auf einen Anstieg des inländischen Preisniveaus möglich sind, doch räumt man den zuerst genannten positiven Wechselkurswirkungen zumeist Priorität ein. Umgekehrt sieht man in einer Aufwertung üblicherweise die Gefahr, daß es über eine Beeinträchtigung der Exporte und eine Bevorzugung der Importe zu einer Verschlechterung der Leistungsbilanz und darüber zu negativen Einkommens- und Beschäftigungseffekten kommt. In einem Festkurssystem gehört deshalb die autonome Abwertung einer Währung zu einem beliebten Instrument der Zahlungsbilanz- und Beschäftigungspolitik eines Landes, und in einem System flexibler Kurse ist es durchaus üblich, durch Interventionen an den Devisenmärkten einer Aufwertung der Währung eines Landes entgegenzuwirken oder sogar bewußt Abwertungstendenzen herbeizuführen.

Die Geschichte der Wechselkurspolitik ist reich an Beispielen dafür, daß Länder immer wieder versucht haben, durch Abwertungen ihrer Währungen Leistungsbilanzdefizite zu beseitigen oder zumindest zu verringern sowie die Beschäftigungssituation zu verbessern. Häufig hat man aber die Erfahrung machen müssen, daß die erwarteten Wirkungen der Wechselkursänderung nicht eintraten oder daß die Abwertung sogar Wirkungen zeigte, die den Zielvorstellungen völlig zuwiderliefen: die Leistungsbilanz konnte nicht verbessert werden oder verschlechterte sich sogar, und daraus waren entsprechende Rückschlüsse auf die Beschäftigungseffekte zu ziehen.

Wie aber lassen sich die verschiedenen Wirkungsmöglichkeiten einer Wechselkursänderung erklären? Welche Zusammenhänge sind zu beachten, wenn es um die Beurteilung der Leistungsbilanz-, der Einkommens- und Beschäftigungseffekte sowie der Preiseffekte einer Abwertung oder einer Aufwertung geht? Die Theorie des internationalen Handels vermag auf diese Fragen kaum Antworten zu geben. Wie im Kapitel B ausführlich erläutert wurde, baut diese Theorie auf einer Reihe von Annahmen auf, die teilweise erheblich von dem abweichen, was die ökonomische Realität eines Landes ausmacht. Von zentraler Bedeutung ist dabei die Annahme vollkommener nationaler und internationaler Märkte. Diese Annahme beinhaltet u. a. eine vollkommene Faktormobilität innerhalb eines Landes, eine volle Preisflexibilität auf allen Märkten, das Fehlen persönlicher, sachlicher oder räumlicher Präferenzen sowie die Existenz totaler Markttransparenz aller Anbieter und Nachfrager. Ein Land schöpft bei diesen Rahmenbedingungen zumindest im mittel- und längerfristigen Zeitrahmen seine Produktionsmöglichkeiten immer vollständig aus, so daß es auch keine Beschäftigungsprobleme gibt; und die Leistungsbilanz eines Landes ist – von kurzfristigen Anpassungsvorgängen einmal abgesehen – jederzeit ausgeglichen, so daß auch von hierher kein Anlaß zu Wechselkursänderungen besteht. Kommt es dennoch zu einer Wechselkursänderung, so sorgt der Preismechanismus dafür, daß die Leistungsbilanz nach einer Anpassungsphase wieder zum Ausgleich gebracht wird, und folglich ergeben sich aus der Wechselkursänderung auch keine Beschäftigungseffekte. Wenn das Ausgangsgleichgewicht stabil ist, kommt es im Zuge einer Wechselkursänderung nicht einmal zu einer anhaltenden Veränderung der Terms of Trade der betroffenen Länder.

Die Realität ist jedoch durch Marktunvollkommenheiten gekennzeichnet, die sich teilweise auf eine falsche staatliche Ordnungspolitik zurückführen lassen, die aber auch zum Teil bewußt geduldet oder sogar herbeigeführt werden, um dadurch beispielsweise bestimmte gesellschaftspolitische Ziele zu realisieren. Liegen Marktunvollkommenheiten vor, so werden Situationen eines Leistungsbilanzungleichgewichts sowie einer Unter- oder Überbeschäftigung auch mittel- oder längerfristig nicht mehr quasi automatisch beseitigt. Und damit liegt es nahe, die Wechselkurspolitik als ein Instrument zur Beeinflussung von Leistungsbilanz und Beschäftigung in das wirtschaftspolitische Kalkül einzubeziehen.

Die Analyse der Wirkungen bestimmter Wechselkursänderungen ist Gegenstand der folgenden Untersuchungen. Grundsätzlich wird dabei von der Möglichkeit ausgegangen, daß es auf nationaler und internationaler Ebene unvollkommene Märkte gibt, z. B. aufgrund eingeschränkter oder fehlender Preisflexibilität, wegen des Bestehens persönlicher, sachlicher oder räumlicher Präferenzen oder infolge unvollständiger Markttransparenz. Damit können für ein Land auch über eine kurze Anpassungsfrist hinaus grundsätzlich Leistungsbilanzdefizite oder Leistungsbilanzüberschüsse sowie Unter- oder Überbeschäftigung bestehen; und nicht zuletzt ist es dann möglich, daß die internationalen Preisrelationen auch nach Abschluß kurzfristiger Anpassungsprozesse nicht mit den internationalen Kaufkraftparitäten übereinstimmen. In einer partiellen Analyse, die Unabhängigkeit der Exportgüter- und der Importgütermärkte sowie das Fehlen internationaler Rückwirkungen impliziert, werden zunächst die Wirkungen einer Wechselkursänderung auf die mengen- und wertmäßigen Exporte und Importe, auf die Leistungsbilanz und auf die Terms of Trade eines Landes beschrieben. Daran schließt sich eine Untersuchung zu den internationalen Einkommensinterdependenzen zwischen zwei Ländern an. Schließlich werden in einem makroökonomischen Modell simultan die Einkommens-, Preis- und Leistungsbilanzeffekte einer Wechselkursänderung – auch unter Berücksichtigung internationaler Rückwirkungen – analysiert.

C-2: Leistungsbilanzeffekte einer Wechselkursänderung

C-2.1: Export- und Importgütermärkte

Anknüpfend an die Theorie des internationalen Handels, werden auch hier zwei Länder, das Inland und das Ausland, betrachtet. Jedes Land möge Güter herstellen, die sich eindeutig entweder der Gruppe der Exportgüter oder der Gruppe der Importgüter zuordnen lassen. Abweichend von der Untersuchungsmethode in der Theorie des internationalen Handels werden die Produktion bzw. das Angebot und die Nachfrage für die Export- und die Importgüter nun nicht in einem interdependenten Zusammenhang erfaßt. An die Stelle der Totalanalyse tritt hier vereinfachend eine partielle Untersuchung des Exportgütermarktes einerseits und des Importgütermarktes andererseits. Grundlegend dabei ist die Annahme, daß sich Nachfrage- und Angebotsänderungen auf den beiden Märkten – zumindest innerhalb der für die Analyse relevanten Mengen- oder Preisgrenzen – unabhängig voneinander vollziehen.

Der in Inlandswährung ausgedrückte Preis der inländischen Exportgüter sei mit P_E, der in Inlandswährung ausgedrückte Preis der inländischen Importgüter (bzw. der importkonkurrierenden Güter) mit P_M bezeichnet. P_E^* und P_M^* sind die entsprechenden Preisniveaus in Auslandswährung. Die Wettbewerbsbedingungen auf dem Exportgüter- und auf dem Importgütermarkt mögen jeweils einen einheitlichen internationalen Preis implizieren, so daß folglich P_E^* und P_M^* zugleich die in Auslandswährung nominierten Preise der ausländischen Importgüter und Exportgüter sind. Ist w der in Inlandswährung ausgedrückte Preis einer Einheit der ausländischen Währung – im folgenden Wechselkurs genannt –, so gilt:

(C-1) $P_E = w P_E^*$

(C-2) $P_M = w P_M^*$

Die Nachfrage und das Angebot auf dem Exportgüter- und dem Importgütermarkt werden nun auf grafischem Wege bestimmt. Der Quadrant II der Abbildung C.1 zeigt den nationalen inländischen Markt für die Exportgüter des entsprechenden Landes.

Die Nachfragekurve Y_E gibt die gesamte inländische Nachfrage nach den Exportgütern in Abhängigkeit vom Preisniveau P_E wieder. X_{E1}, X_{E2} und X_{E3} sind – jeweils alternativ – Ausdruck des entsprechenden inländischen Angebots. Vereinfacht werden ausschließlich lineare Nachfrage- und Angebotsfunktionen zugrunde gelegt. Die Nachfragekurve Y_E und die Angebotskurve X_{E1} implizieren eine preiselastische Nachfrage bzw. ein preiselastisches Angebot. Die Angebotskurve X_{E3} weist ein vollkommen elastisches Angebot auf. Und im Falle der Angebotskurve X_{E2} ist das Angebot preisunelastisch. Je nach Preiselastizität von Angebot und Nachfrage ergibt sich ein anderer Verlauf der Angebotskurve E_A auf dem internationalen Markt der inländischen Exportgüter, kurz Exportgütermarkt genannt (Quadrant I). Diese Angebotskurve bezeichnet das inländische Exportangebot, und es resultiert aus der Differenz zwischen dem gesamten inländischen Angebot X_E und der gesamten inländischen Nachfrage Y_E. So ergibt sich bei X_{E1} ein Exportangebot gemäß E_{A1} und bei X_{E2} ein Exportangebot gemäß E_{A2}. Bei einem Preisniveau von $P_E = OB'$ übersteigt beispielsweise das Angebot gemäß X_{E1} die Nachfrage um die Strecke BC, und dieser Angebotsüberschuß bildet folglich das Exportangebot $B'C'$. Analog dazu entspricht der Angebotsüberschuß DE (für die Angebotskurve X_{E2}) dem Exportangebot $D'E'$.

Abbildung C.1:

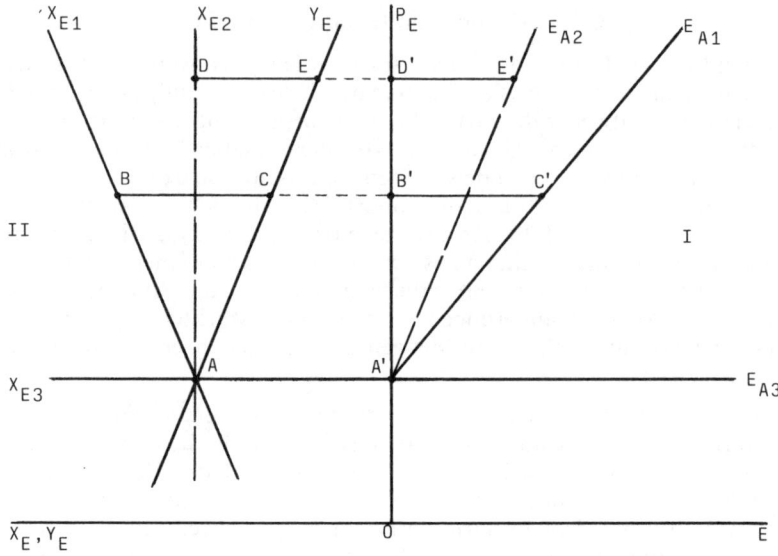

Ist das Güterangebot auf dem inländischen Markt vollkommen elastisch (X_{E3}), so weist auch das Exportangebot (E_{A3}) eine unendlich große Preiselastizität auf: über die Befriedigung der inländischen Nachfrage in Höhe von AA' hinaus ist eine beliebig große Angebotsausweitung möglich, ohne daß es dazu Preiserhöhungen bedürfte. Realistischerweise ist eine solche Angebotsflexibilität allerdings nur innerhalb bestimmter Grenzen möglich, die nicht zuletzt durch die vorhandenen Produktionsressourcen gesteckt sind. Es sind aber durchaus Situationen denkbar, in denen diese Grenzen selbst bei Befriedigung der gesamten in- und ausländischen Nachfrage bei weitem nicht erreicht werden und deshalb auch eine (weitere) Angebotsausweitung ohne Preiserhöhungen vorgenommen wird. Demgegenüber bedeutet ein preisunelastisches Angebot, hier gemäß X_{E2}, daß einer Angebotsausweitung beispielsweise aufgrund von Ressourcenknappheiten enge Grenzen gesetzt sind und deshalb Nachfrageänderungen immer zu gravierenden Preisreaktionen führen. Daß sich in der Abbildung C.1 im Falle eines inländischen Angebots gemäß X_{E2} dennoch ein preiselastisches Exportangebot (E_{A2}) ergibt, ist ausschließlich der preiselastischen Nachfrage (Y_E) zu verdanken; steigt das Preisniveau, so resultiert das zusätzliche Exportangebot des Inlands allein aus der Verringerung der inländischen Nachfrage nach den Exportgütern.

Die Nachfrage auf dem Exportgütermarkt (bzw. auf dem internationalen Markt der inländischen Exportgüter) wird mit Hilfe der Abbildung C.2 aus den entsprechenden Angebots- und Nachfragebedingungen auf dem nationalen Markt des Auslands hergeleitet. Im Quadranten III wurden alternativ zwei Konstellationen dargestellt, zum einen durch die Nachfragekurve Y_{E1}^* und die Angebotskurve X_{E1}^*, zum anderen durch die Nachfragekurve Y_{E2}^* und die Angebotskurve X_{E2}^* ausgedrückt. Aus der Sicht des Auslands handelt es sich hier selbstverständlich um den heimischen Markt für die Importgüter. Die Untersuchungen sollen jedoch aus der Perspektive des Inlands erfolgen, und es bleibt deshalb bei der Verwendung des Begriffs „Exportgütermarkt". Auf dem Exportgütermarkt ist die Nachfrage des

Abbildung C.2:

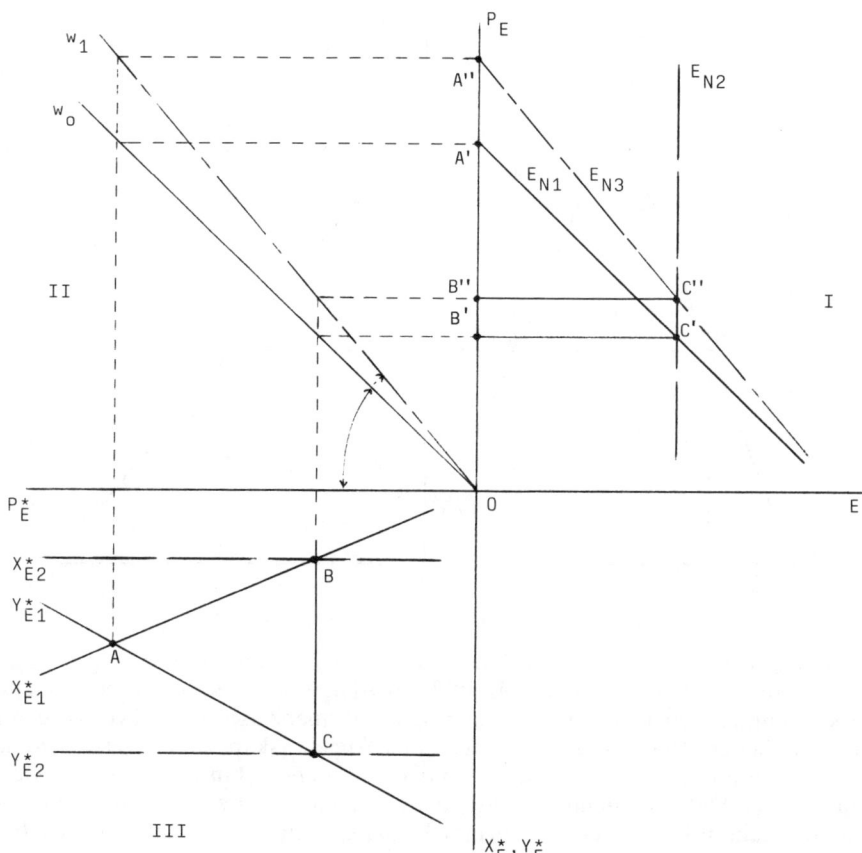

Auslands in Abhängigkeit vom Preisniveau P_E, also vom inländischen Preisniveau darzustellen. Folglich muß beim Übergang vom ausländischen Markt, auf dem Nachfrage und Angebot vom ausländischen Preisniveau P_E^* abhängig sind, zum Exportgütermarkt der Wechselkurs w berücksichtigt werden. Dieses ist im Quadranten II durch die Steigung der Geraden w_0 oder alternativ w_1 festgelegt. Steigt der Wechselkurs – der in Inlandswährung ausgedrückte Preis einer Einheit der ausländischen Währung –, so nimmt die Steigung zu; jedem Preisniveau P_E^* ist dann (gemäß Gleichung C-1) ein höheres Preisniveau P_E zuzuordnen.

Im Falle der preiselastischen Nachfrage (Y_{E1}^*) und des preiselastischen Angebots (X_{E1}^*) auf dem ausländischen Markt ergibt sich mit E_{N1} (beim Wechselkurs w_0) bzw. E_{N3} (beim Wechselkurs w_1) eine preiselastische Nachfrage des Auslands auf dem Exportgütermarkt. Sind dagegen sowohl die Nachfrage (Y_{E2}^*) als auch das Angebot (X_{E2}^*) preisunelastisch, so ist auch die Nachfrage des Auslands (E_{N2}) auf dem Exportgütermarkt vom Preis P_E unabhängig. Zugleich ist damit impliziert, daß Wechselkursänderungen keine Änderungen der ausländischen Nachfrage auf dem Exportgütermarkt nach sich ziehen. Allgemein läßt sich feststellen, daß die Nachfrage des Auslands auf dem Exportgütermarkt um so weniger auf Wechselkursänderun-

Abbildung C.3:

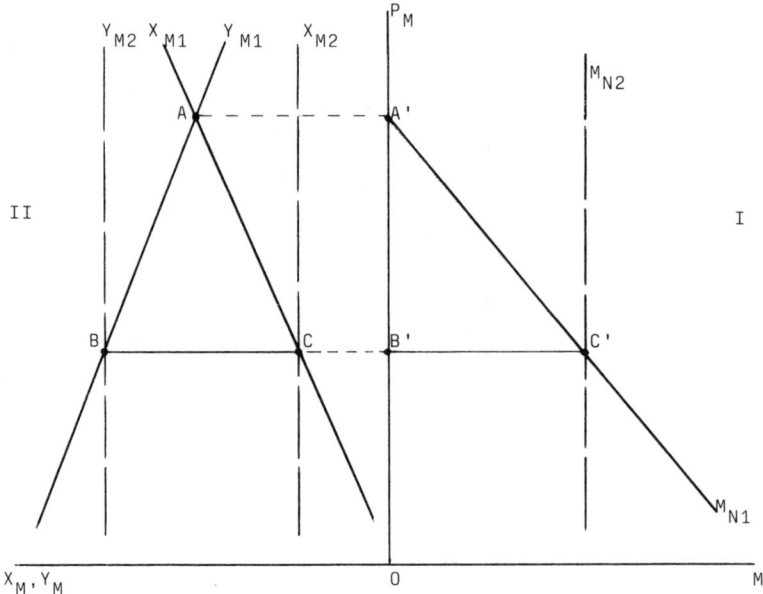

gen reagiert, je geringer die Preiselastizität der Nachfrage und des Angebots auf dem entsprechenden heimischen Markt des Auslands sind. Geringe Preiselastizitäten sind immer dann beobachtbar, wenn ein Land einerseits aufgrund von Ressourcenknappheiten selbst nur über sehr begrenzte Angebotskapazitäten verfügt, andererseits aber auf der Nachfrageseite von den betreffenden Gütern in hohem Maße abhängig ist. Dabei kann ein Mangel an Rohstoffen, das Fehlen bestimmter Produktionstechnologien oder die unzureichende Qualität des Faktors Arbeit (der Mangel an geeignetem Humankapital) Ursache der Ressourcenknappheiten sein. Abhängigkeiten auf der Nachfrageseite können ebenfalls aus einem Mangel an Rohstoffen resultieren, aber auch aus einem Mangel an Industriegütern, ohne die sich ein bestimmtes Produktionsniveau überhaupt nicht aufrechterhalten läßt, oder aus einem Mangel an Gütern des Grundbedarfs, deren Verzicht sozial unvertretbar wäre.

Ähnlich wie auf dem Exportgütermarkt, lassen sich die Nachfrage und das Angebot auf dem Importgütermarkt herleiten. Die Abbildung C.3 zeigt im Quadranten II den inländischen Markt für die Importgüter dieses Landes. Auch hier wurden zwei verschiedene Nachfrage- und Angebotskonstellationen dargestellt. Y_{M1} und X_{M1} beinhalten eine gewisse Preiselastizität von Nachfrage und Angebot, Y_{M2} und X_{M2} stellen dagegen eine preisunelastische Nachfrage bzw. ein preisunelastisches Angebot dar. Entsprechend ergibt sich auf dem Importgütermarkt eine preiselastische (M_{N1}) oder eine preisunelastische (M_{N2}) Importnachfrage des Inlands.

Die Abbildung C.4 zeigt schließlich die Herleitung des ausländischen Angebots auf dem Importgütermarkt. Aus der Sicht des Auslands handelt es sich hier um das Exportangebot. Alternativ ist auf dem heimischen Markt des Auslands mit X_{M1}^{*} eine gewisse Preiselastizität des Angebots und mit X_{M2}^{*} ein vollkommen elastisches Angebot skizziert worden. Daraus resultiert auf dem Importgütermarkt

Abbildung C.4:

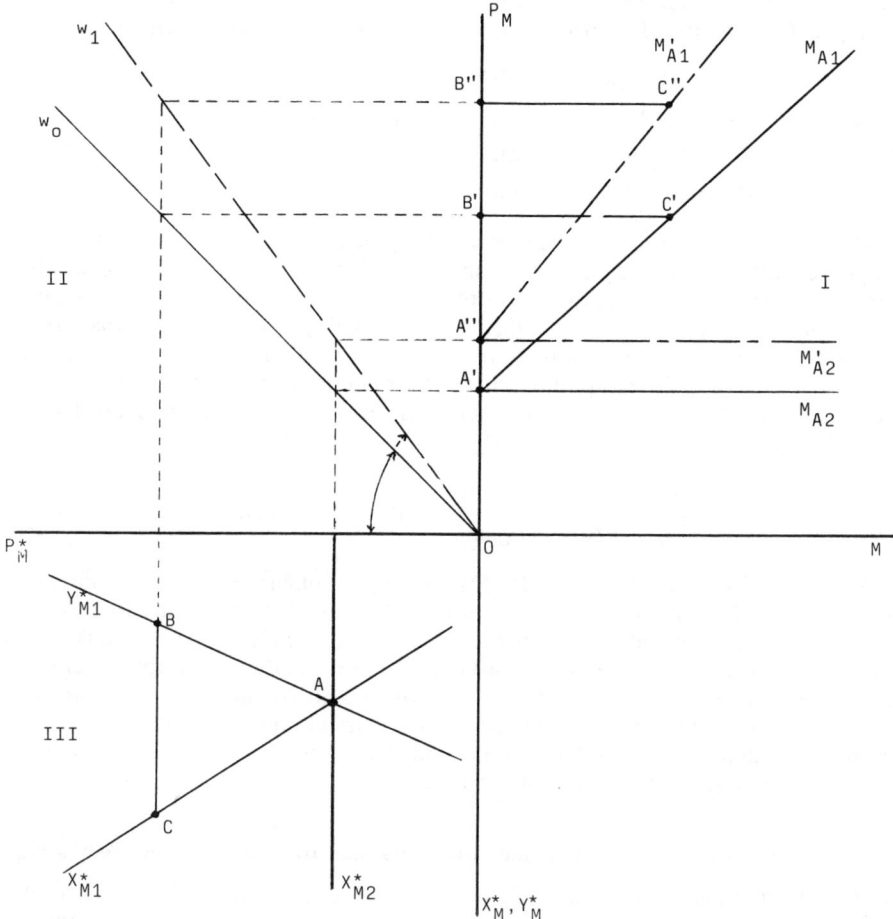

eine entsprechende Preiselastizität des Angebots. Beim Übergang vom internen Inlandsmarkt zum internationalen Importgütermarkt ist allerdings wieder der Wechselkurs w zu berücksichtigen, da das Angebot auf dem Importgütermarkt in Abhängigkeit vom Inlandspreisniveau P_M darzustellen ist. Wie schon in der Abbildung C.2, so kommt der Wechselkurs in der Steigung der Geraden w_0 bzw. w_1 im Quadranten II zum Ausdruck: Je höher der Wechselkurs ist, desto größer ist die Steigung.

Es wird deutlich, daß eine Wechselkursänderung die Lage der Angebotskurven auf dem Importgütermarkt verändert. Allerdings würde sich, wie für den Exportgütermarkt (Abbildung C.2) skizziert, kein Wechselkurseinfluß ergeben, wenn sowohl das Angebot als auch die Nachfrage auf dem internen Markt des Auslands preisunelastisch wären. Dieser Fall soll hier jedoch unberücksichtigt bleiben, da er in Hinsicht auf das Angebot auf dem Importgütermarkt – wie auch in Hinsicht auf das Angebot auf dem Exportgütermarkt – in der Realität kaum von Bedeutung sein dürfte.

Aus den grafischen Darstellungen des Export- und des Importgütermarktes wird deutlich, daß die Nachfrage- und Angebotsfunktionen zur Erklärung der mengenmäßigen Exporte und Importe des Inlands wie folgt zu formulieren sind:

(C-3) $E_N = E_N(P_E/w)$ mit: $n_E \leq 0$

(C-4) $E_A = E_A(P_E)$ mit: $0 \leq a_E \leq \infty$

(C-5) $M_N = M_N(P_M)$ mit: $n_M \leq 0$

(C-6) $M_A = M_A(P_M/w)$ mit: $0 \leq a_M \leq \infty$

Die Größen n_E und n_M bezeichnen die Preiselastizitäten der Export- bzw. der Importnachfrage, und die Größen a_E und a_M sind entsprechend die Preiselastizitäten des Export- bzw. des Importangebots. Eine Preiselastizität ist definiert als relative Veränderung einer abhängigen Größe, hier der Export- bzw. Importnachfrage oder des Export- bzw. Importangebots, in bezug auf eine bestimmte relative Änderung (z. B. um einen Prozentpunkt) einer determinierenden Größe, hier des Export- oder des Importpreisniveaus. So gilt beispielsweise für die Preiselastizität der Exportnachfrage:

(C-7) $n_E = \dfrac{\delta E_N}{E_N} \Big/ \dfrac{\delta P_E^*}{P_E^*} = \dfrac{\delta E_N}{\delta P_E^*} \dfrac{P_E^*}{E_N}$ mit: $P_E^* = P_E/w$

Wie in der Gleichung (C-4) und (C-6) angezeigt, können die Preiselastizitäten des Export- und des Importangebots auch den Wert Null haben. Allerdings wurde weiter oben auf die grafische Darstellung von entsprechenden Angebotsfunktionen verzichtet. Zu erwähnen sei auch, daß die Preiselastizitäten der Exportnachfrage und der Importnachfrage im Extremfall (absolut gesehen) unendlich groß sein können. Auch dieser Fall blieb in den grafischen Darstellungen unberücksichtigt. Er wird aber in den weiteren Untersuchungen im Zusammenhang mit der Betrachtung eines kleinen Landes noch Beachtung finden.

C-2.2: Wirkungen einer Abwertung: Elastizitätsansatz und Robinson-Bedingung

Auf der Grundlage der zuvor hergeleiteten Export- und Importfunktionen soll jetzt untersucht werden, welche Wirkung eine Abwertung der inländischen Währung auf die mengenmäßigen Ex- und Importe, auf den Export- und den Importwert sowie auf den Saldo der Leistungsbilanz hat. Mit E und M seien die mengenmäßigen Exporte und Importe des Inlands bezeichnet, die sich jeweils im Marktgleichgewicht aus Exportangebot und Exportnachfrage bzw. Importangebot und Importnachfrage ergeben. In Inlandswährung ausgedrückt, lauten somit der Exportwert E^n und der Importwert M^n:

(C-8) $E^n = P_E E$

(C-9) $M^n = w P_M^* M = P_M M$

Die Reaktion des Exportwerts und des Importwerts auf eine Abwertung der inländischen Währung (d. h. auf eine Erhöhung des Wechselkurses w) läßt sich bei Verwendung der Export- und Importfunktionen (C-3) bis (C-6) aus den Definitionsgleichungen (C-8) und (C-9) bestimmen.[1] Dabei ergibt sich:

---

[1] Zur Herleitung siehe den Anhang C.1.

Abbildung C.5:

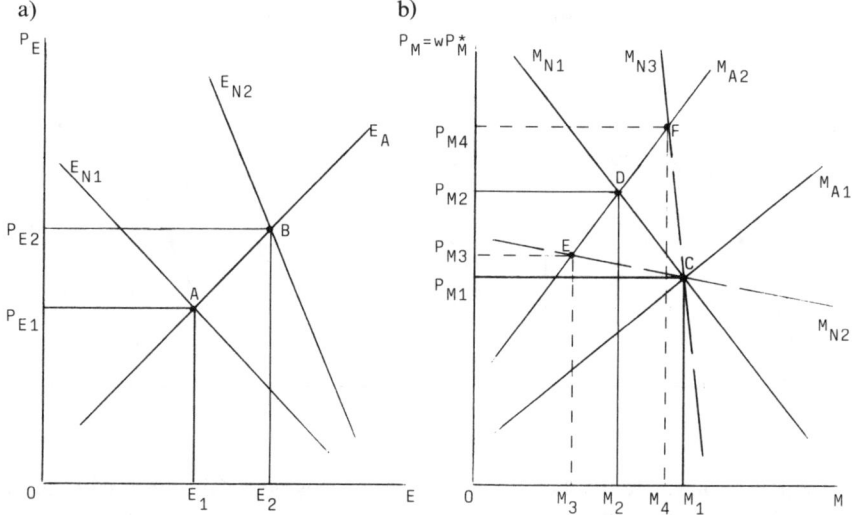

$$\text{(C-10)} \qquad dE^n/dw = -\frac{E^n}{w}\ \frac{n_E(1 + a_E)}{a_E - n_E} > 0$$

$$\text{(C-11)} \qquad dM^n/dw = \frac{M^n}{w}\ \frac{a_M(1 + n_M)}{a_M - n_M} \gtreqless 0$$

Erfolgt eine Abwertung der inländischen Währung (dw > 0), so nimmt der Exportwert bei preiselastischer Exportnachfrage ($n_E < 0$) eindeutig zu; er bleibt konstant, wenn die Exportnachfrage preisunelastisch ist ($n_E = 0$). Der Importwert kann demgegenüber steigen, konstant bleiben oder sinken. Die im Zuge einer Abwertung zumeist erwartete Reduktion des Importwerts tritt nur ein, wenn die Preiselastizität der Importnachfrage absolut größer als Eins ist ($|n_M| > 1$).

Die Wirkungen der Abwertung werden für den Fall einer preiselastischen Exportnachfrage nun auch grafisch skizziert. Auf dem Exportgütermarkt (Abbildung C.5a) möge in der Ausgangssituation ein Gleichgewicht im Punkt A gegeben sein. Der Exportwert E^n entspricht hier der Fläche des Rechtecks $P_{E1} A E_1 0$. Die Abwertung induziert, wie schon früher erläutert, eine Drehung der Exportnachfragekurve nach rechts, z. B. von E_{N1} nach E_{N2}. Das neue Marktgleichgewicht B ist durch einen höheren Exportpreis und einen höheren mengenmäßigen Export gekennzeichnet. Folglich ist auch eindeutig eine Zunahme des Exportwerts zu verzeichnen. Der Exportwert entspricht jetzt der Fläche $P_{E2} B E_2 0$.

Auf dem Importgütermarkt (Abbildung C.5b) sei das Ausgangsgleichgewicht im Punkt C gegeben. Der Importwert läßt sich der Fläche $P_{M1} C M_1 0$ entnehmen. Infolge der Abwertung verlagert sich die Importangebotskurve nach links, z. B. von M_{A1} nach M_{A2}. Für die Entwicklung des Importwerts ist nun, wie oben gezeigt, insbesondere die Preiselastizität der Importnachfrage maßgebend. Deshalb sind drei verschiedene Importnachfragekurven eingezeichnet worden, von denen M_{N2} eine sehr hohe und M_{N3} eine sehr niedrige Preiselastizität – jeweils im hier unter-

Abbildung C.6:

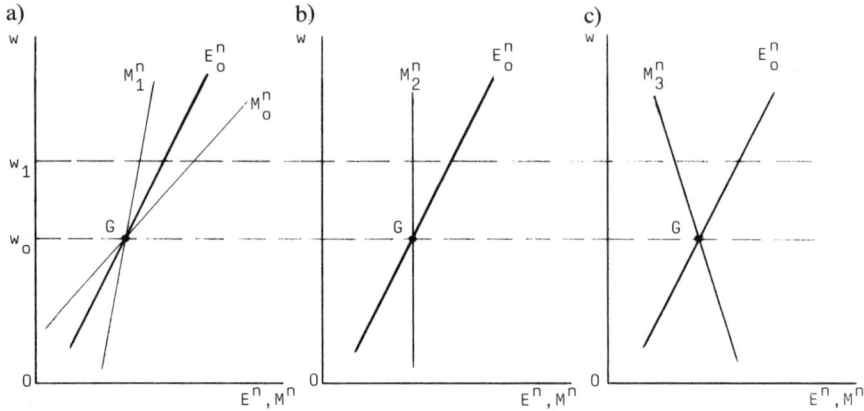

suchten Preis- bzw. Mengenbereich – aufweisen. Das neue Gleichgewicht liegt im Punkt D bzw. E bzw. F. Entsprechend ergeben sich die neuen Importwerte aus den Flächen $P_{M2} DM_2 0$ bzw. $P_{M3} EM_3 0$ bzw. $P_{M4} FM_4 0$. Es ist unmittelbar ersichtlich, daß sich eine Reduktion des Importwerts um so eher ergibt, je größer die Preiselastizität der Importnachfrage im relevanten Preis- bzw. Mengenbereich ist – und vice versa.

Die hier aufgezeigten Reaktionen des Export- und des Importwerts sind – zur Vereinfachung jeweils in linearer Form – in den Abbildungen C.6a bis C.6c skizziert worden.

Ist die Ausgangssituation durch eine ausgeglichene Leistungsbilanz ($E^n = M^n$) gekennzeichnet, so schneiden sich die Reaktionslinien des Exportwerts E_0^n und des Importwerts M_0^n bzw. M_1^n bzw. M_2^n bzw. M_3^n jeweils bei dem in dieser Situation gegebenen Wechselkurs w_0 (jeweils im Punkt G). Steigt der Wechselkurs im Zuge der Abwertung beispielsweise auf w_1, so entsteht eindeutig ein Leistungsbilanzüberschuß, wenn der Importwert sinkt (bei M_3^n) oder konstant bleibt (bei M_2^n). Nimmt der Importwert zu, so ist die Veränderung der Leistungsbilanz nicht mehr eindeutig bestimmt. Hier ist das Entstehen eines Leistungsbilanzdefizits nicht ausgeschlossen (z. B. bei M_0^n). Entscheidend für die Reaktionsrichtung der Leistungsbilanz sind die Preiselastizitäten des Export- und Importangebots sowie der Export- und Importnachfrage. Welche Konstellationen der Preiselastizitäten eine Verbesserung der Leistungsbilanz implizieren, läßt sich der sogenannten Robinson-Bedingung entnehmen:[2]

$$(C-12) \qquad dH^n/dw > 0, \quad \text{wenn} \quad \frac{n_E n_M}{a_E a_M}(1 + a_E + a_M) > 1 + n_E + n_M$$

---

[2] J. Robinson, The Foreign Exchanges, in: Essays in the Theory of Employment, 2 ed., Oxford 1947, S. 138–146; wiederabgedruckt in: H. S. Ellis und L. A. Metzler (Ed.), Readings in the Theory of International Trade, London 1950, ch. 4. Zur Ableitung siehe den Anhang C.2.

H^n ist der wertmäßige Saldo der Leistungsbilanz, die hier nur die zuvor untersuchten Gütertransaktionen enthalten möge. *Die Robinson-Bedingung ist allerdings nur für den Fall gültig, daß die Leistungsbilanz, so wie in den Abbildungen C.6a bis C.6c skizziert, in der Ausgangssituation, also vor der Abwertung, ausgeglichen ist.*

Bisher wurde die Wirkung einer Abwertung auf den Exportwert und den Importwert sowie auf die Leistungsbilanz jeweils *in Inlandswährung* untersucht. Geht man nun von einer Nominierung in Auslandswährung aus, so stellen sich die Reaktionen des Export- und des Importwerts anders dar. Dagegen bleibt die oben genannte Robinson-Bedingung für die Reaktion der Leistungsbilanz unverändert gültig. Ist $E_\$^n$ der in Auslandswährung (z. B. in US-Dollar) ausgedrückte Exportwert und $M_\$^n$ der ebenfalls in Auslandswährung ausgedrückte Importwert, so gilt:

(C-13) $E_\$^n = E^n/w = P_E E/w = P_E^* E$

(C-14) $M_\$^n = M^n/w = P_M M/w = P_M^* M$

Durch Differenzieren nach dem Wechselkurs w und Berücksichtigung der Gleichungen (C-10) und (C-11) folgen hieraus:[3]

(C-15) $dE_\$^n/dw = - \dfrac{E_\$^n}{w} \dfrac{a_E(1 + n_E)}{a_E - n_E} \gtreqless 0$

(C-16) $dM_\$^n/dw = \dfrac{M_\$^n}{w} \dfrac{n_M(1 + a_M)}{a_M - n_M} < 0$

Während sich der Exportwert bei preiselastischer Exportnachfrage auf der Basis der Inlandswährung im Zuge einer Abwertung eindeutig verbessert (siehe die Gleichung C-10), ist die Reaktionsrichtung des in Auslandswährung nominierten Exportwerts nicht eindeutig bestimmt. Beim Importwert ist es umgekehrt: ausgedrückt in Auslandswährung, tritt bei preiselastischer Importnachfrage eindeutig eine Verringerung ein, auf der Basis von Inlandswährung ist die Reaktionsrichtung unbestimmt. Ist die Exportnachfrage (die Importnachfrage) preisunelastisch, so bleibt der Exportwert in Inlandswährung (der Importwert in Auslandswährung) konstant.

Dieses Ergebnis ist mit dem weiter oben hergeleiteten Ergebnis logisch kompatibel, wenn die Betrachtung aus der Sicht des Auslands erfolgt. Der Exportwert des Inlands ist ja der Importwert des Auslands, der Importwert des Inlands der Exportwert des Auslands; und eine Abwertung der inländischen Währung bedeutet zugleich eine Aufwertung der ausländischen Währung. Der in Auslandswährung nominierte Exportwert des Auslands wird im Zuge der Aufwertung der ausländischen Währung eindeutig verschlechtert, wenn auf dem entsprechenden Markt eine preiselastische Nachfrage vorliegt; ist die Nachfrage preisunelastisch, so bleibt der Exportwert unverändert. Die Reaktionsrichtung des in ausländischer Währung ausgedrückten Importwerts des Auslands ist dagegen sowohl für eine preiselastische als auch für eine preisunelastische Nachfrage auf dem entsprechenden Markt unbestimmt. Wie für das Inland, so sind auch hier die Preiselastizitäten des Angebots und der Nachfrage auf dem Exportgüter- und dem Importgütermarkt für die Reaktionen des Export- und des Importwerts entscheidend. Und schließlich ist es auch logisch zwingend, daß die Robinson-Bedingung für das Ausland unverändert gültig

---

[3] Siehe hierzu den Anhang C.3.

ist: *ist die Leistungsbilanz in der Ausgangssituation ausgeglichen*, so kommt es bei einer Verbesserung der in inländischer Währung nominierten Leistungsbilanz ($dH^n/dw > 0$) gleichzeitig auch zu einer Verbesserung der in ausländischer Währung ausgedrückten Leistungsbilanz des Inlands[4] ($dH^n_\$/dw > 0$), und dieser Verbesserung steht eine entsprechende Verschlechterung der in ausländischer Währung nominierten Leistungsbilanz des Auslands gegenüber.

C-2.3: Abwertung und Preiselastizitäten: Einige Spezialfälle

Die Robinson-Bedingung wurde aus einem Modell abgeleitet, das grundsätzlich alle Kombinationen von Preiselastizitäten des Exportangebots und der Exportnachfrage sowie des Importangebots und der Importnachfrage zuläßt. Ist abzuschätzen, ob ein bestimmtes Land mit einer Abwertung eine Verbesserung der Leistungsbilanz erreichen kann, so sind zuvor genaue Untersuchungen zu den Preiselastizitäten auf dem Exportgüter- und dem Importgütermarkt erforderlich. Hierzu wird man sich in der Regel empirischer Methoden bedienen müssen. Aber auch ohne exakte empirische Analysen lassen sich für bestimmte Marktsituationen und für bestimmte Länder oder Ländergruppen spezifische Preiselastizitäten vermuten und so zumindest Aussagen über die zu erwartenden Wirkungsrichtungen einer Abwertung auf Export- und Importwert sowie auf den Saldo der Leistungsbilanz treffen. In dieser Hinsicht sollen jetzt einige Spezialfälle diskutiert werden: der Fall eines vollkommen elastischen Angebots auf dem Export- und dem Importgütermarkt, der Fall eines kleinen Landes, der Fall einer totalen Importsubstitutionskonkurrenz, der Fall einer totalen Importabhängigkeit sowie schließlich der Fall eines Entwicklungslandes.

C-2.3.1: Vollkommene Angebotselastizitäten: Die Marshall-Lerner-Bedingung

Ist das Angebot des Inlands für die (inländischen) Exportgüter vollkommen preiselastisch, so verläuft die Angebotskurve auf dem Exportgütermarkt parallel zur Mengenachse (siehe hierzu die Abbildung C.1). Auf dem Importgütermarkt ergibt sich ein entsprechender Verlauf der Angebotskurve, wenn das Angebot des Auslands hinsichtlich der (inländischen) Importgüter ebenfalls vollkommen preiselastisch ist (siehe hierzu die Abbildung C.4). Bei diesen Preiselastizitäten sind der Exportgüterpreis in Inlandswährung sowie der Importgüterpreis in Auslandswährung auf einem bestimmten Niveau fixiert, und Änderungen der Nachfrage haben dann keinen Einfluß auf diese Preise. Wie schon früher erläutert wurde, sind solche Marktsituationen vor allem dann zu erwarten, wenn die Produktionskapazitäten nicht ausgelastet sind und/oder wenn relativ große Lagerbestände vorhanden sind. Die Preiselastizitäten des Exportangebots a_E und des Importangebots a_M haben jeweils einen Wert von Unendlich. Setzt man $a_E = \infty$ und $a_M = \infty$ in die Gleichungen (C-10) und (C-11) ein, so erhält man für den hier untersuchten Fall die Reaktionen des Exportwerts und des Importwerts jeweils in Inlandswährung:

$$(C\text{-}17) \qquad dE^n/dw = -\frac{E^n}{w} n_E > 0$$

$$(C\text{-}18) \qquad dM^n/dw = \frac{M^n}{w}(1 + n_M) \gtreqless 0$$

---

[4] Es gilt nämlich: $H^n_\$ = H^n/w$ und $dH^n_\$ = dH^n/w - (H^n/w^2)dw$. Bei $H^n = 0$ folgt somit $dH^n_\$ = dH^n/w$.

Für den Exportwert und den Importwert in Auslandswährung ergibt sich entsprechend aus den Gleichungen (C-15) und (C-16):

(C-19) $dE_\$^n/dw = -\dfrac{E_\$^n}{w}(1 + n_E) \gtreqless 0$

(C-20) $dM_\$^n/dw = \dfrac{M_\$^n}{w} n_M < 0$

Zwar spielen nun die Preiselastizitäten des Angebots keine Rolle mehr, doch die Wirkungsrichtungen einer Abwertung, wie sie schon für den allgemeinen Fall der Gleichungen (C-10), (C-11), (C-15) und (C-16) skizziert wurden, zeigen sich auch in dem hier untersuchten *Spezialfall: der in Inlandswährung ausgedrückte Exportwert nimmt bei preiselastischer Exportnachfrage eindeutig zu und bleibt bei preisunelastischer Exportnachfrage konstant. Auf der Basis von Auslandswährung kann er dagegen je nach Preiselastizität der Exportnachfrage steigen oder sinken oder unverändert bleiben. Beim Importwert ist es umgekehrt: in Inlandswährung ist seine Reaktionsrichtung je nach Preiselastizität der Nachfrage unbestimmt, während er bei Nominierung in Auslandswährung im Falle einer preiselastischen Importnachfrage verringert wird und im Falle einer preisunelastischen Importnachfrage konstant bleibt.*

Ausgedrückt in Inlandswährung, sind der Exportgüter- und der Importgütermarkt für den hier diskutierten Spezialfall in den Abbildungen C.7a und C.7b dargestellt worden. Ist die Exportnachfrage preiselastisch ($n_E < 0$), so bewirkt die Abwertung auf dem Exportgütermarkt eine Drehung der Nachfragekurve nach rechts, z. B. von E_{N1} nach E_{N2}. Der Exportwert nimmt hier eindeutig zu, und zwar um die Fläche ABE_2E_1.

Auf dem Importgütermarkt ist zwar der in Inlandswährung ausgedrückte Preis P_M^* annahmegemäß konstant, doch steigt aufgrund der Abwertung der Importpreis

Abbildung C.7:

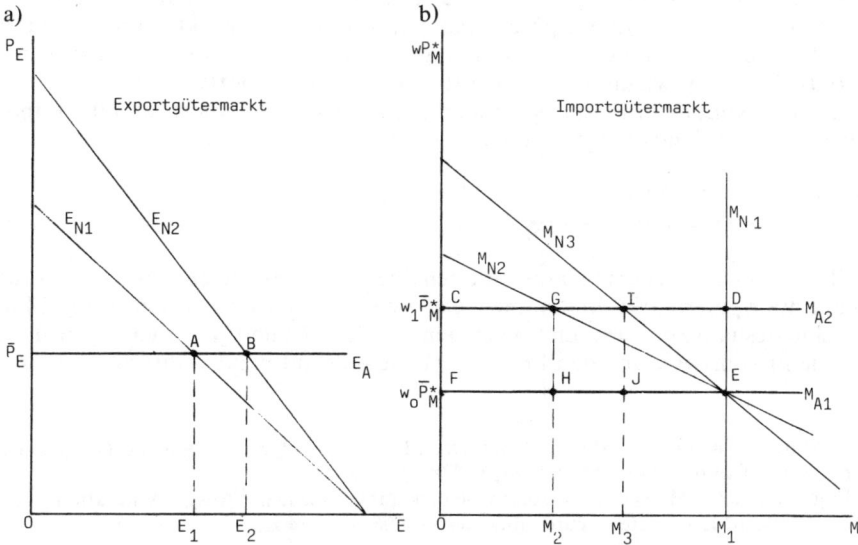

in Inlandswährung, hier von $w_0 \bar{P}_M^*$ auf $w_1 \bar{P}_M^*$. Die Angebotskurve verschiebt sich somit parallel von M_{A1} nach M_{A2}. Für die Importnachfrage sind drei Alternativen eingezeichnet worden: M_{N1} drückt eine preisunelastische Nachfrage aus, M_{N2} impliziert im relevanten Untersuchungsbereich eine relativ hohe Preiselastizität der Nachfrage, und M_{N3} gibt innerhalb des Untersuchungsbereichs eine „mittlere" Preiselastizität wieder. Bei M_{N1} ergibt sich eindeutig ein Anstieg des Importwerts (um die Fläche CDEF), bei M_{N2} offenbar eindeutig eine Reduktion (der Verringerung um die Fläche HEM_1M_2 steht hier eine Zunahme um die Fläche CGHF gegenüber). Dagegen ist die Reaktion des Importwerts für die Nachfragekurve M_{N3} aus der Abbildung nicht eindeutig ablesbar; der Importwert verringert sich einerseits um die Fläche JEM_1M_3, steigt aber andererseits um die Fläche CIJF.

Die Reaktionsrichtung der Leistungsbilanz ist unbestimmt, wenn sich im Zuge der Abwertung eine Zunahme des Importwerts ergibt. *Ist die Leistungsbilanz in der Ausgangssituation ausgeglichen*, so tritt eine Verbesserung ein, wenn die folgende Bedingung erfüllt ist:

(C-21) $dH^n/dw > 0$,   wenn $-n_E - n_M > 1$!

Das ist die bekannte *Marshall-Lerner-Bedingung*.[5] Sie läßt sich auch unmittelbar aus der Robinson-Bedingung (C-12) ableiten, wenn dort die Preiselastizitäten des Export- und Importangebots a_E und a_M jeweils mit Unendlich eingesetzt werden. Die Marshall-Lerner-Bedingung ist somit als ein Spezialfall bereits in der Robinson-Bedingung enthalten. *Eine Abwertung der inländischen Währung verbessert also die Leistungsbilanz des Inlands, wenn die Summe der Preiselastizitäten der Export- und der Importnachfrage absolut größer als Eins ist. Diese Bedingung hat auch unverändert Gültigkeit für die Reaktion der Leistungsbilanz auf der Basis der Auslandswährung.*[6]

In der Realität können die Preiselastizitäten von Export- und Importnachfrage unabhängig von Veränderungen des Wechselkurses oder der Preisniveaus sein und damit im Zuge einer Abwertung fixierte Größen darstellen. Es ist aber auch durchaus möglich, daß sich die Preiselastizitäten gleichzeitig mit dem Wechselkurs oder den Preisniveaus verändern. Eine solche Variabilität ist z. B. im Falle linearer Nachfragekurven auf dem Exportgüter- und dem Importgütermarkt, so wie sie in den Abbildungen C.7a und C.7b Verwendung fanden, gegeben. Welche Konsequenzen daraus für die Entwicklung des Exportwerts und des Importwerts folgen, soll anhand eines konkreten Beispiels verdeutlicht werden. Die Export- und die Importfunktion des Inlands mögen lauten:

(C-22) $E = 386,25 - 78,75\,P_E/w$
(C-23) $M = 150 - 15\,wP_M^*$

Bekanntlich ist in dem hier diskutierten Spezialfall das Angebot auf dem Ex- und dem Importgütermarkt vollkommen elastisch. Die Preisniveaus auf diesen Märkten sind deshalb konstant, und sie mögen mit $P_E = 1$ und $P_M^* = 2$ vorgegeben sein. Für den Exportwert und den Importwert – jeweils in Inlandswährung – gilt dann:

---

[5] A. Marshall, Money, Credit and Commerce, London 1932, S. 171; A. P. Lerner, The Economics of Control, New York 1944, S. 378 f.
[6] Es gilt nämlich: $dH_S^n = dH^n/w$, sofern die Leistungsbilanz in der Ausgangssituation – wie in der Marshall-Lerner-Bedingung impliziert – ausgeglichen ist.

(C-24) $E^n = P_E E = 386{,}25 - 78{,}75/w$

(C-25) $M^n = w P_M^* M = 300\,w - 60\,w^2$

Die Abbildung C.8 zeigt den Verlauf des Export- und des Importwerts in Abhängigkeit vom Wechselkurs w. Der Exportwert (ausgedrückt in Inlandswährung, z. B. in DM) nimmt stetig entlang der Kurve E^n zu, wobei allerdings die Zuwächse mit steigendem Wechselkurs immer geringer werden. Der Importwert (ebenfalls ausgedrückt in Inlandswährung) erhöht sich dagegen nur bis zu einem Wechselkurs von 2,50 (z. B. DM je \$) entlang der Kurve M^n. Steigt der Wechselkurs über 2,50 hinaus, so nimmt der Importwert wieder allmählich ab.

Die Kurven des Exportwerts und des Importwerts weisen im hier diskutierten Beispiel drei Schnittpunkte auf, im Punkt A beim Wechselkurs von w = 0,25, im Punkt B beim Wechselkurs von w = 1,75 sowie im Punkt C beim Wechselkurs von w = 3,00. Ist die Leistungsbilanz in der Ausgangssituation ausgeglichen ($E^n = M^n$), so sind also grundsätzlich diese drei Schnittpunkte in Betracht zu ziehen. Liegt ein Gleichgewicht im Punkt A vor, so führt eine Abwertung der inländischen Währung

Abbildung C.8:

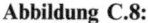

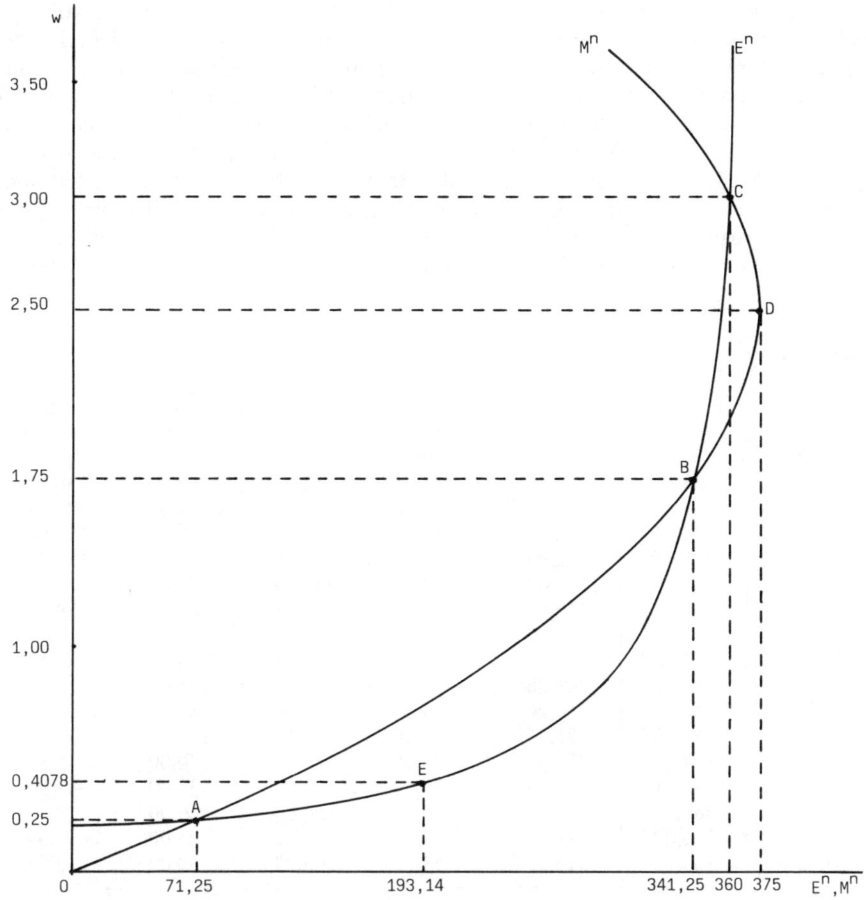

(dw > 0) zu einer Verbesserung der Leistungsbilanz, denn der Exportwert nimmt um einen größeren Betrag zu als der Importwert. Geht man dagegen von einem Gleichgewicht im Punkt B aus, so kommt es im Zuge einer Abwertung zu einer Verschlechterung der Leistungsbilanz. Schließlich impliziert die Abwertung wiederum eine Verbesserung der Leistungsbilanz, wenn der Punkt C die Ausgangssituation angibt. Für einen Wechselkurs im Bereich von w = 0,25 bis w = 1,75 sowie für Wechselkurse w > 3,00 ist also gemäß der Marshall-Lerner-Bedingung (C-21) die Summe der Preiselastizitäten von Export- und Importnachfrage größer als Eins. Im Bereich zwischen w = 1,75 und w = 3,00 ist diese Summe dagegen kleiner als Eins.

Drückt man den Ex- und den Importwert in der ausländischen Währung (z. B. in $) aus, so gilt in Hinsicht auf die Gleichungen (C-24) und (C-25):

(C-26) $E_\$^n = 386,25/w - 78,75/w^2$

(C-27) $M_\$^n = M^n/w = 300 - 60\,w$

Wie in der Abbildung C.9 dargestellt wird, nimmt der in Auslandswährung ausgedrückte Importwert $M_\$^n$ mit steigendem Wechselkurs w stetig ab, wogegen der in Auslandswährung nominierte Exportwert $E_\$^n$ zunächst zunimmt, nach Erreichen eines bestimmten Grenzwertes (hier 473,61 beim Wechselkurs von w = 0,4078) jedoch ebenfalls sinkt. Der Vergleich mit der Abbildung C.8 macht deutlich, daß der Exportwert im Bereich von w = 0,25 bis w = 0,4078 (zwischen den Punkten A und E bzw. korrespondierend dazu zwischen den Punkten A′ und E′) bei Nominierung in In- oder in Auslandswährung jeweils zunimmt, daß er aber für Wechselkurse von w > 0,4078 einerseits – nämlich in Inlandswährung – weiterhin steigt, andererseits – nämlich in Auslandswährung – stetig sinkt. Beim Importwert zeigt sich eine ähnlich divergierende Entwicklung: bis zu einem Wechselkurs von w = 2,50 nimmt er in Auslandswährung stetig ab, in Inlandswährung dagegen stetig zu. Erst bei Wechselkursen von w > 2,50 ist sowohl bei Nominierung in Auslands- als auch in Inlands-

Tabelle C.1:

w	E^n	M^n	H^n	$E_\$^n$	$M_\$^n$	$H_\$^n$
0,25	71,25	71,25	0	285,00	285,00	0
0,30	123,75	84,60	39,15	412,50	282,00	130,50
0,35	161,25	97,65	63,60	460,71	279,00	181,71
0,4078	193,14	112,36	80,76	473,61	275,53	198,08
0,45	211,25	122,85	88,40	469,44	273,00	196,44
0,50	228,75	135,00	93,75	457,50	270,00	187,50
0,55	243,07	146,85	96,22	441,95	267,00	174,95
1,50	333,75	315,00	18,75	222,50	210,00	12,50
1,75	341,25	341,25	0	195,00	195,00	0
2,00	346,88	360,00	− 13,12	173,44	180,00	− 6,56
2,25	351,25	371,25	− 20,00	156,11	165,00	− 8,89
2,50	354,75	375,00	− 20,25	141,90	150,00	− 8,10
2,75	357,61	371,25	− 13,64	130,04	135,00	− 4,96
3,00	360,00	360,00	0	120,00	120,00	0
3,25	362,02	341,25	20,77	111,39	105,00	6,39
3,50	363,75	315,00	48,75	103,93	90,00	13,93

währung eine Reduktion des Importwerts feststellbar. Die Tabelle C.1 macht das für einige ausgewählte Wechselkurse nochmals deutlich.

Die Bedingung (C-21) für die Veränderung der Leistungsbilanz trifft – wie schon gezeigt – sowohl für die Nominierung in Inlandswährung als auch für die Nominierung in Auslandswährung zu. Auch das läßt sich den Abbildungen C.8 und C.9 entnehmen: die Wechselkursbereiche, in denen der Saldo der Leistungsbilanz positiv oder negativ ist, stimmen überein, und bei den Wechselkursen $w = 0{,}25$, $w = 1{,}75$ und $w = 3{,}00$ ergibt sich selbstverständlich in In- und in Auslandswährung ein Ausgleich der Leistungsbilanz. Es darf aber nicht übersehen werden, daß die Entwicklung des Ex- und des Importwerts sowohl in In- als auch in Auslandswährung jeweils in Abhängigkeit vom Wechselkurs für ein konkretes Beispiel skizziert wurde. Die aufgezeigten Zusammenhänge haben zwar allgemein für lineare Ex- und Importfunktionen Gültigkeit, sie können aber nicht ohne weiteres auf nicht-lineare Funktionen übertragen werden. Ist, z. B. im Rahmen der Wechselkurspolitik, zu beurteilen, in welchem Wertebereich eine Abwertung der inländischen

Abbildung C.9:

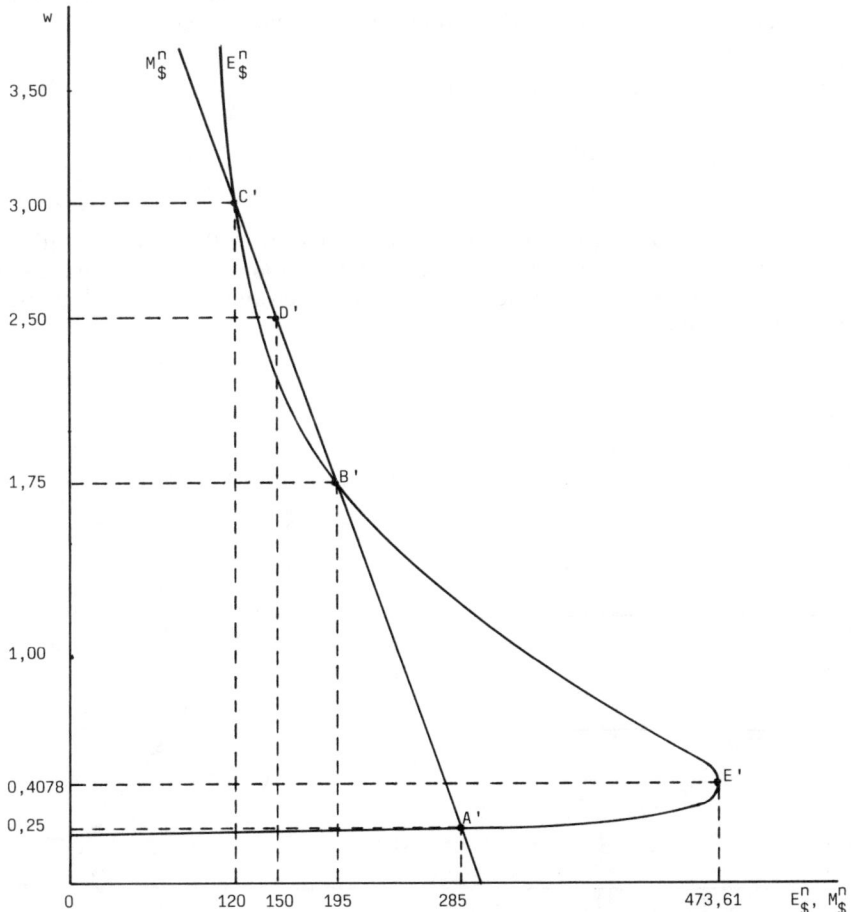

Währung die Leistungsbilanz verbessert oder verschlechtert sowie den Export- und den Importwert in In- oder in Auslandswährung erhöht oder vermindert, so sind eingehende empirische Untersuchungen zu den Ex- und Importfunktionen des Landes unumgänglich

C-2.3.2: Der Fall eines kleinen Landes

Der Anteil eines relativ kleinen Landes als Anbieter auf dem gesamten internationalen Exportgütermarkt oder als Nachfrager auf dem gesamten internationalen Importgütermarkt ist in der Regel so klein, daß sich Angebots- bzw. Nachfrageänderungen dieses Landes nicht oder zumindest nicht nennenswert auf die internationalen – in Auslandswährung ausgedrückten – Export- und Importgüterpreise auswirken. Diese Preise stellen für das kleine Land jeweils ein Datum dar, an das es sich mit seiner Angebotsmenge bzw. seiner Nachfragemenge anpaßt. Formal bedeutet der Fall des kleinen Landes, daß sowohl die Preiselastizität der Nachfrage auf dem Exportgütermarkt des Landes (n_E) als auch die Preiselastizität des Angebots auf dem Importgütermarkt des Landes (a_M) jeweils unendlich oder zumindest nahezu unendlich groß sind.

Für die Reaktion des Exportwerts und des Importwerts (jeweils in Inlandswährung) ergibt sich dann aus den Gleichungen (C-10) und (C-11):

$$(C\text{-}28) \qquad dE^n/dw = \frac{E^n}{w}(1 + a_E) > 0$$

$$(C\text{-}29) \qquad dM^n/dw = \frac{M^n}{w}(1 + n_M) \gtreqqless 0$$

Der Exportwert nimmt im Zuge einer Abwertung (dw > 0) somit eindeutig zu, wogegen der Importwert je nach Preiselastizität der Importnachfrage steigen, konstant bleiben oder sinken kann. Dieses Ergebnis läßt sich auch aus den Abbildungen C.10a und C.10b ablesen.

Abbildung C.10:

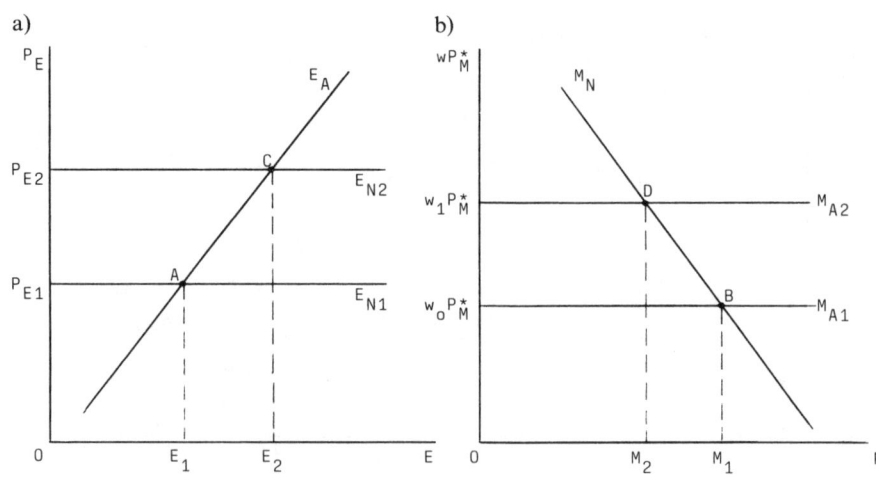

Auf dem Exportgütermarkt verläuft die Nachfragekurve, auf dem Importgütermarkt die Angebotskurve parallel zur Mengenachse. Eine Abwertung der Währung des kleinen Landes bewirkt eine Parallelverschiebung dieser beiden Kurven nach oben, und zwar so weit, daß die in Inlandswährung ausgedrückten Preise der Export- und der Importgüter jeweils proportional zur Erhöhung des Wechselkurses w steigen. Dadurch möge auf dem Exportgütermarkt ein neues Gleichgewicht im Punkt C, auf dem Importgütermarkt im Punkt D erreicht werden. Eine Verbesserung der Leistungsbilanz tritt ein, wenn die folgende Bedingung erfüllt ist:

(C-30) $E^n(1 + a_E) > M^n(1 + n_M)$

Ist die Leistungsbilanz in der Ausgangssituation ausgeglichen ($E^n = M^n$) oder besteht in dieser Situation ein Leistungsbilanzüberschuß, so bewirkt die Abwertung in jedem Fall eine Verbesserung der Leistungsbilanz; denn die Preiselastizität der Importnachfrage n_M ist (absolut gesehen) kleiner als Eins.

Bei Nominierung in Auslandswährung ergibt sich nach einer Abwertung immer eine Verbesserung der Leistungsbilanz des kleinen Landes. Setzt man nämlich in die Gleichungen (C-15) und (C-16) die Werte $n_E = -\infty$ und $a_M = \infty$ ein, so zeigt sich, daß der Exportwert eindeutig steigt und der Importwert eindeutig sinkt:

(C-31) $$dE^n_\$/dw = \frac{E^n_\$}{w} a_E > 0$$

(C-32) $$dM^n_\$/dw = \frac{M^n_\$}{w} n_M < 0$$

C-2.3.3: Totale Substitutionskonkurrenz auf dem Importgütermarkt

Sind die Produktionsverhältnisse des Inlands so beschaffen, daß sich die Importgüter grundsätzlich auch im heimischen Produktionsprozeß herstellen lassen, und weist das inländische Angebot an solchen Gütern darüber hinaus eine relativ große Preiselastizität auf, so besteht auf dem Importgütermarkt des Inlands eine starke Substitutionskonkurrenz. Im Extremfall kann diese Konkurrenzsituation bedeuten, daß schon geringe Preiserhöhungen der ausländischen Anbieter von Importgütern genügen, um die inländische Nachfrage vollständig auf die entsprechenden Substitutionsgüter aus heimischer Produktion umzulenken, und daß sich umgekehrt die inländische Nachfrage vollständig vom heimischen Markt abwendet, wenn die ausländischen Anbieter ihre Preise nur geringfügig senken. Die Preiselastizität der inländischen Nachfrage nach Importgütern ist bei einer solchen Substitutionskonkurrenz sehr groß. Als Grenzfall ist sogar eine (negative) Elastizität von Unendlich denkbar: $n_M = -\infty$. Setzt man diesen Wert in die Gleichung (C-11) ein, so zeigt sich, daß eine Abwertung der inländischen Währung zu einer Reduktion des Importwerts in Inlandswährung führt, wenn das Importangebot preiselastisch ist, oder der Importwert unverändert bleibt, wenn das Importangebot preisunelastisch ist:

(C-33) $dM^n/dw = -(M^n/w)a_M \leq 0$

Da sich der Exportwert in Inlandswährung gemäß Gleichung (C-10) im Zuge einer Abwertung bei preiselastischer Exportnachfrage verbessert und bei preisunelastischer Exportnachfrage unverändert bleibt, kann sich die Leistungsbilanz des

Inlands auf keinen Fall verschlechtern. Da kaum damit zu rechnen ist, daß gleichzeitig sowohl die Exportnachfrage als auch das Importangebot preisunelastisch sind, dürfte sich vielmehr i. d. R. eine Verbesserung der Leistungsbilanz ergeben.

C-2.3.4: Totale Importabhängigkeit

Besitzt das Inland keine oder nur begrenzte Möglichkeiten zur eigenen Produktion von Gütern, die direkt oder indirekt als Substitute für die Importgüter dienen können, so liegt zumindest eine sehr große Abhängigkeit vom ausländischen Importangebot vor. Handelt es sich bei den Importen überwiegend um Güter, auf die das Inland in Hinsicht auf die eigene Produktionsfähigkeit (im Falle von importierten Vorleistungsgütern oder importierten Investitionsgütern) oder in Hinsicht auf die Erhaltung eines bestimmten Versorgungsniveaus (im Falle von importierten Verbrauchsgütern) nicht verzichten kann, so zeigt sich die Importabhängigkeit in einer relativ geringen Preiselastizität der Nachfrage. Im Extremfall kann die Nachfrage sogar völlig preisunelastisch ($n_M = 0$) sein, so daß sich Preiserhöhungen der Importgüter nicht nachfragemindernd auswirken. Setzt man diesen Elastizitätswert in die Gleichung (C-11) ein, so wird deutlich, daß sich der Importwert in Inlandswährung durch eine Abwertung der inländischen Währung eindeutig erhöht:

$$(C-34)\qquad dM^n/dw = M^n/w > 0$$

Eine Verschlechterung der Leistungsbilanz H^n ließe sich in diesem Fall nur vermeiden, wenn die Preiselastizität der Exportnachfrage n_E absolut größer als Eins wäre. Für eine Preiselastizität der Importnachfrage n_M von Null folgt nämlich aus der Robinson-Bedingung (C-12):

$$(C-35)\qquad dH^n/dw > 0 \,,\quad \text{wenn} \quad 1 + n_E < 0$$

Aus diesen Überlegungen läßt sich auch ein allgemeines Ergebnis ableiten: *die Wahrscheinlichkeit, daß eine Abwertung der inländischen Währung die Leistungsbilanz des Inlands verbessert, ist um so größer, je preiselastischer die Nachfrage sowohl auf dem Importgüter- als auch auf dem Exportgütermarkt dieses Landes ist.*

C-2.3.5: Die Situation eines Entwicklungslandes

Viele Entwicklungsländer, die bisher kaum industrialisiert sind, sowie eine Reihe von sogenannten Schwellenländern, die sich auf dem Wege zur Industrialisierung befinden, weisen eine hohe Importabhängigkeit auf. Die ärmeren Entwicklungsländer sind häufig auf den Import von Verbrauchsgütern für den allgemeinen Grundbedarf angewiesen, die Schwellenländer müssen die für die Industrialisierung erforderlichen Investitionsgüter sowie die zugehörigen Ersatzteile im Ausland beschaffen, und beiden Ländergruppen gemeinsam ist oftmals ein Mangel an Rohstoffen, der dann entsprechende Importe unumgänglich macht. Die Preiselastizität der Importnachfrage einzelner Entwicklungs- und Schwellenländer ist aufgrund solcher Bedingungen zumeist sehr gering und bei einigen Produktgruppen, z. B. bei Rohstoffen, zumindest kurzfristig sogar annähernd Null. Die oben analysierten Gegebenheiten auf dem Importgütermarkt für den Fall einer totalen Importabhängigkeit können somit für die hier betrachteten Länder durchaus von Bedeutung sein.

Für eine große Zahl von Entwicklungs- und Schwellenländern bestehen aber nicht nur auf dem Importgütermarkt, sondern auch auf dem Exportgütermarkt extreme Bedingungen. Ihr Exportangebot setzt sich nämlich häufig nur aus Produkten zusammen, die weltweit einer relativ großen Substitutionskonkurrenz ausgesetzt sind (z. B. billige Massengüter wie Transistorradios, Quarzuhren o. ä.) oder für die es weltweit nur eine relativ geringe Nachfrageflexibilität gibt (z. B. Agrarprodukte wie Mais, Reis, Kaffee und Tee). Ein einzelnes Entwicklungs- oder Schwellenland hat deshalb nur sehr begrenzte Möglichkeiten, durch eine Preissenkung zusätzliche Nachfrage zu mobilisieren. Denn die Konkurrenten – und das sind meistens andere Entwicklungs- und Schwellenländer – sehen sich zur Erhaltung ihrer Marktposition gezwungen, dann ebenfalls Preissenkungen vorzunehmen. Umgekehrt besteht für ein einzelnes Land dieser Ländergruppen die Gefahr, daß es bei einer Preiserhöhung der Exportgüter sehr viel Nachfrage verliert, weil die Konkurrenten in diesem Fall in Hinsicht auf einen Ausbau der eigenen Marktposition nicht mitziehen.

Wertet ein einzelnes Entwicklungs- oder Schwellenland die eigene Währung ab, so ist angesichts der zuvor skizzierten Marktbedingungen davon auszugehen, daß sowohl auf dem Importgütermarkt als auch auf dem Exportgütermarkt eine relativ geringe Preiselastizität der Nachfrage vorliegt. Im Extremfall könnte sogar auf beiden Märkten eine völlig preisunelastische Nachfrage gegeben sein. Dann ist die Bedingung (C-35) nicht erfüllt, und eine Abwertung impliziert zwingend eine Verschlechterung der Leistungsbilanz des betrachteten Landes. Die Abbildungen C.11a und C.11b geben ein Beispiel für die außenwirtschaftliche Situation eines Entwicklungs- oder Schwellenlandes. Der Abbildung C.11a liegt die Annahme zugrunde, daß die Exportnachfrage bei einer Preissenkung nur eine sehr niedrige – aber von Null verschiedene – Preiselastizität aufweist und die hier untersuchte Abwertung deshalb nur einen geringen positiven Mengeneffekt hat. In der Nachfragekurve auf dem Exportgütermarkt drückt sich das wie folgt aus: sie verläuft im Preissenkungsbereich (ausgehend vom Punkt A oder vom Punkt B) sehr steil, und sie wird bei einer Abwertung nur geringfügig nach rechts gedreht (hier von E_{N1} nach E_{N2}). Bei der gegebenen Angebotskurve E_A nimmt der Exportwert folglich um die

Abbildung C.11:

a)

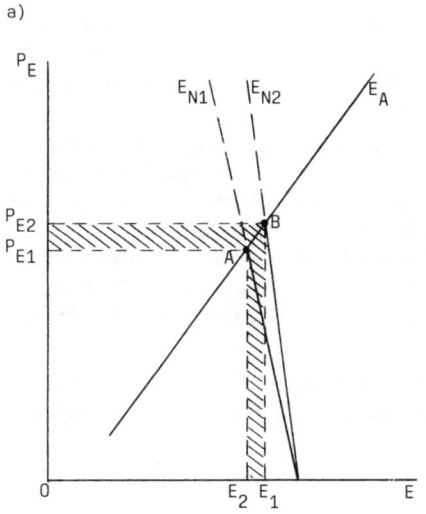

b)

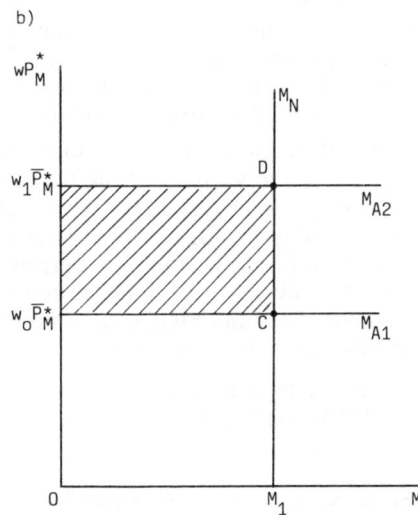

gestrichelt gekennzeichnete Fläche zu. Auf dem Importgütermarkt wurde eine preisunelastische Nachfrage angenommen ($n_M = 0$). Bei dieser Nachfragesituation spielt die Preiselastizität des Angebots für die Wirkung einer Abwertung auf den Importwert keine Rolle. Für $n_M = 0$ folgt nämlich aus der Gleichung (C-11) die bereits mit der Gleichung (C-34) genannte Reaktion des Importwerts. Vereinfachend ist in der Abbildung C.11b zwar ein vollkommen elastisches Angebot zugrunde gelegt worden, der Importwert nimmt aber generell um die schraffiert gekennzeichnete Fläche zu. Die grafische Skizze der Abwertungswirkung impliziert offensichtlich eine Verschlechterung der Leistungsbilanz des betrachteten Entwicklungs- oder Schwellenlandes.

C-3: Terms of Trade-Effekte einer Wechselkursänderung

C-3.1: Zum Begriff der Terms of Trade

Die Terms of Trade eines Landes sind definiert als Verhältnis des Exportgüterpreisniveaus zum Importgüterpreisniveau, jeweils nominiert in einer bestimmten Währung, also in Inlands- oder in Auslandswährung:

$$(C-36) \qquad q = P_E/wP_M^* = P_E/P_M = P_E^*/P_M^*$$

Die Terms of Trade, auch reales Austauschverhältnis genannt, geben an, wie viele Mengeneinheiten an Importgütern ein Land für eine Mengeneinheit der Exportgüter im internationalen Tausch erwerben kann. Eine Verbesserung der Terms of Trade würde also bedeuten, daß das Land für eine bestimmte Menge der Exportgüter eine größere Menge an Importgütern bzw. die gleiche Menge an Importgütern für eine geringere Menge der Exportgüter kaufen kann.

Die Terms of Trade finden zuweilen auch Verwendung als ein Indikator für die Wohlfahrt eines Landes, und ihre Verbesserung (Verschlechterung) wird dann als ein Wohlfahrtsgewinn (Wohlfahrtsverlust) interpretiert. Bereits im Rahmen der Theorie des internationalen Handels wurde gezeigt,[7] daß eine solche Interpretation nicht uneingeschränkt zulässig ist. Es ist nämlich beispielsweise denkbar, daß für die Wirtschaftssubjekte eines Landes ein Wohlfahrtsgewinn eintritt, wenn sie auch um den Preis einer Verschlechterung der Terms of Trade in den Besitz zusätzlicher Mengen an Importgütern kommen. Zwar müssen sie dann vergleichsweise eine größere Menge an Exportgütern hergeben, doch ist deren subjektiver Wert geringer als der ebenfalls subjektive Wert der zusätzlichen Importgüter.

Abgesehen von ihrer Verwendung als Wohlfahrtsindikator spielen die Terms of Trade auch eine wichtige Rolle bei der Beurteilung der Leistungsbilanzsituation eines Landes. Eine Verschlechterung der Terms of Trade bedeutet nämlich, daß ein Land seine Exporttätigkeit intensivieren und/oder seine Importtätigkeit einschränken muß, um einen bestimmten Leistungsbilanzsaldo auch weiterhin aufrechtzuerhalten. Umgekehrt macht eine Verbesserung der Terms of Trade in Hinsicht auf eine bestimmte Leistungsbilanzsituation weniger Exportanstrengungen erforderlich und/oder mehr Importe möglich.

Nicht zuletzt dienen die Terms of Trade auch als ein Indikator für die internationale Wettbewerbsfähigkeit eines Landes. Kommt es nämlich über einen längeren

---

[7] Siehe hierzu Kapitel B, Abschnitt B-5.

Zeitraum zu einer Verbesserung der Terms of Trade eines Landes, ohne daß eine merkliche Änderung der Leistungsbilanzsituation eintritt, so läßt sich das als eine Verbesserung der internationalen Wettbewerbsfähigkeit dieses Landes interpretieren, und zwar der Wettbewerbsfähigkeit auf dem Exportgütermarkt und/oder der Wettbewerbsfähigkeit auf dem heimischen Markt der importkonkurrierenden Güter.

C-3.2: Abwertung und Terms of Trade: Der allgemeine Fall

Anknüpfend an die Untersuchungen zu den Wirkungen einer Abwertung der inländischen Währung auf Exporte und Importe sowie auf die Leistungsbilanz des Inlands soll nun gezeigt werden, welche Terms of Trade-Effekte gleichzeitig zu erwarten sind. Daß sich auch hier kein eindeutiges Ergebnis gewinnen läßt, machen die schon früher verwendeten Abbildungen C.5a und C.5b deutlich.

Bei normalen Preiselastizitäten von Angebot und Nachfrage auf dem Exportgütermarkt kommt es dort eindeutig zu einer Preiserhöhung (z. B. von P_{E1} auf P_{E2}). Der in Inlandswährung ausgedrückte Importgüterpreis P_M steigt ebenfalls, sofern das Importangebot preiselastisch und die Importnachfrage nicht vollkommen preiselastisch sind. Der Abbildung C.5b ist unmittelbar zu entnehmen, daß der Preisanstieg auf dem Importgütermarkt bei einer bestimmten Preiselastizität des Angebots um so höher ausfällt, je geringer die Preiselastizität der Nachfrage ist. Und daraus folgt auch bereits, daß die Terms of Trade im Zuge einer Abwertung zunehmen, konstant bleiben oder sinken können.

Für beliebige Werte der Preiselastizitäten von Angebot und Nachfrage auf dem Exportgüter- und dem Importgütermarkt ergibt sich der folgende Terms of Trade-Effekt einer Wechselkursänderung[8] – hier einer Abwertung der inländischen Währung (dw > 0):

$$(C\text{-}37) \qquad dq/dw = \frac{q}{w}\, \frac{n_E\, n_M - a_E\, a_M}{(a_E - n_E)\,(a_M - n_M)} \gtreqless 0$$

Somit werden die Terms of Trade bei einer Abwertung nur dann verbessert, wenn die folgende Bedingung erfüllt ist:

$$(C\text{-}38) \qquad dq/dw > 0\,, \qquad \text{wenn} \qquad n_E\, n_M > a_E\, a_M$$

Eine Verbesserung der Terms of Trade ist also um so wahrscheinlicher, je größer die Preiselastizitäten von Export- und Importnachfrage und je kleiner die Preiselastizitäten von Export- und Importangebot sind.

Bekanntlich entscheiden die Preiselastizitäten von Angebot und Nachfrage auf dem Exportgüter- und dem Importgütermarkt auch über die Reaktion der Leistungsbilanz. Zwar sind relativ hohe – und insbesondere von Null verschiedene – Preiselastizitäten von Export- und Importnachfrage – wie sowohl die Robinson-Bedingung (C-12) als auch die Marshall-Lerner-Bedingung (C-21) zeigen – eine notwendige Bedingung für eine Verbesserung der Leistungsbilanz, aber eine solche Verbesserung macht nicht auch gleichzeitig – wie die Marshall-Lerner-Bedingung

---

[8] Siehe dazu den Anhang C.4.

sehr deutlich macht – relativ geringe Preiselastizitäten von Export- und Importangebot erforderlich. Grundsätzlich ist es deshalb möglich, daß eine Abwertung zwar die Leistungsbilanz eines Landes verbessert, gleichzeitig aber die Terms of Trade verschlechtert. Nur dann, wenn eine Verschlechterung der Leistungsbilanz eintritt, kommt es auch zu einer Verschlechterung der Terms of Trade. Durch Umkehrung der Robinson-Bedingung (C-12) erhält man als Bedingung für die Verschlechterung der Leistungsbilanz:

$$(C\text{-}12a) \qquad \frac{n_E\, n_M}{a_E\, a_M} < \frac{1 + n_E + n_M}{1 + a_E + a_M}$$

Da die Preiselastizitäten der Nachfrage n_E und n_M jeweils negativ, die Preiselastizitäten des Angebots a_E und a_M aber jeweils positiv sind, ist die rechte Seite von (C-12a) eindeutig kleiner als Eins. Damit die Bedingung (C-12a) erfüllt ist, muß folglich auch die linke Seite kleiner als Eins sein:

$$(C\text{-}12b) \qquad \frac{n_E\, n_M}{a_E\, a_M} < 1$$

Damit ist aber die Bedingung (C-38) nicht mehr erfüllt, und eine Abwertung der inländischen Währung impliziert dann eine Verschlechterung der Terms of Trade.

C-3.3: Abwertung und Terms of Trade: Einige Spezialfälle

Die Gleichung (C-37) zeigt die Reaktion der Terms of Trade eines Landes auf eine Abwertung für alle denkbaren Konstellationen der Preiselastizitäten von Angebot und Nachfrage auf dem Export- und dem Importgütermarkt. Um beurteilen zu können, ob spezifische Angebots- und Nachfragebedingungen im internationalen Güterverkehr eindeutige Terms of Trade-Effekte implizieren, sollen hier einige Spezialfälle, die auch schon bei der Analyse der Leistungsbilanzeffekte von Bedeutung waren, etwas genauer betrachtet werden.

C-3.3.1: Vollkommene Angebotselastizitäten

Sind die Preiselastizitäten des Export- und des Importangebots jeweils unendlich groß ($a_E = \infty$, $a_M = \infty$), so ergibt sich bei einer Abwertung eindeutig eine Verschlechterung der Terms of Trade. Aus der Gleichung (C-37) folgt nämlich bei diesen Preiselastizitäten:

(C-37a) $dq/dw = -q/w < 0$

oder

(C-37b) $dq/q = -dw/w$

Die relative Veränderung der Terms of Trade entspricht also – mit negativem Vorzeichen – der relativen Wechselkursänderung. Bekanntlich ist die Wirkung einer Abwertung auf die Leistungsbilanz bei vollkommen elastischem Angebot auf dem Exportgüter- und dem Importgütermarkt nicht eindeutig bestimmt. Wenn die Marshall-Lerner-Bedingung (C-21) erfüllt ist, kommt es allerdings zu einer Verbesserung der Leistungsbilanz, und dieser Fall ist dann ein Beispiel dafür, daß eine Abwertung gleichzeitig die Leistungsbilanz verbessern und die Terms of Trade verschlechtern kann.

C-3.3.2: Der Fall eines kleinen Landes

Wie weiter oben erläutert, sind die Angebots- und Nachfragebedingungen eines kleinen Landes dadurch gekennzeichnet, daß sowohl die Exportnachfrage als auch das Importangebot unendlich preiselastisch sind ($n_E = -\infty$, $a_M = \infty$). Setzt man diese Elastizitätswerte in die Gleichung (C-37) ein, so zeigt sich, daß eine Abwertung der Währung des kleinen Landes keinen Terms of Trade-Effekt hat: $dq/dw = 0$. Der Exportgüterpreis und der Importgüterpreis – jeweils in Inlandswährung – steigen proportional zur Wechselkursänderung, und folglich bleiben die Terms of Trade unverändert.

C-3.3.3: Totale Substitutionskonkurrenz auf dem Importgütermarkt

Besteht für das betrachtete Land die Möglichkeit, Importgüter vollständig durch Güter aus heimischer Produktion zu substituieren, so ist die Importnachfrage des Landes vollkommen preiselastisch ($n_M = -\infty$). Aus der Gleichung (C-37) folgt dann:

$$(C\text{-}37c) \qquad dq/dw = \frac{q}{w} \frac{n_E}{n_E - a_E} \geq 0$$

Wenn die Exportnachfrage preiselastisch ist ($n_E \neq 0$) und kein vollkommen elastisches Exportangebot vorliegt ($a_E < \infty$), bewirkt die Abwertung eindeutig eine Verbesserung der Terms of Trade des betrachteten Landes. Wie bereits gezeigt wurde, ergibt sich bei preiselastischer Exportnachfrage auch eine Verbesserung der Leistungsbilanz. Bei totaler Substituierbarkeit der Importgüter durch heimische Güter kann ein Land mit einer Abwertung somit zugleich eine Verbesserung der Leistungsbilanz und der Terms of Trade erreichen.

C-3.3.4: Totale Importabhängigkeit

Ist ein Land vollständig von Importen abhängig, gibt es also für die Importgüter keine Substitutionsmöglichkeiten, so weist die Importnachfrage eine Preiselastizität von Null auf ($n_M = 0$). Für diesen Fall reduziert sich die Gleichung (C-37) zu:

$$(C\text{-}37d) \qquad dq/dw = -\frac{q}{w} \frac{a_E}{a_E - n_E} \leq 0$$

Bei normalen Preiselastizitäten des Exportangebots und der Exportnachfrage bewirkt eine Abwertung hier eindeutig eine Verschlechterung der Terms of Trade. Nur dann, wenn das Exportangebot preisunelastisch ist oder die Exportnachfrage vollkommen preiselastisch ist, bleiben die Terms of Trade unverändert. Liegt eine totale Importabhängigkeit vor, so ist im Normalfall damit zu rechnen, daß im Zuge einer Abwertung sowohl die Leistungsbilanz als auch die Terms of Trade verschlechtert werden. Denn die früheren Untersuchungen haben bereits deutlich gemacht, daß eine Verschlechterung der Leistungsbilanz eintritt, wenn die Preiselastizität der Exportnachfrage – absolut gesehen – kleiner als Eins ist. Eine solche Preiselastizität entspricht aber normalerweise, wie empirische Untersuchungen für viele Länder zeigen, der Realität.

C-3.3.5: Die Situation eines Entwicklungslandes

Wie schon weiter oben erläutert wurde, können für ein Entwicklungsland im Grenzfall so extreme Nachfragebedingungen bestehen, daß einerseits die Importnachfrage preisunelastisch ist ($n_M = 0$) und andererseits im Zuge einer Abwertung auch von einer preisunelastischen Exportnachfrage ausgegangen werden muß ($n_E = 0$). Für diese Preiselastizitäten ergibt sich das gleiche Ergebnis wie im Fall vollkommener Angebotselastizitäten:

(C-37e) $dq/dw = - q/w < 0$

Eine Abwertung führt somit eindeutig zu einer Verschlechterung der Terms of Trade. Zugleich läßt sich aus der Robinson-Bedingung (C-12) ableiten, daß die Leistungsbilanz bei den hier betrachteten Preiselastizitäten $n_M = 0$ und $n_E = 0$ ebenfalls eindeutig verschlechtert wird. In diesem Grenzfall kann dem Entwicklungsland eine Abwertung also kaum empfohlen werden. Aber auch dann, wenn die Importnachfrage und/oder die Exportnachfrage eine geringe Preiselastizität besitzen, muß ein Entwicklungsland damit rechnen, daß es durch eine Abwertung seiner Währung sowohl eine Verschlechterung der Leistungsbilanz als auch eine Verschlechterung der Terms of Trade bewirkt.

C-4: Wirkungsverzögerungen einer Wechselkursänderung

C-4.1: Der J-Kurven-Effekt

Die Wirkungen einer Abwertung sind zuvor nur im Rahmen einer komparativstatischen Analyse untersucht worden. Preis- und Mengeneffekte wurden dabei aus einem Vergleich von zwei Gleichgewichtszuständen auf dem Exportgüter- und dem Importgütermarkt bestimmt, nämlich dem Gleichgewicht nach und dem Gleichgewicht vor der Wechselkursänderung. Der zeitliche Aspekt, der für die Übergangsphase vom alten zum neuen Gleichgewicht von Bedeutung ist, blieb unberücksichtigt. In der Realität spielen aber die zeitlichen Verzögerungen, die bei der Anpassung der Entscheidungen und Handlungen an die sich ändernden Marktbedingungen auftreten können, eine wichtige Rolle. So kann es beispielsweise aufgrund von Anpassungsverzögerungen vorkommen, daß sich die Leistungsbilanz eines Landes nach einer Abwertung zunächst verschlechtert, danach erst allmählich Einflüsse mit Richtung auf eine positive Veränderung wirksam werden und schließlich mit einer möglicherweise erheblichen zeitlichen Verzögerung doch noch endgültig eine Verbesserung eintritt. Die komparativ-statische Analyse zeigt lediglich die zuletzt sichtbare Verbesserung der Leistungsbilanz auf. Die hier skizzierte Reaktion der Leistungsbilanz wird auch als *J-Kurven-Effekt* einer Abwertung bezeichnet, da die grafische Darstellung der Veränderung der Leistungsbilanz Ähnlichkeit mit dem Linienzug des Buchstabens J aufweist. Auf diesen J-Kurven-Effekt soll jetzt etwas näher eingegangen werden.

Bekanntlich bewirkt eine Abwertung der inländischen Währung bei normalen Angebotsbedingungen eine Reduktion des Exportpreisniveaus in Auslandswährung und eine Erhöhung des Importpreisniveaus in Inlandswährung. Sofern die Nachfrage grundsätzlich preiselastisch ist, werden hierdurch auf jeden Fall Mengenreaktionen hervorgerufen. Tatsächlich aber erfolgen solche Reaktionen erst mit mehr oder weniger langen zeitlichen Verzögerungen. Hierfür lassen sich eine Reihe von Gründen anführen:

1. Häufig bestehen für Außenhandelsgeschäfte vertragliche Vereinbarungen, durch die bestimmte Preise und bestimmte Mengen für eine gewisse Zeit verbindlich festgelegt sind. Bei Exportgütern erfolgt die Preisabsprache zumeist auf der Basis der inländischen Währung, bei Importgütern überwiegend auf der Basis von Auslandswährung. In Hinsicht auf diese vertraglich fixierten Ex- und Importe ergibt sich dann durch die Abwertung keine Veränderung des Exportwerts in Inlandswährung; dagegen nimmt der Importwert in Inlandswährung zu, weil ja das in Inlandswährung nominierte Importpreisniveau steigt, die Nachfrager aber gezwungen sind, die vertraglich vereinbarten Mengen abzunehmen. Erst wenn neue Verträge abgeschlossen werden, kommen die preisinduzierten Mengenreaktionen der Nachfrager zum Tragen, und zwar ist dann mit einem Anstieg der ausländischen Nachfrage nach den Exportgütern und einer Verringerung der inländischen Nachfrage nach den Importgütern zu rechnen.

2. Ein weiterer Grund für die Anpassungsverzögerungen auf dem Export- und dem Importgütermarkt dürfte in gewissen Hemmnissen bestehen, die eine rasche Substitution von heimischen Gütern durch importierte Güter oder umgekehrt erschweren. Erstens gibt es auch auf dem heimischen Markt vertragliche Bindungen, die die Substitutionsmöglichkeiten zeitlich hinausschieben, zweitens liegen häufig gewisse persönliche und/oder sachliche Präferenzen vor, die bei Auftreten von internationalen Preisdifferenzen erst allmählich aufgelöst werden, drittens erfordert die Beschaffung von Informationen über die heimischen oder die ausländischen Substitutionsgüter und deren Lieferanten eine gewisse Zeit, und viertens treten auch durch neue Vertragsabschlüsse und Lieferfristen zeitliche Verzögerungen auf.

Mit Hilfe eines einfachen Beispiels soll die verzögerte Wirkung einer Wechselkursänderung jetzt auch formal aufgezeigt werden. Die Export- und die Importfunktion des Inlands mögen lauten:

(C-39) $E = 335 - 135 P_E / \lambda$

(C-40) $M = 360 - 80 \lambda P_M^*$

E ist die mengenmäßige Exportnachfrage, M die mengenmäßige Importnachfrage. Das Export- und das Importangebot mögen vollkommen preiselastisch sein, und das Exportpreisniveau sei mit $P_E = 2$, das Importpreisniveau mit $P_M^* = 1$ fixiert. Mit der Größe λ wird der Wechselkurseinfluß erfaßt, der hier vereinfachend – und lediglich exemplarisch – aus dem gewogenen Durchschnitt der tatsächlichen Wechselkurse der laufenden Periode und der drei zurückliegenden Perioden (-1, -2 und -3) resultieren möge:

(C-41) $\lambda = 0{,}25 w + 0{,}25 w_{-1} + 0{,}25 w_{-2} + 0{,}25 w_{-3}$

Der Exportwert und der Importwert lauten:

(C-42) $E^n = P_E E = 670 - 540 / \lambda$

(C-43) $M^n = w P_M^* M = 360 w - 80 w \lambda$

Im Ausgangsgleichgewicht und im Endgleichgewicht, das sich nach Abschluß der Anpassungsprozesse einstellt, treten keine Wechselkursänderungen mehr auf, sodaß dann gilt: $\lambda = w$.

Ausgehend von einer Gleichgewichtssituation, in der die Leistungsbilanz ausgeglichen ist ($E^n = M^n$), werde die inländische Währung abgewertet, und zwar um

Tabelle C.2:

Periode	w	E	M	E^n	M^n	H^n
0	2,00	200,00	200,00	400,00	400,00	0
1	2,25	204,09	195,00	408,18	438,75	− 30,57
2	2,25	207,94	190,00	415,88	427,50	− 11,62
3	2,25	211,37	185,00	423,14	416,25	6,89
4	2,25	215,00	180,00	430,00	405,00	25,00

12,5 % von $w = 2,00$ auf $w = 2,25$ (z. B. DM zu US-\$). Die Tabelle C.2 zeigt, wie sich die mengenmäßigen Ex- und Importe, der Export- und der Importwert sowie die Leistungsbilanz des Inlands im Zeitablauf entwickeln. Wegen der zunächst nur relativ geringen Mengenreaktionen ergibt sich in der ersten Periode, in der die Abwertung vorgenommen wird, ein starker Anstieg des Importwerts und eine nur geringe Zunahme des Exportwerts. Die Folge ist eine Verschlechterung der Leistungsbilanz in Höhe von 30,57 (z. B. DM). Da die Mengenreaktionen mehr und mehr zum Tragen kommen, nimmt der Exportwert in den nächsten drei Perioden weiter zu, während der Importwert in dieser Zeit von Periode zu Periode sinkt. Hierdurch schwächt sich die Verschlechterung der Leistungsbilanz in der zweiten Periode ab, in der dritten Periode tritt bereits eine Verbesserung ein, und in der vierten Periode wird schließlich das neue Gleichgewicht mit einer beachtlich verbesserten Leistungsbilanz erreicht.

Die Abbildungen C.12a, C.12b und C.13 machen diese Entwicklung auch grafisch deutlich. Auf dem Exportgütermarkt wird die Nachfragekurve in der ersten Periode nach der Abwertung lediglich von E_{N0} nach E_{N1} verschoben, so daß der Exportwert in dieser Periode nur um die Fläche ABE_1E_0 steigt. In der zweiten, dritten und vierten Periode kommt es zu weiteren Anpassungen, die jeweils erneut eine Verschiebung (bzw. Drehung) der Nachfragekurve implizieren. Schließlich wird das neue Gleichgewicht mit der Nachfragekurve E_{N4} im Punkt F erreicht. Der Exportwert ist dann insgesamt um die Fläche AFE_4E_0 gestiegen.

Abbildung C.12:

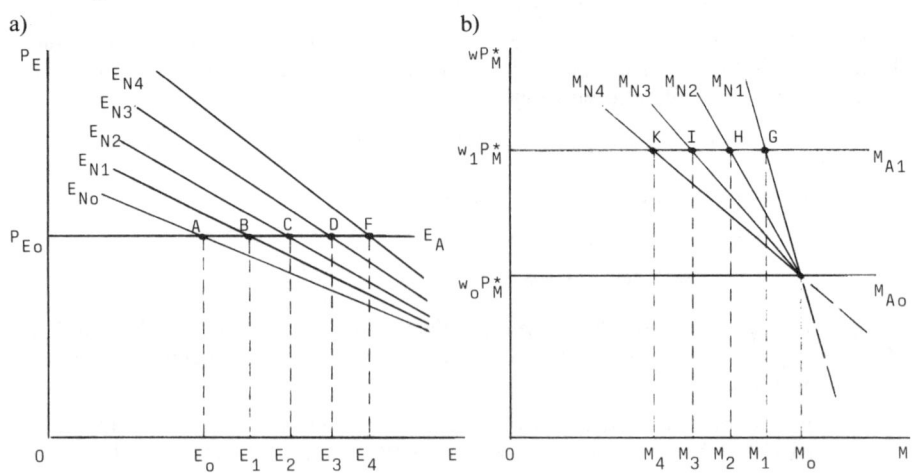

Abbildung C.13:

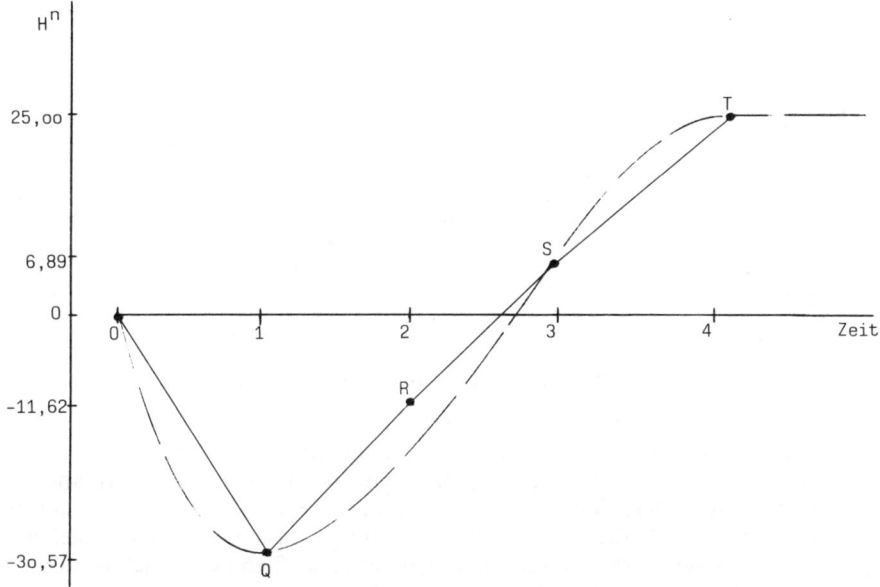

Auf dem Importgütermarkt passen sich die Nachfrager in der ersten Periode entlang der Nachfragekurve M_{N1} an, so daß die mengenmäßigen Importe zunächst nur von M_0 auf M_1 sinken. Die kurzfristige Preiselastizität der Importnachfrage ist also sehr gering. Da der Importgüterpreis in Inlandswährung bereits in der ersten Periode proportional zur Wechselkursänderung gestiegen ist, bedeutet dies im vorliegenden Beispiel eine relativ starke Zunahme des Importwerts. In den weiteren drei Perioden nimmt die Preiselastizität sukzessive zu, so daß die Nachfragekurve allmählich immer flacher verläuft. Dabei verringert sich auch im Vergleich zur ersten Periode der Importwert. Das neue Gleichgewicht ist mit der Nachfragekurve M_{N4} im Punkt K erreicht.

In der Abbildung C.13 ist die Reaktion der Leistungsbilanz skizziert worden. Das hier zugrunde gelegte Beispiel impliziert eine Anpassung an die Wechselkursänderung in diskreten Schritten, die in den Punkten Q, R, S und T zum Ausdruck kommen. Die im Beispiel betrachtete Periode umfaßt aber ein bestimmtes endliches Zeitintervall, z. B. ein Vierteljahr oder sogar ein Halbjahr, und es ist zu erwarten, daß auch innerhalb einer solchen Periode kontinuierlich Anpassungen stattfinden. Daraus könnte eine stetige Reaktion der Leistungsbilanz resultieren, so wie sie exemplarisch mit dem gestrichelt gezeichneten Kurvenverlauf wiedergegeben ist. Damit zeigt sich auch anschaulich der J-Kurven-Effekt einer Abwertung der inländischen Währung.

Der J-Kurven-Effekt läßt sich für den Fall einer Aufwertung umkehren. Für die schon oben verwendeten Ex- und Importfunktionen ergibt sich bei einer Aufwertung zunächst eine Verbesserung der Leistungsbilanz. Erst im Laufe der weiteren Anpassungen tritt schließlich eine Verschlechterung der Leistungsbilanz ein.[9] Eine

---

[9] Für diesen umgekehrten J-Kurven-Effekt findet man auch die Bezeichnung „Spazierstockeffekt". Siehe: K. Rose, Theorie der Außenwirtschaft, 10. Aufl., München 1989, S. 86.

solche Entwicklung zeigt die Tabelle C.3 für den Fall einer Aufwertung um 10 Prozent.

Tabelle C.3:

Periode	w	E	M	E^n	M^n	H^n
0	2,00	200,00	200,00	400,00	400,00	0
1	1,80	196,54	204,00	393,08	367,20	25,88
2	1,80	192,89	208,00	385,79	374,40	11,39
3	1,80	189,05	212,00	378,11	381,60	− 3,49
4	1,80	185,00	216,00	370,00	388,80	−18,80

C-4.2: Langfristige Substitutionseffekte

Mit dem J-Kurven-Effekt werden nur die relativ kurzfristigen Anpassungen an eine Wechselkursänderung, speziell an eine Abwertung beschrieben. Dabei liegt die Annahme zugrunde, daß die Produktions- bzw. Angebotsbedingungen im Inland und im Ausland unverändert bleiben und daß die Reaktionen auf dem Exportgüter- und dem Importgütermarkt deshalb ausschließlich auf grundsätzlich bereits bestehende – aber nur verzögert wirksam werdende – Preiselastizitäten des Angebots und der Nachfrage zurückzuführen sind.

Anhaltende Preisänderungen auf Gütermärkten können aber auf mittlere und längere Sicht auch Anpassungen der Produktions- bzw. Angebotsbedingungen sowie der Verbrauchsgewohnheiten von Nachfragern nach sich ziehen. Gerade für die Bundesrepublik Deutschland sind solche Anpassungen immer von großer Bedeutung gewesen. Da die Deutsche Mark gegenüber den meisten Währungen der Welt häufig aufgewertet wurde, waren die deutschen Anbieter sowohl von Exportgütern als auch von importkonkurrierenden Produkten oftmals einem starken Wettbewerbsdruck ausgesetzt. Zwar ließ sich der Verlust von Marktpositionen kurzfristig nicht immer vermeiden, zumal dort, wo die Nachfrage relativ preisreagibel war, doch daraus resultierte auch ein fast permanenter Zwang zur Rationalisierung der Produktionsverfahren und zur Produktinnovation. Die neuen Produktionsbedingungen ermöglichten den Anbietern zumindest mittel- und längerfristig relativ zu den Preisen der ausländischen Konkurrenten autonome Preissenkungen. Und mit den völlig neuen oder den qualitativ verbesserten Produkten ließen sich neue Marktanteile gewinnen. Umgekehrt hat man in Ländern, deren Währungen häufig abgewertet wurden, die Erfahrung machen müssen, daß sich die abwertungsbedingten Wettbewerbsvorteile auf dem Exportgütermarkt und auf dem inländischen Markt der importkonkurrierenden Produkte jeweils nur für eine relativ kurze Zeit erhalten ließen. Da der internationale Wettbewerbsdruck durch die Abwertungen kurzfristig immer wieder abgeschwächt wurde, reduzierte man in diesen Ländern auch den Zwang zu Verfahrens- und Produktionsinnovationen. Mittel- und längerfristig mußte dies zu einer Beeinträchtigung der internationalen Wettbewerbsfähigkeit führen, durch die dann erneut Abwertungen erzwungen wurden.

In den Abbildungen C.12a und C.12b lassen sich die hier aufgezeigten Substitutionseffekte durch eine Verschiebung der Nachfragekurve auf dem Exportgütermarkt und eine Verschiebung der Angebotskurve auf dem Importgütermarkt zum Ausdruck bringen. Nach der Abwertung würde die Exportnachfragekurve zunächst allmählich von E_{N0} nach E_{N4} verschoben (J-Kurven-Effekt), im Zuge des mittel- und längerfristigen Substitutionseffektes jedoch sukzessive in Richtung auf E_{N0} zurückverschoben. Selbstverständlich muß nicht zwingend wieder die Ausgangslage erreicht werden. Es ist aber auch denkbar, daß der Substitutionseffekt letzten Endes eine Reduktion der Exportnachfrage bewirkt, die eine Verschiebung der entsprechenden Nachfragekurve über E_{N0} hinaus impliziert. Auf dem Importgütermarkt ergibt sich durch die Abwertung – wie schon bei der Analyse des J-Kurven-Effektes gezeigt – zunächst eine Verschiebung der Angebotskurve von M_{A0} nach M_{A1}. Mit dem Einsetzen des Substitutionseffektes verschiebt sich diese Angebotskurve jedoch in Richtung auf die Ausgangslage zurück. Es ist durchaus möglich, daß dadurch der ursprüngliche Importpreis von $w_0 P_M^*$ wieder erreicht oder sogar unterschritten wird.

Abbildung C.14:

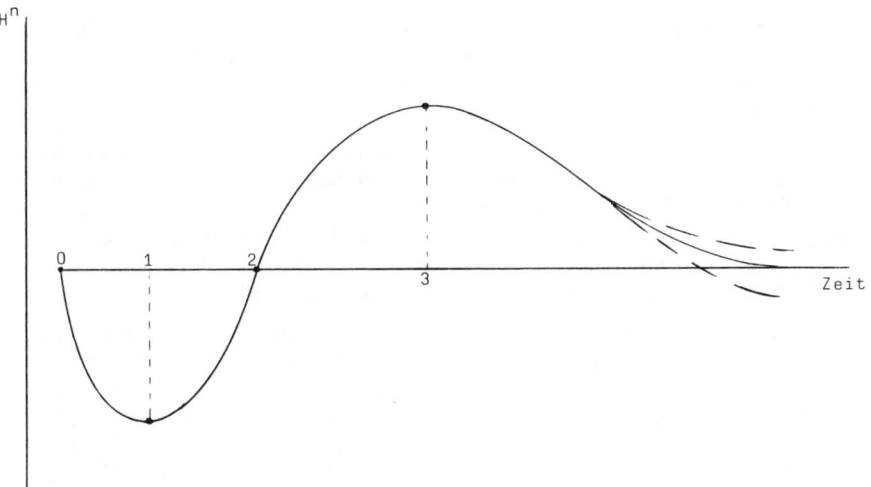

In der Abbildung C.14 ist der J-Kurven-Effekt um den mittel- und längerfristigen Substitutionseffekt ergänzt worden. Zum Zeitpunkt 3 wird hier das Maximum der Leistungsbilanzverbesserung erreicht. Danach nimmt der abwertungsinduzierte Leistungsbilanzüberschuß allmählich ab. Die Leistungsbilanz kann schließlich wieder den Ursprungswert erreichen oder sogar eine Verschlechterung erfahren.

Langfristige Substitutionseffekte können sich auf dem Importgütermarkt nicht nur in einer Verschiebung der Angebotskurve, sondern auch in einer Verschiebung der Nachfragekurve ausdrücken. Die Nachfragekurve resultiert bekanntlich aus den Angebots- und Nachfragebedingungen auf dem heimischen Markt für die importkonkurrierenden Güter. Anhaltende Preissteigerungen auf dem Importgütermarkt können aber diese Angebots- und Nachfragebedingungen längerfristig verändern. So hat es beispielsweise in den westlichen Industriestaaten mittel- und längerfristig durchgreifende Reaktionen der Nachfrage und des Angebots auf die in den Jahren 1974/75 und 1979/80 von der OPEC vorgenommenen drastischen Erhöhungen der Erdölpreise gegeben. Auf der Angebotsseite sind durch technische Weiterentwicklungen (z. B. Kraftfahrzeuge mit geringerem Benzinverbrauch, Produktionsverfahren mit besserer Energieausnutzung) und durch neue Produkte (z. B. Wärmepumpen, Solarenergie, Isolierstoffe) die Bedingungen für eine stärkere Substitution der Ölprodukte geschaffen worden, und die Nachfragestruktur hat sich allmählich zugunsten der Substitutionsprodukte verändert, die Energieeinsparungen ermöglichten. Ähnlich wie hier skizziert, können auch abwertungsinduzierte Preiserhöhungen der Importgüter zu entsprechenden Substitutionseffekten führen.

C-5: Notwendige Erweiterungen des Elastizitätsansatzes

Die Bestimmung der kurz-, mittel- und längerfristigen Wirkungen einer Wechselkursänderung erfolgte bisher nur im Rahmen partieller Analysen der Exportgüter- und der Importgütermärkte. Erfaßt wurde dabei lediglich die Abhängigkeit der Exporte eines Landes vom Exportgüterpreisniveau sowie der Importe vom Importgüterpreisniveau jeweils in der Währung des betrachteten Landes. Dementsprechend konzentrierten sich die Untersuchungen auf die Wirkungskette „Wechselkursänderung – Preiseffekte – Leistungsbilanzeffekte". Einige wichtige Aspekte blieben aber bislang unberücksichtigt:

1. Veränderungen des Außenbeitrags eines Landes lösen i. d. R. auch Einkommenseffekte aus, und Einkommensänderungen können sich ihrerseits auf die Importnachfrage eines Landes auswirken. Durch solche Einkommenseffekte kommt es folglich zu Rückwirkungen auf die Exporte und die Importe. Damit aber besteht über die Einkommen der betrachteten Länder ein indirekter Zusammenhang zwischen dem Exportgüter- und dem Importgütermarkt.

2. Wird das Exportgüterpreisniveau eines Landes verändert, so kann dies auch Veränderungen der Preise anderer Güter dieses Landes nach sich ziehen. Steigt beispielsweise im Rahmen einer Abwertung der inländische Exportgüterpreis, so sind Veränderungen der Produktionsstruktur zugunsten der Exportgüter und zu Lasten anderer Güter möglich, die dann Anlaß für Preiserhöhungen bei den anderen Gütern geben können; preisinduzierte Verbesserungen der Gewinnsituation im Exportgüterbereich können einen allgemeinen Lohnkostenanstieg auslösen und darüber auch zu Preisanhebungen in anderen Produktionsbereichen führen. Hiervon können auch die Preise importkonkurrierender Güter betroffen sein. Ist das der Fall, so kommt es zu einem Einfluß auf die Importnachfrage des Landes, und folglich ergibt sich auch hierüber eine indirekte Beziehung zwischen dem Exportgüter- und dem Importgütermarkt.

3. Ändern sich, z. B. aufgrund einer Wechselkursänderung, die Preise importierter Endprodukte, so wird ceteris paribus das Realeinkommen der Nachfrager solcher Produkte beeinflußt. Dadurch kann es zu einkommensinduzierten Rückwirkungen auf die Importnachfrage kommen. Durch die Realeinkommensänderung sind darüber hinaus Wirkungen auf die Nachfrage nach heimischen Gütern und hierüber auf Produktion und Preise des betrachteten Landes möglich. Folglich ist nicht auszuschließen, daß die Importpreissteigerung letzten Endes auch den Exportgütermarkt berührt.

4. Werden die Preise von Importgütern verändert, die als Vorleistungen in den heimischen Produktionsprozeß fließen, so ergibt sich unmittelbar eine Veränderung der Produktionskosten. Daraus kann in dem betrachteten Land sowohl eine Einkommensänderung als auch eine Änderung der Güterpreise einschließ-

lich der Exportgüterpreise resultieren. Folglich ist von hierher mit einkommens-
und/oder preisinduzierten Rückwirkungen auf die Exportgüter- und die Importgütermärkte zu rechnen.

Bezieht man die hier skizzierten zusätzlichen Aspekte in die Analyse ein, so reichen die bisher hergeleiteten Elastizitätsbedingungen (die Robinson-Bedingung
oder die Marshall-Lerner-Bedingung) nicht mehr aus, um die Rückwirkungen einer
Wechselkursänderung auf die Leistungsbilanz und die Terms of Trade eines Landes
zu beurteilen. Es ist dann durchaus möglich, daß die Robinson- oder die Marshall-
Lerner-Bedingung erfüllt ist, eine Abwertung der Währung eines Landes aber dennoch keine Verbesserung der Leistungsbilanz bewirkt.[10] Verantwortlich dafür
könnten beispielsweise Rückwirkungen aus Einkommens- oder Preisänderungen
sein, durch die es zu einer Beeinträchtigung der Exporte und/oder zu einer Förderung der Importe kommt. Umgekehrt kann ein Elastizitätspessimismus, der sich
ausschließlich auf die Preiselastizitäten in der Robinson- oder der Marshall-Lerner-
Bedingung bezieht und der die Erwartung impliziert, die Leistungsbilanz würde
sich im Zuge einer Abwertung verschlechtern, unangebracht sein, wenn aus den
indirekten Einkommens- und Preiseffekten ausreichend starke positive Wirkungen
auf die Leistungsbilanz ausgehen. Um eine bessere Beurteilung der Wirkungen
einer Wechselkursänderung zu ermöglichen, sind die weiteren Untersuchungen darauf gerichtet

– Einkommensgrößen in die Export- und Importfunktionen eines Landes einzubeziehen und die Bedeutung internationaler Einkommensinterdependenzen herauszuarbeiten

– neben den direkten Preiseffekten auch die indirekten Einkommens- und Preiseffekte einer Wechselkursänderung zu erfassen und die Robinson- bzw. die Marshall-Lerner-Bedingung entsprechend zu korrigieren

---

[10] Die Robinson-Bedingung und insbesondere die Marshall-Lerner-Bedingung gaben häufig
Anlaß zu empirischen Untersuchungen über die Preiselastizitäten der Exporte und der
Importe eines Landes. Entsprechende Untersuchungen in den dreißiger und den vierziger
Jahren erbrachten relativ niedrige Preiselastizitäten der Export- und der Importnachfrage.
Hieraus resultierte zu jener Zeit ein gewisser Elastizitätspessimismus. Neuere Untersuchungen in den sechziger und den siebziger Jahren, bei denen teilweise neben den Preiselastizitäten der Nachfrage auch die Preiselastizitäten des Angebots geschätzt wurden, führten dagegen zu Elastizitätswerten, die für die meisten westlichen Industrieländer die Erfüllung der Marshall-Lerner- oder der Robinson-Bedingung erwarten ließen. Der Elastizitätspessimismus kehrte sich dadurch in einen Elastizitätsoptimismus um. Siehe hierzu
beispielsweise: G. H. Orcutt, Measurement of Price Elasticities in International Trade, in:
Review of Economics and Statistics, Vol. 32, 1950, S. 117 ff. D. M. Heien, Structural Stability and the Estimation of International Import Price Elasticities, in: Kyklos, Vol. 21, 1968,
S. 695 ff. H. S. Houthakker und S. P. Magee, Income and Price Elasticities in World Trade,
in: Review of Economics and Statistics, Vol. 51, 1969, S. 111 ff. F. E. Adams und
H. B. Junz, The Effect of the Business Cycle on Trade Flows of Industrial Countries, in:
Journal of Finance, Vol. 26, 1971, S. 267 ff. R. M. Stern, J. Francis und B. Schumacher,
Price Elasticities in International Trade – An Annotated Bibliography, London 1976.
M. Goldstein und M. S. Khan, Large Versus Small Price Changes and the Demand for
Imports, in: IMF Staff Papers, Vol. 23, 1976, S. 200 ff. Dieselben, The Supply and Demand
for Exports: A Simultaneous Approach, in: Review of Economics and Statistics, Vol. 60,
1978, S. 275 ff. J. A. Stone, Price Elasticities of Demand for Imports and Exports: Industry
Estimates for the U. S., the E. E. C. and Japan, in: Review of Economics and Statistics, Vol.
61, 1979, S. 306 ff.

- die aus den direkten und indirekten Preis- und Einkommenseffekten resultierenden Zusammenhänge zwischen dem Exportgüter- und dem Importgütermarkt zu verdeutlichen

- zwischen importierten Endprodukten und importierten Zwischenprodukten zu unterscheiden und die Bedeutung dieser Differenzierung für die Wirkungsrichtungen einer Wechselkursänderung aufzuzeigen.

C-6: Internationale Einkommensinterdependenzen

C-6.1: Ein Zwei-Länder-Modell des internationalen Gütermarktes

Die folgenden Untersuchungen konzentrieren sich auf die Zusammenhänge zwischen den gesamtwirtschaftlichen Einkommen von zwei Ländern – als Inland und als Ausland bezeichnet. Hierzu wird zunächst ein makroökonomisches Modell formuliert, in dem die heimische Güternachfrage sowie die Nachfrage nach Importgütern jeweils für das In- und das Ausland erklärt werden. Mit einer Reihe von Annahmen wird die Analyse vorerst noch relativ einfach gehalten:

1. Das Güterangebot ist in jedem Land vollkommen elastisch und paßt sich immer vollständig der Güternachfrage an; die Güterpreise bleiben deshalb von Nachfrageveränderungen unberührt.

2. Die gesamtwirtschaftlichen Preisniveaus beider Länder haben einen Wert von Eins; der Wechselkurs ist konstant und hat ebenfalls einen Wert von Eins; eine Unterscheidung von nominalen und realen Größen ist somit nicht erforderlich.

3. Die Nachfrage nach den Gütern des Inlands und des Auslands wird jeweils undifferenziert in einer einzigen Aggregatgröße erfaßt; die in einem Land produzierten Güter sind somit homogen in dem Sinne, daß sie gleichzeitig heimische Nachfrage befriedigen, importkonkurrierend sind und ins andere Land exportiert werden.

4. Von den Geld- und Kapitalmärkten des In- und Auslands gehen keine Störungen auf die Güternachfrage aus; Zinssätze bleiben deshalb unberücksichtigt.

Im Zuge von Modellerweiterungen werden diese Annahmen später sukzessive aufgehoben.

Die Nachfrage nach den Gütern des Inlands setzt sich wie folgt zusammen:

(C-44) $\qquad Y = A(Y) + M^*(Y^*) - M(Y)$

A ist die Nachfrage der Inländer nach heimischen und nach ausländischen Gütern. Es ist üblich, diese Nachfrage als heimische Absorption zu bezeichnen. Die heimische Absorption hängt vom Inlandseinkommen Y ab, das in diesem Modell der gesamten Güternachfrage entspricht. M sind die Importe des Inlands, die ebenfalls vom inländischen Einkommen abhängen. M^* gibt die Importe des Auslands an; diese entsprechen den inländischen Exporten. Die Determinante dieser Größe ist das Einkommen des Auslands Y^*. Vereinfachend sei das Nachfrageverhalten im In- und Ausland durch lineare Zusammenhänge beschrieben, und die Gleichung (C-44) lautet dann:

(C-44a) $\qquad Y = \bar{A} + cY + \bar{M}^* + m^*Y^* - \bar{M} - mY$

$\bar{A}$, $\bar{M}^*$ und $\bar{M}$ sind autonome Nachfragegrößen, der Koeffizient c ist die marginale heimische Absorptionsquote und die Koeffizienten m bzw. m* entsprechen der inländischen bzw. ausländischen marginalen Importquote. Die Zusammensetzung der Nachfrage nach den Gütern des Auslands läßt sich analog zur Gleichung (C-44) bzw. (C-44a) formulieren:

(C-45) $\qquad Y^* = A^*(Y^*) + M(Y) - M^*(Y^*)$

(C-45a) $\qquad Y^* = \bar{A}^* + c^* Y^* + \bar{M} + mY - \bar{M}^* - m^* Y^*$

Um die Interdependenzen zwischen dem in- und dem ausländischen Einkommen unmittelbar sichtbar zu machen, werden die Gleichungen (C-44a) und (C-45a) nach Y bzw. nach Y* aufgelöst:

(C-46) $\qquad Y = \dfrac{1}{1 - c + m} \left(\bar{A} + \bar{M}^* - \bar{M} + m^* Y^*\right)$

(C-47) $\qquad Y^* = \dfrac{1}{1 - c^* + m^*} \left(\bar{A}^* + \bar{M} - \vec{M}^* + mY\right)$

Die Differenz $1 - c$ bzw. $1 - c^*$ kann als marginale Sparquote des Inlands bzw. des Auslands definiert werden. Der Begriff „marginale Hortungsquote" ist statt dessen ebenfalls gebräuchlich. Die marginalen Sparquoten seien im folgenden mit s bzw. s* bezeichnet.

Die Gleichungen (C-46) und (C-47) sind in der Abbildung C.15 dargestellt worden. Aus den Steigungen der Einkommensgeraden läßt sich unmittelbar die Stärke der Interdependenzen bzw. der internationalen Rückwirkungen ablesen. Diese ergeben sich wie folgt aus den Gleichungen (C-46) bzw. (C-47):

(C-46a) $\qquad dY/dY^* = \dfrac{m^*}{1 - c + m} = \dfrac{m^*}{s + m}$ $\qquad$ (tg α)

(C-47a) $\qquad dY^*/dY = \dfrac{m}{1 - c^* + m^*} = \dfrac{m}{s^* + m^*}$ $\qquad$ (tg β)

Die Stärke der Interdependenzen zwischen den Einkommen der beiden Länder hängt somit von der Größenordnung der marginalen Spar- und Importquoten ab. In diesem Zusammenhang ist allerdings auch die relative Größe der beiden Länder zu beachten. Je kleiner beispielsweise das Inland im Vergleich zum Ausland ist, desto geringer ist der relative Einfluß einer Änderung des inländischen Einkommens auf das Auslandseinkommen, und entsprechend geringer wird die Bedeutung der internationalen Rückwirkungen.[11] In der Gleichung (C-46a) kommt dies in der

---

[11] Aus der Gleichung (C-47a) läßt sich die relative Änderung des ausländischen Einkommens in bezug auf eine bestimmte relative Änderung des inländischen Einkommens wie folgt ableiten:

(a) $\qquad \dfrac{dY^*}{Y^*} \Big/ \dfrac{dY}{Y} = \dfrac{m}{s^* + m^*} \dfrac{Y}{Y^*}$

Y/Y* gibt die relative Größe der Länder wieder. Geht diese Größe gegen Null, so wird schließlich auch die relative Änderung des ausländischen Einkommens vernachlässigbar gering.

Abbildung C.15:

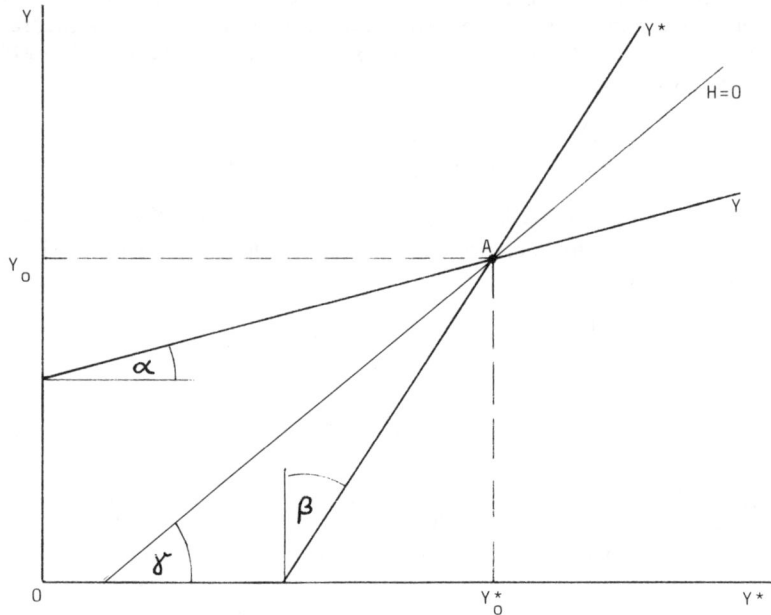

marginalen Importquote m* des Auslands zum Ausdruck: je kleiner das Inland ist, desto kleiner ist auch die für das Inland relevante ausländische Importquote.[12] Im Extremfall wird es dann möglich, die internationalen Rückwirkungen für das Inland völlig zu vernachlässigen, so wie es in den makroökonomischen Analysen, die nur ein Land betrachten, üblich ist. Die Einkommensgerade des Inlands würde dann in der Abbildung C.15 parallel zur Y*-Achse verlaufen.

Der Saldo der Leistungsbilanz ergibt sich in dem hier verwendeten einfachen Makromodell aus der Differenz der Güterexporte und Güterimporte, die schon weiter oben in den Einkommensgleichungen der beiden Länder erfaßt wurden. Der Leistungsbilanzsaldo, im folgenden mit H bezeichnet, lautet somit:

(C-48) $H = M^*(Y^*) - M(Y)$

(C-48a) $H = \bar{M}^* + m^* Y^* - \bar{M} - mY$

---

[12] Die marginale Importquote des Auslands läßt sich auch wie folgt schreiben:

(b) $m^* = \dfrac{M^*}{Y^*} \, \varepsilon_{M^*,Y^*}$ mit: $\varepsilon_{M^*,Y^*} = \dfrac{\delta M^*}{M^*} \Big/ \dfrac{\delta Y^*}{Y^*}$

ε_{M^*,Y^*} ist die Elastizität der ausländischen Importnachfrage in bezug auf das ausländische Einkommen. Je größer das Ausland relativ zum Inland ist, desto kleiner ist die für das Inland relevante durchschnittliche Importquote des Auslands M^*/Y^*. Die Elastizität ist demgegenüber i. d. R. von der relativen Größe eines Landes unabhängig. Folglich ist für eine bestimmte Elastizität die marginale Importquote um so kleiner, je kleiner die durchschnittliche Importquote ist.

Tabelle C.4:

Exogen Endogen	$d\bar{A}$	$d\bar{A}^*$	$d\bar{M}$	$d\bar{M}^*$
dY	$b\left(1 + \dfrac{m^*}{s^*}\right)$	$b\dfrac{m^*}{s^*}$	$-b$	b
dY^*	$b^*\dfrac{m}{s}$	$b^*\left(1 + \dfrac{m}{s}\right)$	b^*	$-b^*$
dH	$-bm$	b^*m^*	$-bs = -b^*s^*$	$bs = b^*s^*$

$$b = \frac{1}{s + m + m^*\dfrac{s}{s^*}} > 0 \qquad\qquad b^* = \frac{1}{s^* + m^* + m\dfrac{s^*}{s}} > 0$$

Ein positiver Wert von H bedeutet für das Inland einen Leistungsbilanzüberschuß und entsprechend für das Ausland ein Leistungsbilanzdefizit. Die Leistungsbilanz ist ausgeglichen (H = 0), wenn die folgende Bedingung erfüllt ist:

(C-49) $Y = \dfrac{m^*}{m} Y^* + \dfrac{1}{m} (\bar{M}^* - \bar{M})$

In der Abbildung C.15 ist dieser Zusammenhang mit der „Leistungsbilanzgeraden" H = 0 dargestellt worden. Nach der Gleichung (C-49) beträgt die Steigung dieser Geraden $dY/dY^* = m^*/m$ (tg γ). Oberhalb (unterhalb) der Leistungsbilanzgeraden liegen alle Kombinationen der Einkommen Y und Y*, die für das Inland (das Ausland) ein Leistungsbilanzdefizit implizieren.

Wird – jeweils isoliert – eine der exogenen Größen des Modells verändert, so ergeben sich die in der Tabelle C.4 zusammengestellten Wirkungen auf die Einkommen des In- und des Auslands sowie auf den Leistungsbilanzsaldo.[13] Im folgenden sollen allerdings nur die Wirkungen einer Erhöhung der autonomen heimischen Absorption der Inländer um dĀ sowie der autonomen Importe des Auslands um dM̄* näher untersucht werden.

C-6.2: Wirkungen einer Veränderung der heimischen Absorption

Der Einkommensmultiplikator des Inlands dY/dA ist um so größer, je kleiner die in- und die ausländische marginale Sparquote (s und s*), je kleiner die marginale Importquote m dieses Landes und je größer die marginale Importquote m* des anderen Landes sind. Für den Einkommensmultiplikator $dY^*/d\bar{A}^*$ des Auslands gilt das entsprechend. Diese Zusammenhänge sind zwingend, wenn man sich verdeutlicht, daß – bezogen auf den Einkommensmultiplikator des Inlands – der direkte Einkommenseffekt (ohne internationale Rückwirkungen) der Absorptionssteigerung um so größer ist, je weniger dem inländischen Einkommenskreislauf durch Ersparnisbildung und Importe entzogen wird, und daß der durch die internationalen Rückwirkungen induzierte Einkommenseffekt um so größer ist, je stärker zum

---

[13] Zur Herleitung siehe den Anhang C.5.

einen der Einkommenszuwachs im Ausland ausfällt und je mehr daraus zum anderen die ausländischen Importe (die inländischen Exporte) angeregt werden. Ein hoher Einkommenszuwachs im Ausland erfordert aber eine möglichst geringe Ersparnisbildung, wogegen eine starke Reaktion der Importnachfrage eine möglichst große marginale Importquote voraussetzt.

In einer grafischen Darstellung lassen sich die Einkommenseffekte besonders klar veranschaulichen (siehe die Abbildung C.16). Der direkte Einkommenseffekt (ohne internationale Rückwirkungen) kommt in der Parallelverschiebung der inländischen Einkommensgeraden von Y_a nach Y_b zum Ausdruck. Die Strecke AB entspricht dem Einkommenszuwachs

(a) $$dY_d = Y_1 - Y_0 = \frac{1}{s + m}\, d\bar{A}.$$

Der durch die internationalen Rückwirkungen induzierte Einkommenseffekt beträgt insgesamt

(b) $$dY_i = Y_n - Y_1 = \frac{m^*}{s + m}\, dY^*.$$

Dieser Einkommenseffekt läßt sich als das Ergebnis einer Reihe von Anpassungsvorgängen begreifen, bei denen in zeitlicher Abfolge Rückwirkungen zwischen dem in- und dem ausländischen Einkommen stattfinden. Das sei ansatzweise skizziert. Der Einkommenszuwachs dY_d induziert eine Zunahme der inländischen Importe um $dM_1 = m\, dY_1$, woraus sich im Ausland eine Einkommenserhöhung um

Abbildung C.16:

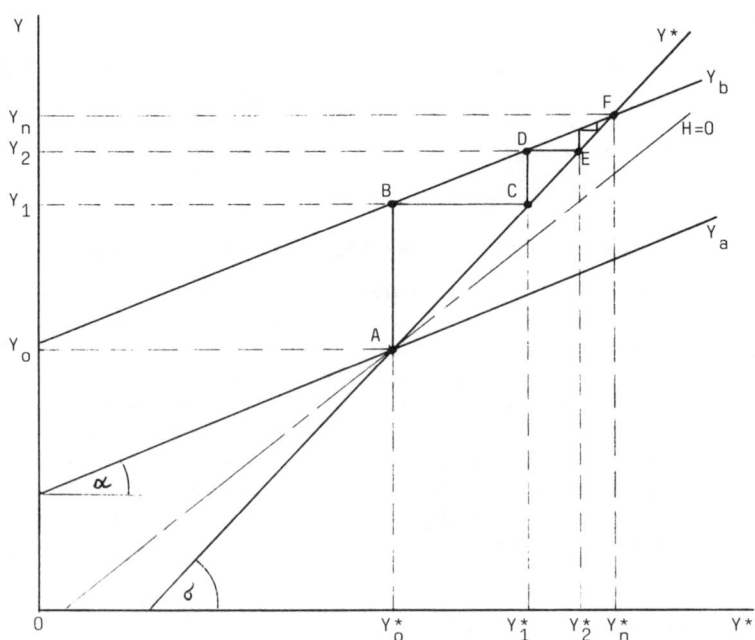

(c) $\qquad dY_1^* = Y_1^* - Y_0^* = \dfrac{1}{s^* + m^*} dM_1$

ergibt (Strecke BC). Hierdurch nehmen die ausländischen Importe um dM_1^* = $m^* dY_1^*$ zu. Das Einkommen des Inlands steigt somit weiter an, und zwar um

(d) $\qquad dY_2 = Y_2 - Y_1 = \dfrac{1}{s + m} dM_1^*$ (Strecke CD).

Erneut wird hierdurch eine Zunahme der inländischen Importe (um dM_2 = $m dY_2$) induziert, und folglich kommt es nochmals zu einer Erhöhung des ausländischen Einkommens, jetzt um

(e) $\qquad dY_2^* = Y_2^* - Y_1^* = \dfrac{1}{s^* + m^*} dM_2$ (Strecke DE).

Wenn überhaupt wieder ein neues internationales Einkommensgleichgewicht erreicht wird, wenn also das System in diesem Sinne stabil ist, werden die Einkommenszuwächse im Laufe des Anpassungsprozesses immer geringer.[14] In diesem Fall stellt sich schließlich im Punkt F bei den Einkommen Y_n und Y_n^* ein neues internationales Gleichgewicht ein.

Der neue Gleichgewichtspunkt liegt im Gebiet oberhalb der Leistungsbilanzgeraden H = 0. Damit macht auch die grafische Darstellung deutlich, daß – ausgehend von einer ausgeglichenen Leistungsbilanz – die Leistungsbilanz des Inlands ins Defizit gerät und das Ausland entsprechend einen Leistungsbilanzüberschuß erzielt. Wie die Tabelle C.4 zeigt, wird das Defizit des Inlands um so größer, je kleiner einerseits die marginale Sparquote des Inlands sowie die marginale Importquote des Auslands und je größer andererseits die marginale Sparquote des Auslands sowie die marginale Importquote des Inlands sind. Der Einkommenseffekt im Inland sowie die einkommensinduzierten Importe des Inlands sind nämlich besonders groß, wenn auch die marginale heimische Absorptionsquote sowie die marginale Importquote hohe Werte aufweisen. Für den Einkommenseffekt im Ausland sowie die einkommensinduzierten Importe des Auslands gilt das analog.

Wenn das Inland relativ klein ist, sind internationale Rückwirkungen nur von geringer Bedeutung. Die Zunahme der heimischen Absorption sowie die dadurch induzierte Erhöhung der Importe des Inlands machen sich dann nämlich im Ausland kaum bemerkbar. Treten überhaupt keine internationalen Rückwirkungen auf, z. B. für den Fall, daß die Größe des Inlands im Vergleich zum Ausland unbedeutend ist, so ändern sich das Einkommen und der Leistungsbilanzsaldo des Inlands wie folgt:

(C-50) $\qquad dY = \dfrac{1}{s + m} d\bar{A}$

---

[14] Die Stabilität ist gegeben, wenn die Steigung $\mathrm{tg}\,\alpha = m^*/(s + m)$ der Einkommensgeraden des Inlands kleiner ist als die Steigung $\mathrm{tg}\,\delta = (s^* + m^*)/m$ der Einkommensgeraden des Auslands. Folglich lautet die Stabilitätsbedingung: $ss^* + sm^* + s^*m > 0$. Diese Bedingung ist beispielsweise eindeutig erfüllt, wenn die marginalen Spar- und Importquoten jeweils positiv sind.

(C-51) $H = -\dfrac{m}{s+m}\, d\bar{A}$

Der in der Tabelle C.4 und in der Abbildung C.16 erfaßte Rückwirkungseffekt m*dY* ist hier mit Null anzusetzen.

C-6.3: Wirkungen einer Veränderung der autonomen Importe des Auslands

Erhöht das Ausland seine autonomen Importe, so ergibt sich – jeweils nach Abschluß der Rückwirkungsvorgänge – für das Ausland ein negativer Einkommens- und Leistungsbilanzeffekt, für das Inland dagegen ein positiver Einkommens- und Leistungsbilanzeffekt (siehe die Tabelle C.4). Der Einkommenseffekt fällt im Inland um so höher aus, je kleiner die marginale Sparquote und die marginale Importquote des Inlands, je kleiner die marginale Importquote des Auslands und je größer die marginale Sparquote des Auslands sind. Je größer nämlich die marginale Sparquote des Auslands ist, desto geringer fällt dort ceteris paribus die Einkommensreduktion aus, und je kleiner die marginale Importquote dieses Landes ist, desto weniger wirkt sich diese Einkommensverringerung auf das Inland exportmindernd aus. Demgegenüber ist der positive Einkommensimpuls im Inland ceteris paribus um so größer, je weniger dem inländischen Einkommenskreislauf durch Ersparnisse und Importe entzogen wird. Für das Ausland gelten diese Überlegungen hinsichtlich eines relativ hohen negativen Einkommenseffektes entsprechend. Analog lassen sich aber auch die Bedingungen für eine möglichst geringe Reduktion des ausländischen Einkommens bestimmen: die Einkommensreduktion ist um so geringer, je größer die marginale Sparquote und die marginale Importquote des Auslands, je größer die marginale Importquote des Inlands und je kleiner die marginale Sparquote des Inlands sind. Die Erklärung hierfür folgt unmittelbar aus den zuvor skizzierten Zusammenhängen.

Ausgehend von einer ausgeglichenen Leistungsbilanz, erzielt das Inland aufgrund der zusätzlichen (autonomen) Nachfrage des Auslands nun einen Überschuß. Der Leistungsbilanzüberschuß ist um so höher, je größer die marginale Sparquote des Inlands (oder des Auslands) und je kleiner die marginalen Importquoten des In- und Auslands sind. Eine hohe inländische marginale Sparquote bedeutet nämlich, daß die Erhöhung der autonomen Importe des Auslands im Inland nur eine relativ geringe Einkommenserhöhung bewirkt und somit auch nur eine relativ geringe Zunahme der einkommensinduzierten inländischen Importe eintritt. Eine weitere Bedingung für eine nur geringe Erhöhung der einkommensinduzierten Importe ist die relativ geringe marginale Importquote des Inlands. Eine relativ kleine marginale Importquote des Auslands impliziert schließlich, daß die Reduktion des ausländischen Einkommens nur eine relativ geringe Abnahme der inländischen Exporte nach sich zieht.

Die Reaktion der Leistungsbilanz $dH = bsd\bar{M}^* = b^*s^*d\bar{M}^*$ zeigt ein interessantes Ergebnis auf. Ist die marginale Sparquote in einem der beiden Länder Null, so ändert sich der Leistungsbilanzsaldo aufgrund einer Erhöhung der autonomen Importe des Auslands (oder – wie die Tabelle C.4 zeigt – des Inlands) nicht. Ist nämlich beispielsweise die marginale Sparquote des Inlands Null, so nimmt dort die heimische Absorption genau um den Betrag der Einkommenserhöhung zu. Folglich muß dem Anstieg der Exporte dieses Landes, der je aus der Erhöhung der autonomen Importe des Auslands resultiert, eine gleich große Zunahme der inländischen Importe gegenüberstehen. Demnach verändern sich zwar die Exporte und Importe des Inlands, doch der Leistungsbilanzsaldo bleibt unverändert. Damit aber kann es auch keine Änderung des Leistungsbilanzsaldos für das Ausland gegeben haben.[15] Für den Fall, daß die marginale Sparquote des Auslands Null ist, lassen sich diese Überlegungen analog anwenden.

C-7: Einkommens-, Preis- und Leistungsbilanzeffekte einer Wechselkursänderung

C-7.1: Wirkungsanalyse für ein vollkommen preiselastisches Güterangebot

Neben den Einkommensgrößen des Inlands (Y) und des Auslands (Y*) werden nun Güterpreise als weitere Determinanten in die Export- und die Importfunktion eines Landes – hier des Inlands – einbezogen. Der Zusammenhang zwischen Güterpreisen und mengenmäßigen Exporten bzw. Importen war bereits eine wesentliche Grundlage der weiter oben durchgeführten partiellen Analyse der Exportgüter- und Importgütermärkte. Dort wurde allerdings nur die direkte Abhängigkeit der Exporte bzw. der Importe vom zugehörigen Preisniveau des Lieferlandes (jeweils umgerechnet in die Währung des betrachteten Landes) erfaßt. Die Exporte eines Landes hängen aber nicht nur vom Lieferantenpreis, also vom Exportgüterpreis dieses Landes ab, sondern je nach Stärke der Substitutionskonkurrenz auch vom Preis der exportkonkurrierenden Güter des Auslands. Gleichermaßen spielt für die Importe eines Landes, sofern es dort Substitutionsprodukte gibt, auch der Preis der importkonkurrierenden Güter eine Rolle. Um solche Einflüsse zu berücksichtigen, wird im folgenden jeweils in die Export- und die Importfunktion eine Preisrelation anstelle eines einzigen Preisniveaus einbezogen.

Wie schon im oben diskutierten Zwei-Länder-Modell, so sei auch hier die Güterproduktion des Inlands bzw. des Auslands in einer einzigen realen Größe zusammengefaßt, die dem Realeinkommen Y des Inlands bzw. Y* des Auslands entspricht. Das Güterkonglomerat Y bzw. Y* enthält wiederum undifferenziert zugleich Güter für den heimischen Bedarf, Exportgüter und importkonkurrierende Güter. Für diese Güter gebe es im Inland ein einheitliches Preisniveau von P (ausgedrückt in Inlandswährung) und im Ausland ein einheitliches Preisniveau von P* (ausgedrückt in Auslandswährung). Das Inlandspreisniveau P gilt somit zugleich als Preis für die Exportgüter und für die importkonkurrierenden Güter des Inlands, und das Auslandspreisniveau P* hat entsprechend Gültigkeit für die Exportgüter und die importkonkurrierenden Güter des Auslands. Aus diesen Preisniveaus ergibt sich – nach Umrechnung in eine bestimmte Währung – die für die Exporte und die Importe relevante Preisrelation:

(C-52) $q = P/wP^*$

(C-52a) $q^* = wP^*/P = 1/q$

---

[15] Das hier skizzierte Ergebnis ist von zentraler Bedeutung im sogenannten Absorptionsansatz, in dem es primär um die Analyse von Wechselkurswirkungen auf die Leistungsbilanz geht. Siehe hierzu: K. Rose, Theorie der Außenwirtschaft, 10. Aufl., München 1989, S. 174–186.

Da P das Exportgüterpreisniveau und wP^* das Importgüterpreisniveau (jeweils in Inlandswährung) des Inlands ist, gibt q die Terms of Trade des Inlands an. Entsprechend steht q^* für die Terms of Trade des Auslands.

Aus inländischer Sicht lassen sich nun die folgenden Funktionen der Exportnachfrage und der Importnachfrage formulieren:

(C-53) $E = E(Y^*, q)$ mit: $m^* = \dfrac{\delta E}{\delta Y^*} > 0$, $n_E = \dfrac{\delta E}{\delta q} \dfrac{q}{E} \leq 0$

(C-54) $M = M(Y, q^*)$ mit: $m = \dfrac{\delta M}{\delta Y} > 0$, $n_M = \dfrac{\delta M}{\delta q^*} \dfrac{q^*}{M} \leq 0$

m^* ist die bereits eingeführte marginale Importquote des Auslands, und m ist entsprechend die marginale Importquote des Inlands. Mit n_E wird die Preiselastizität der ausländischen Nachfrage nach den Exportgütern des Inlands, mit n_M die Preiselastizität der inländischen Importnachfrage bezeichnet. Die beiden Preiselastizitäten sind i. d. R. negativ, sie können im Extremfall aber auch den Wert Null annehmen. Die Exporte E werden in physischen Einheiten der inländischen Produktion, die Importe M in physischen Einheiten der ausländischen Produktion ausgedrückt. Für die weiteren Untersuchungen ist es wichtig, zwischen den mengenmäßigen Ex- und Importen auf der einen Seite und den realen Ex- und Importen auf der anderen Seite zu unterscheiden. E entspricht den mengenmäßigen Importen des Auslands, M den mengenmäßigen Importen des Inlands. Andererseits gibt die Größe E zugleich die sogenannten realen Exporte des Inlands und die Größe M die sogenannten realen Exporte des Auslands an. Der Bestimmung dieser realen Größen liegt das Preisniveau P der inländischen Produktion bzw. das Preisniveau P^* der ausländischen Produktion zugrunde. Folglich ist PE der Exportwert des Inlands und P^*M der Exportwert des Auslands, jeweils in der entsprechenden Landeswährung nominiert.

Der wertmäßige Saldo der Leistungsbilanz H^n des Inlands setzt sich bei Nominierung in Inlandswährung also wie folgt zusammen:

(C-55) $H^n = PE - wP^*M = E^n - M^n$

Dividiert man durch das inländische Preisniveau P, so ergibt sich der reale Leistungsbilanzsaldo des Inlands:

(C-55a) $H = H^n/P = E - wP^*M/P$

Die realen Importe des Inlands sind also durch die Größe wP^*M/P gegeben. Hier wird deutlich, daß ein wesentlicher Unterschied zu den mengenmäßigen Importen, mit M bezeichnet, vorliegt. Unter Berücksichtigung der Definition der Terms of Trade gemäß Gleichung (C-52a) lassen sich die realen Importe des Inlands auch wie folgt ausdrücken:

(C-55b) $wP^*M/P = q^*M$

Den zunächst folgenden Untersuchungen liegt die Annahme zugrunde, daß sowohl das inländische Angebot auf dem Exportgütermarkt als auch das ausländische Angebot auf dem Importgütermarkt vollkommen elastisch ist. Die Exporte und die Importe des Inlands sind somit ausschließlich nachfragedeterminiert, und eine Unterscheidung von Nachfrage- und Angebotsgrößen auf dem Exportgüter- und dem Importgütermarkt ist deshalb nicht erforderlich. Veränderungen der Nachfrage haben bei dieser Annahme keinen Einfluß auf das inländische Preisniveau P bzw. auf das ausländische Preisniveau P*. Der Wechselkurs w wird – z. B. im Rahmen eines Systems fester Währungsparitäten – als eine exogen fixierte Größe behandelt. Allerdings sind autonome Veränderungen der beiden Preisniveaus P und P* sowie des Wechselkurses w möglich. Die Veränderung einer dieser Größen impliziert zugleich eine Veränderung der Terms of Trade des Inlands und des Auslands. Im folgenden soll nun gezeigt werden, wie sich eine Veränderung der Terms of Trade auf Exporte und Importe sowie auf den Saldo der Leistungsbilanz des Inlands auswirkt. Vereinfachend sei angenommen, daß die Leistungsbilanz in der Ausgangssituation, also vor Änderung der Terms of Trade, ausgeglichen ist. Damit lassen sich die hier abgeleiteten Ergebnisse auch unmittelbar mit den Ergebnissen vergleichen, die zur Robinson- bzw. zur Marshall-Lerner-Bedingung geführt haben.

Aufgrund einer Veränderung der Terms of Trade um dq ergibt sich aus der Gleichung (C-55a) die folgende Änderung des realen Leistungsbilanzsaldos:[16]

$$(C\text{-}56) \qquad dH = -q^* m\, dY + \frac{E}{q}(1 + n_E + n_M)\, dq$$

E, q und q* sind die realen Exporte, die Terms of Trade des Inlands und die Terms of Trade des Auslands jeweils in der Ausgangssituation, m ist die marginale Importquote des Inlands und n_E und n_M sind die Preiselastizitäten der Exporte bzw. der Importe.

Analog zur Gleichung (C-44) setzt sich die reale Nachfrage Y nach Gütern des Inlands aus der realen heimischen Absorption A und dem realen Leistungsbilanzsaldo H – der Differenz zwischen den realen Exporten und den realen Importen des Inlands – zusammen:

$$(C\text{-}57) \qquad Y = A(Y) + H$$

Die heimische Absorption wird auch hier in Abhängigkeit vom inländischen Realeinkommen erklärt. Später ist allerdings zu zeigen, daß die heimische Absorption darüber hinaus von den Terms of Trade abhängig sein kann. Hier bleibt dieser Aspekt jedoch unberücksichtigt. Aus den Gleichungen (C-56) und (C-57) ist die Veränderung des Realeinkommens zu berechnen:[17]

$$(C\text{-}58) \qquad dY/dq = \frac{E}{q} \frac{1}{1 - c + q^* m}(1 + n_E + n_M)$$

Neben den Größen E, q und q* in der Ausgangssituation, der marginalen Importquote m und den Preiselastizitäten n_E und n_M besitzt hier die marginale Absorptionsquote c einen wichtigen Einfluß. Die marginale Absorptionsquote ist bekanntlich im Normalfall kleiner als Eins, sie kann jedoch im Extremfall den Wert Eins annehmen.

---

[16] Siehe hierzu den Anhang C.6.
[17] Siehe hierzu den Anhang C.6.

Wird der Einkommenseffekt gemäß Gleichung (C-58) in die Gleichung (C-56) eingefügt, so ergibt sich für die Reaktion des realen Leistungsbilanzsaldos:

$$(C\text{-}59) \qquad dH/dq = \frac{E}{q} \; \frac{1-c}{1-c+q^*m} \, (1 + n_E + n_M)$$

Da die Leistungsbilanz in der Ausgangssituation annahmegemäß ausgeglichen ist, besteht ein einfacher Zusammenhang zwischen den Veränderungen des realen und des wertmäßigen bzw. nominellen Leistungsbilanzsaldos:[18] $dH^n = PdH$. Somit läßt sich die Reaktion der nominellen Leistungsbilanz leicht aus der Gleichung (C-59) gewinnen:

$$(C\text{-}59a) \qquad dH^n/dq = \frac{E^n}{q} \; \frac{1-c}{1-c+q^*m} \, (1 + n_E + n_M)$$

Durch die Berücksichtigung des Einkommenseffektes hängt die Reaktion der Leistungsbilanz – sowohl des realen als auch des wertmäßigen Saldos – nicht mehr nur von den Preiselastizitäten der Export- und Importnachfrage ab. Von zentraler Bedeutung ist nun auch die marginale Absorptionsquote c. Die Leistungsbilanz bleibt unabhängig von den Preiselastizitäten unverändert, wenn die marginale Absorptionsquote den Wert Eins hat. Der durch die Veränderung der Terms of Trade gemäß Gleichung (C-56) verursachte Leistungsbilanzeffekt $dH/dq = E/q(1 + n_E + n_M)$ wird in diesem Fall von dem einkommensinduzierten Leistungsbilanzeffekt $dH/dq = -q^*mdY$ genau kompensiert.

Auf dieses Ergebnis deuteten bereits die Untersuchungen im Rahmen des Zwei-Länder-Modells hin; dort zeigte sich, daß eine Veränderung der autonomen Importe des Auslands bzw. der autonomen Exporte des Inlands letztlich keine Änderung des Leistungsbilanzsaldos bewirkt, wenn c = 1 gilt. Die dort gegebene Erklärung läßt sich hier sinngemäß wiederholen: ist die marginale Absorptionsquote Eins, so verändert sich die reale heimische Absorption – sofern es, wie hier unterstellt, keine autonomen Änderungen gibt – exakt um den Betrag der Realeinkommensänderung bzw. der Änderung der realen inländischen Produktion, und folglich müssen die Veränderungen der realen Exporte und der realen Importe übereinstimmen.

Geht man von dem Normalfall einer marginalen Absorptionsquote von c < 1 aus, so wird die Reaktionsrichtung der Leistungsbilanz allerdings von den Preiselastizitäten n_E und n_M der Export- und der Importnachfrage bestimmt; und gemäß Gleichung (C-58) hängt auch die Richtung des Einkommenseffektes von diesen Elastizitäten ab.

Eine Reduktion der Terms of Trade ist auf eine Verringerung des inländischen Preisniveaus (dP < 0) oder eine Erhöhung des ausländischen Preisniveaus (dP* > 0) oder auf eine Abwertung der inländischen Währung (dw > 0) zurückzuführen. Demgemäß kann man von einer normalen Reaktion der Leistungsbilanz und zugleich von einer normalen Einkommensreaktion sprechen, wenn sich im Zuge einer Reduktion der Terms of Trade eine Verbesserung der Leistungsbilanz und eine Zunahme des Realeinkommens ergibt. Eine solche normale Reaktion liegt vor, wenn die schon bekannte Marshall-Lerner-Bedingung erfüllt ist:

$$(C\text{-}60) \qquad dH^n/dq < 0, \quad dH/dq < 0 \quad \text{und} \quad dY/dq < 0, \quad \text{wenn} \quad -n_E - n_M > 1!$$

---

[18] Es gilt: $dH^n = PdH + HdP$. Wegen H = 0 folgt: $dH^n = PdH$.

Abbildung C.17:

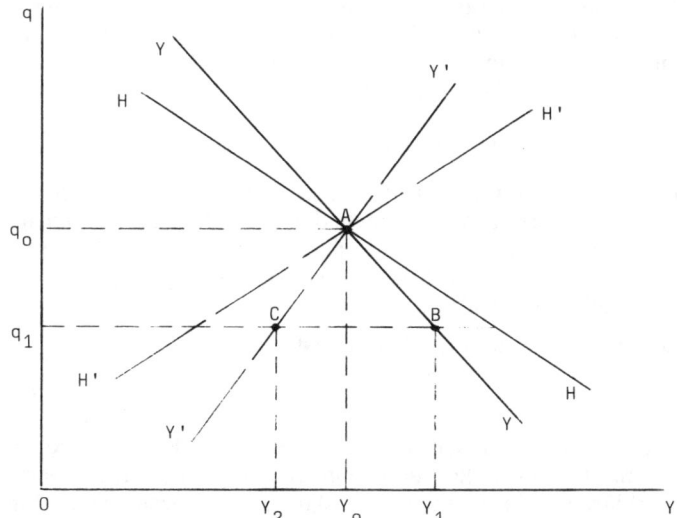

Die Summe der (jeweils negativen) Preiselastizitäten der Export- und Importnachfrage muß also für eine normale Reaktion (absolut) größer als Eins sein. Wie schon früher bei der Ableitung der Marshall-Lerner-Bedingung, so ist auch hier vorausgesetzt, daß die Leistungsbilanz in der Ausgangssituation ausgeglichen ist und auf dem Exportgüter- und dem Importgütermarkt ein vollkommen elastisches Angebot vorliegt.

Die zuvor abgeleiteten Ergebnisse sind in der Abbildung C.17 grafisch skizziert worden. Die Linie YY und alternativ dazu die Linie Y'Y' (im folgenden Y-Linie genannt) zeigen jeweils das inländische Realeinkommen in Abhängigkeit von den Terms of Trade. Die Steigung dieser Linie läßt sich unmittelbar der Gleichung (C-58) entnehmen. Bei Gültigkeit der Marshall-Lerner-Bedingung (C-60) ist die Steigung negativ, und für den Fall, daß die Summe der Preiselastizitäten der Export- und Importnachfrage absolut kleiner als Eins ist, ergibt sich eine positive Steigung. Die Linie HH und dazu alternativ die Linie H'H' (im folgenden H-Linie genannt) beinhalten jeweils die Kombinationen von Y und q, die eine ausgeglichene Leistungsbilanz implizieren. Die Steigung dieser Linie ergibt sich aus der Gleichung (C-56), wenn dort $dH = 0$ gesetzt wird. Wie der Vergleich mit der Beziehung (C-58) zeigt, weist die H-Linie bei $c < 1$ eine größere Steigung (dY/dq) auf als die Y-Linie. Bei $c = 1$ oder bei $-n_E - n_M = 1$ fallen beide Linien zusammen. Alle Einkommenswerte, die links (rechts) von der H-Linie liegen, bedeuten einen Leistungsbilanzüberschuß (ein Leistungsbilanzdefizit).

Geht man vom Gleichgewicht im Punkt A aus, so bewirkt eine Reduktion der Terms of Trade (z. B. von q_0 auf q_1) bei Gültigkeit der Marshall-Lerner-Bedingung eine Einkommenserhöhung entlang der Linie YY (von Y_0 auf Y_1). Mit der neuen Kombination von q und Y ist ein Leistungsbilanzüberschuß verbunden. Im anderen Fall führt die Reduktion der Terms of Trade zu einem geringeren Einkommen (von Y_2), und die Leistungsbilanz weist jetzt ein Defizit auf.

C-7.2: Wirkungsanalyse für ein preiselastisches Güterangebot

Die Annahme, daß das inländische Güterangebot vollkommen elastisch ist, wird jetzt aufgehoben. Das Modell ist deshalb um eine funktionale Beziehung zu erweitern, die den Zusammenhang zwischen dem Güterangebot – mit X bezeichnet – und dem Preisniveau P des Inlands erklärt.

(C-61) $X = X(P)$ mit: $0 \leq a_X \leq \infty$

a_X ist die Preiselastizität des Angebots; sie kann Werte von Null bis Unendlich annehmen. Es sei weiterhin angenommen, daß es für das Inland keine internationalen Rückwirkungen gibt und daß das ausländische Angebot auf dem Importgütermarkt vollkommen elastisch ist. Das in Auslandswährung nominierte Importpreisniveau P^* ist folglich ein Datum.

Unter Berücksichtigung der Gleichgewichtsbedingung

(C-61a) $X = Y$

für den inländischen Gütermarkt wird das Preisniveau P des Inlands nun zu einer endogen bestimmten Variablen, und folglich sind jetzt auch die Terms of Trade endogen zu erklären. Bei Konstanz des ausländischen Preisniveaus P^* muß sich die Untersuchung deshalb auf eine autonome Veränderung des Wechselkurses konzentrieren.

Ist die Leistungsbilanz des Inlands in der Ausgangssituation ausgeglichen, so lassen sich aus den Gleichungen (C-52) bis (C-55), (C-57), (C-61) und (C-61a) die folgenden Einkommens-, Leistungsbilanz- und Preisreaktionen einer Wechselkursänderung (um dw) ableiten:[19]

(C-62) $dY/dw = -\dfrac{E}{w}\dfrac{1}{N}(1 + n_E + n_M)$

(C-63) $dH^n/dw = -\dfrac{E^n}{w}\dfrac{1-c}{N}(1 + n_E + n_M)$

(C-64) $dP/dw = -\dfrac{P}{w}\dfrac{e/a_X}{N}(1 + n_E + n_M)$

mit: $N = 1 - c + q^*m - \dfrac{e}{a_X}(1 + n_E + n_M)$; $e = E/Y$

Neben der marginalen Absorptionsquote c und den Preiselastizitäten der Export- und der Importnachfrage (n_E und n_M) kommt nun der Preiselastizität des Güterangebots a_X eine besondere Bedeutung für die Wirkungen der Wechselkursänderung zu. Bei einer Preiselastizität von Unendlich ($a_X = \infty$) ergibt sich kein Preiseffekt ($dP/dw = 0$), und der Einkommens- und der Leistungsbilanzeffekt stimmen mit den Effekten überein, die bereits in den Gleichungen (C-58) und (C-59) bzw. (C-59a) erfaßt wurden.

Ein anderer Extremfall wäre eine Preiselastizität des Angebots von Null ($a_X = 0$). In Hinsicht auf eine Erhöhung der Güternachfrage könnte diese Preiselastizität

---

[19] Zur Berechnung siehe den Anhang C.7.

z. B. bei vollständiger Auslastung der Produktionskapazitäten oder bei Mangel an notwendigen Ressourcen oder bei auf Reallohnfixierung gerichteter Lohnpolitik[20] gegeben sein. Und für den Fall einer Reduktion der Güternachfrage ließe sich eine solche Preiselastizität beobachten, wenn es, z. B. aufgrund von Hemmnissen bei der Freisetzung von Produktionsfaktoren, an Angebotsflexibilität mangelt und deshalb ein bestimmtes Güterangebot trotz Preissenkungen aufrechterhalten bleibt. Bei $a_X = 0$ bewirkt die Wechselkursänderung gemäß Gleichung (C-64) eine dazu proportionale Veränderung des inländischen Preisniveaus:

(C-64a) $dP/P = dw/w$

Die Terms of Trade bleiben folglich unverändert. Und es ergibt sich weder ein Einkommens- noch ein Leistungsbilanzeffekt.

Bei einer normalen Preiselastizität des inländischen Güterangebots sowie bei normaler marginaler Absorptionsquote hängt die Richtung des Einkommens-, des Leistungsbilanz- und des Preiseffektes ausschließlich von den Preiselastizitäten der Export- und der Importnachfrage ab. Ist die Marshall-Lerner-Bedingung erfüllt, so bewirkt eine Abwertung der inländischen Währung (dw > 0) dann eindeutig eine Zunahme des Realeinkommens, eine Verbesserung der Leistungsbilanz und eine Erhöhung des Preisniveaus (jeweils für das Inland):

(C-65) $dY/dw > 0$, $dH^n/dw > 0$ und $dP/dw > 0$,   wenn $-n_E - n_M > 1$!

Die hier gewonnenen Ergebnisse sind in der Abbildung C.18 auch grafisch verdeutlicht worden. Der Quadrant III enthält alternativ drei Angebotskurven, X_a mit einer Preiselastizität von Unendlich, X_b mit einer Preiselastizität von Null und X_c mit einer normalen Preiselastizität. Für die Nachfrage nach inländischen Gütern wurde eine normale Preiselastizität angenommen, und Y_a sowie Y_b zeigen die Nachfrage in Abhängigkeit vom inländischen Preisniveau P. Y_a sei die Nachfragekurve in der Ausgangssituation. In dieser Situation liegt ein Gleichgewicht in Punkt A vor.

Der Quadrant I enthält die schon aus der Abbildung C.17 bekannte Y-Linie, die sich aus dem Zusammenhang zwischen Nachfrage nach inländischen Gütern und Terms of Trade ergibt, sowie die H-Linie, die eine ausgeglichene Leistungsbilanz impliziert. Die Y-Linie und die H-Linie haben bekanntlich nur bei Gültigkeit der Marshall-Lerner-Bedingung eine negative Steigung. Die Geraden w_0 und w_1 im Quadranten II stellen für zwei verschiedene Wechselkurse den Zusammenhang zwischen dem inländischen Preisniveau und den Terms of Trade her. Bei gegebenem ausländischen Preisniveau P^* verringert sich die Steigung der Geraden, wenn die inländische Währung abgewertet wird. Schließlich enthält der Quadrant IV die Gleichgewichtsbedingung X = Y für den inländischen Gütermarkt. Ausgehend vom Wechselkurs w_0 möge nun eine Abwertung erfolgen, wodurch sich die Gerade im Quadranten II von w_0 nach w_1 dreht. Ceteris paribus, d. h. bei zunächst noch unverändertem inländischen Preisniveau, ergibt sich hieraus – die Gültigkeit der Marshall-Lerner-Bedingung vorausgesetzt – eine Erhöhung der Nachfrage nach inländischen Gütern. Das kommt im Quadranten III in der Verschiebung der Nachfragekurve von Y_a nach Y_b (um die Strecke AB) zum Ausdruck. Ist das Güterange-

---

[20] Über den Zusammenhang von Lohnpolitik und Güterangebot siehe z. B.: R. Dornbusch und S. Fischer, Macroeconomics, 4. ed., New York 1987, ch. 13, S. 461–498; N. Parkin und R. Bade, Modern Macroeconomics, Oxford 1985, ch. 9, S. 123–133.

Abbildung C.18:

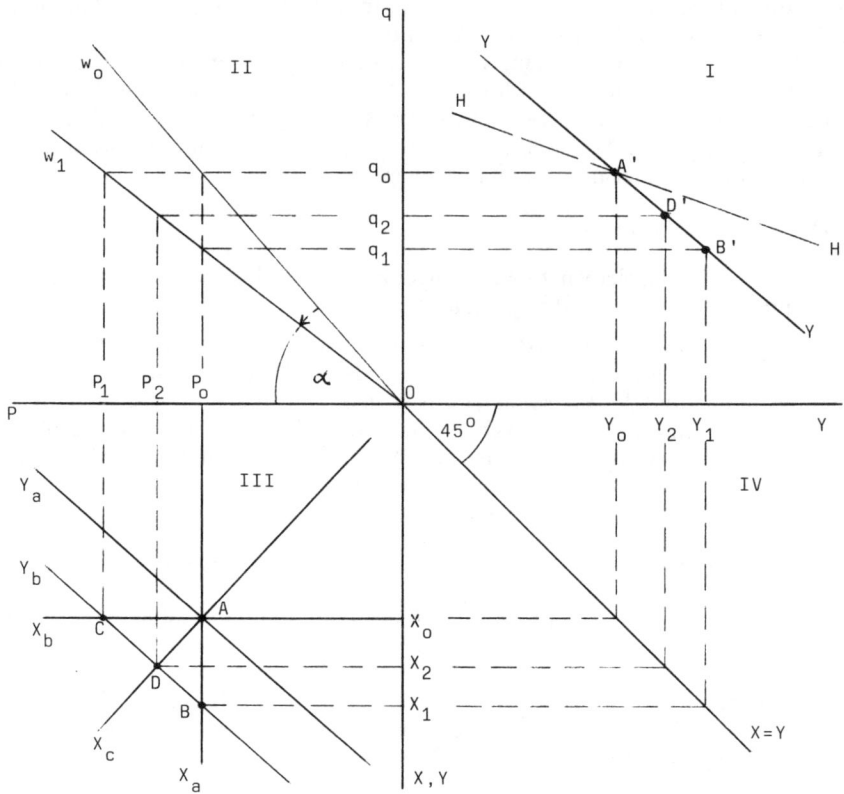

bot vollkommen preiselastisch (Angebotskurve X_a), so bleibt das inländische Preisniveau konstant, und folglich sinken die Terms of Trade proportional zur Wechsel-
kursänderung – hier auf q_1. Im Punkt B ergibt sich mit X_1 bzw. Y_1 ein neues Gütermarktgleichgewicht. Korrespondierend damit wird auf der Y-Linie im Quadranten
I der Punkt B' realisiert. Dieser Punkt liegt links von der H-Linie, so daß hier ein
Leistungsbilanzüberschuß eingetreten ist. Ist die Preiselastizität des Güterangebots
Null (Angebotskurve X_b), so wird das inländische Preisniveau auf P_1 erhöht. Die
Erhöhung erfolgt proportional zur Wechselkursänderung. Die Nachfrage nach in-
ländischen Gütern verändert sich aufgrund des Preisanstiegs entlang der Nachfra-
gekurve Y_b (Bewegung von Punkt B zu Punkt C) wieder auf das ursprüngliche
Niveau von Y_0. Im Quadranten I hat es somit keine Änderungen gegeben. Bei
normaler Preiselastizität des Güterangebots (Angebotskurve X_c) bewirkt die Zunahme der Güternachfrage eine Preiserhöhung auf P_2. Die hierdurch bedingte
Dämpfung der Nachfrage drückt sich in einer Bewegung von B nach D entlang der
Nachfragekurve Y_b aus. Der Anstieg des inländischen Preisniveaus fällt jetzt nur
unterproportional zur Wechselkursänderung aus. Die Terms of Trade sinken hier
auf q_2. Im Punkt D liegt ein Gleichgewicht vor. Entsprechend wird auf der Y-Linie
im Quadranten I der Punkt D' realisiert. Der Bezug zur H-Linie zeigt, daß dieser
Punkt einen Zahlungsbilanzüberschuß impliziert.

Wäre die Marshall-Lerner-Bedingung nicht erfüllt, so würde sich im Quadranten III durch die Abwertung eine Verschiebung der Nachfragekurve in Richtung auf den Ursprung ergeben. Und dementsprechend hätten die Y-Linie und die H-Linie im Quadranten I jeweils eine positive Steigung. Die Wirkungen der Wechselkursänderung lassen sich dann analog zur obigen Darstellung nachvollziehen.

C-7.3: Internationale Rückwirkungen

Internationale Rückwirkungen können für das Inland über Veränderungen des ausländischen Einkommens Y* und über Veränderungen des ausländischen Preisniveaus P* auftreten. Zur Erfassung der Rückwirkungen sind somit die Größen Y* und P* als endogen erklärte Variablen in das Modell einzufügen. Analog zur Nachfrage nach inländischen Gütern gemäß Gleichung (C-57) setzt sich die Nachfrage nach den ausländischen Gütern Y* aus der realen heimischen Absorption A* und dem realen Leistungsbilanzsaldo H* zusammen:

$$(C\text{-}66) \qquad Y^* = A^*(Y^*) + H^* = A^*(Y^*) - qH$$

Der reale Leistungsbilanzsaldo des Auslands entspricht – mit negativem Vorzeichen – dem Produkt aus den Terms of Trade q und dem realen Leistungsbilanzsaldo H des Inlands.[21] Die heimische Absorption des Auslands sei analog zu derjenigen des Inlands nur vom Realeinkommen abhängig.

Das reale Güterangebot des Auslands, mit X* bezeichnet, wird analog zur inländischen Angebotsfunktion (C-61) in Abhängigkeit vom ausländischen Preisniveau P* erklärt:

$$(C\text{-}67) \qquad X^* = X^*(P^*) \quad \text{mit} \quad 0 \le a_X^* \le \infty$$

a_X^* ist die Preiselastizität des ausländischen Güterangebots. Sie kann, wie die entsprechende Preiselastizität des inländischen Güterangebots, Werte von Null bis Unendlich annehmen. Im übrigen bleibt das Modell, das weiter oben zur Analyse der inländischen Einkommens-, Preis- und Leistungsbilanzeffekte entwickelt wurde, unverändert erhalten.[22]

Unter der Voraussetzung, daß die Leistungsbilanz in der Ausgangssituation ausgeglichen ist, ergeben sich aus dem jetzt zugrunde gelegten Zwei-Länder-Modell die folgenden Wirkungen einer Wechselkursänderung:

$$(C\text{-}68) \qquad dY/dw = -\frac{E}{w}\frac{s^*}{N}(1 + n_E + n_M)$$

$$(C\text{-}69) \qquad dY^*/dw = q\frac{E}{w}\frac{s}{N}(1 + n_E + n_M)$$

$$(C\text{-}70) \qquad dP/dw = -\frac{P}{w}\frac{s^*e}{a_X N}(1 + n_E + n_M)$$

---

[21] Es gilt: qH = PH/wP*. PH ist der nominelle Leistungsbilanzsaldo des Inlands, und PH/w ist folglich der nominelle Leistungsbilanzsaldo des Auslands. Zum realen Leistungsbilanzsaldo des Auslands H* gelangt man, indem der nominelle Leistungsbilanzsaldo des Auslands durch das ausländische Preisniveau P* dividiert wird: H* = PH/wP*.

[22] Zur Modellübersicht siehe den Anhang C.8.

[23] Zur Ableitung der Ergebnisse siehe den Anhang C.8.

(C-71) $dP^*/dw = \dfrac{P^*}{w}\dfrac{se^*}{a_X^*N}(1 + n_E + n_M)$

(C-72) $dH^n/dw = -\dfrac{E^n}{w}\dfrac{ss^*}{N}(1 + n_E + n_M)$

$$\text{mit: } N = ss^* + sqm^* + s^*q^*m - \left(\frac{s^*e}{a_X} + \frac{se^*}{a_X^*}\right)(1 + n_E + n_M)$$

$$e = E/Y, \; e^* = qE/Y^* = M/Y^*, \; s = 1 - c, \; s^* = 1 - c^*$$

Ein Vergleich mit den früher gewonnenen Ergebnissen (siehe die Gleichungen C-62 bis C-64) macht unmittelbar deutlich, daß der Einkommens-, der Preis- und der Leistungsbilanzeffekt im Inland bei Existenz internationaler Rückwirkungen nun auch von der marginalen Absorptionsquote c^* bzw. der marginalen Sparquote s^* sowie der marginalen Importquote m^* des Auslands abhängig sind. Im einzelnen sind die folgenden Zusammenhänge hervorzuheben:

1. Notwendige Bedingung dafür, daß eine Abwertung der inländischen Währung eine Verbesserung der inländischen Leistungsbilanz sowie eine Erhöhung des inländischen Einkommens bewirkt, ist auch hier die Gültigkeit der Marshall-Lerner-Bedingung: $-n_E - n_M > 1$. In diesem Fall ergibt sich zugleich eine Verringerung des ausländischen Einkommens.

2. Einkommen und Preisniveau des Inlands sowie die Leistungsbilanz bleiben unverändert, wenn die marginale Absorptionsquote c^* des Auslands den Wert Eins bzw. die marginale Sparquote s^* des Auslands den Wert Null hat. In diesem Fall wird das ausländische Einkommen Y^* im Zuge der Wechselkursänderung gerade so verändert, daß sich die Einflüsse aus diesen beiden Größen – nämlich aus Wechselkursänderung dw und Einkommensänderung dY^* – genau kompensieren. Wertet das Inland seine Währung ab, so kann es also in diesem Fall keine Verbesserung der eigenen Leistungsbilanz und keine Erhöhung des eigenen Einkommens erreichen, selbst wenn die Marshall-Lerner-Bedingung erfüllt ist. Die Abwertung induziert also eine Einkommensreduktion im Ausland, und die dadurch hervorgerufene Verringerung der inländischen Exporte hebt – wie oben schon angedeutet – für das Inland die ansonsten positive Wirkung der Abwertung auf. Hat nicht die ausländische, sondern die inländische marginale Absorptionsquote (Sparquote) einen Wert von Eins (von Null), so bleibt die Leistungsbilanz ebenfalls unverändert. Jetzt ergibt sich aber im Ausland kein Einkommenseffekt. Denn aufgrund einer adäquaten Erhöhung des inländischen Einkommens nehmen die Exporte des Auslands gerade so weit zu, daß der durch die Abwertung der inländischen Währung verursachte negative Effekt auf die Leistungsbilanz des Auslands exakt kompensiert wird.

3. Einkommen und Preisniveau des Inlands sowie die Leistungsbilanz bleiben ebenfalls unverändert, wenn die Preiselastizität a_X^* des ausländischen Güterangebots den Wert Null hat. In diesem Fall verändert sich nämlich das ausländische Preisniveau P^* umgekehrt proportional zur Wechselkursänderung, und folglich bleiben die Terms of Trade konstant. Da das ausländische Güterangebot preisunelastisch ist, muß auch das ausländische Realeinkommen unverändert bleiben. Damit aber kann es gemäß Gleichung (C-53) und Gleichung (C-54) keine Veränderung der Exporte und der Importe geben. Die hier skizzierten Zusammenhänge bedeuten, daß das Ausland auf eine Abwertung der inländischen Währung mit einer proportionalen Preissenkung seiner Güter reagiert und so die ansonsten

– bei Gültigkeit der Marshall-Lerner-Bedingung – eintretenden negativen Wirkungen der Abwertung auf sein Einkommen und seine Leistungsbilanz konterkariert. Ist die Preiselastizität a_x des inländischen Güterangebots Null, so ergeben sich ebenfalls keine Einkommens- und Leistungsbilanzeffekte. Wie schon weiter oben im Modell ohne internationale Rückwirkungen aufgezeigt wurde, verändert sich in diesem Fall das inländische Preisniveau proportional zur Wechselkursänderung, so daß die Terms of Trade unverändert bleiben. Eine Abwertung der inländischen Währung würde im Inland lediglich eine dazu proportionale Preiserhöhung nach sich ziehen, wogegen positive Einkommens- und Leistungsbilanzeffekte ausblieben, auch wenn die Marshall-Lerner-Bedingung erfüllt ist. Die Inflexibilität des inländischen Angebots würde hier die ansonsten positive Wirkung der Abwertung zunichte machen.

4. Ist die Preiselastizität des inländischen (des ausländischen) Güterangebots unendlich groß, so ergibt sich durch die Wechselkursänderung keine Veränderung des inländischen (des ausländischen) Preisniveaus. Allgemein läßt sich feststellen, daß die Einkommens- und Leistungsbilanzeffekte einer Wechselkursänderung ceteris paribus um so größer ausfallen, je größer die Preiselastizitäten des in- und ausländischen Güterangebots sind. Desto geringer sind dann nämlich die Preisreaktionen, und desto weniger wird die wechselkursinduzierte Veränderung der Terms of Trade durch entgegengerichtete Preisänderungen kompensiert.

Mit Hilfe einer grafischen Darstellung sollen die Wirkungsabläufe bei internationalen Interdependenzen nun noch etwas genauer betrachtet werden. Untersucht wird allerdings nur ein bestimmter Fall, der „normale Reaktionen" in dem Sinne voraussetzt, daß die Marshall-Lerner-Bedingung erfüllt ist, daß die marginalen Absorptionsquoten im In- und Ausland jeweils kleiner als Eins sind und daß das Güterangebot in jedem Land eine normale Preiselastizität besitzt. Analog zur Abbildung C.15 enthält der Quadrant I der Abbildung C.19 zum einen eine Reaktionslinie $Y(Y^*)$, die die Abhängigkeit des inländischen Einkommens vom ausländischen Einkommen beschreibt, und zum anderen eine Reaktionslinie $Y^*(Y)$, die aus der Abhängigkeit des ausländischen Einkommens vom inländischen Einkommen resultiert. Beide Reaktionslinien sind jeweils für einen bestimmten Wechselkurs w definiert. So haben die Linien $Y_a(Y^*)$ und $Y_a^*(Y)$ nur Gültigkeit für einen Wechselkurs von w_0, und entsprechend beziehen sich die Linien $Y_b(Y^*)$ und $Y_b^*(Y)$ auf einen Wechselkurs von w_1. Wird die inländische Währung abgewertet (dw > 0), so führt das zu einer Verschiebung der Reaktionslinien, und zwar aufgrund der oben genannten Voraussetzungen in Richtung auf ein höheres inländisches und ein geringeres ausländisches Einkommen. In dem hier zugrunde gelegten Modell bestehen nämlich für die Reaktionen des inländischen und des ausländischen Einkommens folgende Zusammenhänge:[24]

(C-73) $$dY/dY^* = \frac{1}{N}\left(m^* - \frac{b}{q}\frac{e^*}{a_x^*}\right) > 0$$

(C-73a) $$dY/dw = -\frac{b}{N}\frac{E}{w} > 0$$

(C-74) $$dY^*/dY = \frac{q}{N^*}\left(q^*m - b\frac{e}{a_x}\right) > 0$$

---

[24] Siehe hierzu den Anhang C.8.

(C-74a) $dY^*/dw = \dfrac{b}{N^*} \dfrac{qE}{w} < 0$

mit:

$b = 1 + n_E + n_M < 0;\ e = E/Y;\ e^* = qE/Y^* = M/Y^*$

$N = 1 - c + q^*m - be/a_X > 0;\ N^* = 1 - c^* + qm^* - be^*/a_X^* > 0;$

Der Quadrant II enthält – in Anlehnung an die Abbildung C.17 – den Zusammenhang zwischen dem inländischen Einkommen und dem Wechselkurs. Gemäß Gleichung (C-73a) ist dieser Zusammenhang positiv. Im Quadranten IV ist entsprechend die Beziehung zwischen dem ausländischen Einkommen und dem Wechselkurs erfaßt worden; diese Beziehung ist gemäß Gleichung (C-74a) negativ. Die hier dargestellten Reaktionslinien sind jeweils für ein bestimmtes in- bzw. ausländisches Einkommen definiert. So gilt $Y_a(w)$ für ein ausländisches Einkommen von Y_0^* und die Linie $Y_b(w)$ für ein ausländisches Einkommen von Y_2^*. Die Änderung des ausländischen Einkommens kommt also in einer Verschiebung der Reaktionslinie zum Ausdruck, und zwar bei einer Zunahme des ausländischen Einkommens in Richtung auf ein höheres inländisches Einkommen. Für die Reaktion des ausländischen Einkommens im Quadranten IV liegen ähnliche Zusammenhänge vor.

In der Ausgangssituation sei ein Gleichgewicht mit dem Wechselkurs w_0, dem inländischen Einkommen Y_0 und dem ausländischen Einkommen Y_0^* gegeben. Die inländische Währung werde nun abgewertet, wobei der Wechselkurs auf w_1 steigen möge. Um die verschiedenen Wirkungsprozesse aufzugliedern, sei zunächst angenommen, daß es für das Inland keine internationalen Rückwirkungen gibt. Dann läßt sich die Reaktion des inländischen Einkommens im Quadranten II aus einer Bewegung entlang der Linie $Y_a(w)$ von E nach F gewinnen. Die Reaktionslinie $Y(Y^*)$ im Quadranten I ist folglich beim Einkommen Y_0^* um die Strecke AB nach oben zu verschieben, und zwar von $Y_a(Y^*)$ nach $Y_b(Y^*)$.

Im vorliegenden Beispiel würde die Abwertung also eine Zunahme des inländischen Einkommens um $Y_1 - Y_0$ bewirken, wenn es nicht zu einer Veränderung des ausländischen Einkommens käme oder wenn eine Veränderung des ausländischen Einkommens keine Auswirkungen auf das Inland hätte. Wird diese Bedingung aufgehoben, so ist zusätzlich die Reaktion des inländischen Einkommens auf die internationalen Rückwirkungen zu berücksichtigen. Infolge der Abwertung verschiebt sich die ausländische Reaktionslinie im Quadranten I um die Strecke AC nach links, und zwar von $Y_a^*(Y)$ nach $Y_b^*(Y)$. Ein neues internationales Gütermarktgleichgewicht ergibt sich folglich im Punkt D beim inländischen Einkommen Y_2 und beim ausländischen Einkommen Y_2^*. Die Reaktionslinie $Y(w)$ im Quadranten II ist somit um die Strecke FG nach unten zu verschieben, also von $Y_a(w)$ nach $Y_b(w)$. Da das ausländische Einkommen durch die Abwertung der inländischen Währung gesunken ist, wirkt sich die internationale Rückwirkung negativ auf das inländische Einkommen aus. Der Rückwirkungseffekt besteht in einer Reduktion um $Y_1 - Y_2$. Im Quadranten I kommt dieser Effekt in einer Bewegung entlang der Reaktionslinie $Y_b(Y^*)$ von B nach D zum Ausdruck.

Ähnlich wie für das Inland, so lassen sich auch für das Ausland ein direkter Einkommenseffekt aus der Wechselkursänderung und ein Einkommenseffekt aus der internationalen Rückwirkung unterscheiden. Im Quadranten IV entspricht der zuerst genannte Effekt einer Bewegung auf der Reaktionslinie $Y_a^*(w)$ von J nach K, und der Rückwirkungseffekt zeigt sich dort in einer Verschiebung der Reaktionsli-

Abbildung C.19:

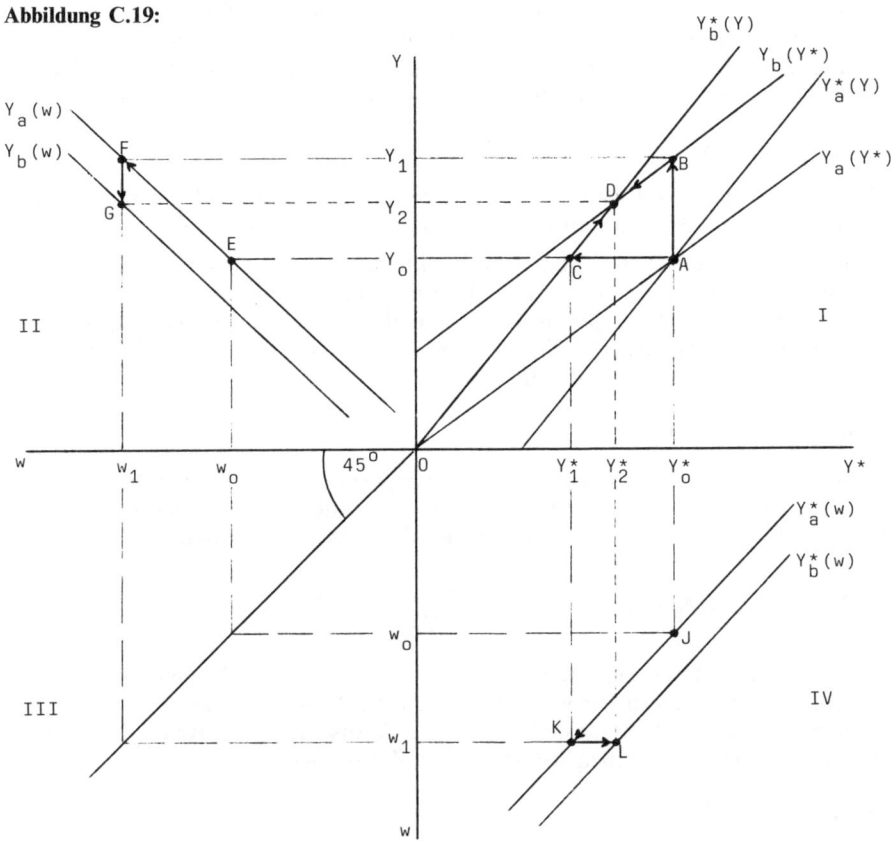

nie nach $Y_b^*(w)$ um die Strecke KL. Der Rückwirkungseffekt hebt somit einen Teil der negativen Wirkung der Wechselkursänderung auf das ausländische Einkommen wieder auf.

C-7.4: Heimische Absorption und Terms of Trade

Die reale heimische Absorption eines Landes wurde bisher nur in Abhängigkeit vom Realeinkommen dieses Landes erklärt. Es läßt sich aber zeigen, daß die heimische Absorption unter bestimmten Bedingungen auch von den Terms of Trade abhängig ist. In diesem Fall reicht die Marshall-Lerner-Bedingung zur Bestimmung der Wirkungsrichtung einer Veränderung der Terms of Trade oder einer Wechselkursänderung nicht mehr aus. Um das zu verdeutlichen, genügt es, lediglich ein Land, hier das Inland, zu betrachten. Aus Gründen der Vereinfachung sei angenommen, daß es keine internationalen Rückwirkungen gibt und daß das in- und ausländische Güterangebot vollkommen elastisch ist.

Die reale Absorption A des Inlands ist bekanntlich auf der Basis des inländischen Preisniveaus P definiert; die Preisbereinigung der inländischen Absorption erfolgt also mit Hilfe dieses Preisniveaus. Da die inländischen Wirtschaftssubjekte aber nicht nur inländische Güter, sondern auch Importgüter kaufen, ist für die reale Kaufkraft ihres Einkommens nicht nur das inländische Preisniveau, sondern zugleich auch das ausländische Preisniveau der importierten Güter von Bedeutung. Ist a der Anteil der heimischen Güter im Warenkorb der inländischen Wirtschaftssubjekte und folglich 1-a der Anteil der ausländischen Güter, so läßt sich das für diesen Warenkorb relevante Preisniveau Q wie folgt ausdrücken:

(C-75) $Q = P^a (wP^*)^{1-a}$

Nur dann, wenn a = 1 wäre oder wenn Preisparität mit P = wP* vorliegen würde, entspräche das Preisniveau Q dem inländischen Preisniveau P.

Das für die inländischen Wirtschaftssubjekte relevante Realeinkommen – mit Y_Q bezeichnet – ist nun auf der Basis des Preisniveaus Q zu bestimmen. Dem weiter oben schon verwendeten inländischen Realeinkommen Y liegt das Preisniveau P zugrunde, so daß PY das inländische Nominaleinkommen ist. Folglich ergibt sich für das Realeinkommen auf der Basis von Q:

(C-76) $Y_Q = PY/Q$

Es ist nun zu erwarten, daß die reale Absorption der inländischen Wirtschaftssubjekte in Hinsicht auf den Warenkorb mit in- und ausländischen Gütern von diesem, auf der Basis von Q definierten Realeinkommen abhängt:

(C-77) $A_Q = A_Q(Y_Q)$ mit: $e_A = \dfrac{\delta A_Q}{\delta Y_Q} \dfrac{Y_Q}{A_Q} > 0$

e_A ist die Einkommenselastizität der realen Absorption A_Q. Die hier erklärte reale Absorption ist von der bisher verwendeten Größe A zu unterscheiden; letztere ist, wie oben gesagt, lediglich auf der Basis des inländischen Preisniveaus P definiert. Zwischen den beiden Größen besteht dieser Zusammenhang:

(C-78) $A = QA_Q/P$

Die nominelle Absorption PA und die nominelle Absorption QA_Q stimmen – wie in der Gleichung (C-78) impliziert – selbstverständlich überein. Der Unterschied liegt nur bei den realen Größen.

In die inländische Einkommensgleichung (C-57) – siehe hierzu den Abschnitt C-7.1 – ist jetzt anstelle von A(Y) die reale Absorption A gemäß Gleichung (C-78) einzufügen. Berechnet man aus den Gleichungen (C-75) bis (C-78) die Veränderung der realen heimischen Absorption A, so zeigt sich sehr deutlich der zusätzliche Einfluß der Terms of Trade:[25]

(C-79) $dA = cdY - A/q(1-a)(1-e_A)dq$

Eine Veränderung der Terms of Trade um dq hat unter zwei Bedingungen eine direkte Wirkung auf die reale Absorption A:[26]

---

[25] Zur Herleitung siehe den Anhang C.9.
[26] Der Terms of Trade-Effekt hat eine erhebliche Bedeutung im Laursen-Metzler-Modell. Siehe hierzu: S. Laursen und L.A. Metzler, Flexible Exchange Rates and the Theory of Employment, Review of Economics and Statistics, Vol. 32, 1950, S. 281 ff. und K. Rose, Theorie der Außenwirtschaft, 10. Aufl., München 1989, S. 188ff.

1. Der Anteil a der heimischen Güter im Warenkorb der inländischen Wirtschafts-subjekte muß – wie oben schon festgestellt – kleiner als Eins sein.

2. Die Einkommenselastizität e_A der realen Absorption A_Q darf nicht den Wert Eins haben.

Die erste Bedingung ist in einer offenen Volkswirtschaft in der Regel erfüllt. Die zweite Bedingung ist erfüllt, wenn die durchschnittliche Absorptionsquote A/Y und die marginale Absorptionsquote c nicht übereinstimmen. Denn ex definitione gilt:

$$(C\text{-}80) \qquad e_A = \frac{\delta A_Q}{\delta Y_Q} \frac{Y_Q}{A_Q} = c Y_Q / A_Q = c Y / A$$

Nach Erweiterung läßt sich (C-80) auch schreiben als:

$$(C\text{-}80a) \qquad 1 - e_A = \frac{A/Y - c}{A/Y}$$

Nur wenn sich c und A/Y entsprechen, ist die Differenz $1 - e_A$ Null. In der Realität dürfte dieser spezielle Fall nur selten vorliegen. Die Abhängigkeit der realen Absorption von den Terms of Trade muß somit grundsätzlich in Betracht gezogen werden. Allerdings ist zu erwarten, daß zwischen der durchschnittlichen und der marginalen Absorptionsquote tatsächlich keine große Differenz besteht. Und folglich dürfte auch der Terms of Trade-Effekt für die reale Absorption nur eine relativ geringe Bedeutung haben. Dennoch sei hier kurz aufgezeigt, wie sich eine Abwertung der inländischen Währung auf das Einkommen und die Leistungs-bilanz auswirkt, wenn der zuvor skizzierte Terms of Trade-Effekt zum Tragen kommt:[27]

$$(C\text{-}81) \qquad dY/dw = -\frac{E}{wN}(1 + n_E + n_M) + \frac{A}{wN}(1 - a)(1 - e_A)$$

$$(C\text{-}82) \qquad dH^n/dw = -\frac{E^n}{wN}(1 - c)(1 + n_E + n_M) - \frac{A^n}{wN} q^* m (1 - a)(1 - e_A)$$

$$\text{mit: } N = 1 - c + q^* m > 0$$

Eine Abwertung (dw > 0 bzw. dq < 0) impliziert gemäß Gleichung (C-79) einen positiven Terms of Trade-Effekt auf die reale heimische Absorption A, wenn die bereits genannten Bedingungen a < 1 und e_A < 1 erfüllt sind. Durch die Abwertung nimmt nämlich gemäß Gleichung (C-75) das Preisniveau Q zu. Dadurch ergibt sich nach Gleichung (C-76) ceteris paribus eine proportionale Reduktion des realen Einkommens Y_Q, die aber bei e_A < 1 nach Gleichung (C-77) nur eine dazu unter-proportionale Reduktion der realen Absorption A_Q herbeiführt. Das Produkt QA_Q – die nominelle Absorption – in der Gleichung (C-78) muß folglich steigen, und da das Preisniveau P hier unverändert bleibt, nimmt auch die reale Absorption A zu. Entscheidend ist also der Tatbestand, daß die inländischen Wirtschaftssubjekte nur mit einer relativ geringen Reduktion ihrer realen Absorption A_Q auf die Preiserhö-hung um dQ reagieren und dadurch ihre nominelle Absorption erhöhen. Da der hier beschriebene Terms of Trade-Effekt das inländische Realeinkommen Y positiv

---

[27] Zur Lösung siehe den Anhang C.9.

beeinflußt, muß er zwingend eine negative Wirkung auf die Leistungsbilanz haben, denn der Anstieg von Y induziert zusätzliche Importe. Damit aber ist es möglich, daß die Leistungsbilanz durch eine Abwertung verschlechtert wird, auch wenn die Marshall-Lerner-Bedingung $(-n_E - n_M > 1)$ erfüllt ist.

C-7.5: Importierte Zwischenprodukte

C-7.5.1: Grundmodell ohne Berücksichtigung importierter Endprodukte

Die bisher formulierten Modelle zur Analyse der Wirkungen einer Wechselkursänderung enthalten implizit die Annahme, die von einem Land importierten Güter seien ausschließlich Endprodukte. Zum einen ergibt sich diese Annahme, wie weiter unten noch zu verdeutlichen ist, aus der verwendeten Gleichgewichtsbedingung $X = Y$, und zum anderen wurde stillschweigend vorausgesetzt, daß ein Land zusätzliche Exportgüter produzieren kann, ohne hierfür gleichzeitig Ressourcen einsetzen zu müssen, die nur im Ausland bezogen werden können. Ein Blick in die Statistiken zeigt aber, daß die sogenannten Direktimporte, d. h. die Importe von Gütern, die ohne weitere inländische Wertschöpfung an die Endverbraucher gehen, nur einen relativ kleinen Teil der gesamten Importe eines Landes ausmachen.[28] Die übrigen Importe sind zum einen Vorleistungsgüter, die im inländischen Produktionsprozeß zur Herstellung anderer Güter benötigt werden, und zum anderen Fertigprodukte, die über den Groß- und/oder Einzelhandel auf die inländischen Märkte gebracht werden und denen von daher in Form von Dienstleistungen eine inländische Wertschöpfung hinzugefügt wird.

Setzt die zusätzliche Produktion von Exportgütern zusätzliche Importe voraus, so besteht zwingend ein bestimmter Zusammenhang zwischen dem Exportgüter- und dem Importgütermarkt eines Landes. Und es läßt sich zeigen, daß die bis hierher verwendeten Elastizitätsbedingungen dann nicht mehr ausreichen, um die Wirkungsrichtung einer Wechselkursänderung zu beurteilen. Darüber hinaus ist zu beachten, daß der Import von sogenannten Zwischenprodukten – also von Produkten, die im inländischen Produktionsprozeß weiterverarbeitet werden oder die inländische Dienstleistungen implizieren – Produktionskosten verursacht, durch die das inländische Realeinkommen im Vergleich zum realen Wert der Produktion reduziert und durch die möglicherweise das inländische Preisniveau beeinflußt wird. Diese Aspekte werden nun in ein entsprechend modifiziertes Modell des Inlands einbezogen.

Um die Analyse möglichst einfach zu gestalten und auf die hier angesprochenen Zusammenhänge zu konzentrieren, sei angenommen, daß internationale Rückwir-

---

28 In den „kleinen" Input-Output-Tabellen des Deutschen Instituts für Wirtschaftsforschung wird zwischen importierten Vorleistungsgütern (Zwischenprodukten) und importierten Endprodukten unterschieden. Nach der Input-Output-Tabelle von 1974 machen die Importe von Vorleistungsgütern (von Zwischenprodukten) etwa $2/3$ der gesamten Importe der Bundesrepublik Deutschland aus. Siehe hierzu: Deutsches Institut für Wirtschaftsforschung, Jährliche Input-Output-Tabellen und Importmatrizen zu Preisen von 1970 für die Bundesrepublik Deutschland 1960–1974, Berlin 1979. In den Input-Output-Tabellen des Statistischen Bundesamtes werden die Importe entsprechend den verschiedenen Gütergruppen ausschließlich als Input der Produktionsbereiche behandelt. Eine Differenzierung von importierten Endprodukten und importierten Zwischenprodukten erfolgt hier nicht. Siehe hierzu: Statistisches Bundesamt, Statistisches Jahrbuch 1985, S. 558 ff., Wiesbaden 1985.

kungen für das betrachtete Inland keine Rolle spielen, daß das inländische Güterangebot bei einem bestimmten Preisniveau vollkommen elastisch ist und daß es sich bei den importierten Gütern ausschließlich um Zwischenprodukte im obengenannten Sinne handelt. Das ausländische Güterangebot auf dem Importgütermarkt möge ebenfalls vollkommen elastisch sein, so daß das in Auslandswährung nominierte Preisniveau P^* der Importgüter konstant ist.

Die reale Endnachfrage nach inländischen Gütern setzt sich aus der heimischen realen Absorption A und den realen Exporten E zusammen:

$$(C\text{-}83) \qquad X = A(Y) + E$$

X bezeichnet zugleich die reale inländische Produktion. Im Unterschied zu den früheren Modellen stellt die reale heimische Absorption A jetzt nur Nachfrage nach Gütern aus der inländischen Produktion dar. Wie oben schon erwähnt, kann es sich dabei auch um importierte Fertigprodukte handeln, die jedoch bei der Verteilung über den Groß- und/oder Einzelhandel inländische Dienstleistungen binden und deshalb den inländischen Produktionsprozeß durchlaufen. Einzige Determinante der Absorption sei das inländische Realeinkommen. Der Terms of Trade-Effekt wird hier somit vernachlässigt. Das Realeinkommen ist nun wie folgt definiert:

$$(C\text{-}84) \qquad Y = X - q^* M^v \quad \text{mit:} \quad q^* = wP^*/P$$

M^v sind die mengenmäßigen Importe von Zwischenprodukten, so daß $q^* M^v = wP^* M^v/P$ die realen Importe solcher Produkte angibt. Die mengenmäßigen Importe der Zwischenprodukte hängen von der inländischen Produktion ab:

$$(C\text{-}85) \qquad M^v = v(q^*)X \quad \text{mit:} \quad n_v = \frac{\delta v}{\delta q^*} \frac{q^*}{v} \leq 0$$

Die Größe v bezeichnet den Inputkoeffizienten M^v/X für die importierten Zwischenprodukte. Grundsätzlich ist davon auszugehen, daß die inländischen Produzenten die Importgüter innerhalb gewisser Reaktionsspielräume durch vergleichbare inländische Produkte substituieren können und umgekehrt; und das entsprechende Einsatzverhältnis dürfte von der Relation des Preisniveaus der importierten Zwischenprodukte und des Preisniveaus der inländischen Substitutionsprodukte abhängig sein. Demgemäß wird der Inputkoeffizient v als Funktion der Preisrelation $q^* = wP^*/P$ dargestellt, und die Preiselastizität n_v dieses Koeffizienten ist i. d. R. negativ, im Extremfall jedoch Null.

Die Exportfunktion wird unverändert aus den bisherigen Modellansätzen übernommen:

$$(C\text{-}86) \qquad E = E(Y^*, q) \quad \text{mit:} \quad n_E = \frac{\delta E}{\delta q} \frac{q}{E} \leq 0 ; \quad q = P/wP^*$$

Das ausländische Realeinkommen Y^* bleibt allerdings im folgenden unverändert. Für den Saldo der realen Leistungsbilanz des Inlands ergibt sich jetzt:

$$(C\text{-}87) \qquad H = E - q^* M^v$$

Schließlich sei noch angenommen, daß das inländische Preisniveau u. a. von den Stückkosten k für die importierten Zwischenprodukte abhängig ist:

(C-88) $P = P(k)$ mit: $e_P = \dfrac{\delta P}{\delta k}\dfrac{k}{P} \geq 0$

(C-88a) $k = wP^*M^v/X = vwP^*$

Bei der Preissetzung möge kurzfristig der von der Ausgangssituation her bekannte Inputkoeffizient v zugrunde gelegt werden, so daß v und P^* in der Preisfunktion (C-88) konstante Größen sind und lediglich Wechselkursänderungen Preisreaktionen hervorrufen, sofern die entsprechende Elastizität e_P des Preisniveaus von Null verschieden ist. Allerdings sei auch hier der Fall berücksichtigt, daß das inländische Preisniveau im Zuge einer Wechselkursänderung unverändert bleibt, die Elastizität e_P also den Wert Null hat. Für die Preisreaktion auf eine Wechselkursänderung ergibt sich aus (C-88) und (C-88a):

(C-88b) $dP = \dfrac{P}{w} e_P \, dw$

Aus dem zuvor skizzierten Modell lassen sich die folgenden Einkommens-, Produktions- und Leistungsbilanzeffekte einer Wechselkursänderung gewinnen:[29]

(C-89) $dY/dw = -\dfrac{E}{wN}(1 - e_P)\,[1 + n_v + (1 - v/q)n_E]$

(C-90) $dX/dw = -\dfrac{E}{wN}(1 - eP)\,[n_E + c(1 + n_v)]$

(C-91) $dH^n/dw = -\dfrac{E^n}{wN}(1 - c)(1 - eP)\,[1 + n_v + (1 - v/q)n_E]$

mit: $N = 1 - c(1 - v/q) > 0;\quad 0 \leq v/q < 1$

Bei den Lösungen wurde, wie schon weiter oben, von einer ausgeglichenen Leistungsbilanz in der Ausgangssituation ausgegangen. Für die Wirkungen der Wechselkursänderung sind neben den (positiven) Größen E, $E^n = PE$, w, v und q der Ausgangssituation die marginale Absorptionsquote c, die Elastizität e_P des Preisniveaus in Hinsicht auf die Wechselkursänderung, die Preiselastizität n_E der Exportnachfrage und die Preiselastizität n_v der Nachfrage nach importierten Zwischenprodukten von Bedeutung.

Im einzelnen zeigen die Ergebnisse:

1. Hat die Elastizität des inländischen Preisniveaus in Hinsicht auf die Wechselkursänderung den Wert Eins ($e_P = 1$), so ist die Wechselkursänderung wirkungslos. Das Preisniveau ändert sich dann nämlich proportional zur Wechselkursänderung; die Terms of Trade bleiben folglich konstant, und somit gibt es auch keinen Einfluß auf die Ex- und Importe des Landes. Würde das Inland seine Währung abwerten, so käme es im vorliegenden Fall zu einer Erhöhung des inländischen Preisniveaus, durch die die beabsichtigten Wirkungen der Abwertung – in der Regel eine Verbesserung der Leistungsbilanz sowie positive Einkommens- und Produktionseffekte – von vornherein zunichte gemacht werden.

---

[29] Zu den Lösungen siehe den Anhang C.10.

2. Wie schon in früheren Untersuchungen festgestellt, ergibt sich kein Leistungsbilanzeffekt, wenn die marginale Absorptionsquote c den Wert Eins hat. Diesbezüglich ist auf die Erläuterungen zu den entsprechenden Untersuchungen zu verweisen.

3. Eine Abwertung der inländischen Währung bewirkt bei $e_P < 1$ eine Zunahme des inländischen Realeinkommens Y sowie bei $e_P < 1$ und $c < 1$ eine Verbesserung der Leistungsbilanz, wenn die folgende Bedingung erfüllt ist:

(C-92) $\qquad - n_v - (1 - v/q)n_E > 1 \quad$ mit: $\quad n_v \leq 0, \; n_E \leq 0$

Ein Vergleich mit der Marshall-Lerner-Bedingung ($- n_E - n_M < 1$) zeigt, daß mit der Größe vn_E/q ein zusätzliches Element einfließt, durch das die Bedingung für einen positiven Einkommens- und Leistungsbilanzeffekt der Abwertung strenger gefaßt wird. Je größer der Inputkoeffizient v für die importierten Zwischenprodukte ist und je kleiner die inländischen Terms of Trade q sind, desto größer ist auch der reale Wert der Importe, die für die Produktion zusätzlicher Exportgüter zwingend benötigt werden. Abhängig von der Preiselastizität n_E der Exportnachfrage, induziert eine Abwertung eine Zunahme der Exporte und dadurch einen positiven Einfluß auf Einkommen und Leistungsbilanz. Gleichzeitig aber ist mit der Exportsteigerung auch ein Anstieg der Importe verbunden, so daß der positive Einkommens- und Leistungsbilanzeffekt von hierher wieder abgeschwächt wird. Gegenüber der oben genannten Marshall-Lerner-Bedingung ist die positive Wirkung der Abwertung, die über den Exportgütermarkt zum Tragen kommt, somit entsprechend zu korrigieren. An die Stelle der Preiselastizität n_M der Nachfrage nach importierten Endprodukten tritt hier die Preiselastizität n_v der Nachfrage nach importierten Zwischenprodukten. Abgesehen von der Möglichkeit, daß die beiden Preiselastizitäten wertmäßig nicht übereinstimmen, ergibt sich von hierher kein neuer Aspekt für die Wirkung der Abwertung.

4. Die Bedingung für einen positiven Produktionseffekt der Abwertung lautet:

(C-93) $\qquad - n_E/c - n_v > 1$

Da gemäß Gleichung (C-83) die Reaktion der Importe nur indirekt über das Realeinkommen Y und die reale Absorption A in den Produktionseffekt der Abwertung einfließt, spielt in der genannten Bedingung neben der Preiselastizität von Export- und Importnachfrage auch die marginale Absorptionsquote eine Rolle. Für eine Absorptionsquote von $c = 1$ würde diese Bedingung im wesentlichen – statt n_M steht hier n_v – der bekannten Marshall-Lerner-Bedingung entsprechen. Je kleiner diese Quote ist, desto eher ist die Bedingung (C-93) erfüllt, denn der negative Einkommenseffekt einer produktionsbedingten Erhöhung der Importe wirkt sich über die Einkommensabhängigkeit der heimischen Absorption auf die inländische Produktion aus.

C-7.5.2: Importe von End- und Zwischenprodukten

Der Elastizitätsbedingung (C-92) liegt die Annahme zugrunde, daß die Importe des betrachteten Landes nur aus Zwischenprodukten bestehen. Um einen exakten Vergleich mit früher gewonnenen Ergebnissen zu ermöglichen, werden jetzt gleichzeitig importierte Zwischenprodukte und importierte Endprodukte berücksichtigt. Wie schon in früheren Untersuchungen, in denen Zwischenprodukte nicht explizit enthalten waren, umfaßt die reale heimische Absorption A nun die Nachfrage nach inländischen und nach importierten Endprodukten. Folglich gilt für die gesamte reale Endnachfrage nach Gütern aus dem inländischen Produktionsprozeß:

(C-83a) $\quad X = A(Y) + E - q^* M^e \quad$ mit: $\quad q^* = wP^*/P$

M^e bezeichnet die mengenmäßigen Importe von Endprodukten. Die Gleichungen (C-84) bis (C-86) sind unverändert zu übernehmen. Die Gleichung (C-87) für den Saldo der Leistungsbilanz ist um die importierten Endprodukte zu erweitern:

(C-87a) $\quad H = E - q^*(M^e + M^v)$

Analog zur Importfunktion in den früheren Untersuchungen werden die importierten Endprodukte in Abhängigkeit vom inländischen Realeinkommen Y und vom Preisverhältnis q^* erklärt:

(C-94) $\quad M^e = M^e(Y, q^*) \quad$ mit: $\quad n_M = \dfrac{\delta M^e}{\delta q^*} \dfrac{q^*}{M^e} \leq 0$

Die Preiselastizität der Nachfrage nach importierten Endprodukten ist – wie schon bei früheren Modellformulierungen – mit n_M bezeichnet worden. Die Preisfunktion (C-88) geht unverändert in das Modell ein.

Aus dem modifizierten Modell lassen sich die folgenden Wirkungen einer Wechselkursänderung auf das Realeinkommen, die Produktion und die Leistungsbilanz des Inlands gewinnen:[30]

(C-95) $\quad dY/dw = - \dfrac{E}{wN} \dfrac{1-e_P}{1+h} \{1 + n_v + (1 - v/q)\,[n_E(1 + h) + h(1 + n_M)]\}$

(C-96) $\quad dX/dw = - \dfrac{E}{wN} \dfrac{1-e_P}{1+h} [(c - m/q)\,(1 + n_v) + n_E(1 + h) + h(1 + n_M)]$

(C-97) $\quad dH^n/dw = - \dfrac{E^n}{wN} \dfrac{1-e_P}{1+h} (1 - c) \{1 + n_v + (1 - v/q)\,[n_E(1 + h)$
$\qquad\qquad\qquad + h(1 + n_M)]\}$

mit: $\quad N = 1 - (c - m/q)\,(1 - v/q) > 0; \quad h = M^e/M^v$

Vereinfachend wurde wieder angenommen, daß die Leistungsbilanz in der Ausgangssituation ausgeglichen ist. Eine Abwertung der inländischen Währung bewirkt eine Verbesserung der Leistungsbilanz und eine Erhöhung des Realeinkommens, wenn

– die Elastizität e_P des inländischen Preisniveaus in bezug auf den Wechselkurs kleiner als Eins ist

– die marginale Absorptionsquote c kleiner als Eins ist (nur für den Leistungsbilanzeffekt)

– die folgende Elastizitätsbedingung erfüllt ist:

(C-98) $\quad - n_v - (1 - v/q)\,[n_E + h(n_E + n_M)] > 1 + h(1 - v/q).$

---

[30] Zur Ableitung siehe den Anhang C.11.

Neben den Preiselastizitäten der Exportnachfrage und der Nachfrage nach importierten Endprodukten und Zwischenprodukten entscheiden also – jeweils in bezug auf die Ausgangssituation – der Inputkoeffizient v für die importierten Zwischenprodukte, die inländischen Terms of Trade q sowie die Relation h der Importe von End- und Zwischenprodukten über die Wirkungsrichtung einer Wechselkursänderung.

Bei $h = M^e/M^v = 0$ werden nur Zwischenprodukte importiert, und folglich stimmt dann die hier gewonnene Elastizitätsbedingung mit der weiter oben genannten Bedingung (C-92) überein. Werden nur Endprodukte importiert, so nimmt der Koeffizient h den Wert Unendlich an. In diesem Fall geht die Elastizitätsbedingung (C-98) in die bekannte Marshall-Lerner-Bedingung $- n_E - n_M > 1$ über.

Kapitel D:
Geld-, Fiskal- und Wechselkurspolitik bei internationalen Einflüssen

D-1: Stabilitätspolitik bei internationalen Wirtschaftsbeziehungen: Problemstellung und Gedanken zur theoretischen Konzeption

Außenwirtschaftliche Einflüsse spielen für Ausgestaltung und Effektivität der nationalen Stabilitätspolitiken angesichts zunehmender internationaler Güter- und Kapitalverflechtungen eine immer größere Rolle. Im Zielkatalog der Stabilitäts- bzw. der Konjunkturpolitik eines Landes nimmt das außenwirtschaftlich orientierte Ziel, z. B. in Form eines Leistungs- oder eines Zahlungsbilanzausgleichs bei festen Wechselkursen oder in Form einer Wechselkursstabilisierung oder eines Leistungs- bilanzausgleichs bei flexiblen Wechselkursen, deshalb neben den binnenwirtschaft- lichen Zielen der Vollbeschäftigung und der Preisstabilität eine gleichrangige oder in jüngster Zeit häufig sogar dominierende Stellung ein. Es ist unumstritten, daß die Zahlungsbilanz-, die Leistungsbilanz- oder die Wechselkursentwicklung eine erheb- liche Bedeutung für die Beschäftigungssituation und für die Preisentwicklung eines Landes hat und daß von daher enge Beziehungen zwischen den binnenwirtschaftli- chen Zielen und dem außenwirtschaftlichen Ziel bestehen. An diesen Zielbeziehun- gen sind die Untersuchungen im Kapitel D ausgerichtet. Im einzelnen soll gezeigt werden,

1. welche Wirkungen fiskal- und geldpolitische Aktivitäten eines Landes auf Zah- lungsbilanz, Leistungsbilanz und Wechselkurs haben,

2. welche Einkommens-, Zins- und Preiseffekte mit der Fiskalpolitik, der Geldpoli- tik oder der Wechselkurspolitik verbunden sind, wenn internationale Verflech- tungen über den Güterverkehr und über den Kapitalverkehr vorliegen,

3. wie die nationalen stabilitätspolitischen Instrumente – die Fiskalpolitik, die Geldpolitik und die Wechselkurspolitik – zu koordinieren sind, um die binnen- wirtschaftlichen Ziele und das außenwirtschaftliche Ziel so weit wie möglich gleichzeitig zu realisieren,

4. welche Bedeutung internationale Rückwirkungen für die Effektivität stabilitäts- politischer Aktivitäten eines Landes haben.

In methodischer Hinsicht orientieren sich die Analysen an der herkömmlichen keynesianischen Theorie:

1. Die Untersuchungen erfolgen im Rahmen eines hochaggregierten makroökono- mischen Modells;

2. es geht vorwiegend um eine komparativ-statische Betrachtung von ökonomi- schen Gleichgewichtszuständen;

3. es wird grundsätzlich davon ausgegangen, daß Güterpreise und/oder Löhne „nach unten" inflexibel und deshalb Produktionsfaktoren zumindest innerhalb des betrachteten Analysezeitraums unterbeschäftigt sein können;

4. die Güterproduktion eines Landes wird im wesentlichen von der Nachfrageseite her determiniert;

5. der Zeitrahmen der Analyse ist relativ kurz gefaßt, so daß längerfristig relevante

ökonomische Vorgänge wie beispielsweise investitions- oder innovationsindu-
zierte Wachstumsvorgänge, Bestandsgrößenanpassungen bei Geldvermögen
und Realkapital oder grundlegende Änderungen der nationalen und internationalen Produktionsstrukturen unberücksichtigt bleiben können;

6. es wird angenommen, daß Erwartungen – insbesondere rationale Erwartungen –
für Wirkungen und Wirkungsabläufe stabilitätspolitischer Maßnahmen keine
oder zumindest keine wesentliche Rolle spielen.

Es war vor allem die von Keynes entwickelte und später unter dem Begriff „keynesianisch" fortgeführte und verfeinerte Einkommens- und Beschäftigungstheorie,
die den diskretionären Einsatz der Geld- und der Fiskalpolitik als Mittel zur Beeinflussung der Wirtschaftskonjunktur populär machte. Mit dieser Theorie verbreitete
sich zunächst die Auffassung, das konjunkturelle Phänomen der Unterbeschäftigung ließe sich weitgehend erfolgreich bekämpfen, wenn nur die geld- und fiskalpolitischen Instrumente adäquat eingesetzt würden. Die Hoffnung, mit Hilfe des stabilitätspolitischen Instrumentariums seien die Konjunkturentwicklungen steuerbar
und vor allem das Problem der Arbeitslosigkeit sei weitgehend vermeidbar, wurde
jedoch enttäuscht. Obwohl die „keynesianische" Stabilitäts- bzw. Konjunkturpolitik Anwendung fand, sahen sich viele Länder zunehmend mit lang anhaltender
Arbeitslosigkeit konfrontiert. Es blieb deshalb nicht aus, daß es sowohl in der
Theorie als auch in der praktischen Wirtschaftspolitik zu Reaktionen kam, die von
einem kritischen Überdenken der „keynesianischen" Politikkonzeption bis zur völ-
ligen Ablehnung der diskretionären Geld- und Fiskalpolitik reichten. Viele Ursachen wurden ausgemacht, die für das Versagen dieser Politik verantwortlich sein
könnten, so beispielsweise institutionelle Informations-, Entscheidungs- und
Handlungsverzögerungen, generelle Konflikte zwischen den stabilitätspolitischen
Zielen, Wirkungsverzögerungen geld- und fiskalpolitischer Maßnahmen, mangel-
hafte Koordination nationaler und internationaler Instrumenteneinsätze, konter-
karierende Wirkungen privatwirtschaftlicher Reaktionen auf die staatliche Konjunkturpolitik, Wirkungsverluste aufgrund unpassender ordnungspolitischer
Rahmenbedingungen sowie der nicht adäquate Einsatz konjunkturpolitischer
Maßnahmen vor dem Hintergrund vorwiegend struktureller Anpassungsprobleme.

Die keynesianische Einkommens- und Beschäftigungstheorie ist angreifbar, weil
sie sich i.d.R. auf die Erfassung einiger – wenn auch zweifellos besonders wichtiger –
ökonomischer Zusammenhänge beschränkt. Diese Beschränkung spricht aber
nicht grundsätzlich gegen die Theoriekonzeption. Sie bedeutet nur, daß Vorsicht bei
der Interpretation der Ergebnisse und der Ableitung wirtschaftspolitischer Implikationen geboten ist. Die ökonomische Theorie liefert inzwischen viele Beispiele für
zum Teil äußerst detaillierte Verfeinerungen des grundlegenden keynesianischen
Theoriegebäudes, so z.B. in Hinsicht auf Wirkungsverzögerungen oder auf den
Einfluß von Erwartungsbildungen. Und dabei ist häufig auch sehr deutlich aufgezeigt worden, daß es ein breites Spektrum empirisch relevanter Bedingungen gibt,
die erfüllt sein müssen, wenn der Einsatz der Geld- oder der Fiskalpolitik überhaupt
zu den stabilitätspolitisch gewünschten Ergebnissen führen soll. Die Komplexität
ökonomischer Zusammenhänge macht es aber auf jeden Fall – nicht zuletzt unter
didaktischen Gesichtspunkten – erforderlich, die theoretische Analyse auf die Einflußfaktoren zu konzentrieren, die für die jeweils behandelten Frage- und Problem-
stellungen besonders wichtig erscheinen. Im Kontext des hier vorliegenden Kapitels
D bedeutet dies, daß die Analysen auf die Erfassung der außenwirtschaftlichen
Aspekte und der damit verbundenen stabilitätspolitischen Anwendungsprobleme
ausgerichtet werden. Die Problembereiche und die Wirkungsbedingungen, die auch

dann wichtig sind, wenn internationale Wirtschaftsbeziehungen keine oder keine große Rolle spielen, werden als bekannt vorausgesetzt. In diesem Zusammenhang ist auf die grundlegende Literatur zur makroökonomischen Theorie sowie zur Theorie der Konjunktur- oder Stabilitätspolitik zu verweisen.[1]

Politisch-institutionell bedingte Probleme, die die Wirksamkeit der herkömmli- chen keynesianischen Stabilitätspolitik beeinträchtigt oder zunichte gemacht haben – so z. B. Entscheidungs- und Handlungsverzögerungen, fehlende Koordination, Mangel an Einsicht in Zielkonflikte, unpassende ordnungspolitische Aktivitäten –, können nicht der einkommens- und beschäftigungstheoretischen Konzeption an sich angelastet werden. Solche Probleme stellen selbstverständlich ein Faktum dar, das nicht übersehen werden darf, wenn es darum geht, aus der Theorie wirtschafts- politische Empfehlungen herzuleiten. Die politisch-institutionellen Rahmenbedin- gungen sind aber von Land zu Land verschieden, und sie unterliegen im Zeitablauf teilweise erheblichen Änderungen. Schon von daher ist es sinnvoll, in der theoreti- schen Analyse zunächst von diesen Rahmenbedingungen zu abstrahieren und erst in weiteren Schritten die Anwendungsmöglichkeiten der theoretisch gewonnenen Erkenntnisse in einem bestimmten politisch-institutionellen Rahmen zu prüfen. Die weiteren Untersuchungen beschränken sich auf den ersten Analyseschritt. In- stitutionelle Aspekte bleiben also unberücksichtigt.

D-2: Einkommens- und Zinseffekte der Geld-, Fiskal- und Wechselpolitik

D-2.1: Ein einfaches makroökonomisches Modell mit internationalem Kapitalverkehr

D-2.1.1: Der Gütermarkt

Um die Analyse vorerst noch so einfach wie möglich zu halten, sei angenommen,

– daß das Güterangebot eines Landes vollkommen preiselastisch ist und Verände- rungen der Nachfrage nach Gütern dieses Landes keine Reaktionen des entspre- chenden Güterpreisniveaus hervorrufen,

– daß Wechselkursänderungen und dadurch bedingte Änderungen der Produk- tionskosten eines Landes ebenfalls ohne Wirkungen auf das Güterpreisniveau dieses Landes sind.

Zur weiteren Vereinfachung möge das Güterpreisniveau eines Landes – nämlich P für das Inland und P* für das Ausland – den Wert von Eins haben. Damit wird es möglich, auf eine Unterscheidung von realen und nominellen Modellgrößen weit- gehend zu verzichten.

---

[1] Siehe z. B.: Dornbusch, R. und Fischer, S., Macroeconomics, 4. ed., New York 1987 (Stan- dardlehrbuch der makroökonomischen Theorie und Politik, das sich in Kapitel 18 auch kritisch mit der keynesianischen Theoriekonzeption auseinandersetzt und einige Weiterent- wicklungen und alternative Ansätze diskutiert).
Landmann, O., Keynes in der heutigen Wirtschaftstheorie, sowie Span, H.P., Keynes in der heutigen Wirtschaftspolitik, beide in: G. Bombach, H.-J. Ramser, M. Timmermann und W. Wittmann (Hrsg.), Der Keynesianismus I, Theorie und Praxis keynesianischer Wirt- schaftspolitik, Berlin–Heidelberg–New York 1981, S. 133–292 (Untersuchungen zu den Möglichkeiten und Grenzen der keynesianischen Konzeption in Hinsicht auf die Erklärung konjunkturell relevanter Phänomene sowie in Hinsicht auf die Umsetzung in die praktische Wirtschaftspolitik).

Da sich das Güterangebot wegen der vollkommenen Preiselastizität immer vollständig an die Güternachfrage anpaßt, entspricht das Realeinkommen Y eines Landes – hier des Inlands – der Summe aus realer heimischer Absorption A und realem Außenbeitrag bzw. realem Leistungsbilanzsaldo H dieses Landes:

(D-1) $Y = A + H$

Wegen $P = 1$ ist Y zugleich das Nominaleinkommen, A die nominelle heimische Absorption und H der nominelle Außenbeitrag bzw. der nominelle Leistungsbilanzsaldo des Inlands. Die heimische Absorption A setzt sich aus der Nachfrage der privaten Wirtschaftssubjekte nach Konsum- und Investitionsgütern sowie aus der Güternachfrage der öffentlichen Haushalte bzw. des Staates (dem Staatskonsum und den staatlichen Investitionsausgaben) zusammen, wobei die Befriedigung der Nachfrage jeweils aus heimischer und aus ausländischer Produktion erfolgen kann. Wie schon in früheren Untersuchungen, so wird auch jetzt angenommen, daß die heimische Absorption A vom Einkommen Y abhängig ist. Darüber hinaus kann man davon ausgehen, daß auch das inländische Zinsniveau, im folgenden mit i bezeichnet, eine wichtige Determinante der heimischen Absorption ist. Insbesondere die private Nachfrage nach Investitionsgütern dürfte eine gewisse Zinsabhängigkeit aufweisen.

Wie schon weiter oben erläutert wurde, können unter bestimmten Bedingungen Veränderungen der Terms of Trade eines Landes – und darüber Veränderungen des Wechselkurses – einen direkten Einfluß auf die (reale) heimische Absorption haben. Dieser Einfluß ist auch als Terms of Trade-Effekt bekannt. Da aber bestenfalls nur sehr geringe Reaktionen der heimischen Absorption auf Änderungen der Terms of Trade zu erwarten sind, bleibt die entsprechende Determinante aus Gründen der Vereinfachung an dieser Stelle unberücksichtigt.

Wenn es in den weiteren Untersuchungen um den Einsatz der Fiskalpolitik geht, wird grundsätzlich auf eine Änderung des vom Staat autonom kontrollierten Teils der heimischen Absorption Bezug genommen. Dieser Teil – mit A_s bezeichnet – wird in Hinsicht auf die Untersuchungsziele von vornherein gesondert von dem einkommens- und zinsabhängigen Teil der heimischen Absorption $A(Y, i)$ betrachtet:

(D-2) $A = A_s + A(Y, i)$ mit: $a_Y = \delta A / \delta Y$, $0 < a_Y \le 1$,
                                              $a_i = \delta A / \delta i \le 0$

a_Y ist die marginale Absorptionsquote (in Hinsicht auf das Realeinkommen Y). Sie dürfte i. d. R. kleiner als Eins – aber auf jeden Fall positiv – sein. Zwischen der heimischen Absorption und dem Zinsniveau ist zwar im allgemeinen ein negativer Zusammenhang anzunehmen, doch ist nicht auszuschließen, daß unter bestimmten Bedingungen weder private noch öffentliche Wirtschaftssubjekte mit ihrer Investitions- oder Konsumnachfrage auf Zinsänderungen reagieren. Folglich besitzt der Zinskoeffizient a_i (die marginale Absorptionsquote in bezug auf den Zinssatz) einen negativen Wert oder im Extremfall einen Wert von Null. Wie schon in früheren Untersuchungen, so wird auch im folgenden die marginale Sparquote des Inlands mit s bezeichnet. Sie gibt die Reaktion der gesamten volkswirtschaftlichen Ersparnis auf eine Einkommensänderung an. Da diese Ersparnis der Differenz zwischen Einkommen und heimischer Absorption entspricht, gilt für die marginale Sparquote: $s = 1 - a_Y$.

Das in- und das ausländische Preisniveau sind annahmegemäß konstant, so daß sich der reale Außenbeitrag bzw. der reale Leistungsbilanzsaldo H des Inlands wie folgt erklären läßt:

(D-3) $\quad H = H(Y, Y^*, w)$ mit: $\quad m = -\delta H/\delta Y > 0, \quad m^* = \delta H/\delta Y^* > 0,$
$$h_w = \delta H/\delta w > 0$$

Da für das inländische Preisniveau vereinfachend ein Wert von $P = 1$ angenommen wurde, ist H zugleich der nominelle Außenbeitrag bzw. der nominelle Leistungsbilanzsaldo.

Über die Importnachfrage besteht eine negative Abhängigkeit vom inländischen Einkommen, über die Exportnachfrage eine positive Abhängigkeit vom ausländischen Einkommen. Mit Bezug auf frühere Untersuchungen werden diese Abhängigkeiten in der Importquote m des Inlands sowie in der Importquote m^* des Auslands zum Ausdruck gebracht. Die Reaktion des Außenbeitrags bzw. des Saldos der Leistungsbilanz auf eine Wechselkursänderung ist im Kapitel C bereits eingehend untersucht worden. Bekanntlich ergibt sich im Zuge einer Abwertung der heimischen Währung eine Verbesserung der Leistungsbilanz, wenn die „modifizierte" Marshall-Lerner-Bedingung erfüllt ist.[2] Im folgenden wird generell davon ausgegangen, daß die Leistungsbilanz gemäß der Marshall-Lerner-Bedingung immer normal auf eine Wechselkursänderung reagiert. Der Koeffizient h_w besitzt somit einen positiven Wert.

Fügt man die Gleichungen (D-2) und (D-3) in die Gleichung (D-1) ein, so ergibt sich für das Realeinkommen des Inlands:

(D-4) $\qquad Y = A_s + A(Y, i) + H(Y, Y^*, w)$

Abbildung D.1

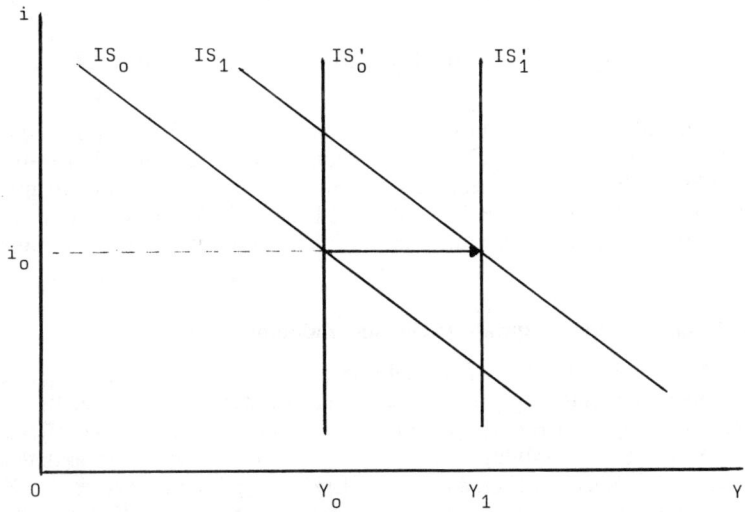

---

[2] Siehe hierzu den Anhang D.1.

Diese Gleichung enthält implizit den Zusammenhang zwischen dem Realeinkommen Y und dem Zinsniveau i. Die grafische Darstellung des Zusammenhangs ergibt die aus der makroökonomischen Analyse bekannte IS-Kurve. Für den einfachen Fall linearer Funktionalbeziehungen zwischen den endogenen Modellgrößen stellt sich der Zusammenhang von Y und i, wie in der Abbildung D.1 skizziert, als eine Gerade dar, die folgende Steigung besitzt:

$$(D-5) \qquad dY/di = \frac{a_i}{1 - a_Y + m} = \frac{a_i}{s + m} \leq 0 \quad \text{mit:} \quad s = 1 - a_Y$$

Für $a_i < 0$ ist die Steigung negativ, und für $a_i = 0$ verläuft die IS-Kurve parallel zur Zinsachse.

Der Einkommenseffekt einer Zinsänderung läßt sich unmittelbar aus einer entsprechenden Bewegung auf der IS-Kurve ablesen. Änderungen der autonomen Absorption des Staates A_s, des ausländischen Einkommens Y^* oder des Wechselkurses w implizieren demgegenüber eine Verschiebung der IS-Kurve, und zwar gilt bei linearen Funktionalbeziehungen:

$$(D-6) \qquad dY = \frac{1}{s + m}(dA_s + m^* dY^* + h_w dw) \quad \text{bei:} \quad di = 0$$

Eine Erhöhung der autonomen staatlichen Absorption oder eine Zunahme des ausländischen Realeinkommens oder eine Abwertung der heimischen Währung kommt jeweils in einer Verschiebung der IS-Kurve nach rechts zum Ausdruck, in der Abbildung D.1 zum Beispiel von IS_0 nach IS_1 bzw. von IS_0' nach IS_1'. Bei einem bestimmten festen Zinsniveau wird somit ein höheres inländisches Realeinkommen möglich.

Aus der Gleichung (D-6) läßt sich auch unmittelbar der Einkommensmultiplikator einer Veränderung der Größen A_s, Y^* oder w ablesen. Der Einkommensmultiplikator einer Staatsausgabenänderung lautet beispielsweise:

$$(D-7) \qquad dY/dA_s = \frac{1}{s + m} > 0 \quad \text{bei:} \quad di = 0, \ dY^* = 0, \ dw = 0$$

Dieser Multiplikator zeigt, daß der Einkommenseffekt einer Staatsausgabenänderung ceteris paribus um so größer ist, je größer die marginale Absorptionsquote a_Y und je kleiner die marginale inländische Importquote m sind. Im allgemeinen ist zu erwarten, daß der Multiplikator größer als Eins ist und daß somit eine Veränderung der Staatsausgaben eine multiplikative Wirkung auf das Realeinkommen Y hat.

D-2.1.2: Internationaler Kapitalverkehr und Zahlungsbilanz

In den internationalen Wirtschaftsbeziehungen werden jetzt neben den Gütertransaktionen, die in der Leistungsbilanz erfaßt sind und durch die der Leistungsbilanzsaldo bzw. der Außenbeitrag H entsteht, auch Finanztransaktionen berücksichtigt, die in der Kapitalverkehrsbilanz zu buchen sind. Das vorerst verwendete Modell enthält lediglich einen einfachen Ansatz zur Erklärung des internationalen Kapitalverkehrs. Einerseits wird der gesamte Kapitalverkehr in einer Aggregatgröße zusammengefaßt, und andererseits wird nur die Stromgröße „Kapitalverkehr" erklärt, ohne daß auf Entscheidungen über Portfoliostrukturen bzw. über Bestände und Bestandsänderungen von Inlands- und Auslandsaktiva Bezug genommen wird. Weitergehende Untersuchungen zum internationalen Kapitalverkehr folgen in anderen Kapiteln dieses Buches.

Hier sei angenommen, daß sich der internationale Kapitalverkehr aus einem autonomen (im Modell exogenen) Teil und einem zinsinduzierten Teil zusammensetzt:

(D-8) $\qquad K = K^a + K(i - i^*) \quad \text{mit:} \quad k_i = \delta K / \delta (i - i^*), \; 0 \le k_i \le \infty$

Eine positive Größe K gibt einen Überschuß in der Kapitalverkehrsbilanz des Inlands an. Entsprechend liegt bei K < 0 ein Defizit vor, und bei K = 0 ist die Kapitalverkehrsbilanz ausgeglichen. Die Determinante des zinsinduzierten Teils des Kapitalverkehrs ist die Differenz zwischen dem Zinsniveau i auf dem inländischen Kapitalmarkt und dem Zinsniveau i* auf dem ausländischen Kapitalmarkt. Der Koeffizient k_i gibt die Reaktion des Kapitalverkehrs bzw. des Saldos der inländischen Kapitalverkehrsbilanz auf eine Veränderung dieser Zinsdifferenz wieder. Diese Hypothese impliziert, daß mit einer Zunahme der Zinsdifferenz der Kapitalimport des Inlands im allgemeinen steigt bzw. der Kapitalexport des Inlands sinkt.[3]

Der Wert des Zinskoeffizienten des Kapitalverkehrs k_i hängt entscheidend von der Freizügigkeit im internationalen Kapitalverkehr sowie von der internationalen Mobilität des Finanzkapitals ab. Bestehen Kapitalverkehrsbeschränkungen, so ist ein zinsinduzierter Kapitalverkehr nicht oder nur in begrenztem Umfang möglich. Der Koeffizient k_i ist dann Null oder zumindest relativ klein. Das gilt trotz Freizügigkeit auch dann, wenn das Finanzkapital nur eine geringe internationale Mobilität aufweist, weil beispielsweise die Wirtschaftssubjekte des betrachteten Landes das Risiko von Auslandsanlagen scheuen oder weil die Rahmenbedingungen (z. B. in Hinsicht auf die Organisation der Kapitalmärkte oder in Hinsicht auf die politische und ökonomische Sicherheit) ungünstig sind. Demgegenüber nimmt die Zinsreagibilität des internationalen Kapitalverkehrs zu, wenn Freizügigkeit besteht und die Mobilität des Finanzkapitals infolge verbesserter Rahmenbedingungen erhöht wird. Im Extremfall kann das Finanzkapital international vollkommen mobil sein, und der Koeffizient k_i ist dann mit einem Wert von Unendlich anzusetzen. Eine so hohe Kapitalmobilität setzt jedoch voraus, daß Finanzanlagen auf dem in- und dem ausländischen Kapitalmarkt von den Wirtschaftssubjekten als vollständige Substitute eingeschätzt werden, daß es im internationalen Kapitalverkehr keine Hemmnisse durch rechtliche, politische oder organisatorische Beschränkungen gibt, daß es bei den Anlegern keine Präferenzen für In- oder Auslandsanlagen und auch keine unterschiedlichen Risikoeinschätzungen von Anlagen auf dem in- oder dem ausländischen Kapitalmarkt gibt und daß schließlich auch keine (nennenswerten) Unterschiede zwischen den Kosten einer Finanzanlage auf dem in- oder dem ausländischen Kapitalmarkt bestehen. Es ist kaum zu erwarten, daß für den internationalen Kapitalverkehr ein derart „vollkommener" Markt existiert. Dennoch ist es angebracht, in einer theoretischen Analyse auch diesen Extremfall zu berücksichtigen,

---

[3] Bei Entscheidungen über Finanzanlagen am inländischen oder am ausländischen Kapitalmarkt spielen neben der Differenz zwischen den Nominalzinssätzen insbesondere auch die Erwartungen über Wechselkursänderungen sowie die Kosten der internationalen Finanztransaktionen eine Rolle. Diese Determinanten bleiben hier jedoch aus Gründen der Vereinfachung unberücksichtigt. Sie werden aber später im Rahmen einer ausführlicheren Analyse des internationalen Kapitalverkehrs aufgegriffen.

denn mit ihm läßt sich besonders deutlich zeigen, welche Konsequenzen aus der fortlaufenden Erhöhung der internationalen Mobilität des Kapitals letztlich resultieren können. Und es ist ein empirisches Faktum, daß der Vollkommenheitsgrad der internationalen Kapitalmärkte seit Jahren stetig zunimmt, nicht zuletzt aufgrund einer starken Ausweitung der internationalen Banktätigkeiten sowie einer erheblichen Verbesserung der organisatorischen und kommunikativen Rahmenbedingungen. Allein staatliche Kapitalverkehrsbeschränkungen könnten diese Entwicklung bremsen.

Der Saldo der Zahlungsbilanz Z möge aus dem Saldo H der Leistungsbilanz (hier einschränkend dem Außenbeitrag) und dem Saldo K der Kapitalverkehrsbilanz gebildet werden. Die Übertragungsbilanz im Rahmen der Leistungsbilanz sowie die Bilanz der Restposten und der statistischen Ermittlungsfehler bleiben hier unberücksichtigt. Aus den Gleichungen (D-3) und (D-8) ergibt sich somit:

(D-9) $\qquad Z = H(Y, Y^*, w) + K^a + K(i - i^*)$

Die Zahlungsbilanz ist bei $Z = 0$ ausgeglichen. Bei $Z > 0$ besteht ein Zahlungsbilanzüberschuß, und bei $Z < 0$ entsprechend ein Zahlungsbilanzdefizit für das Inland.

Wird $Z = 0$ gesetzt, so ergibt sich aus der Gleichung (D-9) ein Zusammenhang zwischen dem inländischen Realeinkommen Y und dem inländischen Zinsniveau i, der eine ausgeglichene Zahlungsbilanz impliziert. Legt man vereinfachend lineare Funktionen für den Leistungsbilanzsaldo bzw. den Außenbeitrag H und für den zinsinduzierten Saldo der Kapitalverkehrsbilanz zugrunde, so gilt:

(D-10) $\qquad H^a - mY + m^*Y^* + h_w w + K^a + k_i(i - i^*) = 0$

H^a ist der Saldo aus den autonomen realen Ex- und Importen des Inlands. Die Auflösung dieser Gleichung nach dem Zinsniveau i führt zu:

(D-10a) $\qquad i = \dfrac{1}{k_i}(mY - m^*Y^* - h_w w - H^a - K^a) + i^* \quad \text{bei:} \quad Z = 0$

Die grafische Darstellung dieser Gleichung wird im folgenden als Z-Kurve bezeichnet. Diese Kurve hat die Steigung:

(D-10b) $\qquad di/dY = m/k_i \geq 0$

In den weiteren Untersuchungen sollen drei Fälle unterschieden werden: der Normalfall, in dem die marginale Importquote m und der Zinskoeffizient k_i jeweils positiv sind, sowie zwei Extremfälle, die durch einen Zinskoeffizienten k_i von Null und alternativ durch einen Zinskoeffizienten k_i von Unendlich gekennzeichnet sind. In der Abbildung D.2 sind diese Fälle dargestellt worden. Hat der Zinskoeffizient k_i einen Wert von Null, so verläuft die Z-Kurve parallel zur Zinsachse (Z_1). Bei vollkommener Kapitalmobilität mit einem Koeffizienten k_i von Unendlich verläuft sie dagegen parallel zur Einkommensachse (Z_2). Und bei $0 < k_i < \infty$ besitzt die Z-Kurve eine positive Steigung mit $tg\,\alpha = m/k_i$.

Die Lage der Z-Kurve im i/Y-Diagramm hängt darüber hinaus von den autonomen Größen H^a und K^a, vom ausländischen Realeinkommen Y^*, vom Wechselkurs w sowie vom ausländischen Zinsniveau i^* ab. Ist der Koeffizient k_i unendlich groß, so wird die Lage der Z-Kurve allerdings nur durch das ausländische Zinsniveau i^*

Abbildung D.2

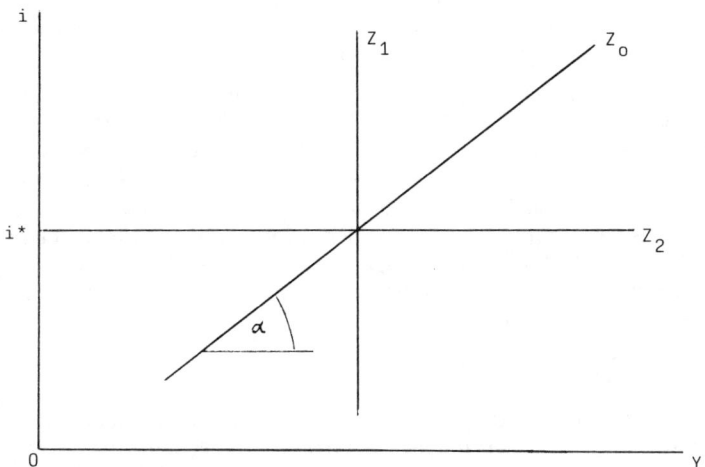

bestimmt. Das inländische Zinsniveau entspricht in diesem Fall dem ausländischen Zinsniveau. Demgegenüber haben die Zinsniveaus keinen Einfluß auf die Lage der Z-Kurve, wenn der Zinskoeffizient k_i Null ist; dann gilt nämlich:

(D-10c) $Y = \dfrac{1}{m}(m^*Y^* + h_w w + H^a + K^a)$ bei: $Z = 0$

Vor diesem Hintergrund haben also Veränderungen der exogenen Größen H^a, K^a, Y^* und w keinen Einfluß auf die Z-Kurve, wenn der Koeffizient k_i den Wert Unendlich hat, und eine Veränderung des ausländischen Zinsniveaus bleibt ohne Wirkung auf die Z-Kurve, wenn der Koeffizient k_i Null ist. Allgemein gilt:

(D-11) $di = -\dfrac{1}{k_i}(m^* dY^* + h_w dw + dH^a + dK^a) + di^*$ bei: $dY = 0$

oder:

(D-11a) $dY = \dfrac{1}{m}(m^* dY^* + h_w dw + dH^a + dK^a) - \dfrac{k_i}{m} di^*$ bei: $di = 0$

Alle Kombinationen von Realeinkommen Y und inländischem Zinsniveau i, die nicht auf der Z-Kurve liegen, sind ex definitione mit einer unausgeglichenen Zahlungsbilanz verbunden. Und zwar implizieren die Kombinationen, die links bzw. oberhalb der Z-Kurve liegen, einen Zahlungsbilanzüberschuß und die Kombinationen, die rechts bzw. unterhalb der Z-Kurve liegen, ein Zahlungsbilanzdefizit. Das läßt sich leicht erklären, wenn man, ausgehend von einer Z-Kurve, für ein bestimmtes Zinsniveau i das inländische Realeinkommen Y verändert oder für ein bestimmtes inländisches Realeinkommen Y das inländische Zinsniveau i verändert. Bezogen auf die Kurven Z_0 oder Z_1 in der Abbildung D.1 bedeutet nämlich ein geringeres inländisches Realeinkommen, daß der einkommensinduzierte Außenbeitrag größer ist als in der Situation einer ausgeglichenen Zahlungsbilanz, und bezogen auf die Kurven Z_0 oder Z_1 besagt ein höheres inländisches Zinsniveau, daß der zinsinduzierte Nettokapitalimport höher ist als bei ausgeglichener Zahlungsbilanz. Folglich implizieren diese Fälle einen Zahlungsbilanzüberschuß. Wenn das inländische Realeinkommen höher bzw. das inländische Zinsniveau niedriger ist, muß analog dazu ein Zahlungsbilanzdefizit vorliegen.

Sofern der Zinskoeffizient k_i kleiner als Unendlich ist, wird der Defizitbereich kleiner, wenn das ausländische Realeinkommen steigt und es dadurch zu zusätzlichen Exporten des Inlands kommt, wenn der Wechselkurs steigt und sich hierdurch eine Verbesserung der Leistungsbilanz ergibt, wenn der autonome Leistungsbilanzsaldo z. B. aufgrund einer Erhöhung der autonomen Exporte zunimmt oder wenn der autonome Kapitalimport steigt bzw. der autonome Kapitalexport sinkt. Die Z-Kurve wird bei diesen Änderungen nach rechts bzw. nach unten verschoben. Eine solche Verschiebung ergibt sich im Normalfall (mit $0 < k_i < \infty$) auch dann, wenn das ausländische Zinsniveau sinkt.

D-2.1.3: Der Geldmarkt

Um das Realeinkommen Y und das Zinsniveau i des Inlands gleichzeitig bestimmen zu können, muß – wie aus der üblichen makroökonomischen Analyse bekannt ist – neben dem Gütermarkt auch der Geldmarkt des Landes betrachtet werden. Ein Gleichgewicht auf dem Geldmarkt liegt vor, wenn das Geldangebot (G) und die Geldnachfrage (L) übereinstimmen:

(D-12) $G = L(Y, i)$ mit: $l_Y = \delta L/\delta Y > 0, \ l_i = \delta L/\delta i \leq 0$

In Anlehnung an die keynesianische Geldnachfragetheorie wird die gesamtwirtschaftliche (reale) Geldnachfrage L in Abhängigkeit vom Realeinkommen Y und vom Zinsniveau i beschrieben. Der Einkommenskoeffizient der Geldnachfrage l_Y ist in jedem Fall positiv, da mit steigendem Einkommen im allgemeinen die Nachfrage nach Geld zu Transaktionszwecken zunimmt. Der Zinskoeffizient l_i ist unter normalen Umständen negativ, weil sich die Opportunitätskosten der (zinslosen oder nur relativ niedrig verzinslichen) Geldhaltung bei steigendem Zinsniveau erhöhen und dann i.d.R. eine Substitution von Geld durch Kapitalmarktanlagen induziert wird. Wenn allerdings, wie in der klassischen Geldnachfragetheorie angenommen, Geld ausschließlich zu Transaktionszwecken gehalten wird, gibt es keine zinsabhängige Geldnachfrage. Der Zinskoeffizient l_i wäre dann mit Null anzusetzen.

Die Gleichgewichtsbedingung (D-12) impliziert einen Zusammenhang zwischen dem Realeinkommen Y und dem Zinsniveau i, dessen grafische Darstellung in der makroökonomischen Analyse als LM-Kurve bekannt ist.[4] Diese Kurve zeigt also gemäß Gleichung (D-12) alle Kombinationen von Y und i auf, die mit einem Gleichgewicht auf dem Geldmarkt verbunden sind. Für den einfachen Fall einer linearen Geldnachfragefunktion läßt sich der Zusammenhang zwischen Y und i, wie in der Abbildung D.3 gezeigt, als eine Gerade skizzieren, die gemäß Gleichung (D-12) die folgende Steigung hat:

(D-13) $dY/di = -l_i/l_Y \geq 0$

---

[4] Anstelle von M wird hier für das Geldangebot das Symbol G verwendet. Dennoch bleibt es im folgenden beim Begriff der „LM-Kurve".

Abbildung D.3

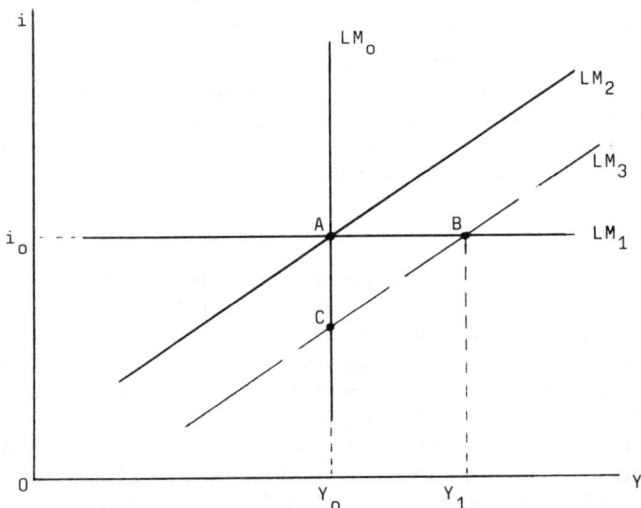

Bei $l_i = 0$ verläuft die Gleichgewichtskurve für den Geldmarkt parallel zur Zinsachse (LM_0). Ist der Zinskoeffizient l_i dagegen unendlich groß, so ergibt sich eine Gleichgewichtskurve, die parallel zur Einkommensachse verläuft (LM_1). In den weiteren Untersuchungen bleiben diese Extremfälle allerdings unberücksichtigt. Für den Wertebereich des Zinskoeffizienten möge also gelten: $-\infty < l_i < 0$. Die Gleichgewichtskurve des Geldmarktes weist dann eine positive Steigung auf (z.B. LM_2).

Ein Zinskoeffizient von $-\infty < l_i < 0$ vorausgesetzt, bewirkt eine Veränderung des Geldangebots eine Verschiebung der Gleichgewichtskurve (z.B. von LM_2 nach LM_3) um:

(D-13a) $dY/dG = 1/l_Y > 0$ bei: $di = 0$

bzw.

(D-13b) $di/dG = 1/l_i < 0$ bei: $dY = 0$

Zu zeigen ist jetzt noch, wie es zu Veränderungen des Geldangebots kommen kann. Das Geldangebot G ergibt sich aus dem Produkt von Geldschöpfungsmultiplikator g und monetärer Basis B:

(D-14) $G = gB$

Vereinfachend sei angenommen, daß der Geldschöpfungsmultiplikator eine konstante Größe ist. Zur entscheidenden Determinanten des Geldangebots wird somit die monetäre Basis.

Das Geldangebot G ist eine der wichtigsten Zielgrößen der Geldpolitik, und im allgemeinen versucht die Zentralbank eines Landes, das Geldangebot über eine adäquate Steuerung der monetären Basis zu regulieren. Grundsätzlich richtet sich die Geldpolitik der Zentralbank auf eine Steuerung bzw. Regulierung von Nominalgrößen. Dementsprechend sind das Geldangebot G und die monetäre Basis B als nominelle Größen zu verstehen. Wegen der Annahme, das inländische Preisniveau sei konstant und habe den Wert Eins, kann aber – wie schon weiter oben – auf eine Unterscheidung von realen und nominellen Größen verzichtet werden.

Ein Blick auf die Entstehungsseite der monetären Basis zeigt, daß diese keineswegs eine geldpolitische Instrumentvariable bzw. Steuerungsgröße ist, die die Zentralbank in jedem Fall völlig autonom festlegen kann. Schon in dem hier formulierten einfachen Modellrahmen muß mindestens zwischen zwei Entstehungskomponenten der monetären Basis unterschieden werden:

(D-15) $B = B^a + R$

Die Größe R bezeichnet die Nettoauslandsforderungen bzw. die Währungsreserven der Zentralbank des betrachteten Landes, und in der Größe B^a sind die übrigen Forderungspositionen (z. B. Bestände an Wertpapieren inländischer Schuldner) in der Bilanz der Zentralbank zusammengefaßt, die ebenfalls zur Entstehung der monetären Basis beigetragen haben. Vereinfachend sei angenommen, daß die Zentralbank die zuletzt genannten Forderungspositionen im Rahmen ihrer Geldpolitik autonom bestimmen kann, und dementsprechend ist B^a eine exogene Modellgröße. Dagegen werden die Währungsreserven im Modell endogen bestimmt. Ex definitione gibt nämlich der bereits eingeführte Saldo der Zahlungsbilanz Z (bzw. der Saldo der Devisenbilanz) die Veränderung der Währungsreserven R während der betrachteten Analyseperiode an:

(D-16) $dR = Z$

Liegt ein Zahlungsbilanzüberschuß bzw. ein Überschuß in der Devisenbilanz vor, so nehmen die Währungsreserven der Zentralbank zu; folglich kommt es ceteris paribus zu einem Anstieg der monetären Basis und darüber des Geldangebots. Im Falle eines Zahlungsbilanzdefizits ist es umgekehrt.

Ob sich auf dem hier skizzierten Wege ein Zusammenhang zwischen außenwirtschaftlichen Transaktionen und dem Geldangebot ergeben kann, hängt vom Wechselkurssystem ab. In einem System mit festem Wechselkurs (bzw. mit festen Wechselkursen) ist die Zentralbank zu Interventionen – d. h. zu einem Ankauf oder Verkauf von Devisen gegen inländische Währung – am Devisenmarkt verpflichtet, wenn sich ansonsten ein Wechselkurs einstellen würde, der von dem im System vereinbarten Kursniveau abweicht. Das ist immer dann der Fall, wenn die zusammengefaßte Leistungs- und Kapitalverkehrsbilanz (d. h. die Summe der Salden aus Leistungsbilanz und Kapitalverkehrsbilanz) nicht ausgeglichen ist und deshalb von hierher Angebot und Nachfrage am Devisenmarkt nicht übereinstimmen. Durch die Interventionspflicht der Zentralbank kann es also zu außenwirtschaftlich bedingten Einflüssen auf die monetäre Basis und darüber auf das Geldangebot kommen, ohne daß die Zentralbank in der Lage ist, diese Einflüsse zu kontrollieren. Kann sich der Wechselkurs demgegenüber am Devisenmarkt völlig frei bilden, so ist die zusammengefaßte Leistungs- und Kapitalverkehrsbilanz ex definitione immer ausgeglichen. In diesem Fall bleiben die Währungsreserven der Zentralbank von den internationalen Güter- und Kapitalverkehrsbewegungen grundsätzlich unberührt, und folglich ergeben sich von hierher auch keine Veränderungen der monetären Basis. Direkte außenwirtschaftliche Einflüsse auf das Geldangebot sind damit ausgeschaltet. Aber auch in einem System mit flexiblem Wechselkurs (bzw. mit flexiblen Wechselkursen), in dem es keine bindenden Vereinbarungen über Wechselkursniveaus gibt, steht es der Zentralbank frei, am Devisenmarkt zu intervenieren.

Sie wird dies tun, wenn die freie Entwicklung des Wechselkurses (bzw. der Wechsel-kurse) nicht mit ihren Zielvorstellungen vereinbar ist. Ein solches kontrolliertes Floaten impliziert aber wiederum Veränderungen der monetären Basis, so daß es denkbar ist, daß die Zentralbank zwar einerseits eine Kontrolle der Wechselkurs-entwicklung vornimmt, andererseits jedoch die Kontrolle über das Geldangebot preisgibt.

In den weiteren Untersuchungen werden zwar vor allem die Systeme mit festem Wechselkurs und – alternativ – mit völlig freier Wechselkursbildung eine Rolle spielen, doch in einer gesonderten Analyse soll auch kurz auf die Konsequenzen eines kontrollierten Floatens eingegangen werden.

D-2.1.4: Modellübersicht

Das zuvor erläuterte Modell läßt sich in vier Gleichungen zusammenfassen:

(D-17) $Y = A_s + A(Y, i) + H(Y, Y^*, w)$

(D-18) $L(Y, i) = g(B^a + R)$

(D-19) $Z = H(Y, Y^*, w) + K^a + K(i - i^*)$

(D-20) $R = R_{-1} + Z$

R_{-1} bezeichnet den Bestand an Währungsreserven jeweils in der Vorperiode. In der laufenden Periode werden die Währungsreserven somit um den Betrag des Zahlungsbilanzsaldos Z verändert.[5] Endogene Variablen des Modells sind die Grö-ßen Y, i, Z und R. In den weiteren Untersuchungen geht es um die Erfassung der Einkommens-, Zins- und Zahlungsbilanzeffekte einer Veränderung der exogenen Modellgrößen B^a, A_s, w oder K^a. Konkret sollen alternativ die Wirkungen einer expansiven Geldpolitik, einer expansiven Fiskalpolitik, einer Abwertung der inlän-dischen Währung und einer Zunahme des Nettokapitalimports dargestellt werden. Internationale Rückwirkungen bleiben vorerst unberücksichtigt, so daß die auslän-dischen Größen Y^* und i^* exogene und zugleich konstante Modellgrößen sind.

Zur Vereinfachung der Analyse wird grundsätzlich von einer Situation ausgegan-gen, in der ein Gleichgewicht auf den Güter- und Geldmärkten besteht und in der die Zahlungsbilanz ausgeglichen ist. Wie schon oben angedeutet, sollen nur „nor-male" Zinsreaktionen auf den Gütermärkten und den Geldmärkten Berücksichti-gung finden, so daß die Gleichgewichtskurve des Gütermarktes (IS-Kurve) eine bestimmte negative Steigung, die Gleichgewichtskurve des Geldmarktes (LM-Kur-ve) eine bestimmte positive Steigung besitzt. Für die Zinsreaktion des internationa-len Kapitalverkehrs werden demgegenüber vier Fälle alternativ untersucht, näm-lich zwei Extremfälle, denen ein Zinskoeffizient k_i von Null oder von Unendlich zugrunde liegt, sowie zwei Normalfälle, in denen der Zinskoeffizient k_i relativ klein (aber größer als Null) oder relativ groß (aber kleiner als Unendlich) ist. In grafischer Darstellung läßt sich die Ausgangssituation für das Inland dann beispielsweise wie folgt skizzieren:

---

[5] Wertänderungen der Bestände an Währungsreserven, die sich beispielsweise durch Wech-selkursänderungen ergeben können, bleiben unberücksichtigt.

Abbildung D.4

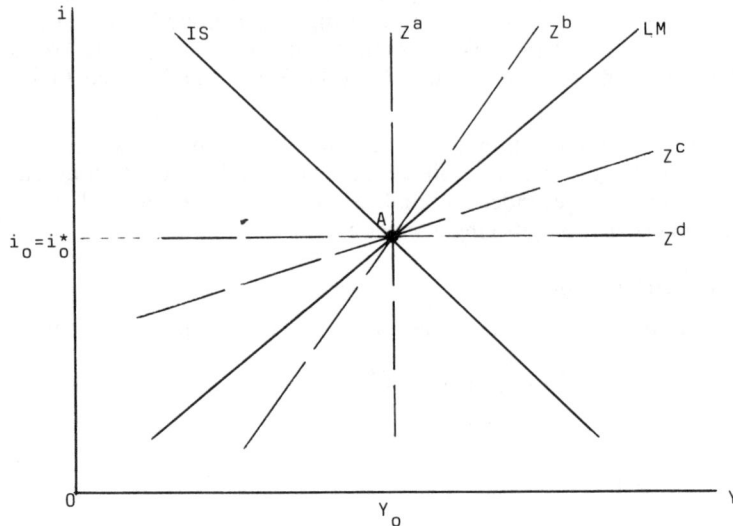

Im Ausgangsgleichgewicht (Punkt A) hat das Realeinkommen des Inlands einen Wert von Y_0 und das Zinsniveau des Inlands einen Wert von i_0. Das in- und das ausländische Zinsniveau mögen in dieser Situation übereinstimmen, so daß gilt: $i_0 = i_0^*$. Gemäß den Annahmen über die Zinsabhängigkeit des internationalen Kapitalverkehrs liegen alternativ die Z-Kurven Z^a, Z^b, Z^c oder Z^d zugrunde. Die beiden „Normalfälle" unterscheiden sich dadurch, daß die Z-Kurve einmal (bei Z^b) eine größere Steigung, zum anderen (bei Z^c) eine geringere Steigung aufweist als die Gleichgewichtskurve des Geldmarktes (die LM-Kurve).

D-2.2: Geld-, Fiskal- und Wechselkurspolitik bei festem Wechselkurs

D-2.2.1: Geldpolitik

Die Zentralbank des betrachteten Landes möge die monetäre Basis autonom erhöhen, und zwar um den Betrag dB^a. In der Abbildung D.5 bedeutet dies eine Verschiebung der LM-Kurve nach rechts, von LM_0 nach LM_1. Blieben die außenwirtschaftlich bedingten Einflüsse auf dem inländischen Geldmarkt unberücksichtigt, so ließe sich im Punkt B ein neues Gleichgewicht für den inländischen Gütermarkt und den inländischen Geldmarkt konstatieren. Verglichen mit der Ausgangssituation, wäre das Zinsniveau dann von i_0 auf i_1 gesunken und das Einkommen von Y_0 auf Y_1 gestiegen.

Die Abbildung D.5 macht aber unmittelbar deutlich, daß sich die Zahlungsbilanz bei der neuen Zins-Einkommens-Kombination i_1 und Y_1 nicht mehr im Gleichgewicht befindet. Sie weist jetzt ein Defizit auf. Denn durch den Einkommensanstieg kommt es zu einer Verschlechterung der Leistungsbilanz, und aufgrund der Zinssenkung kann sich auch die Kapitalverkehrsbilanz verschlechtern. Die Wirkung der Zinssenkung auf die Kapitalverkehrsbilanz hängt von der Zinsreagibilität des internationalen Kapitalverkehrs, also von der Größe des Zinskoeffizienten k_i ab. Reagiert der Kapitalverkehr nicht auf die Zinssenkung ($k_i = 0$), so bleibt auch die

Abbildung D.5

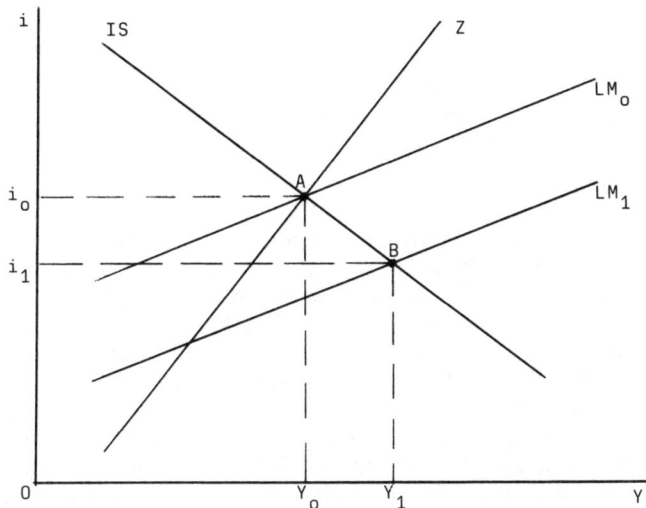

Kapitalverkehrsbilanz unverändert, und das Defizit der Zahlungs- bzw. Devisenbilanz resultiert dann lediglich aus der Verschlechterung der Leistungsbilanz. Demgegenüber verschlechtert sich die Kapitalverkehrsbilanz um so mehr, je größer die Zinsreagibilität des internationalen Kapitalverkehrs ist. Entsprechend fällt die Verschlechterung der Zahlungsbilanz um so höher aus, je größer der Zinskoeffizient k_i ist.

Das Defizit in der Zahlungsbilanz induziert, wie die Gleichung (D-20) zeigt, eine Verringerung der Währungsreserven der Zentralbank. Am Devisenmarkt entsteht nämlich infolge der neuen Zahlungsbilanzsituation ein Angebotsüberschuß für die inländische Währung und entsprechend ein Angebotsdefizit bzw. Nachfrageüberschuß für die ausländische Währung. Würde der Preis der ausländischen Währung, also der Wechselkurs w, frei gebildet, so käme es hierdurch zu einer Preis- bzw. Wechselkurserhöhung. Die inländische Währung (ausländische Währung) würde somit abgewertet (aufgewertet). In dem hier betrachteten System eines (absolut) festen Wechselkurses ist eine solche Abwertung (bzw. Aufwertung) aber unzulässig. Die inländische Zentralbank ist verpflichtet, am Devisenmarkt zu intervenieren und im vorliegenden Fall inländische Währung zu kaufen bzw. ausländische Währung zu verkaufen, um so den Wechselkurs konstant zu halten. Mit dem Ankauf inländischer Währung nimmt ceteris paribus die inländische Geldmenge bzw. das inländische Geldangebot ab. Dies ließe sich nur durch eine Neutralisierungspolitik der Zentralbank verhindern, mit der die außenwirtschaftlich bedingte Reduktion der monetären Basis durch eine (weitere) Erhöhung des autonomen Teil der monetären Basis kompensiert wird.

Betreibt die Zentralbank eine solche Neutralisierungspolitik, so ergeben sich im hier zugrunde gelegten Modell die folgenden Wirkungen auf Einkommen, Zinssatz und Währungsreserven:

---

[6] Siehe hierzu den Anhang D.2.

(D-21) $dY/dB^a = \dfrac{ga_i}{N_1} > 0$

(D-22) $di/dB^a = \dfrac{g(s+m)}{N_1} < 0$

(D-23) $dR/dB^a = \dfrac{g\,[k_i(s+m) - a_i m]}{N_1} < 0$

   mit: $N_1 = l_i(s+m) + a_i l_Y < 0,\ s = 1 - a_Y > 0$

Die expansive Geldpolitik bewirkt eine Reduktion des Zinsniveaus und eine Erhöhung des Einkommens. Dieses Ergebnis läßt sich auch aus der Abbildung D.5 ablesen. Aus den bereits genannten Gründen verschlechtert sich die Zahlungsbilanz, so daß die Währungsreserven der Zentralbank abnehmen. Wie die Gleichung (D-23) zeigt, sinken die Währungsreserven um so mehr, je größer der Zinskoeffizient k_i des Kapitalverkehrs ist. Bleiben das Einkommen und der Zinssatz auf dem neuen Niveau (in der Abbildung D.5 bei Y_1 und i_1) erhalten, so bleibt die Zahlungsbilanz defizitär. Folglich nehmen die Währungsreserven der Zentralbank in jeder Periode erneut um den in der Gleichung (D-23) genannten Betrag ab, und die Neutralisierungspolitik macht es erforderlich, die dadurch bedingte Reduktion der monetären Basis in jeder Periode durch eine entsprechende Erhöhung des autonomen Teils der monetären Basis auszugleichen.

Der fortlaufende Verlust an Währungsreserven ist selbstverständlich nur möglich, wenn die Zentralbank über ausreichend hohe Bestände verfügt oder wenn das Ausland bereit ist, der inländischen Zentralbank Kredite einzuräumen. Bei einer Kreditgewährung durch das Ausland nehmen die Nettoauslandsverbindlichkeiten der Zentralbank in jeder Periode um den Betrag des Zahlungsbilanzdefizits zu. Grundsätzlich sind zwei Wege der ausländischen Kreditgewährung möglich: erstens können ausländische Zentralbanken die inländische Währung durch Interventionen am Devisenmarkt stützen, indem sie inländische Währung kaufen und so ihre Währungsreserven in Form von Devisen des Inlands aufstocken, zweitens kann sich die inländische Zentralbank die ausländischen Devisen, die sie für ihre eigenen Interventionen am Devisenmarkt benötigt, durch eine Kreditaufnahme im Ausland (z. B. bei ausländischen Geschäftsbanken, bei ausländischen Zentralbanken oder bei internationalen Organisationen) beschaffen. Das Ausland wird allerdings nur dann bereit sein, Forderungsrechte gegen das Inland zu erwerben, wenn das Inland eine international anerkannte Bonität besitzt. Die Bonität – und damit die Möglichkeit zur Neutralisierungspolitik der inländischen Zentralbank – dürfte aber beeinträchtigt werden, wenn die Zahlungsbilanz des Inlands, so wie es die hier zugrunde liegende Wirkungsanalyse impliziert, anhaltend defizitär ist.

Welche Wirkungen ergeben sich aber, wenn die Zentralbank von vornherein auf eine Neutralisierungspolitik verzichtet? Für diesen Fall ist zwischen kurzfristigen, mittelfristigen und langfristigen Effekten zu unterscheiden.[7] Kurzfristig wird die

---

[7] „Langfristig" beschreibt hier den Zeitraum, in dem alle Anpassungsvorgänge abgeschlossen sind und ein neues Gleichgewicht erreicht ist. „Kurzfristig" ist der Zeitraum der ersten, unverzüglich eintretenden Reaktion, und „mittelfristig" gibt den Zeitraum an, in dem noch weitere Anpassungsvorgänge stattfinden. Die mittelfristigen Anpassungsreaktionen vollziehen sich vermutlich relativ schnell, so daß der in der keynesianischen Theoriekonzeption übliche (relativ kurze) Analysezeitraum (von beispielsweise einem Jahr) hier nicht überschritten wird.

Geldmenge zwar einerseits durch die autonome Zentralbankpolitik ($dB^a > 0$) erhöht, andererseits jedoch durch die außenwirtschaftlich induzierte Veränderung der Währungsreserven ($dR = Z < 0$) vermindert. Ist der Zinskoeffizient k_i des internationalen Kapitalverkehrs kleiner als Unendlich, so überwiegt allerdings der autonome positive Geldschöpfungseffekt, und die Geldmenge nimmt folglich kurzfristig zu. Ist der internationale Kapitalverkehr dagegen vollkommen zinselastisch ($k_i = \infty$), so wird die autonome Erhöhung der monetären Basis unverzüglich durch eine gleich große induzierte Reduktion kompensiert. Selbst kurzfristig bewirkt die autonome Zentralbankpolitik folglich keine Zinssenkung und damit auch keine Einkommenssteigerung. Denn bereits eine marginale Zinssenkung würde zu einem unendlich großen Nettokapitalexport und zu einer entsprechenden Reduktion der monetären Basis führen.

Die hier erläuterten kurzfristigen Wirkungen der Geldpolitik ergeben sich aus dem Modell wie folgt:[8]

(D-24) $\qquad dY/dB^a = \dfrac{ga_i}{k_i N_2} > 0$ für $k_i < \infty$; $= 0$ für $k_i = \infty$

(D-25) $\qquad di/dB^a = \dfrac{g(s + m)}{k_i N_2} < 0$ für $k_i < \infty$; $= 0$ für $k_i = \infty$.

(D-26) $\qquad dR/dB^a = \dfrac{g(s + m - a_i m/k_i)}{N_2} < 0 \quad$ für $k_i < \infty$; $= -1$ für $k_i = \infty$

$\qquad$ mit: $\quad N_2 = \dfrac{1}{k_i}[l_i(s + m) + a_i(l_Y + gm)] - g(s + m) < 0$

Die Lösung macht deutlich, daß die Währungsreserven bei einem Zinskoeffizienten $k_i = \infty$ gerade um den Betrag der autonomen Erhöhung der monetären Basis sinken. Die inländische Geldmenge bleibt folglich unverändert, und deshalb kann es auch keine Zins- und keine Einkommensänderung geben. *Allgemein läßt sich feststellen, daß die kurzfristige Wirkung der autonomen Geldpolitik auf Zins und Einkommen um so geringer ist, je größer die Zinsreagibilität des internationalen Kapitalverkehrs ist.*

Die zuvor genannten Einkommens- und Zinseffekte sind in der Abbildung D.6 auch grafisch dargestellt worden. Bei normaler Zinselastizität des internationalen Kapitalverkehrs (bei einem Zahlungsbilanzgleichgewicht gemäß Z_0) steht der schon in der Abbildung D.5 gezeigten Rechtsverschiebung der LM-Kurve (von LM_0 nach LM_1) eine Linksverschiebung entgegen (nach LM_2), die aus der kurzfristig induzierten Zahlungsbilanzverschlechterung resultiert. Das Einkommen steigt jetzt kurzfristig nur von Y_0 auf Y_2. Bei $k_i = \infty$ wird die LM-Kurve demgegenüber unverzüglich in die Ausgangslage zurückverschoben.

Die Abbildung D.6 läßt auch erkennen, welche mittel- und langfristigen Wirkungen die Geldpolitik hat, wenn keine Kompensation der außenwirtschaftlich induzierten Geldmengenreduktion erfolgt. *Bei vollkommen zinselastischem internationalen Kapitalverkehr wird, wie schon erläutert, bereits kurzfristig das Ausgangsgleichge-*

---

[8] Siehe hierzu den Anhang D.3.

Abbildung D.6

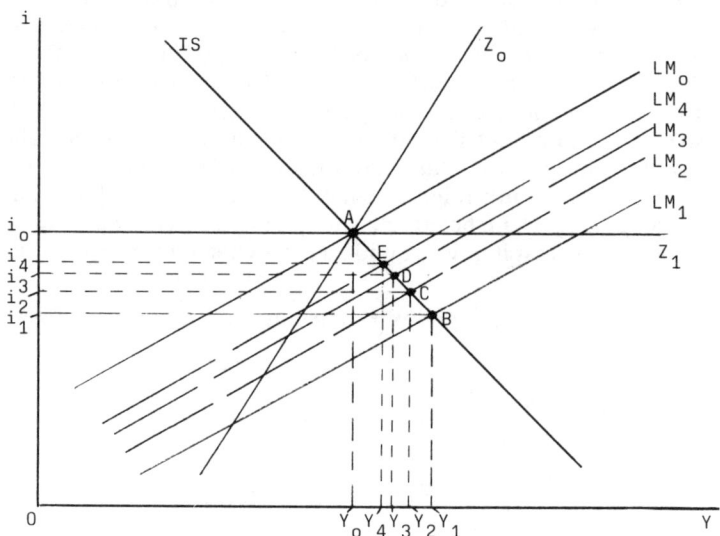

wicht (Punkt A) wiederhergestellt. Mittel- und langfristig kann es somit – ebenso wie kurzfristig – keinen Zins- und keinen Einkommenseffekt geben.

Ist der Zinskoeffizient k_i kleiner als Unendlich, so wird kurzfristig eine Kombination von Zinssatz und Einkommen realisiert, die mit einem Defizit der Zahlungsbilanz verbunden ist. Der Punkt C in der Abbildung D.6 liegt nämlich unterhalb der Z-Kurve. Dieses Defizit führt über die Abnahme der Währungsreserven erneut zu einer Reduktion der Geldmenge, so daß die LM-Kurve weiter nach links verschoben wird, z.B. nach LM_3. Das Zinsniveau ist also im Vergleich zur kurzfristig erreichten Situation (Punkt C) gestiegen, und das Einkommen wurde gleichzeitig verringert. Bei der neuen Zins-Einkommens-Kombination (Punkt D) ist die Zahlungsbilanz aber immer noch defizitär, so daß die Geldmenge wiederum sinkt und die LM-Kurve folglich noch weiter nach links verschoben wird (z.B. nach LM_4). Dieser mittelfristig ablaufende Prozeß kommt erst dann zum Stillstand, wenn die Zahlungsbilanz wieder ausgeglichen ist, und das ist ceteris paribus nur im Ausgangsgleichgewicht, nämlich im Punkt A auf der Z-Kurve der Fall.[9]

Betreibt die Zentralbank keine Neutralisierungspolitik, so kann sie in einem System mit festem Wechselkurs (bzw. mit festen Wechselkursen) also auf Dauer weder einen Zins- noch einen Einkommenseffekt erreichen. Es ist allerdings nochmals zu betonen, daß eine Neutralisierungspolitik mit permanenten Verlusten von Währungsreserven einhergeht und der Politik von daher Grenzen gesetzt sind. Diese Grenzen werden um so schneller erreicht, je größer die Zinsreagibilität des internationalen Kapitalverkehrs ist. Tendiert die Zinselastizität des Kapitalverkehrs gegen Unendlich, so wäre der Verlust von Währungsreserven im Zuge einer Neutralisierungspolitik so groß, daß eine solche Politik ohnehin von vornherein unmöglich würde.

---

[9] Es wird angenommen, daß das betrachtete System in dem Sinne stabil ist, daß auch tatsächlich ein neues (stationäres) Gleichgewicht erreicht wird.

Die Wirkungen einer expansiven Geldpolitik mit und ohne Neutralisierung sollen abschließend noch mit Hilfe eines Zahlenbeispiels verdeutlicht werden. Die in den Gleichungen (D-17) bis (D-20) enthaltenen Koeffizienten mögen die folgenden Werte haben:

- heimische marginale Absorptionsquote: $a_Y = 0{,}675$
- marginale Importquote: $m = 0{,}175$
- Zinskoeffizient der privaten Absorption: $a_i = -800$
- Kassenhaltungskoeffizient: $l_Y = 0{,}25$
- Zinskoeffizient der Geldnachfrage: $l_i = -600$
- Zinskoeffizient des Kapitalverkehrs: $k_i = 220$
- Geldschöpfungsmultiplikator: $g = 2$.

Alle Funktionen des Modells seien innerhalb der hier relevanten Wertebereiche linear. Die monetäre Basis werde zu Beginn einer Periode $j = 1$ von der Zentralbank autonom um zehn Einheiten der inländischen Währung (z. B. um 10 Mrd. DM) erhöht. Die daraus resultierenden Wirkungen sind in der Tabelle D.1 dargestellt worden.[10]

Tabelle D.1:   Wirkungen einer expansiven Geldpolitik bei festem Wechselkurs

	j	dB^a	dG	dY	di	Z = dR	dH	dK
Mit Neutralisierungs-politik	0	0	0	0	0	0	0	0
	1	20	20	32	− 0,02	− 10	− 5,6	− 4,4
	2	10	0	0	0	− 10	0	0
	3	10	0	0	0	− 10	0	0
	.	.	.	.	− .	.	.	.
Ohne Neutralisierungs-politik	0	0	0	0	0	0	0	0
	1	10	10	16	− 0,01	− 5	− 2,8	− 2,2
	2	0	− 5	− 8	0,005	− 2,5	1,4	1,1
	3	0	− 2,5	− 4	0,0025	− 1,25	0,7	0,55
	4	0	− 1,25	− 2	0,00125	− 0,625	0,35	0,275
	.	.	.	.	.	.	.	.
	n	0	0	0	0	0	0	0
	Σ	10	0	0	0	− 10	0	0

Erfolgt eine Neutralisierungspolitik, so steigt das Einkommen in der Periode $j = 1$, in der die Zentralbank die monetäre Basis autonom erhöht, um 32 Mrd. DM. Das Zinsniveau sinkt um zwei Prozentpunkte, und die Zahlungsbilanz weist ein Defizit von 10 Mrd. DM auf. Die Neutralisierung des negativen Geldmengeneffektes, der ansonsten aus diesem Defizit resultieren würde, erfordert somit eine zusätzliche Erhöhung der monetären Basis um 10 Mrd. DM auf insgesamt 20 Mrd. DM. In den weiteren Perioden ($j > 1$) entfällt der autonome geldpolitische Impuls. Da aber das Zahlungsbilanzdefizit in jeder Periode erhalten bleibt, ist jeweils eine Neutralisierung in Höhe von 10 Mrd. DM erforderlich. Dadurch werden die Währungsreserven R in jeder Periode um den Betrag von 10 Mrd. DM verringert.

---

[10] Siehe hierzu den Anhang D.4.

Nimmt die Zentralbank keine Neutralisierungspolitik vor, so ergibt sich in der ersten Periode – also kurzfristig – nur noch eine Einkommensänderung um 16 Mrd. DM. Das Zinsniveau sinkt um einen Prozentpunkt, und die Zahlungsbilanz wird jetzt mit 5 Mrd. DM defizitär. Der autonomen Erhöhung der monetären Basis um 10 Mrd. DM steht also eine induzierte Reduktion um 5 Mrd. DM gegenüber. Folglich steigt die Geldmenge nur um 10 Mrd. DM. In den folgenden Perioden (j > 1) wird das Defizit der Zahlungsbilanz allmählich abgebaut, denn einerseits kommt es im Vergleich zur ersten Periode zu einem Zinsanstieg (in j = 2 um 0,5 Prozentpunkte) und andererseits geht das Einkommen im Vergleich zur ersten Periode wieder zurück (in j = 2 um 8 Mrd. DM). Folglich verbessern sich im Vergleich zur ersten Periode sowohl die Leistungsbilanz (in j = 2 um 1,4 Mrd. DM) als auch die Kapitalverkehrsbilanz (in j = 2 um 1,1 Mrd. DM). Ausgelöst wird diese Entwicklung durch die in der Periode j = 2 einsetzende Verringerung der Geldmenge (in j = 2 um 5 Mrd. DM). Der Prozeß kommt erst dann zum Stillstand, wenn die ursprüngliche Zins-Einkommens-Kombination wieder erreicht ist. Die Summe der Einkommens- und Zinsänderungen über alle Perioden des Prozesses ist also jeweils Null. Das trifft auch für die Summe der Änderungen der Geldmenge, der Leistungsbilanz und der Kapitalverkehrsbilanz zu. Die Zahlungsbilanz ist zwar nach Abschluß des Prozesses wieder ausgeglichen, doch wurden die Währungsreserven insgesamt um 10 Mrd. DM verringert. Das ist der Betrag, um den die autonome monetäre Basis anfangs (in j = 1) erhöht worden ist.

D-2.2.2: Fiskalpolitik

Im Rahmen einer expansiv-orientierten Fiskalpolitik mögen die Staatsausgaben autonom um den Betrag dA_s erhöht werden. In der Ausgangssituation liege ein Gleichgewicht auf dem Gütermarkt, dem Geldmarkt und in der Zahlungsbilanz vor. Die kurz-, mittel- und langfristigen Wirkungen der fiskalpolitischen Maßnahme auf Einkommen und Zinsniveau hängen – ähnlich wie die Wirkungen einer autonomen Geldpolitik – entscheidend von der Zinsreagibilität des internationalen Kapitalverkehrs sowie von der Neutralisierungspolitik der Zentralbank ab.[11] Das soll jetzt zunächst mit Hilfe grafischer Analysen verdeutlicht werden.

Die Abbildung D.7 zeigt eine Situation, in der der Kapitalverkehr nur eine relativ geringe Zinselastizität aufweist und in der die Z-Kurve eine größere Steigung besitzt als die LM-Kurve. Durch die Staatsausgabenerhöhung wird die IS-Kurve nach rechts verschoben, z. B. von IS_0 nach IS_1. Der neue Schnittpunkt von IS- und LM-Kurve (der Punkt B) gibt eine Zins-Einkommens-Kombination an, die ein Zahlungsbilanzdefizit impliziert. Nach Einsatz der fiskalpolitischen Maßnahme kommt es somit zu einer Verringerung der Währungsreserven der Zentralbank und damit zu einer außenwirtschaftlich induzierten Reduktion der inländischen Geldmenge. Diese Verringerung könnte die Zentralbank nur durch eine adäquate Neutralisierungspolitik, nämlich durch eine entgegengerichtete autonome Erhöhung der monetären Basis, kompensieren. In diesem Fall ließe sich der neue Gleichgewichtspunkt B beibehalten, und die Fiskalpolitik wäre dann mit einem relativ hohen Einkommenseffekt verbunden. Die Neutralisierungspolitik der Zentralbank erweist sich aber auch hier als sehr problematisch. Mit der neuen Zins-Einkommens-Kombination i_1 und Y_1 bleibt nämlich das Zahlungsbilanzdefizit ceteris paribus auf Dauer erhalten, und damit nehmen die Währungsreserven (die Nettoauslandsverbindlichkeiten) der Zentralbank permanent ab (zu).

---

[11] Zur Definition der Analysezeiträume siehe die Fußnote   auf der Seite 184.

Wenn die Zentralbank keine Neutralisierung der außenwirtschaftlich induzierten Geldmengenreduktion vornimmt, verschiebt sich die LM-Kurve allmählich nach links. Bereits kurzfristig ist die expansive Fiskalpolitik von einer restriktiven Geldmengenentwicklung begleitet, so daß beispielsweise in der Periode, in der die Staatsausgaben erhöht werden, die Zins-Einkommens-Kombination i_2 und Y_2 (Punkt C) erreicht wird. Die LM-Kurve wurde dann von LM_0 nach LM_1 verschoben. Da der Punkt C jedoch noch immer ein Zahlungsbilanzdefizit impliziert, findet eine weitere Geldmengenreduktion statt, durch die die LM-Kurve erneut nach links verlagert wird. Dieser Prozeß kommt, wie schon im Zusammenhang mit der autonomen Geldpolitik erläutert wurde, erst dann zum Stillstand, wenn die Zahlungsbilanz wieder ausgeglichen ist. Das neue Gleichgewicht muß folglich auf der Z-Kurve liegen. In der Abbildung D.7 ist das der Punkt D. Die Fiskalpolitik hat immerhin einen positiven Einkommenseffekt erzielt, der aber selbstverständlich geringer ist als im Fall einer begleitenden Neutralisierungspolitik der Zentralbank. Denn ohne diese Politik kommt es, nicht zuletzt wegen der Geldmengenreduktion, zu einem relativ starken Zinsanstieg.

Aus der Abbildung D.7 läßt sich auch unmittelbar ablesen, daß der Zinsanstieg bei gegebenen Steigungen von IS- und LM-Kurven um so höher ausfällt, je steiler die Z-Kurve verläuft. Reagiert der internationale Kapitalverkehr überhaupt nicht auf Zinsänderungen, so verläuft die Z-Kurve parallel zur Zinsachse, und in diesem Extremfall hat auch die Fiskalpolitik – wie die autonome Geldpolitik – auf Dauer keinen Einkommenseffekt, sofern die Zentralbank auf Neutralisierungspolitik verzichtet bzw. verzichten muß.

Daß die Wirksamkeit der Fiskalpolitik, gemessen am Einkommenseffekt, bei sonst gleichen Bedingungen mit der Zinsreagibilität des internationalen Kapitalverkehrs zunimmt, soll jetzt noch mit einem anderen Beispiel verdeutlicht werden. Die

Abbildung D.7

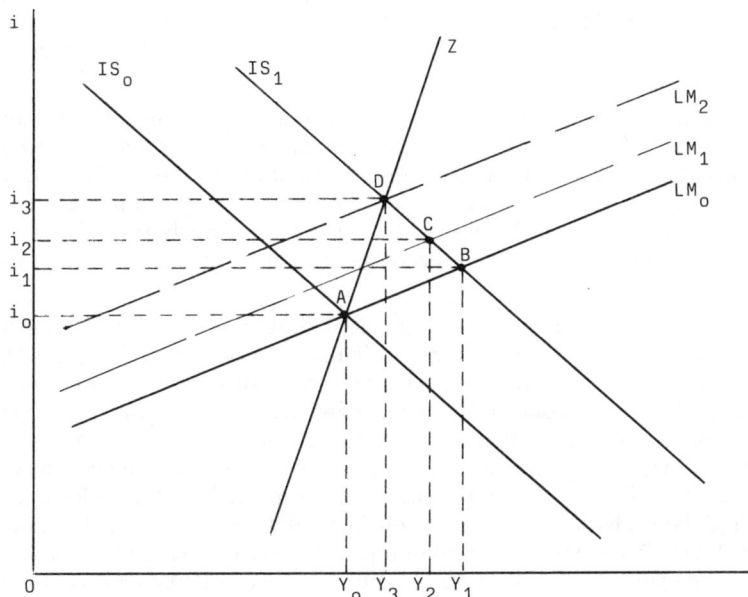

Abbildung D.8

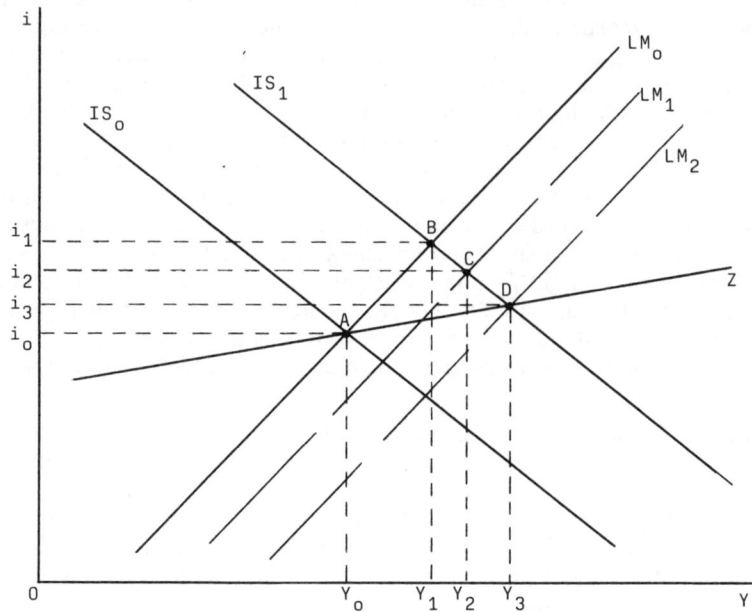

Z-Kurve in der Abbildung D.8 impliziert eine relativ große Zinselastizität des Kapitalverkehrs, und die Z-Kurve möge deshalb flacher verlaufen als die LM-Kurve. Durch die Erhöhung der Staatsausgaben wird die IS-Kurve nach IS_1 verschoben. Im Schnittpunkt B mit der LM-Kurve liegt nun eine Zins-Einkommens-Kombination i_1 und Y_1 vor, aus der ein Überschuß in der Zahlungsbilanz resultiert. Infolge der Einkommenserhöhung verschlechtert sich zwar die Leistungsbilanz, doch wird das durch die zinsinduzierte Verbesserung der Kapitalverkehrsbilanz überkompensiert.

Während also im Zuge einer expansiven Geldpolitik grundsätzlich immer ein Zahlungsbilanzdefizit auftritt, kann sich bei einer expansiven Fiskalpolitik je nach Zinsreagibilität des internationalen Kapitalverkehrs nicht nur ein Defizit, sondern alternativ auch ein Überschuß ergeben. Und damit ist zugleich logisch impliziert, daß die Zahlungsbilanz nach Einsatz der Fiskalpolitik auch ausgeglichen bleiben kann, nämlich dann, wenn die Z-Kurve die gleiche Steigung besitzt wie die LM-Kurve.

Der Zahlungsbilanzüberschuß ist mit einer Erhöhung der Währungsreserven der Zentralbank verbunden, denn die Zentralbank ist jetzt verpflichtet, am Devisenmarkt ausländische Währung gegen heimische Währung zu kaufen, um so eine Abwertung der ausländischen Währung bzw. eine Aufwertung der heimischen Währung zu verhindern. Durch die Devisenmarktintervention nimmt also die inländische Geldmenge zu. Die Zentralbank könnte diese Geldmengenentwicklung neutralisieren, indem sie den autonomen Teil der monetären Basis gleichzeitig verringert und dadurch die bei der Intervention zusätzlich entstandene Liquidität wieder absorbiert. Der kurzfristige Einkommenseffekt der Fiskalpolitik, in der Abbildung D.8 die Erhöhung auf Y_1, würde dann ceteris paribus auch mittel- und längerfristig erhalten bleiben. Zweifellos ist die hier erforderliche Neutralisierungspolitik weit weniger problematisch als im Fall von Zahlungsbilanzdefiziten. Denn mit dieser Politik wird im vorliegenden Fall ein Zahlungsbilanzüberschuß aufrechterhalten, durch den sich die Währungsreserven (die Nettoauslandsverbindlichkeiten) laufend erhöhen (verringern). Die Grenzen einer solchen Politik sind allerdings in möglichen Reaktionen des Auslands zu sehen. Dort nehmen nämlich die Nettoauslandsverbindlichkeiten (Nettoauslandsforderungen) gegenüber dem Inland laufend zu (ab). Und es ist zu erwarten, daß das Ausland über kurz oder lang politischen Druck auf das Inland ausübt und so die inländische Zentralbank schließlich gezwungen wird, von der Neutralisierungspolitik Abstand zu nehmen und einen Ausgleich der Zahlungsbilanz zuzulassen.

Würde die Zentralbank auf die Neutralisierungspolitik verzichten, so käme es im Zuge der expansiven Fiskalpolitik schon kurzfristig zu einer Geldmengenausweitung. In der Abbildung D.8 verschiebt sich die LM-Kurve dann beispielsweise nach LM_1. Die Fiskalpolitik erzielt somit bereits kurzfristig einen höheren Einkommenseffekt als im Fall der Neutralisierungspolitik. Die neue Zins-Einkommens-Kombination i_2 und Y_2 impliziert allerdings immer noch einen Zahlungsbilanzüberschuß, und folglich nimmt die Geldmenge weiter zu. Die LM-Kurve wird dabei erneut nach rechts verschoben. Erst dann, wenn die Zahlungsbilanz wieder ausgeglichen ist, kommt dieser Prozeß zum Stillstand. In der Abbildung D.8 ergibt sich dann die Zins-Einkommens-Kombination i_3 und Y_3 (im Punkt D). Es zeigt sich also, daß die Wirksamkeit der Fiskalpolitik, gemessen am Einkommenseffekt, durch die außenwirtschaftlich bedingte Geldmengensteigerung gefördert wird, wenn die Zentralbank auf eine Neutralisierungspolitik verzichtet.

Wie auch schon weiter oben festgestellt wurde, nimmt der Einkommenseffekt der Fiskalpolitik mit der Zinsreagibilität des internationalen Kapitalverkehrs zu. Er ist dann am größten, wenn der Kapitalverkehr vollkommen zinselastisch (der Zinskoeffizient k_i also unendlich groß) ist. In diesem Fall ist eine Neutralisierungspolitik der Zentralbank wirkungslos – und damit überflüssig. Das inländische Zinsniveau bleibt unverändert, und der Einkommenseffekt der Fiskalpolitik wird auch kurzfristig nicht durch eine zinsinduzierte Verdrängung privater Güternachfrage geschmälert.

Die zuvor nur im Rahmen einer grafischen Analyse skizzierten Wirkungen der Fiskalpolitik sollen abschließend auch noch in algebraischer Form verdeutlicht werden. Betreibt die Zentralbank – bei $k_i < \infty$ – eine Neutralisierungspolitik, so ergeben sich aus dem Modell die folgenden Effekte:[12]

(D-27) $$dY/dA_s = \frac{l_i}{N_1} > 0$$

(D-28) $$di/dA_s = -\frac{l_Y}{N_1} > 0$$

(D-29) $$dR/dA_s = -\frac{ml_i + l_Y k_i}{N_1} \gtreqless 0$$

mit: $N_1 = l_i(s + m) + a_i l_Y < 0$

---

[12] Siehe hierzu den Anhang D.2.

Einkommen und Zinsniveau werden, wie auch die grafische Analyse gezeigt hat, eindeutig erhöht. Dabei spielt die Zinsreagibilität des internationalen Kapitalverkehrs keine Rolle.[13] Ob die Zahlungsbilanz (die Währungsreserven) nach Einsatz der fiskalpolitischen Maßnahme defizitär wird (abnehmen), ausgeglichen bleibt (konstant bleiben) oder einen Überschuß aufweist (zunehmen), hängt von den Steigungen der LM- und der Z-Kurve ab. Gemäß Gleichung (D-29) gilt nämlich die Bedingung:

$$(D\text{-}30) \qquad dR/dA_s \gtreqless 0, \quad \text{wenn} \quad -l_Y/l_i \gtreqless m/k_i$$

Bekanntlich gibt der Quotient $-l_Y/l_i$ die Steigung der LM-Kurve und der Quotient m/k_i die Steigung der Z-Kurve an. Ist die Steigung der Z-Kurve größer (kleiner) als diejenige der LM-Kurve, so nehmen die Währungsreserven der Zentralbank ab (zu). Und die Gleichung (D-29) macht auch deutlich, daß die Währungsreserven um so stärker anwachsen, je größer der Zinskoeffizient k_i ist. Im Extremfall einer unendlich großen Zinselastizität des Kapitalverkehrs ($k_i = \infty$) würden auch die Währungsreserven um einen unendlich großen Betrag zunehmen. Entsprechend hoch ist der Verlust (der Anstieg) an Währungsreserven (der Nettoauslandsverbindlichkeiten) bei den ausländischen Zentralbanken. Da das Ausland eine solche Entwicklung wohl kaum hinnehmen dürfte, werden hier einmal mehr die Grenzen der Neutralisierungspolitik der inländischen Zentralbank offenkundig. Verzichtet die Zentralbank auf die Neutralisierungspolitik, so treten kurzfristig, d.h. in der Periode, in der die Staatsausgabenveränderung erfolgt, folgende Wirkungen ein:[14]

$$(D\text{-}31) \qquad dY/dA_s = \frac{l_i - gk_i}{N_2} > 0$$

$$(D\text{-}32) \qquad di/dA_s = -\frac{l_Y + gm}{N_2} \geq 0$$

$$(D\text{-}33) \qquad dR/dA_s = -\frac{ml_i + l_Y k_i}{N_2} \gtreqless 0$$

$$\text{mit:} \quad N_2 = l_i(s + m) + a_i l_Y - g[k_i(s + m) - a_i m] < 0$$

Wie schon im Fall der Neutralisierungspolitik, so steigen auch hier das Einkommen und das Zinsniveau. Jetzt hat allerdings die Zinsreagibilität des Kapitalverkehrs einen maßgeblichen Einfluß: je größer der Zinskoeffizient k_i ist, desto größer ist der Einkommenseffekt und desto kleiner ist der Zinseffekt. Ist die Zinselastizität des internationalen Kapitalverkehrs unendlich groß, so wird bereits kurzfristig das endgültige Gleichgewicht erreicht. Das zeigt sich bei einem Vergleich mit dem langfristigen Einkommens- und dem langfristigen Zinseffekt:[15]

$$(D\text{-}34) \qquad \Delta Y/dA_s = \frac{k_i}{N_3} > 0$$

---

[13] Zu beachten ist allerdings, daß die Neutralisierungspolitik überhaupt nur bei $k_i < \infty$ möglich ist.

[14] Siehe hierzu den Anhang D.3

[15] Siehe hierzu den Anhang D.5

(D-35) $\Delta i/dA_s = \dfrac{m}{N_3} \geq 0$

mit: $N_3 = k_i(s + m) - a_i m > 0$

Bei $k_i = \infty$ stimmen die Effekte gemäß Gleichung (D-31) und (D-34) sowie (D-32) und (D-35) überein: $dY/dA_s = 1/(s + m)$, $di/dA_s = 0$.

Allgemein gilt auch langfristig, daß bei ansonsten gleichen Bedingungen der Einkommenseffekt der Fiskalpolitik um so größer, der Zinseffekt dagegen um so geringer ist, je mehr der internationale Kapitalverkehr auf Zinsänderungen reagiert. Die langfristige Veränderung der Währungsreserven der inländischen Zentralbank läßt sich nur aus der Addition der Veränderungsbeträge in allen Perioden des kurz- und mittelfristigen Anpassungsprozesses gewinnen. Auf eine solche detaillierte algebraische Bestimmung soll jedoch verzichtet werden. Lediglich bei $k_i = \infty$ ist die Lösung sehr einfach: die kurzfristige Änderung gemäß Gleichung (D-33) gibt dann bereits die Gesamtänderung an: $dR/dA_s = l_Y/g(s + m)$.

D-2.2.3: Wechselkurspolitik

Das Inland möge in einem System mit ansonsten festem Wechselkurs (bzw. festen Wechselkursen) von der Möglichkeit Gebrauch machen, die heimische Währung in Abstimmung mit dem Ausland (den anderen Mitgliedsländern des Systems) abzuwerten. Der Wechselkurs wird demnach einmalig um den Betrag $dw > 0$ verändert. Um die Analyse zu vereinfachen, sei auch hier angenommen, daß die Zahlungsbilanz des Inlands in der Ausgangssituation ausgeglichen ist. In einer solchen Situation ist durchaus ein Leistungsbilanzdefizit möglich, das jedoch durch einen entsprechenden Überschuß in der Kapitalverkehrsbilanz ausgeglichen wird. Ziel der Abwertung könnte es dann beispielsweise sein, die Leistungsbilanz zu verbessern. Die modifizierte Marshall-Lerner-Bedingung[16] möge erfüllt sein, so daß dieses Ziel annahmegemäß erreicht wird. Welche Wirkungen ergeben sich aber auf Einkommen, Zinsniveau und gesamte Zahlungsbilanz des Inlands?

In der Abbildung D.9 sei zunächst eine bestimmte Konstellation von IS-, LM- und Z-Kurven betrachtet. Die IS-Kurve wird durch die Abwertung eindeutig nach rechts verschoben. Hält man den Zinssatz vorerst beim Ausgangsniveau i_0 konstant, so läßt sich aus der Gleichung (D-17) unmittelbar das Ausmaß dieser Verschiebung berechnen:

(D-36) $dY_{IS} = \dfrac{h_w}{s + m}\, dw > 0$

Auch die Z-Kurve wird, da ja die Abwertung annahmegemäß eine Leistungsbilanzverbesserung bringt, nach rechts verschoben, und zwar beträgt diese bei dem gegebenen Zinsniveau gemäß Gleichung (D-19):

(D-37) $dY_Z = \dfrac{h_w}{m}\, dw > 0$

---

[16] Siehe hierzu den Anhang D.1

Abbildung D.9

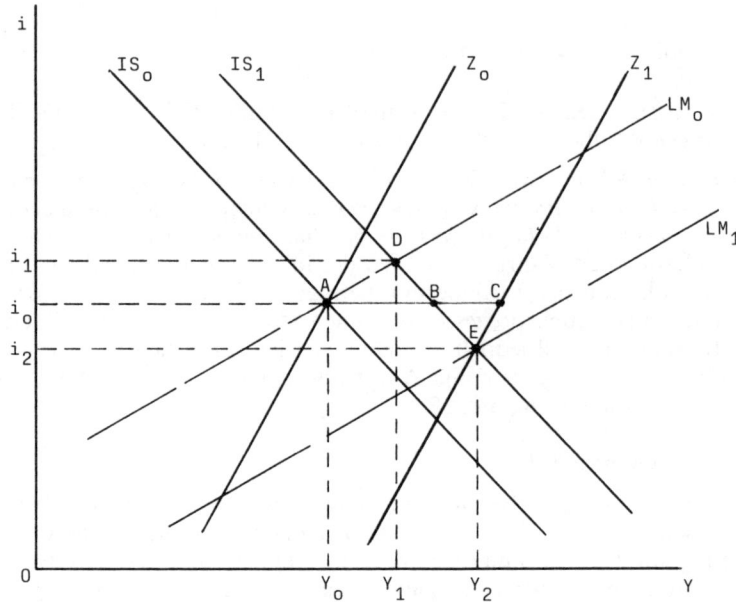

IS- und Z-Kurve würden somit nur dann um den gleichen Betrag nach rechts verschoben, wenn die marginale Sparquote s Null wäre. Bekanntlich käme es dann aber auch nicht zu einer Verbesserung der Leistungsbilanz. Schließt man diesen in der Realität wohl höchst seltenen Spezialfall aus, so wird die Z-Kurve bei einem gegebenen Zinsniveau eindeutig weiter nach rechts verschoben als die IS-Kurve. Dieser Sachverhalt wurde in der Abbildung D.9 berücksichtigt, indem die IS-Kurve um die Strecke AB nach IS_1, die Z-Kurve um die Strecke AC > AB nach Z_1 verschoben worden ist.

Auf dieser Grundlage ist nun die Analyse der Einkommens-, Zins- und Zahlungsbilanzeffekte der Abwertung relativ einfach. Die Verschiebung der IS-Kurve nach IS_1 führt zu dem neuen Schnittpunkt D mit der ursprünglichen LM-Kurve (LM_0). Bei der diesem Punkt entsprechenden Zins-Einkommens-Kombination i_1 und Y_1 ergibt sich ein Zahlungsbilanzüberschuß. Zwar wirkt der Einkommensanstieg (auf Y_1) negativ auf die Leistungsbilanz, doch allein aus der Abwertung resultiert eine Leistungsbilanzverbesserung, die diese einkommensinduzierte Verschlechterung überkompensiert. Darüber hinaus impliziert der Zinsanstieg auf i_1 eine Verbesserung der Kapitalverkehrsbilanz. Mit dem Überschuß in der Zahlungsbilanz nehmen die Währungsreserven der Zentralbank zu, so daß es von hierher zu einer Ausweitung der inländischen Geldmenge kommt. Dieser Geldmengeneffekt läßt sich allerdings, wie schon eingehend erläutert, neutralisieren. Und nur dann, wenn die Zentralbank eine entsprechende Neutralisierungspolitik betreibt, wird das mit dem Punkt D bezeichnete Gleichgewicht auf dem inländischen Güter- und Geldmarkt aufrechterhalten. Die Abwertung hätte dann eine Erhöhung des Einkommens und des Zinsniveaus bewirkt. Dieses Ergebnis zeigt sich auch in der algebraischen Lösung:[17]

---

[17] Siehe hierzu den Anhang D.2.

(D-38) $dY/dw = \dfrac{h_w}{N_1} > 0$

(D-39) $di/dw = - h_w \dfrac{l_Y/l_i}{N_1} > 0$

mit: $N_1 = s + m + l_Y \dfrac{a_i}{l_i} > 0$

Ceteris paribus sind der Einkommens- und der Zinseffekt um so größer, je stärker die Leistungsbilanz auf die Wechselkursänderung reagiert, je größer also der Koeffizient h_w ist. Die Zinsreagibilität des internationalen Kapitalverkehrs spielt für diese beiden Effekte selbstverständlich keine Rolle. Sie hat aber Bedeutung für das Ausmaß des Zahlungsbilanzüberschusses und damit für den Umfang der Neutralisierungsmaßnahmen der Zentralbank.

Verzichtet die Zentralbank auf die Neutralisierungspolitik, weil sie ansonsten politischen Druck aus dem Ausland befürchtet oder weil sie dem positiven Einkommenseffekt der außenwirtschaftlich induzierten Geldmengensteigerung nicht entgegenwirken möchte, so sind in der Abbildung D.9 noch die Einflüsse auf die LM-Kurve zu berücksichtigen. Diese wird durch den Anstieg der Geldmenge, wie schon im Zusammenhang mit der Fiskalpolitik eingehend erörtert wurde, sukzessive nach rechts verschoben. Der Prozeß kommt dann zum Stillstand, wenn die Zahlungsbilanz wieder ausgeglichen ist. In der Abbildung D.9 ist diese Situation im Punkt E auf der Z-Kurve erreicht. Die LM-Kurve wurde also schließlich nach LM_1 verschoben. Nach der Abwertung hat sich das Einkommen demnach langfristig auf Y_2 erhöht, während das Zinsniveau auf i_2 gesunken ist.

Aus dem Modell läßt sich die folgende langfristige Lösung gewinnen:[18]

(D-40) $\Delta Y/dw = \dfrac{h_w(1 - a_i/k_i)}{N_2} > 0$

(D-41) $\Delta i/dw = - \dfrac{h_w s/k_i}{N_2} \leq 0$

mit: $N_2 = s + m - m \dfrac{a_i}{k_i} > 0$

Weiter oben wurde bereits erwähnt, daß die IS- und die Z-Kurve aufgrund einer Abwertung um den gleichen Betrag nach rechts verschoben werden, wenn die marginale Sparquote s Null ist. In diesem Falle käme es langfristig auch nicht zu einer Zinsänderung. Sieht man von diesem wenig realistischen Fall ab, so zeigt sich aus der Gleichung (D-41), daß die Abwertung ebenfalls keinen Zinseffekt hat, wenn der internationale Kapitalverkehr vollkommen zinselastisch ist (bei $k_i = \infty$). Dieses Ergebnis ist in der Abbildung D.10 dargestellt worden. Bei unendlich großer Zinselastizität des Kapitalverkehrs verläuft die Z-Kurve parallel zur Y-Achse (hier Z_0). Die Abwertung hat in diesem Fall keinen Einfluß auf die Lage der Z-Kurve. Das langfristige Gleichgewicht wird jetzt im Punkt B erreicht, und der Einkommenseffekt hängt nun lediglich vom Ausmaß der Verschiebung der IS-Kurve (hier um die Strecke AB) ab.

---

[18] Siehe hierzu den Anhang D.5.

Abbildung D.10

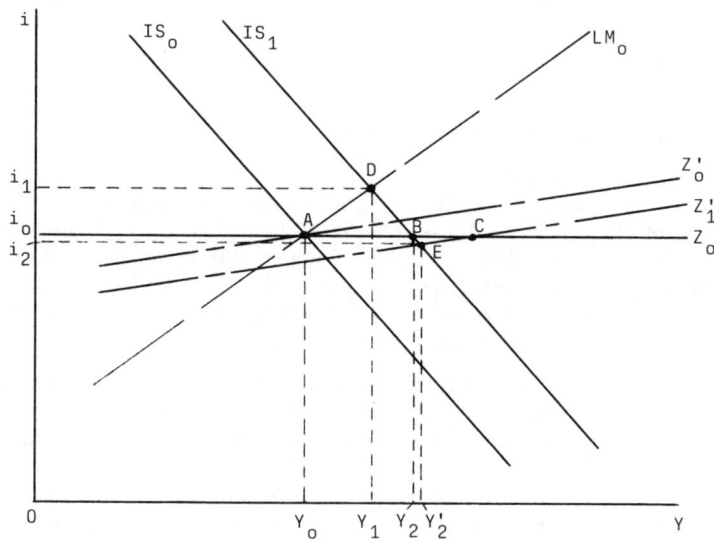

Ist der Zinskoeffizient k_i kleiner als Unendlich, so verschiebt sich die Z-Kurve durch die Abwertung, wie schon oben skizziert, nach rechts. Die Abbildung D.10 zeigt mit der Z-Kurve Z_0' alternativ den Fall einer sehr großen – aber nicht unendlich großen – Zinselastizität des Kapitalverkehrs. Wie schon in der Abbildung D.9, so wird die Z-Kurve auch hier um die Strecke AC nach rechts verschoben (hier nach Z_1'). Der Vergleich mit der Abbildung D.9 macht unmittelbar deutlich, daß es bei sonst gleichen Bedingungen jetzt nur zu einer relativ geringen Zinssenkung kommt und daß das Einkommen um einen geringeren Betrag zunimmt. *Allgemein gilt, daß die Zinssenkung und der Einkommensanstieg um so größer sind, je geringer die Zinsreagibilität des internationalen Kapitalverkehrs ist und vice versa.*

D-2.3: Geld-, Fiskal- und Wechselkurspolitik bei flexiblem Wechselkurs

D-2.3.1: Geldpolitik

In einem System mit einem flexiblen Wechselkurs (bzw. mit flexiblen Wechselkursen) betreibe die Zentralbank des Inlands eine expansiv orientierte Geldpolitik. Der Wechselkurs w wird jetzt also am Devisenmarkt frei gebildet, ohne daß die Zentralbank als Anbieter oder Nachfrager inländischer Währung in das Marktgeschehen eingreift. Die Zahlungsbilanz bzw. die Devisenbilanz des Inlands ist somit ex definitione immer ausgeglichen, die Währungsreserven der Zentralbank werden nun durch außenwirtschaftliche Transaktionen nicht berührt, und es kommt folglich auch nicht zu außenwirtschaftlichen Störungen des inländischen Geldangebots.

Normale Zinselastizitäten auf dem Güter- und dem Geldmarkt vorausgesetzt, führt die hier untersuchte expansive Geldpolitik zu einem Druck auf das inländische Zinsniveau sowie, dadurch bedingt, zu einer Einkommenserhöhung. In der grafischen Darstellung – siehe hierzu die Abbildung D.11 – wird die LM-Kurve

Abbildung D.11

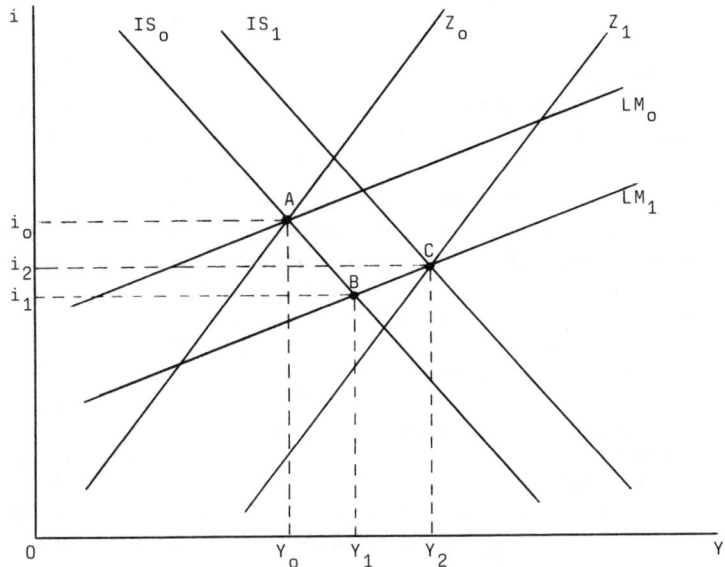

nach rechts verschoben, z. B. nach LM_1. Lägen keine außenwirtschaftlichen Einflüsse vor, so würde mit dem neuen Gleichgewichtspunkt B (auf der ursprünglichen IS-Kurve) ein geringeres Zinsniveau (i_1) und zugleich ein höheres Einkommen (Y_1) realisiert. Faktisch kommt es aber infolge der Zinssenkung zu einer Verschlechterung der Kapitalverkehrsbilanz – sofern der Kapitalverkehr zinsreagibel ist – und aufgrund der Einkommenserhöhung zu einer Verschlechterung der Leistungsbilanz. Am Devisenmarkt entsteht dadurch ein Angebotsdefizit bzw. ein Nachfrageüberschuß hinsichtlich der ausländischen Währung. Der Preis der ausländischen Währung (ausgedrückt in inländischer Währung) steigt folglich, und entsprechend wird die inländische Währung abgewertet. Im Modell zeigt sich das in einer Erhöhung des Wechselkurses w (dw > 0).

Diese Wechselkursänderung führt nun in der Abbildung D.11 zu einer Verschiebung der IS-Kurve und der Z-Kurve jeweils nach rechts, sofern die modifizierte Marshall-Lerner-Bedingung erfüllt ist und die Abwertung der inländischen Währung somit eine Verbesserung der Leistungsbilanz impliziert. Wie schon in den vorangegangenen Untersuchungen, so sei auch hier angenommen, daß eine solche normale Reaktion der Leistungsbilanz gegeben ist. Wie schon erläutert wurde, wird die Z-Kurve durch eine Abwertung der inländischen Währung bei einem bestimmten Zinsniveau i. d. R. weiter nach rechts verschoben als die IS-Kurve. Nur für den hier nicht weiter untersuchten Fall, daß die marginale Sparquote des Inlands Null ist, werden beide Kurven im gleichen Ausmaß verschoben.

Da der Geldmarkt von außenwirtschaftlichen Einflüssen unberührt bleibt, ist mit LM_1 bereits das neue Gleichgewicht auf dem inländischen Geldmarkt festgelegt. Ein vollständiges Gleichgewicht muß deshalb in einem Punkt auf dieser LM-Kurve erreicht werden. In der Abbildung D.11 möge dies der Punkt C sein. Dort befinden sich schließlich der Gütermarkt, der Geldmarkt und der Devisenmarkt (wieder) im

Gleichgewicht. Die expansive Geldpolitik hat somit zu einer Zinssenkung (auf i_2), einer Abwertung der inländischen Währung sowie einer Einkommenserhöhung (auf Y_2) geführt. Vergleicht man diese Wirkungen mit denen, die sich gemäß Punkt B ergeben hätten, wenn es also keine außenwirtschaftlichen Einflüsse gegeben hätte, so zeigt sich, daß unter sonst gleichen Bedingungen zwar eine geringere Zinssenkung, aber zugleich auch eine größere Einkommenssteigerung erzielt worden ist. Gemessen am Einkommenseffekt, haben die außenwirtschaftlichen Einflüsse die inländische Geldpolitik somit noch unterstützt.

Die zuvor aufgezeigten Wirkungen der Geldpolitik beziehen sich auf den in der Abbildung D.11 dargestellten Fall einer normalen Zinsreagibilität des internationalen Kapitalverkehrs. Ähnliche Ergebnisse, nämlich eine Zinssenkung, eine Abwertung der heimischen Währung und eine Einkommenserhöhung, ergeben sich jedoch auch dann, wenn der Kapitalverkehr nicht auf Zinsänderungen reagiert. Demgegenüber bleibt das Zinsniveau unverändert, wenn der internationale Kapitalverkehr vollkommen zinselastisch ist. Wie schon erläutert, hat die Abwertung in diesem Fall keinen Einfluß auf die Lage der (parallel zur Y-Achse liegenden) Z-Kurve, und folglich ist ein Zinseffekt ausgeschlossen. *Allgemein läßt sich feststellen, daß der Zinseffekt der Geldpolitik bei sonst gleichen Bedingungen um so geringer ausfällt, je größer die Zinsreagibilität des internationalen Kapitalverkehrs ist.* Wie in den anderen Fällen, so kommt es allerdings auch bei vollkommen zinselastischem Kapitalverkehr zu einer Abwertung der inländischen Währung und zu einem Einkommensanstieg.

Einen genauen Einblick in das Spektrum der Wirkungsmöglichkeiten geben die algebraischen Lösungen:[19]

(D-42) $dY/dB^a = \dfrac{g(a_i - k_i)}{N} > 0$

(D-43) $di/dB^a = \dfrac{gs}{N} \leq 0$

(D-44) $dw/dB^a = \dfrac{g\,[m(a_i - k_i) - sk_i]}{h_w N} > 0$

            mit: $N = sl_i + l_Y(a_i - k_i) < 0$

Bei $k_i = \infty$ ergibt sich hieraus:

(D-42a) $dY/dB^a = \dfrac{g}{l_Y} > 0$

(D-43a) $di/dB^a = 0$

(D-44a) $dw/dB^a = \dfrac{g(s + m)}{h_w l_Y} > 0$

---

[19] Siehe hierzu den Anhang D.6.

D-2.3.2: Anpassungsverzögerungen auf dem Devisenmarkt: Ein konkretes Beispiel

Die zuvor skizzierten Wirkungen der Geldpolitik sind das Ergebnis einer komparativ-statischen Betrachtung. In der Realität treten diese Wirkungen jedoch erst im Laufe von Anpassungsprozessen ein, die eine mehr oder weniger lange Zeit in Anspruch nehmen. Und diese Prozesse führen auch nur dann zu den aufgezeigten Wirkungen, wenn das ökonomische System, in dem sie sich vollziehen, stabil ist, wenn das System also nach Verlassen des Ausgangsgleichgewichts auch tatsächlich Reaktionen auf dem Güter-, dem Geld- und dem Devisenmarkt impliziert, durch die letztlich wieder ein Gleichgewicht erreicht wird. Während der Anpassungsprozesse kann es durchaus zu zyklischen Veränderungen der endogenen Modellgrößen, hier des Zinssatzes, des Einkommens und des Wechselkurses kommen. So ist in einem System flexibler Wechselkurse immer wieder beobachtet worden, daß sich nach dem Einsatz wirtschaftspolitischer Maßnahmen teilweise erhebliche Schwankungen der Wechselkurse ergeben haben, ehe wieder bestimmte stabile Werte erreicht worden sind. Hierfür lassen sich im wesentlichen zwei Gründe nennen: einerseits die spekulativen Devisenmarktoperationen und andererseits die verzögerten Reaktionen der Güterexporte und der Güterimporte auf Wechselkursänderungen. Die zuletzt genannten Reaktionsverzögerungen sind ja auch, wie schon ausführlich erläutert wurde, verantwortlich für den sogenannten J-Kurven-Effekt einer Wechselkursänderung.

Mit Hilfe eines einfachen numerischen Beispiels soll im folgenden gezeigt werden, wie sich aus den Reaktionsverzögerungen im internationalen Güterverkehr zyklische Bewegungen des Wechselkurses ergeben können. In dem bisher zugrunde gelegten Modell mit den Gleichungen (D-17) bis (D-20) wird die Wechselkursabhängigkeit des Saldos der Leistungsbilanz wie folgt modifiziert:

$$(D\text{-}45) \qquad H = H(Y, Y^*, w_g) \quad \text{mit:} \quad h_w = \frac{\delta H}{\delta w_g} > 0$$

$$(D\text{-}45a) \qquad w_g = b_1 w_j + b_2 w_{j-1} + b_3 w_{j-2} + b_4 w_{j-3} \quad \text{mit:} \quad \sum_{r=1}^{4} b_r = 1$$

Der Leistungsbilanzsaldo H hängt nun nicht mehr vom Wechselkurs w der laufenden Periode, sondern von einer Wechselkursgröße w_g ab, die durch Gewichtung aus dem Wechselkurs w_j der laufenden Periode j und den Wechselkursen w_{j-1} bis w_{j-3} der drei zurückliegenden Perioden gewonnen wird. Die Summe der Gewichte b_r ist Eins. Bleibt der Wechselkurs nach Erreichen eines Gleichgewichts konstant, so entspricht folglich die Größe w_g dem Gleichgewichtskurs $w_j = w_{j-1} = w_{j-2} = w_{j-3}$.

Für das numerische Beispiel haben die Gewichte b_r folgende Werte: $b_1 = 0,4$, $b_2 = 0,3$, $b_3 = 0,2$ und $b_4 = 0,1$. Der Wechselkurskoeffizient h_w möge den Wert 50 haben. Für die übrigen Koeffizienten des Modells werden die gleichen Werte verwendet, die schon im konkreten Beispiel zur Geldpolitik bei festem Wechselkurs zugrunde lagen: $a_Y = 0,675$; $m = 0,175$; $a_i = -800$; $l_Y = 0,25$; $l_i = -600$; $k_i = 220$; $g = 2$. Alle funktionalen Beziehungen des Modells seien linear. Im Ausgangsgleichgewicht habe der Wechselkurs einen Wert von $w = 2,00$ (z. B. DM zu $). Die autonome monetäre Basis werde einmalig um 9 Währungseinheiten (z. B. Mrd. DM) erhöht. Aus den Gleichungen (D-42) bis (D-44) lassen sich dann bei komparativ-statischer Betrachtung die folgenden (längerfristigen) Wirkungen berechnen: $dY = 40,8$ (Mrd. DM); $di = -0,013$; $dw = 0,2$. Aufgrund der Reaktionsverzöge-

Abbildung D.12

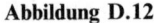

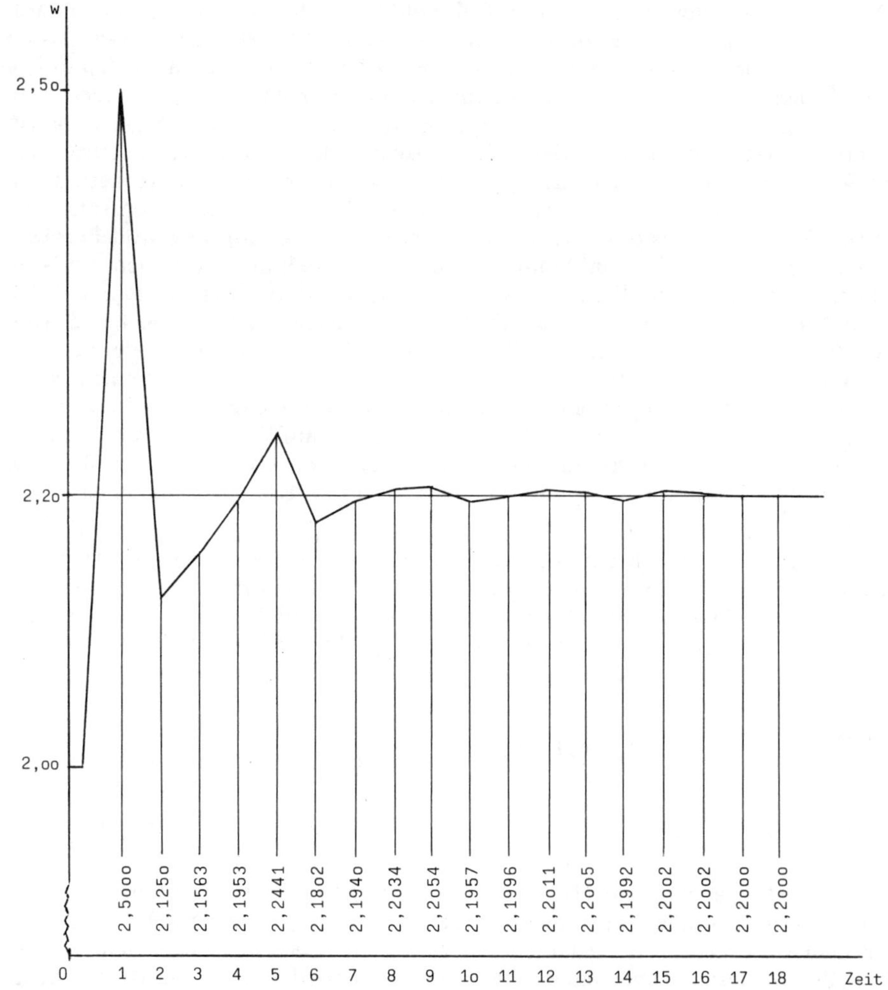

rungen gemäß Gleichungen (D-45) und (D-45a) ergibt sich aber in dynamischer Betrachtung die in der Abbildung D.12 dargestellte zyklische Veränderung des Wechselkurses.[20]

Nach Einsatz der Geldpolitik steigt der Kurs zunächst auf w = 2,50. Es kommt zu einem „Überschießen" des Wechselkurses. In der Folgeperiode sinkt er auf 2,125, um anschließend wieder über Werte von 2,1563 und 2,1953 bis auf 2,2441 anzusteigen. Danach findet erneut eine Reduktion statt. Allerdings vollziehen sich die weiteren Schwankungen nur noch mit geringeren und im Zeitablauf abnehmenden Amplituden um den neuen längerfristigen Gleichgewichtskurs von w = 2,20.

---

[20] Siehe hierzu den Anhang D.7.

D-2.3.3: Fiskalpolitik

Insbesondere in einem System mit flexiblem Wechselkurs (bzw. flexiblen Wechselkursen) kommt der Zinsreagibilität des internationalen Kapitalverkehrs für die
Wirksamkeit der Fiskalpolitik eine besondere Bedeutung zu. Es läßt sich nämlich
zeigen, daß die Fiskalpolitik – gemessen am Einkommens- und am Zinseffekt –
ohne nennenswerte Wirkung bleibt (wirkungslos ist), wenn der internationale Kapitalverkehr eine sehr hohe Zinselastizität besitzt (vollkommen zinselastisch ist). Damit aber ist bei flexiblem Wechselkurs die Gefahr gegeben, daß sich bestimmte
einkommens- und beschäftigungspolitische Ziele mit fiskalpolitischen Aktivitäten
nicht adäquat oder überhaupt nicht erreichen lassen. Nicht zuletzt hängt es ganz
wesentlich von der Zinsreagibilität des Kapitalverkehrs ab, in welche Richtung der
Wechselkurs im Zuge der Fiskalpolitik verändert wird. In der zunächst grafischen
Analyse kommt es deshalb auf eine differenzierte Betrachtung der Zinselastizität
des Kapitalverkehrs an. Untersucht wird eine Erhöhung der Staatsausgaben um
dA_s. In der Ausgangssituation möge ein Gleichgewicht auf dem Güter-, dem Geld-
und dem Devisenmarkt vorliegen.

Die Abbildung D.13 zeigt eine Situation, in der die Zinselastizität des Kapitalverkehrs relativ gering ist. Dementsprechend möge die Z-Kurve eine geringere Steigung haben als die LM-Kurve. Die IS-Kurve wird durch die staatliche Ausgabener-
höhung nach rechts, z. B. nach IS_1 verschoben. Hierdurch wird ein positiver Impuls
auf das inländische Einkommen und wegen der normalen Zinselastizität auf dem
Geldmarkt zugleich auch eine Zinssteigerungstendenz ausgelöst. Käme es nicht zu
außenwirtschaftlichen Einflüssen, so würde beispielsweise mit dem Schnittpunkt B
ein neues Gleichgewicht auf dem Güter- und dem Geldmarkt erreicht, und das
Einkommen wäre auf Y_1, der Zinssatz auf i_1 gestiegen. Mit dem Einkommensanstieg verschlechtert sich aber die Leistungsbilanz. Dem steht zwar eine zinsinduzier-

Abbildung D.13

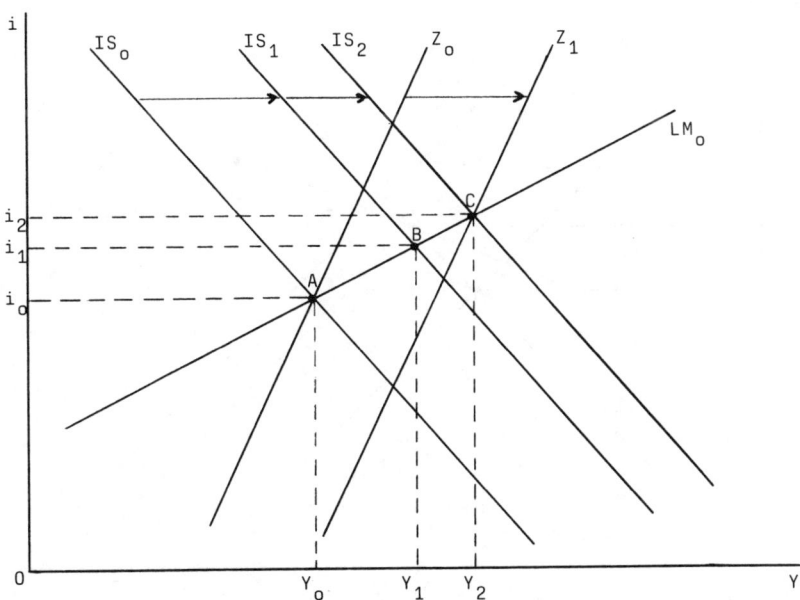

te Verbesserung der Kapitalverkehrsbilanz gegenüber, doch wegen der hier nur
geringen Zinselastizität des Kapitalverkehrs ergibt sich bei der Zins-Einkommens-
Kombination von i_1 und Y_1 insgesamt ein Ungleichgewicht auf dem Devisenmarkt,
und zwar ist das Angebot (die Nachfrage) an inländischer Währung (nach ausländischer Währung) größer als die entsprechende Nachfrage (das entsprechende Angebot). Folglich kommt es zur Abwertung (Aufwertung) der inländischen Währung
(der ausländischen Währung). Der Wechselkurs w steigt.

Bekanntlich werden die Z-Kurve und die IS-Kurve hierdurch jeweils nach rechts
verschoben, wobei das Ausmaß der Verschiebung bei der Z-Kurve i. d. R. größer ist
als bei der IS-Kurve. Über eine adäquate Wechselkursanpassung wird dann – Stabilität des Systems vorausgesetzt – schließlich ein neues Gesamtgleichgewicht realisiert.

Da der Geldmarkt nicht beeinflußt wird, liegt das neue Güter-, Geld- und Devisenmarktgleichgewicht zwingend in einem Punkt auf der ursprünglichen LM-Kurve (hier LM_0). In der Abbildung D.13 ist dieses Gleichgewicht im Punkt C bei Y_2
und i_2 erreicht. Die Z-Kurve wurde dort also nach Z_1, die IS-Kurve von IS_1 weiter
nach IS_2 verschoben. Ein Vergleich mit der Situation im Punkt B zeigt, daß sowohl
der Einkommens- als auch der Zinseffekt der Fiskalpolitik im hier betrachteten Fall
durch die außenwirtschaftlichen Einflüsse, insbesondere durch die Abwertung der
heimischen Währung, verstärkt worden sind.

Die Abbildung D.14 zeigt den Fall einer relativ hohen Zinsreagibilität des internationalen Kapitalverkehrs. Hier verläuft die Z-Kurve flacher als die LM-Kurve.
Infolge der Staatsausgabenerhöhung werde die IS-Kurve nach IS_1 verschoben. Lägen keine außenwirtschaftlichen Einflüsse vor, so würde sich der neue Gleichgewichtspunkt B ergeben (mit i_1 und Y_1). Wiederum wird die Leistungsbilanz aufgrund der Einkommenserhöhung verschlechtert. Gleichzeitig kommt es aber durch
den Zinsanstieg zu einer Verbesserung der Kapitalverkehrsbilanz, die wegen der

Abbildung D.14

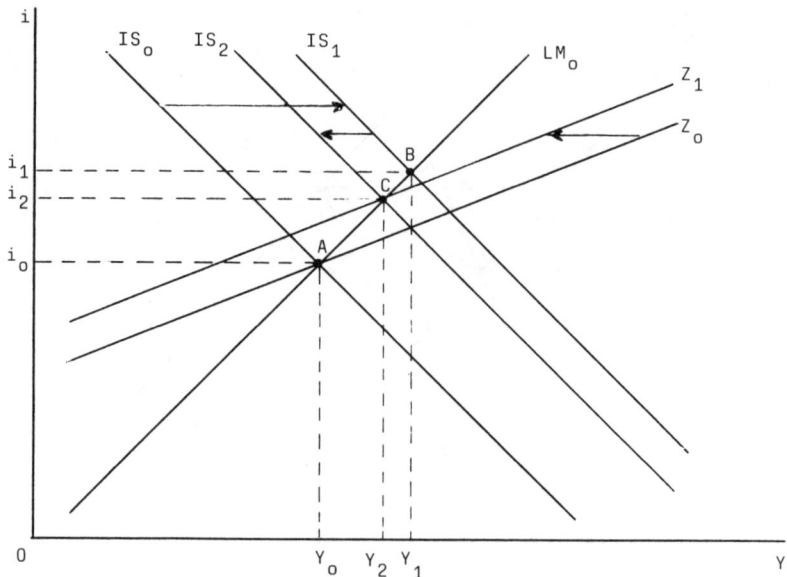

hohen Zinselastizität des Kapitalverkehrs so groß ist, daß auf dem Devisenmarkt insgesamt ein Nachfrageüberschuß (Angebotsüberschuß) für die inländische Währung (die ausländische Währung) entsteht. Die inländische Währung (ausländische Währung) wird deshalb aufgewertet (abgewertet). Dementsprechend sinkt der Wechselkurs w.

Dadurch ergibt sich nun eine Verschiebung der Z-Kurve und der IS-Kurve jeweils nach links. Ist das System stabil, so wird schließlich ein neues Güter-, Geld- und Devisenmarktgleichgewicht in einem Punkt auf der LM-Kurve (hier LM_0) erreicht. Das sei beispielsweise der Punkt C. Die Z-Kurve wird somit nach Z_1, die IS-Kurve zurück nach IS_2 verschoben. Die Wirksamkeit der Fisalpolitik wird jetzt also durch die außenwirtschaftlichen Einflüsse, insbesondere durch die Aufwertung der heimischen Währung, geschmälert.

Vergleicht man die in den Abbildungen D.13 und D.14 dargestellten Fälle, so ist einsichtig, daß die außenwirtschaftlichen Einflüsse dann nicht zum Tragen kommen, wenn die Z-Kurve die gleiche Steigung besitzt wie die LM-Kurve. Die einkommensinduzierte Verschlechterung der Leistungsbilanz und die zinsinduzierte Verbesserung der Kapitalverkehrsbilanz gleichen sich in dieser Situation exakt aus, so daß der Devisenmarkt im Gleichgewicht bleibt und deshalb auch keine Wechselkursänderung erfolgt.

Mit der Abbildung D.15 soll schließlich noch der Fall einer unendlich großen Zinselastizität des internationalen Kapitalverkehrs untersucht werden. Ohne außenwirtschaftliche Einflüsse käme auch hier ein neues Gleichgewicht im Punkt B zustande. Der Einkommensanstieg auf Y_1 impliziert, wie schon in den anderen Fällen, eine Verschlechterung der Leistungsbilanz. Dem würde aber bei dem höheren Zinssatz von i_1 ein extrem hoher zusätzlicher Kapitalimport – genau genommen sogar ein unendlich großer Kapitalimport – gegenüberstehen. Das entsprechende

Abbildung D.15

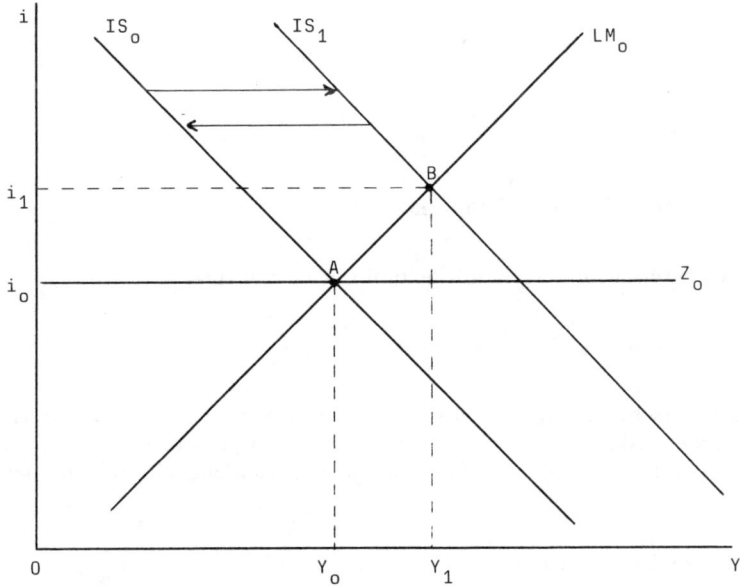

Devisenmarktungleichgewicht müßte also eine außergewöhnlich hohe – genau genommen eine unendlich hohe – Aufwertung der inländischen Währung erzwingen. In der Realität finden solch extreme Wechselkursänderungen selbst bei sehr großer Zinsreagibilität des Kapitalverkehrs wohl kaum statt. Außenwirtschaftliche Transaktionen reagieren nämlich i.d.R. mit gewissen zeitlichen Verzögerungen auf Datenänderungen. So wird der internationale Kapitalverkehr erst allmählich auf die durch die Fiskalpolitik hervorgerufene Erhöhung des inländischen Zinsniveaus reagieren. Und die Divergenz zwischen Nachfrage nach und Angebot an inländischer Währung dürfte sich deshalb auf dem Devisenmarkt in gewissen Grenzen halten. Immerhin kommt sicher schon recht bald nach der Zinssteigerung eine mehr oder weniger starke Aufwertung der inländischen Währung zustande. Diese wirkt – vermutlich wiederum mit gewissen zeitlichen Verzögerungen – dämpfend auf die Leistungsbilanz, und infolgedessen verschiebt sich die IS-Kurve in Abhängigkeit von den Reaktionsgeschwindigkeiten im internationalen Güter- und Kapitalverkehr mehr oder weniger schnell nach links. Ein vollständiges Güter-, Geld- und Devisenmarktgleichgewicht ist erst wieder im Schnittpunkt von LM-Kurve und Z-Kurve erreicht. Und dieses neue Gleichgewicht impliziert zwingend die ursprüngliche Zins-Einkommens-Kombination von i_0 und Y_0. Denn jede Abweichung vom Zinsniveau i_0 würde letztlich über die Kapitalverkehrsbewegung ein Devisenmarktungleichgewicht mit sich bringen, und bei dem Ausgangszinsniveau i_0 ist bei unveränderten Geldmarktbedingungen auch nur das ursprüngliche Einkommen von Y_0 realisierbar. Die Fiskalpolitik ist also bei vollkommen zinselastischem internationalen Kapitalverkehr über kurz oder lang – nämlich nach Abschluß der außenwirtschaftlich bedingten Anpassungsprozesse – in Hinsicht auf Einkommens- und Zinseffekte unwirksam.

Die zuvor erläuterten Ergebnisse lassen sich auch den algebraisch gewonnenen Lösungen entnehmen:[21]

(D-46)　　　$dY/dA_s = \dfrac{1}{N} \geq 0$

(D-47)　　　$di/dA_s = -\dfrac{l_Y/l_i}{N} \geq 0$

(D-48)　　　$dw/dA_s = \dfrac{m + k_i l_Y/l_i}{h_w N} \gtreqless 0$

　　　mit:　$N = s + \dfrac{l_Y}{l_i}(a_i - k_i) > 0$

Für die Wechselkursänderung gilt gemäß Gleichung (D-48):

(D-48a)　　　$dw/dA_s \gtreqless 0$,　wenn　$m/k_i \gtreqless -l_Y/l_i$

Die inländische Währung wird demnach abgewertet (aufgewertet), wenn die Steigung $di/dY = m/k_i$ der Z-Kurve größer (kleiner) ist als die Steigung $di/dY = -l_Y/l_i$ der LM-Kurve. Sind die Steigungen identisch, so bleibt der Wech-

---

[21] Siehe hierzu den Anhang D.6.

selkurs unverändert. Bei unendlich großer Zinselastizität des Kapitalverkehrs determiniert der Koeffizient h_w die Wechselkursänderung:

$$(D\text{-}48\,b) \qquad dw/dA_s = -\frac{1}{h_w} < 0 \quad \text{bei:} \quad k_i = \infty$$

D-2.3.4: Kontrolliertes Floaten

Veränderungen des Wechselkurses (bzw. der Wechselkurse) können mit bestimmten wirtschaftspolitischen Zielsetzungen unvereinbar sein. So ist beispielsweise eine Beeinträchtigung der Beschäftigung zu befürchten, wenn die heimische Währung aufgewertet und dadurch die internationale Wettbewerbsfähigkeit geschmälert wird. Und die Preisstabilität kann gefährdet sein, wenn sich im Zuge einer Abwertung der heimischen Währung Importgüter verteuern und es dann zu einer allgemeinen Preissteigerung kommt. Obwohl die Zentralbank in einem System mit flexiblem Wechselkurs nicht zu Interventionen am Devisenmarkt verpflichtet ist, könnte sie dennoch von ihrer Interventionsmöglichkeit Gebrauch machen, um einen „zielgerechten" Wechselkurs aufrechtzuerhalten oder herbeizuführen. *Diese Wechselkurssteuerung wird als kontrolliertes oder auch als schmutziges Floaten bezeichnet.*

Die Politik des kontrollierten Floatens soll jetzt exemplarisch für einen bestimmten Fall verdeutlicht werden. In der Ausgangssituation sei ein Gleichgewicht auf dem Güter-, dem Geld- und dem Devisenmarkt gegeben, und der in dieser Situation realisierte Wechselkurs möge den Zielvorstellungen der Zentralbank entsprechen. Die Kapitalverkehrsbilanz des Inlands werde nun infolge einer Zunahme des autonomen Kapitalimports um den Betrag $dK^a > 0$ *dauerhaft* verbessert. Auf dem Devisenmarkt entsteht dadurch ein Angebotsüberschuß für die ausländische Währung bzw. ein Angebotsdefizit für die inländische Währung. Bei sonst unveränderten Bedingungen würde hieraus eine Abwertung der ausländischen Währung bzw. eine Aufwertung der inländischen Währung resultieren.

In der grafischen Darstellung kommt der zusätzliche Kapitalimport in einer Verschiebung der Z-Kurve nach rechts zum Ausdruck – in der Abbildung D.16 z. B. von Z_0 nach Z_1. Käme es zu der genannten Aufwertung der inländischen Währung, so würde die Z-Kurve wieder nach links und die IS-Kurve ebenfalls nach links verschoben. Bekanntlich ist das Ausmaß dieser Verschiebung bei der Z-Kurve größer als bei der IS-Kurve. Ein neues Gleichgewicht müßte in einem Punkt auf der ursprünglichen LM-Kurve (hier auf LM_0) liegen. Die Verschlechterung der Leistungsbilanz, aus der sich ja die Linksverschiebung der IS-Kurve ergibt, würde dann jedoch ein geringeres Einkommen als im Ausgangsgleichgewicht implizieren.

Will die Zentralbank die Aufwertung der inländischen Währung verhindern, so muß sie den oben genannten Angebotsüberschuß auf dem Devisenmarkt durch Ankauf ausländischer Währung beseitigen. Mit dieser Intervention ist zugleich ein Anstieg der inländischen Geldmenge verbunden, denn die monetäre Basis nimmt mit der Absorption der Devisen – also mit der Erhöhung der Währungsreserven – zu. In der Abbildung D.16 wird folglich die LM-Kurve nach rechts verschoben, z. B. von LM_0 nach LM_1. Mit der Geldmengenerhöhung ist bei den in der Abbildung D.16 zugrunde gelegten Rahmenbedingungen eine Zinssenkung und ein Einkommensanstieg verbunden. Die Zinssenkung verschlechtert, sofern Zinsreagibilität besteht, die Kapitalverkehrsbilanz, und der Einkommensanstieg verschlechtert die Leistungsbilanz. Es ist aber durchaus möglich, daß die Zins- und die Einkommensänderung – so wie es in der Abbildung D.16 mit der Änderung nach i_1 und Y_1

Abbildung D.16

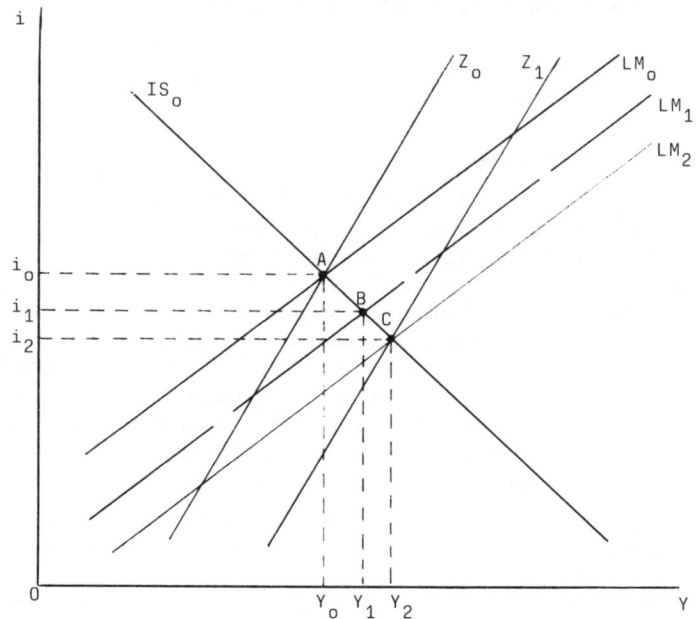

impliziert ist – nicht ausreichen, um das Ungleichgewicht auf dem Devisenmarkt nachhaltig zu beseitigen. Da der zusätzliche autonome Kapitalimport annahmegemäß ein dauerhaftes Ereignis ist, liegt auch bei der neuen Zins-Einkommens-Kombination von i_1 und Y_1 noch ein Angebotsüberschuß für die ausländische Währung vor. Um eine Aufwertung der inländischen Währung zu verhindern, muß die Zentralbank also erneut am Devisenmarkt intervenieren. Dadurch ergibt sich eine weitere Zunahme der Geldmenge und entsprechend eine weitere Verschiebung der LM-Kurve nach rechts. Die Zentralbank kann ihre Interventionen erst dann einstellen, wenn die autonome Verbesserung der Kapitalverkehrsbilanz durch eine zinsinduzierte Verschlechterung der Kapitalverkehrsbilanz sowie durch eine einkommensinduzierte Verschlechterung der Leistungsbilanz exakt kompensiert wird. In der Abbildung D.16 ist das der Fall, wenn der Punkt C auf der neuen Z-Kurve mit der Zins-Einkommens-Kombination i_2 und Y_2 realisiert ist. Die Interventionen der Zentralbank haben dann schließlich zu einer Verschiebung der LM-Kurve nach LM_2 geführt.

Algebraisch lassen sich aus dem Modell die folgenden Wirkungen der zuvor skizzierten Interventionspolitik auf Einkommen Y, Zinssatz i und Währungsreserven R der Zentralbank ableiten:[22]

(D-49) $\quad dY/dK^a = -\dfrac{a_i}{N} \geq 0$

(D-50) $\quad di/dK^a = -\dfrac{s+m}{N} \leq 0$

---

[22] Siehe hierzu den Anhang D.8.

(D-51) $dR/dK^a = -\dfrac{l_i(s+m) + a_i l_Y}{gN} \geq 0$

mit: $N = sk_i + m(k_i - a_i) > 0$

Aus dieser allgemeinen Lösung ist unmittelbar die Bedeutung der Zinselastizität des internationalen Kapitalverkehrs ablesbar: je größer der Zinskoeffizient k_i ist, desto geringer sind die Veränderungen der Größen Y, i und R. Das Interventionsvolumen der Zentralbank ist demnach um so kleiner, je mehr der internationale Kapitalverkehr auf eine Zinsänderung reagiert. Relativ geringe Zinssenkungen reichen dann nämlich schon aus, um die autonome Verbesserung der Kapitalverkehrsbilanz durch eine zinsinduzierte Verschlechterung zu kompensieren. Im Extremfall einer (annähernd) unendlich großen Zinselastizität des Kapitalverkehrs würde schon eine marginale Zinssenkung ausreichen, um das Ungleichgewicht auf dem Devisenmarkt zu beseitigen, und dann käme es auch nicht zu (nennenswerten) Änderungen von Y, i und R.

Die Lösungsgleichung (D-51) läßt allerdings auch bisher nicht diskutierte Grenzen der Politik des kontrollierten Floatens erkennen. Je größer die Zinselastizität der Geldnachfrage auf dem inländischen Geldmarkt ist, je größer also der Zinskoeffizient l_i der Geldnachfrage ist, desto umfangreicher müssen bei sonst gleichen Bedingungen die Devisenmarktinterventionen der Zentralbank sein. Ist die Zinselastizität der Geldnachfrage relativ hoch, so muß nämlich das Geldangebot bzw. die Geldmenge relativ stark zunehmen, wenn eine bestimmte Zinssenkung erreicht werden soll. Im Extremfall kann diese Zinselastizität sogar (annähernd) den Wert Unendlich haben. Dann ist die aus der makroökonomischen Theorie bekannte Liquiditätsfalle gegeben, und trotz Liquiditäts- bzw. Geldmengenausweitung kommt es nun nicht zu einer (merklichen) Zinssenkung. Dieser Fall ist in der Abbildung D.17 dargestellt worden.

Abbildung D.17

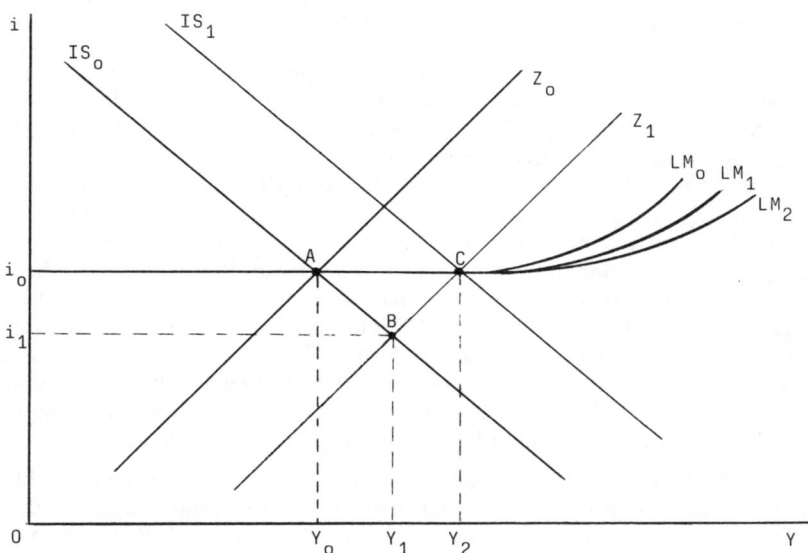

Die durch die Interventionen der Zentralbank bewirkten Geldmengenerhöhungen kommen jetzt in der LM-Kurve in einem Einkommensbereich zum Ausdruck, der für den Gütermarkt und den Devisenmarkt irrelevant ist (in der Abbildung D.17 z. B. in Drehungen der LM-Kurve von LM_0 nach LM_1, nach LM_2 usw.). Das Devisenmarktungleichgewicht, das durch den zusätzlichen autonomen Kapitalimport entstanden ist, läßt sich folglich durch die Interventionen der Zentralbank nicht nachhaltig beseitigen. Die Zentralbank wäre gezwungen, permanent zu intervenieren und Periode für Periode den Angebotsüberschuß an ausländischer Währung zu absorbieren, wenn sie eine Aufwertung der inländischen Währung auf jeden Fall verhindern will.

Das Ungleichgewicht auf dem Devisenmarkt ließe sich – bei konstantem Wechselkurs – in dieser Situation nur dauerhaft durch expansive Einkommensimpulse auf dem Gütermarkt beseitigen. In der Abbildung D.17 müßte die IS-Kurve nach IS_1 verschoben werden. Die autonome Verbesserung der Kapitalverkehrsbilanz würde dann nämlich durch die einkommensinduzierte Verschlechterung der Leistungsbilanz exakt kompensiert. Die hier notwendigen Einkommensimpulse könnten beispielsweise durch eine expansive Fiskalpolitik erreicht werden.

D-3: Die Koordination von Geld-, Fiskal- und Wechselkurspolitik

D-3.1: Stabilitätspolitische Ziele bei festen und bei flexiblen Wechselkursen

In den vorangegangenen Untersuchungen sind die Wirkungen der Geldpolitik, der Fiskalpolitik und der Wechselkurspolitik jeweils in einer isolierten Betrachtung aufgezeigt worden. Hierbei zeigte sich, daß mit jeder dieser Politiken unter bestimmten Bedingungen gewisse Einkommens-, Zins- und Zahlungsbilanzeffekte erzielt werden können. Von daher liegt der Schluß nahe, den Einsatz der verschiedenen geld-, fiskal- und wechselkurspolitischen Instrumente zu koordinieren und so zu versuchen, spezifische Ziele der Stabilitäts- bzw. der Konjunkturpolitik simultan zu erreichen oder zumindest einen entscheidenden Beitrag zur Zielerreichung zu leisten. Stabilitätspolitische Ziele sind die Vollbeschäftigung, die Preisstabilität und das außenwirtschaftliche Gleichgewicht. Im Kontext des zuvor verwendeten Modells lassen sich mit dem betrachteten wirtschaftspolitischen Instrumentarium insbesondere Wirkungen in Hinsicht auf das Beschäftigungsziel und das Ziel des außenwirtschaftlichen Gleichgewichts analysieren. Denn es ist damit zu rechnen, daß sich im Zuge von Einkommensänderungen, die im Modell explizit erfaßt sind, auch Wirkungen auf die Beschäftigung der volkswirtschaftlichen Produktionsfaktoren Arbeit und Kapital ergeben, und die Änderungen außenwirtschaftlicher Güter- und Kapitaltransaktionen und damit die Wirkungen auf Salden der Leistungsbilanz bilden ja unmittelbar einen wesentlichen Modellbestandteil. Demgegenüber wurden Preiseffekte im Modell durch die Annahme eines vollkommen elastischen Güterangebots ausgeschlossen, und das Ziel der Preisstabilität ist damit annahmegemäß immer erfüllt. Allerdings ist schon darauf hingewiesen worden, daß sich die Politik eines kontrollierten Floatens auch am Ziel der internen Preisstabilität orientieren kann, nämlich dann, wenn es darum geht, Abwertungen der heimischen Währung und dadurch bedingte Preiserhöhungen der Importe zu verhindern.

Das bisher zugrunde gelegte Modell soll auch in den weiteren Untersuchungen zur Koordination wirtschaftspolitischer Instrumente unverändert angewendet werden. Die Ausrichtung am Beschäftigungsziel muß somit durch Realisierung eines bestimmten Einkommensniveaus erfolgen. Das Ziel der Preisstabilität steht für ein System mit festem Wechselkurs nicht zur Diskussion, und es wird für ein System mit flexiblem Wechselkurs nur indirekt berührt, wenn neben der einkommensorientierten Wirtschaftspolitik zugleich eine Politik des kontrollierten Floatens untersucht wird. Während die Definition der Ziele „Vollbeschäftigung" und „Preisstabilität" vor diesem Hintergrund keiner Konkretisierung bedarf, ist es für die Analyse wichtig, das Ziel des außenwirtschaftlichen Gleichgewichts exakt zu definieren.

Das Modell läßt grundsätzlich drei Möglichkeiten zu, die in der wirtschaftspolitischen Zieldiskussion eine Rolle spielen: *erstens könnte ein außenwirtschaftliches Gleichgewicht realisiert sein, wenn die Zahlungsbilanz bzw. die Devisenbilanz ausgeglichen ist. Bei flexiblem Wechselkurs wäre dieses Ziel ex definitione immer erfüllt. Zweitens könnte unter einem außenwirtschaftlichen Gleichgewicht eine Situation verstanden werden, in der die Leistungsbilanz ausgeglichen ist. Dieses Ziel ist auch in einem System mit flexiblem Wechselkurs nicht a priori erfüllt. Schließlich ließe sich das Ziel eines außenwirtschaftlichen Gleichgewichts bei festem Wechselkurs noch enger fassen, indem ein Ausgleich sowohl der Leistungsbilanz als auch der Kapitalverkehrsbilanz bzw. der Leistungsbilanz und der gesamten Zahlungsbilanz (der Devisenbilanz) verlangt wird.*

In der ökonomischen Literatur, die sich mit dem Problem der Koordination von Wirtschaftspolitiken befaßt, beschränkt man sich häufig auf die zuerst genannte Zieldefinition. Und man spricht bei Realisierung dieses Ziels von einem *externen Gleichgewicht*. Davon unterscheidet man das sogenannte *interne Gleichgewicht*, das dann erreicht ist, wenn das Einkommensniveau zugleich Vollbeschäftigung impliziert. Die erste Zieldefinition für das außenwirtschaftliche Gleichgewicht gibt eine Situation an, in der es keine Interventionspflicht für die Zentralbank des betrachteten Landes bzw. bei allgemeinem außenwirtschaftlichen Gleichgewicht für alle Zentralbanken des betrachteten Währungssystems gibt und folglich die Währungsreserven bzw. die Nettoauslandspositionen der Zentralbanken unverändert bleiben. Devisennachfrage und Devisenangebot werden hier also durch Aktivitäten außerhalb der Zentralbanken zum Ausgleich gebracht. Die zweite Zieldefinition, die den Ausgleich der Leistungsbilanz vorsieht, trägt demgegenüber der Tatsache Rechnung, daß Leistungsbilanzdefizite grundsätzlich die Nettoauslandsposition einer Volkswirtschaft insgesamt verschlechtern und gegebenenfalls zu einem Anstieg der Auslandsverschuldung führen. Zwar ist es möglich, daß Leistungsbilanzdefizite zunächst problemlos durch adäquat hohe Nettokapitalimporte ausgeglichen werden, doch diese Situation impliziert – sofern nicht Zinssatzsenkungen kompensierend wirken – eine laufende Verschlechterung der Zinsbilanz des betrachteten Landes mit dem Ausland. Damit ist aber eine (weitere) Zunahme der Leistungsbilanzdefizite verbunden. Leistungsbilanzdefizite können von daher eine Tendenz zur Selbstverstärkung entwickeln, und wenn dann in diesem Zusammenhang die Auslandsverschuldung unvermindert, möglicherweise sogar mit zunehmenden Raten, steigt, so kann es sehr wohl alsbald schwierig werden, die zum Ausgleich der Leistungsbilanzdefizite notwendigen Kapitalimporte anzuziehen. Ein außenwirtschaftliches Gleichgewicht gemäß der dritten Zieldefinition bedeutet schließlich, daß die Nettoauslandsposition der gesamten Volkswirtschaft wie auch die Nettoauslandsposition der Zentralbank im besonderen unverändert bleiben, so daß weder für die Zentralbank noch für die Gesamtheit der Wirtschaftssubjekte außerhalb der Zentralbank internationale Finanzierungsprobleme auftreten und die Zinsbilanz der Volkswirtschaft lediglich durch Zinssatzänderungen berührt wird.

In den weiteren Untersuchungen finden die drei Zieldefinitionen eines außenwirtschaftlichen Gleichgewichts jeweils alternativ Berücksichtigung, und zwar im Rahmen eines Systems mit festem Wechselkurs (bzw. festen Wechselkursen) die erste und die dritte Zieldefinition sowie in einem System mit flexiblem Wechselkurs (bzw. flexiblen Wechselkursen) die zweite Zieldefinition. Im einzelnen soll geprüft werden, wie sich mit Hilfe einer Koordination – eines Policy-mix – von Geld- und Fiskalpolitik oder alternativ von Geld-, Fiskal- und Wechselkurspolitik gleichzeitig das interne Gleichgewicht – also ein bestimmtes Einkommensziel – und das externe Gleichgewicht – also das außenwirtschaftliche Gleichgewicht gemäß einer der drei Zieldefinitionen – erreichen läßt.

D-3.2: Policy-mix bei festem Wechselkurs

D-3.2.1: Geld- und Fiskalpolitik

Das Ziel des außenwirtschaftlichen Gleichgewichts gelte als erfüllt, wenn die Zahlungsbilanz bzw. die Devisenbilanz ohne Interventionen der Zentralbank ausgeglichen ist. Da gleichzeitig ein bestimmtes Einkommensziel zur Realisierung des sogenannten internen Gleichgewichts erreicht werden soll, ist der Einsatz von zwei stabilitätspolitischen Instrumenten erforderlich. Hier soll nun gezeigt werden, wie sich die beiden Ziele durch Koordination (Policy-mix) des Instruments der Fiskalpolitik und des Instruments der Geldpolitik simultan erreichen lassen. Wichtig für die zu wählende Politikstrategie ist zunächst einmal die Ausgangssituation. Grundsätzlich sind neun verschiedene Situationen möglich, wie aus der Tabelle D.2 ersichtlich ist.

Tabelle D.2:

Extern \ Intern	Unter-beschäftigung	Voll-beschäftigung	Über-beschäftigung
Zahlungsbilanz-defizit	Internes und externes Ungleichgewicht $dA_s > 0, dG \gtreqless 0$	Internes Gleichgewicht Externes Ungleichgewicht $dA_s > 0, dG < 0$	Internes und externes Ungleichgewicht $dA_s \gtreqless 0, dG \gtreqless 0$
Zahlungsbilanz-ausgleich	Internes Ungleichgewicht Externes Gleichgewicht $dA_s > 0, dG \gtreqless 0$	Internes und externes Gleichgewicht $dA_s = 0, dG = 0$	Internes Ungleichgewicht Externes Gleichgewicht $dA_s < 0, dG \gtreqless 0$
Zahlungsbilanz-überschuß	Internes und externes Ungleichgewicht $dA_s \gtreqless 0, dG \gtreqless 0$	Internes Gleichgewicht Externes Ungleichgewicht $dA_s < 0, dG > 0$	Internes und externes Ungleichgewicht $dA_s < 0, dG \gtreqless 0$

Die Ziele des internen und des externen Gleichgewichts sind nur in einer Situation, nämlich bei Vollbeschäftigung und Zahlungsbilanzausgleich, gleichzeitig erfüllt. In den übrigen Situationen sind also stabilitätspolitische Aktivitäten erforderlich. Für die zunächst folgende grafische Analyse wird jedoch nur die Ausgangssituation herausgegriffen, die durch Unterbeschäftigung und ein Zahlungsbilanzdefizit gekennzeichnet ist. Der in den anderen Ausgangssituationen erforderliche Politikeinsatz läßt sich aber auf der Grundlage der exemplarischen Darstellungen vom Leser leicht nachvollziehen. Nicht zuletzt lassen die später skizzierten allgemeinen algebraischen Lösungen eine Beurteilung des Politikeinsatzes für alle in der Tabelle D.2 erfaßten Situationen zu.

Abbildung D.18

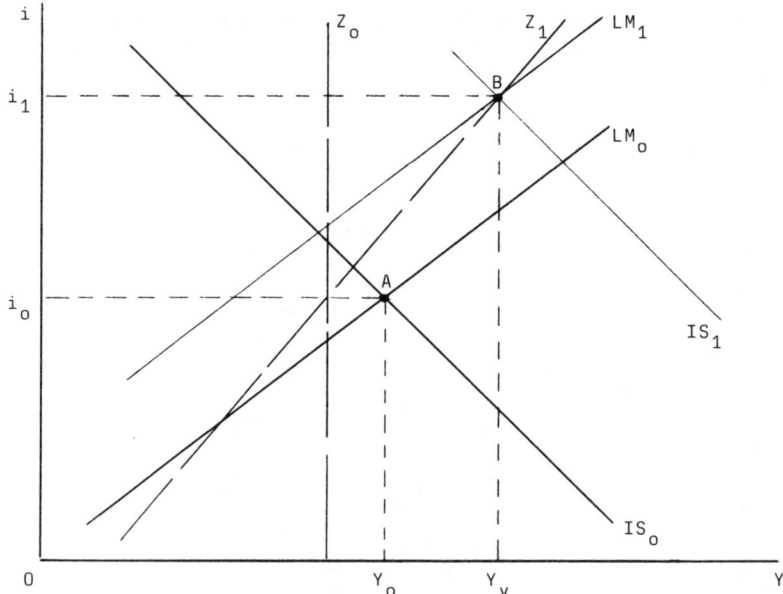

In den Abbildungen D.18 und D.19 ist die Ausgangssituation jeweils durch die Zins-Einkommens-Kombination i_0 und Y_0 gegeben. Das Einkommen Y_0 ist niedriger als das Einkommen Y_v, das zur Vollbeschäftigung erforderlich wäre. Und die Lage der Z-Kurve zeigt an, daß die Zahlungsbilanz in der Ausgangssituation ein Defizit aufweist, denn das Einkommen Y_0 (der Zinssatz i_0) ist bei gegebenem Zinssatz (gegebenem Einkommen) höher (niedriger) als der Wert, der gemäß der Z-Kurve einen Zahlungsbilanzausgleich implizieren würde.

Die Abbildung D.18 zeigt – alternativ – zwei Z-Kurven: bei Z_0 besteht keine Zinsreagibilität des internationalen Kapitalverkehrs, und bei Z_1 liegt eine relativ geringe Zinselastizität des Kapitalverkehrs vor, die dadurch zum Ausdruck kommt, daß die LM-Kurve eine geringere Steigung besitzt als die Z-Kurve. Da die Geld- und die Fiskalpolitik keinen Einfluß auf die Lage der Z-Kurve haben, muß die Zins-Einkommens-Kombination, die gleichzeitig das interne und das externe Gleichgewicht ermöglichen soll, zwingend auf der vorgegebenen Z-Kurve liegen.

Die Abbildung D.18 macht unmittelbar deutlich, daß sich das Vollbeschäftigungseinkommen Y_v auf der Kurve Z_0 nicht realisieren läßt. Wenn der internationale Kapitalverkehr nicht auf Zinsänderungen reagiert, so ist es im vorliegenden Fall also unmöglich, die beiden Stabilitätsziele mit Hilfe der Geld- und Fiskalpolitik gleichzeitig zu erreichen. Es wäre nur möglich, ein außenwirtschaftliches Gleichgewicht herbeizuführen, indem die Fiskal- oder die Geldpolitik restriktiv eingesetzt und so eine Einkommensreduktion in Kauf genommen würde. Besteht mit Z_1 eine Zinsreagibilität des internationalen Kapitalverkehrs, so muß die Zins-Einkommens-Kombination im Punkt B (mit i_1 und Y_v) verwirklicht werden. Hierzu ist, wie die Abbildung D.18 verdeutlicht, gleichzeitig eine expansive Fiskalpolitik und eine restriktive Geldpolitik erforderlich. Mit Hilfe der Fiskalpolitik wird der positive

Einkommenseffekt erzielt, der Vollbeschäftigung ermöglicht, und durch die Geldpolitik wird der Zinssatz auf das Niveau gebracht, das über eine adäquate Zunahme
des Nettokapitalimports den Ausgleich der Zahlungsbilanz sicherstellt. Die Fiskalpolitik dient also dem Ziel des internen, die Geldpolitik dem Ziel des externen
Gleichgewichts.

Abbildung D.19

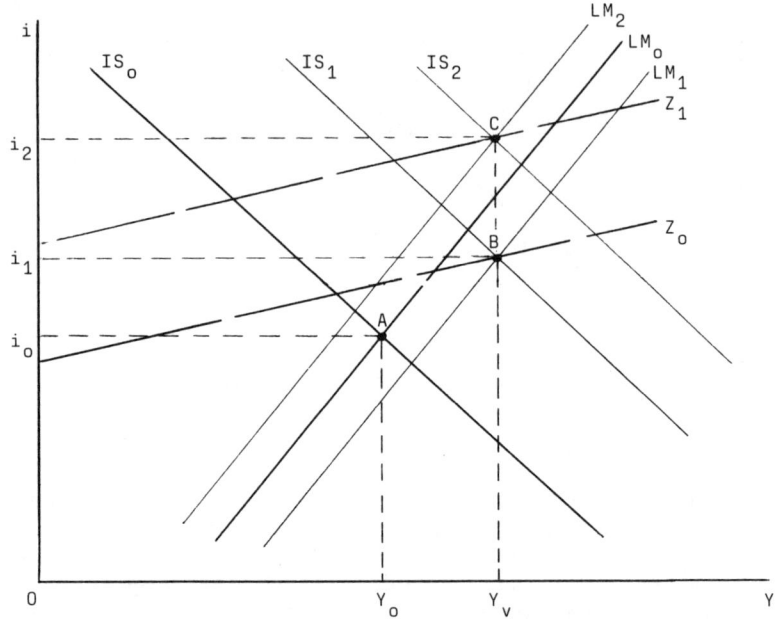

Die Abbildung D.19 zeigt den Fall einer relativ hohen Zinselastizität des internationalen Kapitalverkehrs. Entsprechend besitzt die LM-Kurve eine größere Steigung als die Z-Kurve. Mit Z_0 und Z_1 wurden zwei alternative Zahlungsbilanz-
situationen erfaßt: bei Z_1 ist das Zahlungsbilanzdefizit in der Ausgangssituation
höher als bei Z_0.

Aus der Abbildung D.19 läßt sich entnehmen, daß die Fiskalpolitik – wie schon
im oben diskutierten Fall – expansiv einzusetzen ist, um den erforderlichen positiven Einkommenseffekt zu erzielen. Die Geldpolitik muß demgegenüber bei Z_0 expansiv, bei Z_1 dagegen restriktiv eingesetzt werden. Ausgehend von dem relativ
geringen Zahlungsbilanzdefizit bei Gültigkeit der Z-Kurve Z_0, ist nämlich nur eine
geringe Zinserhöhung nötig, um den Nettokapitalimport so weit anzuregen, daß
von hierher das Zahlungsbilanzgleichgewicht erreicht wird. Der durch die expansive Fiskalpolitik bewirkte Zinsanstieg induziert aber bereits einen so hohen zusätzlichen Nettokapitalimport, daß es trotz der Einkommenserhöhung auf Y_v zu einem
Zahlungsbilanzüberschuß kommen würde. Folglich muß der Zinssatz durch die
expansive Geldpolitik wieder gesenkt werden, um so den Nettokapitalimport zu
dämpfen. Ist das Zahlungsbilanzdefizit in der Ausgangssituation gemäß der Z-
Kurve Z_1 relativ groß, so reicht der durch die Fiskalpolitik induzierte Zinsanstieg
nicht aus, um über die Erhöhung des Nettokapitalimports die Zahlungsbilanz aus-

zugleichen. Durch eine restriktive Geldpolitik ist deshalb eine zusätzliche Zinserhöhung erforderlich. Auch in den in der Abbildung D.19 skizzierten Fällen wird mit Hilfe der Fiskalpolitik das interne Gleichgewicht, mit Hilfe der Geldpolitik das externe Gleichgewicht erreicht.

Der Fall einer unendlich großen Zinselastizität des internationalen Kapitalverkehrs spielt vor dem Hintergrund der hier gewählten Ausgangssituation keine Rolle. Denn in diesem Fall kann es, wie schon weiter oben erläutert wurde, selbst kurzfristig kein Zahlungsbilanzungleichgewicht geben.

Die algebraische Lösung auf der Grundlage des Modells mit den Gleichungen (D-17) bis (D-20) führt zu folgenden Ergebnissen:[23]

$$(D\text{-}52) \qquad dA_s = \left[s + m\left(1 - \frac{a_i}{k_i}\right) \right](Y_v - Y_0) + \frac{a_i}{k_i}Z_0$$

$$(D\text{-}53) \qquad dG = \left(l_Y + m\frac{l_i}{k_i}\right)(Y_v - Y_0) - \frac{l_i}{k_i}Z_0$$

$$\text{mit: } s > 0,\ m > 0,\ l_Y > 0,\ k_i > 0,\ a_i < 0,\ l_i < 0,\ dG = gdB^a$$

Die oben grafisch skizzierte Ausgangssituation impliziert eine positive Differenz $Y_v - Y_0$ zwischen dem Vollbeschäftigungseinkommen und dem anfangs gegebenen Einkommen sowie einen negativen Zahlungsbilanzsaldo $-Z_0$. Für diesen Fall ist zur Zielerreichung eindeutig eine Erhöhung der autonomen Staatsausgaben A_s erforderlich. Die Richtung der Geldpolitik ist demgegenüber unbestimmt. Sie ist abhängig von

– den Zielabweichungen $Y_v - Y_0$ und Z_0 in der Ausgangssituation
– der Relation der Steigungen von LM- und Z-Kurven, die in dem Klammerausdruck $(l_Y + ml_i/k_i)$ enthalten ist
– der Relation der Zinskoeffizienten der Geldnachfrage l_i und des internationalen Kapitalverkehrs k_i.

Mit Hilfe der Lösungsgleichungen (D-52) und (D-53) können ganz allgemein die stabilitätspolitischen Instrumenteneinsätze für beliebige Zielabweichungen in der Ausgangssituation ermittelt werden. Die Richtungen des Einsatzes von Geld- und Fiskalpolitik sind in der Tabelle D.2 zu finden. Es zeigt sich, daß es eine Reihe von Ausgangssituationen gibt, für die sich die Einsatzrichtung der Geldpolitik oder der Fiskalpolitik aus den allgemeinen Lösungsgleichungen nicht eindeutig festlegen läßt. In diesen Situationen ist es unumgänglich, mit empirischen Daten zu konkreten Ergebnissen zu kommen.

D-3.2.2: Geld- und Wechselkurspolitik

Ist die Möglichkeit gegeben, den Wechselkurs – in Abstimmung mit den Mitgliedern des betrachteten Währungssystems – autonom zu verändern, so steht ein weiteres Instrument zur Erreichung stabilitätspolitischer Ziele zur Verfügung. Um zwei Ziele zu verfolgen, z. B. die zuvor diskutierten Ziele eines Vollbeschäftigungseinkommens und eines Zahlungsbilanzausgleichs, sind allerdings nur zwei Instrumente nötig, und bei Einsatz der Wechselkurspolitik könnte folglich auf den Einsatz der Fiskalpolitik oder der Geldpolitik verzichtet werden. In der stabilitätspolitischen

---

[23] Siehe hierzu den Anhang D.9.

Abbildung D.20

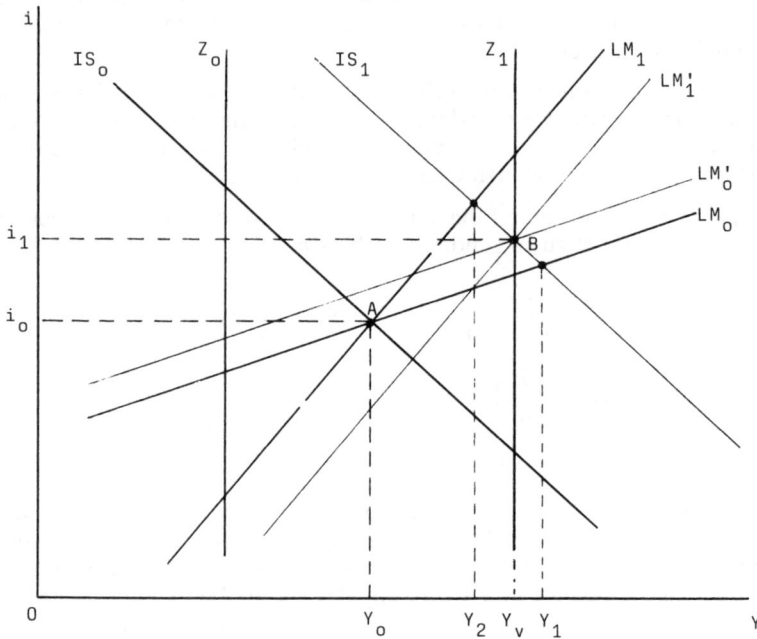

Diskussion wird für diesen Fall häufig empfohlen, die Geld- und die Wechselkurspolitik zu kombinieren. Dem Einsatz fiskalpolitischer Instrumente laufen nämlich zumeist langwierige parlamentarische Entscheidungsprozesse voraus; sowohl Steueränderungen als auch Staatsausgabenänderungen können mit Struktureffekten verbunden sein, die den Interessen bestimmter politischer Gruppen zuwiderlaufen und deshalb unerwünscht sind; und nicht zuletzt machen expansive fiskalpolitische Maßnahmen oftmals eine zusätzliche Kreditaufnahme erforderlich, die wegen der damit verbundenen Erhöhung der Staatsverschuldung auf politischen Widerstand stoßen kann. Demgegenüber lassen sich geldpolitische Maßnahmen und Wechselkursänderungen bei autonomer Entscheidungsbefugnis der Zentralbank relativ schnell durchführen, und die Zentralbank muß i. d. R. auch nicht in dem Maße auf Interessen und Einflüsse politischer Gruppen Rücksicht nehmen wie die fiskalpolitischen Entscheidungsträger. Im folgenden soll deshalb auch nur auf die Koordination von Geld- und Wechselkurspolitik eingegangen werden.

Die stabilitätspolitischen Ziele seien hier die gleichen, die schon im vorangegangenen Abschnitt durch die Koordination von Geld- und Fiskalpolitik verfolgt wurden. Das externe Gleichgewicht ist somit als Ausgleich der Zahlungsbilanz definiert. Mit Hilfe der Abbildung D.20 wird der Einsatz der beiden Politiken exemplarisch für den Fall eines nicht zinsreagiblen internationalen Kapitalverkehrs erläutert. Die Ausgangssituation sei wiederum durch Unterbeschäftigung und ein Zahlungsbilanzdefizit gekennzeichnet. Bei diesen Rahmenbedingungen ist es bekanntlich nicht möglich, durch den Einsatz von Geld- und Fiskalpolitik gleichzeitig das interne und das externe Gleichgewicht zu realisieren. Wie jetzt zu zeigen ist, kann man dieses Ziel aber durch eine adäquate Kombination von Geld- und Wechselkurspolitik erreichen.

In der Abbildung D.20 muß die Z-Kurve von Z_0 nach Z_1 verschoben werden, wenn das Vollbeschäftigungseinkommen Y_v ermöglicht werden soll. Dazu ist eine bestimmte Abwertung der heimischen Währung erforderlich. Mit dieser Abwertung verschiebt sich auch die IS-Kurve um einen bestimmten Betrag nach rechts, z. B. von IS_0 nach IS_1.[24] Der Schnittpunkt B von neuer Z-Kurve (Z_1) und neuer IS-Kurve (IS_1) gibt die Zins-Einkommens-Kombination (i_1 und Y_v) an, die zugleich ein internes und ein externes Gleichgewicht möglich macht. Wird das Geldmarktgleichgewicht in der Ausgangssituation durch die LM-Kurve LM_0 ausgedrückt, so ist zur Realisierung des neuen Gleichgewichts eine restriktive Geldpolitik erforderlich, mit der das Zinsniveau auf i_1 gebracht wird. Andernfalls würde nämlich der Einkommenseffekt auf dem Gütermarkt ein Einkommensniveau (hier von Y_1) implizieren, das über den Vollbeschäftigungswert Y_v hinausgeht. Die Geldpolitik hat also die Aufgabe, den wechselkursinduzierten Einkommenseffekt auf dem Gütermarkt durch eine adäquate Zinsänderung gerade so zu ergänzen, daß das Vollbeschäftigungseinkommen Y_v realisiert wird.

Liegt in der Ausgangssituation ein Geldmarktgleichgewicht vor, das in LM_1 (anstelle von LM_0) zum Ausdruck kommt, so ist die Geldpolitik expansiv einzusetzen. Denn in diesem Fall würde der durch die Wechselkursänderung induzierte Einkommenseffekt (hier die Einkommensänderung nach Y_2) auf dem Gütermarkt zu gering sein, um das Vollbeschäftigungseinkommen Y_v zu erreichen. Die Geldpolitik muß also einen Druck auf das Zinsniveau ausüben, um den Einkommenseffekt auf dem Gütermarkt von hierher zu unterstützen und so letztlich das Vollbeschäftigungseinkommen Y_v zu ermöglichen.

Die hier für den Spezialfall eines zinsunabhängigen internationalen Kapitalverkehrs erläuterten Vorgänge vollziehen sich ähnlich, wenn der Kapitalverkehr zinsreagibel ist. Ausgehend von Unterbeschäftigung und von einem Zahlungsbilanzdefizit, ist die inländische Währung eindeutig abzuwerten, um den Zahlungsbilanzausgleich herzustellen. Demgegenüber hängt die Einsatzrichtung der Geldpolitik von den spezifischen Rahmenbedingungen ab, nämlich von den Zinselastizitäten auf dem Güter-, dem Geld- und dem Devisenmarkt sowie von den Zielabweichungen in der Ausgangssituation.

Das gesamte Ergebnisspektrum läßt sich aus den folgenden allgemeinen Lösungen des Modells ablesen:[25]

(D-54) $$dG = \left(l_Y - s\,\frac{l_i}{k_i - a_i}\right)(Y_v - Y_0) - \frac{l_i}{k_i - a_i} Z_0$$

(D-55) $$dw = \frac{1}{h_w}\left(m + s\,\frac{k_i}{k_i - a_i}\right)(Y_v - Y_0) + \frac{a_i}{k_i - a_i} Z_0$$

mit: $s > 0$, $m > 0$, $l_Y > 0$, $h_w > 0$, $k_i > 0$, $a_i < 0$, $l_i < 0$,
$dG = g\,dB^a$

Das oben auf grafischem Wege skizzierte Ergebnis ergibt sich, wenn in den beiden Lösungsgleichungen der Zinskoeffizient des internationalen Kapitalverkehrs k_i mit

---

[24] Die Z-Kurve wird bekanntlich um einen größeren Betrag nach rechts verschoben, sofern die marginale volkswirtschaftliche Sparquote nicht Null ist.
[25] Siehe hierzu den Anhang D.10.

Null angesetzt wird und die Zielabweichungen in der Ausgangssituation, nämlich $Y_v - Y_0 > 0$ und $Z_0 < 0$, beachtet werden.

D-3.2.3: Geld-, Fiskal- und Wechselkurspolitik

Mit dem Einsatz der drei Instrumente der Geldpolitik, der Fiskalpolitik und der Wechselkurspolitik können, sofern es die Rahmenbedingungen zulassen, gleichzeitig drei verschiedene stabilitätspolitische Ziele erreicht werden. Diese Ziele mögen sein:

- Realisierung des Vollbeschäftigungseinkommens: $Y = Y_v$
- Ausgleich der Leistungsbilanz: $H = 0$
- Ausgleich der Zahlungsbilanz: $Z = 0$.

Das Ziel des außenwirtschaftlichen Gleichgewichts setzt sich jetzt also aus zwei Teilzielen zusammen. Es läßt sich zeigen, daß mit einer adäquaten Wechselkursänderung der Ausgleich der Leistungsbilanz zu gewährleisten ist und daß die Fiskalpolitik am Einkommensziel sowie die Geldpolitik am Ziel des Zahlungsbilanzausgleichs auszurichten sind.

Für den Leistungsbilanzsaldo H gilt bei Ausschaltung internationaler Rückwirkungen ($dY^* = 0$) gemäß Gleichung (D-3):

(D-3a) $H = H(Y, w)$ mit: $m = - \delta H/\delta Y > 0$, $h_w = \delta H/\delta w > 0$

Hieraus kann unmittelbar die Wechselkursänderung ermittelt werden, die bei einem bestimmten Einkommensziel für den Ausgleich der Leistungsbilanz erforderlich ist:

(D-56) $dw = \dfrac{1}{h_w} [- H_0 + m(Y_v - Y_0)]$

H_0 ist der Leistungsbilanzsaldo in der Ausgangssituation, und $Y_v - Y_0$ gibt die Abweichung des Einkommens vom Vollbeschäftigungseinkommen an. Besteht in der Ausgangssituation ein Leistungsbilanzdefizit $- H_0$ und eine positive Differenz $Y_v - Y_0 > 0$, so muß die Währung des betrachteten Landes eindeutig abgewertet werden ($dw > 0$). Der Einsatz der Wechselkurspolitik ist also durch die beiden genannten Zielabweichungen determiniert.

Wie jetzt auch noch die Geld- und die Fiskalpolitik einzusetzen sind, sei exemplarisch mit Hilfe der Abbildung D.21 skizziert. Die Abbildung zeigt im oberen Teil die schon bekannten Zusammenhänge von IS-, LM- und Z-Kurven, wobei IS_0, LM_0 und Z_0 die Kurven des Güter- und Geldmarktgleichgewichts sowie des Zahlungsbilanzgleichgewichts in der Ausgangssituation sind. Die Ausgangssituation mit der Zins-Einkommens-Kombination i_0 und Y_0 ist somit durch Unterbeschäftigung und ein Zahlungsbilanzdefizit gekennzeichnet. Die mit H bezeichnete Gerade im unteren Teil der Abbildung D.21 enthält gemäß Gleichung (D-3a) die Kombinationen von Einkommen und Wechselkurs, die eine ausgeglichene Leistungsbilanz implizieren würden.[26] Diese Gerade hat die Steigung $\tan \alpha = m/h_w$. In der Ausgangssituation möge der Wechselkurs alternativ einen Wert von w_0, von w_1 oder von w_2 haben. Bei w_0 (Punkt D) ist die Leistungsbilanz ausgeglichen, bei w_1 (Punkt E) liegt

---

[26] Es wird angenommen, daß die Funktion (D-3a) im hier untersuchten Wertebereich der Variablen linear ist.

Abbildung D.21

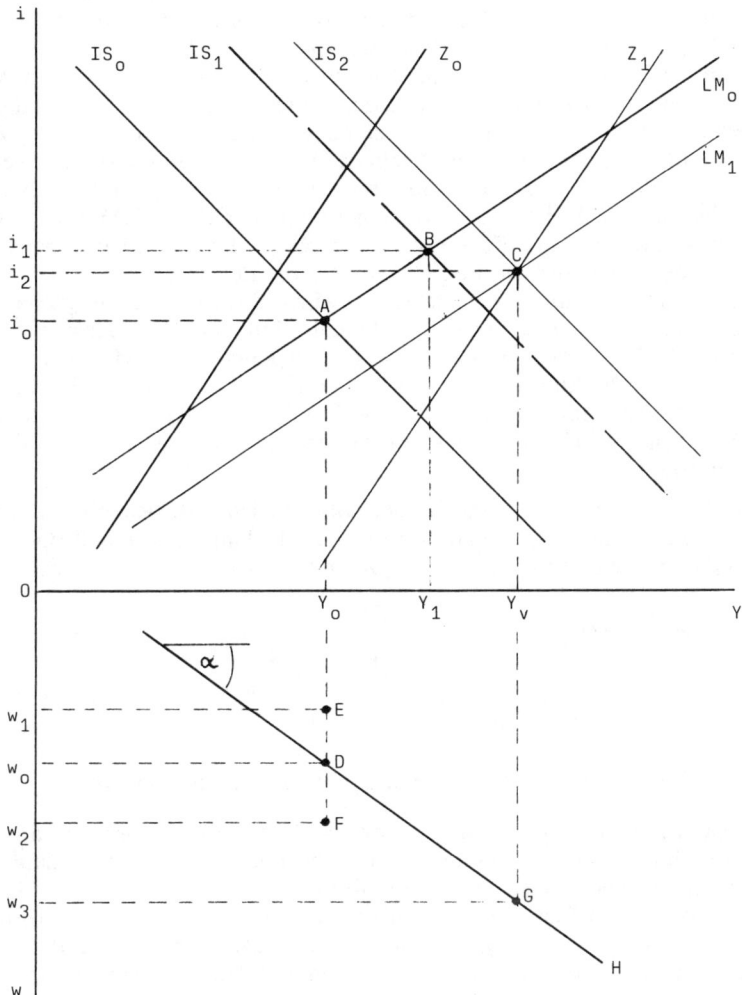

ein Leistungsbilanzdefizit vor, und bei w_2 (Punkt F) besteht ein Leistungsbilanz-überschuß. Um nun eine ausgeglichene Leistungsbilanz beim Vollbeschäftigungs-einkommen Y_v zu erreichen, muß der Wechselkurs den Wert w_3 haben, und je nach Ausgangssituation ist folglich eine bestimmte autonome Wechselkursänderung – hier jeweils eine Abwertung der inländischen Währung – vorzunehmen. Diese läßt sich auch aus der oben skizzierten Gleichung (D-56) ablesen.

Infolge der Abwertung werden sowohl die IS-Kurve als auch die Z-Kurve nach rechts verschoben. Aus Gründen der Übersichtlichkeit wird hier nur die Wirkung einer bestimmten Wechselkursänderung, z.B. von w_1 auf w_3 dargestellt. Die IS-Kurve möge sich nach IS_1, die Z-Kurve nach Z_1 verschieben.

Käme es nicht zu weiteren binnen- und außenwirtschaftlichen Einflüssen, so würde jetzt auf dem Güter- und dem Geldmarkt ein Gleichgewicht im Punkt B realisiert. Das entsprechende Einkommen von Y_1 liegt jedoch noch unter dem Vollbeschäftigungsniveau Y_v. Folglich muß die Fiskalpolitik expansiv eingesetzt werden, um auf dem Gütermarkt Einkommenseffekte auszulösen, die zum Vollbeschäftigungseinkommen führen. Beim Einkommen Y_v ist ein Zahlungsbilanzausgleich jedoch nur im Punkt C auf der neuen Z-Kurve Z_1 zu erreichen. Das Zinsniveau ist somit auf den Wert i_2 zu bringen. Das aber ist nur möglich, wenn die expansive Fiskalpolitik von einer adäquaten expansiven Geldpolitik begleitet wird. Andernfalls würde sich (bei der Bewegung entlang der Kurve LM_0) beim Vollbeschäftigungseinkommen Y_v ein Zinsniveau ergeben, das mit einem Überschuß in der Kapitalverkehrsbilanz verbunden wäre. Da die Leistungsbilanz bei Y_v infolge der Wechselkursanpassung ausgeglichen ist, würde das einen Zahlungsbilanzüberschuß bedeuten. Im Zuge der expansiven Fiskalpolitik und der expansiven Geldpolitik wird die IS-Kurve von IS_1 nach IS_2, die LM-Kurve von LM_0 nach LM_1 verschoben. Mit den Punkten C und G ist dann die Kombination von Zinssatz, Einkommen und Wechselkurs erreicht, die die Realisierung der drei stabilitätspolitischen Ziele Vollbeschäftigung, Leistungsbilanzausgleich und Zahlungsbilanzausgleich sicherstellt.

Die algebraische Lösung zeigt für den allgemeinen Fall beliebiger Zielabweichungen, wie die Staatsausgaben im Rahmen der Fiskalpolitik und die Geldmenge im Rahmen der Geldpolitik zu verändern sind:[27]

(D-57) $\qquad dA_s = s(Y_v - Y_0) + \left(1 - \dfrac{a_i}{k_i}\right) H_0 + \dfrac{a_i}{k_i} Z_0$

(D-58) $\qquad dG = l_Y(Y_v - Y_0) + \dfrac{l_i}{k_i}(H_0 - Z_0)$

$\qquad$ mit: $\quad s > 0, \; l_Y > 0, \; k_i > 0, \; a_i < 0, \; l_i < 0, \; dG = gdB^a$

Die Lösungen machen deutlich, daß vor dem Hintergrund einer Ausgangssituation, die durch Unterbeschäftigung, ein Leistungsbilanzdefizit und ein Zahlungsbilanzdefizit gekennzeichnet ist, keineswegs die oben grafisch skizzierte Politikkombination von expansiver Fiskal- und expansiver Geldpolitik zwingend ist. In Abhängigkeit von den Zielabweichungen sowie von den Zinselastizitäten auf dem Güter-, dem Geld- und dem Devisenmarkt können andere Kombinationen, beispielsweise auch gleichzeitig eine restriktive Fiskal- und eine restriktive Geldpolitik, erforderlich sein, um die stabilitätspolitischen Ziele zu erreichen.

D-3.3: Policy-mix bei flexiblem Wechselkurs

D-3.3.1: Zahlungsbilanzausgleich und Vollbeschäftigungseinkommen

In einem System mit flexiblem Wechselkurs (bzw. flexiblen Wechselkursen) ist die Zahlungsbilanz ex definitione ausgeglichen. Besteht das Ziel des außenwirtschaftlichen Gleichgewichts nur im Ausgleich der Zahlungsbilanz, so wird dieses Ziel also ohne einen autonomen Politikeinsatz quasi automatisch erfüllt. Um auch noch das Vollbeschäftigungseinkommen zu erreichen, genügt es jetzt, die Geldpolitik oder

---

[27] Siehe hierzu den Anhang D.11.

alternativ die Fiskalpolitik einzusetzen. Im Falle von Unterbeschäftigung wäre eine expansive Geldpolitik oder eine expansive Fiskalpolitik erforderlich. Die algebraischen Lösungen machen das unmittelbar deutlich:[28]

$$(D\text{-}59) \qquad dA_s = \left(s - l_Y \frac{k_i - a_i}{l_i} \right)(Y_v - Y_0)$$

oder:

$$(D\text{-}60) \qquad dG = \left(l_Y - s \frac{l_i}{k_i - a_i} \right)(Y_v - Y_0)$$

$$\text{mit:} \quad s > 0, \ l_Y > 0, \ k_i > 0, \ a_i < 0, \ l_i < 0, \ dG = g dB^a$$

Man beachte allerdings, daß die Fiskalpolitik (die Geldpolitik) zur Zielerreichung unbrauchbar ist, wenn die Zinselastizität des internationalen Kapitalverkehrs (der Geldnachfrage) sehr groß – im Extremfall unendlich groß – ist. Die Fiskalpolitik ist nämlich bei unveränderter Geldpolitik (und bei normaler Zinselastizität auf dem Geldmarkt) mit Zinseffekten verbunden, die im Falle eines extrem zinselastischen (unendlich zinselastischen) Kapitalverkehrs so starke Wechselkursreaktionen (im Extremfall eine unendlich große Wechselkursänderung) hervorrufen würden, daß es zu unvertretbaren Störungen des gesamten ökonomischen Systems, insbesondere der außenwirtschaftlichen Beziehungen, kommen dürfte. Und bei extrem hoher (unendlich großer) Zinselastizität der Geldnachfrage lassen sich mit Hilfe der Geldpolitik nur äußerst geringe (keine) Zins- und Einkommenseffekte erzielen. In diesem Zusammenhang sei an die aus der makroökonomischen Theorie bekannte Liquiditätsfalle erinnert.

D-3.3.2: Leistungsbilanzausgleich und Vollbeschäftigungseinkommen

Da die Leistungsbilanz bei flexiblem Wechselkurs nicht zwingend ausgeglichen ist, könnte sich von hierher ein Politikbedarf ergeben. Der Einsatz adäquater stabilitätspolitischer Maßnahmen dürfte vor allem dann gefordert werden, wenn die Leistungsbilanz ein länger anhaltendes Defizit aufweist. Das Ziel des außenwirtschaftlichen Gleichgewichts kann dann beispielsweise in einer Beseitigung dieses Defizits und damit im Ausgleich der Leistungsbilanz bestehen. Da nun gleichzeitig das Beschäftigungsziel und das außenwirtschaftliche Ziel zu realisieren sind, müssen sowohl die Fiskal- als auch die Geldpolitik eingesetzt werden.

Aufgabe der Fiskalpolitik ist es, das Einkommen auf das Vollbeschäftigungsniveau zu bringen oder auf diesem Niveau zu halten, und die Geldpolitik hat dafür zu sorgen, daß der Zinssatz ein Niveau erreicht, das die Kapitalverkehrsbilanz zum Ausgleich bringt. Ist die Kapitalverkehrsbilanz ausgeglichen, so kommt es über die freie Wechselkursanpassung auf dem Devisenmarkt auch zu einem Ausgleich der Leistungsbilanz. Der dabei konkret erforderliche Politikeinsatz läßt sich aus den Gleichungen (D-57) und (D-58) ablesen, wenn in diesen Gleichungen der Zahlungsbilanzsaldo Z_0 in der Ausgangssituation Null gesetzt wird:

$$(D\text{-}57a) \qquad dA_s = s(Y_v - Y_0) + \left(1 - \frac{a_i}{k_i} \right) H_0$$

---

[28] Siehe hierzu den Anhang D.12.

(D-58a) $dG = l_Y(Y_v - Y_0) + \dfrac{l_i}{k_i} H_0$

Liegt in der Ausgangssituation Unterbeschäftigung und ein Leistungsbilanzdefizit vor, so ist die Geldpolitik gemäß Gleichung (D-58a) eindeutig expansiv einzusetzen. Denn ein Leistungsbilanzdefizit impliziert bei flexiblem Wechselkurs einen Überschuß in der Kapitalverkehrsbilanz. Folglich muß die Geldpolitik eine Zinssenkung herbeiführen, um den Kapitalexport anzuregen bzw. den Kapitalimport zu dämpfen und so die Kapitalverkehrsbilanz auszugleichen. Die Einsatzrichtung der Fiskalpolitik ist demgegenüber unbestimmt. Zwar erfordert die Unterbeschäftigung ceteris paribus eine Erhöhung der autonomen Staatsausgaben, doch ist zu bedenken, daß die Beseitigung des Leistungsbilanzdefizits über eine Abwertung der inländischen Währung erfolgt. Diese Abwertung bzw. die damit verbundene Verbesserung der Leistungsbilanz bewirkt aber auf dem Gütermarkt einen positiven Einkommenseffekt. Und es ist durchaus möglich, daß allein hierdurch das Vollbeschäftigungseinkommen erreicht oder sogar überschritten wird. Im ersten Fall erübrigt sich der Einsatz der Fiskalpolitik, im zweiten Fall muß die Fiskalpolitik zur Verhinderung einer Überbeschäftigung restriktiv eingesetzt werden. Nur dann, wenn der Einkommenseffekt der Abwertung noch nicht zum Vollbeschäftigungseinkommen führt, ist eine begleitende expansive Fiskalpolitik nötig. Dieser zuletzt genannte Fall läßt sich auch anhand der Abbildung D.21 nachvollziehen. Die Abbildung ist nur insoweit zu korrigieren, als die Z-Kurve in der Ausgangssituation durch den Punkt A verläuft. Denn die Zahlungsbilanz ist in dem hier untersuchten Fall eines flexiblen Wechselkurses ex definitione immer ausgeglichen.

D-3.3.3: Kontrolliertes Floaten und Vollbeschäftigungseinkommen

Treten in einem System mit flexiblen Währungsparitäten Wechselkursänderungen ein, die bestimmten stabilitätspolitischen Zielsetzungen zuwiderlaufen, so wird das kontrollierte Floaten zu einem wichtigen wirtschaftspolitischen Instrument. Wie schon eingangs erwähnt, kann eine (zu starke) Abwertung der heimischen Währung unerwünschte Preissteigerungen mit sich bringen, und eine (zu starke) Aufwertung kann die internationale Wettbewerbsfähigkeit der heimischen Wirtschaft schmälern und letztlich negative Beschäftigungseffekte hervorrufen. Das Ziel des außenwirtschaftlichen Gleichgewichts könnte vor diesem Hintergrund darin bestehen, ein bestimmtes Wechselkursniveau zu realisieren oder aufrechtzuerhalten. Wird daneben noch das Vollbeschäftigungsziel verfolgt, so sind auch hier die Fiskal- und die Geldpolitik adäquat zu koordinieren. Die Fiskalpolitik ist dann für die Erreichung bzw. Erhaltung des Vollbeschäftigungseinkommens verantwortlich, und die Geldpolitik hat durch Interventionen am Devisenmarkt dafür zu sorgen, daß sich dort der Zielwert des Wechselkurses einstellt. Die allgemeinen Lösungsgleichungen des Modells machen den notwendigen Einsatz der Fiskal- und Geldpolitik für spezifische Zielabweichungen deutlich:[29]

(D-61) $dA_s = \left[s + m\left(1 - \dfrac{a_i}{k_i}\right) \right](Y_v - Y_0) - h_w\left(1 - \dfrac{a_i}{k_i}\right)(w_z - w_0)$

---

[29] Siehe hierzu den Anhang D.13.

Abbildung D.22

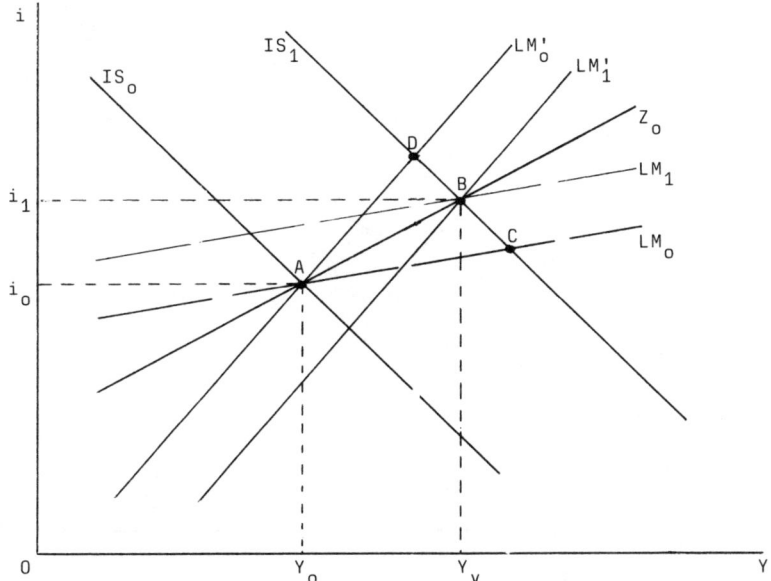

$$(D-62) \qquad dG = \left(l_Y + m\,\frac{l_i}{k_i}\right)(Y_v - Y_0) - h_w\,\frac{l_i}{k_i}\,(w_z - w_0)$$

mit: $s > 0$, $m > 0$, $k_i > 0$, $a_i < 0$, $l_i < 0$, $dG = gdB^a$

Die Differenz $Y_v - Y_0$ zeigt, wie schon weiter oben, die Einkommensabweichung vom Vollbeschäftigungsniveau. Der Zielwert des Wechselkurses ist mit w_z bezeichnet worden. Die Differenz $w_z - w_0$ gibt also die Abweichung von diesem Zielwert an.

Mit Hilfe grafischer Analysen sollen nun zwei spezifische Situationen untersucht werden, die den koordinierten Einsatz von Geld- und Fiskalpolitik erforderlich machen.

Die Abbildung D.22 zeigt eine Ausgangssituation, in der Unterbeschäftigung besteht. Beim Wechselkurs möge dagegen keine Zielabweichung vorliegen: $w_0 = w_z$. Um das Einkommen auf das Vollbeschäftigungsniveau zu erhöhen, muß die Fiskalpolitik expansiv eingesetzt werden, und zwar so, daß letztlich der neue Gleichgewichtspunkt B auf der Z-Kurve Z_0 erreicht wird. Denn wenn sich der Wechselkurs nicht verändert (bzw. verändern soll), bleibt auch die Z-Kurve in ihrer ursprünglichen Lage erhalten. Bei unveränderter Geldpolitik würde sich jedoch infolge der Fiskalpolitik und der damit verbundenen Verschiebung der IS-Kurve nach IS_1 eine Zins-Einkommens-Kombination ergeben, durch die es zu einem Ungleichgewicht auf dem Devisenmarkt käme.

Ist das Geldmarktgleichgewicht in der Ausgangssituation z. B. durch LM_0 gegeben, so wäre die Nachfrage nach Devisen größer als das Angebot. Ohne Intervention der Zentralbank würde sich hieraus eine Abwertung (Aufwertung) der heimi-

Abbildung D.23

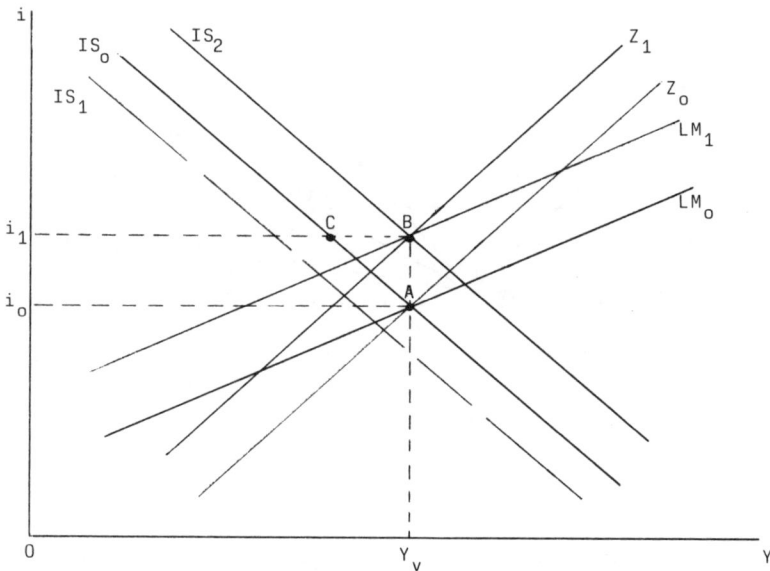

schen (ausländischen) Währung ergeben. Die Zentralbank muß somit das Devisenangebot am Devisenmarkt so weit erhöhen, daß das Ungleichgewicht beseitigt wird. Diese Intervention impliziert aber zugleich eine Verringerung der inländischen Geldmenge, und hierdurch kommt es zu einer Verschiebung der LM-Kurve nach links. Schließlich kann so mit der neuen LM-Kurve LM_1 das gewünschte Gleichgewicht erreicht werden. Ist demgegenüber von der LM-Kurve LM_0' auszugehen, so käme es auf dem Devisenmarkt nach Einsatz der Fiskalpolitik zu einem Angebotsüberschuß für ausländische Devisen. Eine Aufwertung der inländischen Währung läßt sich also nur verhindern, wenn die Zentralbank diesen Überschuß aufnimmt und so eine Erhöhung der inländischen Geldmenge herbeiführt. In diesem Fall verschiebt sich die LM-Kurve nach rechts, und schließlich ist mit LM_1' das gewünschte Gleichgewicht erreicht. Wie sich auch der Gleichung (D-62) entnehmen läßt, ist zur Zielerreichung eine Geldmengenreduktion (ein Geldmengenanstieg) erforderlich, wenn die LM-Kurve eine geringere (größere) Steigung besitzt als die Z-Kurve.

Die Abbildung D.23 zeigt eine Ausgangssituation, in der sich das Einkommen auf dem Vollbeschäftigungsniveau befindet. Allerdings sei nun das Wechselkursziel nicht erfüllt; und zwar möge die Zentralbank eine Aufwertung der heimischen Währung wünschen, um außenwirtschaftlich bedingte Preissteigerungsimpulse, die aus der angeblich zu niedrigen Bewertung der eigenen Währung drohen, zu verhindern.

Die Zentralbank kann die gewünschte Aufwertung (Abwertung) der inländischen (ausländischen) Währung herbeiführen, indem sie das Angebot an ausländischen Devisen auf dem Devisenmarkt erhöht. Das bedeutet zugleich eine Reduktion der inländischen Geldmenge, so daß die LM-Kurve nach links verschoben wird. Durch die Aufwertung der heimischen Währung verschiebt sich auch die Z-

Kurve nach links. Ein Devisenmarktgleichgewicht, das mit dem von der Zentralbank gewünschten Wechselkurs kompatibel ist und gleichzeitig das Vollbeschäftigungseinkommen erlaubt, sei bei der Zins-Einkommens-Kombination im Punkt B gegeben. Die LM-Kurve ist somit nach LM_1 zu verschieben, und die Z-Kurve verschiebt sich durch die Wechselkursänderung nach Z_1. Das Zinsniveau muß also steigen, hier von i_0 auf i_1. Sowohl die Aufwertung der inländischen Währung als auch der Zinsanstieg führen auf dem Gütermarkt jedoch zu negativen Einkommenseffekten. Der zinsinduzierte Einkommenseffekt kommt in einer Bewegung entlang der ursprünglichen IS-Kurve von A nach C zum Ausdruck, und der wechselkursinduzierte Einkommenseffekt drückt sich in einer Linksverschiebung der IS-Kurve von IS_0 nach IS_1 aus. Um das Vollbeschäftigungseinkommen auch weiterhin sicherzustellen, muß also die Fiskalpolitik expansiv eingesetzt werden. Dabei ist die IS-Kurve von IS_0 oder von IS_1 nach IS_2 zu verschieben.

D-4: Geld-, Fiskal- und Wechselkurspolitik bei internationalen Rückwirkungen

D-4.1: Erweiterung des Modells um außenwirtschaftliche Interdependenzen

Die Wirkungen der inländischen Geld-, Fiskal- oder Wechselkurspolitik sowie des koordinierten Einsatzes solcher Politiken auf Einkommen, Zinsniveau und Zahlungsbilanz des Inlands wurden bisher im Rahmen eines Modells untersucht, in dem internationale Rückwirkungen ausgeschlossen waren. Wenn aber die außenwirtschaftlichen Interdependenzen so beschaffen sind, daß die stabilitätspolitischen Maßnahmen des Inlands auch Einkommens- und Zinseffekte im Ausland auslösen und solche Effekte schließlich zu Rückwirkungen auf das Inland führen, so kann das eine erhebliche Bedeutung für die Wirksamkeit der inländischen Stabilitätspolitik haben. Die bisher durchgeführten Wirkungsanalysen sollen deshalb jetzt um den Einfluß internationaler Rückwirkungen ergänzt werden. Das zuvor verwendete Modell mit den Gleichungen (D-17) bis (D-20) ist dazu um zwei Gleichungen zu erweitern, mit denen das Gleichgewicht auf dem ausländischen Gütermarkt und dem ausländischen Geldmarkt erklärt wird:

$$(D\text{-}63) \qquad Y^* = A^*(Y^*, i^*) - \frac{1}{w} H(Y, Y^*, w)$$

$$\text{mit:} \quad a_Y^* = \delta A^*/\delta Y^* > 0, \quad a_i^* = \delta A^*/\delta i^* \leq 0$$
$$m = -\delta H/\delta Y > 0, \quad m^* = \delta H/\delta Y^* > 0, \quad h_w = \delta H/\delta w > 0$$

$$(D\text{-}64) \qquad G^* = L^*(Y^*, i^*) \quad \text{mit:} \quad l_Y^* = \delta L^*/\delta Y^* > 0, \quad l_i^* = \delta L^*/\delta i^* \leq 0$$

Das ausländische Einkommen Y^* resultiert aus der heimischen Absorption A^* und dem Außenbeitrag $-H/w$. H ist bekanntlich der in Inlandswährung nominierte Außenbeitrag (hier auch der Leistungsbilanzsaldo) des Inlands. Zur Umrechnung in Auslandswährung ist der inländische Außenbeitrag durch den Wechselkurs (also durch den in Inlandswährung ausgedrückten Preis einer Einheit der ausländischen Währung) zu dividieren. Die so gewonnene Größe entspricht mit negativem Vorzeichen dem ausländischen Außenbeitrag. Analog zu den entsprechenden marginalen Absorptionsquoten des Inlands gibt a_Y^* die marginale Absorptionsquote in Hinsicht auf das Einkommen Y^* sowie a_i^* die marginale Absorptionsquote in Hinsicht auf den Zinssatz i^* jeweils für das Ausland an. Die marginale Sparquote des

Auslands ist definiert als: $s^* = 1 - a_Y^*$. Die Importquoten m und m* sowie der Wechselkurskoeffizient h_w des Außenbeitrags sind bereits bekannt. Die Funktion der Geldnachfrage L* des Auslands wurde analog zur entsprechenden Funktion des Inlands formuliert. In den Koeffizienten l_Y^* und l_i^* kommt die Einkommens- bzw. die Zinsabhängigkeit zum Ausdruck. G* ist das Geldangebot auf dem ausländischen Geldmarkt.

Wie schon weiter oben, so geht es auch in den weiteren Untersuchungen ausschließlich um geld-, fiskal- und wechselkurspolitische Aktivitäten des Inlands. Es wurde deshalb von vornherein darauf verzichtet, die autonome staatliche Absorption des Auslands gesondert auszuweisen. Und es wird grundsätzlich angenommen, daß die ausländische Zentralbank das Geldangebot G* nicht durch eigene autonome Aktivitäten verändert. Änderungen des ausländischen Geldangebots treten dann nur ein, wenn sich die Währungsreserven der ausländischen Zentralbank im Zuge der außenwirtschaftlichen Interdependenzen verändern. Und solchen Veränderungen möge die ausländische Zentralbank nicht mit einer Neutralisierungspolitik entgegentreten. Für die Veränderung des ausländischen Geldangebots gilt somit:

(D-65) $dG^* = g^* dR^*$

R* gibt die in Auslandswährung nominierten Währungsreserven der ausländischen Zentralbank an, und g* ist der hier als konstant angenommene Geldschöpfungsmultiplikator des Auslands. Zwischen den in ausländischer Währung nominierten Währungsreserven des Auslands und den in inländischer Währung nominierten Währungsreserven des Inlands besteht definitionsgemäß die folgende Beziehung:

(D-66) $R^* = - \dfrac{1}{w} R$

Zur Vereinfachung soll darauf verzichtet werden, Veränderungen des Geldangebots im Inland und im Ausland zu berücksichtigen, die auf wechselkursinduzierte Wertänderungen des Bestandes an Währungsreserven zurückzuführen sind. Unter Berücksichtigung von Gleichung (D-66) ergibt sich dann für die Veränderung des ausländischen Geldangebots:

(D-65a) $dG^* = - \dfrac{g^*}{w} dR$

Das gesamte Modell ist in der Abbildung D.24 für eine bestimmte Gleichgewichtssituation auf den Güter- und Geldmärkten des In- und Auslands sowie auf dem internationalen Devisenmarkt dargestellt worden.

Der Quadrant I zeigt die bereits bekannten Zusammenhänge zwischen dem inländischen Zinssatz i und dem inländischen Einkommen Y jeweils für ein Gleichgewicht auf dem inländischen Gütermarkt (IS-Kurve), dem inländischen Geldmarkt (LM-Kurve) sowie dem Devisenmarkt (Z-Kurve). Analog zur IS-Kurve des Inlands gibt die IS*-Kurve im Quadranten III das Gleichgewicht auf dem ausländischen Gütermarkt gemäß Gleichung (D-63) wieder. Und die LM*-Kurve beschreibt – analog zur LM-Kurve des Inlands – das Gleichgewicht auf dem ausländischen Geldmarkt gemäß Gleichung (D-64). Für das Ausland ließe sich im Y*/i*-Diagramm auch eine Z-Kurve konstruieren, die einen Zahlungsbilanzausgleich impliziert. Da aber die Z-Kurve im Y/i-Diagramm des Inlands gleichzeitig das Zahlungsbilanzgleichgewicht für das Inland und das Ausland beinhaltet, ist es nicht erforderlich, den gleichen Sachverhalt auch noch im Y*/i*-Diagramm darzustellen. Eine besondere Situation liegt vor, wenn die Zinselastizität des internationalen Kapitalverkehrs unendlich groß ist. Der in- und der ausländische Zinssatz stimmen in diesem Fall überein. Die Z-Kurve verläuft parallel zur Einkommensachse (hier Z' im Y/i-Diagramm), und im Quadranten II läßt sich der Zusammenhang zwischen i und i* durch eine Gerade darstellen, die eine Steigung von Eins hat. Liegt demgegenüber keine vollständige Kapitalmobilität vor, so ist der Zusammenhang zwischen i und i* nicht fixiert; er hängt dann u. a. von den Einkommen Y und Y* in beiden Ländern ab.

Der Quadrant IV zeigt mit der Linie YY* die Reaktion des inländischen Einkommens Y auf Veränderungen des ausländischen Einkommens Y*, und zwar unter der Bedingung, daß sich der inländische Güter- und der inländische Geldmarkt im Gleichgewicht befinden. Die Reaktionslinie resultiert also aus den Schnittpunkten von IS- und LM-Kurven des Inlands. Eine Verschiebung der IS-Kurve, die sich über den internationalen Güterverkehr direkt aus einer Veränderung des ausländischen Einkommens ergibt, drückt sich in einer Bewegung auf der YY*-Linie in Richtung der ausländischen Einkommensänderung aus. Andere Datenänderungen, die die Lage der IS- und/oder der LM-Kurve beeinflussen, implizieren demgegenüber Verschiebungen der YY*-Linie in Richtung auf die inländische Einkommensänderung. Analog zur YY*-Linie des Inlands enthält die Y*Y-Linie die Reaktion des ausländischen Einkommens Y* auf Veränderungen des inländischen Einkommens Y. Die beiden Reaktionslinien besitzen aufgrund der Modellzusammenhänge die folgenden Steigungen:[30]

(D-67) $$dY/dY^* = \frac{m^*}{s + m + l_Y a_i / l_i} > 0$$

(D-67a) $$dY^*/dY = \frac{m}{s^* + m^* + l_Y^* a_i^* / l_i^*} > 0$$

Mit den Punkten A, B und C zeigt die Abbildung D.24 ein Gleichgewicht auf den Güter- und Geldmärkten des In- und des Auslands sowie gleichzeitig ein Zahlungsbilanzgleichgewicht. Selbstverständlich ist auch eine Situation denkbar, in der sich zwar die Güter- und Geldmärkte des In- und Auslands im Gleichgewicht befinden, die Zahlungsbilanz dagegen nicht ausgeglichen ist. Eine solche Situation läge vor, wenn das Zahlungsbilanzgleichgewicht in der Abbildung D.24 nicht durch Z_0, sondern durch Z_1 gegeben wäre. In diesem Fall ist die Zahlungsbilanz des Inlands defizitär, während diejenige des Auslands einen Überschuß aufweist. Zu beachten ist allerdings, daß diese Situation nur dann aufrechterhalten wird, wenn sowohl die Zentralbank des Inlands als auch die Zentralbank des Auslands jeweils eine Neutralisierungspolitik betreiben und dadurch die zahlungsbilanzinduzierten Wirkungen auf die heimische Geldmenge kompensieren. Sobald eine der Zentralbanken von der Neutralisierungspolitik Abstand nimmt, kommt es zu einer Störung des inter-

---

[30] Bleiben die Geldmärkte unberücksichtigt oder gehen von den Geldmärkten keine Einflüsse auf die Gütermärkte aus, so vereinfachen sich die Zusammenhänge zwischen Y und Y* zu: $dY/dY^* = m^*/(s + m)$; $dY^*/dY = m/(s^* + m^*)$. Siehe hierzu das Zwei-Länder-Modell des internationalen Gütermarktes im Kapitel C, insbesondere die Gleichungen (C-46a) und (C-47a).

Abbildung D.24

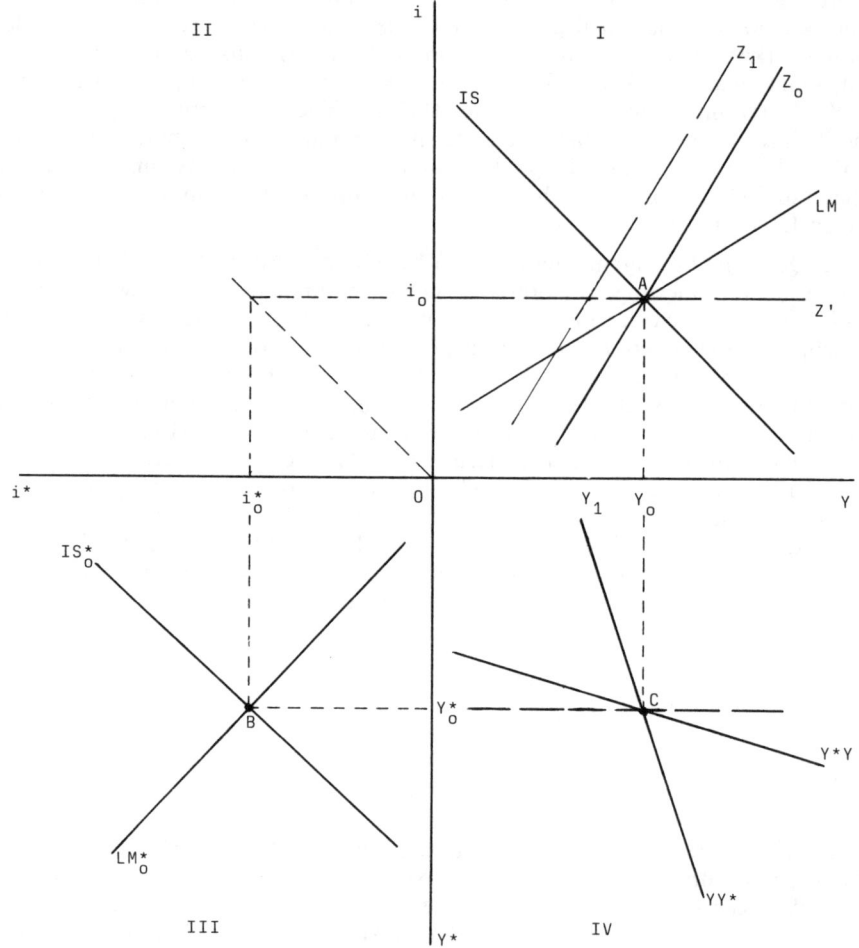

nationalen Güter- und Geldmarktgleichgewichts (im Punkt C der Abbildung D.24). Damit aber würde sich die Lage der YY*-Linie und/oder Y*Y-Linie verändern.

D-4.2: Internationale Rückwirkungen bei festem Wechselkurs

D-4.2.1: Geldpolitik

Gibt es keine internationalen Rückwirkungen, so ist die Geldpolitik – wie weiter oben gezeigt wurde – in einem System mit festem Wechselkurs (bzw. festen Wechselkursen) zumindest längerfristig wirkungslos, wenn die Zentralbank keine Neutralisierungspolitik betreibt oder wegen Devisenmangels über kurz oder lang auf eine Neutralisierungspolitik verzichten muß. Im Extremfall einer unendlich großen Zinselastizität des internationalen Kapitalverkehrs ist eine Neutralisierungspolitik wegen des dadurch induzierten extrem hohen Verlustes an Währungsreserven von

Abbildung D.25

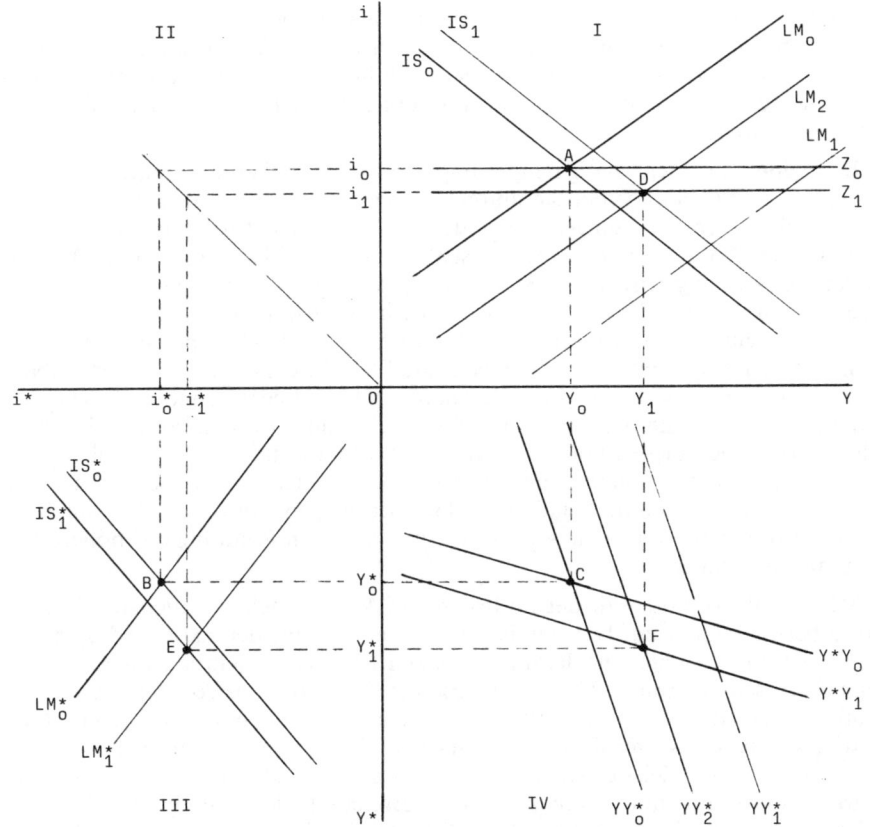

vornherein unmöglich, und die Geldpolitik erzielt dann selbst kurzfristig keinen Einkommenseffekt. Im folgenden wird unmittelbar auf diesen für die Geldpolitik besonders problematischen Fall Bezug genommen. In der Abbildung D.25 verläuft die Z-Kurve des Inlands deshalb parallel zur Y-Achse (im Quadranten I). Analog zur Abbildung D.24 ist das Ausgangsgleichgewicht in der Abbildung D.25 mit den Punkten A, B und C beschrieben.

Die Zentralbank des Inlands möge nun im Zuge einer autonomen Geldpolitik die inländische Geldmenge erhöhen. Im Quadranten I ergibt sich dadurch eine Verschiebung der LM-Kurve von LM_0 nach LM_1. In Übereinstimmung damit kommt es im Quadranten IV zur Verschiebung der YY*-Linie des Inlands von YY_0^* nach YY_1^*. Nach dem Einsatz der Geldpolitik fließen – wie im Fall ohne internationale Rückwirkungen – Devisen vom Inland ins Ausland ab. Und wegen der extrem hohen Kapitalmobilität vollzieht sich dieser Devisentransfer in relativ kurzer Zeit. Da die ausländische Zentralbank annahmegemäß keine Neutralisierungspolitik betreibt, nimmt die Geldmenge im Ausland zu. Folglich ergibt sich dort ein Druck auf das Zinsniveau, sofern nicht die Zinselastizität der Geldnachfrage unendlich groß ist und damit eine Liquiditätsfalle vorliegt. Die LM*-Kurve des Auslands (Quadrant III) verschiebt sich somit nach unten bzw. in Richtung auf ein geringeres ausländisches Zinsniveau. Dementsprechend ist auch die Y*Y-Linie des Auslands im Quadranten IV nach unten (in Richtung auf ein höheres ausländisches Einkommen) zu verschieben. Demgegenüber geht die Geldmenge im Inland wieder zurück, und entsprechend vermindert sich dort der Druck auf das Zinsniveau. Die LM-Kurve des Inlands wird demnach wieder nach links verschoben, und analog dazu muß auch die YY*-Linie des Inlands im Vergleich zur Linie YY$_1^*$ nach links verschoben werden.

Betrachtet man gleichzeitig den in- und den ausländischen Geldmarkt, so ist auf jeden Fall eine Erhöhung der Gesamtgeldmenge feststellbar, und hieraus resultiert schließlich im Vergleich zur Ausgangssituation – normale Zinselastizitäten auf den Geldmärkten vorausgesetzt – eine Zinssenkung im In- und im Ausland. Im Ausmaß dieser Zinssenkung wird die Z-Kurve im Quadranten I nach unten verschoben. Liegen auch auf den Gütermärkten normale Zinselastizitäten vor, so führt die allgemeine Zinssenkung sowohl im Inland als auch im Ausland zu positiven Einkommenseffekten. Während die zusätzliche Liquidität, die die inländische Zentralbank im Zuge ihrer expansiven Geldpolitik schafft, im Fall ohne internationale Rückwirkungen vollständig an das Ausland verlorengeht und dort wirkungslos absorbiert wird, verteilt sich diese Liquidität nun auf das Inland und das Ausland. Und in beiden Ländern zeigt sich jetzt eine positive Wirkung der inländischen Geldpolitik. Diese Wirkung kommt im Quadranten IV dadurch zum Ausdruck, daß sich beide Reaktionslinien im Vergleich zur Ausgangssituation in Richtung auf höhere Einkommen verschieben.

Mit dem Einkommensanstieg im In- und im Ausland nehmen auch die Güterimporte beider Länder zu. Der damit verbundene Anstieg der Exporte des Inlands impliziert eine Verschiebung der inländischen IS-Kurve in Richtung auf ein höheres inländisches Einkommen. Und da die Exporte des Auslands ebenfalls zunehmen, muß sich auch dort die IS*-Kurve entsprechend verschieben. Ist das System stabil, so wird schließlich (wegen der extrem hohen Kapitalmobilität vermutlich sogar sehr schnell) ein neues Gleichgewicht auf den in- und ausländischen Güter- und Geldmärkten sowie ein Zahlungsbilanzausgleich erreicht. In der Abbildung D.25 ist eine solche Gleichgewichtssituation mit den Punkten D, E und F skizziert worden. Die IS-Kurve des Inlands wurde also letztlich nach IS$_1$, die LM-Kurve nach LM$_2$ verschoben. Im Ausland haben entsprechend Verschiebungen nach IS$_1^*$ bzw. LM$_1^*$ stattgefunden. In Übereinstimmung mit den neuen Güter- und Geldmarktgleichgewichten im In- und im Ausland ergeben sich die neuen internationalen Reaktionslinien YY$_2^*$ für das Inland und Y*Y$_1$ für das Ausland.

Die algebraische Lösung des Modells erbringt für den zuvor untersuchten Fall einer unendlich großen Zinselastizität des internationalen Kapitalverkehrs die folgenden Einkommens- und Zinseffekte der inländischen Geldpolitik.[31]

(D-68) $dY/dB^a = -\dfrac{g}{N}[a_i(s^* + m^*) + a_i^* m^*] > 0$

(D-69) $dY^*/dB^a = -\dfrac{g}{N}[a_i^*(s + m) + a_i m] > 0$

---

[31] Siehe hierzu den Anhang D.14.

(D-70) $di/dB^a = -\dfrac{g}{N}(ss^* + sm^* + s^*m) < 0$

mit: $N = -(l_i + l_i^*)(ss^* + sm^* + s^*m)$
$\qquad\quad - a_i[l_Y(s^* + m^*) + ml_Y^*]$
$\qquad\quad - a_i^*[l_Y^*(s + m) + m^*l_Y] > 0$

Ist der internationale Kapitalverkehr nicht vollkommen zinselastisch, so verlaufen die Anpassungsvorgänge ähnlich wie im oben erläuterten Beispiel. Es kann dann allerdings zu einer Veränderung der internationalen Zinsdifferenz kommen. Ausmaß und Richtung dieser Veränderung hängen insbesondere von den Zinselastizitäten auf den in- und ausländischen Güter- und Geldmärkten sowie auf dem internationalen Devisenmarkt ab, und es ist grundsätzlich möglich, daß sich die Zinsdifferenz $i - i^*$ in positiver oder in negativer Richtung verändert oder auch, wie bei vollkommener Mobilität des internationalen Kapitals, unverändert bleibt. Wie sich aber die Zinsdifferenz auch entwickelt, es kommt eindeutig zu positiven Einkommenseffekten in beiden Ländern. Ein Blick in den Quadranten IV der Abbildung D.25 genügt, dieses Ergebnis nachzuvollziehen: auch bei nicht vollkommener Zinselastizität des internationalen Kapitalverkehrs führt die Zunahme der Geldmenge auf dem in- und dem ausländischen Geldmarkt dazu, daß jeweils im Vergleich zur Ausgangssituation die Reaktionslinie YY* des Inlands nach rechts und die Reaktionslinie Y*Y des Auslands nach unten verschoben wird. Folglich kann das neue Gleichgewicht auch nur bei einem höheren Einkommen im In- und im Ausland liegen. Auf eine grafische und algebraische Analyse dieses Ergebnisses kann vor dem Hintergrund dieser logisch zwingenden Implikation verzichtet werden.

D-4.2.2: Fiskalpolitik

Liegen keine internationalen Rückwirkungen vor, so hat die Fiskalpolitik, wie in den früheren Untersuchungen gezeigt worden ist, keinen Einkommenseffekt, wenn der internationale Kapitalverkehr zinsunelastisch ist. Demgegenüber erweist sich die Fiskalpolitik immer dann als wirksam, wenn der internationale Kapitalverkehr auf Zinsänderungen reagiert. Im folgenden wird zunächst auf den für die Fiskalpolitik problematischen Fall eines nicht zinsreagiblen internationalen Kapitalverkehrs näher eingegangen.

   In der Abbildung D.26 ist die Ausgangssituation in den Punkten A, B und C gegeben. Die Z-Kurve des Inlands verläuft jetzt parallel zur i-Achse. Die Fiskalpolitik werde expansiv eingesetzt, so daß es zu einer Verschiebung der IS-Kurve des Inlands von IS_0 nach IS_1 kommt. Gleichzeitig verschiebt sich die YY*-Linie des Inlands von YY_0^* nach YY_1^*.

   Der durch die Fiskalpolitik im Inland erzielte positive Einkommenseffekt impliziert – wie schon im Fall ohne internationale Rückwirkungen – ein Zahlungsbilanzdefizit. Folglich ergibt sich ein Devisenabfluß ins Ausland. Betreiben weder die in- noch die ausländische Zentralbank eine Neutralisierungspolitik, so geht die Geldmenge im Inland zurück, während die Geldmenge im Ausland steigt. Entsprechend verschiebt sich die LM-Kurve des Inlands nach links (bzw. nach oben) und die LM*-Kurve des Auslands nach unten. Normale Zinselastizitäten auf den Güter- und Geldmärkten vorausgesetzt, bewirken die Geldmengenänderungen im Inland einen negativen, im Ausland einen positiven Einkommenseffekt. Diese Effekte drücken sich auch in einer Verschiebung der YY*-Linie des Inlands nach links (in

Abbildung D.26

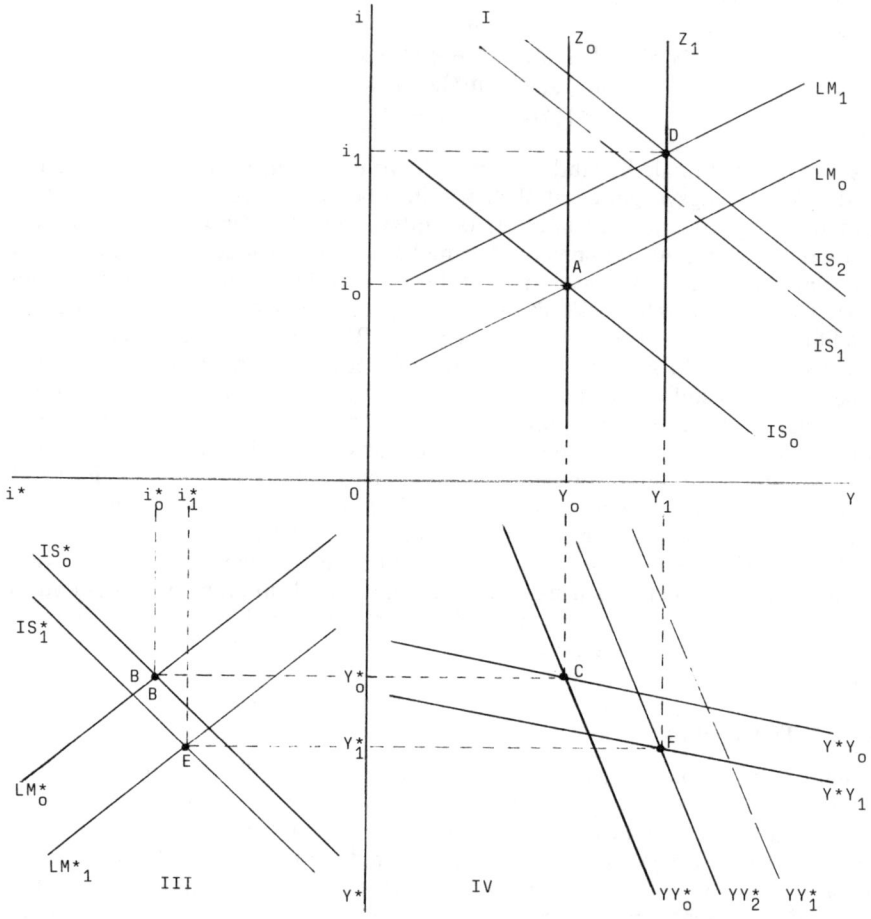

Richtung auf ein geringeres inländisches Einkommen) sowie einer Verschiebung der
Y*Y-Linie des Auslands nach unten (in Richtung auf ein höheres ausländisches
Einkommen) aus.

Mit der Erhöhung des ausländischen Einkommens treten für das Inland positive
Rückwirkungseffekte auf, die in einer Verschiebung der Z-Kurve nach rechts sowie
in einer weiteren Verschiebung der inländischen IS-Kurve ebenfalls nach rechts zum
Ausdruck kommen. Damit aber wird der Verschlechterung der inländischen Leistungsbilanz und dem Devisenabfluß ins Ausland entgegengewirkt. Die Geldmengenreduktion im Inland ist deshalb geringer als im Fall ohne internationale Rückwirkungen. Infolgedessen wird der positive Einkommensimpuls, der sich aus der
expansiven Fiskalpolitik ergibt, jetzt nicht vollständig kompensiert. Die Zunahme
des inländischen Einkommens bringt aber dem Ausland über zusätzliche inländische Güterimporte einen weiteren positiven Einkommenseffekt. Dieser drückt sich
in einer Verschiebung der IS*-Kurve nach unten (in Richtung auf ein höheres ausländisches Einkommen) aus. Zu beachten ist allerdings, daß die Lage der Y*Y-

Linie des Auslands von dieser Datenänderung unberührt bleibt, denn die Export-steigerung ist auf die Erhöhung des inländischen Einkommens zurückzuführen, und die Wirkung dieser Erhöhung ist ja bereits in der Steigung der Y^*Y-Linie erfaßt. Die entsprechende Datenänderung drückt sich damit in einer Bewegung entlang der Y^*Y-Linie des Auslands aus.

Bei Stabilität des Systems wird schließlich ein neues Güter-, Geld- und Devisen-marktgleichgewicht erreicht, in der Abbildung D.26 in den Punkten D, E und F. Die inländische Fiskalpolitik hat somit im In- und im Ausland zu positiven Einkom-menseffekten geführt. Dieses Ergebnis zeigt sich auch in den algebraischen Lösun-gen, die unter der Bedingung eines zinsunelastischen internationalen Kapitalver-kehrs abgeleitet wurden:[32]

(D-71) $dY/dA_s = m^* l_i a_i^* / N > 0$

(D-72) $dY^*/dA_s = m l_i a_i^* / N > 0$

mit: $N = m a_i (s^* l_i^* + a_i^* l_Y^*) + m^* a_i^* (s l_i + a_i l_Y) > 0$

Der inländische Zinssatz wird im hier untersuchten Fall eindeutig erhöht, weil sowohl die positive Nachfrageentwicklung auf dem Gütermarkt als auch die negati-ve Liquiditätsentwicklung auf dem Geldmarkt zinssteigernd wirken. Im Ausland steht demgegenüber dem Zinssenkungseffekt aus der Geldmengenausweitung ein Zinssteigerungseffekt aus der Erhöhung der Güternachfrage entgegen. Wie in der Abbildung D.26 skizziert, ist der Zinssenkungseffekt im vorliegenden Fall jedoch dominierend. Die für einen Zinskoeffizienten $k_i = 0$ aus dem Modell gewonnene Lösung bestätigt diese Feststellung:

(D-73) $di^*/dA_s = m s^* l_i / N < 0$

Ist der internationale Kapitalverkehr zinselastisch, so führt die expansive Fiskal-politik des Inlands ebenfalls sowohl zu einer Erhöhung des inländischen Einkom-mens als auch des inländischen Zinsniveaus. Dieses Ergebnis ergibt sich auch dann, wenn der Kapitalverkehr eine Zinselastizität von Unendlich besitzt. Nimmt die Zinselastizität des internationalen Kapitalverkehrs zu, so ist allerdings in Abwei-chung von den oben skizzierten Ergebnissen die Möglichkeit in Betracht zu ziehen, daß das ausländische Einkommen im Zuge der expansiven Fiskalpolitik des Inlands sinkt. Infolge dieser Politik nimmt – wie zuvor schon erwähnt – das inländische Zinsniveau zu. Wie bereits aus dem Fall ohne internationale Rückwirkungen be-kannt ist, kann sich hierdurch bei hoher Kapitalmobilität die Kapitalverkehrsbi-lanz des Inlands so weit verbessern, daß trotz des positiven Einkommenseffektes der Fiskalpolitik und der damit verbundenen Verschlechterung der Leistungsbilanz insgesamt eine Verbesserung der Zahlungsbilanz eintritt. Diese Verbesserung be-deutet für das Inland einen Devisenzufluß, für das Ausland aber einen Devisenab-fluß. Wenn nun die Zentralbank des Auslands keine Neutralisierungspolitik be-treibt, sinkt dort die Geldmenge, und es kommt von hierher zu einem Zinsanstieg. Einerseits ergibt sich im Ausland aus der Zunahme der Exporte ins Inland ein positiver Einkommenseffekt, andererseits geht aber von dem Zinsanstieg über die Dämpfung der heimischen Absorption des Auslands ein negativer Einkommensef-fekt aus. Und es ist dann nicht ausgeschlossen, daß der negative den positiven

---

[32] Siehe hierzu den Anhang D.15.

Einkommenseffekt überwiegt. Es sei allerdings nochmals betont, daß ein solches Ergebnis nur eintreten kann, wenn die Zinselastizität des internationalen Kapitalverkehrs relativ groß ist. Für den Fall der vollkommenen Kapitalmobilität ($k_i = \infty$) läßt sich aus dem Modell die folgende Bedingung ableiten:[33]

$$(D\text{-}74) \qquad dY^*/dA_s \gtreqless 0, \quad \text{wenn} \quad \frac{m}{l_Y} \gtreqless \frac{a_i^*}{l_i + l_i^*}$$

Die expansive Fiskalpolitik des Inlands hat somit bei unendlich zinselastischem internationalen Kapitalverkehr um so eher eine negative Wirkung auf das ausländische Einkommen, je kleiner die marginale Importquote des Inlands, je größer der Kassenhaltungskoeffizient des Inlands, je größer die Zinselastizität der heimischen Absorption des Auslands und je kleiner die Zinselastizitäten der Geldnachfrage im In- und im Ausland sind. Die marginale Importquote m determiniert nämlich die zusätzlichen einkommensinduzierten Importe des Inlands aus dem Ausland, der Kassenhaltungskoeffizient l_Y und der Zinskoeffizient l_i des Inlands sind entscheidend für die Wirkung der Fiskalpolitik auf das inländische Zinsniveau und damit auf die Kapitalverkehrsbilanz des Inlands, der Zinskoeffizient a_i^* gibt die Reaktion der ausländischen Absorption auf die geldmengeninduzierte Erhöhung des ausländischen Zinsniveaus an, und der Zinskoeffizient l_i^* der ausländischen Geldnachfrage ist ausschlaggebend für den Zinsanstieg, der aus der Verringerung der ausländischen Geldmenge resultiert. Darüber hinaus ist zu beachten, daß nur dann ein nennenswerter Einfluß auf das ausländische Einkommen zu erwarten ist, wenn das Inland, das die expansive Fiskalpolitik einsetzt, relativ groß ist.

Das hier skizzierte Ergebnis enthält eine wichtige Implikation für den internationalen Konjunkturzusammenhang bei festen Wechselkursen: mit steigender Zinsreagibilität des internationalen Kapitalverkehrs wächst die Gefahr, daß die expansive Fiskalpolitik eines relativ großen Landes die konjunkturelle Entwicklung anderer Länder über einen zinsinduzierten Kapitalsog negativ beeinflußt. Die traditionelle Vorstellung, ein relativ großes Land übernehme mit seiner expansiven Fiskalpolitik die Rolle einer Konjunkturlokomotive für die Weltwirtschaft, wird durch diese Erkenntnis in Frage gestellt.

D-4.2.3: Wechselkurspolitik

Nimmt das Inland in einem System ansonsten fester Wechselkurse eine autonome Abwertung der eigenen Währung vor, so kommt es im Fall ohne internationale Rückwirkungen, wie die weiter oben durchgeführte Analyse gezeigt hat, bei jeder beliebigen Zinselastizität des internationalen Kapitalverkehrs eindeutig zu einer Erhöhung des inländischen Einkommens. In diesem Zusammenhang ist allerdings an zwei wichtige Modellannahmen zu erinnern, die von erheblicher Bedeutung für dieses Ergebnis sind:

1. Preiseffekte einer Wechselkursänderung sind ausgeschlossen,

2. zwischen dem Leistungsbilanzsaldo H des Inlands und dem Wechselkurs w besteht eine positive Beziehung, d. h., der Wechselkurskoeffizient h_w in der Leistungsbilanzfunktion hat einen positiven Wert.

---

[33] Siehe hierzu den Anhang D.15.

Welche Wirkung aber hat die Abwertung der inländischen Währung, wenn die gerade genannten Modellannahmen zwar weiterhin gültig sind, jedoch internationale Rückwirkungen zum Tragen kommen? Ist das Inland – wie im Fall ohne internationale Rückwirkungen – so klein, daß es keinen nennenswerten Einfluß auf die ökonomischen Größen des Auslands hat, so dürfte eine autonome Abwertung der inländischen Währung im Ausland kaum auf Widerstand stoßen. Da aber die Abwertung der inländischen Währung zugleich eine Aufwertung der ausländischen Währung impliziert, gewinnt eine solche Paritätsänderung für das Ausland eine erhebliche Bedeutung, wenn das Inland – wie im jetzt zu untersuchenden Fall – relativ groß und ein wichtiger Handelspartner des Auslands ist. Geht man im Ausland davon aus, daß die Aufwertung der eigenen Währung einen negativen Konjunktureffekt hat, so dürfte es für das Inland nicht einfach sein, die im System fester Wechselkurse erforderliche Zustimmung der anderen Mitgliedsländer zur Abwertung der heimischen Währung zu bekommen. Es ist allerdings denkbar, daß sich die inländische Leistungsbilanz schon über einen längeren Zeitraum hinweg im Defizit befindet und einer Abwertung im Interesse eines allgemeinen Handelsgleichgewichts zugestimmt wird. Vor allem dann, wenn angesichts des anhaltenden inländischen Leistungsbilanzdefizits die Gefahr besteht, daß das Inland zu protektionistischen Maßnahmen greift und der Welthandel dadurch eine empfindliche Störung erfahren könnte, dürfte eine entsprechende Akzeptanz von seiten des Auslands bestehen. Das Ausland muß damit aber bereit sein, zugleich eine wechselkursinduzierte Einkommensreduktion hinzunehmen. Die Abwertung der inländischen Währung führt bei den hier zugrunde gelegten Modellannahmen eindeutig zu einer Verbesserung der in Inlandswährung nominierten Leistungsbilanz des Inlands. Weist die Leistungsbilanz des Inlands außerdem im Ausgangsgleichgewicht ein Defizit auf, so wird die in ausländischer Währung nominierte Leistungsbilanz des Auslands verschlechtert. Wie schon im Zusammenhang mit der Gleichung (D-63) erläutert, gilt für den in Auslandswährung nominierten Leistungsbilanzsaldo:

$$(D-75) \qquad H^* = -\frac{1}{w}H$$

Das inländische Preisniveau P und das ausländische Preisniveau P* haben annahmegemäß jeweils einen Wert von Eins, und deshalb ist H* zugleich der reale und der nominelle Leistungsbilanzsaldo des Auslands. Für die Veränderung dieses Saldos ergibt sich aus (D-75) näherungsweise:

$$(D-75a) \qquad dH^* = -\frac{1}{w}dH + \frac{H}{w^2}dw$$

H ist der inländische Leistungsbilanzsaldo, w der Wechselkurs jeweils in der Ausgangssituation. Bei $H < 0$, $dH > 0$ und $dw > 0$ folgt zwingend: $dH^* < 0$. Die hier aufgezeigten Veränderungen der Leistungsbilanzsalden bewirken im Inland einen positiven Einkommenseffekt, im Ausland dagegen einen negativen Einkommenseffekt.

Neben den Wirkungen, die unmittelbar aus der Veränderung der Leistungsbilanzsalden resultieren, sind noch die Wirkungen aus der zahlungsbilanzinduzierten Geldmengenentwicklung im In- und im Ausland zu berücksichtigen. Betreibt die inländische Zentralbank keine Neutralisierungspolitik, so kommt es, wie sich bereits im Fall ohne internationale Rückwirkungen gezeigt hat, im Zuge der abwertungsbedingten Verbesserung der Leistungsbilanz – und darüber auch der Zahlungsbilanz – zu einer Geldmengenausweitung. Der Devisentransfer vom Ausland ins Inland bedeutet aber gleichzeitig, daß die Geldmenge im Ausland sinkt, wenn die ausländische Zentralbank dies nicht durch eine Neutralisierungspolitik verhindert. Es ist also möglich, daß der aus der Verschlechterung der Leistungsbilanz im Ausland direkt resultierende negative Einkommenseffekt von hierher noch verstärkt wird. Aufgrund der internationalen Rückwirkungen bleibt die Verringerung des ausländischen Einkommens nicht ohne Folgen für das Inlandseinkommen. Zwar werden die Güterexporte des Inlands einerseits durch die Abwertung angeregt, doch dem steht andererseits eine Dämpfung durch die Verringerung des ausländischen Einkommens gegenüber. Der Erfolg der Abwertung wird somit für das Inland um so mehr geschmälert, je größer die negativen Einkommenseffekte im Ausland und je ausgeprägter die internationalen Rückwirkungen sind. Zweifellos ist der durch die Abwertung im Inland erzielte Einkommenseffekt geringer als derjenige, der sich im Fall ohne internationale Rückwirkungen ergeben würde.

D-4.3: Internationale Rückwirkungen bei flexiblem Wechselkurs

D-4.3.1: Flexible Wechselkurse als Schutz vor internationalen Konjunkturübertragungen?

Lange Zeit galten flexible Wechselkurse als ein Mittel, internationale Übertragungen von Konjunkturschwankungen zu verhindern. Doch schon in einem relativ einfachen theoretischen Ansatz läßt sich zeigen, daß diese Auffassung nur unter sehr restriktiven Bedingungen Gültigkeit hat. Selbst wenn man – wie im bisher zugrunde liegenden Modell – von Preiseffekten einer Wechselkursänderung absieht, können flexible Wechselkurse die genannte Funktion nur erfüllen, wenn

– der internationale Kapitalverkehr von endogen bestimmten Modellgrößen, insbesondere von den Zinssätzen, den nationalen Einkommen und dem Wechselkurs unabhängig ist,
– Wechselkursänderungen keinen Einfluß auf die (reale) heimische Absorption eines Landes haben.

Das bisher verwendete Modell läßt zwar grundsätzlich eine Zinsabhängigkeit des internationalen Kapitalverkehrs zu, eine Einkommens- oder Wechselkursabhängigkeit des internationalen Kapitalverkehrs sowie eine Wechselkursabhängigkeit der heimischen Absorption wurden aber ausgeschlossen. Bevor jedoch auf die Bedeutung der genannten Einkommens- und Wechselkursabhängigkeiten für den internationalen Konjunkturzusammenhang eingegangen wird, sei zunächst innerhalb des bekannten Modellrahmens gezeigt, daß flexible Wechselkurse Länder voneinander abschirmen, wenn der internationale Kapitalverkehr nicht auf Zinsänderungen reagiert.

a) Abschirmung vor internationalen Konjunkturübertragungen

Hat der Zinskoeffizient k_i des internationalen Kapitalverkehrs den Wert Null, so ergibt sich aus der Gleichung (D-19) der Zahlungsbilanz des Inlands der folgende Zusammenhang zwischen einer Wechselkursänderung und den Einkommensänderungen im In- und im Ausland:[34]

---

[34] In der Ausgangssituation gilt vereinfachend: $H = 0$, $w = 1$.

$$(D-76) \qquad dw = \frac{1}{h_w}(m\,dY - m^*\,dY^*)$$

Für die Veränderungen des in- und des ausländischen Einkommens gilt gemäß Gleichung (D-18) und Gleichung (D-63):

$$(D-76a) \qquad dY = dA_s + (a_Y - m)\,dY + m^*\,dY^* + a_i\,di + h_w\,dw$$

$$(D-76b) \qquad dY^* = (a_Y^* - m^*)\,dY^* + m\,dY + a_i^*\,di^* - h_w\,dw$$

Setzt man hierin die Veränderung des Wechselkurses gemäß Gleichung (D-76) ein, so folgt:

$$(D-76c) \qquad dY = \frac{1}{s}(dA_s + a_i\,di) \quad \text{mit:} \quad s = 1 - a_Y$$

$$(D-76d) \qquad dY^* = \frac{1}{s^*}a_i^*\,di^* \quad \text{mit:} \quad s^* = 1 - a_Y^*$$

Der Einfluß einer Änderung des inländischen (ausländischen) Einkommens auf das ausländische (das inländische) Einkommen wird also durch eine adäquate Wechselkursvariation kompensiert. Da es außerdem bei flexiblem Wechselkurs, wie schon weiter oben gezeigt, nicht zu zahlungsbilanzinduzierten Störungen auf dem in- und dem ausländischen Geldmarkt kommt, werden der in- und der ausländische Zinssatz jeweils unbeeinflußt von außenwirtschaftlichen Einflüssen auf den nationalen Geldmärkten determiniert. Folglich treten auch über die Zinssätze keine internationalen Zusammenhänge auf. Wird beispielsweise im Inland die autonome staatliche Absorption um dA_s erhöht, so werden hierdurch lediglich das inländische Einkommen und das inländische Zinsniveau berührt, und zwar ergeben sich die gleichen Effekte wie im Fall einer geschlossenen Volkswirtschaft. Zugleich findet eine Abwertung der inländischen Währung statt, die die einkommensinduzierte Veränderung des inländischen Leistungsbilanzsaldos genau aufhebt. Folglich kann es auch nicht zu einer Wirkungsübertragung auf Einkommen und Zinssatz des Auslands kommen.

b) Internationale Konjunkturübertragungen bei einkommens- und wechselkursabhängigem internationalen Kapitalverkehr

Selbst wenn der internationale Kapitalverkehr zinsunelastisch ist, lassen sich die Wirkungsübertragungen durch den flexiblen Wechselkurs nicht ausschalten, wenn eine Wechselkurs- und/oder Einkommensabhängigkeit des internationalen Kapitalverkehrs besteht. Um das zu zeigen, wird die Gleichung (D-76) um eine Wechselkurs- und Einkommensreaktion des internationalen Kapitalverkehrs erweitert:

$$(D-76e) \qquad dw = \frac{1}{h_w + k_w}[(m - k_Y)\,dY - (m^* + k_Y^*)\,dY^*]$$

$$\text{mit:} \quad k_w = \delta K/\delta w, \quad k_Y = \delta K/\delta Y, \quad k_Y^* = \delta K/\delta Y^*$$

Setzt man die Veränderung des Wechselkurses gemäß Gleichung (D-76e) in die Gleichungen (D-76a) und (D-76b) ein, so wird unmittelbar deutlich, daß die internationalen Einkommensinterdependenzen nun nicht eliminiert werden. Wird beispielsweise durch die Veränderung der autonomen staatlichen Absorption im Inland ein Einkommenseffekt erzielt, so ist damit bei $k_Y \neq 0$ auch ein direkter Einfluß auf den internationalen Kapitalverkehr verbunden. Die Wechselkursänderung hat jetzt sicherzustellen, daß die Veränderung der Kapitalverkehrsbilanz durch eine adäquate Änderung der Leistungsbilanz ausgeglichen wird, damit der Zahlungsbilanzausgleich erhalten bleibt. Folglich kann sich die Leistungsbilanz von hierher verändern; dadurch ist zugleich die Verbindung zum ausländischen Gütermarkt hergestellt. Infolge der Wechselkursabhängigkeit des internationalen Kapitalverkehrs verändert sich die Kapitalverkehrsbilanz bei jeder Wechselkursänderung, und auch von hierher ergibt sich ex definitione eine Störung der Leistungsbilanz, von der gleichzeitig das In- und das Ausland betroffen sind.

Welcher Zusammenhang folgt aber nun konkret aus der Einkommens- und Wechselkursabhängigkeit des internationalen Kapitalverkehrs? Diese Frage sei für eine expansive Fiskalpolitik des Inlands beantwortet. Im Inland ergibt sich eindeutig ein positiver Einkommenseffekt. Es ist denkbar, daß der Einkommensanstieg zu einem vermehrten Kapitalexport des Inlands führt; denn mit der Einkommenserhöhung nimmt i. d. R. auch die Vermögensbildung des Inlands zu, und diese könnte zusätzliche Portfolioinvestitionen und Direktinvestitionen im Ausland implizieren. Der Einkommenskoeffizienz k_Y des Kapitalverkehrs hat dann einen negativen Wert.

Mit dem positiven Einkommenseffekt verschlechtert sich demnach die inländische Kapitalverkehrsbilanz. Folglich muß die inländische Leistungsbilanz in Hinsicht auf den Zahlungsbilanzausgleich verbessert werden. Unter normalen Bedingungen ist damit zugleich eine Verschlechterung der Leistungsbilanz des Auslands verbunden, und das ausländische Einkommen wird von hierher verringert. Die Einkommensexpansion im Inland hat also eine Einkommenskontraktion im Ausland bewirkt.

Auch bei der Wechselkursabhängigkeit des internationalen Kapitalverkehrs ist zu prüfen, wie sich die Kapitalverkehrsbilanz des Inlands im Zuge der expansiven Fiskalpolitik verändert. Da der internationale Kapitalverkehr zinsunelastisch ist, wird die inländische Währung eindeutig abgewertet. Das könnte zu einem Anstieg des Kapitalexports und zu einer Verringerung des Kapitalimports führen, wenn weitere Abwertungen befürchtet werden. Dann käme es auch aufgrund der Wechselkursabhängigkeit des Kapitalverkehrs zu einer Verschlechterung der inländischen Kapitalverkehrsbilanz, und über die damit erzwungene Verbesserung der inländischen Leistungsbilanz liegt – wie schon zuvor – ein negativer Zusammenhang zwischen dem in- und dem ausländischen Einkommen vor.

Ob die hier exemplarisch skizzierten Reaktionsrichtungen des Kapitalverkehrs bei Einkommens- oder Wechselkursänderungen theoretisch und empirisch haltbar sind, soll an dieser Stelle nicht weiter geprüft werden. Erst in späteren Kapiteln, die sich speziell mit dem internationalen Kapitalverkehr beschäftigen, ist darauf näher einzugehen. Die Einkommens- und die Wechselkursabhängigkeit des Kapitalverkehrs bleiben deshalb in den folgenden Untersuchungen – wie schon weiter oben – unberücksichtigt.

c) Wechselkursabhängigkeit der heimischen Absorption: der Laursen-Metzler-Effekt

An anderer Stelle wurde bereits gezeigt, daß zwischen der realen heimischen Absorption und den Terms of Trade eines Landes unter bestimmten Bedingungen ein negativer Zusammenhang besteht.[35]

Eine Abwertung der inländischen Währung würde in diesem Fall eine Zunahme der realen heimischen Absorption des Inlands und gleichzeitig eine Verringerung der realen heimischen Absorption des Auslands bewirken. Um die daraus resultierenden Einkommenseffekte zu erfassen, werden die Gleichungen (D-76a) und (D-76b) um die Wechselkursabhängigkeit der heimischen Absorption erweitert:

(D-76f) $dY = dA_s + (a_Y - m)dY + m^*dY^* + a_i di + (h_w + a_w)dw$

(D-76g) $dY^* = (a_Y^* - m^*)dY^* + mdY + a_i^* di^* - (h_w - a_w^*)dw$

mit: $a_w = \delta A / \delta w > 0, \quad a_w^* = \delta A^* / \delta w < 0$

Die Veränderung des Wechselkurses wird in dem hier untersuchten Fall eines zinsunelastischen internationalen Kapitalverkehrs gemäß Gleichung (D-76) bestimmt. Setzt man diesen Wert in die zuvor formulierten Einkommensgleichungen ein, so zeigt sich, daß jetzt – anders als im unter a) diskutierten Fall – internationale Einkommensinterdependenzen bestehen bleiben:

(D-76h) $dY = \dfrac{1}{s - ma_w/h_w} \left(dA_s - m^* \dfrac{a_w}{h_w} dY^* + a_i di \right)$

(D-76i) $dY^* = \dfrac{1}{s^* - m^* a_w^*/h_w} \left(m \dfrac{a_w^*}{h_w} dY + a_i^* di^* \right)$

Wegen $a_w > 0$ und $a_w^* < 0$ ergibt sich aus der Wechselkursabhängigkeit der realen heimischen Absorption ein negativer internationaler Einkommens- bzw. Konjunkturzusammenhang. Ein steigendes inländisches Einkommen bewirkt also eine Verringerung des ausländischen Einkommens und vice versa. Dieses Phänomen und die Erklärung seiner Ursache sind in der Literatur als Laursen-Metzler-Effekt bzw. Laursen-Metzler-Modell bekannt.[36]

D-4.3.2: Geld- und Fiskalpolitik

Es soll nun untersucht werden, welche Wirkungen eine expansive Geldpolitik oder alternativ eine expansive Fiskalpolitik des Inlands auf das in- und das ausländische Einkommen haben, wenn der internationale Kapitalverkehr zinselastisch ist. Eine Einkommens- und Wechselkursabhängigkeit des internationalen Kapitalverkehrs möge hier jedoch nicht bestehen; und die (reale) heimische Absorption des In- und

---

[35] Siehe hierzu Kapitel C, Abschnitt C-7.4. Der negative Zusammenhang zwischen der realen Absorption A und den Terms of Trade $q = P/wP^*$ eines Landes liegt dann vor, wenn die marginale Absorptionsquote kleiner als die durchschnittliche Absorptionsquote ist. Diese Bedingung wird i.d.R. erfüllt sein, wenngleich die Differenz zwischen den beiden Quoten in der Realität nicht sehr groß sein dürfte.

[36] S. Laursen und L.A. Metzler, Flexible Exchange Rates and the Theory of Employment, Review of Economics and Statistics, Vol. 32, 1950, S. 281 ff. Siehe auch: K. Rose, Theorie der Außenwirtschaft, 10. Aufl., München 1989, S. 188 ff.

des Auslands sei jeweils vom Wechselkurs unabhängig. Um die Analyse möglichst einfach zu halten, wird angenommen, daß in der Ausgangssituation nicht nur die gesamte Zahlungsbilanz, sondern auch die Leistungsbilanz des Inlands (und damit auch des Auslands) ausgeglichen ist. Diese Annahme impliziert sowohl im Inland (auf der Basis der inländischen Währung) als auch im Ausland (auf der Basis der ausländischen Währung) jeweils eine normale Reaktion der (realen) Leistungsbilanz, sofern die Marshall-Lerner-Bedingung erfüllt ist. Eine Abwertung der inländischen Währung bewirkt dann also ceteris paribus eine Verbesserung der Leistungsbilanz des Inlands und zugleich eine Verschlechterung der Leistungsbilanz des Auslands.

Wie im vorangegangenen Abschnitt deutlich gemacht worden ist, kommen internationale Rückwirkungen nur dann zum Tragen, wenn der internationale Kapitalverkehr auf Änderungen endogen bestimmter Modellvariablen reagiert. Hier sind es Veränderungen des in- und/oder des ausländischen Zinsniveaus, die solche Reaktionen hervorrufen. Mit dieser Feststellung ist logisch impliziert, daß die internationalen Rückwirkungen um so stärker sind, je größer die Zinselastizität des internationalen Kapitalverkehrs ist. Eine expansive Stabilitätspolitik des Inlands, die mit einem Anstieg (einer Reduktion) des heimischen Zinsniveaus verbunden ist, bewirkt im Zuge einer zinsinduzierten Veränderung der Kapitalverkehrsbilanz eine Zunahme (Verringerung) des ausländischen Einkommens, und dadurch ergibt sich – im Vergleich zum Fall ohne internationale Rückwirkungen – eine Unterstützung (Abschwächung) des expansiven heimischen Einkommenseffektes. Es ist demnach grundsätzlich möglich, daß der internationale Konjunkturzusammenhang konträre Einkommensveränderungen im In- und im Ausland impliziert. Die Bedeutung der internationalen Rückwirkungen soll jetzt für eine expansive Geldpolitik und eine expansive Fiskalpolitik jeweils exemplarisch erläutert werden.

a) Geldpolitik

Die Abbildung D.27 zeigt mit den Punkten A und B eine Ausgangssituation, in der ein Gleichgewicht auf dem Güter- und dem Geldmarkt des In- und des Auslands vorliegt. Zugleich ist wegen des flexiblen Wechselkurses auch die Zahlungsbilanz ausgeglichen. Durch die expansive inländische Geldpolitik verschiebt sich die LM-

Abbildung D.27

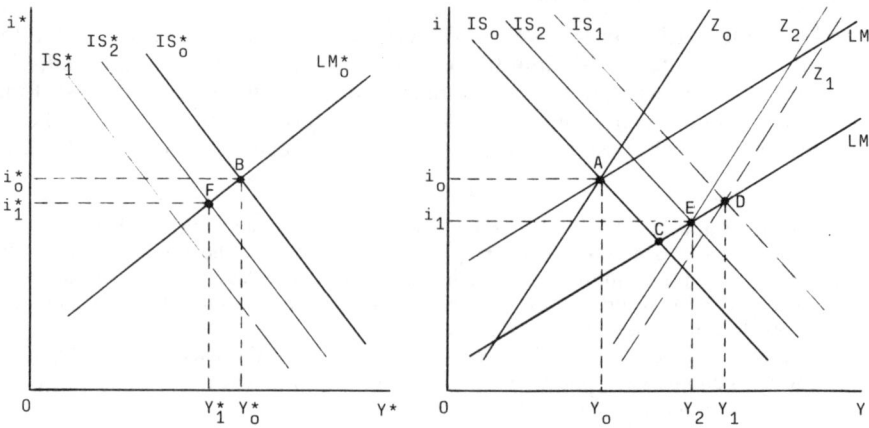

Kurve des Inlands von LM_0 nach LM_1. Hierdurch kommt es zu einem Druck auf das inländische Zinsniveau, und ohne außenwirtschaftliche Einflüsse würde schließlich ein neues Gleichgewicht im Punkt C erreicht.

Die Zinssenkung bewirkt aber eine Verschlechterung der inländischen Kapitalverkehrsbilanz. Wenn das inländische Einkommen infolge der Zinssenkung zunimmt, ergibt sich von hierher außerdem noch eine Verschlechterung der Leistungsbilanz. Am Devisenmarkt übersteigt somit die Nachfrage nach der ausländischen Währung das Angebot. Folglich wird die inländische Währung abgewertet und die ausländische Währung aufgewertet. Käme es nicht zu internationalen Rückwirkungen, so würden die IS-Kurve des Inlands nach IS_1 und die Z-Kurve nach Z_1 verschoben. Ein neues Gleichgewicht ergäbe sich dann im Punkt D, die inländische Geldpolitik hätte eine Einkommenserhöhung auf Y_1 bewirkt. Dieses Ergebnis wurde schon früher für den Fall ohne internationale Rückwirkungen erzielt.

Im Ausland ergibt sich aber aus der Aufwertung der ausländischen Währung eine kontraktive Einkommenswirkung. Die IS-Kurve wird dadurch von IS_0^* nach IS_1^* verschoben. Nun sind jedoch noch die internationalen Rückwirkungen zu berücksichtigen. Die Verringerung des ausländischen Einkommens drückt sich im Inland in einer Verschiebung der IS-Kurve und der Z-Kurve jeweils nach links aus. Demgegenüber impliziert die Erhöhung des inländischen Einkommens eine Verschiebung der IS-Kurve des Auslands nach rechts. Zusätzlich ist noch der Einfluß der Veränderung des ausländischen Zinssatzes auf die Z-Kurve des Inlands zu beachten: da das ausländische Zinsniveau bei normaler Zinselastizität der Geldnachfrage sinkt, ergibt sich von hierher eine Verbesserung der inländischen Kapitalverkehrsbilanz, die in einer Rechtsverschiebung der inländischen Z-Kurve auszudrücken ist. Mit den internationalen Rückwirkungen kommt es also zu zwei entgegengerichteten Einflüssen auf die Z-Kurve. Allerdings muß, damit überhaupt ein neues Gleichgewicht erreicht wird, der Effekt aus der Verringerung des ausländischen Einkommens dominieren. Das neue Gleichgewicht kann nämlich im Inland nur auf der LM-Kurve LM_1 liegen, und da sich die IS-Kurve von IS_1 aus eindeutig nach links verschiebt, muß auch die Z-Kurve von Z_1 aus nach links verschoben werden.

Schließlich ergibt sich – Stabilität des Systems vorausgesetzt – ein neues Gleichgewicht in den Punkten E und F. Die IS-Kurven wurden somit letztlich nach IS_2 bzw. IS_2^* verschoben, und die Z-Kurve des Inlands hat mit Z_2 ihre neue Lage erreicht. Das inländische Einkommen ist auf Y_2 gestiegen, das ausländische Einkommen auf Y_1^* gesunken. Die Zinssätze beider Länder sind niedriger als in der Ausgangssituation. Allerdings fällt die Zinssenkung im Inland größer aus als im Ausland. Die Verringerung des ausländischen Einkommens deutet nämlich darauf hin, daß sich die (reale) Leistungsbilanz des Auslands – bedingt durch die Aufwertung der ausländischen Währung – verschlechtert haben muß. Da die Zahlungsbilanz aber insgesamt ausgeglichen ist, impliziert diese Verschlechterung zugleich eine Verbesserung der ausländischen Kapitalverkehrsbilanz. Eine solche Verbesserung ist im hier zugrunde liegenden Modell nur möglich, wenn die Zinsdifferenz $i - i^*$ kleiner wird. *Insgesamt ist festzustellen, daß die expansive Geldpolitik des Inlands dem Ausland eine Einkommenskontraktion bringt und daß die positive Wirkung dieser Politik auf das inländische Einkommen deshalb geringer ist als im Fall ohne internationale Rückwirkungen.*

b) Fiskalpolitik

Gibt es keine internationalen Rückwirkungen, so ist die Fiskalpolitik eines Landes um so weniger wirksam, je größer die Zinselastizität des internationalen Kapitalver-

Abbildung D.28

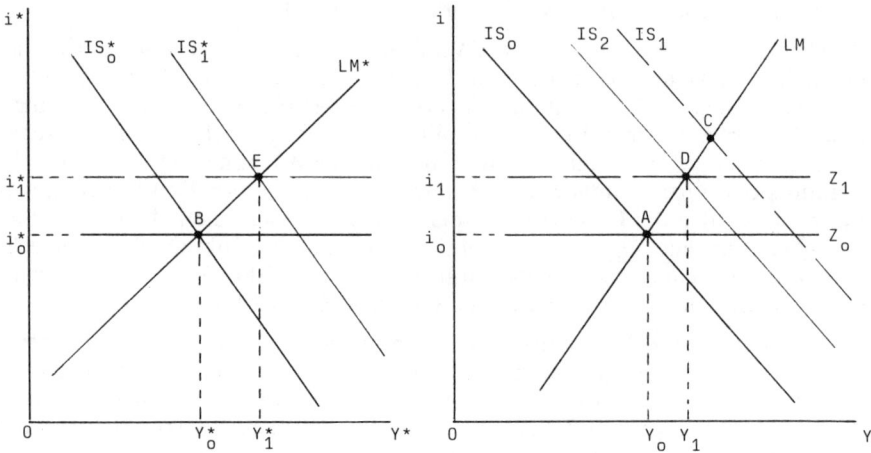

kehrs ist. Im Extremfall eines vollkommen zinselastischen Kapitalverkehrs hat
– wie weiter oben erläutert – die Fiskalpolitik keinen Einkommenseffekt. Auf diesen
Fall soll jetzt unter Berücksichtigung internationaler Rückwirkungen Bezug genommen werden.

Die Punkte A und B in der Abbildung D.28 geben das Ausgangsgleichgewicht im
In- und im Ausland an. Die Z-Kurve verläuft wegen der unendlich großen Zinselastizität des Kapitalverkehrs parallel zur Einkommensachse, und die Zinssätze im
In- und im Ausland sind gleich hoch. Infolge der expansiven inländischen Fiskalpolitik verschiebt sich die IS-Kurve im Inland von IS_0 nach IS_1. Bei der hier zugrunde
gelegten normalen Zinselastizität der Geldnachfrage bewirkt der fiskalpolitische
Impuls einen Anstieg des inländischen Zinsniveaus. Dadurch aber nimmt der Nettokapitalimport des Inlands zu; wegen der extrem hohen Zinselastizität des Kapitalverkehrs ergibt sich trotz einer einkommensinduzierten Verschlechterung der
inländischen Leistungsbilanz auf dem Devisenmarkt insgesamt ein hoher Nachfrageüberschuß für die inländische Währung. Diese wird folglich aufgewertet.

Käme es nun nicht zu internationalen Rückwirkungen, so müßte die Aufwertung
– wie schon weiter oben ausführlich erörtert – so hoch ausfallen, daß über ein
adäquat hohes Leistungsbilanzdefizit schließlich wieder das Ausgangsgleichgewicht im Punkt A erreicht wird. Die Fiskalpolitik wäre dann wirkungslos gewesen.
Die Aufwertung der inländischen Währung bedeutet aber zugleich eine Abwertung
der ausländischen Währung. Während sich die Leistungsbilanz im Inland verschlechtert, vollzieht sich gleichzeitig eine Verbesserung der ausländischen Leistungsbilanz. Dementsprechend wird die IS-Kurve des Auslands nach rechts verschoben. Das ausländische Einkommen nimmt zu, und bei normaler Zinselastizität
auf dem Geldmarkt steigt auch das ausländische Zinsniveau. Damit treten für das
Inland zwei Rückwirkungseffekte auf: zum einen wird die aufwertungsbedingte
Verschlechterung der Leistungsbilanz teilweise durch eine Zunahme der Exporte ins
Ausland kompensiert, zum anderen wird der Nettokapitalimport, der durch die
Erhöhung des inländischen Zinssatzes induziert wurde, wieder reduziert, weil sich
die Zinsdifferenz i − i* nun verringert. Mit der Verringerung der Zinsdifferenz ver-

schiebt sich die Z-Kurve des Inlands nach oben. Die internationalen Rückwirkungen sorgen letztlich dafür, daß der positive Einkommensimpuls der inländischen Fiskalpolitik nicht vollständig durch den negativen Einkommenseffekt der Aufwertung der inländischen Währung kompensiert wird. Wenn aber das inländische Einkommen zunimmt, ergibt sich auch für das Ausland über eine Erhöhung der Exporte ins Inland ein weiterer positiver Einkommenseffekt. Schließlich wird beispielsweise in den Punkten D und E ein neues Gleichgewicht auf den Güter- und Geldmärkten des In- und Auslands sowie auf dem Devisenmarkt erreicht. Die inländische Fiskalpolitik hat somit eine Zunahme des in- und des ausländischen Einkommens bewirkt.

Dieses Ergebnis wird auch durch die im Modell gewonnene algebraische Lösung bestätigt:[37]

$$(D\text{-}77) \qquad dY/dA_s = \frac{1}{N_1} \frac{l_Y^*/l_i^*}{l_Y/l_i} \geq 0 \quad \text{mit:} \quad N_1 = s^* + s \frac{l_Y^*/l_i^*}{l_Y/l_i}$$
$$+ l_Y^*(a_i/l_i^* + a_i^*/l_i^*) > 0$$

$$(D\text{-}78) \qquad dY^*/dA_s = \frac{1}{N_2} \frac{l_Y/l_i}{l_Y^*/l_i^*} \geq 0 \quad \text{mit:} \quad N_2 = N_1 \frac{l_Y/l_i}{l_Y^*/l_i^*} > 0$$

Die Lösung macht deutlich, daß die Einkommensveränderungen, die die inländische Fiskalpolitik im In- und im Ausland bewirkt, wesentlich von den Steigungen der LM-Kurven in den beiden Ländern abhängig sind. Je geringer die Steigung $-l_Y/l_i$ der inländischen LM-Kurve und je größer die Steigung $-l_Y^*/l_i^*$ der ausländischen LM-Kurve ist, desto höher (niedriger) fällt der Einkommenseffekt im Inland (im Ausland) aus und umgekehrt. Dieses Ergebnis läßt sich auch aus der Abbildung D.28 ablesen: die LM-Kurve des Inlands verläuft hier steiler als diejenige des Auslands, und folglich ergibt sich im Ausland – durch die inländische Fiskalpolitik! – ein größerer positiver Einkommenseffekt als im Inland. Zur Erklärung dieses Phänomens ist auf den internationalen Kapitalverkehr zu verweisen: je steiler die inländische LM-Kurve verläuft – weil der Kassenhaltungskoeffizient relativ groß, die Zinselastizität der Geldnachfrage dagegen relativ gering ist –, desto größer ist im Inland der Zinssteigerungseffekt unmittelbar nach Einsatz der expansiven Fiskalpolitik. Entsprechend stark nimmt der Nettokapitalimport zu, und folglich entsteht auch ein relativ hoher Aufwertungsdruck für die inländische Währung, durch den dann eine erhebliche Verschlechterung der inländischen Leistungsbilanz eintritt. Damit aber steht dem expansiven Einkommenseffekt der Fiskalpolitik ein starker Kontraktionseffekt gegenüber. Auf der anderen Seite profitiert das Ausland um so mehr von der Aufwertung (Abwertung) der inländischen (der eigenen Währung) je geringer das Zinsniveau im eigenen Land steigt. Und das ist der Fall, wenn die LM-Kurve des Auslands relativ flach verläuft, wenn also der Kassenhaltungskoeffizient relativ gering, die Zinselastizität der Geldnachfrage dagegen relativ hoch ist.

D-4.4: Internationale Koordination der Stabilitätspolitiken

Die Stabilitätspolitik eines Landes wirkt sich über den internationalen Konjunkturzusammenhang auch auf die stabilitätspolitischen Zielvariablen anderer Länder aus. Im Zuge der internationalen Rückwirkungen wird dadurch der Zielerrei-

---

[37] Siehe hierzu den Anhang D.16.

chungsgrad im zuerst genannten Land beeinflußt. Neben den internationalen Abhängigkeiten der nationalen stabilitätspolitischen Aktivitäten, die aus den Wir-
kungszusammenhängen resultieren, liegt auch eine direkte internationale Zielbezie-
hung hinsichtlich des außenwirtschaftlichen Gleichgewichts vor. Betrachtet man
mit dem In- und dem Ausland zwei Länder, die jeweils ein bestimmtes Einkommensziel (das Ziel des internen Gleichgewichts) und das Ziel des außenwirtschaftlichen Gleichgewichts verfolgen, so handelt es sich in internationaler Sicht nur um
drei eigenständige Ziele, nämlich um die beiden länderspezifischen Einkommensziele und um das gemeinsame außenwirtschaftliche Ziel. Um diese drei Ziele gleichzeitig zu erreichen, müssen auch nur drei Instrumente eingesetzt werden, und eine
effiziente Stabilitätspolitik macht es erforderlich, daß sich die beiden betrachteten
Länder darauf einigen, welche Instrumente in welchem Land zum Einsatz kommen
sollen.

Wie die internationale Koordination der nationalen stabilitätspolitischen Aktivitäten in dem hier verwendeten theoretischen Modellrahmen zu erfolgen hätte, soll
exemplarisch für eine bestimmte ökonomische Situation skizziert werden. Betrachtet wird ein System mit festem Wechselkurs zwischen dem In- und dem Ausland. In
beiden Ländern liege Unterbeschäftigung vor, so daß zur Erreichung des Einkommensziels jeweils ein expansiver Einkommensimpuls erforderlich ist. Die Zahlungsbilanz des Inlands sei in der Ausgangssituation defizitär; entsprechend weise die
Zahlungsbilanz des Auslands einen Überschuß auf. Auf den Güter- und Geldmärkten des In- und Auslands mögen normale Zinselastizitäten bestehen, und auch die
Zinselastizität des internationalen Kapitalverkehrs liege im normalen Bereich zwischen Null und Unendlich. In der Abbildung D.29 ist die Ausgangssituation durch
den Punkt A für das Inland und den Punkt B für das Ausland gekennzeichnet.

Abbildung D.29

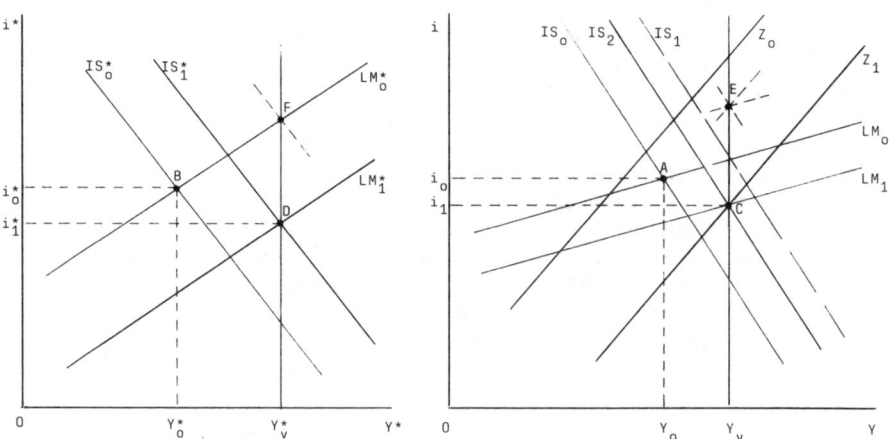

Grundsätzlich verfügen die beiden Länder jeweils über ein fiskalpolitisches und
ein geldpolitisches Instrument. Um nun gleichzeitig das interne Gleichgewicht in
beiden Ländern und das internationale externe Gleichgewicht zu erreichen, möge
vereinbart worden sein, daß das Ausland lediglich die Geldpolitik, das Inland dagegen zugleich die Geld- und die Fiskalpolitik einsetzt. Für die Planung und die

Durchführung des Instrumenteneinsatzes bietet sich beispielsweise das folgende Prozedere an:

1. Die geldpolitischen Entscheidungsträger des Auslands ermitteln ihre heimische IS-Kurve (das heimische Gütermarktgleichgewicht) für den Fall, daß im Inland das Vollbeschäftigungseinkommen Y_v realisiert wird. In der Abbildung D.29 möge dies die IS*-Kurve IS_1^* sein.

2. Die ausländische Geldmenge wird autonom so weit erhöht, daß die LM*-Kurve des Auslands in den Punkt auf der neuen IS*-Kurve (auf IS_1^*) verschoben wird, der das interne Gleichgewicht bei Y_v^* impliziert.

3. Die fiskalpolitischen Entscheidungsträger des Inlands ermitteln die heimische IS-Kurve und zugleich die Z-Kurve jeweils für den Fall, daß das Ausland sein Einkommensziel erreicht hat. Im Vergleich zur Ausgangssituation ergibt sich aus der Erhöhung des ausländischen Einkommens von Y_0^* auf Y_v^* eine Verschiebung der ursprünglichen IS-Kurve nach rechts. Die Z-Kurve wird ebenfalls nach rechts verschoben, und zwar einerseits aufgrund der Zunahme des ausländischen Einkommens und andererseits aufgrund der Zinssenkung im Ausland, durch die ja der inländische Nettokapitalimport steigt. Dadurch ergibt sich in der Abbildung D.29 beispielsweise die IS-Kurve IS_1 und die Z-Kurve Z_1.

4. Mit Hilfe einer adäquaten Geldpolitik muß nun der inländische Zinssatz realisiert werden, der beim Vollbeschäftigungseinkommen Y_v für einen Zahlungsbilanzausgleich erforderlich ist. Im vorliegenden Beispiel ist eine expansive Geldpolitik erforderlich, die zu einer Verschiebung der LM-Kurve von LM_0 nach LM_1 führt und damit den Zinssatz auf i_1 verringert.

5. Schließlich muß die Fiskalpolitik des Inlands so eingesetzt werden, daß sich aus dem Gütermarktgleichgewicht beim neuen Zinssatz i_1 das Zieleinkommen Y_v ergibt. Im Beispiel der Abbildung D.29 ist hierzu eine restriktive Fiskalpolitik nötig, durch die die IS-Kurve von IS_1 nach IS_2 verschoben wird.

Die in der Abbildung D.29 dargestellte spezifische Situation macht also in beiden Ländern eine expansive Geldpolitik und im Inland eine restriktive Fiskalpolitik erforderlich. An dieser Stelle sei daran erinnert, daß im Fall ohne internationale Rückwirkungen vor dem Hintergrund einer Unterbeschäftigungssituation grundsätzlich nur eine expansive Fiskalpolitik in Frage kommt. Die in dem hier diskutierten Beispiel erforderliche restriktive Fiskalpolitik wirft zweifellos erhebliche Probleme bei der politischen Durchsetzbarkeit auf. Daß man – im Vertrauen und mit Rücksicht auf die Einkommensimpulse aus dem Ausland – angesichts der Unterbeschäftigung eine restriktive Fiskalpolitik betreibt, widerspricht den allgemeinen, althergebrachten stabilitätspolitischen Vorstellungen. Und es dürfte schwer sein, für eine solche Politik die parlamentarische Zustimmung zu bekommen.

Es läßt sich aber anhand der Abbildung D.29 leicht nachvollziehen, daß bei anderen Rahmenbedingungen selbst dann, wenn die Ausgangssituation durch Unterbeschäftigung in beiden Ländern und durch ein Zahlungsbilanzdefizit im Inland gekennzeichnet ist, auch andere Einsatzrichtungen der drei Politiken zwingend sein können. Entscheidend sind dabei vor allem die Zinselastizitäten auf den Güter- und Geldmärkten sowie auf dem Devisenmarkt, die Intensität des internationalen Konjunkturzusammenhangs gemäß den marginalen Importquoten, das Ausmaß der Zielabweichungen in der Ausgangssituation und die Stärke der multiplikativen Einkommenseffekte der Geld- und der Fiskalpolitik in den beiden Ländern. Nicht zuletzt kann entgegen dem oben gewählten Beispiel auch die Ausgangssituation durch völlig andere Zielrealisierungen in jedem der beiden Länder gekennzeichnet sein, z. B. durch Unterbeschäftigung im In- und Ausland sowie einen Zahlungsbilanzüberschuß im Inland oder durch Unterbeschäftigung im Ausland sowie Vollbeschäftigung und Zahlungsbilanzdefizit im Inland usw. Die Komplexität des stabilitätspolitischen Koordinationsproblems zeigt sich auch in den allgemeinen Lösungen, die aus dem zugrunde liegenden Modell gewonnen wurden:[38]

(D-79) $$dA_s = \frac{a_i}{k_i} Z_0 + (s + bm)(Y_v - Y_0) - \left(s^* \frac{a_i}{a_i^*} + bm^*\right)(Y_v^* - Y_0^*)$$

mit: $b = 1 + a_i/a_i^* - a_i/k_i > 0$

(D-80) $$dG = -\frac{l_i}{k_i} Z_0 + (l_Y + cm)(Y_v - Y_0) + \left(s^* \frac{l_i}{a_i^*} - cm^*\right)(Y_v^* - Y_0^*)$$

mit: $c = l_i/k_i - l_i/a_i^* < 0$

(D-81) $$dG^* = -m \frac{l_i^*}{a_i^*}(Y_v - Y_0) + \left[l_Y^* + (s^* + m^*)\frac{l_i^*}{a_i^*}\right](Y_v^* - Y_0^*)$$

Z_0 ist der inländische Zahlungsbilanzsaldo, Y_0 das inländische Einkommen und Y_0^* das ausländische Einkommen jeweils in der Ausgangssituation. Y_v und Y_v^* sind die Zielgrößen der beiden Einkommen. Mit dA_s ist die zur Zielerreichung notwendige Veränderung der autonomen staatlichen Absorption des Inlands, mit dG die entsprechende Veränderung der inländischen Geldmenge und mit dG^* die entsprechende Veränderung der ausländischen Geldmenge festgelegt. Die Lösungsgleichungen machen deutlich, daß – wie oben schon angedeutet – die Einsatzrichtungen der drei Politiken aus dem allgemeinen theoretischen Ansatz selbst dann nicht eindeutig bestimmt sind, wenn man die Zielabweichungen kennt. Nur wenn außerdem die spezifischen Koeffizientenkonstellationen bekannt sind, ist es möglich, konkrete Aussagen über Richtung und Ausmaß eines zieladäquaten Instrumenteneinsatzes zu machen.

Abweichend von dem oben skizzierten Fall einer internationalen Politikkoordination wäre es beispielsweise auch möglich, im Ausland anstelle der Geldpolitik die Fiskalpolitik einzusetzen. In der Abbildung D.29 würde dann das interne und das externe Gleichgewicht z. B. in den Punkten E und F realisiert. Das Ausland müßte in diesem Fall eine expansive Fiskalpolitik, das Inland eine expansive Fiskal- und gleichzeitig eine restriktive Geldpolitik betreiben. Ein Vergleich mit der oben diskutierten Politikkombination zeigt allerdings, daß die Zielerreichung jetzt mit einem Zinsanstieg in beiden Ländern verbunden ist. Der Zinsanstieg impliziert aber eine Verdrängung privater Güternachfrage, insbesondere privater Investitionsnachfrage zugunsten staatlicher Nachfrage. Falls eine solche Strukturverschiebung politisch nicht bewußt gewollt ist, sollte deshalb der zuerst diskutierten Politikkombination der Vorzug gegeben werden. Schließlich sei auch noch darauf hingewiesen, daß nach Abstimmung zwischen den beiden Ländern selbstverständlich auch im Ausland die Geld- und Fiskalpolitik und im Inland nur eine der beiden Politiken eingesetzt werden können.

Die Untersuchungen haben deutlich gemacht, daß die internationale Koordination stabilitätspolitischer Instrumenteneinsätze, also das internationale Policy-mix,

---

[38] Siehe hierzu den Anhang D.17.

mit erheblichen Problemen verbunden sein dürfte. Zu den Schwierigkeiten eines Policy-mix, die schon auftreten, wenn keine internationalen Rückwirkungen vorliegen, kommen weitere hinzu: erstens ist eine internationale Abstimmung bei den Zieldefinitionen erforderlich, um Zielabweichungen feststellen zu können; zweitens ist festzulegen, welches spezifische Instrument jedes der beteiligten Länder in welcher Dosierung einzusetzen hat; drittens müssen einigermaßen exakte Vorstellungen über die Zins- und Einkommensreaktionen – und zwar in Hinsicht auf Quantität und zeitliche Verteilung – auf allen nationalen Märkten sowie auf dem internationalen Devisenmarkt unter Berücksichtigung der internationalen Konjunkturzusammenhänge bzw. der internationalen Rückwirkungen bestehen. Zu den weiteren Problemen sei auf die entsprechenden Ausführungen zum nationalen Policy-mix verwiesen.

Im Zusammenhang mit dem oben diskutierten Beispiel ist auch noch darauf hinzuweisen, daß der Zahlungsbilanzausgleich nicht auch gleichzeitig einen Leistungsbilanzausgleich implizieren muß. Wenn sich aber nach dem gemeinsamen Politikeinsatz eines der beiden Länder weiterhin oder erstmalig mit einem Leistungsbilanzdefizit konfrontiert sieht, dürfte sich alsbald ein Zwang zu einem neuen internationalen Policy-mix ergeben. Allerdings ließe sich – zumindest theoretisch – von vornherein eine Politikkombination vereinbaren, die neben dem Ziel des Zahlungsbilanzausgleichs auch dem Ziel des Leistungsbilanzausgleichs Rechnung trägt. Hierzu wäre beispielsweise neben dem Einsatz der Geldpolitik im Ausland sowie dem Einsatz der Geld- und Fiskalpolitik im Inland eine Wechselkursänderung erforderlich. In diesem Zusammenhang sei auf die Darstellung des wechselkurspolitischen Instrumentariums für den Fall ohne internationale Rückwirkungen verwiesen.

In einem System mit flexiblem Wechselkurs (bzw. mit flexiblen Wechselkursen) ist das Ziel des Zahlungsbilanzausgleichs ex definitione erfüllt. Jedes Land kann sich deshalb durch Einsatz eines stabilitätspolitischen Instruments – der Fiskalpolitik oder der Geldpolitik – auf die Realisierung des Einkommensziels konzentrieren. Sofern der internationale Kapitalverkehr zinselastisch ist oder eine Einkommens- oder eine Wechselkursabhängigkeit des Kapitalverkehrs vorliegt, hat der Instrumenteneinsatz in einem bestimmten Land allerdings auch Wirkungen auf Einkommen und Zinsniveau des anderen Landes (der anderen Länder). Kommt es von hierher zu Rückwirkungen, so müssen diese bei der Planung des Instrumenteneinsatzes berücksichtigt werden. Bei flexiblem Wechselkurs steht es einem Land zwar grundsätzlich frei, sich für ein bestimmtes Instrument zur Erreichung des nationalen Einkommensziels zu entscheiden, doch darf nicht vergessen werden, daß der interne Zinseffekt i. d. R. wesentlich davon abhängt, ob die Geldpolitik oder die Fiskalpolitik gewählt wird, und daß die Auswirkungen der nationalen Politik auf das Ausland über den internationalen Kapitalverkehr nicht zuletzt von diesem internen Zinseffekt bestimmt sind. Im Interesse einer möglichst effizienten Stabilitätspolitik wäre deshalb zu empfehlen, daß auch in einem System flexibler Wechselkurse eine internationale Abstimmung über die Art der geplanten Instrumenteneinsätze erfolgt.

Eine internationale Koordination der stabilitätspolitischen Instrumenteneinsätze ist dringend geboten, wenn sich das Ziel des außenwirtschaftlichen Gleichgewichts nicht nur auf den Zahlungsbilanzausgleich beschränkt, sondern in einem oder in mehreren Ländern neben dem Einkommensziel auch eine ausgeglichene Leistungsbilanz oder eine Wechselkursstabilisierung erreicht werden sollen. In diesem Fall ist der Einsatz eines weiteren stabilitätspolitischen Instruments erforderlich. Wie in einem System fester Wechselkurse, so ist es jetzt geboten, die Definitionen des Leistungsbilanz- oder des Wechselkursziels international abzustimmen und daraufhin festzulegen, in welchem Land (in welchen Ländern) welches Instrument zusätzlich zum Einsatz kommt. Auf eine theoretische Analyse dieses Falls soll jedoch verzichtet werden, zumal sich hinsichtlich der Koordinationsprobleme gegenüber dem oben diskutierten internationalen Policy-mix bei festen Wechselkursen keine neuen Aspekte ergeben.

D-5: Einkommens- und Preiseffekte der Geld-, Fiskal- und Wechselkurspolitik

D-5.1: Modellerweiterungen

In den zuvor durchgeführten Wirkungsanalysen stabilitätspolitischer Maßnahmen wurden Preiseffekte qua Annahme ausgeschlossen. Diese Annahme muß nicht in jedem Fall unrealistisch sein. Es sind ohne weiteres Rahmenbedingungen möglich, bei denen die Fiskal-, die Geld- oder die Wechselkurspolitik keine (nennenswerten) Wirkungen auf die gesamtwirtschaftlichen Preisniveaus haben. Grundsätzlich müssen jedoch Preiseffekte der genannten Politiken in Betracht gezogen werden. Und wenn es zu solchen Effekten kommt, können von hierher zusätzliche Wirkungen auf Einkommen und Zinssätze auftreten. Um diese Zusammenhänge zu erfassen, ist das bis jetzt zugrunde gelegte Modell in drei Bereichen zu erweitern bzw. zu modifizieren:

1. Zur Erklärung des gesamtwirtschaftlichen Preisniveaus wird eine Preisfunktion formuliert.

2. In die Funktion des realen Außenbeitrags (hier auch zugleich des realen Leistungsbilanzsaldos) wird der Einfluß der gesamtwirtschaftlichen Preisniveaus nun explizit einbezogen.

3. Auf dem Geldmarkt werden das nominelle Geldangebot, das als wichtigstes Zwischenziel der Geldpolitik fungiert, und das reale Geldangebot, das u. a. auf Preisänderungen reagiert, unterschieden.

Sofern nicht ausdrücklich ein Hinweis auf eine Nominalgröße erfolgt, sind von nun an alle Nachfrage- und Angebotsgrößen auf den Güter-, Geld- und Devisenmärkten als reale Größen zu interpretieren, und zwar für das Inland auf der Basis des inländischen Preisniveaus P und für das Ausland auf der Basis des ausländischen Preisniveaus P*. Internationale Rückwirkungen bleiben in den weiteren Untersuchungen jedoch unberücksichtigt, so daß sich die Modellerweiterungen auf das Inland konzentrieren können. Das ausländische Einkommen Y* und das ausländische Preisniveau P* sind exogene Modellgrößen, und vereinfachend sei – wie schon weiter oben – angenommen, daß P* den Wert Eins hat. Das inländische Preisniveau P und der Wechselkurs w mögen in der Ausgangssituation jeweils den Wert Eins haben. Die inländische Preisfunktion lautet:

$$(D-82) \qquad P = P(Y, w) \quad \text{mit:} \quad e_Y = \frac{\delta P}{\delta Y} \frac{Y}{P}, \quad e_w = \frac{\delta P}{\delta w} \frac{w}{P},$$

$$0 \leq e_Y \leq \infty, \quad 0 \leq e_w \leq 1$$

Die Preisfunktion enthält implizit eine Güterangebotsfunktion, die die Abhängigkeit des inländischen realen Güterangebots X vom inländischen Preisniveau P aufzeigt.[39]

Da sich die weiteren Untersuchungen auf die Betrachtung von Gleichgewichtszuständen beschränken, wurde in die Preisfunktion anstelle der Angebotsgröße unmittelbar die entsprechende Nachfragegröße eingesetzt. Darüber hinaus ist als weitere Determinante des inländischen Preisniveaus der Wechselkurs einbezogen worden. Veränderungen des Wechselkurses implizieren ceteris paribus Veränderungen der in Inlandswährung ausgedrückten Importgüterpreise, und hierdurch können – insbesondere im Zuge einer Veränderung der Stückkosten importierter Zwischenprodukte bzw. importierter Vorleistungsgüter[40] – auch Reaktionen des Preisniveaus P der inländischen Güter ausgelöst werden. Die Größe e_Y gibt die Elastizität des inländischen Preisniveaus in Hinsicht auf die reale Güternachfrage bzw. auf das reale inländische Einkommen an, und e_w ist entsprechend die Elastizität in bezug auf den Wechselkurs. Die Einkommenselastizität e_Y entspricht dem Kehrwert der Preiselastizität des inländischen Güterangebots.[41] Diese Preiselastizität kann im Extremfall Null (Unendlich) sein, und entsprechend nimmt die Einkommenselastizität des Preisniveaus im Extremfall einen Wert von Unendlich (von Null) an. Es ist zu erwarten, daß der Wertebereich der Wechselkurselastizität e_w zwischen Null und Eins liegt; die Extremwerte von Null und von Eins sollen im folgenden jedoch auch in Betracht gezogen werden.

Die Gleichung des realen inländischen Leistungsbilanzsaldos lautet jetzt:

$$(D\text{-}83) \qquad H = H(Y, Y^*, q) \quad \text{mit:} \quad q = P/wP, \ n_q = \frac{\delta H}{\delta q} \frac{q}{H} < 0$$

$$m = -\delta H/\delta Y > 0, \ m^* = \delta H/\delta Y^* > 0$$

An die Stelle des Wechselkurses (siehe Gleichung D-3) treten nun die inländischen Terms of Trade q. Wie schon weiter oben, so sei auch hier angenommen, daß eine normale Reaktion der Leistungsbilanz auf eine Veränderung der Terms of Trade besteht und daß die Elastizität n_q des realen Leistungsbilanzsaldos in bezug auf die Terms of Trade deshalb negativ ist.[42]

Schließlich ist noch der Einfluß von Preisveränderungen auf die reale Geldmenge bzw. auf das reale Geldangebot zu erfassen. Das reale Geldangebot ist definiert als:

$$(D\text{-}84) \qquad G = G^n/P$$

Für die Veränderung des realen Geldangebots folgt daraus näherungsweise:

$$(D\text{-}84a) \qquad dG = \frac{1}{P} dG^n - \frac{G}{P} dP$$

---

[39] Siehe hierzu Kapitel C, Abschnitt C-7.2.
[40] Siehe hierzu Kapitel C, Abschnitt C-7.5.
[41] Siehe hierzu Kapitel C, Abschnitt C-7.2.
[42] Zur allgemeinen Reaktion des realen Leistungsbilanzsaldos H auf eine Veränderung der inländischen Terms of Trade q siehe Kapitel C, Abschnitt C-7.

Die Veränderung des nominellen Geldangebots resultiert unter Berücksichtigung des Geldschöpfungsmultiplikators g zum einen aus der Veränderung des autonomen Teils der nominellen monetären Basis B^a und zum anderen aus der Veränderung der nominellen Währungsreserven R^n der Zentralbank:

(D-84b) $\qquad dG^n = g(dB^a + dR^n)$

Die Veränderung dR^n der Währungsreserven entspricht dem Produkt aus Preisniveau P und realem Zahlungsbilanzsaldo Z ($dR^n = PZ$), so daß sich für die Veränderung des realen Geldangebots dG auch schreiben läßt:

(D-84c) $\qquad dG = \dfrac{g}{P}\, dB^a + gZ - \dfrac{G}{P}\, dP$

Um die Preiseffekte unmittelbar sichtbar zu machen, wird die geometrische Analyse um ein sogenanntes P/Y-Diagramm – zusätzlich zum i/Y-Diagramm – erweitert, in dem die Preisfunktion (D-82) sowie die aus dem Güter- und dem Geldmarktgleichgewicht resultierende gesamtwirtschaftliche Nachfragefunktion dargestellt sind. Die Herleitung dieser Funktion sei mit Hilfe der Abbildung D.30 erläutert.

Nach Einführung eines variablen Preisniveaus wird die Lage der IS-, der LM- und der Z-Kurve im Abbildungsteil a) von der Höhe des Preisniveaus P determiniert. IS_0, LM_0 und Z_0 sind jeweils nur für ein bestimmtes Preisniveau P_0 gültig. Jede Preisänderung impliziert eine Verschiebung dieser Kurven. Sinkt das Preisniveau, z. B. auf P_1, so verbessert sich ceteris paribus gemäß Gleichung (D-83) die reale Leistungsbilanz, und folglich verschieben sich die IS-Kurve und die Z-Kurve jeweils nach rechts (in Richtung auf ein höheres Einkommen). Wie schon früher erläutert wurde, ist das Ausmaß der Verschiebung der Z-Kurve bei einem bestimmten Zinsniveau im Normalfall größer als das der IS-Kurve.[43] So ergeben sich beispielsweise IS_1 und Z_1 für das neue Preisniveau P_1. Mit der Preissenkung nimmt außerdem ceteris paribus die reale Geldmenge G zu, und dementsprechend ist nun auch die LM-Kurve nach rechts zu verschieben, z. B. nach LM_1.

Durch die preisinduzierten Verschiebungen der IS- und der LM-Kurven kommt ein neuer Schnittpunkt B zustande, der gleichzeitig das Güter- und Geldmarktgleichgewicht für das neue Preisniveau P_1 wiedergibt. Diesem Gleichgewicht entspricht ein Einkommen von Y_1.

Analog zu dem gerade skizzierten Beispiel läßt sich jedem beliebigen Preisniveau ein bestimmtes Güter- und Geldmarktgleichgewicht zuordnen. Das Ergebnis dieser Zuordnung ist die sogenannte gesamtwirtschaftliche Nachfragekurve, die im Abbildungsteil b) mit YP eingezeichnet ist.[44] Die gesamtwirtschaftliche Nachfragekurve (bzw. Nachfragefunktion) ist also Ausdruck der Reaktion der Güternachfrage auf Preisänderungen unter der Bedingung, daß ein Gleichgewicht sowohl auf dem Güter- als auch auf dem Geldmarkt erreicht ist. Aufgrund der Modellzusam-

---

[43] Siehe hierzu den Abschnitt D-2.2.3. Nur wenn die marginale Sparquote s den Wert Eins hat, werden die IS- und die Z-Kurve bei einer Datenänderung um den gleichen Betrag verschoben.

[44] Selbst bei linearen Nachfragefunktionen auf dem Güter- und dem Geldmarkt – also im Falle von IS- und LM-Geraden – besitzt die gesamtwirtschaftliche Nachfragefunktion aufgrund der Definition der realen Geldmenge gemäß Gleichung (D-84) einen nicht-linearen Verlauf.

Abbildung D.30

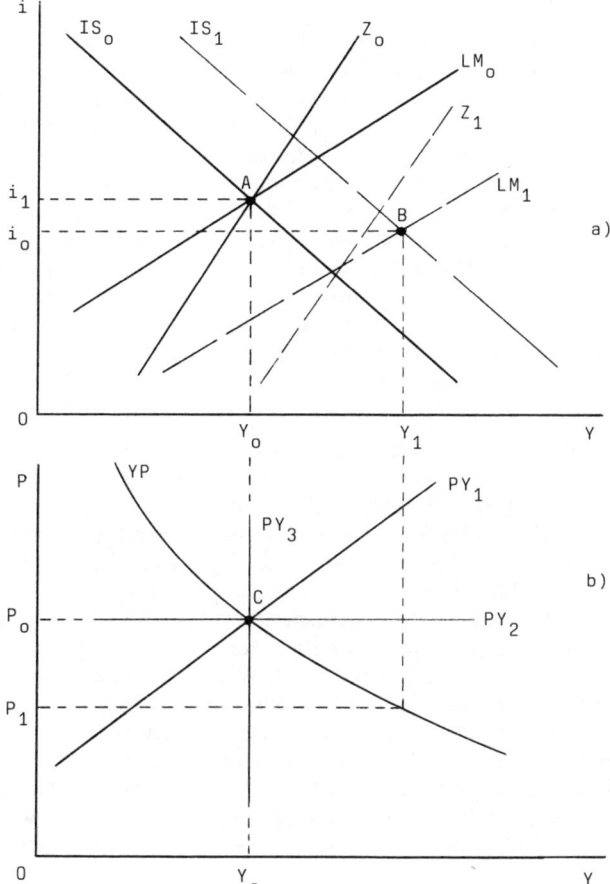

menhänge liegt eindeutig eine negative Abhängigkeit der Güternachfrage vom Preisniveau vor. Änderungen der in der Abbildung D.30 nicht erfaßten Modellvariablen, z. B. der autonomen staatlichen Absorption, der monetären Basis oder des Wechselkurses sind in einer Verschiebung der Nachfragekurve YP auszudrücken. Eine expansive Fiskalpolitik, eine Geldmengenerhöhung oder eine Abwertung der inländischen Währung führen jeweils zu einer Rechtsverschiebung dieser Kurve und vice versa. Im Abbildungsteil b) ist mit PY auch die Abhängigkeit des Preisniveaus P von der Güternachfrage bzw. vom Einkommen Y gemäß der Preisfunktion (D-82) dargestellt worden. PY_1 beschreibt diese Abhängigkeit für eine normale Einkommenselastizität $0 < e_Y < \infty$, PY_2 ist für $e_Y = 0$ und PY_3 für $e_Y = \infty$ gültig. Für den Fall, daß die Einkommenselastizität kleiner als Unendlich ist, impliziert eine Wechselkursänderung eine Verschiebung der Preiskurve PY. Bei einer Abwertung der inländischen Währung würde sich eine Verschiebung in Richtung auf ein höheres Preisniveau (eine Verschiebung nach oben) ergeben.

D-5.2: Stabilitätspolitik bei festem Wechselkurs

D-5.2.1: Geldpolitik

In der Ausgangssituation möge ein Gleichgewicht auf dem Güter- und dem Geldmarkt sowie ein Zahlungsbilanzgleichgewicht bestehen. Diese Situation ist in der Abbildung D.31 durch die Punkte A und B gekennzeichnet. Im Zuge einer expansiven Geldpolitik werde die LM-Kurve nach LM_1 verschoben. Bei dem Ausgangspreisniveau P_0 würde sich im Punkt C (beim Einkommen Y_1) ein neues Güter- und Geldmarktgleichgewicht ergeben. Dementsprechend verschiebt sich die gesamtwirtschaftliche Nachfragekurve im Abbildungsteil a) von YP_0 nach YP_1, so daß dem Preis P_0 auch dort das Einkommen Y_1 zugeordnet ist. Käme es nicht zu Preisreaktionen, weil die Preiselastizität des Güterangebots unendlich groß und damit die Einkommenselastizität des Preisniveaus Null ist, so ließe sich das Einkommen Y_1 aufrechterhalten, wenn die Zentralbank eine Neutralisierungspolitik betreiben würde. Denn bekanntlich impliziert die expansive Geldpolitik ein Zahlungsbilanzdefizit, das zu einer Verringerung der Währungsreserven führt. Dieser Fall ist weiter oben schon eingehend erörtert worden.

Bei einer normalen Preiselastizität des Güterangebots bzw. einer normalen Einkommenselastizität des Preisniveaus treten aber Preissteigerungen auf, die sich in der Abbildung D.31 (im Abbildungsteil a) durch eine Bewegung auf der neuen gesamtwirtschaftlichen Nachfragekurve YP_1 von D nach E nachvollziehen lassen. Im Gefolge der Erhöhung des Preisniveaus auf P_1 werden die IS-, die LM- und die Z-Kurve jeweils nach links bzw. nach oben verschoben, z. B. nach IS_1, LM_2 und Z_1. Der Punkt F im Abbildungsteil b) korrespondiert also mit dem Punkt E im Abbildungsteil a). Würde die Zentralbank an ihrer Neutralisierungspolitik festhalten, so ließe sich nun das Einkommen Y_2 realisieren. Wie in der Verschiebung der Z-Kurve ausgedrückt, ist die Zahlungsbilanz allerdings durch die Preiserhöhung weiter verschlechtert worden. Dem steht zwar eine Verbesserungstendenz aus der Reduktion des Einkommens von Y_1 nach Y_2 gegenüber, doch die Zahlungsbilanz bleibt – wie sich der Abbildung D.31 unmittelbar entnehmen läßt – dennoch zwingend im Defizit. Die Zentralbank verliert also permanent Währungsreserven, wenn sie an der Neutralisierungspolitik festhält. Sobald sie diese Politik jedoch aufgibt, kommt es

Abbildung D.31

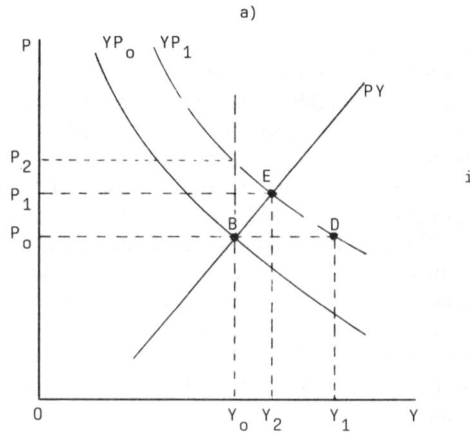
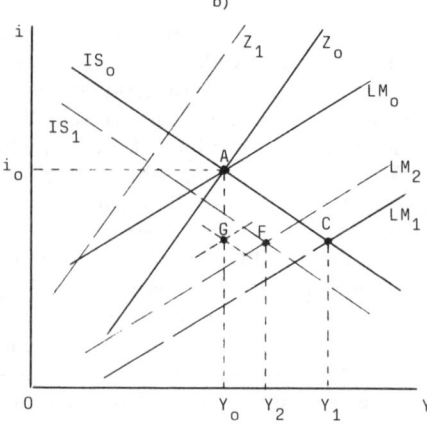

zu einer Geldmengenreduktion. Folglich verschiebt sich die LM-Kurve von LM_2 aus nach links bzw. nach oben. Und dementsprechend ist auch die gesamtwirtschaftliche Nachfragekurve von YP_1 aus nach links zu verschieben. Damit aber treten Preissenkungen auf, die sich in einer Bewegung auf der Preisfunktion PY von E in Richtung auf B nachvollziehen lassen. Im Zuge der Verringerung des Preisniveaus verschieben sich die IS-Kurve und die Z-Kurve wieder in Richtung auf ihre Ausgangslage zurück.

Auf die LM-Kurve wirken nun zwei Einflüsse: die Geldmengenreduktion impliziert die schon genannte Verschiebung nach links bzw. nach oben, und durch die Preissenkung wird dieser Verschiebungsrichtung entgegengewirkt. Ein neues Gleichgewicht kann aber letztlich nur erreicht werden, wenn die Zahlungsbilanz wieder ausgeglichen ist. Bei Stabilität des Systems ist damit logisch impliziert, daß der Effekt aus der Geldmengenreduktion dominierend sein muß. Die LM-Kurve verschiebt sich dann also ebenfalls in Richtung auf ihre Ausgangslage zurück. Schließlich wird die Ausgangssituation wieder erreicht. Die Geldpolitik ist somit längerfristig wirkungslos geblieben, wenn die Zentralbank nicht bereit oder nicht in der Lage ist, der Geldmengenreduktion durch eine anhaltende Neutralisierungspolitik entgegenzuwirken. Wäre die Preiselastizität des Güterangebots Null bzw. die Einkommenselastizität des Preisniveaus unendlich groß, so könnte die Zentralbank aber selbst dann keinen Einkommenseffekt erzielen, wenn eine Neutralisierungspolitik betrieben würde. Es käme dann nur zu einer relativ starken Preiserhöhung (hier auf P_2), und dadurch würden die IS- und die LM-Kurve so weit verschoben, daß das Güter- und Geldmarktgleichgewicht z. B. im Punkt G läge. Da die Zahlungsbilanz aber auch hier defizitär wäre, müßte die Zentralbank eine anhaltende Neutralisierungspolitik betreiben, um dieses „Gleichgewicht" zu erhalten. Vor dem Hintergrund der Beobachtung, daß sich keine Einkommenseffekte erreichen lassen, wäre eine solche Politik jedoch absurd. Die Zentralbank wird ihre Neutralisierungspolitik deshalb aufgeben, und mittelfristig treten dann Anpassungsprozesse auf, wie sie zuvor schon für eine normale Preiselastizität des Güterangebots skizziert wurden. Längerfristig wird – Stabilität des Systems vorausgesetzt – das Ausgangsgleichgewicht wieder erreicht.

Durch die Preiserhöhungen, die auch ohne Neutralisierungspolitik der Zentralbank kurz- und mittelfristig auftreten, können Prozesse in Gang gesetzt werden, die weitere Preiseffekte implizieren. So ist es möglich, daß zur Sicherung der Reallohnposition Lohnerhöhungen erzwungen werden, die Unternehmungen daraufhin zur Erhaltung ihrer realen Verteilungsposition mit weiteren Preiserhöhungen reagieren und dadurch schließlich eine Lohn-Preis-Spirale entsteht, in deren Verlauf ein bestimmtes reales Güterangebot immer höhere Preise voraussetzt. Die Preiskurve in der Abbildung D.31 würde sich in diesem Fall so lange nach links verschieben, bis der Prozeß der Lohn-Preis-Spirale zum Stillstand gekommen ist. Und es ist dann durchaus möglich, daß das neue Güter-, Geld- und Devisenmarktgleichgewicht, das nach Einsatz der Geldpolitik langfristig erreicht wird, schließlich ein höheres Preisniveau und zugleich ein geringeres Realeinkommen als in der Ausgangssituation impliziert. Wenn solche Wirkungsabläufe zu befürchten sind, sollte auf eine expansive Geldpolitik von vornherein verzichtet werden.

D-5.2.2: Fiskalpolitik

Die Einkommens- und Preiseffekte einer expansiven Fiskalpolitik sind für bestimmte Rahmenbedingungen in der Abbildung D.32 dargestellt worden. Auf dem

Güter-, dem Geld- und dem Devisenmarkt liegen jeweils normale Zinselastizitäten vor. In der Ausgangssituation (Punkte A und B) möge ein Gleichgewicht auf den drei Märkten bestehen. Nach Einsatz der Fiskalpolitik wird die IS-Kurve von IS_0 nach IS_1 verschoben. Käme es nicht zu außenwirtschaftlichen Einflüssen und auch nicht zu Preisänderungen, so wäre im Punkt C beim Einkommen Y_1 ein neues Gleichgewicht erreicht. Dementsprechend ist die gesamtwirtschaftliche Nachfrage-kurve im Abbildungsteil a) beim ursprünglichen Preisniveau P_0 um die Strecke BD von YP_0 nach YP_1 zu verschieben.

Verzichtet die Zentralbank auf eine Neutralisierungspolitik und ist das Güteran-gebot vollkommen preiselastisch (die Einkommenselastizität des Preisniveaus Null), so erzwingen die außenwirtschaftlichen Einflüsse im vorliegenden Beispiel eine Geldmengenreduktion, durch die sich schließlich ein Gleichgewicht im Punkt E einstellen würde. Dieses Ergebnis ist aus den früheren Untersuchungen bekannt. Ist dagegen die Preisfunktion PY_0 gegeben, so steigt das Preisniveau. Dieser Vor-gang kommt in einer Bewegung auf der Nachfragekurve YP_1 von D in Richtung auf F zum Ausdruck. Der Preisanstieg verschlechtert die Leistungsbilanz und ver-ringert außerdem die reale Geldmenge. Die IS-Kurve wird folglich von IS_1 aus wieder nach links verschoben, und gleichzeitig verschieben sich auch die Z-Kurve und die LM-Kurve nach links bzw. nach oben.

Betreibt die Zentralbank keine Neutralisierungspolitik, so ergibt sich zusätzlich noch ein Einfluß auf die Geldmenge, wenn die Zahlungsbilanz auch nach Auftreten der Preiseffekte unausgeglichen bleibt. Im dargestellten Beispiel kommt es auf-grund eines Zahlungsbilanzdefizits zu einer weiteren – jetzt außenwirtschaftlich bedingten – Verringerung der realen Geldmenge. Diese führt zu einer Verschiebung der gesamtwirtschaftlichen Nachfragekurve von YP_1 aus nach links (Bewegung von F in Richtung auf G).

Ist das System stabil, so wird schließlich ein neues Güter-, Geld- und Devisen-marktgleichgewicht z.B. in den Punkten G und H erreicht. Im Gefolge der expansi-ven Fiskalpolitik ist es also zu einer Erhöhung des Einkommens auf Y_2, zugleich aber auch zu einer Preissteigerung auf P_1 gekommen. Stellt man einen Bezug zum

Abbildung D.32

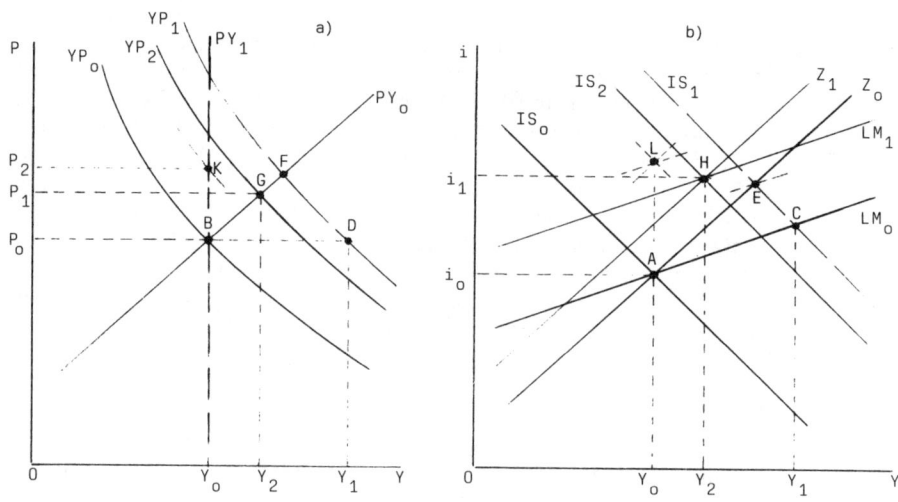

Gleichgewichtspunkt E (im Abbildungsteil b)) her, der sich bei konstantem Preisniveau ergeben hätte, so wird deutlich, daß der Preiseffekt den Einkommenseffekt der Fiskalpolitik vermindert. Der Preiseffekt wird dabei um so stärker, je geringer die Preiselastizität des Güterangebots (je größer die Einkommenselastizität des Preisniveaus) ist. Liegt im Extremfall eine Preiselastizität von Null (eine Einkommenselastizität von Unendlich) vor, so bewirkt die expansive Fiskalpolitik lediglich eine Preiserhöhung. Ein positiver Einkommenseffekt ließe sich in diesem Fall nicht erzielen. In der Abbildung D.32 würde das neue Gleichgewicht dann beispielsweise in den Punkten K und L beim Preisniveau P_2 erreicht.

Die allgemeine algebraische Lösung führt unter der Bedingung, daß die Zentralbank keine Neutralisierungspolitik betreibt, zu dem folgenden (längerfristigen) Ergebnis:[45]

(D-85) $dY/dA_s = k_i/N \geq 0$

(D-86) $dP/dA_s = k_i e_Y \dfrac{P}{NY} \geq 0$

$$\text{mit:}\quad N = k_i(1 - a_Y) + (k_i - a_i)\left(m - n_q e_Y \frac{H}{Y}\right) > 0$$

Wie im Fall ohne Preiseffekte, ist die Fiskalpolitik wirkungslos, wenn der internationale Kapitalverkehr zinsunelastisch ist (bei $k_i = 0$). Preiseffekte treten nicht auf, wenn die Einkommenselastizität des Preisniveaus e_Y den Wert Null hat. Schließlich hat die Fiskalpolitik – wie oben schon gesagt – nur einen Preiseffekt, jedoch keinen Einkommenseffekt, wenn die Elastizität e_Y unendlich groß ist.

D-5.3: Wechselkurspolitik

Mit einer Abwertung der eigenen Währung kann ein Land bekanntlich eine Einkommenserhöhung erzielen, wenn das Preisniveau konstant ist. Ähnlich wie bei der zuvor diskutierten expansiven Fiskalpolitik, wird der positive Einkommenseffekt der Abwertung jedoch abgeschwächt, wenn es zu Preissteigerungen kommt. Und die Abwertung hat – wie die Fiskalpolitik – keinen Einkommenseffekt, wenn das Güterangebot vollkommen preiselastisch ist bzw. wenn die Einkommenselastizität des Preisniveaus unendlich groß ist. Die Abhängigkeit des Preisniveaus vom Wechselkurs impliziert allerdings einen Wirkungszusammenhang, der in der oben durchgeführten Analyse zu den Einkommens- und Preiseffekten der Geld- und Fiskalpolitik bei festem Wechselkurs keine Rolle spielt. Je höher die Wechselkurselastizität des Preisniveaus ist, desto größer ist der Preissteigerungseffekt einer Abwertung und desto mehr wird der positive Einkommenseffekt der Abwertung von hierher konterkariert. Und dieser Wirkungszusammenhang tritt auch dann auf, wenn die Einkommenselastizität des Preisniveaus Null ist, wenn es also bei Einsatz der Geld- oder Fiskalpolitik überhaupt nicht zu Preiseffekten käme. Das sei mit Hilfe der Abbildung D.33 erläutert.

Mit den Punkten A und B ist wieder eine Ausgangssituation gegeben, in der ein Gleichgewicht auf allen hier betrachteten Märkten besteht. Die Einkommenselastizität des Preisniveaus möge Null sein, so daß die Preiskurve PY parallel zur Ein-

---

[45] Siehe hierzu den Anhang D.18.

Abbildung D.33

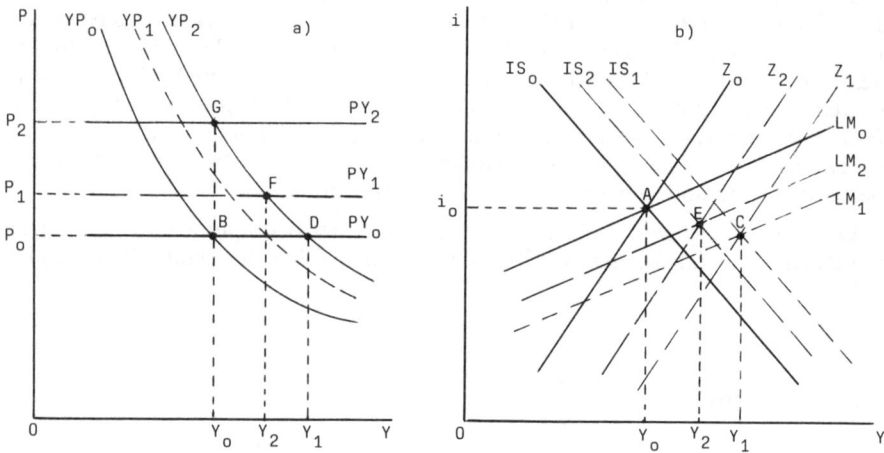

kommensachse verläuft. Mit der Abwertung kommt es im vorliegenden Modell ceteris paribus zu einer Verbesserung der Leistungsbilanz. Diese Verbesserung ist in einer Verschiebung der IS-Kurve, der Z-Kurve und der gesamtwirtschaftlichen Nachfragekurve YP jeweils nach rechts auszudrücken, und zwar ergeben sich in der Abbildung D.33 hierdurch die Kurven IS_1, Z_1 und YP_1. Es sei davon ausgegangen, daß das Preisniveau zunächst noch unverändert bleibt. Wie die Lage der neuen Z-Kurve Z_1 anzeigt, besteht in dieser Situation nun ein Zahlungsbilanzüberschuß; folglich nimmt, sofern die Zentralbank keine Neutralisierungspolitik betreibt, die Geldmenge zu. Die LM-Kurve verschiebt sich dadurch nach rechts; entsprechend ist auch die gesamtwirtschaftliche Nachfragekurve weiter nach rechts zu verschieben. Es könnte sich dann beispielsweise ein neues Gleichgewicht in den Punkten C und D einstellen. Die LM-Kurve wäre nach LM_1, die YP-Kurve nach YP_2 verschoben worden. Je nach Wechselkurselastizität des Preisniveaus kommt es aber zu einer Preiserhöhung, und dementsprechend verschiebt sich die Preiskurve PY nach oben. Im Abbildungsteil a) wurde exemplarisch eine Verschiebung nach PY_1 für den Fall vorgenommen, daß die Wechselkurselastizität zwar größer als Null, aber kleiner als Eins ist. Alternativ findet eine Verschiebung nach PY_2 statt, wenn die Wechselkurselastizität den Wert Eins hat.

Im ersten Fall kommt es im Zuge der Anpassungsprozesse zu einer Erhöhung des Preisniveaus auf P_1. Der Preisanstieg bewirkt eine Verschlechterung der Leistungsbilanz, und dementsprechend sind die IS-Kurve und die Z-Kurve wieder nach links zu verschieben. Im Zuge der Preiserhöhung ergibt sich darüber hinaus eine Reduktion der realen Geldmenge, so daß auch die LM-Kurve wieder nach links bzw. nach oben zu verschieben ist. Die Preiserhöhung bewirkt also – für sich betrachtet – eine Einkommensreduktion. Im Abbildungsteil a) lassen sich die Preis- und Einkommensreaktionen beispielsweise in einer Bewegung auf der gesamtwirtschaftlichen Nachfragekurve YP_2 von D nach F ausdrücken. Es ist allerdings nicht ausgeschlossen, daß es im Zuge der Anpassungsprozesse zu weiteren Verschiebungen der YP-Kurve kommt. Auf eine entsprechende Darstellung sei jedoch aus Vereinfachungsgründen verzichtet.

Hat die Wechselkurselastizität des Preisniveaus einen Wert von Eins, so steigt das Preisniveau proportional zur Wechselkursänderung. Die Terms of Trade q bleiben dann unverändert, und die Abwertung hat deshalb letztlich keinen Leistungsbilanzeffekt. Im Abbildungsteil b) steht der abwertungsinduzierten Verschiebung von IS- und Z-Kurve nach IS_1 und Z_1 folglich eine gleich große preisinduzierte Verschiebung von IS_1 zurück nach IS_0 und von Z_1 zurück nach Z_0 gegenüber. Das neue Gleichgewicht muß also zwingend bei der ursprünglichen Zins-Einkommens-Kombination i_0 und Y_0 liegen. Durch den Preisanstieg auf P_2 wird die reale Geldmenge so weit reduziert, daß sich auch die LM-Kurve zurück in ihre Ausgangslage verschiebt. Sofern das System stabil ist, ergibt sich dementsprechend ein neues Gleichgewicht in den Punkten A und G. Mit der Abwertung ist somit lediglich ein Preiseffekt, nicht jedoch ein Einkommenseffekt erzielt worden. Der positive Einkommenseffekt der Abwertung wurde durch den negativen Einkommenseffekt der Preissteigerung exakt kompensiert.

Die allgemeine algebraische Lösung des Modells führt zu folgendem Ergebnis:[46]

(D-87) $$dY/dw = -\frac{H}{wN} n_q (k_i - a_i)(1 - e_w) \geq 0$$

(D-88) $$dP/dw = \frac{P}{wN}\left[e_w k_i (1 - a_Y) + (k_i - a_i)\left(e_w m - n_q e_Y \frac{H}{Y} \right) \right] \geq 0$$

mit: $$N = k_i(1 - a_Y) + (k_i - a_i)\left(m - n_q e_Y \frac{H}{Y} \right) > 0$$

Wie schon oben erläutert, ist mit einer Wechselkursänderung nur dann ein Einkommenseffekt zu erzielen, wenn zwei Bedingungen erfüllt sind: $e_Y < \infty$, $e_w < 1$. Die Wechselkursänderung ist mit einer dazu proportionalen Preisänderung verbunden, wenn gilt: $e_w = 1$.

Die geometrische Analyse und die algebraischen Lösungen bringen klar zum Ausdruck, daß den Preiseffekten einer Wechselkursänderung eine große Bedeutung zukommen kann. Vor allem dann, wenn das betrachtete Land eine hohe Importabhängigkeit aufweist und dabei insbesondere auf den Import von Vorleistungsgütern angewiesen ist, muß mit einer relativ großen Wechselkurselastizität des Preisniveaus gerechnet werden. In diesem Fall löst eine Abwertung beachtliche – unerwünschte – Preiseffekte aus, ohne gleichzeitig nennenswerte – gewünschte – Einkommenssteigerungen herbeizuführen. Angesichts möglicher Preiseffekte sind Wechselkursänderungen – insbesondere Abwertungen – als Mittel der Einkommens- und Beschäftigungspolitik kritisch zu beurteilen.

D-5.4: Stabilitätspolitik bei flexiblem Wechselkurs

D-5.4.1: Geldpolitik

Ein System flexibler Wechselkurse wird immer wieder als eine wichtige Voraussetzung für den autonomen Gestaltungsspielraum sowie für die stabilitätsorientierte Wirksamkeit der nationalen Geldpolitik hervorgehoben. Tatsächlich hat die weiter oben durchgeführte geldpolitische Wirkungsanalyse deutlich gemacht, daß die

---

[46] Siehe hierzu den Anhang D.18.

Abbildung D.34

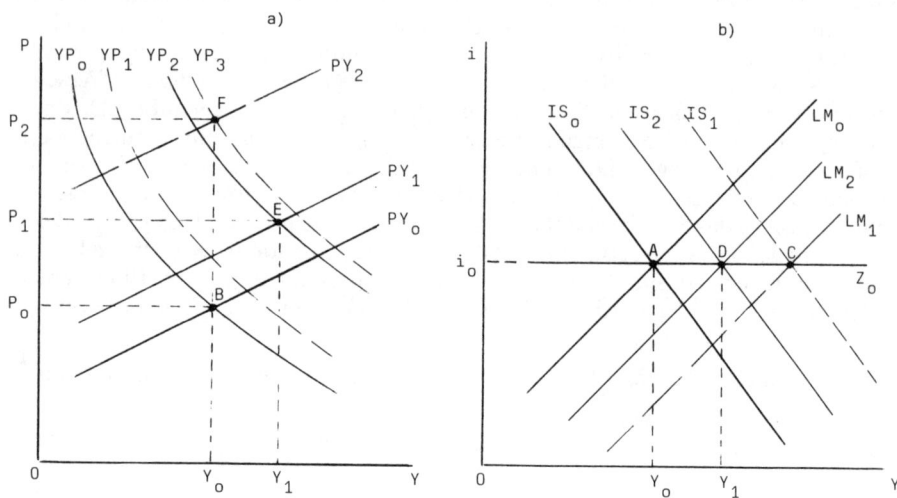

Geldpolitik wegen der Unmöglichkeit, längerfristig den Geldmengeneffekt von Devisenzu- und Devisenabflüssen zu kompensieren, bei festen Wechselkursen über kurz oder lang unwirksam ist, demgegenüber aber bei flexiblen Wechselkursen ihre volle Wirksamkeit entfalten kann. Der Nachweis der geldpolitischen Wirksamkeit bei flexiblen Wechselkursen wurde bisher aber nur in einem Modell erbracht, in dem Preiseffekte ausgeschlossen waren. Es ist jetzt also zu prüfen, ob sich dieses Ergebnis auch dann bestätigt, wenn es im Zuge der Geldpolitik zu Preiseffekten kommt.

Um die Analyse möglichst einfach zu gestalten, sei angenommen, daß die Zinselastizität des internationalen Kapitalverkehrs unendlich groß ist. Da internationale Rückwirkungen annahmegemäß nicht auftreten, bleibt das inländische Zinsniveau in diesem Fall unverändert. Die Z-Kurve in der Abbildung D.34 verläuft deshalb parallel zur Einkommensachse. Die Ausgangssituation sei wieder durch ein Gleichgewicht in den Punkten A und B gekennzeichnet. Durch eine expansive Geldpolitik werde die LM-Kurve nach LM_1 verschoben. Zugleich ist auch die gesamtwirtschaftliche Nachfragekurve nach rechts zu verschieben, z. B. nach YP_1. Infolge der Zinssenkungstendenz kommt es, wie schon für den Fall ohne Preiseffekte ausführlich erläutert, zu einer Abwertung der heimischen Währung. Dementsprechend verschiebt sich die IS-Kurve nach rechts, und gleichfalls findet von YP_1 aus eine weitere Verschiebung der gesamtwirtschaftlichen Nachfragekurve nach rechts statt. Käme es nicht zu einer Preisänderung, so ließe sich z. B. ein neues Gleichgewicht im Punkt C realisieren. Die Abwertung induziert aber bei entsprechender Wechselkurselastizität des Preisniveaus eine Preiserhöhung, und außerdem resultiert auch aus der Einkommensabhängigkeit des Preisniveaus ein positiver Preisimpuls. Im Abbildungsteil a) kommt der wechselkursinduzierte Preisimpuls in einer Verschiebung der Preiskurve nach oben, z. B. von PY_0 nach PY_1 zum Ausdruck, wogegen sich der einkommensinduzierte Preisimpuls durch eine Bewegung auf der Preiskurve nachvollziehen läßt.

Mit dem Preisanstieg verschiebt sich die IS-Kurve wieder nach links, und die LM-Kurve wird ebenfalls wieder zurück in Richtung auf die Ausgangslage verschoben.

Ist das System stabil, so ergibt sich beispielsweise schließlich ein neues Gleichgewicht in den Punkten D und E. Die expansive Geldpolitik hat dann zwar einen positiven Einkommenseffekt (eine Einkommenserhöhung auf Y_1) erzielt, doch auch das Preisniveau ist (hier auf P_1) gestiegen. Die IS-Kurve ist also letztlich nach IS_2, die LM-Kurve nach LM_2 und die gesamtwirtschaftliche Nachfragekurve nach YP_2 verschoben worden. Ein Vergleich mit dem Gleichgewicht im Punkt C, das sich ohne Preiseffekte ergeben hätte, zeigt, daß der Einkommenseffekt durch den Einfluß der Preissteigerung geschmälert wird.

Der hier skizzierte positive Einkommenseffekt ist aber keineswegs zwingend. Der Preiseffekt der Geldpolitik kann so groß sein, daß eine vollständige Kompensation des Einkommenseffektes erfolgt. Dieses Ergebnis tritt dann ein, wenn

– die Preiselastizität des Güterangebots Null bzw. die Einkommenselastizität des Preisniveaus unendlich groß ist und/oder

– die Wechselkurselastizität des Preisniveaus den Wert Eins hat.

Im ersten Fall ist a priori keine Erhöhung des Realeinkommens möglich, und die Wirkung der Geldpolitik muß sich in einer Preiserhöhung erschöpfen. Im zweiten Fall verändert sich das Preisniveau proportional zur Wechselkursänderung. Da die Terms of Trade also unverändert bleiben, bewirkt die Abwertung keine Verbesserung der Leistungsbilanz. Der abwertungsinduzierten Rechtsverschiebung der IS-Kurve nach IS_1 steht somit eine gleich große preisinduzierte Linksverschiebung der IS-Kurve zurück nach IS_0 gegenüber. Der Preisanstieg ist in beiden Fällen gerade so groß, daß die autonome Erhöhung der realen Geldmenge exakt kompensiert wird. Die LM-Kurve ist dementsprechend zurück in die Ausgangslage zu verschieben. Das Preisniveau ist dann z. B. auf P_2 gestiegen. Hätte die Wechselkurselastizität des Preisniveaus den Wert Eins, läge aber eine normale Einkommenselastizität des Preisniveaus vor, so wäre die Preiskurve nach PY_2 verschoben worden.

Auf die gesamtwirtschaftliche Nachfragekurve wirken im Vergleich mit der oben skizzierten Preis-Einkommens-Kombination P_1 und Y_1 zwei gegenläufige Einflüsse ein: durch den Preisanstieg ergibt sich eine Verschlechterung, durch die Einkommensreduktion eine Verbesserung der Leistungsbilanz; überwiegt der erste Einfluß, so wird die inländische Währung weiter abgewertet, überwiegt der zweite Einfluß, so wird der Abwertungsdruck vermindert. Im Abbildungsteil a) ist mit der Verschiebung der gesamtwirtschaftlichen Nachfragekurve über YP_2 hinaus nach YP_3 eine weitere Abwertung angenommen worden.

Die algebraische Lösung führt bei unendlich großer Zinselastizität des internationalen Kapitalverkehrs zu dem folgenden Einkommenseffekt einer Veränderung der nominellen autonomen monetären Basis:[47]

(D-89) $$dY/dB^a = - g \frac{n_q}{N} (1 - e_w) \geq 0$$

$$\text{mit: } N = e_w(s + m) \frac{G^n}{H} - n_q \left[l_Y(1 - e_w) + e_Y \frac{G}{Y} \right] > 0$$

---

[47] Siehe hierzu den Anhang D.19. Auf die Ableitung des Preis- und des Wechselkurseffektes wurde verzichtet. Mit $dY/dB^a \geq 0$ ist im vorgegebenen Modellrahmen zwingend ein Preisanstieg und eine Abwertung verbunden.

Ist die Einkommenselastizität e_Y unendlich groß oder hat die Wechselkurselastizität e_w den Wert Eins, so ist die Geldpolitik in Hinsicht auf einen Einkommenseffekt wirkungslos. Dieses Ergebnis tritt übrigens auch dann ein, wenn der internationale Kapitalverkehr nicht vollkommen zinselastisch ist. Es bleibt also festzustellen, daß ein System flexibler Wechselkurse nicht a priori eine Gewähr dafür bietet, daß sich mit der Geldpolitik bestimmte Einkommensziele erreichen lassen.

D-5.4.2: Fiskalpolitik

Mit dem Einsatz der Fiskalpolitik lassen sich bei flexiblen Wechselkursen keine Einkommenseffekte erzielen, wenn der internationale Kapitalverkehr vollkommen zinselastisch ist und keine internationalen Rückwirkungen auftreten. Wie schon weiter oben gezeigt wurde, bewirkt die Fiskalpolitik dann nämlich eine so starke Aufwertung der heimischen Währung, daß sich positive und negative Einkommensimpulse exakt kompensieren. Sobald aber das Preisniveau auf Wechselkursänderungen reagiert und aufwertungsinduzierte Preissenkungen bei Importen, insbesondere bei importierten Vorleistungsgütern auch zu einer Verringerung des heimischen Preisniveaus führen, wird die negative Wirkung der Aufwertung auf die reale Leistungsbilanz und darüber auf das heimische Einkommen abgeschwächt. Es ist deshalb zu vermuten, daß die Fiskalpolitik aufgrund solcher Preiseffekte in einem System flexibler Wechselkurse selbst bei Vorliegen der oben genannten extremen Bedingungen Einkommenseffekte erzielt. Daß dies so ist, sei mit Hilfe der Abbildung D.35 erläutert. Ausgehend von einem Gleichgewicht in den Punkten A und B wird die IS-Kurve im Zuge einer expansiven Fiskalpolitik nach IS_1 verschoben. Damit korrespondiert die Verschiebung der gesamtwirtschaftlichen Nachfragekurve nach YP_1. Käme es nicht zu Preiseffekten, so würden die IS-Kurve und die YP-Kurve infolge einer Aufwertung der heimischen Währung wieder zurück in die Ausgangslage verschoben.

Besteht eine positive Wechselkurselastizität des Preisniveaus, so impliziert die Aufwertung jedoch eine Preissenkung. Dieser Effekt kommt in einer Verschiebung der Preiskurve nach unten zum Ausdruck. Die Preiskurve könnte so beispielsweise nach PY_1 verändert werden. Die Preissenkung erhöht die reale Geldmenge und

Abbildung D.35

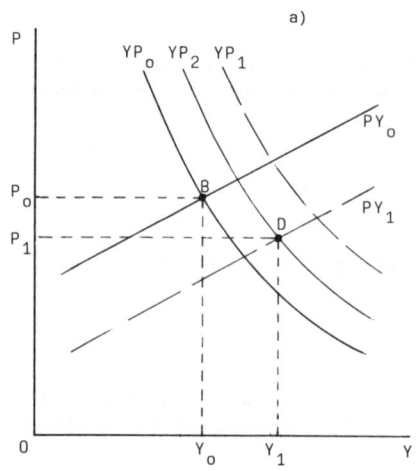
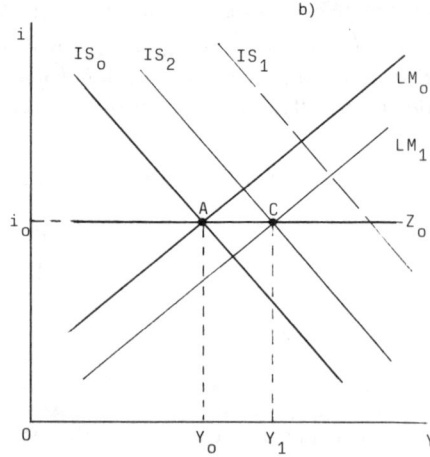

vermindert zugleich die negative Wirkung der Aufwertung auf die Leistungsbilanz. Im Abbildungsteil b) ist deshalb die LM-Kurve nach rechts bzw. nach unten zu verschieben, und die Verschiebung der IS-Kurve von IS_1 aus nach links wird abgeschwächt.

Mit der Erhöhung der realen Geldmenge fällt auch die Zinssteigerungstendenz, die sich aus der expansiven Fiskalpolitik ergibt, geringer aus; folglich ist zu erwarten, daß die heimische Währung jetzt nicht so stark aufgewertet wird wie im Fall ohne Preiseffekte. Auch von hierher wird der Linksverschiebung der IS-Kurve entgegengewirkt. Darüber hinaus ist zu beachten, daß sich auch die gesamtwirtschaftliche Nachfragekurve bei einer geringeren Aufwertung nicht wieder zurück in die Ausgangslage verschiebt. Letztlich kann dann beispielsweise – Stabilität des Systems vorausgesetzt – ein neues Gleichgewicht in den Punkten C und D erreicht werden. Das Einkommen ist dann auf Y_1 gestiegen, und das Preisniveau wurde auf P_1 gesenkt.

Die algebraische Lösung macht deutlich, daß der Einkommenseffekt der Fiskalpolitik um so größer ist, je mehr sich die Aufwertung in einer Preissenkung niederschlägt:[48]

(D-90) $\qquad dY/dA_s = \dfrac{e_w}{N} \geq 0$

$$\text{mit:} \quad N = e_w(s + m) - n_q \frac{H}{G}\left[l_Y(1 - e_w) + e_Y \frac{G}{Y}\right] > 0$$

Ist die Wechselkurselastizität e_w des Preisniveaus Null, so hat die Fiskalpolitik keinen Einkommenseffekt. Darüber hinaus ist zu beachten, daß sich mit dem Einsatz der Fiskalpolitik auch dann kein Einkommenseffekt erzielen läßt, wenn die Preiselastizität des Güterangebots Null bzw. die Einkommenselastizität des Preisniveaus unendlich groß ist (wenn also gilt: $e_Y = \infty$).

Die Untersuchungen haben gezeigt, daß sich mit einer expansiven Fiskalpolitik im Fall eines vollkommen zinselastischen internationalen Kapitalverkehrs nur dann ein positiver Einkommenseffekt erzielen läßt, wenn das Preisniveau gleichzeitig sinkt. Im allgemeinen Fall einer beliebigen Zinselastizität des Kapitalverkehrs ist festzustellen, daß eine Preissenkung grundsätzlich die positive Einkommenswirkung einer stabilitätspolitischen Maßnahme unterstützt. Damit ist auch impliziert, daß eine Preiserhöhung die stabilitätspolitische Wirkung auf das Realeinkommen vermindert. Vor dem Hintergrund des oben diskutierten Beispiels ist allerdings zu fragen, ob es realistisch ist, im Zuge einer expansiven Stabilitätspolitik – hier einer expansiven Fiskalpolitik – Preissenkungen anzunehmen. Eine Aufwertung eröffnet zwar Preissenkungsspielräume, doch es ist keineswegs sicher, daß diese auch tatsächlich zu effektiven Preissenkungen führen. Erfahrungsgemäß besteht nämlich i. d. R. eine gewisse Preisstarrheit „nach unten". Diese kann beispielsweise darauf zurückzuführen sein, daß

– bei den Unternehmungen Unsicherheit über die Dauer der aufwertungsinduzierten Kostenentlastung besteht
– grundsätzlich die Neigung gegeben ist, Kostenentlastungen „zunächst" für eine Erhöhung der Stückgewinne zu nutzen

---

[48] Siehe hierzu den Anhang D.19.

- die Unternehmungen befürchten, mit Preissenkungen einen verstärkten Preiswettbewerb auszulösen, der letzten Endes zu einer Verschlechterung der Gewinnsituation führen könnte.

D-5.5: Preiseffekte und Policy-mix

D-5.5.1: Preisstabilisierung bei festem Wechselkurs

Neben der Vollbeschäftigung und dem außenwirtschaftlichen Gleichgewicht gehört die Preisstabilität zu den stabilitätspolitischen Zielen im sogenannten magischen Dreieck. Das Ziel der Preisstabilität kann gefährdet sein, wenn der Einsatz stabilitätspolitischer Instrumente mit Preiseffekten verbunden ist. Will man in einem System fester Wechselkurse neben den beiden anderen Zielen auch die Preisstabilität erreichen bzw. sicherstellen, so müssen drei voneinander unabhängig einsetzbare Instrumente zur Verfügung stehen. Im Kontext des hier zugrundeliegenden Modells wären deshalb die Fiskalpolitik, die Geldpolitik und die Wechselkurspolitik gleichzeitig einzusetzen. Mit dem weiteren Stabilitätsziel können aber auch erhebliche zusätzliche Probleme für die Politikkoordination auftreten. Das sei mit Hilfe der Abbildung D.36 für bestimmte Rahmenbedingungen auf dem Güter-, dem Geld- und dem Devisenmarkt verdeutlicht.

Die Ausgangssituation in den Punkten A und B impliziert ein Einkommen Y_0, das niedriger als das Vollbeschäftigungseinkommen Y_v ist, und zugleich ein Zahlungsbilanzdefizit. Ist das Güterangebot vollkommen preiselastisch bzw. die Einkommenselastizität des Preisniveaus Null, so treten keine Preiseffekte auf, und zur Erreichung des Einkommensziels und des Zahlungsbilanzausgleichs müßten die Geld- und die Fiskalpolitik nach den bereits bekannten Koordinationsregeln eingesetzt werden. Im Abbildungsteil b) wäre dann bekanntlich ein neues Gleichgewicht im Punkt C zu realisieren. Damit korrespondiert eine Verschiebung der gesamtwirtschaftlichen Nachfragekurve im Abbildungsteil a) von YP_0 nach YP_1. Ist das Güterangebot demgegenüber preisunelastisch bzw. die Einkommenselastizität des Preisniveaus unendlich groß, so läßt sich das Einkommensziel überhaupt nicht erreichen. Jede stabilitätspolitische Maßnahme, die dennoch mit dem Ziel der Einkommenssteigerung eingesetzt würde, hätte Preissteigerungen zur Folge. Es käme dann zu einer – möglicherweise eklatanten – Verletzung des Ziels der Preisstabilität.

Ausgehend von einer Situation der Unterbeschäftigung, ist aber im allgemeinen zu erwarten, daß das Güterangebot eine gewisse – wenn auch nicht unendlich große – Preiselastizität aufweist und die Einkommenselastizität des Preisniveaus somit zwischen Null und Unendlich liegt. Die Preiskurve PY im Abbildungsteil a) besitzt dann eine positive Steigung. Bei konstantem Wechselkurs würde der Einsatz der Geld- und Fiskalpolitik, mit dem sich das Einkommensziel und der Zahlungsbilanzausgleich erreichen ließen, eine Preissteigerung auf P_1 bewirken. Im Vergleich zum Policy-mix, bei dem es nicht zu Preiseffekten käme, müßte die gesamtwirtschaftliche Nachfragekurve weiter nach rechts, nämlich nach YP_2 verschoben werden. Da der Preisanstieg die Leistungsbilanz verschlechtert und die reale Geldmenge verringert, werden im Abbildungsteil b) von hierher die Z-Kurve nach oben, z. B. nach Z_1, die IS-Kurve nach links und die LM-Kurve nach oben verschoben. Zur Erreichung des Einkommensziels und des Zahlungsbilanzausgleichs ist es deshalb erforderlich, die fiskalpolitische Maßnahme – und möglicherweise auch die restriktive geldpolitische Maßnahme – stärker zu dosieren als im Fall ohne Preiseffekte. Mit diesen Maßnahmen ergibt sich dann das Gleichgewicht im Punkt F auf der neuen Z-Kurve Z_1. Hiermit korrespondiert der Punkt E im Abbildungsteil a).

Soll aber nun die Preisstabilität beim Preisniveau P_0 erhalten bleiben, so muß versucht werden, die einkommensinduzierte Preissteigerung durch eine wechselkursinduzierte Preissenkung zu kompensieren. Sofern nämlich das Preisniveau auf eine Wechselkursänderung reagiert, ließe sich die Preiskurve im Abbildungsteil a) durch eine Aufwertung der heimischen Währung möglicherweise so weit nach unten verschieben – nämlich nach PY_1 –, daß das Vollbeschäftigungseinkommen Y_v beim Preisniveau P_0 realisiert werden kann. Ob diese Möglichkeit besteht, hängt von der Wechselkurselastizität des Preisniveaus ab. Ist diese Elastizität Null, so ist es unmöglich, das Einkommensziel und die Preisstabilität mit Hilfe der hier untersuchten geld-, fiskal- und wechselkurspolitischen Instrumente gleichzeitig zu erreichen. In diesem Fall besteht ein Zielkonflikt. Erforderlich wäre jetzt der Einsatz angebotsorientierter Instrumente – insbesondere lohnpolitischer oder ordnungspolitischer Instrumente –, mit denen das Güterangebot erhöht und die erforderliche Verschiebung der Preiskurve nach PY_1 bewirkt werden könnte. Auf solche Instrumente soll hier jedoch nicht näher eingegangen werden.

Abbildung D.36

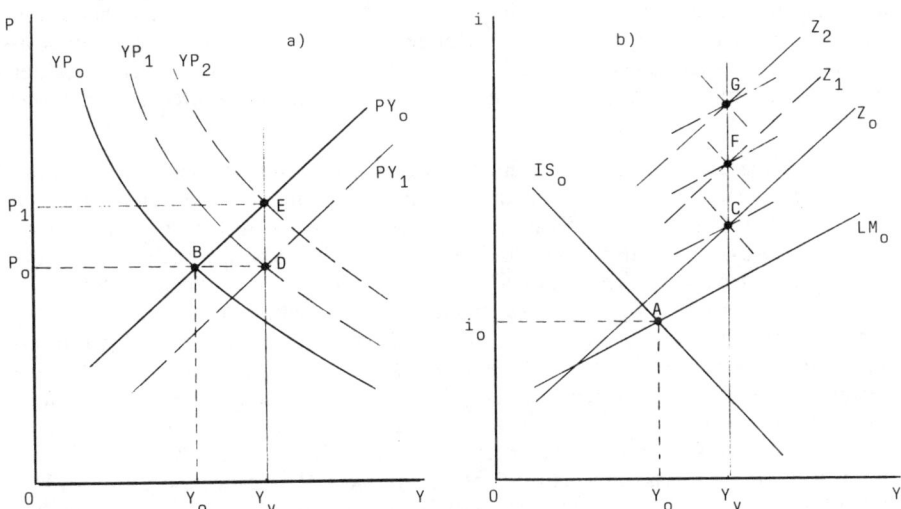

Welche Konsequenzen ergeben sich aber für die Politikkoordination, wenn sich die Preisstabilität tatsächlich mit einer Aufwertung sicherstellen läßt? Je kleiner die Wechselkurselastizität des Preisniveaus ist, desto mehr muß die heimische Währung aufgewertet werden, um auch das dritte Stabilitätsziel zu erreichen. Mit der Aufwertung wird aber ceteris paribus die Leistungsbilanz verschlechtert, und das drückt sich im Abbildungsteil b) bekanntlich in einer Verschiebung der Z-Kurve nach oben und der IS-Kurve nach links aus. Andererseits ist zu beachten, daß der negative Leistungsbilanzeffekt der Preissteigerung, der ohne den Einsatz der Wechselkurspolitik auftreten würde, jetzt entfällt. Es läßt sich aber zeigen, daß der negative Leistungsbilanzeffekt der Aufwertung größer ist als der entsprechende Effekt der Preissteigerung, wenn die Wechselkurselastizität e_w des Preisniveaus kleiner als Eins ist. Die Leistungsbilanz reagiert nämlich im Modell ceteris paribus wie folgt auf eine Preis- und auf eine Wechselkursänderung:

(D-91) $\qquad dH = n_q \dfrac{H}{P} dP - n_q \dfrac{H}{w} dw$ mit: $n_q < 0$

Bei Realisierung des Einkommensziels würde sich aus der Preisfunktion die folgende Preisänderung ergeben, wenn der Wechselkurs konstant bliebe:

(D-91a) $\qquad dP = e_Y \dfrac{P}{Y} (Y_v - Y_0)$ bei: $dw = 0$ mit: $e_Y > 0$

Um das Preisniveau konstant zu halten, müßte demgegenüber gemäß der Preisfunktion die folgende Wechselkursänderung vorgenommen werden:

(D-91b) $\qquad dw = - \dfrac{e_Y}{e_w} \dfrac{w}{Y} (Y_v - Y_0)$ bei: $dP = 0$ mit: $0 \le e_w \le 1$

Setzt man nun die Preisreaktion gemäß Gleichung (D-91a) – für dw = 0 – oder alternativ die Wechselkursreaktion gemäß Gleichung (D-91b) – für dP = 0 – in die Gleichung (D-91) ein, so wird unmittelbar deutlich, daß der negative Leistungsbilanzeffekt der zur Preisstabilität erforderlichen Aufwertung größer ist als der entsprechende Effekt der ansonsten auftretenden Preiserhöhung, wenn e_w kleiner als Eins ist. Und je kleiner die Wechselkurselastizität e_w ist, desto mehr verschlechtert die zur Sicherung der Preisstabilität notwendige Wechselkurspolitik die Leistungsbilanz.

Ein weiterer unerwünschter Nebeneffekt der wechselkursinduzierten Preisstabilisierung ergibt sich bei den hier zugrundeliegenden Rahmenbedingungen aus einem relativ starken Zinsanstieg. Wenn nämlich durch die Aufwertung bei $e_w < 1$ ein höherer negativer Leistungsbilanzeffekt entsteht als bei Akzeptanz der Preissteigerung – im Beispiel der Abbildung D.36 auf P_1 –, so wird auch die Z-Kurve im Abbildungsteil b) über Z_1 hinaus weiter nach oben verschoben, z.B. nach Z_2. Folglich müssen auch durch eine entsprechende Dosierung des fiskal- und geldpolitischen Instrumenteneinsatzes die IS-Kurve weiter nach rechts und die LM-Kurve weiter nach oben verschoben werden. Dadurch ergibt sich schließlich ein neues Gleichgewicht im Punkt G. Ein Vergleich mit der weiter oben schon erläuterten Gleichgewichtssituation im Punkt F zeigt, daß der Zinsanstieg jetzt höher ausfällt als im Fall ohne Preisstabilisierung. Mit dem Punkt G korrespondiert der Punkt D im Abbildungsteil a). Zu beachten ist, daß die gesamtwirtschaftliche Nachfragekurve infolge der expansiven Fiskalpolitik zwar über YP_1 hinaus nach rechts verschoben wird, daß dem aber eine aufwertungsinduzierte Linksverschiebung gegenübersteht, so daß letztlich die neue Nachfragekurve YP_1 maßgeblich ist. Induziert die Preisstabilisierung, wie zuvor skizziert, einen zusätzlichen Zinsanstieg, so bedeutet dies eine – möglicherweise höchst unerwünschte – Verdrängung privater Nachfrage zugunsten einer Erhöhung des Staatsanteils.

Der hier dargestellte Leistungsbilanz- und Zinseffekt der Preisstabilisierung darf allerdings nicht zu dem Schluß verleiten, man solle das Ziel der Preisstabilität vernachlässigen. Es ist nämlich nicht auszuschließen, daß eine Preiserhöhung – wie weiter oben schon erwähnt – eine Preis-Lohn-Spirale auslöst, durch die letztlich die Leistungsbilanz noch stärker negativ beeinflußt und das Zinsniveau noch weiter angehoben wird als im Fall der Preisstabilisierung. Nicht zuletzt sei darauf hingewiesen, daß der Zinsanstieg, der zur Realisierung der stabilitätspolitischen Ziele erforderlich ist, auch von der Zinselastizität des internationalen Kapitalverkehrs abhängig ist. Je größer nämlich diese Zinselastizität ist, desto geringer muß der Zinsanstieg sein, der ausreicht, um die einkommens- und wechselkursinduzierte Verschlechterung der Leistungsbilanz durch eine entsprechende Verbesserung der Kapitalverkehrsbilanz auszugleichen. Und im Falle einer unendlich großen Zinselastizität des internationalen Kapitalverkehrs wäre hierzu überhaupt kein Zinsanstieg erforderlich. Die Z-Kurve im Teil b) der Abbildung D.36 würde dann bekanntlich parallel zur Einkommensachse verlaufen.

Das gesamte Spektrum der Politikkoordination läßt sich den im Modell gewonnenen allgemeinen algebraischen Lösungen entnehmen. Um simultan das Einkommensziel, den Zahlungsbilanzausgleich und die Preisstabilität zu erreichen, ist neben der Wechselkursänderung gemäß Gleichung (D-91b) der folgende Einsatz der Fiskalpolitik und der Geldpolitik erforderlich:[49]

$$(D\text{-}92) \qquad dA_s = \left[s + \left(1 - \frac{a_i}{k_i} \right) \left(m - n_q \frac{e_Y}{e_w} \frac{H}{Y} \right) \right] (Y_v - Y_0) + \frac{a_i}{k_i} Z_0$$

$$(D\text{-}93) \qquad dB^a = \frac{1}{g} \left[l_Y + \frac{l_i}{k_i} \left(m - n_q \frac{e_Y}{e_w} \frac{H}{Y} \right) \right] (Y_v - Y_0) - \frac{l_i}{gk_i} Z_0$$

Y_0 ist das Einkommen, Z_0 der Zahlungsbilanzsaldo jeweils in der Ausgangssituation. Die zur Zielerreichung erforderliche Zinssatzveränderung beträgt:

$$(D\text{-}94) \qquad di = \frac{1}{k_i} \left[\left(m - n_q \frac{e_Y}{e_w} \frac{H}{Y} \right) (Y_v - Y_0) - Z_0 \right]$$

Wie oben schon erwähnt, fällt die Zinsänderung um so geringer aus, je größer die Zinselastizität des internationalen Kapitalverkehrs bzw. je größer der Zinskoeffizient k_i ist.

D-5.5.2: Preisstabilisierung bei flexiblem Wechselkurs

Um in einem System flexibler Wechselkurse das Einkommensziel zusammen mit einer Preisstabilität zu erreichen, müssen die Geld- und die Fiskalpolitik gleichzeitig eingesetzt werden. Das außenwirtschaftliche Gleichgewicht ist in Hinsicht auf den Zahlungsbilanzausgleich durch den flexiblen Wechselkurs gewährleistet. Die zur Preisstabilisierung notwendige Wechselkursänderung ergibt sich auch jetzt unter Berücksichtigung des Einkommensziels zwingend aus der Preisfunktion. Diese Änderung ist der schon bekannten Gleichung (D-91b) zu entnehmen, und eine Einkommenserhöhung macht danach eindeutig eine Aufwertung erforderlich. Wird die Fiskalpolitik an der Erreichung des Einkommensziels ausgerichtet, so muß folglich die Geldpolitik so eingesetzt werden, daß sich durch die freie Wechselkursbildung am Devisenmarkt gerade die Aufwertungsrate ergibt, die gemäß Gleichung (D-91b) die Preisstabilität sichert. Hierzu ist die in der Gleichung (D-94) genannte Zinsänderung erforderlich. Unter Beachtung der durch die Fiskalpolitik bereits induzierten Zinseffekte hat die Geldpolitik also dafür zu sorgen, daß es zu dieser Zinsänderung kommt. Ist die Zinselastizität des internationalen Kapitalverkehrs relativ niedrig, so wird die Geldpolitik – wie in dem in der Abbildung D.36 skizzierten Beispiel – restriktiv einzusetzen sein, um die durch die expansive Fiskalpolitik

---

[49] Siehe hierzu den Anhang D.20.

schon eintretende Zinserhöhung noch zu verstärken. Nur so kann in diesem Fall der Nettokapitalimport so weit angeregt werden, daß trotz der einkommensinduzierten Verschlechterung der Leistungsbilanz die zur Preisstabilisierung notwendige Aufwertung erreicht wird. Bei sehr hoher Zinselastizität des Kapitalverkehrs kann demgegenüber eine expansive Geldpolitik nötig sein. Der durch die Fiskalpolitik verursachte Zinsanstieg könnte nämlich jetzt einen so hohen zusätzlichen Kapitalimport hervorrufen, daß die heimische Währung über die erforderliche Rate hinaus aufgewertet wird.

Da die Rate der Wechselkursänderung, die die Preisstabilität sicherstellt, und die Zinsänderung jeweils in beiden Wechselkurssystemen übereinstimmen, besteht bei ansonsten gleichen Rahmenbedingungen auch kein Unterschied beim geld- und fiskalpolitischen Instrumenteneinsatz. Dieser ergibt sich aus den schon oben eingeführten Lösungsgleichungen (D-92) und (D-93). Und für die in der Abbildung D.36 skizzierte Situation muß auch bei flexiblem Wechselkurs durch den geeigneten Einsatz von Geld- und Fiskalpolitik ein neues Gleichgewicht realisiert werden, das durch die Punkte D (im Abbildungsteil a) und G (im Abbildungsteil b) gekennzeichnet ist. Ein Unterschied besteht lediglich darin, daß die Z-Kurve in der Abbildung D.36 nun nicht durch eine autonome Aufwertung der heimischen Währung, sondern durch eine in freier Wechselkursbildung eingetretene Aufwertung von Z_0 nach Z_2 verschoben wird.

Kapitel E:
Internationaler Preiszusammenhang, Kaufkraftparität und Zahlungsbilanzanpassung

E-1: Transmissionswege internationaler Preisimpulse

Das Ziel der Preisstabilität läßt sich in einem Land nur dann erreichen, wenn neben den hausgemachten auch die importierten Preis- bzw. Inflationsimpulse verhindert werden. Von daher ist zu fragen, ob und unter welchen Bedingungen ein internationaler Preiszusammenhang wirksam ist und wie sich ein einzelnes Land trotz internationaler Wirtschaftsverflechtungen vor einem Inflationsimport schützen kann. Es war immer unumstritten, daß in einem System fester Wechselkurse ein sehr enger Zusammenhang zwischen den nationalen Preisentwicklungen besteht und sich ein einzelnes Land dem Inflationsimport nicht entziehen kann. Demgegenüber hat sich die Einschätzung des internationalen Preiszusammenhangs in einem System flexibler Wechselkurse erheblich gewandelt. Lange Zeit war es herrschende Meinung, daß flexible Wechselkurse einem Land einen vollständigen Schutz vor Preis- bzw. Inflationsübertragungen gewähren würden. Nicht zuletzt aufgrund von Erfahrungen, die in jüngerer Zeit mit Systemen flexibler Wechselkurse gemacht wurden, hat sich nun jedoch die Auffassung durchgesetzt, daß auch ein solches System einzelne Länder keineswegs vor Inflationsimporten abschirmt. Offen ist nur noch die Frage, ob der internationale Preiszusammenhang bei flexiblen Wechselkursen schwächer ist als bei festen Wechselkursen. Bislang scheint überwiegend die Meinung zu bestehen, daß flexible Wechselkurse die Transmission von Preis- bzw. Inflationsimpulsen zumindest erschweren und externe Preissteigerungen deshalb nur zu einem gewissen Teil übertragen werden.

Der Inflationsimport kann über fünf Transmissionswege erfolgen:

1. Externe Preissteigerungen bewirken unter bestimmten Bedingungen eine Verbesserung der (nominellen) Leistungsbilanz eines Landes.[1] Folgt daraus zugleich eine Verbesserung der (nominellen) Zahlungsbilanz bzw. Devisenbilanz, so nimmt die inländische Geldmenge zu, wenn die Zentralbank keine Kompensationspolitik betreibt. Mit der Geldmengenerhöhung wird es dann gemäß quantitätstheoretischer Zusammenhänge zu einem Anstieg des inländischen Preisniveaus kommen (*Liquiditätsmechanismus*). Da dieser Liquiditätsmechanismus einen Zahlungsbilanzüberschuß oder zumindest eine Verbesserung der Zahlungsbilanz voraussetzt, kann der hier skizzierte internationale Preiszusammenhang nur in einem System fester Wechselkurse wirksam werden.

2. Externe Preissteigerungen können einerseits über eine Anregung der Exporte und andererseits über eine Verminderung der Importe die Nachfrage nach den heimischen Gütern eines Landes erhöhen, und es ist möglich, daß dadurch auch die inländischen Preise steigen (*direkter Nachfragemechanismus bzw. Einkommensmechanismus*). Diese Form des internationalen Preiszusammenhangs setzt eine Verbesserung des realen Außenbeitrags bzw. der realen Leistungsbilanz voraus. Anders als beim Liquiditätsmechanismus spielt demgegenüber die Entwicklung des Zahlungsbilanzsaldos keine entscheidende Rolle. Der direkte Nachfra-

---

[1] In diesem Zusammenhang ist auf die Robinson-Bedingung und auf die Marshall-Lerner-Bedingung zu verweisen. Siehe hierzu Kapitel C, insbesondere C-2 und C-7.

gemechanismus kommt auch dann zum Tragen, wenn die Zahlungsbilanz ausgeglichen ist bzw. ausgeglichen bleibt und folglich ein Liquiditätsmechanismus nicht auftritt. Somit kann es den hier skizzierten internationalen Preiszusammenhang grundsätzlich auch bei flexiblen Wechselkursen geben, wenn nämlich die Verbesserung der Leistungsbilanz durch eine entsprechende Verschlechterung der Kapitalverkehrsbilanz kompensiert wird.

3. Externe Preissteigerungen können mit einer Erhöhung der Importpreise eines Landes verbunden sein, und das kann eine Zunahme der heimischen Produktionskosten bedeuten, aus der dann möglicherweise auch ein Anstieg der inländischen Preise resultiert (*direkter Kostenmechanismus*). Dieser Kostenmechanismus wirkt auch in einem System flexibler Wechselkurse, sofern die externen Preissteigerungen nicht durch eine dazu proportionale Aufwertung der heimischen Währung kompensiert werden.

4. Durch externe Preissteigerungen wird die Wettbewerbssituation der heimischen Exporteure verbessert, und es ist denkbar, daß die neue Situation genutzt wird, um über eine Anhebung der heimischen Exportgüterpreise zu höheren Stückgewinnen zu gelangen. Damit aber würden auch in dem betrachteten Land Preisimpulse ausgelöst, die sich durch die intersektoralen Verflechtungen auf das gesamte volkswirtschaftliche Preisgefüge ausbreiten könnten (*direkter Preismechanismus bzw. direkter internationaler Preiszusammenhang*). Dieser Preiszusammenhang besteht auch dann, wenn die externen Preissteigerungen weder die Nachfrage nach inländischen Gütern noch die inländischen Produktionskosten erhöhen. Und er kann grundsätzlich sowohl bei festen als auch bei flexiblen Wechselkursen auftreten.

5. Kommt es aufgrund externer Preissteigerungen – wie oben beschrieben – zu einer Erhöhung der Nachfrage nach inländischen Gütern und führt der Nachfrageanstieg zu einer Produktionsausweitung sowie zugleich zu einer Verbesserung der inländischen Beschäftigungssituation, so ist es möglich, daß höhere Lohnforderungen durchgesetzt werden und via Lohnkosten eine Zunahme inländischer Preise induziert wird (*indirekter Kostenmechanismus*). Ein ähnlicher Zusammenhang kann sich auch ergeben, wenn das inländische Zinsniveau im Zuge einer Nachfrage-, Produktions- und Beschäftigungsausweitung steigt und dies zu höheren Kapitalkosten führt. Nicht zuletzt können Erhöhungen der inländischen Preise, die auf den Liquiditätsmechanismus, den Nachfragemechanismus, den direkten Kostenmechanismus oder den direkten internationalen Preiszusammenhang zurückzuführen sind, auch bei unveränderter Beschäftigungslage Anlaß zu Lohnerhöhungen geben oder zu einer Erhöhung des Zinsniveaus führen, wodurch dann ein weiterer Preisauftrieb im Inland möglich ist. Zu beachten ist, daß die hier beschriebenen Preisimpulse nur im Gefolge der weiter oben skizzierten internationalen Preisübertragungen auftreten können. Sie stellen insofern eine Verstärkung des internationalen Preiszusammenhangs dar.

Die hier aufgezeigten Transmissionswege stehen im Mittelpunkt der weiteren modelltheoretischen Untersuchungen. Im einzelnen sind dabei die Bedingungen herauszuarbeiten, die darüber entscheiden, ob und in welchem Ausmaß der internationale Preiszusammenhang bei festen und bei flexiblen Wechselkursen zum Tragen kommt. Aus der verbalen Beschreibung der Transmissionswege folgt allerdings auch zwingend, daß sich die Untersuchungen nicht allein auf eine Betrachtung von Preisniveaus – beispielsweise eines in- und eines ausländischen Preisniveaus – beschränken können, sondern daß es erforderlich ist, gleichzeitig die Geldmengen-, Einkommens-, Zins-, Zahlungsbilanz- und Wechselkurseffekte zu verdeutlichen, die im Zuge des internationalen Preiszusammenhangs auftreten, und darüber hinaus die Rückwirkungen solcher Effekte auf die internationale Preisentwicklung zu erfassen.

In der ökonomischen Theorie besitzt das sogenannte *Kaufkraftparitätentheorem* eine lange Tradition, und selbst in neueren theoretischen Ansätzen wird diesem Theorem eine erhebliche Bedeutung beigemessen. *Das Kaufkraftparitätentheorem kommt zu dem Schluß, daß sich die gesamtwirtschaftlichen Preisniveaus des Inlands und des Auslands in einem System fester Wechselkurse zumindest auf längere Sicht proportional zueinander verändern und daß die internationale Preisübertragung in einem System flexibler Wechselkurse durch eine adäquate Wechselkursanpassung vollständig verhindert wird.* Wäre das Kaufkraftparitätentheorem richtig, so könnte man auf weitergehende Detailuntersuchungen des internationalen Preiszusammenhangs, seiner Transmissionswege und seiner vielfältigen Verbindungen mit anderen ökonomischen Größen als den Preisniveaus von vornherein verzichten. Es würde dann genügen, lediglich auf die Rahmenbedingungen einzugehen, die dem Kaufkraftparitätentheorem zugrunde liegen. Es ist aber festzustellen, daß die empirischen Fakten dem Kaufkraftparitätentheorem vor allem in jüngster Zeit widersprechen. Und selbst wenn sich dieses Theorem in einer sehr langfristigen Betrachtung der durchschnittlichen internationalen Preisentwicklungen bestätigen ließe, ist es im Interesse einer Erweiterung des theoretischen Kenntnisstandes und einer Entwicklung von Handlungsmaximen für die praktische internationale Wirtschaftspolitik zwingend erforderlich, die Wirkungsprozesse des internationalen Preiszusammenhangs ohne Beschränkung auf sehr spezifische Rahmenbedingungen auch unter kurz- und mittelfristigen Aspekten zu analysieren.

E-2: Preisübertragungen bei festen Wechselkursen

E-2.1: Die Reaktion der Leistungsbilanz auf externe Preissteigerungen

Der Liquiditätsmechanismus setzt voraus, daß es über eine positive Reaktion der Leistungsbilanz auf eine externe Preissteigerung zu einer Verbesserung der Zahlungsbilanz kommt. Und der Nachfrage- bzw. Einkommensmechanismus wird ebenfalls nur dann wirksam, wenn sich der Außenbeitrag bzw. die Leistungsbilanz des betrachteten Landes infolge der externen Preissteigerung verbessert. Bevor auf die beiden Transmissionsmechanismen näher eingegangen wird, soll deshalb geprüft werden, welche Bedingungen erfüllt sein müssen, damit es tatsächlich zu der erforderlichen Leistungsbilanzreaktion kommt.

Der nominelle Außenbeitrag bzw. der nominelle Leistungsbilanzsaldo läßt sich bekanntlich wie folgt schreiben:

$$(E-1) \qquad H^n = PE(q) - wP^*M(Y, q^*) \qquad \text{mit: } n_E = \frac{\delta E}{\delta q}\frac{q}{E}, \ n_M = \frac{\delta M}{\delta q^*}\frac{q^*}{M}$$

E bezeichnet die realen Exporte des betrachteten Inlands, und M gibt die mengenmäßigen Importe an. P ist das inländische, P* das (in Auslandswährung ausgedrückte) ausländische Preisniveau. Der Wechselkurs w ist der in Inlandswährung ausgedrückte Preis einer Einheit der ausländischen Währung. Das Preisverhältnis q = P/wP* drückt die inländischen Terms of Trade, der Kehrwert q* die ausländischen Terms of Trade aus. Y ist das inländische Einkommen. Auf eine Berücksichtigung des ausländischen Einkommens als Determinante der Exporte wurde verzichtet, weil internationale Rückwirkungen nicht betrachtet werden. Die Größen n_E und n_M sind schließlich Ausdruck der Preiselastizitäten der Exporte bzw. der Importe. Zur Auslösung des Liquiditäts- oder des Nachfragemechanismus ist zunächst nur die Reaktion des Leistungsbilanzsaldos auf eine Erhöhung des ausländischen Preisniveaus P* relevant. Es ist durchaus möglich, daß es im Zuge einer Transmission von ausländischen Preisimpulsen im Inland zu Preis- und/oder Einkommenseffekten kommt, die ihrerseits auf den Leistungsbilanzsaldo wirken. Diese Folgeeffekte stehen hier jedoch noch nicht zur Diskussion, so daß das inländische Preisniveau P und das inländische Einkommen Y vorerst konstant gehalten werden. Außerdem ist auch der Wechselkurs w systembedingt konstant. Aus der Gleichung (E-1) läßt sich vor diesem Hintergrund die folgende Reaktion des Leistungsbilanzsaldos ableiten:

$$(E-2) \qquad dH^n = -[n_E PE + (1 + n_M)\, wP^*M]\, \frac{dP^*}{P^*}$$

Eine positive Reaktion setzt also voraus:

$$(E-2a) \qquad dH^n/dP^* > 0, \text{ wenn } n_E PE + (1 + n_M)\, wP^*M < 0!$$

Stimmen Export- und Importwert in der Ausgangssituation überein (PE = wP*M), dann vereinfacht sich (E-2a) zur bekannten Marshall-Lerner-Bedingung:[2]

$$(E-2b) \qquad dH^n/dP^* > 0, \text{ wenn } 1 + n_E + n_M < 0!$$

Die Bedingungen (E-2a) und (E-2b) sind gleichermaßen auch für die Reaktion des realen Leistungsbilanzsaldos gültig, denn bei dP = 0 gilt:

$$(E-3) \qquad dH = \frac{1}{P}\, dH^n$$

Die Bedingung (E-2a) macht deutlich, daß der Leistungsbilanzsaldo in der Ausgangssituation neben den Preiselastizitäten von entscheidender Bedeutung für die Reaktion der Leistungsbilanz ist. Liegt in der Ausgangssituation ein Leistungsbilanzdefizit vor, so ist es möglich, daß die Leistungsbilanz selbst dann nicht positiv auf die externe Preissteigerung reagiert, wenn die Preiselastizitäten die Erfüllung der Marshall-Lerner-Bedingung gewährleisten. Weiterhin ist an dieser Stelle an den J-Kurven-Effekt zu erinnern.[3] Reagiert nämlich die mengenmäßige Import- und/oder Exportnachfrage erst mit einer mehr oder weniger langen zeitlichen Verzögerung auf die externe Preissteigerung, so kann sich die Leistungsbilanz zunächst verschlechtern, obwohl die Bedingung (E-2a) unter längerfristigem Aspekt erfüllt ist und die Leistungsbilanz somit nach einer gewissen Zeit eine „normale" Reaktion zeigt. Bei den jetzt folgenden Teiluntersuchungen zum Liquiditäts- und zum Nachfragemechanismus des internationalen Preiszusammenhangs wird – wie in der theoretischen ökonomischen Literatur allgemein üblich – grundsätzlich davon ausgegangen, daß die Leistungsbilanz zumindest innerhalb eines relativ kurzen Zeitraums normal auf eine externe Preissteigerung reagiert.

---

[2] Siehe hierzu Kapitel C, Abschnitt C-7.1.
[3] Siehe hierzu Kapitel C, Abschnitt C-4.1.

E-2.2: Der Liquiditätsmechanismus

Die Erklärung des internationalen Preiszusammenhangs mit Hilfe des Liquiditätsmechanismus besitzt eine lange Tradition. Eng verknüpft mit der Quantitätstheorie des Geldes, war sie bereits ein fester Bestandteil der klassischen ökonomischen Lehre.[4] Und von daher ist der Liquiditätsmechanismus auch als *klassischer Geldmengen-Preis-Mechanismus* bekannt. Entwickelt wurde dieser Ansatz zunächst für das Währungssystem des sogenannten Goldstandards.[5] Gold fungierte darin als einzige internationale Reservewährung und zugleich als internationales Transaktionsmittel. Außerdem war die umlaufende Währung eines Landes in einer festen Relation durch Goldreserven gedeckt. Zahlungsbilanzüberschüsse, die z.B. aus externen Preissteigerungen resultierten, führten in diesem System zu einer Erhöhung der nationalen Goldreserven und darüber zwingend zu einer Ausweitung der Geldmenge. Entsprechend der damals weitgehend akzeptierten Quantitätstheorie des Geldes ging man davon aus, daß der Geldmengenzuwachs – zumindest innerhalb eines bestimmten Zeitraums – einen Anstieg des allgemeinen nationalen Preisniveaus mit sich brachte.

In den modernen Systemen fester Wechselkurse sind neben das Gold auch andere Reservemedien getreten, der internationale Zahlungsverkehr wird kaum noch mit Gold abgewickelt, und verbindliche Deckungsvorschriften über die Relation von Währungsreserven und umlaufendem Geld gibt es nicht mehr. Es ist deshalb in diesen Systemen grundsätzlich möglich, den Liquiditätsmechanismus durch eine Neutralisierungs- bzw. Kompensationspolitik der Zentralbank außer Kraft zu setzen. Kommt es beispielsweise in einem Land aufgrund externer Preissteigerungen zu einem Zahlungsbilanzüberschuß und dadurch zu einem Devisenzufluß, so ist die Zentralbank des Landes zwar verpflichtet, die zusätzlich angebotenen Devisen aufzukaufen, doch sie hat die Möglichkeit, den dadurch bedingten Geldmengenzuwachs über andere geldpolitische Aktivitäten, z.B. über eine restriktive Offenmarktpolitik, zu neutralisieren bzw. zu kompensieren. Eine strikte Neutralisierungspolitik in jedem Mitgliedsland eines Systems fester Wechselkurse kann allerdings mit der Ausschaltung des Liquiditätsmechanismus zugleich bedeuten, daß die Ursachen des Zahlungsbilanzungleichgewichts nicht beseitigt werden. Der Devisenzufluß in das Land mit Preisstabilität hält dann unvermindert an, und das Land, in dem die Preise steigen, verliert laufend Währungsreserven. Wie schon im Zusammenhang mit der Analyse geldpolitischer Wirkungen bei festen Wechselkursen ausführlich erörtert wurde, können aus dieser Situation handelspolitische Konflikte erwachsen. Um solchen Konflikten aus dem Wege zu gehen, sieht man sich dann häufig doch zu einem Verzicht auf die Neutralisierungspolitik gezwungen.

Ein solcher Verzicht bedeutet aber, daß der Liquiditätsmechanismus bzw. der Geldmengen-Preis-Mechanismus wie im System des Goldstandards ablaufen kann. Die dann wirksam werdende internationale Preisübertragung sei nun mit einem formalen Modellansatz kurz erläutert. Um die Wirkungsweise des Liquiditätsmechanismus in reiner Form, d.h. ohne das Auftreten anderer Wirkungsmechanismen des internationalen Preiszusammenhangs, darstellen zu können, ist es sinnvoll, auf

---

[4] So z.B. bei David Hume, Of the Balance of Trade, in: D. Hume, Political Discourses, Edinburgh 1752; wiederabgedruckt in: R.N. Cooper (Ed.), International Finance – Selected Readings, Harmondsworth 1969, S. 25–37.
[5] Siehe hierzu: H.-J. Jarchow, Monetäre Außenwirtschaft, II. Internationale Währungspolitik, Göttingen 1984, S. 30ff.

einige wesentliche Elemente oder Annahmen der klassischen Theorie zurückzugreifen:

1. Das Realeinkommen des betrachteten Landes (hier des Inlands) ist auf dem Vollbeschäftigungsniveau fixiert; das inländische Güterangebot ist dementsprechend preisunelastisch.
2. Geld wird nur zu Transaktionszwecken nachgefragt; eine Zinsabhängigkeit der Geldnachfrage existiert deshalb nicht.

Darüber hinaus wird auf die Berücksichtigung des internationalen Kapitalverkehrs verzichtet, so daß der Zahlungsbilanzsaldo dem Saldo der Leistungsbilanz (hier dem Außenbeitrag) entspricht. Das Modell lautet dann:

(E-4)　　　$G^n = l_Y PY$

(E-4a)　　$dG^n = g dR^n$

(E-4b)　　$dR^n = PE(P/wP^*) - wP^*M(wP^*/P)$

(E-4c)　　$Y = Y_v$

Der Kern des Modells ist das Geldmarktgleichgewicht gemäß Gleichung (E-4), wobei G^n das nominelle Geldangebot ist und l_Y den konstanten Kassenhaltungskoeffizienten bezeichnet. Da annahmegemäß keine Neutralisierungspolitik stattfindet, resultiert die Veränderung des Geldangebots gemäß Gleichung (E-4a) ausschließlich aus einer Veränderung der nominellen Währungsreserven R^n; der Geldschöpfungsmultiplikator g ist eine konstante Größe. Die Veränderung der nominellen Währungsreserven entspricht dem bereits mit Gleichung (E-1) erläuterten nominellen Leistungsbilanzsaldo. Das inländische Realeinkommen ist schließlich auf dem Vollbeschäftigungsniveau Y_v fixiert. Das System befindet sich nur dann in einem stationären Gleichgewicht, wenn die Leistungsbilanz ausgeglichen ist. Andernfalls würde es nämlich fortlaufend Veränderungen der Währungsreserven und darüber Veränderungen des Geldangebots geben.

Ausgehend von einem Gleichgewicht mit ausgeglichener Leistungsbilanz, möge das ausländische Preisniveau P^* steigen. Über den Liquiditätsmechanismus, der in den Gleichungen (E-4) und (E-4a) zum Ausdruck kommt, nimmt daraufhin auch das inländische Preisniveau P eindeutig zu. Hierdurch geht der Leistungsbilanzüberschuß, der anfangs durch die externe Preiserhöhung entstanden ist, wieder zurück. Die Anpassung des inländischen Preisniveaus ist erst dann beendet, wenn der Leistungsbilanzüberschuß total abgebaut und damit die Wirkung des Liquiditätsmechanismus beendet ist. Die Reaktion des inländischen Preisniveaus auf die externe Preissteigerung läßt sich somit aus der Gleichung (E-4b) bestimmen, indem dort die Veränderung der Währungsreserven dR^n mit Null angesetzt wird:[6]

(E-5)　　　$dP = \dfrac{P}{P^*} dP^*$

Das inländische Preisniveau steigt also proportional zum ausländischen Preisniveau. Damit wird in diesem Modellrahmen das Kaufkraftparitätentheorem bestätigt. Dieses Theorem besagt, daß in einem System fester Wechselkurse zumindest in längerfristiger Perspektive feste Relationen zwischen den nationalen Preisniveaus bestehen.

---

[6] Siehe hierzu den Anhang E.1.

Abbildung E.1

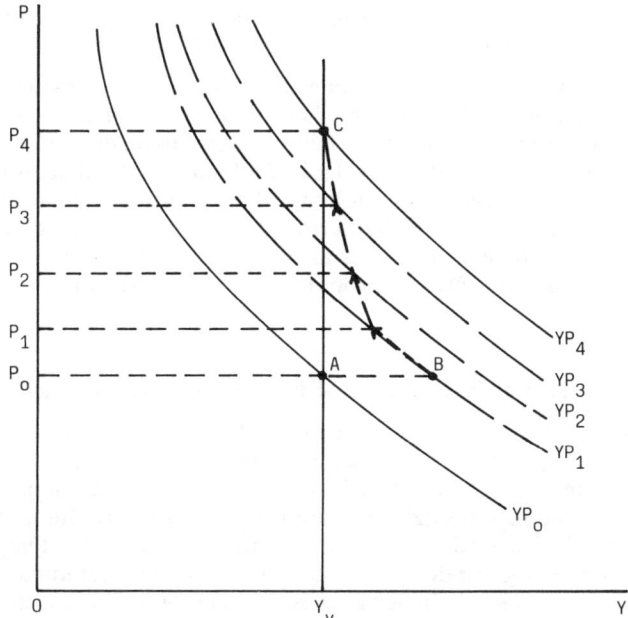

Das oben skizzierte Modell macht nur das Ergebnis des internationalen Preiszusammenhangs deutlich, es gibt aber keinen Einblick in den Prozeß der Anpassung des inländischen Preisniveaus an die externe Preissteigerung. Mit Hilfe einer grafischen Skizze sei deshalb noch kurz erläutert, wie ein solcher Anpassungsprozeß ablaufen könnte. Die Abbildung E.1 zeigt einerseits das bei Y_v fixierte Güterangebot und andererseits den Zusammenhang zwischen P und Y (mit YP bezeichnet), der im Geldmarktgleichgewicht gemäß Gleichung (E-4) besteht. YP zeigt an, welche reale Güternachfrage Y bei verschiedenen Preisniveaus realisiert werden kann, wenn die Geldmenge G^n vorgegeben ist. Dementsprechend läßt sich YP als gesamtwirtschaftliche Nachfragekurve bezeichnen. Das Ausgangsgleichgewicht sei beim Preisniveau P_o im Punkt A gegeben.

Infolge der externen Preissteigerung erhöht sich die Geldmenge, und dementsprechend wird die gesamtwirtschaftliche Nachfragekurve nach rechts verschoben, hier um die Strecke AB nach YP_1. Der dadurch entstehende Nachfrageüberhang führt zu einem Anstieg des inländischen Preisniveaus. Es ist möglich, daß dieser Preisanstieg die Leistungsbilanz unmittelbar zum Ausgleich bringt, so daß keine weiteren Anpassungsvorgänge folgen. Unter Umständen reicht die erste Preisanpassung jedoch nicht aus, um den Leistungsbilanzausgleich wiederherzustellen. In diesem Fall nimmt die inländische nominelle Geldmenge noch weiter zu, und die gesamtwirtschaftliche Nachfragekurve wird dementsprechend weiter nach rechts verschoben. Hierauf erfolgt erneut ein Anstieg des inländischen Preisniveaus. Der hier skizzierte Anpassungsprozeß kommt erst dann zum Stillstand, wenn die Erhöhung des inländischen Preisniveaus exakt ausreicht, um die Leistungsbilanz zum Ausgleich zu bringen. Die Abbildung E.1 zeigt einen solchen Anpassungsprozeß. Das inländische Preisniveau steigt zunächst auf P_1. Die gesamtwirtschaftliche

Nachfragekurve verschiebt sich daraufhin weiter nach YP_2, und das Preisniveau nimmt jetzt auf P_2 zu. Wiederum verschiebt sich die gesamtwirtschaftliche Nachfragekurve, jetzt nach YP_3; das Preisniveau wird erneut – nun auf P_3 – erhöht. Schließlich ergibt sich ein neues Gleichgewicht im Punkt C beim Preisniveau P_4.

Mit Nachdruck ist zu betonen, daß der grafisch skizzierte Anpassungsprozeß nur als einer von vielen möglichen zu verstehen ist. Je nach Intensität und zeitlicher Struktur der Anpassungen des inländischen Preisniveaus an die externe Preissteigerung sind viele verschiedene Prozeßabläufe denkbar, nicht zuletzt auch die oben schon genannte inländische Preiserhöhung, die unmittelbar zum Gleichgewicht führt. Sofern ein neues Gleichgewicht erreicht wird, bedeutet dies aber auf jeden Fall, daß der Liquiditätsmechanismus im klassischen Modellansatz dafür sorgt, daß das inländische Preisniveau proportional zum ausländischen Preisniveau steigt.

E-2.3: Der Nachfrage- und Einkommensmechanismus

Im klassischen Modell vollzieht sich die internationale Preisübertragung – wie zuvor erläutert – ausschließlich durch den Liquiditätsmechanismus. Maßgebend ist dabei die Annahme, daß Geld nur zu Transaktionszwecken gehalten bzw. nachgefragt wird und von daher zusätzliche Transaktionen bzw. Erhöhungen der Güternachfrage nur möglich sind, wenn das Geldangebot zunimmt. Die Umlaufsgeschwindigkeit des Geldes ist dementsprechend – zumindest auf kurze und mittlere Sicht – eine konstante Größe. In den keynesianischen Modellansätzen wird demgegenüber davon ausgegangen, daß die Umlaufsgeschwindigkeit des Geldes eine gewisse Zinsreagibilität aufweist, daß also die Geldnachfrage elastisch auf Zinsänderungen reagiert. Ein zusätzlicher Bedarf an Geld für Transaktionszwecke läßt sich deshalb nicht nur aus einem zusätzlichen Geldangebot, sondern auch aus einer zinsinduzierten Substitution von Geldbeständen zugunsten von Transaktionskasse decken. Die Erhöhung der Umlaufsgeschwindigkeit des Geldes würde dann durch einen Zinsanstieg herbeigeführt. Im keynesianischen Modell ist es damit grundsätzlich möglich, daß die Güternachfrage auch ohne eine höhere Liquiditätsversorgung zunimmt. Typisch für die keynesianischen Modelle ist darüber hinaus die Annahme eines preiselastischen Güterangebots. Entgegen dem klassischen Modell wird es dadurch möglich, daß Änderungen des Außenbeitrags bzw. der Leistungsbilanz Einkommenseffekte hervorrufen, die ihrerseits Einflüsse auf das inländische Preisniveau haben können.

Es soll nun gezeigt werden, daß es in dem gerade skizzierten keynesianischen Modellrahmen auch ohne Wirkung des Liquiditätsmechanismus über einen Nachfrage- und/oder einen Einkommensmechanismus zu internationalen Preisübertragungen kommen kann. Um die Wirkung des Liquiditätsmechanismus auszuschalten und so den Nachfrage- und den Einkommensmechanismus isoliert darstellen zu können, sei angenommen, daß sich Veränderungen der Liquiditätsversorgung auf dem Geldmarkt zwar auf das Zinsniveau auswirken, aber hierdurch keine Reaktionen auf dem Gütermarkt hervorgerufen werden. Die Güternachfrage ist demnach zinsunelastisch, und direkte Substitutionsbeziehungen zwischen Geld- und Güternachfrage sind ebenfalls ausgeschlossen. Andererseits wird aber durch die Zinsreagibilität der Geldnachfrage auf jeden Fall sichergestellt, daß es vom Geldmarkt her keine Restriktionen für die Güternachfrage gibt. Vor diesem Hintergrund sind zur Erfassung des internationalen Preiszusammenhangs lediglich zwei Gleichungen relevant:

(E-6) $Y = A(Y) + E(P/wP^*) - q^*M(Y, wP^*/P)$ mit: $q^* = wP^*/P$

(E-6a) $P = P(Y)$

$$\text{mit: } a_Y = \frac{\delta A}{\delta Y} > 0, \; e_Y = \frac{\delta P}{\delta Y}\frac{Y}{P} \text{ und } 0 \le e_Y \le \infty$$

Die reale Güternachfrage setzt sich bekanntlich aus der einkommensabhängigen heimischen Absorption A sowie aus dem Außenbeitrag zusammen. Mit a_Y wird, wie bereits in früheren Untersuchungen, die marginale Absorptionsquote (in Hinsicht auf das Einkommen) bezeichnet. Die schon weiter oben eingeführten Preiselastizitäten n_E der Exportnachfrage und n_M der Importnachfrage sind hier nicht noch einmal genannt worden. Die Preisfunktion (E-6a) ist ebenfalls schon aus früher formulierten Modellen bekannt. Hier wird allerdings nur eine Einkommensabhängigkeit berücksichtigt, die in der Elastizität e_Y zum Ausdruck kommt.

In diesem Modellrahmen bewirkt eine Veränderung des ausländischen Preisniveaus P* (bei Konstanz des Wechselkurses w) die folgende Reaktion des inländischen Preisniveaus:[7]

(E-7) $$dP/dP^* = -\frac{P}{P^*}\frac{e_Y(1 + n_E + n_M)E/Y}{s + q^*m - e_Y(1 + n_E + n_M)E/Y}$$

$$\text{mit: } s = 1 - a_Y, \; q^* = wP^*/P$$

Für die Ausgangssituation wurde dabei eine ausgeglichene Leistungsbilanz zugrundegelegt. Darüber hinaus ist die Marshall-Lerner-Bedingung annahmegemäß erfüllt. Im einzelnen macht die Lösung deutlich:

1. Eine vollständige Preisübertragung bzw. eine proportionale Anpassung des inländischen Preisniveaus an die externe Preissteigerung findet statt, wenn
   - das inländische Güterangebot preisunelastisch bzw. die Einkommenselastizität e_Y des inländischen Preisniveaus unendlich groß ist und/oder
   - auf dem Exportgütermarkt oder dem Importgütermarkt oder auf beiden Märkten gleichzeitig die Marktform der vollständigen Konkurrenz besteht und deshalb die Preiselastizität der Exportnachfrage n_E und/oder die Preiselastizität der Importnachfrage n_M unendlich groß sind.
   Sind diese Bedingungen erfüllt, so führt der Nachfragemechanismus also zum gleichen Ergebnis wie der Liquiditätsmechanismus.
2. Ist das inländische Güterangebot (normal) preiselastisch ($0 \le e_Y \le \infty$) und sind die Preiselastizitäten auf dem Ex- und dem Importgütermarkt kleiner als Unendlich, so ist die Veränderungsrate des inländischen Preisniveaus geringer als diejenige des ausländischen Preisniveaus. Die Preisübertragung ist somit unvollständig. Allerdings ist der internationale Preiszusammenhang um so enger, je größer
   - die Einkommenselastizität e_Y des Preisniveaus (bzw. je geringer die Preiselastizität des Güterangebots) ist,
   - die Preiselastizitäten auf dem Ex- und dem Importgütermarkt sind,
   - die außenwirtschaftliche Abhängigkeit gemäß der Exportquote E/Y ist.
3. Ist das inländische Güterangebot vollkommen preiselastisch ($e_Y = 0$) und sind die Preiselastizitäten auf dem Ex- und dem Importgütermarkt kleiner als Unendlich, so findet keine Preisübertragung statt. Die externe Preissteigerung bewirkt

---

[7] Siehe hierzu den Anhang E.2.

Abbildung E.2

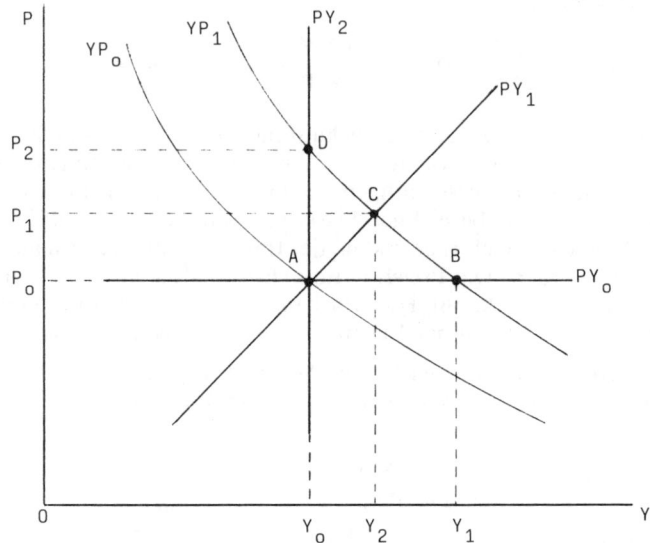

dann zwar eine Verbesserung der Leistungsbilanz und löst darüber einen positiven Einkommenseffekt aus, aber die höhere Nachfrage nach inländischen Gütern wird ohne inländische Preiserhöhungen vollständig befriedigt.

Die Reaktion des inländischen Preisniveaus sei jetzt auch noch mit Hilfe einer grafischen Darstellung (Abbildung E.2) erläutert. Mit YP wird der Zusammenhang zwischen dem inländischen Preisniveau und der Nachfrage nach inländischen Gütern gemäß Gleichung (E-6) beschrieben. YP ist somit die gesamtwirtschaftliche Nachfragekurve, hier allerdings für den speziellen Fall, daß die Güternachfrage keine Zinsabhängigkeit aufweist. PY bezeichnet die Preisfunktion gemäß Gleichung (E-6a). Bei PY_0 (PY_2) ist die Einkommenselastizität e_Y Null (unendlich groß). PY_1 gilt für eine „normale" Einkommenselastizität des Preisniveaus (bzw. Preiselastizität des Güterangebots). Ausgehend von einem Gleichgewicht im Punkt A finde eine externe Preissteigerung statt. Die gesamtwirtschaftliche Nachfragekurve wird nach rechts verschoben, da sich annahmegemäß eine Leistungsbilanzverbesserung ergibt und dadurch die Nachfrage nach inländischen Gütern steigt. Die Nachfragekurve wird um so weiter nach rechts verschoben, je größer die Preiselastizitäten auf dem Ex- und dem Importgütermarkt sind. Hier sei allerdings angenommen, daß diese Preiselastizitäten kleiner als Unendlich sind, so daß sich beispielsweise eine Verschiebung nach YP_1 ergibt.

Ist das Güterangebot vollkommen elastisch (bei $e_Y = 0$), so wird die zusätzliche Güternachfrage vollauf befriedigt, und das inländische Preisniveau bleibt unverändert. Das inländische Einkommen steigt dann auf Y_1. Ist das Güterangebot nicht vollkommen elastisch, so ergibt sich demgegenüber ein Nachfrageüberschuß – die sogenannte inflatorische Lücke –, durch den ein Anstieg des inländischen Preisniveaus ausgelöst wird. Je geringer die Preiselastizität des Güterangebots (je größer die Einkommenselastizität des Preisniveaus ist), desto stärker nimmt das inländische Preisniveau zu. Bei PY_1 käme es zu einem Anstieg auf P_1, durch den ein Teil der zunächst aufgetretenen Nachfrageerhöhung wieder zunichte gemacht würde. Für das inländische Einkommen ergäbe sich dann eine Zunahme auf Y_2. Im Extremfall eines völlig unelastischen Güterangebots (bei PY_2) ist der Preisanstieg im Inland schließlich so groß, daß eine Nachfrageerhöhung letztlich nicht bestehen bleibt. Dieses Ergebnis tritt aber gemäß Gleichung (E-6) nur ein, wenn die Terms of Trade $q = P/wP^*$ nach der externen Preissteigerung wieder auf das Ausgangsniveau zurückkehren. Das inländische Preisniveau muß folglich bei konstantem Wechselkurs proportional zum ausländischen Preisniveau gestiegen sein.

E-2.4: Der direkte Kostenmechanismus

Externe Preissteigerungen führen i. d. R. auch zu einer Verteuerung der vom Inland importierten Vorleistungsgüter und darüber zu einer Erhöhung der Stückkosten der inländischen Produktion. Von daher ist zu erwarten, daß die inländischen Unternehmungen versuchen werden, die Preise ihrer Produkte anzuheben, und daß es dann über einen solchen Kostenmechanismus zu einer internationalen Preisübertragung kommt. Dieser Zusammenhang soll jetzt noch etwas genauer untersucht werden.

Um den Kostenmechanismus isoliert von anderen Wirkungsmechanismen des internationalen Preiszusammenhangs aufzeigen zu können, wird zunächst einmal der Liquiditätsmechanismus durch Verwendung des zuvor formulierten speziellen keynesianischen Modells ausgeschaltet. Darüber hinaus sei angenommen, daß das inländische Preisniveau eine Einkommenselastizität von Null hat bzw. daß das Güterangebot vollkommen preiselastisch ist. Wie oben gezeigt wurde, findet dann eine Preisübertragung durch den keynesianischen Nachfrage- bzw. Einkommensmechanismus nicht statt. Allerdings wird nun davon ausgegangen, daß das inländische Preisniveau, wie schon in früheren Untersuchungen formuliert, eine gewisse Abhängigkeit von den Produktionsstückkosten besitzt. Die Preisbildung erfolgt somit gemäß der Mark-up-Hypothese. Die Unternehmungen setzen dementsprechend ihre Preise durch einen bestimmten Aufschlag auf die Stückkosten fest. Der Aufschlagssatz wird hier jedoch als eine von der Produktionsmenge unabhängige Größe angenommen. An die Stelle der Preisfunktion (E-6a) im oben formulierten keynesianischen Modell tritt jetzt:

$$\text{(E-6b)} \qquad P = P(k) \qquad \text{mit: } e_K = \frac{\delta P}{\delta k}\frac{k}{P} \text{ und } 0 < e_k \leq 1$$

Die Produktionsstückkosten wurden mit k bezeichnet. Die Elastizität e_k des Preisniveaus in bezug auf die Stückkosten möge auf jeden Fall größer als Null sein; sie wird i. d. R. jedoch den Wert Eins nicht überschreiten, und hier sei auch grundsätzlich angenommen, daß e_k höchstens den Wert Eins hat. Andernfalls würde beispielsweise ein Anstieg der Stückkosten zum Anlaß genommen, den Stückgewinn zu erhöhen.[8] Die Stückkosten sind wie folgt definiert:

---

[8] Die nominellen Gewinne U^n ergeben sich aus der Differenz von nominellen Erlösen PX und Produktionskosten kX: $U^n = PX - kX$. Durch die Auflösung nach P erhält man: $P = U^n/X + k$. U^n/X ist der Stückgewinn. Nach der Mark-up-Hypothese gilt: $P = (1 + \beta)k$, wobei β der Aufschlagssatz ist. Ein konstanter Aufschlagssatz impliziert eine Elastizität des Preisniveaus in bezug auf die Stückkosten von Eins. Bei $e_k < 1$ nimmt folglich der Stückgewinn ab, wenn die Stückkosten steigen.

(E-6c) $k = vwP^* + k^a$ mit: $v = M^v/X$

Die Größe v gibt den Inputkoeffizienten für importierte Vorleistungsgüter an; M^v bezeichnet die entsprechenden mengenmäßigen Importe, und X ist die reale inländische Produktion. wP^* ist der in Inlandswährung ausgedrückte Preis der importierten Vorleistungsgüter. k^a umfaßt alle übrigen, hier als konstant angenommenen Stückkosten, u. a. die Lohnstückkosten.

Wenn sich die importierten Vorleistungsgüter verteuern, so kann es durchaus zu Reaktionen des Inputkoeffizienten v kommen: einerseits könnte eine Substitution importierter Güter zugunsten inländischer Güter stattfinden und andererseits könnten Verbesserungen der Produktionsverfahren Einsparungen beim Input importierter Vorleistungsgüter ermöglichen. Im ersten Fall ist allerdings zu bedenken, daß sich mit der Substitution die übrigen Stückkosten k^a erhöhen dürften, der zweite Fall ist sicherlich nur in einem mittel- oder längerfristigen Zeitrahmen von Bedeutung. Um solche Zusammenhänge formal exakt zu erfassen, müßte das Modell in Richtung auf eine Formulierung der Substitutionsvorgänge und der Verfahrensinnovationen erheblich erweitert werden. Im Interesse einer möglichst einfachen Analyse sei darauf jedoch verzichtet, und der Inputkoeffizient v wird dementsprechend als eine exogene Modellgröße betrachtet. Von daher ist allerdings eine vorsichtige Bewertung der Modellimplikationen erforderlich.

Aus den Gleichungen (E-6b) und (E-6c) läßt sich für einen konstanten Wechselkurs w, konstante sonstige Stückkosten k^a und einen konstanten Inputkoeffizienten v der folgende Preiszusammenhang ableiten:[9]

$$(E-8)   dP/dP^* = e_k \frac{P}{P^*} \frac{vwP^*}{k}$$

Der internationale Preiszusammenhang ist also aufgrund des direkten Kostenmechanismus um so enger, je größer

– die Elastizität des inländischen Preisniveaus in bezug auf die Produktionsstückkosten ist
– der Anteil der Stückkosten für importierte Vorleistungsgüter vwP^* an den gesamten Stückkosten k ist.

Eine vollständige Preisübertragung im Sinne des Kaufkraftparitätentheorems würde nach Gleichung (E-8) nur eintreten, wenn das Produkt aus der Elastizität e_k und dem Stückkostenanteil vwP^*/k den Wert Eins hat. Selbst wenn die Unternehmungen keine Einbuße beim Stückgewinn hinnehmen und sie ihre Preise deshalb proportional zum Stückkostenanstieg erhöhen (e_k hat dann einen Wert von Eins), dürfte diese Bedingung in der Realität kaum erfüllt sein. Da im inländischen Produktionsprozeß neben importierten Vorleistungsgütern zwingend auch andere Faktoren, insbesondere der Faktor Arbeit, eingesetzt werden, ist der Anteil der Stückkosten aus importierten Vorleistungsgütern an den gesamten Stückkosten auf jeden Fall (erheblich) kleiner als Eins. Nicht zuletzt ist es, wie schon erwähnt, möglich, daß die Kostenwirkung der externen Preissteigerung über kurz oder lang durch eine Verringerung des Inputkoeffizienten v gedämpft wird.

Eine vollständige Preisübertragung könnte sich vor diesem Hintergrund nur dann ergeben, wenn die Unternehmungen die externe Preissteigerung zum Anlaß

---

[9] Siehe hierzu den Anhang E.3.

Abbildung E.3

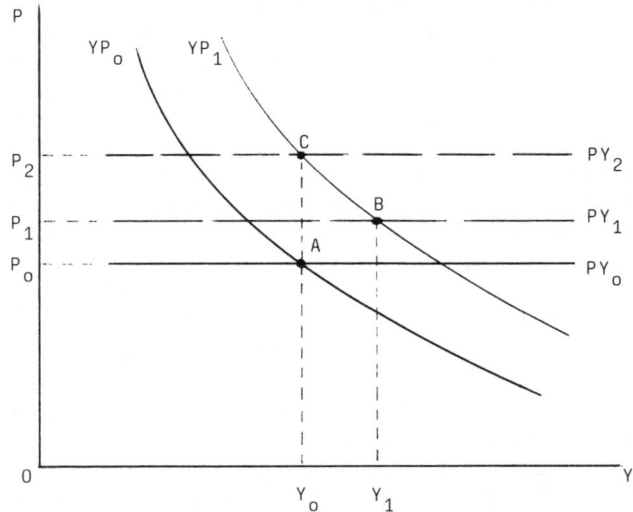

nehmen würden, ihren Stückgewinn zu erhöhen, und dementsprechend ihre Preise überproportional zum Stückkostenanstieg anheben würden. Diese Verhaltensweise sollte man jedoch nicht dem direkten Kostenmechanismus zuschreiben. Vielmehr handelt es sich hier um eine spezifische Form des direkten Preismechanismus, bei dem ja allein aus dem Tatbestand einer externen Preissteigerung eine interne Preisanpassung erfolgt, ohne daß ein Liquiditätsmechanismus oder ein Nachfrage- bzw. Einkommensmechanismus oder ein Kostenmechanismus wirksam sein muß.

Mit Bezug auf die Abbildung E.2 und den dort zugrunde liegenden keynesianischen Modellansatz sei der direkte Kostenmechanismus jetzt auch noch kurz grafisch skizziert. Ausgehend von einem Gleichgewicht im Punkt A verschiebt sich die gesamtwirtschaftliche Nachfragekurve in der Abbildung E.3 aufgrund der externen Preissteigerung von YP_0 nach YP_1. Die Preiskurve verläuft wegen der Annahme eines vollkommen preiselastischen Güterangebots parallel zur Einkommensachse. Folglich hat der Nachfrage- bzw. Einkommensmechanismus für das inländische Preisniveau keine Bedeutung. Aufgrund des direkten Kostenmechanismus verschiebt sich jedoch die Preiskurve nach oben. Wenn es nicht zu einer vollständigen Preisübertragung kommt, steigt das inländische Preisniveau nur unterproportional zum ausländischen Preisniveau. Folglich bleibt auch nach der inländischen Preisanpassung eine Leistungsbilanzverbesserung bestehen, durch die dann gemäß Gleichung (E-6) ein positiver Einkommenseffekt bewirkt wird. Eine solche Situation ist mit der neuen Preiskurve PY_1 und dem neuen Gleichgewicht im Punkt B eingezeichnet worden. Im Falle einer vollständigen Preisübertragung kann demgegenüber kein Einkommenseffekt erzielt werden. Die inländische Preisanpassung macht nämlich die Leistungsbilanzverbesserung wieder zunichte, und damit findet zugleich eine preisinduzierte Nachfragereduktion statt, durch die die anfangs aufgetretene Nachfrageerhöhung genau kompensiert wird. Bei vollständiger Preisübertragung verschiebt sich somit die Preiskurve nach PY_2, und der Punkt C gibt das neue Gleichgewicht an.

E-2.5: Der indirekte Kostenmechanismus

Mit dem Ziel, die Reallohnposition der Arbeitnehmer bzw. die reale Kaufkraft der Arbeitnehmereinkommen zu sichern, orientieren sich Lohnforderungen nicht zuletzt an der Entwicklung der Preise des für die Arbeitnehmer relevanten Warenkorbes. Externe Preissteigerungen können von daher über zwei Einflußwege zu höheren Löhnen führen: einmal nimmt das Preisniveau des Warenkorbes unmittelbar zu, wenn die Arbeitnehmernachfrage auch importierte Endprodukte einschließt, zum anderen wird das Preisniveau des Warenkorbes erhöht, wenn die Preise der Güter aus inländischer Produktion über andere Wirkungsmechanismen des internationalen Preiszusammenhangs steigen. Lohnerhöhungen bedeuten aber zugleich eine Zunahme der Lohnstückkosten der inländischen Produktion, und von hierher kann es zu einem (weiteren) Impuls auf die Preise der inländischen Güter kommen. Da sich Preis- und Lohnerhöhungen gegenseitig beeinflussen, besteht also die Gefahr, daß durch die externe Preissteigerung eine Preis-Lohn- bzw. eine Lohn-Preis-Spirale in Gang gesetzt wird.

Der hier skizzierte indirekte Kostenmechanismus bzw. Lohn-Kostenmechanismus soll jetzt mit Hilfe eines relativ einfachen formalen Ansatzes noch etwas genauer untersucht werden. Um diesen Wirkungsmechanismus unabhängig von anderen Einflüssen aufzeigen zu können, werden andere Transmissionswege nicht explizit in das Modell einbezogen. Es wird aber angenommen, daß über einen oder mehrere der oben schon untersuchten Mechanismen eine Übertragung der externen Preissteigerung auf das Preisniveau der im Inland produzierten Güter stattgefunden hat. Der durchschnittliche volkswirtschaftliche Nominallohnsatz l^n hängt in Hinsicht auf die Sicherung der Reallohnposition aller Arbeitnehmer von einem Preisniveau Q ab, das sich auf den relevanten Warenkorb bezieht:

$$(E\text{-}9) \qquad l^n = l^n(Q) \qquad \text{mit: } e_Q = \frac{\delta l^n}{\delta Q} \frac{Q}{l^n} \text{ und } 0 < e_Q \leq 1$$

Lohnpolitische Entscheidungsgrößen sind neben der hier erfaßten Preisvariablen vor allem noch die Beschäftigungslage und die Arbeitsproduktivität. Diese Größen müssen aber unberücksichtigt bleiben, weil Einkommens-, Beschäftigungs- und Produktionseffekte aus der Untersuchung annahmegemäß ausgeklammert sind. Die Elastizität des Nominallohnsatzes in bezug auf das Preisniveau Q – mit e_Q bezeichnet – hat einen Wert von Eins, wenn eine vollständige Reallohnsicherung erfolgt. Demgegenüber implizieren Preissteigerungen eine Verschlechterung der Reallohnposition, wenn der Elastizitätswert unter Eins liegt. Beide Fälle sind in der theoretischen Analyse zu beachten.

Das Preisniveau Q sei wie folgt definiert:[10]

$$(E\text{-}9a) \qquad Q = P^b(wP^*)^{1-b}$$

b ist der Anteil der Güter aus inländischer Produktion, $1-b$ der Anteil der importierten Güter im Warenkorb der Arbeitnehmer. Im Extremfall wäre es denkbar, daß der Warenkorb keine direkt importierten Endprodukte enthält, sondern daß alle importierten Güter als Zwischenprodukte erst den inländischen Produktionsprozeß durchlaufen müssen, ehe sie an die Endverbraucher gelangen. Dann

---

[10] Siehe hierzu auch Kapitel C, Abschnitt C-7.4.

wäre der Anteil b mit Eins anzusetzen, und das Preisniveau Q entspräche dem Preisniveau P der Güter aus inländischer Produktion.

Das inländische Preisniveau P werde wie folgt bestimmt:

(E-9b) $P = P(k, wP^*)$ mit: $e_k = \dfrac{\delta P}{\delta k}\dfrac{k}{P}$ und $0 < e_k \leq 1$

$$e_{p*} = \frac{\delta P}{\delta P^*}\frac{P^*}{P} \text{ und } 0 < e_{p*} \leq 1$$

Der indirekte Kostenmechanismus wirkt, wie schon skizziert, über eine Zunahme der Stückkosten der inländischen Produktion. Demgemäß stellen die Stückkosten k im Rahmen der vorliegenden Problemstellung die wichtigste Determinante des inländischen Preisniveaus P dar. Darüber hinaus wird bekanntlich noch angenommen, daß es aufgrund anderer Wirkungsmechanismen zu einer Preisübertragung gekommen sein kann. Dieser Einfluß wird direkt durch die Berücksichtigung des in Inlandswährung ausgedrückten ausländischen Preisniveaus erfaßt. Die Elastizitäten des Preisniveaus P in bezug auf die Stückkosten k und in bezug auf das ausländische Preisniveau P* sind mit e_k bzw. e_{p*} bezeichnet worden.

Schließlich sind noch die Stückkosten k zu definieren:

(E-9c) $k = l^n/\alpha + k^a$

l_n/α gibt die Lohnstückkosten an, wobei α die Arbeitsproduktivität ist. k^a sind die übrigen Stückkosten, die hier jedoch als konstant angenommen werden.

Die Auflösung der Gleichungen (E-9) bis (E-9c) ergibt den folgenden internationalen Preiszusammenhang:[11]

(E-10) $dP/dP^* = \dfrac{e_{p*} + (1 - b)e_Q e_k \gamma}{1 - b e_Q e_k \gamma}\dfrac{P}{P^*}$ mit: $\gamma = \dfrac{l^n/\alpha}{k}$

Die drei im Modell erfaßten Wirkungselemente lassen sich hier klar erkennen:

1. Die Elastizitätsgröße e_{p*} bringt die Preisübertragung zum Ausdruck, die aus anderen Wirkungsmechanismen als dem hier zur Diskussion stehenden indirekten Kostenmechanismus resultiert. Diese Preisübertragung mußte aber in die Betrachtung einbezogen werden, da sie einen indirekten Kostenmechanismus anstoßen kann.
2. Die Größe $(1-b)e_Q e_k \gamma$ gibt den Teil des indirekten Kostenmechanismus wieder, der auf die Existenz importierter Endprodukte im Warenkorb der Arbeitnehmer zurückzuführen ist. Die Stärke der hierdurch bedingten internationalen Preisübertragung hängt ab
   – vom Anteil $1 - b$ der importierten Güter im Warenkorb der Arbeitnehmer
   – von der Reaktion des Lohnsatzes auf eine Veränderung des Preisniveaus Q (erfaßt durch e_Q)
   – von der Reaktion des inländischen Preisniveaus P auf eine Veränderung der Stückkosten (erfaßt durch e_k)
   – vom Anteil der Lohnstückkosten an den gesamten Stückkosten (erfaßt durch γ).

---

[11] Siehe hierzu den Anhang E.4.

3. Der Quotient $1/1-be_Q e_k \gamma$ ist schließlich ein Preismultiplikator, der das Ergebnis der Preis-Lohn- bzw. der Lohn-Preis-Spirale wiedergibt. Diese Spirale wird, wie schon angedeutet, in Gang gesetzt, wenn das inländische Preisniveau P steigt. Da mit diesem Preisanstieg zugleich auch das Preisniveau Q zunimmt, kommt es zur Lohnerhöhung und darüber via Stückkostenanstieg zu einer weiteren Erhöhung des inländischen Preisniveaus P. Die Stärke des indirekten Kostenmechanismus, der aus der Preis-Lohn- bzw. Lohn-Preis-Spirale resultiert, hängt ebenfalls von den Elastizitätswerten e_Q und e_k sowie vom Anteil γ der Lohnstückkosten an den gesamten Stückkosten ab. Darüber hinaus hat der Anteil b der Güter aus inländischer Produktion im Warenkorb der Arbeitnehmer einen maßgebenden Einfluß.

Da der Anteil $1 - b$ der importierten Endprodukte im Warenkorb der Arbeitnehmer i. d. R. relativ klein ist, dürfte sich über diesen Weg unmittelbar keine gravierende Preisübertragung ergeben. Von erheblicher Bedeutung ist dagegen die multiplikative Verstärkung einer Preiserhöhung durch die Preis-Lohn- bzw. die Lohn-Preis-Spirale. Sie birgt sogar die Gefahr in sich, daß die externe Preissteigerung schließlich zu einer dazu überproportionalen Zunahme des Preisniveaus P der Güter aus inländischer Produktion führt.

E-2.6: Interdependenz von Liquiditäts-, Nachfrage-, Einkommens- und Kostenmechanismus

Der Liquiditätsmechanismus, der Nachfrage- bzw. Einkommensmechanismus sowie der Kostenmechanismus werden jetzt simultan analysiert, um so auch die zwischen ihnen bestehenden Interdependenzen zu erfassen. In Anlehnung an bereits früher formulierte Modelle wird – über die zuvor verwendeten Partialansätze hinausgehend – davon ausgegangen, daß der Zinssatz eine Determinante der heimischen Absorption sowie der Geldnachfrage ist und daß es einen ebenfalls zinsabhängigen internationalen Kapitalverkehr gibt. Der Bereich der Güternachfrage umfaßt zwei Gleichungen:

(E-11) $Y = A(Y, i) + H$ mit: $a_Y = \dfrac{\delta A}{\delta Y} > 0,\ a_i = \dfrac{\delta A}{\delta i} \leq 0$

(E-11a) $H = E(q) - q^* M(Y, q^*)$ mit: $q = P/wP^*,\ q^* = 1/q,\ m = \dfrac{\delta M}{\delta Y} > 0$

$$n_E = \frac{\delta E}{\delta q}\frac{q}{E} \leq 0,\ n_M = \frac{\delta M}{\delta q^*}\frac{q^*}{M} \leq 0$$

Wie schon weiter oben, so sei auch hier angenommen, daß die Marshall-Lerner-Bedingung $1 + n_E + n_M < 0$ erfüllt ist. Alle hier verwendeten Größen einschließlich der Koeffizienten und Elastizitäten sind aus früheren Untersuchungen bereits bekannt. Auf dem Geldmarkt und für die Zahlungsbilanz sind die folgenden Beziehungen maßgebend:

(E-11b) $G^n/P = L(Y, i)$ mit: $l_Y = \dfrac{\delta L}{\delta Y} > 0,\ l_i = \dfrac{\delta L}{\delta i} \leq 0$

(E-11c) $dG^n = g dR^n$

(E-11d) $dR^n = PZ$

(E-11e) $Z = H + K(i - i^*)$ mit: $k_i = \dfrac{\delta K}{\delta(i - i^*)} \geq 0$

Die Gleichung (E-11 b) zeigt das Gleichgewicht auf dem Geldmarkt. Autonome geldpolitische Aktivitäten mögen nicht stattfinden, so daß die Veränderung des monetären Geldangebots gemäß Gleichung (E-11 c) unter Berücksichtigung des Geldschöpfungsmultiplikators g allein auf eine Veränderung der nominellen Währungsreserven zurückzuführen ist. Die Veränderung dieser Währungsreserven entspricht gemäß Gleichung (E-11 d) dem nominellen Zahlungsbilanzsaldo. Der reale Zahlungsbilanzsaldo Z ergibt sich gemäß Gleichung (E-11 e) aus dem Leistungsbilanzsaldo H und dem Saldo der Kapitalverkehrsbilanz K. Alle hier verwendeten Größen sind schon früher ausführlich erläutert worden. Schließlich wird noch eine Preisfunktion formuliert, die implizit zugleich eine Güterangebotsfunktion enthält:

$$(\text{E-11 f}) \qquad P = P(Y, wP^*) \qquad \text{mit: } e_Y = \frac{\delta P}{\delta Y} \frac{Y}{P} \geq 0, \ e_{P^*} = \frac{\delta P}{\delta P^*} \frac{P^*}{P} \geq 0$$

Der Nachfrage- bzw. Einkommensmechanismus wirkt bekanntlich über die Determinante Y. Mit der Determinanten wP* sollen hier die Einflüsse des direkten Kostenmechanismus, des indirekten Kostenmechanismus (bzw. des Lohn-Kostenmechanismus) sowie des direkten Preismechanismus erfaßt werden. Vor allem in Hinsicht auf die multiplikative Preiswirkung der Preis-Lohn- bzw. Lohn-Preis-Spirale ist es nicht ausgeschlossen, daß die Elastizität e_{P^*} des inländischen Preisniveaus P in bezug auf das ausländische Preisniveau P* einen Wert hat, der über Eins liegt.

Das hier formulierte System befindet sich nur dann in einem stationären Gleichgewichtszustand, wenn die Zahlungsbilanz ausgeglichen ist, wenn also gilt: Z = 0. Andernfalls käme es wegen der Gleichungen (E-11 c) und (E-11 d) in jeder Periode, in der der Zahlungsbilanzsaldo von Null verschieden ist, zu einer Veränderung des Geldangebots und darüber wahrscheinlich zu Zins-, Einkommens- und Preisänderungen. Nimmt – ausgehend von einem Gleichgewicht mit Z = 0 – das ausländische Preisniveau zu, so ist damit zu rechnen, daß zunächst ein Zahlungsbilanzüberschuß auftritt und daß das Zahlungsbilanzungleichgewicht nur allmählich im Zuge interner Anpassungsprozesse wieder beseitigt wird. Während der Anpassungsphase befindet sich das System folglich nicht in einer Situation des stationären Gleichgewichts. Dieses wird, sofern das System stabil ist, erst nach einer gewissen Zeit erreicht. Die folgende Lösung des Modells beschreibt die Wirkung einer externen Preissteigerung auf das inländische Preisniveau P für den Fall, daß die Anpassungsprozesse abgeschlossen sind und ein neues stationäres Gleichgewicht erreicht wurde.[12]

$$(\text{E-12}) \qquad dP/dP^* = \frac{e_{P^*}(\lambda + q^*m) - \dfrac{E}{Y} e_Y(1 + n_E + n_M)}{\lambda + q^*m - \dfrac{E}{Y} e_Y(1 + n_E + n_M)} \frac{P}{P^*}$$

$$\text{mit: } \lambda = \frac{s}{1 - a_i/k_i} > 0$$

Über den internationalen Preiszusammenhang lassen sich nach dieser Lösung folgende Aussagen machen:

---

[12] Siehe hierzu den Anhang E.5.

1. Eine vollständige (proportionale) Preisübertragung findet grundsätzlich statt, wenn
   a) das Güterangebot preisunelastisch bzw. die Einkommenselastizität des Preisniveaus e_Y unendlich groß ist und/oder
   b) die Elastizität e_{P*}, die Ausdruck des direkten und indirekten Kostenmechanismus sowie des direkten Preismechanismus ist, den Wert Eins hat und/oder
   c) auf dem Exportgütermarkt oder dem Importgütermarkt oder auf beiden Märkten gleichzeitig die Marktform der vollständigen Konkurrenz besteht und deshalb die Preiselastizität der Exportgüternachfrage n_E und/oder der Importgüternachfrage n_M unendlich groß ist.

   Die Werte der anderen Koeffizienten und Elastizitäten des Modells sind in diesen Fällen für den internationalen Preiszusammenhang ohne Bedeutung.

2. Ist das Güterangebot preiselastisch oder im Grenzfall sogar vollkommen preiselastisch ($0 \leq e_Y < \infty$) und sind die Preiselastizitäten der Ex- und der Importe jeweils kleiner als Unendlich, so gilt:
   a) für die Stärke der internationalen Preisübertragung ist grundsätzlich die folgende Bedingung maßgebend:

   $$dP/dP^* \gtrless P/P^*, \text{ wenn } e_{P*} \gtrless 1!$$

   b) Ist die Elastizität e_{P*} kleiner als Eins, so findet zwar keine vollständige (proportionale) Preisübertragung statt, doch der internationale Preiszusammenhang ist um so enger, je
   – größer die Exportquote E/Y sowie – absolut gesehen – die Preiselastizitäten n_E und n_M von Export- und Importnachfrage sind
   – kleiner die marginale Sparquote s und die marginale Importquote m sind
   – geringer die Zinsreagibilität des internationalen Kapitalverkehrs (bzw. der Zinskoeffizient k_i) ist
   – größer die Zinsreagibilität der Güternachfrage (bzw. der Zinskoeffizient a_i) ist.

   Die Exportquote sowie die Preiselastizitäten von Export- und Importnachfrage sind entscheidend für die Erhöhung der Nachfrage nach inländischen Gütern, die unmittelbar aus der externen Preissteigerung resultiert. Die marginale Sparquote und die marginale Importquote fließen bekanntlich in den Einkommensmultiplikator ein, und dieser Multiplikator ist um so größer, je kleiner beide Quoten sind. Von der Größe des Einkommensmultiplikators wird aber nicht zuletzt die Stärke des Einkommenseffektes determiniert, der aus der zuvor genannten Nachfrageerhöhung resultiert, und von der Stärke des Einkommenseffektes hängt schließlich die Reaktion des inländischen Preisniveaus ab. Die Zinsreagibilität des internationalen Kapitalverkehrs hat eine erhebliche Bedeutung für die Veränderung des inländischen Zinsniveaus. Je größer die Zinsreagibilität ist, desto geringer fällt die Zinssenkung aus, die durch den Liquiditätszufluß aus dem Ausland und darüber durch die Geldmengenausweitung verursacht wird. Im Extremfall eines vollkommen zinselastischen Kapitalverkehrs entspricht das inländische Zinsniveau i immer dem ausländischen Zinsniveau i*, und sofern i* unverändert bleibt, kann es dann im Inland auch nicht zu einer Zinssenkung kommen. Die Zinsreagibilität der Güternachfrage entscheidet schließlich darüber, wie sich eine Veränderung des inländischen Zinsniveaus im güterwirtschaftlichen Bereich auswirkt. Je größer diese Zinsreagibilität ist, desto größer ist auch der Einkommenseffekt und darüber der Preiseffekt, der durch eine Zinssenkung ausgelöst wird.

c) Wenn die Elastizität e_{p*} größer als Eins ist, so wird das inländische Preisniveau überproportional zum ausländischen Preisniveau erhöht. Bei Gültigkeit der Marshall-Lerner-Bedingung bedeutet das letztlich eine Verringerung des Außenbeitrags bzw. des Leistungsbilanzsaldos. Dadurch kommt es zwingend zu einer Reduktion des inländischen Einkommens. Diese Reduktion dämpft aber ihrerseits den Anstieg des inländischen Preisniveaus. Und der durch die externe Preissteigerung induzierte Anstieg des inländischen Preisniveaus wird folglich um so mehr kompensiert, je größer die Einkommensverringerung ist. Die zuvor unter b) genannten Argumente sind deshalb für den hier betrachteten Fall umzukehren: die Reaktion des inländischen Preisniveaus auf die externe Preissteigerung ist um so stärker, je kleiner die Exportquote sowie – jeweils absolut gesehen – die Preiselastizitäten der Ex- und Importe und die Zinsabhängigkeit der Güternachfrage sind und je größer die marginale Sparquote sowie die Zinsabhängigkeit des internationalen Kapitalverkehrs sind. Diese Bedingungen implizieren nämlich, wie aus den obigen Erläuterungen ableitbar ist, einen relativ geringen negativen Einkommenseffekt.

Exemplarisch soll der internationale Preiszusammenhang jetzt noch mit Hilfe einer grafischen Darstellung verdeutlicht werden. Die Abbildung E.4 zeigt im oberen Teil a) die IS-Kurve für das Gütermarktgleichgewicht, die LM-Kurve für das Geldmarktgleichgewicht und die Z-Kurve für das Zahlungsbilanzgleichgewicht. Vereinfachend sei angenommen, daß die Zinselastizität des internationalen Kapitalverkehrs unendlich groß ist ($k_i = \infty$).

Der untere Teil b) enthält die gesamtwirtschaftliche Nachfragekurve YP, die aus dem Güter- und dem Geldmarktgleichgewicht resultiert, sowie die Preisfunktion PY, die zugleich Ausdruck des Güterangebots ist. Die Ausgangssituation ist durch die Punkte A und A′ gekennzeichnet. Aufgrund der externen Preissteigerung verbessert sich die Leistungsbilanz, und folglich verschiebt sich die IS-Kurve nach rechts. Diese Verschiebung fällt um so stärker aus, je größer die Preiselastizitäten auf dem Ex- und dem Importgütermarkt sind. Es sei allerdings angenommen, daß diese Elastizitäten kleiner als Unendlich sind, so daß sich beispielsweise eine Verschiebung nach IS_1 ergibt. Die Z-Kurve bleibt unberührt, wenn es – wie hier angenommen – keine Änderung des ausländischen Zinssatzes i* gibt.

Käme es nun nicht zu einer Reaktion des inländischen Preisniveaus, so würde sich die LM-Kurve infolge des Liquiditätszuflusses aus dem Ausland so weit nach rechts verschieben – hier nach LM_1 –, daß im Schnittpunkt B von IS- und Z-Kurve ein neues Gütermarkt-, Geldmarkt- und Zahlungsbilanzgleichgewicht realisiert wäre. Voraussetzung für diese Verschiebung der LM-Kurve ist allerdings das Fehlen einer Neutralisierungspolitik der inländischen Zentralbank. Im Abbildungsteil b) wird dementsprechend die gesamtwirtschaftliche Nachfragekurve beim Ausgangspreisniveau P_0 um die Strecke AB = A′B′ nach rechts, hier nach YP_1, verschoben. Diese Verschiebung kommt also durch den Nachfragemechanismus und den Liquiditätsmechanismus zum Tragen.

Durch den direkten und den indirekten Kostenmechanismus sowie den direkten Preismechanismus wird, sofern das Güterangebot preiselastisch ist bzw. die Einkommenselastizität des inländischen Preisniveaus nicht unendlich groß ist, die Preiskurve nach oben verschoben. Diese Verschiebung hängt von der Elastizität e_{p*} ab, die bekanntlich Ausdruck des Kostenmechanismus und des direkten Preismechanismus ist. Die Verschiebung nach PY_1 bzw. PY_2 bzw. PY_3 impliziert eine unterproportionale bzw. proportionale bzw. überproportionale Anpassung des in-

Abbildung E.4

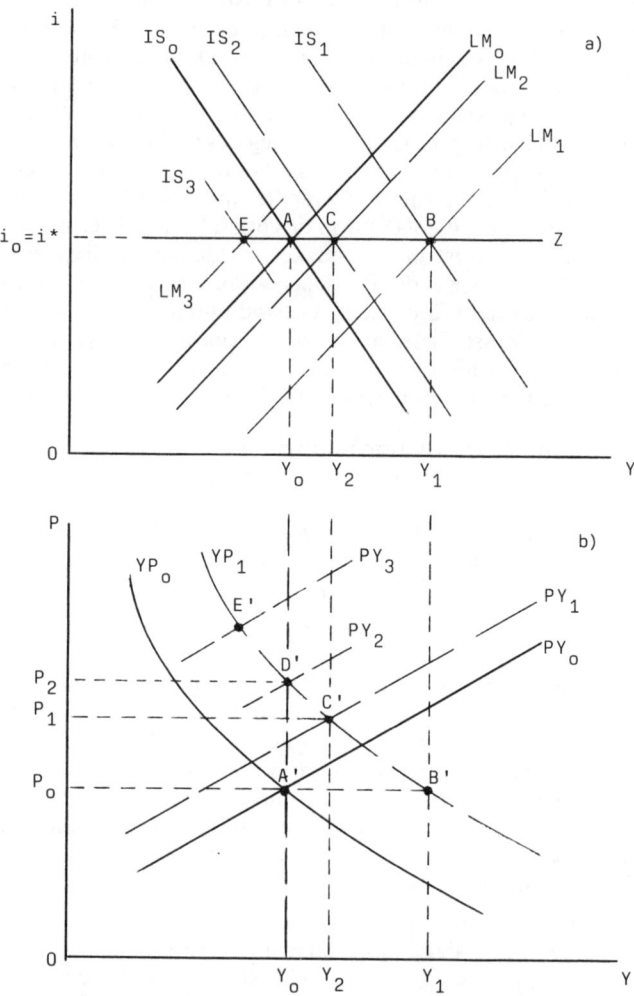

ländischen Preisniveaus an die externe Preissteigerung. Die Preisanpassung läßt sich in einer Bewegung auf der gesamtwirtschaftlichen Nachfragekurve vom Punkt B′ zum Punkt C′ bzw. D′ bzw. E′ nachvollziehen. Der Anstieg des inländischen Preisniveaus führt nun dazu, daß die Leistungsbilanzverbesserung wieder abgebaut wird. Folglich verschiebt sich die IS-Kurve im Abbildungsteil a) wieder nach links, und da auch der Liquiditätszufluß aus dem Ausland zurückgeht oder sich in einen Liquiditätsabfluß in das Ausland umkehrt, ergibt sich zugleich eine Linksverschiebung der LM-Kurve. Bei unvollständiger Preisanpassung (mit PY_1) würde sich so beispielsweise in den Punkten C und C′ ein neues Gleichgewicht einstellen. Das inländische Preisniveau wäre dann auf P_1 gestiegen, und infolge der nachhaltigen Leistungsbilanzverbesserung ist mit Y_2 auch ein positiver Einkommenseffekt zu verzeichnen. Erfolgt eine vollständige Preisanpassung (mit PY_2), so ist letztlich keine Leistungsbilanzverbesserung möglich. Die IS- und die LM-Kurve müssen sich deshalb zurück in die Ausgangslage verschieben. Das inländische Preisniveau steigt auf P_2, während das Einkommen unverändert bleibt. Steigt das inländische Preisniveau überproportional zum ausländischen Preisniveau, so kommt es schließlich sogar zu einer Leistungsbilanzverschlechterung. Dementsprechend sind die IS- und die LM-Kurve über ihre Ausgangslage hinaus nach links zu verschieben, z. B. nach IS_3 und LM_3. In diesem Fall sinkt das Einkommen.

E-3: Kaufkraftparität, Zahlungsbilanzanpassung und Weltinflation

E-3.1: Das Kaufkraftparitätentheorem

Mit dem Kaufkraftparitätentheorem wird, wie schon mehrmals erwähnt, die Hypothese aufgestellt, zwischen dem inländischen Preisniveau und dem in Inlandswährung umgerechneten ausländischen Preisniveau bestehe eine feste proportionale Beziehung.[13] Käme es zu einer externen Preissteigerung, so würde das inländische Preisniveau nach diesem Theorem über kurz oder lang so weit angepaßt, daß die anfangs bestehende internationale Kaufkraftparität letzten Endes erhalten bliebe.

In einer *älteren Version des Kaufkraftparitätentheorems* – auch als *absolute Version* bekannt – wird dieser internationale Preiszusammenhang noch äußerst strikt formuliert:

(E-13) $P = wP^*$

Damit wird eine Identität zwischen den absoluten Werten des inländischen Preisniveaus und des in Inlandswährung ausgedrückten ausländischen Preisniveaus postuliert. Allerdings ging man schon immer davon aus, daß dieser absolute internationale Preiszusammenhang nur in Hinsicht auf die durchschnittlichen Preisentwicklungen über einen längeren Zeitraum gültig ist. Kurz- und mittelfristig, so räumte man ein, könnten aufgrund von Friktionen in den Anpassungsprozessen auf den Gütermärkten durchaus Abweichungen von der absoluten Kaufkraftparität auftreten. Die Vorstellung, international bestehe über kurz oder lang eine absolute Kaufkraftparität, beruhte im wesentlichen auf der Annahme, daß die Vorgänge auf den nationalen und den internationalen Gütermärkten den Gesetzen der vollständigen Konkurrenz folgten.[14] Allerdings müssen hierzu die Bedingungen der Marktform der vollständigen Konkurrenz sehr weit gefaßt werden:

- auf allen nationalen und internationalen Gütermärkten muß bei Existenz vieler Anbieter und Nachfrager eine völlig freie Preisbildung gewährleistet sein
- es dürfen keine preisverzerrenden Handelsbeschränkungen in Form von Steuern, Zöllen oder Kontingentierungen bestehen

---

[13] Das Kaufkraftparitätentheorem wurde insbesondere von Cassel zu einem festen Bestandteil der ökonomischen Theorie gemacht (G. Cassel, Abnormal Deviations in International Exchanges, in: Economic Journal, Vol. 28, 1918, S. 413 ff.) Allerdings fand dieses Theorem auch schon in der klassischen Lehre des 19. Jahrhunderts Anwendung. Ursprünglich war das Kaufkraftparitätentheorem darauf angelegt, Veränderungen des Wechselkurses aus internationalen Preis- oder Inflationsdifferenzen zu erklären. Es läßt sich aber ohne weiteres, wie hier geschehen, auch zur Erklärung des internationalen Preis- bzw. Inflationszusammenhangs bei festen Wechselkursen verwenden. Der Aspekt der Wechselkurserklärung wird erst später aufgegriffen.

[14] Zur Marktform der vollständigen Konkurrenz siehe z. B. J. Schumann, Grundzüge der mikroökonomischen Theorie, 5. Aufl., Berlin-Heidelberg 1987, S. 177 ff.

– Anbieter und Nachfrager müssen frei sein von national orientierten Präferenzen sachlicher, räumlicher und persönlicher Art
– auch international muß eine vollständige Markttransparenz gegeben sein
– internationale Transportkosten dürfen keine Bedeutung für die Güterpreise bzw. für die Güterpreisrelationen haben
– alle nationalen Güter müssen international handelbar und durch Güter aus anderen Ländern vollkommen substituierbar sein.

Zweifellos sind diese Bedingungen in der Realität zumindest teilweise nicht erfüllt. Auf vielen internationalen Gütermärkten, insbesondere auf Märkten für hochwertige Spezialprodukte, gibt es nur wenige Anbieter und/oder Nachfrager; auf vielen Märkten, z. B. auf dem Rohölmarkt oder dem Agrarmarkt, lassen sich Preis- oder Mengenregulierungen durch staatliche Institutionen oder private Kartelle beobachten; Handelsbeschränkungen jedweder Art gehören nach wie vor zu einem beliebten Instrument der nationalen Außenhandelspolitiken; Produktdifferenzierungen sowie nationale staatliche Appelle tragen ständig dazu bei, Präferenzen für bestimmte Güter und für bestimmte Länder zu bilden; eine vollständige internationale Markttransparenz ist nicht zuletzt aufgrund von Produktdifferenzierungen nahezu unmöglich; Transportkosten sind ein Faktum; viele nationale Güter, darunter vor allem Immobilien und Dienstleistungen, sind auf nationale Märkte beschränkt und deshalb nicht oder nur unwesentlich der internationalen Konkurrenz ausgesetzt.

Aus diesen Gründen wird im allgemeinen die *komparative Version des Kaufkraftparitätentheorems* präferiert:

(E-13a) $P = qwP^*$ mit: $q > 0$

Läßt man eine Variabilität des Faktors q zu, der ja ex definitione den inländischen Terms of Trade entspricht, so ist diese Gleichung selbstverständlich immer erfüllt. Um zu einer theoretisch und empirisch gehaltvollen Aussage zu gelangen, muß deshalb auch eine Hypothese über den Faktor q gebildet werden. So geht man in der Kaufkraftparitätentheorie davon aus, daß bestimmte fundamentale Rahmenbedingungen auf den nationalen und den internationalen Gütermärkten und deren Änderungen die Größe und die Variabilität des Faktors q determinieren. Zugleich wird aber angenommen, daß der Faktor q von Entwicklungen des Wechselkurses w und/oder des ausländischen Preisniveaus P^* (weitgehend) unabhängig ist und daß deshalb eine Wechselkursänderung oder eine externe Preisänderung (ceteris paribus) über kurz oder lang eine dazu proportionale Anpassung des inländischen Preisniveaus herbeiführt. Vor diesem Hintergrund besteht also auch nach der komparativen Version des Kaufkraftparitätentheorems – zumindest auf längere Sicht – der schon bekannte vollständige internationale Preiszusammenhang:

(E-13b) $dP/P = dP^*/P^*$ oder $dP/dP^* = P/P^*$

Im Unterschied zur absoluten Version wird hier lediglich eingeräumt, daß der Faktor q von Eins verschieden sein kann. Der Nachweis, ob die mit (E-13b) formulierte Hypothese tatsächlich zutrifft, läßt sich nur mit empirischen Untersuchungen führen.[15] Die weiter oben durchgeführten modelltheoretischen Untersuchungen

---

[15] Zu empirischen Untersuchungsergebnissen siehe z. B.: H.-J. Jarchow und P. Rühmann, Monetäre Außenwirtschaft, I. Monetäre Außenwirtschaftstheorie, 2. Aufl., Göttingen 1988, S. 215 ff.

haben jeweils gezeigt, daß sich das Kaufkraftparitätentheorem in der hier formulierten Form nur unter bestimmten Bedingungen bestätigen läßt.[16] Die theoretische Analyse läßt grundsätzlich auch die Möglichkeit zu, daß es im Zuge einer externen Preissteigerung zu einer unterproportionalen oder sogar zu einer überproportionalen Anpassung des inländischen Preisniveaus kommt. Allerdings ließ sich sehr wohl feststellen, daß eine vollständige Preisübertragung im Sinne des Kaufkraftparitätentheorems zwingend dann stattfindet, wenn die Bedingungen der Marktform der vollständigen Konkurrenz erfüllt und die Preiselastizitäten der Nachfrage auf den Export- und den Importgütermärkten dementsprechend unendlich groß sind.

E-3.2: Die Kaufkraftparität bei Differenzierung von nationalen und internationalen Gütern

Es ist zu vermuten, daß das Theorem der absoluten Kaufkraftparität, wenn überhaupt, nur für Güter zutrifft, die international gehandelt werden und die sich zugleich durch Güter anderer Herkunftsländer vollkommen substituieren lassen. Insbesondere dann, wenn auch die anderen Bedingungen der Marktform der vollständigen Konkurrenz erfüllt sind, besteht zwingend eine direkte Abhängigkeit der Preise dieser Güter von den Preisen der entsprechenden internationalen Konkurrenzprodukte. Demgegenüber liegt für die Preise von Gütern, die nur auf nationalen Märkten gehandelt werden, die keiner ausländischen Konkurrenz ausgesetzt sind und die sich ohne Einsatz importierter Vorleistungsgüter herstellen lassen, logischerweise kein direkter Zusammenhang mit den Preisen ausländischer bzw. international gehandelter Güter vor.[17]

Da in das Preisniveau eines Landes die Preise der international gehandelten (der internationalen) und der rein nationalen (der heimischen) Güter einfließen, ist es bei Existenz rein nationaler Güter durchaus denkbar, daß nicht nur Abweichungen von der absoluten Kaufkraftparität bestehen, sondern daß auch die Terms of Trade $q = P/wP^*$ eine gewisse Variabilität aufweisen. Andererseits ist zu beachten, daß über den indirekten Kostenmechanismus sehr wohl eine Abhängigkeit der Preise der rein nationalen Güter von ausländischen Preisen bzw. vom ausländischen Preisniveau bestehen kann. Da in den oben verwendeten Modellen nicht zwischen international gehandelten und rein nationalen Gütern differenziert wurde, konnten diese Aspekte allerdings bisher nicht analysiert werden. Mit einem relativ einfachen formalen Ansatz soll das jetzt ergänzend geschehen. Für das Preisniveau P_i der international gehandelten Güter des Inlands gelte die absolute Kaufkraftparität:

$$(E-14) \qquad P_i = wP^*$$

Das Preisniveau P_h der rein nationalen (der heimischen) Güter sei gemäß der einfachen Mark-up-Hypothese von den Lohnstückkosten im entsprechenden Produktionssektor abhängig:

$$(E-14a) \qquad P_h = \beta\, l_h^n/\alpha_h$$

---

[16] Siehe hierzu insbesondere den Abschnitt E-2.6.

[17] Die rein nationalen Güter werden häufig als nicht handelsfähige Güter (englisch: non tradables) oder heimische Güter, die international gehandelten Güter als handelsfähige Güter (englisch: tradables) oder internationale Güter bezeichnet.

Der Aufschlagssatz auf die Lohnstückkosten sei konstant, so daß zwischen dem Preisniveau und den Lohnstückkosten eine direkt proportionale Beziehung besteht. l_h^n ist der Nominallohnsatz und α_h ist die Arbeitsproduktivität im Produktionssektor der heimischen Güter. Aufgrund entsprechender lohnpolitischer Aktivitäten der Arbeitnehmer bzw. der Gewerkschaften möge es über kurz oder lang immer zu einer parallelen Entwicklung der Nominallohnsätze in den Produktionssektoren des Landes kommen:

(E-14b) $dl_h^n/l_h^n = dl_i^n/l_i^n$

Der Nominallohnsatz l_h^n im Sektor der heimischen Güter verhält sich also proportional zum Nominallohnsatz l_i^n im Sektor der international gehandelten Güter. Demgegenüber können die sektoralen Lohnniveaus selbstverständlich voneinander abweichen. Die Lohnpolitik sei ferner darauf gerichtet, für die Arbeitnehmer, die im Produktionssektor der international gehandelten Güter beschäftigt sind, eine bestimmte reale Verteilungsposition zu erhalten:[18]

(E-14c) $l_i^n = \gamma\, P_i \alpha_i$

Mit P_i wird das Preisniveau, mit α_i die Arbeitsproduktivität jeweils im Sektor i bezeichnet. Die Größe γ gibt die reale Verteilungsposition der Arbeitnehmer im Sektor i an. Schließlich ist noch das inländische Preisniveau zu definieren:

(E-14d) $P = P_h^b P_i^{1-b}$

b bzw. $1 - b$ gibt den Anteil der heimischen Güter bzw. der international gehandelten Güter an der gesamten inländischen Güterproduktion an. Löst man die Gleichungen (E-14) bis (E-14d) nach der Veränderung des inländischen Preisniveaus auf, so ergibt sich:

(E-14e) $dP = \dfrac{P}{P^*}\, dP^* + b\left(\dfrac{d\alpha_i}{\alpha_i} - \dfrac{d\alpha_h}{\alpha_h}\right) P$

Dieses Ergebnis ist wie folgt zu interpretieren:

1. Eine externe Preissteigerung bewirkt *ceteris paribus* eine dazu proportionale Anpassung des gesamten inländischen Preisniveaus. Der vollständige internationale Preiszusammenhang ergibt sich hier durch den indirekten Kostenmechanismus. Dieser Mechanismus sorgt dafür, daß der externe Preisimpuls vom Sektor der international gehandelten Güter letztlich auch auf den Sektor der rein nationalen bzw. heimischen Güter übertragen wird.
2. Das inländische Preisniveau kann sich auch unabhängig vom ausländischen Preisniveau verändern, und zwar dann, wenn die Entwicklung der Arbeitsproduktivitäten in den beiden inländischen Sektoren voneinander abweicht. Nimmt beispielsweise die Arbeitsproduktivität des Sektors i der international gehandel-

---

[18] Der Anteil der Nominallohnsumme des Sektors i am Wert des Produktes dieses Sektors lautet: $\gamma = L_i^n/P_i X_i$. P_i ist das Preisniveau, X_i die reale Produktion des Sektors i. Für die Nominallohnsumme gilt: $L_i^n = l_i^n A_i$, wobei A_i den Arbeitsinput im Sektor i bezeichnet. Da X_i/A_i die Arbeitsproduktivität im Sektor i angibt, folgt: $\gamma = l_i^n/P_i \alpha_i$. Um die reale Verteilungsquote bzw. Verteilungsposition γ zu erhalten, muß sich also der Nominallohnsatz proportional zum Produkt aus sektoralem Preisniveau und sektoraler Arbeitsproduktivität entwickeln.

ten Güter stärker zu als im anderen Sektor, so steigt das inländische Preisniveau, ohne daß sich gleichzeitig das ausländische Preisniveau erhöhen muß. Damit aber ist gleichzeitig impliziert, daß sich nicht nur die absolute, sondern auch die relative Kaufkraftparität zwischen dem Inland und dem Ausland in Hinsicht auf die gesamtwirtschaftliche Betrachtung ändern kann. In der Gleichung (E-13a), die Ausdruck der relativen Kaufkraftparität ist, kommt es nämlich zu einer Veränderung des Faktors q bzw. der inländischen Terms of Trade.[19]

Es ist zu beachten, daß der zuletzt genannte Produktivitätsmechanismus unabhängig von den Preisentwicklungen im Ausland abläuft. In einer ceteris-paribus-Betrachtung bleibt deshalb grundsätzlich festzustellen, daß mit der Existenz rein nationaler Güter nicht zwingend ein gewisser Schutz vor Preisübertragungen aus dem Ausland gegeben ist. Der indirekte Kostenmechanismus mag zwar nicht so rigoros wirken wie in dem zuvor verwendeten einfachen Modellansatz, aber es ist zu erwarten, daß sich ausländische Preisimpulse über diesen Mechanismus mehr oder weniger stark auf das gesamte Preisgefüge des betrachteten Landes ausbreiten.

E-3.3: Kaufkraftparität, Liquiditätsmechanismus und Weltinflation: eine quantitätstheoretische Analyse

Das Kaufkraftparitätentheorem – in seiner komparativen Form – und der weiter oben beschriebene Liquiditätsmechanismus sind wesentliche Bestandteile des sogenannten monetären Ansatzes zur Erklärung weltweiter Preissteigerungen bzw. einer Weltinflation. Dieser Ansatz, der vor dem Hintergrund internationaler Inflationsprobleme in den siebziger Jahren eine große Beachtung fand, soll im folgenden vorgestellt werden. Mit der Darstellung des monetären Ansatzes wird zugleich die Analyse der Ursachen von Preissteigerungen erweitert. Ging es nämlich bisher nur darum, die Reaktionen des inländischen Preisniveaus auf eine exogen vorgegebene externe Preissteigerung zu erklären, so richtet sich die Ursachenanalyse jetzt gleichzeitig auf die Erklärung von Veränderungen des in- und des ausländischen Preisniveaus.

Der monetäre Ansatz ist grundsätzlich nur geeignet, einen Beitrag zur Erklärung der mittel- und längerfristigen internationalen Preisentwicklungen zu leisten. Auf eine Betrachtung kurzfristiger Wirkungszusammenhänge wird von vornherein verzichtet. Und nur vor dem Hintergrund des mittel- und längerfristigen Zeithorizonts sind die grundlegenden Annahmen des monetären Ansatzes zu verstehen und möglicherweise zu akzeptieren:

1. Zwischen dem inländischen und dem ausländischen Preisniveau besteht ein fester Zusammenhang gemäß der komparativen Version des Kaufkraftparitätentheorems. Es wird also davon ausgegangen, daß die internationalen Transmissionsmechanismen – gleichgültig, ob es sich dabei um den Liquiditätsmechanismus, den Nachfrage- oder Einkommensmechanismus oder den Kostenmechanismus handelt – auf mittlere und längere Sicht immer zu internationalen Preisanpassungen führen, die letztlich einen Gleichschritt der nationalen Inflationsraten implizieren.

---

[19] Gemäß Gleichung (E-13a) gilt: $dP/P = dP^*/P^* + dq/q$. Die Veränderungsrate des Faktors q entspricht also dem zweiten Summanden in der Lösungsgleichung (E-14e).

2. Das reale Güterangebot des In- und des Auslands ist jeweils preisunelastisch. Diese Annahme beruht auf der bereits für die klassische Theorie typischen Vorstellung, daß alle Wirtschaftssubjekte frei von Geldillusion sind und ihr Verhalten an der Erzielung bestimmter Reallohn- bzw. Realgewinnpositionen ausrichten. Preissteigerungen vermögen deshalb zumindest mittel- und längerfristig die reale Verteilungsposition der Unternehmungen nicht zu verbessern, und vor allem unter dem Aspekt der Gewinnmaximierung ergibt sich auf mittlere und längere Sicht folglich kein Anreiz für preisinduzierte Produktionsausweitungen. Solche Ausweitungen finden im Kontext der klassischen Theorie nur statt, wenn sich die realen Produktionsgegebenheiten, z. B. durch technischen Fortschritt, ändern und von daher Realeinkommenssteigerungen auf der Unternehmerseite möglich werden oder wenn die Arbeitnehmerseite auch längerfristig eine Verringerung der Reallohnposition akzeptiert.

3. Die Umlaufsgeschwindigkeit des Geldes ist bei mittel- und längerfristiger Durchschnittsbetrachtung relativ konstant und von Zinsänderungen unabhängig. Im Rahmen der älteren Quantitätstheorie wurde diese Annahme meistens damit begründet, daß Geld nur zu Transaktionszwecken gehalten wird und Zinssätze deshalb für die Geldnachfrage keine Rolle spielen. In den neueren Versionen der Quantitätstheorie wird dagegen zumeist nicht bezweifelt, daß es kurzfristig eine gewisse Zinsabhängigkeit der Geldnachfrage geben kann und von daher zinsinduzierte Änderungen der Umlaufsgeschwindigkeit des Geldes möglich sind. Man hält es aber für ausgeschlossen, daß eine inflationäre Preisentwicklung auf Dauer durch zinsinduzierte Erhöhungen der Umlaufsgeschwindigkeit alimentiert oder daß ein permanentes übermäßiges Geldmengenwachstum durch fortlaufende zinsinduzierte Reduktionen der Umlaufsgeschwindigkeit absorbiert werden kann.

4. Veränderungen des Geldangebots haben keinen Einfluß auf das reale Güterangebot und auf das Realeinkommen einer Volkswirtschaft. Es besteht also die schon aus der klassischen Theorie bekannte Dichotomie zwischen der realen Sphäre des Gütermarktes und der monetären Sphäre des Geldmarktes.

Mit diesen Annahmen lassen sich die internationalen Zusammenhänge im Rahmen eines Geldmarktmodells aufzeigen:

(E-15) $\qquad dP/P = dP^*/P^*$

(E-15a) $\qquad g(B^n + R^n) = l_Y PY$

(E-15b) $\qquad g^*(B^{*n} + R^{*n}) = l_Y^* P^* Y^*$

(E-15c) $\qquad dR^n = -wdR^{*n}$

Der Preiszusammenhang gemäß Gleichung (E-15) entspricht dem schon bekannten Theorem der relativen Kaufkraftparität. Die Gleichungen (E-15a) und (E-15b) zeigen das Geldmarktgleichgewicht im Inland bzw. im Ausland. Auf der linken Seite steht jeweils das in Landeswährung ausgedrückte nominelle Geldangebot, das unter Berücksichtigung des Geldschöpfungsmultiplikators g bzw. g* aus dem autonomen Teil B^n bzw. B^{*n} der monetären Basis und aus den nominellen Währungsreserven R^n bzw. R^{*n} resultiert. Die jeweils auf der rechten Seite erfaßte Geldnachfrage hängt nur vom Preisniveau P bzw. P* und vom Realeinkommen Y bzw. Y* ab. Der Kassenhaltungskoeffizient l_Y bzw. l_Y^* ist jeweils konstant, und damit ist auch die Umlaufsgeschwindigkeit des Geldes im In- und im Ausland fixiert. Die Gleichung (E-15c) bedeutet schließlich, daß die Währungsreserven insgesamt nicht verändert werden und deshalb eine Zunahme der in Inlandswährung nominierten Währungsreserven der inländischen Zentralbank um dR^n eine Reduktion der Währungsreserven der ausländischen Zentralbank um dR^{*n} (in Auslandswährung) bzw. um wdR^{*n} (in Inlandswährung) impliziert.

Aus der linken Seite der Gleichungen (E-15a) und (E-15b) läßt sich unter Beachtung von (E-15c) die folgende in Inlandswährung ausgedrückte Veränderung des nominellen Weltgeldangebots G_w^n gewinnen:

(E-15d) $\quad dG_w^n = g(dB^n + dR^n) + g^*(wdB^{*n} - dR^n)$

Nimmt man vereinfachend eine Identität der Geldschöpfungsmultiplikatoren g und g* an, so folgt hieraus:

(E-15e) $\quad dG_w^n = g(dB^n + wdB^{*n})$

Die Veränderung des Weltgeldangebots resultiert somit ausschließlich aus Veränderungen der autonomen monetären Basis im In- und im Ausland. Aus (E-15e) ergibt sich die folgende Veränderungsrate des Weltgeldangebots:

(E-15f) $\quad dG_w^n/G_w^n = \beta\, dB^n/B^n + \beta^*\, dB^{*n}/B^{*n}$

$\qquad$ mit: $\beta = gB^n/G_w^n$, $\beta^* = wg^*B^{*n}/G_w^n$

dB^n/B^n und dB^{*n}/B^{*n} sind die Veränderungsraten der autonomen monetären Basis des In- und des Auslands; β und β^* bezeichnen den Anteil der autonomen monetären Basis des In- und des Auslands am Weltgeldangebot.

Dem Weltgeldangebot ist jetzt die gesamte Geldnachfrage des In- und Auslands gegenüberzustellen. Für die Veränderung der in Inlandswährung ausgedrückten nominellen Weltgeldnachfrage ergibt sich aus den Gleichungen (E-15a) und (E-15b):

(E-15g) $\quad dL_w^n = l_Y(YdP + PdY) + wl_Y^*(Y^*dP^* + P^*dY^*)$

Die Veränderungsrate der Weltgeldnachfrage lautet dann:

(E-15h) $\quad dL_w^n/L_w^n = \lambda(dP/P + dY/Y) + (1 - \lambda)(dP^*/P^* + dY^*/Y^*)$

$\qquad$ mit: $\lambda = L^n/L_w^n$, $1 - \lambda = wL^{*n}/L_w^n$

dP/P ist die inländische, dP^*/P^* die ausländische Inflationsrate. dY/Y gibt die Wachstumsrate des inländischen Realeinkommens, dY^*/Y^* die Wachstumsrate des ausländischen Realeinkommens an. Mit λ wird der Anteil der inländischen Geldnachfrage an der Weltgeldnachfrage bezeichnet, und $1 - \lambda$ ist dementsprechend der Anteil der in Inlandswährung ausgedrückten ausländischen Geldnachfrage an der Weltgeldnachfrage.

Aufgrund des Kaufkraftparitätentheorems gemäß Gleichung (E-15) stimmen die in- und die ausländische Inflationsrate überein, so daß sich die Gleichung (E-15h) entweder nach der inländischen oder nach der ausländischen Inflationsrate auflösen läßt. Befindet sich der Weltgeldmarkt im Gleichgewicht, so sind die Veränderungsraten des Weltgeldangebots gemäß Gleichung (E-15f) und der Weltgeldnachfrage gemäß Gleichung (E-15h) identisch. Aus den beiden Gleichungen folgt somit für die inländische bzw. die ausländische Inflationsrate:

(E-15i) $\quad dP/P = dP^*/P^* = dG_w^n/G_w^n - \lambda dY/Y - (1 - \lambda)dY^*/Y^*$

Die Lösung macht deutlich, daß der monetäre Ansatz der Weltinflation die internationale Preisentwicklung – zumindest in längerfristiger Betrachtung – ausschließlich aus der Differenz zwischen der Wachstumsrate der Weltgeldmenge und den mit den Länderanteilen gewichteten Wachstumsraten der nationalen Realeinkommen erklärt. Übersteigt beispielsweise die Wachstumsrate der Weltgeldmenge den Liquiditätsbedarf, der via Transaktionskasse aus dem Wachstum der Realeinkommen resultiert, so kommt es zu positiven Veränderungsraten des in- und ausländischen Preisniveaus.

Die Bedeutung eines einzelnen Landes für die internationale Preisentwicklung hängt selbstverständlich von der relativen Größe dieses Landes ab. Die relative Größe eines Landes wird im vorliegenden Modell gemäß Gleichung (E-15f) und gemäß Gleichung (E-15h) in den Größen β (bzw. β^*) und λ (bzw. $1 - \lambda$) erfaßt. Ist das Inland im Vergleich zum Ausland relativ klein, so haben auch die Anteile β und λ einen vergleichsweise geringen Wert. Die Inflationsrate des Inlands sowie die Inflationsrate des Auslands und damit die sogenannte Weltinflationsrate werden in diesem Fall vorwiegend durch die autonome Geldpolitik der ausländischen Zentralbank und durch das Wachstum des ausländischen Realeinkommens determiniert.

Der monetäre Ansatz der Weltinflation führt zu einer wichtigen Schlußfolgerung für die internationale Geldpolitik in einem System fester Wechselkurse: um eine weltweite Preisstabilität zu erreichen, ist eine ständige Koordination der nationalen Geldpolitiken erforderlich, und zwar muß dabei das Weltgeldangebot adäquat – das heißt gemäß Gleichung (E-15i) – an das internationale Realeinkommenswachstum angepaßt werden.

Mit allem Nachdruck ist allerdings auf die Annahmen hinzuweisen, die dem monetären Ansatz der Weltinflation zugrunde liegen: Gültigkeit des Kaufkraftparitätentheorems, langfristige Konstanz der Umlaufsgeschwindigkeit des Geldes, preisunelastisches Güterangebot, Unabhängigkeit der Realeinkommensentwicklung von der Geldmengenentwicklung. Die Bedeutung der zuletzt genannten Annahme läßt sich aus der Lösungsgleichung (E-15i) unmittelbar ablesen: würde das Wachstum der nationalen Realeinkommen u. a. vom Wachstum der Geldmenge abhängen, so ließe sich die Wirkung bestimmter geldpolitischer Aktivitäten auf die internationale Preisentwicklung nur bestimmen, wenn auch diese Abhängigkeit exakt erfaßt wäre; die Gleichung (E-15i) allein würde zur Erklärung der Weltinflation dann nicht ausreichen.

E-3.4: Kaufkraftparität und Zahlungsbilanzanpassung: der monetäre Ansatz der Zahlungsbilanztheorie

Die Übertragung eines externen Preisimpulses auf das inländische Preisniveau vollzieht sich über den Liquiditätsmechanismus, wie weiter oben dargestellt, innerhalb eines mehr oder weniger langen Anpassungsprozesses. Während der Anpassungszeit kommt es zu Überschüssen in der inländischen Zahlungsbilanz, durch die Liquidität aus dem Ausland zufließt. Wird diese Liquidität von der Zentralbank nicht neutralisiert, so nimmt die inländische Geldmenge zu, und dadurch steigt letztlich das inländische Preisniveau. Die vorübergehend auftretenden Zahlungsbilanzungleichgewichte, hier die inländischen Leistungsbilanzüberschüsse, sind somit auf Friktionen im Prozeß der internationalen Preisübertragung zurückzuführen. Und erst nach Abschluß der Preisanpassung befindet sich die Zahlungsbilanz wieder im Gleichgewicht. Wird neben dem Güterverkehr auch der internationale Kapitalverkehr berücksichtigt, so können Zahlungsbilanzungleichgewichte nicht nur aus Preisanpassungen auf dem Gütermarkt, sondern auch aus Zinsanpassungen auf dem Kapitalmarkt resultieren. Beide Anpassungsvorgänge wurden weiter oben bei der Darstellung der Interdependenzen von Liquiditäts-, Nachfrage-, Einkommens- und Kostenmechanismus simultan betrachtet. Auch hier gilt, daß sich die Zahlungsbilanz – sofern die Zentralbank des betrachteten Landes keine Neutralisierungs- bzw. Kompensationspolitik betreibt – erst dann wieder im Gleichgewicht befindet, wenn die Preis- und Zinsanpassungen abgeschlossen sind.

Man könnte sich aber – zumindest in einer rein theoretischen Betrachtung – vorstellen, daß die internationalen Güter- und auch die internationalen Kapitalmärkte so vollkommen sind, daß selbst kurzfristig keine Abweichungen von einer bestimmten Kaufkraftparität und keine Zinsdifferenzen auftreten. Zahlungsbilanzungleichgewichte können dann aber auch nicht damit erklärt werden, daß es im Zuge von Anpassungsprozessen vorübergehend zu Disparitäten bei der internationalen Kaufkraft und/oder bei den Kapitalmarktzinsniveaus kommt. Diese Feststellung ist grundlegend für den sogenannten monetären Ansatz der Zahlungsbilanztheorie, in dem Zahlungsbilanzungleichgewichte nicht als Ausdruck internationaler Preis- und Zinsanpassungsprozesse, sondern als Ergebnis von Ungleichgewichten auf dem Geldmarkt gesehen werden. Auf diesen Ansatz wird nun etwas näher eingegangen.

Betrachtet sei ein relativ kleines Land, von dem kein oder zumindest kein nennenswerter Einfluß auf das internationale Güterpreisniveau und auf das internationale Zinsniveau ausgeht. Aufgrund absolut vollkommener internationaler Güter- und Kapitalmärkte mögen das Preisniveau P und das Zinsniveau i des kleinen Landes jederzeit von außen determiniert sein. Abweichungen von der internationalen Kaufkraftparität und von der internationalen Zinsparität sind deshalb auch kurzfristig unmöglich. Folglich gilt:

(E-16) $\qquad P = wP^*$

(E-16a) $\qquad i = i^*$

Auf dem Geldmarkt liegen die folgenden, schon weiter oben mit den Gleichungen (E-11b) und (E-11c) verwendeten Beziehungen zugrunde:

(E-16b) $\qquad G^n = PL(Y, i)$

(E-16c) $\qquad dG^n = gdR^n$

Die Veränderung des nominellen Geldangebots G^n resultiert bei fehlender Neutralisierungspolitik der Zentralbank ausschließlich aus Veränderungen der Reserveposition R^n, und eine Veränderung der Reserveposition spiegelt bekanntlich ein Zahlungsbilanzungleichgewicht wider. Im monetären Ansatz der Zahlungsbilanztheorie nimmt man nun noch an, daß

– die reale Geldnachfrage L eine im Zeitablauf stabile Funktion des Realeinkommens und des Zinsniveaus ist
– das reale Güterangebot des betrachteten kleinen Landes preisunelastisch ist und von Vorgängen auf dem Geldmarkt unbeeinflußt bleibt.

Die zuletzt genannte Annahme impliziert ein allein von der Angebotsseite her determiniertes Realeinkommen Y.

Ausgehend von einem Zahlungsbilanzgleichgewicht mit $dR^n = 0$ und einem Gleichgewicht auf dem Geldmarkt gemäß Gleichung (E-16b) möge es nun zu einer externen Preissteigerung kommen, durch die gemäß dem Kaufkraftparitätentheorem (E-16) das inländische Preisniveau P unverzüglich steigt. Diese Preisanpassung finde vor dem Hintergrund der absolut vollkommenen Güter- und Kapitalmärkte ohne Störung des Zahlungsbilanzgleichgewichts statt. Mit weiterhin ausgeglichener Zahlungsbilanz bleibt das Geldangebot G^n jedoch unverändert, und folglich muß aus der Erhöhung des inländischen Preisniveaus P zwingend ein Geldmarktungleichgewicht resultieren. Die nominelle Geldnachfrage übersteigt jetzt das nominelle Geldangebot. Annahmegemäß sind Änderungen des Realeinkommens Y und des Zinsniveaus i ausgeschlossen, so daß der zusätzliche preisinduzierte Liquiditätsbedarf auch nicht dadurch kompensiert werden kann, daß eine zins- oder eine einkommensinduzierte Geldnachfrageverringerung eintritt. Die inländischen Wirtschaftssubjekte müssen folglich feststellen, daß ihre realen Geldbestände nach dem Preisanstieg geringer als gewünscht sind. Um wieder auf das gewünschte Niveau zu kommen, bieten sich für die Wirtschaftssubjekte drei Möglichkeiten an:

1. Sie verringern ihre Güternachfrage und bilden so zusätzliche Ersparnisse,[20]
2. sie verkaufen aus ihrem Portefeuille Wertpapiere,
3. sie nehmen Kredite auf.

In gesamtwirtschaftlicher Sicht lassen sich die realen Geldbestände jedoch nur dann wieder erhöhen, wenn es bei unveränderter Geldangebotspolitik der inländischen Zentralbank zu einem Liquiditätszufluß aus dem Ausland kommt. Dieser Liquiditätszufluß ergibt sich im Modellrahmen des monetären Ansatzes der Zahlungsbilanztheorie aber zwingend aus den drei zuvor genannten Reaktionen:

1. Die jetzt nicht mehr von Inländern nachgefragten Güter werden bei unverändertem inländischen Angebot im Ausland abgesetzt, und hierdurch ergibt sich ein Leistungsbilanz- bzw. Zahlungsbilanzüberschuß. Da es sich um ein kleines Land handelt, löst das zusätzliche Angebot auf dem internationalen Gütermarkt keine Preisreaktionen aus.
2. Wertpapiere lassen sich nur an Ausländer verkaufen, da ja im Inland ein Nettoangebotsüberschuß entsteht. Der vollkommene Kapitalmarkt läßt Verkäufe ins Ausland ohne Zinsreaktionen zu, und im Zuge dieser Verkäufe ergibt sich ein Nettokapitalimport und dadurch ein Zahlungsbilanzüberschuß.
3. Eine Nettokreditaufnahme des Inlands kann ebenfalls nur im Ausland erfolgen, denn aufgrund der Liquiditätsverknappung ist das Kreditangebot der Inländer geringer als die Kreditnachfrage. Die zusätzliche Kreditnachfrage kann auf dem vollkommenen internationalen Kapitalmarkt problemlos ohne Zinsreaktionen realisiert werden. Auch hierbei kommt es zu einem Nettokapitalimport und darüber zu einem Zahlungsbilanzüberschuß.

Alle drei Reaktionen führen somit zu einem Zahlungsbilanzungleichgewicht, aus dem dann gemäß Gleichung (E-16c) eine Erhöhung des nominellen Geldangebots resultiert. Der Liquiditätszufluß aus dem Ausland hält so lange an, bis das Geldangebot der Geldnachfrage entspricht. Wenn die Wirtschaftssubjekte feststellen, daß ihre realen Geldbestände das gewünschte Niveau erreicht haben, stellen sie die zusätzliche Ersparnisbildung, den zusätzlichen Verkauf von Wertpapieren und/oder die zusätzliche Kreditaufnahme ein. Damit wird auch die Zahlungsbilanz

---

[20] Diese Reaktion entspricht dem aus der makroökonomischen Theorie bekannten realen Kasseneffekt (Real-Balance-Effect) bzw. Pigou-Effekt. Siehe hierzu: R. Richter, U. Schlieper und W. Friedmann, Makroökonomik, 4. Aufl., Berlin-Heidelberg-New York 1981, S. 234ff.

wieder zum Ausgleich gebracht. Der Liquiditätszufluß aus dem Ausland, der aus dem vorübergehend aufgetretenen Zahlungsbilanzungleichgewicht resultiert, läßt sich leicht aus dem Modell (E-16) bis (E-16c) bestimmen:

$$(E\text{-}16\,d) \qquad dR^n = w\,\frac{L}{g}\,dP^*$$

Der monetäre Ansatz der Zahlungsbilanztheorie ist allerdings nicht darauf beschränkt, den Zusammenhang zwischen Geldmarkt- und Zahlungsbilanzungleichgewicht im Zuge einer externen Preissteigerung aufzuzeigen. Vielmehr wird mit diesem Ansatz festgestellt, daß ein Zahlungsbilanzungleichgewicht grundsätzlich nur dann eintritt, wenn sich der Geldmarkt im Ungleichgewicht befindet, und zwar unabhängig von den Ursachen des Geldmarktungleichgewichts. So finden die gleichen Reaktionen wie oben beschrieben statt, wenn das inländische reale Güterangebot und damit das inländische Realeinkommen zunimmt, wenn das Zinsniveau sinkt, wenn die inländische Zentralbank das Geldangebot autonom verringert oder wenn die inländische Währung autonom abgewertet wird. In allen Fällen übersteigt die gewünschte Geldnachfrage bzw. der gewünschte Geldbestand das tatsächliche Geldangebot bzw. den tatsächlichen Geldbestand. Im Zuge der oben erläuterten Reaktionen resultiert daraus so lange ein Zahlungsbilanzüberschuß, bis das Geldangebot durch den Liquiditätszufluß aus dem Ausland an die gewünschte Geldnachfrage angepaßt ist.

Der Unterschied zwischen der Erklärung von Zahlungsbilanzungleichgewichten im monetären Ansatz der Zahlungsbilanztheorie und in den weiter oben zugrunde gelegten Ansätzen, die häufig als keynesianisch bezeichnet werden, sei jetzt auch noch mit Hilfe einer grafischen Darstellung erläutert. Die Abbildung E.5 zeigt in den Teilen a) und b) den keynesianischen Ansatz, in den Teilen c) und d) den monetären Ansatz. Um eine Vergleichbarkeit zu ermöglichen, wird jeweils angenommen, daß das inländische Güterangebot preisunelastisch ist und daß sich das inländische Zinsniveau aufgrund der Kapitalmarktbedingungen über kurz oder lang an das vorgegebene ausländische Zinsniveau anpaßt. Ausgehend von einem Gleichgewicht bei P_o, Y_o und i_o (Punkte A und A') möge es zu einer externen Preissteigerung kommen. Im keynesianischen Ansatz ergibt sich hierdurch eine Verbesserung der inländischen Leistungsbilanz. Die IS-Kurve verschiebt sich nach rechts, z. B. nach IS_1. Folglich nimmt die Nachfrage nach inländischen Gütern zu. Das inländische Einkommen steigt, und infolgedessen erhöht sich auch das inländische Zinsniveau. Daraus resultiert aber eine Verbesserung der inländischen Kapitalverkehrsbilanz. Leistungsbilanz- und Kapitalverkehrsbilanzverbesserung bedeuten aber einen Zahlungsbilanzüberschuß. Folglich nimmt die inländische Geldmenge zu, sofern die Zentralbank keine Neutralisierungspolitik betreibt. Auch die LM-Kurve ist somit nach rechts zu verschieben. Käme es nicht zu einer Reaktion des inländischen Preisniveaus, so müßte sich eine Verschiebung bis nach LM_1 ergeben, und im Punkt B wäre dann das neue Gleichgewicht erreicht. Da das Güterangebot preisunelastisch ist, wird das inländische Preisniveau jedoch auf jeden Fall erhöht. Mit der Rechtsverschiebung der IS-Kurve und der LM-Kurve ist im Abbildungsteil b) gleichzeitig auch die gesamtwirtschaftliche Nachfragekurve YP nach rechts zu verschieben. Und die Preisanpassung läßt sich in einer Bewegung auf der gesamtwirtschaftlichen Nachfragekurve nachvollziehen.

Mit der Erhöhung des inländischen Preisniveaus sind die IS-Kurve und die LM-Kurve im Abbildungsteil a) wieder nach links zu verschieben. Da das inländische

Abbildung E.5

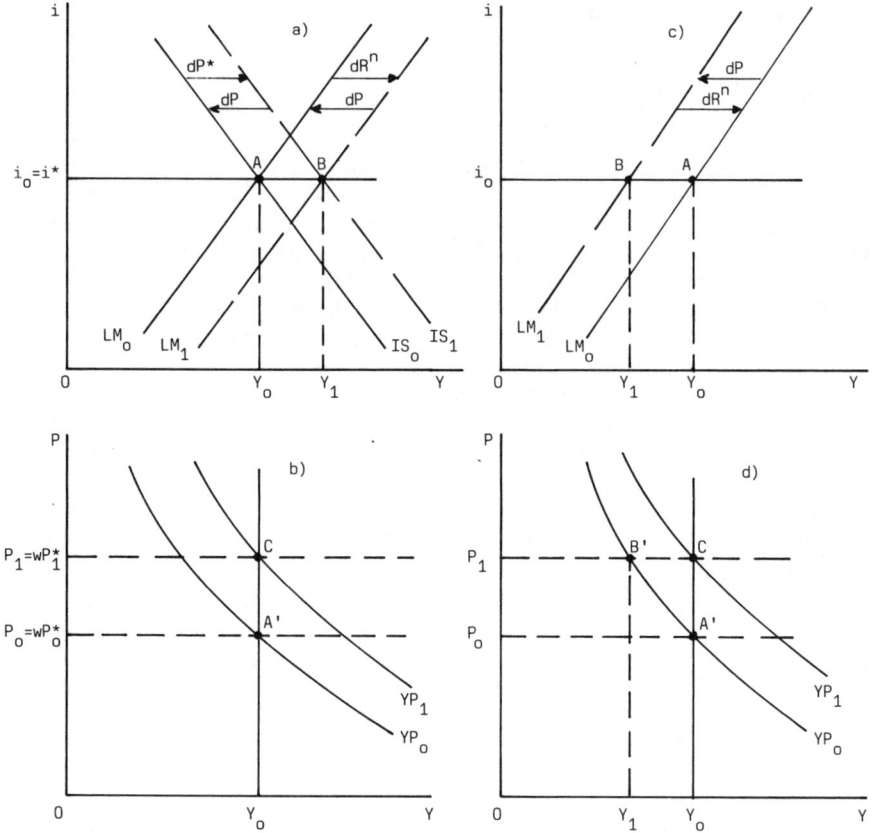

Güterangebot preisunelastisch ist, wird das inländische Preisniveau gerade so weit nach oben angepaßt, daß die IS-Kurve und die LM-Kurve wieder in ihre Ausgangslage zurückverschoben werden. Im Abbildungsteil b) hat sich demgegenüber die gesamtwirtschaftliche Nachfragekurve nach Abschluß der Anpassungsvorgänge auf jeden Fall nach rechts verschoben, z. B. nach YP_1. In einem mehr oder weniger langen Anpassungsprozeß wurde also letztlich im Punkt C beim Preisniveau P_1 ein neues Gleichgewicht erreicht. Bei den hier gegebenen Rahmenbedingungen steigt das inländische Preisniveau auch im keynesianischen Ansatz proportional zum ausländischen Preisniveau, und somit ist dann auch hier das Kaufkraftparitätentheorem erfüllt.

Im keynesianischen Ansatz wird das inländische Preisniveau allmählich an das höhere ausländische Preisniveau angepaßt, und darüber hinaus kann das inländische Zinsniveau zeitweise vom ausländischen Zinsniveau abweichen. Im monetären Ansatz der Zahlungsbilanztheorie sind dagegen Abweichungen von der Kaufkraftparität und von der Zinsparität selbst kurzfristig ausgeschlossen. Das inländische Preisniveau steigt somit unverzüglich auf P_1, das inländische Zinsniveau ist auf dem Niveau $i_o = i^*$ fixiert. Infolge der Erhöhung des inländischen Preisniveaus verschiebt sich die LM-Kurve nach links, z. B. nach LM_1. Wie weiter oben erläutert, reagieren die inländischen Wirtschaftssubjekte auf das eingetretene Geldmarktungleichgewicht mit einer Verringerung ihrer Güternachfrage, z. B. von Y_0 auf Y_1. Im Abbildungsteil d) entspricht der Verschiebung der LM-Kurve nach links und der Verringerung der Güternachfrage eine Bewegung auf der gesamtwirtschaftlichen Nachfragekurve YP_0 von A' nach B'. Da das inländische Güterangebot unverändert bleibt, steht der Angebotsüberschuß $Y_0 - Y_1$ jetzt für einen zusätzlichen Güterexport zur Verfügung. Dadurch kommt es zu einer Verbesserung der inländischen Leistungsbilanz. Darüber hinaus ist zu berücksichtigen, daß die inländischen Wirtschaftssubjekte auf das Geldmarktungleichgewicht auch mit einem zusätzlichen Kapitalimport reagieren können. Auf jeden Fall findet eine Zahlungsbilanzverbesserung statt, durch die die inländische Geldmenge bei fehlender Neutralisierungspolitik der Zentralbank zunimmt. Dadurch verschiebt sich die LM-Kurve wieder nach rechts; dementsprechend findet auch eine Rechtsverschiebung der gesamtwirtschaftlichen Nachfragekurve statt. Der Liquiditätszufluß aus dem Ausland und die Geldmengenerhöhung halten so lange an, bis das neue Gütermarktgleichgewicht im Punkt C erreicht ist. Die LM-Kurve wurde also in die Ausgangslage zurückverschoben, und die gesamtwirtschaftliche Nachfragekurve ist nach YP_1 verschoben worden.

Bei gleichen Rahmenbedingungen stimmen das Ausgangsgleichgewicht und das Endgleichgewicht im keynesianischen Ansatz und im monetären Ansatz überein. Auch im keynesianischen Ansatz verändern sich die Währungsreserven um den in der Gleichung (E-16 d) genannten Betrag, wenn das inländische Güterangebot bzw. Realeinkommen fixiert ist und das Kaufkraftparitätentheorem gilt. Der – gravierende – Unterschied besteht somit ausschließlich in den Anpassungsprozessen. Wie nun die Zahlungsbilanzanpassung tatsächlich erfolgt, kann nur im Rahmen empirischer Untersuchungen geklärt werden. Man darf aber wohl annehmen, daß die Realität am besten mit einer Synthese aus beiden Ansätzen zu erklären ist. Einerseits ist, wie im keynesianischen Ansatz, davon auszugehen, daß sich Preis- und Zinsanpassungen in einem mehr oder weniger langen Zeitraum vollziehen, andererseits ist aber auch, wie im monetären Ansatz, zu berücksichtigen, daß Geldmarktungleichgewichte ihrerseits Zahlungsbilanzanpassungen erzwingen.

Wie oben schon erwähnt, ergibt sich nach dem monetären Ansatz der Zahlungsbilanztheorie ein Zahlungsbilanzüberschuß, wenn das inländische Realeinkommen steigt, das ausländische Zinsniveau sinkt, das inländische autonome Geldangebot zurückgeht oder die inländische Währung abgewertet wird. Legt man die gleichen Rahmenbedingungen wie im monetären Ansatz – Gültigkeit des Kaufkraftparitätentheorems und vollkommener internationaler Kapitalverkehr – zugrunde, so zeigt sich im keynesianischen Ansatz letztlich das gleiche Ergebnis. Wiederum liegt der Unterschied in der Art der Anpassungsprozesse. Nimmt beispielsweise das inländische Realeinkommen zu, so vollzieht sich die Zahlungsbilanzanpassung im keynesianischen Ansatz über zwei Wege: einerseits nehmen die inländischen Importe aufgrund des Einkommensanstiegs zu, so daß sich von hierher die Leistungsbilanz verschlechtert, andererseits steigt das inländische Zinsniveau und dementsprechend kommt es zu einer zinsinduzierten Verbesserung der Kapitalverkehrsbilanz. Im monetären Ansatz ist demgegenüber eine Veränderung des inländischen Zinsniveaus von vornherein ausgeschlossen, und die direkte Reaktion der inländischen Leistungsbilanz auf die Einkommensänderung spielt ebenfalls keine Rolle. Hier ist die Zahlungsbilanzanpassung ausschließlich die Folge des einkommensinduzierten Geldmarktungleichgewichts.

Wie in früheren Untersuchungen schon mehrmals erläutert wurde, hängt die Richtung der Zahlungsbilanzveränderung im keynesianischen Ansatz entscheidend von der Zinselastizität des internationalen Kapitalverkehrs ab. Bei relativ geringer Zinselastizität ist es durchaus möglich, daß die Leistungsbilanzverschlechterung die Kapitalverkehrsbilanzverbesserung überkompensiert und daß dann die Zahlungsbilanz im Zuge der Realeinkommenserhöhung verschlechtert wird. Ist die Zinselastizität des Kapitalverkehrs jedoch – wie im monetären Ansatz angenommen – unendlich groß, so tritt eindeutig ein Zahlungsbilanzüberschuß bzw. eine Verbesserung der Zahlungsbilanz ein. Hier zeigt sich ein weiterer Unterschied zwischen den beiden Ansätzen. Der monetäre Ansatz geht von vornherein von sehr restriktiven Rahmenbedingungen aus, während der sogenannte keynesianische Ansatz in Hinsicht auf die Rahmenbedingungen weitaus offener ist. Es ist deshalb auch nicht verwunderlich, daß der keynesianische Ansatz häufig ein breites Ergebnisspektrum impliziert.

Da sich die strikten Annahmen des monetären Ansatzes, insbesondere die Annahme der internationalen Kaufkraftparität, empirisch nicht bestätigen lassen, bleibt als Quintessenz dieses Ansatzes nur festzuhalten, daß Zahlungsbilanzanpassungen auch die Folge von Geldmarktungleichgewichten sein können. Ergänzt um diesen Aspekt, dürfte dem sogenannten keynesianischen Ansatz auch weiterhin der Vorzug einzuräumen sein, wenn es um die Erklärung der sichtbaren ökonomischen Realität geht.

E-4: Preisübertragungen bei flexiblen Wechselkursen

E-4.1: Der Nachfrage- und Einkommensmechanismus

In einem System flexibler Wechselkurse gibt es keinen internationalen Liquiditätsmechanismus, über den es zu einer Übertragung externer Preisimpulse kommen könnte. Denn in einem solchen System sorgt der Wechselkursmechanismus immer für einen Ausgleich der Zahlungsbilanz. Demgegenüber läßt sich eine internationale Preisübertragung über den Nachfrage- und Einkommensmechanismus nicht grundsätzlich ausschließen. Wenn nämlich die externe Preissteigerung eine nachhaltige Verbesserung der Leistungsbilanz eines Landes – z. B. des Inlands – bewirkt, ist von hierher ein nachfrage- und einkommensinduzierter Anstieg des inländischen Preisniveaus möglich. Die Leistungsbilanzverbesserung setzt allerdings voraus, daß sich gleichzeitig die Kapitalverkehrsbilanz des Inlands verschlechtert und die Zahlungsbilanz darüber zum Ausgleich gebracht wird. Man könnte sich beispielsweise vorstellen, daß der Kapitalexport (der Kapitalimport) des Inlands steigt (sinkt), weil

– mit der externen Preissteigerung eine Aufwertung (Abwertung) der inländischen (ausländischen) Währung einhergeht und von daher Direktinvestitionen des Inlands (des Auslands) im Ausland (im Inland) billiger (teurer) werden
– mit der externen Preissteigerung zugleich das ausländische Zinsniveau steigt und dadurch zinsinduzierte Kapitalanlagen im Ausland (Inland) günstiger (ungünstiger) werden.

Der hier aufgezeigte Transmissionsweg externer Preisimpulse wird jetzt in dem bekannten Modellrahmen näher untersucht. Dabei ist zu verdeutlichen, welche Bedingungen im einzelnen erfüllt sein müssen, damit es bei flexiblen Wechselkursen tatsächlich zu einer Preisübertragung kommt. Grundlegend für die Analyse sind die bereits oben verwendeten Gleichungen zur Erklärung der realen Güternachfrage, des Leistungsbilanzsaldos, des Geldmarktgleichgewichts und des inländischen Preisniveaus:

(E-17) $Y = A(Y, i) + H$

(E-17a) $H = E(q) - q^*M(Y, q^*)$ mit: $q = P/wP^*$; $q^* = 1/q$

(E-17b) $G^n/P = L(Y, i)$ mit: $dG^n = 0$

(E-17c) $P = P(Y)$

Die Variablen dieses Modells sowie die Koeffizienten bzw. die Elastizitäten in den einzelnen Funktionen sind hinlänglich bekannt. Bezüglich ihrer Erläuterung wird z. B. auf die Gleichungen (E-11) bis (E-11 f) verwiesen. Die Elastizität des inländischen Preisniveaus in bezug auf den Wechselkurs und auf das ausländische Preisniveau ist hier mit Null anzusetzen, da der Kostenmechanismus und der direkte Preismechanismus an dieser Stelle nicht zur Diskussion stehen und vorerst unberücksichtigt bleiben. Wie schon weiter oben, so sei auch hier angenommen, daß die Marshall-Lerner-Bedingung – zumindest auf mittlere und längere Sicht – erfüllt ist. Eine autonome geldpolitische Aktivität der inländischen Zentralbank finde nicht statt, so daß das nominelle Geldangebot G^n konstant ist. Zur Auslösung des Nachfrage- bzw. des Einkommensmechanismus ist nun noch die Möglichkeit einzuräumen, daß sich die inländische Kapitalverkehrsbilanz im Zuge der externen Preissteigerung nachhaltig verschlechtert und diese Verschlechterung durch eine Verbesserung der Leistungsbilanz ausgeglichen wird:

(E-17d) $dK = - k_{p*}dP^*$

(E-17e) $dH = - dK$

Aus diesem Modell ergibt sich die folgende Reaktion des inländischen Preisniveaus auf eine externe Preissteigerung:[21]

(E-17f) $$dP/dP^* = \frac{P}{Y} \frac{k_{p*}e_Y}{s + (l_Y + e_Y L/Y)a_i/l_i}$$

Die Lösung macht deutlich, daß die Reaktion des internationalen Kapitalverkehrs auf die externe Preissteigerung – hier die Verschlechterung der inländischen Kapitalverkehrsbilanz – eine notwendige, nicht jedoch eine hinreichende Bedingung für die Preisübertragung ist. Gleichzeitig müssen noch zwei weitere Bedingungen erfüllt sein:

1. Die Einkommenselastizität e_Y des inländischen Preisniveaus muß größer als Null sein. Andernfalls wäre nämlich das inländische Güterangebot vollkommen preiselastisch, und der Nachfrage- bzw. Einkommensmechanismus würde dann zwar einen Einkommensanstieg, nicht jedoch eine Veränderung des inländischen Preisniveaus bewirken.
2. Der Zinskoeffizient l_i der Geldnachfrage darf nicht den Wert Null haben, die Geldnachfrage muß also zinselastisch sein. Da das nominelle Geldangebot annahmegemäß unverändert bleibt, machen der Preisanstieg und die Erhöhung des Realeinkommens eine Zunahme der Umlaufsgeschwindigkeit des Geldes erfor-

---

[21] Siehe hierzu den Anhang E.6.

Abbildung E.6

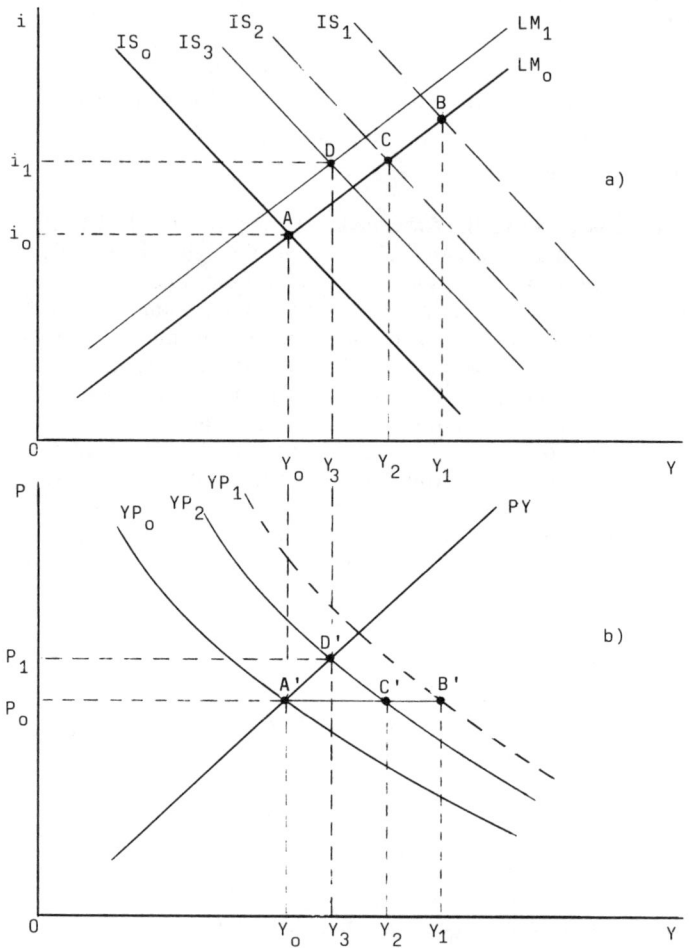

derlich. Diese Zunahme ist aber nur möglich, wenn das Zinsniveau steigt und die Geldnachfrager von hierher veranlaßt werden, Liquidität zugunsten der Transaktionskasse (und damit zu Lasten der Spekulationskasse) zu mobilisieren.

Wie sich die Preisübertragung vollzieht, wenn die drei vorgenannten Bedingungen erfüllt sind, und wie eine Preisübertragung verhindert wird, wenn eine der drei Bedingungen nicht erfüllt ist, sei jetzt noch mit Hilfe grafischer Darstellungen erläutert. Dabei können gleichzeitig auch die Wirkungen der externen Preissteigerung auf den Wechselkurs und auf das inländische Realeinkommen deutlich gemacht werden.

Zunächst wird in der Abbildung E.6 davon ausgegangen, daß die Bedingungen für eine Preisübertragung erfüllt sind. Der Abbildungsteil a) zeigt mit der bekannten IS-Kurve die Güternachfrage gemäß Gleichung (E-17) und (E-17a) und mit der LM-Kurve das Geldmarktgleichgewicht gemäß Gleichung (E-17b). Der Abbildungsteil b) enthält mit PY die Preisfunktion (E-17c) und mit YP die gesamtwirtschaftliche Nachfragekurve, die bekanntlich aus den Schnittpunkten von IS- und LM-Kurven resultiert. In der Ausgangssituation sei ein Gleichgewicht in den Punkten A und A' gegeben. Durch die externe Preissteigerung dP* > 0 möge nun die IS-Kurve nach IS_1 verschoben werden, und folglich verschiebt sich auch die gesamtwirtschaftliche Nachfragekurve nach rechts, hier nach YP_1. Die durch die externe Preissteigerung induzierte Verbesserung der inländischen Leistungsbilanz impliziert, für sich betrachtet, eine Aufwertung der inländischen Währung. Der Leistungsbilanzverbesserung steht hier jedoch bekanntlich eine Kapitalverkehrsbilanzverschlechterung gegenüber, und von hierher wird der Aufwertungsdruck abgeschwächt. Schließlich wirkt auch die Erhöhung des inländischen Preisniveaus und der dadurch bedingte Rückgang der Leistungsbilanzverbesserung der Aufwertung entgegen. Je nach Stärke dieser entgegengerichteten Einflüsse auf den Wechselkurs – wobei insbesondere die Veränderung der Kapitalverkehrsbilanz von Bedeutung ist – kann die inländische Währung letztlich aufgewertet oder abgewertet werden oder im Wert unverändert bleiben.

In der grafischen Darstellung ist eine Aufwertung angenommen worden, durch die sich die IS-Kurve von IS_1 nach IS_2 verschieben möge. Dieser Aufwertungseffekt kommt gleichermaßen in einer Verschiebung der gesamtwirtschaftlichen Nachfragekurve von YP_1 nach YP_2 zum Ausdruck. Die hier genannte Verschiebung der gesamtwirtschaftlichen Nachfragekurve hängt von Richtung und Ausmaß der Wechselkursänderung ab. Kommt es, wie hier angenommen, zu einer Aufwertung der inländischen Währung, so ist der Aufwertungseffekt bei Erfüllung der obengenannten drei Bedingungen auf keinen Fall so stark, daß die gesamtwirtschaftliche Nachfragekurve wieder zurück in ihre Ausgangslage verschoben wird. Deshalb kann sich auch der Nachfrage- bzw. Einkommensmechanismus entfalten.

Der Nachfrage- bzw. Einkommensmechanismus zeigt sich wie folgt: beim Ausgangspreisniveau P_0 nimmt die Nachfrage auf Y_2 zu. Hierdurch kommt es zu einem Anstieg des inländischen Preisniveaus auf P_1. Dieser Anstieg läßt sich in einer Bewegung entlang der gesamtwirtschaftlichen Nachfragekurve YP_2 von C' nach D' nachvollziehen. Die Erhöhung des inländischen Preisniveaus impliziert einerseits eine Verschiebung der IS-Kurve nach links und andererseits eine Verschiebung der LM-Kurve nach oben. Denn die inländische Preissteigerung dämpft, wie oben schon erwähnt, die Leistungsbilanzverbesserung und verringert zugleich die reale inländische Geldmenge. Durch diesen Preiseffekt möge die IS-Kurve schließlich nach IS_3 und die LM-Kurve nach LM_1 verschoben werden. Das neue Gleichgewicht ist somit in den Punkten D und D' gegeben. Folglich ist das inländische Realeinkommen auf Y_3 gestiegen.

Die Abbildung E.7 zeigt die drei oben schon genannten Fälle, in denen es nicht zu einer Anpassung des inländischen Preisniveaus an die externe Preissteigerung kommt. Mit den Punkten A und A' wird jeweils das Ausgangsgleichgewicht gekennzeichnet.

1. Verändert sich die inländische Kapitalverkehrsbilanz im Zuge der externen Preissteigerung nicht (ist also der Koeffizient k_{P*} Null), so treten die im Abbildungsteil a) dargestellten Einflüsse auf die IS-Kurve und auf die YP-Kurve ein. Durch die Erhöhung des ausländischen Preisniveaus ergibt sich ceteris paribus eine Verbesserung der inländischen Leistungsbilanz, und dadurch wird die IS-Kurve nach rechts, z. B. nach IS_1 verschoben. Dazu korrespondierend ist auch die gesamtwirtschaftliche Nachfragekurve nach rechts, hier nach YP_1, zu verschieben. Die

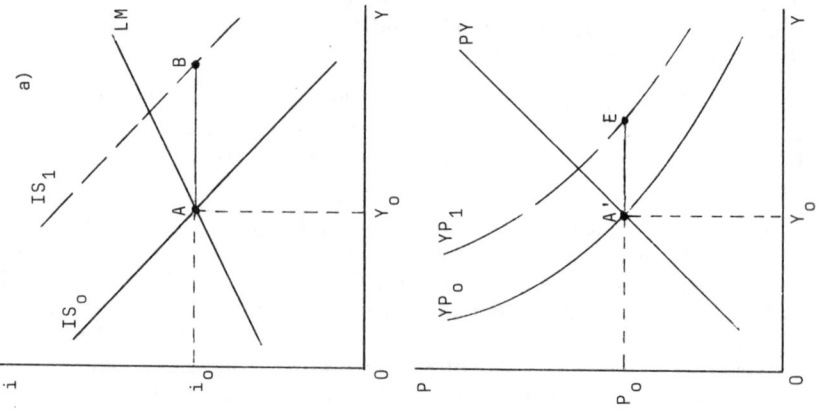

Abbildung E.7

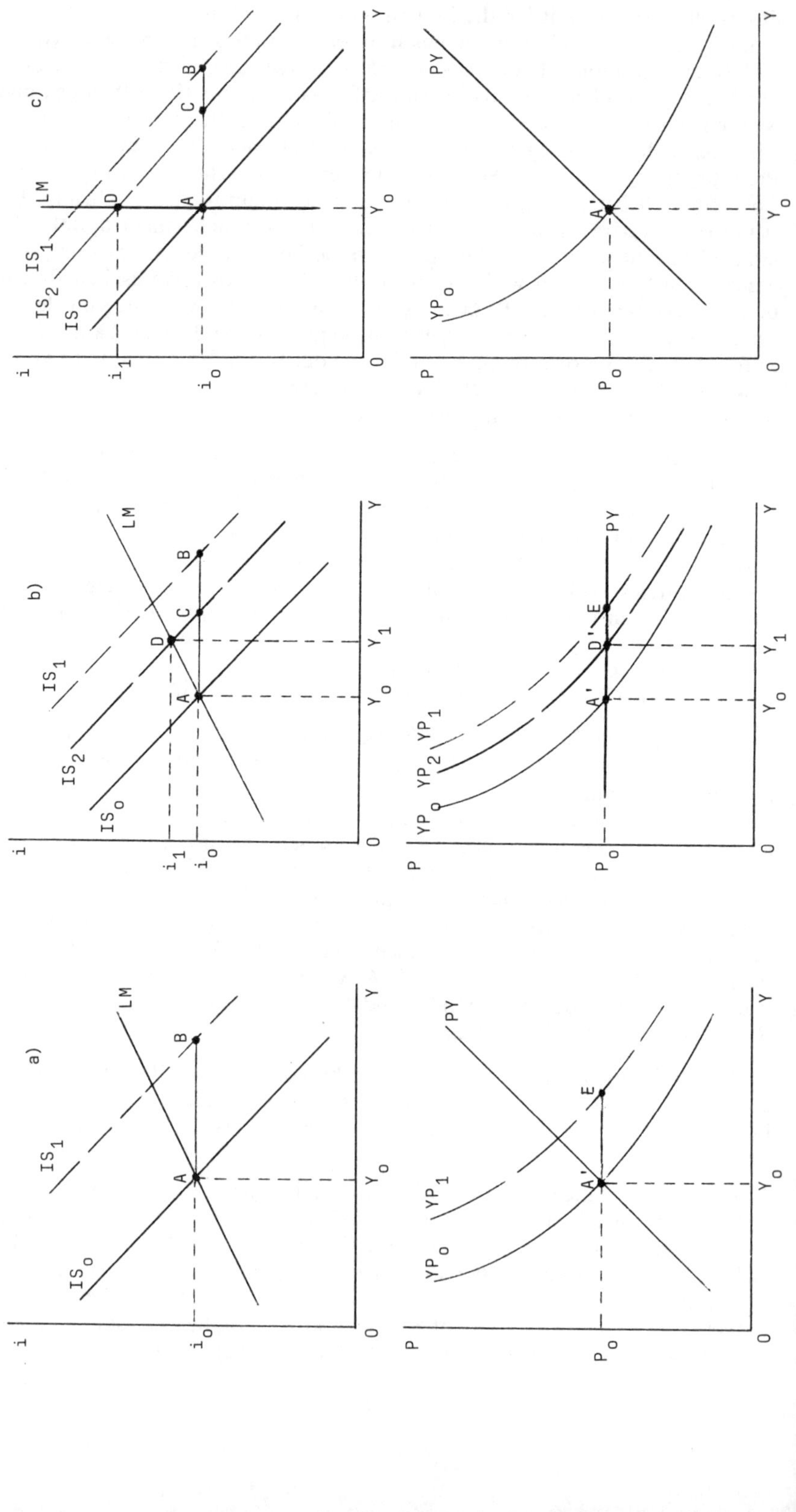

Leistungsbilanzverbesserung impliziert aber bei unverändertem internationalen Kapitalverkehr ein Devisenmarktungleichgewicht, und folglich wird die inländische Währung aufgewertet. Diese Aufwertung muß – über kurz oder lang – so stark sein, daß der positive Leistungsbilanzeffekt der externen Preissteigerung von hierher exakt kompensiert wird. Daraus folgt zugleich, daß die IS- und die YP-Kurve jeweils zurück in ihre Ausgangslage verschoben werden. Das Preisniveau, das Zinsniveau und das Realeinkommen des Inlands haben sich folglich nach Erreichen des neuen Gleichgewichts nicht verändert. Durch die Wechselkursanpassung ist also das Inland vollständig vor dem externen Preisimpuls geschützt worden.

2. Wenn sich zwar die inländische Kapitalverkehrsbilanz verschlechtert, aber das inländische Güterangebot vollkommen preiselastisch ist, so zeigen sich die im Abbildungsteil b) dargestellten Einflüsse. Die Preisfunktion PY verläuft jetzt parallel zur Einkommensachse. Wie schon im zuvor diskutierten Fall, verschieben sich die IS-Kurve und die YP-Kurve infolge der externen Preissteigerung jeweils nach rechts, hier nach IS_1 und YP_1. Zwar führt die Leistungsbilanzverbesserung, wie zuvor skizziert, zu einem Aufwertungsdruck auf die inländische Währung, doch dem steht ein Abwertungsdruck aus der Verschlechterung der Kapitalverkehrsbilanz gegenüber. Es hängt von der relativen Stärke dieser Einflüsse ab, ob letztlich eine Aufwertung oder eine Abwertung der inländischen Währung stattfindet oder ob der Wechselkurs konstant bleibt. In der Abbildung ist eine Aufwertung angenommen worden, durch die sich die IS-Kurve und die YP-Kurve jeweils wieder nach links verschieben. Allerdings fällt die Aufwertung wegen der Verschlechterung der Kapitalverkehrsbilanz zwingend geringer aus als im ersten Fall, und damit ist eine Verschiebung der IS- und YP-Kurve zurück in die Ausgangslage ausgeschlossen. Dementsprechend ist in der Abbildung eine Verschiebung nach IS_2 bzw. nach YP_2 eingezeichnet worden. Mit Erreichen des neuen Gleichgewichts haben sich sowohl das Realeinkommen als auch das Zinsniveau des Inlands erhöht (hier auf Y_1 und i_1). Die externe Preissteigerung ist also nicht ohne Wirkung auf das Inland geblieben. Allerdings hat es keine Anpassung des inländischen Preisniveaus gegeben.

3. Ist die Geldnachfrage zinsunelastisch, so verläuft die LM-Kurve – wie im Abbildungsteil c) dargestellt – parallel zur Zinsachse. Auch hier verschiebt sich die IS-Kurve infolge der externen Preissteigerung ceteris paribus nach rechts (nach IS_1). Da aber kein zusätzliches Geld für Transaktionszwecke mobilisiert wird, nimmt die gesamtwirtschaftliche Güternachfrage nicht zu. Die YP-Kurve bleibt deshalb unberührt. Statt dessen findet eine (beträchtliche) Zinssteigerung statt, durch die der positive Nachfrageeffekt der preisinduzierten Leistungsbilanzverbesserung kompensiert wird. Wie schon im zweiten Fall beschrieben wurde, resultiert aus der Verbesserung der Leistungsbilanz und der Verschlechterung der Kapitalverkehrsbilanz eine Wechselkursänderung. Auch hier wurde angenommen, daß es zu einer Aufwertung kommt, durch die die IS-Kurve schließlich nach IS_2 verschoben wird. Obwohl sich die Leistungsbilanz des Inlands annahmegemäß nachhaltig verbessert, führt die Erhöhung des inländischen Zinsniveaus dazu, daß der Nachfrage- und Einkommensmechanismus nicht zum Tragen kommt. Die Wirkung der externen Preissteigerung erschöpft sich also in einer Zinserhöhung, hier auf i_1. Es wäre allerdings denkbar, daß die Zentralbank des Landes versucht, den Zinsanstieg durch eine Geldmengenerhöhung ganz oder teilweise zu verhindern. Die Geldmengenerhöhung käme dann in einer Rechtsverschiebung der LM-Kurve und der YP-Kurve zum Ausdruck. Erst durch die autonome Geldpolitik könnte sich jetzt also der Nachfrage- bzw. Einkommensmechanis-

mus entfalten. Und es käme folglich zu einem Anstieg des inländischen Preisniveaus. Die internationale Preisübertragung fände in diesem Fall auf indirektem Wege, nämlich über die Auslösung einer Politikreaktion statt.

E-4.2: Der Kostenmechanismus

Eine Erhöhung des in Auslandswährung ausgedrückten Preisniveaus importierter Güter impliziert auch einen mehr oder weniger starken Anstieg des entsprechenden Preisniveaus in Inlandswährung, wenn die inländische Währung nur unterproportional zur externen Preissteigerung aufgewertet wird, unverändert bleibt oder sogar im Wert sinkt. Eine Zunahme des in Inlandswährung ausgedrückten Importgüterpreisniveaus kann aber bedeuten, daß

– die Stückkosten aus dem Import von Vorleistungsgütern steigen
– der Warenkorb der Endverbraucher teurer wird, sofern dieser Warenkorb importierte Endprodukte enthält.

Im ersten Fall könnte somit der direkte Kostenmechanismus für eine Preisübertragung sorgen, im zweiten Fall könnte es über höhere Lohnforderungen, die sich am gestiegenen Preisniveau des Warenkorbes orientieren, zur Auslösung des indirekten Kostenmechanismus und darüber zu einer Anpassung des Preisniveaus der inländischen Güter kommen. Anders als beim Nachfrage- bzw. Einkommensmechanismus, stehen diese Transmissionswege unabhängig vom Leistungsbilanzsaldo offen. Auch bei ausgeglichener Leistungsbilanz ist die Preisübertragung über den direkten und den indirekten Kostenmechanismus möglich.

Um die Wirkungsweise des Kostenmechanismus bei flexiblen Wechselkursen isoliert darstellen zu können, sei angenommen, daß das inländische Einkommen konstant ist und der Nachfrage- bzw. Einkommensmechanismus dementsprechend keine Rolle spielt. Der Nachweis einer Preisübertragung durch den Kostenmechanismus macht, wie weiter unten noch deutlich wird, eine differenzierte Betrachtung des ausländischen Preisniveaus erforderlich. Dabei ist zum einen zwischen dem Preisniveau der Importgüter (mit P_M^* bezeichnet) und dem Preisniveau der exportkonkurrierenden Güter des Auslands (mit P_E^* bezeichnet) – jeweils ausgedrückt in Auslandswährung – zu unterscheiden und zum anderen die Möglichkeit zuzulassen, daß die Veränderungsraten dieser beiden Preisniveaus nicht übereinstimmen. Der Kostenmechanismus ist dementsprechend in dem folgenden Modellrahmen zu analysieren:

(E-18) $E - q_M^* M = 0$ mit: $q_M^* = w P_M^* / P$

(E-18a) $E = E(q_E)$ mit: $q_E = P/w P_E^*$; $n_E = \dfrac{\delta E}{q_E} \dfrac{q_E}{E} \leq 0$

(E-18b) $M = M(q_M^*)$ mit: $n_M = \dfrac{\delta M}{q_M^*} \dfrac{q_M^*}{M} \leq 0$

(E-18c) $P = P(k)$ mit: $k = w P_M^*$; $e_k = \dfrac{\delta P}{\delta k} \dfrac{k}{P}$

Die Kapitalverkehrsbilanz des Landes bleibt in Hinsicht auf den Ausschluß des Nachfrage- und Einkommensmechanismus unverändert, so daß gemäß Gleichung (E-18) ein Ausgleich der Leistungsbilanz zu fordern ist. Für die mengenmäßigen

Ex- und Importe besteht analog zu früheren Untersuchungen eine Abhängigkeit von dem jeweils relevanten Preisverhältnis auf dem Export- bzw. dem Importgütermarkt. Die im Inland produzierten Güter mögen ein einheitliches Preisniveau haben,[22] das über den weiter oben beschriebenen direkten und indirekten Kostenzusammenhang von dem in Inlandswährung ausgedrückten Preisniveau wP_M^* der Importgüter abhängt. Die Einkommensabhängigkeit der Importe und des inländischen Preisniveaus bleibt hier jeweils unberücksichtigt, da das Einkommen annahmegemäß konstant ist.

Um zu gewährleisten, daß das System nach einer externen Preisänderung wieder ein stabiles Gleichgewicht erreicht, muß angenommen werden, daß die Marshall-Lerner-Bedingung $(1 + n_E + n_M < 0)$ erfüllt ist. Andernfalls würde sich beispielsweise im Zuge einer allgemeinen externen Preissteigerung eine Verschlechterung der Leistungsbilanz ergeben, aus der dann eine Abwertung der inländischen Währung resultieren müßte; diese Abwertung wäre ceteris paribus mit einer weiteren Verschlechterung der Leistungsbilanz verbunden, und hierdurch käme es erneut zu einem Abwertungsdruck. Durch den Marktmechanismus ließe sich dann der Leistungsbilanzausgleich wahrscheinlich nicht wiederherstellen.

Darüber hinaus ist noch anzunehmen, daß die Elastizität e_k des inländischen Preisniveaus in bezug auf das in Inlandswährung ausgedrückte Importgüterpreisniveau kleiner als Eins ist. Diese Annahme ist ebenfalls erforderlich, damit sich über adäquate Preis- und Wechselkursanpassungen auch tatsächlich ein Leistungsbilanzausgleich herstellen läßt. Hätte nämlich die Elastizität e_k einen Wert von Eins oder darüber, so wären die Reaktionen des inländischen Preisniveaus so stark, daß beispielsweise ein Anstieg des Importpreisniveaus eine Abwertungsspirale in Gang setzen würde: mit der Erhöhung des Importpreisniveaus in Auslandswährung käme es zur Leistungsbilanzverschlechterung und darüber zu einer Abwertung der inländischen Währung; bei Gültigkeit der Marshall-Lerner-Bedingung würde sich die Leistungsbilanz infolge der Abwertung zwar wieder tendenziell verbessern, doch wenn sich das inländische Preisniveau immer proportional oder überproportional zur Abwertung erhöht, wird diese Verbesserung von hierher wieder zunichte gemacht; die Leistungsbilanz bliebe dann also im Defizit, und folglich müßte sich die inländische Währung permanent abwerten, sofern es nicht zu Devisenmarktinterventionen durch die inländische Zentralbank käme.[23]

---

[22] Man könnte analog zur Preisdifferenzierung im Ausland zwischen einem inländischen Preisniveau für die Exportgüter und einem inländischen Preisniveau für die importkonkurrierenden Güter unterscheiden. Unter qualitativem Aspekt spielt diese Differenzierung jedoch für Wirkungsweise und Wirkung des Kostenmechanismus keine Rolle. Um die Bedingungen für eine Preisübertragung durch den Kostenmechanismus aufzuzeigen, genügt deshalb die Beschränkung auf den relativ einfachen Ansatz mit einem einheitlichen inländischen Preisniveau.

[23] Nach den Gleichungen (E-18) bis (E-18c) reagiert die Leistungsbilanz wie folgt auf Preis- und Wechselkursänderungen:

$$dH = E(1 + n_E + n_M)(dP/P - dw/w) - En_E dP_E^*/P_E^* - E(1 + n_M)dP_M^*/P_M^*.$$

Es gilt also:
- Bei $|n_M| < 1$ wird die Leistungsbilanz verschlechtert, wenn $dP_M^* > 0$.
- Bei $1 + n_E + n_M < 1$ wird die Leistungsbilanz verschlechtert (nicht verändert), wenn $dP/P > dw/w (dP/P = dw/w)$.

Aus dem Gleichungssystem (E-18) bis (E-18 c) läßt sich die folgende Reaktion des inländischen Preisniveaus P auf externe Preisänderungen berechnen:[24]

$$(E-19) \quad dP/P = \frac{e_k n_E}{N} (dP_M^*/P_M^* - dP_E^*/P_E^*) \quad \text{mit: } N = (1 - e_k)(1 + n_E + n_M) < 0$$

Der Nennerausdruck N ist kleiner als Null, wenn die Marshall-Lerner-Bedingung erfüllt ist und wenn die Elastizität e_k kleiner als Eins ist.

Die Lösung macht deutlich, daß der Kostenmechanismus nur dann wirksam ist, wenn drei Bedingungen erfüllt sind:

- Das inländische Preisniveau muß direkt oder indirekt von dem in Inlandswährung ausgedrückten Preisniveau der Importgüter abhängig sein $(0 < e_k < 1)$
- die Exportnachfrage muß preiselastisch sein $(n_E < 0)$
- die Veränderungsraten der beiden ausländischen Preisniveaus müssen voneinander abweichen.

Die erste Bedingung bedarf keiner weiteren Erläuterung. Wäre die zweite Bedingung nicht erfüllt, so käme es zu folgenden Wirkungsabläufen: ein Anstieg des ausländischen Preisniveaus der exportkonkurrierenden Güter hat bei preisunelastischer Exportnachfrage von vornherein keinen Einfluß auf das Inland; ein Anstieg des ausländischen Preisniveaus der Importgüter impliziert bei Erfüllung der Marshall-Lerner-Bedingung eine Leistungsbilanzverbesserung, folglich kommt es zu einer Aufwertung der inländischen Währung; da die Wechselkursänderung ohne Wirkung auf die Exporte bleibt, wird der Aufwertungsdruck von hierher nicht gebremst, und die Aufwertung kommt erst dann zum Stillstand, wenn die vom Importgütermarkt ausgehende Störung der Leistungsbilanz beseitigt ist; das aber ist genau dann der Fall, wenn die Erhöhung des in Auslandswährung ausgedrückten Preisniveaus der Importgüter durch eine dazu umgekehrt proportionale Wechselkursanpassung exakt kompensiert wird; das in Inlandswährung ausgedrückte Preisniveau der Importgüter bleibt folglich unverändert; somit kommt der Kostenmechanismus nicht zum Tragen.

Sind die beiden zuerst genannten Bedingungen erfüllt, so gilt für die Reaktionsrichtung des inländischen Preisniveaus:

$$(E-19 a) \qquad dP/P \gtrless 0, \text{ wenn } dP_M^*/P_M^* \gtrless dP_E^*/P_E^*$$

Das inländische Preisniveau nimmt also über den Kostenmechanismus zu (ab), wenn das Preisniveau der Importgüter mit einer höheren (geringeren) Rate steigt als das Preisniveau der exportkonkurrierenden Güter (jeweils ausgedrückt in Auslandswährung). *Man erhält somit ein scheinbar paradoxes Ergebnis: unter bestimmten Bedingungen können externe Preissteigerungen im Inland sogar eine Preissenkung bewirken.* Die Reaktion des inländischen Preisniveaus läßt sich wie folgt erklären:

1. Stimmen die Veränderungsraten von P_M^* und P_E^* überein, so wird die Leistungsbilanz verbessert, wenn die Marshall-Lerner-Bedingung erfüllt ist. Es kommt dann zwingend zu einer Aufwertung der inländischen Währung, und zwar so weit, daß die externen Preisimpulse von hierher gerade kompensiert werden und dadurch

---

[24] Siehe hierzu den Anhang E.7.

die Leistungsbilanzstörung beseitigt wird. Die Aufwertungsrate entspricht deshalb der externen Preisänderungsrate, und folglich bleibt das in Inlandswährung ausgedrückte Preisniveau der Importe unverändert. Der Kostenmechanismus ist also unwirksam.

2. Ist die Veränderungsrate von P_M^* größer als von P_E^*, so fällt die Leistungsbilanzverbesserung bei sonst gleichen Bedingungen zwingend geringer aus als im zuvor skizzierten Fall, denn ein Anstieg von P_M^* impliziert ja direkt eine Verteuerung der inländischen Importe. Und bei sehr geringer Preiselastizität der Importe kann es sogar zu einer Verschlechterung der Leistungsbilanz kommen.[25] Für die Wechselkursanpassung bedeutet das: die Aufwertungsrate ist auf jeden Fall geringer als die Veränderungsrate des in Auslandswährung ausgedrückten Preisniveaus der Importe, und mit einer Verschlechterung der Leistungsbilanz käme es sogar zu einer Abwertung. Folglich nimmt das in Inlandswährung ausgedrückte Preisniveau der Importe zu. Über den Kostenmechanismus erfolgt dann zwingend eine positive Reaktion des inländischen Preisniveaus.

3. Liegt die Veränderungsrate von P_E^* über derjenigen von P_M^*, so ist damit zwingend eine höhere Leistungsbilanzverbesserung als im zuvor unter 1. skizzierten Fall impliziert. Die Aufwertungsrate der inländischen Währung muß folglich größer sein als die Veränderungsrate des Preisniveaus P_E^*. Das in Inlandswährung ausgedrückte Preisniveau der Importe wird also aufgrund der starken Wechselkursreaktion verringert; dementsprechend läßt der Kostenmechanismus im vorliegenden Fall eine Verringerung des inländischen Preisniveaus zu. Allerdings ist zu bedenken, daß eine wechselkursinduzierte Reduktion des Preisniveaus der Endprodukte meistens keine Lohnsenkung nach sich zieht und daß eine Verringerung der Produktionstückkosten häufig nicht in einer adäquaten Preisänderung „weitergegeben" wird. Damit aber ist es ungewiß, ob der Kostenmechanismus auch tatsächlich zu der modelltheoretisch abgeleiteten Preissenkung führt.

E-4.3: Der direkte Preismechanismus

Veränderungen des ausländischen Preisniveaus der exportkonkurrierenden Güter einerseits und Veränderungen des Wechselkurses andererseits beeinflussen die preisbedingte internationale Wettbewerbssituation der inländischen Exporteure. Die Wettbewerbssituation wird beispielsweise durch einen Anstieg des in Auslandswährung ausgedrückten Preisniveaus P_E^* der exportkonkurrierenden Güter ceteris paribus verbessert, durch eine Aufwertung der inländischen Währung – eine Reduktion des Wechselkurses w – ceteris paribus verschlechtert. Nur dann, wenn einem Anstieg des Preisniveaus P_E^* eine dazu proportionale Aufwertung der inländischen Währung bzw. einer Wechselkursänderung eine dazu umgekehrt proportionale Veränderung des Preisniveaus P_E^* gegenüberstehen würde, bliebe die preisbedingte Wettbewerbssituation unverändert. In diesem Fall käme es nämlich nicht zu einer Veränderung des in Inlandswährung umgerechneten Preisniveaus wP_E^* der exportkonkurrierenden Güter.

Wie schon eingangs erläutert wurde, ist damit zu rechnen, daß die Exporteure auf eine Veränderung ihrer internationalen Wettbewerbssituation u. a. mit einer Anpas-

---

[25] Wie bereits zu den Gleichungen (E-18) und (E-18c) erläutert wurde, gilt nämlich: die Leistungsbilanz wird verschlechtert, wenn $n_E dP_E^*/P_E^* + (1 + n_M) dP_M^*/P_M^* > 0$ ist. Trotz Erfüllung der Marshall-Lerner-Bedingung ist dieses Ergebnis möglich, wenn $dP_E^*/P_E^* < dP_M^*/P_M^*$.

sung des in Inlandswährung ausgedrückten inländischen Exportpreisniveaus reagieren. Mit einer Verbesserung der Wettbewerbssituation ergibt sich ein Preiserhöhungsspielraum, der sich wenigstens teilweise ausnutzen läßt, um die Stückgewinne zu steigern; eine Verschlechterung der Wettbewerbssituation erzwingt i. d. R. gewisse Preissenkungen, wenn internationale Marktanteile gehalten werden sollen. Durch solche Preisanpassungen wird das gesamte inländische Preisniveau unmittelbar beeinflußt. Von der Veränderung der internationalen Wettbewerbssituation kann allerdings auch mittelbar ein Einfluß auf das gesamte inländische Preisniveau ausgehen. Betrachtet man beispielsweise eine Verbesserung der Wettbewerbssituation, so läßt sich möglicherweise feststellen, daß

– die Bereitschaft der inländischen Exporteure zunimmt, höhere Lohnforderungen zu akzeptieren, die anschließend zum Maßstab für allgemeine Lohnerhöhungen werden und durch die es dann zu einem allgemeinen Anstieg der Lohnstückkosten kommt
– die inländische Produktion zugunsten der Exportgüter verschoben wird und dadurch eine Angebotsverknappung bei den Gütern für den heimischen Bedarf und bei den importkonkurrierenden Gütern entsteht.

Im ersten Fall könnte es zu einem kosteninduzierten, im zweiten Fall zu einem angebots- bzw. nachfrageinduzierten Anstieg des gesamten inländischen Preisniveaus kommen.

Um die zuvor aufgezeigten Transmissionswege in einer formal-theoretischen Analyse zu erfassen, muß das inländische Preisniveau P – das zugleich das inländische Exportgüterpreisniveau ist – in Abhängigkeit von dem in Inlandswährung ausgedrückten Preisniveau wP_E^* der ausländischen exportkonkurrierenden Güter dargestellt werden:

(E-18d) $P = P(wP_E^*)$ mit: $e_E = \dfrac{\delta P}{\delta(wP_E^*)} \dfrac{wP_E^*}{P}$, $0 \leq e_E < 1$

Da dieser Zusammenhang eine Reaktion des inländischen Preisniveaus zuläßt, ohne daß sich die Güternachfrage, das Einkommen oder die importabhängigen Stückkosten verändern, läßt sich hier von einem direkten Preismechanismus oder einem direkten internationalen Preiszusammenhang sprechen.

Es soll nun untersucht werden, unter welchen Bedingungen der direkte Preismechanismus in einem System flexibler Wechselkurse zu einer internationalen Preisübertragung führt. Im Interesse einer isolierten Darstellung dieses Mechanismus bleiben die anderen internationalen Transmissionswege – der Nachfrage- bzw. Einkommensmechanismus und der Kostenmechanismus – unberücksichtigt. In dem weiter oben schon verwendeten Modell (E-18) bis (E-18c) ist dann lediglich die Preisfunktion (E-18c) durch die gerade formulierte Preisfunktion (E-18d) zu ersetzen. In diesem Modellrahmen reagiert das inländische Preisniveau wie folgt auf eine Veränderung des ausländischen Preisniveaus der Importgüter und/oder der exportkonkurrierenden Güter:[26]

(E-19b) $dP/P = -\dfrac{e_E(1 + n_M)}{N'}(dP_M^*/P_M^* - dP_E^*/P_E^*)$

mit: $N' = (1 - e_E)(1 + n_E + n_M) < 0$

---

[26] Siehe hierzu den Anhang E.8.

Wenn die Elastizität e_E des inländischen Preisniveaus in bezug auf das in Inlandswährung ausgedrückte Preisniveau der exportkonkurrierenden Güter größer als Null ist, kommt es unter zwei Bedingungen zu einer internationalen Preisübertragung:[27]

1. Der für die realen Importe relevante Elastizitätswert $1 + n_M$ muß von Null verschieden sein. Andernfalls hätten nämlich Veränderungen des Wechselkurses w, des Importpreisniveaus P_M^* und des inländischen Preisniveaus P keinen Einfluß auf die realen Importe $q_M^* M$ (mit $q_M^* = wP_M^*/P$) des Inlands. Folglich würde von einer Veränderung des Importpreisniveaus P_M^* auch keine Wirkung auf die inländische Leistungsbilanz ausgehen. Durch eine Veränderung des Preisniveaus der exportkonkurrierenden Güter P_E^* käme es demgegenüber zu einer Verbesserung der Leistungsbilanz und dadurch zu einer Aufwertung der inländischen Währung. Da die Aufwertung ohne Wirkung auf die realen Importe bleibt, wird der Aufwertungsdruck von hierher jedoch nicht gebremst, und die Realisierung des Leistungsbilanzgleichgewichts würde dann zwingend eine Aufwertungsrate erforderlich machen, die exakt der Veränderungsrate des Preisniveaus P_E^* entspricht. Damit aber bliebe das in Inlandswährung ausgedrückte Preisniveau der exportkonkurrierenden Güter unverändert.

2. Die Veränderungsraten der beiden Preisniveaus P_M^* und P_E^* müssen voneinander abweichen. Hierfür sind die Gründe maßgebend, die schon im Zusammenhang mit dem Kostenmechanismus ausführlich erläutert wurden.

Es ist zu erwarten, daß die zuerst genannte Bedingung i. d. R. erfüllt ist. Viele empirische Untersuchungen lassen den Schluß zu, daß die Preiselastizität n_M der Importnachfrage eines Landes absolut kleiner als Eins ist. Damit aber liegt der Wert des Ausdrucks $1 + n_M$ ebenfalls unter Eins. Vor diesem Hintergrund ergibt sich nach der Lösungsgleichung (E-19b) dann eine Erhöhung des inländischen Preisniveaus, wenn die Veränderungsrate des Importpreisniveaus P_M^* größer ist als die Veränderungsrate des Preisniveaus P_E^* der exportkonkurrierenden Güter. Die Aufwertungsrate der inländischen Währung ist dann auf jeden Fall geringer als die Veränderungsrate des ausländischen Preisniveaus P_E^*, und es ist nicht einmal auszuschließen, daß die inländische Währung bei einem relativ starken Anstieg des Importpreisniveaus P_M^* sogar abgewertet wird. Diese Wechselkursreaktion ist schon im Zusammenhang mit dem Kostenmechanismus erläutert worden.

Die Lösungsgleichung (E-19b) impliziert allerdings auch, daß das inländische Preisniveau sinkt, wenn die Veränderungsrate des Preisniveaus P_E^* größer ist als die Veränderungsrate des Preisniveaus P_M^*. Wie ebenfalls schon weiter oben erläutert wurde, kommt es dann nämlich zu einer relativ starken Aufwertung der inländischen Währung, und die Aufwertungsrate liegt in diesem Fall über der Veränderungsrate des Preisniveaus P_E^*. Das in Inlandswährung ausgedrückte Preisniveau der exportkonkurrierenden Güter geht also zurück. Um die durch die Aufwertung bedingte Verschlechterung der internationalen Wettbewerbssituation auszugleichen, sind die inländischen Exporteure gezwungen, das inländische Exportpreisniveau P – das dem gesamten inländischen Preisniveau entspricht – zu senken. Wie

---

[27] Nach den externen Preissteigerungen findet die Leistungsbilanz allerdings nur dann zum Gleichgewicht zurück, wenn das System stabil ist. Dazu muß einerseits die Elastizität e_E kleiner als Eins sein und andererseits die Marshall-Lerner-Bedingung erfüllt sein. In diesem Zusammenhang ist auf die Erläuterungen im vorangegangenen Abschnitt E-4.2 zu verweisen.

beim Kostenmechanismus gemäß Gleichung (E-19a), so führt der internationale
Preiszusammenhang auch hier zu dem paradox anmutenden Ergebnis: eine Preissteigerung im Ausland bewirkt über den direkten Preismechanismus letztlich eine
Preissenkung im Inland. Es darf allerdings nicht übersehen werden, daß neben dem
direkten Preismechanismus auch noch der Nachfrage- und Einkommensmechanismus sowie der Kostenmechanismus wirksam sein können und daß sich aus dem
Zusammenwirken dieser Mechanismen trotz einer preismindernden Wirkung des
direkten Preismechanismus letztlich doch eine Erhöhung des inländischen Preisniveaus ergeben kann.

E-4.4: Wirkungsinterdependenz mehrerer Übertragungsmechanismen

Die Einzeluntersuchungen zu den verschiedenen Transmissionsmechanismen des
internationalen Preiszusammenhangs lassen eine eindeutige Schlußfolgerung über
zwei Rahmenbedingungen zu, die bei flexiblen Wechselkursen eine Übertragung
externer Preisimpulse auf das inländische Preisniveau verhindern: *ein internationaler Preiszusammenhang besteht nicht, wenn der Saldo der Kapitalverkehrsbilanz des
betrachteten Landes im Zuge der externen Preisänderungen unverändert bleibt und
wenn die Veränderungsraten der ausländischen Preisniveaus der Importgüter und der
exportkonkurrierenden Güter (jeweils in Auslandswährung) übereinstimmen.* Sind
diese Bedingungen nicht erfüllt, so ist grundsätzlich mit einer internationalen Preisübertragung zu rechnen. Um dann aber den internationalen Preiszusammenhang
vollständig erfassen zu können, müssen die verschiedenen Transmissionswege über
den Nachfrage- bzw. Einkommensmechanismus, über den Kostenmechanismus
und über den direkten Preismechanismus simultan betrachtet werden. Nur so ist es
möglich, auch die Interdependenzen zwischen den einzelnen Übertragungswirkun-
gen aufzuzeigen. Die Reaktion des inländischen Preisniveaus auf externe Preisänderungen läßt sich nämlich nicht einfach aus einer Addition der Wirkungen der
oben jeweils isoliert untersuchten Mechanismen bestimmen. So können beispielsweise Preis- und Wechselkursänderungen, die über den Nachfrage- und Einkommensmechanismus auftreten, ihrerseits den direkten und den indirekten Kostenmechanismus sowie den direkten Preismechanismus in Gang setzen und dadurch den
Anstoß zu weiteren Preis- und Wechselkurseffekten geben. Umgekehrt gehen von
Preis- und Wechselkursänderungen, die durch den Kostenmechanismus oder den
direkten Preismechanismus ausgelöst wurden, Einflüsse auf die Güternachfrage
und das Einkommen aus; und von hierher sind dann weitere Preis- und Wechselkurseffekte zu erwarten.

Vor dem Hintergrund der Ergebnisse der Einzeluntersuchungen läßt sich allerdings
auch ohne eine weitergehende Simultananalyse der Wirkungen aller Transmissionsmechanismen feststellen, daß die Richtung der Anpassung des inländischen Preisniveaus an externe Preissteigerungen theoretisch nicht determiniert ist. Wie oben
gezeigt wurde, ist über den direkten Preismechanismus und sogar über den Kostenmechanismus unter bestimmten Bedingungen eine inländische Preissenkung möglich, und damit ist bei genügend starkem Einfluß dieser Mechanismen grundsätzlich
nicht auszuschließen, daß externe Preissteigerungen auch im Zusammenwirken aller Transmissionsmechanismen letztlich eine Verringerung des inländischen Preisniveaus herbeiführen. Selbstverständlich ist dieses Ergebnis nur möglich, wenn es zu
einer relativ starken Aufwertung der inländischen Währung kommt und wenn das
Preisniveau nach „unten" flexibel ist.

Angesichts der nach den Einzeluntersuchungen klar erkennbaren Ergebnisviel-
falt soll hier auf eine umfangreiche Simultananalyse aller Transmissionsmechanis-

men verzichtet werden. Mit Hilfe einer grafischen Darstellung sei lediglich exemplarisch gezeigt, wie externe Preissteigerungen auf das Inland wirken, wenn der Nachfrage- und Einkommensmechanismus noch einen direkten und indirekten Kostenmechanismus und/oder einen direkten Preismechanismus nach sich zieht. Hierzu wird auf das weiter oben zur Analyse des Nachfrage- und Einkommensmechanismus formulierte Modell mit den Gleichungen (E-17) bis (E-17 e) zurückgegriffen. In diesem Modell ist die Preisfunktion (E-17 c) wie folgt zu erweitern:

$$(\text{E-17 g}) \qquad P = P(Y, wP^*) \quad \text{mit:} \quad e_Y = \frac{\delta P}{\delta Y} \frac{Y}{P} \geq 0$$

$$e_k = \frac{\delta P}{\delta (wP^*)} \frac{wP^*}{P}, \; 0 \leq e_k < 1$$

Zusätzlich zum Realeinkommen wird jetzt das in Inlandswährung umgerechnete ausländische Preisniveau als Determinante des inländischen Preisniveaus berücksichtigt. Vereinfachend ist hier also angenommen worden, daß es im Ausland – wie im Inland – ein einheitliches Preisniveau gibt. Damit ist zugleich impliziert, daß die Veränderungsraten der ausländischen Preisniveaus der Importgüter und der exportkonkurrierenden Güter übereinstimmen. In diesem Modellrahmen kann es folglich nur dann zu einer Preisübertragung kommen, wenn der Saldo der Kapitalverkehrsbilanz im Zuge externer Preisimpulse verändert wird. Führen externe Preissteigerungen zu einer Verschlechterung der Kapitalverkehrsbilanz und damit zu einer Verbesserung der Leistungsbilanz, so erfolgt die Preisübertragung, wie weiter oben ausführlich erläutert, primär über den Nachfrage- und Einkommensmechanismus. Und erst die dadurch ausgelösten Wechselkurs- und Preiseffekte können zusätzlich noch den Kostenmechanismus und/oder den direkten Preismechanismus auslösen. Die Einflüsse aus dem direkten und dem indirekten Kostenmechanismus sowie aus dem direkten Preismechanismus werden undifferenziert über die Determinante wP* in der Preisfunktion (E-17 g) erfaßt.

Die Abbildung E.8 wurde in Anlehnung an die Abbildung E.6 konzipiert. Der Unterschied liegt allein in der Preiskurve PY, die jetzt auch den Zusammenhang zwischen P und wP* enthält. Wie weiter oben in bezug auf die Abbildung E.6 schon ausführlich beschrieben worden ist, impliziert die Leistungsbilanzverbesserung, die im Zuge der Verschlechterung der Kapitalverkehrsbilanz zwingend eintritt, eine Verschiebung der gesamtwirtschaftlichen Nachfragekurve – der YP-Kurve – nach rechts, z.B. nach YP_1. Der Nachfrage- und Einkommensmechanismus bewirkt somit einen Anstieg des inländischen Preisniveaus. Und allein aufgrund des Nachfrage- und Einkommensmechanismus könnte es dann beispielsweise zu einem neuen Gleichgewicht im Punkt B kommen.

Wenn sich aber die Leistungsbilanz verbessert, obwohl das inländische Einkommen und das inländische Preisniveau gestiegen sind, muß die Aufwertungsrate der inländischen Währung zwingend niedriger sein als die Veränderungsrate des ausländischen Preisniveaus. Unter Umständen wird, wie ebenfalls schon erläutert, die inländische Währung sogar abgewertet. Folglich nimmt das in Inlandswährung ausgedrückte ausländische Preisniveau wP* zu. Dadurch aber werden der Kostenmechanismus und/oder der direkte Preismechanismus in Gang gesetzt, und zwar ergibt sich von hierher eine weitere Erhöhung des inländischen Preisniveaus. In der Abbildung E.8 sind diese Wirkungen in einer Verschiebung der Preiskurve PY nach oben – z.B. nach PY_1 – auszudrücken.

Abbildung E.8

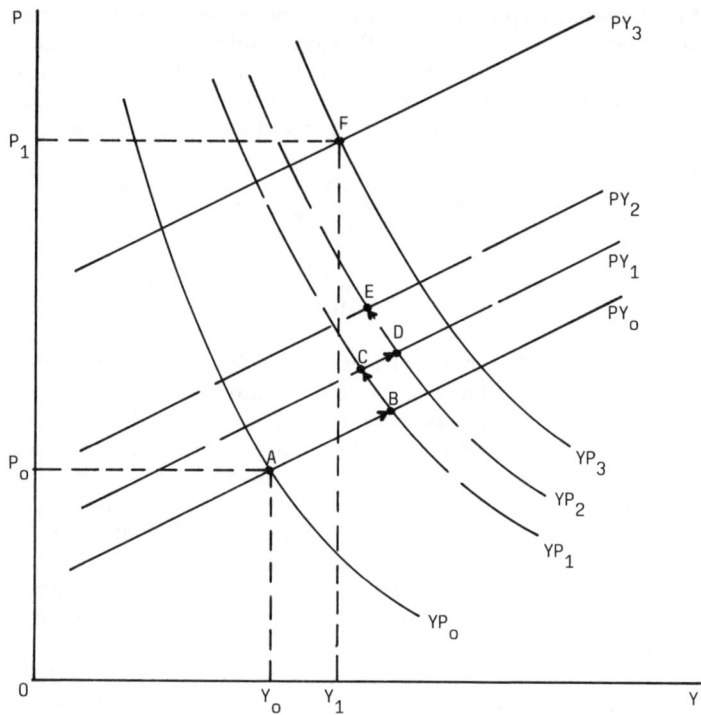

Die Zunahme des inländischen Preisniveaus bewirkt aber, für sich betrachtet, einen Abwertungsdruck auf die inländische Währung. Von hierher wird der Aufwertungsdruck (eventuell der Abwertungsdruck) auf die inländische Währung, der anfangs durch die externe Preissteigerung entstanden war, verringert (bzw. erhöht). Da die Abwertung der inländischen Währung ceteris paribus eine Leistungsbilanzverbesserung – Gültigkeit der Marshall-Lerner-Bedingung vorausgesetzt – und dadurch eine Erhöhung der Nachfrage nach inländischen Gütern impliziert, kommt der hier skizzierte Effekt in einer weiteren Verschiebung der gesamtwirtschaftlichen Nachfragekurve nach rechts – z.B. nach YP_2 – zum Ausdruck.

Im Gefolge der Abwertung der inländischen Währung (bzw. des abnehmenden Aufwertungsdrucks) nimmt aber auch das in Inlandswährung ausgedrückte ausländische Preisniveau weiter zu. Erneut werden deshalb der Kostenmechanismus und/oder der direkte Preismechanismus in Gang gesetzt. Dementsprechend ist die Preiskurve PY noch weiter nach oben zu verschieben, z.B. nach PY_2.

Die Wechselwirkungen von Nachfrage- und Einkommensmechanismus auf der einen Seite und Kostenmechanismus und/oder direktem Preismechanismus auf der anderen Seite sind also mit einem Prozeß von Preis- und Wechselkursanpassungen verbunden, der sich in der Abbildung E.8 in Bewegungen von A nach B, von B nach C, von C nach D, von D nach E usw. nachvollziehen läßt. Sofern das System stabil ist, könnte nach Abschluß der Anpassungsprozesse beispielsweise ein neues Gleichgewicht im Punkt F erreicht werden. Die gesamtwirtschaftliche Nachfragekurve hätte sich dann nach YP_3, die Preiskurve nach PY_3 verschoben. Im vorliegenden Beispiel hat die externe Preissteigerung also letztlich eine Erhöhung des inländischen Preisniveaus und des inländischen Einkommens bewirkt. Die Abbildung E.8 läßt aber unmittelbar erkennen, daß bei der Erhöhung des inländischen Preisniveaus sehr wohl die Möglichkeit in Betracht zu ziehen ist, daß das inländische Einkommen wieder den ursprünglichen Wert erreicht oder sogar sinkt. Maßgeblich für den Einkommenseffekt ist die Stärke des Kostenmechanismus und/oder des direkten Preismechanismus. Je mehr diese Mechanismen den inländischen Preisauftrieb fördern, desto größer ist nämlich der Anstieg des inländischen Zinsniveaus. Der Zinsanstieg wirkt aber seinerseits einkommensmindernd.

E-4.5: Kaufkraftparitätentheorem und internationale Preisübertragung

Die zuvor durchgeführten Untersuchungen zum internationalen Preiszusammenhang bei flexiblen Wechselkursen waren darauf angelegt, die Transmissionswege im einzelnen aufzuzeigen und die Bedingungen herauszuarbeiten, bei denen es zu einer internationalen Preisübertragung kommt. Dabei ergab sich ein breites Spektrum von möglichen Reaktionen des Wechselkurses und des inländischen Preisniveaus. Grundsätzlich ließ sich in diesen Analysen nicht ausschließen, daß die Preis- und Wechselkursreaktionen auch Veränderungen der Terms of Trade P/wP^* implizieren. Solche Veränderungen sind aber mit dem Kaufkraftparitätentheorem nicht vereinbar. Wäre das Kaufkraftparitätentheorem – in der absoluten oder in der komparativen Version – gültig, so läge zwischen den Veränderungsraten des ausländischen Preisniveaus P^*, des Wechselkurses w und des inländischen Preisniveaus P eine feste Beziehung vor:

(E-20) $dP/P = dw/w + dP^*/P^*$

Diese Beziehung gibt allerdings noch keine Auskunft über die Reaktion des inländischen Preisniveaus auf eine externe Preissteigerung. Sie läßt nur den allgemeinen Schluß zu, daß das inländische Preisniveau mit einer bestimmten Rate steigt (sinkt), wenn die Aufwertungsrate der inländischen Währung um einen bestimmten Betrag kleiner (größer) ist als die Veränderungsrate des ausländischen Preisniveaus.

Um exakte Aussagen über den internationalen Preiszusammenhang machen zu können, ist folglich – wie in den weiter oben durchgeführten Untersuchungen geschehen – eine Erklärung der Wechselkursreaktion erforderlich. Das könnte beispielsweise in dem zuvor verwendeten Modell erfolgen, indem dort die Preisfunktion (E-17g) durch die Kaufkraftparitätengleichung $P = wP^*$ oder $P = qwP^*$ ersetzt wird. Wenn sich die Kapitalverkehrsbilanz im Zuge der externen Preissteigerung verschlechtert und dementsprechend eine Verbesserung der Leistungsbilanz eintritt, bedeutet die Realisierung der Kaufkraftparität in diesem Modell zwingend eine Erhöhung des inländischen Preisniveaus und gleichzeitig eine Verringerung des Einkommens. Denn da das Preisverhältnis P/wP^* gemäß dem Kaufkraftparitätentheorem unverändert bleiben muß, kann die Verbesserung der Leistungsbilanz nur über eine einkommensinduzierte Verringerung der Importe erreicht werden. Die dazu erforderliche Einkommensreduktion setzt voraus, daß das inländische Zinsniveau steigt. Ein Zinsanstieg tritt nur ein, wenn die reale Geldmenge verringert wird. Diese Verringerung macht eine Zunahme des inländischen Preisniveaus erforderlich. Die Veränderungsrichtung des Wechselkurses ist, wie aus der Kaufkraftparitätengleichung (E-20) ersichtlich, *in diesem Fall* nicht eindeutig bestimmt: einerseits wird der Wechselkurs w durch die Erhöhung des ausländischen Preisniveaus verringert, andererseits nimmt der Wechselkurs mit dem Anstieg des inländischen Preisniveaus ceteris paribus zu.

Wie weiter oben ausführlich erläutert wurde, basiert die theoretische Begründung des Kaufkraftparitätentheorems im wesentlichen auf der Annahme, daß nicht nur auf den nationalen, sondern auch auf den internationalen Gütermärkten vollständige Konkurrenz herrscht oder daß sich zumindest auf mittlere und längere Sicht Wettbewerbsverhältnisse durchsetzen, die denen der vollständigen Konkurrenz weitgehend entsprechen. Vor diesem Hintergrund kann es über kurz oder lang keine Unterschiede zwischen den Veränderungsraten der ausländischen Preisniveaus P_M^* und P_E^* der Importgüter und der exportkonkurrierenden Güter geben.

Analog zur Annahme über die Wettbewerbsbedingungen auf den Gütermärkten gehen die Verfechter des Kaufkraftparitätentheorems überwiegend noch davon aus, daß die internationalen Kapitalmärkte vollkommen sind und daß die Kapitalverkehrsbilanz eines Landes von daher immer ausgeglichen ist oder nach einer Störung zumindest in relativ kurzer Zeit wieder zum Ausgleich gebracht wird. Der weiter oben diskutierte Fall, daß sich die inländische Kapitalverkehrsbilanz anhaltend verschlechtert und damit bei flexiblen Wechselkursen die inländische Leistungsbilanz anhaltend verbessert, ist bei solchen Kapitalmarktbedingungen von vornherein ausgeschlossen. Die hier genannten Güter- und Kapitalmarktbedingungen würden folglich implizieren, daß es nicht zu einer internationalen Preisübertragung über den Nachfrage- und Einkommensmechanismus, über den Kostenmechanismus und/oder über den direkten Preismechanismus kommen kann. Mit dem Ausschluß einer Preisübertragung ist aber auch die Wechselkursreaktion erklärt: die Aufwertungsrate der inländischen Währung entspricht exakt der positiven Veränderungsrate des ausländischen Preisniveaus.

Ob die spezifischen Marktbedingungen, auf die sich das Kaufkraftparitätentheorem stützt, in der Realität erfüllt sind, soll hier nicht weiter geprüft werden. Zweifel sind jedoch angebracht. Gäbe es diese Zweifel nicht, so wären sämtliche Detailuntersuchungen zu den Transmissionswegen des internationalen Preiszusammenhangs, so wie sie weiter oben durchgeführt worden sind, überflüssig.

Dritter Teil:

Devisenmärkte und Weltwährungsordnung

Kapitel F:
Devisenmarktgeschäfte und Wechselkursbestimmung

F-1: Zur weltweiten Bedeutung der Devisenmärkte

Die zunehmende Internationalisierung aller wirtschaftlichen Beziehungen hat dazu geführt, daß auf den Devisenmärkten der Welt tagtäglich ein riesiges Währungsvolumen umgesetzt wird. Ex- und Importe von Waren und Dienstleistungen, Käufe und Verkäufe von ausländischen Wertpapieren, Aufnahme und Vergabe von internationalen Krediten, direkte ausländische Kapitalinvestitionen, spekulative Devisenkäufe und Devisenverkäufe sowie Interventionsaktivitäten offizieller Währungsbehörden bestimmen das Angebot und die Nachfrage auf den Devisenmärkten und sind damit ausschlaggebend für die Bildung der Wechselkurse. Weltweit gibt es zur Zeit rund 175 verschiedene Landeswährungen.[1] Für die meisten von ihnen existieren allerdings nur regional eng begrenzte Devisenmärkte, und sehr oft sind ihre Wechselkurse – zumindest die offiziellen Wechselkurse – staatlich fixiert. Frei zugängliche Devisenmärkte mit weltweiter Bedeutung und täglicher amtlicher Kursbildung aus Angebot und Nachfrage gibt es zur Zeit für etwa 20 Währungen. So werden beispielsweise am Börsenplatz Frankfurt 17 Währungen amtlich notiert.[2] Bedeutende internationale Börsenplätze sind darüber hinaus Amsterdam, Brüssel, Canberra, Dublin, Helsinki, Kopenhagen, Lissabon, London, Madrid, Mailand bzw. Rom, Montreal, New York, Oslo, Paris, Stockholm, Tokio, Wien und Zürich.[3]

Die Wechselkurse der wichtigsten Währungen der Welt sind das Ergebnis einer scheinbar verwirrenden Vielfalt von täglichen Devisenmarktgeschäften, und es fällt schwer, die ökonomischen Hintergründe dieser Geschäfte zu erfassen. Für viele stellt sich deshalb die Wechselkursbildung als ein Zufallsprozeß dar, der einer rationalen Erklärung nicht mehr zugänglich zu sein scheint. So ist es auch nicht verwunderlich, daß das Geschehen an den internationalen Devisenmärkten sowie die Entwicklung von Wechselkursen häufig Gegenstand subjektiv-emotionaler Bewertungen sind. Die zeitweise extrem starken Schwankungen des Dollarkurses, von denen viele Güterexporteure und -importeure, viele Kapitalanleger und Kreditnehmer sowie viele Spekulanten direkt betroffen waren und von denen sich fast jeder zumindest indirekt betroffen fühlte, haben in jüngster Zeit erheblich dazu beigetragen, den Glauben an die Irrationalität des Devisenmarktgeschehens zu stärken. Die Probleme, die einer rationalen Begründung der Wechselkursbewegung im Wege stehen, sollten aber nicht dazu verleiten, von vornherein darauf zu verzichten, die Devisenmarktgeschäfte einer genauen Analyse zu unterziehen und nach fundamen-

---

[1] Siehe hierzu: Deutsche Bundesbank, Statistische Beihefte zu den Monatsberichten der Deutschen Bundesbank, Reihe 5, Die Währungen der Welt, Nr. 4, 1989, Tabelle 9.

[2] Belgischer Franc (bfr), Dänische Krone (dkr), Finnmark (Fmk), Französischer Franc (FF), Holländischer Gulden (hfl), Irisches Pfund (Ir£), Italienische Lira (Lit), Japanischer Yen (¥), Kanadischer Dollar (kan$), Norwegische Krone (nkr), Österreichischer Schilling (S), Pfund Sterling (£), Portugiesische Escudos (Esc), Schwedische Krone (skr), Schweizer Franken (sfr), Spanische Peseta (Pta), US-Dollar ($).

[3] Zu den Währungen, die auf einzelnen internationalen Börsenplätzen gehandelt werden, siehe: Deutsche Bundesbank, a.a.O., Tabelle 8.

talen ökonomischen Einflußfaktoren zu suchen, mit denen sich wenigstens gewisse trendmäßige Entwicklungen von Wechselkursen erklären lassen.

Die folgenden Untersuchungen bauen auf der Überzeugung auf, daß es sehr wohl möglich ist, das Devisenmarktgeschehen als Ausdruck ökonomisch rationaler Entscheidungen zu begreifen und zumindest für die mittel- und längerfristigen Wechselkursentwicklungen sachliche ökonomische Erklärungen zu finden. Zunächst werden die Devisenmärkte und die verschiedenen Devisengeschäfte näher betrachtet; danach wird gezeigt, wie sich Wechselkurse aus Angebot und Nachfrage am Devisenkassa- und am Devisenterminmarkt bilden; und schließlich wird versucht, die wichtigsten Determinanten der kurz-, mittel- und langfristigen Wechselkursentwicklung herauszuarbeiten.

F-2: Devisenmärkte, Devisengeschäfte und Wechselkurse

F-2.1: Devisenkassamarkt, Devisenterminmarkt und Swapsatz

Auf dem Devisenmarkt werden Forderungen, die in einer ausländischen Währung nominiert sind, gegen inländische Währung angeboten oder nachgefragt. Mit Blick auf die verschiedenen Währungen der Welt bestehen mehrere Devisenmärkte nebeneinander. Die in Auslandswährung nominierten Forderungen setzen sich aus Banknoten, Münzen und insbesondere aus Sichtguthaben bei Banken zusammen. Im Devisenhandel ist es allerdings üblich, lediglich die Sichtguthaben als Devisen zu bezeichnen. Banknoten und Münzen fallen unter den Begriff „Sorten", und dementsprechend ist zwischen Devisen- und Sortenhandel zu unterscheiden. In statistischen Veröffentlichungen findet man häufig einen weitergefaßten Devisenbegriff, der auch in ausländischer Währung nominierte Forderungen einbezieht, die sich innerhalb einer kurzen Frist in Geld umtauschen lassen, so z.B. Terminguthaben, Wechsel oder Geldmarktpapiere.

Der in Inlandswährung ausgedrückte Preis für eine Einheit (oder für hundert Einheiten oder für tausend Einheiten) einer ausländischen Währung ist der Devisenkurs, z.B. 1,8653 DM je US-Dollar, 116,172 DM je hundert Schweizer Franken oder 1,3617 DM je tausend Italienische Lira.[4] *Der Devisenkurs stellt die sogenannte Preisnotierung einer ausländischen Währung dar. Der Kehrwert des Devisenkurses ist der Wechselkurs. Mit ihm erhält man die sogenannte Mengennotierung einer ausländischen Währung.*

In Hinsicht auf die Fälligkeit der Devisengeschäfte ist zwischen Kassageschäften und Termingeschäften und dementsprechend zwischen dem Devisenkassamarkt und dem Devisenterminmarkt zu unterscheiden. Auf dem Kassamarkt sind die Käufe bzw. Verkäufe von Devisen innerhalb von zwei Werktagen nach Tätigung des Kaufvertrages abzuwickeln. Termingeschäfte sind demgegenüber von vornherein auf einen Kauf oder Verkauf von Devisen in der Zukunft gerichtet. Üblich sind Termingeschäfte mit Laufzeiten von 30, 60 oder 90 Tagen sowie sechs und zwölf Monaten. Längere Fristen bis zu maximal drei Jahren bilden die Ausnahme. Aus der Differenzierung des gesamten Devisenmarktes in einen Kassa- und einen Terminmarkt folgt auch zugleich, daß zwischen einem Kassakurs und einem Termin-

---

[4] Amtliche Devisenkurse im Durchschnitt des Monats März 1989. Quelle: Monatsberichte der Deutschen Bundesbank, Mai 1989, S. 83*.

kurs zu unterscheiden ist. Diese Kurse bilden sich aus Angebot und Nachfrage jeweils auf dem entsprechenden Markt. Da auf dem Terminmarkt unterschiedliche Laufzeiten möglich sind, gibt es allerdings für eine bestimmte Währung nicht nur einen Terminkurs, sondern an jedem Tag, an dem Devisenterminhandel stattfindet, werden in Hinsicht auf die verschiedenen Fälligkeiten mehrere Terminkurse notiert.

Es ist üblich, die Terminkursnotierungen zum Kassakurs in Beziehung zu setzen und mit einem Abschlag vom Kassakurs bzw. einem Aufschlag auf den Kassakurs auszuweisen, z. B. 0,52, 1,58 und 3,38 Pfennig Abschlag für US-Dollar-Terminkontrakte mit Fälligkeit in 30, 60 und 90 Tagen (bezogen auf einen US-Dollar). Im praktischen Devisenhandel bezeichnet man die absolute Differenz zwischen dem Terminkurs und dem Kassakurs als Swapsatz. Häufig – vor allem in der theoretisch ausgerichteten ökonomischen Literatur zum Devisenmarkt – wird der Swapsatz jedoch als prozentuale Abweichung des Terminkurses vom Kassakurs definiert. Wie weiter unten noch zu zeigen ist, besteht zwischen internationalen Zinsdifferenzen und dem Swapsatz eine enge Beziehung, und vor diesem Hintergrund dürfte die als prozentuale Abweichung formulierte Definition des Swapsatzes im allgemeinen vorzuziehen sein.

Meistens stimmen der Terminkurs und der Kassakurs – wie in den oben genannten Beispielen – nicht überein. Man spricht von einem Report bzw. von einer Prämie, wenn der Terminkurs über dem Kassakurs liegt, und von einem Deport, wenn der Terminkurs geringer ist als der Kassakurs. So besteht beispielsweise bei einer Differenz von 3,73 Pfennig zwischen dem Kassakurs w_K von 1,8653 DM/\$ und dem Terminkurs w_T von 1,8280 für einen 90 Tage US-Dollar-Terminkontrakt ein Deport, und der Swapsatz SW beträgt dann bei relativer Betrachtung:

$$(F\text{-}1) \qquad SW = \frac{w_T - w_K}{w_K} = \frac{1,8280 - 1,8653}{1,8653} = -2\,\%$$

Der Kassakurs einer Währung wird im allgemeinen zu festgesetzten Börsenzeiten an den Devisenbörsen aus den dort auftretenden Angebots- und Nachfragekonstellationen amtlich festgestellt. In der Bundesrepublik Deutschland bestehen fünf Devisenbörsen, und zwar in Frankfurt als zentralem Börsenplatz sowie in Berlin, Düsseldorf, Hamburg und München. Die amtlichen Schlußkurse werden allerdings abgestimmt und an jedem dieser Börsenplätze gleichlautend notiert. Zur Notierung kommen jeweils der Geldkurs, zu dem Banken Devisen ankaufen, der Briefkurs, zu dem Banken Devisen verkaufen, sowie der Mittelkurs aus Geld- und Briefkurs. Die Spanne zwischen dem Geld- und dem Briefkurs einer Währung hängt im wesentlichen von den Erwartungen über die kurzfristige Schwankungsbreite des entsprechenden Devisen- bzw. Wechselkurses ab und ist bei stabilen Währungen (z. B. beim Schweizer Franken oder beim Österreichischen Schilling) relativ gering, bei stark fluktuierenden Währungen (z. B. beim US-Dollar oder beim Britischen Pfund) i. d. R. relativ groß. So betrug die Differenz zwischen Brief- und Geldkurs beispielsweise Anfang 1988 für den US-Dollar 0,48 Prozent und für den Schweizer Franken nur 0,16 Prozent.

An den deutschen Devisenbörsen treten ausschließlich Banken (einschließlich der Deutschen Bundesbank) als Käufer und Verkäufer auf. Demgegenüber sind an ausländischen Börsenplätzen, so vor allem in den USA, auch private Devisenmakler (Broker) tätig, die Devisengeschäfte im Auftrag von privaten Haushalten, von privaten Produktionsunternehmungen oder von Banken abwickeln. Neben den Devisenbörsen besteht auch ein sogenannter freier Devisenmarkt, an dem ein direkter

Devisenhandel – ohne Einschaltung der Börse – stattfindet. Der Handel auf dem freien Devisenmarkt vollzieht sich in der Bundesrepublik Deutschland ebenfalls zum größten Teil über Banken, die im Auftrag von Kunden handeln oder Eigengeschäfte vornehmen. Da an den amtlichen Devisenbörsen nur die wichtigsten Währungen (an den deutschen Börsen zur Zeit 17 Währungen) gehandelt werden, besitzt der freie Devisenmarkt auch die Funktion, die Kassakurse anderer Währungen festzustellen.

Die Notierungen an den Devisenbörsen beschränken sich nur auf Kassakurse. Terminkurse werden nicht amtlich notiert. Sie müssen folglich ebenfalls auf dem freien Devisenmarkt – hier dem freien Devisenterminmarkt – ermittelt werden. In der Bundesrepublik Deutschland geschieht das ausschließlich im Handel zwischen den Banken, die dabei wiederum Kundenaufträge ausführen oder „auf eigene Rechnung" tätig sind. Der Devisenhandel sowohl an den Devisenbörsen als auch auf dem freien Devisenmarkt bzw. den freien Devisenmärkten erfolgt heutzutage i. d. R. über Telefon oder Telex.

Die Kurse im Sortenhandel werden von den Banken grundsätzlich frei festgelegt. Sie orientieren sich allerdings an den amtlichen Kassakursen oder bei Währungen, die nicht an der Börse gehandelt werden, an den Kursen des freien Devisenmarktes. Die Differenz zwischen Verkaufs- und Ankaufskursen ist erheblich größer als diejenige zwischen Brief- und Geldkursen im Devisenhandel, z. B. beim US-Dollar i. d. R. 10 Pfennig gegenüber etwa 0,8 Pfennig im Devisenhandel. Die größere Differenz läßt sich damit begründen, daß bei Sorten „Lagerkosten" insbesondere durch Zinsverluste entstehen und höhere Kursrisiken gegeben sind, weil während eines Tages i. d. R. keine Kursanpassungen erfolgen.

Im Interesse einer möglichst einfachen Darstellung wird in den folgenden Untersuchungen neben dem Kassakurs nur ein einheitlicher Terminkurs und entsprechend auch nur ein einheitlicher Terminmarkt betrachtet. Die Betrachtung beschränkt sich darüber hinaus auf den Mittelkurs. Und schließlich wird, wie schon in früheren Untersuchungen, nur der Begriff „Wechselkurs" (anstelle von Devisenkurs) für die Preisnotierung einer Währung verwendet.

F-2.2: Devisenangebot und Devisennachfrage im Außenhandel

F-2.2.1: Exportwert und Importwert in Auslandswährung

Außenhandelsgeschäfte implizieren, sofern es sich nicht um unentgeltliche Lieferungen von Export- oder Importgütern handelt, neben den Gütertransaktionen zugleich internationale Zahlungsvorgänge, mit denen eine Nachfrage nach oder ein Angebot an Devisen verbunden ist. Aus Güterexporten resultiert ein Devisenangebot bzw. aus Güterimporten eine Devisennachfrage. Dabei spielt es keine Rolle, ob die Ex- und Importe in Inlandswährung oder in Auslandswährung fakturiert sind. Bei Fakturierung der Exporte in Auslandswährung wird der inländische Exporteur die (auf Auslandswährung lautenden) Devisen anbieten, bei Fakturierung in Inlandswährung tritt der ausländische Importeur als Anbieter der Devisen auf, um sich so die inländische Währung zu beschaffen. Sind die Importe in Auslandswährung fakturiert, so fragt der inländische Importeur Devisen nach, und bei Fakturierung in Inlandswährung ist es der ausländische Exporteur, der gegen Hingabe der inländischen Währung ausländische Währung bzw. Devisen nachfragt.

Wie schon aus einer Reihe früherer Untersuchungen bekannt ist, hängen die Güterexporte und die Güterimporte eines Landes u. a. vom Wechselkurs (bzw. vom

Devisenkurs) ab. Das Angebot an Devisen aus den Güterexporten und die Nachfrage nach Devisen aus den Güterimporten müssen deshalb in Abhängigkeit vom Wechselkurs beschrieben werden. Da es um ein Angebot an bzw. eine Nachfrage nach Auslandswährung geht, ist es erforderlich, den Exportwert und den Importwert des betrachteten Landes (des Inlands) jeweils in Auslandswährung auszudrücken:

$$(F\text{-}2) \qquad E_\$^n = \frac{P}{w} E(q, Y^*) \quad \text{mit:} \quad q = P/wP^*$$

$$(F\text{-}3) \qquad M_\$^n = P^* M(q^*, Y) \quad \text{mit:} \quad q^* = wP^*/P$$

$E_\$^n$ bezeichnet den in Auslandswährung, z. B. in US-Dollar nominierten Exportwert, $M_\$^n$ den entsprechenden Importwert des Inlands; w ist der in Inlandswährung ausgedrückte Preis einer Einheit der ausländischen Währung, hier Wechselkurs genannt; P gibt das inländische Preisniveau der Exportgüter, P* das in Auslandswährung ausgedrückte Preisniveau der Importgüter an; E und M sind die mengenmäßigen Exporte bzw. Importe des Inlands; Y und Y* bezeichnen schließlich das in- bzw. ausländische Realeinkommen. Im folgenden wird aus Gründen der Vereinfachung angenommen, daß die Preisniveaus P und P* sowie die Realeinkommen Y und Y* konstante Größen sind. Die Untersuchungen können sich dann auf die für die Devisenmarktanalyse wichtige Abhängigkeit der Ex- und Importe vom Wechselkurs konzentrieren.

Aus der Gleichung (F-2) läßt sich die folgende Reaktion des Exportwerts auf eine Wechselkursänderung gewinnen:

$$(F\text{-}2a) \qquad dE_\$^n/dw = -\frac{E_\$^n}{w}(1 + n_E) \quad \text{mit:} \quad n_E = \frac{\delta E}{\delta w} \frac{w}{E} \leq 0$$

Entscheidend für die Reaktion des Exportwerts und damit für die Abhängigkeit des Devisenangebots vom Wechselkurs ist demnach die Preiselastizität n_E der mengenmäßigen bzw. realen Exporte F. Entsprechend erhält man aus der Gleichung (F-3) die Reaktion des Importwerts:

$$(F\text{-}3a) \qquad dM_\$^n/dw = \frac{M_\$^n}{w} n_M \quad \text{mit:} \quad n_M = \frac{\delta M}{\delta w} \frac{w}{M} \leq 0$$

Jetzt ist es die Preiselastizität n_M der mengenmäßigen Importe M, die über die Reaktion des Importwerts und folglich über die Wechselkursabhängigkeit der Devisennachfrage entscheidet. Die Gleichung (F-2a) läßt erkennen, daß das Devisenangebot aus den Güterexporten im Zuge einer Abwertung der inländischen Währung (einer Zunahme von w) sinken, steigen oder konstant bleiben kann:[5]

$$(F\text{-}2b) \qquad dE_\$^n/dw \gtreqless 0, \text{ wenn } |n_E| \gtreqless 1.$$

Demgegenüber kann die Devisennachfrage für die Güterimporte bei einer Abwertung der inländischen Währung nur sinken oder konstant bleiben. Ist die Preis-

---

[5] Siehe hierzu Kapitel C, C-2.3.1.

Abbildung F.1

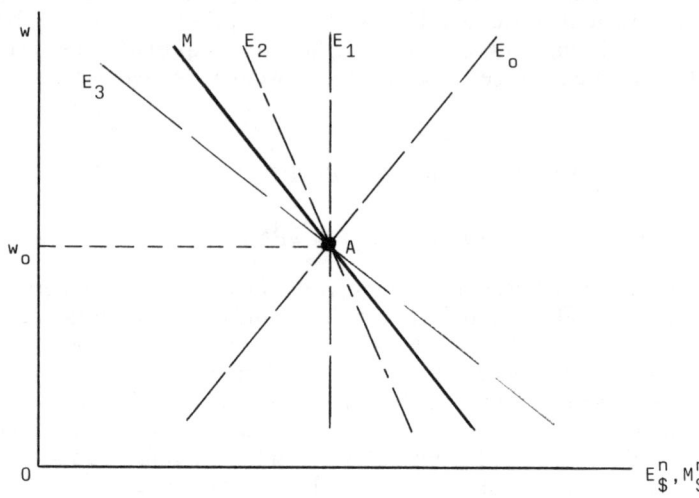

elastizität n_M der Importe kleiner als Null, so sind die in der Abbildung F.1 dargestellten Angebots- und Nachfragekonstellationen möglich. Vereinfachend werden nur lineare Zusammenhänge skizziert. Die Gerade M ist Ausdruck der Devisennachfrage (für die Güterimporte) und die Geraden E_0 bis E_3 beschreiben das Devisenangebot (aus den Güterexporten). Bei E_0 ist die Preiselastizität n_E absolut größer als Eins, bei E_1 ist sie Eins und bei E_2 sowie E_3 ist sie absolut kleiner als Eins. Geht man von einem Gleichgewicht im Punkt A aus, in dem Exportwert und Importwert übereinstimmen, so nimmt der Importwert bei einer Abwertung stärker ab als der Exportwert, wenn die bekannte Marshall-Lerner-Bedingung $1 + n_E + n_M < 0$ erfüllt ist. In diesem Fall (bei E_0, E_1 und E_2) ergibt sich aus der Abwertung eine Verbesserung der hier in Auslandswährung ausgedrückten Leistungsbilanz und folglich ein Angebotsüberschuß am Devisenmarkt.

F-2.2.2: Kassa- und Terminmarktgeschäfte im Rahmen des Außenhandels

Ob Exporteure und Importeure die für den Außenhandel erforderlichen Devisentransaktionen auf dem Kassamarkt oder auf dem Terminmarkt abwickeln, hängt ab

– von den Fristen zwischen Vertragsabschlüssen, Lieferungen und Zahlungen in den Außenhandelsgeschäften,
– dem Wechselkursrisiko sowie
– der Bereitschaft von Exporteuren oder Importeuren zur Devisenspekulation.

Finden die Außenhandelsgeschäfte „Zug um Zug" statt, liegt also zwischen Vertragsabschluß, Lieferung und Zahlung kein nennenswerter zeitlicher Abstand, so werden die zugehörigen Devisentransaktionen auf dem Kassamarkt stattfinden.

Bei den meisten Außenhandelsgeschäften fallen aber Vertragsabschluß und Lieferung sowie Lieferung und Zahlung zeitlich auseinander. Dennoch ist es selbstverständlich möglich, daß die Devisentransaktionen zum Zeitpunkt der Zahlung am Kassamarkt vorgenommen werden. In diesem Fall ist allerdings zu prüfen, wie groß das Risiko von Wechselkursveränderungen im Zeitraum bis zur Durchführung der Zahlungsvorgänge ist. In einem System absolut fester oder zumindest weitgehend fixierter Wechselkurse besteht kein Wechselkursrisiko, und die Devisentransaktionen finden nur am Kassamarkt statt.[6] Kann der Wechselkurs lediglich in einem bestimmten Band frei schwanken, so ist das Wechselkursrisiko begrenzt und von vornherein kalkulierbar. Läßt das System mit an sich bandfixierten Wechselkursen jedoch autonome Änderungen der Wechselkurse zu,[7] so ergibt sich daraus auch zwingend ein höheres Wechselkursrisiko. Hier müßte beobachtet werden, ob die politischen Entscheidungsträger dazu neigen, häufiger autonome Wechselkursänderungen vorzunehmen und wann zuletzt Wechselkursänderungen erfolgt sind. Am größten ist schließlich das Wechselkursrisiko in einem System freier Wechselkursbildung. Auch wenn Zentralbanken an den Devisenmärkten intervenieren, um unerwünschte Wechselkursänderungen zu verhindern (kontrolliertes oder schmutziges Floaten), läßt sich das Wechselkursrisiko häufig nicht kalkulieren.[8]

Das Wechselkursrisiko läßt sich ausschalten, indem Devisenforderungen oder Devisenverbindlichkeiten durch Verkäufe oder Käufe am Terminmarkt gesichert werden. Ein Exporteur, der heute auf Basis einer ausländischen Währung einen Liefervertrag abgeschlossen oder eine Ware geliefert hat, aber die Zahlung erst zu einem späteren Zeitpunkt erwartet, wird die entsprechende Devisenforderung bereits jetzt am Terminmarkt anbieten. Bei Zahlungseingang kann er dann die Devisenforderung zu dem schon heute vereinbarten Kurs (dem Terminkurs) in inländische Währung umtauschen. Ein Importeur, für den eine Zahlungsverpflichtung in ausländischer Währung zu einem späteren Zeitpunkt besteht, wird die erforderlichen Devisen schon heute am Terminmarkt kaufen, um so seine Devisenverbindlichkeiten zu einem im voraus bekannten Kurs (dem Terminkurs) einlösen zu können. Devisenterminmarktkontrakte müssen im allgemeinen erfüllt werden, d. h. beispielsweise, daß ein Exporteur, der heute Devisen anbietet, diese Devisen zum vereinbarten zukünftigen Zeitpunkt auch tatsächlich liefern muß. Ein großer Teil des Außenhandels schließt solche Terminmarktkontrakte ein. Es gibt allerdings noch andere Möglichkeiten der Wechselkurssicherung, so z. B. durch Kauf oder Verkauf von Devisenoptionen, durch Kauf oder Verkauf von sogenannten Devisen-Futures, durch Währungs-Swaps oder durch parallel laufende Kreditgeschäfte.[9] Solche Formen der Kurssicherung vollziehen sich aber in einer engen Beziehung zu den Devisenkassa- und den Devisenterminmärkten, und an dieser Stelle genügt es deshalb, lediglich die „normalen" Kassa- und Terminmarktkontrakte zu betrachten.

Trotz eines Wechselkursrisikos kann ein Exporteur oder ein Importeur darauf verzichten, eine Kurssicherung am Terminmarkt vorzunehmen. Bei Verzicht auf einen Terminmarktkontrakt wird der Exporteur oder der Importeur allerdings zu

---

[6] Die Währungsparität in DM zu Österreichischem Schilling ist nahezu fixiert, so daß im Außenhandel zwischen der BRD und Österreich kein (nennenswertes) Wechselkursrisiko besteht.

[7] In diesem Zusammenhang ist auf das System von Bretton Woods, das von 1946 bis 1973 bestand, und auf das Europäische Währungssystem (EWS) hinzuweisen.

[8] Die Dollarkursentwicklung in den Jahren von 1980 bis 1989, die zeitweise von massiven Eingriffen der Zentralbanken in die Devisenmärkte begleitet war, hat das sehr deutlich gezeigt.

[9] Siehe hierzu z. B. D. Wermuth und W. Ochynski, Strategien an den Devisenmärkten. Eine Anleitung für die Praxis, 3. Aufl., Wiesbaden 1987, S. 85 ff.

Abbildung F.2

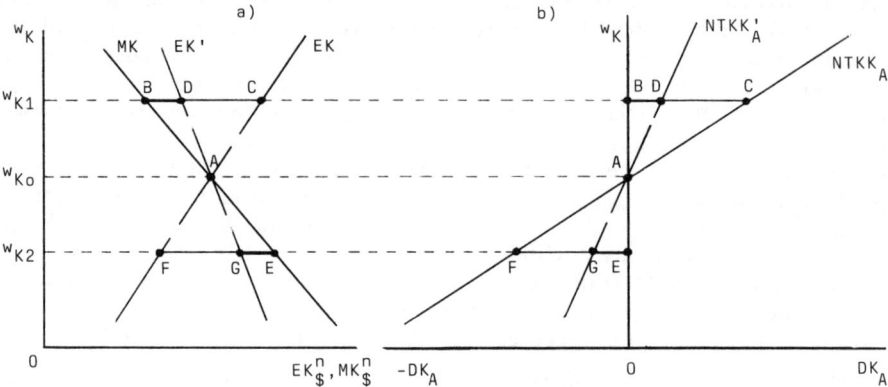

Abbildung F.3

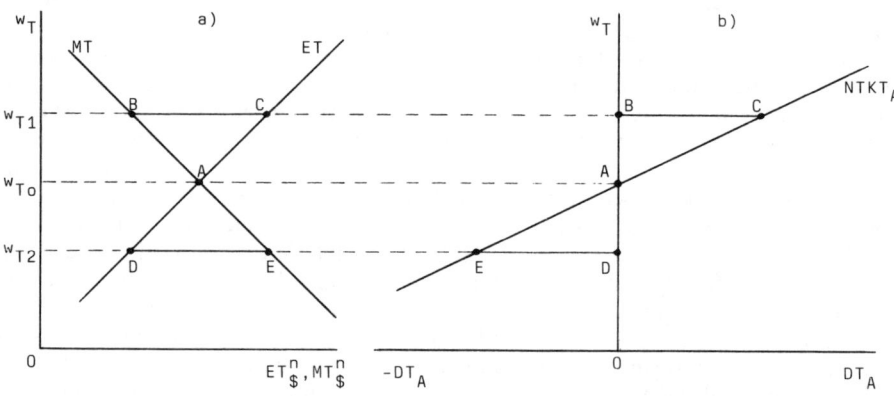

einem Devisenspekulanten. Die Devisenmarktspekulation soll jedoch erst weiter unten untersucht werden. Hier sei vorerst angenommen, daß die Exporteure und Importeure keine Spekulationsgeschäfte betreiben. Im allgemeinen ist dann also damit zu rechnen, daß Außenhandelsgeschäfte zu einem Teil Devisentransaktionen am Kassamarkt und zum anderen Teil Devisentransaktionen am Terminmarkt implizieren. Der Terminmarkt ist, wie oben schon erwähnt, nur dann bedeutungslos, wenn – und das ist sehr selten – zwischen zwei Währungen eine absolut feste Parität besteht.

Die außenhandelsbedingten Devisentransaktionen am Kassa- und am Terminmarkt lassen sich in sogenannten Nettotransaktionskurven zum Ausdruck bringen. Die Herleitung dieser Kurven wird in den Abbildungen F.2 und F.3 skizziert. $EK_\$^n$ ($MK_\$^n$) ist der Exportwert (Importwert) in Auslandswährung, der Devisentransaktionen am Kassamarkt impliziert. EK zeigt eine Exportfunktion mit einer relativ hohen Preiselastizität, EK' eine mit einer relativ geringen Preiselastizität der Exportnachfrage. MK ist die für den Kassamarkt relevante Importfunktion. Beim Wechselkurs w_{Ko} stimmen das Devisenangebot aus dem Exportgeschäft und die

Devisennachfrage aus dem Importgeschäft überein. Die Nettotransaktionen auf dem Kassamarkt sind deshalb Null. Beim Wechselkurs w_{K1} (w_{K2}) ist das Devisenangebot größer (kleiner) als die Devisennachfrage, so daß sich am Kassamarkt ein Nettodevisenangebot (eine Nettodevisennachfrage) ergibt. Diese Nettotransaktionen werden in den Abbildungsteil b) übertragen. DK_A bezeichnet dort das Nettodevisenangebot, und $-DK_A$ die Nettodevisennachfrage – jeweils aus den Außenhandelsgeschäften. Bei der relativ hohen Preiselastizität der Exportnachfrage (bei EK) ergibt sich die Nettotransaktionskurve $NTKK_A$, bei der relativ geringen Preiselastizität (bei EK') die Nettotransaktionskurve $NTKK'_A$.

Es läßt sich leicht nachvollziehen, daß die Nettotransaktionskurve um so flacher verläuft, je größer die Summe der – absolut betrachteten – Preiselastizitäten der Ex- und Importnachfrage ist. Sind die Preiselastizitäten relativ gering, so kann die Nettotransaktionskurve auch eine Steigung von Null oder eine negative Steigung haben. Im folgenden sei allerdings angenommen, daß die Preiselastizitäten der Ex- und Importnachfrage am Kassamarkt und auch am Terminmarkt eine „normale" Reaktion des Nettodevisenangebots bzw. der Nettodevisennachfrage auf Wechselkursänderungen implizieren, daß also die Nettotransaktionskurve eine positive Steigung besitzt.

Die Nettotransaktionskurve des Terminmarktes ist analog zu bestimmen. Aus dem Exportwert $ET_\$^n$ und dem Importwert $MT_\$^n$ resultiert das Nettodevisenangebot DT_A bzw. die Nettodevisennachfrage $-DT_A$. $NTKT_A$ bezeichnet somit die außenhandelsbedingte Nettotransaktionskurve am Devisenterminmarkt.

F-2.3: Zinsarbitragegeschäfte

Mit Zinsarbitragegeschäften werden internationale Zinsdifferenzen ausgenutzt, um die Rendite von Geld- und Kapitalmarktforderungen zu erhöhen oder um die Kosten von Kreditverbindlichkeiten zu senken. Eine Anlage oder eine Kreditaufnahme im Ausland ist aber bei Nominierung in Auslandswährung i. d. R. mit einem Wechselkursrisiko behaftet. Werden die Zinsarbitragegeschäfte nicht zugleich mit Spekulationsgeschäften verbunden, so ist folglich eine Kurssicherung erforderlich. Bei einer in Auslandswährung nominierten Forderung läßt sich das Wechselkursrisiko ausschalten, indem der aus der Forderung bei Fälligkeit zurückfließende Währungsbetrag bereits zum Zeitpunkt des Forderungserwerbs per Termin gegen inländische Währung verkauft wird; und bei einer in Auslandswährung nominierten Verbindlichkeit muß der bei Fälligkeit aufzubringende Währungsbetrag schon heute per Termin gekauft werden. Da der Kassakurs, zu dem die Forderung erworben bzw. die Verbindlichkeit eingegangen wird, i. d. R. nicht mit dem Terminkurs übereinstimmt, zu dem der kursgesicherte Rücktausch in die eigene bzw. in die ausländische Währung erfolgen kann, sind neben den Zinsdifferenzen auch die Wechselkursdifferenzen zu beachten, wenn der Vorteil bzw. Nachteil von Auslandsanlagen bzw. Auslandsverbindlichkeiten zu beurteilen ist. An einem einfachen Beispiel sei das erläutert.

Der Zinssatz einer Kapitalmarktanlage im Inland sei i, derjenige einer entsprechenden Kapitalmarktanlage im Ausland i*. Am Kassamarkt gelte zum Zeitpunkt der Anlageentscheidung ein Wechselkurs von w_K, und der Terminkurs, zu dem eine Kurssicherung zum Zeitpunkt der Fälligkeit der Anlage möglich ist, sei w_T. Die geplante Anlage möge eine Laufzeit von einem Jahr haben. A sei der in Inlandswährung ausgedrückte Anlagebetrag eines inländischen Wirtschaftssubjektes. Bei Anlage am inländischen Kapitalmarkt würde sich am Ende des Jahres einschließlich Zinsen der Betrag Q ergeben:

(F-4) $Q = A(1 + i)$

Käme es zu einer Anlage im Ausland, so müßte der Betrag A zunächst am Kassamarkt in Auslandswährung umgetauscht werden, und dieser Betrag würde mit i* verzinst. Der nun in Auslandswährung nominierte Anlagebetrag und der ebenfalls in Auslandswährung fällige Zinsertrag ließen sich nach Ablauf eines Jahres zum vorher vereinbarten Terminkurs in Inlandswährung umtauschen. Folglich ergibt sich am Ende des Jahres ein Gesamtbetrag in Inlandswährung von:

(F-5) $Q' = \dfrac{1}{w_K} A(1 + i^*) w_T$

Der Wechselkurs ist als Preisnotierung der ausländischen Währung zu verstehen. Die Gegenüberstellung von Q und Q' macht nun deutlich, ob die Inlandsanlage einer Auslandslage vorzuziehen ist oder umgekehrt. Für das Entscheidungskalkül $Q \gtreqless Q'$ folgt aus (F-4) und (F-5):

(F-6) $A(1 + i) \gtreqless A \dfrac{w_T}{w_K}(1 + i^*)?$

Hieraus ergibt sich nach Kürzung von A und Division durch 1 + i*:

(F-6a) $\dfrac{1 + i}{1 + i^*} \gtreqless \dfrac{w_T}{w_K}?$

Bei Erweiterung mit − 1 erhält man:

(F-6b) $\dfrac{i - i^*}{1 + i^*} \gtreqless \dfrac{w_T - w_K}{w_K}?$

Auf der rechten Seite steht jetzt der schon oben in (F-1) definierte Swapsatz SW. Da der Nennerausdruck 1 + i* im Bereich geringer Zinsniveaus i* relativ klein ist, beschränkt man sich bei einer Gegenüberstellung von Inlands- und Auslandsanlage häufig auf die Faustregel:

(F-6c) $i - i^* \gtreqless SW?$

Ist die internationale Zinsdifferenz größer als der Swapsatz, so wird die Anlage im Inland, ist die internationale Zinsdifferenz kleiner als der Swapsatz, so wird dagegen die Anlage im Ausland vorgezogen. Im übrigen besteht Indifferenz. Bezogen auf das zugrunde gelegte Beispiel, käme es somit zu einem Nettokapitalexport (vom Inland ins Ausland), wenn SW > i − i* gilt. Wäre die Zinsdifferenz beispielsweise Null, so läge bei SW > 0 ein Report (ein positiver Swapsatz) vor. Der Vorteil der Auslandsanlage ergäbe sich dann nicht aus der Zinsdifferenz, sondern allein aus dem Währungsgewinn, der sich per Termin erzielen läßt.

Das zuvor für eine Kapitalanlage untersuchte Entscheidungskalkül läßt sich ohne weiteres auf den Fall einer Kreditaufnahme übertragen. Ein inländischer Kreditnehmer wird sich für einen Inlandskredit (Auslandskredit) entscheiden, wenn die Zinsdifferenz i − i* kleiner (größer) als der Swapsatz ist. Es käme also zu einem

Kapitalimport, wenn SW < i − i* ist. Schließlich sind auch noch die Anlage- und Kreditentscheidungen ausländischer Wirtschaftssubjekte zu berücksichtigen. Für einen Ausländer sind die zuvor aus der Sicht eines Inländers formulierten Entscheidungskalküle umzukehren. Ein Ausländer wird also die Anlage im Inland bevorzugen und damit einen Kapitalimport ins Inland auslösen, wenn der Swapsatz kleiner ist als die Zinsdifferenz i − i*. Und als Bedingung für eine Kreditaufnahme im Inland, durch die ein Kapitalexport (vom Inland ins Ausland) induziert wird, gilt SW > i − i*. *Insgesamt läßt sich also als Faustregel feststellen: es kommt zu einem zinsinduzierten Nettokapitalexport, wenn der Swapsatz größer ist als die internationale Zinsdifferenz, und umgekehrt zu einem Nettokapitalimport, wenn der Swapsatz kleiner ist als die internationale Zinsdifferenz.*

Die in Auslandswährung ausgedrückten Nettokapitaltransaktionen, die aus den Zinsarbitragegeschäften resultieren, werden in grafischer Darstellung in der sogenannten Arbitragewunschkurve zum Ausdruck gebracht (siehe die Abbildung F.4). $K_\$^n$ ist der Nettokapitalimport und $-K_\$^n$ entsprechend der Nettokapitalexport aus den Zinsarbitragegeschäften. Zunächst sei die Zinsdifferenz $i_o - i*$ betrachtet. Die Entscheidungsregel (F-6c) würde bedeuten, daß bereits bei einem Swapsatz, der nur geringfügig über (unter) dieser Zinsdifferenz liegt, ein sehr hoher Nettokapitalexport (Nettokapitalimport) stattfinden müßte. Die Arbitragewunschkurve wäre dann eine Parallele zur Abszisse, die die Ordinate, auf der der Swapsatz abgetragen ist, bei der vorgegebenen Zinsdifferenz schneidet (in der Abbildung F.4 mit AWK_o bezeichnet). Der zinsinduzierte Kapitalverkehr wäre in Hinsicht auf den Swapsatz bzw. auf die Zinsdifferenz unendlich elastisch. In der Realität findet man jedoch i. d. R. keine so große Elastizität des Kapitalverkehrs. Dafür lassen sich mehrere Gründe anführen:

Abbildung F.4

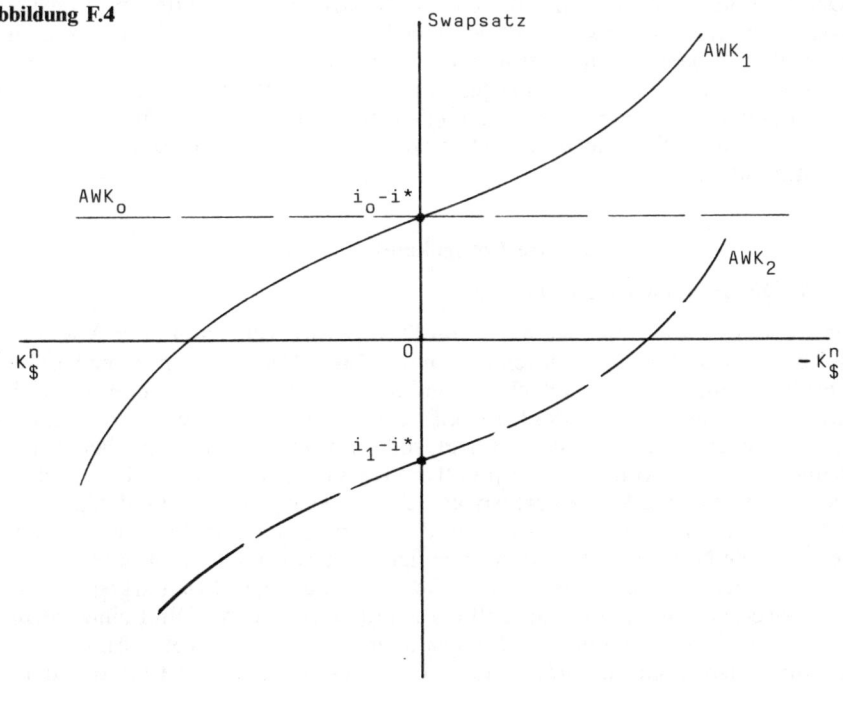

1. Viele Wirtschaftssubjekte besitzen nur unzureichende Informationen über Auslandsanlagen;
2. die Transaktionskosten sind bei Auslandsanlagen meistens höher als bei Inlandsanlagen;
3. die Bonität ausländischer Schuldner ist im allgemeinen schwieriger zu beurteilen als diejenige inländischer Schuldner;
4. bei Auslandsanlagen sind besondere politische Risiken zu beachten; so kann beispielsweise durch die Einführung von Devisenbeschränkungen der Zinstransfer und der Rücktransfer des Anlagebetrages erschwert oder unmöglich gemacht werden;
5. eine optimale Portfolio-Strategie impliziert (unter Berücksichtigung subjektiver Risikoeinschätzungen) eine gewisse Diversifizierung der Anlagen, auch wenn reine Zinsdifferenz- und Wechselkursbetrachtungen eindeutig für eine bestimmte Anlageform sprechen.

Der zinsinduzierte Nettokapitalverkehr wird vor diesem Hintergrund nur eine eingeschränkte Elastizität aufweisen. So wäre beispielsweise die in der Abbildung F.4 skizzierte Arbitragewunschkurve AWK_1 denkbar. Hiernach nimmt der Nettokapitalexport (Nettokapitalimport) nur unterproportional zu, wenn der Swapsatz zunehmend größer (kleiner) wird als die Zinsdifferenz.

Die Arbitragewunschkurve zeigt den Nettokapitalverkehr der Zinsarbitrageure in Abhängigkeit vom Swapsatz – aber bei vorgegebener internationaler Zinsdifferenz. Ändert sich die Zinsdifferenz, so ist die Arbitragewunschkurve entsprechend zu verschieben. Würde der inländische Zinssatz zum Beispiel auf i_1 und die Zinsdifferenz deshalb auf $i_1 - i*$ sinken, so müßte die Arbitragewunschkurve nach unten verschoben werden, in der Abbildung F.4 nach AWK_2.

Der Nettokapitalexport im Rahmen von Zinsarbitragegeschäften impliziert eine Devisennachfrage am Kassamarkt und gleichzeitig ein gleich großes Devisenangebot am Terminmarkt. Beim Nettokapitalimport ist es umgekehrt. Allerdings ist zu berücksichtigen, daß Zinsarbitragegeschäfte auch mit internationalen Zinszahlungen verbunden sind, deren Kurssicherung am Terminmarkt erfolgt und durch die es folglich zu einem Nettodevisenangebot oder zu einer Nettodevisennachfrage am Terminmarkt kommt.

F-2.4: Devisenspekulationsgeschäfte

F-2.4.1: Die Terminmarktspekulation

Eine Devisenspekulation liegt vor, wenn Devisenforderungen mit der Absicht gekauft oder verkauft werden, durch eine in der Zukunft liegende entgegengerichtete Transaktion mit demselben Objekt – eben mit den Devisen – Gewinne zu erzielen. Erwartet ein Spekulant, daß der Kassakurs einer ausländischen Währung zukünftig über dem gegenwärtigen Kassakurs liegt, so könnte er diese Währung heute erwerben und zu einem zukünftigen Zeitpunkt am Kassamarkt verkaufen. In diesem Fall spricht man von einer Kassamarktspekulation. Solche Geschäfte binden allerdings für den Zeitraum der Spekulation Liquidität. Und es ist deshalb grundsätzlich zu fragen, ob die Devisen nicht zwischenzeitlich zinsbringend angelegt werden könnten. Wie weiter unten noch zu zeigen ist, ließe sich die reine Kassamarktspekulation beispielsweise dadurch ersetzen, daß ein Zinsarbitragegeschäft mit einer Terminmarktspekulation verbunden wird. Es ist aber auch möglich, von vornherein eine Terminmarktspekulation vorzunehmen. Der Spekulant, der erwartet, daß der zukünftige Kassakurs einer Währung über dem heute gültigen Terminkurs liegt, wird Termindevisen erwerben, um sie am Fälligkeitstermin am Kassamarkt zu verkaufen. Umgekehrt wird der Spekulant heute Termindevisen verkaufen und die bei Fälligkeit erforderlichen Devisen am Kassamarkt kaufen, wenn er erwartet, daß der zukünftige Kassakurs niedriger ist als der gegenwärtige Terminkurs. Für solche Spekulationsgeschäfte müssen i. d. R. keine liquiden Mittel eingesetzt werden. Nur dann, wenn die Erwartungen nicht eintreffen und die Spekulation ein Verlustgeschäft ist, muß zum Fälligkeitszeitpunkt Liquidität vorhanden sein.

Die Entscheidung eines Spekulanten j, ob am Terminmarkt Devisen gekauft oder verkauft werden, hängt von der Differenz zwischen dem bereits heute bekannten Terminkurs w_T und dem erwarteten Kassakurs $w^e_{K,j}$ ab:

(F-7) $DT_{S,j} \gtreqless 0$, wenn $w_T - w^e_{K,j} \gtreqless 0$!

$DT_{S,j}$ bezeichnet das Nettodevisenangebot des Spekulanten j am Terminmarkt, $- DT_{S,j}$ ist somit die Nettodevisennachfrage. Aus der Aggregation der Terminmarkttransaktionen aller Spekulanten läßt sich die Nettotransaktionskurve der Terminkontrakte für alle Spekulationsgeschäfte gewinnen. Die Abbildung F.5 gibt ein Beispiel für zwei Spekulanten, deren Erwartungen über den zukünftigen Kassakurs voneinander abweichen.

Ein Spekulant wird kaum bereit sein, sich mit großen Beträgen am Terminmarkt zu engagieren, wenn die Differenz zwischen Terminkurs und erwartetem Kassakurs nur gering ist. Ein zunehmendes Transaktionsvolumen dürfte deshalb auch eine steigende erwartete „Risikoprämie" voraussetzen. Darüber hinaus ist zu vermuten, daß selbst ein Spekulant vorsichtig handelt und zusätzliche spekulative Terminmarktkontrakte nur dann vornimmt, wenn die von ihm erwartete „Risikoprämie" überproportional steigt. Aus diesen Überlegungen ergeben sich die in der Abbildung F.5 dargestellten Nettotransaktionskurven der beiden Spekulanten. Und die Aggregation führt schließlich zur Nettotransaktionskurve $NTKT_S$ aller Spekulationsgeschäfte am Terminmarkt.

Die Nettotransaktionskurve wird anders verlaufen, wenn der Kassakurs nur innerhalb eines bestimmten Bandes variieren kann. Können sich die Spekulanten darauf verlassen, daß die Notenbanken eines Systems mit verbindlich vereinbarten bandfixierten Wechselkursen (z. B. im Europäischen Währungssystem) durch geeignete Kassamarktinterventionen jederzeit dafür sorgen, daß der Kassakurs einer

Abbildung F.5

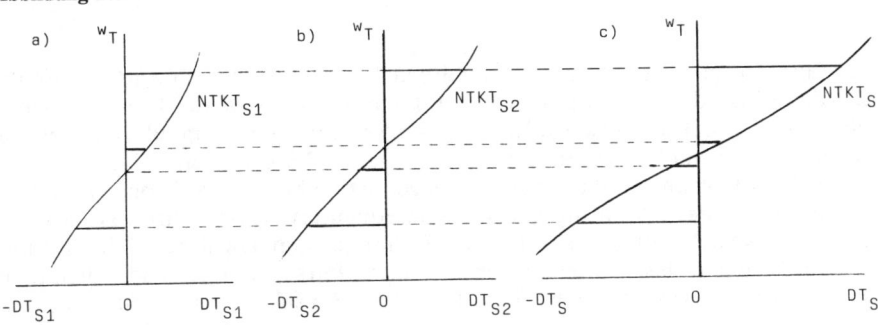

Abbildung F.6

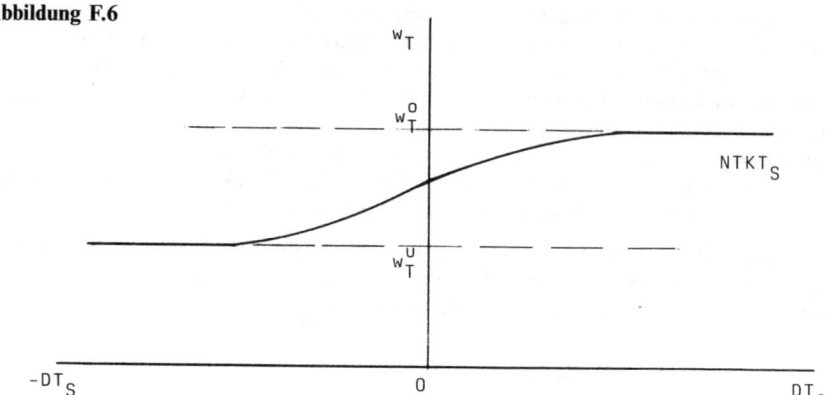

Abbildung F.7

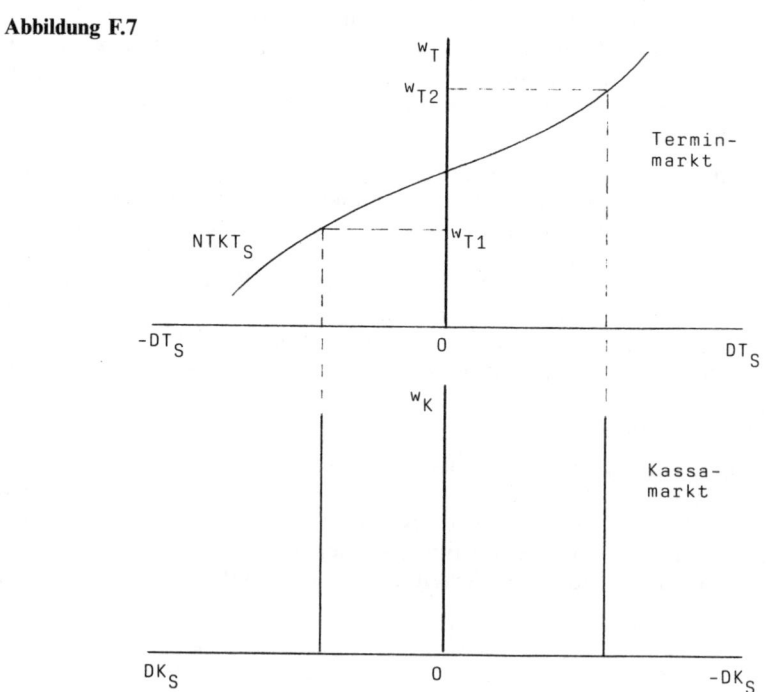

Währung eine gewisse Schwankungsbreite nicht überschreitet, so wird gleichzeitig auch das Risiko der Spekulation begrenzt. Läge beispielsweise der Terminkurs über dem im Band höchst möglichen Kassakurs, so könnte man Termindevisen verkaufen und damit risikolos Währungsgewinne erzielen. Wäre der Terminkurs niedriger als der Kassakurs an der unteren Bandgrenze, so brächte der Kauf von Termindevisen einen risikolosen Währungsgewinn. Konsequenterweise werden die Nettotransaktionen aus Spekulationsgeschäften am Terminmarkt in Hinsicht auf den Terminkurs vollkommen elastisch sein, wenn der Terminkurs dem oberen oder dem unteren Wert des Kassakurses entspricht. Die Nettotransaktionskurve aller Spekulationsgeschäfte hat dann beispielsweise den in der Abbildung F.6 dargestellten Verlauf. w_T^o und w_T^u bilden die Bandgrenzen. Da das spekulationsbedingte Transaktionsvolumen am Terminmarkt (und zugleich am zukünftigen Kassamarkt) unendlich groß wäre, wenn diese Bandgrenzen überschritten bzw. unterschritten würden, sorgt der Marktmechanismus allerdings dafür, daß sich der Terminkurs nur innerhalb des Bandes bewegen kann, das für den Kassakurs festgelegt worden ist.

Wenn in der Vergangenheit spekulative Terminmarktkontrakte eingegangen wurden, müssen bei Fälligkeit entgegengerichtete Transaktionen am Kassamarkt stattfinden. Das Transaktionsvolumen ist dann allerdings durch die früher vollzogenen Verkäufe oder Käufe am Terminmarkt fixiert und damit unabhängig vom aktuellen Kassakurs. Die aus Terminmarktspekulationen resultierende Nettotransaktionskurve des Kassamarktes verläuft somit parallel zur Ordinate (siehe die Abbildung F.7), und zwar mit einem bestimmten Nettodevisenangebot DK_S, wenn die Spekulationsgeschäfte insgesamt zu einer Nettodevisennachfrage $- DT_S$ am Terminmarkt geführt haben, und umgekehrt.

F-2.4.2: Die Kassamarktspekulation

Wie schon erwähnt, sind auch reine Kassamarktspekulationen möglich. Erwartet beispielsweise ein inländischer Spekulant, daß der Kassakurs steigen wird, so könnte er geneigt sein, heute Kassadevisen zu kaufen, um bei einem späteren Verkauf den erwarteten Währungsgewinn zu erzielen. Es ist allerdings zu berücksichtigen, daß dabei während des Spekulationszeitraums liquide Mittel gebunden werden, die sich im allgemeinen am in- oder am ausländischen Geld- oder Kapitalmarkt zinsbringend anlegen ließen. Unter dem Aspekt der Gewinnmaximierung ist es von daher erforderlich, die Zinsertragsmöglichkeiten in die Entscheidungen über das Spekulationsgeschäft einzubeziehen.

Wie bei einem reinen Zinsarbitragegeschäft, müßte der Ertrag aus der zinsbringenden Anlage im Inland mit einer zinsbringenden Anlage im Ausland verglichen werden. Im Unterschied zum kursgesicherten Zinsarbitragegeschäft wird der Spekulant jedoch den Währungsbetrag, den er bei Fälligkeit aus einer Auslandsanlage erhalten würde, nicht schon heute am Terminmarkt, sondern am zukünftigen Kassamarkt verkaufen. In den Gleichungen (F-6) bis (F-6b), die Grundlage der Entscheidungen für ein reines Zinsarbitragegeschäft sind, muß folglich der Terminkurs w_T durch den erwarteten Kassakurs w_K^e ersetzt werden. Analog zur Gleichung (F-6b) ergibt sich – bezogen auf ein Jahr – die folgende Entscheidungsgrundlage:

$$(F-8) \qquad \frac{i - i^*}{1 + i^*} \gtreqless \frac{w_K^e - w_K}{w_K}?$$

Für einen inländischen Spekulanten wäre die Verbindung einer zinsbringenden Anlage im Ausland mit einer Kassamarktspekulation somit nur dann rentabel, wenn die Zinsdifferenz (dividiert durch $1 + i^*$) kleiner ist als der „erwartete Swapsatz". In diesem Fall würde er heute am Kassamarkt Devisen kaufen, diese zinsbringend im Ausland anlegen und nach Fälligkeit am Kassamarkt zum zukünftigen – von ihm mit w_K^e erwarteten – Kassakurs verkaufen. Gedanklich läßt sich diese Transaktion auch in ein kursgesichertes Zinsarbitragegeschäft und eine Terminspekulation zerlegen: im Zinsarbitragegeschäft werden heute Kassadevisen gekauft und gleichzeitig per Termin verkauft, im Spekulationsgeschäft werden heute Termindevisen gekauft und später zum Fälligkeitszeitpunkt am Kassamarkt verkauft.

Grundsätzlich ist es sinnvoll, wenn ein Spekulant für den Fall, daß er liquide Mittel besitzt, zunächst über die zinsbringende Anlage auf der Basis der für ein kursgesichertes Zinsarbitragegeschäft üblichen Überlegungen entscheidet und dann die Entscheidung über ein nachgelagertes Spekulationsgeschäft am Terminmarkt trifft. Wie wichtig diese Zerlegung des Entscheidungsprozesses ist, soll an einem konkreten Beispiel erläutert werden. Der gegenwärtige Kassakurs w_K betrage 2,00 (z. B. DM zu US-Dollar). Erwartet werde ein Kassakurs von $w_K^e = 2,08$ in einem Jahr. Mit einer Kassamarktspekulation ließe sich somit eine erwartete Verzinsung von 4 % erreichen (0,08/2,00). Auf dem inländischen Kapitalmarkt sei ein Zinssatz von i = 0,071 (7,1 %), auf dem ausländischen Kapitalmarkt – unter Abzug von Transaktionskosten – ein Zinssatz von i* = 0,05 (5 %) erzielbar. Gemäß Vergleichsformel (F-8) würde der Spekulant seine liquiden Mittel während des Spekulationszeitraums (hier vereinfachend ein Jahr) im Ausland anlegen. Ein Anlagebetrag von A ließe sich dadurch auf $A(1 + i^*)w_K^e/w_K$ erhöhen, und das entspräche bei den gegebenen Daten einer Verzinsung von 9,2 %.

Für den einjährigen Terminmarkt sollen nun alternativ drei Terminkurse betrachtet werden: $w_{T1} = 2,08$, $w_{T2} = 2,06$ und $w_{T3} = 2,02$:

1. Bei $w_{T1} = 2,08$ ist ein Spekulationsgeschäft von vornherein abzulehnen; denn die am Terminmarkt kursgesicherte Auslandsanlage des Betrages A würde ja auf $A(1 + i^*)w_{T1}/w_K$ anwachsen und damit eine risikolose Verzinsung von 9,2 % bringen.

2. Bei einem Terminkurs von $w_{T2} = 2,06$ wäre es demgegenüber vorteilhaft, die zinsbringende Auslandsanlage mit einem Spekulationsgeschäft zu verbinden. Im kursgesicherten Arbitragegeschäft würde der Anlagebetrag des Spekulanten auf $A(1 + i^*)w_{T2}/w_K$ anwachsen. Die Verzinsung wäre dann 8,15 %. Da die Inlandsanlage nur eine Verzinsung von 7,1 % abwirft, ergibt sich bereits aus dem reinen Zinsarbitragegeschäft ein Zusatzgewinn. Wird nun ein Spekulationsgeschäft angehängt, so nimmt der Anlagebetrag auf $A(1 + i^*)w_K^e/w_K$ zu. Die Gesamtverzinsung erreicht folglich, sofern die Wechselkurserwartung auch eintritt, wiederum 9,2 %.

3. Liegt der Terminkurs bei $w_{T3} = 2,02$, so ist die Inlandsanlage der Auslandsanlage vorzuziehen. Sie bringt nämlich eine Verzinsung von 7,1 %, wogegen sich mit der kursgesicherten Auslandsanlage nur 6,05 % erzielen ließe. In diesem Fall empfiehlt es sich, eine Terminspekulation völlig getrennt vom Anlagegeschäft vorzunehmen. Würde der Spekulant das Spekulationsgeschäft in Höhe des Anlagebetrages A zuzüglich des im Inland erzielten Zinsertrags vornehmen, so könnte der Anlagebetrag bei Eintreten der Wechselkurserwartung auf $A(1 + i)w_K^e/w_{T3}$ erhöht werden, und das entspräche einer Gesamtverzinsung von 10,28 %.

Das Beispiel macht deutlich, daß die Entscheidungsregel (F-8) nur dann sinnvoll ist, wenn der erwartete Kassakurs w_K^e über dem Terminkurs w_T liegt und wenn die Entscheidungsregel (F-6b) des reinen (kursgesicherten) Zinsarbitragegeschäfts für die Auslandsanlage spricht. Daraus aber folgt zwingend, daß das Zinsarbitrage- und das Spekulationsgeschäft getrennt beurteilt werden müssen.

Das zuvor skizzierte Beispiel erweckt den Anschein, es sei auf jeden Fall vorteilhaft, das Spekulationsgeschäft mit einem zinsbringenden Anlagegeschäft im In- oder Ausland zu verbinden. Man muß jedoch beachten, daß durch ein Anlagegeschäft Liquidität im allgemeinen für einen festen Zeitraum gebunden wird. Wechselkurserwartungen lassen sich aber i. d. R. nicht zeitlich fixieren, und Spekulationsgeschäfte machen häufig schnelle Reaktionen erforderlich. Trotz eines Zinsverlustes kann es deshalb im Interesse einer hohen Reaktionsflexibilität durchaus angebracht sein, Liquidität in reinen Kassamarktspekulationen zu binden.

F-2.5: Wechselkursbildung auf dem Kassa- und dem Terminmarkt

F-2.5.1: Devisenmarktgleichgewicht im System flexibler Wechselkurse

Die Kurse am Kassamarkt und am Terminmarkt ergeben sich, sofern diese Märkte nicht durch autonome Preis- oder Mengenfixierungen reguliert werden, in einem freien Preisbildungsprozeß jeweils aus dem Devisenangebot und der Devisennachfrage. Angebot und Nachfrage kommen in den zuvor abgeleiteten Nettotransaktionskurven der Außenhandels- und der Spekulationsgeschäfte, in der Arbitragewunschkurve der Zinsarbitragegeschäfte sowie in Nettotransaktionskurven anderer internationaler Geschäfte aufgrund von Waren-, Dienstleistungs- und Kapitalverkehr sowie von Übertragungen zum Ausdruck.

Da die Zinsarbitragegeschäfte vom Swapsatz und damit gleichzeitig vom Kassakurs und vom Terminkurs abhängig sind, besteht zwingend ein enger Zusammenhang zwischen der Kursbildung am Kassamarkt und der Kursbildung am Terminmarkt. In einem interdependenten Prozeß werden die Kurse an beiden Märkten simultan bestimmt. Das soll jetzt mit Hilfe einer grafischen Darstellung, der ein konkretes Zahlenbeispiel zugrunde liegt, verdeutlicht werden. In der Abbildung F.8 wird im Teil a) die Nettotransaktionskurve am Kassamarkt (NTKK) und im Teil b) die Nettotransaktionskurve am Terminmarkt (NTKT) dargestellt. Der Teil c) zeigt mit AWK die Arbitragewunschkurve aus Zinsarbitragegeschäften. Bekanntlich bringt diese Kurve zum Ausdruck, daß das Nettodevisenangebot DT_Z (die Nettodevisennachfrage $- DT_Z$) am Terminmarkt mit steigendem Swapsatz SW zunimmt (abnimmt) und simultan die Nettodevisennachfrage $- DK_Z$ (das Nettodevisenangebot DK_Z) am Kassamarkt steigt (sinkt). Ein Gleichgewicht auf dem Kassamarkt und auf dem Terminmarkt setzt also voraus, daß gleichzeitig

- einem bestimmten Nettoangebot an Termindevisen aufgrund von Zinsarbitragegeschäften eine gleich hohe Nettonachfrage nach Termindevisen aufgrund der übrigen internationalen Geschäfte gegenübersteht
- in gleicher Höhe ein Nettoangebot an Kassadevisen aufgrund der übrigen internationalen Geschäfte vorliegt, durch das die Nettonachfrage nach Kassadevisen aus den Zinsarbitragegeschäften befriedigt werden kann.[10]

Um dieses Gleichgewicht zu finden, wird aus den Nettotransaktionskurven des Kassa- und des Terminmarktes in den Abbildungsteilen a) und b) eine Arbitragemöglichkeitenkurve (AMK) hergeleitet und in den Abbildungsteil c) übertragen. Dazu werden drei verschiedene Kassakurse betrachtet:

1. Bei einem Kassakurs von $w_K = 2{,}00$ (z. B. DM zu US-Dollar) und einem Terminkurs von $w_T = 2{,}02$ gilt ein Swapsatz von SW = 1 %. Bei diesen Wechselkursen und diesem Swapsatz befinden sich sowohl der Kassamarkt als auch der Termin-

---

[10] Aus Gründen der Vereinfachung sei hier darauf verzichtet, die internationalen Zinszahlungen aus den Zinsarbitragegeschäften zu berücksichtigen. Diese implizieren nämlich, daß die aus den Zinsarbitragegeschäften resultierenden Kassa- und Terminmarkttransaktionen im allgemeinen nicht exakt übereinstimmen. So ist z. B. bei einem Nettokapitalexport das Nettodevisenangebot am Terminmarkt um die Nettozinszahlungen des Auslands an das Inland höher als die Nettodevisennachfrage am Kassamarkt.

Abbildung F.8

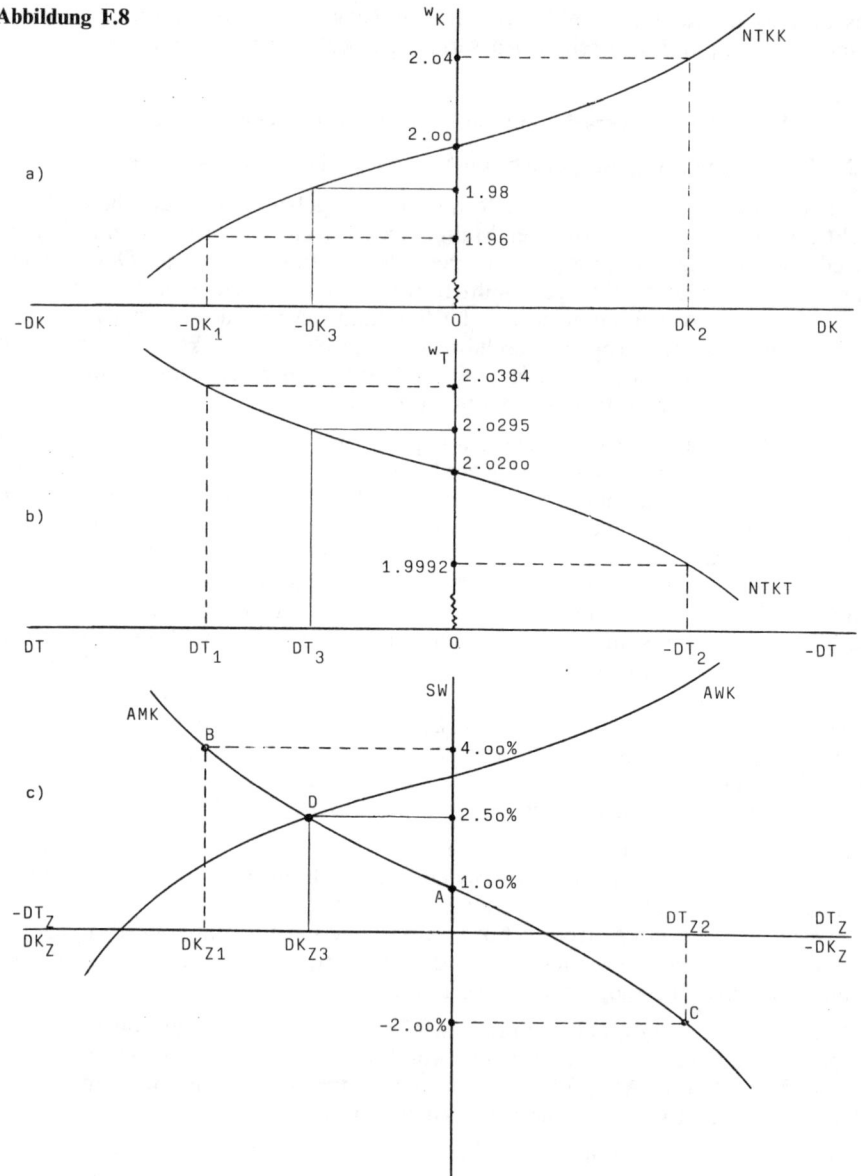

markt aufgrund der Außenhandels- und der Spekulationsgeschäfte sowie der übrigen internationalen Geschäfte (ohne die Zinsarbitragegeschäfte) im Gleichgewicht. Bei einem Swapsatz von 1 % gibt es deshalb auch keine Nettoarbitragemöglichkeiten für Zinsarbitragegeschäfte. Die Arbitragemöglichkeitenkurve schneidet somit die Ordinate im Abbildungsteil c) bei diesem Swapsatz.

2. Bei einem Kassakurs von $w_K = 1,96$ impliziert die Nettotransaktionskurve des Kassamarktes demgegenüber eine Nettodevisennachfrage in Höhe von $-DK_1$. Aus der Nettotransaktionskurve des Terminmarktes ist abzulesen, daß ein

gleichgroßes Nettoangebot an Termindevisen (in Höhe von DT_1) bei einem Terminkurs von $w_T = 2{,}0384$ realisiert würde. Aus den beiden Kursen ergibt sich ein Swapsatz von $SW = 4\%$. Und bei diesem Swapsatz wäre für Zinsarbitragegeschäfte ein Nettoangebot an Kassadevisen bzw. eine Nettonachfrage nach Termindevisen in Höhe von DK_{Z1} möglich. Dementsprechend ist mit B ein weiterer Punkt der Arbitragemöglichkeitenkurve gefunden worden. Analog dazu läßt sich der Punkt C der Arbitragemöglichkeitenkurve gewinnen.

3. Bei einem Kassakurs von $w_K = 2{,}04$ folgt aus der Nettotransaktionskurve des Kassamarktes ein Nettodevisenangebot in Höhe von DK_2. Die Nettodevisennachfrage am Terminmarkt hat die gleiche Höhe ($- DT_2$) bei einem Terminkurs von $w_T = 1{,}9992$. Aus den beiden Kursen errechnet sich ein Swapsatz von $SW = - 2\%$, und folglich wären bei diesem Swapsatz Zinsarbitragegeschäfte möglich, die ein Nettoangebot am Terminmarkt sowie gleichzeitig eine Nettonachfrage am Kassamarkt in Höhe von DT_{Z2} implizieren.

Auf diese Weise können nun zu jedem Swapsatz (und damit zu jedem Kassakurs und dem jeweils passenden Terminkurs) die für die Zinsarbitragegeschäfte möglichen Transaktionsvolumina bestimmt werden. Das Gleichgewicht läßt sich jetzt leicht aus dem Schnittpunkt von Arbitragewunschkurve und Arbitragemöglichkeitenkurve gewinnen. Im Gleichgewicht (Punkt D) ergibt sich ein Swapsatz von $SW = 2{,}5\%$. Hier kommt es aufgrund der Zinsarbitragegeschäfte zu einer Nettodevisennachfrage am Terminmarkt und gleichzeitig zu einem Nettodevisenangebot am Kassamarkt in Höhe von DK_{Z3}. Am Kassamarkt muß diesem Nettoangebot eine gleichgroße Nettonachfrage aus Außenhandels- und Spekulationsgeschäften sowie anderen internationalen Geschäften (außer Zinsarbitragegeschäften) gegenüberstehen ($- DK_3$), und der Kassamarkt befindet sich folglich bei einem Kurs von $w_K = 1{,}98$ im Gleichgewicht. Der Terminmarkt weist dann beim Kurs von $w_T = 2{,}0295$ ein Gleichgewicht auf; denn bei diesem Kurs ergibt sich aus der Nettotransaktionskurve NTKT ein Nettodevisenangebot, das exakt der Nettodevisennachfrage aus den Zinsarbitragegeschäften beim zugehörigen Swapsatz von $2{,}5\%$ entspricht (DT_3).

F-2.5.2: Änderungen der Gleichgewichtskurse bei exogenen Einflüssen

Die Nettotransaktionskurven auf dem Kassamarkt und auf dem Terminmarkt sowie die Arbitragewunschkurve sind Ausdruck bestimmter Reaktionen der Marktteilnehmer auf Wechselkurs- bzw. Swapsatzänderungen. Solche Reaktionen lassen sich in Bewegungen auf den Kurven nachvollziehen. Die Marktteilnehmer reagieren aber auch auf andere Datenänderungen, z. B. auf Änderungen von Import- und Exportpreisen oder auf Änderungen der internationalen Zinsdifferenz. Darüber hinaus ist zu beachten, daß Spekulanten Wechselkurserwartungen bilden und die Erwartungsbildung im allgemeinen von einer Vielzahl unterschiedlicher Einflußfaktoren bestimmt wird. Auch sind Verhaltensänderungen von Exporteuren, Importeuren, Spekulanten und Zinsarbitrageuren möglich, durch die sich z. B. die Preiselastizitäten von Ex- und Importnachfrage sowie die Elastizität der Nettodevisentransaktionen im Rahmen von Spekulationsgeschäften und Zinsarbitragegeschäften in Hinsicht auf den Terminkurs bzw. in Hinsicht auf den Swapsatz verändern können. Schließlich ist zu beachten, daß Zentralbanken im Rahmen einer Politik des kontrollierten Floatens am Kassamarkt oder am Terminmarkt intervenieren. Die hier skizzierten externen Einflüsse wirken sich auf die Lage der Nettotransaktionskurve des Kassamarktes und/oder des Terminmarktes oder auf die Arbitragewunschkurve aus. Und mit einer Verschiebung oder Drehung einer Net-

Abbildung F.9

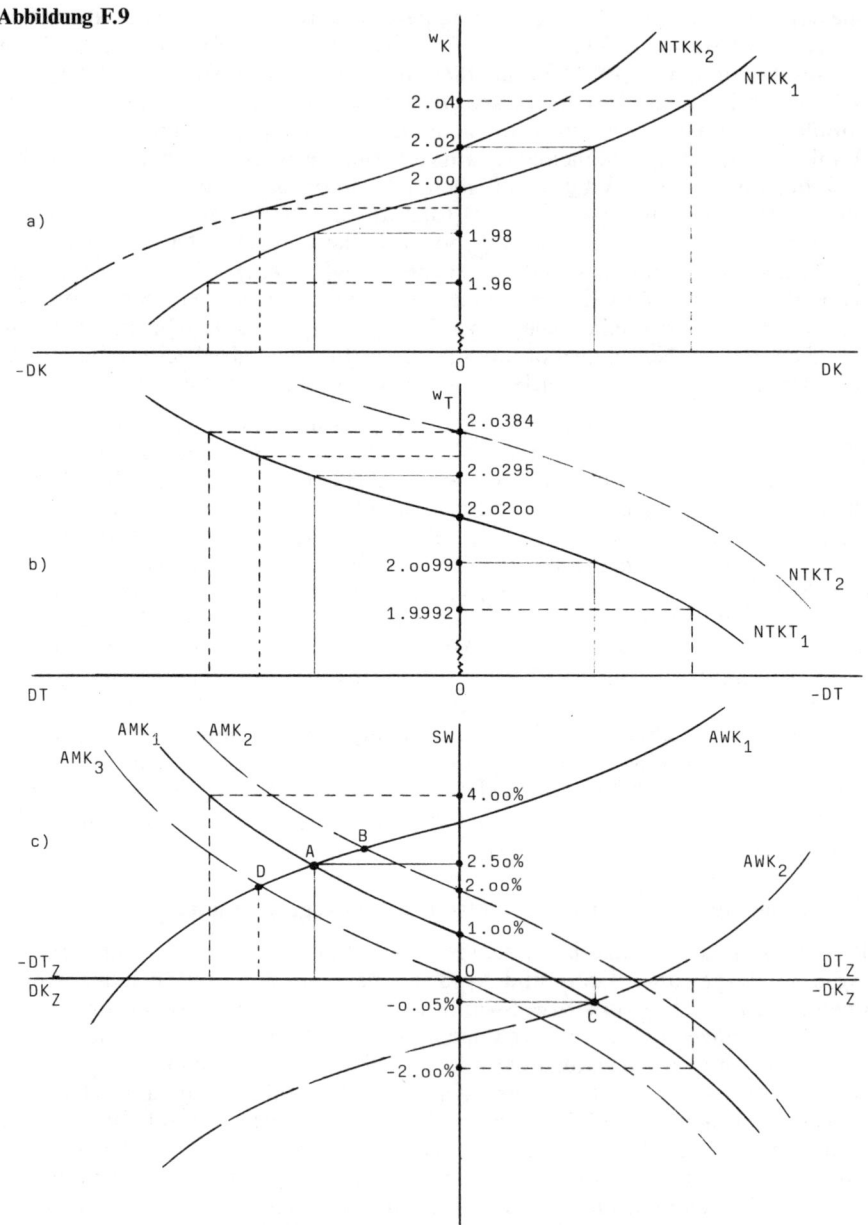

totransaktionskurve ist zugleich eine Lageänderung der Arbitragemöglichkeitenkurve verbunden.

Drei exogene Änderungen bzw. Einflüsse sollen hier exemplarisch untersucht werden. Dazu wird die Abbildung F.8 zunächst unverändert in die Abbildung F.9 übertragen.

1. Es sei angenommen, die Spekulanten erwarten eine zusätzliche Abwertung der

inländischen Währung (einen zusätzlichen Anstieg des zukünftigen Kassakurses). Die Nettodevisennachfrage (das Nettodevisenangebot) am Terminmarkt wird dadurch bei jedem Terminkurs zunehmen (abnehmen). Wenn nämlich ein inländischer Spekulant erwartet, daß der zukünftige Kassakurs noch höher liegt als ursprünglich angenommen, so wird er bei zunächst gegebenem Terminkurs zusätzliche Termindevisen kaufen; denn er erwartet, daß er durch diesen Kontrakt noch höhere Spekulationsgewinne erzielen kann. Im Abbildungsteil b) verschiebt sich dann die Nettotransaktionskurve beispielsweise von $NTKT_1$ nach $NTKT_2$. Bleibt die Nettotransaktionskurve auf dem Kassamarkt unverändert, so ergibt sich hierdurch eine Verschiebung der Arbitragemöglichkeitenkurve im Abbildungsteil c) von AMK_1 nach AMK_2. Aus dem Schnittpunkt B der Arbitragewunschkurve AWK_1 und der neuen Arbitragemöglichkeitenkurve AMK_2 folgt das neue Gleichgewicht auf den Devisenmärkten. Es zeigt sich, daß die Änderung der Wechselkurserwartung (die zusätzliche Abwertungserwartung) zu einer Erhöhung des Terminkurses, des Kassakurses und des Swapsatzes führt. Wie mit der Verschiebung der Nettotransaktionskurve des Terminmarktes bereits angedeutet, steigt der Terminkurs infolge der Abnahme (Zunahme) des Nettoangebots an (der Nettonachfrage nach) Termindevisen an. Das impliziert ceteris paribus eine Erhöhung des Swapsatzes, die ihrerseits das Nettoangebot an (die Nachfrage nach) Kassadevisen aus den Zinsarbitragegeschäften verringert (erhöht). Hierdurch aber kommt es zu einem Anstieg des Kassakurses.

2. In einem weiteren Beispiel möge das ausländische Zinsniveau steigen, und zwar so weit, daß die internationale Zinsdifferenz $i - i^*$ negativ wird. Die Arbitragewunschkurve ist jetzt z. B. von AWK_1 nach AWK_2 zu verschieben, und die neue Kurve schneidet die Ordinate bei einem negativen Swapsatz in Höhe der Zinsdifferenz. Bei Gültigkeit der ursprünglichen Arbitragemöglichkeitenkurve AMK_1 wird ein neues Gleichgewicht im Punkt C realisiert. Der Gleichgewichtsswapsatz beträgt jetzt $-0,05\%$. Der Kassakurs ist dementsprechend auf $w_K = 2,02$ gestiegen, der Terminkurs auf $w_T = 2,0099$ gefallen. Mit der Verringerung der Zinsdifferenz nimmt der Nettokapitalexport zu. Hierdurch steigt (sinkt) die Nettonachfrage nach (das Nettoangebot an) Kassadevisen, und gleichzeitig nimmt das Nettoangebot an (die Nettonachfrage nach) Termindevisen zu (ab). Folglich kommt es zu einem Kursanstieg am Kassamarkt und zu einem Kursrückgang am Terminmarkt.

3. Im letzten Beispiel möge die Zentralbank des betrachteten Landes am Kassamarkt intervenieren, um so eine Abwertung der heimischen Währung zu erreichen. Die Zentralbank wird deshalb (zusätzlich) Kassadevisen nachfragen und dafür heimische Währung anbieten. Die Nettotransaktionskurve des Kassamarktes verschiebt sich dadurch z. B. nach $NTKK_2$. Gleichzeitig muß sich auch die Arbitragemöglichkeitenkurve nach unten verschieben, hier nach AMK_3, denn ceteris paribus impliziert ja die Erhöhung des Kassakurses eine Reduktion des Swapsatzes. Mit der Verringerung des Swapsatzes nimmt aber der Nettokapitalimport zu (der Nettokapitalexport ab). Aufgrund der Zinsarbitragegeschäfte erhöht sich deshalb das Nettodevisenangebot am Kassamarkt, und gleichzeitig wird auch die Nettodevisennachfrage am Terminmarkt größer. Infolgedessen steigt jetzt der Terminkurs. Zu beachten ist aber, daß der autonomen Erhöhung der Nachfrage der Zentralbank nach Kassadevisen eine Zunahme des Nettoangebots an Kassadevisen aus den Zinsarbitragegeschäften gegenübersteht. Der Wechselkurseffekt der Kassamarktintervention wird also von hierher wieder abgeschwächt, und es ist deshalb nicht auszuschließen, daß die mit der Intervention beabsichtigte Abwertung der heimischen Währung nur sehr gering ausfällt.

F-2.5.3:   Devisenmarktgleichgewicht und Kassamarktinterventionen im System bandfixierter Wechselkurse

In einem System mit bandfixiertem Wechselkurs (bzw. Wechselkursen) werden die Transaktionen aus Spekulationsgeschäften am Terminmarkt in Hinsicht auf den Terminkurs vollkommen elastisch, wenn der Terminkurs über (unter) den Kassakurs an der Bandobergrenze (Banduntergrenze) steigt (sinkt). Wie oben schon gezeigt wurde, könnten nämlich bei Terminkursen jenseits der Bandgrenzen völlig risikolos Währungsgewinne realisiert werden, sofern anzunehmen ist, daß die Zentralbanken des Systems den Wechselkurs (bzw. die Wechselkurse) mit geeigneten Interventionen auf jeden Fall innerhalb der vereinbarten Bandbreite (bzw. Bandbreiten) halten. Sowohl für den Kassakurs als auch für den Terminkurs gelten somit in einem solchen System die gleichen Ober- und Untergrenzen. Folglich ist auch der Swapsatz nach oben und nach unten begrenzt.

Die Abbildung F.10 zeigt im Teil b) die Nettotransaktionskurve des Terminmarktes, die beim Terminkurs w_T^o an der oberen Bandgrenze sowie beim Terminkurs w_T^u an der unteren Bandgrenze vollkommen elastisch ist. Auf dem Kassamarkt im Abbildungsteil a) sind die gleichen Grenzen mit w_K^o und w_K^u eingezeichnet worden. NTKK ist die Nettotransaktionskurve des Kassamarktes. Sie hat allerdings nur Gültigkeit im Bereich zwischen den Punkten A und B. Sobald nämlich der Kassakurs die Untergrenze oder die Obergrenze zu überschreiten droht, kommt es zu offiziellen Interventionen. Die Nettotransaktionskurve des Kassamarktes verläuft deshalb an den Bandgrenzen jeweils parallel zur Mengenachse (zur Abszisse).

Der Swapsatz kann sich nur innerhalb der Grenzen SW^o und SW^u bewegen. Dabei gilt:

(F-9) $$SW^o = \frac{w_T^o - w_K^u}{w_K^u}$$

(F-9a) $$SW^u = \frac{w_T^u - w_K^o}{w_K^o}$$

Die Arbitragemöglichkeitenkurve AMK im Abbildungsteil c) wird bei Erreichen der Ober- und der Untergrenzen des Swapsatzes jeweils vollkommen elastisch.

Im Abbildungsteil c) sind – jeweils als Alternative – drei Arbitragewunschkurven eingezeichnet worden. Mit AWK_1 würde sich im Punkt E ein Gleichgewicht ergeben, das einen Kassakurs von w_{K1}, einen Terminkurs von w_{T1} und einen Swapsatz von SW_1 impliziert. Nun möge die internationale Zinsdifferenz $i - i^*$, z.B. durch eine Verringerung des ausländischen Zinsniveaus, zunehmen. Die Arbitragewunschkurve wird hierdurch nach AWK_2 verschoben. Der Nettokapitalimport nimmt zu, und dementsprechend steigt das Nettoangebot an Kassadevisen. Gleichzeitig erhöht sich die Nettonachfrage nach Termindevisen um den gleichen Betrag. Aufgrund der Nettotransaktionskurve des Kassamarktes würde das zusätzliche Nettoangebot aber nur bei einem Kassakurs absorbiert, der außerhalb des Bandes liegt. Und zwar müßte die inländische Währung über die zulässige Grenze hinaus aufgewertet werden. Die Zentralbanken des betrachteten Systems sind deshalb gezwungen, den Kassakurs durch geeignete Interventionsmaßnahmen innerhalb des Bandes zu halten. Die übliche Interventionspraxis, die auch hier betrachtet wird, besteht in Kassamarktinterventionen. Im vorliegenden Fall müßten die Zentralbanken also ihre Nachfrage nach Kassadevisen erhöhen, und zwar mindestens um den Betrag AC. Der Kassakurs ließe sich dadurch bei w_K^u festhalten.

Abbildung F.10

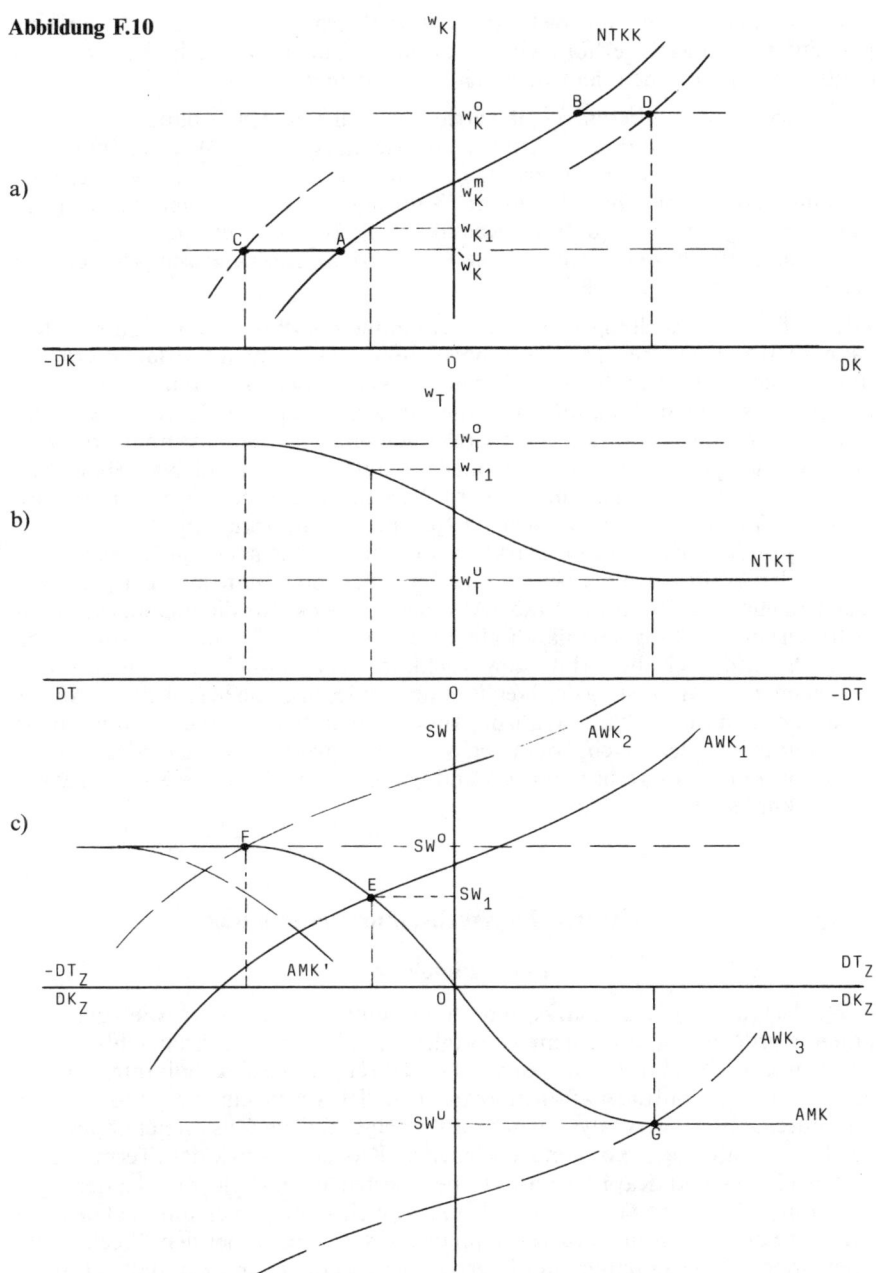

Selbstverständlich könnten die Zentralbanken auch versuchen, den Kassakurs wieder in Richtung auf den Mittelkurs w_K^m zu verschieben. Hierzu müßten sie ihre Nachfrage am Kassamarkt noch über AC hinaus steigern. Die Arbitragemöglichkeitenkurve würde sich dann nach links verschieben (z. B. nach AMK'). Aus der Abbildung läßt sich ersehen, daß mit einer solchen Interventionspolitik der Swap-

satz gesenkt und dadurch das Nettoangebot an Kassadevisen aus den Zinsarbitragegeschäften noch weiter erhöht wird. Die Zentralbanken sind deshalb gezwungen,
ihr Interventionsvolumen dementsprechend zu steigern.

Wenn sich die Zinsdifferenz $i - i^*$ verringert, weil z. B. das ausländische Zinsniveau steigt und sich dadurch die Arbitragewunschkurve nach AWK_3 verschiebt, so
kommt es zu einer Erhöhung (Verringerung) der Nettonachfrage (des Nettoangebots) am Kassamarkt. Die inländische Währung gerät jetzt unter Abwertungsdruck. Um zu verhindern, daß der Kassakurs die Bandobergrenze überschreitet,
müßten die Zentralbanken somit ihr Nettoangebot an Kassadevisen erhöhen, hier
mindestens um den Betrag BD.

Die grafische Darstellung macht bereits deutlich, daß der einmal aufgetretene
Zwang zu Interventionen für die Zentralbanken des Systems so lange erhalten
bleibt, bis sich entweder die grundlegenden ökonomischen Bedingungen für die
Außenhandels-, die Spekulations- und die Zinsarbitragegeschäfte oder für die anderen internationalen Transaktionen (außer den offiziellen Transaktionen der Zentralbanken) adäquat verändert haben oder eine autonome Verschiebung (bzw. Aus-
dehnung) des Bandes vorgenommen wird. Veränderungen der ökonomischen Bedingungen kämen in Verschiebungen der Nettotransaktionskurven auf dem Kassamarkt und/oder dem Terminmarkt sowie der Arbitragemöglichkeitenkurve
und/oder der Arbitragewunschkurve zum Ausdruck. So könnte man beispielsweise
versuchen, einen Aufwertungsdruck (Abwertungsdruck) für die inländische Währung durch eine Senkung des inländischen (ausländischen) Zinsniveaus abzubauen.
Hierdurch würde sich die Arbitragewunschkurve bekanntlich nach unten (oben)
verschieben. Eine Anpassung des Wechselkursbandes nach oben (bei einem Abwertungsdruck auf die inländische Währung) oder nach unten (bei einem Aufwertungsdruck) würde zu einer gleichgerichteten Verschiebung der Grenzen für die Nettotransaktionskurve des Terminmarktes und von daher auch für die Arbitragemöglichkeitenkurve führen.

F-3: Theorie der Wechselkursbestimmung

F-3.1: Einführung

Der Wechselkurs am Kassamarkt und am Terminmarkt resultiert, wie zuvor verdeutlicht wurde, jeweils aus einem Marktgleichgewicht von Devisennachfrage und
Devisenangebot. Nachfrage und Angebot sind ihrerseits das Ergebnis internationaler Güter- und Kapitaltransaktionen sowie offizieller Ausgleichsoperationen. In der
bisher durchgeführten Analyse wurde aufgezeigt, welche Zusammenhänge zwischen dem Wechselkurs – konkret zwischen dem Kassakurs sowie dem Terminkurs –
und den Güter- und Kapitaltransaktionen bestehen und wie sich Änderungen
dieser Transaktionen sowie die offiziellen Ausgleichsoperationen auf die Gleichge-
wichtskurse am Kassa- und am Terminmarkt auswirken. Außer dem Wechselkurs
wurden andere Determinanten der internationalen Güter- und Kapitaltransaktionen (z. B. Preisverhältnisse, Zinsdifferenzen, Wechselkurserwartungen) jedoch entweder überhaupt nicht explizit in die Analyse einbezogen oder nur am Rande betrachtet. Wenn es aber darum geht, die grundlegenden Bestimmungsgründe des
Wechselkurses – bzw. des Kassa- und des Terminkurses – aufzudecken und insbesondere die Entwicklung des Wechselkurses zu erklären, so müssen diese Determinanten genauer betrachtet werden. Zusammen mit den offiziellen Ausgleichsopera-

tionen bzw. Interventionen der Zentralbanken entscheiden sie letztlich über Niveau und Entwicklungsrichtung des Wechselkurses. Das gesamte System der internationalen Transaktionen und deren Determinanten ist allerdings so komplex, daß es – wenn überhaupt – nur sehr schwer möglich ist, alle Einflüsse und Zusammenhänge, die bestimmend für den Wechselkurs sind, gleichzeitig zu erfassen. Die herrschende Wechselkurstheorie konzentriert sich nicht zuletzt deshalb auf einige Determinanten oder im Extremfall sogar nur auf eine einzige Determinante, denen bzw. der eine dominierende Bedeutung für die Erklärung des Wechselkurses beigemessen wird.

Die vorhandenen theoretischen Ansätze zur Wechselkurserklärung dienen auch als Orientierung für die weiteren Untersuchungen, und dementsprechend geht es im folgenden vor allem um die Frage, welche Bestimmungsgrößen von dominierendem Einfluß auf die Wechselkursbildung sind und welche Bedingungen erfüllt sein müssen, damit eine bestimmte Größe zu einer dominierenden Determinante des Wechselkurses wird. Wie üblicherweise in der Wechselkurstheorie, so wird auch im folgenden zwischen der kurzfristigen, der mittelfristigen und der langfristigen Bestimmung des Wechselkurses unterschieden. Eine empirisch ausgerichtete zeitliche Konkretisierung solcher Fristen findet sich in den theoretischen Ansätzen aber kaum. Die entsprechenden Zeiträume sind jedoch unter analytischen Gesichtspunkten wie folgt voneinander abzugrenzen: die kurze Frist erfaßt die Reaktion des Wechselkurses, die unverzüglich oder äußerst schnell auf eine bestimmte Datenänderung folgt; als mittelfristig ist der Zeitraum zu definieren, in dem sich der Wechselkurs nach seiner kurzfristigen Reaktion (allmählich) an einen neuen Gleichgewichtswert anpaßt; und die lange Frist gibt schließlich die Zeit an, die vergeht, bis der Wechselkurs seinen neuen Gleichgewichtswert erreicht hat.

Die weiteren Untersuchungen beschränken sich auf eine Erklärung eines einzigen Wechselkurses. Wie in der Wechselkurstheorie üblich, so ist damit der Kassakurs gemeint. Der Terminkurs wird nicht gesondert erklärt. Über den Swapsatz fließt der Terminkurs allerdings in die Analyse ein, und von daher wird eine gewisse Beziehung zwischen dem Kassakurs und dem Terminkurs hergestellt. Mit der Erklärung nur eines Wechselkurses konzentriert sich die theoretische Analyse nur auf zwei Länder, auf das Inland und das Ausland. Der Wechselkurs ist somit auch hier der in Inlandswährung ausgedrückte Preis einer Einheit der ausländischen Währung. Der Untersuchungsgegenstand impliziert ein flexibles Währungssystem. Es besteht also keine Interventionspflicht der Notenbanken, und der Wechselkurs wird grundsätzlich frei am Devisenmarkt gebildet.

F-3.2: Langfristiger Gleichgewichtskurs: das Kaufkraftparitätentheorem

Dem schon früher ausführlich erläuterten Kaufkraftparitätentheorem kommt in der Wechselkurstheorie traditionell eine herausragende Bedeutung zu.[11] In der klassischen Theorie ging man in Anlehnung an die absolute Version des Kaufkraftparitätentheorems noch überwiegend davon aus, daß der Wechselkurs, sofern er sich am Devisenmarkt frei bildet, über kurz oder lang ausschließlich durch das Verhältnis des in- und des ausländischen Preisniveaus determiniert ist, daß also der Gleichgewichtskurs dem Preisverhältnis entspricht und bei einer Abweichung von diesem Gleichgewichtskurs Prozesse in Gang gesetzt werden, die den Wechselkurs nach einer gewissen Zeit wieder an das Gleichgewichtsniveau anpassen:

---

[11] Siehe hierzu Kapitel E, Abschnitt E-3.1.

(F-10) $w = P/P^*$

Diese strikte Wechselkurserklärung wurde später mit Hilfe der komparativen Version des Kaufkraftparitätentheorems gelockert. Danach wird der Gleichgewichtskurs nicht nur vom Preisverhältnis P/P^*, sondern außerdem von einer Strukturkomponente λ determiniert, und es wurde eingeräumt, daß sich die Strukturkomponente im Zeitablauf ändern kann und von daher Änderungen des gleichgewichtigen Wechselkurses möglich sind, ohne daß sich das Preisverhältnis ändern muß.[12]

(F-11) $w = \lambda P/P^*$

Häufig wird aber angenommen, daß die Strukturkomponente eine konstante Größe ist oder sich im Zeitablauf nur sehr geringfügig verändert. In diesem Fall kann die Veränderungsrate des Wechselkurses – zumindest näherungsweise – mit der Inflationsdifferenz erklärt werden:

(F-11a) $dw/w = dP/P - dP^*/P^*$ bei: $\lambda = $ const.

Stimmen die in- und die ausländische Inflationsrate überein, so liegt ein konstantes Preisverhältnis P/P^* vor, und für den Wechselkurs erhält man dann gemäß Gleichung (F-11) ebenfalls einen konstanten Wert. Nimmt nun beispielsweise – ausgehend von einem bestimmten konstanten Wert des Wechselkurses – die inländische Inflationsrate vorübergehend zu, so würde dadurch das Preisverhältnis P/P^* erhöht, und nach dem Kaufkraftparitätentheorem käme es dann zu einem dazu proportionalen Anstieg des Wechselkurses. Die inländische Währung würde also abgewertet. Diese Abwertung läßt sich mit dem Leistungsbilanzeffekt der höheren inländischen Inflationsrate erklären. Gilt die Marshall-Lerner-Bedingung, so bewirkt nämlich die Zunahme der inländischen Inflationsrate, für sich betrachtet, ein Leistungsbilanzdefizit, und zum Ausgleich dieses Defizits ist eine Abwertung der inländischen Währung erforderlich.

Das Kaufkraftparitätentheorem – in der absoluten und in der komparativen Form – stellt nur auf güterwirtschaftliche Transaktionen ab, also auf Transaktionen, die die Leistungsbilanz eines Landes betreffen. Angebot und Nachfrage am Devisenmarkt resultieren aber auch aus internationalen Kapitaltransaktionen, die unabhängig von den güterwirtschaftlichen Transaktionen stattfinden und für die das internationale Preisverhältnis bzw. die internationale Inflationsdifferenz keine oder zumindest keine besondere Rolle spielt. Aufgrund des internationalen Kapitalverkehrs kann es folglich zu Wechselkursänderungen kommen, die sich nicht auf eine internationale Inflationsdifferenz bzw. auf Veränderungen des internationalen Preisverhältnisses zurückführen lassen. In der herkömmlichen Wechselkurstheorie wird aber im allgemeinen angenommen, daß der internationale Kapitalverkehr für die Wechselkursbildung nur in relativ kurzen Zeiträumen von Bedeutung ist, auf längere Sicht dagegen die internationalen Gütertransaktionen einen dominierenden Einfluß auf die Wechselkursbildung ausüben und von daher der Wechselkurs langfristig durch die Kaufkraftparität gemäß Gleichung (F-11) determiniert ist. Diese Hypothese wird aber vor allem in jüngerer Zeit durch viele empirische Untersuchungen nicht bestätigt.

---

[12] Die Strukturkomponente λ entspricht dem Kehrwert der Terms of Trade des Inlands: $q = P/wP^*$. Zur Erklärung dieser Komponenten siehe Kapitel E, Abschnitt E-3.

Abbildung F.11

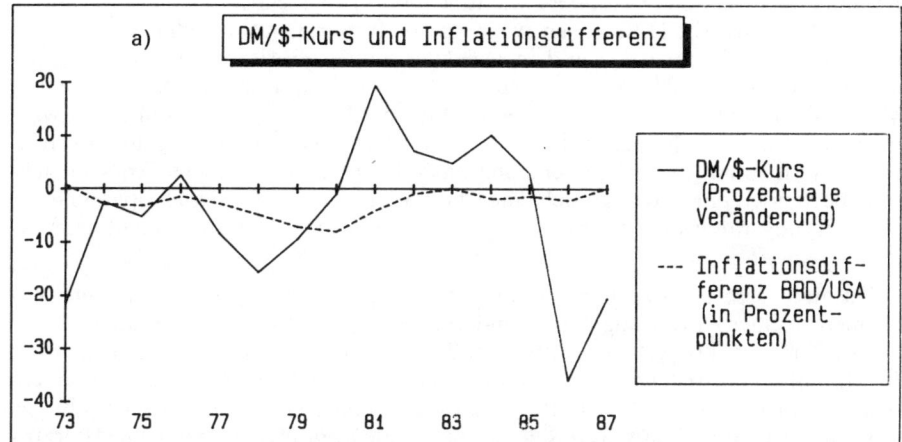

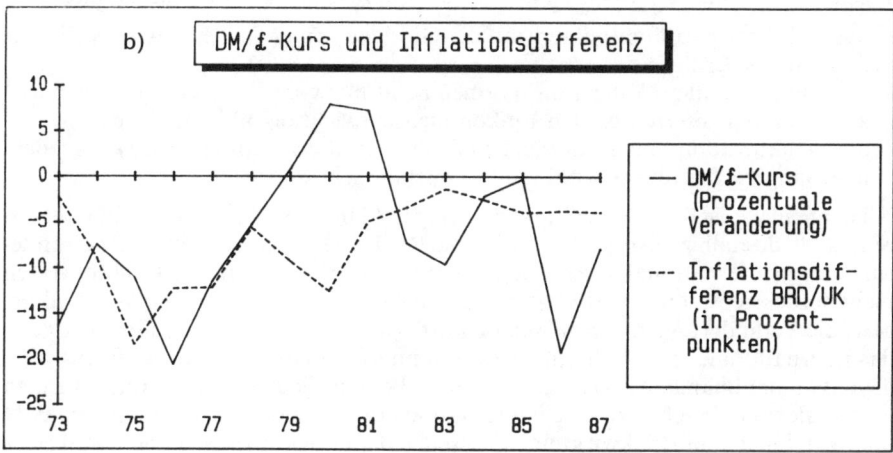

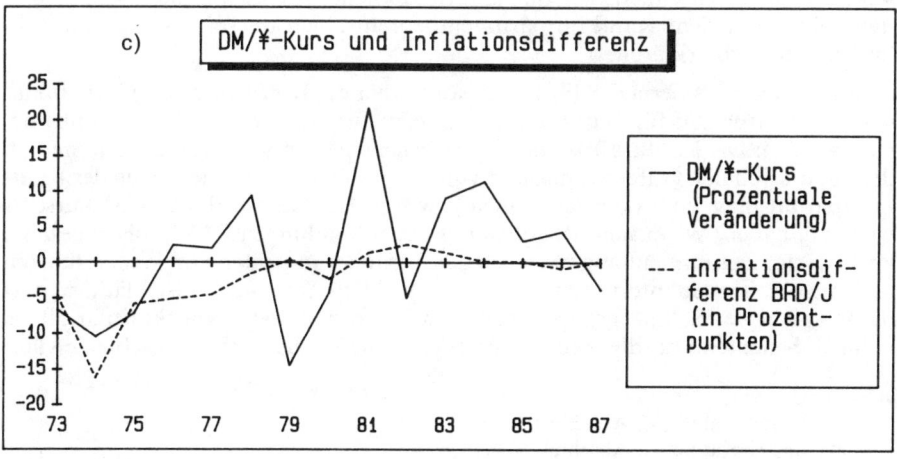

Die Abbildungen F.11 a) bis c) zeigen die Veränderungsraten der für die Bundesrepublik Deutschland besonders wichtigen Währungsrelationen DM/$, DM/£ und DM/¥ sowie die Differenzen zwischen den Inflationsraten in der Bundesrepublik Deutschland einerseits und in den USA, in Großbritannien bzw. in Japan andererseits. Betrachtet wird der Zeitraum von 1973 bis 1987, in dem für alle drei Währungsparitäten überwiegend ein flexibles Wechselkurssystem praktiziert wurde. Hier wird deutlich, daß für keine der betrachteten Währungsparitäten ein strikter Zusammenhang zwischen der Inflationsdifferenz und der Wechselkursentwicklung bestanden hat und daß auch eine trendmäßige (längerfristige) Anpassung der Veränderungsraten der Wechselkurse an die Inflationsdifferenzen nicht sichtbar wird.

Damit ist selbstverständlich nicht ausgeschlossen, daß es in noch längeren Zeiträumen zu einer Anpassung der Veränderungsraten des Wechselkurses an die Inflationsdifferenzen kommt. Allerdings muß dann die Frage gestellt werden, ob es überhaupt sinnvoll ist, eine Wechselkurserklärung für so lange Zeiträume vorzunehmen, und ob der Ansatz des Kaufkraftparitätentheorems dann noch einen wichtigen Erklärungswert hat. Selbst wenn der internationale Kapitalverkehr nur einen kurzfristigen Einfluß auf den Wechselkurs hätte, ist immer noch zu beachten, daß

– das Kaufkraftparitätentheorem auf der Gültigkeit einer Reihe relativ restriktiver Annahmen beruht[13]
– die internationalen Gütertransaktionen nicht nur vom Preisverhältnis, sondern auch von der internationalen Einkommensentwicklung abhängig sind
– die Strukturkomponente in der Kaufkraftparitätengleichung (F-11) vor allem über längere Zeiträume wohl kaum konstant sein dürfte.

Nicht zuletzt ist die Wechselkurserklärung mit Hilfe des Kaufkraftparitätentheorems auch deshalb zu kritisieren, weil es die Rückwirkungen von Wechselkursänderungen auf die nationalen Preisniveaus bzw. auf die nationalen Inflationsraten nicht berücksichtigt und statt dessen den Eindruck erweckt, als sei der Wechselkurs bzw. die Veränderungsrate des Wechselkurses ausschließlich die erklärte Variable, das internationale Preisverhältnis bzw. die internationale Inflationsdifferenz aber die davon unabhängige erklärende Variable. Bekanntlich aber kann auch in einem System flexibler Wechselkurse ein internationaler Preiszusammenhang bestehen,[14] und von daher sind Rückwirkungen zwischen dem Preisverhältnis und dem Wechselkurs nicht auszuschließen. Schon aufgrund solcher Rückwirkungen wird es aber unmöglich, mit dem Kaufkraftparitätentheorem allein die Wechselkursentwicklung adäquat zu erklären.

Trotz einiger gravierender Einwände sollte aber die Bedeutung der internationalen Kaufkraftparität für den Wechselkurs (bzw. für Wechselkurse) nicht völlig negiert werden. Die Kaufkraftparität ist sicherlich eine der wichtigen Determinanten der internationalen Güterströme, und von daher dürften Veränderungen der Kaufkraftparität über kurz oder lang einen gewissen Einfluß auf die Wechselkursentwicklung haben. Wenn sich, wie oben mit den Abbildungen F.11 a) bis c) gezeigt, kein strikter Zusammenhang zwischen den Veränderungsraten von Wechselkursen und entsprechenden internationalen Inflationsdifferenzen nachweisen läßt, so darf daraus nicht der Schluß gezogen werden, die internationale Kaufkraftparität sei völlig unbedeutend für die Wechselkursentwicklung. Aus solchen Ergebnissen läßt

---

[13] Siehe hierzu Kapitel E, Abschnitt E-3.
[14] Siehe hierzu Kapitel E, Abschnitt E-4.

sich nur ablesen, daß das Kaufkraftparitätentheorem allein nicht ausreicht, die Wechselkursentwicklung auf kurze und auch auf längere Sicht zu erklären. Es besteht auch kein Zweifel daran, daß permanent eine Reihe anderer Einflüsse wechselkursbestimmend sind, so z. B. aufgrund struktureller Änderungen der internationalen Güterströme, aufgrund von protektionistischen Eingriffen in die internationalen Gütermärkte, aufgrund des internationalen Kapitalverkehrs und nicht zuletzt aufgrund offizieller Devisenmarktinterventionen der Notenbanken.

Stimmen die Veränderungsraten eines Wechselkurses und die Differenz zwischen den Inflationsraten der beiden betrachteten Länder nicht überein, so sind damit zugleich Veränderungen des sogenannten realen Wechselkurses verbunden. Der reale Wechselkurs w_r ist wie folgt definiert:

$$(F\text{-}12) \qquad w_r = \frac{wP^*}{P}$$

Der reale Wechselkurs und seine Entwicklung dienen häufig als ein Indikator für die internationale Wettbewerbsfähigkeit eines Landes. Steigt beispielsweise der inländische reale Wechselkurs, so findet eine reale Abwertung der inländischen Währung statt. Daraus wird auf eine Verbesserung der Wettbewerbsfähigkeit des Inlands geschlossen. Wie die Gleichung (F-12) zeigt, kann die Zunahme des realen Wechselkurses durch eine Erhöhung des nominellen Wechselkurses w bzw. auf eine nominelle Abwertung der inländischen Währung, eine Erhöhung des ausländischen Preisniveaus und/oder eine Reduktion des inländischen Preisniveaus verursacht werden. In den offiziellen Statistiken ist es üblich, den nominellen Wechselkurs w sowie die Preisniveaus des Inlands und des anderen betrachteten Landes (hier des Auslands) als Indizes auszuweisen. Ein im Zeitablauf konstanter realer Wechselkursindex von 100 würde dann also heißen, daß das Kaufkraftparitätentheorem in seiner absoluten Version bei Verwendung bestimmter Preisindizes, z. B. von Großhandelspreisindizes oder von Verbraucherpreisindizes, erfüllt gewesen wäre.[15]

F-3.3: Kurzfristige Wechselkurserklärung

F-3.3.1: Der Portfolio-Ansatz

a) Modelltheoretische Grundlagen und Portfolio-Gleichgewicht

In der Wechselkurstheorie wird im allgemeinen davon ausgegangen, daß sich die internationalen Güterströme und damit die Leistungsbilanzgrößen nur langsam an Veränderungen der internationalen Preisverhältnisse anpassen und daß der internationale Güterverkehr im Sinne des Kaufkraftparitätentheorems deshalb nur längerfristig für die Wechselkursbestimmung relevant ist. In kurzer Sicht wird demgegenüber dem zinsabhängigen internationalen Kapitalverkehr eine dominierende Bedeutung für die Wechselkursentwicklung beigemessen.

---

[15] Die Deutsche Bundesbank berechnet monatlich einen Index für den gewogenen Außenwert der D-Mark gegenüber den Währungen von 14 Industrieländern auf der Basis von Verbraucherpreisindizes. Steigt (sinkt) dieser Index, so findet eine reale Aufwertung (Abwertung) der D-Mark gegenüber den 14 Industrieländern statt. Siehe hierzu: Monatsberichte der Deutschen Bundesbank, Statistischer Teil, IX. Außenwirtschaft, X. Entwicklung des Außenwerts der D-Mark, verschiedene Jahrgänge.

Nicht zuletzt aus Gründen der Vereinfachung hat der sogenannte Stromgrößenansatz des internationalen Kapitalverkehrs in der ökonomischen Theorie eine breite Verwendung gefunden. Die internationalen Kapitaltransaktionen, die im Rahmen von Zinsarbitragegeschäften stattfinden, werden danach in Abhängigkeit von der internationalen Zinsdifferenz und, sofern eine Differenzierung von Kassa- und Terminkurs erfolgt, vom Swapsatz erklärt. Auch in allen vorangegangenen Untersuchungen, die sich mit dem internationalen Kapitalverkehr beschäftigten, wurde ausschließlich auf den Stromgrößenansatz zurückgegriffen. Dieser Ansatz ist aber aus zwei Gründen problematisch:

1. Es ist in der ökonomischen Theorie üblich, die Nachfrage und das Angebot auf dem Geldmarkt jeweils in Hinsicht auf die Bestandsgröße „Geld" zu erklären. Da aber die Nettoauslandsforderungen, die Gegenstand des internationalen Kapitalverkehrs sind, ebenso wie das Geld zu den Finanzaktiva im Portefeuille von Wirtschaftssubjekten gehören und zwischen den Auslandsforderungen und dem Geld im Rahmen eines Portefeuilles gewisse Substitutionsmöglichkeiten bestehen, sollten beide Portfoliopositionen auch mit einem vergleichbaren Ansatz erklärt werden. Da der Bestandsgrößenansatz für den Geldmarkt allgemein anerkannt ist, sollte dieser Ansatz auch auf die Nettoauslandsforderungen und damit auf den internationalen Kapitalverkehr angewendet werden. Damit aber ist impliziert, daß nicht die Stromgröße „Kapitalverkehr" sondern die Bestandsgröße „Nettoauslandsforderungen" erklärt und beispielsweise in Abhängigkeit von einer internationalen Zinsdifferenz beschrieben wird.

2. Die Abhängigkeit der Stromgröße „internationaler Kapitalverkehr" von einer internationalen Zinsdifferenz impliziert, daß so lange ein zinsinduzierter Kapitalexport bzw. Kapitalimport stattfindet, bis die Zinsdifferenz Null ist. Eine bestimmte positive oder negative Zinsdifferenz ist demnach mit einem anhaltenden internationalen Kapitalfluß verbunden. Da aber Wirtschaftssubjekte aufgrund ihrer Geldvermögensrestriktion nur zu begrenzten Kapitalexporten in der Lage sind, müßte die internationale Zinsdifferenz über kurz oder lang zwingend Null werden. Wie schon früher erläutert wurde, wird die Zinsdifferenz dann Null, wenn die internationalen Kapitalmärkte vollkommen sind. Die empirischen Fakten zeigen aber, daß man nicht a priori von vollkommenen internationalen Kapitalmärkten ausgehen kann, daß Wirtschaftssubjekte die Nettoauslandsforderungen vielmehr in aller Regel als eine im Vergleich zu Inlandsanlagen risikoreichere Anlageform einschätzen. Und es zeigt sich dann auch, daß durchaus eine von Null verschiedene internationale Zinsdifferenz bestehen kann, ohne daß es zu einem zinsinduzierten Kapitalexport bzw. Kapitalimport kommen muß. Die zinsabhängigen internationalen Kapitalbewegungen werden in diesem Fall nicht durch eine bestimmte Zinsdifferenz, sondern durch Veränderungen eines Zinssatzes bzw. durch Veränderungen der internationalen Zinsdifferenz ausgelöst. Diese Zusammenhänge lassen sich nur mit einem Bestandsgrößenansatz adäquat erfassen. Nicht die Stromgröße „Kapitalverkehr", sondern die Bestandsgröße „Nettoauslandsforderungen" ist in Abhängigkeit von der internationalen Zinsdifferenz zu erklären.

Die hier angestellten Überlegungen finden in dem sogenannten Portfolio-Ansatz (asset-market-approach) der Wechselkurserklärung Berücksichtigung. Im folgenden wird dieser Ansatz anhand einer relativ einfachen Version verdeutlicht. Das Geldvermögen V der privaten Wirtschaftssubjekte (der privaten Haushalte und der privaten Unternehmungen) eines Landes umfaßt den Bestand an (inländischem) Geld G, die inländischen Finanzaktiva F und die Nettoauslandsforderungen (die ausländischen Finanzaktiva) wF*.

(F-13) $V = G + F + wF^*$

Die Größen V, G und F sind in inländischer Währung nominiert; die in Auslandswährung ausgedrückten ausländischen Finanzaktiva F* werden durch Verwendung des Wechselkurses w in Inlandswährung umgerechnet.

Die von den privaten Wirtschaftssubjekten gewünschten (bzw. geplanten) Anteile der einzelnen Vermögenspositionen am gesamten Geldvermögen V seien mit $v_1 = G/V$, $v_2 = F/V$ und $v_3 = wF^*/V$ bezeichnet. Gemäß Gleichung (F-13) addieren sich diese Anteilsgrößen zum Wert Eins. In diesen Anteilen kommt die gewünschte Portfoliostruktur zum Ausdruck. Man geht im allgemeinen davon aus, daß diese Struktur vom inländischen Einkommen Y und von den Zinssätzen der in- und ausländischen Finanzaktiva bestimmt wird. Die Einkommensdeterminante Y fließt in die Entscheidungen über die Portfoliostruktur ein, weil die Position G auch die Transaktionskasse einschließt. Steigt beispielsweise das Einkommen und damit zugleich der Bedarf an Transaktionskasse, so ist bei gegebenem Geldvermögen zwingend eine Umschichtung von den Finanzaktiva zum Geld erforderlich.

Die Zinssätze drücken die relativen Ertragsmöglichkeiten der Finanzanlagen im Inland oder im Ausland aus. Kommt es beispielsweise zu einem allgemeinen Zinsanstieg im In- und im Ausland, so nehmen die Opportunitätskosten der Geldhaltung zu, und es ist dann zu erwarten, daß die Wirtschaftssubjekte eine Umstrukturierung zu Lasten der Geldhaltung und damit zugunsten der Finanzaktiva vornehmen. Verändert sich beispielsweise die Zinsstruktur zugunsten der Inlandsanlagen, so werden die Wirtschaftssubjekte eine Umschichtung zugunsten der inländischen Finanzaktiva und damit zu Lasten der ausländischen Finanzaktiva vornehmen. Der Zinssatz der inländischen Finanzaktiva sei mit i, der Zinssatz der ausländischen Finanzaktiva mit i* bezeichnet. Bei einer Anlage in ausländischen Finanzaktiva ist – insbesondere in dem hier zugrunde liegenden System flexibler Wechselkurse – das Risiko von Wechselkursänderungen zu berücksichtigen. Dementsprechend ist der ausländische Zinssatz um die erwartete Veränderungsrate des Wechselkurses $\hat{w}^e$ zu korrigieren, und zwar gilt dann für die ausländischen Finanzaktiva der Zinssatz: $i^* + \hat{w}^e$. Wird nämlich eine Abwertung (Aufwertung) der inländischen (ausländischen) Währung erwartet, so erbringt die Auslandsanlage neben dem Zinsertrag auch noch einen Währungsgewinn. Die Größe $\hat{w}^e$ ist in diesem Fall positiv, und folglich ist sie dem Zinssatz i* hinzuzuaddieren. Erwartet man demgegenüber eine Aufwertung (Abwertung) der inländischen (ausländischen) Währung, so ergibt sich wegen $\hat{w}^e < 0$ ein Abzug vom ausländischen Zinssatz.

Wie weiter oben bei der Beschreibung der Zinsarbitragegeschäfte bereits eingehend erläutert wurde, läßt sich das Währungsrisiko durch Termingeschäfte ausschalten. An die Stelle der Wechselkurserwartung tritt dann der Swapsatz.[16] Der Terminkurs w_T ist aber letztlich Ausdruck der Erwartungen aller an den Devisenmärkten agierenden Wirtschaftssubjekte bezüglich des zukünftigen Kassakurses. Von daher ist es sinnvoll, direkt auf die Wechselkurserwartung Bezug zu nehmen und an die Stelle des Terminkurses den zukünftigen erwarteten Kassakurs w^e zu setzen. Es gilt dann:

(F-14) $\hat{w}^e = \dfrac{w^e - w}{w}$

---

[16] Der Swapsatz ist definiert als: $SW = \dfrac{w_T - w}{w}$ mit: w_T: Terminkurs, w: Kassakurs.

Die Anteile der drei Portfoliopositionen lassen sich somit wie folgt ausdrücken:

(F-15) $v_1 = v_1(Y, \; i \; , i^* + \hat{w}^e)$
$$+ \quad - \quad -$$

(F-15a) $v_2 = v_2(Y, \; i \; , i^* + \hat{w}^e)$
$$? \quad + \quad -$$

(F-15b) $v_3 = v_3(Y, \; i \; , i^* + \hat{w}^e)$
$$? \quad - \quad +$$

Die Einflußrichtung der Determinanten ist jeweils durch ein Vorzeichen angegeben worden. Der Anteil des Geldes am Geldvermögen V weist aufgrund des Transaktionsmotivs eindeutig einen positiven Zusammenhang mit dem Einkommen Y auf. Der Zusammenhang zwischen Y und den beiden anderen Anteilsgrößen ist dagegen nicht eindeutig bestimmt. Sicher ist nur, daß die Summe der beiden Anteile sinken muß, wenn das Einkommen steigt – und umgekehrt.

Wenn G, F und wF* die tatsächlichen Bestände bzw. jeweils das Angebot am Geldmarkt, am Markt für inländische Finanzaktiva und am Markt für ausländische Finanzaktiva bezeichnen, so liegt ein Gleichgewicht auf allen drei Märkten vor, wenn gilt:

(F-16) $G = v_1 V$

(F-16a) $F = v_2 V$

(F-16b) $wF^* = v_3 V$

Auf der rechten Seite steht jeweils der gewünschte Bestand bzw. die Nachfrage. Ist für zwei der drei Märkte die Gleichgewichtsbedingung erfüllt, so folgt aus der Vermögensrestriktion (F-13) zwingend, daß auch auf dem dritten Markt ein Gleichgewicht besteht. Diese Schlußfolgerung entspricht dem aus der Mikro- und Makroökonomik bekannten Gesetz von Walras. Wie eingangs schon erwähnt, konzentriert sich die kurzfristige Wechselkurserklärung auf den internationalen Kapitalverkehr. Von daher ist es angebracht, die beiden Märkte für Finanzaktiva explizit zu betrachten. Mit dem Gleichgewicht auf diesen Märkten ist dann das Gleichgewicht auf dem Geldmarkt implizit bestimmt.

Auf den beiden Finanzmärkten werden nun der inländische Zinssatz i und der Wechselkurs w erklärt. Das Geldangebot G, das Angebot an inländischen Finanzaktiva F, das (in Auslandswährung ausgedrückte) Angebot an ausländischen Finanzaktiva F*, das Einkommen Y, der ausländische Zinssatz i* und die erwartete Veränderungsrate des Wechselkurses $\hat{w}^e$ sind exogen vorgegebene Größen des Modells. Da der Wechselkurs w endogen bestimmt wird, ist auch das Geldvermögen V eine endogene Modellgröße.

Die Gleichgewichtsbedingungen für die beiden Finanzmärkte sind unter Berücksichtigung der Budgetrestriktion (F-13) und der Verhaltensgleichungen (F-15), (F-15a) und (F-15b) in der Abbildung F.12 dargestellt worden. Die Linie FF (F*F*) gibt die Kombinationen des Wechselkurses w und des inländischen Zinssatzes i an, die ein Gleichgewicht auf dem Markt der inländischen (der ausländischen) Finanzaktiva implizieren. Zur Vereinfachung werden lineare Beziehungen zugrunde gelegt. Die Gleichgewichtslinien haben jeweils eine negative Steigung. Mit einer Erhöhung von w (einer Abwertung der inländischen Währung) nimmt nämlich zum einen das in Inlandswährung ausgedrückte Angebot an ausländischen Finanzaktiva um F*dw und zum anderen das Geldvermögen infolge der wechselkursinduzierten Wertsteigerung der ausländischen Finanzaktiva ebenfalls um F*dw zu. Da das zusätzliche Geldvermögen gemäß den gewünschten Anteilen v_1 bis v_3 auf alle Portfoliopositionen verteilt wird, entsteht auf dem Markt für ausländische Finanzaktiva ein Angebotsüberschuß und auf dem Markt für inländische Finanzaktiva ein Nachfrageüberschuß. Bleiben die übrigen Einflußgrößen unverändert, so läßt sich das Gleichgewicht auf den beiden Märkten nur durch eine Verringerung des inländischen Zinssatzes wiederherstellen, und folglich besteht zwischen w und i im Gleichgewicht jeweils eine negative Beziehung.

Aus den logischen Zusammenhängen des Portfolio-Modells folgt darüber hinaus, daß die Zinsreaktion auf dem Markt der ausländischen Finanzaktiva zwingend größer sein muß als auf dem Markt für inländische Finanzaktiva, um nach einer Wechselkursänderung jeweils das Marktgleichgewicht wiederherzustellen.[17]

Die beiden betrachteten Märkte – und damit gemäß dem Gesetz von Walras auch der Geldmarkt – befinden sich im Punkt A bei w_o und i_o im Gleichgewicht. Alle Kombinationen von Wechselkurs und Zinssatz, die rechts (links) von der Gleichgewichtslinie FF liegen, sind mit einer Überschußnachfrage (einem Überschußangebot) auf dem Markt für inländische Finanzaktiva verbunden. Das läßt sich leicht verdeutlichen, wenn man den Wechselkurs auf dem Niveau w_o konstant hält und den Zinssatz über i_o hinaus erhöht bzw. von i_o aus verringert. Bei einer Zinserhöhung steigt nämlich ceteris paribus die Nachfrage nach inländischen Finanzaktiva, bei einer Zinssenkung geht die Nachfrage zurück.

Auf dem Markt für ausländische Finanzaktiva implizieren demgegenüber alle Kombinationen von Wechselkurs und Zinssatz, die rechts (links) von der Gleichgewichtslinie F*F* liegen, ein Überschußangebot (eine Überschußnachfrage). Das wird deutlich, wenn man auch hier den Wechselkurs auf dem Niveau w_o festhält und von i_o aus eine Zinserhöhung oder eine Zinssenkung vornimmt. Bei einer Erhöhung des inländischen Zinssatzes findet nämlich eine Substitution zu Lasten der Nachfrage nach ausländischen Finanzaktiva, bei einer Zinsreduktion eine Substitution zugunsten der Nachfrage nach ausländischen Finanzaktiva statt.

---

[17] Aus dem Modell lassen sich im Gleichgewicht die folgenden Reaktionen des inländischen Zinssatzes auf eine Wechselkursänderung ableiten:

(a) $\left.\dfrac{di}{dw}\right|_{FF} = -\dfrac{F^*}{V}\dfrac{v_2}{v_{2i}}$ (b) $\left.\dfrac{di}{dw}\right|_{F^*F^*} = \dfrac{F^*}{V}\dfrac{(1-v_3)}{v_{3i}}$

mit: $v_{2i} = \delta v_2/\delta i > 0$; $v_{3i} = \delta v_3/\delta i < 0$

Im Portfolio-Modell gilt zwingend:

(c) $v_{2i} = |v_{1i} + v_{3i}|$ mit: $v_{1i} = \delta v_1/\delta i < 0$
(d) $1 - v_3 = v_1 + v_2$

Aus (c) folgt, daß der Zinskoeffizient v_{3i} absolut gesehen kleiner als der Zinskoeffizient v_{2i} ist, sofern eine Zinsabhängigkeit der Geldnachfrage mit $v_{1i} < 0$ existiert. Aus (d) ergibt sich, daß $1 - v_3 > v_2$ ist, wenn mit $v_1 > 0$ eine Vermögensabhängigkeit der Geldnachfrage vorliegt. Damit aber ist impliziert, daß die Zinsreaktion di/dw auf dem Markt für inländische Finanzaktiva gemäß Gleichung (a) kleiner ist als die entsprechende Zinsreaktion auf dem Markt für ausländische Finanzaktiva gemäß Gleichung (b). Zu den logischen Implikationen eines Portfolio-Modells siehe z. B.: W. C. Brainard und J. Tobin, Pitfalls in Financial Model Building, in: American Economic Review, Papers and Proceedings, Vol. 58, 1968, S. 99–122.

Abbildung F.12

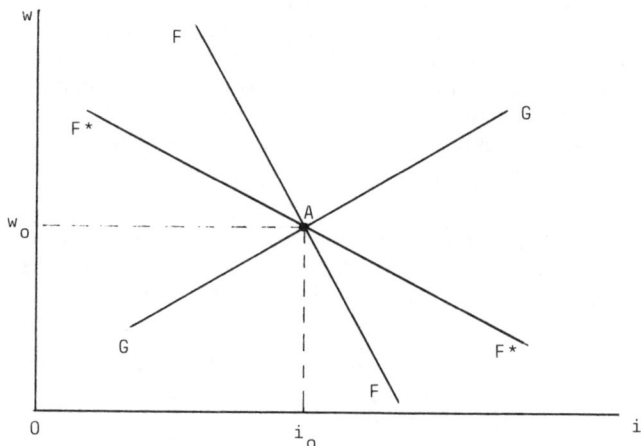

Die Linie GG in Abbildung F.12 zeigt das Gleichgewicht auf dem Geldmarkt. Sie hat eine positive Steigung. Denn ein Anstieg des Wechselkurses erhöht das private Geldvermögen und darüber die Nachfrage nach Geld; und bei vorgegebenem Geldangebot läßt sich das Gleichgewicht nur aufrechterhalten, wenn das inländische Zinsniveau steigt und folglich eine zinsinduzierte Verringerung der Geldnachfrage eintritt. Zur Bestimmung der Gleichgewichtslösung genügt es gemäß dem Gesetz von Walras, nur zwei der drei Märkte explizit zu betrachten. Die folgenden Untersuchungen konzentrieren sich deshalb im wesentlichen auf die beiden Märkte der Finanzaktiva.

b) Störung des Gleichgewichts

Kommt es, ausgehend von einem Gleichgewicht auf beiden Märkten, zu Störungen, so sind beispielsweise die folgenden Anpassungsvorgänge denkbar, die zu einem neuen Gleichgewicht hinführen. In der Abbildung F.13 mache sich eine Störung auf dem Markt für inländische Finanzaktiva bemerkbar, durch die die entsprechende Gleichgewichtslinie von $F_0 F_0$ nach $F_1 F_1$ verschoben wird. Bei der ursprünglichen Gleichgewichtskombination w_0 und i_0 liegt auf dem Markt der inländischen Finanzaktiva ein Überschußangebot vor. Bei zunächst noch unverändertem Wechselkurs w_0 wird hierdurch ein Anstieg des inländischen Zinssatzes auf i_1 bewirkt. Der Zinsanstieg löst eine Substitution zu Lasten der ausländischen Finanzaktiva aus, und folglich entsteht nun ein Überschußangebot auf dem Markt für diese Aktiva. Aus der Verringerung der Nachfrage nach ausländischen Finanzaktiva resultiert eine Abwertung der ausländischen Währung; der Wechselkurs sinkt jetzt auf w_1. Infolge der Abwertung der ausländischen Währung verringert sich auch der Angebotswert der ausländischen Finanzaktiva, und dadurch wird das Überschußangebot auf dem Markt für diese Aktiva zunächst abgebaut.

Mit diesem Wertverlust sinkt allerdings auch gleichzeitig das Geldvermögen V. Und im Zuge eines Vermögenseffektes geht u. a. die Nachfrage nach inländischen Finanzaktiva zurück. Die Folge ist ein weiterer Anstieg des inländischen Zinssatzes, jetzt auf i_2. Nun findet erneut ein zinsinduzierter Substitutionseffekt zu Lasten der Nachfrage nach ausländischen Finanzaktiva statt. Wieder kommt es dort zu

Abbildung F.13

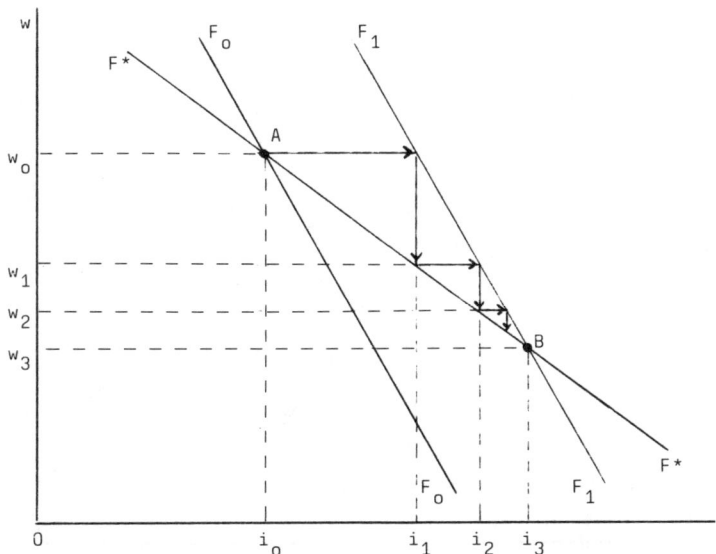

einem Überschußangebot, und daraus resultiert eine weitere Abwertung der ausländischen Währung. Sofern das System stabil ist, werden die zinsinduzierten Substitutionseffekte und die wechselkursinduzierten Vermögenseffekte jedoch im Laufe des Anpassungsprozesses immer kleiner; schließlich wird, wie in der Abbildung F.13 dargestellt, ein neues Gleichgewicht im Punkt B erreicht.

Anhand der Abbildung F.14 läßt sich leicht nachvollziehen, daß das System instabil wäre und damit kein neues Gleichgewicht erreicht würde, wenn die Gleichgewichtslinie FF des Marktes der inländischen Finanzaktiva flacher verlaufen würde als die Gleichgewichtslinie F*F* des Marktes der ausländischen Finanzaktiva. Ausgehend von einem Gleichgewicht im Punkt A käme es nämlich nach einer Störung auf dem Markt für inländische Finanzaktiva (Verschiebung von F_0F_0 nach F_1F_1) zu einem Anpassungsprozeß mit laufend zunehmenden Zins- und Wechselkursreaktionen.

Die hier skizzierte Situation ist allerdings in einem logisch-konsistenten Portfolio-Modell ausgeschlossen. Wie weiter oben bereits erläutert wurde, impliziert der Portfolio-Ansatz zwingend, daß die Gleichgewichtslinie FF des Marktes der inländischen Finanzaktiva steiler verläuft als die Gleichgewichtslinie F*F* des Marktes der ausländischen Finanzaktiva.[18] Aufgrund der theoretischen Implikationen liegt somit, wie in der Abbildung F.13 dargestellt, ein stabiles System vor.

Nachdem jetzt die Situationen der Überschußnachfrage oder des Überschußangebots auf den Märkten der Finanzaktiva, die Anpassungsprozesse im Zuge Wechselkurs- und zinsinduzierter Substitutions- und Vermögenseffekte bekannt sind sowie die Stabilität des Systems gewährleistet ist, lassen sich die Wirkungen von Änderungen der exogenen Modellgrößen auf den Wechselkurs und auf den inländi-

---

[18] Siehe hierzu die Erläuterungen in der vorangegangenen Fußnote.

Abbildung F.14

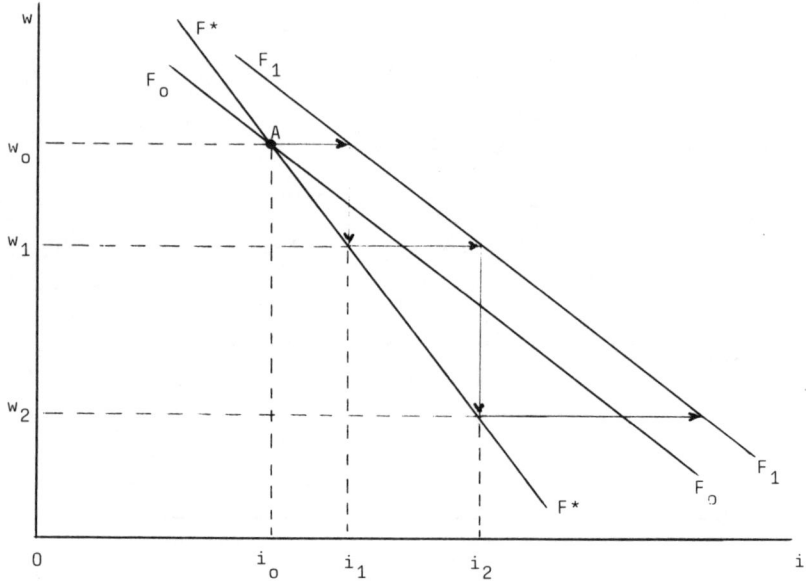

Abbildung F.15

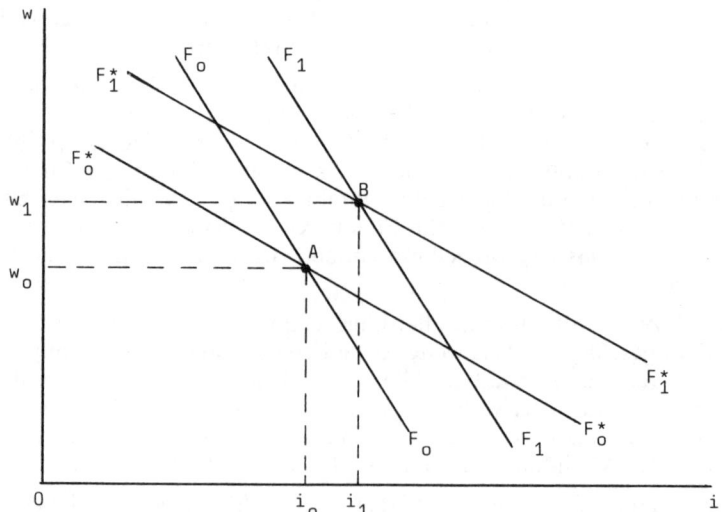

schen Zinssatz leicht bestimmen. Im folgenden werden einige solcher Wirkungen exemplarisch aufgezeigt. Die Anpassungsprozesse mit ihren Substitutions- und Vermögenseffekten vollziehen sich dabei immer nach dem bereits bekannten Ablaufschema, und auf ihre Darstellung kann deshalb verzichtet werden.

c) Wirkungen einer Erhöhung der Rendite ausländischer Finanzaktiva

Steigt der ausländische Zinssatz i* oder wird eine höhere Aufwertungsrate der ausländischen Währung erwartet, so nimmt die tatsächliche bzw. die erwartete Rendite der ausländischen Finanzaktiva zu. Hierdurch wird eine Überschußnachfrage auf dem Markt der ausländischen Finanzaktiva und ein Überschußangebot auf dem Markt der inländischen Finanzaktiva bewirkt. Wie in der Abbildung F.15 dargestellt, sind die Gleichgewichtslinien F*F* und FF dementsprechend jeweils nach rechts zu verschieben. Bekanntlich liegt dann in Bezug auf die Ausgangskombination w_o und i_o eine Überschußnachfrage bzw. ein Überschußangebot vor.

Ausgehend von einem bestimmten Wechselkurs, hier z. B. von dem ursprünglichen Gleichgewichtskurs w_o, muß die F*F*-Linie aufgrund der logischen Implikationen des Portfolio-Modells zwingend weiter nach rechts verschoben werden als die FF-Linie. Um nämlich bei dem gegebenen Wechselkurs (hier w_o) ein neues Gleichgewicht auf dem Markt der ausländischen Finanzaktiva zu erreichen, müßte der inländische Zinssatz stärker steigen als es für die Realisierung eines neues Gleichgewichts auf dem Markt der inländischen Finanzaktiva erforderlich wäre.[19] Aufgrund dieser Zusammenhänge kommt es im Zuge der Anpassungsprozesse eindeutig zu einer Erhöhung von w und damit zu einer Aufwertung (Abwertung) der ausländischen (inländischen) Währung. Die Reaktion des inländischen Zinssatzes ist demgegenüber nicht eindeutig bestimmt. Allerdings dürfte in der Realität mit einem Zinsanstieg zu rechnen sein.

d) Wirkungen einer expansiven Offenmarktpolitik

Im Zuge einer expansiven Offenmarktpolitik nimmt die inländische Geldmenge zu, und in gleichem Umfang sinkt der Bestand an inländischen Finanzaktiva im Portefeuille der privaten Wirtschaftssubjekte. Das private Geldvermögen verändert sich bei dieser Strukturverschiebung direkt noch nicht. Wie in der Abbildung F.16 dargestellt, ist die FF-Linie nach links zu verschieben, denn auf dem Markt der inländischen Finanzaktiva entsteht eine Überschußnachfrage. Aufgrund dieser Überschußnachfrage sinkt das inländische Zinsniveau (in der Abbildung F.16 um die Strecke AB), und wegen dieser Zinssenkung findet eine Substitution zugunsten der ausländischen Finanzaktiva statt. Infolgedessen steigt der Wechselkurs w. Die inländische Währung wird also abgewertet. Da die Abwertung das private Geldvermögen erhöht und dadurch auf dem Markt der inländischen Finanzaktiva zusätzliche Nachfrage entsteht, führt die Wechselkursänderung zu einer weiteren Verringe-

---

[19] Bei konstantem Wechselkurs ergibt sich aufgrund einer Veränderung des ausländischen Zinssatzes i* die folgende Reaktion auf den Märkten der in- und der ausländischen Finanzaktiva:

(a) $\left.\dfrac{di}{di^*}\right|_{FF} = -\dfrac{v_{2i^*}}{v_{2i}}$ (b) $\left.\dfrac{di}{di^*}\right|_{F^*F^*} = -\dfrac{v_{3i^*}}{v_{3i}}$ mit: $v_{2i} = \delta v_2/\delta i > 0$; $v_{3i} = \delta v_3/\delta i < 0$

$$v_{2i^*} = \delta v_2/\delta i^* < 0; \quad v_{3i^*} = \delta v_3/\delta i^* > 0$$

Im Portfolio-Modell gilt zwingend:

(c) $v_{2i} = |v_{1i} + v_{3i}|$ und (d) $v_{3i^*} = |v_{1i^*} + v_{2i^*}|$.

Daraus folgt:

(e) $v_{2i} > |v_{3i}|$, wenn $|v_{1i}| > 0$; (f) $v_{3i^*} > |v_{2i^*}|$, wenn $|v_{1i^*}| > 0$

Somit gilt: $\left.\dfrac{di}{di^*}\right|_{F^*F^*} > \left.\dfrac{di}{di^*}\right|_{FF}$

Abbildung F.16

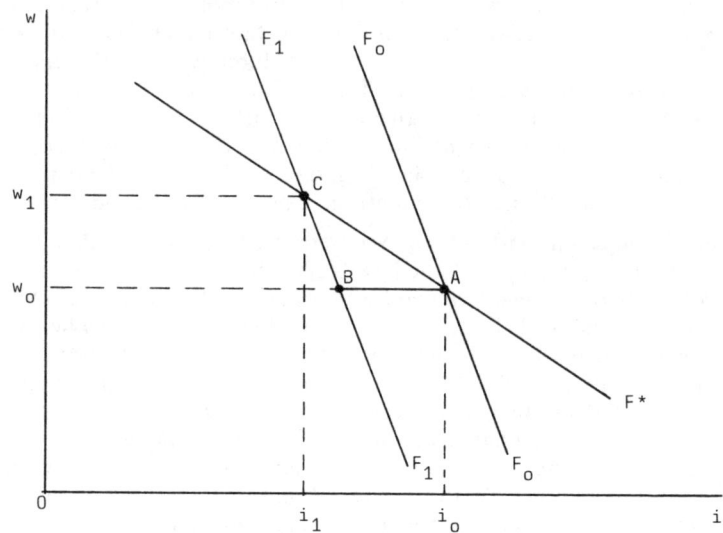

rung des inländischen Zinsniveaus (in der Abbildung F.16 durch eine Bewegung von B nach C ausgedrückt). Schließlich wird ein neues Gleichgewicht bei einem höheren Wechselkurs w_1 und bei einem geringeren inländischen Zinsniveau i_1 realisiert.

e) Wirkungen einer nicht-sterilisierenden Devisenmarktintervention

Es sei angenommen, daß die inländische Zentralbank zur Stützung der ausländischen Währung am Devisenmarkt interveniert und dabei ausländische Währung gegen inländische Währung aufkauft.[20] Hierdurch steigt die umlaufende inländische Geldmenge. Wenn die Zentralbank den Geldmengenanstieg hinnimmt und somit keine kompensierenden Maßnahmen einsetzt, spricht man von einer nicht-sterilisierenden Intervention. Hätte die Zentralbank nicht interveniert, so wäre es – bei unverändertem Wechselkurs – zu einem Anstieg der ausländischen Finanzaktiva im privaten Portefeuille und darüber zu einer Erhöhung des privaten Geldvermögens gekommen. Denn anstelle der Zentralbank hätten in diesem Fall die privaten Wirtschaftssubjekte die ausländischen Devisen in ihr Portefeuille aufnehmen müssen. Konzentriert man sich auf die Wirkungen der Intervention, so ist also festzustellen, daß diese Politik, für sich betrachtet, das private Geldvermögen unmittelbar (ohne Wechselkurseffekte) nicht verändert, daß aber im Vergleich mit der Situation ohne die Interventionspolitik der Bestand an ausländischen Finanzaktiva im privaten Portefeuille geringer ist. Wie in der Abbildung F.17 dargestellt, kommt die Interventionspolitik folglich in einer Rechtsverschiebung der Gleichgewichtslinie F*F* des Marktes der ausländischen Finanzaktiva zum Ausdruck; denn auf diesem Markt entsteht im Vergleich zur Situation ohne Durchführung der Intervention (bei einem Wechselkurs w_o) eine Überschußnachfrage. Infolge dieser Überschußnachfrage kommt es zu einem Anstieg des Wechselkurses um die Strecke AB.

---

[20] Dadurch soll – ausgehend von einem bestimmten Wechselkurs – eine Aufwertung der ausländischen bzw. eine Abwertung der inländischen Währung erreicht werden.

Abbildung F.17

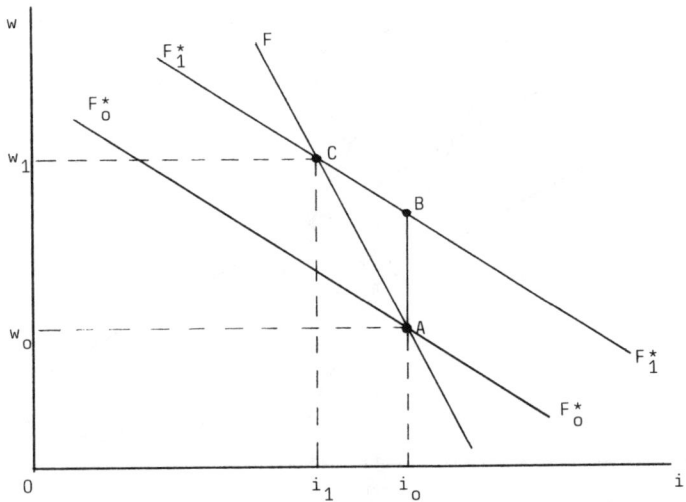

Mit dem Wechselkursanstieg aber wird das private Geldvermögen erhöht, und dadurch entsteht auch auf dem Markt der inländischen Finanzaktiva eine Überschußnachfrage. Folglich sinkt das inländische Zinsniveau. Mit dem sinkenden Zinsniveau findet aber eine Portfolio-Substitution zugunsten der ausländischen Finanzaktiva statt, und dementsprechend steigt der Wechselkurs noch weiter an (in Abbildung F.17 ausgedrückt durch eine Bewegung von B nach C). Im neuen Gleichgewicht wird also ein höherer Wechselkurs w_1 und ein geringeres inländisches Zinsniveau i_1 realisiert. Die inländische Währung wurde somit abgewertet.

f) Wirkungen einer sterilisierenden Devisenmarktintervention

Interveniert die Zentralbank zwar zugunsten der ausländischen Währung, kompensiert sie aber gleichzeitig den hierdurch bewirkten Geldmengeneffekt mit einer restriktiven Offenmarktpolitik, so betreibt sie eine sterilisierende Intervention. In diesem Fall bleibt die inländische Geldmenge also unverändert, wogegen der Bestand an inländischen Finanzaktiva im privaten Portefeuille zunimmt. Das private Geldvermögen wird im Vergleich mit der Situation ohne den Einsatz der hier beschriebenen Interventionspolitik direkt nicht verändert. Wie schon im vorangegangenen Beispiel der nicht-sterilisierenden Intervention erläutert, sinkt – wiederum vergleichsweise – der Bestand an ausländischen Finanzaktiva im privaten Portefeuille.

Wie in der Abbildung F.18 gezeigt, sind sowohl die FF-Linie des Marktes der inländischen Finanzaktiva als auch die F*F*-Linie des Marktes der ausländischen Finanzaktiva nach rechts zu verschieben. Die sterilisierende Intervention führt somit letzten Endes zu einem höheren Wechselkurs bzw. zu einer Abwertung der inländischen Währung und zu einem Anstieg des inländischen Zinsniveaus. Dieses Ergebnis wird unmittelbar deutlich, wenn in die Abbildung F.18 auch die Gleichgewichtslinie des Geldmarktes (hier mit GG bezeichnet) eingezeichnet wird. Da die Geldmenge unverändert bleibt, ist diese Linie ebenfalls fixiert, und die neue Gleichgewichtslösung kann nur auf dieser Linie liegen.

Abbildung F.18

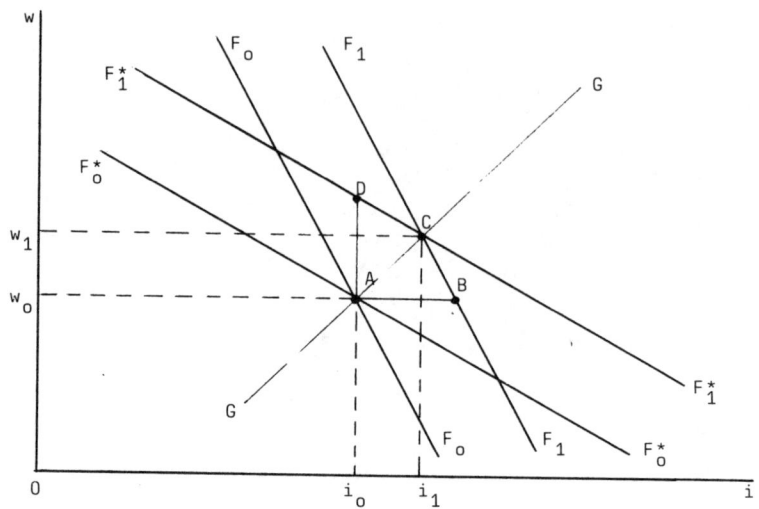

Der Zins- und der Wechselkursanstieg lassen sich wie folgt erklären: Infolge des Überschußangebots auf dem Markt der inländischen Finanzaktiva kommt es zunächst zu einer Zinserhöhung (z. B. um die Strecke AB). Gleichzeitig bewirkt die Überschußnachfrage auf dem Markt der ausländischen Finanzaktiva einen Wechselkursanstieg (z. B. um die Strecke AD). Die Wechselkursänderung induziert eine Zunahme des privaten Geldvermögens und darüber eine Erhöhung der Nachfrage nach inländischen Finanzaktiva. Der Zinsanstieg wird also von hierher abgeschwächt (ausgedrückt durch eine Bewegung von B nach C). Der Zinsanstieg bedeutet aber auch zugleich, daß eine zinsinduzierte Substitution zu Lasten der ausländischen Finanzaktiva stattfindet, und von hierher wird auch der Wechselkursanstieg wieder gedämpft (ausgedrückt durch eine Bewegung von D nach C).

F-3.3.2: Das Zinsparitätentheorem

Sind die inländischen Finanzaktiva und die ausländischen Finanzaktiva perfekte Substitute, so müssen die Renditen der beiden Anlageformen übereinstimmen. Wäre nämlich die Rendite der einen Anlageform höher als die der anderen, so käme es unverzüglich zu einer vollständigen Portfolioumschichtung zugunsten der höher rentierlichen Anlage, und diese Umschichtung würde dann sofort zu einer Renditeangleichung führen. In- und ausländische Finanzaktiva sind perfekte Substitute, wenn der internationale Kapitalmarkt vollkommen ist und damit eine vollständige internationale Kapitalmobilität vorliegt. In dem zuvor verwendeten Portfolio-Modell sind in diesem Fall die inländischen Finanzaktiva F und die ausländischen Finanzaktiva wF* zu einer Anlageform zusammenzufassen. Darüber hinaus gilt wegen der unverzüglichen Renditeanpassung die folgende Zinsparität:

(F-17) $i = i^* + \hat{w}^e$ bzw.

(F-17a) $i = i^* + \dfrac{w^e - w}{w}$

Abbildung F.19

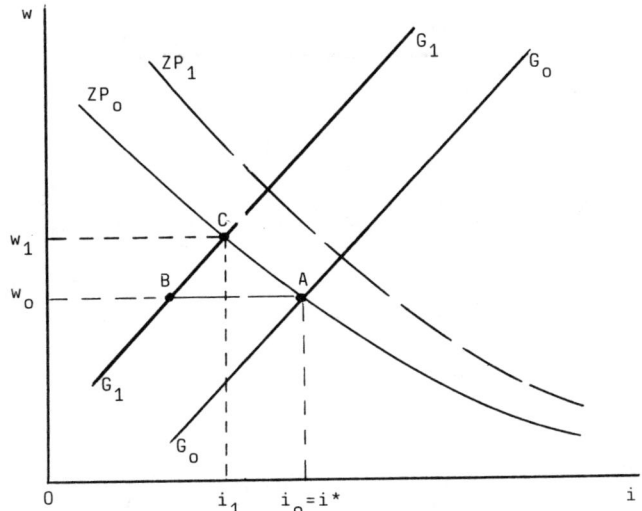

Das inländische Zinsniveau i entspricht also bei vollständiger internationaler Kapitalmobilität der Summe aus dem ausländischen Zinsniveau i* und der erwarteten Veränderungsrate des Wechselkurses $\hat{w}^e$. Vor dem Hintergrund der obengenannten Bedingungen ist dieses die Kernaussage des sogenannten Zinsparitätentheorems.

Gemäß Gleichung (F-17a) besteht bei Gültigkeit des Zinsparitätentheorems ein negativer Zusammenhang zwischen dem inländischen Zinsniveau und dem tatsächlichen Wechselkurs (dem Kassakurs). Dieser nicht-lineare Zusammenhang kommt in der Abbildung F.19 in der Linie ZP zum Ausdruck. Die Lage dieser Linie hängt vom ausländischen Zinsniveau i* und vom erwarteten Wechselkurs w^e ab. Steigt das ausländische Zinsniveau oder wird der erwartete Wechselkurs nach oben korrigiert, so verschiebt bzw. dreht sich die ZP-Linie nach rechts, in der Abbildung F.19 z. B. von ZP_0 nach ZP_1.

Die kurzfristige Reaktion des Wechselkurses w sei nun für eine Erhöhung der inländischen Geldmenge erläutert. Betrachtet wird ein Ausgangsgleichgewicht, in dem der erwartete und der tatsächliche Wechselkurs übereinstimmen. Das inländische Zinsniveau i entspricht dann dem ausländischen Zinsniveau i* (Punkt A in Abbildung F.19). Die Gleichgewichtslinie des Geldmarktes GG verschiebt sich z. B. infolge einer expansiven Offenmarktpolitik der Zentralbank nach links. Hierdurch kommt es zu einer Zinssenkung – bei unverändertem Wechselkurs in Höhe der Strecke AB. Die Zinssenkung impliziert aber eine Substitution zugunsten der ausländischen Finanzaktiva, und folglich steigt der Wechselkurs. Der Wechselkursanstieg bedeutet aber zugleich eine Erhöhung des privaten Geldvermögens. Aufgrund des Vermögenseffektes nimmt die Geldnachfrage zu, und die Zinssenkung wird von hierher wieder abgeschwächt (Bewegung von B nach C). Bei dem höheren Wechselkurs w_1 und dem niedrigeren inländischen Zinsniveau i_1 ergibt sich dann ein neues *kurzfristiges* Gleichgewicht. In dieser Situation ist der tatsächliche Wechselkurs höher als der erwartete Wechselkurs. Und es ist damit zu rechnen, daß hieraus

Abbildung F.20

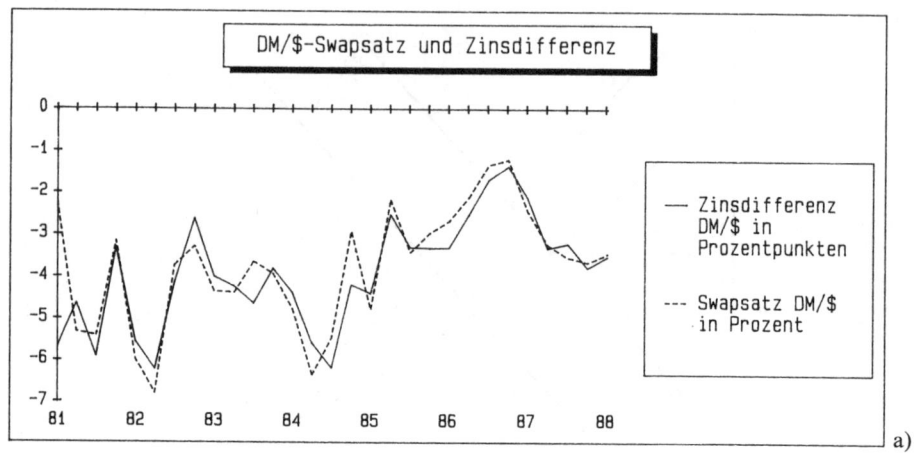

a)

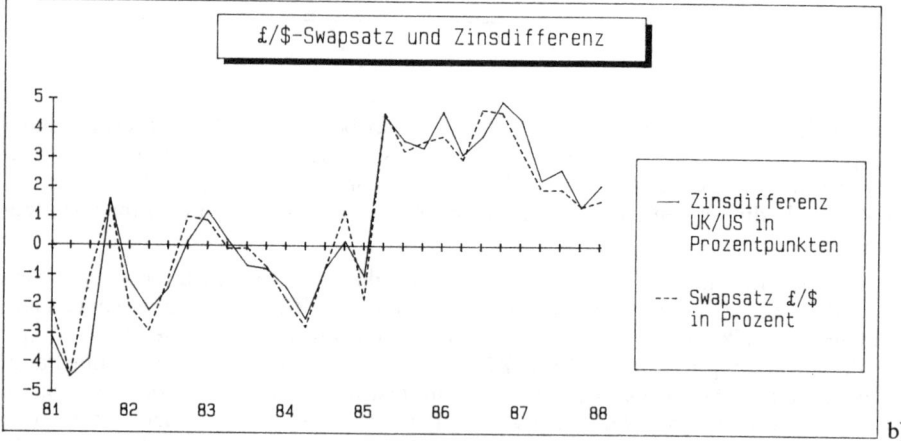

b)

weitere Anpassungsvorgänge resultieren, die letztlich wieder zu einer Übereinstimmung von erwartetem und tatsächlichem Wechselkurs führen. Auf solche Anpassungsvorgänge wird weiter unten in der mittelfristigen Analyse näher eingegangen.

Weil der erwartete Wechselkurs w^e nicht bekannt ist, läßt sich das Zinsparitätentheorem in der Formulierung gemäß Gleichung (F-17) bzw. Gleichung (F-17a) empirisch nicht überprüfen. Bekanntlich ist aber der Terminkurs Ausdruck von Erwartungen über den zukünftigen Kassakurs, und es bietet sich von daher für empirische Untersuchungen an, den Terminkurs an die Stelle des erwarteten Wechselkurses bzw. den Swapsatz an die Stelle der erwarteten Veränderungsrate des Wechselkurses zu setzen. Und in der Tat zeigt sich, daß das so formulierte Zinsparitätentheorem für Länder, die einen freien internationalen Kapitalverkehr zugelassen haben, in den vergangenen Jahren weitgehend erfüllt war. In den Abbildungen F.20 a) bis d) ist jeweils die Differenz zwischen den nominellen Zinssätzen auf Drei-Monats-Termineinlagen in Deutscher Mark, Englischem Pfund, Schweizer Franken und Japanischem Yen einerseits und Amerikanischem Dollar andererseits

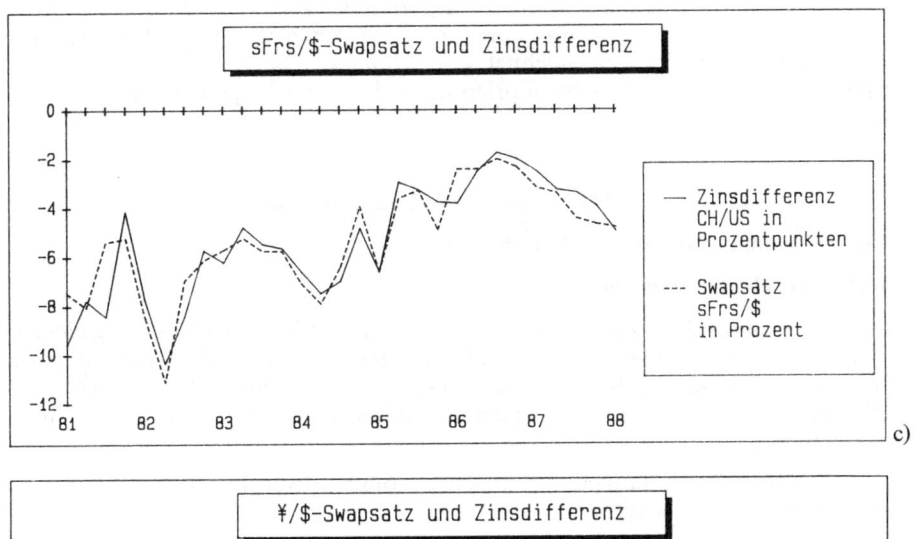

c)

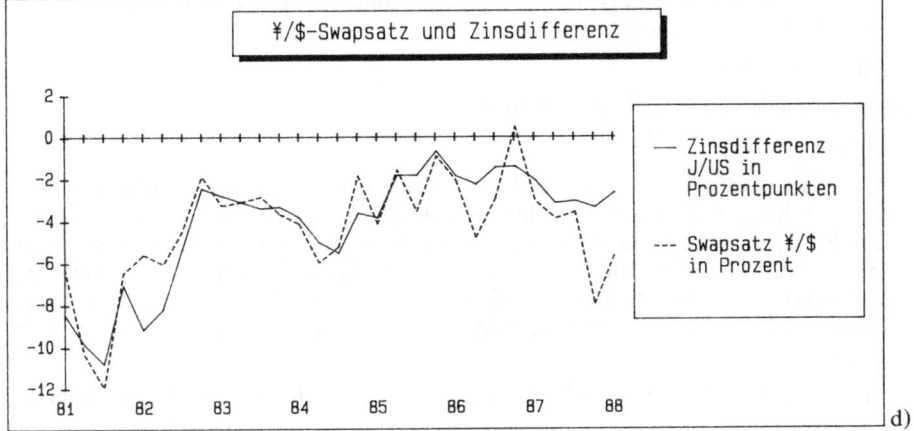

d)

– jeweils im Geldmarktgeschäft unter Banken am internationalen Bankplatz London – sowie der jeweils zugehörige Swapsatz der Drei-Monats-Termingeschäfte für die Zeit vom ersten Vierteljahr 1981 bis zum ersten Vierteljahr 1988 dargestellt worden.[21]

Es wird deutlich, daß Zinsdifferenzen und Swapsätze für die drei europäischen Währungen und den US-Dollar im großen und ganzen übereinstimmen und das Zinsparitätentheorem jeweils kurzfristig als erfüllt gelten kann. Für das Verhältnis von Japanischem Yen und Amerikanischem Dollar wird das Zinsparitätentheorem demgegenüber kurzfristig nicht immer bestätigt. Vor allem in den Jahren 1986 und

---

[21] Als Zinssätze wurden die Vierteljahres-Durchschnittswerte der „London Interbank Offer Rates" in Prozent per annum verwendet. Die Swapsätze sind demgegenüber Vierteljahres-Endwerte in Prozent per annum. Quelle: International Monetary Fund, International Financial Statistics, Washington, D.C., versch. Jahrgänge bis April 1988.

1987 kam es zu relativ starken Schwankungen des Swapsatzes und dabei zeitweise zu erheblichen Abweichungen von der Zinsparität. Es ist zu vermuten, daß in dieser Zeit, die von einer starken Aufwertung des Japanischen Yen gegenüber fast allen Währungen der Welt gekennzeichnet war, Einflüsse aus rein spekulativen, ausschließlich an Währungsgewinnen orientierten Finanzmarktgeschäften besonders stark gewesen sind.

F-3.4: Mittelfristige Wechselkurserklärung

F-3.4.1: Die monetäre Wechselkurstheorie

a) Theoretische Grundlagen

Analog zur monetären Zahlungsbilanztheorie, in der Zahlungsbilanzungleichgewichte aus Ungleichgewichten am Geldmarkt erklärt werden, führt die monetäre Wechselkurstheorie Wechselkursänderungen insbesondere auf Geldmarktungleichgewichte zurück. Und auch in der monetären Wechselkurstheorie wird angenommen, daß

– das Kaufkraftparitätentheorem (in seiner komparativen Form) und
– das Zinsparitätentheorem

gültig sind sowie

– eine stabile Geldnachfragefunktion

gegeben ist.

Man geht allerdings davon aus, daß das Kaufkraftparitätentheorem nur langfristig gültig ist, kurz- und mittelfristig dagegen durchaus Abweichungen von der (relativen) Kaufkraftparität möglich sind. Darüber hinaus liegt in Anlehnung an die Klassische Theorie die Annahme zugrunde, daß das reale Sozialprodukt bzw. das Realeinkommen eines Landes ausschließlich im realwirtschaftlichen Bereich der Volkswirtschaft determiniert wird und deshalb von monetären Vorgängen unabhängig ist.

Die monetäre Wechselkurstheorie umfaßt somit die folgenden Modellbeziehungen:

(F-18) $P = \lambda w P^*$ (nur langfristig)

(F-18a) $G^n = PL(\bar{Y}, i)$

(F-18b) $i = i^* + \dfrac{w^e - w}{w}$

Die Gleichung (F-18) ist die schon bekannte komparative Version des Kaufkraftparitätentheorems. Die Gleichung (F-18b) stimmt mit der schon oben erläuterten Zinsparitätengleichung (F-17a) überein. In der Gleichgewichtsbedingung für den Geldmarkt (F-18a) ist G^n das nominelle Geldangebot und L die reale Geldnachfrage. $\bar{Y}$ bezeichnet das vorgegebene Realeinkommen.

b) Langfristige Lösung

Langfristig stimmt der erwartete Wechselkurs mit dem tatsächlich realisierten Wechselkurs w überein, und dieser Wechselkurs wird dann ausschließlich durch die Kaufkraftparität gemäß Gleichung (F-18) bestimmt. Das inländische Preisniveau hängt seinerseits vom Verhältnis des nominellen Geldangebots G^n und der realen Geldnachfrage L ab. Unter Berücksichtigung von i = i* gemäß Gleichung (F-18b) und unter Beachtung des Gleichgewichts auf dem Geldmarkt gemäß Gleichung (F-18a) gilt also langfristig:

$$(F-19) \qquad w = \frac{P}{\lambda P^*} = \frac{G^n}{\lambda P^* L(\bar{Y}, i^*)}$$

Bei Konstanz des Strukturparameters λ und bei vorgegebenem ausländischen Preisniveau P* ändert sich der Wechselkurs w nur dann, wenn sich die Relation von nominellem Geldangebot und realer Geldnachfrage verändert. Betrachtet man gleichzeitig auch das Ausland, so läßt sich hierfür eine zu (F-18a) analoge Geldmarktgleichgewichtsbedingung formulieren. P* hängt dann von den Geldmarktbedingungen im Ausland ab, und der Wechselkurs w wird in diesem Fall zusätzlich noch von der Relation des ausländischen nominellen Geldangebots und der ausländischen realen Geldnachfrage bestimmt.

Nach der monetären Wechselkurstheorie ist der Wechselkurs (sind die Wechselkurse) also – bei Konstanz des Strukturparameters λ – ausschließlich das Ergebnis monetärer Einflüsse bzw. das Ergebnis der spezifischen Angebots- und Nachfragegegebenheiten auf den verschiedenen nationalen Geldmärkten. Dieses Ergebnis läßt sich auch verdeutlichen, wenn man die Veränderungsrate des Wechselkurses $\hat{w}$ aus der Gleichung (F-19) bestimmt:

$$(F-20) \qquad \hat{w} = \hat{G}^n - \hat{L} \quad \text{bei: } P^* = \text{const., } \lambda = \text{const.}$$

Sind das ausländische Preisniveau und der Strukturparameter konstant, so wird der Wechselkurs w verändert, wenn die Veränderungsraten von nominellem Geldangebot (G^n) und realer Geldnachfrage (L) voneinander abweichen.

c) Kurz- und mittelfristige Lösung

Dem kurz- und mittelfristigen Zeitrahmen der monetären Wechselkurstheorie liegen die folgenden Annahmen zugrunde:[22]

1. Es sind Abweichungen von der Kaufkraftparität gemäß Gleichung (F-18) möglich;
2. der tatsächlich realisierte und der erwartete Wechselkurs können voneinander abweichen;
3. das Preisniveau eines Landes ist kurzfristig konstant und paßt sich nach einer Störung erst allmählich an den neuen Gleichgewichtswert an;
4. die Wirtschaftssubjekte richten ihre Wechselkurserwartungen an dem langfristigen Gleichgewichtskurs, also an der Kaufkraftparität aus.

Zur Vereinfachung sei angenommen, daß die Wirtschaftssubjekte bestimmte Einflüsse, die das Preisniveau auf lange Sicht determinieren, in ihrer Wirkung exakt einschätzen und folglich den langfristigen Gleichgewichtswechselkurs $\bar{w}$ richtig antizipieren. Dann gilt:

$$(F-21) \qquad w^e = \bar{w}$$

---

[22] Die folgenden Untersuchungen bauen insbesondere auf einem Ansatz von Dornbusch auf: R. Dornbusch, Expectations and Exchange Rate Dynamics, in: Journal of Political Economy, Vol. 84, 1976, S. 1161 ff.

Abbildung F.21

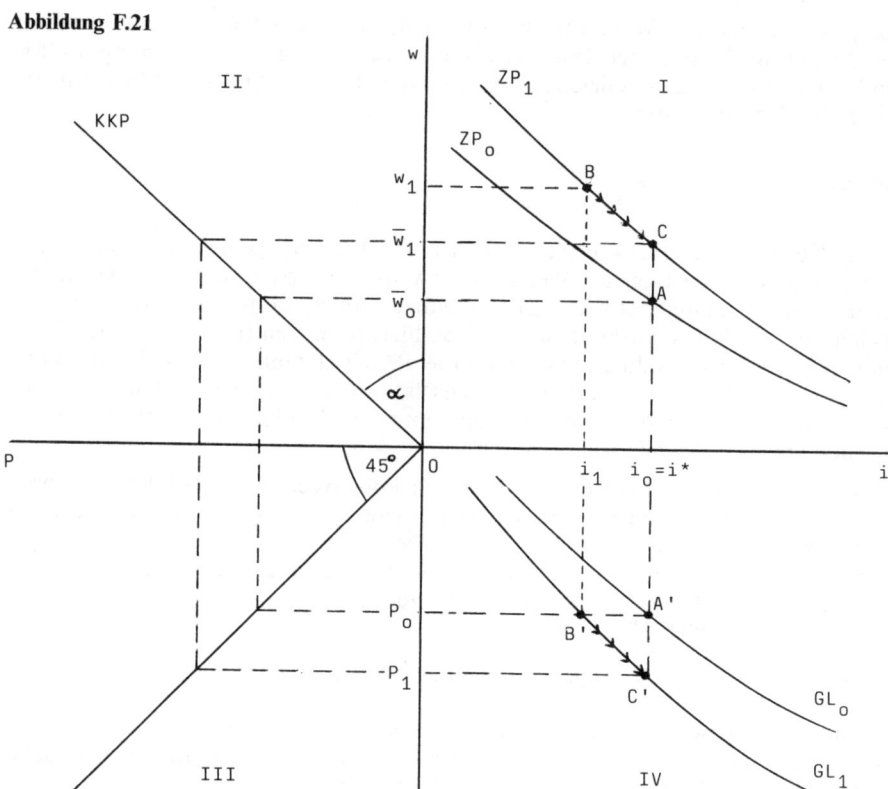

Der langfristige Gleichgewichtskurs $\bar{w}$ entspricht dem Wechselkurs w gemäß Gleichung (F-19).

Im folgenden wird gezeigt, wie das Zinsniveau i, der Wechselkurs w und das Preisniveau P sowohl kurzfristig als auch im mittelfristigen Anpassungsprozeß reagieren, wenn die inländische Zentralbank eine autonome Geldmengenerhöhung vornimmt. Hierzu werden die Modellzusammenhänge in der Abbildung F.21 zusammengefaßt. Der Quadrant I enthält die schon mit der Abbildung F.19 erläuterte ZP-Linie, die das Zinsparitätentheorem beinhaltet. Der Quadrant II zeigt das Kaufkraftparitätentheorem gemäß Gleichung (F-18); der Tangens des Winkels α der Geraden KKP entspricht dem Produkt aus der Strukturkomponente λ und dem ausländischen Preisniveau P^*. Die Linie GL im Quadranten IV beschreibt schließlich das Geldmarktgleichgewicht gemäß Gleichung (F-18a).

In der Ausgangssituation bestehe ein Gleichgewicht bei P_o, $\bar{w}_o$ und $i_o = i^*$ (Punkte A und A'). Infolge der expansiven Geldpolitik dreht sich die Gleichgewichtslinie des Geldmarktes im Quadranten IV nach GL_1. Da das Preisniveau P zunächst unverändert bleibt, kommt es kurzfristig zu einer Zinssenkung auf i_1, und hierdurch wird das Gleichgewicht auf dem Geldmarkt vorübergehend wiederhergestellt. Die Wirtschaftssubjekte nehmen aber nun an, daß das Preisniveau infolge der Geldmengenerhöhung über kurz oder lang steigt und daß es von daher zu einer Abwertung der inländischen Währung kommen muß. Der erwartete Wechselkurs w^e wird deshalb nach oben korrigiert. Annahmegemäß antizipieren die Wirtschaftssubjekte bereits den neuen Gleichgewichtskurs $\bar{w}_1$, der nach Abschluß der Anpassungsvorgänge entsprechend dem Kaufkraftparitätentheorem eintreten wird. Infolge der Erwartungskorrektur dreht sich die ZP-Linie im Quadranten I nach rechts (nach ZP_1). Aus der Verringerung des inländischen Zinsniveaus und aus der Korrektur der Wechselkurserwartung resultiert nun eindeutig eine Abwertung der inländischen Währung; kurzfristig nimmt nämlich durch beide Vorgänge die Rendite der inländischen Finanzaktiva im Vergleich zur Rendite der ausländischen Finanzaktiva ab, und von daher erhöht (verringert) sich der inländische Nettokapitalexport (Nettokapitalimport).

Der Wechselkurs w_1, der sich kurzfristig einstellt, läßt sich, wie im Quadranten I grafisch dargestellt, aus der Zinsparitätengleichung (F-18b) bestimmen:

$$(F\text{-}18c) \qquad w_1 = \frac{w_1^e}{1 + i_1 - i^*} \quad \text{mit: } w_1^e = \bar{w}_1$$

In den folgenden Perioden findet nun allmählich die Anpassung des Preisniveaus an seinen neuen Gleichgewichtswert P_1 statt. Hierdurch nimmt das reale Geldangebot sukzessive ab, und folglich beginnt das inländische Zinsniveau wieder anzusteigen. In der Abbildung F.21 kommen diese Vorgänge in einer Bewegung auf der Gleichgewichtslinie des Geldmarktes GL_1 von B' nach C' zum Ausdruck. Der Zinsanstieg führt aber gleichzeitig dazu, daß der inländische Nettokapitalexport (Nettokapitalimport) nun wieder geringer (größer) wird. Der Abwertungsdruck schwächt sich von hierher ab, und der Wechselkurs beginnt zu sinken. Dieser Vorgang läßt sich in einer Bewegung von B nach C auf der ZP_1-Linie im Quadranten I nachvollziehen. Das neue langfristige Gleichgewicht ist erreicht, wenn die Kaufkraftparität (Quadrant II) wiederhergestellt ist, wenn erwarteter und tatsächlich realisierter Wechselkurs wieder übereinstimmen und wenn damit auch das inländische Zinsniveau i wieder dem (fest vorgegebenen) ausländischen Zinsniveau i* entspricht. Dieses Gleichgewicht ist in der Abbildung F.21 in den Punkten C und C' bei P_1, $\bar{w}_1$ und $i_o = i^*$ realisiert.

Als wichtigstes Ergebnis der vorangegangenen Untersuchung ist festzuhalten, daß es vorübergehend zu einem „Überschießen" des Wechselkurses über seinen langfristigen Gleichgewichtswert kommt. Dieses Ergebnis resultiert, wie oben dargestellt, aus

– der verzögerten Anpassung des inländischen Preisniveaus und
– der schnellen Anpassung der Wechselkurserwartungen an den neuen langfristigen Gleichgewichtswert des Wechselkurses.

Aufgrund der verzögerten Anpassung des inländischen Preisniveaus findet im Inland nämlich vorübergehend eine Zinssenkung statt, durch die über die zinsinduzierte Verschlechterung der Kapitalverkehrsbilanz ein Abwertungsdruck entsteht. Vor diesem Hintergrund käme es nur dann nicht zu einem Überschießen des Wechselkurses, wenn auch die Wechselkurserwartungen nur allmählich an die neue Situation angepaßt würden; im Quadranten I der Abbildung F.21 würde sich die ZP-Linie dann zunächst nur relativ geringfügig nach rechts drehen und erst im Zeitablauf auf die neue Linie ZP_1 hin bewegen. Mit einer verzögerten Anpassung der Wechselkurserwartungen eröffnet das Modell allerdings ein breites Spektrum von

Lösungsmöglichkeiten für den kurz- und mittelfristigen Zeitrahmen. Auf diese Lösungsmöglichkeiten soll hier nicht weiter eingegangen werden.

F-3.4.2: Ein keynesianischer Ansatz

a) Modelltheoretischer Rahmen

In dem gerade skizzierten monetären Ansatz der Wechselkurstheorie wurde das Realeinkommen Y als eine konstante Größe angenommen. Diese Annahme ist in einem mittelfristigen Zeitrahmen jedoch nur vertretbar, wenn Vollbeschäftigung besteht oder wenn die Beschäftigungslage trotz Arbeitslosigkeit, z. B. aufgrund eines qualitativen Arbeitskräftemangels, eine Produktionsausweitung nicht zuläßt. Sind solche Bedingungen nicht gegeben, dürfte es im Rahmen von Zins- und Wechselkursänderungen mittelfristig nicht nur, wie oben skizziert, zu Preiseffekten, sondern auch zu Einkommenseffekten kommen. Die traditionelle keynesianische Theorie geht sogar von der Möglichkeit aus, daß zwar Einkommenseffekte, aber keine Preiseffekte auftreten. Denkbar ist das vor dem Hintergrund einer allgemeinen Unterbeschäftigungssituation, in der die Unternehmungen im Interesse einer Produktionsausweitung auf Preiserhöhungen verzichten. Dieser extreme keynesianische Fall soll jetzt kurz diskutiert werden. Es sei angenommen, daß das inländische Preisniveau in dem hier untersuchten mittelfristigen Zeitrahmen konstant bleibt. Das Kaufkraftparitätentheorem kommt deshalb nicht zum Tragen. Das Zinsparitätentheorem gemäß Gleichung (F-18 b) möge demgegenüber auch hier gelten:

$$(F\text{-}22) \qquad i = i^* + \frac{w^e - w}{w}$$

Darüber hinaus sei auch hier, wie in der monetären Wechselkurstheorie, angenommen, daß die reale Geldnachfrage in einer festen und stabilen Beziehung zum Einkommen Y und zum inländischen Zinsniveau i steht. Analog zur Gleichung (F-18 a) gilt somit:

$$(F\text{-}22\,a) \qquad G^n = \bar{P}L(Y, i)$$
$$\qquad\qquad\qquad\quad +\ -$$

Anstelle des Realeinkommens wird jetzt das Preisniveau als eine konstante Größe behandelt. In einer Gleichgewichtssituation, in der die Zinsparität i = i* gegeben ist, ergibt sich das Realeinkommen Y aus dieser Geldmarktbeziehung.

Zu klären ist jetzt noch, welcher Wechselkurs dieser Gleichgewichtssituation entspricht. Hierzu wird auf eine Hypothese zurückgegriffen, die vor allem in einem mittelfristigen Zeitrahmen nach wie vor eine große Bedeutung bei der Einschätzung von Wechselkursentwicklungen hat: die Wirtschaftssubjekte gehen davon aus, daß Leistungsbilanzdefizite (Leistungsbilanzüberschüsse) Abwertungen (Aufwertungen) der Währung des betrachteten Landes nach sich ziehen und daß die entsprechenden Wechselkursänderungen solange anhalten, bis die Leistungsbilanz im Gleichgewicht ist. Eine Gleichgewichtssituation, in der es nicht mehr zu Wechselkursänderungen kommt, liegt nach dieser Hypothese also vor, wenn die Leistungsbilanz ausgeglichen ist:

$$(F\text{-}22\,b) \qquad H(Y, \bar{w}) = 0$$
$$\qquad\qquad\qquad\quad -\ +$$

$\bar{w}$ ist der Gleichgewichtswechselkurs, an dem sich die Wechselkurserwartungen orientieren. Nimmt man vereinfachend an, daß die Wirtschaftssubjekte den Gleichgewichtswechselkurs nach jeder Störung sofort richtig antizipieren, so stimmt der erwartete Wechselkurs zu jedem Zeitpunkt mit dem Gleichgewichtswechselkurs überein:

(F-22c) $w^e = \bar{w}$

Der tatsächliche Wechselkurs w paßt sich mittelfristig an diesen Gleichgewichtswechselkurs an. In dem hier formulierten Modell wird also die Leistungsbilanz zum dominierenden Faktor der mittelfristigen Wechselkursbestimmung.

b) Kurz- und mittelfristige Wechselkursanpassung

Mit Hilfe der Abbildung F.22 wird jetzt aufgezeigt, wie sich der Gleichgewichtswechselkurs im Rahmen des gerade formulierten Modells bildet und welche Anpassungsvorgänge zu erwarten sind, wenn in einer Gleichgewichtssituation eine Störung auftritt. Analog zur Abbildung F.21 ist die Kurve ZP im Quadranten I Ausdruck des Zinsparitätentheorems gemäß Gleichung (F-22). Der Quadrant II enthält mit H = 0 die Gleichgewichtsbedingung für die Leistungsbilanz gemäß Glei-

Abbildung F.22

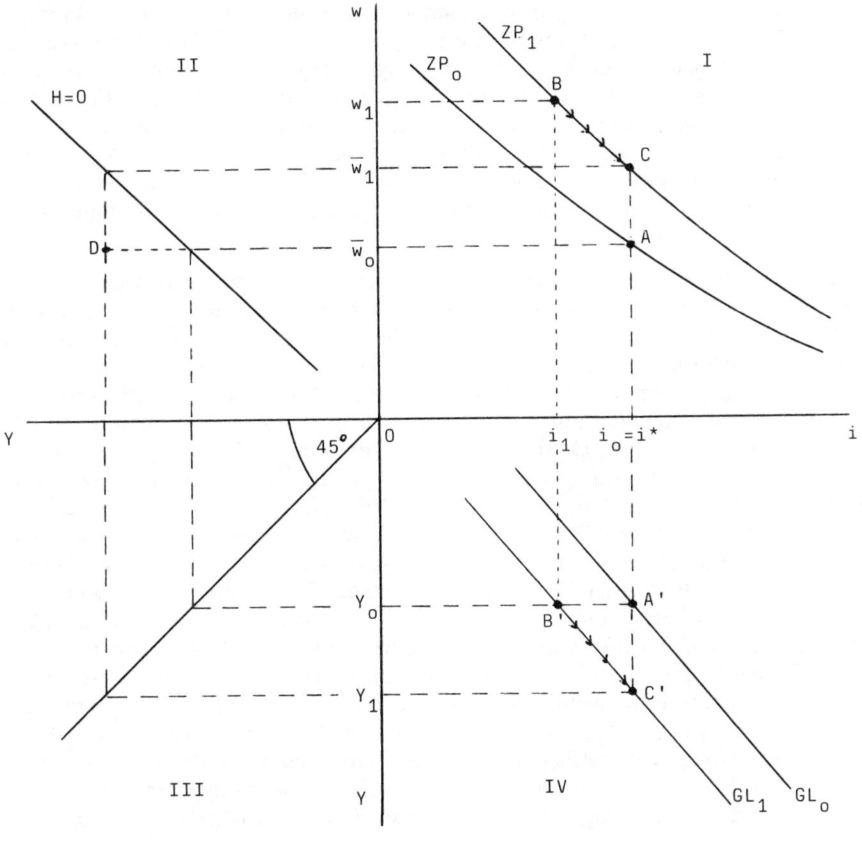

chung (F-22 b). Da sich die Leistungsbilanz H mit steigendem Einkommen Y verschlechtert, mit steigendem Wechselkurs w (bei einer Abwertung der inländischen Währung) dagegen verbessert, muß hier zwischen Y und w ein positiver Zusammenhang bestehen. Der Quadrant IV gibt mit GL das Geldmarktgleichgewicht gemäß Gleichung (F-22 a) wieder. Eine normale Zinsabhängigkeit der Geldnachfrage vorausgesetzt, impliziert dieses Gleichgewicht bei gegebenem Geldangebot einen positiven Zusammenhang zwischen dem Einkommen Y und dem Zinssatz i. In der Ausgangssituation möge ein Gleichgewicht bei Y_o, $i_o = i^*$ und $\bar{w}_o$ bestehen (Punkte A und A'). Die Leistungsbilanz ist in dieser Situation ausgeglichen.

Was würde nun beispielsweise geschehen, wenn in der Ausgangssituation zwar der Zinssatz $i_o = i^*$ und der Wechselkurs $\bar{w}_o$ gegeben wären, das Einkommen aber die Höhe Y_1 hätte? In diesem Fall läge ein Leistungsbilanzdefizit vor; der Punkt D im Quadranten II befindet sich deshalb nicht auf der Linie H = 0, sondern im „Defizitbereich" unterhalb dieser Linie. Die Wirtschaftssubjekte würden jetzt allerdings erwarten, daß sich aus dem Leistungsbilanzdefizit über kurz oder lang eine Abwertung der inländischen Währung ergeben müsse, und dementsprechend würde der erwartete Wechselkurs steigen. Diese Anpassung des erwarteten Wechselkurses käme in einer Drehung der ZP-Linie im Quadranten I nach rechts zum Ausdruck, z. B. nach ZP_1. Die Abwertungserwartung würde einen Kapitalexport auslösen, und hierdurch käme es unmittelbar zu einer faktischen Abwertung der inländischen Währung. Infolge dieser Abwertung würde sich die Leistungsbilanz – mit einer mehr oder weniger langen zeitlichen Verzögerung – verbessern. Ein Gleichgewicht wäre dann erreicht, wenn die Leistungsbilanz ausgeglichen ist und die Wirtschaftssubjekte – nach der hier zugrunde gelegten Hypothese – keine Veranlassung mehr haben, weitere Wechselkursänderungen zu erwarten. Bei einem Einkommen von Y_1 ist eine solche Gleichgewichtssituation im Punkt C auf der neuen ZP-Linie (ZP_1) erreicht. Allerdings ist zu beachten, daß sich das Einkommen Y_1 aufgrund der Geldmarktgleichung (F-22 a) nur realisieren läßt, wenn entsprechend der Gleichgewichtslinie GL_1 im Quadranten IV ein ausreichendes Geldangebot vorhanden ist.

Exemplarisch sei jetzt noch erläutert, wie sich ein Anpassungsprozeß vollziehen könnte, wenn das Geldangebot autonom erhöht wird. In der Ausgangssituation bestehe in den Punkten A und A' ein Gleichgewicht. Infolge der Geldmengenerhöhung möge sich die Gleichgewichtslinie im Quadranten IV nach GL_1 verschieben. Es sei nun angenommen, daß zwar die Finanzmärkte schnell auf Störimpulse reagieren, aber Reaktionen auf dem Gütermarkt erst mit relativ langen zeitlichen Verzögerungen auftreten. Dementsprechend kommen die Wirkungen von Zinsänderungen auf die reale Güternachfrage sowie die Wirkungen von Wechselkursänderungen auf die mengenmäßigen Exporte und Importe im Zuge der Anpassungsprozesse nur allmählich zum Tragen. Das Phänomen der Anpassungsverzögerungen bei den mengenmäßigen Ex- und Importen ist ja bekanntlich ausschlaggebend für den J-Kurven-Effekt einer Wechselkursänderung. Die Geldmengenerhöhung bewirkt vor diesem Hintergrund zunächst eine Zinssenkung auf i_1. Gemäß dem kurzfristig gültigen Zinsparitätentheorem resultiert hieraus eine Abwertung der inländischen Währung; sie ist auf einen durch die Zinssenkung ausgelösten Nettokapitalexport zurückzuführen. Wenn allerdings die Wirtschaftssubjekte bereits in diesem Zeitpunkt erwarten, daß es infolge der Geldmengenerhöhung über kurz oder lang zu einem Einkommensanstieg und darüber zu einer Verschlechterung der Leistungsbilanz kommt, so werden sie ihre Wechselkurserwartung korrigieren. Vereinfachend sei angenommen, daß sie den neuen Gleichgewichtswechselkurs richtig antizipieren, und entsprechend steigt der erwartete Wechselkurs w^e auf $\bar{w}_1$. Die ZP-Linie im Quadranten I verschiebt sich hierdurch nach ZP_1. Mit der Abwertungserwartung nimmt der Nettokapitalexport noch mehr zu, und der Abwertungsdruck wird von hierher verstärkt. Aufgrund der Zinssenkung und der Abwertungserwartung steigt der Wechselkurs faktisch auf w_1. Der Wechselkurs wird hier somit kurzfristig über den neuen Gleichgewichtswert hinaus erhöht; auch hier kommt es also zu einem „Überschießen" des Wechselkurses. Da die mengenmäßigen Ex- und Importe annahmegemäß nur verzögert reagieren, dürfte sich die Leistungsbilanz infolge der starken Abwertung der inländischen Währung kurzfristig sogar verschlechtern.

Im weiteren Zeitablauf reagieren nun allerdings die güterwirtschaftlichen Größen: die Zinssenkung regt die reale Güternachfrage an, die Abwertung führt allmählich zu einer Verbesserung der Leistungsbilanzsituation. Das Realeinkommen wird jetzt sukzessive erhöht, und von hierher beginnt das Zinsniveau wieder zu steigen. Infolge der Zinserhöhung geht der Nettokapitalexport wieder zurück, und von daher wird der Abwertungsdruck allmählich beseitigt. Ausgehend von w_1 beginnt der Wechselkurs also zu sinken. Sofern das System stabil ist, vollzieht sich nun allmählich eine Anpassung an das neue Gleichgewicht. In der Abbildung F.22 läßt sich diese Anpassung beispielsweise in einer Bewegung auf der Linie ZP_1 von B nach C und auf der Linie GL_1 von B' nach C' nachvollziehen.

Kapitel G:
Währungssysteme

G-1: Die Weltwährungsordnung

Die Weltwährungsordnung ist eine der wichtigsten institutionellen Rahmenbedingungen für den internationalen Güter- und Kapitalverkehr sowie für Wirtschaftswachstum, Beschäftigung und Inflation in internationaler Sicht. Währungssysteme können geeignet sein, die weltweite ökonomische Entwicklung zu fördern, sie können aber auch dazu beitragen, weltweit ökonomische Krisen hervorzurufen oder zu verstärken und damit letztlich die Wohlfahrt aller zu beeinträchtigen. Hierfür gibt es viele historische Beispiele. Die Zeit der Goldwährung zwischen 1870 und 1914 war international von einer bis dahin beispiellosen ökonomischen Prosperität begleitet. Der Golddevisenstandard, der seit Mitte der 20er Jahre von vielen Ländern praktiziert wurde, enthielt eine Reihe destabilisierender Elemente und förderte in der Großen Weltwirtschaftskrise zwischen 1929 und 1933 den ökonomischen Niedergang. Das währungspolitische Chaos zwischen 1933 und 1945, das von Devisenbewirtschaftung, Protektionismus und Abwertungswettlauf gekennzeichnet war, lähmte die weltweite ökonomische Entwicklung. Die Reorganisation der Weltwährungsordnung mit dem System von Bretton Woods nach 1945 legte zunächst den Grundstein für eine neue weltwirtschaftliche ökonomische Prosperitätsphase; Mängel der neuen Währungsordnung führten aber gegen Ende der 60er und zu Beginn der 70er Jahre zu Krisen auf den internationalen Devisenmärkten und schließlich 1973 zum Zusammenbruch des Bretton Woods-Systems. Seither ist das Weltwährungssystem zwar in viele Währungsblöcke zersplittert, aber die internationale währungspolitische Zusammenarbeit ist intensiver denn je, und von daher konnten nicht nur weltweite Währungskrisen vermieden, sondern auch die Voraussetzungen für eine günstige ökonomische Entwicklung in vielen Ländern der Welt geschaffen werden.

Obwohl sich größere weltweite ökonomische Krisen in jüngerer Zeit vermeiden ließen, obwohl das Weltwährungssystem auch einige exogene Schocks, so die beiden Ölpreiskrisen von 1973/74 und 1979/80 sowie den Börsenkrach vom 19. Oktober 1987, besser als allgemein erwartet verkraftet hat, ist die zur Zeit bestehende Weltwährungsordnung reformbedürftig: Das Problem der weltweiten Zahlungsbilanzungleichgewichte ist nach wie vor ungelöst; viele Entwicklungs- und Schwellenländer stehen den laufenden Zahlungsbilanzdefiziten und der daraus resultierenden ständig zunehmenden Auslandsverschuldung hilflos gegenüber; starke zyklische Schwankungen und zeitweise erratische Kursausschläge der wichtigsten Währung der Welt, des US-Dollars, sind eine starke Belastung für die internationalen Güter- und Finanzmärkte. Doch weder ein Weltwährungssystem mit festen Wechselkursen noch ein Weltwährungssystem mit flexiblen Wechselkursen scheint geeignet zu sein, diese Probleme gleichzeitig zu lösen. Bei festen Kursen lassen sich die Zahlungsbilanzungleichgewichte nach allen Erfahrungen nicht verhindern, bei flexiblen Kursen besteht die Gefahr destabilisierender Wechselkursentwicklungen. Eine neue „optimale" Weltwährungsordnung wurde aber trotz vieler Diskussionen auf rein theoretischer und praktisch-währungspolitischer Ebene nicht gefunden.

Im folgenden sollen die vielfältigen Bereiche eines Währungssystems näher untersucht werden, um so den Blick für die Vor- und die Nachteile einzelner Systemvarianten zu öffnen und Anhaltspunkte für die wichtigsten Elemente einer Weltwährungsordnung zu geben. Dabei sollen im einzelnen die allgemeinen Kennzeichen von Währungssystemen dargestellt, Ausgestaltung, Funktionsweise und Mängel der wichtigsten real praktizierten Währungssysteme diskutiert und schließlich die Argumente für und gegen ein System fester und ein System flexibler Wechselkurse gegenübergestellt werden.

G-2: Allgemeine Kennzeichen von Währungssystemen

G-2.1: Das Wechselkursregime

Die wesentlichen Merkmale eines Währungssystems sind
– das Wechselkursregime
– die Mechanismen des Zahlungsbilanzausgleichs
– die Währungsreserven.

Beim Wechselkursregime lassen sich zum einen die extremen Ausprägungen eines Systems völlig freier Wechselkursbildung sowie eines Systems absolut fester Wechselkurse und zum anderen spezifische Systemvarianten unterscheiden, die im Spektrum zwischen den beiden extremen Systemen anzuordnen sind. Solche *Systemvarianten* sind beispielsweise

– *das schmutzige oder das kontrollierte Floaten,* bei dem die ansonsten freie Wechselkursentwicklung durch Eingriffe von Währungsbehörden, in der Regel von Zentralbanken, in die Devisenmärkte von Fall zu Fall beeinflußt wird

– *die Bandbreitenfixierung bzw. die limitierte Wechelkursflexibilität,* bei der Wechselkurse innerhalb exakt festgelegter Ober- und Untergrenzen frei schwanken können, diese Grenzen aber von den Währungsbehörden verteidigt werden

– *die Stufenflexibilität (adjustable peg)* bei der zwar grundsätzlich feste Wechselkurse oder relativ enge Bandbreiten für begrenzte Wechselkursschwankungen bestehen, aber unter bestimmten Bedingungen autonome Paritätsänderungen bzw. Änderungen von Ober- oder Untergrenzen des Bandes vorgenommen werden oder in Absprache mit den anderen Ländern des Systems zulässig sind

– *die gleitenden Paritäten (crawling peg),* unter denen relativ geringfügige autonome Wechselkursänderungen zu verstehen sind, die im voraus festgelegt und im allgemeinen regelmäßig, z. B. einmal in jedem Monat, vorgenommen werden.

Das Wechselkursregime kann

– im Rahmen vertraglicher Vereinbarungen zwischen mehreren Ländern verbindlich festgelegt sein

– das Ergebnis internationaler Absprachen ohne vertragliche Bindungen sein

– ohne jede internationale Koordination aufgrund länderspezifischer Währungspolitiken praktiziert werden.

So ist beispielsweise das Europäische Währungssystem vertraglich verankert, und die Mitgliedsländer sind von daher bindend verpflichtet, die vereinbarten Regeln des Systems einzuhalten. Demgegenüber gab es für die gemeinsamen Devisenmarktinterventionen einiger Zentralbanken westlicher Industrieländer, die in den vergangenen Jahren zur Beeinflussung des Dollarkurses vorgenommen wurden, keine allgemein verbindlichen Regeln; sie waren vielmehr das Ergebnis eines ad hoc abgestimmten Verhaltens. Schließlich gibt es viele Länder, die ein bestimmtes Währungssystem praktizieren, ohne internationale Verpflichtungen eingegangen zu sein; so verfolgt beispielsweise Österreich in Hinsicht auf die Deutsche Mark wegen der engen ökonomischen Verflechtung mit der Bundesrepublik Deutschland seit Jahren ein Festkurssystem, obwohl es hierzu zwischen Österreich und der Bundesrepublik keine verbindlichen Vereinbarungen gibt.

G-2.2: Mechanismen des Zahlungsbilanzausgleichs

G-2.1.1: Devisenmarktungleichgewicht

Ein weiteres wichtiges Merkmal eines Währungssystems bilden die Mechanismen, durch die das Devisenangebot und die Devisennachfrage zum Ausgleich gebracht werden. Konkret geht es dabei um die Frage, wie eine Überschußnachfrage oder ein Überschußangebot auf dem Devisenmarkt beseitigt wird. Hierzu seien die Angebots- und Nachfragegegebenheiten auf einem Devisenkassamarkt betrachtet. In der Abbildung G.1 wird mit DN die Devisennachfrage, mit DA das Devisenangebot, mit D der am Markt gehandelte Devisenbetrag und mit w der Wechselkurs (z. B. DM zu Dollar) bezeichnet. In der Ausgangssituation möge sich der Devisenmarkt bei einem Wechselkurs von w_o und einem Devisentauschbetrag von D_o im Gleichgewicht befinden (Punkt A). Infolge einer autonomen Importsteigerung oder eines autonomen Kapitalexports möge die Devisennachfrage steigen; die Nachfragekurve verschiebt sich dadurch nach rechts (nach DN_1). Bei einem Wechselkurs von w_o entsteht jetzt ein Nachfrageüberschuß in Höhe der Strecke AB.

Abbildung G.1

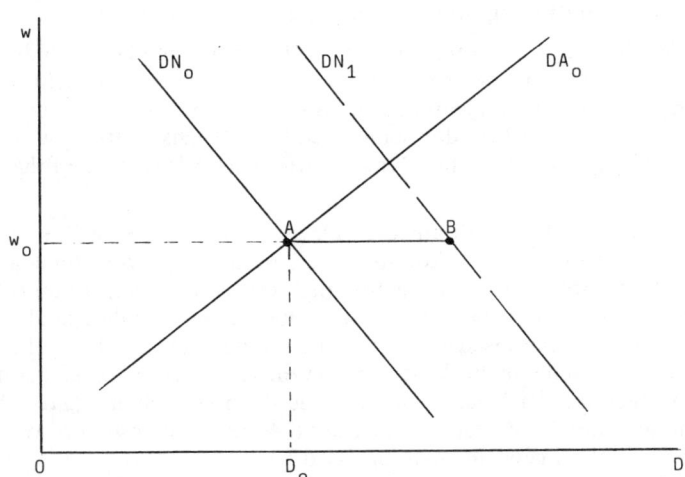

Es lassen sich grundsätzlich drei Möglichkeiten unterscheiden, durch die das Gleichgewicht auf dem Devisenmarkt wiederhergestellt werden kann:

1. durch eine Zahlungsbilanzanpassung (adjustment),
2. durch eine Zahlungsbilanzfinanzierung (finance),
3. durch eine Zahlungsbilanzregulierung (compensatory corrections).

G-2.2.2: Die Zahlungsbilanzanpassung

Durch eine Zahlungsbilanzanpassung wird das Devisenmarktgleichgewicht ohne offizielle Ausgleichsoperationen bzw. ohne gezielte Interventionen der Währungsbehörden auf dem Devisenmarkt und ohne direkte staatliche Regulierungen von Zahlungsbilanzströmen wiederhergestellt. Die Art der Zahlungsbilanzanpassung hängt davon ab, ob gemäß dem praktizierten Wechselkursregime Paritätsänderungen auftreten können oder ob der herrschende Wechselkurs aufrechterhalten wird.

In einem System flexibler Wechselkurse führt der Nachfrageüberschuß auf dem Devisenmarkt zu einer Abwertung der Währung des betrachteten Landes. Bei normalen Reaktionen von Devisennachfrage und Devisenangebot, so wie sie in der Abbildung G.1 angenommen wurden, ist mit der Abwertung eine Verringerung der Nachfrage nach Devisen und eine Zunahme des Angebots an Devisen verbunden. Der Nachfrageüberschuß wird somit durch eine Anpassung von Nachfrage und Angebot abgebaut. Bekanntlich sind die Devisennachfrage und das Devisenangebot Ausdruck von internationalen Güter- und Kapitaltransaktionen, und dementsprechend finden die wechselkursinduzierten Anpassungen ihren Niederschlag in der Leistungsbilanz und in der Kapitalverkehrsbilanz. Die Wirkungen der Wechselkursänderungen auf Leistungsbilanz und Kapitalverkehrsbilanz können einerseits aus einer direkten Wechselkursabhängigkeit von internationalen Güter- und Kapitaltransaktionen resultieren, andererseits aber auch auf indirektem Wege zum Tragen kommen, beispielsweise über Einkommens-, Preis- und Zinsreaktionen, die ihrerseits von den Wechselkursänderungen sowie den Veränderungen der internationalen Transaktionen ausgelöst werden. In jedem Fall impliziert die Zahlungsbilanzanpassung Einflüsse auf wichtige ökonomische Größen des betrachteten Landes, und es ist durchaus möglich, daß dabei grundlegende wirtschaftspolitische Ziele wie Vollbeschäftigung und Preisstabilität berührt werden.[1]

Soll der Wechselkurs auf dem Niveau w_0 (siehe Abbildung G.1) gehalten werden, so sind, wenn direkte offizielle Eingriffe in den Devisenmarkt nicht stattfinden, Mechanismen erforderlich, die auf die private Devisennachfrage oder das private Devisenangebot so einwirken, daß schließlich beim Wechselkurs w_0 wieder ein Devisenmarktgleichgewicht besteht. Denkbar sind beispielsweise die folgenden Mechanismen:

1. Ist der Nachfrageüberschuß auf dem Devisenmarkt auf eine Preissenkung im Ausland zurückzuführen, so könnte es zu einer dazu proportionalen Verringerung des Güterpreisniveaus in dem betrachteten Land (dem Inland) kommen, durch die dann die Ursache des Nachfrageüberschusses schließlich kompensiert wird. Infolge der inländischen Preisanpassung wird die Nachfragekurve in der Abbildung G.1 wieder in die Ausgangslage zurückverschoben, oder es findet eine Linksverschiebung der Nachfrage- und eine Rechtsverschiebung der Angebotskurve derart statt, daß rechts vom Punkt A beim Wechselkurs w_0 ein neues Devisenmarktgleichgewicht realisiert wird.[2]

2. Mit Hilfe des Einsatzes fiskal- und/oder geldpolitischer Instrumente könnte man in dem betrachteten Land (dem Inland) Einkommens-, Zins- und/oder Preisän-

---

[1] Zu den Wirkungen einer Wechselkursänderung auf die Leistungsbilanz, auf das Einkommen sowie auf das Güterpreisniveau siehe Kapitel C, Abschnitt C-7.

[2] Zum internationalen Preiszusammenhang bei festen Wechselkursen siehe Kapitel E, Abschnitt E-2.

derungen bewirken, durch die die internationalen Transaktionen und darüber die Nachfrage und das Angebot auf dem Devisenmarkt gerade so beeinflußt werden, daß es beim Wechselkurs w_0 wieder zu einem Devisenmarktgleichgewicht kommt. So ließe sich z. B. über einen Zinsanstieg der Kapitalimport anregen und der Kapitalexport dämpfen; die Devisenangebotskurve würde hierdurch nach rechts, die Devisennachfragekurve nach links verschoben. Oder mit einer restriktiven Fiskalpolitik könnte das inländische Einkommen reduziert werden, wodurch es dann zu einer Verringerung der inländischen Importnachfrage und folglich der Devisennachfrage käme.[3]

Auch bei konstantem Wechselkurs impliziert die Zahlungsbilanzanpassung Änderungen wichtiger ökonomischer Größen des betrachteten Landes, und auch hier ist damit zu rechnen, daß wirtschaftspolitische Ziele beeinflußt werden.

G-2.2.3: Die Zahlungsbilanzfinanzierung

Soll die Zahlungsbilanzanpassung über eine Wechselkursänderung bei flexiblem Wechselkurs oder über Einkommens-, Zins- oder Preiseffekte bei konstantem Wechselkurs vermieden werden, so bieten sich offizielle Ausgleichsoperationen bzw. Interventionen der Währungsbehörden am Devisenmarkt als Lösung an. In dem in der Abbildung G.1 skizzierten Beispiel eines Nachfrageüberschusses muß die Zentralbank des Landes Devisen verkaufen (in Höhe der Strecke AB) und so die überschüssige Nachfrage befriedigen. Der Devisenverkauf ist allerdings gleichzeitig mit einer Verringerung der inländischen Geldmenge verbunden. Zur Vermeidung von geldmengeninduzierten Wirkungen auf inländische ökonomische Größen, z. B. auf das Zinsniveau, müssen kompensierende Maßnahmen ergriffen werden. Möglich wäre beispielsweise eine expansive Offenmarktpolitik oder eine Liquiditätsschöpfung durch Reduktion der Mindestreservesätze. In diesem Fall hätte eine sogenannte *sterilisierende* (bzw. neutralisierende bzw. kompensierende) *Devisenmarktintervention* stattgefunden.[4] Im Zuge der hier skizzierten Interventionspolitik nehmen die Währungsreserven der Zentralbank (bzw. der Währungsbehörden) des betrachteten Landes (des Inlands) ab. Das Zahlungsbilanzdefizit des Inlands wird also durch einen Abfluß von Währungsreserven „finanziert". Im Ausland nehmen gleichzeitig die Währungsreserven zu, und dort kommt es zu einer Geldmengenerhöhung, wenn die Zentralbank nicht zu kompensierenden Maßnahmen, z. B. zu einer restriktiven Offenmarktpolitik, greift. Eine Zahlungsbilanzfinanzierung durch Hingabe von Währungsreserven belastet nur das Land,[5] dessen Zahlungsbilanz ein Defizit aufweist. Im vorliegenden Beispiel trifft das für das Inland zu. Wäre es auf dem hier betrachteten Devisenmarkt nicht zu einem Nachfrageüberschuß, sondern zu einem Angebotsüberschuß gekommen (ausgedrückt in einer Verschiebung der Devisenangebotskurve nach rechts), so hätte das Ausland im Zuge einer Zahlungsbilanzfinanzierung Währungsreserven verloren und damit die Last der Ausgleichsoperationen zu tragen gehabt.

Die sterilisierende Devisenmarktintervention ist problematisch, wenn das Ungleichgewicht auf dem Devisenmarkt – im Beispiel der Nachfrageüberschuß – ein

---

[3] Zu den Wirkungen der Geld- und der Fiskalpolitik auf Einkommen, Zinssatz und Preisniveau im Kontext internationaler Zusammenhänge bei festen Wechselkursen siehe Kapitel D, Abschnitt D-2.2.

[4] Zur sterilisierenden Devisenmarktintervention siehe Kapitel F, Abschnitt F-3.3.1, Punkt f.

[5] Die Belastung ergibt sich aufgrund eines Verlustes von Währungsreserven oder durch die Notwendigkeit, Devisen durch Kreditaufnahme beschaffen zu müssen.

länger anhaltendes Phänomen ist. Da diese Form der Interventionspolitik von vornherein darauf angelegt ist, Zahlungsbilanzanpassungen zu vermeiden, werden die fundamentalen Bestimmungsgrößen von Nachfrage und Angebot auf dem Devisenmarkt mit ihr nicht verändert. Folglich gibt es von hierher auch keinen Anpassungsdruck zur Beseitigung des Ungleichgewichts. Solange aber das Ungleichgewicht bestehen bleibt, muß die Zentralbank immer wieder aufs neue am Devisenmarkt intervenieren, und dementsprechend verliert entweder das Inland (wie im Beispiel der Abbildung G.1) oder das Ausland laufend Währungsreserven. Reichen die Währungsbestände nicht aus, diese Verluste auszugleichen, so ist das belastete Land über kurz oder lang gezwungen, die Politik der Zahlungsbilanzfinanzierung aufzugeben und Maßnahmen zur Zahlungsbilanzanpassung oder zur Zahlungsbilanzregulierung zu ergreifen. Will man innerhalb eines mehrere Länder umfassenden Währungssystems aber auf jeden Fall verhindern, daß es zu solchen Maßnahmen kommt, so sind in diesem System Kreditmechanismen erforderlich, durch die einem Land, das über eine längere Zeit Zahlungsbilanzdefizite aufweist und von daher eine Zahlungsbilanzfinanzierung betreiben muß, die nötigen Devisen laufend von Seiten der Überschußländer zur Verfügung gestellt werden. Kreditmechanismen sind somit in einem engen Zusammenhang mit den Mechanismen des Zahlungsbilanzausgleichs zu sehen, und sie stellen deshalb ebenfalls ein wichtiges Kennzeichen eines Währungssystems dar. Auf Formen von Kreditmechanismen wird weiter unten bei der Diskussion konkreter Währungssysteme näher eingegangen.

Die sterilisierende Devisenmarktintervention kommt angesichts der Probleme, die mit einem lang anhaltenden Verlust von Währungsreserven verbunden sind, im allgemeinen nur als eine zeitlich begrenzte Form des Zahlungsbilanzausgleichs in Frage. Als Alternative bietet sich die nicht-sterilisierende Intervention an. In diesem Fall wird die mit der Intervention einhergehende Geldmengenänderung nicht kompensiert bzw. neutralisiert. Infolge der Geldmengenänderung ist aber mit Zins-, Einkommens- und/oder Preiseffekten zu rechnen, durch die Zahlungsbilanzanpassungen ausgelöst werden. Die Zahlungsbilanzfinanzierung wird dann also von Zahlungsbilanzanpassungen begleitet. Es ist denkbar, daß diese Anpassungen schließlich bei dem herrschenden Wechselkurs (w_0) zu einem neuen Devisenmarktgleichgewicht führen und von daher der Zwang zu weiteren Devisenmarktinterventionen und zu weiterer Zahlungsbilanzfinanzierung entfällt. Bei der nicht-sterilisierenden Devisenmarktintervention wird das Devisenmarktgleichgewicht letztlich durch eine adäquate Zahlungsbilanzanpassung wiederhergestellt. Das hier betrachtete Land verliert zwar im Zuge der Zahlungsbilanzfinanzierung Währungsreserven, doch nach Abschluß der Zahlungsbilanzanpassung hört auch der Abfluß von Währungsreserven auf.

Warum aber greift man überhaupt zum Mittel der Zahlungsbilanzfinanzierung in Form einer nicht-sterilisierenden Devisenmarktintervention, wenn die Zahlungsbilanzanpassung letztlich doch nicht verhindert wird? Die zeitlich begrenzte Zahlungsbilanzfinanzierung wird immer dann sinnvoll sein, wenn

– ein bestimmter Wechselkurs gehalten werden soll und die Zahlungsbilanzanpassung zu langsam verläuft, um die Ursachen eines Devisenmarktungleichgewichts unverzüglich zu beseitigen
– das Devisenmarktungleichgewicht kurzfristig einen unerwünscht starken Anpassungsdruck, z. B. in Form einer drastischen Abwertung, erzeugen würde.

Die nicht-sterilisierende Devisenmarktintervention zielt i. d. R. darauf ab, die Zahlungsbilanzanpassung zeitlich zu strecken und so in ihren spürbaren Wirkungen abzuschwächen, wogegen die sterilisierende Devisenmarktintervention auf eine vollständige Verhinderung der Zahlungsbilanzanpassung gerichtet ist.

G-2.2.4: Die Zahlungsbilanzregulierung

Eine Zahlungsbilanzregulierung findet statt, wenn die internationalen Güter- oder Kapitalströme mit Hilfe staatlicher protektionistischer Maßnahmen beeinflußt werden. Solche Maßnahmen kommen i. d. R. zum Einsatz, wenn eine Zahlungsbilanzfinanzierung ausgeschlossen ist, weil es an Währungsreserven mangelt oder weil man keine Währungsreserven verlieren möchte, und wenn die zu erwartenden Wirkungen einer Zahlungsbilanzanpassung, z. B. in Form von internen Beschäftigungs- oder Preiseffekten, unerwünscht sind. Zur Zahlungsbilanzregulierung steht eine Vielzahl von Einzelmaßnahmen zur Verfügung. Bezogen auf das oben zugrunde gelegte Beispiel eines Nachfrageüberschusses auf dem Devisenmarkt, lassen sich Maßnahmen zur Förderung der Güterexporte und der Kapitalimporte oder zur Behinderung von Güterimporten und Kapitalexporten unterscheiden:

1. Güterexporte könnten beispielsweise mit Hilfe von Steuererleichterungen oder Subventionen gefördert, Güterimporte mit Hilfe von Zöllen, direkten quantitativen Importbeschränkungen, restriktiv angelegten qualitativen Einfuhrbestimmungen oder einer Devisenbewirtschaftung behindert werden.

2. Der Einsatz spezifischer Regulierungsmaßnahmen zur Förderung der Kapitalimporte ist international nicht üblich, obwohl es z. B. möglich wäre, mit Hilfe staatlicher Subventionen oder mit Hilfe einer Zinsregulierung Zinsvorteile für ausländisches Geldkapital einzuräumen. Die Regulierungsmaßnahmen, die auf den Kapitalverkehr zielen, implizieren i. d. R. eine Behinderung des Kapitalexports oder, im Falle von unerwünschten Angebotsüberschüssen auf dem Devisenmarkt, des Kapitalimports. Der Kapitalexport wird beispielsweise durch direkte quantitative Kapitalverkehrsbeschränkungen – verbunden mit Kapitalverkehrskontrollen – oder durch Devisenbewirtschaftungsmaßnahmen reguliert. Eine Behinderung von Kapitalimporten läßt sich z. B. mit einem Verbot von Wertpapierverkäufen an Ausländer, einem Verzinsungsverbot für ausländische Einlagen bei inländischen Kreditinstituten oder mit der Einführung spezifischer Mindestreservesätze – im Extremfall bis zu 100 Prozent – für Auslandsverbindlichkeiten der Kreditinstitute erreichen.[6]

Wie oben erwähnt, steht die Zahlungsbilanzregulierung zur Diskussion, wenn man interne Anpassungsvorgänge, die zu einem Zahlungsbilanzausgleich führen würden, vermeiden möchte. Es ist allerdings fraglich, ob dieses Ziel auch tatsächlich erreicht wird. Protektionistische Maßnahmen eines Landes werden von anderen Ländern i. d. R. nicht ohne Gegenwehr hingenommen, und Retorsionsmaßnahmen führen dann im allgemeinen dazu, daß dem hier betrachteten Land, das zunächst Maßnahmen der Zahlungsbilanzregulierung ergriffen hat, schließlich doch interne Anpassungen aufgezwungen werden. Der Umweg über die Zahlungsbilanzregulie-

---

[6] In den Jahren von 1972 bis 1974 wurde die Kreditaufnahme der Unternehmungen – und damit der Kapitalimport – in der Bundesrepublik Deutschland mit Hilfe der sogenannten Bardepotpflicht reguliert. Hiernach mußte ein bestimmter Prozentsatz der Verbindlichkeiten zinslos bei der Deutschen Bundesbank hinterlegt werden, und entsprechend verteuerte sich die Kreditaufnahme im Ausland. Zeitweise setzte man den Bardepotsatz sogar auf 100 Prozent fest, so daß ein entsprechender Kapitalimport völlig unterbunden wurde. Gesetzliche Grundlage für die Kapitalverkehrsbeschränkungen in der Bundesrepublik Deutschland ist das Außenwirtschaftsgesetz (AWG), in dem auch die Bardepotpflicht geregelt war.

rung impliziert im vorliegenden Fall aber u. U. eine Beeinträchtigung des gesamten Welthandels, die auch dem betrachteten Land möglicherweise letztlich größere Wohlfahrtseinbußen bringt als eine Zahlungsbilanzanpassung bei Verzicht auf die Zahlungsbilanzregulierung. Es darf auch nicht übersehen werden, daß sich staatliche Regulierungsmaßnahmen – hier in Form einer Exportförderung oder einer Importrestriktion – häufig auf längere Sicht nachteilig auf die innovatorischen Fähigkeiten eines Landes auswirken und von daher ein Verlust internationaler Wettbewerbsfähigkeit drohen kann, der über kurz oder lang neue Maßnahmen zum Ausgleich der Zahlungsbilanz erforderlich macht.

G-2.3: Währungsreserven und internationale Liquidität

G-2.3.1: Die Struktur der Währungsreserven

a) Definitionen

Wie zuvor schon verdeutlicht wurde, benötigt die Währungsbehörde eines Landes internationale Liquidität, wenn sie zur Deckung eines Nachfrageüberschusses bzw. eines Angebotsdefizits am Devisenmarkt eine Zahlungsbilanzfinanzierung vornimmt. *Zur internationalen Liquidität zählen die konvertiblen Devisen, die direkt zur Zahlungsbilanzfinanzierung eingesetzt werden können, und darüber hinaus alle Aktiva, die sich relativ schnell in konvertible Devisen umtauschen lassen oder anstelle von konvertiblen Devisen akzeptiert werden. Solche Aktiva sind beispielsweise das Gold oder die Sonderziehungsrechte (SZR), die vom Internationalen Währungsfonds (IWF) ausgegeben wurden.*

Der Begriff der internationalen Liquidität ist allerdings nicht eindeutig definiert bzw. abgegrenzt. Meistens wird er mit dem Begriff der offiziellen *Währungsreserven* eines Landes gleichgesetzt. Im allgemeinen halten aber auch private Wirtschaftssubjekte, insbesondere die Geschäftsbanken und die international tätigen Unternehmungen, Bestände an internationaler Liquidität. Da die Währungsbehörden im Zuge einer gezielten Zahlungsbilanzfinanzierung in der Regel jedoch nicht auf diese privaten Bestände zurückgreifen können, ist es üblich, sie nicht in der Reservebilanz eines Landes zu erfassen und dementsprechend auch nicht zu den Währungsreserven zu zählen. Die weiteren Untersuchungen konzentrieren sich auf die internationale Liquidität in Händen der offiziellen Währungsbehörden, und *die Begriffe „Internationale Liquidität" und „Währungsreserven" werden hier in Übereinstimmung mit dem zumeist üblichen Sprachgebrauch synonym verwendet.*

Die Währungsreserven können nach dem Brutto- oder nach dem Nettoprinzip ausgewiesen sein. Die Bruttoreserven entsprechen dem Bestand an liquiden und an schnell monetisierbaren internationalen Aktiva in den Bilanzen der Währungsbehörden. Zieht man von den Bruttoreserven die kurzfristigen Auslandsverbindlichkeiten der Währungsbehörden ab, so gelangt man zu den Nettoreserven. Manchmal werden auch die Kreditmöglichkeiten eines Landes, durch die sich ebenfalls schnell konvertible Devisen beschaffen lassen, zu den Währungsreserven gezählt. Obwohl – streng genommen – nur die Nettoreserven Aufschluß über die Fähigkeit der Währungsbehörden bzw. der Zentralbanken zur Zahlungsbilanzfinanzierung geben können, versteht man in der offiziellen Terminologie unter den Währungsreserven im allgemeinen die Bruttoreserven.

b) Daten zu den Weltwährungsreserven

Die Weltwährungsreserven (die Bruttoreserven) umfassen das Gold, die Devisen, die Reservepositionen im IWF, die Sonderziehungsrechte sowie – vorwiegend in

Tabelle G.1: Die Weltwährungsreserven am 31.12.1988

	Gold[1]	Devisen	Reserve-positionen im IWF	SZR	ECU	Total (ohne Gold)	Total
	Millionen Unzen	Milliarden US-Dollar					
Gesamt	939,5	385,3	595,9	38,1	27,1	63,0	724,1	1109,4
Westliche Industrieländer	810,3	332,4	367,0	26,3	23,6	63,0	479,9	812,3
Entwicklungsländer ohne Nahost Ölexportländer	106,4	43,5	193,8	2,1	2,1	–	198,0	241,5
Nahost-Ölexportländer[2]	22,8	9,4	35,1	9,7	1,4	–	46,2	55,6

Anmerkungen: [1]) Goldreserven bewertet zu Marktpreisen
[2]) Irak, Iran, Kuwait, Libyen, Oman, Saudi-Arabien, Vereinigte Arab. Emirate
Quelle: Bank für Internationalen Zahlungsausgleich, 59. Jahresbericht, Juni 1989, S. 212.

den Ländern des Europäischen Währungssystems – die ECU-Guthaben. Die Tabelle G.1 gibt eine Übersicht über die Bruttoreserven der Welt – mit Ausnahme der Staatshandelsländer – zum 31.12.1988 (in Mrd. US-Dollar).

Die Tabelle G.2 zeigt die Bruttoreserven und die Nettoreserven der Bundesrepublik Deutschland (in Mrd. DM). Anders als in Tabelle G.1 wird das Gold in der Bilanz der Deutschen Bundesbank jedoch mit einem fiktiven, seit einigen Jahren festen Wert angesetzt. Der Gesamtbestand an Gold im Portfolio der Deutschen Bundesbank betrug Ende 1988 insgesamt 95,18 Millionen Unzen. Bei einer Bewertung zu Marktpreisen hätte sich ein Wert von ca. 60 Mrd. DM ergeben. Der Unterschied zwischen dem von der Deutschen Bundesbank angesetzten Wert der ECU-Guthaben und dem beim Europäischen Fonds für Währungspolitische Zusammenarbeit (EFWZ) ausgewiesenen Wert ist ebenfalls mit der fiktiven Goldbewertung seitens der Deutschen Bundesbank und der Goldbewertung zu Marktpreisen beim EFWZ zu erklären.

Wie die Tabelle G.3 zeigt, war das Gold in der Zeit vor dem Zweiten Weltkrieg das wichtigste internationale Reservemedium. Sein Anteil lag bei etwa 90 %. Bei den Devisen dominierten in dieser Zeit das Pfund Sterling, der Französische Franc und der US-Dollar. Mit der Errichtung des Währungssystems von Bretton-Woods im Jahr 1945 räumte man dem Gold zwar immer noch eine starke Position als Wertmaßstab und als Reservemedium ein, doch es wurde in seiner relativen Bedeutung mehr und mehr vom US-Dollar verdrängt. Ende 1970, kurz vor Auflösung des Bretton-Woods-Systems, war der Anteil des Goldes auf etwa 40 % gesunken.

Aufgrund der im Bretton-Woods-System offiziell eingeräumten Leitwährungsfunktion avancierte der US-Dollar zum dominierenden internationalen Transak-

Tabelle G.2:   Die Währungsreserven der Bundesrepublik Deutschland (in Mrd. DM)

Jahres-ende	Brutto-reserven	Gold[1]	Devisen	Reserve-position im IWF	SZR	ECU[2]	Auslands-verbind-lichkeiten	Netto-reserven
1950	0,8	–	0,8	–	–	–	1,8	– 1,0
1960	29,6	12,5	15,8	1,3	–	–	0,6	29,0
1970	47,6	14,6	28,7	3,4	0,9	–	2,8	44,8
1980	79,0	13,7	42,6	4,5	3,6	14,6 (37,1)	15,6	63,4
1988	94,7	13,7 (60,0)	50,2	6,0	3,3	21,5 (38,0)	27,2	67,5

Anmerkung: [1]) Bewertet zu „offiziellen" Preisen (1988 in Klammer zum Marktpreis)
[2]) Buchwert der von der Dt. Bundesbank beim EFWZ eingebrachten Reserven (in Klammern aktueller Tageswert beim EFWZ)
Quelle: Deutsche Bundesbank, 40 Jahre Deutsche Mark, Monetäre Statistiken 1948–1987, Frankfurt 1988, S.346f.; Deutsche Bundesbank, Statistische Beihefte zu den Monatsberichten, Reihe 3, Zahlungsbilanzstatistik, September 1989, S.80f.

Tabelle G.3:   Anteile der Reservemedien (in %)

Jahresende	Gold	Devisen	Reserve-positionen im IWF	SZR	ECU
1913	88,8	11,2	–	–	–
1932	91,9	8,1	–	–	–
1948	68,0	28,7	3,3	–	–
1970	40,2	48,1	8,3	3,4	–
1973	44,9	48,0	2,9	4,2	–
1988	34,7	53,7	3,4	2,4	5,7

Anmerkung: Goldbewertung bis 1970 zum offiziellen Preis, ab 1973 zu Marktpreisen
Quelle: R. Triffin, Gold and the Dollar Crisis, New Haven 1960, S.72f.; ergänzt um Berechnungen nach: IWF International Financial Statistics sowie Jahresberichte der Bank für Internationalen Zahlungsausgleich, verschiedene Jahrgänge.

tions- und Reservemedium. Andere Währungen, insbesondere das Englische Pfund, wurden von ihm mehr und mehr verdrängt. Erst in den 70er und 80er Jahren gewannen neue Währungen, nämlich die Währungen der zahlungsbilanzstarken Länder Bundesrepublik Deutschland, Japan und Schweiz, neben dem US-Dollar an Bedeutung. Dennoch hat der US-Dollar seine dominierende Stellung unter den Devisen bis heute behaupten können.

Mit der Aufhebung der Goldkonvertibilität des US-Dollars im Jahr 1971 und schließlich mit der Abschaffung des offiziellen Goldpreises durch den Internationalen Währungsfonds im Jahr 1976 verlor das Gold seine Funktion als offizielles internationales Transaktionsmedium. Das Gold wird von den Währungsbehörden zwar immer noch als Reserve gehalten, doch hierbei handelt es sich überwiegend um „ruhende" Bestände. Mengenmäßig haben sich die offiziellen Bestände an Gold seit Anfang der 70er Jahre nur wenig verändert. In den westlichen Industrieländern ist sogar ein leichter Rückgang eingetreten. Wenn der Anteil des Goldes, wie die Tabelle G.3 ausweist, mit etwa 35 % immer noch einen hohen Anteil an den Weltwährungsreserven besitzt, so ist das allein auf den Anstieg des Goldpreises nach 1970 zurückzuführen. Würde man die Goldbestände zum lange Zeit üblichen offiziellen Preis von 35 US-Dollar je Unze bewerten, so läge der Anteil des Goldes an den Weltwährungsreserven heute nur noch bei etwa 3 %.

Mit der Errichtung des Währungssystems von Bretton-Woods im Jahr 1945 wurde gleichzeitig der Internationale Währungsfonds (IWF) gegründet. Obwohl das Festkurssystem im Jahr 1973 zusammenbrach, blieb der IWF als supranationale Währungsbehörde erhalten. Wie weiter unten noch erläutert wird, hat er unter anderem die Aufgabe, den Mitgliedsländern unter bestimmten Bedingungen Mittel zur Zahlungsbilanzfinanzierung zur Verfügung zu stellen. Einem jeden Mitgliedsland werden hierzu gemäß einer länderspezifischen Quote Kreditmöglichkeiten, die sogenannten Ziehungsrechte, eingeräumt. Die von einem Land nicht in Anspruch genommenen Ziehungsrechte stellen Währungsreserven dieses Landes dar und sind in der „Reserveposition im IWF" enthalten. Diese Reserveposition umfaßt außerdem die Forderungen eines Landes, die aus Krediten an den IWF entstanden sind. Der IWF bringt die von ihm benötigten Finanzierungsmittel zum Teil aus solchen Krediten auf. In unmittelbarer Beziehung zum IWF stehen auch die Sonderziehungsrechte (SZR), die weiter unten noch ausführlich beschrieben werden.

Bei den ECU-Guthaben handelt es sich vorwiegend um Forderungen der Mitgliedsländer des Europäischen Währungssystems (EWS) gegen den Europäischen Fonds für währungspolitische Zusammenarbeit (EFWZ). Diese Forderungen sind aus den Gold- und Deviseneinlagen der Länder beim EFWZ entstanden und sie werden gemäß den Marktwerten der Einlagen in ECU nominiert. Die ECU-Guthaben sind also streng genommen zu einem Teil dem Gold und zum anderen Teil den Devisen – hier insbesondere den Dollar-Devisen – zuzuordnen. Auf den ECU, der Wertmaßstab und Recheneinheit im EWS ist, auf den EFWZ, der als Verrechnungsstelle im EWS fungiert, und auf die Entstehung der ECU-Guthaben wird weiter unten bei der Darstellung des EWS noch näher eingegangen.

c) Die Sonderziehungsrechte

Die Sonderziehungsrechte (SZR) sind ein künstliches Reservemedium, das vom IWF im Jahr 1969 geschaffen worden ist. Anlaß hierzu war die Befürchtung, die weltweite Versorgung mit internationaler Liquidität sei über kurz oder lang gefährdet

– weil das Gold nur begrenzt zur Verfügung stehe
– weil die Ausweitung des Devisenumlaufs Zahlungsbilanzdefizite der Reservewährungsländer, hier vor allem der USA, voraussetze, solche Zahlungsbilanzdefizite im Interesse einer weltwirtschaftlichen Stabilität aber unerwünscht seien.

Der Wert eines SZR wurde anfangs gegenüber dem Gold festgelegt, und zwar mit 35 SZR je Unze. Da im Währungssystem von Bretton-Woods auch der US-Dollar im Verhältnis zum Gold fixiert war, bestand eine feste Parität zwischen dem SZR und dem US-Dollar. Mit der Freigabe der Wechselkurse (gegenüber dem Dollar) im Jahr 1973 bedeutete diese Bindung, daß die Parität eines SZR zwar gegenüber dem Dollar unverändert blieb, gegenüber den anderen Währungen aber gleichgerichtet mit den entsprechenden Dollarkursen schwankte. Weil der Dollar in dieser Zeit

Tabelle G.4:   Bewertung eines SZR am 30.06.1989

Währung	Gewicht (in v.H.) am 31.12.1985	Währungs- betrag seit 1.1.1986	Dollarkurs[1] am 30.06.1989	Wert in Dollar am 30.06.1989
US-Dollar	42	0,452	1,0000	0,45200
Deutsche Mark	19	0,527	1,9525	0,26991
Japanischer Yen	15	33,4	144,1000	0,23178
Französischer Franc	12	1,02	6,6360	0,15371
Pfund Sterling	12	0,0893	0,6451	0,13843
SZR	100	–	–	1,24583

Anmerkung: [1]) Zugrunde gelegt werden die amtlichen Mittelkurse um 12 Uhr mittags an der Devisenbörse in London.

Quelle: IMF, International Financial Statistics, August 1989, S. 18; Deutsche Bundesbank, Statistische Beihefte zu den Monatsberichten, Reihe 5, Die Währungen der Welt, August 1989, S. 79; eigene Berechnungen.

unter Abwertungsdruck stand, ergab sich aus der Sicht vieler Länder für die SZR ein teilweise erheblicher Wertverlust. Um die SZR als Währungsreserven weiter attraktiv zu halten, ging man deshalb 1974 dazu über, ihren Wert auf der Basis eines Währungskorbes zu bestimmen. Zunächst wurden sechzehn Währungen einbezogen, ab 1981 enthält der Korb aber nur noch die Währungen der fünf Länder mit den höchsten Anteilen am Weltexport.

Die Bewertung erfolgt mit der sogenannten Standardkorbtechnik, die sich anhand der Tabelle G.4 verdeutlichen läßt. Seit dem 1. Januar 1986 gehen die fünf Währungen mit den genannten Währungsbeträgen in den Korb ein. Den Währungsbeträgen liegen die in der Tabelle ebenfalls ausgewiesenen Gewichte zum Basiszeitpunkt – hier zum 12.12.1985 – zugrunde. Diese wurden nach bestimmten Kennziffern, unter anderem nach dem Anteil der Länder am Weltexport in den Jahren 1980 bis 1984, festgelegt. Die Währungsbeträge werden jeweils mit dem aktuellen Dollarkurs multipliziert. Am 30.06.1989 ergab sich von daher ein Wert von 1,24583 US-Dollar je SZR. Unter Beachtung der DM-Dollar-Parität errechnet sich für diesen Tag ein Preis von ca. 2,43 DM je SZR.

Die SZR sind in sechs Teilbeträgen zwischen Januar 1970 und Januar 1981 zugeteilt worden. Und zwar haben alle Länder, die Teilnehmer an der sogenannten SZR-Abteilung sind,[7] SZR gemäß ihrer IWF-Quote erhalten. Insgesamt wurden 21,4 Milliarden SZR zugeteilt. Dafür mußten die Länder keine Gegenleistung erbringen, so daß die SZR in der Tat eine Liquidität aus der Retorte darstellen. Die SZR können verwendet werden

– für Zahlungen zwischen dem IWF und den Mitgliedsländern des IWF
– im gegenseitigen Einvernehmen für Zahlungen zwischen den Mitgliedsländern des IWF
– für den Erwerb von konvertiblen Devisen im Rahmen der sogenannten Designierung.

---

[7] Die Teilnahme ist gegenüber dem IWF schriftlich zu erklären. Grundsätzlich steht die Abteilung allen IWF-Mitgliedern offen.

Eine besondere Bedeutung hat die Designierung. Jeder Teilnehmer an der SZR-Abteilung kann sich über den IWF gegen Hingabe von SZR Devisen beschaffen, die für eine Zahlungsbilanzfinanzierung benötigt werden. Eine Beschaffung zum Zwecke einer Strukturänderung der Währungsreserven zugunsten von Devisen ist zwar nicht grundsätzlich ausgeschlossen, aber unerwünscht. Der IWF benennt seinerseits Länder, die gegen SZR die vom Fonds benötigten Devisen zur Verfügung stellen müssen. Dabei hat der IWF die Reservesituation des designierten Landes zu beachten; insbesondere ist ein Land nur verpflichtet Bestände an SZR bis zum Dreifachen des vom IWF festgesetzten Zuteilungsbetrages zu akzeptieren. Der Zuteilungsbetrag richtet sich, wie oben schon erwähnt, nach der länderspezifischen IWF-Quote.

Die SZR unterliegen einer Verzinsung. Für den gesamten Zuteilungsbetrag an SZR hat ein Land Zinsen an den IWF zu zahlen, und auf seine SZR-Bestände erhält ein Land vom IWF Zinsen. In beiden Fällen liegt der gleiche Zinssatz zugrunde. Besitzt ein Land mehr (weniger) SZR als ihm gemäß seiner Quote zugeteilt wurden, so ergibt sich also aus solchen Zinszahlungen ein Überschuß (Defizit) gegenüber dem IWF. Zeitweise hatten die Länder ihre Bestände an SZR im Zuge von Zahlungen an den IWF drastisch abgebaut, so daß der IWF aus seinen Beständen an SZR Nettozinseinnahmen erzielte. So befanden sich beispielsweise Ende 1983 vom Zuteilungsbetrag in Höhe von 21,4 Mrd. SZR nur noch ca. 14,4 Mrd. SZR außerhalb des IWF. Bis Ende 1988 ist der Bestand an SZR außerhalb des IWF jedoch wieder auf etwa 21 Mrd. angewachsen. Der Abbau von SZR-Beständen war vor allem auf den weltweiten Kursanstieg des US-Dollars zwischen 1981 und Anfang 1985 zurückzuführen. Im Verhältnis zum Dollar traten nämlich in dieser Zeit bei den SZR Wertverluste auf, die viele Länder zu einer Strukturänderung ihrer Währungsreserven zugunsten des US-Dollars veranlaßten. Seit Mitte 1985 kehrte sich die Wertentwicklung um: Der Dollar wurde abgewertet und der Wert der SZR nahm wegen der Standardkorbbewertung zu. Folglich gewannen die SZR als Währungsreserven wieder an Attraktivität. Allerdings ist der Anteil der SZR an den gesamten Weltwährungsreserven aufgrund der begrenzten Verfügbarkeit sehr gering (Ende 1988 ca. 2,5%), so daß umfangreiche wechselkursbedingte Strukturverschiebungen zwischen den SZR und den Devisen von vornherein unmöglich sind.

Seitens des IWF wurde aber in jüngster Zeit mehrmals erwogen, das Emissionsvolumen der SZR zu erhöhen. Diskutiert wird dabei vor allem eine zusätzliche Zuteilung von SZR an hochverschuldete Entwicklungsländer. Diese Länder könnten die SZR unter anderem dazu verwenden, ihren internationalen Zahlungsverpflichtungen aus dem Schuldendienst nachzukommen. Um eine Verminderung der Zinslasten zu erreichen, müßten die SZR allerdings mit einem relativ niedrigen Zinssatz ausgestattet sein. Ob es sinnvoll ist, die SZR für solche entwicklungspolitischen Aufgaben einzusetzen, soll erst an anderer Stelle diskutiert werden. Abgesehen von der hier skizzierten Zweckbestimmung, wird die Emission von SZR durch den IWF insbesondere von den Industrieländern mit großer Skepsis beurteilt. Man fürchtet nämlich, daß die autonome Ausweitung der internationalen Liquidität ein weltweites Inflationspotential erzeugt. Von daher ist kaum zu erwarten, daß die SZR unter den Weltwährungsreserven in absehbarer Zeit an Bedeutung gewinnen werden.

G-2.3.2: Der Bedarf an Währungsreserven

Der Bedarf der Währungsbehörden an konvertiblen Devisen und somit an Währungsreserven richtet sich, wie oben schon erwähnt, nach dem Umfang ihrer Zahlungsbilanzfinanzierung. Wenn die Währungsbehörden grundsätzlich nicht am Devisenmarkt intervenieren und folglich auch keine Zahlungsbilanzfinanzierung vornehmen, so werden auch keine Währungsreserven benötigt. Diese Verhaltensweise ist aber nur in einem flexiblen Wechselkurssystem möglich, in dem die Wechselkurse völlig frei von offizieller Regulierung gebildet werden. In jedem anderen Wechselkurssystem finden Interventionen statt, bei denen auf offizielle Währungsreserven zurückgegriffen wird. In einem System fester Wechselkurse besteht eine Pflicht zur Intervention, wenn die zwischen den Mitgliedsländern des Systems vereinbarten Kurse oder Bandbreiten durch das freie Spiel der Märkte verletzt würden. Und auch in einem System des schmutzigen oder des kontrollierten Floatens sind zur Verteidigung bestimmter Wechselkursziele gegebenenfalls Interventionen erforderlich. Die jeweils einzusetzenden Interventionsbeträge sind also maßgebend für den Bedarf an offiziellen Währungsreserven.

Wie weiter oben schon erläutert wurde, ist für ein Land die Notwendigkeit zu einer Zahlungsbilanzfinanzierung gegeben, wenn die Zahlungsbilanz ein Defizit aufweist (auf dem Devisenmarkt ein Nachfrageüberschuß vorliegt), die Wirkungen einer Zahlungsbilanzanpassung vermieden oder verzögert werden sollen sowie der Einsatz von Maßnahmen der Zahlungsbilanzregulierung ausgeschlossen ist. Folglich läßt sich auch sagen, daß Währungsreserven einerseits zur Vermeidung oder Verzögerung von Zahlungsbilanzanpassungen und andererseits zur Ausschaltung von Zahlungsbilanzregulierungen benötigt werden. Hierfür beispielhaft war das später noch zu erörternde Währungssystem von Bretton Woods, das Wechselkurse innerhalb relativ enger Bandbreiten vorsah und von daher im Ansatz auf eine Vermeidung von wechselkursinduzierten Zahlungsbilanzanpassungen gerichtet war und mit dem zugleich das Ziel verfolgt wurde, protektionistische Maßnahmen der Zahlungsbilanzregulierung zu verhindern. Infolgedessen spielte gerade in diesem System der Bedarf an Währungsreserven bzw. an internationaler Liquidität eine besondere Rolle. Die Zielsetzung des Systems von Bretton Woods, Wechselkursänderungen und damit wechselkursinduzierte Zahlungsbilanzanpassungen so weit wie eben möglich zu vermeiden, bedeutete allerdings nicht gleichzeitig, daß auch auf andere Maßnahmen der Zahlungsbilanzanpassung verzichtet werden sollte. Man hatte die Vorstellung, daß der Zahlungsbilanzausgleich in einem Land z. B. mit Hilfe interner geld- oder fiskalpolitischer Maßnahmen herzustellen sei, daß aber in den Übergangsphasen bis zur Realisierung dieses Ausgleichs die Zahlungsbilanzfinanzierung zu erfolgen habe. Nur für den Fall, daß der hier skizzierte Lösungsweg nicht zum Erfolg führte und die Zahlungsbilanz somit ein sogenanntes fundamentales Ungleichgewicht (streng genommen ein fundamentales Defizit) aufwies, waren in diesem System Wechselkursanpassungen erlaubt.

Grundsätzlich bleibt festzuhalten, daß der Mindestbedarf eines Landes an offiziellen Währungsreserven von Umfang und Dauer der Zahlungsbilanzfinanzierungen und damit von Umfang und Nachhaltigkeit der Zahlungsbilanzdefizite bestimmt wird. Aber selbst dann, wenn die Zahlungsbilanz eines Landes über einen längeren Zeitraum ausgeglichen ist, empfiehlt es sich, offizielle Währungsreserven für den Fall zu halten, daß später doch einmal Zahlungsbilanzdefizite auftreten sollten. Hier handelt es sich um eine „Risikokasse", deren Höhe allerdings nur nach den subjektiven Einschätzungen der zukünftigen Zahlungsbilanzentwicklung bestimmt werden kann.

Nun haben jedoch nicht nur die Währungsbehörden (möglicherweise) einen Bedarf an konvertiblen Devisen bzw. an internationaler Liquidität, sondern auch die privaten Wirtschaftssubjekte, die internationale Güter- und Kapitaltransaktionen finanzieren müssen. Es ist üblich, daß vor allem die Geschäftsbanken, über die der größte Teil der internationalen Finanzierungen abgewickelt wird, und größere international tätige Unternehmungen permanent internationale Liquidität in Form einer Transaktionskasse halten. Selbst wenn die Zahlungsbilanz eines Landes immer ausgeglichen ist, z. B. bei völlig freier Wechselkursbildung, besteht auf mikroökonomischer Ebene ein gewisser Bedarf an internationaler Liquidität, und dieser Bedarf hängt – ähnlich wie die Nachfrage nach Transaktionskasse in nationaler Währung – im wesentlichen vom (geplanten) Transaktionsvolumen, genauer vom Transaktionsvolumen für Güterimporte und Kapitalexporte, ab.

G-2.3.3: Die Deckung des Bedarfs eines Landes an internationaler Liquidität

Der Bedarf der Währungsbehörde eines Landes an Währungsreserven bzw. an internationaler Liquidität kann aus vier Quellen gedeckt werden:

1. Aus Zahlungsbilanzüberschüssen, durch die konvertible Devisen aus anderen Ländern zufließen,
2. aus Kreditaufnahmen
   - bei einer internationalen Währungsbehörde, z. B. beim Internationalen Währungsfonds
   - bei anderen nationalen Währungsbehörden, i. d. R. bei den Zentralbanken anderer Länder
   - auf dem freien internationalen Kredit- und Kapitalmarkt, z. B. auf dem Eurokreditmarkt
3. aus Zuteilungen von Reservemedien durch eine internationale Währungsbehörde, z. B. von Sonderziehungsrechten durch den Internationalen Währungsfonds
4. aus „Eigenproduktion", z. B. durch Goldförderung.

a) Zahlungsbilanzüberschüsse

Weist die Zahlungsbilanz eines Landes einen Überschuß auf, so besteht zugleich auch ein Überschußangebot auf dem Devisenmarkt. Die heimische Währung gerät hierdurch unter Aufwertungsdruck. Die nationale Währungsbehörde ist in einem System fester Wechselkurse (mit Bandfixierung) verpflichtet, die Aufwertung der heimischen Währung bzw. die Abwertung der ausländischen Währung durch Interventionen zu verhindern, wenn sich der Wechselkurs ansonsten über die Bandgrenze hinaus verändern würde. Im Zuge der Interventionen gelangt die Währungsbehörde dann in den Besitz von Währungsreserven. Bei schmutzigem oder kontrolliertem Floaten im Rahmen eines flexiblen Wechselkurssystems ergibt sich der gleiche Effekt, wenn dem Aufwertungsdruck durch Interventionen begegnet wird.

Für Länder, die häufig oder möglicherweise sogar immer Zahlungsbilanzüberschüsse aufweisen, bedeutet die Deckung des Bedarfs an Währungsreserven somit kein Problem. Mit den Zahlungsbilanzüberschüssen wird sukzessive ein Bestand an Währungsreserven aufgebaut, auf den dann im Notfall, der einmal eine Zahlungsbilanzfinanierung erforderlich machen würde, zurückgegriffen werden kann.

International als problematisch erweist sich aber der Tatbestand, daß es in der Weltwirtschaft einige wenige Länder gibt, deren Zahlungsbilanzen über Jahre hinweg durchschnittlich im Überschuß sind, so die Bundesrepublik Deutschland, Japan und die Schweiz, wogegen sich andere Länder, darunter viele Entwicklungsländer, permanent oder zumindest in einem mehrjährigen Durchschnitt in einer Defizitsituation befinden. Die wünschenswerte Situation, in der sich die Überschüsse und Defizite in der Zahlungsbilanz eines jeden Landes in einem überschaubaren Zeitraum ausgleichen, ist in der Realität leider nicht gegeben.

b) Internationale Kreditaufnahme

Es sind gerade die Defizitländer, die konvertible Währungen zur Zahlungsbilanzfinanzierung benötigen, wenn sie, wie oben schon erläutert, eine Zahlungsbilanzanpassung oder eine Zahlungsbilanzregulierung vermeiden wollen oder vermeiden müssen. Können diese Länder nicht auf Bestände an Währungsreserven zurückgreifen, so müssen sie sich die erforderliche internationale Liquidität beispielsweise durch eine Kreditaufnahme beschaffen. Wie eingangs bereits erwähnt, kommen hierfür grundsätzlich drei Quellen in Frage, eine internationale Währungsbehörde, eine nationale Währungsbehörde eines anderen Landes oder der freie internationale Kreditmarkt.

Die zuerst genannte Finanzierungsquelle wurde mit den sogenannten ordentlichen Ziehungsrechten im Währungssystem von Bretton Woods international institutionalisiert. Mit diesen Ziehungsrechten räumte man den Mitgliedsländern des Systems die Möglichkeit ein, gegen Hingabe eigener Währung bis zu einem bestimmten Höchstbetrag beim Internationalen Währungsfonds (IWF) Kredite in Form konvertibler Währungen aufzunehmen. Auch im Europäischen Währungssystem (EWS) sind Kreditmechanismen verankert, die es den Mitgliedsländern des Systems (in bestimmten Fällen auch Ländern außerhalb des Systems) erlauben, sich bei der zentralen Währungsbehörde, das ist der Europäische Fonds für währungspolitische Zusammenarbeit (EFWZ), auf dem Kreditwege die für eine Zahlungsbilanzfinanzierung benötigten konvertiblen Devisen zu beschaffen. Gestaltung und Funktionsweise der „Kreditmechanismen" des Internationalen Währungsfonds und des Europäischen Währungssystems werden weiter unten noch näher erläutert.

Während die Kreditaufnahme beim Internationalen Währungsfonds oder im Rahmen des Europäischen Währungssystems jedem Mitgliedsland des jeweiligen Systems möglich ist, stehen die beiden anderen Finanzierungsquellen i. d. R. nur solchen Ländern offen, deren Bonität anerkannt ist. Es ist allerdings zu beobachten, daß nationale Währungsbehörden bzw. Zentralbanken auf direktem Wege nur sehr selten Kredite in Form konvertibler Währungen an solche Länder vergeben, denen es selbst an Währungsreserven mangelt. Solche Kredite werden zumeist im Rahmen einer staatlichen Entwicklungshilfe gewährt, die zudem noch häufig an eine bestimmte Verwendung, z. B. für Güterkäufe im Kreditgeberland, gebunden ist.

Angesichts der begrenzten Kreditaufnahmemöglichkeiten bei internationalen und bei nationalen Währungsbehörden beschafften sich die devisenarmen Defizitländer insbesondere seit Mitte der 70er Jahre die von ihnen zur Zahlungsbilanzfinanzierung benötigte Liquidität zunehmend am internationalen Kreditmarkt. Begünstigt durch den Umstand, daß die OPEC-Staaten ihre „Petrodollars", die ihnen im Zuge der drastischen Ölpreiserhöhungen (1973/74 und 1979/80) zugeflossen waren, zu einem erheblichen Teil am internationalen Kapitalmarkt anlegten, verfügten die dort tätigen Banken über ein beachtliches Potential an internationaler Liquidität. Von daher war auch auf seiten der Anbieter die Bereitschaft groß, den Defizitländern Devisenkredite zu gewähren. Der relativ einfache Zugang zum internationalen Kreditmarkt hat dazu beigetragen, daß viele Defizitländer, vor allem Entwicklungs- und Schwellenländer, zu lange auf durchgreifende Maßnahmen der Zahlungsbilanzanpassung verzichteten und statt dessen über mehrere Jahre hinweg der politisch leichter durchsetzbaren Zahlungsbilanzfinanzierung den Vorzug gaben. Das Ergebnis dieser Art der Zahlungsbilanzfinanzierung war schließlich die internationale Verschuldungskrise, die nach 1982 offen sichtbar wurde und die auch heute noch nicht gelöst ist. Auf Ursachen, Wirkungen und Lösungsmöglichkeiten der internationalen Verschuldungskrise wird in einem gesonderten Kapitel näher eingegangen.

c) Zuteilung von Reservemedien

Unter dem Eindruck einer knappen Ausstattung des Währungssystems von Bretton Woods mit internationaler Liquidität wurden 1969, wie weiter oben schon ausgeführt, im Internationalen Währungsfonds die Sonderziehungsrechte (SZR) geschaffen. Durch die Zuteilung von Sonderziehungsrechten gelangt ein Land in den Besitz von Währungsreserven, denn diese Rechte können zum einen beim IWF gegen konvertible Devisen eingetauscht oder aber im Einvernehmen mit dem Empfängerland unmittelbar als internationales Zahlungsmittel verwendet werden. Die für den Tausch erforderlichen konvertiblen Devisen beschafft sich der IWF, wie ebenfalls schon erläutert, im Zuge der sogenannten Designierung, d. h., er bestimmt Länder mit einer günstigen Zahlungsbilanz- und Reservesituation, die SZR gegen Hingabe von Devisen anzunehmen.

Eine Neuzuteilung von Sonderziehungsrechten hat es allerdings seit 1981 nicht mehr gegeben. Es ist auch nicht absehbar, ob und gegebenenfalls wann der IWF weitere Sonderziehungsrechte schaffen wird. Der Bedarf einzelner Länder an internationaler Liquidität kann deshalb zur Zeit auch nicht aus dieser Quelle gedeckt werden. Ein Land kann, wie oben erläutert, lediglich die in seinem Besitz befindlichen Sonderziehungsrechte in andere Reservemedien bzw. in andere Formen der internationalen Liquidität umtauschen. Außer den Sonderziehungsrechten stehen aber im internationalen Währungssystem gegenwärtig keine anderen künstlich geschaffenen Reservemedien zur Verfügung, die von einer supranationalen Währungsbehörde zugeteilt werden könnten. Auch im Europäischen Währungssystem (EWS) ist diese Möglichkeit nicht vorgesehen.

d) Eigenproduktion von internationaler Liquidität

Schließlich ist noch in Betracht zu ziehen, daß ein Land internationale Liquidität selber schaffen kann. Selbstverständlich sind dazu nur solche Länder imstande, deren Währungen als internationale Liquidität bzw. als Reservemedien allgemein anerkannt sind oder die über Goldvorkommen verfügen. Wie bereits erläutert wurde, spielt der US-Dollar eine dominierende Rolle als internationales Reservemedium und als internationale Transaktionswährung. Von daher ist es den USA grundsätzlich möglich, die in ihrer Zahlungsbilanz eventuell auftretenden Defizite in beliebiger Höhe und – solange der US-Dollar als internationale Liquidität anerkannt bleibt – auch beliebig lange durch eigene Geldschöpfung zu finanzieren. Faktisch fand diese Zahlungsbilanzfinanzierung seitens der USA im Währungssystem von Bretton Woods über mehrere Jahre hinweg statt. Da andere Länder des Systems nur durch amerikanische Zahlungsbilanzdefizite und eine daran anknüpfende Zahlungsbilanzfinanzierung durch Dollar-Geldschöpfung in den Besitz von internationaler Liquidität in Form von US-Dollars gelangen konnten, gab es im Kreis der Mitgliedsländer des Systems lange Zeit keine Einwände gegen das Privileg der USA, internationale Liquidität selber schaffen zu können. Wie später im Zusammenhang mit dem System von Bretton Woods noch zu erläutern ist, führte aber eine extensive Zahlungsbilanzfinanzierung der USA schließlich doch international zu einem Vertrauensschwund gegenüber dem US-Dollar, und dieser geriet daraufhin unter einen so starken Abwertungsdruck, daß andere Länder nicht mehr in der Lage oder nicht mehr bereit waren, die Paritäten ihrer Währungen gegenüber dem US-Dollar gemäß den Vereinbarungen des Währungssystems durch Devisenmarktinterventionen zu verteidigen. Damit war aber auch zugleich die Auflösung des Währungssystems von Bretton Woods eingeleitet. Seither praktizieren die USA ein flexibles Wechselkurssystem. Ihre Zahlungsbilanz ist jetzt a priori ausgeglichen, und für eine Zahlungsbilanzfinanzierung besteht von daher seitens der USA keine Notwendigkeit mehr. Die nationale Währungsbehörde der USA, das Federal Reserve System, ist folglich auch nicht mehr auf das noch immer bestehende Privileg, internationale Liquidität selber schaffen zu können, angewiesen. Allerdings hat sich auch die nationale Währungsbehörde der USA in den vergangenen Jahren mehrmals an international koordinierten Devisenmarktinterventionen beteiligt und dabei internationale Liquidität in Form von US-Dollars geschaffen (vernichtet), wenn es um eine Bekämpfung des internationalen Aufwertungsdrucks (des Abwertungsdrucks) für den US-Dollar ging.

Da ihre Währungen zur Zeit ebenfalls international als Reservemedien anerkannt sind, könnten auch Japan, die Schweiz oder die Bundesrepublik Deutschland ähnlich wie die USA internationale Liquidität selber schaffen. Hierbei darf aber nicht übersehen werden, daß die Währungen dieser drei Länder vermutlich nur deshalb eine gewisse Rolle als internationale Reservemedium spielen, weil die Zahlungsbilanzen der drei Länder seit mehreren Jahren – zumindest im Durchschnitt – relativ hohe Überschüsse aufweisen. Von daher ergibt sich für diese Länder überhaupt keine Notwendigkeit zur Zahlungsbilanzfinanzierung, und für die nationalen Währungsbehörden der Länder spielt deshalb die Möglichkeit, durch eigene Geldschöpfung zugleich auch internationale Liquidität schaffen zu können, auch keine Rolle. Erst wenn sich Zahlungsbilanzdefizite einstellen würden, auf die man mit Zahlungsbilanzfinanzierungen reagieren möchte, wäre das Privileg zur „Eigenproduktion" internationaler Liquidität bedeutsam. Wie oben schon angedeutet wurde, dürfte dieses Privileg aber gerade dann verlorengehen, wenn (wiederholt) Zahlungsbilanzdefizite auftreten. Die Währung des betroffenen Landes würde in einer solchen Situation sicherlich recht bald ihre Stellung als international anerkanntes Reservemedium einbüßen.

Obwohl Gold nach wie vor zu den offiziellen Währungsreserven zählt, hat es seine frühere Bedeutung als offizielles internationales Reservemedium weitgehend verloren. Im Währungssystem von Bretton Woods und auch noch kurze Zeit nach Aufhebung dieses Systems gab es einen offiziellen Goldpreis, zu dem Zahlungen zwischen dem Internationalen Währungsfonds und seinen Mitgliedern sowie zwischen den nationalen Währungsbehörden der Mitglieder des IWF abgewickelt werden konnten. 1976 wurde der offizielle Goldpreis jedoch abgeschafft. Der IWF nimmt seither keine Transaktionen mehr in Gold vor, und nationale Währungsbehörden sind nicht mehr verpflichtet, Gold gegen konvertible Devisen zu tauschen. Grundsätzlich besteht aber die Möglichkeit, daß nationale Währungsbehörden Gold zum gerade herrschenden Marktpreis in konvertible Währungen umtauschen, um so die Struktur ihrer Währungsreserven zu verändern, oder daß Gold auf privatwirtschaftlicher Seite als Zahlungsmittel akzeptiert wird. Vor diesem Hintergrund ließe sich dann konstatieren, daß Länder, die einen eigenen Goldabbau betreiben, in der Lage sind, selber internationale Liquidität bzw. ein internationales Zahlungsmittel zu schaffen. Es darf allerdings nicht übersehen werden, daß Gold für die Produktionsländer ein normales Exportgut darstellt und daß diesen Ländern aus dem Export von Gold – unabhängig davon, wo und für welchen Zweck das

Gold Verwendung findet – konvertible Devisen zufließen. Somit gibt es in Hinsicht auf die Deckung des Bedarfs an internationaler Liquidität letztlich keinen Unterschied zwischen einem Land, das Gold exportiert, und einem Land, das andere Güter exportiert.

G.2.3.4: Die Versorgung des Weltwährungssystems mit internationaler Liquidität

a) Versorgungsmöglichkeiten

Die Abwicklung des internationalen Zahlungsverkehrs innerhalb des Weltwährungssystems einschließlich der offiziellen Devisenmarktinterventionen setzt eine gewisse Umlaufsmenge an internationaler Liquidität, insbesondere an konvertiblen Devisen voraus. Wird internationale Liquidität im gesamten System knapp, so besteht die Gefahr, daß einzelne Länder ihren Bedarf aus den zuvor aufgezeigten Quellen nicht mehr decken können und daß solche Länder dann schließlich zum Mittel der Devisenbewirtschaftung greifen oder andere protektionistische Maßnahmen einsetzen.

Wie läßt sich aber eine ausreichende Versorgung nicht nur eines einzelnen Landes, sondern auch des gesamten Weltwährungssystems mit internationaler Liquidität sicherstellen? Grundsätzlich möglich sind

– die Schaffung zusätzlicher Reservemedien
– die effizientere Nutzung bzw. die Erhöhung der Umlaufsgeschwindigkeit der vorhandenen Reservemedien.

Eigenständige bzw. originäre Reservemedien, die unmittelbar als internationale Zahlungsmittel dienen können, sind das Gold, die konvertiblen Devisen und die SZR. Die Reserveposition in IWF drückt demgegenüber nur einen gewissen Anspruch auf solche Reservemedien aus. Den ECU-Guthaben liegen, wie oben schon erwähnt, direkt originäre Reservemedien zugrunde, nämlich Gold und konvertible Devisen; sie werden deshalb vom IWF auch unter den Devisenreserven subsummiert. Die Schaffung zusätzlicher Reservemedien kann sich also nur auf die originären Komponenten beziehen.

b) Sonderziehungsrechte

Eine relativ einfache Möglichkeit zur Schaffung von Reservemedien bestünde in einer zusätzlichen Emission von SZR durch den IWF. Wie weiter oben schon ausgeführt wurde, wenden sich aber vor allem einige Industrieländer gegen diese Art der Liquiditätsschöpfung. Ausschlaggebend sind dabei Befürchtungen, es könne zu einer inflationsfördernden Ausweitung der internationalen Liquidität kommen und dem IWF würde allmählich die – von vielen Ländern nicht erwünschte – Rolle einer Weltzentralbank mit eigener Geldschöpfungsmacht zufallen. Sofern keine internationalen Liquiditätsengpässe auftreten, durch die der Welthandel ernsthaft gefährdet werden könnte, ist zur Zeit nicht mit einer nennenswerten Aufstockung der SZR zu rechnen. Die relative Bedeutung der SZR dürfte deshalb vorerst noch weiter abnehmen.

c) Goldbestände

Das Gold ist ein knapper Rohstoff und von daher nur begrenzt verfügbar. Darüberhinaus fließt Gold auch als Vor- und Zwischenprodukt in den Produktionsprozeß ein, und hiermit steht seine Verwendung als Währungsreserve in Konkurrenz. Infolge der Knappheitssituation und der Konkurrenzbeziehung käme es zweifellos zu einem Anstieg des Goldpreises, wenn zusätzliche Mengen von Gold als Währungsreserven bzw. als internationale Liquidität nachgefragt würden. In der Erwartung weiterer Preiserhöhungen dürfte es in dieser Situation auch noch zu einer spekulativen Goldhortung kommen, so daß mit einem sich selbst verstärkenden Preisauftrieb zu rechnen wäre. Die Goldpreiserhöhung hat für das Weltwährungssystem zwei gravierende Nachteile:

1. zum einen kommt nur den Ländern, die Gold als Währungsreserven besitzen oder die über große Goldvorkommen verfügen, der Wertzuwachs zugute; damit sind aber in der Regel die Länder bevorzugt, die ohnehin keinen Mangel an Währungsreserven bzw. internationaler Liquidität haben;

2. zum anderen werden konvertible Devisen relativ zum Gold abgewertet; sie können dadurch u. U. ihre Funktion als international anerkannte Währungsreserven verlieren, und von hierher würde dann die Versorgung mit internationaler Liquidität wieder eingeschränkt.

Das Gold ist in der heutigen Zeit, in der allein aufgrund des stark wachsenden Welthandels ein hoher Bedarf an internationaler Liquidität besteht, kein geeignetes Reservemedium, mit dem sich die Liquiditätsversorgung des Weltwährungssystems sicherstellen läßt.

d) Devisen: Der Eurodollarmarkt

Betrachtet man die Gesamtheit der Länder außerhalb eines Reservewährungslandes, so können diese Länder nur Nettobestände in der entspechenden Reservewährung (Nettodevisenforderungen) aufbauen, wenn die Zahlungsbilanz des Reservewährungslandes Defizite aufweist. Im Währungssystem von Bretton-Woods war diese Situation lange Zeit für das Reservewährungsland USA gegeben, und von daher wurde das System mit Dollar-Devisen versorgt. Wie schon erwähnt, ist diese Form der Versorgung mit internationaler Liquidität problematisch, weil anhaltende Defizite eines Landes, auch eines Reservewährungslandes, einen Abwertungsdruck auf die entsprechende Währung verursachen und das allgemeine Vertrauen in diese Währung letztlich herabsetzen. Damit ist aber die Funktion der Währung als Währungsreserve bzw. internationale Liquidität gefährdet. Das Bretton Woods-System ist, wie später noch zu zeigen ist, nicht zuletzt an diesem Problem gescheitert. Die USA praktizieren seit 1973 ein flexibles Wechselkurssystem. Bei völlig freier Wechselkursbildung wäre die Zahlungsbilanz der USA immer ausgeglichen, und in der Gesamtheit der Länder außerhalb der USA könnten dann auch keine auf US-Dollar lautenden offiziellen Nettodevisenforderungen mehr entstehen. Faktisch sind aber die Weltwährungsreserven (außerhalb der USA) in Form von Dollar-Devisen seit 1973 laufend gestiegen. Dafür sind im wesentlichen zwei Gründe maßgebend:

1. das amerikanische Federal Reserve System hat im Rahmen von Interventionen mehrmals US-Dollars an die internationalen Devisenmärkte abgegeben;

2. auf dem Eurodollarmarkt ist im Zuge multipler Kreditschöpfungsprozesse nicht nur die Umlaufsgeschwindigkeit, sondern auch der offizielle Bestand der Dollar-Währungsreserven erhöht worden.

Eurodollars sind kurzfristige, auf US-Dollar lautende Einlagen bei Banken außerhalb der USA. Grundlage der Geschäfte auf dem Eurodollarmarkt sind kurzfristige Dollarforderungen, in der Regel in Form von Sichtguthaben, gegenüber amerikanischen Banken in den USA. Nach wie vor wichtigster Bankplatz des Euro-

Tabelle G.5:   Währungsstruktur am Eurogeldmarkt (in Mrd. US-Dollar)

Forderungen (F) und Verbindlichkeiten / Währungen (V)	Ende 1970		Ende 1984		Ende 1985		Ende 1986		Ende 1987	
	F	V	F	V	F	V	F	V	F	V
US-Dollar	60,4	58,7	810,1	930,4	863,0	971,7	1051,8	1181,8	1238,2	1377,9
DM	10,1	8,1	249,3	251,0	262,8	267,0	263,9	295,7	297,7	338,8
Japanischer Yen	–	–	75,0	72,7	96,0	92,1	116,9	113,3	147,8	137,2
Schweizer Franken	5,1	5,7	117,9	135,1	133,2	154,0	141,0	171,5	139,2	181,5
Pfund Sterling	0,6	0,9	29,0	35,1	33,8	42,2	42,5	52,5	48,3	67,0
Sonstige Währungen	2,1	1,9	164,0	165,0	187,3	194,3	221,6	226,7	260,1	271,7

Quelle: Bank für Internationalen Zahlungsausgleich, 47. Jahresbericht 1977; 58. Jahresbericht 1988; eigene Berechnungen.

dollarmarktes ist London. Daneben spielen aber auch andere europäische Bankplätze (z. B. Luxemburg, Zürich, Paris, Frankfurt), außereuropäische Bankplätze in Japan und in Kanada sowie die sogenannten Off-Shore-Finanzplätze (z. B. auf den Bahamas und den Kaimaninseln, in Hongkong und in Singapur) eine zunehmende Rolle.

Der Eurodollarmarkt ist ein Teil des gesamten sogenannten Eurogeldmarktes. Auf diesem Markt hat in den letzten Jahren die Bedeutung anderer Währungen erheblich zugenommen. Außerhalb des jeweiligen Emissionslandes werden dort nicht nur kurzfristige Dollarforderungen, sondern in beträchtlichem Umfang auch kurzfristige Forderungen in anderen international anerkannten Währungen gehalten. Ein besonderes Gewicht haben dabei die D-Mark, der Japanische Yen, der Schweizer Franken und das Pfund Sterling. Dementsprechend gibt es als Teilmärkte des gesamten Eurogeldmarktes auch einen Euro-DM-Markt, einen Euro-Yen-Markt, usw. Die Tabelle G.5 gibt einen Überblick über die Währungsstruktur am Eurogeldmarkt für ausgewählte Jahre zwischen 1970 und 1987. In der Tabelle wird einerseits die starke Expansion des Eurogeldmarktes, andererseits aber auch die wachsende Bedeutung anderer Währungen neben dem US-Dollar sichtbar. Im folgenden sei aber nur exemplarisch der Markt für Eurodollars betrachtet, die auf dem gesamten Eurogeldmarkt immer noch eine dominierende Rolle spielen.

Angenommen, die Zentralbank eines Landes A außerhalb der USA besitzt eine kurzfristige Dollarforderung (als Währungsreserve), zum Beispiel in Form von Sichtguthaben bei einer amerikanischen Bank in den USA. Wegen relativ höherer Zinsen am Eurodollarmarkt möge die Zentralbank die Guthaben auf ein Terminkonto bei einer Eurobank B transferieren. Diese Bank erwirbt einerseits die Dollarforderung gegen die amerikanische Bank, besitzt aber nun andererseits Verbindlichkeiten in gleicher Höhe gegenüber der Zentralbank des Landes A. Bis hierher haben sich die Währungsreserven des Landes A nicht verändert, es hat lediglich eine Strukturverschiebung stattgefunden. Die Eurobank B möge jetzt auf der Grundlage der Dollarforderung einen Kredit an ein Land C, z. B. ein Entwicklungsland, vergeben. Voraussichtlich wird die Eurobank allerdings eine gewisse Sicherheitsreserve halten und deshalb den Kredit auf einen Teil des Betrages der Dollarforderung beschränken. Das Land C möge den Kreditbetrag zum Kauf von Gütern im Land A verwenden. In Höhe des Kreditbetrages gelangt also die ursprüngliche Dollarforderung wieder in das Land A. Ob nun zusätzliche Währungsreserven entstehen, hängt davon ab, wie der in das Land A gelangte Dollarbetrag verwendet wird. Er könnte beispielsweise

- im Zuge von entsprechenden Devisenmarktoperationen in den Besitz der Zentralbank des Landes A gelangen
- von einer Unternehmung oder einer Geschäftsbank des Landes A direkt als Termineinlage auf dem Eurodollarmarkt angelegt werden.

Im ersten Fall hätten sich die offiziellen Währungsreserven des Landes A um den Betrag der jetzt zugeflossenen Dollarforderung erhöht. Auf der Grundlage der ursprünglichen Dollarforderung gegenüber der amerikanischen Bank in den USA wäre es also über den Eurodollarmarkt zu einer Reserveschöpfung gekommen. Im zweiten Fall würden die offiziellen Währungsreserven des Landes A demgegenüber nicht verändert. Statt dessen ist die Dollarforderung auf den Euromarkt zurückgeflossen, und auf dieser Basis kann seitens einer Eurobank erneut eine Kreditschöpfung erfolgen. Mit Bezug auf den ersten Fall ist es aber auch denkbar, daß die Zentralbank des Landes A die zugeflossene Dollarforderung – zum Beispiel wiederum wegen eines Zinsvorteils – als Termineinlage am Eurodollarmarkt anlegt. Aus der Sicht des Eurodollarmarktes bestünde dann zwischen dem ersten und dem zweiten Fall kein Unterschied.

Es wird deutlich, daß sich auf der Grundlage der ursprünglichen Dollarforderung gegen die amerikanische Bank in den USA ein multipler Kreditschöpfungsprozeß entwickeln kann. Im Verlauf dieses Prozesses wird auf jeden Fall die Umlaufsgeschwindigkeit der anfangs vorhandenen Währungsreserven erhöht. Und es ist sogar möglich, wie oben skizziert, daß zugleich zusätzliche Währungsreserven geschöpft werden. Es ist allerdings zu beachten, daß die zusätzlich entstehenden Währungsreserven ausschließlich auf US-Dollar lautende Termineinlagen von Zentralbanken auf dem Eurodollarmarkt sind. Die kurzfristigen Dollarverbindlichkeiten der USA, die der ursprünglichen Dollarforderung der Zentralbank des Landes A gegenüber einer amerikanischen Bank entsprechen, verändern sich nicht. Somit ist über den Eurodollarmarkt eine Schöpfung von Dollar-Währungsreserven möglich, ohne daß sich die Zahlungsbilanzsituation der USA geändert hat.

Die Erkenntnis, daß die Anlage von Dollar-Währungsreserven am Eurodollarmarkt über einen multiplen Kreditschöpfungsprozeß zu einer Erhöhung der Umlaufsgeschwindigkeit der internationalen Liquidität oder gar zu einer Ausweitung der Bestände an Dollarreserven führt, veranlaßte die wichtigsten Industrieländer (die sogenannte Zehnergruppe) im Jahr 1971 zu einer Vereinbarung, nach der nichtamerikanische Währungsbehörden auf eine Anlage von Dollarforderungen auf dem Eurodollarmarkt verzichten sollten. Diese Vereinbarung hat aber keine nachhaltige Wirkung gehabt. Mitte und Ende der 70er Jahre waren es vor allem die OPEC-Staaten, die die sogenannten Petrodollars am Eurodollarmarkt anlegten. Aber auch die Zentralbanken anderer europäischer und nichteuropäischer Länder haben immer wieder Fremdwährungsforderungen am Eurogeldmarkt – insbesondere Dollarforderungen am Eurodollarmarkt – angelegt. Bei freiem internationalen Kapitalverkehr spielt es jedoch letztlich keine wesentliche Rolle, ob eine Zentralbank Dollarforderungen bei einer amerikanischen Bank in den USA oder auf dem Eurodollarmarkt anlegt. Denn auch im ersten Fall ist es ohne weiteres möglich, daß die Dollarforderung der Zentralbank auf indirektem Wege, z.B. durch ein Engagement der amerikanischen Bank oder eines anderen amerikanischen Wirtschaftssubjektes am Eurodollarmarkt, schließlich doch in den Besitz einer Eurobank gelangt und Grundlage eines multiplen Kreditschöpfungsprozesses auf dem Eurogeldmarkt wird. Der gesamte Eurogeldmarkt – und darin insbesondere der Eurodollar-markt – hat inzwischen eine herausragende Bedeutung für die Versorgung des Welt-währungssystems mit internationaler Liquidität erlangt, und zwar unabhängig da-von, ob sich nationale Währungsbehörden direkt an diesem Markt engagieren oder nicht.

G-3: Währungssysteme in der Praxis

G-3.1: Die Goldwährung

G-3.1.1: Merkmale der Goldwährung

Die Goldwährung ist das erste Währungssystem, das auf der Grundlage allgemein anerkannter Spielregeln eine weite internationale Verbreitung fand. 1821 wurde die Goldwährung in Großbritannien eingeführt, indem die Bank von England per Ge-setz verpflichtet wurde, jederzeit Banknoten in Goldmünzen umzutauschen. 1844 führte man dort mit der Peelschen Bankakte auch offizielle Gold-Deckungsvor-schriften für den Banknotenumlauf ein. Nach und nach folgten andere Länder diesem Beispiel, und zwischen etwa 1880 und 1914, also bis zum Ausbruch des Ersten Weltkriegs, praktizierten fast alle weltwirtschaftlich bedeutenden Länder das System der Goldwährung.

Die wesentlichen Merkmale eines reinen Systems der Goldwährung sind:

1. *Gold ist das einzige offizielle Reservemedium;*
2. *das umlaufende Bargeld eines jeden Mitgliedslandes ist in Höhe einer gesetzlich fixierten Quote durch Gold gedeckt;*
3. *der Goldwert einer jeden nationalen Währung ist durch die sogenannte Goldparität festgelegt;*
4. *die nationale Währungsbehörde bzw. die Zentralbank eines jeden Mitgliedslandes ist verpflichtet, eigene Währung jederzeit zur Goldparität in Gold umzutauschen und umgekehrt;*
5. *zwischen den Mitgliedsländern des Systems ist die freie Aus- und Einfuhr von Gold garantiert.*

Zwei Ausprägungen der Goldwährung sind zu unterscheiden:

- *die Goldumlaufswährung*
- *die Goldkernwährung.*

Bei der Goldumlaufswährung besteht die Geldmenge eines Landes nur aus voll-wertigen Goldmünzen (aus den sogenannten Kurantmünzen). Nur diese sind allge-mein anerkanntes Zahlungsmittel. A priori ist hier eine vollständige Golddeckung gegeben, die Goldparität folgt aus dem Nominalbetrag der Münze, und der Aspekt des Umtausches in Gold ist irrelevant. Vor allem wegen der Knappheit des Goldes ließ sich die Goldumlaufswährung allerdings in der Praxis kaum realisieren. Weite Verbreitung fand deshalb auch nur die Goldkernwährung.

Bei der Goldkernwährung sind neben den Goldmünzen Banknoten im Umlauf, die zu einem bestimmten Teil durch Goldbestände in Händen der nationalen Wäh-rungsbehörde gedeckt sind. In Deutschland galt beispielsweise nach dem Reichs-bankgesetz von 1875 eine Dritteldeckung, d. h., der Banknotenumlauf mußte min-destens zu einem Drittel durch die Goldreserven der Reichsbank gedeckt sein. Dieses Deckungsprinzip wird auch Quotaldeckung genannt.[8] Neben den oder anstelle der reinen Goldmünzen – der Kurantmünzen – sind allerdings auch Scheidemünzen möglich, die keinen Goldgehalt haben oder deren Goldgehalt (bzw. Metallgehalt) erheblich geringer ist als ihr Nominalwert.

G-3.1.2: Der Wechselkurs bei Goldwährung

Sind die obengenannten Merkmale eines reinen Systems der Goldwährung gegeben, so können die Wechselkurse zwischen den Währungen der einzelnen Mitgliedsländer nur innerhalb enger Bandbreiten schwanken. Das reine System der Goldwährung ist deshalb grundsätzlich ein System fester Wechselkurse. Um das zu zeigen, seien exemplarisch zwei Länder, z. B. Deutschland als Inland und die USA als Ausland, betrachtet. Während der Zeit der Goldwährung zwischen 1880 und 1914 betrug der Wechselkurs zwischen den beiden Ländern ungefähr 4,20 RM/$. In den USA kostete die Unze Gold beispielsweise 35 $, in Deutschland 147 Reichsmark (RM). Dementsprechend ergibt sich als sogenannter Parikurs der schon genannte Wert von 147 RM/35 $ = 4,20 RM/$.

Es sei nun angenommen, der Dollarkurs würde über 4,20 RM/$ steigen. In diesem Fall wäre es aus deutscher Sicht vorteilhaft, bei der eigenen nationalen Währungsbehörde (der Reichsbank) Gold gegen Reichsmark zu kaufen, das Gold in die USA zu exportieren und dort gegen US-Dollars umzutauschen sowie schließlich die US-Dollars am Devisenmarkt gegen Reichsmark einzulösen. Es findet also eine Goldarbitrage statt. Zu beachten ist allerdings, daß hierbei Transaktionskosten entstehen und die Abweichung vom Parikurs einen bestimmten Grenzwert überschreiten muß, ehe das Goldarbitragegeschäft einen Gewinn abwirft. Dieser Grenzwert ist der sogenannte Goldexportpunkt. Umgekehrt würde es sich unter Berücksichtigung der Transaktionskosten lohnen, Gold aus den USA zu importieren (bzw. aus der Sicht der USA nach Deutschland zu exportieren) wenn der Parikurs von 4,20 RM/$ aus unter einen bestimmten Grenzwert, den sogenannten Goldimportpunkt, sinkt.

Die hier aufgezeigten Zusammenhänge werden in der Abbildung G.2 dargestellt. In der Ausgangssituation bestehe beim Parikurs von w_p im Punkt B ein Gleichgewicht zwischen Devisenangebot A_0 und Devisennachfrage N_0. Die Devisennachfragekurve werde nun nach N_1 (Erhöhung der Devisennachfrage) verschoben, und folglich kommt es zu einer Erhöhung des Dollarkurses. Sobald der Dollarkurs den Wert w_e, den Goldexportpunkt erreicht, lohnt sich die Goldarbitrage; es findet deshalb ein Goldexport statt. In dem in der Abbildung skizzierten Beispiel macht der Goldexport einen Dollarbetrag aus, der der Strecke CD entspricht. Im Goldexportpunkt wird die Devisenangebotskurve zwingend vollkommen elastisch, weil hier nämlich ein Anreiz besteht, soviel Gold wie eben möglich zu exportieren und dementsprechend soviele Dollars wie eben möglich am Devisenmarkt gegen Reichsmark anzubieten. Der Goldexportbetrag wird aber faktisch durch die Nachfrage nach Dollars begrenzt, hier auf den Betrag von CD.

---

[8] Von der Quotaldeckung (auch Proportionalsystem genannt) ist die Sockeldeckung (auch Fiduziärsystem genannt) zu unterscheiden, bei der ein bestimmter Sockelbetrag des Banknotenumlaufs ungedeckt bleibt und der darüber hinausgehende Betrag vollständig gedeckt ist. Siehe hierzu: E. Dürr, Goldstandard, Internationaler, in: Handwörterbuch der Wirtschaftswissenschaft (HdWW), 3. Band, Stuttgart–Tübingen–Göttingen 1981, S. 699–708.

Alternativ sei eine Verschiebung der Angebotskurve nach A_1 betrachtet. Der Dollarkurs sinkt jetzt, und bei Erreichen des Goldimportpunkts bei w_i wird Gold in Höhe eines Dollarbetrages von EF importiert. Die Nachfragekurve wird im Goldimportpunkt vollkommen elastisch, da jeder beliebige Goldimport gewinnbringend ist. Allerdings wird der Goldimportbetrag hier durch das Angebot an Dollars begrenzt, im Beispiel auf den Betrag von EF.

Im ersten Beispiel kommen Angebot und Nachfrage auf dem Devisenmarkt beim Dollarkurs von w_e im Punkt D zum Ausgleich. Der Ausgleich wird, wie die Abbildung deutlich macht, zum einen durch eine wechselkursinduzierte Erhöhung des Dollarangebots und zum anderen durch die Erhöhung des Dollarangebots im Zuge des Goldexports erreicht. Die wechselkursinduzierte Erhöhung ist z. B. auf eine Zunahme der inländischen Güterexporte im Gefolge einer Abwertung der Reichsmark (einer Erhöhung des Dollarkurses) zurückzuführen. Im zweiten Beispiel ist es umgekehrt. Hier wird der Ausgleich zwischen Angebot und Nachfrage, der sich beim Dollarkurs von w_i im Punkt F einstellt, durch eine wechselkursinduzierte Erhöhung der Nachfrage nach Dollars (z. B. aufgrund eines Anstiegs der wechselkursabhängigen inländischen Güterimporte) und durch die Erhöhung der Dollarnachfrage im Zuge des Goldimports erreicht. Der Ausgleich von Angebot und Nachfrage bedeutet hier aber nicht, daß die Zahlungsbilanz im Gleichgewicht ist. Der Ausgleich findet über Goldexporte bzw. über Goldimporte statt, und solange aufgrund der Nachfrage- und Angebotskonstellationen Goldarbitragegeschäfte lohnenswert sind, verliert eines der beiden betrachteten Länder fortlaufend Goldreserven. Da diese Situation für das Land mit den Goldverlusten nur vorübergehend tragbar ist, stellt sich unmittelbar die Frage, ob das System der Goldwährung auch Mechanismen enthält, durch die ein Zahlungsbilanzgleichgewicht wiederhergestellt wird, in dem keine weiteren Goldabflüsse stattfinden.

G-3.1.3: Zahlungsbilanzausgleich im System der Goldwährung

Resultiert aus dem Zahlungsbilanzungleichgewicht eines Landes, so wie in der Abbildung G.2 für die Nachfrage- und Angebotskonstellation im Punkt D dargestellt, ein Goldexport, so wird die nationale Währungsbehörde dieses Landes aufgrund der Goldeinlösepflicht indirekt zu einer Zahlungsbilanzfinanzierung gezwungen. Sind Maßnahmen der Zahlungsbilanzregulierung, so wie es im reinen System der Goldwährung vorgesehen ist, ausgeschlossen, dann kann der Zwang zur Zahlungsbilanzfinanzierung nur durch eine Zahlungsbilanzanpassung beseitigt werden. Eine Anpassung über den Wechselkurs ist, sobald der Goldexport- oder der Goldimportpunkt bereits erreicht worden sind, aufgrund der Goldarbitrage nicht möglich.[9] Es muß zu Anpassungsvorgängen kommen, durch die die Nachfragekurve oder die Angebotskurve auf dem Devisenmarkt so verschoben werden, daß sich bei einem Wechselkurs innerhalb der Bandbreiten zwischen dem Goldexport- und dem Goldimportpunkt ein Zahlungsbilanzgleichgewicht einstellt.

Drei denkbare Anpassungsmechanismen, die bei Vorliegen eines Zahlungsbilanzungleichgewichts im System der Goldwährung quasi automatisch zur Wirkung kommen können, sollen hier kurz erläutert werden. Dabei wird exemplarisch auf den in der Abbildung G.2 aufgezeigten Fall des Goldexports Bezug genommen.

---

[9] Eine solche Anpassung ist in der Abbildung G.2 in einer Bewegung auf der Nachfrage- und auf der Angebotskurve auszudrücken.

Abbildung G.2

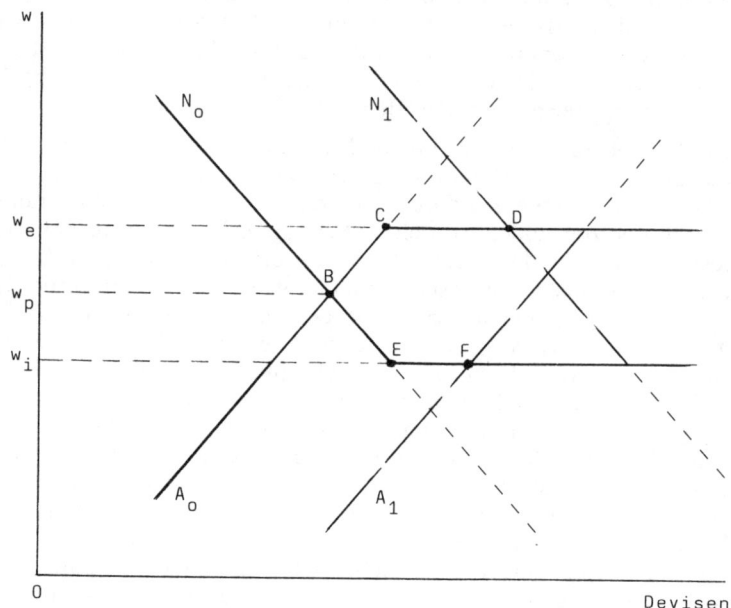

a) Der Geldmengen-Preis-Mechanismus

Findet ein Goldexport statt, so muß die nationale Währungsbehörde des betroffenen Landes, z. B. des Inlands, gemäß ihrer Golddeckungspflicht den Banknotenumlauf verringern. Es tritt also eine Verknappung des Zentralbankgeldes ein, und es ist zu erwarten, daß sich von daher die gesamte inländische Geldmenge verringert. Im anderen Land, hier dem Ausland, resultiert umgekehrt aus dem Goldimport eine Erhöhung des Banknotenumlaufs (bzw. der Zentralbankgeldmenge) und dadurch sehr wahrscheinlich der gesamten Geldmenge.[10] Bei Gültigkeit der bekannten quantitätstheoretischen Zusammenhänge wird das inländische Güterpreisniveau im Zuge der Geldmengenreduktion sinken und das Güterpreisniveau des Auslands im Zuge der Geldmengenexpansion steigen.[11] Damit aber wird das internationale Güterpreisverhältnis zugunsten des Inlands verändert. Ausreichend hohe Preiselastizitäten der Güterexporte und der Güterimporte vorausgesetzt, ergibt sich hieraus eine preisinduzierte Verbesserung der inländischen Leistungsbilanz und folglich auch eine Verbesserung der Zahlungsbilanzsituation. Diese Anpassungsprozesse halten solange an, bis das Zahlungsbilanzungleichgewicht beseitigt ist und die Goldreserven sowie die Geldmengen der betrachteten Länder deshalb nicht mehr verändert werden.

In der Abbildung G.2 drücken sich die Anpassungen in Verschiebungen der Nachfrage- und/oder der Angebotskurve aus. Da mit einer Zunahme des Exportwerts zu rechnen ist, wird sich die Angebotskurve nach rechts verschieben, und die

---

[10] Hier wäre zu prüfen, wie eng der Zusammenhang zwischen Zentralbankgeldmenge bzw. monetärer Basis und gesamtwirtschaftlicher Geldmenge ist und ob dieser Zusammenhang, der im Geldschöpfungsmultiplikator zum Ausdruck kommt, im Zeitablauf stabil ist.

[11] Siehe hierzu die Ausführungen zum Liquiditätsmechanismus im Kaptiel E, Abschnitt E.1.

Nachfragekurve würde nach links verschoben, wenn es zu einer Verringerung des Importwerts käme. Der hier aufgezeigte Geldmengen-Preis-Mechanismus war typisch für die klassische Erklärung des Zahlungsbilanzausgleichs im System der Goldwährung. Diese Erklärung setzt allerdings voraus, daß zwischen der Zentralbankgeldmenge und der gesamten Geldmenge eines Landes eine stabile Beziehung besteht, daß das Güterpreisniveau eines jeden Landes flexibel auf Geldmengenänderungen reagiert, daß die Leistungsbilanz eines jeden Landes normal auf Veränderungen des internationalen Preisverhältnisses reagiert und daß selbstverständlich die Spielregeln der Goldwährung von den nationalen Währungsbehörden eingehalten werden.

b) Der Einkommensmechanismus

In der keynesianischen Theorie wird die – empirisch durchaus nachweisbare – Möglichkeit in Betracht gezogen, daß das Güterpreisniveau eines Landes inflexibel ist und auf Geldmengenänderungen nicht reagiert. Geldmengenänderungen können aber in einer solchen Situation über Zins- und/oder Vermögenseffekte Veränderungen von Güternachfrage und Einkommen hervorrufen. Im Falle des Goldexports und der daraus resultierenden Verringerung der Geldmenge käme es zu einem Zinsanstieg sowie zu einer Reduktion des privaten Vermögens und darüber zu einem Rückgang der Güternachfrage und des gesamtwirtschaftlichen Einkommens. Im Ausland würden sich die dazu umgekehrten Reaktionen von Güternachfrage und Einkommen ergeben. Eine bestimmte Einkommensabhängigkeit der Importe eines jeden Landes vorausgesetzt, nehmen daraufhin die Güterimporte des Inlands ab und die Güterimporte des Auslands zu. Aus der Sicht des Inlands ergibt sich aus der Verringerung der Importe und der Zunahme der Exporte insgesamt eine einkommensinduzierte Verbesserung der Leistungsbilanz und darüber der Zahlungsbilanz. Der hier skizzierte Einkommensmechanismus wirkt solange, bis die Goldarbitragegeschäfte aufhören und die Goldreserven sowie die Geldmengen in den beiden Ländern von daher nicht mehr verändert werden. Die Nachfrage- und die Angebotskurve in der Abbildung G.2 haben sich auch im Zuge des Einkommensmechanismus so weit verschoben, daß ein Zahlungsbilanzgleichgewicht bei einem Wechselkurs innerhalb der Grenzen zwischen Goldexport- und Goldimportpunkt realisiert ist.

c) Zinsmechanismus und Kapitalverkehr

Die bereits für den Einkommensmechanismus relevanten Zinsänderungen können auch den internationalen Kapitalverkehr beeinflussen. Steigt beispielsweise im Inland das Zinsniveau, weil im Zuge von Goldexporten die inländische Geldmenge verringert wird, so kommt es – Zinsreagibilität des internationalen Kapitalverkehrs vorausgesetzt – zu einer Erhöhung (Abnahme) des inländischen Nettokapitalimports (des inländischen Nettokapitalexports). Dem Goldexport wird also von hierher entgegengewirkt. Aus der Sicht des Auslands zeigen sich die Reaktionen umgekehrt. Mit dem zunächst auftretenden Goldimport steigt die Geldmenge; folglich sinkt das Zinsniveau, und dadurch wird der Nettokapitalexport (Nettokapitalimport) angeregt (gedämpft). Durch die zinsinduzierten Reaktionen des internationalen Kapitalverkehrs war somit im System der Goldwährung über kurz oder lang ein Zahlungsbilanzausgleich möglich. Dieser Ausgleich fand um so schneller statt, je mobiler das internationale Kapital und je größer dementsprechend die Zinsreagibilität des internationalen Kapitalverkehrs waren. Da es im System der Goldwährung vor dem Hintergrund der nahezu festen Wechselkurse kein nennenswertes Währungsrisiko gab, ist anzunehmen, daß der internationale Kapitalverkehr tatsächlich eine hohe Mobilität besaß und auf Änderungen von Zinsdifferenzen relativ schnell reagierte.

Man kann annehmen, daß im System der Goldwährung letztlich jeder der drei zuvor genannten Mechanismen für den Zahlungsbilanzausgleich von Bedeutung gewesen ist. Wahrscheinlich hat der Zinsmechanismus über seinen Einfluß auf den internationalen Kapitalverkehr schon sehr bald nach Eintreten eines Zahlungsbilanzungleichgewichts gewirkt, denn die Finanzmärkte reagieren im allgemeinen sehr schnell auf Datenänderungen. Demgegenüber dürften der Einkommensmechanismus sowie der Geldmengen-Preis-Mechanismus wegen der üblichen Reaktionsverzögerungen auf den Gütermärkten erst auf mittlere und längere Sicht voll zum Tragen gekommen sein. Die hier angesprochenen Reaktions- und Anpassungsgeschwindigkeiten haben für die Länder der Goldwährung zweifellos eine wichtige Rolle gespielt – und sie sind auch heute noch von großer Bedeutung für die Weltwirtschaft. Wenn nämlich eine hohe Mobilität des internationalen Kapitals besteht und die Reaktionen auf den Finanzmärkten schnell auf einen Ausgleich der Zahlungsbilanz hinwirken, so ist zu erwarten, daß nur noch relativ geringe oder eventuell sogar überhaupt keine Anpassungen über Einkommen und Güterpreise erforderlich sind.

G-3.1.4: Vor- und Nachteile der Goldwährung

Die Wiedereinführung der Goldwährung wurde und wird immer wieder von einigen Wirtschaftstheoretikern und Wirtschaftspolitikern gefordert. Ob es sinnvoll ist, dieser Forderung nachzugeben, läßt sich abschließend erst beurteilen, wenn noch andere Währungssysteme eingehend betrachtet worden sind. An dieser Stelle werden aber bereits einige Vorzüge und Nachteile der Goldwährung aufgezeigt, die für eine Einschätzung dieses Währungssystems besonders wichtig sind.

(1) Dem System der Goldwährung lassen sich im wesentlichen vier Vorteile zuschreiben
  – die Stabilität der Wechselkurse
  – der weitgehend automatische Zahlungsbilanzausgleich
  – die Verhinderung einer weltweiten Inflation
  – der geringe Zwang zu internationaler wirtschaftspolitischer Kooperation.

(a) Es wird allgemein angenommen, daß die hohe Stabilität der Wechselkurse zur Zeit der Goldwährung zwischen 1880 und 1914 ganz erheblich zur Ausweitung des internationalen Handels beigetragen hatte. Der Güteraustausch zwischen den Ländern des Systems nahm nämlich in dieser Zeit um mehr als das Dreifache zu. Ex- und Importeure von Gütern waren nur einem äußerst geringen Wechselkursrisiko ausgesetzt, und nennenswerte Kurssicherungskosten fielen somit nicht an. Die geringe Schwankungsbreite der Wechselkurse hielt außerdem den spekulativen internationalen Kapitalverkehr in engen Grenzen. Folglich wurde auch nur relativ wenig Geldvermögen zum Zwecke einer Erzielung von Währungsgewinnen gebunden.

(b) Die oben schon erläuterten Mechanismen des Zahlungsbilanzausgleichs funktionierten zur Zeit der Goldwährung offenbar recht gut. Zwar waren die Zahlungsbilanzen der einzelnen Länder des Systems keineswegs immer ausgeglichen, doch es bestand zumindest eine fortwährende Tendenz zum Zahlungsbilanzausgleich. Größere Probleme einer Zahlungsbilanzfinanzierung hat es nach allen Erfahrungen nicht gegeben. Gezielte nationale wirtschaftspolitische Maßnahmen der Zahlungsbilanzanpassung waren deshalb kaum erforderlich. Vor allem aber gab es keine zwingende Notwendigkeit, Instrumente der Zahlungsbilanzregulierung, z. B. Kapitalverkehrsbeschränkungen oder Importkontingentierungen, mit dem Ziel eines Zahlungsbilanzausgleichs einzusetzen. Die Zeit der Goldwährung war deshalb auch eine Zeit eines relativ freien internationalen Güter- und Kapitalverkehrs.

(c) Während der Zeit der Goldwährung hat es zwar durchaus Fluktuationen der nationalen Güterpreisniveaus gegeben, doch eine länger anhaltende inflationäre oder auch deflationäre Preisentwicklung trat nicht ein. Das System der Goldwährung besaß nämlich einen Mechanismus, der Preisdisziplin erzwang und dadurch preisstabilisierend wirkte. Stiegen in einem Land die Güterpreise, so kam es zu einer Liquiditätsverknappung, zum einen durch eine Verschlechterung der Leistungsbilanz und den damit verbundenen Goldabfluß, zum anderen durch die preisinduzierte Verringerung der realen Geldmenge. Wegen der Golddeckungspflicht war es der Zentralbank nicht möglich, die Güterpreiserhöhung monetär zu ,,alimentieren'', und folglich ließen sich die höheren Güterpreise auf Dauer nicht durchsetzen. Kam es zu einer Erhöhung von Güterpreisen, so war es von daher auch nicht möglich, sie als Signal für eine inflationäre Preisentwicklung zu sehen; Preiserwartungseffekte waren demgemäß auf eine Preisstabilisierung, nicht jedoch auf eine Preisexplosion gerichtet.

(d) Hielten die Länder des Systems die Spielregeln der Goldwährung ein, so waren, wie oben erläutert, relativ stabile Wechselkurse, relativ stabile Güterpreise und ein weitgehend automatischer Zahlungsbilanzausgleich sichergestellt. Internationale Kooperationen mit dem Ziel einer Wechselkursstabilisierung, mit dem Ziel einer Verhinderung von weltweiter Inflation, mit dem Ziel einer Beseitigung von Zahlungsbilanzungleichgewichten oder mit dem Ziel, nationale Aktivitäten der Zahlungsbilanzregulierung zu unterbinden, waren deshalb auch nicht erforderlich. Im System der Goldwährung bestand, wie sich auch empirisch nachweisen läßt, vor allem über den Einkommensmechanismus ein relativ enger internationaler Konjunkturzusammenhang. Daraus ergab sich aber nicht zwingend ein Erfordernis zu internationaler Kooperation. Da nämlich die Ziele der Preis- und Wechselkursstabilität sowie des Zahlungsbilanzausgleichs systemimmanent weitgehend erfüllt waren, konnte sich die nationale Wirtschaftspolitik eines jeden Landes auf die Erreichung des Beschäftigungsziels konzentrieren. Und diese Politik machte i. d. R. konkrete länderspezifische Instrumenteneinsätze erforderlich, die keiner internationalen Abstimmung bedurften. Wichtig war nur, daß einzelne Länder des Systems nicht ständig eine einkommens- und beschäftigungsfeindliche Politik betrieben und dadurch die Beschäftigungsziele der anderen Länder infolge des Konjunkturzusammenhangs gefährdeten.

(2) Das System der Goldwährung besitzt allerdings auch einige Nachteile, so z. B.
   - die Abhängigkeit des nationalen und internationalen Geldumlaufs von den Goldreserven
   - der enge internationale Preis- und Konjunkturzusammenhang
   - die Verteilung der Lasten einer Zahlungsbilanzanpassung auf das nationale Beschäftigungs- und Preisniveau
   - die weitreichende Einschränkung der Möglichkeit zu einer autonomen nationalen Wirtschaftspolitik.

(a) Aufgrund der Golddeckungsvorschriften wird die im System der Goldwährung insgesamt umlaufende Geldmenge weitgehend durch die Höhe der offiziellen

Goldreserven bestimmt. Die umlaufende Geldmenge bildet aber ihrerseits eine gewisse Höchstgrenze für das Transaktionsvolumen auf den nationalen sowie internationalen Güter- und Kapitalmärkten. Die Knappheit von Goldreserven kann somit bedeuten, daß einer Ausweitung der nationalen Güterproduktionen sowie des internationalen Handels enge Grenzen gesetzt sind. Sehr problematisch ist auch der Tatbestand, daß viele Länder nicht über eigene Goldvorkommen verfügen und deshalb in ihrer nationalen Geldversorgung von Goldzuflüssen aus dem Ausland abhängig sind. Nettogoldzuflüsse kann es aber nur geben, wenn ein Land Zahlungsbilanzüberschüsse aufweist. Im Falle von Zahlungsbilanzüberschüssen kommen aber, wie oben gezeigt, die Mechanismen des Zahlungsbilanzausgleichs zur Wirkung, so daß sich die zur ökonomischen Entwicklung eines Landes erforderlichen Goldreserven möglicherweise von vornherein nicht aufbauen lassen. Umgekehrt genießen Länder mit eigener Goldproduktion den Vorzug einer autonomen Geldmengenpolitik, und diese Länder haben durch ihre Goldproduktion einen dominierenden Einfluß auf die Preis- und die Produktionsentwicklung des gesamten Systems. Selbstverständlich läßt sich der Zusammenhang zwischen den Goldreserven und den nationalen Geldmengen lockern, indem z. B. der Golddeckungsanteil der Banknoten verringert wird oder indem die Goldreserven höher bewertet werden oder indem die Umlaufsgeschwindigkeit des Geldes, z. B. durch Forcierung des bargeldlosen Zahlungsverkehrs, erhöht wird. Solche Maßnahmen bedeuten aber einen Eingriff in die grundlegenden Funktionselemente der Goldwährung, und sie sind deshalb geeignet, die wichtigsten Vorteile dieses Währungssystems, z. B. die Wechselkurs- und die Preisstabilität, in Frage zu stellen.

(b) Infolge der festen Wechselkurse sowie der rigiden Golddeckungsvorschriften gibt es für einzelne Länder des Systems keinen Schutz vor Preis- und Konjunkturübertragungen. Betreibt ein Land beispielsweise auf der Basis einer eigenen Goldproduktion eine expansive Geldmengenpolitik und kommt es dadurch in diesem Land zu Preissteigerungen, so werden Preisimpulse im Zuge von Goldexporten schließlich auch auf andere Länder des Systems übertragen. Diese Länder könnten den Goldzufluß zwar absorbieren, ohne den nationalen Banknotenumlauf zu erhöhen – wordurch es dann zu einem Anstieg der Golddeckungsquote käme –, doch damit würden die Mechanismen des Zahlungsbilanzausgleichs gestört. Betreibt ein Land eine beschäftigungsfeindliche Politik, so ergibt sich für dieses Land möglicherweise eine einkommensinduzierte Verbesserung der Leistungsbilanz und darüber auch der Zahlungsbilanz. Dem hier betrachteten Land fließen dann Goldreserven zu, wogegen die anderen Länder Gold verlieren. Die negativen Folgen der beschäftigungsfeindlichen Politik werden somit in andere Länder „exportiert", während gleichzeitig das Verursacherland positive Beschäftigungsimpulse aus den anderen Ländern „importiert". Das System der Goldwährung ist somit geeignet, die Verantwortung für die nationale und die internationale Beschäftigungslage jeweils auf die anderen Länder des Systems abzuwälzen.

(c) Gerät die Zahlungsbilanz eines Landes ins Ungleichgewicht, so werden, wie oben schon erläutert, Mechanismen des Zahlungsbilanzausgleichs in Gang gesetzt, die mit Einkommens- und/oder Preiseffekten verbunden sein können. Im Falle eines Zahlungsbilanzdefizits ist infolge des Einkommensmechanismus eine Kontraktion von Einkommen und Beschäftigung möglich, im Falle eines Zahlungsbilanzüberschusses ist ein Preisanstieg zu erwarten. Die Zahlungsbilanzanpassung kann also gleichzeitig eine Verletzung des Vollbeschäftigungsziels oder des Ziels der Preisstabilität bedeuten. Problematisch sind diese Zusammenhänge selbstverständlich nur für ein Land, das unfähig ist, eine geeignete nationale Beschäftigungs- und Stabilisierungspolitik zu betreiben, und das außerdem häufig Zahlungsbilanzungleichgewichten ausgesetzt ist. Grundsätzlich bleibt aber festzustellen, daß sich die Last der Zahlungsbilanzanpassung im System der Goldwährung nicht durch Wechselkursänderungen oder durch anhaltende Zahlungsbilanzfinanzierungen auffangen läßt und folglich direkt auf die nationale Beschäftigung und/oder die nationale Preisentwicklung niederschlägt.

(d) Die Geldpolitik eines jeden Landes des Systems unterliegt einer strikten Regelbindung, die durch die Goldreserven und die Golddeckungspflicht determiniert ist. Eine autonome Geldpolitik ist nur solchen Ländern möglich, die selber Goldreserven schaffen können, z. B. aufgrund eigener Goldvorkommen. Aber auch die Möglichkeiten, mit fiskalpolitischen Maßnahmen Beschäftigungspolitik zu betreiben, sind stark eingeschränkt. Beschäftigungs- und Einkommenssteigerungen führen über die außenwirtschaftlichen Zusammenhänge i. d. R. zu Goldabflüssen und dadurch zu einer Geldmengenkontraktion, so daß die Früchte einer expansiven Beschäftigungspolitik zumindest teilweise ans Ausland verlorengehen. Eine Politik der Preisstabilität, z. B. durch Förderung von Produktivitätssteigerungen oder durch eine zurückhaltende Lohnpolitik, wird durch die außenwirtschaftlichen Zusammenhänge ebenfalls beeinträchtigt: sie induziert nämlich Goldzuflüsse und über eine damit verbundene Geldmengenerhöhung schließlich einen „Import" von Preissteigerungsimpulsen.

G-3.2: Die Golddevisenwährung

Mit dem Ausbruch des Ersten Weltkriegs im Jahr 1914 kam es auch zu einer raschen Auflösung des Systems der Goldwährung. Die kriegführenden Länder waren jetzt nicht mehr bereit oder nicht mehr in der Lage, sich den Spielregeln der Goldwährung zu unterwerfen. Man verfolgte nun eine ausschließlich nationalstaatliche Politik, die im Interesse der Rüstungsproduktion den freien Handel und Kapitalverkehr einschränkte sowie die Verwendung der ohnehin knappen Goldreserven durch Devisenbewirtschaftungsmaßnahmen regulierte. Nach Kriegsende führten einige Länder, so die USA und England, die noch genügend Goldreserven besaßen, wieder die Goldkernwährung ein. Viele Länder sahen sich hierzu jedoch wegen ihrer knappen Goldreserven außerstande. Auf der internationalen Währungskonferenz von Genua im Jahr 1922 wurde deshalb empfohlen, neben dem Gold auch Devisen als Währungsreserven zuzulassen. Der Banknotenumlauf war demzufolge mit einer bestimmten Quote durch Gold und Devisen zu decken, wobei i. d. R. eine Mindestdeckung durch Gold vorgesehen war. Als Devisenreserven konnten nur solche Währungen fungieren, die sich jederzeit in Gold einlösen ließen. Hierfür standen damals im wesentlichen zwei Währungen, das Englische Pfund und der US-Dollar, zur Verfügung, also die Währungen der Länder, die am Goldstandard festhielten. Darüber hinaus wurde international auch der Französische Franc als Reservewährung gehalten, ohne jedoch quantitativ die Bedeutung der beiden anderen Währungen zu erlangen. Im übrigen versuchte man, die Spielregeln des bis 1914 gültigen Systems der Goldwährung beizubehalten.

Im Laufe der zwanziger Jahre führten die meisten weltwirtschaftlich wichtigen Länder die Golddevisenwährung bzw. den sogenannten Golddevisenstandard ein. Es ist zu vermuten, daß die neue Währungsordnung die Wiedererstarkung des

Welthandels, die vor allem zwischen 1926 und 1928 eine bemerkenswerte Zunahme des Welthandelsvolumens mit sich brachte, erheblich gefördert hat. Das System der Golddevisenwährung hatte aber nur einen kurzen Bestand. Zu Beginn der dreißiger Jahre, während der Großen Weltwirtschaftskrise, brach es angesichts des verbreiteten Gold- und Devisenmangels, der anhaltenden Zahlungsbilanzungleichgewichte und der Suspendierung der Goldeinlösepflicht durch die Bank von England zusammen.

Die Golddevisenwährung hatte zwar gegenüber der reinen Goldwährung den Vorteil, daß die Geldversorgung des Systems nun nicht mehr ausschließlich durch die Höhe der Goldreserven determiniert war, aber sie hatte auch eine Reihe von Nachteilen, die letztlich mitverantwortlich für ihre Auflösung waren.
Als wesentliche Nachteile sind zu nennen:

1. Die Reservewährungsländer (USA, England und Frankreich) konnten nun selber internationale Liquidität schaffen, und mit ihrer Geldpolitik übten sie von daher einen starken Einfluß auf die Preis-, Produktions- und Zahlungsbilanzentwicklung in den anderen Ländern des Systems aus.

2. Die internationalen Zu- und Abflüsse von Devisen hatten in den Reservewährungsländern und den übrigen Ländern höchst unterschiedliche Geldmengeneffekte. Verlor beispielsweise ein Land Dollardevisen an die USA, so verringerte sich die Geldmenge des Abflußlandes gemäß der Deckungsquote um ein Mehrfaches, wogegen die Geldmenge in den USA i.d.R. überhaupt nicht verändert wurde, weil es nämlich üblich war, Devisen im entsprechenden Reserverwährungsland zinsbringend anzulegen. Folglich hatte aber das Abflußland allein, z.B. im Zuge des Geldmengen-Preis-Mechanismus, die Last der Zahlungsbilanzanpassung zu tragen.

3. Aus der Goldeinlösepflicht seitens der Reservewährungsländer resultierten vor allem in Krisensituationen Deflationsimpulse. Als nämlich das Vertrauen in die Reservewährungen während der großen Weltwirtschaftskrise schwand, lösten andere Länder ihre Devisen dort gegen Gold ein. Die Reservewährungsländer waren daraufhin gezwungen, ihre umlaufende Geldmenge gemäß den Golddeckungsvorschriften zu verringern. Hierdurch kam es in diesen Ländern zu (weiteren) negativen Einkommens- und Beschäftigungseffekten, die sich aufgrund des für das System typischen engen internationalen Konjunkturzusammenhangs rasch auf die anderen Länder fortpflanzten.

Die hier aufgezeigten Nachteile der Golddevisenwährung hatten auch deshalb ein besonderes Gewicht, weil es keine formellen Vereinbarungen gab, durch die sich die Teilnehmer am System bestimmten Regeln zu unterwerfen hatten. Internationale währungspolitische Koordinationen, durch die sich die destabilisierenden Entwicklungen hätten vermeiden lassen, fanden deshalb im System des Golddevisenstandards nicht statt.

G-3.3: Das System von Bretton Woods

G-3.3.1: Der Internationale Währungsfonds

Nachdem das System der Golddevisenwährung während der Großen Weltwirtschaftskrise zu Beginn der 30er Jahre zusammengebrochen war, begann weltweit eine Phase des außenwirtschaftlichen Protektionismus, der sich in Importbeschränkungen, Devisenbewirtschaftungen und Währungsabwertungen ausdrückte. Die Folge war eine Stagnation des Welthandels, die letztlich auch eine Beeinträchtigung der nationalen ökonomischen Entwicklungen implizierte. Vor diesem Hintergrund wurden vor allem in England und in den USA schon während des Zweiten Weltkriegs Pläne für eine Neuordnung des internationalen Währungssystems erarbeitet. Nach langen Vorverhandlungen trafen im Juli 1944, als das Kriegsende bereits abzusehen war, in Bretton Woods (USA) die Vertreter aus 44 Ländern unter der Führung der USA und Englands zu einer internationalen Währungs- und Finanzkonferenz der Vereinten Nationen zusammen, um gemeinsam die Leitlinien der neuen Weltwährungsordnung zu beschließen. Die Vereinbarungen von Bretton Woods sahen die Gründung des Internationalen Währungsfonds (IWF) als eine internationale währungspolitische Institution vor. Das sogenannte IWF-Abkommen, das u. a. die Ziele, Aufgaben und Instrumente des Währungsfonds festlegte, wurde schließlich im Dezember 1945 von 29 Ländern unterzeichnet.

Die in der Währungsgeschichte bis dahin erstmalige Gründung einer supranationalen Währungsbehörde (des IWF) war das herausragende Ergebnis der Konferenz von Bretton Woods. Auch nach Auflösung des mit dem IWF-Abkommen zunächst eingeführten Festkurssystems, des sogenannten Währungssystems von Bretton Woods, im Jahr 1973, hat der IWF seine Bedeutung als weltweite währungspolitische Institution nicht verloren. Die Zahl der Mitgliedsländer ist seither sogar noch laufend gestiegen und inzwischen (1988) auf 151 angewachsen.

Die Aufgaben und Instrumente des IWF wurden immer wieder den aktuellen Entwicklungen angepaßt, und dementsprechend hat es nach dem ursprünglichen IWF-Abkommen von 1945 eine Reihe von Neuregelungen innerhalb der Statuten sowie zwei umfassende Abkommensänderungen (1969 und 1978) gegeben. Auf eine Beschreibung der institutionellen Details des IWF sowie der Einzelheiten des IWF-Abkommens und seiner Anpassungen wird hier allerdings verzichtet.

G-3.3.2: Merkmale des Währungssystems von Bretton Woods

Die folgende Darstellung konzentriert sich auf die wichtigsten Funktionselemente des sogenannten Währungssystems von Bretton Woods, also des Festkurssystems, das nach dem ursprünglichen IWF-Abkommen bis Anfang 1973 Bestand hatte. Diese Elemente sind:

- die festen Wechselkurse
- die Konvertibilität der Währungen
- der Golddevisenstandard bzw. der Golddollarstandard
- die Finanzierungs- und Kreditfazilitäten.

a) Das Wechselkursregime

Die Parität der Währung eines jeden Mitgliedslandes wurde gegenüber dem Gold bzw. gegenüber dem US-Dollar fixiert. Der offizielle Preis des Goldes war in US-Dollar festgelegt worden, und zwar mit 35 Dollar je Feinunze. Diese Wechselkursfixierung implizierte zugleich, daß auch die Paritäten zwischen den einzelnen Mitgliedsländern, die sogenannten „Cross Rates", eindeutig bestimmt waren. Der US-Dollar fungierte in diesem System als Leitwährung. Um den Wert des US-Dollars zu untermauern und damit zugleich die Leitwährungsfunktion zu stärken, hatten sich die USA verpflichtet, Dollarguthaben der offiziellen Währungsbehörden anderer Länder – sofern bestimmte Bedingungen erfüllt waren – zum festgelegten Preis in Gold einzulösen. Das Gold diente also auch im Währungssystem von Bretton Woods als ein fundamentaler Wertmaßstab. Abweichungen von der vereinbarten Dollarparität waren nur innerhalb einer Bandbreite von $\pm$ 1 % zulässig. Daraus ergab sich zwischen den Nicht-Dollar-Währungen eine Bandbreite von etwa $\pm\,2\,\%$ um den Mittelkurs. Wenn die Nachfrage- und Angebotsverhältnisse auf dem Devisenmarkt einen Wechselkurs impliziert hätten, der außerhalb der festgelegten Bandbreite lag, war die nationale Währungsbehörde bzw. die Zentralbank des betroffenen Landes nach den IWF-Statuten zur Intervention verpflichtet. Die Kurse an den Bandgrenzen werden deshalb auch Interventionspunkte genannt. Bekanntlich mußten bei einer Intervention Devisen abgegeben werden, wenn die eigene Währung unter Abwertungsdruck stand, und Devisen angekauft werden, wenn es galt, einen Aufwertungsdruck auf die eigene Währung zu beseitigen.

In Abweichung von der prinzipiellen Wechelkursfixierung waren einem Land jedoch Paritätsänderungen erlaubt, wenn sich dieses Land einem sogenannten fundamentalen Zahlungsbilanzungleichgewicht ausgesetzt sah. Unter welchen Bedingungen diese Situation gegeben war, wurde in den Statuten des IWF nicht näher erläutert. In der Praxis betrachtete man diese Situation allerdings als gegeben, wenn mehrere Jahre hintereinander gravierende Zahlungsbilanzdefizite bestanden hatten. Paritätsänderungen bedurften grundsätzlich der Genehmigung durch den IWF, doch dieser konnte nur dann ablehnen, wenn es durch die Änderung zu einer Abweichung von der ursprünglichen Parität um mehr als 10 % kam und wenn sich begründen ließ, daß es zur Beseitigung des fundamentalen Zahlungsbilanzungleichgewichts keiner derart großen Paritätsänderung bedurfte.

b) Die Konvertibilität

Um die Beschränkungen im internationalen Zahlungsverkehr zu überwinden, die kennzeichnend für die protektionistische Phase der Zeit vor und während des Zweiten Weltkriegs gewesen waren, sah das IWF-Abkommen vor, innerhalb einer gewissen Übergangsperiode zu einer möglichst freien Konvertibilität der Währungen zu gelangen.[12] Diese Konvertibilitätsbestimmung bezog sich allerdings nur auf die sogenannte Ausländerkonvertibilität. Danach war ein Land verpflichtet, in Inlandswährung nominierte Guthaben von Ausländern auf Verlangen in Auslandswährung – eventuell auch in Gold oder neuerdings auch in Sonderziehungsrechte – umzutauschen, sofern diese Guthaben aus Gütertransaktionen resultierten. Die Inländerkonvertibilität, die es Inländern ermöglicht, im eigenen Land inländische gegen ausländische Währung zu tauschen, sowie die Konvertibilität im Zuge von internationalen Kapitalverkehrstransaktionen waren demgegenüber nicht zwingend vorgeschrieben. Allerdings führte man auch diese Konvertibilitätsformen in einer Reihe westlicher Industrieländer, so auch in der Bundesrepublik Deutschland, im Laufe der 50er und der 60er Jahre freiwillig ein.

Ähnliche Bedeutung wie die freie Konvertibilität der Währungen haben die im IWF-Abkommen vorgesehenen Verbote von Devisenbeschränkungen im Rahmen von internationalen Gütertransaktionen sowie von diskriminierenden Wechselkurspraktiken, z. B. in Form multipler Wechselkurse für verschiedene internationale Transaktionen. Aber auch hierfür gibt es Übergangsregelungen bzw. Übergangsfristen, die viele Mitgliedsländer des IWF noch heute in Anspruch nehmen.

---

[12] Viele westliche Industrieländer führten die Konvertibilität erst Ende der 50er Jahre ein, und in mehr als der Hälfte der IWF-Mitgliedsländer ist der Übergang zur freien Konvertibilität bis heute nicht vollzogen.

c) Der Golddevisenstandard

Um eine ausreichende Versorgung des Systems mit internationaler Liquidität zu gewährleisten, wurde darauf verzichtet, als offizielles Reservemedium nur das Gold zu verwenden. Vielmehr wurden grundsätzlich alle konvertiblen Devisen als Reservemedien und damit auch als internationale Transaktionswährungen akzeptiert. Im Unterschied zur Goldwährung der Zeit vor dem Ersten Weltkrieg und der Golddevisenwährung in der Zwischenkriegszeit waren im IWF-Abkommen keine Deckungsvorschriften vorgesehen. Jedes Land konnte somit eine autonome Geldmengenpolitik betreiben, d. h., die umlaufende nationale Geldmenge war nicht an die Höhe der nationalen Währungsreserven gebunden. Aufgrund der oben skizzierten Paritätsregelungen und der von den USA übernommenen Goldeinlösepflicht nahm der US-Dollar von vornherein eine dominierende Stellung als internationales Reservemedium ein. Das System von Bretton Woods wird deshalb auch häufig als ein Golddollarstandard bezeichnet. In der Anfangsphase des Bretton Woods-Systems war auch noch das Englische Pfund ein allgemein anerkanntes Reservemedium. Es büßte aber diese Position in den 60er Jahren ein, als England seine Währung wegen fundamentaler Zahlungsbilanzdefizite massiv abwerten mußte. Statt dessen gewannen allmählich auch andere Währungen an Bedeutung, so insbesondere der Schweizer Franken, die Deutsche Mark und der Japanische Yen. Diesen Währungen schenkte man wegen ihrer anhaltenden Stabilität ein besonderes Vertrauen.

Unter den konvertiblen Währungen blieb die dominierende Position des US-Dollars als Reservemedium und Transaktionswährung jedoch erhalten, weil nur er innerhalb des Weltwährungssystems in ausreichender Menge zur Verfügung stand. Die reichliche Ausstattung des Systems von Bretton Woods mit US-Dollars war nicht zuletzt auf Zahlungsbilanzdefizite der USA in den 50er und den 60er Jahren zurückzuführen. Wie schon weiter oben ausgeführt, setzt die Versorgung eines Währungssystems mit einer konvertiblen Währung Zahlungsbilanzdefizite des sogenannten Reservewährungslandes zwingend voraus. Hierin liegt aber zugleich auch ein gravierendes Dilemma: anhaltende Zahlungsbilanzdefizite schmälern das internationale Vertrauen in die entsprechende Währung und implizieren einen Abwertungsdruck; ein Verlust an Wertstabilität vermindert aber die Bereitschaft anderer Länder, diese Währung weiterhin als Reservemedium zu halten. Die Stabilität des US-Dollars beruhte im Bretton Woods-System auf den besonderen IWF-Vereinbarungen und während der 50er und der ersten Hälfte der 60er Jahre auf einem allgemeinen Vertrauen, das man der Wirtschaftskraft der USA trotz der Zahlungsbilanzdefizite entgegenbrachte. Die Stabilität der anderen konvertiblen Währungen, die als internationale Reservemedien Anerkennung fanden, beruhte demgegenüber ausschließlich auf anhaltenden Zahlungsbilanzüberschüssen. Aber gerade wegen der Überschüsse konnten diese Währungen als Reservemedien quantitativ keine Bedeutung erlangen.

Wenngleich die Ausstattung des Systems mit US-Dollars – gemessen an der Ausstattung mit konvertiblen Devisen – insgesamt groß war, machte sich vor allem in den 60er Jahren eine zunehmende Knappheit an internationaler Liquidität bemerkbar. Einerseits hatte sich die sogenannte Reserve/Import-Relation des Systems im Laufe der 50er Jahre und der 60er Jahre ständig verschlechtert, und andererseits nahm der Bedarf zur Finanzierung der anhaltenden Zahlungsbilanzungleichgewichte zu. Im Jahr 1969 wurde deshalb mit den Sonderziehungsrechten ein künstliches Reservemedium geschaffen, das prinzipiell die gleichen Funktionen wie das Gold und der US-Dollar erfüllen konnte. Wie anfangs der US-Dollar, so wurde zunächst auch der Wert der Sonderziehungsrechte (SZR) in Gold fixiert, und zwar mit 35 SZR je Unze. Bereits 1974 hob man diese „Goldwertgarantie" jedoch auf, und seither wird der Wert eines SZR, wie weiter oben schon erläutert, auf der Grundlage eines Währungskorbes festgelegt.

d) Die Kreditfazilitäten des IWF

Um die im System vereinbarten festen Wechselkurse zu gewährleisten, mußte allen Mitgliedsländern die Möglichkeit zu Interventionen am Devisenmarkt (bzw. an den Devisenmärkten) und damit zur Zahlungsbilanzfinanzierung gegeben sein. Bekanntlich ist dazu im Fall von Zahlungsbilanzdefiziten auf die vorhandenen Währungsreserven zurückzugreifen. Nach Ende des Zweiten Weltkriegs besaßen aber viele Länder keine oder nur geringe Währungsreserven in Form von Gold oder konvertiblen Devisen, und es war abzusehen, daß sich Zahlungsbilanzungleichgewichte auch mit der neuen Weltwährungsordnung nicht vermeiden ließen und von daher gewisse Länder zumindest zeitweise einem Reservemangel ausgesetzt sein würden. Mit dem IWF-Abkommen wurde deshalb eine internationale Kreditgewährung institutionalisiert, durch die den zahlungsbilanzschwachen Mitgliedsländern Finanzierungsmittel gewährt werden konnten. Das Recht, beim IWF auf dem Kreditwege konvertible Devisen zu beschaffen, nennt man Ziehungsrecht, die Summe dieser Rechte sind die Ziehungsrechte.

Die Ziehungsrechte eines Landes hängen von der sogenannten Quote ab, die ihm vom IWF bei Beitritt zugeteilt wird. Die Quote ergibt sich auf der Grundlage verschiedener ökonomischer Indikatoren des Landes, wie z.B. Sozialprodukt, Außenhandelsvolumen, vorhandene Währungsreserven. Gemäß ihrer Quote müssen die Mitgliedsländer Beiträge an den IWF – die sogenannten Subskriptionen – leisten. Und zwar waren zur Zeit des Bretton Woods-Systems 25% der Quote in Gold und die restlichen 75% in eigener Landeswährung einzuzahlen. Seit 1978 sind an die Stelle des Goldes die Reserveaktiva (Sonderziehungsrechte und vom IWF anerkannte konvertible Währungen) getreten. Die Beitragszahlungen der Mitgliedsländer bilden die Grundlage der Finanzierungsmöglichkeiten des IWF. Zur Ausweitung des Finanzierungsspielraums hat der IWF schon mehrmals Quotenerhöhungen vorgenommen, wodurch die Mitgliedsländer – allerdings unter Berücksichtigung von zwischenzeitlichen Änderungen der länderspezifischen ökonomischen Indikatoren – zu weiteren Einzahlungen verpflichtet worden sind.

Im Rahmen seiner Ziehungsrechte kann ein Mitgliedsland zum Zwecke der Zahlungsbilanzfinanzierung beim IWF Devisen gegen Hingabe eigener Währung „ziehen". Die bereits mit dem ersten IWF-Abkommen eingeführten allgemeinen (ordentlichen) Ziehungsrechte sind auf einen Betrag von 125% der Quote eines Landes begrenzt. Nutzt ein Land diesen Spielraum aus, so besitzt der IWF von der Währung dieses Landes einen Betrag von 200% der Länderquote. Bis hin zur Erreichung der Kreditgrenze unterscheidet man mehrere sogenante Tranchen:

1. eine Kreditaufnahme bis zu 25% der Quote findet im Rahmen der sogenannten Reservetranche (früher der Goldtranche) statt, denn diesen Betrag mußte das Land ja in Form von Reserveaktiva (früher Gold) beim IWF einzahlen;

2. die sogenannte erste Kredittranche wird in Anspruch genommen, wenn der Bestand des IWF in der Währung des kreditnehmenden Landes über 100% bis zu 125% der Landesquote anwächst und das Land somit eine Ziehung über 25% bis zu 50% seiner Quote vorgenommen hat;

3. jede darüber hinausgehende Kreditaufnahme bis zu 75 %, 100 % oder 125 % der Quote erfolgt im Rahmen weiterer (höherer) Kredittranchen.

Ziehungen innerhalb der Reserve- bzw. der Goldtranche sind ohne Bedingungen, Ziehungen innerhalb der ersten Kredittranche sind ohne nennenswerte Auflagen des IWF möglich. Erst die Inanspruchnahme der weiteren Kredittranchen ist an den Nachweis gebunden, daß das Land geeignete Maßnahmen der Zahlungsbilanzanpassung ergreift und so Aussicht auf Beseitigung des Zahlungsbilanzdefizits besteht.

Die zuvor skizzierten allgemeinen Ziehungsrechte sind angesichts von Zahlungsbilanzproblemen vieler Mitgliedsländer immer wieder erweitert worden, so z. B.

– um die sogenannten Sonderfazilitäten im Falle besonderer Handelsbilanzprobleme oder speziell für Entwicklungsländer
– um die sogenannte erweiterte Fondsfazilität im Falle struktureller Wirtschaftsprobleme
– um die sogenannte zusätzliche Finanzierungsfazilität im Falle „schwerwiegender" Zahlungsbilanzungleichgewichte.

Eine Inanspruchnahme der erweiterten Kreditfazilitäten ist ebenfalls mit Auflagen des IWF verbunden, die das kreditnehmende Land verpflichten, mit geeigneten Maßnahmen eine Zahlungsbilanzanpassung herbeizuführen und so die Ursachen des Zahlungsbilanzdefizits zu bekämpfen. Bei Ausnutzung aller regulären und zusätzlichen Ziehungsmöglichkeiten können die IWF-Kredite eines Landes im Extremfall etwa 600 % der Landesquote erreichen. Auf die beim IWF aufgenommenen Kredite sind, mit Ausnahme der Kredite innerhalb der Reservetranche, Zinsen zu zahlen. Darüber hinaus sind für die Kredite im Rahmen der einzelnen Fazilitäten bestimmte Rückzahlungsmodalitäten festgelegt worden.

G-3.3.3: Vor- und Nachteile des Systems von Bretton Woods

a) Positive Ergebnisse der Währungsordnung von Bretton Woods

Das IWF-Abkommen von 1945 und das darauf basierende Währungssystem von Bretton Woods haben wesentlich dazu beigetragen, die Phase des nahezu totalen nationalstaatlichen Protektionismus und der weltwirtschaftlichen Stagnation der Zeit vor und während des Zweiten Weltkriegs relativ schnell zu überwinden. Ohne die damals eingeleitete Neuordnung des Weltwährungssystems wäre die zeitweise rasante Ausweitung des Welthandels, die wirtschaftliche Prosperität in vielen Ländern der Erde sowie der Ausbau der ökonomischen und politischen internationalen Beziehungen nicht möglich gewesen. Die Gründung des IWF als supranationale Währungsbehörde, die die internationale Kooperation förderte und die Spielregeln der neuen Weltwährungsordnung überwachte, sowie die Einführung der über den IWF koordinierten internationalen Finanzierungshilfen waren die wichtigsten währungspolitischen Innovationen, die auch heute noch zu den tragenden Säulen der Weltwährungsordnung gehören.

Mit den festen Wechselkursen und der Verpflichtung zur freien Konvertibilität der Währungen nahm man zwei konstitutive Elemente in das System auf, die schon kennzeichnend für das System der Goldwährung bis 1914 und – mit Einschränkungen – des Systems der Golddevisenwährung in den 20er Jahren gewesen waren. Die Vermeidung von Konvertibilitätsbeschränkungen – und anderen Handelshemmnissen – ist nach wie vor eine der wichtigsten Bedingungen für Herstellung und Erhaltung funktionsfähiger internationaler Märkte. Da zumindest die führenden

Industrieländer ihrer Konvertibilitätspflicht nachkamen, konnte ein wichtiges Ziel des IWF-Abkommens wenigstens teilweise erreicht werden.

Das Ziel, weltweit möglichst feste Wechselkurse zu realisieren, ließ sich demgegenüber auf Dauer nicht verwirklichen. Obwohl das feste Wechselkursregime, das kennzeichnend für das sogenannte Bretton Woods-System war, letztlich scheiterte, läßt sich heute der Schluß ziehen, daß es kurz nach dem währungspolitischen Chaos der 30er Jahre sicherlich eine richtige Entscheidung war, der neuen Weltwährungsordnung mit weitgehend festen Wechselkursen zunächst Stabilität zu verleihen. Denn Währungsabwertungen gehörten zu den protektionistischen Instrumenten vor und während der Zeit des Zweiten Weltkriegs, und mit der Einführung fester Wechselkurse war zugleich dieses Instrument beseitigt und die Gefahr eines ökonomisch unsinnigen weltweiten Abwertungswettlaufs gebannt. Ob flexible Wechselkurse besser geeignet gewesen wären, die weltwirtschaftliche Entwicklung nach Beendigung des Zweiten Weltkriegs wieder in geordnete Bahnen zu lenken, läßt sich im Nachhinein nicht beurteilen. Sicher ist nur, daß das System von Bretton Woods bis Anfang der 60er Jahre, also etwa 15 Jahre lang, von relativ stabilen internationalen Währungsverhältnissen begleitet war. Daß dieses System im Laufe der 60er Jahre dann zunehmend störanfälliger wurde und schließlich im Jahr 1973 zusammenbrach, war im wesentlichen auf drei systemimmanente Mängel zurückzuführen

– auf das Fehlen von Mechanismen der Zahlungsbilanzanpassung
– auf die Bedeutung des Golddollarstandards für die internationale Liquiditätsversorgung
– auf die unzureichende Berücksichtigung der strukturellen weltwirtschaftlichen Entwicklungen.

b) Zu den Mechanismen der Zahlungsbilanzanpassung

Wie schon erwähnt, sah das IWF-Abkommen keine Deckungsvorschriften für den nationalen Geldmengenumlauf vor. Die Geldmengenpolitik eines jeden Mitgliedslandes war also nicht, wie bei der Goldwährung, zwingend mit der Zahlungsbilanz verknüpft. Im Falle eines Zahlungsbilanzdefizits gehen im System fester Wechselkurse grundsätzlich Währungsreserven verloren. Bei der Goldwährung implizierte dies bekanntlich eine Geldmengenreduktion und von daher über den Preis-, Einkommens- und/oder Zinsmechanismus eine Verbesserung der Leistungsbilanz und der Kapitalverkehrsbilanz. Im System von Bretton Woods bestand demgegenüber in den zahlungsbilanzschwachen Ländern die Neigung, eine kompensierende bzw. neutralisierende Geldpolitik zu betreiben, um so negative Einflüsse auf Einkommen und Beschäftigung zu vermeiden. Geldpolitische Kompensation hieß, die Verringerung der nationalen Geldmenge, die aus den im System erforderlichen Devisenmarktinterventionen resultierte, durch entgegengerichtete Maßnahmen am nationalen Geldmarkt, z. B. durch expansive Offenmarktpolitik, auszugleichen.

Tatsächlich war festzustellen, daß dem Einkommensmechanismus während der Zeit des Bretton Woods-Systems die größte Bedeutung bei der Zahlungsbilanzanpassung zukam. Die nationalen Güterpreise erwiesen sich häufig, wenn – wie im Fall des Zahlungsbilanzdefizits – Preissenkungen nötig gewesen wären, als relativ inflexibel. Das war nicht zuletzt auf die nach unten weitgehend fixierten Nominallöhne zurückzuführen. Der Preismechanismus trug deshalb kaum dazu bei, Zahlungsbilanzdefizite zu beseitigen. Auch eine Zahlungsbilanzanpassung über einen zinsinduzierten internationalen Kapitalverkehr, im Falle des Zahlungsbilanzdefizits über einen Kapitalimport, fand meistens nicht statt. Bekanntlich verpflichtete das IWF-Abkommen die Mitgliedsländer zwar zum Abbau von Handelshemmnissen, nicht jedoch zur Beseitigung der Kapitalverkehrsbeschränkungen. Viele Länder, darunter auch eine Reihe von größeren Industrieländern, hielten an der früher eingeführten staatlichen Regulierung des Kapitalverkehrs fest. Sie verhinderten dadurch nicht nur den Kapitalexport, sondern schreckten zugleich auch potentielle ausländische Anleger von einem Kapitalimport ab. Außerdem bestand im Bretton Woods-System immer die Gefahr, daß auf Zahlungsbilanzdefizite schließlich doch mit einer – bei einem „fundamentalen" Zahlungsbilanzungleichgewicht zulässigen – Abwertung reagiert wurde und ein Kapitalimport dann wechselkursbedingte Wertverluste mit sich brachte. Gerade zahlungsbilanzschwachen Ländern gelang es deshalb i. d. R. nicht, mit Zinserhöhungen eine (nennenswerte) Verbesserung der Kapitalverkehrsbilanz zu erreichen.

Insgesamt gesehen, lag die Last einer Zahlungsbilanzanpassung, sofern man sie zuließ, vorwiegend auf Einkommen und Beschäftigung. Im Interesse der nationalen Beschäftigungsziele war diese Form der Zahlungsbilananpassung jedoch in vielen Ländern unerwünscht. Indem man, wie oben skizziert, eine kompensierende Geldpolitik betrieb, hielt man zugleich an der Zahlungsbilanzfinanzierung fest; denn wegen dieser Geldpolitik wurde die Zahlungsbilanzanpassung ja nicht vollzogen, und damit blieben die Ursachen des Zahlungsbilanzdefizits erhalten. Je länger aber an der Zahlungsbilanzfinanzierung festgehalten wurde, desto mehr Währungsreserven gingen verloren. Und von daher ist es verständlich, daß die Vermeidung von Zahlungsbilanzanpassungen bzw. die Erhaltung der Zahlungsbilanzungleichgewichte zu einer immer größeren internationalen Inanspruchnahme der Finanzierungs- bzw. Kreditfazilitäten des IWF führen mußte und daß schließlich auch immer mehr Länder mit dem Hinweis auf „fundamentale" Zahlungsbilanzungleichgewichte zum Mittel der Währungsabwertung griffen.

Allerdings hätte die Einführung einer Deckungspflicht für die nationalen Geldmengen allein nicht genügt, um das hier aufgezeigte Dilemma zu beheben. Denn das IWF-Abkommen sah auch keine Vorschriften über den Einsatz und die internationale Koordination anderer wirtschaftspolitischer Instrumente vor. So konnte beispielsweise jedes Mitgliedsland unabhängig von seiner Zahlungsbilanzsituation mehr oder weniger frei über den Einsatz fiskalpolitischer Maßnahmen entscheiden. Es war also möglich, eine über den Einkommensmechanismus laufende Zahlungsbilanzanpassung auch mit Hilfe der Fiskalpolitik zu verhindern. Der IWF verband zwar die Vergabe von Krediten jenseits von Reservetranche und erster Kredittranche mit Auflagen für wirtschaftspolitisches Handeln, doch er hatte keine Möglichkeit, ein Land zu einer bestimmten Wirtschaftspolitik zu zwingen. Wollte ein Land grundsätzlich IWF-Kredite und die daran geknüpften Auflagen umgehen, so konnte es ja unter Berufung auf „fundamentale" Zahlungsbilanzungleichgewichte schließlich zum Mittel der Abwertung der eigenen Währung greifen.

Der fehlende Zwang zu einer am Ausgleich der Zahlungsbilanz orientierten nationalen Wirtschaftspolitik verhinderte aber nicht nur die Zahlungsbilanzanpassung bei Existenz von Zahlungsbilanzungleichgewichten, sondern war zugleich auch Ursache neuer Zahlungsbilanzungleichgewichte. Viele Länder setzten sowohl ihre Geldpolitik als auch ihre Fiskalpolitik zeitweise nur für das Beschäftigungsziel ein. Meistens führte diese Politik zu Inflation. Die außenwirtschaftliche Folge war dann i. d. R. eine einkommens- und preisinduzierte Verschlechterung der Leistungsbilanz, die häufig noch – da das Zinsniveau mit Hilfe der Geldpolitik niedrig gehalten wurde und ausländische Anleger eine Abwertung befürchten mußten – von einer Verschlechterung der Kapitalverkehrsbilanz begleitet war.

c) Probleme des Golddollarstandards

Der Golddollarstandard erwies sich, ähnlich wie bei der Golddevisenwährung der 20er Jahre, im System von Bretton Woods als sehr störanfällig. Dies war im wesentlichen auf

- die Unvereinbarkeit von US-Zahlungsbilanzdefiziten und anhaltender Wertbeständigkeit des Dollars
- die mangelnde Ausrichtung der amerikanischen Wirtschaftspolitik auf die internationalen Erfordernisse
- die Goldeinlösepflicht der USA

zurückzuführen.

Da die weltweite Goldproduktion zu gering war, ließ sich eine ausreichende Versorgung des Systems mit internationaler Liquidität nur durch Schöpfung der allgemein anerkannten Reserve- und Transaktionswährung „US-Dollar" sicherstellen. Hierin lag aber eine systemimmanente Dilemma-Situation: einerseits waren für die internationale Versorgung mit Dollars US-Zahlungsbilanzdefizite unabdingbar, andererseits führten anhaltende Zahlungsbilanzdefizite aber zu einer Beeinträchtigung des internationalen Vertrauens in die Wertbeständigkeit der Reservewährung. In den 50er Jahren wurden die US-Zahlungsbilanzdefizite von den meisten Mitgliedsländern des Systems im Interesse ihrer Liquiditätsversorgung noch begrüßt, doch schon zu Beginn der 60er Jahre kam es vor dem Hintergrund von zeitweise hohen Zahlungsbilanzdefiziten der USA zu gravierenden „Vertrauenskrisen". Anfangs waren es vor allem private Wirtschaftssubjekte, die ihre Dollarguthaben in der Erwartung, daß sich eine Abwertung des Dollars auf Dauer nicht vermeiden ließe, in andere konvertible Währungen umtauschten. Die nationalen Währungsbehörden außerhalb der USA waren von daher gezwungen, massiv zugunsten des Dollars zu intervenieren. Hierdurch konnte eine faktische Abwertung des Dollars zumindest vorübergehend verhindert werden, doch der Vertrauensverlust hielt wegen der weiterhin hohen US-Zahlungsbilanzdefizite an.

Um den Wert der eigenen Währungsreserven zu sichern, begannen schließlich auch nationale Währungsbehörden, ihre Dollarguthaben in Gold oder in andere konvertible Währungen einzulösen. Die Länder mit den vermeintlich harten Währungen, so z. B. die Bundesrepublik Deutschland, sahen sich infolge der privaten und öffentlichen Flucht aus dem Dollar schließlich einem so starken Dollarzustrom ausgesetzt, daß sie im Interesse der internen Stabilität nicht mehr bereit bzw. nicht mehr in der Lage waren, ihrer Interventionspflicht nachzukommen. Zunächst wurde versucht, die Krise mit Abwertungen des Dollars (im Dezember 1971 und im Februar 1973) zu bewältigen. Damit aber war ein grundlegendes Funktionsprinzip des Bretton Woods-Systems, die Wertbeständigkeit der Leitwährung, verletzt. Die Abwertungserwartungen hatten sich erfüllt, das System hatte sich unfähig gezeigt, die Vertrauenskrise zu lösen, und es gab nun keinen Grund mehr, der angeblich wiederhergestellten Stabilität des US-Dollars zu trauen. So trugen die faktischen Abwertungen sogar dazu bei, weitere Abwertungserwartungen zu schüren, und das genügte, um das Festkurssystem von Bretton Woods schließlich im März 1973 scheitern zu lassen.

Wesentlich für das Entstehen der Dollarkrise war allerdings auch der Tatbestand, daß die US-Zahlungsbilanzdefizite nicht an einer „richtigen" oder „optimalen" Versorgung des Systems mit internationaler Liquidität ausgerichtet, sondern insbesondere das Ergebnis einer überwiegend an nationalen Interessen orientierten amerikanischen Wirtschaftspolitik waren. Da die USA beliebig hohe Zahlungsbilanzdefizite finanzieren konnten, solange der Dollar von anderen Ländern als Reserve-medium akzeptiert wurde, waren die USA in der Lage, ohne Rücksicht auf ihre Zahlungsbilanzsituation eine inflationär wirkende expansive Geld- und Fiskalpolitik zu betreiben. Es kam dadurch zeitweise zu einer internationalen Dollarschwemme, aus der sich zwingend ein Abwertungsdruck entwickeln mußte. Mit der Dollarschwemme, dem Abwertungsdruck und den in dieser Situation erforderlichen Interventionen nationaler Währungsbehörden wurde der inflationäre Impuls auch auf andere Länder übertragen. Es ist verständlich, daß die auf Preisstabilität bedachten Länder auf Dauer nicht bereit waren, die Preisübertragungen passiv zu dulden, und schließlich auf Abwertungen des US-Dollars drängten.

Die Goldeinlösepflicht der USA war ein weiterer Störfaktor in der Dollarkrise. Als nämlich der Dollar unter Abwertungsverdacht geriet, stand den nationalen Währungsbehörden die Möglichkeit offen, ihre Dollarguthaben im Interesse einer Wertsicherung der Währungsreserven in Gold einzulösen. Die Flucht in das Gold setzte nicht nur den Dollar noch weiter unter Abwertungsdruck, sondern nährte auch die Erwartung, daß der Goldpreis gegenüber allen Währungen des Systems über kurz oder lang steigen müsse. Vor diesem Hintergrund war es ökonomisch rational, daß die goldproduzierenden Länder ihre Goldexporte drosselten, daß Private Gold horteten und daß nationale Währungsbehörden den Umtausch von Dollar in Gold noch forcierten. Der offizielle Goldpreis von 35 $ je Unze entsprach deshalb nicht mehr den Marktverhältnissen, und die Goldvorräte der USA begannen drastisch zu schrumpfen. Mit Hilfe des sogenannten Goldpools versuchte man in den 60er Jahren, den Goldpreis durch Ankäufe und Verkäufe von Gold am freien Goldmarkt auf dem offiziellen Niveau zu stabilisieren. Auf Dauer ließ sich aber auch damit die Spekulation gegen den Dollar und für das Gold nicht aufhalten. Im August 1971 sahen sich die USA schließlich gezwungen, die Goldeinlösepflicht aufzuheben. Damit aber war ein grundlegendes Element der Bretton Woods-Systems zerstört.

d) Strukturelle weltwirtschaftliche Probleme

Das Ziel, ein möglichst weltweites Festkurssystem zu realisieren, war von vornherein unrealistisch. Da die nationalen Gütermärkte in einem System fester Wechselkurse sehr eng miteinander verbunden sind, können nämlich strukturelle Verschiebungen in den nationalen Wirtschaftsentwicklungen nachhaltige Störungen verursachen. Steigt beispielsweise die Produktivität in einem Land A stärker als in einem Land B und lassen sich dadurch bestimmte Güter im Land A nun kostengünstiger produzieren, so ist von hierher mit einer Verschlechterung der Zahlungsbilanz des Landes B und entsprechend mit einer Verbesserung der Zahlungsbilanz des Landes A zu rechnen. Bei festem Wechselkurs ließen sich die Zahlungsbilanzeffekte nur verhindern, wenn das Land B seine Güterpreise an die gesunkenen Güterpreise des Landes A anpassen würde oder wenn das Land B mit restriktiven geld- und fiskalpolitischen Maßnahmen die einkommensinduzierten Importe drosseln und/oder den zinsinduzierten Kapitalimport fördern würde. Eine Anpassung der Güterpreise „nach unten" ist aber häufig nicht möglich, weil es, z. B. wegen der Lohnfixierung, kaum Möglichkeiten gibt, die Produktionskosten nennenswert zu senken. Würden dennoch Preissenkungen erzwungen, so wäre zu befürchten, daß einige Anbieter des Landes B aus dem Markt ausscheiden müßten und es von daher zu Arbeitslosigkeit käme. Die Beschäftigungslage wird aber auch bei Einsatz der restriktiven Geld- und Fiskalpolitik beeinträchtigt. Beschäftigungseinbußen ließen sich nur vermeiden, wenn sich die Produktivität des Landes B im Gleichschritt mit der Produktivität des Landes A entwickeln würde.

Ein weiteres Beispiel läßt sich mit einem Blick auf die Nachfragestrukturen konstruieren. Verändern sich beispielsweise die Nachfragestrukturen in den Ländern A und B zugunsten eines bestimmten Gutes und paßt sich die Produktionsstruktur des Landes A relativ schnell an die Nachfragestrukturänderung an, während die Produktionsstruktur im Land B unverändert bleibt, so ergibt sich von hierher wiederum eine Verschlechterung der Zahlungsbilanz des Landes B. Nimmt das Land B diese Verschlechterung passiv hin oder setzt es eine Zahlungsbilanzanpassung mit Hilfe von restriktiver Geld- und Fiskalpolitik durch, so treten die gleichen negativen Beschäftigungseffekte wie im vorangegangenen Beispiel auf. Vermeiden ließen sich diese Effekte nur dann, wenn auch die Produktionsstrukturen des Landes B adäquat an die Veränderungen der Nachfragestrukturen angepaßt würden.

Es ist aber nicht zu erwarten, daß alle Länder eines bestimmten Währungssystems – hier des Bretton Woods-Systems – imstande sind, auf strukturelle weltwirtschaftliche Änderungen, z. B. in den Produktivitätsentwicklungen oder den Nachfrage- und Produktionsstrukturen, mit geeigneten Anpassungen zu reagieren. Vielen Ländern fehlt es hierzu an den jeweils erforderlichen Ressourcen, z. B. an Rohstoffen, an geeignetem Humankapital, an technischem Know-how, an Finanzierungsmitteln. Der weltwirtschaftliche Strukturwandel trägt also dazu bei, daß innovations- und anpassungsschwache Länder in einem System fester Wechselkurse häufig mit länger anhaltenden Zahlungsbilanzdefiziten konfrontiert sind und/oder aufgrund von Zahlungsbilanzanpassungen mit Beschäftigungsproblemen zu kämpfen haben. Es ist verständlich, daß die Länder versuchen, dieser Dilemma-Situation durch Abwertungen ihrer Währungen zu begegnen. Da aber bei fehlender interner Anpassung die fundamentalen Ursachen nicht bekämpft werden, liegt in einer einzigen Abwertung, sofern sie überhaupt Erleichterung verschafft, keine dauerhafte Problemlösung; und weitere Abwertungen sind deshalb i. d. R. vorprogrammiert. Feste Wechselkurse lassen sich in einem so großen Währungsraum, wie er im Rahmen des Bretton Woods-Systems bestand, somit auf Dauer nicht durchsetzen.

G-3.4: Die Weltwährungsordnung nach Bretton Woods

Nachdem das Festkurssystem von Bretton Woods im März 1973 endgültig gescheitert war, zerfiel das Weltwährungssystem in mehrere verschiedene Währungsblökke. Nach einer längeren Übergangsphase, in der einzelne Länder Vor- und Nachteile verschiedener Wechselkursregimes durch Teilnahme an dem einen oder dem anderen Währungsblock ausloteten, bildete sich allmählich ein Weltwährungssystem heraus, das insgesamt von einer relativ großen Wechselkursflexibilität gekennzeichnet ist. Die Währungen einer Reihe wichtiger Industrieländer, so der USA, Großbritanniens, Japans und Kanadas, sind untereinander flexibel; die Währungen der Länder des Europäischen Währungssystems (EWS) sind zwar miteinander in relativ engen Bandbreiten verbunden, schwanken aber frei gegenüber allen anderen Währungen; viele Länder haben die Paritäten ihrer Währungen gegenüber dem US-Dollar, den Sonderziehungsrechten, einer anderen für sie wichtigen Währung oder einem Korb mehrerer Währungen fixiert, doch entsprechend der Flexibilität der jeweils gewählten Leitwährung bestehen gegenüber anderen Währungen flexible Wechselkurse.

Mit der zweiten Änderung des IWF-Abkommens im Jahr 1978 wurden die Wechselkursregelungen der neuen Entwicklung angepaßt und der Golddollarstandard aufgehoben. Jedem Land ist es jetzt freigestellt, das Wechselkursregime selbst zu bestimmen. Der IWF ist lediglich zu informieren. Ein Mitgliedsland ist aber verpflichtet, mit dem IWF und den anderen Mitgliedsländern in allen Währungsfragen zusammenzuarbeiten, sich um möglichst stabile Wechselkurse zu bemühen, Manipulationen der Wechselkurse zu unterlassen, die eine Zahlungsbilanzanpassung verhindern könnten, sowie eine nationale Wirtschaftspolitik zu betreiben, die zugleich dem Ziel einer größeren Stabilität der Wechselkurse dient. Ein stabiles Wechselkurssystem gehört also noch immer zu den Zielvorstellungen des IWF. Sofern sich ein Land für einen festen Wechselkurs entscheidet, muß es die Parität seiner Währung im Verhältnis zu den Sonderziehungsrechten oder zu einer anderen Währung festlegen. Die Anlehnung an das Gold ist im IWF-Abkommen jetzt ausdrücklich untersagt. Gold ist zwar noch immer als Teil der nationalen Währungsreserven akzeptiert, doch als offizielles internationales Transaktionsmedium und als Wertmaßstab spielt es nun keine Rolle mehr. Als Transaktionsmedium zwischen IWF und nationalen Währungsbehörden fungieren jetzt ausschließlich die Sonderziehungsrechte.

Obwohl es für den US-Dollar nun keine offiziell festgelegte Parität mehr gibt, hat er seine Stellung als die mit weitem Abstand wichtigste internationale Reserve- und Transaktionswährung bis heute nicht eingebüßt. Daran wird sich in absehbarer Zeit auch nichts ändern, weil

- aus der Zeit des Bretton Woods-Systems weltweit noch hohe Bestände an US-Dollars in privater Hand und bei nationalen Währungsbehörden vorhanden sind
- eine Dollarvernichtung wegen des Fehlens der Goldeinlösepflicht nicht (mehr) möglich ist
- die Zahlungsbilanz der USA im Rahmen des flexiblen Wechselkurssystems immer ausgeglichen ist und dem internationalen Geldkreislauf deshalb auch keine Dollars durch ansonsten mögliche US-Zahlungsbilanzüberschüsse verlorengehen können
- zum Dollar alternative, allgemein anerkannte Reserve- und Transaktionswährungen in zu geringem Umfang zur Verfügung stehen, zumal die Zahlungsbilanzen der in Frage kommenden Reservewährungsländer Bundesrepublik Deutschland, Japan und Schweiz vorwiegend Überschüsse aufweisen
- die Eurodollarmärkte eine Dollargeldschöpfung unabhängig von der US-Zahlungsbilanzsituation ermöglichen und von daher wesentlich dazu beitragen, die weitere Versorgung des internationalen Währungssystems mit der Transaktionswährung „US-Dollar" zu gewährleisten.

Eine Beurteilung des Weltwährungssystems nach Bretton Woods ist außerordentlich schwierig, weil so viele verschiedene Währungsblöcke mit teilweise wechselnden Mitgliedschaften nebeneinander bestehen, weil es keine festen, allgemein verbindlichen Spielregeln gibt und weil bestimmte Wechselkursregimes in reiner Form nur sehr selten über einen längeren zusammenhängenden Zeitraum praktiziert worden sind. So ist z. B. die Zahl der Länder, die ihre Währungen an den US-Dollar gebunden haben, von 1982 bis 1985 von 38 auf 31 gesunken und anschließend bis 1988 wieder auf 39 angestiegen; 1982 betrieben nur acht Länder ein unabhängiges Floating, 1988 waren es bereits 18 Länder; die Zahl der Länder, deren Währung an die Sonderziehungsrechte gebunden war, ist von 15 im Jahr 1982 auf nur sieben im Jahr 1988 gesunken. Aber auch die Länder oder Ländergruppen, die sich offiziell zu einem flexiblen Wechselkurssystem bekennen, haben die freie Wechselkursbildung häufig durch massive Devisenmarktinterventionen beeinflußt; empirische Erfahrungen mit einem reinen System flexibler Wechselkurse liegen deshalb nicht vor. So lassen sich über das Weltwährungssystem der vergangenen 15 Jahre nur einige globale Feststellungen treffen:

1. Es ist zeitweise zu erheblichen Schwankungen von Wechselkursen gekommen, insbesondere im Verhältnis zum US-Dollar.

2. Trotz der im Vergleich zum Bretton Woods-System weitaus größeren Flexibilität der Wechselkurse hat sich der Welthandel weiterhin positiv entwickelt; das Exportvolumen der Industrieländer ist nach Überwindung der internationalen Konjunktur- und Wachstumskrise (1981/82) zwischen 1983 und 1988 um ca. 75 % gestiegen, und weltweit gab es in diesem Zeitraum eine Zuwachsrate von etwa 50 %.

3. Die Funktionsfähigkeit des Systems ist trotz erheblicher Störeinflüsse, z. B. durch die erste und die zweite Ölpreiskrise (1973/74 und 1979/80), durch die Verschuldungskrise der Entwicklungsländer (ab 1982) oder durch den Börsenkrach (im Oktober 1987 und 1989) erhalten geblieben; obwohl nach solchen Störungen jeweils befürchtet, fanden weltweite Liquiditätskrisen nicht statt; und hinsichtlich der Freizügigkeit des internationalen Handels und Kapitalverkehrs hat es im Vergleich zur Zeit des Bretton Woods-Systems keine wesentlichen Änderungen gegeben.

G-3.5: Das Europäische Währungssystem (EWS)

G-3.5.1: Mitglieder und Merkmale des EWS

Das Europäische Währungssystem (EWS), dem zur Zeit (Anfang 1990) Belgien, die Bundesrepublik Deutschland, Dänemark, Frankreich, Irland, Italien, Luxemburg, die Niederlande und Spanien angehören, bildet einen der großen Währungsblöcke innerhalb des Weltwährungssystems. Für 1991 ist auch der Beitritt der übrigen EG-Länder Griechenland, Großbritannien und Portugal geplant.

Das EWS trat im März 1979 in Kraft. Vorausgegangen waren die Einrichtung des kurzfristigen Währungsbeistands und des mittelfristigen finanziellen Beistands der EWG-Zentralbanken in den Jahren 1970 und 1971, die 1971 eingeführten Regelungen zur Realisierung relativ enger Bandbreiten zwischen den EWG-Währungen (maximal ± 1,5 %), die Errichtung des Europäischen Wechselkursverbundes (der sogenannten „Schlange") im Jahr 1972 sowie die Gründung des Europäischen Fonds für währungspolitische Zusammenarbeit (EFWZ) im Jahr 1973.

Die wichtigsten Merkmale bzw. Elemente des EWS sind

- die Europäische Währungseinheit ECU
- die festen Wechselkurse und das Interventionssystem
- der Abweichungsindikator
- die besonderen europäischen Kreditfazilitäten
- der Europäische Fonds für währungspolitische Zusammenarbeit (EFWZ).

G-3.5.2: Die Europäische Währungseinheit ECU

Die Europäische Währungseinheit ECU (European Currency Unit) ist – ähnlich wie das Sonderziehungsrecht (SZR) im IWF – ein künstlich geschaffenes Reserve- und Transaktionsmedium. Es dient innerhalb der Europäischen Gemeinschaft als Bezugsgröße für die Wechselkurse der EWS-Währungen, als Rechnungseinheit, als Zahlungsmittel und als Währungsreserve. Ähnlich wie das Sonderziehungsrecht (SZR), wird der Wert der ECU auf der Basis eines Währungskorbes berechnet. Zur Berechnung sind festzulegen

Tabelle G.6: Die Europäische Währungseinheit (ECU)

	DM	FF	Lit	hfl	bfr	lfr	Pta	dkr	Irf	£	Dr.	Esc
Fester Währungsbetrag	0,6242	1,332	151,8	0,2198	3,301	0,130	6,885	0,1976	0,008552	0,08784	1,440	1,393
ECU-Leitkurs [WE/ECU]	2,05853	6,90403	1483,58	2,31943	42,4582		133,804	7,83212	0,768411	0,739615	150,792	172,085
Bilateraler Leitkurs [DM/WE]	–	0,298164	0,001388	0,887526	0,048484		0,0153846	0,262162	2,67894	2,78325	0,01365	0,01196
ECU-Tageswert [WE/ECU]ₜ am 20.9.1989	2,07361	7,01123	1495,79	2,33782	43,4375		129,899	8,06350	0,777457	0,675750	173,969	174,111
Gewicht im ECU-Korb am 20.9.1989	30,1	19,0	10,15	9,4	7,6	0,3	5,3	2,45	1,1	13,0	0,8	0,8

Anmerkung: Belgien und Luxemburg bilden eine Währungsassoziation.
Quelle: Deutsche Bundesbank, Monatsberichte der Deutschen Bundesbank, Juli 1989, S. 12ff.; Deutsche Bundesbank, Statistische Beihefte zu den Monatsberichten, Reihe 5, Die Währungen der Welt, August 1989, S. 60ff.; eigene Berechnungen.

– die im Korb enthaltenen europäischen Währungen (die Korbwährungen)
– die ECU-Leitkurse oder alternativ die bilateralen Leitkurse der Korbwährungen
– die Anteile der einzelnen Währungen im Währungskorb.

Die Tabelle G.7 enthält diese Elemente und macht damit die Berechnungsgrundlage der ECU deutlich.

Die Anteile der einzelnen Währungen im Währungskorb kommen in den festen Beträgen zum Ausdruck, mit denen die Währungen im Korb vertreten sind. Zuletzt wurden diese Währungsbeträge nach Einbeziehung der Spanischen Peseta und des Portugiesischen Escudo in die ECU am 20. September 1989 neu festgesetzt. Die Festsetzung der Anteile und damit der Währungsbeträge erfolgt zu einem Basiszeitpunkt (hier zuletzt am 20. September 1989) auf der Grundlage von Sozialprodukt, Anteil am innereuropäischen Handel sowie EWS-Quote des jeweiligen Landes im kurzfristigen Währungsbeistand. Änderungen der Währungsbeträge bzw. der Struktur des Währungskorbs sind nur mit Zustimmung der Mitgliedsländer des EWS möglich. Neben den Währungsbeträgen werden die ECU-Leitkurse der einzelnen Währungen und die bilateralen Leitkurse bzw. die Leitkurse zwischen den einzelnen Währungen in Abstimmung unter den Mitgliedsländern festgesetzt. Eine Besonderheit stellt die Einbeziehung des Englischen Pfundes, der Griechischen Drachme und des Portugiesischen Escudo in den EWS-Währungskorb dar. Wegen ihrer Mitgliedschaft in der EG konnten diese Länder die Einbeziehung ihrer Währungen beantragen, obwohl sie nicht am Wechselkursverbund des EWS teilnehmen. Für das Englische Pfund, für die Griechische Drachme und für den Escudo werden deshalb fiktive Leitkurse festgelegt.

Zwischen den ECU-Leitkursen zweier Währungen und dem bilateralen Leitkurs dieser Währungen besteht – hier beispielsweise in Hinsicht auf die DM – die folgende Beziehung:

$$(\text{G-1}) \qquad w[DM/WE_j] = \frac{w[DM/ECU]}{w[WE_j/ECU]}$$

$w[DM/WE_j]$ ist der bilaterale Leitkurs zwischen DM und der Währung eines Landes j; $w[DM/ECU]$ ist der ECU-Leitkurs der DM, $w[WE_j/ECU]$ der ECU-Leitkurs der Währung des Landes j.

Hier wird deutlich, daß zur Berechnung des bilateralen Leitkurses zwischen zwei Währungen die ECU-Leitkurse der beiden Währungen bekannt sein müssen oder daß vor einer Berechnung des ECU-Leitkurses einer bestimmten Währung der ECU-Leitkurs einer anderen Korbwährung sowie der bilaterale Leitkurs zwischen diesen beiden Währungen festgelegt werden müssen.

Der in einer bestimmten Währung – hier beispielsweise in DM – ausgedrückte Tageswert einer ECU wird unter Verwendung der festen Währungsbeträge (gemäß Zeile 1 Der Tabelle G.6) wie folgt berechnet:

$$(\text{G-2}) \qquad w[DM/ECU]_t = \sum_i Q_i w[DM/WE_i]_t$$

Mit Q_i werden die festen Währungsbeträge der einzelnen Korbwährungen i (einschließlich der DM) bezeichnet; $w[DM/ECU]_t$ ist der in DM ausgedrückte Tageswert einer ECU; $w[DM/WE_i]_t$ gibt schließlich die in DM ausgedrückten Tageskurse der Korbwährungen (bzw. die bilateralen Tageskurse in Bezug zur DM) an – wobei im Fall von i = DM der Wert Eins anzusetzen ist. Der Kehrwert von w[DM/ECU]$_t$ ist der in ECU ausgedrückte Tageswert einer DM. Wird z. B. die DM gegenüber den anderen Korbwährungen faktisch aufgewertet (sinkt also w[DM/WE$_i$]$_t$), so nimmt der in DM ausgedrückte Tageswert der ECU ab bzw. der in ECU ausgedrückte Tageswert der DM zu.

Aus dem festen Währungsbetrag und dem in einer Währung j ausgedrückten Tageswert der ECU läßt sich das Gewicht der Währung j im ECU-Korb bestimmen:

$$(G\text{-}3) \qquad g_{jt} = \frac{Q_j}{w[WE_j/ECU]_t}$$

Da die Währungsbeträge fixiert sind, nimmt das faktische Gewicht einer Währung im ECU-Korb ab, wenn diese Währung in Bezug auf die ECU abgewertet bzw. schwächer wird – und umgekehrt. Die Gewichte g_{jt} – gemäß Gleichung (G-3) auf der Basis von ECU-Tageswerten bestimmt – sind in der Tabelle G.6 ebenfalls enthalten. Die Gleichung (G-3) macht deutlich, daß man zunächst auch die Gewichte g_{jt} festlegen und dann unter Verwendung der ECU-Tageskurse zu einem bestimmten Stichtag die festen Währungsbeträge ermitteln kann. Von den faktischen Gewichten g_{jt} lassen sich die idealen Gewichte unterscheiden, die sich ergeben, wenn die ECU-Tageskurse in der Gleichung (G-3) durch die ECU-Leitkurse (gemäß Zeile 2 der Tabelle G.6) ersetzt werden. Diese idealen Gewichte werden, wie unten noch zu zeigen ist, bei der Berechnung des Abweichungsindikators verwendet.

G-3.5.3: Das Wechselkursregime

Der Marktkurs einer EWS-Währung darf nur innerhalb einer Bandbreite ± 2,25 % um die *bilateralen* Leitkurse schwanken. Ausnahmen bilden die Lira und die Peseta, deren Schwankungsbreite jeweils auf ± 6 % vergrößert ist. Wenn der Wechselkurs zwischen zwei Währungen bei freier Marktkursbildung aus den zulässigen Bandbreiten ausscheren würde, sind die Zentralbanken der beiden betroffenen Länder zu unbegrenzten Interventionen verpflichtet (*obligatorische Interventionen*). Gerät beispielsweise der Französische Franc unter Abwertungsdruck und wird dabei der sogenannte Interventionspunkt erreicht, so muß die Deutsche Bundesbank Franc gegen DM kaufen, und die Französische Nationalbank (Banc de France) muß DM gegen Franc verkaufen. Die Zentralbank der starken Währung ist also zum Kauf der schwachen Währung, die Zentralbank der schwachen Währung zum Verkauf der starken Währung verpflichtet. Außer den obligatorischen Interventionen sind sogenannte *intramarginale Interventionen* innerhalb der Bandgrenzen in Abstimmung mit den Zentralbanken der Mitgliedsländer möglich. Dabei geht es vor allem darum, schon frühzeitig zu verhindern, daß überhaupt erst die Interventionspunkte erreicht werden und daß in diesem Fall möglicherweise Auf- oder Abwertungserwartungen eine weitere Destabilisierung der Wechselkursentwicklung bewirken.

Grundsätzlich wird mit dem EWS das Ziel verfolgt, relativ stabile Wechselkurse zu gewährleisten, und Änderungen der Leitkurse sollen deshalb auch nur dann vorgenommen werden, wenn „nachhaltige Spannungen" bestehen. Diese Regelung ist analog zum „fundamentalen Zahlungsbilanzungleichgewicht" des Bretton Woods-Systems zu sehen. Leitkursänderungen sind allerdings nur mit Zustimmung aller Mitgliedsländer des EWS möglich.

G-3.5.4: Der Abweichungsindikator

Eine für das EWS besondere Einrichtung, die es im Bretton Woods-System nicht gab, ist der Abweichungsindikator, der frühzeitig „Spannungen" innerhalb des

Währungssystems erkennen lassen soll. Zur Berechnung des Indikators wird zunächst die im System maximal zulässige Abweichung des ECU-Tageswerts einer Währung von ihrem ECU-Leitkurs benötigt. Die Maximalabweichung liegt vor, wenn eine Währung gegenüber *allen anderen* Währungen, die im Währungskorb des EWS enthalten sind, am oberen *oder* am unteren Interventionspunkt liegt. Anhand eines einfaches Beispiels sei die Berechnung der Maximalabweichung erläutert. Analog zur Tabelle G.6 für das gesamte EWS sind in der Tabelle G.7 die Währungsbeträge, die Leitkurse, die bilateralen Leitkurse und die Währungsgewichte für ein (reduziertes) System mit den Währungen A, B und C zusammengestellt worden.

Tabelle G.7:   Ein Drei-Länder-Währungssystem

	A	B	C
Feste Währungsbeträge	1,40	1,00	0,125
Leitkurs	2,00	4,00	2,50
Bilateraler Leitkurs	–	0,50	0,80
Gewicht im Währungskorb (Zeile 1 ./. Zeile 2)	0,70	0,25	0,05
Maximal zulässige Abweichung des Tageswerts vom Leitkurs, in v. H.	0,75	1,875	2,375

Der Leitkurs der Währung A ergibt sich – analog zur Gleichung (G-2) für das EWS – wie folgt:[13]

$$(G\text{-}4) \qquad w^l[A] = 1,40 + 1,00\, w\,[A/B] + 0,125\, w\,[A/C]$$

$w\,[A/B]$ und $w\,[A/C]$ sind die bilateralen Leitkurse. Setzt man hierfür die Werte 0,5 und 0,8 ein, so erhält man den Leitkurs der Währung A von 2,00. Für den Leitkurs der Währung C würde sich dementsprechend ergeben:

$$(G\text{-}5) \qquad w^l[C] = 0,125 + 1,40\, w\,[C/A] + 1,00\, w\,[C/B]$$

Setzt man hier für die bilateralen Leitkurse die Werte $w\,[C/A] = 1,25$ und $w\,[C/B] = 0,625$ ein, so ergibt sich der Leitkurs der C-Währung als 2,50.

Es sei angenommen, die Schwankungsbreite der bilateralen Kurse wäre mit $\pm\, 2,5\,\%$ festgelegt worden. Die maximal zulässigen Tageswerte der A-Währung $w^m[A]$ lassen sich bestimmen, wenn in die Gleichung (G-4) statt der bilateralen Leitkurse die höchstzulässigen Kurse eingesetzt werden:

$$(G\text{-}6) \qquad w^m[A] = 1,40 + \{1,00\, w\,[A/B] + 0,125\, w\,[A/C]\}(1 \pm 0,025)$$

---

[13] Es wird darauf verzichtet, die Währungseinheit des Systems, z. B. ECU, näher zu bezeichnen.

Die maximal zulässige absolute Abweichung des Tageswerts der A-Währung von ihrem Leitkurs ist dann:

(G-7) $w^m[A] - w^l[A] = \pm\,0{,}025\{1{,}00\,w[A/B] + 0{,}125\,w[A/C]\}$

Dividiert man den Ausdruck in der geschwungenen Klammer durch den Leitkurs $w^l[A]$ der A-Währung, so erhält man die Summe der Gewichte der Währungen B und C (g_B und g_C) im Währungskorb, im Beispiel $0{,}25 + 0{,}05 = 0{,}30$.[14] Die maximal zulässige relative Abweichung des Tageswerts der A-Währung von ihrem Leitkurs ist also:

(G-8) $$\frac{w^m[A] - w^l[A]}{w^l[A]} = \pm\,0{,}025(g_B + g_C) = \pm\,0{,}025(1 - g_A)$$

g_A ist das Gewicht der A-Währung im Währungskorb. Im vorliegenden Beispiel mit $g_A = 0{,}7$ (bzw. $g_B + g_C = 0{,}3$) beträgt also die maximal zulässige Abweichung der A-Währuung $\pm\,0{,}75\%$. Die maximal zulässige (relative) Abweichung des Tageswerts der C-Währung von ihrem Leitkurs würde demgegenüber wegen des geringen Gewichts dieser Währung im Währungskorb ($g_C = 0{,}05$) bei $\pm\,2{,}375\%$ liegen. *Je größer das Gewicht einer Währung im Währungskorb ist, desto geringer ist die maximal zulässige Abweichung dieser Währung.*

Für den Abweichungsindikator des EWS wird das Verhältnis aus der Abweichung des ECU-Tageswerts einer EWS-Währung von ihrem ECU-Leitkurs und der maximal zulässigen Abweichung dieser Währung gebildet. Ist die tatsächliche Abweichung beispielsweise $+\,0{,}45\%$ ($-\,0{,}45\%$), so hat dieses Verhältnis bei einer maximal zulässigen Abweichung von $\pm\,0{,}75\%$ einen Wert von $+\,0{,}6$ ($-\,0{,}6$), und der Abweichungsindikator weist dann einen Wert von $+\,60\%$ ($-\,60\%$) aus. Hier wird deutlich, daß der Abweichungsindikator zwischen $+\,100\%$ und $-\,100\%$ liegen kann. Die sogenannte Abweichungsschwelle wird erreicht, wenn die tatsächliche Abweichung zwischen ECU-Tageswert und ECU-Leitkurs einer Währung 75% der maximal zulässigen Abweichung beträgt. Der Abweichungsindikator hat dann einen Wert von $+\,75\%$ oder $-\,75\%$.

Für die DM errechnet sich die Schwelle wie folgt: der Anteil der DM im EWS-Währungskorb beträgt auf der Basis des ECU-Leitkurses der DM $0{,}6242/2{,}05853 = 0{,}303226$; die Bandbreite ist mit $\pm\,2{,}25\%$ festgesetzt, so daß für die maximal zulässige Abweichung gilt: $\pm\,(1 - 0{,}303226) \times 2{,}25\% = \pm\,1{,}57\%$; 75% hiervon ergeben die Abweichungsschwelle $\pm\,1{,}18\%$.

Wird die Abweichungsschwelle erreicht, so soll das betroffene Mitgliedsland geeignete Maßnahmen ergreifen, um die so aufgetretene „Spannung" im EWS zu beseitigen. Hierbei können interne geld- und/oder fiskalpolitische Maßnahmen, Interventionen gegenüber anderen als den EWS-Währungen oder – in Abstimmung mit den anderen Mitgliedern des EWS – Änderungen der ECU-Leitkurse in Betracht gezogen werden. Eine zwingende Verpflichtung, bestimmte Maßnahmen zu ergreifen, gibt es allerdings nicht. In einem relativ engen Währungsverbund, wie ihn

---

[14] Das Gewicht der B-Währung ist der Quotient aus dem Währungsbetrag (hier 1,00) und dem ECU-Leitkurs dieser Währung. Der ECU-Leitkurs der B-Währung entspricht aber gemäß Gleichung (G-1) dem Verhältnis von ECU-Leitkurs der A-Währung und bilateralem Leitkurs zwischen A- und B-Währung w[A/B]. Somit gilt: $g_B = 1{,}00\,w[A/B]/w^l[A]$. Analog dazu folgt für die C-Währung: $g_C = 0{,}125\,w[A/C]/w^l[A]$.

das EWS bildet, besteht aber dennoch ein gewisser Druck, auf das Erreichen der Abweichungsschwelle mit Lösungsvorschlägen zu reagieren.

Die Abweichungsschwelle ist allerdings mit Vorsicht zu interpretieren. Betreibt beispielsweise ein Land als einziges innerhalb des Systems eine erfolgreiche Politik der Preisstabilität, so ist es durchaus möglich, daß die Währung dieses Landes gegenüber allen anderen Währungen des Systems unter Aufwertungsdruck gerät und von daher die Abweichungsschwelle erreicht. In diesem Fall wäre es im Interesse des gesamten Systems erforderlich, daß nicht das hier betrachtete Land, sondern daß die übrigen Länder geeignete Maßnahmen ergreifen, z. B. mit einer ebenfalls auf Preisstabilität zielenden Politik, um die „Spannung" im System zu beseitigen. Ein adäquater Maßnahmeneinsatz bei Erreichen der Abweichungsschwelle durch eine oder mehrere Währungen setzt also zwingend eine gemeinsame Ursachenanalyse voraus.

Schließlich reichen Abweichungsindikator und Abweichungsschwelle nicht aus, um „Spannungen" im System in jedem Fall verläßlich festzustellen. Besteht beispielsweise hinsichtlich der internen Wirtschaftsentwicklung (z. B. Inflation, Beschäftigung) zwischen einer Ländergruppe I und einer Ländergruppe II des EWS ein erheblicher Unterschied, während gleichzeitig die entsprechende Wirtschaftsentwicklung innerhalb einer jeden Gruppe relativ gleichgerichtet verläuft, so ist damit zu rechnen, daß sich die bilateralen Kurse der Währungen verschiedener Ländergruppen weit von den bilateralen Leitkursen entfernen und eventuell an die Bandgrenzen stoßen, demgegenüber aber die bilateralen Kurse der Währungen innerhalb jeder Ländergruppe nicht oder nur wenig von den Leitkursen abweichen. Da also die Währung eines Landes nicht gegenüber allen anderen Währungen des Systems den oberen oder den unteren Interventionspunkt erreicht, kann auch der Abweichungsindikator nicht den Höchstwert von $\pm 100\%$ erreichen. Es ist ohne weiteres denkbar, daß in einem solchen Fall kein Land des Systems die Abweichungsschwelle berührt. Die Existenz des Abweichungsindikators darf also nicht dazu verleiten, die strukturellen Entwicklungen des Systems außer acht zu lassen. Der Abweichungsindikator kann niemals die ständige Beobachtung solcher Entwicklungen ersetzen.

G-3.5.5: Die Kreditfazilitäten

Wie schon erwähnt, sind die Zentralbanken der EWS-Mitgliedsländer in Hinsicht auf die Wechselkursstabilität zu unbegrenzten Devisenmarktinterventionen verpflichtet. Jede Zentralbank muß deshalb in der Lage sein, im Bedarfsfall gegen Ankauf der eigenen Währung beliebig hohe Beträge einer anderen EWS-Währung bereitzustellen. Um das zu ermöglichen, wurde im EWS das Instrument der *„sehr kurzfristigen Finanzierung"* geschaffen. Die Zentralbanken der EWS-Länder stellen sich in diesem Rahmen gegenseitig jeweils erforderliche Währungen in unbegrenzter Höhe zur Verfügung. Der Kredit ist i. d. R. auf einen Zeitraum von höchstens 75 Tagen begrenzt. Über den Währungsbetrag erhält die kreditgebende Zentralbank eine jeweils zum Tageskurs in ECU nominierte Gutschrift auf ihrem sogenannten ECU-Konto beim Europäischen Fonds für währungspolitische Zusammenarbeit (EFWZ), und die kreditnehmende Zentralbank wird auf ihrem ECU-Konto entsprechend belastet. Die ECU-Forderungen gegen den EFWZ stellen Währungsreserven dar. Die kreditgebende Bank kann ihre Gutschriften beim EFWZ – und darin liegt ein wichtiger Vorteil dieses Buchungssystems – innerhalb des Systems beliebig verwenden, z. B. zum Ausgleich eigener Verbindlichkeiten bei anderen Zentralbanken.

Seit 1985 sind allerdings kurzfristige – auf sechs Monate begrenzte – Finanzierungsoperationen auch ohne Einschaltung des EFWZ direkt zwischen den EWS-Zentralbanken möglich. Eine Zentralbank kann zum Zwecke einer Devisenmarktintervention in begrenzter Höhe eigene ECU-Währungsreserven bei anderen Zentralbanken des Systems gegen US-Dollars tauschen und diese Dollars mit Zustimmung der Emissionsnotenbank in die für die Intervention benötigte EWS-Währung umwandeln.

Die sehr kurzfristige Finanzierung ist darauf angelegt, plötzlich auftretenden Wechselkursstörungen zu begegnen, und zwar in der Erwartung, daß diese Störungen nur von relativ kurzer Dauer sind. Es ist aber möglich, daß Wechselkursstörungen aus Zahlungsbilanzungleichgewichten resultieren, die auf grundlegende strukturelle Anpassungsschwierigkeiten in einem Land oder in mehreren Ländern des Systems zurückzuführen sind. Zur Erhaltung fester Wechselkurse kann es deshalb erforderlich sein, den Zentralbanken der Defizitländer eine längere Zahlungsbilanzfinanzierung zu ermöglichen. Den EWS-Mitgliedsländern stehen hierzu Kreditfazilitäten zur Verfügung, die bereits 1970 und 1971 auf EG-Ebene vereinbart wurden, nämlich über den von den EG-Zentralbanken eingerichteten „kurzfristigen Währungsbeistand" und über den zwischen den EG-Ländern vereinbarten „mittelfristigen finanziellen Beistand".

Der kurzfristige Währungsbeistand darf nur in Anspruch genommen werden, wenn das Zahlungsbilanzdefizit auf „zufällige Schwierigkeiten" oder auf „unterschiedliche Konjunkturentwicklungen" zurückzuführen ist. Kredite im Rahmen dieser Fazilität sind zwar nicht mit wirtschaftspolitischen Auflagen verbunden, doch mit einer Kreditaufnahme ist eine Konsultation über die Wirtschaftslage des Schuldnerlandes verbunden. Die Höchstbeträge für die Inanspruchnahme und für die Finanzierungsverpflichtung ergeben sich aus den für die einzelnen EG-Zentralbanken festgesetzten Schuldner- bzw. Gläubigerquoten. Die Zentralbank eines Landes kann einen Kredit in Höhe ihrer Schuldnerquote und zusätzlich in Ausnahmefällen bis zur Hälfte der sogenannten Allongen erhalten. Umgekehrt muß eine Zentralbank maximal Finanzierungsmittel in Höhe der Gläubigerquote und zusätzlich – unter bestimmten Bedingungen – bis zur vollen Höhe der Allongen zur Verfügung stellen.[15] Die Laufzeit der Kredite ist i.d.R. auf drei Monate begrenzt, kann aber unter Ausnutzung der Verlängerungsmöglichkeiten bis zu neun Monate betragen. Auch die Finanzierungsgeschäfte im Rahmen des kurzfristigen Währungsbeistandes werden über den EFWZ abgewickelt und dort auf den entsprechenden Zentralbankkonten in ECU bewertet.

Der mittelfristige finanzielle Beistand dient dem Ziel, Mittel zur Finanzierung von Zahlungsbilanzungleichgewichten zur Verfügung zu stellen, die ohne diesen Beistand zu einer „Gefährdung des Gemeinsamen Marktes" führen könnten. Die Kredite, die eine Laufzeit von höchstens fünf Jahren haben, sind allerdings mit konkreten wirtschaftspolitischen Auflagen verbunden. Vermutlich ist das der Grund, weshalb dieser Beistand bisher kaum in Anspruch genommen worden ist. Obwohl weitgehend frei von Auflagen, hat es in der EWS-Praxis bisher auch keinen nennenswerten Rückgriff auf den oben skizzierten kurzfristigen Währungsbeistand

---

[15] Die Allongen haben zur Zeit einen Betrag von 8,8 Mrd. ECU. Die Schuldnerquote der Deutschen Bundesbank beträgt gegenwärtig 1,74 Mrd. ECU und die Gläubigerquote 3,48 Mrd. ECU. Die Gläubigerquote jeder Zentralbank ist doppelt so hoch wie ihre Schuldnerquote.

gegeben. Gegenwärtig spielen somit nur die sehr kurzfristigen Kreditfazilitäten des EWS eine praktisch relevante Rolle.

G-3.5.6: Der Europäische Fonds für währungspolitische Zusammenarbeit (EFWZ)

Der EFWZ wurde bereits im Jahr 1973 als eine währungspolitische Institution der gesamten EG gegründet, und sein Tätigkeitsfeld ist deshalb auch nicht auf das EWS begrenzt. Dennoch stehen die wesentlichen Aufgaben des EFWZ derzeit mit dem EWS in Verbindung:

1. Über den EFWZ werden, wie schon erläutert, die für die Funktionsfähigkeit des EWS-Interventionssystems äußerst wichtigen sehr kurzfristigen Finanzierungsgeschäfte zwischen den EWS-Zentralbanken abgewickelt.
2. Über den EFWZ wird der multilaterale Ausgleich der Interventionssalden vollzogen; denn die Zentralbanken haben, wie oben erwähnt, die Möglichkeit, Guthaben auf ihren ECU-Konten beim EFWZ innerhalb des EWS beliebig weiter zu verwenden.
3. Der EFWZ fungiert als Emissionsbank von ECU-Guthaben. Die EWS-Zentralbanken sind nämlich verpflichtet, jeweils mindestens 20 % ihrer Gold- und Dollarreserven im Rahmen revolvierender Dreimonats-Swaps auf den EFWZ zu übertragen. Sie erhalten hierfür ECU-Gutschriften, die dann selbstverständlich die Funktion von Währungsreserven einnehmen. Diese Form der Reserveumschichtung steht auch den anderen EG-Zentralbanken offen, sofern sie das EWS-Abkommen unterzeichnet haben. Seit Juni 1989 sind alle EG-Mitgliedsländer beteiligt.

Darüber hinaus ist der EFWZ auch für die – bislang fast bedeutungslosen – Kreditgeschäfte im Rahmen des kurzfristigen Währungsbeistandes zuständig. Die organisatorische Abwicklung der Geschäfte des EFWZ erfolgt über die Bank für Internationalen Zahlungsausgleich (BIZ) in Basel. Vergleicht man den EFWZ und den IWF miteinander, so wird deutlich, daß Aufgaben und Kompetenzen des EFWZ erheblich enger gefaßt sind. Der IWF hat beispielsweise über die Auflagen im Rahmen der umfangreichen internationalen Finanzierungsaktivitäten Einfluß auf nationale wirtschaftspolitische Entscheidungen, er verfügt, z. B. durch die SZR, über ein beachtliches Potential an internationaler Liquidität, und er wirkt entscheidend bei der internationalen währungspolitischen Koordination mit. Der IWF besitzt damit – auch wenn man ihn noch nicht als Weltzentralbank einstufen kann – eine weitreichende weltwährungspolitische Eigenständigkeit. Der EFWZ ist demgegenüber vorwiegend auf buchungstechnische Hilfsdienste für das EWS – in Ausnahmefällen für die gesamte EG – beschränkt.

G-3.5.7: Beurteilung des EWS

Für eine kritische Betrachtung des EWS bieten sich die folgenden Fragen an:

1. Inwieweit wurde das Ziel einer möglichst hohen Wechselkursstabilität erreicht?
2. War das System geeignet, anhaltende Zahlungsbilanzungleichgewichte zwischen den Mitgliedsländern zu verhindern?
3. Sind nationale Störimpulse, die Zahlungsbilanzungleichgewichte implizierten, auch auf andere Länder des Systems übertragen worden?
4. Hat das System einen Beitrag zur Förderung der wirtschaftlichen Integration Europas geleistet?

a) Zur Wechselkursstabilität

Da nicht damit zu rechnen war, daß sich mit der Gründung des EWS zugleich auch eine weitgehende Übereinstimmung der nationalen wirtschaftspolitischen Zielprioritäten und Maßnahmen sowie der nationalen Wirtschaftsentwicklungen realisieren ließ, war von vornherein zu erwarten, daß es von Zeit zu Zeit zu Leitkursänderungen kommen müsse. Tatsächlich sind die ECU-Leitkurse seit der Gründung des EWS am 13. März 1979 bis September 1989 zwölfmal geändert worden, wobei, jeweils in Hinsicht auf den bilateralen Leitkurs gegenüber der DM, die Dänische Krone und die Italienische Lira mit jeweils acht Änderungen am häufigsten und der Holländische Gulden mit nur zwei Änderungen am wenigsten betroffen waren. Beachtlich ist aber die relativ hohe Wechselkursstabilität seit März 1983. Seither (bis September 1989) sind die bilateralen Leitkurse der DM gegenüber den meisten anderen EWS-Währungen nur zweimal – und im Durchschnitt auch nur relativ geringfügig – geändert worden, und seit dem 12.1.1987 hat es überhaupt keine Änderung mehr gegeben.[16] Die tatsächlichen Werte des ECU waren zwar noch zusätzlichen Schwankungen unterworfen, doch diese hielten sich wegen der fixierten Bandbreiten in engen Grenzen.

Es ist selbstverständlich nicht möglich zu beurteilen, ob die Wechselkurse zwischen den EWS-Währungen in einem flexiblen Wechselkurssystem ebenso stabil oder möglicherweise sogar noch stabiler gewesen wären. Vergleicht man aber die Wechselkursentwicklung der EWS-Währungen untereinander und die Entwicklungen des US-Dollars und des Englischen Pfundes im Verhältnis zu den EWS-Währungen, so liegt der Schluß nahe, daß das EWS seit seiner Gründung im März 1979 ein Währungsraum mit relativ hoher Wechselkursstabilität gewesen ist. Zur Illustration wurden in der Abbildung G.3 die Veränderungsraten der ECU-Kurse der Deutschen Mark, des US-Dollars und des Pfund Sterlings sowie der Dollarkurs der Deutschen Mark von 1979 bis 1988 jeweils auf der Basis von Monatsdurchschnitten gegenübergestellt.

b) Zahlungsbilanzungleichgewichte

Wie die Erfahrungen mit dem System von Bretton Woods gezeigt haben, ist ein Festkurssystem gefährdet, wenn mehrere Mitgliedsländer mit häufig wiederkehrenden oder sogar mit chronischen Zahlungsbilanzdefiziten konfrontiert sind. Denn aus dieser Situation ergibt sich der Zwang, laufend Währungsreserven bzw. Kredite für die Zahlungsbilanzfinanzierungen einzusetzen und/oder – möglicherweise wiederholt – Maßnahmen zur Zahlungsbilanzanpassung zu ergreifen. Verglichen mit dem Bretton Woods-System weist zwar der Währungsraum des EWS eine weitaus größere Homogenität auf, aber die regionalen Unterschiede hinsichtlich der ökonomischen Ausgangslage, der wirtschaftspolitischen Ziele und Instrumente sowie der Entwicklung wichtiger ökonomischer Größen sind innerhalb des EWS immerhin noch relativ groß. Von daher war und ist auch nicht zu erwarten, daß das EWS von dem hier angesprochenen Problem der Zahlungsbilanzungleichgewichte verschont bleiben würde. Die zuvor erwähnten Veränderungen der bilateralen Leitkurse waren dann ja auch jeweils eine Reaktion auf Zahlungsbilanzungleichgewichte, die sich offensichtlich weder weiter finanzieren noch mit schnell wirkenden länderspezifischen Maßnahmen der Zahlungsbilanzanpassung beheben ließen. Ein grundlegendes Problem bestand, ähnlich wie im Bretton Woods-System, in der einseitigen

---

[16] Gegenüber der Italienischen Lira und dem Irischen Pfund gab es drei Änderungen, gegenüber dem Holländischen Gulden überhaupt keine Änderung.

Abbildung G.3

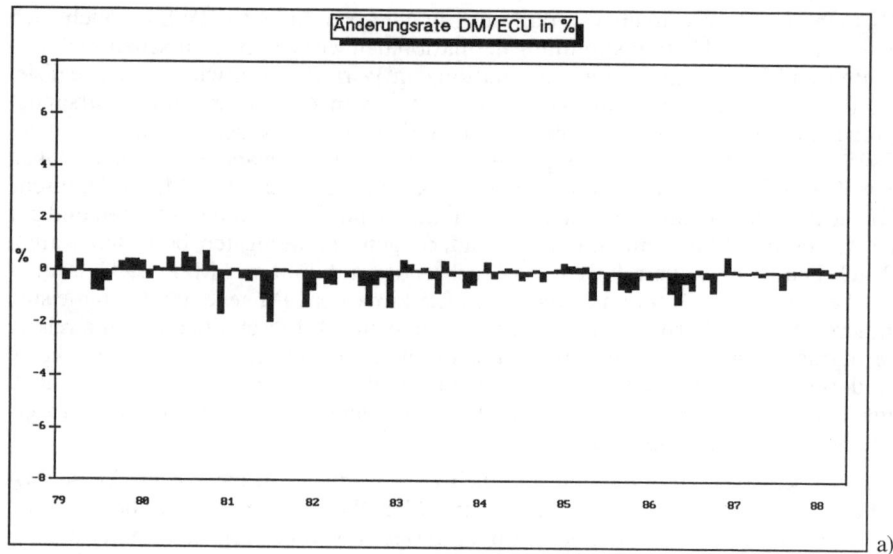

a)

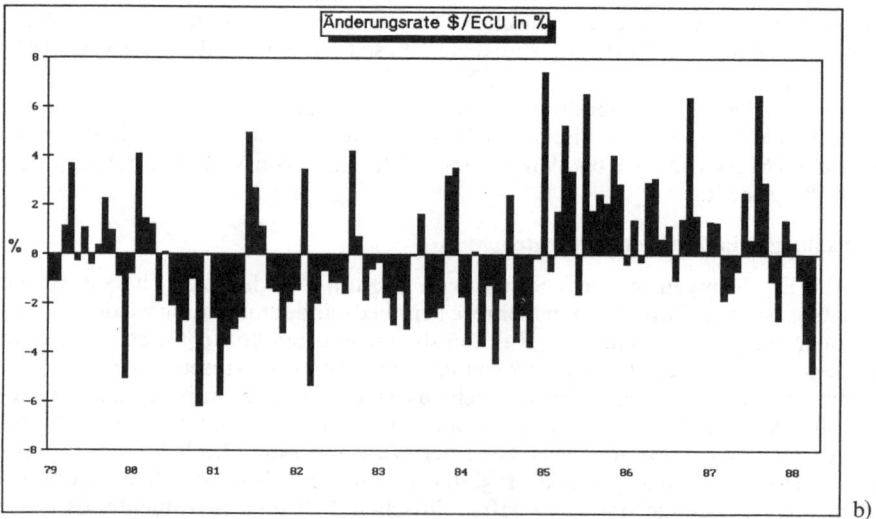

b)

Verteilung der Zahlungsbilanzungleichgewichte: die Bundesrepublik Deutschland und die Niederlande waren durchweg die zahlungsbilanzstarken, die übrigen Länder zumindest zeitweise die zahlungsbilanzschwachen Länder. Als besonders störend für die Stabilität des EWS erwies sich dabei immer wieder die Zahlungsbilanzschwäche der im System gewichtigen Länder Italien und Frankreich.[17] Bemerkens-

---

[17] Gemessen am ECU-Leitkurs sind seit 1979 bis Ende 1988 die folgenden Auf- oder Abwertungen zu verzeichnen: DM + 18 %; hfl + 15 %; FF − 19 %; Lit − 29 %; Ir£ − 16 %; dkr − 11 %; bfrs − 8 %. Auf die besondere Lage Italiens ist ja auch die erweiterte Bandbreite der Lira von ± 6 % zurückzuführen (gegenüber ± 2,25 % im allgemeinen).

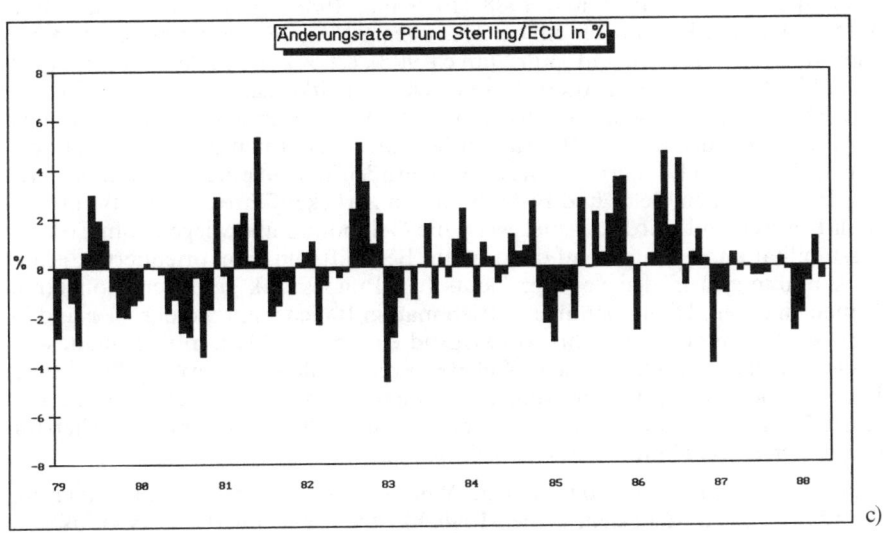

c)

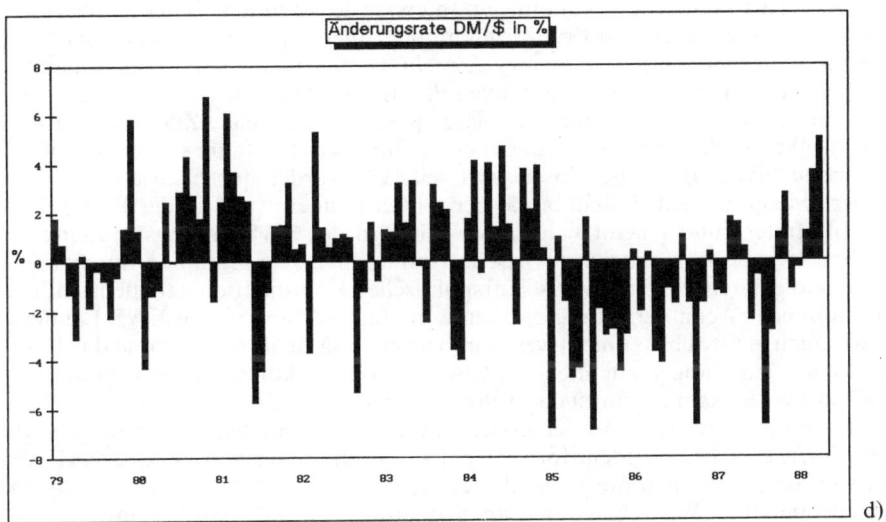

d)

wert ist, daß Zahlungsbilanzstärke und Zahlungsbilanzschwäche schon in der Zeit des Europäischen Wechselkursverbundes zwischen 1972 und 1979 ähnlich verteilt waren. Offenbar ist es weder im Europäischen Wechselkursverbund noch im EWS gelungen, die Ursachen der Zahlungsbilanzungleichgewichte – einschließlich ihrer länderspezifischen Struktur – durch geeignete Maßnahmen der Zahlungsbilanzanpassung dauerhaft zu beseitigen.

Die zweifellos wichtigste Ursache der immer wieder auftretenden Zahlungsbilanzungleichgewichte waren die Inflationsdifferenzen. Es ist bezeichnend, daß die Länder mit der größten Zahlungsbilanzschwäche zugleich auch die Länder mit den vergleichsweise höchsten Inflationsraten gewesen sind. Die Verbraucherpreise erhöhten sich zwischen 1971 und 1988 (1979 und 1988) in Italien um ca. 600 % (ca. 150 %) und in Frankreich um ca. 300 % (ca. 90 %), demgegenüber aber in der Bundesrepublik Deutschland „nur" um ca. 90 % (28 %) und in den Niederlanden um ca. 130 % (ca. 30 %). Insofern lassen sich die Leitkursänderungen im EWS – und vorher im Europäischen Wechselkursverbund – weitgehendst als Reaktionen auf Änderungen der Kaufkraftparitäten begreifen. Die Inflationsdifferenzen zwischen den einzelnen Ländern waren zu einem großen Teil auf erhebliche Unterschiede in den nationalen Geld- und Fiskalpolitiken zurückzuführen. In der Bundesrepublik Deutschland wurde beispielsweise die Geldpolitik überwiegend am Ziel der Preisstabilität ausgerichtet, und die u. a. am Beschäftigungsziel orientierte Fiskalpolitik mußte sich in den von der Deutschen Bundesbank gesetzten monetären Rahmen einfügen. Demgegenüber betrieb man in Italien während der 70er und in der ersten Hälfte der 80er Jahre vorwiegend eine mit Geldschöpfung finanzierte staatliche Defizitpolitik, die dem Ziel der Preisstabilität nur wenig Beachtung schenkte. Auch in Frankreich räumte man dem Beschäftigungsziel zumeist allerhöchste Priorität ein, und da man hierfür auch die Geldpolitik einspannte, blieb für das Ziel der Preisstabilität meistens kein Raum.

Ein wesentlicher Mangel des Bretton Woods-Systems findet sich also auch im EWS wieder: das System sieht keine Möglichkeit vor, einen wirtschaftspolitischen Gleichschritt zu erzwingen; und die Mitgliedsländer sind offenbar auch nicht bereit, ihre wirtschaftspolitische Autonomie im Interesse des gesamten Systems preiszugeben. Länder wie Italien und Frankreich mußten allerdings die Erfahrung machen, daß die wirtschaftspolitische Strategie, mehr Beschäftigung unter Inkaufnahme von mehr Inflation – eine von der naiven Phillips-Kurven-Theorie suggerierte Option – zu erreichen, letztlich nicht erfolgreich war. Die laufende Zunahme der Arbeitslosigkeit in den 70er und in der ersten Hälfte der 80er Jahre sowie das anhaltend hohe Niveau der Arbeitslosenquote seit 1985 wurden dort ebenso wenig verhindert wie in den auf Preisstabilität bedachten Ländern (z. B. in der BRD). Vor diesem Hintergrund scheint sich in den Ländern des EWS in jüngster Zeit eine größere Übereinstimmung der wirtschaftspolitischen Konzeptionen durchzusetzen, und die Bereitschaft zur wirtschaftspolitischen Koordination hat offensichtlich zugenommen. Wenn derzeit die ökonomische Entwicklung in den EWS-Ländern (sowie auch in Großbritannien) weit homogener verläuft als je zuvor und das EWS nun schon eine länger anhaltende Phase der Wechselkursstabilität (seit Januar 1987) aufweisen kann, dann ist das wahrscheinlich als ein Erfolg der „neuen" Wirtschaftspolitik zu werten. Mit der Errichtung des Europäischen Binnenmarktes ab 1993 dürfte sich diese Tendenz fortsetzen. Es ist deshalb zu erwarten, daß das EWS in absehbarer Zeit nicht nur ungefährdet ist, sondern als stabilisierendes Element der europäischen Wirtschaft noch an Bedeutung gewinnen wird – obwohl sich Zahlungsbilanzungleichgewichte zwischen den EWS-Ländern auch in Zukunft wohl kaum vollständig vermeiden lassen werden.

c) Zur Verteilung der Anpassungslasten

Zahlungsbilanzungleichgewichte lassen sich bei festen Wechselkursen nur verhindern, wenn die Wirtschaftsentwicklung in den Ländern des Festkurssystems weitgehend harmonisch verläuft. Damit ist aber noch keine Aussage über das Niveau von Beschäftigung und Inflation getroffen. Grundsätzlich kann eine homogene Entwicklung auch sehr hohe Inflationsraten implizieren. Tatsächlich wurde vor allem in der Anfangsphase des EWS von vielen Seiten befürchtet, das System würde über kurz oder lang zwangsläufig in einer „Inflationsgemeinschaft" enden. Man ging davon aus, daß sich die Inflationsimpulse, die vor allem von der italienischen und französischen Wirtschaftspolitik ausgingen, über die bekannten Transmissionswege des internationalen Preiszusammenhangs auf die anderen EWS-Länder ausbreiten würden. Auch die Geldpolitik der Bundesrepublik müsse sich, so glaubte man, dem Diktat des EWS beugen und den auf Preisstabilität gerichteten Kurs im Interesse eines Abbaus von Zahlungsbilanzungleichgewichten schließlich aufgeben.

Tatsächlich war das EWS in den ersten Jahren seines Bestehens immer wieder der Gefahr ausgesetzt, daß die zum Abbau der Zahlungsbilanzungleichgewichte erforderlichen Zahlungsbilanzanpassungen im Zuge von Preisübertragungen stattfanden und die Last der Anpassungen folglich von den vorher preisstabilen Ländern zu tragen war. Insbesondere die Bundesrepublik Deutschland wurde nämlich von seiten der Defizitländer, allen voran von Frankreich, wiederholt aufgefordert, ihre Geld- und Fiskalpolitik expansiver einzusetzen, um so ihre Zahlungsbilanzüberschüsse abzubauen. Die Defizitländer waren selber aus Furcht vor negativen Beschäftigungseffekten zu durchgreifenden internen Maßnahmen der Zahlungsbilanzanpassung, z. B. zu einer strikten antiinflationären Geldpolitik, nicht bereit. Ein wirtschaftspolitischer Konsens war aber nicht erzielbar, so daß sich, wie schon erläutert, Veränderungen der bilateralen Leitkurse nicht vermeiden ließen. Entgegen den Zielsetzungen eines Festkurssystems mußten die Zahlungsbilanzanpassungen also mehrmals über Wechselkursänderungen vorgenommen werden. Anfangs glaubte man, über die Aufwertung ihrer Währungen und die dadurch vermeintlich bewirkten Leistungsbilanzverschlechterungen hätten die preisstabilen Länder den größten Teil der Lasten solcher Zahlungsbilanzanpassungen zu tragen. In jüngster Zeit setzt sich aber auch in den Defizitländern die Auffassung durch, daß ihnen die Abwertungen nur eine „Verschnaufpause" ermöglichen, auf mittlere Sicht aber eher Schaden bringen. Die Unternehmungen in den preisstabilen Ländern sind nämlich durch die Aufwertungen ständig gezwungen, nach geeigneten Maßnahmen zur Erhaltung ihrer internationalen Wettbewerbsfähigkeit zu suchen, während den Unternehmungen der Defizitländer durch die Abwertungen der Anreiz zu Produktivitätssteigerungen genommen wird.

Diese Erkenntnis dürfte dazu beitragen, daß sich die Wirtschaftspolitiken der Defizitländer stärker an den wirtschaftspolitischen Konzeptionen der preisstabilen Länder orientieren. Erste Anzeichen dafür sind, wie weiter oben schon erwähnt, bereits erkennbar. Immerhin bleibt festzustellen, daß sich die Befürchtung, das EWS müsse in einer „Inflationsgemeinschaft" enden, nicht bewahrheitet hat. Die Inflationsraten haben sich in den EWS-Ländern – selbstverständlich begünstigt durch die ebenfalls größere Preisstabilität in den anderen Industrieländern sowie durch den Verfall der Rohstoffpreise – in den vergangenen Jahren stark zurückgebildet, und sie stellen derzeit – obwohl die Inflationsraten 1989 wieder gestiegen sind – kein gravierendes Problem dar. Für die Tendenz zur Preisstabilisierung im EWS-Raum war nicht zuletzt auch bedeutsam, daß die DM zu einer wichtigen Reserve- und Transaktionswährung avancierte. Die DM blieb aber, u. a. wegen der auf Preisstabilität bedachten deutschen Geldpolitik, immer eine knappe Währung, und sie stand deshalb den anderen EWS-Ländern nur sehr begrenzt für anhaltende Zahlungsbilanzfinanzierungen zur Verfügung.

d) Förderung der europäischen Integration?

Mit der Errichtung des EWS war von vornherein das Ziel verbunden, über einen gemeinsamen Währungsraum die allgemeine wirtschaftliche und sogar politische

Integration Europas weiter voranzubringen. Man ging nämlich davon aus, daß einem Festkurssystem ein Zwang zur Harmonisierung der nationalen Wirtschaftspolitiken immanent sei und daß sich mit einer solchen Harmonisierung eine wichtige Bedingung für die wirtschaftliche Integration erfüllen ließe. Auch wenn im EWS Zahlungsbilanzprobleme häufig mit Wechselkursänderungen gelöst wurden, ist nicht zu verkennen, daß jedes EWS-Land immer wieder gezwungen war, seine wirtschaftspolitischen Strategien jeweils mit Blick auf Wirtschaftsentwicklung und Wirtschaftspolitik der anderen Mitgliedsländer zu überdenken und daß von daher sehr wohl eine gewisse Tendenz zur Harmonisierung der nationalen Wirtschaftspolitiken bestand und weiterhin besteht. Auch läßt sich, wie oben schon erwähnt, in jüngster Zeit eine zunehmende Bereitschaft zu wirtschaftspolitischer Koordination zwischen den EWS-Ländern feststellen.

Dennoch sind die Harmonisierungserfolge des EWS eher enttäuschend:
1. Obwohl das EWS seit mehr als 10 Jahren besteht, gibt es noch immer keine verbindlichen Regelungen für eine gemeinsame Geld- und Fiskalpolitik.
2. Großbritannien, eines der wirtschaftlich und politisch bedeutenden EG-Länder, hat sich dem EWS über viele Jahre hinweg nicht angeschlossen; der Anschluß ist erst für 1991 geplant.
3. Vorschläge zur Errichtung eines europäischen Zentralbankensystems und einer einheitlichen europäischen Währung (zuletzt nach dem Delors-Plan) konnten bisher nicht realisiert werden.

Nach den vorliegenden Erfahrungen ist das EWS nicht geeignet, die entscheidenden Impulse für eine wirtschaftliche Integration Europas zu geben. Vielmehr sind hierzu fundamentale Entscheidungen auf allgemeiner EG-Ebene erforderlich. Das EWS kann dabei nur als Modell für eine weiter gefaßte europäische Währungsunion dienen.

G-4: Feste und flexible Wechselkurse: ein Vergleich

G-4.1: Aspekte eines Systemvergleichs

Die Frage, ob ein System flexibler Wechselkurse einem System fester Wechselkurse vorzuziehen ist oder umgekehrt, ist bisher weder in der Währungstheorie noch in der währungspolitischen Praxis eindeutig beantwortet worden. Bei Theoretikern scheint eine Präferenz für ein flexibles System vorzuherrschen, Wirtschaftspolitiker geben demgegenüber meistens dem System mit verordneter Wechselkursstabilität den Vorzug. Die Präferenz für das eine oder das andere System ist aber in jedem Fall das Ergebnis eines Abwägens sowohl von Vorteilen als auch von Nachteilen.

Wenn von festen Wechselkursen oder einem Festkurssystem die Rede ist, so meint man damit i.d.R. allerdings nicht absolut feste Paritäten, sondern ein System, das gleichzeitig eine begrenzte Wechselkursflexibilität innerhalb bestimmter Bandbreiten und fallweise eine autonome Anpassung von Leitkursen zuläßt. Beispiele hierfür sind das Bretton Woods-System und das EWS. Die weiteren Untersuchungen werden sich, wenn es um feste Wechselkurse geht, auf ein solches System der Stufenflexibilität konzentrieren. Dieses System wird mit einem System der freien Wechselkursbildung verglichen. Allerdings ist zu beachten, daß Währungsbehörden auch in einem flexiblen Wechselkurssystem an Devisenmärkten intervenieren und so die freie Wechselkursbildung stören. Man spricht dann von einem kontrollierten oder schmutzigen Floaten. Damit nähert man sich jedoch wieder einem System stabiler Wechselkurse an, und deshalb sei darauf verzichtet, das kontrollierte bzw. schmutzige Floaten in den Systemvergleich einzubeziehen.

Zur Beurteilung der beiden Wechselkurssysteme sollen die folgenden Aspekte näher untersucht werden:

1. die internationale Zahlungsfähigkeit eines Landes,
2. die kurz-, mittel- und längerfristige Wechselkursentwicklung,
3. die Entwicklung von Außenhandel und Kapitalverkehr,
4. die internationalen Konjunktur- und Preisübertragungen,
5. die nationale Autonomie von Geld- und Fiskalpolitik,
6. die nationale Beschäftigungs- und Inflationssituation,
7. die Lösung struktureller Anpassungsvorgänge,
8. die wirtschaftliche Integration.

G-4.2: Die internationale Zahlungsfähigkeit

Bei freier Wechselkursbildung ist die Zahlungsbilanz eines Landes immer ausgeglichen. Offizielle Zahlungsbilanzfinanzierungen sind somit a priori nicht erforderlich, und folglich stellt sich für die Währungsbehörden eines Landes auch nicht das Problem der internationalen Zahlungsfähigkeit bzw. der ausreichenden Versorgung mit internationaler Liquidität. In einem Festkurssystem ist grundsätzlich mit Zahlungsbilanzungleichgewichten zu rechnen, die offizielle Devisenmarktinterventionen erforderlich machen, sobald Wechselkurse ihre Bandgrenzen erreichen. Ein Defizitland muß dann auf Währungsreserven zurückgreifen oder die fehlenden Devisen auf dem Kreditwege beschaffen. Eine anhaltende Defizitsituation kann also die internationale Zahlungsfähigkeit eines Landes über kurz oder lang gefährden. Bei Stufenflexibilität wird man auf eine solche Situation schließlich mit einer autonomen Leitkursänderung reagieren. Wie die Erfahrungen mit dem System von Bretton Woods gezeigt haben, lassen sich aber mit der einmaligen Wechselkursänderung neue Zahlungsbilanzungleichgewichte und neue Probleme der internationalen Zahlungsfähigkeit nicht verhindern, wenn die grundlegenden ökonomischen Bedingungen in den Defizitländern nicht geändert werden. Weitere Leitkursänderungen sind deshalb häufig unvermeidbar, und von hierher führt sich das „Festkurssystem" schließlich ad absurdum. Unter dem Aspekt der internationalen Zahlungsfähigkeit läßt sich ein Festkurssystem (mit Bandbreitenfixierung und Stufenflexibilität) nur vertreten, wenn die Mitgliedsländer hinsichtlich ihrer wirtschaftlichen Entwicklung einen relativ homogenen Währungsraum bilden und deshalb zu hoffen ist, daß Zahlungsbilanzungleichgewichte nur ein zeitlich befristetes Phänomen sind oder durch einmalige Paritätsanpassungen nachhaltig beseitigt werden können.

G-4.3: Die Wechselkursentwicklung

Ein besonders gravierender Einwand gegen das flexible Wechselkurssystem beruht auf der Befürchtung, es könne zu destabilisierenden Wechselkursentwicklungen oder zu zyklischen Wechselkursbewegungen mit starken erratischen Ausschlägen kommen. Hierfür lassen sich zwei mögliche Ursachen nennen:

1. die auf kurze, mittlere oder längere Sicht nicht normale Reaktion der Leistungsbilanz auf Wechselkursänderungen,
2. spekulative Kapitalbewegungen.

a) Zur Reaktion der Leistungsbilanz

Die Preiselastizitäten der Export- und der Importgüternachfrage können so niedrig sein, daß zum Ausgleich eines Leistungsbilanzdefizits – sieht man vom Kapitalverkehr ab – entweder eine sehr hohe Abwertung erforderlich ist oder im Zuge einer Abwertung sogar eine weitere Leistungsbilanzverschlechterung eintritt und folglich eine destabilisierende Abwertungsspirale in Gang gesetzt wird.[18] In diesem Zusammenhang spielen auch die Reaktionsgeschwindigkeiten auf den Ex- und Importmärkten eine wichtige Rolle. Tatsächlich läßt sich häufig beobachten, daß die Ex- und Importe kurzfristig nicht oder nur geringfügig auf Preis- bzw. Wechselkursänderungen reagieren und eine Abwertung dann kurzfristig eine (weitere) Leistungsbilanzverschlechterung induziert, daß aber die Preisreagibilität auf mittlere und längere Sicht zunimmt und die Leistungsbilanz dadurch allmählich verbessert wird (J-Kurven-Effekt). Bleibt der Kapitalverkehr unberührt, so resultiert aus solchen Reaktionsverzögerungen zwingend ein „Überschießen" von Wechselkursen, und es kann von daher durchaus zu starken zyklischen Schwankungen der Wechselkurse kommen. In einem Festkurssystem mit Stufenflexibilität ist zwar die anomale Reaktion der Leisungsbilanz im Falle einer autonomen Wechselkursänderung – sowohl kurz- als auch langfristig – ebenfalls von Bedeutung, doch eine Destabilisierung oder ein „Überschießen" von Wechselkursen ist systembedingt ausgeschlossen.

b) Zur Devisenmarktspekulation

Spekulative Devisenmarktgeschäfte könnten einen dominierenden Einfluß auf die Wechselkursbildung gewinnen und eventuell destabilisierend wirken. Ob die Spekulation tatsächlich zu einer Verstärkung von Wechselkursschwankungen oder gar zu einer instabilen Wechselkursentwicklung führt, ist aber bisher weder theoretisch noch empirisch eindeutig nachweisbar. So ist es beispielsweise denkbar, daß Spekulanten die Abwertung einer Währung als vorübergehend einschätzen – z. B. im Fall des oben erwähnten J-Kurven-Effekts – und diese Währung in Erwartung eines alsbald wieder steigenden Kurses kaufen. Damit aber wirkt die Spekulation der Abwertung entgegen, sie hat also einen stabilisierenden Einfluß.

Es ist jedoch auch möglich, daß die faktische Abwertung einer Währung als Auftakt zu weiteren Abwertungen interpretiert wird und daß die Spekulanten deshalb die hier betrachtete Währung gegen ausländische Währung verkaufen. Sie verstärken dadurch die Abwertung. Wenn nun der Umfang des spekulativen Kapitalverkehrs noch weiter zunimmt, weil sich die Spekulanten in ihrer Erwartung bestätigt sehen, schreitet die Abwertungsentwicklung sogar noch weiter fort, und somit hat sich eine instabile Situation ergeben. Es ist allerdings nicht zu erwarten, daß diese allein von der Spekulation getragene Entwicklung über einen langen Zeitraum anhält. Wenn sich nämlich die Wechselkursentwicklung nicht mehr mit den sonstigen ökonomischen Fakten, z. B. mit der Kaufkraftparität, mit den Leistungsbilanzsalden oder mit den Zinsdifferenzen erklären läßt, wächst das Risiko, Kursverluste zu erleiden. Angesichts der bereits hohen Spekulationseinsätze werden dann vor allem professionelle Spekulanten ihre Engagements verringern und möglicherweise sogar beginnen, ihre Währungsgewinne zu realisieren. Damit aber wird die Wechselkursentwicklung nicht nur gebremst, sondern über kurz oder lang umgekehrt. Selbstverständlich ergeben sich dabei für die später eingestiegenen Spekulanten Kursverluste.

---

[18] Im letzten Fall ist die Marshall-Lerner-Bedingung bzw. die Robinson-Bedingung nicht erfüllt.

Leider ist nicht auszuschließen, daß die Wechselkursentwicklung nun in anderer Richtung wiederum spekulationsbedingt eskaliert und erneut Wechselkurse realisiert werden, die im Widerspruch zu den anderen fundamentalen ökonomischen Fakten stehen. Insgesamt können somit von der Spekulation zyklische destabilisierende Wechselkursschwankungen verursacht werden.[19] Sind aber solche Einflüsse in einem Festkurssystem völlig ausgeschlossen? Da autonome Wechselkursanpassungen in einem System der Stufenflexibilität grundsätzlich möglich und bei anhaltenden Zahlungsbilanzungleichgewichten auch wahrscheinlich sind, können hier spekulative Kapitalbewegungen ebenfalls erhebliche Störungen bewirken. Steht eine Währung beispielsweise vor dem Hintergrund hartnäckiger Zahlungsbilanzdefizite unter Abwertungsdruck, so ist ein spekulativer Kapitalexport nahezu risikolos: kommt es faktisch zur Abwertung, so ergibt sich unmittelbar ein Währungsgewinn; findet die Abwertung nicht statt, so fallen nur die Umtauschkosten und sehr geringe Währungsverluste für den Fall an, daß sich der Wechselkurs wieder in Richtung auf die Bandmitte hin verschiebt. Durch die spekulativen Kapitalbewegungen wird das Zahlungsbilanzdefizit aber noch größer, der Abwertungsdruck nimmt zu, und es ist möglich, daß die Währungsbehörde des betroffenen Landes nun nicht mehr in der Lage ist, ihrer Interventionspflicht nachzukommen. So kann schließlich die Devisenmarktspekulation eine autonome Wechselkursänderung erzwingen. Ein solches Ergebnis läßt sich im Festkurssystem allerdings um so eher verhindern, je besser die Finanzierungsmechanismen des Systems sind; wenn die Mitgliedsländer gegenseitig, wie im EWS, kurzfristig auf einen unbegrenzten finanziellen Beistand zurückgreifen können, sind die Währungsbehörden in aller Regel imstande, eine Spekulationswelle zu brechen. Es bleibt deshalb festzuhalten, daß die Gefahr destabilisierender Wechselkursänderungen vor allem in einem flexiblen Wechselkurssystem gegeben ist.

G-4.4: Außenhandel und Kapitalverkehr

Gegen ein System flexibler Wechselkurse wird immer wieder vorgebracht, die Unsicherheit über die Wechselkursentwicklung beeinträchtige sowohl den Außenhandel als auch den internationalen Kapitalverkehr. Dieser Auffassung lassen sich aber einige Argumente entgegenstellen:

1. In einem Festkurssystem mit Stufenflexibilität sind Wechselkursänderungen ebenfalls nicht ausgeschlossen. Nicht vorhersehbare, abrupte Wechselkursänderungen in einem solchen System können sogar ein größeres Risiko für die internationalen Güter- und Kapitaltransaktionen bedeuten als eine möglicherweise relativ stetige Wechselkursanpassung im flexiblen System.
2. Bei Außenhandels- und Zinsarbitragegeschäften sind Terminmarktkontrakte üblich, mit denen das Wechselkursrisiko ausgeschaltet wird. Terminmarktkontrakte lassen sich heute relativ einfach in allen wichtigen Währungen tätigen, und durch die Kurssicherungsmöglichkeiten an den Terminmärkten ist die Kalkulierbarkeit von Außenhandelsgeschäften sowie von kurzfristigen Kapitalverkehrsgeschäften auch im flexiblen Wechselkurssystem gewährleistet. Zwar fallen im Vergleich zu absolut festen Paritäten Kurssicherungskosten an, aber in Hin-

---

[19] Die zyklische Dollarkursentwicklung mit DM/Dollar-Paritäten zwischen 1,70 im Jahr 1979, 3,45 Anfang 1985 und 1,58 Ende 1987 läßt sich teilweise auf den destabilisierenden Einfluß spekulativer Kapialbewegungen zurückführen.

sicht auf das ebenfalls abzusichernde Wechselkursrisiko im System der Bandbreiten und der Stufenflexibilität besteht i. d. R. kein gravierender Unterschied.

3. Längerfristige Auslandsforderungen und Auslandsverbindlichkeiten lassen sich i. d. R. nicht am Terminmarkt absichern. Es gibt aber eine Reihe anderer Möglichkeiten, das Wechselkursrisiko auszuschalten, z. B. über Währungsswaps oder Parallelkredite.[20] Darüber hinaus ist zu berücksichtigen, daß Wechselkursänderungen in einem System der Stufenflexibilität auf längere Sicht keineswegs auszuschließen sind und von daher kaum ein Unterschied zum flexiblen Wechselkurssystem besteht.

4. Wenn sich in einem System flexibler Wechselkurse aus den Nachfrage- und Angebotskonstellationen am Devisenmarkt Paritätsänderungen ergeben, so würden die gleichen Konstellationen im Festkurssystem Zahlungsbilanzungleichgewichte implizieren. Wollte man nun im Interesse von Außenhandel und Kapitalverkehr an festen Wechselkursen festhalten, so müßte man zum Mittel der Zahlungsbilanzfinanzierung oder der (nicht wechselkursgestützten) Zahlungsbilanzanpassung oder der Zahlungsbilanzregulierung greifen. Die Zahlungsbilanzfinanzierung ist aber auf Dauer nicht durchzuhalten, weil dabei bekanntlich die Währungsreserven (die offiziellen Auslandsverbindlichkeiten) des Defizitlandes laufend abnehmen (zunehmen); sofern Maßnahmen der Zahlungsbilanzanpassung und der Zahlungsbilanzregulierung nicht in Frage kommen, läßt sich die Wechselkursänderung somit schließlich doch nicht verhindern. Die Wirkungen von Maßnahmen der nationalen Zahlungsbilanzanpassung oder der Zahlungsbilanzregulierung können die sichere Kalkulierbarkeit von Außenhandels- und Kapitalverkehrsgeschäften mindestens ebenso stark beeinträchtigen wie Paritätsänderungen im flexiblen Wechselkurssystem. Nach allen Erfahrungen sind Zahlungsbilanzregulierungen in Form von Zöllen, Importbeschränkungen oder Kapitalverkehrskontrollen für die internationalen Wirtschaftsbeziehungen weitaus schädlicher als jede von Marktkräften ausgelöste Wechselkursänderung. In Hinsicht auf Außenhandel und (nicht spekulationsbedingten) internationalen Kapitalverkehr wäre ein Festkurssystem (mit Stufenflexibilität) dem flexiblen Wechselkurssystem nur dann vorzuziehen, wenn es im letzteren zu der oben bereits skizzierten destabilisierenden Wechselkursentwicklung kommen würde. Die Absicherung des Wechselkursrisikos wäre dann nämlich mit extrem hohen Kosten verbunden.

G-4.5: Internationale Konjunktur- und Preisübertragungen

Lange Zeit wurde die Auffassung vertreten, mit flexiblen Wechselkursen könne sich ein Land vollständig gegen (unerwünschte) Konjunktur- und Preisübertragungen aus dem Ausland abschirmen. Bei festen Wechselkursen bestünde demgegenüber ein sehr enger internationaler Konjunktur- und Preiszusammenhang, durch den sich Störimpulse aus dem Ausland ungehindert auf das Inland ausbreiten könnten. Der totale Abschirmeffekt der flexiblen Wechselkurse läßt sich aber weder theoretisch noch empirisch bestätigen.

---

[20] Im Rahmen von Währungsswaps werden Forderungen oder Verbindlichkeiten, die in einer bestimmten Währung nominiert sind, in Forderungen bzw. Verbindlichkeiten umgetauscht, die in einer anderen Währung nominiert sind. Bei den Parallelkrediten werden die in einer bestimmten Währung nominierten Forderungen (Verbindlichkeiten) durch Verbindlichkeiten (Forderungen) in der gleichen Währung kompensiert.

a) Der Konjunkturzusammenhang

Die These, bei flexiblen Wechselkursen käme es nicht zu einer Konjunkturübertragung, ist richtig, wenn

- Wechselkursänderungen über einen Terms of Trade-Effekt keinen Einfluß auf die heimische Absorption eines Landes haben
- sich im Zuge konjunktureller ausländischer Impulse die Kapitalverkehrsbilanz des betrachteten Landes (des Inlands) nicht verändert
- Wechselkursänderungen im Inland nicht zu Preisänderungen und darüber zu Einkommensänderungen führen.

Der Terms of Trade-Effekt spielt allerdings in der Realität, wenn er überhaupt zum Tragen kommt, eine relativ unbedeutende Rolle. Er hängt von der Differenz zwischen der durchschnittlichen und der marginalen Absorptionsquote eines Landes ab, und diese Differenz ist i. d. R. nur sehr klein.[21] Eine wichtige Rolle dürfte demgegenüber der Kapitalverkehr spielen. Nach allen Erfahrungen hängen Kapitalexporte und Kapitalimporte, sofern sie nicht strikt reglementiert werden, von in- und ausländischen Einkommen, von Zinsdifferenzen, von Wechselkursen oder Wechselkursänderungen sowie von erwarteten Wechselkursänderungen ab. Ein konjunktureller ausländischer Impuls, verbunden mit Änderungen von ausländischen Einkommen und Zinssätzen sowie mit Wechselkursänderungen, kann somit die inländische Kapitalverkehrsbilanz beeinflussen. Bei flexiblen Wechselkursen bedeutet dies aber zugleich eine Änderung der inländischen Leistungsbilanz, und darüber wird auch die Inlandskonjunktur berührt. Nicht zuletzt sind über den Kapitalverkehr auch inländische Zinsänderungen und von daher ebenfalls Konjunktureffekte möglich.[22] Schließlich ist zu beachten, daß Wechselkursänderungen, die im Zuge ausländischer Konjunkturimpulse auftreten, im Inland zu Preiseffekten und darüber zu Zins- und Einkommensänderungen führen können. Der internationale Konjunktur- und Preiszusammenhang gehen in diesem Fall Hand in Hand.

Angesichts der verschiedenen Transmissionswege ist es äußerst schwierig zu beurteilen, ob flexible Wechselkurse – im Vergleich zu festen Wechselkursen – den internationalen Konjunkturzusammenhang wenigstens abschwächen. Im allgemeinen wird diese Abschwächung erwartet. Man geht nämlich üblicherweise davon aus, daß sich bei einem ausländischen Konjunkturaufschwung (Konjunkturabschwung) tendenziell insgesamt eine Verbesserung (Verschlechterung) der inländischen Zahlungsbilanz ergibt, es von daher zur Aufwertung (Abwertung) der inländischen Währung kommt und folglich der Konjunkturimpuls über die Reaktion der inländischen Leistungsbilanz auf die Wechselkursänderung zumindest abgeschwächt wird. Daß dieses Ergebnis nicht zwingend ist, hat sich beim Konjunkturaufschwung der USA zwischen 1982 und 1985 gezeigt. Konjunkturell bedingt, verschlechterte sich zwar die amerikanische Leistungsbilanz, doch wurde – nicht zuletzt durch das gleichzeitig ungewöhnlich hohe amerikanische Haushaltsdefizit – ein so starker internationaler Kapitalsog bewirkt, daß es zu einer erheblichen Aufwertung des US-Dollars gegenüber den Währungen der anderen Industrieländer kam. Von hierher trat dann sogar eine Verstärkung der von den USA ausgehenden Konjunkturübertragung auf die Industrieländer auf. In einem Festkurssystem hätte diese wechselkursbedingte Verstärkung nicht stattfinden können. Das Beispiel

---

[21] Zum Terms of Trade-Effekt, auch Laursen-Metzler-Effekt genannt, siehe Kapitel C, Abschnitt C-7.4 und Kapitel D, Abschnitt D-4.3.

[22] Siehe hierzu Kapitel D, Abschnitt D-4.3.

macht deutlich, daß es entscheidend vom internationalen Kapitalverkehr abhängt, ob der Konjunkturzusammenhang im flexiblen Wechselkurssystem schwächer oder stärker als im Festkurssystem ist. Generell gültige Aussagen lassen sich vor diesem Hintergrund schon deshalb nicht machen, weil insbesondere die spekulativen Kapitalbewegungen nicht abzuschätzen sind und weil die Länderbonität für den internationalen Kapitalverkehr eine sehr wichtige Rolle spielt.

b) Der Preiszusammenhang

Die früher häufig vertretene Meinung, flexible Wechselkurse seien geeignet, eine Preisübertragung vom Ausland auf das Inland vollständig zu verhindern, läßt sich nicht aufrechterhalten. Es ist zwar richtig, daß der Liquiditätsmechanismus, der für die Transmission von Preisimpulsen im Festkurssystem eine wichtige Rolle spielt, bei flexiblen Wechselkursen ausgeschaltet ist, aber andere Transmissionsmechanismen können im flexiblen System ebenso wirksam sein wie im Festkurssystem. So wirkt beispielsweise der direkte Preismechanismus (der direkte internationale Preiszusammenhang) unabhängig von Zahlungsbilanzsalden und Wechselkursänderungen; der Nachfrage- bzw. Einkommensmechanismus tritt auch bei flexiblen Wechselkursen in Kraft, wenn der internationale Kapitalverkehr auf Wechselkursänderungen reagiert; der Kostenmechanismus kann seine Wirkung ebenfalls entfalten, wenn sich der Wechselkurs nicht umgekehrt proportional zur ausländischen Preiserhöhung verändert.[23]

Obwohl sich angesichts der verschiedenen Transmissionsmechanismen theoretisch kein eindeutiges Ergebnis ableiten läßt, ist nach allen empirischen Erfahrungen damit zu rechnen, daß flexible Wechselkurse – im Vergleich mit festen Wechselkursen – einen gewissen Schutz gegen Inflationsimporte geben. Wechselkurse und deren Veränderungen lassen sich zwar nicht allein mit Hilfe von Inflationsdifferenzen erklären, doch alle empirischen Ergebnisse deuten darauf hin, daß Inflationsdifferenzen zumindest auf mittlere Sicht die erwarteten Wechselkurseffekte implizieren: Steigen die Preise im Ausland stärker als im Inland, so ergibt sich tendenziell eine Aufwertung der inländischen Währung. Durch diese Aufwertung wird aber die Preisübertragung zumindest abgeschwächt. Zudem darf nicht übersehen werden, daß es bei flexiblen Wechselkursen, wie schon erwähnt, keinen internationalen Liquiditätsmechanismus gibt. Darin liegt – in Hinsicht auf den internationalen Preiszusammenhang – ein unbestrittener Vorteil des flexiblen Wechselkurssystems.

G-4.6: Nationale Autonomie der Geld- und Fiskalpolitik

Ein gravierender systembedingter Nachteil fester Wechselkurse besteht in der Interventionspflicht der nationalen Währungsbehörden bzw. Zentralbanken. Im Rahmen von Interventionen muß zwangsläufig heimische Währung gekauft oder verkauft werden, und damit ergibt sich eine Beeinträchtigung des Geldmengenziels. Eine Zentralbank hat zwar i. d. R. die Möglichkeit, den Geldmengeneffekt einer Intervention durch andere interne Maßnahmen, z. B. durch Offenmarktoperationen, zu kompensieren, doch hierdurch wird

– die für einen Zahlungsbilanzausgleich letztlich wichtige interne Zahlungsbilanzanpassung verhindert
– die Stetigkeit der Geldpolitik gestört.

---

[23] Zum internationalen Preiszusammenhang bei festen und bei flexiblen Wechselkursen siehe Kapitel E.

Von Bedeutung ist vor allem die Verhinderung der Zahlungsbilanzanpassung, da so der Zwang zu weiteren Interventionen bestehen bleibt und die Beeinträchtigung des Geldmengenziels anhält.

Als besonders nachteilig für ein Festkurssystem erweist sich auch die eingeschränkte interne Wirksamkeit autonomer geldpolitischer Aktivitäten. Im Zuge einer expansiven (restriktiven) Geldpolitik kommt es nämlich zu Liquiditätsabflüssen ins Ausland (Liquiditätszuflüssen aus dem Ausland), die mit konterkarierenden Geldmengeneffekten verbunden sind. Diese Zusammenhänge sind vor allem für die expansive Geldpolitik eines relativ kleinen Landes von Bedeutung. Die Zentralbank des Landes kann zwar kompensierende Maßnahmen ergreifen, um den Geldmengeneffekt der Liquiditätsabflüsse zu kompensieren, doch es verliert dabei laufend Währungsreserven. Je höher die Zinsreagibilität des internationalen Kapitalverkehrs ist, desto größer sind diese Verluste. Das kleine Land wird dann kaum in der Lage sein, die Kompensationspolitik aufrechtzuerhalten, und seine Geldpolitik ist somit über kurz oder lang wirkungslos.[24]

Für ein größeres Land stellt sich die Situation weniger dramatisch dar. Auch einem solchen Land geht Liquidität ans Ausland verloren, doch es ist zu erwarten, daß hierdurch im Ausland eine Einkommensexpansion induziert wird, die schließlich wieder positiv auf das größere Land zurückwirkt. Allerdings dürfte auch dem größeren Land – insgesamt gesehen – ein gewisser Teil der geldpolitischen Wirkungen ans Ausland verlorengehen. Bei flexiblen Wechselkursen sind zahlungsbilanzinduzierte Liquiditätsabflüsse bzw. Liquiditätszuflüsse dagegen a priori ausgeschlossen, und folglich kommt es hier auch nicht zu konterkarierenden Geldmengeneffekten. Die Autonomie der nationalen Geldpolitik ist in einem solchen System (weitgehend) gesichert. In einem Festkurssystem ist aufgrund der zuvor aufgezeigten Wirkungszusammenhänge nur eine gemeinsame oder eine strikt koordinierte Geldpolitik aller Mitgliedsländer sinnvoll. Eine nationale geldpolitische Autonomie ist mit einem solchen System konsequenterweise nicht vereinbar.

Die Wirksamkeit der Fiskalpolitik hängt sowohl bei festen als auch bei flexiblen Wechselkursen entscheidend von der Zinselastizität des internationalen Kapitalverkehrs ab. Gemessen an den Einkomenseffekten, ist die Fiskalpolitik bei festen Wechselkursen (flexiblen Wechselkursen) um so wirksamer (um so weniger wirksam), je größer die Zinselastizität des internationalen Kapitalverkehrs ist.[25] Was die Wirksamkeit der Fiskalpolitik angeht, so kann also bei hoher Zinsreagibilität des Kapitalverkehrs dem Festkurssystem der Vorzug gegeben werden. Man darf aber nicht übersehen, daß fiskalpolitische Aktivitäten bei festen Wechselkursen Zahlungsbilanzungleichgewichte bewirken und von daher nachhaltige Störungen im gesamten System auslösen können. Ein Beharren auf nationaler fiskalpolitischer Autonomie bedeutet deshalb häufig eine Gefährdung des Festkurssystems. Es ist somit angebracht, daß in einem solchen System auch die nationalen Fiskalpolitiken koordiniert werden. Eine umfassende nationale fiskalpolitische Autonomie ist nur in einem flexiblen Wechselkurssystem möglich. Das schließt allerdings nicht aus, wie weiter oben schon erläutert, daß die autonome nationale Fiskalpolitik über den internationalen Konjunkturzusammenhang auch bei flexiblen Wechselkursen erhebliche Wirkungen auf die konjunkturelle Entwicklung in anderen Ländern hat.

---

[24] Siehe hierzu Kapitel D, Abschnitt D-2.2.
[25] Siehe hierzu Kapitel D, Abschnitte D-2.2 und D-2.3.

G-4.7: Beschäftigung und Inflation

Die Erreichung der für alle Länder der Weltwirtschaft wichtigen Ziele der Vollbeschäftigung und der Preisstabilität hängt wesentlich von den nationalen sowie den
internationalen ökonomischen und politischen Rahmenbedingungen ab. Zu diesen
Rahmenbedingungen zählt auch das Wechselkurssystem. Und von daher stellt sich
die Frage, ob ein System fester oder ein System flexibler Wechselkurse die besseren
Voraussetzungen für Vollbeschäftigung und für Preisstabilität sowohl auf nationaler als auch auf internationaler Ebene schafft. Da für die beiden Ziele viele andere
ökonomische und politische Gegebenheiten, z. B. das politische System, die Rechts-
sicherheit, die staatliche Ausgaben- und Einnahmenstruktur, der Bildungsstand
und das Bildungssystem, von Bedeutung sind, darf selbstverständlich nicht erwartet werden, daß mit der Entscheidung für das eine oder das andere Wechselkurssystem zugleich ein wesentlicher Beitrag zur Lösung von Beschäftigungs- und Infla-
tionsproblemen geleistet wird. Es ist lediglich möglich, in dieser Hinsicht einige Vor-
und Nachteile des Festkurssystems und des flexiblen Wechselkurssystems herauszuarbeiten.

a) Das Beschäftigungsziel

Folgende Argumente sprechen dafür, daß flexible Wechselkurse dem Beschäftigungsziel besser dienen als feste Wechselkurse:

1. In einem Festkurssystem besteht grundsätzlich die Gefahr, daß „falsche" Wechselkurse etabliert werden, daß es hierdurch zu internationalen Wettbewerbsverzerrungen kommt und von daher eine optimale internationale Arbeitsteilung
unmöglich gemacht wird. Die optimale Arbeitsteilung ist aber nach allen theoretischen und empirischen Erkenntnissen eine wichtige Bedingung für ein möglichst hohes weltweites Wirtschaftswachstum und damit für einen hohen weltweiten Beschäftigungsstand.

2. In einem Festkurssystem besteht grundsätzlich die Gefahr, daß es, wie oben
schon ausführlich erläutert, zu anhaltenden Zahlungsbilanzungleichgewichten
und dadurch für die Defizitländer zu erheblichen Finanzierungsproblemen
kommt. Und darauf wird oftmals mit protektionistischen Maßnahmen reagiert.
Sowohl auf nationaler als auch auf internationaler Ebene ist Protektionismus
aber mit Wachstums- und Beschäftigungseinbußen verbunden.

3. Ein Festkurssystem kann dazu beitragen, die nationale wirtschaftspolitische Ei-
genverantwortlichkeit für das Beschäftigungsziel herabzusetzen. Es ist nämlich
zu erwarten, daß vor allem die kleinen Länder einen großen Teil ihrer geld- und
fiskalpolitischen Beschäftigungseffekte aufgrund des systembedingten internationalen Konjunkturzusammenhangs zwangsläufig „exportieren". Vor diesem
Hintergrund sind aber einzelne Länder des Systems, sofern es an einer gemeinsamen beschäftigungspolitischen Konzeption oder zumindest an einer verbindlichen Koordination fehlt, über kurz oder lang nicht mehr bereit oder auch nicht
mehr in der Lage, eine eigenständige Beschäftigungspolitik zu betreiben. Es
besteht also die Gefahr einer Beeinträchtigung des Beschäftigungsziels sowohl
auf nationaler als auch auf internationaler Ebene.

Auch bei diesen Argumenten wird erneut deutlich, daß ein Festkurssystem nur
dann sinnvoll ist, wenn man sich auf „realistische" Wechselkurse einigen kann,
wenn der Währungsraum so homogen ist, daß sich lang anhaltende Zahlungsbilanzungleichgewichte vermeiden lassen, wenn der gegenseitige kurzfristige finanzielle Beistand funktioniert und wenn die nationalen Wirtschaftspolitiken strikt
koordiniert werden.

Allerdings sind auch flexible Wechselkurse nicht a priori und in jedem Fall günstig für das Beschäftigungsziel. Je mehr nämlich die Wechselkurse durch spekulative Kapitalbewegungen determiniert werden, desto größer ist die Gefahr, daß es auch hier im internationalen Handel zu Wettbewerbsverzerrungen und darüber zu einer Beeinträchtigung von Wachstum und Beschäftigung auf nationaler und internationaler Ebene kommt. Besonders gravierend sind in diesem Zusamenhang die weiter oben schon skizzierten destabilisierenden Wechselkursentwicklungen oder die erratischen Kursausschläge mit „überschießenden" Wechselkursen. In einer solchen Situation ist es auch im Interesse des Beschäftigungsziels angebracht, die Wechselkurse mit Hilfe offizieller Devisenmarktinterventionen zu stabilisieren.

b) Das Ziel der Preisstabilität

In Hinsicht auf ihren Beitrag zur Preisstabilität sind die Einschätzungen der beiden Wechselkurssysteme sehr zwiespältig. Einerseits wird vermutet, daß das Festkurssystem zur „monetären Disziplin" anhält, dem flexiblen Wechselkurssystem demgegenüber ein solcher Zwang fehlt, andererseits wird immer wieder festgestellt, daß im Festkurssystem die Gefahr einer inflationären Aufblähung der internationalen Liquidität besteht.

1. Betreibt ein Land in einem System fester Wechselkurse eine stärker inflationäre Politik als andere Länder des Systems, so wird es nach einer gewissen Zeit in Zahlungsbilanzschwierigkeiten geraten, Währungsreserven verlieren und schließlich sogar auf die Kreditfazilitäten des Systems zurückgreifen müssen. Die anderen Länder werden sich aber einerseits gegen den im Festkurssystem unvermeidlichen Inflationsimport zur Wehr setzen, z. B. durch Kapitalverkehrsbeschränkungen, und andererseits die Kreditvergabe an das inflationierende Land mit Auflagen versehen. Folglich dürfte dieses Land über kurz oder lang nicht umhinkommen, die inflationäre Politik aufzugeben; es wird zur „monetären Disziplin" mehr oder weniger gezwungen. Bei flexiblen Wechselkursen sind Zahlungsbilanzprobleme a priori ausgeschlossen. Ein internationaler Liquiditätsmechanismus existiert nicht, und selbst wenn auch in diesem System gewisse Preisübertragungen stattfinden sollten, so lassen sie sich nicht eindeutig identifizieren und einem bestimmten Verursacher zurechnen. Mit „Disziplinierungsmaßnahmen" anderer Länder ist deshalb kaum zu rechnen. Allerdings ist eine inflationäre Politik auch bei flexiblen Wechselkursen nicht folgenlos. Es ist nämlich anzunehmen, daß sich die Währung des betrachteten Landes im Zuge der inflationären Entwicklung sukzessive abwertet und daß die Importgüter (in Inlandswährung) von daher laufend teurer werden. Besteht eine gewisse Importabhängigkeit, so kann dies zu Produktions- und Versorgungsproblemen führen. Darüber hinaus ist zu vermuten, daß die Inflationseffekte im flexiblen Wechselkurssystem nicht so sehr wie im Festkurssystem auch auf andere Länder verteilt werden. Das inflationierende Land hat deshalb die Last seiner Politik in größerem Maße selber zu tragen. Beide Aspekte lassen den Schluß zu, daß bei flexiblen Wechselkursen über kurz oder lang eine „monetäre Disziplin" im Lande selbst erzwungen wird. Das Argument der „monetären Disziplin" spricht somit keineswegs eindeutig für feste und gegen flexible Wechselkurse.
2. Sind die Zahlungsbilanzungleichgewichte in einem Festkurssystem über lange Zeit ungleich verteilt, gibt es also eine Reihe von Ländern, die anhaltend in einer Defizitsituation sind, so besteht ein gewisser Druck, die internationale Liquidität laufend auszuweiten und so den Defizitländern eine längerfristige Zahlungsbilanzfinanzierung zu ermöglichen. Die Liquiditätsausweitung erfolgt über eine

ständig expansive Geldpolitik des Leitwährungslandes oder durch Schaffung künstlicher Reservemedien. Beispielhaft war hier das Bretton Woods-System, in dem die USA zeitweise eine extensive Dollarschöpfung betrieben haben und in dem schließlich die Sonderziehungsrechte geschaffen wurden. Wenn das Festkurssystem keine Regeln enthält, die eine inflationäre Ausweitung der internationalen Liquidität unterbinden, so ist die nationale und die internationale Preisstabilität von hierher eindeutig gefährdet. Demgegenüber fehlt in einem System flexibler Wechselkurse, sofern man nicht ein kontrolliertes bzw. schmutziges Floaten betreiben will, der Zwang zur Zahlungsbilanzfinanzierung, und eine extensive Liquiditätsschöpfung ist deshalb ausgeschlossen.

G-4.8: Anpassung der Produktionsstrukturen

Häufig wird die Auffassung vertreten, ein Festkurssystem würde die optimale Entwicklung der nationalen und internationalen Produktionsstrukturen verhindern oder zumindest hemmen; flexible Wechselkurse stünden demgegenüber den notwendigen strukturellen Anpassungsprozessen nicht entgegen und seien in dieser Hinsicht vorzuziehen. Das Ziel, möglichst stabile Wechselkurse zu erhalten, kann tatsächlich dazu führen, daß die für die Gestaltung und Entwicklung der Produktionsstrukturen wichtigen Preissignale außer Kraft gesetzt werden. Sobald nämlich Währungsbehörden mit Hilfe von Devisenmarktinterventionen Wechselkurse gegen Tendenzen der freien Marktkräfte verteidigen, findet gleichzeitig eine offizielle Regulierung der internationalen Preisverhältnisse statt. Diese Preisverhältnisse sind aber, wie nicht zuletzt aus der Theorie der komparativen Kostenvorteile bekannt ist, eine wichtige Determinante der internationalen Handelsströme und folglich sowohl der nationalen als auch der internationalen Produktionsstrukturen. In einem Land, dessen Währung infolge der offiziellen Wechselkursfixierung unterbewertet ist, werden künstlich Produktionsbereiche – und zwar sowohl auf der Seite der Exportgüter als auch auf der Seite der importkonkurrierenden Güter – geschützt, die bei freiem Spiel der Marktkräfte einem höheren internationalen Wettbewerbsdruck ausgesetzt und dann unter Umständen nicht mehr rentabel wären. Umgekehrt wird die internationale Wettbewerbsfähigkeit bestimmter Produktionsbereiche bei Überbewertung einer Währung künstlich vermindert. Im Zuge einer anhaltenden Festschreibung „falscher Wechselkurse" werden schließlich suboptimale Produktionsstrukturen „zementiert" und marktgerechte Strukturanpassungen verhindert. Diese Politik erweist sich über kurz oder lang unter zwei Aspekten als problematisch:

1. Bei anhaltenden Zahlungsbilanzungleichgewichten lassen sich im Festkurssystem – wie viele Erfahrungen zeigen – Paritätsänderungen nicht verhindern, und das bedeutet häufig eine „schockartige" Veränderung der internationalen Preisverhältnisse. Die Produktionsstrukturen lassen sich aber an die neuen Bedingungen nur allmählich anpassen, so daß zu befürchten ist, daß mit einer Paritätsänderung für eine gewisse Zeit erhebliche strukturelle Anpassungsprobleme – verbunden mit struktureller Arbeitslosigkeit – einhergehen.
2. Mit der Verhinderung der strukturellen Anpassungsprozesse innerhalb des Festkurssystems kann sich zugleich eine Beeinträchtigung der Wettbewerbsfähigkeit gegenüber den Ländern außerhalb des Systems ergeben. Die künstliche Erhaltung nicht marktgerechter Produktionsstrukturen wirkt sich nämlich in aller Regel lähmend auf die gesamte Produktivitätsentwicklung aus.

Ob allerdings ein flexibles Wechselkursystem unter dem Aspekt marktgerechter Strukturanpassungen grundsätzlich vorzuziehen ist, muß bezweifelt werden. Wie schon weiter oben erläutert, läßt sich in einem solchen System nicht ausschließen, daß spekulative Kapitalbewegungen einen dominierenden Einfluß auf den Wechselkurs gewinnen und dann eventuell destabilisierende Entwicklungen oder erratische Kursausschläge stattfinden. Da die internationalen Preisverhältnisse den gleichen Einflüssen unterworfen sind, können sie in einem solchen Fall keine brauchbaren Informationen für Gestaltung und Entwicklung von Produktionsstrukturen liefern. Zur bestmöglichen Unterstützung marktgerechter struktureller Anpassungsprozesse wäre ein System wünschenswert, das einerseits genug Wechselkursflexibilität zuläßt, um einen permanenten Anpassungsdruck zu erzeugen, das aber andererseits eine gewisse Stetigkeit der Wechselkursentwicklung gewährleistet, damit überhaupt eine sinnvolle Produktionsplanung möglich ist.

G-4.9: Integrationsförderung

Der Aspekt der wirtschaftlichen Integration ist bei der Diskussion über feste und flexible Wechselkurse vor allem innerhalb der Europäischen Gemeinschaft von Bedeutung. Für die USA und für Japan stellt sich die Frage nach den Vor- und Nachteilen der beiden Wechselkurssysteme für eine Förderung der wirtschaftlichen Integration zur Zeit überhaupt nicht. In Europa herrscht die Meinung vor, flexible Wechselkurse würden die weitere wirtschaftliche und politische Integration behindern und feste Wechselkurse seien eine wichtige Integrationsvoraussetzung. Wie weiter oben schon ausgeführt, besteht bei festen Wechselkursen tatsächlich ein gewisser systemimmanenter Zwang zur Angleichung ökonomischer Rahmenbedingungen und zur Koordination der nationalen Wirtschaftspolitiken. Ob es allerdings der richtige Weg ist, über ein bestimmtes Währungssystem – in Europa über das EWS – die Integrationsfortschritte zu erzwingen, muß nach allen bisherigen Erfahrungen bezweifelt werden. Wenn es am politischen Willen zur Unterwerfung der nationalen Wirtschaftspolitiken unter das Primat der gemeinsamen europäischen Politik – aus welchen Gründen auch immer – fehlt, so wird man sich den Zwängen des Währungssystems, z. B. durch autonome Paritätsänderungen, zu entziehen wissen.

Um die Integration erfolgreich voranzutreiben, ist zweifellos ein grundlegender politischer Konsens erforderlich. Eine grundlegende Integrationsbedingung ist nicht das Festkurssystem, sondern es ist die Harmonisierung der nationalen ökonomischen Rahmenbedingungen, z. B. der nationalen Steuersysteme. Flexible Wechselkurse würden dem keineswegs entgegenstehen. Vielmehr ließe sich erwarten, daß im Zuge einer konsequenten Harmonisierungspolitik schließlich – quasi automatisch – auch ein Währungsraum mit relativ stabilen Wechselkursen entstehen würde.

G-4.10: Optimale Währungsräume

Bezieht man alle Kriterien gleichzeitig in die Beurteilung ein, so ist es unmöglich, dem Festkurssystem mit Stufenflexibilität oder dem System der völlig freien Wechselkursbildung eindeutig den Vorzug zu geben. Die Entscheidung für ein bestimmtes Wechselkurssystem kann immer nur das Ergebnis eines überwiegend subjektiven Abwägens von Vor- und Nachteilen sein. Das gilt auch für Mischsysteme, z. B. für das System der gleitenden Paritätsanpassungen (crawling peg) oder für das System des kontrollierten bzw. schmutzigen Floatens.

In der Währungstheorie gibt es eine Reihe von Ansätzen, mit denen versucht wird, optimale Währungsräume abzugrenzen, die jeweils im Innenverhältnis durch feste Wechselkurse und nach außen durch flexible Wechselkurse gekennzeichnet sind. Meistens konzentriert man sich in solchen Ansätzen jedoch nur auf wenige Bewertungskriterien. So geht es beispielsweise in dem viel beachteten Modell von Mundell um die Realisierung der wirtschaftspolitischen Ziele Vollbeschäftigung und Preisstabilität.[26] Mundell gelangt zu dem Schluß, daß nur solche Gebiete – das können mehrere Staaten oder das können sogar nur Regionen innerhalb eines Staates sein – einen gemeinsamen Währungsraum bilden sollten, in denen eine vollkommene oder zumindest extrem hohe Mobilität des Faktors Arbeit gegeben ist. Würden nämlich Nachfrageverschiebungen zwischen zwei Gebieten stattfinden, so käme es, Vollbeschäftigung in der Ausgangssituation vorausgesetzt, in dem einen Gebiet tendenziell zu Arbeitslosigkeit und gleichzeitig im anderen Gebiet tendenziell zu Inflation. Besteht nun eine vollkommene Mobilität der Arbeitskräfte, so wird die Arbeitslosigkeit in dem einen Gebiet durch Abwanderungen und entsprechend die Überbeschäftigung im anderen Gebiet durch Zuwanderungen ausgeglichen. Bleiben solche Wanderungsbewegungen wegen fehlender Mobilität aus, so wird man in den beiden Gebieten versuchen, Arbeitslosigkeit und Inflation mit stabilisierungspolitischen Mitteln zu bekämpfen, z. B. in dem einen Gebiet mit Hilfe einer expansiven, in dem anderen Gebiet mit Hilfe einer restriktiven Geldpolitik. Bei festen Wechselkursen kompensieren sich diese Politikeinsätze über die Gebietsgrenzen hinweg jedoch vollständig, und sie sind deshalb nutzlos. Allein flexible Wechselkurse sind jetzt, so Mundell, geeignet, das Problem zu lösen. Die autonomen Nachfrageverschiebungen würden dann nämlich durch entsprechende Wechselkursänderungen wieder rückgängig gemacht, und darüber hinaus sei im flexiblen Wechselkurssystem auch eine ausschließlich intern wirkende Wirtschaftspolitik in jedem der Gebiete möglich.

Das Mobilitätsargument von Mundell impliziert zweifellos sehr kleine Währungsräume. Selbst innerhalb eines Landes, z. B. innerhalb der Bundesrepublik Deutschland, bestehen i. d. R. erhebliche Mobilitätshemmnisse. Flexible Wechselkurse zwischen Gebieten, die längst wirtschaftlich und politisch integriert sind, dürften aber wohl kaum sinnvoll sein. Mit dem Mobilitätsargument würde es sich auch erübrigen, über Integrationsfortschritte in Europa auf wirtschaftlichem und wirtschaftspolitischem Gebiet sowie insbesondere über eine Europäische Währungsunion weiter nachzudenken. Wenn auch der Ansatz Mundells einen wichtigen Aspekt herausstellt, so ist er aber wegen der stark vereinfachenden Modellgrundlagen (z. B. Annahme der Vollbeschäftigung in der Ausgangslage, Fehlen struktureller Anpassungsprozesse) und wegen der Vernachlässigung anderer Beurteilungskriterien (z. B. Integration, Effektivität eines Währungsraums oder Produktionsvielfalt) nicht geeignet, eine ausreichende Entscheidungshilfe für die Gründung von Währungsräumen mit festen Wechselkursen zu liefern.

Es hat eine Reihe von Erweiterungen der Mundellschen Grundidee und auch mehrere eigenständige Ansätze, z. B. den wohlfahrtstheoretischen Ansatz,[27] gege-

---

[26] R. A. Mundell, The Theory of Optimal Currency Areas, in: The American Economic Review, Vol. 51, 1961, S. 656–665, wiederabgedruckt in: R. A. Mundell, International Economics, New York 1968, S. 177–186. Siehe auch: P. Salin, Die Theorie des optimalen Währungsgebietes, in: E.-M. Claassen (Hrsg.), Kompendium der Währungstheorie, München 1977, S. 177–200.

[27] H. G. Grubel, The Theory of Optimal Currency Areas, in: Canadian Journal of Economics, Vol. 3, 1970, S. 318–323.

ben, ohne daß aber das Grundproblem, nämlich die Fülle der relevanten Entscheidungskriterien für oder gegen ein System fester Wechselkurse adäquat zu erfassen und zu bewerten, gelöst werden konnte.[28] Es muß also bei dem oben bereits gezogenen Fazit bleiben: Die Entscheidung für ein bestimmtes Wechselkurssystem und damit für oder gegen einen gemeinsamen Währungsraum ist letztlich das Ergebnis eines weitgehend subjektiven Abwägens gewisser Vor- und gewisser Nachteile.

---

[28] Zu einzelnen Ansätzen siehe z. B. P. Salin, a. a. O.

Vierter Teil:

Internationale Wirtschaftspolitik und Probleme der Weltwirtschaft

Kapitel H:
Freihandel, Protektionismus und wirtschaftliche Integration

H-1: Träger, Ziele, Instrumente und Leitbilder der Außenwirtschaftspolitik

H-1.1: Nationale und supranationale Außenwirtschaftspolitik

Außenwirtschaftspolitik wird einerseits im nationalen Rahmen betrieben und ist damit ein Teil der allgemeinen Wirtschaftspolitik eines Landes, sie kann andererseits aber auch im Kompetenzbereich supranationaler Behörden liegen und damit ein Teil der Weltwirtschaftspolitik sein. Mit der nationalen Außenwirtschaftspolitik werden länderspezifische Ziele, mit der supranationalen Außenwirtschaftspolitik länderübergreifende, häufig weltweite Ziele verfolgt. Auf der nationalen Ebene geht es primär darum, die außenwirtschaftlichen Beziehungen so zu gestalten, daß die Wohlfahrt des eigenen Landes gesteigert und ein Beitrag zur Erreichung der allgemeinen nationalen wirtschaftspolitischen Ziele geleistet wird. Auf der supranationalen Ebene geht es vor allem darum, eine Weltwirtschaftsordnung zu realisieren oder zu erhalten, die geeignet ist, die Wohlfahrt aller Länder – oder zumindest der Mitgliedsländer der supranationalen Institutionen – zu erhöhen oder zu sichern.

Die zur Zeit wichtigsten supranationalen Behörden mit außenwirtschaftlichen Aufgaben sind der Internationale Währungsfonds (IWF), die wirtschaftlichen Organe der UNO (z. B. die UNCTAD), die wirtschaftlichen Organe der EG (z. B. der Agrarministerrat), die Organisation für wirtschaftliche Zusammenarbeit und Entwicklung (OECD) sowie der Rat für gegenseitige Wirtschaftshilfe (RGW bzw. COMECON). Die nationale Außenwirtschaftspolitik liegt überwiegend in den Händen zentraler Staatsorgane (in der Bundesrepublik vor allem beim Wirtschaftsministerium und beim Entwicklungshilfeministerium des Bundes) sowie der Zentralbanken (in der Bundesrepublik bei der Deutschen Bundesbank).

In der Gründungsphase des Internationalen Währungsfonds am Ende des 2. Weltkriegs gab es intensive Bestrebungen, wichtige außenwirtschaftspolitische Aufgaben von der nationalstaatlichen auf die supranationale Ebene zu verlagern und die entsprechenden Behörden mit internationalen Entscheidungs- und Handlungskompetenzen auszustatten. Bis heute ist dieses Ziel jedoch nicht erreicht worden. Die supranationalen Behörden erfüllen überwiegend länderübergreifende Verwaltungsaufgaben; sie überwachen zwar auch die Einhaltung internationaler Ordnungsprinzipien, zu denen sich die Mitgliedsländer einer bestimmten Organisation verpflichtet haben, besitzen aber selber nicht die Kompetenz, eine weltwirtschaftliche Ordnungs- und Prozeßpolitik zu betreiben.

Weltwirtschaftspolitik ist nach wie vor, sofern sie überhaupt betrieben wird, das Ergebnis einer Koordination nationaler außenwirtschaftspolitischer Entscheidungen. Dies gilt in weiten Bereichen selbst für die Europäische Gemeinschaft, obwohl sie mit der EWG längst einen Gemeinsamen Markt geschaffen hat, 1992 den Europäischen Binnenmarkt realisieren möchte und sich eine Wirtschafts- und Währungsunion zum Ziel gesetzt hat. Nur in einigen wirtschaftspolitischen Teilgebieten, so in der Agrarwirtschaft, sind der zentralen Behörde einige wichtige Entscheidungs- und Handlungskompetenzen eingeräumt worden. Die weltweite Perspektive zeigt also, daß die Festlegung außenwirtschaftspolitischer Ziele und der Einsatz außenwirtschaftspolitischer Instrumente (noch immer) vollständig oder zumindest zum weitaus größten Teil im Rahmen autonomer nationalstaatlicher Wirtschaftspolitiken erfolgt.

H-1.2: Ziele der nationalen Außenwirtschaftspolitik

Oberstes Ziel der nationalstaatlichen Außenwirtschaftspolitik sollte die Steigerung oder Sicherung der Wohlfahrt eines Landes sein. Das Wohlfahrtsziel läßt sich aber, da es sich an einzelwirtschaftlichen, subjektiven Wertungen und Empfindungen zu orientieren hat, nicht operationalisieren. Die praktische Außenwirtschaftspolitik muß deshalb auf konkrete, allgemein vermittelbare Ziele ausweichen, die in einer vermeintlich festen Beziehung zum abstrakten Wohlfahrtsziel stehen. Hierin unterscheidet sich die Außenwirtschaftspolitik überhaupt nicht von einer binnenwirtschaftlichen Politik. So ist es auch nicht erstaunlich, daß *interne wirtschaftspolitische Ziele* zugleich auch als *Ziele der Außenwirtschaftspolitik* genannt werden: *ein hoher Beschäftigungsstand bzw. Vollbeschäftigung, Preisstabilität, ein angemessenes Wirtschaftswachstum, eine „gerechte" Einkommensverteilung.* Ein spezifisches außenwirtschaftspolitisches bzw. externes Ziel ist demgegenüber das *außenwirtschaftliche Gleichgewicht*, das allerdings wegen möglicher Zielkonflikte sehr wohl in einem engen Zusammenhang mit den binnenwirtschaftlichen Zielen zu sehen ist.

Als *typische außenwirtschaftspolitische Ziele* sind noch der *Zahlungsbilanzausgleich*, die *Wechselkursstabilität* oder der *Leistungsbilanzausgleich* bzw. ein bestimmter Leistungsbilanzsaldo zu nennen. Diese Ziele haben aber vorwiegend instrumentalen Charakter, da sie sich im allgemeinen an den obengenannten binnenwirtschaftlichen Zielen orientieren oder der Erreichung des außenwirtschaftlichen Gleichgewichts dienen. Der Zahlungsbilanzausgleich, der Leistungsbilanzausgleich oder die Wechselkursstabilität können aber in einem internationalen Kontext auch eine eigenständige Bedeutung haben, beispielsweise dann, wenn länger anhaltende Zahlungsbilanzüberschüsse oder Leistungsbilanzüberschüsse oder instabile Wertentwicklungen einer Währung erhebliche länderübergreifende Störungen verursachen und ein Land aus Gründen der internationalen Solidarität sowie im Interesse der internationalen Stabilität gezwungen ist, diese Störungen zu beseitigen.

Die *Außenwirtschaftspolitik* kann auch in den Dienst der allgemeinen Gesellschaftspolitik eines Landes gestellt und *zur Erreichung außerökonomischer Ziele* eingesetzt werden. In diesem Zusammenhang sind beispielsweise zu nennen:

- Erhaltung der politischen (und auch wirtschaftlichen) Unabhängigkeit eines Landes durch Autarkiestreben
- Bewahrung militärischer Überlegenheit durch Verbot des Exports von Rüstungsgütern und Hochleistungsgütern in bestimmte Länder
- Versuch der politischen Disziplinierung durch außenwirtschaftliche Boykottmaßnahmen (z. B. gegenüber Südafrika).

Die enge nationalstaatliche Bindung wird überwunden, wenn die Außenwirtschaftspolitik eines Landes den länderübergreifenden Zielen einer wirtschaftlichen oder sogar einer totalen *politischen Integration* mehrerer Länder gewidmet wird. Diesen Zielen müssen die obengenannten rein nationalen ökonomischen Ziele untergeordnet werden. Erfahrungsgemäß bleibt jedoch die Gestaltung einer wirtschaftlichen Integration während der meisten Zeit des Integrationsprozesses Aufgabe der nationalen Außenwirtschaftspolitiken. Eine Kompetenzverlagerung auf supranationale Behörden erfolgt bestenfalls in kleinen Schritten, und die völlige

Ablösung der nationalen Außenwirtschaftspolitiken durch eine gemeinsame supranationale Außenwirtschaftspolitik bleibt – wie weiter oben schon erwähnt – meistens eine Utopie.

H-1.3: Leitbilder und Instrumente der Außenwirtschaftspolitik

Inwieweit die Außenwirtschaftspolitik bestimmten nationalen ökonomischen oder außerökonomischen Zielen gewidmet ist und welche Instrumente die Außenwirtschaftspolitik zur Erreichung gewisser Ziele einsetzt, wird entscheidend bestimmt von dem Leitbild, an dem sich die Außenwirtschaftspolitik grundsätzlich orientiert. Extreme Positionen sind einerseits das *totale außenwirtschaftliche Laissez faire* und andererseits der *totale staatliche Dirigismus* der außenwirtschaftlichen Transaktionen. Im ersten Fall nimmt der Staat weder auf die privaten internationalen Güter- und Faktortransaktionen noch auf die Wechselkursbildung an den Devisenmärkten Einfluß; die Ergebnisse der freien Marktprozesse werden uneingeschränkt akzeptiert, und ein prozeßpolitisches Instrumentarium der Außenwirtschaftspolitik ist von vornherein überflüssig. Die Außenwirtschaftspolitik ist dann lediglich eine Ordnungspolitik, die den institutionellen und rechtlichen Rahmen für außenwirtschaftliche Transaktionen setzt und die Wettbewerbsbedingungen schafft, mit denen ein ungehindertes Laissez faire möglich ist. Der zweite Fall ist entweder durch ein direktes außenwirtschaftliches Monopol des Staates, so wie es vor allem in den östlichen Staatshandelsländern üblich ist, oder durch strenge quantitative Reglementierungen des privaten Güterverkehrs und der privaten Faktorbewegungen (insbesondere des Kapitalverkehrs) sowie gleichzeitig durch eine zentrale Kontrolle der Wechselkurse gekennzeichnet.

Zwischen einem absoluten Laissez faire und einem totalen staatlichen Dirigismus gibt es allerdings ein breites Spektrum für die Gestaltung der Außenwirtschaftspolitik. Da staatliche Eingriffe in die Transaktionsmengen, Marktpreise oder Rahmenbedingungen auf den internationalen Gütermärkten und/oder den internationalen Faktormärkten und/oder den Devisenmärkten möglich sind, gibt es eine Fülle von Handlungsalternativen und Maßnahmenkombinationen. Das macht auch die Tabelle H.1 deutlich, in der die wichtigsten Instrumente der staatlichen Außenwirtschaftspolitik, geordnet nach den verschiedenen Eingriffsbereichen, zusammengestellt worden sind.

Die Außenwirtschaftspolitik kann außerdem auch Integrationspolitik sein. In diesem Fall ist die Außenwirtschaftspolitik darauf gerichtet, für den Integrationsraum länderübergreifende (einheitliche) Bedingungen für den Güterverkehr und/oder den Kapitalverkehr und/oder die Arbeitskräftebewegungen und/oder die Devisenmärkte bzw. die Währungen zu schaffen oder zumindest bestimmte Verfahrensregeln für die Abwicklung der internationalen Wirtschaftsbeziehungen zwischen zwei oder mehr Ländern zu vereinbaren.

Sowohl in der theoretischen Fundierung als auch in der praktischen Durchführung der Außenwirtschaftspolitik hat der Eingriffsbereich „Internationaler Güterverkehr" bzw. „Internationaler Handel" seit jeher eine besondere Bedeutung gehabt. Typisch für den *Merkantilismus* der absolutistischen Zeit (ca. 1600 bis 1750) war eine dirigistische Außenhandelspolitik, die in permanenten Handelsbilanzüberschüssen eine wesentliche Bedingung für die positive Entwicklung der Wohlfahrt eines Landes sah. Aufgrund der Tatsache, daß solchen Überschüssen in anderen Ländern zwingend Handelsbilanzdefizite gegenüberstehen müssen, ist die merkantilistische Politik a priori auf einen internationalen Konflikt angelegt. Zwar

Tabelle H.1: Handlungsbereiche und Instrumente der staatlichen Außenwirtschaftspolitik

	Direkter Einfluß auf Transaktionsmengen	Direkter Einfluß auf Marktpreise	Festlegung von Rahmenbedingungen
Internationaler Güterverkehr (Gütermärkte)	Import- und Exportkontingentierung; Ein- und Ausfuhrverbote; Devisenzuteilungen.	Zölle; Steuern, Subventionen; Abschöpfungen, Erstattungen; Höchst- und Mindestpreise.	Wettbewerbsrecht (Kartellrecht); Ein- und Ausfuhrformalitäten; Technische Vorschriften; Qualitätsvorschriften.
Internationaler Kapitalverkehr (Kapitalmärkte)	Verbote oder Genehmigungspflicht für Kapitalexporte und/oder Kapitalimporte; Devisenzuteilungen.	Zinssteuerung; Steuern auf ausländische Kapitalanlagen; Mindestreserven auf Auslandseinlagen; Bardepotpflicht.	Konvertibilitätsbeschränkungen einer Währung; Staatliche Bürgschaften für Direktinvestitionen; Rechtssicherheit für Kapitalanlagen.
Arbeitskräftebewegungen (Arbeitsmärkte)	Ein- und Auswanderungsverbote; Ein- und Auswanderungsquoten.	Steuern auf – Auslandseinkommen – Einkommen von Ausländern im Inland; Höchst- oder Mindestlöhne für Beschäftigung von Ausländern.	Sozialversicherungsschutz; Arbeitsrechtlicher Schutz; Niederlassungsfreiheit.
Devisenhandel (Devisenmärkte)	Devisenbewirtschaftung; Konvertibilitätsbeschränkungen für In- und/oder Ausländer; Spaltung der Devisenmärkte.	Wechselkursfixierung; Autonome Wechselkursänderungen; Festlegung von Bandbreiten (Höchst- und Mindestkurse); Kontrolliertes Floaten.	Zulassungsvorschriften für Börsenteilnahme; Meldevorschriften für Devisenhandel.

ist die Vorstellung, ein Staat müsse zur Wohlfahrtssteigerung zwingend Handelsbilanzüberschüsse realisieren, heutzutage überwunden, aber ein staatlicher Handelsprotektionismus gehört noch immer – oder schon wieder – zum dominierenden Merkmal der Außenwirtschaftspolitik der meisten Länder. Diese Politik wird als „neomerkantilistisch" bezeichnet. Den Gegenpol zum Leitbild des Merkantilismus bildet die *Freihandelsidee*. Sie entstand im 18. Jahrhundert als kritische Antwort auf die praktische merkantilistische Politik und hat insbesondere durch die Arbeiten von Adam Smith (1723 bis 1790), David Ricardo (1772 bis 1823) und John Stuart Mill (1806 bis 1873) eine weite Verbreitung erfahren.

Die wichtigsten Argumente, die für den Freihandel sprechen, sind:

1. *er impliziert eine Vergrößerung der Absatzmärkte und bringt dadurch Massenproduktionsvorteile, die über ein höheres Versorgungsniveau und geringere Preise allen Verbrauchern zugute kommen;*
2. *er ermöglicht ländertypische Produktionsspezialisierungen, die ihrerseits mit einer effizienteren Nutzung der nationalen Ressourcen und einer allgemeinen Produktivitätssteigerung verbunden sind;*
3. *er fördert den internationalen Technologietransfer und stimuliert durch internationalen Konkurrenzdruck die nationale unternehmerische Innovationsbereitschaft;*
4. *er führt, sofern ein freier Wettbewerb besteht, tendenziell zum Ausgleich der nationalen Handelsbilanzen und trägt so dazu bei, internationale Konflikte zu vermeiden.*

Vor diesem Hintergrund wird im Freihandel eine notwendige Bedingung für die Erreichung eines höheren Einkommens- und Beschäftigungsniveaus sowie für nachhaltige Wachstumsimpulse gesehen; und mit diesen Wirkungen, so wird erwartet, läßt sich zugleich die Wohlfahrt in allen Ländern steigern, die ihre Außenwirtschaftspolitik am Leitbild des Freihandels ausrichten. Insbesondere mit dem von Ricardo entwickelten Theorem der komparativen Kostenvorteile wird auch auf theoretischer Basis nachgewiesen, daß Aufnahme und Intensivierung von Außenhandel die Versorgungssituation aller beteiligten Länder verbessern kann und daß dadurch eine Wohlfahrtssteigerung für alle möglich ist.[1]

Die Freihandelsidee ist allerdings nicht mit einem totalen außenwirtschaftlichen Laissez faire gleichzusetzen. *Schon die klassischen Vertreter der Freihandelslehre waren davon überzeugt, daß die absolute außenwirtschaftliche Freizügigkeit eine Utopie ist und daß man unter besonderen Bedingungen staatliche Eingriffe und damit eine gewisse Einschränkung des freien Handels zulassen müsse.* Beispiele für Ausnahmen vom Freihandel sind:

1. *Retorsionsmaßnahmen* gegen Länder, die sich nicht den Regeln des Freihandels unterwerfen;
2. *Ausgleichsabgaben auf ausländische Importgüter* für den Fall, daß die entsprechenden inländischen importkonkurrierenden Güter vergleichsweise mit höheren inländischen öffentlichen Abgaben belastet sind;
3. *vorübergehender Schutz junger Produktionszweige*, die sich im Aufbau befinden und der ausländischen Konkurrenz noch nicht gewachsen sind (z. B. mit Hilfe sogenannter *Erziehungszölle*);
4. *zeitlich befristeter Schutz zur Dämpfung der Folgen von strukturellen Anpassungen* gewisser Produktionsbereiche an neue, durch Freihandel eintretende internationale Wettbewerbsbedingungen (z. B. zur Vermeidung einer zu schnellen Freisetzung von Arbeitskräften);

---

[1] Siehe hierzu Kapitel B, Abschnitt B-2.

5. *Schutz nationaler Produktionszweige, die unter gesellschaftspolitischem Aspekt als unverzichtbar eingestuft sind*, z. B. der nationalen Rüstungsindustrie.

Solche Ausnahmen bedeuten, daß sich Länder zwar prinzipiell zum Leitbild des Freihandels bekennen, aber dennoch protektionistische Maßnahmen einsetzen. Diese Art der Außenwirtschaftspolitik ist derzeit typisch für die westlichen Industriestaaten. Trotz aller Integrationsbestrebungen wird diese Politik sogar noch immer im Innenverhältnis der Länder der Europäischen Gemeinschaft betrieben; und selbst von der für 1992 geplanten Realisierung eines Europäischen Binnenmarktes ist keine vollständige Beseitigung der nationalen „Ausnahmen" vom Freihandel zu erwarten.

In den weiteren Untersuchungen werden zunächst die Wirkungen einer nationalstaatlichen protektionistischen Außenwirtschaftspolitik für den Bereich des internationalen Güterverkehrs sowie des internationalen Kapitalverkehrs analysiert und zugleich die Nachteile der protektionistischen Politik im Vergleich zum Freihandel aufgezeigt.[2] Daran schließt sich eine Betrachtung der Wege zu einer wirtschaftlichen Integration mehrerer Länder, eine Analyse bestimmter Integrationswirkungen sowie eine Darstellung einiger realer Integrationsprozesse an. Hintergrund dieser Untersuchungen ist die Erfahrung, daß es eine Utopie bleibt, die Prinzipien des Freihandels weltweit durchzusetzen, und daß es von daher sinnvoll ist, staatlichen Protektionismus wenigstens in bestimmten Integrationsräumen zu überwinden.

H-2: Protektionismus

H-2.1: Ziele und Instrumente einer protektionistischen Außenwirtschaftspolitik

Unter Protektionismus sind alle Maßnahmen zu verstehen, die bewußt darauf gerichtet sind, Marktergebnisse, die sich bei Freihandel bzw. bei freien Marktverhältnissen einstellen würden, zu verändern. In aller Regel werden protektionistische Maßnahmen in der staatlichen Außenwirtschaftspolitik eingesetzt. Allerdings gibt es auch rein privatwirtschaftliche Aktivitäten, die eine protektionistische Zielrichtung haben, z. B. die Bildung von internationalen Preis- oder Mengenkartellen, durch die auf den internationalen Märkten ein Angebots- oder ein Nachfragemonopol entsteht. Auch das Dumping, also die räumliche internationale Preisdifferenzierung einzelner Anbieter, wird meistens den protektionistischen Maßnahmen zugeordnet. Es darf aber nicht übersehen werden, daß Kartellbildungen und Dumpingmethoden i. d. R. nur möglich sind, wenn die staatliche Politik unterstützend wirkt. Meistens mangelt es dann an einer konsequenten staatlichen Wettbewerbspolitik. So ist beispielsweise das Dumping nur möglich, wenn auf heimischen Märkten Angebotsmonopole zugelassen sind und der internationale Konkurrenzmechanismus durch eine geeignete staatliche Politik so weit ausgeschaltet wird, daß es nicht zu einer Preisangleichung zwischen In- und Auslandsmärkten kommen kann.[3] In diesem Fall sind nicht die privaten Dumpingmethoden, sondern die staatlichen Politiken, die diese Methoden erst möglich machen, als protektionistisch zu bezeichnen. Private Wirtschaftssubjekte bewegen sich bei ihren Entscheidungen und Handlungen in dem von staatlichen Institutionen gesetzten Ordnungsrahmen,

---

[2] Arbeitskräftewanderungen werden nicht weiter betrachtet. Staatliche Eingriffe in die Devisenmärkte sind bereits früher ausführlich untersucht worden; siehe hierzu Kapitel F, Abschnitt F-2.5 und Kapitel G, Abschnitt G-2 und G-4.

[3] Siehe hierzu Kapitel B, insbesondere Abschnitt B-6.3.

und es entspricht vollauf dem ökonomischen Prinzip, wenn dieser Rahmen ausgeschöpft wird und private Wirtschaftssubjekte dabei versuchen, ihren individuellen Gewinn oder Nutzen zu erhöhen. Der Schwerpunkt der weiteren Untersuchungen liegt deshalb auch in der protektionistischen Außenwirtschaftspolitik seitens des Staates.

Zum Katalog der staatlichen protektionistischen Außenwirtschaftspolitik zählen

1. *die tarifären und nicht-tarifären Maßnahmen zur Beeinflussung des internationalen Handels,* insbesondere
   - Zölle
   - spezifische Steuerbelastungen von Importen oder Steuerentlastungen von Exporten
   - Subventionen für die Produktionssektoren von Exportgütern oder importkonkurrierenden Gütern
   - Importkontingentierungen
   - spezifische Einfuhrbestimmungen, z. B. technische Vorschriften oder Lizenzen
   - erzwungene Selbstbeschränkungen seitens ausländischer Exporteure
   - bilaterale Handelsabkommen
   - staatliche Außenhandelsmonopole,
2. *die Kapitalverkehrsbeschränkungen zur Regulierung der internationalen Finanzströme,* z. B. in Form
   - eines Verbotes von Kapitalexporten
   - einer Bardepotpflicht für ausländische Einlagen bei inländischen Banken zur Beeinträchtigung von Kapitalimporten,
3. *Maßnahmen zur Steuerung der gesamten Zahlungsbilanzströme,* insbesondere
   - die Devisenbewirtschaftung
   - bilaterale Zahlungsabkommen.

Protektionistische Maßnahmen können zur Erreichung einer Reihe unterschiedlicher *Ziele* eingesetzt werden, so vor allem

- zum *Schutz bestimmter heimischer Produktionssektoren* vor ausländischer Konkurrenz
- zur *Verbesserung der Leistungsbilanz- oder der gesamten Zahlungsbilanzsituation* sowie zur Vermeidung einer internationalen Zahlungsunfähigkeit
- zur *Verbesserung* der allgemeinen heimischen *Beschäftigungslage*
- zur *Verbesserung* der heimischen *Terms of Trade* sowie – in diesem Zusammenhang – zur Steigerung der Wohlfahrt eines Landes
- zur *Ausnutzung externer Effekte,* z. B. für den Umweltschutz
- zur *Beeinflussung* der heimischen *Einkommensverteilung*
- zum *Abbau internationaler Abhängigkeiten* bzw. zur Realisierung einer gewissen wirtschaftlichen *Autarkie*
- zur *Erzielung von öffentlichen Einnahmen* (insbesondere bei Zöllen).

Beim Schutz von Produktionssektoren geht es um die *strukturelle Situation* oder Entwicklung eines Landes. Dabei sind zwei verschiedene Zielrichtungen zu unterscheiden:
1. die längerfristig angelegte Erhaltung bestimmter Produktionsbereiche, die sich bei freier internationaler Konkurrenz nicht mehr behaupten könnten oder zumindest teilweise verdrängt würden (*Erhaltungsschutz*),
2. die vorübergehende Schutzgewährung, durch die es bestimmten Sektoren möglich sein soll, über eine Anpassung der Produktionsverfahren eine ausreichende internationale Wettbewerbsfähigkeit aufzubauen (*Anpassungsschutz*).

Dem Ziel des Anpassungsschutzes dienen z. B. die sogenannten Erziehungszölle, die weiter unten noch näher erläutert werden. Solche Zölle wurden und werden selbst von Anhängern der Freihandelsidee toleriert.[4]

Selbstverständlich ist nicht zu erwarten, daß sich die Wirkungen einer protektionistischen Außenwirtschaftspolitik auf bestimmte Zielgrößen begrenzen lassen. In aller Regel werden gleichzeitig mehrere Ziele berührt, und es ist durchaus möglich, daß Zielkonflikte auftreten. In diesem Fall ist mit dem Einsatz protektionistischer Maßnahmen auch eine Entscheidung über Zielprioritäten erforderlich.

Staatlicher Protektionismus kann, wie oben schon angeklungen ist, daraus resultieren, daß ein Land oder Gruppen innerhalb eines Landes die bei Freihandel erzielten Marktergebnisse als untragbar bewerten und diese Ergebnisse in Hinsicht auf obengenannte Ziele autonom verändern möchten. Staatlicher Protektionismus eines einzelnen Landes kann aber auch eine Antwort auf protektionistische Politiken oder auf angeblich vorhandene unfaire Wettbewerbspraktiken anderer Länder sein. Im zweiten Fall greift das Land dann zu sogenannten Retorsionsmaßnahmen, die aber ihrerseits als protektionistisch zu bezeichnen sind. Dem Protektionismus ist von daher i. d. R. ein gewisser Selbstverstärkungsmechanismus immanent, und im Prozeß von Maßnahmen und Gegenmaßnahmen wird es, wie noch zu zeigen ist, letztlich nur Verlierer geben. Vor diesem Hintergrund ist auch festzustellen, daß sich die meisten der Ziele einer protektionistischen Außenwirtschaftspolitik in einem mittel- und längerfristigen Zeitrahmen nicht erreichen lassen.

Im folgenden werden einige der obengenannten Maßnahmen eines staatlichen Protektionismus näher betrachtet und insbesondere deren Wirkungen auf wichtige ökonomische Größen untersucht. Aus den Ergebnissen dieser Wirkungsanalyse läßt sich dann auch ersehen, ob und gegebenenfalls inwieweit bestimmte Ziele der protektionistischen Außenwirtschaftspolitik erreicht werden können. Den Schwerpunkt der Untersuchungen bilden die Zölle. Denn zum einen haben sie im protektionistischen internationalen Maßnahmenkatalog nach wie vor die größte Bedeutung, und zum anderen sind die Zollwirkungen beispielhaft für eine Reihe anderer protektionistischer Maßnahmen.

H-2.2: Zölle

H-2.2.1: Zollwirkungen auf dem Importgütermarkt – eine Partialanalyse für feste Wechselkurse

Einige Wirkungen einer Zollerhebung sollen zunächst in einer partiellen Analyse, die sich auf eine Betrachtung des Marktes der Importgüter beschränkt, aufgezeigt werden. Dieser Markt ist in der Abbildung H.1 dargestellt worden. Der Abbildungsteil a) enthält das inländische Angebot X_M an sowie die inländische Nachfrage Y_M nach einem bestimmten Gut (bzw. einem bestimmten Güterbündel), für das – beim herrschenden Preisniveau – aufgrund eines Nachfrageüberhangs ein Importbedarf bestehen möge und das deshalb als Importgut bezeichnet wird. Aus den inländischen Angebots- und Nachfragekonstellationen resultiert die im Abbildungsteil b) dargestellte Importnachfrage M_N.[5] Es sei vorerst davon ausgegangen,

---

[4] Als Verfechter von Erziehungszöllen sind in Deutschland Friedrich List (1789–1846) und in England John Stuart Mill (1806–1873) bekannt geworden. Sie betrachteten solche Zölle als ein geeignetes Mittel, den Industrialisierungsprozeß eines Landes durch einen vorübergehenden Schutz junger Unternehmungen zu fördern.
[5] Siehe hierzu Kapitel C, Abschnitt C-2.1.

Abbildung H.1:

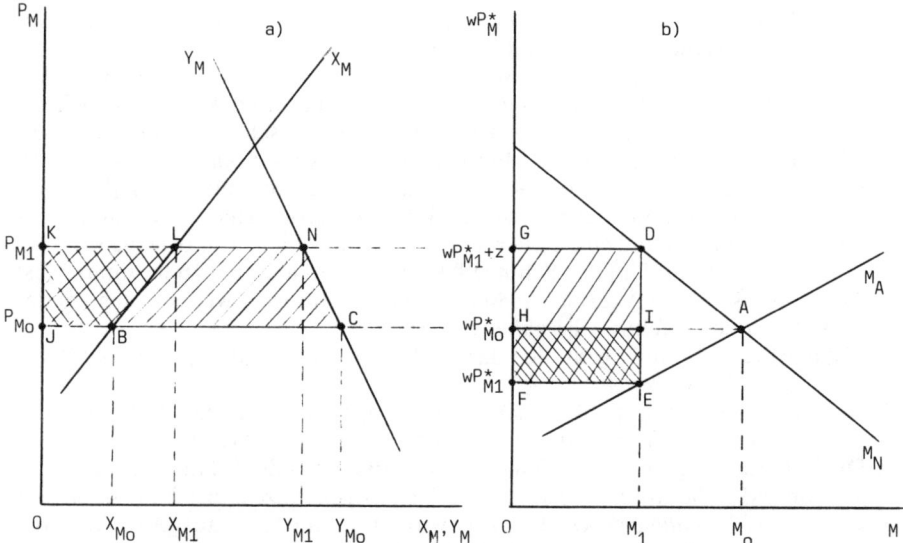

daß die Importnachfrage eine „normale" Preiselastizität besitzt. Schließlich ist im Abbildungsteil b) noch das ausländische Angebot an Importgütern M_A zu erfassen, für das ebenfalls eine „normale" Preiselastizität bestehen möge. P_M sei das inländische Preisniveau und P_M^* das in Auslandswährung ausgedrückte internationale Preisniveau des Importgutes. Wechselkursänderungen seien ausgeschlossen, so daß w eine konstante Größe ist.

Auf die Importe werde nun ein Mengenzoll mit dem Satz z erhoben.[6] Zwischen dem inländischen Preisniveau P_M und dem internationalen Preisniveau P_M^* des Importgutes besteht unter Einschluß der Zollbelastung der folgende Zusammenhang:

(H-1) $P_M = wP_M^* + z$

Die Zollbelastung impliziert somit einen Unterschied zwischen dem inländischen Preis P_M und dem in Inlandswährung umgerechneten internationalen Preis wP_M^* der Importe.

---

[6] Bemessungsgrundlage des Mengenzolls (auch spezifischer Zoll genannt) ist die Mengen- oder Maßeinheit eines Importgutes. Davon zu unterscheiden ist der Wertzoll, dessen Bemessungsgrundlage der Importwert ist. Außerdem gibt es auch Mischformen von Wert- und Mengenzöllen. Den Untersuchungen wird hier ein Mengenzoll zugrunde gelegt, weil sich dieser grafisch einfach darstellen läßt. Allerdings ergeben sich beim Wertzoll, der in der Praxis die größere Bedeutung hat, vergleichbare Wirkungen. Beim Wertzoll wäre anstelle der Gleichung (H-1) zu schreiben: $P_M = (1 + z)wP_M^*$. Weiter unten wird bei spezifischen Untersuchungen auch noch ein Wertzoll zugrunde gelegt. Zölle lassen sich nicht nur auf Importe (Einfuhrzölle) erheben, sondern auch auf Exporte (Ausfuhrzölle). Mit Ausfuhrzöllen soll eine Umlenkung zumeist knapper Güter vom Export auf den heimischen Markt erreicht werden. Sie haben aber heutzutage vor allem in Industrieländern keine Bedeutung mehr und sollen deshalb hier nicht weiter betrachtet werden.

Mit Blick auf die Abbildung H.1 lassen sich die folgenden Wirkungen der Zoller-hebung aufzeigen:

1. Der inländische Preis steigt auf P_{M1}, wogegen der internationale Preis (ausge-drückt in Auslandswährung) auf P^*_{M1} sinkt (*Preiseffekt*).
2. Infolge der Erhöhung des inländischen Preisniveaus nimmt das inländische An-gebot auf X_{M1} zu (*Produktionseffekt*). Der Produktionseffekt wird manchmal als ein Indikator für den Schutz der heimischen Wirtschaft vor der ausländi-schen Konkurrenz verwendet. Man spricht dann vom *Schutzeffekt* des Zolls. Diese vereinfachte Betrachtungsweise berücksichtigt aber nicht, daß die inlän-dische Produktion möglicherweise den Einsatz importierter Vorleistungsgüter erforderlich macht und eine Zollerhebung auch auf solche Importe die Produk-tionskosten erhöht. Um den Schutzeffekt eines Zolls adäquat zu bestimmen, ist dieser Aspekt in die Analyse einzubeziehen. Hierauf wird weiter unten bei der Diskussion des Effektivzolls näher eingegangen.
3. Mit der Preiserhöhung geht die inländische Nachfrage auf Y_{M1} zurück (*Nach-frage- bzw. Konsumeffekt*).
4. Aufgrund der Erhöhung des inländischen Angebots sowie der Reduktion der inländischen Nachfrage sinkt die Importnachfrage auf M_1 (*Handelseffekt*).
5. Die Zollerhebung bringt den öffentlichen Haushalten des Inlands eine Einnah-me von zM_1, die durch das Rechteck DEFG gekennzeichnet ist (*fiskalischer Effekt bzw. Einnahmeeffekt*). Der Zoll wird zu einem Teil – ausgedrückt durch die Fläche EFHI – von den ausländischen Anbietern getragen, denn diese neh-men eine Preissenkung auf P^*_{M1} in Kauf.
6. Da gleichzeitig die Importmenge und der in Inlandswährung umgerechnete internationale Preis sinken, geht der Importwert zurück, und dementsprechend verbessert sich ceteris paribus die inländische Leistungs- und Zahlungsbilanz (*Leistungsbilanz- und Zahlungsbilanzeffekt*).
7. Bleibt der Exportgütermarkt unberührt und damit das Preisniveau der Export-güter unverändert, so verbessern sich infolge der Verringerung des internationa-len Preisniveaus der Importgüter eindeutig die inländischen Terms of Trade (*Terms of Trade-Effekt*).
8. Da das inländische Preisniveau steigt, nimmt die Produzentenrente zu, und zwar um die Fläche BJKL oberhalb der Angebotskurve im Abbildungsteil a). Gleichzeitig geht aber die Konsumentenrente um die Fläche CJKN unterhalb der Nachfragekurve zurück. Es findet also eine Umverteilung zu Lasten der Konsumenten (der Nachfrager) und zugunsten der Produzenten (der Anbieter) statt (*Umverteilungseffekt*).

Auf zwei weitere Effekte, für die die Partialbetrachtung lediglich Anhaltspunkte liefert, sei noch hingewiesen:

9. Die Verringerung der Konsumentenrente ist größer als der Zuwachs der Produ-zentenrente. Man könnte hieraus schließen, daß es infolge der Zollerhebung zu einer Wohlfahrtseinbuße kommt. Es darf aber nicht übersehen werden, daß die öffentlichen Haushalte jetzt höhere Einnahmen haben, die im Inland für höhere Staatsausgaben, für Steuerentlastungen oder für Schuldentilgungen verwendet werden können und so schließlich privaten Wirtschaftssubjekten zugute kom-men. Damit aber ist wahrscheinlich auf seiten der privaten Wirtschaftssubjekte eine Wohlfahrtssteigerung verbunden. Da sich die individuelle Verteilung der Lasten und der Vorteile der Zollerhebung in der hier durchgeführten globalen Analyse theoretisch nicht erfassen und auch mit empirischen Detailuntersu-chungen kaum aufdecken läßt, erweisen sich eindeutige Aussagen über den *Wohlfahrtseffekt* einer Zollerhebung als unmöglich.

10. Schließlich ist zu erwarten, daß mit dem Produktions-, dem Handels- und dem Zahlungsbilanzeffekt sowie mit der Verwendung der Zolleinnahmen durch die öffentlichen Haushalte ein gesamtwirtschaftlicher *Einkommenseffekt* und darüber wahrscheinlich auch ein gesamtwirtschaftlicher *Beschäftigungseffekt* verbunden sind. Es wird im allgemeinen erwartet, daß Einkommen und Beschäftigung mit der Zollerhebung zunehmen, sofern das Ausland nicht zu Vergeltungsmaßnahmen greift. Die gesamtwirtschaftlichen Einkommens- und Beschäftigungseffekte einer Zollerhebung lassen sich allerdings nur in einer umfassenden makroökonomischen Analyse erfassen. Hierauf wird weiter unten noch näher eingegangen.

Wie sich aus der Abbildung H.1 unmittelbar erkennen läßt, hängen die zuvor aufgezeigten Zollwirkungen entscheidend von den Preiselastizitäten des Angebots und der Nachfrage auf dem Importgütermarkt ab. Einige Spezialfälle seien kurz erörtert:

1. Ist das ausländische Angebot vollkommen preiselastisch, so verändert sich das internationale Preisniveau P_M^* nicht. Das inländische Preisniveau steigt um z, und folglich wird die Zollbelastung auch vollständig von Inländern getragen. Dieser Fall ist typisch für ein kleines Land, das durch seine Zollpolitik den Weltmarktpreis der Importgüter nicht nennenswert beeinflußt.
2. Ist die inländische Importnachfrage preisunelastisch, eine Situation, die ein preisunelastisches inländisches Angebot an und eine preisunelastische inländische Nachfrage nach dem Importgut voraussetzt, so verändert sich das internationale Preisniveau P_M^* ebenfalls nicht. Wiederum steigt nur der Inlandspreis. Liegt dieser Fall vor, so ist eine Zollerhebung absurd, denn sie bringt keinen Produktionseffekt, keinen Handelseffekt, keinen Zahlungsbilanzeffekt und keinen Terms of Trade-Effekt, und die Zollbelastung ist vollständig von Inländern zu tragen.
3. Ist das ausländische Güterangebot preisunelastisch, so geht die Zollerhebung vollständig zu Lasten der ausländischen Anbieter. Das internationale Preisniveau P_M^* sinkt, wogegen das inländische Preisniveau P_M unverändert bleibt. Allerdings gibt es hier auch keinen Produktions- und keinen Handelseffekt. Immerhin verbessern sich aber ceteris paribus die Zahlungsbilanz und die Terms of Trade des Inlands.

Aus diesen Ergebnissen läßt sich hinsichtlich des Preiseffektes und des Terms of Trade-Effektes eine einfache Schlußfolgerung ableiten: infolge der Zollerhebung werden das inländische Preisniveau (das internationale Preisniveau) um so weniger erhöht (um so mehr verringert) sowie die inländischen Terms of Trade um so mehr verbessert, je preiselastischer die inländische Importnachfrage und je preisunelastischer das ausländische Importangebot sind.

Unter der Voraussetzung, daß die inländische Importnachfrage M_N preiselastisch ist, läßt sich ein Zollsatz finden, bei dem die Importe vollständig verdrängt werden. In diesem Fall liegt ein *Prohibitivzoll* vor. Infolge der zollbedingten Erhöhung des inländischen Preisniveaus P_M sind die Erhöhung des inländischen Angebots an sowie die Verringerung der inländischen Nachfrage nach dem Importgut bzw. dem importkonkurrierenden Gut gerade so groß, daß die gesamte Nachfrage nun aus der inländischen Produktion befriedigt wird. Der Prohibitivzoll ist nicht zuletzt dadurch gekennzeichnet, daß er keine fiskalische Wirkung hat; den öffentlichen Haushalten fließen aus dieser „Zollerhebung" keine Einnahmen zu.

H-2.2.2: Der Schutzeffekt von Zöllen

a) Die effektive Protektion (der Effektivzoll)

Zölle werden u. a. mit dem Ziel erhoben, bestimmten Produktionsbereichen bzw. Produktionssektoren eines Landes, die importkonkurrierende Güter herstellen, einen gewissen Schutz vor den ausländischen Anbietern zu geben. Wie aber läßt sich der Schutzeffekt einer Zollerhebung auf Importgüter, die mit den Gütern eines spezifischen Sektors unmittelbar konkurrieren, feststellen? Unter bestimmten Voraussetzungen führt, wie zuvor gezeigt, der Zoll zu einem Produktionseffekt. Dieser darf aber nicht mit dem Schutzeffekt gleichgesetzt werden, wenn der betrachtete Sektor Vorleistungsgüter einsetzt, die direkt oder indirekt ebenfalls durch Zölle belastet sind und die deshalb infolge der Zollerhebung höhere Produktionskosten implizieren. Um diesen Einfluß zu erfassen, muß die Zollwirkung auf die Wertschöpfung bzw. auf den Nettoproduktionswert des Sektors bestimmt werden. Das sei an einem einfachen Beispiel erläutert.

X_j sei der Bruttoproduktionswert, P_j der Produktpreis eines Sektors j, der durch die Einführung eines Zolls geschützt werden soll. Der Zollsatz auf die Importgüter, die mit den Gütern dieses Sektors unmittelbar konkurrieren, wird mit z_j bezeichnet. Es werde ein Wertzoll erhoben, so daß gilt:

$$(\text{H-2}) \qquad P_j = (1 + z_j)wP_j^*$$

Vereinfachend sei angenommen, daß das ausländische Importgüterangebot vollkommen preiselastisch ist und die Zollerhebung von daher keinen Einfluß auf den in Auslandswährung ausgedrückten internationalen Preis P_j^* dieser Güter hat. Die Zollerhebung schlägt sich somit nur im inländischen Preis P_j nieder. Der Wechselkurs w sei konstant. Der Produktionssektor j setze Vorleistungsgüter aus anderen Sektoren der Volkswirtschaft ein. Zumindest einige dieser Liefersektoren mögen Güter herstellen, die ebenfalls mit entsprechenden Importgütern aus ausländischer Produktion konkurrieren, und je nach vermeintlicher Schutzbedürftigkeit der einzelnen Sektoren seien diese Importgüter mit mehr oder weniger stark differierenden Zollsätzen belegt. Vereinfachend werden die Liefersektoren zu einem einzigen Sektor i zusammengefaßt, und der inländische Preis der von diesem Sektor hergestellten Güter wird mit P_i bezeichnet. Auf die Importgüter, die mit den Gütern des Sektors i unmittelbar konkurrieren, werde ein Wertzoll mit dem Satz z_i erhoben. Analog zu (H-2) gilt dann:

$$(\text{H-3}) \qquad P_i = (1 + z_i)wP_i^*$$

Vereinfachend sei wiederum angenommen, daß das ausländische Angebot auf dem entsprechenden Importgütermarkt vollkommen preiselastisch ist und das Preisniveau P_i^* deshalb von der Zollerhebung unberührt bleibt.

Aufgrund limitationaler Produktionsverhältnisse bestehe zwischen dem realen Input an Vorleistungsgütern v_{ij} aus dem Sektor i und der realen Produktion X_j des Sektors j eine feste Beziehung, die in konstanten Inputkoeffizienten a_{ij} zum Ausdruck kommt:

$$(\text{H-4}) \qquad v_{ij} = a_{ij}X_j \quad \text{mit:} \quad 0 < a_{ij} < 1$$

Die Wertschöpfung bzw. der Nettoproduktionswert des Sektors j ergibt sich wie folgt:

(H-5) $Y_j = P_j X_j - P_i a_{ij} X_j$

Indem durch X_j dividiert wird, erhält man die Wertschöpfung bzw. den Netto-produktionswert je Produkteinheit:

(H-5a) $y_j = P_j - P_i a_{ij}$ mit: $y_j = Y_j / X_j$

Setzt man für P_j und für P_i die Gleichungen (H-2) und (H-3) ein, so läßt sich der Einfluß der Zollerhebung auf die Wertschöpfung je Produkteinheit des Sektors j ablesen. Nicht nur der Zollsatz z_j, der den Sektor j direkt betrifft, sondern auch der Zollsatz z_i, der sich direkt auf den anderen Sektor bezieht, geht in die Wertschöpfung je Produkteinheit des Sektors j ein. Vom *Nominalzollsatz* z_j des Sektors j wird deshalb der *Effektivzollsatz* bzw. die *effektive Rate der Protektion* e_j dieses Sektors unterschieden. Der Effektivzollsatz ist wie folgt definiert:

(H-6) $e_j = \dfrac{y_j^z - y_j^F}{y_j^F} = \dfrac{dy_j^z}{y_j^F}$

Der Index z bezeichnet die Situation nach Zollerhebung, der Index F die Freihandelssituation (bei $z_i = 0$ und $z_j = 0$). Der Effektivzoll entspricht somit der relativen Veränderung der Wertschöpfung je Produkteinheit des Sektors j infolge der Zollerhebung im Vergleich zur Freihandelssituation.

Setzt man in (H-6) die Gleichung (H-5a) unter Berücksichtigung der Gleichungen (H-2) und (H-3) ein, so erhält man:[7]

(H-6a) $e_j = \dfrac{z_j P_j^* - a_{ij} z_i P_i^*}{P_j^* - a_{ij} P_i^*}$

Häufig wird angenommen, daß die internationalen Preisniveaus P_j^* und P_i^* übereinstimmen. Dann vereinfacht sich (H-6a) zu:

(H-6b) $e_j = \dfrac{z_j - a_{ij} z_i}{1 - a_{ij}}$

Hier wird deutlich, daß die effektive Protektion des Sektors j nur dann mit dem Nominalzollsatz z_j auf die ausländischen Konkurrenzgüter dieses Sektors übereinstimmt, wenn auch für den Sektor i der gleiche Nominalzollsatz, also $z_i = z_j$ gilt. Bei $z_j < z_i$ ist der Effektivzollsatz e_j kleiner als der Nominalzollsatz z_j. Wenn $z_j < a_{ij} z_i$ gilt, so ist e_j sogar negativ, und in diesem Fall führen die Zollerhebungen zu einer Beeinträchtigung des Sektors j. Eine solche „negative" effektive Protektion ist insbesondere für alle Sektoren gegeben, deren Güter nicht unmittelbar mit ausländischen Importgütern konkurrieren[8] und die in ihrer Produktion Vorleistungsgüter von Sektoren benötigen, für die Schutzzölle eingeführt wurden.

Verringert sich aufgrund der Zollerhebungen die Wertschöpfung des Sektors j, so ist damit zu rechnen, daß dieser Sektor schließlich auch seine Bruttoproduktion

---

[7] Der Wechselkurs w fällt durch Kürzung heraus.

[8] Diese Sektoren produzieren beispielsweise international nicht handelbare Güter oder Güter für den Export. In beiden Fällen ist ein Schutzzoll sinnlos. Ein Ausgleich der „negativen" effektiven Protektion ließe sich z. B. durch Subventionen erreichen, die aus den Zolleinnahmen auf den Importmärkten der Güter der anderen Sektoren finanziert werden könnten.

verringert. Die Betrachtung der effektiven Protektion kann somit auch in Hinsicht auf den Produktionseffekt zu einem anderen Ergebnis führen als die weiter oben vorgenommenen Untersuchungen zu den Nominalzollwirkungen. Es darf allerdings nicht übersehen werden, daß die hier durchgeführte Analyse der effektiven Protektion auf einigen sehr restriktiven Annahmen beruht.

So wird beispielsweise von einem konstanten Inputkoeffizienten a_{ij} ausgegangen. Faktisch dürfte eine Verteuerung von Vorleistungsgütern durch Zollerhebungen aber dazu führen, daß diese Güter über kurz oder lang allmählich durch andere kostengünstigere Vorleistungsgüter substituiert werden oder ihr Einsatz durch Verfahrensinnovationen verringert wird. Auf diese Weise kann dann ein bestimmter Sektor seine effektive Protektion erhöhen und schließlich von den Zöllen profitieren. Nicht zuletzt läßt sich die effektive Protektion durch einen bestimmten Sektor auch dadurch steigern, daß der Vollkommenheitsgrad der für diesen Sektor relevanten Märkte durch Produktinnovation und Produktdiversifizierung vermindert und so ein autonomer Spielraum für Preiserhöhungen geschaffen wird.

Die Erkenntnisse, die sich aus der Betrachtung der effektiven Protektion gewinnen lassen, haben eine große Bedeutung für die Ausgestaltung der Zolltarife. So ist es für ein einzelnes Land – sofern überhaupt Zölle zur Diskussion stehen – sinnvoll, den Zoll auf Güter, die als Vorleistungen in vielen Produktionssektoren ein relativ großes Gewicht haben, möglichst niedrig zu halten und solche Güter mit einem relativ hohen Zoll zu belegen, die – wie z. B. im Fall von Endprodukten – im Vorleistungsbereich keine oder keine nennenswerte Rolle spielen. Vor diesem Hintergrund ist auch der Vorwurf der rohstoffexportierenden Entwicklungsländer zu verstehen, daß die Industrieländer einen hohen effektiven Zollschutz erreichen, indem sie die Rohstoffimporte nur mit geringen Zöllen, die Importe von industriellen Fertigprodukten dagegen mit hohen Zöllen belegen. Mit dieser Zollpolitik wird die Veränderung der Produktionsstrukturen in den Entwicklungsländern zugunsten von industriellen Fertigprodukten und damit die Erreichung einer breiter angelegten internationalen Wettbewerbsfähigkeit dieser Länder behindert.

b) Erhaltungs- und Anpassungsschutz

Der Schutzeffekt von Zöllen kann – wie schon erwähnt – dem Ziel der Erhaltung oder dem Ziel der Anpassung bestimmter heimischer Produktionsbereiche dienen. Es ist aber fraglich, ob diese Ziele überhaupt sinnvoll sind und ob sie sich tatsächlich nachhaltig realisieren lassen, selbst wenn eine effektive Protektion – ausgedrückt in einem positiven effektiven Zollsatz – gewährleistet ist. Sowohl beim Erhaltungsschutz als auch beim Anpassungsschutz ist zu berücksichtigen, daß das Ausland zu Retorsionsmaßnahmen greifen kann. Hierdurch dürfte es im Inland zu einer Verringerung der Produktion der Exportgütersektoren und folglich zu Einkommensverlusten kommen. Es ist zu vermuten, daß die Exportgütersektoren dann ihre Nachfrage nach Vorleistungsgütern sowie nach Investitionsgütern einschränken und daß die zunächst im Exportgüterbereich auftretenden Einkommensverluste auch dämpfend auf die Konsumgüternachfrage wirken. Treten diese Folgewirkungen auf, so ist wahrscheinlich auch eine Beeinträchtigung der geschützten Sektoren unvermeidlich, und die effektive Protektion eines Sektors wird durch solche Interdependenzen vermindert oder möglicherweise sogar zunichte gemacht.

Der Erhaltungsschutz birgt eine weitere Gefahr in sich, die den Schutzeffekt letztlich ad absurdum führen kann. Das Erhaltungsziel ist von vornherein darauf angelegt, solchen Sektoren dauerhaft Schutz zu gewähren, die dem internationalen Wettbewerb nicht gewachsen sind. Mit dem Schutzzoll wird also auf Dauer die

Wettbewerbsintensität vermindert. Man entzieht sich auf diese Weise dem Zwang, durch Verfahrens- oder Produktinnovationen sowie durch Änderungen der Produktionsstrukturen den Anschluß an die internationale Produktivitätsentwicklung zu halten. Daraus ergeben sich mehrere Folgewirkungen:

1. Die geschützten Sektoren büßen ihre internationale Wettbewerbsfähigkeit mehr und mehr ein, und von daher wird es erforderlich, den Schutzzoll laufend weiter anzuheben.
2. Die geschützten strukturschwachen Sektoren binden Ressourcen an sich, die möglicherweise in anderen Sektoren für zusätzliche Produktivitäts- und Wachstumsimpulse dringend benötigt werden.
3. Da positive Produktivitätsentwicklungen in bestimmten Sektoren in aller Regel Diffusionswirkungen auf alle Produktionsbereiche eines Landes haben, bedeutet ein Verzicht auf den ausländischen Produktivitätsdruck, daß über kurz oder lang nicht nur die geschützten Sektoren, sondern auch andere Sektoren, darunter auch Exportgütersektoren, an internationaler Wettbewerbsfähigkeit verlieren und schließlich sogar selber schutzbedürftig werden können.

Treten die hier aufgezeigten Wirkungen ein, so können die zum Erhaltungsschutz erhobenen Zölle über kurz oder lang zu Einbußen bei der Wertschöpfung der gesamten Volkswirtschaft führen. Vor diesem Hintergrund erweist sich der oben ermittelte effektive Zollsatz als zu oberflächlich.

Während die Anhänger der Freihandelsidee den Erhaltungsschutz grundsätzlich ablehnen, finden sich unter ihnen, wie schon erwähnt, immer wieder Befürworter eines Anpassungsschutzes mit Hilfe sogenannter Erziehungszölle. Die Erziehungszölle sind aber dennoch heftig umstritten. Bekanntlich ist die wirtschaftliche Entwicklung eines Landes durch fortwährende strukturelle Anpassungsprozesse gekennzeichnet, in denen neue Produkte oder sogar völlig neue Produktionsbereiche entstehen. Üblicherweise ist es Aufgabe privater Unternehmungen, diesen Strukturwandel zu vollziehen, die dafür notwendigen finanziellen Vorleistungen einzusetzen und das anfangs zumeist hohe Ertragsrisiko zu tragen. Gewinne lassen sich, wenn überhaupt, in den neuen Produktionsbereichen im allgemeinen erst nach einer gewissen Anlaufphase erzielen, in der Marktanteile erobert werden müssen und dabei erst allmählich kostendeckende sowie schließlich gewinnbringende Stückzahlen produziert werden können. Es ist nun durchaus möglich, daß ausländische Produzenten diese Anlaufphase längst überwunden haben und nur aufgrund der Kostendegression hoher Stückzahlen einen absoluten Kostenvorteil besitzen, daß aber die innovativen inländischen Anbieter sehr wohl international wettbewerbsfähig werden können, wenn sie die Anlaufphase überstehen. In dieser Situation soll der Erziehungszoll den notwendigen Anpassungsschutz gewähren, und zwar selbstverständlich nur so lange, bis die internationale Wettbewerbsfähigkeit erreicht ist.

Gegen diese Idee des Erziehungszolls gibt es aber Einwände:

1. Der Zoll belastet, da er die Preise von bestimmten Gütern erhöht, alle Verbraucher eines Landes. Die Gewinne, die sich nach Überwinden der Anlaufphase erzielen lassen, kommen aber i.d.R. nur den zunächst durch den Zoll geschützten Unternehmungen zugute. Von daher wäre es sinnvoller, diese Unternehmungen – wenn überhaupt – mit öffentlichen Krediten zu fördern, die dann später aus den Erträgen zurückzuzahlen wären. Der Erziehungszoll ließe sich nur vertreten, wenn der Schutz einer bestimmten Unternehmung schließlich so hohe soziale Erträge bringen würde, daß die sozialen Kosten aufgrund der zollinduzierten

Preiserhöhung über kurz oder lang kompensiert werden. Solche sozialen Erträge wären beispielsweise dann gegeben, wenn die innovative Unternehmung während des Anpassungsschutzes Produkte und Produktionsverfahren entwickelt, die später auch von anderen Unternehmungen ohne Vorleistungsrisiko adaptiert werden und damit dem gesamten Land Vorteile bringen können. In diesem Fall wäre es nämlich sogar fraglich, ob eine Unternehmung überhaupt zur Innovation bereit ist, wenn es die Anlaufkosten allein zu tragen hat. Der Erziehungszoll wäre dann eine notwendige Voraussetzung für die Entstehung neuer Produktionsbereiche, die letzten Endes die internationale Wettbewerbsfähigkeit des gesamten Landes erhöhen würden. Da sich soziale Kosten und soziale Erträge nur sehr schwer ermitteln lassen, besteht allerdings die Gefahr, daß Erziehungszölle grundsätzlich mit den angeblich hohen sozialen Erträgen begründet werden.

2. Staatlichen Institutionen ist es i. d. R. kaum möglich zu beurteilen
   - ob ein innovativer Produktionsbereich tatsächlich in der Lage sein wird, nach einer gewissen Zeit der ausländischen Konkurrenz auch ohne Zollschutz gewachsen zu sein
   - wie lange der Zollschutz gewährt werden muß, damit der innovative Produktionsbereich die erforderliche internationale Wettbewerbsfähigkeit erreicht.

So besteht die Gefahr, daß ein Zollschutz mit Hilfe von sogenannten Erziehungszöllen dort gewährt wird, wo ohne diesen Schutz im internationalen Vergleich niemals komparative Kostenvorteile zu erzielen sind, und daß der Zollschutz letztlich zu einer Dauereinrichtung und damit zu einem Erhaltungsschutz wird.

H-2.2.3: Zölle und internationales Tauschgleichgewicht bei festen Wechselkursen

a) Allgemeine Wirkungsanalyse

Die Zollwirkungen sind zuvor lediglich im Rahmen einer partiellen Analyse, die sich auf den Importgütermarkt beschränkte, aufgezeigt worden. Infolge von zollinduzierten Preiserhöhungen der Importgüter dürfte es aber zu Verschiebungen der Nachfrage- und Angebotsstrukturen kommen, durch die auch andere als die Importgüter betroffen sind. Solche Strukturverschiebungen können sich durchaus auch auf dem Markt der Exportgüter auswirken. Die Verschiebungen der Nachfrage- und Angebotsstrukturen können aber ihrerseits möglicherweise zusätzliche Veränderungen der Güterpreisverhältnisse implizieren, die in einer nur partiellen Analyse nicht zu erfassen sind. Wie Zölle wirken, wenn solche Vorgänge Berücksichtigungen finden, soll jetzt exemplarisch und mit Hilfe des schon früher eingeführten (klassischen) Modells der Tauschkurven und des internationalen Tauschgleichgewichts verdeutlicht werden.[9] Wechselkurse sind in diesem Modell konstant.

Betrachtet werden zwei Länder – das In- und das Ausland –, die jeweils zwei Güter produzieren und auch nachfragen. Eines der beiden Güter wird vom Inland sowohl für die inländische Nachfrage als auch für den Export produziert, und dementsprechend handelt es sich hierbei um das Exportgut des Inlands bzw. um das Importgut des Auslands. Das andere Gut wird vom Inland zwar ebenfalls produziert, doch sind zur Befriedigung der inländischen Nachfrage im Austausch gegen das Exportgut zusätzlich Importe erforderlich; dieses Gut ist folglich das Importgut des Inlands bzw. das Exportgut des Auslands. Die hier angedeuteten Nachfrage- und Angebotsverhältnisse kommen in den Tauschkurven des Inlands (TK$_F$ in der zollfreien Ausgangssituation) und des Auslands (TK*) zum Ausdruck. Mit e wird

---

[9] Siehe hierzu Kapitel B, Abschnitte B-3.3 und B-5.

Abbildung H.2:

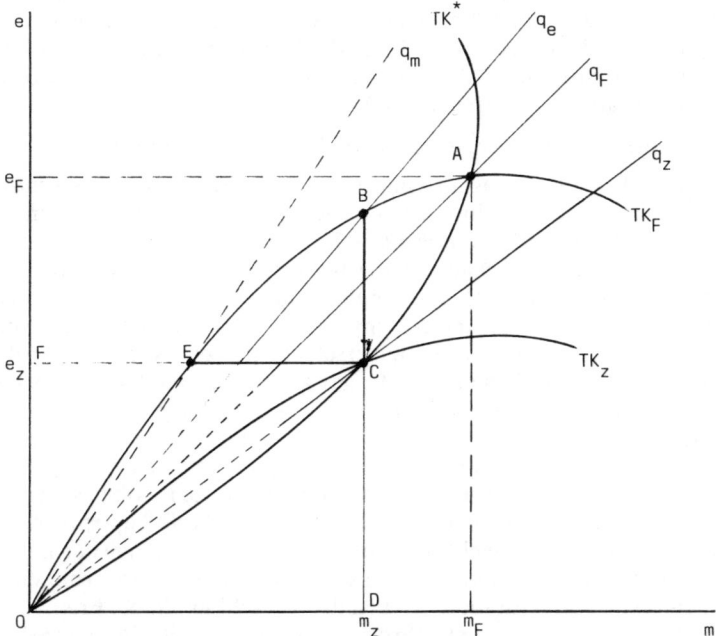

die Exportmenge des Inlands (bzw. die Importmenge des Auslands), mit m die Importmenge des Inlands (bzw. die Exportmenge des Auslands) bezeichnet. Das internationale Tauschgleichgewicht ist in der Abbildung H.2 im Schnittpunkt der beiden Tauschkurven gegeben, und mit diesem Schnittpunkt ist zugleich das internationale Gleichgewichts-Preisverhältnis determiniert. Im Tauschgleichgewicht stimmen der Exportwert und der Importwert im Inland und im Ausland jeweils überein, so daß auch die Leistungsbilanz jeweils ausgeglichen ist. Die Ausgangssituation sei durch Freihandel gekennzeichnet; das Tauschgleichgewicht im Punkt A impliziert ein internationales Preisverhältnis, das durch die Steigung der Preislinie q_F gegeben ist. Der Winkel zwischen der Ordinate e (der Abszisse m) und der Preislinie ist Ausdruck der Terms of Trade des Inlands (des Auslands).

Das Inland möge nun einen Wertzoll auf die Importe erheben. Hierdurch verteuern sich für die Inländer die Importgüter, und aus der Sicht der inländischen privaten Wirtschaftssubjekte drückt sich dies in einer Drehung der Preislinie zum Beispiel nach q_e aus. Die inländischen privaten Wirtschaftssubjekte wären jetzt bereit, die dem Punkt B entsprechenden Import- und Exportmengen zu tauschen. Es sei aber angenommen, daß die inländischen öffentlichen Haushalte die Zolleinnahmen für den Kauf von Einheiten des Exportgutes verwenden. Dieser Teil kann folglich nicht ins Ausland exportiert werden. Somit ist auch die Tauschkurve TK_F nicht mehr gültig. Die inländische Tauschkurve ist vielmehr nach unten zu drehen, im vorliegenden Beispiel nach TK_z. Im Vergleich zur Freihandelssituation ist die inländische Nachfrage nach ausländischen Importgütern gesunken, und das für den Export bereitstehende Angebot an Exportgütern ist ebenfalls geringer. Infolgedessen wird der Preis der inländischen Exportgüter relativ zum internationalen Preis der Importgüter steigen. Die für den internationalen Güteraustausch relevante Preislinie dreht sich folglich nach unten. Schließlich wird im Punkt C mit der Preislinie q_z ein neues internationales Tauschgleichgewicht realisiert. In dieser Situation exportiert das Inland die Menge e_z (Strecke CD) und importiert dafür die Menge m_z. Die Strecke BC zeigt die Menge des Exportgutes an, die die inländischen öffentlichen Haushalte durch die Zolleinnahmen absorbieren. Der Zollsatz entspricht dem Verhältnis der Strecken BD und CD.[10]

Die Wirkungen des Zolls lassen sich wie folgt zusammenfassen:

1. Die Terms of Trade bzw. das internationale Preisverhältnis verbessern sich – wie es in der Drehung der Preislinie von q_F nach q_z zum Ausdruck kommt – zugunsten des Inlands (*Terms of Trade-Effekt*).
2. Da sich das inländische Preisniveau der Importgüter relativ zum Preisniveau der Exportgüter infolge der Zollerhebung erhöht, verschiebt sich die inländische Produktionsstruktur zugunsten der Importgüter bzw. zu Lasten der Exportgüter (*Produktionseffekt*), und gleichzeitig verschiebt sich die Nachfragestruktur (unter Einschluß der staatlichen Nachfrage) zugunsten der Exportgüter bzw. zu Lasten der Importgüter (*Nachfrage- bzw. Konsumeffekt*).
3. Im internationalen Handel verringern sich sowohl die Importmengen als auch die Exportmengen; das Welthandelsvolumen sinkt (*Handelseffekt*).
4. Die öffentlichen Haushalte erzielen Zolleinnahmen, die im oben skizzierten Beispiel dem Wert der Exportmenge in Höhe der Strecke BC entsprechen (*fiskalischer Effekt*); es läßt sich leicht nachvollziehen, daß die Menge der Exportgüter, die die öffentlichen Haushalte aus ihren Zolleinnahmen absorbieren können, durch den vertikalen Abstand zwischen den Tauschkurven der Freihandelssituation TF_F und TK* begrenzt ist. Wird – ausgehend von der Freihandelssituation – der Zollsatz sukzessive erhöht, so nimmt im zuvor skizzierten Beispiel die zollinduzierte Verbrauchsmenge der öffentlichen Haushalte an Exportgütern zunächst zu, von einem bestimmten Maximalpunkt an jedoch laufend ab. Schließlich kann ein Prohibitivzoll erreicht werden, bei dem dann im vorliegenden Modell nicht nur der internationale Handel mit Importgütern, sondern gleichzeitig auch mit Exportgütern vollständig unterbunden wird.

Da die Leistungsbilanz im internationalen Tauschgleichgewicht des hier verwendeten Modells ex definitione immer ausgeglichen ist, ergibt sich kein Zahlungsbilanzeffekt der Zollerhebung. Beschäftigungseffekte treten ebenfalls nicht auf, denn dem klassischen Modell der Tauschkurven und des internationalen Tauschgleichgewichts liegt die Annahme der Vollbeschäftigung zugrunde.

Im zuvor diskutierten Beispiel wurde davon ausgegangen, daß die Zolleinnahmen zum Kauf von Exportgütern verwendet werden. Es läßt sich aber zeigen, daß ähnliche Zollwirkungen auch dann eintreten, wenn die öffentlichen Haushalte die Zolleinnahmen zum Kauf von Importgütern verwenden. In der Abbildung H.2 möge sich die interne Preislinie infolge der Zollerhebung nach q_m drehen (anstatt nach q_e im obigen Beispiel). Die privaten Wirtschaftssubjekte wünschen in dieser Situation die durch den Punkt E auf ihrer Tauschkurve TK_F bestimmten Export-

---

[10] Die Zolleinnahmen der öffentlichen Haushalte betragen $zP_M^z m_z$, wobei P_M^z den internationalen Preis der Importgüter nach der Zollerhebung bezeichnet. Hierfür werden Exportgüter im Wert $P_E^z e_s$ gekauft, worin e_s die vom Staat absorbierte Exportmenge angibt, die der Strecke BC entspricht. Für den Zollsatz folgt daraus: $z = P_E^z e_s / P_M^z m_z$. Das internationale Preisverhältnis ist aber im neuen Tauschgleichgewicht durch das Verhältnis OD/CD gegeben, wobei OD = m_z gilt. Somit ergibt sich: $z = BC/CD$.

und Importmengen zu tauschen. Die öffentlichen Haushalte mögen aber mit den Zolleinnahmen eine Menge von Importgütern kaufen, die der Strecke CE entspricht. Folglich müssen, ausgehend vom Punkt E, die Importe um die Menge CE erhöht werden, wenn die privaten Nachfragewünsche auch weiterhin realisiert werden sollen. Die inländische Tauschkurve dreht sich deshalb nach TK_z, und im Punkt C ergibt sich dann (wie auch im obigen Beispiel) das neue internationale Tauschgleichgewicht. Das Beispiel wurde so konstruiert, daß sich das gleiche internationale Preisverhältnis bzw. die gleiche neue internationale Preislinie q_z ergibt wie im Fall einer Verwendung der Zolleinnahmen für den Kauf von Exportgütern. Der Zollsatz ist jetzt allerdings durch das Verhältnis CE/EF bestimmt. Er ist somit höher als im anderen Fall. Grundsätzlich gilt, daß sich der gleiche Terms of Trade-Effekt nur mit einem höheren Zollsatz oder bei gleichem Zollsatz nur eine geringere Verbesserung der inländischen Terms of Trade erreichen läßt, wenn die Zolleinnahmen nicht ausschließlich zum Kauf von Exportgütern, sondern teilweise oder vollständig zum Kauf von Importgütern verwendet werden. Immerhin ergibt sich aber in jedem Fall eine Verbesserung der inländischen Terms of Trade.

In Hinsicht auf den Produktionseffekt und den Handelseffekt hat der Zoll in Verbindung mit einem Kauf von Importgütern die gleiche Wirkungsrichtung wie im Fall einer Verwendung für den Kauf von Exportgütern, d. h., die Produktionsstruktur verändert sich zugunsten der Importgüter, und im Welthandel werden sowohl die Import- als auch die Exportmengen verringert. Beim Nachfrage- bzw. Konsumeffekt kann es allerdings einen Unterschied geben: da die öffentlichen Haushalte nun (zusätzlich) Importgüter nachfragen und da auch die inländische Produktion von Importgütern zunimmt, ist es trotz der Verringerung der privaten Nachfrage nach Importgütern (aus inländischer und ausländischer Produktion) möglich, daß die gesamte inländische Nachfrage nach diesen Gütern steigt.

b) Retorsionszölle

In dem zuvor verwendeten Modell läßt sich auch sehr deutlich zeigen, daß eine Zollerhebung durch ein Land zu einer drastischen Beeinträchtigung des Welthandelsvolumens führt, wenn das andere Land (bzw. der Rest der Welt) zu Retorsionsmaßnahmen greift und dabei ebenfalls Zölle einführt oder erhöht.

Wie in der Abbildung H.3 gezeigt, ist dann nämlich nicht nur die inländische Tauschkurve, wie oben erläutert, in Richtung auf die Importmengenachse zu drehen, sondern im Zuge der Retorsionszölle muß auch die ausländische Tauschkurve gedreht werden, und zwar – nach der gleichen Begründung wie in den oben diskutierten Beispielen – in Richtung auf die Exportmengenachse. Das internationale Tauschgleichgewicht verschiebt sich dann von der Freihandelssituation im Punkt A über den Punkt B im Falle der inländischen Zollerhebung in den Punkt C nach Einführung der Retorsionszölle. Die Welthandelsmengen der Ex- und Importe sinken auf e_R und m_R. Es ist leicht einzusehen, daß sich die inländischen Terms of Trade infolge der Retorsionszölle wieder verschlechtern und daß ihre Veränderung im Vergleich zur Freihandelssituation nun nicht mehr eindeutig bestimmt ist.

c) Der Optimalzoll

Wie oben gezeigt wurde, lassen sich die inländischen Terms of Trade durch eine Zollerhebung auf die Importgüter verbessern, wenn das Ausland nicht mit Retorsionszöllen antwortet. Die Verbesserung der Terms of Trade bedeutet, daß das Inland (unter Einschluß der öffentlichen Haushalte) für die Ausfuhr einer Mengen-

Abbildung H.3:

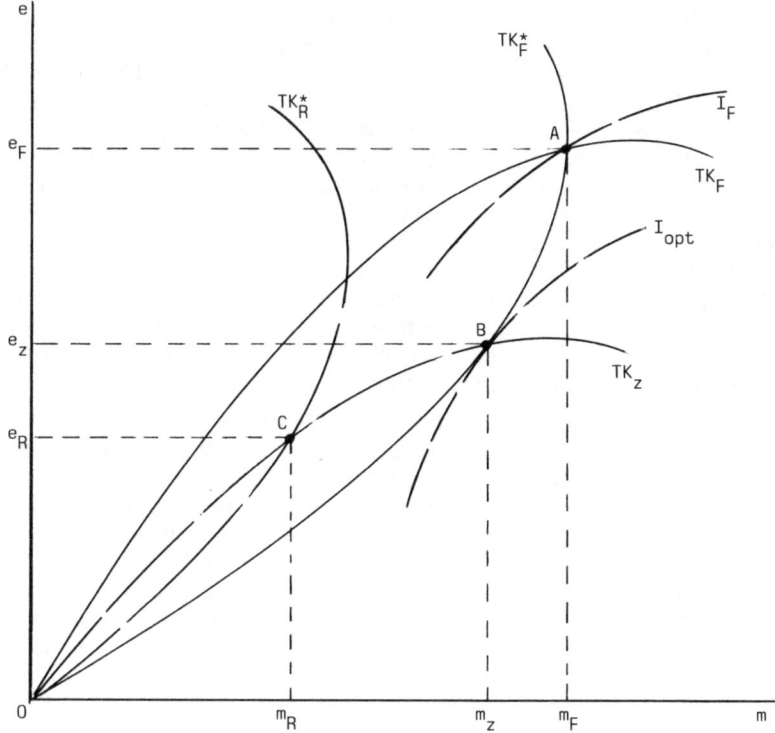

einheit der Exportgüter eine größere Menge an Importgütern einführen kann. Damit stellt sich aber die Frage, ob das Inland in der Lage ist, seine Wohlfahrt durch die Zollerhebung insgesamt zu verbessern. Entscheidend für die Beantwortung dieser Frage ist der Tatbestand, daß der Zoll auch Mengeneffekte hat. Die Verbesserung der Terms of Trade besagt ja nicht gleichzeitig, daß das Inland eine bestimmte Ausfuhrmenge beibehält und dafür im Ausland mehr Importgüter bekommt. Vielmehr folgt aus der Tauschkurve des Auslands, daß mit der Verbesserung der inländischen Terms of Trade zwingend eine Verringerung der inländischen Ausfuhrmenge verbunden ist und daß bei einer fortlaufenden Verbesserung der Terms of Trade schließlich sogar eine Situation eintritt, bei der kein internationaler Tausch mehr zustande kommt. In diesem Fall sind das In- und das Ausland wieder in der Autarkiesituation angelangt, und diese Situation impliziert bekanntlich ein geringeres Wohlfahrtsniveau als die Situation mit Außenhandel. Man müßte also aus der Sicht des Inlands versuchen, unter Beibehaltung von Handelsbeziehungen ein internationales Tauschgleichgewicht zu realisieren, bei dem die inländische Wohlfahrt maximiert wird. Ist dieses Maximum bei Freihandel nicht gegeben – wenngleich die Wohlfahrt höher ist als bei Autarkie –, so müßte auf der ausländischen Tauschkurve durch eine geeignete Wahl des Zollsatzes ein solches Tauschgleichgewicht gefunden werden. Diese Aufgabe löst die Theorie des *Optimalzolls*. Um den optimalen Zollsatz zu finden, werden sogenannte Handelsindifferenzkurven eingeführt, die zeigen, bei welchen Kombinationen von Exportmenge und Importmenge im Inland jeweils das gleiche Wohlfahrtsniveau besteht.

Hierzu sei noch einmal die Abbildung H.3 betrachtet. Durch den Punkt A, der die Freihandelssituation angibt, verläuft die Handelsdifferenzkurve I_F, der ein bestimmtes inländisches Wohlfahrtsniveau entspricht. Eine Bewegung auf dieser Kurve besagt, daß das Inland das gleiche Wohlfahrtsniveau nur aufrechterhalten kann, wenn es bei einer Verringerung seiner Importmenge gleichzeitig auch seine Exportmenge verringert oder wenn es bei einer Erhöhung seiner Exportmenge gleichzeitig in den Genuß einer größeren Importmenge kommt. Das Wohlfahrtsniveau nimmt eindeutig zu, wenn sich seine Exportmenge bei unveränderter Importmenge verringert oder wenn sich seine Importmenge bei gleichbleibender Exportmenge erhöht. Das höchstmögliche inländische Wohlfahrtsniveau wird in der Abbildung H.3 durch die Handelsindifferenzkurve ausgedrückt, die die Tauschkurve des Auslands TK_F^* tangiert. Diese Situation ist mit I_{opt} im Punkt B gegeben. Um das Wohlfahrtsmaximum zu realisieren, muß der Staat folglich einen Zollsatz wählen,[11] der die Tauschkurve der inländischen privaten Wirtschaftssubjekte nach TK_z dreht und so zu einem neuen Tauschgleichgewicht im Punkt B führt.[12]

Die Ermittlung des Optimalzolls mit Hilfe von internationalen Tauschkurven und Handelsindifferenzkurven ist zwar als theoretischer Ansatz interessant, aber für die praktische Zollpolitik unbrauchbar:

1. Das klassische Modell der internationalen Tauschkurven baut – wie schon zuvor erwähnt – auf einer Reihe zum Teil unrealistischer Annahmen auf.
2. Ein konsistentes System von Handelsindifferenzkurven läßt sich auch in einer rein theoretischen Betrachtung nur unter bestimmten Bedingungen konstruieren.[13]
3. Eine empirische Erfassung der Wohlfahrt eines ganzen Landes, insbesondere der Einflüsse spezifischer internationaler Handelsbeziehungen auf diese Wohlfahrt ist unmöglich.
4. Greift das Ausland zu Retorsionsmaßnahmen und kommt es möglicherweise sogar zu einem Handelskrieg, so läßt selbst das abstrakte theoretische Modell keine eindeutigen Aussagen über die Wohlfahrtseffekte einer inländischen Zollpolitik zu.

Man muß also einräumen, daß die Theorie des Optimalzolls nicht geeignet ist, Entscheidungshilfen für die praktische Zollpolitik zu geben. Trotz der im abstrakten Modell aufgezeigten Möglichkeit, daß ein Land mit Hilfe einer geeigneten Zollpolitik (unter bestimmten Bedingungen) seine Wohlfahrt steigern kann, sollte man in Anbetracht der kritischen Einwände dringend davon abraten, Zölle oder andere protektionistische Maßnahmen mit der Zielrichtung einer Wohlfahrtssteigerung überhaupt ins Auge zu fassen.

H-2.2.4: Einkommens- und Zahlungsbilanzeffekte von Zöllen

a) Ein makroökonomischer Ansatz

Das zuvor verwendete Modell impliziert aufgrund der üblichen klassischen Annahmen über die Vollkommenheit der Märkte a priori sowohl die Vollbeschäftigung als auch den Zahlungsbilanzausgleich. Es läßt zwar eine anschauliche und plausible

---

[11] Dabei ist allerdings auch die Verwendung der Zolleinnahmen zu berücksichtigen.
[12] Eine ausführliche Darstellung der Optimalzolltheorie findet sich z. B. bei: K. Rose, Theorie der Außenwirtschaft, 10. Aufl., München 1989, S. 474ff.
[13] Siehe hierzu z. B. K. Rose, a. a. O., S. 354ff.

Darstellung der Wirkungen von Zöllen auf Nachfrage- und Angebotsstrukturen sowie auf nationale und internationale Preisverhältnisse zu, schließt aber durch diese Annahmen eine Analyse von Zahlungsbilanz- und Beschäftigungseffekten aus. Die Realität ist jedoch i. d. R. von Unvollkommenheiten auf nationalen und internationalen Märkten gekennzeichnet, und von daher gewährleisten die Marktprozesse nicht quasi automatisch eine volle Beschäftigung und ausgeglichene Zahlungsbilanzen. Unterbeschäftigung und Zahlungsbilanzdefizite (oder auch nur Leistungsbilanzdefizite) erweisen sich häufig als länger anhaltende reale Phänomene. So ist es verständlich, daß Zölle häufig auch mit dem Ziel erhoben oder erhöht werden, die Beschäftigungslage oder die Zahlungsbilanzsituation zu verbessern.

Im folgenden wird davon ausgegangen, daß die Vollbeschäftigung und der Zahlungsbilanzausgleich nicht oder nicht a priori gegeben sind und daß Zölle grundsätzlich mit Beschäftigungs- und mit Zahlungsbilanzeffekten verbunden sein können. Die Wirkungsanalyse erfolgt im Rahmen eines relativ einfachen makroökonomischen Modells. Die funktionalen Zusammenhänge dieses Modells sind schon aus früheren Untersuchungen bekannt.[14] Es wird angenommen, daß zwischen dem Realeinkommen und der Beschäftigung ein positiver Zusammenhang besteht und daß die Beschäftigungseffekte deshalb näherungsweise durch die Realeinkommenseffekte darstellbar sind.

Die realen Exporte E sowie die mengenmäßigen Importe M des Inlands hängen jeweils von einer Einkommens- und von einer Preisvariablen ab:

(H-7)
$$E = E(Y^*, \underset{+}{(1 + z^*)}\underset{-}{q})$$

(H-8)
$$M = M(\underset{+}{Y}, \underset{-}{(1 + z)}q^*)$$

mit: $q = P/wP^*$, $q^* = wP^*/P = 1/q$

Y und Y* sind die Realeinkommen des Inlands bzw. des Auslands; P und P* bezeichnen das in- bzw. das ausländische Preisniveau, w ist der Wechselkurs bzw. der Preis einer Einheit der ausländischen Währung ausgedrückt in inländischer Währung. Das Inland erhebt einen Wertzoll auf die Importe mit einem Satz von z. Zugleich wird die Möglichkeit in Betracht gezogen, daß das Ausland einen Retorsionszoll in Form eines Wertzolls auf die eigenen Importe – das sind die Exporte des Inlands – mit einem Satz von z* erhebt. Die Realeinkommen des In- und des Auslands sind bestimmt durch:

(H-9) $\quad Y = A(Y) + E - (1 + z)q^*M + Z$

(H-10) $\quad Y^* = A^*(Y^*) + M - (1 + z^*)qE + Z^*$

A und A* bezeichnen die reale heimische Absorption im Inland bzw. im Ausland. Vereinfachend bleiben Terms of Trade-Effekte (im Sinne der Loursen-Metzler-Effektes) auf die Absorption unberücksichtigt. Die Ausdrücke $(1 + z)q^*M$ und $(1 + z^*)qE$ geben – jeweils auf der Grundlage der Landeswährung – die realen Importe des Inlands bzw. des Auslands an. Es sei angenommen, daß die öffentlichen Haushalte ihre Zolleinnahmen vollständig zum Kauf heimischer Produkte verwenden. Z und Z* sind diese (realen) Zolleinnahmen:

---

[14] Siehe hierzu Kapitel C, Abschnitt C-7.

(H-11) $Z = zq^*M$

(H-12) $Z^* = z^*qE$

Setzt man diese Gleichungen in (H-9) bzw. in (H-10) ein, so erhält man:

(H-9a) $Y = A(Y) + H$

(H-10a) $Y^* = A^*(Y^*) - qH$

H ist der reale inländische Leistungsbilanzsaldo, und $- qH$ ist der entsprechende reale Leistungsbilanzsaldo des Auslands. H setzt sich wie folgt zusammen:

(H-13) $H = E - q^*M$

b) Zollwirkungen bei festen Wechselkursen und vollkommen elastischem Güterangebot

Zunächst wird ein System fester Wechselkurse zugrunde gelegt. Das Güterangebot des In- und des Auslands sei jeweils vollkommen preiselastisch, so daß die beiden Preisniveaus P und P* konstant sind. Ausgehend von einer Freihandelssituation, möge das Inland einen Wertzoll auf alle Importe – mit einem Satz von z – erheben. Es sei erwogen, daß das Ausland mit einem Retorsionszoll, der die gesamten inländischen Exporte betrifft, antworten kann. Die Wirkungen dieser zollpolitischen Maßnahme auf das inländische Realeinkommen und auf die inländische Leistungsbilanz lassen sich aus den Gleichungen (H-7), (H-8), (H-9a), (H-10a) und (H-13) bestimmen:[15]

(H-14) $dY = - \dfrac{s^*}{N}(q^*Mn_Mz - En_Ez^*)$

(H-15) $dH = - \dfrac{ss^*}{N}(q^*Mn_Mz - En_Ez^*)$

mit: $N = ss^* + qsm^* + q^*s^*m > 0$, $s = 1 - a_Y$, $s^* = 1 - a_Y^*$

$$n_E = \frac{\delta E}{\delta[q(1 + z^*)]}\frac{q(1 + z^*)}{E} \leq 0$$

$$n_M = \frac{\delta M}{\delta[q^*(1 + z)]}\frac{q^*(1 + z)}{M} \leq 0$$

s und s* sind die marginalen Sparquoten, m und m* die marginalen Importquoten des Inlands bzw. des Auslands. Die marginalen Sparquoten addieren sich mit den entsprechenden marginalen Absorptionsquoten a_Y bzw. a_Y^* jeweils zu Eins. n_E und n_M sind – aus der Sicht des Inlands – die Preiselastizitäten der Export- und der Importnachfrage.

Ob das Inland mit seiner Zollerhebung einen positiven Einkommenseffekt und einen positiven Leistungsbilanzeffekt erzielen kann, hängt im wesentlichen ab von

– den Preiselastizitäten der Ex- und Importe
– den realen inländischen Exporten E und den realen inländischen Importen q*M in der Ausgangssituation

---

[15] Siehe hierzu den Anhang H.1.

- der marginalen Sparquote des Auslands und beim Leistungsbilanzeffekt zusätzlich der marginalen Sparquote des Inlands
- der Höhe des ausländischen Retorsionszolls.

Erhebt das Ausland einen Retorsionszoll, so ist es bei relativ hohen inländischen Exporten ins Ausland, einer relativ hohen Preiselastizität der Exporte und einem relativ hohen ausländischen Zollsatz durchaus möglich, daß sich die inländische Leistungsbilanz verschlechtert und – dadurch bedingt – das inländische Einkommen verringert. Aber selbst für den Fall, daß das Ausland auf Retorsionsmaßnahmen verzichtet, hat die inländische Zollerhebung nur eine relativ geringe positive Wirkung auf das Einkommen und auf die Leistungsbilanz, wenn die Preiselastizität der inländischen Importnachfrage und/oder die marginale Sparqote des Auslands relativ gering sind. Im Extremfall einer preisunelastischen Importnachfrage oder einer marginalen ausländischen Sparquote von Null läßt sich weder ein Leistungsbilanzeffekt noch ein Einkommenseffekt erzielen.

Die Bedeutung der Preiselastizität der Importe ist bereits aus der Partialanalyse bekannt. Die Schlüsselrolle der marginalen ausländischen Sparquote ist wie folgt zu erklären: je kleiner diese Quote ist, desto größer ist der ausländische Einkommensmultiplikator und desto stärker ist die negative Wirkung der inländischen Zollerhebung auf das ausländische Einkommen. Die Verringerung des ausländischen Einkommens wirkt aber der zollinduzierten Verbesserung der inländischen Leistungsbilanz entgegen, und bei einer marginalen ausländischen Sparquote von Null ist der negative Einkommenseffekt im Ausland gerade so groß, daß die zollinduzierte Verbesserung der inländischen Leistungsbilanz durch die einkommensinduzierte Verschlechterung exakt kompensiert wird.

Auch wenn sich die Leistungsbilanz des Inlands im Zuge der inländischen Zollerhebung verbessert, kommt es zu einer Verringerung des Welthandelsvolumens; die mengenmäßigen Importe des Inlands sinken aufgrund der direkten Zollwirkung; die realen Exporte des Inlands sinken aufgrund der internationalen Rückwirkungen, denn das ausländische Einkommen wird durch den inländischen Zoll verringert.

Anhand der Abbildung H.4 wird der Einkommenseffekt des inländischen Zolls grafisch veranschaulicht. Gemäß Gleichung (H-9a) hängt – bei Beachtung der Determinanten der Leistungsbilanz H – die inländische reale Güternachfrage bzw. das inländische Realeinkommen vom in- und vom ausländischen Zollsatz, vom ausländischen Einkommen sowie vom Preisverhältnis P/wP^* ab. Zwischen der inländischen realen Güternachfrage und dem inländischen Preisniveau besteht eine negative Beziehung, die in der gesamtwirtschaftlichen Nachfragekurve $Y(P)$ in Abbildung H.4 zum Ausdruck kommt. Das inländische Preisniveau ist hier jedoch aufgrund des vollkommen elastischen Güterangebots konstant. Annahmegemäß sind auch der Wechselkurs w und das ausländische Preisniveau P^* konstante Größen. Vor diesem Hintergrund ergibt sich aus der Gleichung (H-9a) unter Berücksichtigung der Ex- und Importfunktionen die folgende Einkommensänderung:

$$(\text{H-9b}) \qquad dY = \frac{1}{s + q^*m}(-q^*Mn_M z + m^*dY^* + En_E z^*)$$

Der Einkommenseffekt wird somit durch drei Einflüsse determiniert:

1. Die Einführung des inländischen Zolls mit z wirkt – für sich betrachtet – einkommenssteigernd; in der Abbildung H.4 verschiebt sich die Nachfragekurve nach

Abbildung H.4:

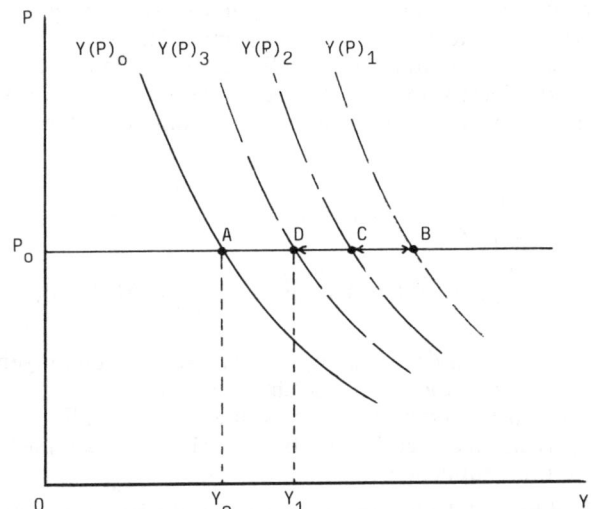

rechts, z. B. in den Punkt B. Die inländische Importnachfrage muß dann allerdings preiselastisch sein.

2. Mit der inländischen Zollerhebung und der damit verbundenen Importreduktion verringert sich das ausländische Einkommen; dadurch sinken die inländischen Exporte, und das inländische Einkommen wird negativ beeinflußt. Die Nachfragekurve verschiebt sich wieder nach links, z. B. in den Punkt C. Wenn die marginale Sparquote des Auslands Null ist, wird das ausländische Einkommen sogar so weit verringert, daß sich die inländische Leistungsbilanz – wie schon erläutert – letztlich nicht verbessert; die Nachfragekurve ist in diesem Fall in die Ausgangslage zurückzuverschieben.

3. Antwortet das Ausland mit einem Retorsionszoll, so gehen die inländischen Exporte noch weiter zurück; das inländische Einkommen wird von hierher ebenfalls verringert, und die Nachfragekurve ist somit noch weiter nach links zu verschieben, z. B. in den Punkt D. Selbstverständlich ist ein Retorsionszoll denkbar, der so hoch ist, daß das inländische Einkommen schließlich sogar gegenüber dem Ausgangswert sinkt; die Nachfragekurve wäre in diesem Fall über den Punkt A hinaus nach links zu verschieben.

Eine besondere Situation besteht für ein kleines Land. Gehen von diesem Land trotz Zollerhebung keine nennenswerten Wirkungen auf andere Länder aus, so treten auch keine Rückwirkungen aus einer Einkommensänderung im Ausland auf, und mit Retorsionsmaßnahmen ist ebenfalls nicht zu rechnen. Gemäß Gleichung (H-9b) wird die inländische Einkommensänderung dann nur von der inländischen Zollerhebung determiniert – und bei preiselastischer inländischer Importnachfrage tritt hier immer ein positiver Einkommenseffekt ein. Es ist allerdings zu beachten, daß diese zollpolitische „Narrenfreiheit" des kleinen Landes verlorengeht, wenn andere kleine Länder dem Beispiel des betrachteten Landes folgen und ebenfalls Zölle erheben. In diesem Fall sind Auswirkungen auch auf größere Länder unvermeidbar, und es kommt dann nicht nur zu internationalen (negativen) Rückwirkungen, sondern wahrscheinlich auch zu Retorsionsmaßnahmen seitens der großen Länder.

c) Zölle und Preisreaktionen bei festen Wechselkursen

Ist das Güterangebot im In- und Ausland nicht vollkommen (preis-)elastisch, so kommt es im Zuge von Nachfrage- und Einkommensänderungen zu Preisreaktionen, die ihrerseits die Realeinkommen und die Leistungsbilanz beeinflussen. Unter Berücksichtigung der Determinanten der Leistungsbilanz H ergibt sich aus Gleichung (H-9a) in diesem Fall die folgende Veränderung des inländischen Realeinkommens:

$$(\text{H-9c}) \qquad dY = \frac{1}{s + q^*m}\{ -q^*Mn_M z + m^*dY^* + En_E z^*$$

$$+ \frac{1}{P}[q^*M(1 + n_M) + En_E]dP - \frac{1}{P^*}[q^*M(1 + n_M) + En_E]dP^*\}$$

Im Unterschied zum Fall des vollkommen elastischen Güterangebots, bei dem die Realeinkommensänderung nach Gleichung (H-9b) bestimmt ist, treten hier noch die Einflüsse von Veränderungen des in- und des ausländischen Preisniveaus auf. Die Wirkungsrichtungen der Zollerhebung des Inlands lassen sich mit Hilfe der Abbildung H.5 veranschaulichen:

Wie in der Abbildung H.4, so wird die gesamtwirtschaftliche Nachfragekurve des Inlands durch den Zoll auch hier nach rechts verschoben, bei zunächst unverändertem inländischen Preisniveau z. B. in den Punkt B. Das inländische gesamtwirtschaftliche Güterangebot möge jetzt durch X = X(P) gegeben sein. Die gesamtwirtschaftliche Angebotskurve hat somit eine positive Steigung. Die Erhöhung der Nachfrage zieht folglich eine Erhöhung des inländischen Preisniveaus nach sich. Mit dem Preisanstieg werden aber – jeweils eine preiselastische Nachfrage auf dem

Abbildung H.5:

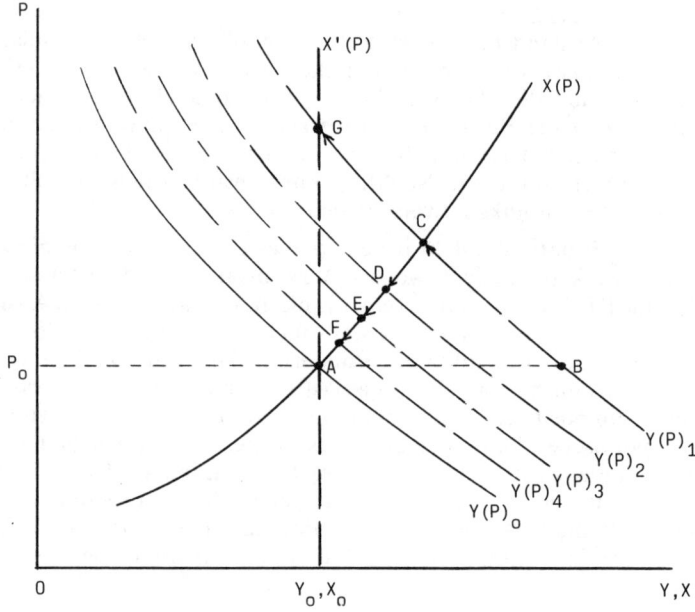

Export- und dem Importgütermarkt vorausgesetzt – die inländischen Exporte beeinträchtigt sowie die inländischen Importe stimuliert. Der zollinduzierten Verbesserung der Leistungsbilanz steht also eine preisinduzierte Verschlechterung entgegen. Ohne weitere Einflüsse würde bei den in der Abbildung H.5 zugrundegelegten Nachfrage- und Angebotsbeziehungen ein neues Marktgleichgewicht im Punkt C erreicht, das zwar ein höheres inländisches Preisniveau, aber auch ein höheres inländisches Realeinkommen impliziert.

Faktisch treten aber bei Existenz internationaler Rückwirkungen noch weitere Einflüsse auf:

1. Wie im oben diskutierten Fall, so verringert sich auch hier das ausländische Realeinkommen, und hierdurch werden die inländischen Exporte unmittelbar beeinträchtigt. Die gesamtwirtschaftliche Nachfragekurve verschiebt sich folglich nach links, z. B. in den Punkt D.

2. Besteht analog zum inländischen Güterangebot auch im Ausland ein positiver Zusammenhang zwischen dem gesamtwirtschaftlichen Güterangebot und dem Preisniveau – nämlich $X^* = X^*(P^*)$ –, so reagieren die ausländischen Anbieter auf den Rückgang der Güternachfrage mit einer Preissenkung. Dadurch gehen – wiederum eine preiselastische Ex- und Importnachfrage vorausgesetzt – die inländischen Exporte zurück, und die inländischen Importe nehmen zu. Die gesamtwirtschaftliche Nachfragekurve wird dementsprechend weiter nach links verschoben, z. B. in den Punkt E.

3. Schließlich ist, wie im weiter oben diskutierten Beispiel, noch ein Retorsionszoll des Auslands denkbar, durch den die inländischen Exporte zusätzlich beeinträchtigt werden. Die Nachfragekurve verschiebt sich dann noch weiter nach links, z. B. in den Punkt F.

Der direkten positiven Wirkung der inländischen Zollerhebung stehen jetzt also vier Folgeeffekte gegenüber, die die inländische Leistungsbilanz und das inländische Realeinkommen jeweils negativ beeinflussen. Wenn das Güterangebot im In- und im Ausland nicht völlig preisunelastisch ist, kann allerdings nur der ausländische Retorsionszoll bewirken, daß sich die inländische Leistungsbilanz schließlich nicht verbessert oder sogar verschlechtert bzw. das inländische Einkommen schließlich auf dem ursprünglichen Niveau bleibt oder sogar sinkt. Denn das inländische Preisniveau P steigt ja dauerhaft nur dann, wenn auch ein Nachfrage- und Realeinkommensanstieg erhalten bleibt; das ausländische Realeinkommen sinkt nur dann, wenn sich die inländische Leistungsbilanz nachhaltig verbessert bzw. die ausländische Leistungsbilanz verschlechtert; und eine dauerhafte Verringerung des ausländischen Preisniveaus ergibt sich nur dann, wenn auch das ausländische Realeinkommen nachhaltig sinkt.

Mit den Preisreaktionen werden aber – neben den weiter oben bereits erläuterten Fällen – zwei weitere Fälle möglich, in denen die inländische Zollerhebung keinen Leistungsbilanz- und keinen Realeinkommenseffekt hat: ist das Güterangebot im Inland und/oder im Ausland völlig preisunelastisch, so impliziert die inländische Zollerhebung eine so starke Zunahme des inländischen Preisniveaus und/oder eine so starke Reduktion des ausländischen Preisniveaus, daß die zollinduzierte Verbesserung der inländischen Leistungsbilanz aufgrund der entsprechenden Preiswirkungen exakt kompensiert wird. Es mag allerdings bezweifelt werden, daß das ausländische Preisniveau „nach unten" so weit flexibel ist, daß dadurch der zollinduzierte Leistungsbilanz- und Einkommenseffekt im Inland vollständig zunichte gemacht wird. Häufig läßt sich in der Realität ein Anbieterverhalten beobachten, das drastische Preissenkungen ausschließt. Demgegenüber ist eine Situation, in der das inländische Preisniveau aufgrund eines völlig unelastischen Angebots so weit steigt, daß die zuvor genannte Kompensationswirkung eintritt, als durchaus realistisch einzuschätzen. Sie ist beispielsweise gegeben, wenn die Arbeitnehmerseite eine strikte Politik der Reallohnfixierung betreibt oder wenn die Unterbeschäftigung ausschließlich strukturelle Ursachen hat. Im Falle des strukturellen Problems kommt der zollinduzierte Nachfrageanstieg nur solchen Sektoren zugute, deren Produktionskapazitäten bereits voll ausgelastet sind und die keine Kapazitätsausweitung vornehmen, weil sich z. B. zur Mehrproduktion benötigte Arbeitskräfte wegen mangelnder Qualifikation oder fehlender Mobilitätsbereitschaft der Arbeitslosen nicht finden lassen. Diese Situation kommt in der Abbildung H.5 in der gesamtwirtschaftlichen Angebotskurve $X'(P)$ zum Ausdruck. Nach der inländischen Zollerhebung würde sich – über kurz oder lang – ein neues Marktgleichgewicht im Punkt G einstellen. Der anfängliche Nachfrageanstieg – bei konstantem Preisniveau P_0 in Höhe der Strecke AB – wird durch den inländischen Preisanstieg zunichte gemacht; es findet somit eine Bewegung auf der Nachfragekurve von B nach G statt.

Analog zu den Lösungen (H-14) und (H-15) läßt sich aus dem Modell mit Hilfe der Gleichungen (H-7), (H-8), (H-9a), (H-10a) und (H-13) der Realeinkommens- und der Leistungsbilanzeffekt der inländischen Zollerhebung unter Berücksichtigung der Preisreaktionen bestimmen. Es zeigt sich dann, daß in den Lösungsgleichungen (H-14) und (H-15) lediglich der Nennerausdruck N wie folgt modifiziert wird:[16]

(H-16) $$N = ss^* + qsm^* + q^*s^*m - (\frac{s^*}{Ya_X} + \frac{qs}{Y^*a_X^*})[En_E + q^*M(1 + n_M)]$$

$$\text{mit:} \quad a_X = \frac{\delta X}{\delta P}\frac{P}{X}, \; a_X^* = \frac{\delta X^*}{\delta P^*}\frac{P^*}{X^*}, \; 0 \le a_X \le \infty, \; 0 \le a_X^* \le \infty$$

a_X und a_X^* sind die Preiselastizitäten des in- bzw. des ausländischen Güterangebots. Bei $a_X = 0$ und/oder $a_X^* = 0$ wird N unendlich groß, und folglich gilt dann: $dY = 0$ und $dH = 0$. Bei $a_X = \infty$ und $a_X^* = \infty$ sind das in- und das ausländische Güterangebot vollkommen preiselastisch. In diesem Fall ergibt sich die Lösung gemäß (H-14) und (H-15).

d) Zollwirkungen bei flexiblen Wechselkursen

Bei flexiblem Wechselkurs ist die Zahlungsbilanz des In- und Auslands jeweils ausgeglichen. Verändert sich der Saldo der Kapitalverkehrsbilanz im Zuge der inländischen Zollerhebung nicht, so muß auch der Saldo der Leistungsbilanz unverändert bleiben, und es gilt dann:

(H-17) $\qquad dH = 0$

Wenn sich aber der Saldo der Leistungsbilanz nicht verändert, dann haben der inländische Zoll und auch der ausländische Retorsionszoll im Rahmen des oben zugrunde gelegten Modells keine Einkommenseffekte. Wenn nämlich die inländische Zollerhebung mit einer Verbesserung der inländischen Leistungsbilanz verbunden wäre, käme es bei flexiblem Wechselkurs zu einer Aufwertung der inländi-

---

[16] Siehe hierzu den Anhang H.2.

schen Währung, die gerade ausreichen würde, den positiven Leistungsbilanzeffekt der Zollerhebung zu kompensieren; und auch der Leistungsbilanzeffekt eines ausländischen Retorsionszolls würde durch die entgegengerichtete Wirkung einer Wechselkursänderung exakt ausgeglichen werden.

Grundsätzlich lassen sich bei flexiblen Wechselkursen mit Zöllen nur dann Leistungsbilanz- und Einkommenseffekte erzielen, wenn es im Rahmen der Zollwirkungen zu einer Veränderung des internationalen Kapitalverkehrs kommt. Wenn das Inland mit seiner Zollerhebung einen positiven Einkommens- und Beschäftigungseffekt erreichen möchte, ist zwingend eine Verbesserung der Leistungsbilanz und deshalb zwingend eine Verschlechterung der Kapitalverkehrsbilanz erforderlich. Aus der Theorie des internationalen Kapitalverkehrs lassen sich aber solche Wirkungszusammenhänge nicht eindeutig begründen. Steigt das inländische Realeinkommen, so könnte zwar das inländische Geldvermögen und damit die Nachfrage nach ausländischen Finanzaktiva zunehmen, aber gleichzeitig könnte es zu einer Erhöhung des inländischen Zinsniveaus und dadurch zu einer Substitution zu Lasten ausländischer Finanzaktiva kommen. Der erste Aspekt impliziert die erforderliche Verschlechterung der inländischen Kapitalverkehrsbilanz, der zweite Aspekt bedeutet dagegen eine Verbesserung der inländischen Kapitalverkehrsbilanz. Darüber hinaus ist völlig offen, welche Wechselkurserwartungen durch die inländische Zollerhebung ausgelöst werden und welche Einflüsse auf den internationalen Kapitalverkehr von hierher zu erwarten sind. Schließlich lassen sich auch die Wirkungen einer Zollerhebung auf die internationalen Direktinvestitionen nicht abschätzen. Hier dürften individuelle Erwartungen über die mittel- und längerfristige Beeinträchtigung des internationalen Handels und der Marktzugänge durch Zölle und Gegenzölle maßgebend sein. Die Frage, ob und gegebenenfalls in welche Richtung der internationale Kapitalverkehr durch Zölle beeinflußt wird, kann somit nicht eindeutig beantwortet werden. Bei flexiblen Wechselkursen sind die Leistungsbilanzeffekte sowie die Einkommens- und Beschäftigungseffekte von Zöllen folglich höchst ungewiß, und ein Land sollte deshalb davon ausgehen, daß Zölle bei flexiblen Wechselkursen grundsätzlich ungeeignet sind, einen Beitrag zur Erreichung von Beschäftigungs- und Leistungsbilanzzielen zu leisten.

Allerdings ist es auch bei festen Wechselkursen, wie die oben durchgeführten Untersuchungen gezeigt haben, keineswegs sicher, daß ein Land mit einer Zollerhebung positive Leistungsbilanz- sowie Einkommens- und Beschäftigungseffekte erzielt. Es sei noch einmal daran erinnert: bei preisunelastischem Güterangebot sind solche Effekte ausgeschlossen, und aufgrund von Retorsionszöllen kann es letztlich sogar zu einer Leistungsbilanzverschlechterung und einer Einkommenskontraktion kommen. In Hinsicht auf die Erreichung von Leistungsbilanz- und Beschäftigungszielen sind Zölle somit auch bei festen Wechselkursen risikoreich und deshalb nicht zu empfehlen.

H-2.3: Kontingentierung

H-2.3.1: Quantitative Einfuhrbeschränkungen (Importkontingente)

Zur Beeinflussung des internationalen Güterverkehrs kann der Staat Höchstmengen oder Höchstwerte für Importe oder für Exporte festsetzen. Dementsprechend liegt eine Mengen- oder eine Wertkontingentierung vor. Exportkontingente sind nur üblich bei knappen Gütern, insbesondere bei Rohstoffen, die ein Land selbst dringend benötigt, oder bei „politischen" Gütern, insbesondere bei modernen Rüstungsgütern oder Hochtechnologiegütern, die aus strategischen Gründen nicht

Abbildung H.6:

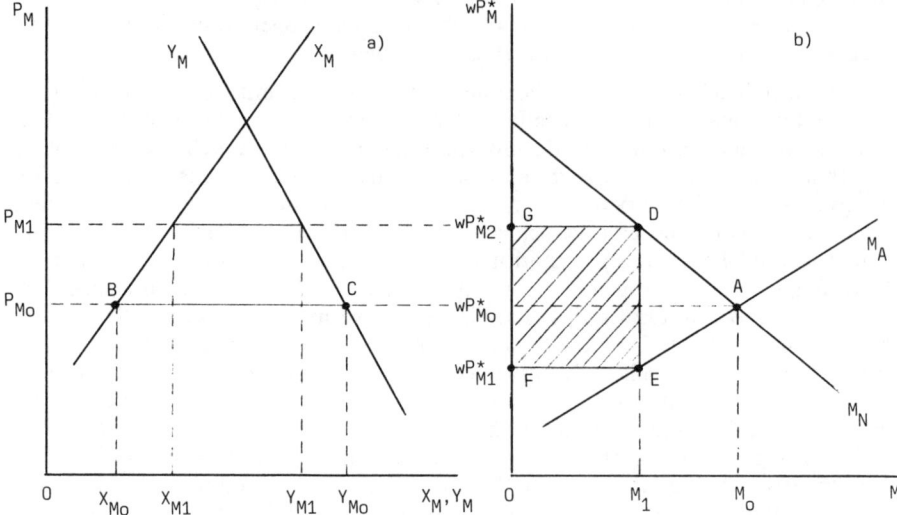

oder nur in begrenzten Mengen ins Ausland gelangen sollen. Importkontingente gehörten schon immer und gehören auch heute noch zu einem beliebten Instrument der protektionistischen Außenwirtschaftspolitik. Der wesentliche Grund hierfür ist in der Möglichkeit zu sehen, die Einfuhrmengen und damit den Handelseffekt relativ exakt festzulegen. Betrachtet man demgegenüber die Zölle, die sich ja grundsätzlich als Alternative anbieten würden, so ist folgendes zu beachten:

1. Der Handelseffekt von Zöllen hängt entscheidend von der Preiselastizität des ausländischen Importangebots ab. Ist diese Elastizität sehr gering (im Extremfall sogar Null), so wird die Zollerhebung zu einem großen Teil (im Extremfall vollständig) von den ausländischen Anbietern getragen, indem diese ihre Preise senken. Die Importmenge geht dann nur relativ geringfügig (im Extremfall überhaupt nicht) zurück.
2. Die Preiselastizitäten von Angebot und Nachfrage auf dem Importgütermarkt sind i. d. R. nicht genau bekannt. Folglich ist auch der Handelseffekt einer Zollerhebung ungewiß.

Die Wirkungen einer mengenmäßigen Importbeschränkung und einige Unterschiede zu den Zollwirkungen seien jetzt mit Hilfe der Abbildung H.6, die analog zur Abbildung H.1 konstruiert wurde, verdeutlicht. Die Importmenge werde auf M_1 begrenzt. Infolge der Angebotsverknappung steigt der inländische Preis der Importgüter auf P_{M1} (*Preiseffekt*). Wegen der Preiserhöhung geht die inländische Nachfrage auf Y_{M1} zurück (*Konsumeffekt*), und auf der anderen Seite nimmt das inländische Angebot auf X_{M1} zu (*Produktionseffekt*). Die Preiserhöhung impliziert außerdem einen Anstieg der Produzentenrente und eine Verringerung der Konsumentenrente (*Umverteilungseffekt*). Die hier genannten Wirkungen der Importkontingentierung treten, wie weiter oben mit Hilfe der Abbildung H.1 erläutert wurde, auch im Zuge einer Zollerhebung auf.

Gravierende Unterschiede sind aber in Hinsicht auf den fiskalischen Effekt, den Terms of Trade-Effekt und den Leistungsbilanz- bzw. Zahlungsbilanzeffekt in Betracht zu ziehen:

1. Die Importbeschränkung bringt dem Staat im allgemeinen keine Einnahmen, so daß der beim Zoll i. d. R. auftretende fiskalische Effekt entfällt. Der Staat könnte die Beschränkung allerdings mit Hilfe von Einfuhrlizenzen vornehmen, diese Lizenzen zu einem festen Preis verkaufen oder meistbietend versteigern und so einen fiskalischen Effekt erreichen.

2. Verzichtet der Staat auf die Einnahmenerzielung, so ergibt sich infolge der Erhöhung des inländischen Preisniveaus (auf P_{M1}) ein privatwirtschaftlicher „Protektionsgewinn" in Höhe der Fläche DEFG, der den inländischen Importeuren und/oder den ausländischen Exporteuren zufließt. Die Verteilung dieses Gewinns hängt im wesentlichen von der relativen Marktmacht der Importeure und der Exporteure ab. Es gibt zwei Extremfälle:
   - die ausländischen Anbieter (Exporteure) nehmen die Verringerung des internationalen Preisniveaus auf wP^*_{M1} in Kauf, so daß der gesamte Gewinn an die inländischen Importeure fällt
   - die ausländischen Anbieter erhöhen den internationalen Preis auf $wP^*_{M2} = P_{M1}$ und streichen somit den gesamten Gewinn ein.

   Selbstverständlich sind viele andere Verteilungen zwischen diesen beiden Extrema möglich. Hier wird deutlich, daß auch der Terms of Trade-Effekt der Importkontingentierung von der relativen Marktmacht der Importeure und Exporteure abhängig ist: im ersten Extremfall verbessern sich ceteris paribus die inländischen Terms of Trade, im zweiten Extremfall verschlechtern sie sich. Doch bei allgemeiner Betrachtung ist die Richtung des Terms of Trade-Effektes nicht eindeutig bestimmt. Bei einer Zollerhebung ergibt sich demgegenüber i. d. R. eine Verbesserung der inländischen Terms of Trade.

3. Da der internationale Preis der Importgüter je nach relativer Machtposition der ausländischen Anbieter sinken oder steigen oder auch konstant bleiben kann, ist der Leistungsbilanz- bzw. Zahlungsbilanzeffekt ebenfalls nicht eindeutig determiniert. Steigt der internationale Preis, so ist – wie sich der Abbildung H.6 entnehmen läßt – eine Erhöhung des inländischen Importwerts möglich. Entscheidend für die Reaktion des Importwerts ist hier die Preiselastizität der inländischen Importnachfrage. Folglich kann die staatliche Importkontingentierung sogar zu einer Verschlechterung der Leistungsbilanz und damit der gesamten Zahlungsbilanz des Inlands führen. Das schließt zugleich die Möglichkeit negativer Einkommens- und Beschäftigungseffekte ein. Die partielle Analyse impliziert demgegenüber für eine Zollerhebung immer einen positiven Leistungsbilanzeffekt.

Die Untersuchungen machen deutlich, daß quantitative Einfuhrbeschränkungen selbst dann, wenn das Ausland nicht mit Retorsionsmaßnahmen reagiert, höchst unliebsame Wirkungen haben können und daß sie deshalb auch nicht eindeutig den Zöllen vorzuziehen sind. Unter Beachtung des gesamten Wirkungsspektrums erweisen sich Importkontingente als ebenso risikoreich wie Zölle.

H-2.3.2: Selbstbeschränkungsabkommen

Eine besondere Form der Kontingentierung ist die Selbstbeschränkung der Exportmenge oder des Exportwerts von seiten eines Lieferlandes. Die Beschränkung wird dem Lieferland vom Importland aufgezwungen und häufig sogar vertraglich vereinbart. Neben der Mengen- oder Wertbeschränkung setzt das Importland manchmal auch noch einen Mindestpreis für Exportgüter des Lieferlandes fest, womit dann der ausländische Konkurrenzdruck nahezu vollständig ausgeschaltet ist. Hauptsächlich kommt allerdings die Mengenselbstbeschränkung zur Anwendung.

Für sie ergeben sich im Importland ähnliche Wirkungen wie für die zuvor untersuchte Importkontingentierung. Allerdings ist zu beachten, daß Selbstbeschränkungsabkommen i. d. R. nur mit einzelnen Lieferländern abgeschlossen werden, und zwar mit solchen Ländern, von denen ein relativ hoher Wettbewerbsdruck auf den Markt für Importgüter ausgeht. Die Importkontingentierung bezieht sich demgegenüber meistens auf das gesamte Importvolumen – unabhängig von den Lieferländern. Dieser Unterschied impliziert zugleich ein Problem der Selbstbeschränkungsabkommen: Exporteure eines Landes, das sich der Selbstbeschränkung unterworfen hat, können zur Umgehung der Mengenrestriktion den Zwischenhandelsweg über andere, nicht „beschränkte" Länder wählen. Selbstbeschränkungsabkommen machen deshalb im allgemeinen umfangreiche staatliche Kontrollmaßnahmen nicht nur im Importland, sondern auch im Lieferland erforderlich.

Das Instrument der Selbstbeschränkung ist in den internationalen Vereinbarungen über den Welthandel (z. B. im GATT) nicht ausdrücklich verboten; denn schließlich wird ja bei diesem Instrument der Anschein erweckt, als ob sich das Lieferland „freiwillig" eine Exportbeschränkung auferlege. Faktisch erfolgt die Selbstbeschränkung jedoch auf einen – häufig massiven – Druck des Importlandes, das für den Fall der Verweigerung mit politischen oder ökonomischen Sanktionen droht. Ein Lieferland wird sich nur dann eine Selbstbeschränkung auferlegen lassen, wenn es befürchtet, daß ihm die anderen Sanktionsmaßnahmen des Importlandes noch größere Einbußen bringen werden. Die Selbstbeschränkungsabkommen sind deshalb keineswegs ein „harmloses" protektionistisches Instrument; in Hinsicht auf Zielrichtung, Ausgestaltung und Wirkung sind sie auf eine Stufe mit der direkten Importkontingentierung zu stellen.

H-2.4: Subventionen

Staatliche Subventionen zur Förderung der Exporte (Exportsubventionen) und der inländischen Produktion importkonkurrierender Güter sind in jüngster Zeit zu einem besonders beliebten Instrument der protektionistischen Außenwirtschaftspolitik geworden. Während nämlich Zölle und Einfuhrkontingente die ausländischen Anbieter direkt belasten und die protektionistische Absicht offen erkennen lassen, sind die Subventionen, die ja direkt den inländischen Anbietern zufließen, und auch die Wirkungen von Subventionen für die ausländischen Wirtschaftssubjekte i. d. R. nicht unmittelbar ersichtlich. Überhaupt erweist sich der Nachweis eines staatlichen Protektionismus im Falle von Subventionen meistens als äußerst schwierig. Ihre „versteckte" Protektion macht, so wird erwartet, Retorsionsmaßnahmen des Auslands weniger wahrscheinlich als die offene Protektion von Zöllen und Kontingenten. Nicht zuletzt betreiben Länder mit Hilfe von Subventionen auch dann noch eine protektionistische Politik, wenn diese an sich durch internationale Vereinbarungen (z. B. im Rahmen des GATT) verboten ist. Subventionen können beispielsweise in Form von Prämien auf die Menge oder den Wert von Exporten sowie in Form von steuerlichen Vorteilen für die Produktion von Exportgütern oder von importkonkurrierenden Gütern gewährt werden. Im ersten Fall handelt es sich um erlösvermehrende Subventionen; sie werden im Staatsbudget offen ausgewiesen. Im zweiten Fall wirken die Subventionen kostenmindernd; ein offener Budgetausweis ist im allgemeinen nicht üblich, und deshalb eignet sich gerade diese Subventionsform für eine versteckte Protektion.

Im folgenden werden die Wirkungen einer Exportsubvention in Form einer Mengenprämie und alternativ einer kostenmindernden Subvention für einen Produk-

Abbildung H.7:

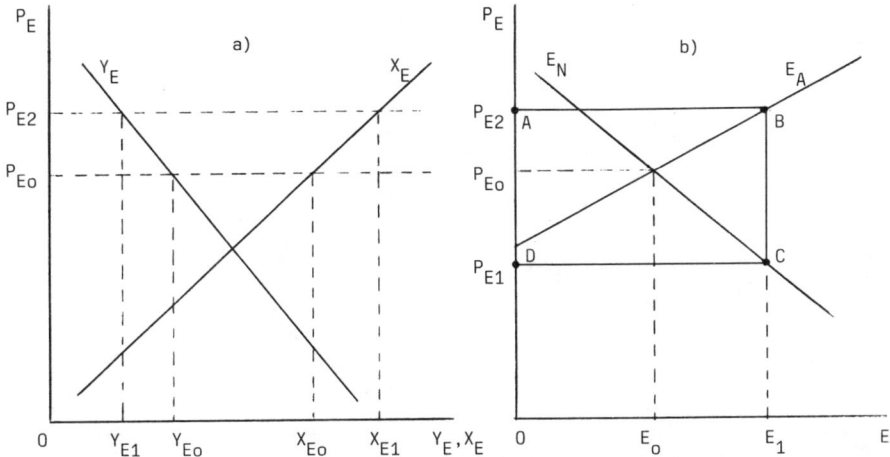

tionssektor, der importkonkurrierende Güter herstellt, im Rahmen einer Partialanalyse verdeutlicht. Die Abbildung H.7 zeigt die Wirkungen der Exportsubvention. X_E ist das gesamte Angebot des inländischen Exportgütersektors, Y_E bezeichnet die inländische Nachfrage nach Exportgütern aus heimischer und ausländischer Produktion. Dementsprechend gibt E_A das inländische Angebot auf dem internationalen Markt der Exportgüter an. E_N ist die ausländische Nachfrage auf diesem Markt. In der Freihandelssituation wird das Exportgüterpreisniveau P_{Eo} realisiert.

Der Staat möge nun eine Exportprämie je Mengeneinheit der Exporte zahlen, die der Strecke BC entspricht. Dadurch treten folgende Wirkungen auf:

1. Der internationale Preis der Exportgüter sinkt auf P_{E1}. Gleichzeitig nimmt der inländische Preis der Exportgüter auf P_{E2} zu (*Preiseffekt*). Der Preisanstieg im Inland ist auf die Umlenkung gewisser Produktionsmengen vom Inlandsmarkt auf den internationalen Markt zurückzuführen.
2. Die inländische Produktion steigt infolge des höheren Stückerlöses, der aus der Exportprämie sowie aus dem Anstieg des inländischen Preisniveaus resultiert, auf X_{E1} (*Produktionseffekt*).
3. Die inländische Nachfrage sinkt wegen der Erhöhung des inländischen Preisniveaus auf Y_{E1} (*Nachfrage- bzw. Konsumeffekt*).
4. Die realen Exporte (bzw. die Exportmengen) steigen auf E_1 (*Handelseffekt*).
5. Der Staat zahlt Subventionen, die dem Rechteck ABCD entsprechen (*Budgeteffekt*).
6. Der Exportwert verändert sich von $P_{Eo}E_o$ nach $P_{E1}E_1$ (*Leistungsbilanz- bzw. Zahlungsbilanzeffekt*). Je nach Preiselastizität der ausländischen Exportnachfrage kann der Exportwert sinken, steigen oder auch konstant bleiben. Die Wirkung auf Leistungs- und Zahlungsbilanz ist somit ungewiß.
7. Da der internationale Preis der Exportgüter sinkt, verschlechtern sich ceteris paribus die inländischen Terms of Trade (*Terms of Trade-Effekt*).
8. Durch die Exportprämie findet nicht nur ein Einkommenstransfer vom Staat an die inländischen Exportgüterproduzenten, sondern auch vom Staat an die ausländischen Nachfrager nach Exportgütern statt. Es ist deshalb sogar möglich,

Abbildung H.8:

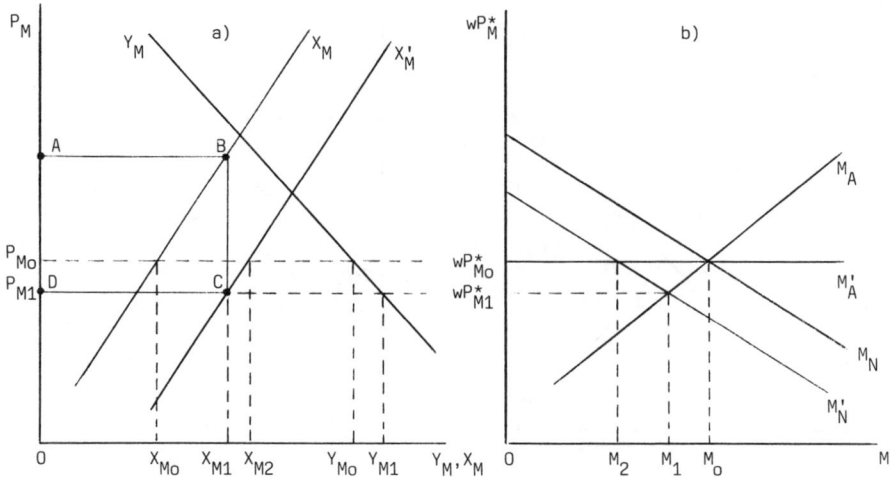

daß das Inland einen Wohlfahrtsverlust erleidet und das Ausland in den Genuß eines Wohlfahrtsgewinns kommt (*Wohlfahrtseffekt*).

9. Die Produzentenrente nimmt zu, die Konsumentenrente geht zurück (*Umverteilungseffekt*).

Der Vergleich mit einem Zoll auf Importe macht drei wesentliche Unterschiede deutlich:

1. Der Zoll bewirkt eine Verbesserung, die Exportprämie eine Verschlechterung der inländischen Terms of Trade.

2. Die Zolleinnahme bedeutet eine Entlastung, die Exportprämie eine Belastung des öffentlichen Budgets.

3. Mit dem Zoll läßt sich i. d. R. eine Verbesserung der Leistungsbilanz erreichen, bei einer Exportprämie ist eine Verschlechterung nicht ausgeschlossen.

Die Exportprämie mag zwar ausländische Retorsionsmaßnahmen weniger wahrscheinlich machen, sie kann aber vor allem hinsichtlich ihrer Wirkung auf Wohlfahrt und Leistungsbilanz des Inlands erhebliche Nachteile mit sich bringen. In jedem Fall stellt sie – zumindest teilweise – ein monetäres Geschenk ans Ausland dar, dessen realer Nutzen für das Inland sehr zweifelhaft ist.

Mit Hilfe der Abbildung H.8 sei nun eine Subvention erläutert, die dem inländischen Sektor der importkonkurrierenden Güter eine Kostenentlastung bringt. Analog zur Abbildung H.1 werden hier der Inlandsmarkt und der internationale Markt für die Importgüter dargestellt. Der Staat möge eine Subvention je Produkteinheit leisten, die der Strecke BC entspricht. Unter der Voraussetzung, daß diese Kostenentlastung vollständig im Preis weitergegeben wird, verschiebt sich die Angebotskurve um die Strecke BC nach unten. Das inländische Angebot an importkonkurrierenden Gütern nimmt also bei dem in der Freihandelssituation herrschenden Preisniveau P_{Mo} zu. Dementsprechend geht die inländische Nachfrage auf dem internationalen Markt zurück. Die Nachfragekurve verschiebt sich nach M_N'. Ist das ausländische Importangebot preiselastisch – wie in der Angebotskurve M_A ausgedrückt –, so sinkt der internationale Preis auf P_{M1}^*. Bei konstantem Wechselkurs geht der inländische Preis entsprechend auf P_{M1} zurück. In dieser Preissenkung ist der wesentliche Unterschied zwischen der hier betrachteten Subvention und einem Zoll auf Importe zu sehen; die Zollerhebung bewirkt nämlich eine Erhöhung des inländischen Preisniveaus der Importgüter. Die subventionsbedingte inländische Preissenkung impliziert, ebenfalls umgekehrt zur Wirkung des Zolls, eine Zunahme der inländischen Nachfrage nach Importgütern und importkonkurrierenden Gütern (auf Y_{M1}) sowie der Konsumentenrente. Hinsichtlich der anderen Effekte ergeben sich demgegenüber ähnliche Ergebnisse wie bei der Zollerhebung. Die inländische Produktion steigt (auf X_{M1}), die Importmenge sinkt (auf M_1), die Leistungsbilanz wird wegen der Abnahme des Importwerts verbessert, die inländischen Terms of Trade verbessern sich ebenfalls, die Produzentenrente nimmt infolge der Subvention trotz der inländischen Preissenkung zu. Selbstverständlich ist noch zu beachten, daß statt einer Budgetentlastung durch den Zoll nun eine Budgetbelastung durch die Subvention eintritt. Die Subvention macht einen Betrag aus, der der Fläche ABCD entspricht.

Von entscheidender Bedeutung für die Ergebnisse ist allerdings die Preiselastizität des ausländischen Importangebots. Ist dieses Angebot vollkommen preiselastisch, so bleibt nicht nur das internationale Preisniveau P_M^*, sondern auch das nationale Preisniveau P_M der Importgüter unverändert. Dementsprechend verändern sich auch die inländische Nachfrage und die Konsumentenrente nicht. Auch die Terms of Trade werden jetzt – wie beim Zoll – nicht verändert. Im übrigen ist aber auch hier eine Erhöhung der inländischen Produktion (auf X_{M2}), eine Zunahme der Produzentenrente, eine Verringerung der Importmenge (auf M_2) sowie eine Verbesserung der Leistungsbilanz zu beobachten.

Wenn überhaupt eine protektionistische Politik in Betracht zu ziehen ist, so bietet die staatliche Förderung des inländischen Sektors der importkonkurrierenden Güter im Vergleich zu den Zöllen, den Importkontingenten und den Exportprämien offensichtlich Vorteile: Sie bewirkt keine Erhöhung des inländischen Preisniveaus und erspart somit den Nachfragern einen Verlust an realer Kaufkraft auf dem Importgütermarkt. Außerdem gibt sie sicherlich am wenigsten Anlaß zu ausländischen Retorsionsmaßnahmen. Es darf aber nicht übersehen werden, daß die staatlichen Subventionen zu finanzieren sind; da die Subventionsempfänger und die Finanzierungspflichtigen wohl kaum identisch sind, ergibt sich hieraus noch ein (weiterer) interner Umverteilungseffekt, der dem Land insgesamt durchaus Wohlfahrtseinbußen bringen kann. Darüber hinaus ist, wie eingangs schon erwähnt, zu beachten, daß man mit Subventionen grundsätzlich Gefahr läuft, die „Schlafmützenkonkurrenz" zu fördern und die innovativen Kräfte eines Landes zu lähmen. Auch die hier diskutierten Subventionen müssen deshalb mit großer Skepsis betrachtet werden.

H-2.5: Administrativer Protektionismus

Zölle, Importkontingente, Selbstbeschränkungen, Exportprämien und Subventionen für importkonkurrierende Sektoren wirken sich unmittelbar auf außenwirtschaftlich relevante Preise und/oder Mengen aus und haben damit eine vordergründig protektionistische Zielrichtung. Die Instrumente des administrativen Protektionismus sind demgegenüber subtiler; sie diskriminieren ausländische Konkurrenten nicht durch direkte Preis- und Mengensteuerung, sondern durch teilweise spitzfindige bürokratische Vorschriften. Ihre Begründungen sind häufig abstrus, und ihre protektionistische Absicht wird von offizieller Seite meistens geleugnet. Zum Maßnahmenkatalog des administrativen Protektionismus gehören beispielsweise:

1. Einfuhrvorschriften, insbesondere
   - zum Genehmigungs- und Meldeverfahren bei Importen
   - über die Einhaltung technischer Normen sowie bestimmter Sicherheitsstandards und anderer Schutzbestimmungen
   - über die Qualität der Importgüter
   - über die Art und den Umfang der Grenzkontrollen
   - über Einfuhrstellen und Transportwege,
2. Zollwertermittlungsvorschriften, z. B.
   - über die Zuordnung von Importgütern zu bestimmten Zolltarifgruppen (Tarifierungsvorschriften)
   - über die Festsetzung des Importwerts,
3. Produktionsvorschriften, z. B.
   - über einen Beimischungszwang inländischer Produkte
   - über eine Beteiligung inländischer Unternehmungen an Großprojekten.

Die *Einfuhrvorschriften* führen im allgemeinen zu einer Erhöhung der Kosten eines Imports von Gütern und darüber der Preise der importierten Güter selbst; denn die Einhaltung länderspezifischer technischer Normen oder Sicherheits- und Qualitätsvorschriften macht Produktionsanpassungen erforderlich, durch die gewisse Massenproduktionsvorteile verlorengehen können. Aufgrund langwieriger Genehmigungsverfahren und umständlicher Grenzkontrollen treten zwischen Produktion und Absatz zeitliche Verzögerungen auf, die Kapital binden; Vorschriften über Einfuhrstellen und Transportwege implizieren höhere Transportkosten.

Die *Zollwertermittlungsvorschriften* können zum einen darauf angelegt sein, den ausländischen Anbietern bzw. den Importeuren eine genaue Kalkulation der Zollbelastungen zu erschweren oder gar unmöglich zu machen, dienen zum anderen aber auch häufig einer versteckten zusätzlichen Zollerhebung, z. B. wenn bei der Tarifierung statt der tatsächlichen Importpreise höhere Referenzpreise zugrunde gelegt werden.[17] Auch hier ist ein Preissteigerungseffekt für importierte Güter beabsichtigt.

Die *Produktionsvorschriften* bringen eine indirekte Mengenbeschränkung für Importe mit sich; denn Importe müssen dementsprechend, auch wenn sie preisgünstiger sind, grundsätzlich mit heimischen Waren oder Dienstleistungen kombiniert werden.

Die Maßnahmen des administrativen Protektionismus sind im großen und ganzen mit ähnlichen Effekten verbunden wie die direkte Zollerhebung oder die Importkontingentierung. Eine weitergehende Wirkungsanalyse erübrigt sich deshalb. Auch wenn die protektionistische Absicht nicht so offenkundig ist wie bei Zöllen und Importkontingenten, bleiben dem Ausland die Protektionswirkungen der meisten der zuvor diskutierten Maßnahmen nicht verborgen. Es ist deshalb verständlich, daß auch der administrative Protektionismus häufig ausländische Retorsionsmaßnahmen provoziert. Diese Art des Protektionismus erweist sich – obschon in der praktischen Außenwirtschaftspolitik eine andere Meinung vorzuherrschen scheint – im allgemeinen als ebenso schädlich für den Welthandel wie die offene Protektion mit Zöllen und Kontingenten.

---

[17] Nach dem bis vor kurzem in den USA praktizierten „American Selling Price System" werden die höchsten inländischen Preise vergleichbarer Güter zugrunde gelegt.

H-2.6: Devisenbewirtschaftung

Mit der Devisenbewirtschaftung greift der Staat direkt in den internationalen Zahlungsverkehr ein. Der Devisenerwerb und die Devisenverwendung werden dabei administrativ gelenkt. Im allgemeinen kommt die Devisenbewirtschaftung zur Anwendung, wenn sich ein Land ohne staatliche Eingriffe chronischen Zahlungsbilanzdefiziten gegenübersieht und eine offizielle Finanzierung dieser Defizite wegen Devisenmangels unmöglich ist. Würde der Staat nicht eingreifen, so käme es zu einer Zahlungsbilanzanpassung, bei der sich Wechselkurse und/oder andere wirtschaftspolitisch wichtige Größen des betrachteten Landes (z. B. Güterpreise, Zinssätze, Beschäftigung) so lange ändern würden, bis die Zahlungsbilanz ausgeglichen wäre. An die Stelle der quasi automatischen Zahlungsbilanzanpassung tritt bei der Devisenbewirtschaftung die staatliche Zahlungsbilanzregulierung, mit der der Zahlungsbilanzausgleich auf administrativem Wege mehr oder weniger erzwungen wird. Charakteristisch für die Devisenbewirtschaftung ist somit die Vermeidung der Zahlungsbilanzanpassung bzw. der damit verbundenen unerwünschten Auswirkungen auf interne wirtschaftspolitische Zielgrößen.

In Hinsicht auf den Geltungsbereich der staatlichen Regulierung ist zwischen einer totalen und einer partiellen Devisenbewirtschaftung zu unterscheiden. Total ist die Devisenbewirtschaftung, wenn der gesamte internationale Zahlungsverkehr eines Landes staatlich gelenkt wird. Partiell ist die Devisenbewirtschaftung, wenn sich die staatliche Lenkung nur auf bestimmte Zahlungsvorgänge erstreckt, beispielsweise auf Zahlungen im Rahmen des Güterverkehrs oder des Kapitalverkehrs oder auf den Zahlungsverkehr mit bestimmten Ländern. Die partielle Devisenbewirtschaftung ist allerdings in aller Regel ohne eine umfassende staatliche Kontrolle aller internationalen Zahlungsvorgänge ineffektiv. Fehlt diese Kontrolle, so ist zu erwarten, daß Wirtschaftssubjekte Devisengeschäfte, die der staatlichen Regulierung unterliegen, über den Umweg nicht regulierter Transaktionen abwickeln. Versucht der Staat beispielsweise, den Kapitalverkehr zu steuern, indem er eine restriktive Devisenzuteilung für den Kapitalexport vornimmt, so können unkontrollierte Devisenzuflüsse aus den nicht regulierten Güterexporten unmittelbar in den Kapitalexport fließen; oder wenn Güterimporte aus einem bestimmten Land sowie Kapitalexporte in dieses Land direkt nur mit einer staatlichen Devisenzuteilung möglich sind, lassen sich diese Transaktionen über ein drittes Land abwickeln, für dessen Währung keine Regulierung besteht. Die partielle Devisenbewirtschaftung entwickelt sich deshalb über kurz oder lang meistens zu einer totalen Devisenbewirtschaftung.

Die Technik der totalen Devisenbewirtschaftung sei anhand der Abbildung H.9 erläutert, in der eine bestimmte Angebots- und Nachfragekonstellation auf dem Devisenmarkt dargestellt ist. D_A bezeichnet das private Devisenangebot, D_N die private Devisennachfrage; w ist der Wechselkurs bzw. der inländische Preis einer Einheit der ausländischen Währung. Den wirtschaftspolitischen Zielvorstellungen des Landes entspreche der Wechselkurs w_o. Bei diesem Kurs besteht eine Überschußnachfrage nach Devisen in Höhe der Strecke BC.

Wie schon erwähnt, ist eine Zahlungsbilanzfinanzierung, bei der die Zentralbank des Landes das fehlende Devisenangebot aus ihrem Bestand decken würde, oder eine Zahlungsbilanzanpassung, bei der sich z. B. der Wechselkurs auf w_g erhöhen würde, ausgeschlossen. Im Rahmen der Devisenbewirtschaftung muß der Devisenbetrag D_o, der beim offiziellen Wechselkurs w_o aus Güterexporten und Kapitalimporten ins Land fließt, der also ein Devisenangebot darstellt, an den Staat abgelie-

Abbildung H.9:

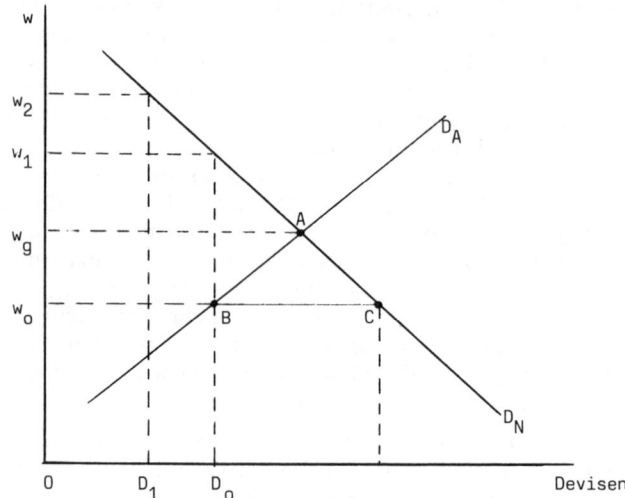

fert werden. Dieser Devisenbetrag wird dann für bestimmte Verwendungen zugeteilt. Hierfür gibt es grundsätzlich zwei Möglichkeiten:

1. Den Nachfragern werden in Anwendung festgesetzter Kriterien Devisenkontin-
gente zugeteilt. Bei Güterimporten ist es üblich, nach sogenannten volkswirtschaftlichen Notwendigkeiten zu verfahren; der Staat teilt dabei Devisen nur für
die Einfuhr spezifischer Güter zu, z. B. für die Einfuhr von Rohstoffen oder
lebensnotwendigen Konsumgütern. Die Zuteilung erfolgt zum Wechselkurs w_o,
so daß das Devisenmarktgleichgewicht hier durch eine Kontingentierung bzw.
durch eine Rationierung erreicht wird (*Kontingentierungs- bzw. Rationierungs-
verfahren*). In Hinsicht auf die Güterimporte entspricht dieses Verfahren den
weiter oben schon erläuterten quantitativen Einfuhrbeschränkungen. Folglich
lassen sich hier auch die gleichen Wirkungen beobachten. Allerdings ist bei der
totalen Devisenbewirtschaftung zusätzlich die Lenkung des Kapitalverkehrs in
Betracht zu ziehen. Devisen werden üblicherweise nur für bestimmte Arten des
Kapitalexports zugeteilt, z. B. für Direktinvestitionen, die der Erschließung von
Rohstoffvorkommen in bestimmten Ländern dienen.

2. Das Devisenmarktgleichgewicht wird mit Hilfe einer *Wechselkursspaltung* hergestellt. Die Devisen müssen in diesem Fall zwar zum Kurs von w_o an den Staat
abgeliefert werden, aber der Staat bietet seinerseits den zugeflossenen Devisenbetrag zum Kurs von w_1 am Devisenmarkt an. Was die Güterimporte betrifft, so
hat dieses Verfahren Ähnlichkeit mit einem Mengenzoll; an die Stelle der zollinduzierten Erhöhung des inländischen Importpreisniveaus tritt hier die wechselkursinduzierte Erhöhung. Von daher sind auch ähnliche Wirkungen zu erwarten,
so wie sie bereits weiter oben für den Mengenzoll auf Importe aufgezeigt wurden.
Allerdings ist auch bei diesem Verfahren der Einfluß auf den Kapitalverkehr zu
berücksichtigen. Es dürfte beabsichtigt sein, mit der Erhöhung des Abgabekur-
ses auf w_1 auch den Kapitalexport zurückzudrängen. Ob dieses Ziel erreicht
wird, ist aber höchst unsicher. Möglicherweise wird der Nettokapitalexport bei
Einführung von Devisenbewirtschaftungsmaßnahmen sogar angeregt, und von

daher ist nicht auszuschließen, daß der staatliche Devisenangebotsbetrag D_0 überwiegend für den Kapitalexport verwendet wird.

Um die „volkswirtschaftlich erforderlichen" Güterimporte sicherzustellen, könnten beide Verfahren nebeneinander angewendet werden, z. B. die Zuteilung eines Devisenbetrags zum Wechselkurs w_0 in Höhe von $D_0 - D_1$ im Wege der Kontingentierung sowie die Abgabe eines Devisenbetrags D_1 an den Devisenmarkt zum Wechselkurs w_2 mit Hilfe der Wechselkursspaltung. Denkbar ist allerdings auch eine strikte Kontingentierung des Kapitalexports (bis hin zum totalen Verbot), so daß der bei Wechselkursspaltung an den Devisenmarkt abgegebene Betrag überwiegend (eventuell sogar vollständig) für Güterimporte verwendet wird. Im allgemeinen nimmt der Staat jedoch in jedem Fall eine strikte Regulierung der Devisenverwendung vor; das Kontingentierungsverfahren wird nur deshalb mit einer Wechselkursspaltung verknüpft, weil dem Staat aus der Differenz zwischen dem höheren Zuteilungskurs und dem niedrigeren Ablieferungskurs – ähnlich wie bei einer Zollerhebung – Einnahmen zufließen.

Es wurde schon erwähnt, daß die Devisenbewirtschaftung in Hinsicht auf den Güterverkehr ähnliche Wirkungen hat wie eine Importkontingentierung oder ein Mengenzoll auf Importe. Auf diese Wirkungen soll hier nicht erneut eingegangen werden. Wegen der Beeinflussung des internationalen Kapitalverkehrs treten aber zusätzliche Wirkungen auf. So ist beispielsweise zu erwarten, daß sich die Kapitalimporte mit Einführung der Devisenbewirtschaftung drastisch verringern und die Zahlungsbilanz des Landes von daher verschlechtert wird. Die ausländischen Anleger müssen befürchten, daß es wegen der Devisenbewirtschaftung zu Problemen beim Transfer der Kapitalerträge sowie beim Rücktransfer der Anlagebeträge kommt. In der Abbildung H.9 ist dieser Vorgang in einer Verschiebung der Devisenangebotskurve nach links auszudrücken. Infolge der Devisenbewirtschaftung wird das Devisenangebot beim gewünschten Wechselkurs w_0 somit noch knapper. Allein dieses Beispiel zeigt, daß die Devisenbewirtschaftung kein geeignetes Mittel ist, Zahlungsbilanzprobleme zu lösen.

H-2.7: Kapitalverkehrsbeschränkungen

Die Devisenbewirtschaftung kann, wie oben schon erwähnt, auch mit einer staatlichen Regulierung des internationalen Kapitalverkehrs verbunden sein, und sie ist deshalb zugleich ein potentielles Instrument einer Politik der Kapitalverkehrsbeschränkungen. Im Rahmen der Devisenbewirtschaftung werden allerdings in aller Regel auch die internationalen Gütertransaktionen reguliert und damit die gesamten Zahlungsbilanzströme gleichzeitig erfaßt. Die Politik der reinen Kapitalverkehrsbeschränkungen ist demgegenüber zumeist bewußt darauf angelegt, die internationalen Gütertransaktionen keiner oder keiner zusätzlichen staatlichen Steuerung auszusetzen. Außerdem ist zu beachten, daß die Devisenbewirtschaftung im allgemeinen nur dann zum Einsatz kommt, wenn ein Land gravierende, unüberwindbar scheinende internationale Zahlungsprobleme hat. Kapitalverkehrsbeschränkungen sind aber mit unterschiedlichen Zielrichtungen auch in völlig anderen Zahlungsbilanz- und Liquiditätssituationen üblich. So gibt es viele Beispiele einer staatlichen Beschränkung des Kapitalimports mit dem Ziel, Zahlungsbilanzüberschüsse abzubauen und den Zufluß an internationaler Liquidität zu bremsen. Maßgebend für die Ausgestaltung der Politik der Kapitalverkehrsbeschränkungen können folgende Ziele sein:

1. Abbau von Zahlungsbilanzüberschüssen oder Zahlungsbilanzdefiziten und Beseitigung der damit verbundenen Liquiditätseffekte,
2. Stabilisierung der Wechselkurse,
3. Verhinderung unerwünschter Beschäftigungseffekte durch Kapitalexporte,
4. Verhinderung von unerwünschten Veränderungen der Einkommensverteilung sowie eines Verlustes an nationaler Autonomie durch ausländische Direktinvestitionen.

Bei festen Wechselkursen sind Zu- und Abflüsse an internationaler Liquidität (bzw. an Devisen) unmittelbar mit einer Veränderung der inländischen Geldmenge verbunden. Gelingt es der nationalen Geldpolitik nicht, diese Einflüsse zu kompensieren, so wird das nationale Geldmengenziel verletzt, und von daher sind unerwünschte Inflationsimpulse (im Falle von Zahlungsbilanzüberschüssen bzw. Liquiditätszuflüssen) oder unerwünschte Deflations- bzw. Restriktionsimpulse (im Falle von Zahlungsbilanzdefiziten bzw. Liquiditätsverlusten) zu befürchten. Im Interesse einer zielorientierten Geldmengenentwicklung wäre bei zu hohen Liquiditätszuflüssen eine Beschränkung des Kapitalimports, bei zu hohen Liquiditätsabflüssen eine Beschränkung des Kapitalexports zu erwägen. Der hier angesprochene Zielaspekt lag beispielsweise der Politik der Beschränkung des Kapitalimports zugrunde, die in der Bundesrepublik Deutschland zwischen 1971 und 1974 betrieben wurde. Damals galt es, den hohen – vor allem spekulationsbedingten – Liquiditätszufluß zu dämpfen und so einen Inflationsimport zu verhindern.

Die Stabilisierung von Wechselkursen ist in einem Festkurssystem eine zwingende Notwendigkeit, sie stellt aber auch in einem an sich flexiblen System eine bewußte wirtschaftspolitische Strategie dar. Eine zu starke Aufwertung einer Währung stößt meistens auf politischen Widerstand, weil sie die internationale Wettbewerbsfähigkeit beeinträchtigt; eine zu starke Abwertung kann trotz internationaler Wettbewerbsvorteile unerwünscht sein, weil sie zu höheren Importpreisen führt und so einen Inflationsimport mit sich bringt. In beiden Wechselkurssystemen gilt insbesondere der spekulative internationale Kapitalverkehr als Ursache einer Destabilisierung der Devisenmärkte. Von einer Beschränkung des Kapitalverkehrs wird deshalb ein stabilisierender Einfluß erwartet. Besteht ein Aufwertungsdruck, so wäre demnach eine Beschränkung des Kapitalimports angezeigt; steht die Währung unter Abwertungsdruck, so müßte der Kapitalexport eingeschränkt werden.

In der wirtschaftspolitischen Diskussion ist immer wieder zu hören, daß ein (zu hoher) Kapitalexport die Beschäftigung beeinträchtigt, weil ein Kapitalmangel auftritt und über den Zinsmechanismus oder über quantitative Kreditbeschränkungen die Investitionsnachfrage sinkt. Die administrative Beschränkung des Kapitalexports wird von daher häufig als ein positiver Beitrag zur nationalen Beschäftigung oder sogar als eine zwingend notwendige Maßnahme der Beschäftigungspolitik verstanden. Diese beschäftigungspolitische Begründung ist allerdings sehr umstritten. Zum einen lenkt sie nämlich von den wirklichen Ursachen eines angeblich beschäftigungsschädlichen Kapitalexports ab, zum anderen ist es fraglich, ob überhaupt ein eindeutiger Zusammenhang zwischen Kapitalexport und nationaler Beschäftigungslage besteht:

1. Fließt aus einem Land Kapital ab, so fehlt es in diesem Land – verglichen mit den Ländern, denen das Kapital zufließt – an ausreichenden rentablen Investitionsmöglichkeiten. Dieser Mangel kann beispielsweise durch zu hohe Produktionskosten (infolge hoher Löhne, hoher Steuerbelastungen o. ä.), durch bürokratische Hemmnisse oder durch politische Unsicherheiten, die eine hohe Risikoprä-

mie implizieren, verursacht sein. Beschränkungen des Kapitalexports vermögen diese Situation nicht zu ändern. Vielmehr ist sogar zu erwarten, daß die Einführung von Kapitalverkehrsbeschränkungen einen politischen Vertrauensverlust mit sich bringt, ausländische Kapitalanleger abschreckt und folglich den Nettokapitalexport sogar erhöht.

2. Der Kapitalexport mag zwar einen Zinsanstieg implizieren und darüber eine dämpfende Wirkung auf die Beschäftigung haben, aber diese Wirkung kann durch indirekte Effekte ohne weiteres kompensiert oder sogar überkompensiert werden. Bei flexiblen Wechselkursen induziert nämlich der Kapitalexport eine Abwertung, die ihrerseits eine Verbesserung der Leistungsbilanz und hierüber einen positiven Beschäftigungsimpuls hervorrufen kann. In einem System fester Wechselkurse ist ein Kapitalexport von den Ländern mit Leistungsbilanzüberschüssen in die Länder mit Leistungsbilanzdefiziten in Hinsicht auf den Zahlungsbilanzausgleich und damit im Interesse der Stabilität des gesamten Systems wünschenswert. Andernfalls wären die Defizitländer über kurz oder lang gezwungen, Maßnahmen zur Eindämmung der Leistungsbilanzdefizite zu ergreifen; hierdurch käme es dann zu einer Beeinträchtigung der Beschäftigungssituation in den Überschußländern. Auch unter dem Beschäftigungsaspekt kann es für die Überschußländer somit sinnvoll sein, den Kapitalexport ungehindert zuzulassen.

Es gibt sehr wohl Situationen, z. B. im Fall einer massiven Kapitalflucht, in denen der Staat nicht umhin kommt, zur Vermeidung destabilisierender Beschäftigungseffekte kurzfristig Kapitalverkehrsbeschränkungen einzuführen, doch die Beispiele zeigen, daß Kapitalverkehrsbeschränkungen als ein generelles beschäftigungspolitisches Instrument nicht vertretbar sind.

Um eine Beschränkung des Kapitalimports geht es bei der verteilungs- und gesellschaftspolitischen Zielsetzung. Da ausländische Direktinvestitionen in aller Regel über kurz oder lang zu einem Transfer von Faktoreinkommen ins Ausland führen, wird durch sie zwingend die Verteilungsquote zu Lasten des Inlands verändert. In der politischen Diskussion ist manchmal zu hören, diese Veränderung müsse dem Inland zwingend eine Wohlfahrtseinbuße bringen. Eine solche Schlußfolgerung ist aber zu vordergründig. Es darf nämlich nicht übersehen werden, daß ausländische Direktinvestitionen dazu beitragen (können), im Inland Arbeitsplätze zu sichern oder zu schaffen, und daß das Inlandsprodukt dadurch insgesamt steigt. Nicht zuletzt können die ausländischen Direktinvestitionen einen Technologietransfer einschließen, der die internationale Wettbewerbsfähigkeit und hierüber die Exporte des Inlands steigert. Die relative Verteilung der Faktoreinkommen zwischen dem In- und dem Ausland ist vor diesem Hintergrund kein geeigneter Indikator für die Wohlfahrtseffekte von ausländischen Direktinvestitionen.

Schwerer zu widerlegen ist demgegenüber die gesellschaftspolitische Begründung einer Beschränkung ausländischer Direktinvestitionen. Ausländer erhalten mit ihren Investitionen Verfügungsgewalt über Produktionsmittel auf inländischem Boden. Ausländische Direktinvestitionen – sofern sie beträchtlich sind – lassen von daher die Befürchtung aufkommen, daß ein „Ausverkauf des heimischen Produktionspotentials" stattfindet und ein Verlust an nationaler wirtschaftlicher – und möglicherweise sogar politischer – Autonomie eintritt. Ob und inwieweit aufgrund solcher – häufig übertriebener – Befürchtungen konkrete Protektionsmaßnahmen ergriffen werden, ist eine rein politische Entscheidung, bei der ökonomische Aspekte in den Hintergrund treten.

Es ist deutlich geworden, daß Kapitalverkehrsbeschränkungen je nach Zielsetzung sowie nach ökonomischer und politischer Situation eine Beschränkung des
Kapitalimports, des Kapitalexports oder sogar des allseitigen internationalen Kapitalverkehrs implizieren können. Maßnahmen zur Beschränkung des Kapitalimports sind beispielsweise:

– ein Verbot aller Kapitalimporte oder bestimmter Formen von Kapitalimporten,
  z. B. von Direktinvestitionen
– Höchstgrenzen für ausländische Beteiligungen an Unternehmungen im Inland
– eine Melde- und eine Genehmigungspflicht für ausländische Kapitalanlagen im
  Inland, verbunden mit besonderen Auflagen oder bürokratischen Hemmnissen
– eine gesonderte Kapitalertragsteuer auf ausländisches Kapital im Inland
– ein Verzinsungsverbot für ausländische Einlagen bei inländischen Banken oder
  für Kredite aus dem Ausland
– eine Zusatzmindestreserve auf ausländische Einlagen bei inländischen Banken
– eine Bardepotpflicht für Einlagen und Kredite aus dem Ausland, durch die inländische Banken oder inländische Kreditnehmer verpflichtet sind, einen bestimmten Teil (z. B. 50 %) der Anlagen bzw. Kredite zinslos bei der Zentralbank zu
  hinterlegen.

Wie bei den Handelsbeschränkungen, so lassen sich auch hier Steuerungen über die
Kontingentierung oder über den „Preis" unterscheiden. Die Kapitalertragsteuer
und das Verzinsungsverbot verringern die Rendite für die ausländischen Anleger,
die Zusatzmindestreserve und die Bardepotpflicht erhöhen die Kosten für die inländischen Schuldner; in beiden Fällen erfolgt eine „Preissteuerung".

Zu den Maßnahmen einer Beschränkung des Kapitalexports zählen beispielsweise:

– ein Verbot aller Kapitalexporte oder bestimmter Formen der Kapitalexporte,
  z. B. der kurzfristigen Anlagen im Ausland
– Appelle zur „freiwilligen" Beschränkung, z. B. von Krediten an Ausländer oder
  von Direktinvestitionen im Ausland
– eine Zinsausgleichsteuer auf Wertpapiere ausländischer Emittenten und/oder auf
  Bankkredite an Ausländer.

Die Zinsausgleichsteuer verringert die Rendite ausländischer Wertpapiere oder
erhöht die Kosten ausländischer Kredite, und sie stellt somit eine Steuerung über
den „Preis" dar. Die Politik der Beschränkung des Kapitalexports bedient sich aber
meistens der direkten quantitativen Regulierung durch Verbote.

Die Maßnahmen, die auf Renditen oder Kosten von internationalen Kapitalanlagen bzw. von Krediten Einfluß nehmen, haben eine gewisse Ähnlichkeit mit den
Zöllen im güterwirtschaftlichen Bereich. Ihre Mengeneffekte hängen von den Zinselastizitäten der Nachfrage und des Angebots ab, und auch sie lassen eine „Prohibi-
tivbelastung" zu, die den Kapitalimport oder den Kapitalexport vollständig verhindert. Im allgemeinen lassen sich aber die Mengeneffekte der Maßnahmen einer
„Preissteuerung" nicht exakt abschätzen, zumal auch Erwartungen über die Wechselkursentwicklung für die Kalkulation der Renditen bzw. Kosten von Auslandsanlagen bzw. Auslandskrediten eine große Rolle spielen und solche Erwartungen vom
Staat nicht steuerbar sind. So ist es verständlich, daß in der praktischen Politik eine
gewisse Präferenz für die direkte Kontingentierung besteht. Sie macht allerdings
einen erheblichen staatlichen Kontrollaufwand und außerdem Sanktionsmöglich-
keiten erforderlich. Trotz umfangreicher Kontrollen und Sanktionsandrohungen
gelingt es dem Staat aber – wie viele Erfahrungen gelehrt haben – in aller Regel
nicht, den internationalen Kapitalverkehr im gewünschten Umfang einzudämmen.

Auf verschiedenen Wegen lassen sich nämlich die staatlichen Kontingentierungen umgehen, z. B. durch Kopplung von Handels- und Kapitaltransaktionen, durch „Koffergeschäfte" sowie durch Verlagerung von Finanzaktivitäten auf ausländische Bankplätze. Von daher ist es nicht ausgeschlossen, daß die volkswirtschaftlichen Kosten administrativer Kapitalverkehrsbeschränkungen letztlich höher sind als der vermeintliche Nutzen dieser Politik.

H-3: Wirtschaftliche Integration

H-3.1: Integrationsformen

Ziel einer internationalen ökonomischen Integration ist es, Beschränkungen, die in den Wirtschaftsbeziehungen zwischen Ländern bestehen, vollständig oder zumindest teilweise zu beseitigen. Je nach Integrationstiefe und nach Geltungsbereich lassen sich verschiedene Formen bzw. Stufen unterscheiden:

1. Die *Präferenzzone* stellt die niedrigste Integrationsstufe dar. Sie entsteht dadurch, daß zwei oder mehr Länder in bilateralen bzw. multilateralen Verträgen vereinbaren, sich für den Handel mit bestimmten Gütern Vorzugsbedingungen einzuräumen. Üblich ist die Einräumung niedrigerer Zölle oder die Festlegung höherer Ein- und Ausfuhrquoten – jeweils verglichen mit der durch Protektionismus gekennzeichneten Ausgangssituation. Im Extremfall kann auch eine vollständige Abschaffung von Zöllen oder von Kontingenten erfolgen. Typisch für die Präferenzzone ist allerdings die Beschränkung auf spezifische Güter.

2. In einer *Freihandelszone* (auch Freihandelsassoziation genannt) wird demgegenüber in aller Regel der gesamte Güterverkehr einbezogen. Die Mitgliedsländer haben sich vertraglich verpflichtet, die zwischen ihnen bestehenden Handelsbeschränkungen – zumindest den größten Teil dieser Beschränkungen – abzubauen und folglich untereinander den freien Handel zu gewährleisten. Im Verhältnis zu Drittländern wird jedoch keine gemeinsame Handelspolitik betrieben. Jedes Mitgliedsland kann also gegenüber Ländern außerhalb der Freihandelszone Protektionsmaßnahmen nach freier Wahl einsetzen, so z. B. die Höhe der Außenzölle frei bestimmen. Dieses Kennzeichen einer Freihandelszone erweist sich allerdings als problematisch, wenn die Handelsbeschränkungen (z. B. die Außenzölle) der Mitgliedsländer gegenüber den Drittländern stark voneinander abweichen. Ein Drittland könnte nämlich seine Güterimporte in ein beliebiges Land der Freihandelszone über das Mitgliedsland abwickeln, dessen Protektionsschranken am niedrigsten sind. Um diese Möglichkeit auszuschließen, sind die betroffenen Länder der Freihandelszone gezwungen, den Güterverkehr mit den anderen Mitgliedsländern (weiterhin) zu kontrollieren und z. B. einen Herkunftsnachweis zu verlangen.

3. In einer *Zollunion* besteht das zuvor aufgezeigte Problem nicht. Die Mitgliedsländer vereinbaren nicht nur – wie in einer Freihandelszone – die Beseitigung der internen Handelsbeschränkungen, sondern setzen auch einheitliche Außenzölle fest. Und in aller Regel werden auch andere protektionistische Maßnahmen gegenüber Drittländern aufeinander abgestimmt.

4. Während in einer Freihandelszone sowie in einer Zollunion lediglich ein freier Güterverkehr zwischen den Mitgliedsländern garantiert wird, ist der *Gemeinsame Markt* zusätzlich durch eine uneingeschränkte interne Mobilitätsmöglichkeit der Produktionsfaktoren gekennzeichnet. Im einzelnen bedeutet das Niederlassungsfreiheit für Unternehmungen, Freizügigkeit für Arbeitskräfte sowie Frei-

heit des Kapitalverkehrs. Wenn verhindert werden soll, daß Produktionsfaktoren nur in bestimmte Länder wandern, ist auch eine Angleichung der Wettbewerbsbedingungen erforderlich. Der Gemeinsame Markt wird deshalb eine gewisse wirtschaftspolitische Harmonisierung implizieren, z.B. in den Bereichen der Wettbewerbs- und der Steuerpolitik.

5. Eine sektoral ausgerichtete Integrationsform ist die *Gemeinsame Marktordnung* für spezifische Märkte, z.B. für den Agrarmarkt oder den Kohle- und Stahlmarkt. Die Mitgliedsländer verpflichten sich im Rahmen der Gemeinsamen Marktordnung dazu, entweder einheitliche ökonomische Bedingungen auf bestimmten Märkten zu schaffen, insbesondere einheitliche Wettbewerbsregeln, oder eine supranationale Regulierung bestimmter Märkte, z.B. durch Preisfestsetzungen, Mengenregulierungen und Abnahmegarantien, vorzunehmen.

6. Eine relativ hohe Stufe der Integration ist mit der *Wirtschaftsunion* erreicht. In ihr haben sich die Mitgliedsländer zu Freihandel, zu Freizügigkeit der Produktionsfaktoren und zur Harmonisierung *aller* Bereiche der Wirtschaftspolitik verpflichtet. Die Harmonisierung erstreckt sich demnach auf die Ordnungspolitik (z.B. Wettbewerbspolitik, Sozialpolitik, staatliche Steuer- und Ausgabenstrukturpolitik), auf die gesamtwirtschaftliche Prozeßpolitik (Geldpolitik, staatliche Beschäftigungs- und Wachstumspolitik) sowie auf die Strukturpolitik (z.B. Regionalpolitik, Verkehrspolitik, Industriepolitik). Ziel der Wirtschaftsunion ist es, im gesamten Gebiet der Mitgliedsländer ökonomische Verhältnisse zu schaffen, die einem einheitlichen Binnenmarkt entsprechen.

7. Die Wirtschaftsunion schließt in aller Regel eine *Währungsunion* ein. Denn zum einen impliziert die wirtschaftspolitische Harmonisierung auch eine gemeinsame Währungspolitik, und zum anderen setzen die binnenmarktmäßigen Verhältnisse absolut feste Paritäten zwischen den Währungen der Mitgliedsländer sowie eine völlig freie Konvertibilität der einzelnen Mitgliedswährungen voraus. Damit sind aber die wichtigsten Bedingungen einer Währungsunion erfüllt. Die Währungsunion kann jedoch durchaus eine eigenständige Integrationsform sein. Sie ist in Hinsicht auf die wirtschaftspolitische Harmonisierung weniger weitreichend. Mit ihr wird ein einheitlicher Währungsraum gebildet, in dem der Güter-, der Geld- und der Kapitalverkehr zwischen den Mitgliedsländern völlig frei sind und in dem die nationalen Geld- und Fiskalpolitiken koordiniert werden.[18] Die übrigen Teilbereiche der Wirtschaftspolitik, z.B. die Sozialpolitik, unterliegen demgegenüber weiterhin der nationalen Autonomie. Da es selbst in einem mittelfristigen Zeitrahmen kaum möglich ist, alle nationalen gesellschaftlichen Widerstände gegen eine totale Harmonisierung der Wirtschaftspolitiken zu überwinden, erscheint es sinnvoll, einer Wirtschaftsunion quasi als Vorstufe die politisch leichter durchsetzbare Währungsunion voranzuschicken.

8. Die höchste Stufe der ökonomischen Integration ist erreicht, wenn alle wirtschaftspolitischen Entscheidungs- und Handlungskompetenzen bei einer gemeinsam geschaffenen supranationalen Behörde liegen. Da divergierende nationale Wirtschaftspolitiken ausgeschaltet und damit, sofern von der supranationalen Behörde keine regionalen Sonderregelungen erlaubt werden, völlig einheitli-

---

[18] Eine einheitliche Währung ist für eine Währungsunion nicht zwingend. Da aber Wechselkursänderungen grundsätzlich ausgeschlossen sein sollen, wäre es sehr wohl angebracht, eine Einheitswährung einzuführen. Mit ihr werden nämlich ein für allemal Zweifel an der Wechselkursstabilität beseitigt. Die absolute Wechselkursstabilität macht auch die Errichtung einer gemeinsamen supranationalen Zentralbank sinnvoll. Bei Schaffung einer Einheitswährung ist dies sogar zwingend erforderlich.

che wirtschaftspolitische Rahmenbedingungen geschaffen sind, läßt sich diese Integrationsstufe uneingeschränkt als *Einheitlicher Wirtschaftsraum* bezeichnen. Da die ökonomische Integration nicht zugleich die totale gesellschaftliche Integration einschließt, macht auch ein solcher Wirtschaftsraum eine Abstimmung mit den nationalen gesellschaftspolitischen Wünschen und Forderungen nötig. Andernfalls wäre diese Integrationsform über kurz oder lang gefährdet. Die nationale Integrationspolitik wird also auch nach Erreichen der höchsten ökonomischen Integrationsstufe nicht obsolet.

Aus der Darstellung der ökonomischen Integrationsstufen wird deutlich, daß es in Hinsicht auf die Integrationstiefe erhebliche Unterschiede gibt:

1. Die Integration kann sich auf Marktfunktionen, hier insbesondere auf Regeln des freien Güter- und Kapitalverkehrs, beschränken (Präferenzzone, Freihandelszone, Zollunion) oder auch institutionelle Anpassungen, hier insbesondere in den verschiedenen wirtschaftspolitischen Bereichen, einbeziehen (Gemeinsamer Markt, Gemeinsame Marktordnung, Währungsunion, Wirtschaftsunion, Einheitlicher Wirtschaftsraum);
2. die Integration kann auf bestimmte Märkte beschränkt sein (güterspezifische Integration im Fall der Präferenzzone, sektorale Integration im Fall der Gemeinsamen Marktordnung) oder sich auf gesamtwirtschaftliche Aggregate außenwirtschaftlicher Transaktionen beziehen (makroökonomische Integration, z. B. bei der Zollunion oder bei der Wirtschafts- und Währungsunion);
3. die Integration kann nur die internationalen Handelsbeziehungen betreffen (Handelsintegration: Präferenzzone, Freihandelszone, Zollunion, Gemeinsame Marktordnung) oder auch den monetären Bereich einschließen (monetäre Integration: Wirtschafts- und Währungsunion).

Außerdem ließe sich noch eine Integration, die auf einige Länder beschränkt ist, sowie eine weltweite Integration unterscheiden. Die weltweite Integration dürfte allerdings eine politische Utopie sein. Selbst Versuche, weltweit Freihandel einzuführen und damit lediglich eine funktionelle makroökonomische Handelsintegration zu erreichen, sind bisher immer gescheitert.

H-3.2: Integrationswirkungen

H-3.2.1: Handelsschaffende und handelsumlenkende Effekte einer Zollunion

Schließen sich zwei oder mehr Länder zu einer Zollunion zusammen, verpflichten sich also diese Länder untereinander zu Freihandel und im Handel mit Drittländern zu einem einheitlichen Außenzoll, so kommt es i. d. R. auch zu strukturellen und richtungsmäßigen Veränderungen der Handelsströme.

Durch den Wegfall der Zölle innerhalb der Zollunion und die Erhebung eines einheitlichen Außenzolls werden die Güter der Drittländer ceteris paribus relativ teurer. Infolge der Verschiebung der Preisrelationen auf den Importgütermärkten könnte es zu einer Verlagerung der Nachfrage zugunsten von Gütern aus den Mitgliedsländern der Zollunion und damit zu Lasten von Importen aus Drittländern kommen. Diese Verlagerung wird als *handelsumlenkender Effekt* der Zollunion bezeichnet.

Die interne Zollbeseitigung kann für ein einzelnes Land der Zollunion außerdem bedeuten, daß die für die Verbraucher relevanten heimischen Preise gewisser Importgüter bei Einfuhr aus anderen Mitgliedsländern absolut sinken und daß von daher die Nachfrage nach diesen Gütern absolut steigt sowie das zugehörige heimische Angebot absolut sinkt. Damit nehmen aber die Importe aus den anderen Mitgliedsländern zu. Die Zollunion hat in diesem Fall auch noch einen *handelsschaffenden Effekt*, der den Mitgliedsländern zugute kommt.

Die hier aufgezeigten Effekte einer Zollunion sollen jetzt mit Hilfe einer einfachen Partialanalyse, so wie sie auch schon bei der Darstellung der Zollwirkungen angewendet wurde, verdeutlicht werden. Das Land A und das Land B mögen sich zu einer Zollunion zusammenschließen. Neben diesen beiden Ländern wird ein drittes Land, das Land C, berücksichtigt, das nicht Mitglied der Zollunion wird und dessen Exportgüter von der Zollunion mit einem gemeinsamen Außenzoll belegt werden. Die Betrachtung beschränkt sich auf den Markt der Importgüter des Landes A. Es sei angenommen, daß diese Güter zu einem Teil im Land A selbst produziert werden und zum anderen Teil aus dem Land B und/oder dem Land C importiert werden müssen.

Abbildung H.10:

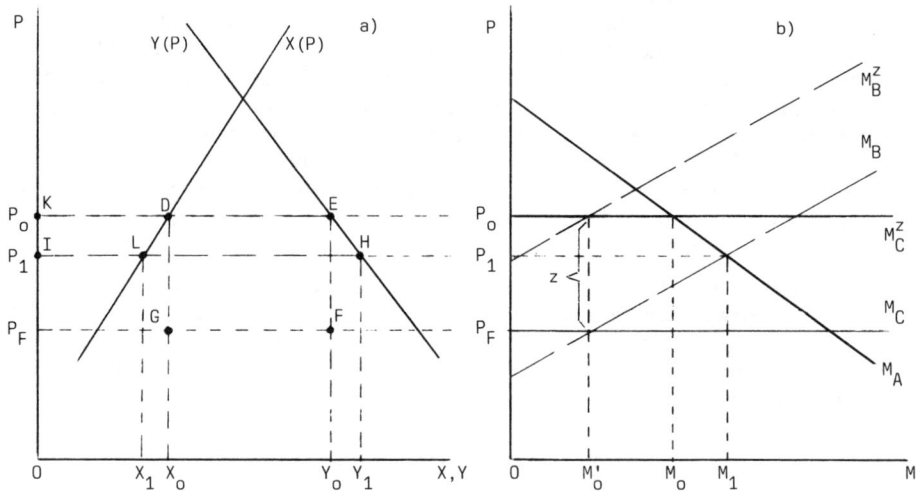

Im Teil a) der Abbildung H.10 sind die Nachfrage $Y(P)$ und das Angebot $X(P)$ des Landes A auf dem inländischen Markt der Importgüter dargestellt. Der Abbildungsteil b) zeigt den internationalen Markt der Importgüter (den Importmarkt); M_A ist die Nachfrage des Landes A, M_B und M_C geben das Angebot der Länder B und C auf diesem Markt an. Das Land C sei relativ groß, und das Angebot dieses Landes sei von daher vollkommen (preis-)elastisch. Das Angebot des Landes B weise demgegenüber eine „normale" Preiselastizität auf.

In der Ausgangssituation möge das Land A einen Mengenzoll auf die Importe erheben. Die Angebotskurven auf dem Importmarkt sind dementsprechend um den Zollsatz z nach oben zu verschieben (nach M_B^z bzw. nach M_C^z). Das Land A importiert in dieser Situation die Menge M_o, und zwar wird die Menge M_o' aus dem Land B und die Menge $M_o - M_o'$ aus dem Land C bezogen. Der heimische Preis der Importgüter beträgt P_o; dieser Preis liegt um den Zollsatz z über dem internationalen Preis P_F (dem Preis vor Zoll), der nur im Fall von Freihandel mit dem heimischen Preis übereinstimmen würde.

Entfällt nun die Zollbelastung der Güter aus dem Land B, so werden diese für die Verbraucher des Landes A absolut billiger. Auf dem Importmarkt gilt jetzt die Angebotskurve M_B. Die Güter des Landes C mögen jedoch weiterhin mit dem Zollsatz z belastet werden, so daß hier nach wie vor die Angebotskurve M_C^z gültig ist. Da das Land B im vorliegenden Beispiel die Importgüter nun zu einem geringeren Preis anbietet als das Land C, verliert das Land C seinen Marktanteil vollständig. Dieser Anteil geht auf das Land B über; es findet somit eine *Handelsumlenkung* in Höhe von $M_o - M_o'$ zugunsten des Landes B statt. Außerdem ergibt sich im vorliegenden Beispiel noch eine *Handelsschaffung*. Da der Preis der Importgüter infolge der Zollentlastung auf P_1 sinkt, wird im Land A einerseits die heimische Produktion auf X_1 verringert (Produktionseffekt) und andererseits die Nachfrage auf Y_1 erhöht (Nachfrage- bzw. Konsumeffekt). Hierdurch nehmen die Importe des Landes A um $M_1 - M_o$ zu (handelsschaffender Effekt).

Darüber hinaus zeigen sich noch folgende Effekte der Zollunion:

1. Die Zolleinnahmen des Landes A sinken um einen Betrag, der der Fläche DEFG entspricht (fiskalischer Effekt). Da aus dem Land C Güter nicht mehr importiert werden, gehen die Zolleinnahmen im vorliegenden Beispiel sogar auf Null zurück.
2. Die Konsumentenrente im Land A steigt um einen durch die Fläche EHIK ausgedrückten Betrag, wogegen die Produzentenrente entsprechend der Fläche DLIK sinkt (Umverteilungseffekt). Hier verbleibt zwar ein „Nettogewinn" in Höhe der Fläche DEHL, aber es ist zu beachten, daß die Zolleinnahmen sinken und diese Einnahmen nicht mehr zur Verteilung an die Wirtschaftssubjekte des Landes A zur Verfügung stehen.
3. Da sowohl der internationale Preis der Importgüter (der Importpreis ohne Zoll) als auch die Importmenge steigen, nimmt der Importwert zu. Daraus darf allerdings nicht der Schluß gezogen werden, daß sich die Leistungsbilanz des Landes A verschlechtert. Es ist nämlich zu berücksichtigen, daß die Zollunion auch für die Exportgüter des Landes A einen handelsschaffenden Effekt haben kann – analog zu dem hier betrachteten handelsschaffenden Effekt für die Exportgüter des Landes B. Wie sich die Leistungsbilanz des Landes A verändert, ist also nicht eindeutig bestimmt (Leistungsbilanzeffekt).
4. Für die Wirkungen der Zollunion auf die Terms of Trade des Landes A sind ähnliche Überlegungen anzustellen. Zwar steigt der internationale Preis der Importgüter (der Importpreis ohne Zoll), aber im Falle eines handelsschaffenden Effektes dürfte sich auch der Preis der Exportgüter des Landes A erhöhen. Damit ist aber die Veränderung der Terms of Trade nicht eindeutig bestimmt (Terms of Trade-Effekt).

Ob es tatsächlich – wie im oben skizzierten Beispiel – zur Handelsumlenkung und zur Handelsschaffung kommt, hängt entscheidend von der Wettbewerbsfähigkeit des Landes B vor und nach Gründung der Zollunion ab:

1. Es ist durchaus möglich, daß das Land C trotz der für dieses Land weiterhin bestehenden Zollbelastung die Importgüter des Landes A preisgünstiger anbieten kann als das Land B. Der handelsumlenkende und der handelsschaffende Effekt bleiben dann aus.
2. Andererseits ist es denkbar, daß das Land B die Importgüter des Landes A schon vor Gründung der Zollunion preisgünstiger anbieten konnte als das Land C. In diesem Fall ist zwar mit einem handelsschaffenden Effekt zu rechnen, doch eine Handelsumlenkung findet nicht statt.

3. Schließlich ist noch ein dritter Fall denkbar. Durch die Zollentlastung möge das Land B die Importgüter des Landes A zum selben Preis (oder zu einem marginal geringeren Preis) liefern können wie (als) das – weiterhin zollbelastete – Land C. Hierdurch wird der Handel in das Land B umgelenkt. Weil aber der inländische Preis der Importgüter im Land A nicht (bzw. nur marginal) sinkt, bleibt das Importvolumen dieses Landes (nahezu) unverändert, und folglich tritt auch kein (bzw. kein nennenswerter) handelsschaffender Effekt auf.

Handelsschaffende und handelsumlenkende Effekte, wie sie zuvor für eine Zollunion aufgezeigt wurden, können selbstverständlich auch im Rahmen anderer Integrationsformen auftreten, sobald bestehende Handelshemmnisse zwischen den Mitgliedsländern verringert oder beseitigt werden, gegenüber Drittländern aber erhalten bleiben. Allerdings lassen sich diese Effekte für eine Präferenzzone und für eine Freihandelszone sowohl theoretisch als auch empirisch erheblich schwerer erfassen als für eine Zollunion. Bekanntlich beziehen sich die Regelungen in einer Präferenzzone nur auf einige spezifische Güter, und in einer Freihandelszone fehlt es an einer gemeinsamen Protektionspolitik gegenüber Drittländern. In einer Präferenzzone sind deshalb internationale Substitutionsvorgänge zugunsten oder zu Lasten anderer Güter denkbar, die ihrerseits mit handelsschaffenden und handelsumlenkenden Effekten verbunden sein können. In einer Freihandelszone können, wie schon erwähnt, Drittländer Importumwege wählen und so möglicherweise handelsumlenkende Effekte verhindern. Um diese Aspekte adäquat zu erfassen, wäre eine differenzierte güter- und länderspezifische Analyse erforderlich. Darauf soll hier jedoch verzichtet werden.

H-3.2.2: Zollunion und Welthandelsvolumen

Wenn sich in der Partialanalyse eine Handelsumlenkung zu Lasten der Drittländer nachweisen läßt, so könnte das zu dem Schluß verleiten, die Gründung einer Zollunion bewirke auch eine Verringerung der gesamten Importe der Unionsländer aus den Drittländern bzw. aus dem Rest der Welt. Diese Schlußfolgerung ist unzulässig, weil sich die partielle Analyse auf die Betrachtung eines einzigen Marktes für ein spezifisches Importgut oder ein Bündel spezifischer Importgüter beschränkt, weil nur Preis- und Mengeneffekte auf diesem speziellen Markt erfaßt werden und weil es sich lediglich um eine komparativ-statische Analyse handelt. In diesem theoretischen Rahmen lassen sich andere wichtige Zusammenhänge, die für die Wirkungen einer Zollunion von Bedeutung sein können, nicht aufdecken:

1. Treten, wie oben gezeigt, durch den Wegfall der Zollschranken innerhalb der Zollunion handelsschaffende Effekte auf, so ist zu erwarten, daß diese in den Mitgliedsländern eine Erhöhung von Einkommen und Beschäftigung mit sich bringen. Hierdurch wird auf den Gütermärkten zusätzliche Nachfrage induziert, und der Nachfrageanstieg kann auch zu höheren Importen aus den Drittländern führen. Der in der Partialanalyse aufgezeigten preisinduzierten Vernichtung kann somit eine einkommensinduzierte Schaffung von Handel mit den Drittländern entgegenstehen.

2. Vermutlich besitzt die Zollunion nicht für alle Güter eine Produktionsautarkie. Sie wird zum einen (weiterhin) auf den Import bestimmter Güter (z. B. von Rohstoffen oder von spezifischen Investitionsgütern) angewiesen sein, und sie wird zum anderen (weiterhin) Güter importieren, die die Drittländer trotz des Zollschutzes billiger anbieten. Für solche Güter wird es bei Einführung der Zollunion keine oder keine gravierende Handelsumlenkung geben. Im Zuge der zuvor genannten Einkommenseffekte kann es deshalb auf den entsprechenden Märkten

sogar zu einem Nettozuwachs der Importe der Unionsländer aus den Drittländern kommen.

3. Mit der Einführung des Freihandels innerhalb der Zollunion dürften die komparativen Kostenvorteile (wieder) eine größere Bedeutung für Ausgestaltung und Entwicklung der Produktionsstrukturen in den Unionsländern gewinnen. Von daher ist eine Erhöhung der Produktiviät in der gesamten Zollunion zu erwarten, die ihrerseits positive Einkommens- und Beschäftigungeffekte auslösen kann. Über diesen Weg ist dann letztlich wiederum eine Erhöhung der Nachfrage nach Importen aus den Drittländern möglich.

4. Die Drittländer könnten sich an die neue ökonomische Situation anpassen, indem sie
   – mit Hilfe von Verfahrensinnovationen ihre Produktivität steigern und so ihre Exporte in die Länder der Zollunion billiger anbieten
   – mit Hilfe von Produktinnovationen neue Märkte oder Marktsegmente in den Unionsländern erobern und so den handelsumlenkenden Effekt der Zollunion zumindest teilweise kompensieren.

5. Die Abschließung der Zollunion gegenüber Drittländern kann den Mitgliedsländern auf mittlere und längere Sicht Produktivitäts- und Wachstumsverluste bringen, wenn durch den gemeinsamen Schutz nach außen
   – der interne Konkurrenzdruck verringert und dadurch die interne Innovationsbereitschaft der Unternehmungen herabgesetzt wird
   – der Technologietransfer von Drittländern in die Unionsländer beeinträchtigt wird.

Treten diese Effekte auf, so dürften die Drittländer über kurz oder lang zumindest auf einzelnen Märkten (zusätzliche) komparative Kostenvorteile erlangen, mit denen sie den Zollschutz der Union überwinden können. Kurzfristig kann die in der Partialanalyse erfaßte Handelsumlenkung eine Vernichtung von Handelsvolumen gegenüber den Drittländern implizieren, auf mittlere und längere Sicht können jedoch – wie gerade skizziert – aufgrund von Einkommens-, Beschäftigungs- und Produktivitätseffekten Anpassungsvorgänge stattfinden, die – für sich betrachtet – im Verhältnis zu den Drittländern handelsschaffende Wirkungen haben. Von daher ist es keineswegs ausgeschlossen, daß das Handelsvolumen mit den Drittländern nach Gründung der Zollunion letztes Endes sogar zunimmt.

H-3.2.3: Wohlfahrtsaspekte einer Zollunion

Findet nach Gründung der Zollunion eine Handelsumlenkung zugunsten der Unionsländer statt, so kann sich hieraus eine wichtige Konsequenz für die Wohlfahrt der gesamten Zollunion ergeben. Zwar tritt der handelsumlenkende Effekt – wie oben gezeigt – nur auf, wenn Unionsländer infolge der Zollbeseitigung in der Lage sind, den Verbrauchern innerhalb der Zollunion Importgüter nun billiger als die Drittländer anzubieten, aber es ist zu beachten, daß der Vergleichspreis der Drittländer nach wie vor die Zollbelastung enthält. Es ist sehr wohl möglich, daß der Preis ohne Zoll (der internationale Preis), zu dem die Drittländer Importgüter anbieten, niedriger ist als der Preis, den Unionsländer nach der Zollaufhebung fordern. In diesem Fall kommen zwar die Verbraucher in den Unionsländern in den Genuß eines geringeren (heimischen) Preisniveaus der Importgüter, doch die Handelsumlenkung bedeutet für die gesamte Zollunion, daß jetzt Importgüter innerhalb der Union produziert werden, die man aus den Drittländern zu einem geringeren (internationalen) Preis beziehen könnte. Der Vorteil, den die Verbraucher in den Unionsländern aus der für sie sichtbaren Reduktion des heimischen Preisniveaus der Importgüter scheinbar haben, erweist sich bei näherem Hinsehen zumindest teilweise als eine Illusion. Denn mit der Handelsumlenkung gehen den Unionsländern – insgesamt gesehen – die Zolleinnahmen verloren, die ihnen vor Gründung der Zollunion im Gefolge der Importe aus den Drittländern zugeflossen sind. Diese Zolleinnahmen stehen den öffentlichen Haushalten innerhalb der Zollunion nicht mehr für Ausgaben zur Verfügung, und solche Ausgaben wären ansonsten wenigstens zum Teil direkt oder indirekt den Verbrauchern zugute gekommen.

Für die Gesamtheit der Zollunion ist die Handelsumlenkung, sofern sie – wie im hier skizzierten Beispiel – eine Substitution von Importen aus Drittländern durch eine teurere interne Produktion impliziert, mit einer Wohlfahrtseinbuße verbunden. Allerdings steht dieser Einbuße sehr wahrscheinlich eine Wohlfahrtssteigerung aus der Handelsschaffung gegenüber, die der Übergang zu Freihandel innerhalb der Zollunion mit sich bringt. Wie sich die Einführung der Zollunion letztlich auf die Wohlfahrt aller Mitgliedsländer auswirkt, läßt sich folglich nicht eindeutig beurteilen. Um Wohlfahrtsgewinne zu erzielen, sollte man aber darauf achten, daß einerseits die Handelsumlenkung und mit ihr die Substitution von Importen aus Drittländern durch eine relativ teure interne Produktion möglichst gering ist und daß andererseits der handelsschaffende Effekt möglichst groß ausfällt. Eine relativ geringe Handelsumlenkung wird stattfinden, wenn sich Länder zu einer Zollunion zusammenschließen, die aus Drittländern überwiegend Güter importieren, die in den Mitgliedsländern überhaupt nicht oder nicht in ausreichender Menge produziert werden können. Mit Wohlfahrtsverlusten ist auf jeden Fall zu rechnen, wenn durch die Gründung der Zollunion eine umfassende Produktionsautarkie erreicht wird und von daher eine weitgehende Abschließung nach außen erfolgt.

H-3.3: Integration in der Praxis

H-3.3.1: Integrationsbestrebungen

Die Große Weltwirtschaftskrise (1929 bis 1933) löste eine tiefgreifende weltwirtschaftliche Desintegration aus. Kennzeichen waren ein massiver nationalstaatlicher Handelsprotektionismus, äußerst restriktive Beschränkungen der internationalen Faktorbewegungen (insbesondere des internationalen Kapitalverkehrs), das Fehlen einer länderübergreifenden Währungsordnung sowie ein Mangel an internationaler Kooperation und wirtschaftspolitischer Koordination. Um die Desintegration zu überwinden und Bedingungen für ein Wiedererstarken des Welthandels zu schaffen, fanden bereits während des Zweiten Weltkriegs vor allem auf Initiative der USA und Großbritanniens internationale Verhandlungen über die Grundsätze einer neuen Weltwirtschaftsordnung statt. In der Atlantik-Charta wurden im Jahr 1941 konkrete Ziele für eine Reintegration der Weltwirtschaft formuliert, und auf der Konferenz von Bretton Woods im Jahr 1944 wurde die Errichtung des Internationalen Währungsfonds (IWF) und damit die Neuordnung der Weltwährungsbeziehungen beschlossen. Aus der Atlantik-Charta entwickelte sich der Entwurf einer Welthandels-Charta, mit der eine umfassende, liberale Welthandelsordnung erreicht werden sollte. Obwohl dieser Entwurf auf der internationalen Konferenz von Havanna im Jahr 1948 eine breite Zustimmung fand und von 54 Staaten als „Havanna-Charta" verabschiedet wurde, kam es letzten Endes nicht zu einer Ratifizierung.

Weltweite Bedeutung erlangte demgegenüber das Allgemeine Zoll- und Handelsabkommen (General Agreement on Tariffs and Trade, GATT), das schon 1947 in Genf von 23 Staaten signiert worden war und ursprünglich lediglich als eine Übergangsregelung bis zum Inkrafttreten der Havanna-Charta dienen sollte. Heute gehören dem GATT etwa 125 Länder als volle oder assoziierte Mitglieder an. Das GATT beschränkt sich allerdings auf die Festlegung von Richtlinien für den internationalen Handel, zu deren Einhaltung sich die Mitgliedsländer verpflichtet haben. Das Ziel einer viele Länder umfassenden oder sogar weltweiten Freihandelszone ließ und läßt sich, wie weiter unten noch deutlich zu machen ist, mit dem GATT nicht erreichen. Von einer echten ökonomischen Integration seiner Mitgliedsländer kann deshalb auch nicht die Rede sein. Das gilt ähnlich für den Internationalen Währungsfonds, der seine Mitglieder zwar zur Einhaltung gewisser währungspolitischer Grundsätze verpflichtet, dem es aber letztlich an den Befugnissen fehlt, die Länder zur Erfüllung ihrer Pflichten zu zwingen.

Weitere internationale Kooperationsabkommen, die zwar die ökonomische Integration der Mitgliedsländer fördern sollen, aber noch keine echte ökonomische Integration darstellen, sind beispielsweise:

1. die wirtschaftlichen Institutionen der 1945 gegründeten UNO (United Nations Organization), die zur Zeit (1989) 159 Mitgliedsländer umfaßt,
2. die 1961 als Nachfolgeorganisation des Europäischen Wirtschaftsrates (OEEC) entstandene OECD (Organization for Economic Co-Operation and Development), der 24 Industriestaaten angehören,
3. der 1949 gegründete RGW (Rat für Gegenseitige Wirtschaftshilfe) – auch COMECON genannt –, dem sich zehn kommunistische Länder (Zentralverwaltungswirtschaften) angeschlossen haben.

Innerhalb der UNO sind für den ökonomischen Bereich zum einen der Wirtschafts- und Sozialrat (ESOSOC) und zum anderen die Welthandels- und Entwicklungskonferenz (UNCTAD) zuständig. Der ESOSOC ist eines der sechs UN-Hauptorgane; er hat die Aufgabe, alle wirtschaftlichen, sozialen und entwicklungspolitischen Fragen, die innerhalb der UNO anfallen, zu koordinieren und die entsprechenden Sachprobleme für die UN-Generalversammlung (UNGA), zu der einmal im Jahr alle Mitglieder zusammentreffen, aufzubereiten. Noch größere Bedeutung hat die UNCTAD, die 1964 vor allem auf Betreiben der Entwicklungsländer als eine UN-Unterorganisation gegründet wurde. Hauptziel ist die Förderung des internationalen Handels, insbesondere des Handels mit den Entwicklungsländern. Die UNCTAD soll die gemeinsamen Grundsätze und Richtlinien für die Abwicklung des internationalen Handelns aufstellen sowie die nationalen handels- und entwicklungspolitischen Maßnahmen der einzelnen Länder – auch hier insbesondere der Entwicklungsländer – koordinieren. Die UNCTAD gibt den Entwicklungsländern die Möglichkeit, ihre gemeinsamen ökonomischen Interessen zu artikulieren und als Gruppe ihre weltwirtschaftliche Position gegenüber den Industrieländern zu stärken.

Die Organisation für wirtschaftliche Zusammenarbeit und Entwicklung (OECD) schließt alle „westlichen" Industrieländer ein; ihr weltwirtschaftlicher Einfluß ist deshalb sehr groß. Die OECD soll insbesondere dazu beitragen
– den Welthandel zu intensivieren
– das wirtschaftliche Wachstum in den Mitgliedsländern sowie in den Entwicklungsländern zu fördern
– wichtige wirtschaftspolitische Ziele (insbesondere einen hohen Beschäftigungsstand und Preisstabilität) in den Mitgliedsländern zu realisieren.

Der OECD fehlt es allerdings an autonomen Entscheidungs- und Handlungskompetenzen. Ihre Ziele kann sie nur verfolgen, indem sie ihre Mitgliedsländer in wirtschaftspolitischen Fragen berät, laufend Empfehlungen zu wirtschaftspoliti-schem Handeln gibt, die Zusammenarbeit der Mitgliedsländer in der allgemeinen Wirtschaftspolitik und in der Währungspolitik fördert sowie auf eine Koordinie-rung wichtiger wirtschaftspolitischer Entscheidungen hinwirkt. Vor allem in öko-nomischen Krisensituationen, z. B. während der Ölpreiskrisen in den 70er Jahren und im Zuge des Börsenkrachs im Oktober 1987, hat sich die Arbeit der OECD bewährt; durch die in der OECD institutionalisierte Kooperation der Industrielän-der konnten rechtzeitig gemeinsame wirtschaftspolitische Strategien entwickelt und dadurch unkontrollierte weltwirtschaftliche Destabilisierungstendenzen, so wie sie für die Große Weltwirtschaftskrise zu Beginn der 30er Jahre kennzeichnend waren, vermieden werden. Nicht zuletzt haben die ständigen Beratungen und Abstimmun-gen in der OECD bewirkt, daß erhebliche Fortschritte in der Liberalisierung des internationalen Dienstleistungs- und Kapitalverkehrs (zumindest zwischen den In-dustrieländern) erreicht worden sind und daß die Industrieländer einen großen Teil ihrer Entwicklungshilfen koordinieren.

Der Rat für Gegenseitige Wirtschaftshilfe (RGW) ist – wie die OECD – nicht befugt, eigenständig ökonomisch relevante Entscheidungen zu treffen. In den RGW-Statuten ist ausdrücklich die absolute Souveränität der Mitgliedsländer fest-geschrieben worden. Der RGW ist somit eine Organisation, die den Mitgliedslän-dern lediglich Empfehlungen geben und auf eine Koordination der wirtschaftlichen Entscheidungen und Handlungen der Mitgliedsländer hinwirken kann. Auf diese Weise soll der RGW dazu beitragen, die planmäßige Entwicklung der Volkswirt-schaften im Interesse einer allgemeinen Wohlfahrtssteigerung zu fördern, den wirt-schaftlichen und technischen Fortschritt in den Mitgliedsländern zu beschleunigen sowie Industrialisierungsgrad und Arbeitsproduktivität in den Mitgliedsländern zu steigern. Die Möglichkeiten des RGW, diesen Zielen gerecht zu werden, sind aller-dings stark begrenzt. Zwar wird auch im RGW erkannt, daß die Ausweitung der Handelsbeziehungen zwischen den Mitgliedsländern einerseits und zu den Drittlän-dern andererseits eine wichtige Bedingung für die nationalen wirtschaftlichen Ent-wicklungen ist, aber einer Intensivierung des internationalen Handels stehen sy-stembedingte Hemmnisse entgegen: der Außenhandel eines jeden Mitgliedslandes ist Teil des nationalen Wirtschaftsplans und kann sich deshalb nicht frei entfalten; die nationalstaatlichen Preisfixierungen schließen die freie Preisbildung auf den internationalen Märkten aus; die Währungen der Mitgliedsländer sind nicht kon-vertibel. Diese Beschränkungen implizieren, daß sich internationaler Handel nur im Rahmen bilateraler Kontrakte vollziehen kann. Eine Liberalisierung und ein Multi-lateralismus des internationalen Handels, so wie er bei Integrationen westlicher Industriestaaten grundsätzlich angestrebt wird, läßt sich im RGW nicht konse-quent realisieren. Um wenigstens einige der obengenannten Hemmnisse zu über-winden, hat man sich darauf geeinigt, den Handel innerhalb des RGW auf der Basis von Weltmarktpreisen abzuwickeln und über die dafür gegründete Internationale Bank für Wirtschaftliche Zusammenarbeit (IBWZ) mit Hilfe des sogenannten transferablen Rubels eine multilaterale Verrechnung bzw. ein multilaterales Clea-ring von Überschüssen bzw. Defiziten im Handel zwischen den Mitgliedsländern vorzunehmen. Der transferable Rubel ist aber nur eine künstlich geschaffene Ver-rechnungseinheit, die keinen einheitlich fixierten Wert besitzt, sondern deren Wert für alle Handelsgeschäfte auf bilateraler Basis jeweils neu vereinbart werden muß. Die systembedingte Inflexibilität der Handelsbeziehungen läßt sich deshalb auf diese Weise nicht beseitigen. Andere Ziele, die für Integrationen westlicher Indu-strieländer von großer Bedeutung sind, so z. B. die Liberalisierung der internationalen Faktorbewegungen, spielten im RGW bisher ebenfalls keine Rolle. Die weltwirtschaftliche Bedeutung des RGW ist deshalb nur sehr gering. Es ist eine logische Konsequenz der gegenwärtigen politischen Liberalisierung im Ostblock, daß der RGW entweder einer tiefgreifenden Reform mit marktwirtschaftlicher Ausrichtung unterzogen oder aber aufgelöst wird.

Die Gründung der zuvor genannten internationalen Institutionen ist ein deutlicher Beweis dafür, daß es nach dem Zweiten Weltkrieg nicht an Bestrebungen gefehlt hat, zwischenstaatliche Wirtschaftsbeziehungen zu ordnen sowie wirtschaftliche Kooperation und wirtschaftspolitische Koordination zu fördern. Echte ökonomische Integrationen kamen allerdings nur in regional relativ eng begrenzten Räumen zustande. Von den ökonomischen Integrationen, die gegenwärtig bestehen, sind – über die oben schon genannten Integrationsbestrebungen hinaus – insbesondere zu erwähnen:

1. Den zur Zeit größten Integrationsraum bildet die Europäische Gemeinschaft, in der 12 Länder (Belgien, Bundesrepublik Deutschland, Dänemark, Frankreich, Griechenland, Großbritannien, Irland, Italien, Luxemburg, Niederlande, Portugal und Spanien) zu einem Gemeinsamen Markt zusammengeschlossen sind.
2. Als Gegenpol zur Europäischen Wirtschaftsgemeinschaft (EWG) wurde 1957 die EFTA (European Free Trade Association) – also eine Freihandelszone – gegründet; ihr gehören heute Finnland, Island, Norwegen, Österreich, Schweden und die Schweiz an; die früheren Mitgliedsländer Dänemark, Großbritannien und Portugal sind mit ihrem Beitritt zur EG ausgeschieden.
3. In Afrika sind vor allem in den 60er Jahren mehrere regionale Integrationsräume in Form von Präferenzzonen, Freihandelszonen oder Zollunionen entstanden. Hervorzuheben sind hier vor allem die Wirtschaftsgemeinschaft Westafrikanischer Staaten (CEDEAO bzw. ECOWAS) mit 16 Mitgliedsländern, die Zentralafrikanische Wirtschaftsgemeinschaft (CEEAC) mit 10 Mitgliedsländern, die Wirtschaftsgemeinschaft der Länder an den Großen Seen (CEPGL) mit 3 Mitgliedsländern sowie die Präferenzhandelszone für das östliche und südliche Afrika (PTA) mit 15 Mitgliedsländern. Mit einigen dieser Integrationen wird zwar ein Gemeinsamer Markt angestrebt, aber aufgrund der vielen politischen Krisen ist es zweifelhaft, ob dieses Ziel jemals erreicht wird.
4. Aus der 1968 gegründeten Karibischen Freihandelszone (CARIFTA) ist die Karibische Gemeinschaft (CARICOM) mit 9 Mitgliedsländern entstanden. Das Ziel, einen Gemeinsamen Markt zu realisieren, ist auch hier bei weitem nicht erreicht.
5. Die 1960 gegründete Lateinamerikanische Freihandelsassoziation (LAFTA) ist 1980 in die Lateinamerikanische Integrationsassoziation (ALADI) umgewandelt worden. Die 11 Mitgliedsländer (Argentinien, Bolivien, Brasilien, Chile, Ecuador, Kolumbien, Mexiko, Paraguay, Peru, Uruguay und Venezuela) haben sich ebenfalls einen Gemeinsamen Markt zum Ziel gesetzt. Die schwierige politische und wirtschaftliche Situation der lateinamerikanischen Länder läßt die Erreichung dieses Ziels zur Zeit allerdings ungewiß erscheinen.
6. Der 1969 gegründete Andenpakt stellt einen Sub-Integrationsraum der Lateinamerikanischen Freihandelsassoziation bzw. der Lateinamerikanischen Integrationsassoziation dar. Ihm gehören 5 Länder an, die auch Mitglieder der ALADI sind. Vereinbart wurde die Liberalisierung des Handels, eine Zollunion, eine Harmonisierung der Wirtschaftspolitiken sowie eine gemeinsame Förderung der Industrialisierung. Die Integrationsbemühungen waren allerdings aufgrund politischer und ökonomischer Krisen in den Mitgliedsländern immer wieder von

Rückschlägen begleitet, und die gesteckten Ziele wurden deshalb bisher nicht erreicht.

7. Zwischen Australien und Neuseeland besteht seit 1965 eine Freihandelszone (NAFTA). 1983 wurde vereinbart, aus der Freihandelszone allmählich einen Gemeinsamen Markt, CER genannt, zu entwickeln.

8. Der Vereinigung Südostasiatischer Nationen (ASEAN), die 1967 gegründet wurde, gehören Brunei, Indonesien, Malaysia, die Philippinen, Singapur und Thailand an. Ziel ist die regionale Zusammenarbeit auf wirtschaftlichem, sozialem und kulturellem Gebiet. In Hinsicht auf das ökonomische Ziel wurde eine Präferenzzone eingerichtet und eine Kooperation im Bereich der Industriepolitik vereinbart.

9. Seit dem 1.1.1989 besteht zwischen den USA und Kanada eine Freihandelsassoziation (FTA), die eine weitreichende Liberalisierung des Waren- und Dienstleistungsverkehrs vorsieht.

Im folgenden werden das GATT und die Europäische Gemeinschaft ausführlicher dargestellt.

H-3.3.2: Das GATT

Das allgemeine Zoll- und Handelsabkommen (General Agreement on Tariffs and Trade: GATT) wurde 1947 von 23 Staaten unterzeichnet. Die Anzahl der sogenannten Vertragsparteien ist bis 1988 auf 96 Staaten angestiegen. Darüber hinaus wenden noch 28 Staaten die Bestimmungen des GATT de facto an. Mit dem Abkommen wurde allerdings keine Institution mit eigenständiger Rechtspersönlichkeit, die zu autonomen Entscheidungen und Handlungen fähig wäre, geschaffen. Eine zentrale Behörde, die Verstöße gegen das Abkommen mit Sanktionen belegen könnte, gibt es ebenfalls nicht. Entscheidungen können nur auf der Grundlage eines Koordinationsprozesses zwischen den Vertragsparteien getroffen werden. Das geschieht vorwiegend im Rahmen der Vollversammlungen der Vertragsparteien,[19] die einmal im Jahr stattfinden, sowie in den multilateralen Verhandlungsrunden, die sich über mehrere Jahre erstrecken können. Entscheidungsvorbereitungen sowie die Überwachung der Durchführung des Abkommens finden im allgemeinen im sogenannten „Rat", der i.d.R. neunmal im Jahr zusammentritt, sowie in speziellen Ausschüssen (z.B. im Textilausschuß, im Ausschuß für Handel und Entwicklung) statt. Das Fehlen der eigenen Rechtspersönlichkeit bringt klar zum Ausdruck, daß das GATT von vornherein nicht darauf angelegt war, Entscheidungs- und Handlungskompetenzen von den nationalen Ebenen auf eine supranationale Ebene zu verlagern.

Das grundlegende Ziel des GATT ist die Beseitigung aller staatlichen Beschränkungen des internationalen Güterverkehrs, also die Realisierung des Freihandels. Mit der Erreichung dieses Ziels soll der Lebensstandard in den beteiligten Ländern erhöht werden, und zwar insbesondere über eine bessere Ausnutzung der weltweiten Ressourcen, ein hohes Beschäftigungsniveau sowie ein stetiges Wirtschaftswachstum. Um das Freihandelsziel über kurz oder lang zu erreichen oder um diesem Ziel zumindest näher zu kommen, wurde eine Reihe von Grundsätzen für die internationalen Handelsbeziehungen aufgestellt. Von besonderer Bedeutung sind folgende Grundsätze:

---

[19] Jedes Mitglied hat eine Stimme; Beschlüsse werden überwiegend mit einfacher Mehrheit gefaßt; für Vertragsänderungen ist jedoch eine Zweidrittelmehrheit, in Ausnahmefällen sogar Einstimmigkeit erforderlich.

1. Quantitative Beschränkungen des internationalen Güterverkehrs sowie andere nicht-tarifäre Handelshemmnisse sind grundsätzlich verboten.
2. Zölle werden im gegenseitigen Einvernehmen schrittweise abgebaut. Auf Zollerhöhungen sowie neue Zölle ist grundsätzlich zu verzichten.
3. Alle Vertragsparteien sind grundsätzlich zu einer unbedingten *Meistbegünstigung* bzw. zur Nicht-Diskriminierung verpflichtet; das bedeutet, daß alle Handelsvorteile bzw. -vergünstigungen, die eine Vertragspartei einer anderen eingeräumt hat, unverzüglich und uneingeschränkt auch allen anderen Mitgliedern des GATT einzuräumen sind.
4. Bei der gegenseitigen Einräumung von Handelsvorteilen bzw. -vergünstigungen ist die Gleichwertigkeit von Leistung und Gegenleistung sicherzustellen (Reziprozitätsprinzip).
5. Interessenkonflikte sollen im Rahmen gegenseitiger Konsultationen bereinigt werden.

Das Abkommen enthält allerdings eine Vielzahl von Ausnahmeregelungen, die Abweichungen von diesen Grundsätzen möglich machen. Hier sind insbesondere zu nennen:

1. Quantitative Beschränkungen des internationalen Handels sind temporär zulässig, wenn ein Mitgliedsland Zahlungsbilanzprobleme hat und seine internationale Zahlungsfähigkeit dadurch gefährdet ist. Die Beschränkungen können dann auch gegen einzelne Länder gerichtet sein und damit dem Prinzip der Nicht-Diskriminierung zuwiderlaufen.
2. Erlaubt sind mengenmäßige Einfuhrbeschränkungen für Agrar- und Fischereiprodukte, sofern dies im Rahmen einer allgemeinen Verringerung der Angebotsmengen auf dem inländischen Markt geschieht. Die Nebenbedingung wurde und wird aber meistens nicht beachtet. Vielmehr geht die Importbeschränkung häufig mit einer Produktionsausweitung im Inland einher.
3. Freihandelszonen und Zollunionen sind erlaubt. Das bedeutet aber zwingend eine Verletzung des Prinzips der unbedingten Meistbegünstigung; denn die Mitgliedsländer einer Freihandelszone oder einer Zollunion bauen Handelsschranken nur im Innenverhältnis ab.
4. Ein einzelnes Land kann von einer mehrheitlich vereinbarten Zollsenkung ausgenommen werden, wenn zu befürchten ist, daß die Zollsenkung einen starken Anstieg der Importe sowie eine Gefährdung der heimischen importkonkurrierenden Produktionsbereiche dieses Landes mit sich bringt. Obwohl die Anwendung dieser Ausnahmeregel Konsultationen mit den anderen Vertragsparteien des GATT voraussetzt, wird es einem Land leicht gemacht, sich der Einführung von Handelserleichterungen zu entziehen. Es ist deshalb auch nicht erstaunlich, daß viele Länder ihre Protektionspolitik mit dem Hinweis auf diese Ausnahmeregelung des GATT begründen.

Trotz der Ausnahmeregelungen, die vielfach in Anspruch genommen werden, und trotz der schwachen Organisationsstruktur des GATT ist einzuräumen, daß vor allem in einigen multilateralen Verhandlungsrunden erhebliche Erfolge beim Abbau der weltweiten Handelsschranken erreicht worden sind. So wurde beispielsweise in der sogenannten „*Kennedy-Runde*" (1964 bis 1967 in Genf) eine durchschnittliche Zollsenkung für Industriegüter von 30 % erreicht; in der sogenannten „*Tokio-Runde*" (1973 bis 1979) einigten sich die Industrieländer auf eine weitere Zollsenkung für Industriegüter um durchschnittlich 39 %. Immerhin bewirkten die Kennedy- und die Tokio-Runde eine Verringerung des durchschnittlichen Zollsatzes auf Industriegüter von 15 % auf etwa 6,5 %. In der „*Tokio-Runde*" und insbesondere in der „*Uruguay-Runde*" (1986 bis 1990) lag bzw. liegt das Hauptaugenmerk auf der Beseitigung der vielen nicht-tarifären Handelshemmnisse, die weltweit angewendet werden, obwohl sie nach den Grundsätzen des GATT verboten sind. Nennenswerte Erfolge wurden jedoch in diesem Bereich bisher nicht erzielt. Zur Zeit ist die wesentliche Aufgabe des GATT darin zu sehen, neue protektionistische Bestrebungen, die sich vor allem in den Handelsbeziehungen zwischen den großen Wirtschaftsblöcken EG, Japan und USA zeigen, im Zaum zu halten.

Obwohl auch nach mehr als 40 Jahren das mit dem GATT gesteckte Ziel eines weltweiten Freihandels (noch immer) nicht erreicht ist, hat das GATT nach wie vor eine große Bedeutung für die Weltwirtschaftsordnung. Neben den erwähnten Erfolgen, die beim Zollabbau erreicht wurden, hat das GATT bewirkt, daß protektionistische Handelspraktiken aufgedeckt und in einem internationalen Forum offen diskutiert werden. Die regelmäßigen Vollversammlungen der Vertragsparteien sowie die multilateralen Verhandlungsrunden erzwingen immer wieder internationale Abstimmungen, die erheblich dazu beitragen, weltweite Handelskonflikte zu begrenzen.

H-3.3.3: Die Europäische Gemeinschaft (EG)

a) Die Organisationsstruktur der EG

Die Europäische Gemeinschaft (European Economic Community: EEC) setzt sich aus drei Teilgemeinschaften zusammen:

- Aus der 1951 von den Beneluxstaaten, der Bundesrepublik Deutschland, Frankreich und Italien mit dem *Pariser Vertrag* gegründeten *Europäischen Gemeinschaft für Kohle und Stahl* (EGKS bzw. Montanunion)
- aus der mit den *Römischen Verträgen* im Jahr 1957 von den EGKS-Mitgliedsländern errichteten *Europäischen Wirtschaftsgemeinschaft* (EWG)
- aus der ebenfalls in den Römischen Verträgen vereinbarten *Europäischen Atomgemeinschaft* (EAG bzw. Euratom).

Mit der EGKS wurde ein Gemeinsamer Markt für Kohle und Stahlprodukte geschaffen. Diese sektorale Integration sollte eine gemeinsame europäische Energiepolitik ermöglichen sowie durch Anregung des Wettbewerbs und durch Modernisierung der Produktion in den entsprechenden Sektoren einen Beitrag zur Förderung des Wirtschaftswachstums in den Mitgliedsländern leisten. Die EWG war demgegenüber auf eine globale, makroökonomische Integration gerichtet. Im EWG-Vertrag war vorgesehen, daß sich die EWG über eine Zollunion allmählich zu einem Gemeinsamen Markt in Europa entwickeln sollte. Die EAG diente und dient dem Ziel, eine gemeinsame europäische Kernforschung zu betreiben und die Kernenergie im europäischen Raum friedlich zu nutzen. Mit ihrem Bezug auf einen speziellen Energiebereich stellt sie ebenfalls eine sektorale Integrationsform dar.

Die drei Teilgemeinschaften sind rechtlich unabhängige Institutionen. Statt von der Europäischen Gemeinschaft spricht man deshalb häufig von den Europäischen Gemeinschaften. Im Jahr 1967 hat man die Organe der drei Teilgemeinschaften aufgrund eines entsprechenden Fusionsvertrages zusammengeführt und so eine gemeinsame Organisationsstruktur geschaffen. Ein einheitlicher EG-Vertrag, mit dem auch eine rechtliche Vereinigung erfolgen könnte, ist trotz immer wieder bekundeter Absichten bisher nicht zustande gekommen.

Neben dem Pariser Vertrag und den Römischen Verträgen als Rechtsgrundlagen der drei Teilgemeinschaften bildet die *Einheitliche Europäische Akte* (EEA) von

1986 eine weitere wichtige Vertragsbasis der EG; mit dieser Akte werden die Voraussetzungen für die Realisierung des Europäischen Binnenmarktes Ende 1992 geschaffen.

Nachdem im Jahr 1973 Dänemark, Großbritannien und Irland, im Jahr 1981 Griechenland und im Jahr 1986 Portugal und Spanien beigetreten sind, umfaßt die EG jetzt (1989) zwölf Mitgliedsländer. Der Türkei, mit der seit 1963 ein Assoziationsabkommen besteht, hat 1987 Antrag auf Aufnahme in die EG gestellt; weitere europäische Länder, so z. B. Österreich und Ungarn, streben die Mitgliedschaft an. Außerdem hat die EG mit einer Reihe von Drittländern bzw. Integrationsinstitutionen von Drittländern Handels- oder Kooperationsabkommen geschlossen, in denen es vor allem um die Einräumung bestimmter Vorteile in den Handelsbeziehungen geht. So gibt es z. B. Abkommen mit den EFTA-Staaten, den ASEAN-Staaten, den Staaten des Andenpaktes sowie mit Australien, Indien und der Volksrepublik China. Hervorzuheben sind die Assoziierungs- und Hilfsabkommen von Lomé, die die EG 1975, 1980 und 1988 mit den *AKP-Staaten* (den Staaten Afrikas, der Karibik und des Pazifiks) abgeschlossen hat. Die EG räumt diesen Staaten ohne Gegenleistung gewisse Zollpräferenzen ein und gewährt ihnen finanzielle Hilfen bei Entwicklungsprojekten sowie zur Stabilisierung ihrer Exporterlöse (Stabex). Die Finanzhilfen werden über den eigens dafür geschaffenen *Europäischen Entwicklungsfonds* (EEF) abgewickelt. Die Abkommen machen deutlich, daß die EG mit eigenen Entscheidungs- und Handlungsbefugnissen ausgestattet ist und nach außen als eigenständige Rechtspersönlichkeit auftritt. Mit der 1988 zwischen der EG und dem RGW getroffenen Vereinbarung über die Aufnahme offizieller Beziehungen haben – letztendlich – auch die östlichen Staatshandelsländer die EG als Rechtseinheit und Vertragspartei anerkannt.

Die Organe der EG sind

– der Rat bzw. der Ministerrat (Tagungsorte Brüssel und Luxemburg)
– die Kommission (mit Sitz in Brüssel)
– das Europäische Parlament (Tagungsort Straßburg)
– der Europäische Gerichtshof (mit Sitz in Luxemburg).

Der Rat ist das Zentrale Organ der EG. Er trifft – zumeist auf Vorschlag der Kommission – die wesentlichen Entscheidungen. Jedes Mitgliedsland entsendet einen Vertreter in den Rat. Der Vorsitz bzw. die Präsidentschaft im Rat wechselt halbjährlich unter den Mitgliedsländern. *Die Kommission* fungiert als Initiativ-, Exekutiv- und Kontrollorgan der EG; sie bereitet Entscheidungen des Rates vor, führt Beschlüsse des Rates aus und überwacht die Einhaltung der Rechtsgrundlagen der EG. Außerdem besitzt die Kommission in einigen Bereichen autonome Entscheidungsbefugnisse, so z. B. in den Bereichen Kohle, Stahl, Energie und Agrarwirtschaft. Die Kommission besteht aus siebzehn Mitgliedern, die von den Regierungen der Mitgliedsstaaten für vier Jahre ernannt werden. *Das Europäische Parlament* setzt sich aus 518 Abgeordneten zusammen, die (seit 1979) in den Mitgliedsländern für fünf Jahre direkt gewählt werden. Die Befugnise des Parlaments sind (zumindest zur Zeit noch) eng begrenzt; es wirkt bei der Erstellung des EG-Haushalts mit, es berät die anderen EG-Organe bei wichtigen Entscheidungen, und es kontrolliert die Arbeit von Rat und Kommission. *Der Gerichtshof* entscheidet in allen EG-Rechtssachen auf der Grundlage der bestehenden Gemeinschaftsverträge und leistet Rechtshilfe für nationale Gerichte.

b) Die Europäische Wirtschaftsgemeinschaft (EWG)

Die EWG wurde mit dem Ziel gegründet, einen Gemeinsamen Markt zu schaffen und dadurch die wirtschaftliche Stabilität zu verbessern, den Lebensstandard anzuheben und die Beziehungen zwischen den Mitgliedsstaaten zu fördern. Im EWG-Vertrag sind eine Reihe von Maßnahmen aufgeführt worden, mit denen dieses Ziel erreicht werden sollte, so insbesondere

– die Abschaffung der Zölle und der quantitativen Ein- und Ausfuhrbeschränkungen sowie aller anderen handelsbeschränkenden Einflüsse innerhalb der Gemeinschaft
– die Einführung eines gemeinsamen Zolltarifs und einer gemeinsamen Handelspolitik gegenüber Drittländern
– die Realisierung freizügiger Faktorbewegungen (eines freien Personen- und Kapitalverkehrs sowie der Niederlassungsfreiheit) und eines freien Dienstleistungsverkehrs zwischen den Mitgliedsstaaten
– die Durchführung einer gemeinsamen Agrar- und Verkehrspolitik
– die Schaffung einheitlicher Wettbewerbsbedingungen innerhalb der Gemeinschaft
– die Anwendung von Verfahren, die geeignet sind, Zahlungsbilanzungleichgewichte zu vermeiden
– die Koordinierung und „schrittweise Annäherung" der Wirtschaftspolitiken der Mitgliedsstaaten
– die Angleichung der innerstaatlichen Rechtsvorschriften, soweit sie für den Gemeinsamen Markt von Bedeutung sind.

Die beiden ersten Maßnahmenpakete implizieren die Gründung einer Zollunion, die im EWG-Vertrag als eine wesentliche Grundlage der Gemeinschaft galt und deshalb die erste Integrationsstufe der Gemeinschaft bildete. Diese Stufe wurde nach offizieller Verlautbarung am 1.7.1968 – vor Ablauf der gesetzten Frist – erreicht.

Zweifellos ist es als Erfolg zu werten, daß die Gemeinschaft in relativ kurzer Zeit die Zölle und zum größten Teil auch die direkten quantitativen Handelsbeschränkungen zwischen den Mitgliedsländern beseitigt hat, daß sie einen gemeinsamen Außenzolltarif erhebt und daß sie eine weitgehend abgestimmte – wenn auch keine gemeinsame – Handelspolitik gegenüber Drittländern betreibt. Mit der EG-Agrarmarktordnung wurde auch der Plan, eine gemeinsame Agrarpolitik zu betreiben, in kurzer Zeit weitgehend realisiert. Auf diese sektorale Integration wird weiter unten noch ausführlicher eingegangen.

Die anderen im EWG-Vertrag genannten Planvorstellungen konnten dagegen bis heute nicht oder nur zu einem gewissen Teil durchgesetzt werden. Viele ökonomische Bedingungen, die einen Gemeinsamen Markt ausmachen, sind auch mehr als 30 Jahre nach Unterzeichnung des Vertrags noch nicht erfüllt:[20]

---

[20] Einen Überblick über die Hemmnisse, die die Wirtschaftsbeziehungen innerhalb der EG beeinträchtigen, gibt der sogenannte Cecchini-Bericht, der im Auftrag der EG-Kommission 1987 erstellt wurde. Dieser Bericht, der nach dem Leiter der eingesetzten Arbeitsgruppe benannt ist, versucht auch, die Kosten der Nichtverwirklichung des europäischen Binnenmarktes bzw. des gemeinsamen europäischen Marktes abzuschätzen. Eine Zusammenfassung des Berichts liegt vor mit: Paolo Cecchini, Europa '92. Der Vorteil des Binnenmarktes, Baden-Baden 1988.

1. Der Handel innerhalb der EG wird nach wie vor durch viele nicht-tarifäre Hemmnisse beeinträchtigt. Zu nennen sind hier insbesondere
   - nationale bürokratische Verfahrensweisen und Grenzformalitäten
   - unterschiedliche nationale technische Vorschriften und Normen
   - umständliche nationale Prüfungs- und Zulassungsverfahren für Produkte, Herstellungsmethoden und Betriebsführungen.
   So sind beispielsweise innerhalb Europas noch immer Grenzkontrollen wegen der Unterschiede in den Verbrauchsteuern, wegen abweichender nationaler Gesundheitsbestimmungen, wegen der Währungsausgleichsbeträge im Agrarhandel, wegen unterschiedlicher Sicherheitsbestimmungen und Fahrgenehmigungen sowie aufgrund von nationalen bilateralen Lieferquoten und Importkontingentierungen im Handel mit Drittländern erforderlich. Abweichende technische Vorschriften resultieren aus spezifischen nationalen Bestimmungen z. B. für den Gesundheits- und den Umweltschutz. Nationale Normenfestlegungen sind von Bedeutung für die technischen Vorschriften sowie für Versicherungsschutz, Produkthaftung und die Vergabe öffentlicher Aufträge. Bei den Prüfungs- und Zulassungsverfahren sind schließlich die nationalen Antragsformalitäten sowie die spezifischen nationalen technischen Vorschriften und Normen zu beachten.

2. Die Freiheit der Faktorbewegungen und des Dienstleistungsverkehrs ist in vielen Bereichen noch nicht hergestellt. Abgesehen von den neuen Mitgliedsländern Spanien und Portugal, denen eine Frist bis zum 1. Januar 1993 eingeräumt wurde, wird bisher lediglich die volle Freizügigkeit der Arbeitskräfte gewährleistet. Im Bereich des Kapitalverkehrs nehmen mehrere Mitgliedsstaaten noch immer Kontrollen vor. Die Dienstleistungsfreiheit sowie die Niederlassungsfreiheit von Selbständigen innerhalb der Gemeinschaft sind zwar geltendes Recht, wie mehrmals vom Europäischen Gerichtshof festgestellt wurde, aber es gibt nach wie vor eine Vielzahl nationaler Vorschriften, die dieses Recht faktisch einschränken. Solche Vorschriften bestehen beispielsweise für die Niederlassungsfreiheit von Banken, für die grenzüberschreitenden Geschäfte von Versicherungen, für den Wertpapierhandel, für den gesamten Bereich der Telekommunikation sowie für grenzüberschreitende Tätigkeiten in der Rechtsberatung, der Werbung, der Datenverarbeitung, der finanziellen Beratungen sowie des Ingenieurwesens. Die Niederlassungsfreiheit ist nicht zuletzt auch dadurch eingeschränkt, daß viele Prüfungszeugnisse und Diplome innerhalb der EG nicht allgemein anerkannt sind.

3. Die Einführung einer einheitlichen europäischen Verkehrspolitik ist bis heute an nationalstaatlichen Interessen gescheitert. Nach wie vor ist die europäische Verkehrspolitik das Ergebnis umständlicher Abstimmungsprozesse zwischen den Mitgliedsstaaten.

4. In der Wettbewerbspolitik hat man zwar schon frühzeitig Entscheidungsbefugnisse auf die EG-Kommission übertragen, aber die Angleichung der Wettbewerbsbedingungen ist bislang nicht erreicht worden; noch immer fehlt es an einer Harmonisierung der Steuersysteme sowie der nationalen Subventionspolitiken, und von daher sind bis heute viele nationalstaatliche Interventionen möglich, die den Wettbewerb auf nahezu allen Märkten innerhalb der Gemeinschaft verzerren.

5. Das Ziel, Zahlungsbilanzungleichgewichte in den einzelnen Mitgliedsstaaten zu vermeiden, war unmittelbar mit dem Wunsch verbunden, innerhalb der Gemeinschaft relativ feste Wechselkurse zu realisieren. Die Wechselkursstabilität würde, so glaubte man, die Güter- und Faktorbewegungen zwischen den Mitgliedsstaa-

ten günstig beeinflussen und den allgemeinen Integrationsprozeß fördern. In der Anfangsphase der EWG waren die Mitgliedsstaaten in das Festkurssystem von Bretton Woods integriert. Spezifischer währungspolitischer Handlungsbedarf trat für die Gemeinschaft erst auf, als dieses System Ende der 60er Jahre erhebliche Destabilisierungstendenzen zeigte und im Jahr 1973 vollständig zusammenbrach. In dieser Phase gab es verschiedene Versuche, die Wechselkursstabilität und die Zahlungsbilanzgleichgewichte innerhalb der Gemeinschaft zu sichern. So kam es beispielsweise zwischen 1970 und 1973 zur Schaffung des Währungsbeistands der EG-Zentralbanken, zur Errichtung des Europäischen Wechselkursverbundes sowie zur Gründung des Europäischen Fonds für währungspolitische Zusammenarbeit (EFWZ). Bereits im Jahr 1971 wurde vom Rat und von Vertretern der Regierungen der Mitgliedsstaaten auf der Grundlage des „Werner-Plans" beschlossen, in mehreren Stufen eine Wirtschafts- und Währungsunion zu schaffen, in der letzten Endes die volle Wechselkursstabilität innerhalb der Gemeinschaft sowie die Verlagerungen der währungspolitischen Kompetenzen auf die supranationale Ebene erreicht werden sollten. Diese Pläne konnten aber in der Folgezeit (bis 1989) nicht in die Tat umgesetzt werden. Obwohl der „Werner-Plan" scheiterte, entstand in den 70er und den 80er Jahren eine intensive währungspolitische Zusammenarbeit der EG-Zentralbanken. Das 1979 gegründete Europäische Währungssystem (EWS), dem die meisten EG-Staaten angehören, hat innerhalb der Gemeinschaft nicht nur relativ stabile Wechselkurse möglich gemacht, sondern erheblich dazu beigetragen, Zahlungsbilanzkonflikte zu vermeiden und die allgemeine währungspolitische Integration zu fördern. Im Delors-Bericht (ausgearbeitet vom Präsidenten der EG-Kommission J. Delors) von 1989 wird erneut ein Stufenplan für die Errichtung einer EG-Währungsunion aufgezeigt. In der ersten Stufe sollen der Beitritt aller EG-Länder zum EWS und die volle Freiheit des Kapitalverkehrs innerhalb der EG erreicht werden, die zweite Stufe sieht die Errichtung eines europäischen Zentralbanksystems vor, und mit der dritten Stufe ist die Einführung einer einheitlichen europäischen Währung geplant. Die erste Stufe wird voraussichtlich Ende 1990, wenn alle EG-Länder Vollmitglieder im EWS sein sollen, abgeschlossen sein.

6. Die lange Zeit vergeblichen und immer noch zaghaften Versuche, zu einer Wirtschafts- und Währungsunion zu gelangen, machen auch deutlich, daß es in der „schrittweisen Annäherung" der nationalen Wirtschaftspolitiken erhebliche Probleme gibt. Nach wie vor liegen die wesentlichen wirtschaftspolitischen Entscheidungs- und Handlungsbefugnisse auf der nationalen Ebene, und zur Zeit besteht auch kaum Bereitschaft, dies zu ändern. Zwar verpflichtet der EWG-Vertrag die Mitgliedsstaaten zur Koordination ihrer Wirtschaftspolitiken, doch faktisch ist es nur selten zu verbindlichen Abstimmungen über den wirtschaftspolitischen Maßnahmeneinsatz gekommen. Allerdings hat die starke wirtschaftliche Verflechtung innerhalb der Gemeinschaft zu einem engen Verbund in bezug auf Beschäftigung, Inflation und Wachstum geführt; es ist zu erwarten, daß sich von hierher der Zwang zur Koordination der nationalen Konjunktur- und Wachstumspolitiken verstärken wird.

7. Die gesamten Wirtschaftsbeziehungen innerhalb der Gemeinschaft werden noch immer indirekt durch unterschiedliche nationale Rechtsvorschriften behindert. Anpassungsbedarf besteht beispielsweise im Steuerrecht, im Gesellschaftsrecht, im Patent- und Markenrecht sowie im Handels-, Konkurs- und Vergleichsrecht. Aufgrund der unübersehbaren Fülle von Gesetzen und Einzelvorschriften in jedem Mitgliedsland ist bei einer Vereinheitlichung eine wahre Sisyphusarbeit zu

leisten. Die bisher erzielten Anpassungserfolge sind deshalb eher spärlich, und bis zu einer Vereinheitlichung dürften sicherlich noch viele Jahre vergehen.

8. Das öffentliche Auftragswesen innerhalb der Gemeinschaft ist nach wie vor durch ein protektionistisches Gebahren gekennzeichnet. Öffentliche Ausschreibungen finden häufig überhaupt nicht oder nur in einem sehr begrenzten regionalen Raum statt. Sofern ein grenzüberschreitendes Angebot möglich ist, werden nationale Anbieter trotz höherer Angebotspreise meistens grundsätzlich bevorzugt.

Die Erwartungen, die mit dem EWG-Vertrag verbunden waren, sind in den mehr als 30 Jahren praktischer Gemeinschaftspolitik nicht erfüllt worden. Die Vielzahl der immer noch bestehenden Hemmnisse ist dafür ein deutlicher Beleg. Dennoch sind Erfolge erzielt worden, die ohne diesen Vertrag wahrscheinlich nicht eingetreten wären. Hervorzuheben sind

- die Aufhebung der Zölle und der quantitativen Handelsbeschränkungen, wodurch der Güterverkehr innerhalb der Gemeinschaft erheblich gefördert wird
- die Errichtung des Europäischen Währungssystems und die Koordination der nationalen Währungspolitiken, mit denen Zahlungsbilanzkonflikte innerhalb der Gemeinschaft weitgehend vermieden werden
- die zumindest in Teilbereichen verwirklichte Freizügigkeit von Dienstleistungen und Faktorleistungen, durch die die gesellschaftliche Integration Europas zweifellos günstig beeinflußt wird.

In der 1987 in Kraft getretenen „Einheitlichen Europäischen Akte" haben sich die Mitgliedsländer vertraglich verpflichtet, die Bedingungen für die Vollendung des EG-Binnenmarktes bis Ende 1992 zu schaffen und so endlich die Integrationsstufe des „Gemeinsamen Marktes" zu erklimmen. Die Akte enthält eine Reihe von Vereinbarungen, die weitere Fortschritte im Integrationsprozeß bringen dürften, so z.B.

- die Abschaffung sämtlicher Kapitalverkehrsbeschränkungen
- der Wegfall der Grenzkontrollen innerhalb der Gemeinschaft
- die Beseitigung der nicht-tarifären Handelshemmnisse
- die Vereinheitlichung von Gesetzen, Rechtsvorschriften, technischen Vorschriften, Normen, Zulassungs- und Prüfungsverfahren sowie bürokratischen Verfahrensregeln
- die Einbeziehung weiterer politischer Teilbereiche in die Gemeinschaftsaufgaben, so insbesondere des Umweltschutzes, der Forschung und der Technologie
- die Konkretisierung von Regelungen über die Koordination der nationalen Wirtschafts- und Währungspolitiken
- die Stärkung der Befugnisse der EG-Kommission und des EG-Parlaments
- die Festlegung einer gemeinsamen Europäischen Außenpolitik.

In der Akte wird auch erstmals im EWG-Vertrag das Ziel einer „Europäischen Union" bzw. einer „Europäischen Wirtschafts- und Währungsunion" explizit zum Ausdruck gebracht. Zwar werden über die Verwirklichung keine konkreten Aussagen gemacht, aber allein aus der Zielformulierung lassen sich in Zukunft konkrete Entscheidungs- und Handlungsschritte ableiten, die schließlich doch noch zur Verwirklichung der Idee von den „Vereinigten Staaten Europas" führen könnten.

c) Die Gemeinsame Marktordnung
– dargestellt am Beispiel der EG-Agrarmarktordnung

Die Gemeinsame Marktordnung ist eine Integrationsform, in der das Geschehen auf einem spezifischen Markt im Hinblick auf bestimmte, zwischen den Mitgliedsländern abgestimmte Ziele von einer supranationalen Behörde reguliert wird. Am bekanntesten ist die EG-Agrarmarktordnung bzw. die Europäische Marktordnung für die Agrarwirtschaft. Der EWG-Vertrag verpflichtete die Mitgliedsländer, wie oben schon erwähnt, zu einer gemeinsamen Agrarpolitik. Ziele dieser Politik sollten insbesondere sein:

– Stabilisierung der Preise
– Gewährleistung der Einkommenssicherheit für die Anbieter
– Gewährleistung der Versorgungssicherheit für die Nachfrager.

Solche Ziele sind grundsätzlich typisch für Gemeinsame Marktordnungen.

Der EWG-Vertrag legte allerdings nicht fest, mit welchen Maßnahmen diese Ziele realisiert werden sollten. Man beschränkte sich im Vertrag darauf, drei Möglichkeiten als Alternativen aufzuzeigen:

– Schaffung gemeinsamer Wettbewerbsregeln auf den Agrarmärkten
– Koordination der bestehenden nationalen Agrarmarktordnungen
– Aufbau einer Gemeinsamen Europäischen Agrarmarktordnung.

Obwohl es zu den grundlegenden Zielen des EWG-Vertrages gehörte, den nationalstaatlichen Marktinterventionismus zu vermindern und die Wettbewerbsintensität auf den europäischen Märkten zu fördern, entstand im Zuge der gemeinsamen Agrarpolitik schließlich die Gemeinsame Europäische Agrarmarktordnung. Damit war aber gerade die Möglichkeit realisiert worden, die die nationalstaatlichen Regulierungspolitiken in eine gemeinsame europäische Regulierungspolitik überführte.

Die EG-Agrarmarktordnung enthält drei konstitutionelle Elemente, die zugleich typisch für jede regulierende Gemeinsame Marktordnung sind:

1. Im Rahmen der *Binnenmarktregulierung* werden vom EG-Ministerrat *Richtpreise* (auch Orientierungspreise, Grundpreise oder Zielpreise genannt) und *Interventionspreise* (auch Garantiepreise oder Mindestpreise genannt) für verschiedene Agrarprodukte festgesetzt. In Hinsicht auf die vielen einzelnen Produkte spricht man häufig auch von den EG-Agrarmarktordnungen. Die Richtpreise stellen lediglich Zielgrößen dar, an denen sich die Produzenten bei ihren Planungen orientieren sollen und von denen die Marktpreise „nach Möglichkeit" nicht nennenswert abweichen sollen. Die Interventionspreise sind demgegenüber staatlich garantierte Preise, die nicht unterschritten werden dürfen. Die sogenannten Interventionsstellen sind verpflichtet, Angebotsüberschüsse zu den Interventionspreisen vom Markt zu nehmen bzw. anzukaufen. Die Interventionspreise liegen i. d. R. um einen bestimmten Prozentsatz unter den Richtpreisen.

2. Mit Hilfe der *Außenhandelsregelungen* will man zum einen verhindern, daß die festgesetzten Richt- bzw. Zielpreise von niedrigeren Weltmarktpreisen unterlaufen werden, und zum anderen die internationale Wettbewerbsfähigkeit im Agrar-Exportbereich sicherstellen. Dem Außenschutz dienen vor allem die variablen Einfuhrabschöpfungen; mit ihnen wird auf einem spezifischen Markt die Differenz zwischen dem sogenannten *Schwellenpreis* und dem *Weltmarktpreis* „abgeschöpft". Diese Abschöpfungen lassen sich mit einem Wertzoll vergleichen, der

Abbildung H.11:

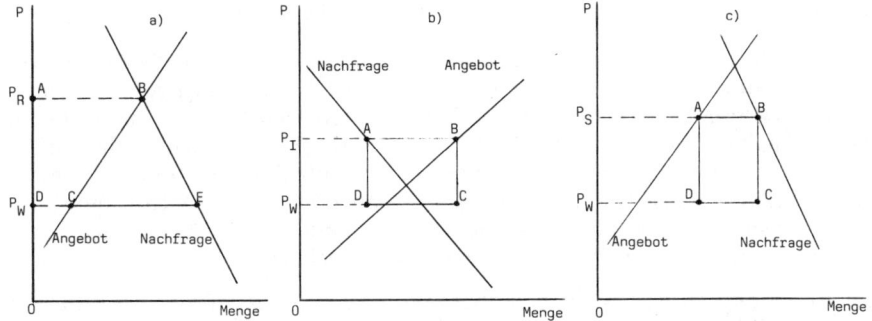

bei gegebenen Schwellenpreisen flexibel an Änderungen der Weltmarktpreise angepaßt wird. Die Schwellenpreise werden so festgelegt, daß der Preis der importierten Güter unter Berücksichtigung von „Qualitätsunterschieden, Transportkosten und Reports (Preiszuschlägen)" den in der Binnenmarktregulierung festgelegten Richtpreisen entsprechen. Mit dieser Abschöpfungsmethode werden die niedrigeren Weltmarktpreise auf das höhere Preisniveau in der EG „hochgeschleust" (sogenanntes „Schleusensystem"). Zur Ermöglichung von Agrarexporten werden auf der anderen Seite variable Ausfuhrerstattungen bzw. Ausfuhrsubventionen gewährt, die den Unterschied zwischen dem Interventionspreis und dem Weltmarktpreis für ein bestimmtes Agrarprodukt ausgleichen.
3. Über den europäischen *Ausrichtungs- und Garantiefonds für die Landwirtschaft* (EAGFL) wird die *Gemeinsame Finanzierung* der Marktregulierungen abgewickelt. Auf der Ausgabenseite schlagen vor allem die Interventionen und die Ausfuhrerstattungen zu Buche; die Einnahmen stammen aus den Einfuhrabschöpfungen und insbesondere aus den Einzahlungen der Mitgliedsländer, die nach bestimmten Quoten zu leisten sind.

Gemeinsame Marktordnungen sind im allgemeinen nur auf Märkten üblich, auf denen die Preiselastizität des Angebots aufgrund von Inflexibilitäten im Produktionsprozeß (z. B. infolge einer witterungsbedingten Abhängigkeit, einer langen Produktreifezeit oder eines hohen Investitionsaufwandes) relativ gering ist und/oder eine geringe Preiselastizität sowie Einkommenselastizität der Nachfrage besteht (z. B. bei Gütern des Grundbedarfs). Für diese Bedingungen ist der Agrarmarkt ein typisches Beispiel. Allerdings lassen sich solche Bedingungen auch auf bestimmten Rohstoffmärkten, auf dem Stahlmarkt, auf dem Markt für Verkehrsleistungen sowie auf dem Markt für Energieleistungen beobachten.

Die Wirkungen der Regulierungen im Rahmen einer Gemeinsamen Marktordnung – hier der EG-Agrarmarktordnung – werden jeweils für ein bestimmtes Produkt anhand der Abbildungen H.11 a) bis c) verdeutlicht. Mit P_W wird der Weltmarktpreis, mit P_R der Richtpreis, mit P_I der Interventionspreis und mit P_S der Schwellenpreis bezeichnet. Der Weltmarktpreis sei aufgrund einer vollkommenen Preiselastizität des Angebots von seiten der Drittländer jeweils konstant.

Im Abbildungsteil a) kommen das interne Angebot und die interne Nachfrage auf dem betrachteten EG-Markt beim Richt- bzw. Zielpreis zum Ausgleich. Durch den im Vergleich zum Weltmarktpreis höheren Richtpreis erzielen die Anbieter zwar eine zusätzliche Produzentenrente (in Höhe der Fläche ABCD), aber die

Nachfrager erleiden einen Verlust an Konsumentenrente (in Höhe der Fläche ABED). Da der Verlust an Konsumentenrente größer ist als der Gewinn an Produzentenrente, ist zu vermuten, daß sich für die EG eine Wohlfahrtseinbuße ergibt.

Im Abbildungsteil b) liegt beim Interventionspreis ein Angebotsüberschuß vor. Die Interventionsstellen sind also zum Ankauf der Überschußmenge verpflichtet, oder sie gewähren eine Erstattung, die den Anbietern den Export ermöglicht. In jedem Fall haben die Steuerzahler der EG einen Betrag in Höhe der Fläche ABCD für die Regulierung des betrachteten Agrarmarktes aufzubringen. Im Vergleich zur Freihandelssituation ist zwar die Produzentenrente höher, aber die Konsumentenrente niedriger. Unter Berücksichtigung des Interventions- oder Erstattungsbetrages ist wiederum mit einer Wohlfahrtseinbuße zu rechnen.

Im Abbildungsteil c) besteht beim Schwellenpreis ein Nachfrageüberschuß. In Höhe der Fläche ABCD wird hier eine Abschöpfung vorgenommen. Obwohl die Produzentenrente infolge der Regulierung höher ist als bei Freihandel und außerdem durch die Abschöpfung eine Einnahme erzielt wird, ist aufgrund des hohen Verlustes an Konsumentenrente (im Vergleich zur Freihandelssituation) eine Wohlfahrtseinbuße zu erwarten.

Die EG-Agrarmarktordnung weist – wie jedes System einer Gemeinsamen Marktordnung mit staatlicher Regulierung – erhebliche Nachteile auf:

1. Wie die vorangegangenen Untersuchungen verdeutlicht haben, dürfte es aufgrund der starken Beeinträchtigung der Konsumentenrente sowie – im Fall von Interventionen – der Ausgleichszahlungen an die Produzenten zu Wohlfahrtseinbußen kommen.
2. Das System regt zu Produktionssteigerungen an, weil garantiert ist, daß im Prinzip jede beliebige Produktionsmenge zu einem Mindestpreis abgesetzt werden kann. Die Tendenz zur Mehrproduktion kommt in den Abbildungen H.11 a) bis c) in einer Verschiebung der Angebotskurven nach rechts zum Ausdruck. Hierdurch ergibt sich über kurz oder lang immer die im Abbildungsteil b) skizzierte Situation eines – sogar zunehmenden – Überschußangebots. Damit werden aber zugleich höhere Ausgleichszahlungen an die Produzenten erforderlich, die wegen der Belastung der Steuerzahler zusätzlich wohlfahrtsmindernd wirken. In der EG hat man immer wieder versucht, die hier aufgezeigte Entwicklung durch Mengenquoten zu unterbinden. Allerdings sind die Quotenregelungen i.d.R. nur auf Teilmärkten des gesamten Agrarmarktes angewendet worden, so daß die Produzenten die Möglichkeit hatten, auf andere – nicht quotierte – Märkte auszuweichen.
3. Die Abschirmung des Agrarbereichs gegen die Konkurrenz aus Drittländern vermindert den Wettbewerbsdruck und damit den Zwang zu Verfahrens- und Produktinnovationen. Folglich wird der Produktivitätsanstieg, der zur Erreichung einer internationalen Wettbewerbsfähigkeit unbedingt erforderlich wäre, verhindert. So ist es wahrscheinlich, daß die Differenz zwischen Richtpreisen oder Interventionspreisen auf der einen und den Weltmarktpreisen auf der anderen Seite ständig zunimmt. Hierdurch werden aber gleichzeitig auch höhere Ausgleichszahlungen an die Produzenten erforderlich.
4. Durch die Subventionierung der EG-Produzenten sowie durch die Abschöpfungen werden die Anbieter aus Drittländern diskriminiert. Davon sind vor allem Entwicklungs- und Schwellenländer betroffen, die häufig gerade im Agrarbereich komparative Produktionsvorteile besitzen oder – bei freiem Zugang zu den Weltmärkten – entwickeln könnten. Die EG-Agrarmarktordnung trägt also da-

zu bei, den wirtschaftlichen Aufbau dieser Länder sowie die Teilnahme dieser Länder am Welthandel zu behindern. Der EG-Agrarprotektionismus provoziert außerdem Gegenmaßnahmen von Drittländern (z. B. seitens der USA) auf anderen Märkten. Hierdurch entstehen der EG auch noch auf indirektem Wege Wohlfahrtseinbußen.

Immer wieder ist zu hören, die hier aufgezeigten Nachteile seien im Interesse einer europäischen *Versorgungssicherheit* zu stabilen Preisen sowie im Interesse der *Einkommenssicherung* für die EG-Produzenten hinzunehmen. Beide Argumente sind allzu vordergründig. Aufgrund ihrer weltweiten Handelsbeziehungen könnten die EG-Staaten heutzutage jederzeit durch Importe aus Drittländern ihre Versorgung mit Agrarprodukten sicherstellen, und das wegen der vielen potentiellen Lieferländer auch zu stabilen und gleichzeitig relativ niedrigen Preisen. Es ist auch kaum einsichtig, warum die EG im Agrarbereich Autarkie anstrebt, auf anderen Märkten aber auf Einhaltung der Freihandelsregeln pocht.

Die Einkommenssicherung läßt sich, wie die Erfahrungen belegen, immer nur für kurze Zeit erreichen. Durch die Verhinderung des Produktivitätsfortschritts und die immanente Tendenz zum Überschußangebot nimmt der Bedarf an Interventionsmitteln laufend so stark zu, daß Finanzierungskrisen unvermeidbar sind. Diese Krisen erzwingen aber von Zeit zu Zeit Subventionsbeschränkungen, die für die Agrarproduzenten gleichzeitig Einkommenseinbußen implizieren. Die totale Einkommenssicherung des gesamten EG-Agrarbereichs übersteigt bei weitem die finanziellen Möglichkeiten der Europäischen Gemeinschaft.

Die hohen finanziellen Ansprüche der EG-Agrarmarktordnung absorbieren nicht nur finanzielle Mittel, die für andere wichtige Gemeinschaftsaufgaben (z. B. für den Ausbau der Verkehrsinfrastruktur, für den Umweltschutz, für Forschung und Entwicklung) dringend benötigt werden, sondern hemmen auch die gesamte europäische Integration. Eine Gefährdung des Integrationsprozesses ergibt sich insbesondere aus der ungleichen Verteilung der für den Agrarmarkt erforderlichen finanziellen Aufwendungen und Erträge auf die einzelnen Mitgliedsländer. Seit Jahren tragen nur zwei Länder, die Bundesrepublik Deutschland und Großbritannien, die Hauptlast der EG-Agrarmarktfinanzierung. Vor allem in Großbritannien wächst der Widerstand, dieses Finanzierungsungleichgewicht allein aus Solidaritätsgründen auf Dauer hinzunehmen. Im Interesse der europäischen Integration steht die EG unter dem Zwang, die staatliche Regulierung des europäischen Agrarmarktes abzubauen und statt dessen auch auf diesem Markt allmählich die Wettbewerbsbedingungen des Freihandels einzuführen.

Kapitel I:
Internationaler Kapitaltransfer und Auslandsverschuldung

I-1: Leistungstransaktionen, Finanztransaktionen und Zahlungsbilanz

Die internationalen Zahlungsbilanzstatistiken machen ein grundlegendes Problem der weltwirtschaftlichen Beziehungen deutlich.[1] Es ist zu beobachten, daß diese Beziehungen durch lang anhaltende Ungleichgewichte in den Leistungstransaktionen gekennzeichnet sind. Es gibt Länder, deren Leistungsbilanzen über mehrere Jahre hinweg defizitär sind, und demgegenüber gibt es andere Länder, die Jahr für Jahr Leistungsbilanzüberschüsse erzielen. Zur ersten Gruppe zählen viele Entwicklungsländer und seit Anfang der 80er Jahre auch die USA, zur zweiten Gruppe gehören insbesondere Japan und die Bundesrepublik Deutschland. Ein Defizit in der Leistungsbilanz ist aber zwingend mit einer Verschlechterung der Devisenbilanz und/oder einer Verbesserung der Kapitalverkehrsbilanz bzw. einem (zusätzlichen) Nettokapitalimport verbunden. Sowohl die Verschlechterung der Devisenbilanz als auch der Nettokapitalimport implizieren, daß sich die Nettoauslandsforderungen des betrachteten Landes verringern bzw. die Nettoauslandsverbindlichkeiten erhöhen. Bestehen nun über mehrere Jahre hinweg Defizite in der Leistungsbilanz, so ergibt sich über kurz oder lang – nämlich dann, wenn keine Nettoauslandsforderungen mehr vorhanden sind – eine ständige Erhöhung der Nettoauslandsverbindlichkeiten, die ihrerseits Ansprüche von Ausländern in Form von Faktoreinkommen (z. B. Zinseinkommen) begründen und deshalb zukünftige Leistungstransaktionen ins Ausland bzw. weitere Leistungsbilanzdefizite implizieren.

Bei anhaltenden, ungleichmäßig verteilten Ungleichgewichten in den internationalen Leistungstransaktionen läßt sich die Funktionsfähigkeit der weltwirtschaftlichen Beziehungen nur aufrechterhalten, wenn ein Devisenrecycling von den Überschußländern zu den Defizitländern über die Finanztransaktionen oder über bilaterale und multilaterale Kreditfazilitäten stattfindet und wenn dieses Recycling außerdem zu Bedingungen (z. B. Zinskonditionen) erfolgt, die den Defizitländern nicht für sie untragbare Belastungen aufbürden. Vorzuziehen wäre allerdings auf jeden Fall eine Struktur weltwirtschaftlicher Beziehungen, die keine lang anhaltenden Ungleichverteilungen von Leistungsbilanzdefiziten impliziert. Theoretisch könnte man sich sogar eine Weltwirtschaftsordnung vorstellen, die Leistungsbilanzdefizite und damit Ungleichgewichte in den Leistungstransaktionen vollständig ausschließt. Diese Vorstellung ist aber zweifellos eine Utopie.

Faktisch gibt es nach wie vor keine Weltwirtschaftsordnung, die geeignet ist, das Problem der lang anhaltenden und außerdem ungleichmäßig verteilten Leistungsbilanz- bzw. Zahlungsbilanzungleichgewichte zu lösen. Folglich ist es nötig, einerseits über internationale Finanz- bzw. Kapitaltransaktionen ein adäquates Devisenrecycling zu ermöglichen und andererseits auf nationaler Ebene Maßnahmen zu ergreifen, um die Ungleichgewichte möglichst rasch zu beseitigen oder sogar von vornherein zu verhindern.

Erfahrungsgemäß erweisen sich aber sowohl das Devisenrecycling als auch die nationalen Politiken zur Vermeidung von Leistungs- bzw. Zahlungsbilanzungleichgewichten als äußerst schwierig. So hat sich beispielsweise mit der Verschuldungskrise

---

[1] Siehe hierzu das Kapitel A, Abschnitt A-1.

Anfang der 80er Jahre sehr deutlich gezeigt, daß Länder, die bereits hohe Nettoauslandsverbindlichkeiten bzw. hohe Auslandsschulden aufgebaut haben und – wie es für viele Entwicklungsländer zutrifft – nur eine geringe internationale Bonität besitzen, in eine Situation geraten können, in der ihnen am freien internationalen Kapitalmarkt – also von privaten ausländischen Wirtschaftssubjekten - keine weiteren Kredite zur Finanzierung von Leistungsbilanzdefiziten gewährt werden. Ein Devisenrecycling über den privatwirtschaftlichen Weg findet in diesem Fall nicht (mehr) statt. Ein Ausweg aus dieser Situation ist dann nur noch mit offiziellen Hilfen – z. B. in Form von Krediten der Weltbank – oder mit drastischen Maßnahmen der Zahlungsbilanzanpassung und/oder Zahlungsbilanzregulierung möglich. Nationale wirtschaftspolitische Bemühungen, mit denen anhaltende Leistungsbilanzdefizite und das Eintreten der hier aufgezeigten Situation rechtzeitig verhindert werden sollen, scheitern jedoch häufig an unzulänglichen internen ökonomischen Rahmenbedingungen, die ihrerseits zumindest zu einem gewissen Teil auf spezifische gesellschaftspolitische Gegebenheiten zurückzuführen sind.

Die weiteren Untersuchungen beschäftigen sich mit einigen grundlegenden und zugleich aktuellen Aspekten der internationalen Zahlungsbilanzströme. Dabei geht es vor allem um die Beantwortung der folgenden Fragen:

1. Wie wirken sich internationale Leistungs- und Finanz- bzw. Kapitaltransaktionen auf die Auslandsposition eines Landes aus?
2. Welches sind die wichtigsten Charakteristika und Determinanten der verschiedenen Formen des internationalen Kapitalverkehrs?
3. Welche Zusammenhänge bestehen zwischen internationalen Kapital- und internationalen Leistungstransaktionen?
4. Wie sind Nettokapitalexporte in Hinsicht auf Kaufkraftentzug und Beschäftigungseffekte zu beurteilen?
5. Was sagen die empirischen Fakten über Zahlungsbilanzprobleme und Auslandsverschuldung der Entwicklungsländer sowie der Staatshandelsländer aus?
6. Welches sind die Ursachen der Zahlungsbilanz- und Verschuldungsprobleme der Entwicklungsländer?
7. Wie lassen sich die Zahlungsbilanz- und Verschuldungsprobleme der Entwicklungsländer überwinden? Gibt es überhaupt brauchbare Lösungsstrategien?
8. Worin liegen die spezifischen Probleme der Staatshandelsländer, die ihre Zahlungsbilanz- und Verschuldungsschwierigkeiten erklären?

Im Rahmen dieser Untersuchungen wird häufig auf statistisches Datenmaterial zurückgegriffen. Angesichts der bereits im Kapitel A aufgezeigten Mängel der internationalen Erfassung von Zahlungsbilanzströmen und der daraus resultierenden erheblichen Diskrepanzen in der Welt-Zahlungsbilanz muß allerdings beachtet werden, daß die genannten Daten die Leistungs- und Kapitaltransaktionen sowie die Auslandspositionen und die Auslandsverschuldung von Ländern nicht absolut richtig wiedergeben. Die internationalen Zahlungsbilanzstatistiken sind aber ausreichend genau, um einen guten Einblick in Strukturen und Entwicklungsrichtungen von Leistungs- und Kapitaltransaktionen sowie Verschuldungslagen zu gewinnen.

I-2: Internationaler Kapitaltransfer

I-2.1: Zahlungsbilanz und Auslandsposition

Die Nettoauslandsposition eines Landes – häufig auch einfach Auslandsposition genannt – ist die Differenz zwischen dem Wert der Forderungen und dem Wert der Verbindlichkeiten gegenüber dem Ausland – jeweils ausgedrückt in der Währung des betrachteten Landes. Veränderungen der Nettoauslandsposition resultieren aus Neuzugängen oder aus Abgängen von Forderungen und Verbindlichkeiten sowie aus Wertänderungen der bereits vorhandenen Bestände. Die Wertänderungen sind ihrerseits auf Änderungen der Kurse bzw. der Marktpreise von Vermögenspositionen bzw. von Forderungs- oder Verbindlichkeitstiteln, z. B. von Gold, festverzinslichen Wertpapieren und Aktien, sowie auf Wechselkursänderungen zurückzuführen.

Sieht man von den Wertänderungen ab, so korrespondiert die Veränderung der Nettoauslandsposition direkt mit dem Saldo der Leistungsbilanz des betrachteten Landes. Das wird deutlich, wenn man die Zusammensetzung der Zahlungsbilanz betrachtet. Die Zahlungsbilanz eines Landes ist – wie bereits im Kapitel A ausführlich erläutert – immer ausgeglichen. Die Summe der Salden der Leistungsbilanz, der Kapitalverkehrsbilanz, der Bilanz der Restposten und der Devisenbilanz ist dementsprechend Null:[2]

$$(I-1) \qquad LB + KB + RB + DB = 0$$

Ein positiver Saldo der Kapitalverkehrsbilanz ($KB > 0$) bedeutet einen Nettokapitalimport. Ein Nettokapitalimport zeigt an, daß sich die Nettoauslandsverbindlichkeiten inländischer privater Wirtschaftssubjekte (der privaten Haushalte, der Produktionsunternehmungen und der Geschäftsbanken) sowie der öffentlichen Haushalte (ohne Zentralbank) entsprechend erhöht haben und sich die zusammengefaßte Nettoauslandsposition dieser Sektoren somit verschlechtert hat. Wertänderungen bereits bestehender Auslandsforderungen und -verbindlichkeiten bleiben dabei, wie erwähnt, unberücksichtigt. Analog dazu entspricht ein positiver Saldo der Devisenbilanz einem Zuwachs der Nettoauslandsverbindlichkeiten bzw. einer Verschlechterung der Nettoauslandsposition der Zentralbank.

Problematisch ist die Zurechnung der Restposten. Dahinter können sich Transaktionen verbergen, die in der Leistungsbilanz oder in der Kapitalverkehrsbilanz zu buchen sind. Wird die Nettoauslandsposition durch Fortschreibung aus den Zahlungsbilanzdaten gewonnen – und nicht durch eine direkte Erhebung der Bestandsgrößen –, so ist es üblich, einen positiven Restposten als einen Kapitalimport zu behandeln. Dieses Vorgehen beruht auf der Annahme, daß die in der Leistungsbilanz gebuchten Transaktionen statistisch relativ exakt erfaßt werden, demgegenüber jedoch die Erfassung der privaten Kapitaltransaktionen größere Lücken aufweist. Wie sich aus den im Kapitel A erläuterten Diskrepanzen in der Welt-Leistungsbilanz schließen läßt, können allerdings die statistischen Angaben über nationale Leistungsbilanzsalden mit erheblichen Fehlern belastet sein, und solche Fehler verschlechtern die Daten zur Auslandsposition eines Landes. Werden die Restposten dem Kapitalverkehr zugerechnet, so gilt für die Veränderung der Net-

---

[2] Siehe hierzu das Kapitel A, Abschnitt A-1.1.

toauslandsposition dNA eines Landes – abgesehen von Wertänderungen der Bestände – folgende Beziehung:

(I-2) $dNA = -DB - KB - RB$

Mit Blick auf die Gleichung (I-1) wird unmittelbar deutlich, daß die Veränderung der Nettoauslandsposition mit dem Leistungsbilanzsaldo übereinstimmt:

(I-3) $dNA = LB$

Da die Wertänderungen der Bestände, wie schon erwähnt, in der Größe LB nicht erfaßt werden, genügt es nicht, die Nettoauslandsposition lediglich aus einer Fortschreibung der Leistungsbilanzsalden zu bestimmen. Es ist allgemein üblich, die Daten zur Nettoauslandsposition im Rahmen einer Bestandsgrößen- bzw. Vermögensstatistik aufzubereiten und dabei die einzelnen Vermögenspositionen – soweit wie eben möglich – mit ihren aktuellen Marktpreisen bzw. Marktkursen zu bewerten. In der Bundesrepublik Deutschland geschieht dies im Auslandsvermögensstatus, der regelmäßig von der Deutschen Bundesbank erstellt wird. Die Tabelle I.1 zeigt diesen Auslandsvermögensstatus jeweils zum Jahresende 1987 und 1988.

Bei der sektoralen Einteilung werden die Unternehmungen und sonstigen Privatpersonen, die Geschäftsbanken bzw. Kreditinstitute, die öffentlichen Haushalte (ohne Zentralbank) und die Deutsche Bundesbank unterschieden. Die sonstigen Passiva stellen eine Ausgleichsposition für den Vermögensstatus der Deutschen Bundesbank dar. Hier handelt es sich um DM-Noten, die sich nach Schätzungen der Deutschen Bundesbank im Besitz von Ausländern befinden, sowie um zugeteilte, aber von der Deutschen Bundesbank noch nicht erworbene Sonderziehungsrechte. Dem Vermögensstatus lassen sich auch die auf Fremdwährung lautenden Aktiva und Passiva entnehmen, die zu Marktkursen in DM umgerechnet wurden.

Die Bundesrepublik Deutschland ist – insgesamt gesehen – Nettogläubiger gegenüber dem Ausland, und zwar Ende 1987 mit einem Betrag von 261,3 und Ende 1988 mit einem Betrag von 367,0 Mrd. DM. Beachtlich ist, daß diese Nettoauslandsposition vor allem auf den positiven Saldo der auf Fremdwährung lautenden Auslandsaktiva und Auslandspassiva zurückzuführen ist. Hiermit ist impliziert, daß Wechselkursänderungen einen erheblichen Einfluß auf die Bestandsbewertung haben können. Von den vier betrachteten Sektoren weist lediglich der Sektor „Öffentliche Haushalte" eine negative Nettoauslandsposition auf. Das hängt vor allem mit dem relativ hohen Bestand an Staatstiteln in Händen von Ausländern zusammen. Ein durchaus beachtlicher Teil der Budgetdefizite der öffentlichen Haushalte der Bundesrepublik ist durch Kredite aus dem Ausland finanziert worden. Bemerkenswert ist der starke Rückgang der Nettoauslandsposition der Deutschen Bundesbank im Jahr 1988. Hierfür ist das hohe Defizit in der Kapitalverkehrsbilanz (1988 ca. 120 Mrd. DM) verantwortlich, das durch den Überschuß in der Leistungsbilanz (1988 ca. 85 Mrd. DM) nicht kompensiert wurde.

In der Tabelle I.1 wurde auch die Veränderung der sektoralen Nettoauslandspositionen sowie der gesamten Nettoauslandsposition der Bundesrepublik entsprechend den Bestandsdaten im Vermögensstatus wiedergegeben. Demnach ist die Nettoauslandsposition der Bundesrepublik im Laufe des Jahres 1988 um 105,7 Mrd. DM gestiegen. Ein Vergleich mit den Daten der Zahlungsbilanzstatistik zeigt, daß dieser Anstieg höher ist als der Leistungsbilanzsaldo. Der Leistungsbilanzsaldo betrug 1988 nur 85,3 Mrd. DM. Abgesehen von einigen methodischen

Tabelle I.1: Vermögensstatus der Bundesrepublik Deutschland gegenüber dem Ausland am Jahresende 1987 und 1988 (in Mrd. DM)

		Unternehmungen und Privatpersonen	Geschäftsbanken	Öffentliche Haushalte	Deutsche Bundesbank	Sonstige Passiva	Alle Sektoren
Gesamte Aktiva und Passiva							
Aktiva	1987	512,8	332,9	76,3	122,6	–	1044,6
	1988	659,0	375,2	82,4	97,1	–	1213,7
Passiva	1987	322,4	251,4	180,7	20,2	8,6	783,3
	1988	356,8	265,1	187,9	27,2	9,7	846,7
Saldo	1987	190,4	81,5	−104,4	102,4	−8,6	261,3
	1988	302,1	110,1	−105,5	69,9	−9,7	367,0
Veränderung	1988	111,8	28,6	−1,1	−32,5	−1,1	105,7
Auf Fremdwährung lautende Aktiva und Passiva							
Aktiva	1987	294,0	100,6	13,3	120,2	–	528,1
	1988	417,1	118,4	15,2	94,7	–	645,4
Passiva	1987	49,9	79,2	0,4	0,0	2,7	130,2
	1988	50,7	89,2	0,4	0,0	2,9	143,2
Saldo	1987	246,1	21,4	12,9	120,2	−2,7	397,9
	1988	366,4	29,2	14,8	94,7	−2,9	502,2

Anmerkung: Die sonstigen Passiva enthalten die DM-Noten im Ausland (geschätzt) sowie die Gegenposten für zugeteilte Sonderziehungsrechte.
Quelle: Deutsche Bundesbank, Statistische Beihefte zu den Monatsberichten der Deutschen Bundesbank, Reihe 3, Zahlungsbilanzstatistik, Oktober 1989, S. 82f.

Unterschieden bei der statistischen Erhebung der Zahlungsbilanzdaten und der Daten für den Vermögensstatus, ist die Differenz im wesentlichen auf Wertänderungen der vorhandenen Bestände zurückzuführen.

I-2.2: Formen des internationalen Kapitalverkehrs

I-2.2.1: Kapital- und Leistungstransaktionen

In der offiziellen Zahlungsbilanzstatistik – wie bereits im Kapitel A gezeigt wurde – ist es üblich, nur den Kapitalverkehr der Produktionsunternehmungen, der privaten Haushalte, der Geschäftsbanken und der öffentlichen Haushalte (ohne Zentralbank) in der Kapitalverkehrsbilanz zu erfassen und den Kapitalverkehr der Zentralbank in der Devisenbilanz zu buchen. Die Veränderung der Nettoauslandsposition eines Landes hängt aber – das wurde oben verdeutlicht – mit dem Kapitalverkehr aller Sektoren zusammen und entspricht damit dem Saldo aus Kapitalverkehrsbilanz und Devisenbilanz[3]. Häufig werden deshalb diese Kapitalverkehrsbilanz und die Devisenbilanz zusammengefaßt und als *Kapitalbilanz im weiteren Sinne* bezeichnet. Die Kapitalverkehrsbilanz der offiziellen Zahlungsbilanzstatistik ist dann als *Kapitalbilanz im engeren Sinne* zu verstehen.

Internationale Kapitaltransaktionen implizieren keineswegs immer eine Veränderung der Nettoauslandsposition eines Landes. Mit Nachdruck ist daran zu erinnern, daß eine solche Veränderung nur eintritt, wenn der Leistungsbilanzsaldo von Null verschieden ist. Die Nettoauslandsposition ändert sich also nur dann, wenn Kapitaltransaktionen gleichzeitig mit Leistungstransaktionen einhergehen und somit keine reinen Finanztransaktionen sind. Legen beispielsweise inländische Geschäftsbanken in ihrem Besitz befindliche (zinslose) Devisen am internationalen Kapitalmarkt an, so verändern sie hierdurch lediglich die Struktur ihrer Auslandsforderungen. Es handelt sich dabei um eine reine Finanztransaktion. Wenn eine Produktionsunternehmung Waren exportiert und dem ausländischen Importeur einen Handelskredit einräumt, findet gleichzeitig eine Leistungs- und eine Kapitaltransaktion statt. Die inländische Unternehmung exportiert Kapital und erwirbt dadurch eine (zusätzliche) Auslandsforderung. Aber auch dann, wenn die Unternehmung den Exporterlös bei einer inländischen Geschäftsbank oder bei der Zentralbank gegen heimische Währung umtauscht, ist die Leistungstransaktion mit einer Kapitaltransaktion im weiteren Sinne verbunden; die Auslandsforderungen der Geschäftsbank bzw. der Zentralbank nehmen zu, die Geschäftsbank oder die Zentralbank gewährt dem Ausland gewissermaßen einen Kredit, und deshalb ist es angebracht, hier von einem Kapitalexport zu sprechen.

I-2.2.2: Kapitalverkehr einer Zentralbank

Die Zentralbank eines Landes nimmt Kapitaltransaktionen vor, wenn sie

– unter Rückgriff auf eigene Währungsreserven an den Devisenmärkten interveniert
– bei anderen nationalen Währungsbehörden oder supranationalen Währungsinstitutionen Kredite zum Zwecke der Zahlungsbilanzfinanzierung aufnimmt

---

[3] Da ein positiver Saldo der Kapitalverkehrsbilanz sowie der Devisenbilanz einen Nettokapitalimport und damit eine Verschlechterung der Nettoauslandsposition bedeutet, muß jeweils der negative Wert des Saldos herangezogen werden. Die Restposten werden dem Kapitalimport zugeschlagen.

– im Rahmen internationaler Verpflichtungen Transaktionen, insbesondere mit supranationalen Währungsbehörden, durchführt
– Devisen bzw. internationale Liquidität zum Zwecke der Zinseinnahmenerzielung am internationalen Kapitalmarkt anlegt oder solche Anlagen auflöst.

Zu Interventionen an Devisenmärkten ist die Zentralbank bekanntlich nur in einem System fester Wechselkurse verpflichtet. Allerdings ist es durchaus üblich, auch in einem System flexibler Wechselkurse mit dem Ziel der Kursstabilisierung zu intervenieren und damit ein sogenanntes kontrolliertes oder schmutziges Floaten zu betreiben. Mit dem Ankauf von Devisen vollzieht die Zentralbank einen Kapitalexport, denn mit dem Erwerb der Devisenforderungen gewährt sie dem Ausland einen Kredit. Umgekehrt stellt der Devisenverkauf einen Kapitalimport der Zentralbank dar, denn durch ihn nehmen die Nettoforderungen (die Nettoverbindlichkeiten) der Zentralbank gegenüber dem Ausland ab (zu). Ob allerdings die Nettoauslandsposition der gesamten Volkswirtschaft durch die Devisenankäufe bzw. -verkäufe der Zentralbank verändert wird, hängt davon ab, ob solche Devisentransaktionen im Zusammenhang mit Leistungstransaktionen oder mit anderen Kapitaltransaktionen stehen. Nur bei Leistungstransaktionen ergibt sich eine Veränderung der gesamten Nettoauslandsposition. Stammen die angekauften Devisen beispielsweise aus einem Auslandskredit einer inländischen Unternehmung und damit aus einem Kapitalimport dieser Unternehmung, so steht der Verbesserung der Nettoauslandsposition der Zentralbank eine betragsmäßig gleiche Verschlechterung der Nettoauslandsposition der Unternehmung gegenüber, und folglich bleibt die Nettoauslandsposition der gesamten Volkswirtschaft in diesem Fall unverändert.

Fehlt es der Zentralbank eines Landes an Devisen bzw. internationaler Liquidität, um die in einem System fester Wechselkurse erforderlichen Interventionen zugunsten der eigenen Währung und damit die Finanzierung eines Zahlungsbilanzdefizits vorzunehmen, so wird sich die Zentralbank diese Devisen in aller Regel bei anderen nationalen oder supranationalen Währungsbehörden beschaffen. In diesem Zusammenhang sind insbesondere die Kreditfazilitäten des Internationalen Währungsfonds (IWF) und des Europäischen Währungssystems (EWS) zu nennen.[4] Mit der Beschaffung und der damit möglichen Devisenmarktintervention kommt es – als Nettoeffekt beider Aktivitäten – zu einem Kapitalimport sowie zu einer Erhöhung der Auslandsverbindlichkeiten der Zentralbank.

Sowohl im IWF als auch im EWS sind die Mitgliedsländer jeweils zu bestimmten finanziellen Transaktionen verpflichtet. Zu nennen sind hier beispielsweise die Leistungen eines Landes im Rahmen der IWF-Quoten, die Leistungen an den Europäischen Fonds für wirtschaftliche Zusammenarbeit (EFWZ) innerhalb des EWS sowie der Erwerb von Sonderziehungsrechten.[5] Einerseits nimmt die Zentralbank bei diesen Transaktionen jeweils einen Kapitalexport vor, denn sie gewährt der supranationalen Behörde gewissermaßen einen Kredit. Andererseits impliziert diese Kreditgewährung die Abgabe (anderer) Devisenforderungen oder eigener Währung; dieser Vorgang ist als Kapitalimport zu begreifen. Es handelt sich hier also um reine Finanztransaktionen, durch die die Nettoauslandsposition der Zentralbank nicht verändert wird.

---

[4] Siehe hierzu Kapitel G, Abschnitte G-3.3.2 und G-3.5.5
[5] Siehe hierzu Kapitel G, Abschnitte G-3.3 und G-3.5.

Die Anlage von Devisen am internationalen Kapitalmarkt, z.B. am Euromarkt, gehört zu den gängigen Portfolioentscheidungen von Zentralbanken. Mit den anfangs zinslosen Devisen können so Zinseinnahmen erzielt werden, die dem Staatsbudget zugute kommen. Solche Anlagen implizieren zwar einerseits einen Kapitalexport, da Teilnehmern am internationalen Kapitalmarkt hierdurch ein Kredit gewährt wird, bedeuten aber andererseits gleichzeitig einen Kapitalimport, da die Zentralbank Devisen abgibt. Wiederum bleibt die Nettoauslandsposition der Zentralbank unverändert; im Portfeuille der Zentralbank ändert sich lediglich die Struktur der Auslandsforderungen.

I-2.2.3: Der Kapitalverkehr im engeren Sinne

Der Kapitalverkehr aller anderen Sektoren einer Volkswirtschaft – mit Ausnahme der Zentralbank – bildet bekanntlich den Kapitalverkehr im engeren Sinne. In der offiziellen Zahlungsbilanzstatistik unterscheidet man üblicherweise – wie auch die Tabelle A.2 im Kapitel A zeigt – zwischen einem kurz- und einem langfristigen Kapitalverkehr (im engeren Sinne). Im kurzfristigen Bereich handelt es sich insbesondere um *Finanzkredite, Handelskredite* und *Geldmarktanlagen.* Im langfristigen Bereich ist zwischen *Direktinvestitionen, Wertpapieranlagen, Finanzkrediten, Handelskrediten* und *Sonstigen Kapitalbewegungen,* die überwiegend aus privaten Grundstückskäufen bzw. -verkäufen und Beteiligungen des Staates an internationalen Organisationen bestehen, zu differenzieren.

a) Direktinvestitionen

Ziel von Direktinvestitionen ist es, im Ausland eine unternehmerische Tätigkeit auszuüben oder auf die Geschäftsführung einer Unternehmung im Ausland maßgeblich Einfluß zu nehmen. Das Ertragsmotiv spielt dabei zwar eine Rolle, tritt aber hinter dieses Ziel zurück. Zu den Direktinvestitionen zählen deshalb alle Kapitaltransaktionen

- die zur Gründung ausländischer Tochterunternehmungen oder Zweigniederlassungen eingesetzt werden
- die dem Erwerb von Beteiligungen an ausländischen Unternehmungen dienen, durch die ein bestimmter Einfluß auf die Geschäftsführung ermöglicht wird[6]
- die eine Zuführung von Mitteln in Tochterunternehmungen, Zweigniederlassungen oder in ausländische Unternehmungen darstellen, an denen bereits eine maßgebliche Beteiligung existiert.

Mit einer Direktinvestition im Ausland vollzieht ein inländischer Investor einen Kapitalexport; er erwirbt eine Auslandsforderung. Umgekehrt ist die Direktinvestition eines Ausländers im Inland für das Inland ein Kapitalimport, durch den eine Auslandsverbindlichkeit des Inlands begründet wird. Es ist aber keineswegs zwingend, daß sich mit der Direktinvestition die Nettoauslandsposition eines individuellen Investors oder der gesamten Volkswirtschaft in gleichem Umfang verändert. Häufig werden Direktinvestitionen ganz oder teilweise im Investitionsland finan-

---

[6] In der offiziellen Zahlungsbilanz- und Vermögensstatistik werden als Direktinvestitionen üblicherweise solche Kapitaltransaktionen bezeichnet, die eine Beteiligung an einer Unternehmung im Ausland von mindestens 25 % begründen oder die im Rahmen bereits bestehender Mindestbeteiligungen (von 25 %) erfolgen.

ziert,[7] und in diesem Fall steht der Kapitaltransaktion, mit der die Direktinvestition erfolgt, eine Kapitaltransaktion entgegen, die einen Finanzkredit impliziert. Ein inländischer Investor verbessert dann zwar seine Nettoauslandsposition durch die Direktinvestition, er verschlechtert sie aber gleichzeitig durch den ausländischen Finanzkredit. Aber auch dann, wenn sich die Nettoauslandsposition des individuellen Investors verändert, bedeutet dies nicht zwingend auch eine Veränderung der Nettoauslandsposition der gesamten Volkswirtschaft. Im Zuge der Beschaffung der für die Direktinvestition notwendigen Devisen durch den Investor können sich nämlich die Nettoauslandsforderungen der Geschäftsbanken oder der Zentralbank entsprechend verringern. Wiederum ist zu berücksichtigen, daß die Änderung der gesamten Nettoauslandsposition nur möglich ist, wenn mit den Kapitaltransaktionen, hier mit den Direktinvestitionen, auch Leistungstransaktionen verbunden sind. Unmittelbar und in zeitlicher Kongruenz ist das aber nur selten der Fall.

Man geht allerdings davon aus, daß Direktinvestitionen über kurz oder lang auch Leistungstransaktionen nach sich ziehen. Offen ist aber die Frage, ob diese Leistungstransaktionen so beschaffen sind, daß sich die Nettoauslandsposition des Investorlandes (des Inlands) verbessert. Einerseits könnte mit einer Direktinvestition eine vormals inländische Exportgüterproduktion ins Ausland verlagert und hierdurch die Leistungsbilanz des Inlands verschlechtert werden. Die Verschlechterung der Leistungsbilanz wirkt sich aber bekanntlich negativ auf die Nettoauslandsposition aus. Andererseits erzielen die inländischen Investoren mit Direktinvestitionen i. d. R. Kapitaleinkünfte, die die Dienstleistungsbilanz des Inlands verbessern und folglich eine Erhöhung der inländischen Nettoauslandsposition implizieren. Direktinvestitionen können aber auch zusätzliche Exporte des Investorlandes induzieren, z. B. Exporte von Rohstoffen oder Zwischenprodukten, die die Leistungsbilanz verbessern und eine Zunahme der inländischen Nettoauslandsposition herbeiführen.

b) Wertpapieranlagen (Portfolioinvestitionen)

Bei den Wertpapieranlagen – auch Portfolioinvestitionen genannt – steht das Motiv der Ertragserzielung im Vordergrund. Die wichtigsten Determinanten solcher Anlagen sind deshalb internationale Zinsdifferenzen, erwartete Marktpreis- bzw. Kursänderungen der Papiere sowie erwartete Änderungen von Währungsparitäten.[8] Im Unterschied zu den Direktinvestitionen spielt die Absicht der direkten Beteiligung und Mitsprache an Unternehmungen im Ausland keine Rolle. In der Regel sind es die privaten Wirtschaftssubjekte (Produktionsunternehmungen, private Haushalte und Geschäftsbanken), die im Hinblick auf das Ertragsmotiv ausländische Wertpapiere erwerben – also einen Kapitalexport betreiben – und so Forderungen gegenüber dem Ausland begründen. Auf der Schuldnerseite finden sich neben den Produktionsunternehmungen und den Geschäftsbanken vor allem

---

[7] Die Kreditfinanzierung im Investitionsland kann aus reinen Ertrags- bzw. Kostengründen erfolgen, nämlich dann, wenn das Kapitalmarktzinsniveau im Ausland niedriger als im Inland ist; sie kann aber auch dem Hedging der Anlagerisiken dienen, z. B. des Wechselkursrisikos oder des Transferrisikos. Die Risiken spielen vor allem für die Rückführung der Kapitalerträge eine Rolle. Ein Transferrisiko liegt beispielsweise vor, wenn mit einer Devisenbewirtschaftung zu rechnen ist, durch die die Konvertibilität der ausländischen Währung unterbunden oder beeinträchtigt wird.

[8] Siehe hierzu Kapitel F, Abschnitte F-2.3 und F-3.3

die öffentlichen Haushalte. Die Entstehung einer Schuldnerposition gegenüber dem Ausland bzw. einer Auslandsverbindlichkeit ist als Kapitalimport zu bezeichnen.

Bei Wertpapieren gibt es zwei Möglichkeiten, ein Schuldnerverhältnis zu begründen. Einmal können Wertpapiere direkt im Ausland emittiert bzw. an Ausländer verkauft werden, zum anderen haben Ausländer bei freiem Zutritt zu den inländischen Wertpapiermärkten die Möglichkeit, Wertpapiere zu erwerben, die von inländischen Schuldnern auf den inländischen Märkten emittiert worden sind. Im ersten Fall gehen die inländischen Schuldner durch die Wertpapieremission auf direktem Wege Auslandsverbindlichkeiten ein, im zweiten Fall entstehen die Auslandsverbindlichkeiten indirekt, d.h. ohne unmittelbare bzw. gezielte Einflußnahme der inländischen Schuldner.

Ob sich im Zuge von Wertpapieranlagen die Nettoauslandsposition der gesamten Volkswirtschaft verändert, hängt wiederum davon ab, ob gleichzeitig Leistungstransaktionen berührt werden. In aller Regel sind Wertpapieranlagen aber reine Finanztransaktionen, durch die unmittelbar nur die Struktur, nicht aber das Niveau der gesamten Nettoauslandsposition verändert wird. Mittelbar können aber durchaus Leistungstransaktionen induziert werden. So ist es z.B. möglich, daß ausländische Schuldner die Deviseneinnahmen aus Wertpapierverkäufen an Inländer zur Steigerung ihrer Güterimporte verwenden und daß sich hierdurch letztlich die inländische Leistungsbilanz verbessert. Dem Kapitalexport aus der Wertpapieranlage von Inländern steht dann – zumindest zu einem gewissen Teil – ein zusätzlicher Güterexport gegenüber. Auf die Zusammenhänge zwischen Kapitalexporten und Leistungstransaktionen wird weiter unten bei der Diskussion der internationalen Transfermechanismen näher eingegangen.

c) Geldmarktanlagen

Bei Geldmarktanlagen geht es vorwiegend um Terminforderungen sowie um Geldmarktpapiere mit relativ kurzen Laufzeiten. Wie bei den (längerfristigen) Wertpapieren, so werden die Anlageentscheidungen auch hier im wesentlichen von Ertragsgesichtspunkten bestimmt. Dementsprechend sind internationale Zinsdifferenzen und erwartete Wechselkursänderungen die wichtigsten Determinanten. Neben dem reinen Ertragsmotiv spielt bei Geldmarktanlagen das – ebenfalls auf Ertragserzielung gerichtete – Spekulationsmotiv eine wichtige Rolle. Spekulative Devisenmarktgeschäfte finden meist mit Hilfe von internationalen Geldmarktanlagen statt. In diesem Fall gibt allerdings weniger eine internationale Zinsdifferenz als eine erwartete Wechselkursänderung den Ausschlag für die Anlageentscheidung.[9]

d) Finanz- und Handelskredite

Sowohl bei den kurz- als auch bei den langfristigen Krediten ist zwischen Finanzkrediten, die reine Finanztransaktionen darstellen, und Handelskrediten, die unmittelbar mit Gütertransaktionen zusammenhängen, zu unterscheiden. Werden Finanzkredite von privaten Wirtschaftssubjekten – hier vor allem von Geschäftsbanken und Produktionsunternehmungen – gewährt oder in Anspruch genommen, so liegt, wie bei den Wertpapier- und den Geldmarktanlagen, i.d.R. das Ertragsmotiv – bzw. das Kostenmotiv – zugrunde. Dementsprechend sind auch hier wieder internationale Zinsdifferenzen und erwartete Wechselkursänderungen als Determinan-

---

[9] Zu den spekulativen Devisenmarktgeschäften siehe Kapitel F, Abschnitt F-2.4.

ten zu nennen. Bei der Gewährung von Finanzkrediten seitens der öffentlichen Haushalte (ohne Zentralbank) spielt das Ertragskalkül demgegenüber im allgemeinen keine Rolle. Häufig werden solche Kredite nämlich im Rahmen der Entwicklungshilfe vergeben. Andererseits ist zu erwarten, daß auch die öffentlichen Haushalte bei der Kreditinanspruchnahme den Kostenaspekt berücksichtigen und auf Auslandskredite nur zurückgreifen, wenn deren Konditionen günstiger sind als die Konditionen auf dem inländischen Kreditmarkt.

Finanzkredite können durchaus über kurz oder lang Leistungstransaktionen induzieren und darüber eine Veränderung der gesamten Nettoauslandsposition eines Landes bewirken. So ist es beispielsweise denkbar, daß das Ausland die Devisenzuflüsse aus Finanzkrediten zur Erhöhung von Güterimporten verwendet und daß sich dadurch schließlich die Leistungsbilanz des Geberlandes verbessert. Solche Zusammenhänge sind Gegenstand der Analyse der internationalen Transfermechanismen, die weiter unten erörtert werden.

Bei Handelskrediten ist ex definitione ein direkter Zusammenhang mit Leistungstransaktionen gegeben. Sie werden von Produktionsunternehmungen in Verbindung mit Güterexporten oder Güterimporten gewährt bzw. in Anspruch genommen. Handelskredite hängen deshalb primär von güterwirtschaftlichen – und weniger von rein finanzwirtschaftlichen – Entscheidungskalkülen ab. Durch die Koppelung mit Leistungstransaktionen sind Handelskredite im allgemeinen auch mit direkten Änderungen der gesamten Nettoauslandsposition eines Landes verbunden.

e) Struktur des Kapitalverkehrs und der Auslandsposition der Bundesrepublik Deutschland

Die Tabellen I.2 und I.3 zeigen die Struktur des Kapitalverkehrs der Bundesrepublik Deutschland mit dem Ausland im Jahr 1988 sowie die Struktur der Auslandsposition der Bundesrepublik am Ende des Jahres 1988. Der Nettokapitalexport der Bundesrepublik Deutschland betrug im Jahr 1988 120,88 Mrd. DM. Nach der Zahlungsbilanzstatistik wurde im gleichen Jahr ein Leistungsbilanzüberschuß von 85,25 Mrd. DM erzielt. In Höhe dieses Überschusses hat sich – ohne Wertänderungen der Bestände – die Nettoauslandsposition der Bundesrepublik Deutschland im Laufe des Jahrs 1988 verbessert. Hier wird auch deutlich, daß der Saldo des gesamten Kapitalverkehrs (im engeren Sinne) nicht gleichgesetzt werden darf mit der Veränderung der gesamten Nettoauslandsposition eines Landes. Bei einem Blick auf die Struktur des Kapitalverkehrs zeigt sich, daß der langfristige Kapitalexport vor allem im Bereich der Portfolioinvestitionen und – in erheblich geringerem Umfang – im Bereich der Direktinvestitionen stattgefunden hat. Beim kurzfristigen Kapitalverkehr dominierten die Auslandsanlagen der Kreditinstitute sowie die Handelskredite, die deutsche Unternehmungen Ausländern gewährt haben.

Aus dem Auslandsvermögensstatus (siehe Tabellen I.1 und I.3) wird deutlich, daß lediglich die öffentlichen Haushalte (ohne Zentralbank) eine negative Nettoauslandsposition (in Höhe von 105,5 Mrd. DM) aufweisen. Dies ergibt sich vorwiegend aus dem Tatbestand, daß Ausländer inländische Wertpapiere öffentlicher Schuldner erworben haben. Die positive Nettoauslandsposition der Geschäftsbanken bzw. der Kreditinstitute resultiert vor allem aus kurz- und langfristigen Kreditforderungen gegenüber dem Ausland. Im Bereich der Wertpapieranlagen bestehen demgegenüber auch bei den Geschäftsbanken Nettoauslandsverbindlichkeiten. Bei den Produktionsunternehmungen sind die Handelskredite hervorzuheben. Die Nettoforderungen in Höhe von fast 72 Mrd. DM erklären sich vor allem aus den

Tabelle I.2: Struktur des Kapitalverkehrs der Bundesrepublik Deutschland mit dem Ausland im Jahr 1988 (in Mrd. DM)

1. Langfristiger Kapitalverkehr*	
1.1 Kapitalexport	
1.1.1 Direktinvestitionen	− 18,25
1.1.2 Wertpapieranlagen (Portfolioinvestitionen)	− 72,84
1.1.3 Kredite	− 2,48
1.1.4 Sonstige Kapitalbewegungen	− 2,78
1.2 Kapitalimport	
1.2.1 Direktinvestitionen	2,85
1.2.2 Wertpapieranlagen (Portfolioinvestitionen)	7,75
1.2.3 Kredite	1,00
1.2.4 Sonstige Kapitalbewegungen	− 0,16
1.3 Saldo des langfristigen Kapitalverkehrs	− 84,91
2. Kurzfristiger Kapitalverkehr*	
2.1 Veränderung der Forderungen	
2.1.1 Finanzkredite und Geldmarktanlagen von Kreditinstituten	− 30,13
2.1.2 Finanzkredite und Geldmarktanlagen von Unternehmungen und Privatpersonen	− 8,42
2.1.3 Handelskredite von Unternehmungen	− 16,16
2.2 Veränderung der Verbindlichkeiten	
2.2.1 Finanzkredite und Geldmarktanlagen von Kreditinstituten	10,00
2.2.2 Finanzkredite und Geldmarktanlagen von Unternehmungen und Privatpersonen	− 1,31
2.2.3 Handelskredite von Unternehmungen	7,75
2.3 Saldo des kurzfristigen Kapitalverkehrs der öffentlichen Haushalte (ohne Zentralbank)	2,30
2.4 Saldo des gesamten kurzfristigen Kapitalverkehrs	− 35,97
3. Saldo des gesamten Kapitalverkehrs*	− 120,88

Quelle: Deutsche Bundesbank, Monatsberichte, 41. Jg., Nr. 9, September 1989, S. 77*.
*) Nettokapitalexport: −　Nettokapitalimport: +

hohen Überschüssen der Bundesrepublik Deutschland im Güterverkehr. Besonders zu erwähnen sind auch die Nettoforderungen im Bereich der Direktinvestitionen. Bis 1978 gab es in diesem Bereich Nettoverbindlichkeiten der Bundesrepublik gegenüber dem Ausland. Seit Mitte der 70er Jahre überwiegen aber die Direktinvestitionen von Inländern im Ausland diejenigen der Ausländer im Inland, und hierdurch hat sich inzwischen eine positive Nettoauslandsposition entwickelt.

I-2.3: Zahlungsbilanzeffekte eines autonomen Kapitalexports

I-2.3.1: Monetärer und realer Transfer

Im folgenden werden die Zahlungsbilanzeffekte autonomer Kapitalexporte privater Wirtschaftssubjekte oder öffentlicher Haushalte ohne die Zentralbank näher untersucht. Solche Kapitalexporte sind unmittelbar mit einem Devisenabfluß bzw. mit einem *monetären Transfer* ins Ausland verbunden. Da die gesamte Zahlungsbi-

Tabelle I.3: Struktur der Auslandsposition der Bundesrepublik Deutschland Ende 1987 (in Mrd. DM)

	Aktiva	Passiva	Saldo
1. Deutsche Bundesbank			
1.1 Währungsreserven			
1.1.1 Geld	13,7		13,7
1.1.2 Devisen und Sorten	50,2		50,2
1.1.3 Reserveposition im IWF	6,0		6,0
1.1.4 Sonderziehungsrechte	3,3		3,3
1.1.5 Reserveposition im EWS	21,5		21,5
1.1.6 Verbindlichkeiten		27,2	− 27,2
1.2 Kredite und sonstige Forderungen an das Ausland (Kredite an die Weltbank)	2,4		2,4
1.3 Gesamt	97,1	27,2	69,9
2. Geschäftsbanken bzw. Kreditinstitute			
2.1 Kurzfristig	219,0	121,5	97,5
2.2 Langfristig			
2.2.1 Direktinvestitionen	13,0	7,8	5,2
2.2.2 Wertpapieranlagen	22,4	26,1	− 3,7
2.2.3 Finanzkredite	119,0	108,9	10,1
2.2.4 Sonstige Kapitalanteile	1,8	0,8	1,0
2.3 Gesamt	375,2	265,1	110,1
3. Produktionsunternehmungen und private Haushalte			
3.1 Kurzfristig			
3.1.1 Finanzbeziehungen (Finanzkredite und Geldmarktanlagen)	118,0	62,4	55,6
3.1.2 Handelskredite	110,0	75,0	35,0
3.2 Langfristig			
3.2.1 Direktinvestitionen	114,8	54,9	59,9
3.2.2 Wertpapieranlagen	217,6	100,9	116,7
3.2.3 Finanzbeziehungen	24,7	53,1	− 28,4
3.2.4 Handelskredite	45,0	8,0	37,0
3.2.5 Sonstige Anlagen	28,9	2,5	26,4
3.3 Gesamt	659,0	356,8	302,2
4. Öffentliche Haushalte (ohne Zentralbank)			
4.1 Kurzfristig	3,4	1,2	2,2
4.2 Langfristig			
4.2.1 Wertpapiere	−	135,6	− 135,6
4.2.2 Finanzbeziehungen	67,1	51,0	16,1
4.2.3 Sonstige Anlagen	11,9	0,1	11,8
4.3 Gesamt	82,4	187,9	− 105,5
5. Sonstige Auslandspassiva[1])		9,7	− 9,7
6. Gesamte Auslandsposition	1213,7	846,7	367,0

[1]) DM-Noten im Ausland (geschätzt) und Gegenposten für zugeteilte, aber (noch) nicht in Anspruch genommene Sonderziehungsrechte.

Quelle: Deutsche Bundesbank, Statistische Beihefte zu den Monatsberichten, Reihe 3, Zahlungsbilanzstatistik, Oktober 1989, S. 82 f.

lanz immer ausgeglichen ist, muß der autonome Kapitalexport zwingend eine andere zahlungsbilanzwirksame Transaktion induzieren. Hierfür gibt es drei Möglichkeiten:

1. Die Zentralbank stellt aus ihren Beständen Devisen zur Verfügung. Dieser Vorgang ist als ein (induzierter) Kapitalimport zu begreifen.
2. Der autonome Kapitalexport induziert einen Kapitalimport (anderer) privater Wirtschaftssubjekte oder öffentlicher Haushalte (ohne Zentralbank). Diese Reaktion ist beispielsweise zu erwarten, wenn infolge des autonomen Kapitalexports das Zinsniveau des Geberlandes (des kapitalexportierenden Landes) steigt und möglicherweise auch noch das Zinsniveau des Empfängerlandes sinkt. Zinsarbitragegeschäfte implizieren dann einen Kapitalimport in das Geberland, der – zumindest teilweise – den autonomen Kapitalexport kompensiert. Dem autonomen monetären Transfer steht in diesem Fall aber ein induzierter monetärer Transfer gegenüber.
3. Der autonome Kapitalexport induziert eine Verbesserung der Leistungsbilanz des Geberlandes. Das kann im Zuge eines direkten und/oder eines indirekten Zusammenhangs geschehen. Ein direkter Zusammenhang zwischen dem autonomen monetären Transfer und der Leistungsbilanz liegt vor, wenn die Finanzierung des Kapitalexports unmittelbar mit einer Reduktion der Importnachfrage des Geberlandes verbunden ist und/oder das Empfängerland den Devisenzufluß unmittelbar für Importe aus dem Geberland verwendet. Die Leistungsbilanzreaktion erfolgt auf indirektem Wege, wenn es infolge des autonomen Kapitalexports zu Einkommens-, Preis- und/oder Wechselkursveränderungen kommt, die sich über kurz oder lang auf Güterexporte und Güterimporte auswirken. So ist es beispielsweise denkbar, daß das Einkommen des Geberlandes (Empfängerlandes) sinkt (steigt) und dadurch die Importnachfrage des Geberlandes (Empfängerlandes) zurückgeht (zunimmt). Die Finanztransaktion wird in den hier skizzierten Fällen von einer Leistungstransaktion bzw. von einem güterwirtschaftlichen Transfer begleitet. Die Leistungstransaktion wird als *realer Transfer* bezeichnet. Bekanntlich impliziert der autonome Kapitalexport nur dann eine Verbesserung der Nettoauslandsposition des Geberlandes, wenn sich auch die Leistungsbilanz dieses Landes verbessert, wenn also der autonome monetäre Transfer eine entsprechende Leistungstransaktion hervorruft und demnach ein gleichgerichteter realer Transfer stattfindet.

In den weiteren Untersuchungen geht es primär um die Frage, unter welchen Bedingungen zum einen autonome Kapitalexporte überhaupt reale Transfers induzieren und zum anderen ein autonomer monetärer Transfer sogar einen gleich hohen realen Transfer nach sich zieht.

I-2.3.2: Direkte Leistungsbilanzreaktionen (der klassische Transfermechanismus)

Autonome Kapitalexporte müssen von den Kapitalexporteuren entweder durch Rückgriff auf vorhandenes Vermögen oder mit Hilfe zusätzlicher Ersparnisse finanziert werden. Im ersten Fall findet im Portefeuille der Kapitalexporteure lediglich eine Strukturverschiebung zugunsten von Auslandsforderungen statt, im zweiten Fall ist im Rahmen eines gegebenen Einkommens eine Verringerung der Ausgaben für Güterkäufe erforderlich. Betrachtet man die gesamte Volkswirtschaft, so drückt sich die Ausgabenverringerung in einer entsprechenden Reduktion der autonomen heimischen Absorption (mit A^a bezeichnet) bzw. der autonomen Güternachfrage der privaten Wirtschaftssubjekte und der öffentlichen Haushalte aus:

(I-4) $dA^a = -bT$ mit: $0 \le b \le 1$

T sei der autonome monetäre Transfer bzw. der autonome Kapitalexport. Der Koeffizient b gibt an, welcher Teil des Kapitalexports mit Hilfe einer Ausgabenkürzung bzw. einer zusätzlichen Ersparnis finanziert wird. Bei $b < 1$ wird ein Teil des Kapitalexports, bei $b = 0$ sogar der gesamte Kapitalexport aus dem vorhandenen Vermögen realisiert. Da hier zunächst nur die direkten Leistungsbilanzreaktionen untersucht werden sollen, bleiben Einkommens-, Preis- und Wechselkursänderungen noch unberücksichtigt.

Die heimische Absorption setzt sich bekanntlich aus der Nachfrage nach Gütern aus inländischer Produktion und der Nachfrage nach importierten Gütern zusammen. Es ist zu erwarten, daß von daher mit einer Veränderung der gesamten heimischen Absorption auch die Importnachfrage berührt wird. Dementsprechend mögen sich die autonomen Importe M^a des kapitalexportierenden Landes – des Geberlandes – wie folgt verändern:

(I-5) $dM^a = t dA^a = -btT$ mit: $0 \le t \le 1$

Der Koeffizient t zeigt die Reaktion der Importnachfrage auf die Veränderung der heimischen Absorption an.

Für das Empfängerland lassen sich ähnliche Überlegungen anstellen. Die durch den Kapitalimport zugeflossenen Beträge können entweder im Portefeuille der Kapitalimporteure absorbiert oder aber für eine Erhöhung der Güternachfrage verwendet werden. Für die Veränderung der autonomen heimischen Absorption des Empfängerlandes gilt dementsprechend:

(I-6) $dA^{a*} = b^*T$ mit: $0 \le b^* \le 1$

Ist $b^* < 1$ ($b^* = 0$), so wird der Kapitalimport im Empfängerland unmittelbar nur zu einem gewissen Teil (überhaupt nicht) für eine zusätzliche Güternachfrage verwendet.

Auch für das Empfängerland sei angenommen, daß sich mit der Veränderung der heimischen Absorption die Importnachfrage verändern kann:[10]

(I-7) $dM^{a*} = t^* dA^{a*} = b^* t^* T$ mit: $0 \le t^* \le 1$

Vereinfachend werden nur zwei Länder, das Geber- und das Empfängerland, betrachtet. Folglich stimmen die Güterimporte des Empfängerlandes mit den Exporten des Geberlandes überein, und die Veränderung des Leistungsbilanzsaldos (mit H bezeichnet) des Geberlandes ergibt sich dann unmittelbar aus (I-5) und (I-7):

(I-8) $dH = dM^{a*} - dM^a = (bt + b^* t^*) T$

Der autonome Kapitalexport wird von einer Leistungstransaktion begleitet, wenn der Klammerausdruck größer als Null ist. Es gilt:

(I-9) $dH \gtreqless T$,   wenn $bt + b^* t^* \gtreqless 1$

---

[10]   Die Güterpreisniveaus in den beiden Ländern sowie der Wechselkurs seien jeweils mit Eins angenommen; sie können deshalb unberücksichtigt bleiben.

Dem monetären Transfer folgt demnach direkt ein gleich großer realer Transfer, wenn der Ausdruck bt + b*t* einen Wert von Eins hat.

Reicht der mit dem autonomen Kapitalexport direkt verbundene Leistungsbilanzeffekt nicht aus, den monetären Transfer zu kompensieren, so entsteht dem Geberland ein Zahlungsbilanzdefizit, das entweder einen Verlust an Währungsreserven mit sich bringt oder andere Mechanismen des Zahlungsbilanzausgleichs bzw. der Zahlungsbilanzanpassung in Gang setzen muß, durch die eine Verbesserung der Kapitalverkehrsbilanz und/oder der Leistungsbilanz induziert wird. Dabei spielt das Währungssystem eine entscheidende Rolle. In einem System fester Wechselkurse ist die Zentralbank verpflichtet, die überschüssige Nachfrage nach Devisen zu befriedigen, um eine Abwertung der eigenen Währung zu verhindern. Sie verliert dabei Währungsreserven. Allerdings ist mit der Intervention am Devisenmarkt eine Reduktion der inländischen Geldmenge verbunden, sofern die Zentralbank keine Kompensationspolitik betreibt. Umgekehrt ergibt sich im Empfängerland eine Geldmengenerhöhung. Die Geldmengenreduktion kann im Geberland einen Zinsanstieg, eine Einkommensverringerung und/oder eine Preisdämpfung bewirken. Im Empfängerland können sich aus der Geldmengenerhöhung die dazu umgekehrten Reaktionen ergeben. Es ist möglich, daß die so entstehende Zinsdifferenz für das Geberland einen Kapitalimport induziert und daß die Einkommens- sowie die Preisveränderungen in den beiden Ländern einen positiven Effekt auf die Leistungsbilanz des Geberlandes haben. Aufgrund solcher induzierter Reaktionen von Kapitalverkehrs- und Leistungsbilanz kann dann möglicherweise der Zahlungsbilanzausgleich hergestellt werden.

In einem System flexibler Wechselkurse bewirkt das Zahlungsbilanzdefizit eine Abwertung (Aufwertung) der Währung des Geberlandes (Empfängerlandes). Bei normaler Reaktion wird hierdurch die Leistungsbilanz des Geberlandes verbessert und darüber möglicherweise der Zahlungsbilanzausgleich hergestellt. Selbstverständlich sind auch bei flexiblem Wechselkurs außerdem noch Einkommens- und Preisänderungen möglich, die ihrerseits Leistungsbilanzeffekte implizieren. Demgegenüber sind Veränderungen der Währungsreserven der Zentralbanken der beiden Länder ausgeschlossen, sofern keine Devisenmarktinterventionen stattfinden.

Wie die Beziehung (I-9) zeigt, ist es theoretisch auch möglich, daß sich die Leistungsbilanz des Geberlandes verbessert, daß also der induzierte reale Transfer größer ist als der autonome monetäre Transfer. In diesem Fall müßten die zuvor genannten Geldmengen-, Zins-, Einkommens-, Preis- und/oder Wechselkursreaktionen umgekehrt verlaufen, um einen Zahlungsbilanzausgleich herzustellen. Es ist allerdings fraglich, ob internationale Kapitalbewegungen direkt so starke Veränderungen der heimischen Absorption und insbesondere der Nachfrage nach Importgütern in den beiden Ländern bewirken, daß dieser Fall in der Realität jemals eintritt.

In der klassischen Variante der Leistungsbilanzreaktion wird angenommen, daß sich der autonome Kapitalexport im Geberland vollständig in einer Reduktion der Güternachfrage bzw. der heimischen Absorption niederschlägt und daß der Kapitalzufluß im Empfängerland vollständig für Güterkäufe bzw. eine Erhöhung der heimischen Absorption Verwendung findet. Die Koeffizienten b und b* haben somit jeweils den Wert Eins. Entscheidend für den direkten realen Transfer sind dann nur noch die Koeffizienten t und t*, also die Reaktionen der Importnachfrage in den beiden Ländern jeweils im Zuge der Veränderung der gesamten Güternachfrage:

(I-9a) $dH \gtreqqless T$,   wenn $t + t^* \gtreqqless 1$

Nur bei $t + t^* = 1$ wird der autonome monetäre Transfer von einem gleich großen direkten realen Transfer begleitet. Im klassischen Ansatz des internationalen Transfermechanismus wird – wie üblicherweise in der klassischen Theorie – angenommen, daß Vollbeschäftigung herrscht und deshalb weder im Geber- noch im Empfängerland Realeinkommensänderungen möglich sind. Da aber das Realeinkommen Y eines Landes der gesamten Nachfrage nach inländischen Gütern entspricht, die gesamte Nachfrage aber aus der realen heimischen Absorption A und dem realen Außenbeitrag H zusammengesetzt ist, gilt:

(I-10) $\qquad Y = A + H$

Sind Realeinkommensänderungen ausgeschlossen ($dY = 0$), so muß folglich die hier zugrunde gelegte Änderung der autonomen (realen) heimischen Absorption eine betragsmäßig gleiche, aber entgegengerichtete Veränderung des (realen) Außenbeitrags nach sich ziehen, um das Gleichgewicht zu erhalten bzw. nach der Störung wiederherzustellen:

(I-10a) $\qquad dA^a = - dH$

Annahmegemäß vermindert sich die heimische Absorption in Höhe des autonomen Kapitalexports bzw. des autonomen monetären Transfers, und dementsprechend muß nach Erreichen des neuen Gleichgewichts gelten:

(I-10b) $\qquad dH = T$

Im klassischen Ansatz wird somit – zumindest nach Abschluß aller Anpassungsvorgänge – der autonome monetäre Transfer letztlich auf jeden Fall durch einen gleich hohen realen Transfer aufgewogen. Falls die Bedingung $t + t^* = 1$ nicht erfüllt ist und der direkt ausgelöste reale Transfer den autonomen monetären Transfer nicht kompensiert oder überkompensiert, kommt es im klassischen Ansatz zu Veränderungen der Terms of Trade, durch die dann im Rahmen eines gewissen Anpassungsprozesses die notwendigen Leistungsbilanzreaktionen induziert werden. Der Preismechanismus – wie er in der Klassischen Theorie beschrieben wird – sorgt also über kurz oder lang dafür, daß sich die Leistungsbilanz des Geberlandes (des Empfängerlandes) um den Betrag des autonomen Kapitalexports verbessert (verschlechtert). Mit dem autonomen Kapitalexport ergibt sich folglich eine im Betrag gleiche Erhöhung der Nettoauslandsposition des Geberlandes.

I-2.3.3: Kapitaltransfer und Einkommenseffekte (der Keynessche Transfermechanismus)

In den vorangegangenen Untersuchungen ging es primär um die direkten Leistungsbilanzeffekte autonomer Kapitalexporte bzw. um den direkten Zusammenhang zwischen autonomen monetären Transfers und realen Transfers. Einkommenseffekte wurden im formalen Ansatz nicht berücksichtigt bzw. beim klassischen Transfermechanismus sogar qua Annahme grundsätzlich ausgeschlossen. Im folgenden wird angenommen, daß Einkommensänderungen möglich sind, daß also nicht a priori Vollbeschäftigung herrscht; und die Einkommenseffekte werden explizit in die formale Analyse einbezogen. Zins-, Preis- und Wechselkursänderungen bleiben demgegenüber weiterhin ausgeklammert.

Wie zuvor, so werden auch hier zwei Länder, das Geberland und das Empfängerland, betrachtet. Die Veränderungen der Realeinkommen in den beiden Ländern, mit dY bzw. dY* bezeichnet, lassen sich unter Berücksichtigung der autonomen und der einkommensinduzierten Nachfrageveränderungen wie folgt schreiben:

(I-11) $dY = dA^a + adY + dM^{a*} + m^*dY^* - dM^a - mdY$

(I-12) $dY^* = dA^{a*} + a^*dY^* + dM^a + mdY - dM^{a*} - m^*dY^*$

a und a* sind die marginalen Absorptionsquoten, m und m* die marginalen Importquoten. Dementsprechend bezeichnen adY und a*dY* die einkommensinduzierten Veränderungen der heimischen Absorption sowie mdY und m*dY* die einkommensinduzierten Veränderungen der Nachfrage nach Importgütern jeweils im Geber- und im Empfängerland. Die Veränderungen der autonomen heimischen Absorption sowie der autonomen Importnachfrage sind bereits mit den Gleichungen (I-4) bis (I-7) formuliert worden. Für die Veränderung des Leistungsbilanzsaldos dH des Geberlandes (mit umgekehrtem Vorzeichen des Empfängerlandes) gilt jetzt:

(I-13) $dH = dM^{a*} + m^*dY^* - dM^a - mdY$

Aus den Gleichungen (I-4) bis (I-7) sowie (I-11) bis (I-13) ergeben sich die folgenden Wirkungen eines autonomen Kapitalexports bzw. eines autonomen monetären Transfers T auf die Realeinkommen in den beiden Ländern und auf die Leistungsbilanz des Geberlandes (bzw. mit umgekehrtem Vorzeichen des Empfängerlandes):[11]

$$(I-14) \qquad dY/dT = \frac{m^* (b^* - b) - s^* [b (1 - t) - b^*t^*]}{N}$$

$$(I-15) \qquad dY^*/dT = \frac{m (b^* - b) + s [b^* (1 - t^*) - bt]}{N}$$

$$(I-16) \qquad dH/T = \frac{ss^* (bt + b^*t^*) + sm^*b^* + s^*mb}{N}$$

mit: $N = ss^* + sm^* + s^*m > 0$; $s = 1 - a$; $s^* = 1 - a^*$

Positive marginale Sparquoten s und s* in den beiden Ländern vorausgesetzt, folgt dem autonomen monetären Transfer ein realer Transfer bzw. eine Verbesserung der Leistungsbilanz des Geberlandes, wenn die heimische Absorption im Geberland und/oder im Empfängerland direkt auf den autonomen monetären Transfer reagiert (wenn b > 0 und/oder b* > 0). Die Richtung der Einkommensänderungen ist demgegenüber auch bei b > 0 und/oder b* > 0 nicht eindeutig bestimmt. Da sämtliche im Modell enthaltenen Koeffizienten für die Einkommensreaktionen eine Rolle spielen und für die Koeffizienten b, b*, t und t* realistische Werte zwischen Null und Eins möglich sind, lassen sich auch aus empirischen Daten keine allgemein gültigen Informationen gewinnen, die Aufschluß über die genaue Richtung der Einkommensänderungen geben könnten. Im folgenden sollen deshalb nur drei Fallbeispiele erörtert werden, die in Hinsicht auf die Koeffizientenwerte von b, b*, t und t* extreme – aber mit der Realität durchaus vereinbare – Möglichkeiten darstellen. Die Ergebnisse sind in der Tabelle I.4 zusammengestellt worden.

---

[11] Siehe hierzu den Anhang I.

Tabelle I.4: Wirkungen eines autonomen Kapitalexports auf Einkommen und Leistungsbilanz

Fall	Koeffizienten	dY/dT	dY^*/dT	dH/dT
a	$b = 1, t = 0$ $b^* = 1, t^* = 0$	$-\dfrac{s^*}{N} < 0$	$\dfrac{s}{N} > 0$	$\dfrac{sm^* + s^*m}{N} < 1$
b	$b = 1, t = 1$ $b^* = 1, t^* = 1$	$\dfrac{s^*}{N} > 0$	$-\dfrac{s}{N} < 0$	$\dfrac{2ss^* + sm^* + s^*m}{N} > 1$
c	$b = 1, t = 0$ $b^* = 1, t^* = 1$	0	0	1

Fall a):

Der autonome Kapitalexport wird im Geberland vollständig durch eine Verringerung der Ausgaben für Güter aus der heimischen Produktion finanziert. Analog dazu verwendet das Empfängerland die zufließenden Mittel vollständig für zusätzliche Käufe heimischer Güter. Im Geberland kommt es so zu einer Einkommensreduktion, im Empfängerland zu einer Einkommenssteigerung. Zwar besteht jetzt kein direkter Zusammenhang zwischen dem autonomen monetären Transfer und dem realen Transfer, aber infolge der Einkommensreduktion verringert das Geberland seine Nachfrage nach Importgütern, und entsprechend führt der Einkommensanstieg im Empfängerland zu einer Erhöhung der Importnachfrage. Dadurch wird eine Verbesserung der Leistungsbilanz des Geberlandes bzw. eine Verschlechterung der Leistungsbilanz des Empfängerlandes bewirkt; der autonome monetäre Transfer wird also von einem einkommensinduzierten realen Transfer begleitet. Allerdings reicht die Verbesserung der Leistungsbilanz des Geberlandes nicht aus, den monetären Transfer zu kompensieren.

Fall b):

Das Geberland finanziert den autonomen Kapitalexport jetzt vollständig aus einer Verringerung der Nachfrage nach importierten Gütern; und das Empfängerland leitet die zugeflossenen Mittel in voller Höhe in den Kauf von Importgütern um. In diesem Fall nimmt das Einkommen des Geberlandes zu, das Einkommen des Empfängerlandes demgegenüber ab. Hervorzuheben ist die Reaktion der Leistungsbilanz. Sie verbessert sich für das Geberland so stark, daß der induzierte reale Transfer größer ist als der (verursachende) autonome monetäre Transfer. Da das Geberland seine Importe direkt um den Betrag des autonomen monetären Transfers einschränkt und das Empfängerland seine Importe – und folglich die Exporte des Geberlandes – direkt um diesen Betrag erhöht, ist der autonome monetäre Transfer *direkt* mit einem doppelt so hohen realen Transfer verbunden. Dieser direkte Effekt wird allerdings etwas gemindert, weil es zu einer einkommensinduzierten Erhöhung der Importe sowie zu einer einkommensinduzierten Verringerung der Exporte des Geberlandes kommt. So ist der reale Transfer letztlich zwar nicht doppelt so hoch, aber immer noch höher als der autonome monetäre Transfer. Für das Geberland hat sich in diesem Fall der autonome Kapitalexport sowohl in Hinsicht auf das Einkommen als auch in Hinsicht auf die Devisenreserven als vorteilhaft erwiesen.

Fall c):

Der autonome Kapitalexport wird im Geberland vollständig durch Einschränkungen der Ausgaben für heimische Produkte finanziert; das Empfängerland verwendet die zufließenden Mittel dagegen vollauf für eine zusätzliche Nachfrage nach importierten Gütern, also für Güterkäufe im Geberland. Einkommensänderungen treten jetzt nicht ein, denn im Geberland wird die Verringerung der inländischen Nachfrage nach heimischen Gütern durch eine Erhöhung der Exporte in das Empfängerland kompensiert, und im Empfängerland bleibt die Nachfrage nach heimischen Gütern unverändert. Da sich die Leistungsbilanz des Geberlandes in Höhe des autonomen Kapitalexports verbessert, wird der monetäre Transfer von einem gleich großen realen Transfer begleitet. Der hier skizzierte Fall könnte im Rahmen der staatlichen Entwicklungshilfe eine gewisse Rolle spielen. Es ist nämlich denkbar, daß die öffentlichen Haushalte des Geberlandes einem Entwicklungsland einen zinsgünstigen Kredit einräumen und die dafür benötigten Finanzmittel durch Ausgabenkürzungen aufbringen, die – z. B. bei Bauinvestitionen – ausschließlich die inländische Produktion beeinträchtigen. Der Kredit könnte außerdem mit der Auflage verbunden sein, hierfür ausschließlich Güter des Geberlandes zu kaufen. Dieser Fall ist strikt zu unterscheiden von einer staatlichen Entwicklungshilfe in Form von Übertragungen in ein Entwicklungsland. Eine solche Art der Entwicklungshilfe ist in der Übertragungsbilanz und nicht in der Kapitalverkehrsbilanz zu buchen.

Die zuvor diskutierten Wirkungen treten nur unter der Bedingung ein, daß der autonome Kapitalexport bzw. der autonome monetäre Transfer in jeder der betrachteten Perioden in gleicher Höhe aufrechterhalten bleibt, daß sich folglich die Kapitalverkehrsbilanz des Geberlandes über den gesamten betrachteten Zeitraum um den Betrag des monetären Transfers verschlechtert. Wenn demgegenüber ein autonomer Kapitalexport nur einmalig stattfindet und die Kapitalverkehrsbilanz somit nur in einer einzigen Periode verschlechtert wird, kann es in dem zugrundeliegenden Modell auch keine nachhaltigen Wirkungen auf die Einkommen und auf den Saldo der Leistungsbilanz geben. Nach Abschluß der Anpassungsprozesse, die von dem einmaligen autonomen Kapitalexport ausgelöst werden, erreichen die Einkommen und der Leistungsbilanzsaldo wieder ihr Ausgangsniveau. Allerdings werden die oben angestellten Überlegungen zum realen Transfer, der dem autonomen monetären Transfer folgt, hiervon nur unwesentlich berührt. Auch eine zeitlich begrenzte Veränderung des Leistungsbilanzsaldos impliziert nämlich einen (zusätzlichen) realen Transfer. Dem vorübergehenden autonomen monetären Transfer steht dann eben nur ein vorübergehender realer Transfer zur Seite.

Die beiden Möglichkeiten eines anhaltenden und eines einmaligen autonomen Kapitalexports werden jetzt noch anhand eines Zahlenbeispiels demonstriert und in der Tabelle I.5 gegenübergestellt. Es sei angenommen, daß die Finanzierung im Geberland vollständig durch Einschränkung der autonomen heimischen Absorption erfolgt und das Empfängerland die zufließenden Mittel vollständig für den Kauf heimischer Güter verwendet; hiermit liegt also der oben schon diskutierte Fall a) vor. Außerdem wird angenommen, daß die heimische Absorption und die Importnachfrage im Geber- und im Empfängerland jeweils mit einer zeitlichen Verzögerung von einer Periode auf Einkommensänderungen reagieren. A^i und A^{i*} bezeichnen in der Tabelle I.5 die einkommensabhängige heimische Absorption in den beiden Ländern. Dem Zahlenbeispiel wurden folgende Werte für die marginalen Absorptionsquoten (marginalen Sparquoten) sowie die marginalen Importquoten zugrunde gelegt: $a = 0{,}85$ ($s = 0{,}15$); $a^* = 0{,}90$ ($s^* = 0{,}10$); $m = 0{,}25$; $m^* = 0{,}40$.

Tabelle I.5: Ein Zahlenbeispiel zu den Wirkungen eines autonomen Kapitalexports

Fallbeispiel	Periode	Geberland				Empfängerland				Außenbeitrag
		A^a	$A^i = aY_{-1}$	$M = mY_{-1}$	Y	A^{a*}	$A^{i*} = a^*Y^*_{-1}$	$M^* = m^*Y^*_{-1}$	Y^*	H
Anhaltender monetärer Transfer	0	240,00	1360,00	400,00	1600,00	100,00	900,00	400,00	1000,00	0
	1	190,00	1360,00	400,00	1550,00	150,00	900,00	400,00	1050,00	0
	2	190,00	1317,50	387,50	1540,00	150,00	945,00	420,00	1062,50	32,50
	3	190,00	1309,00	385,00	1539,00	150,00	956,25	425,00	1066,25	40,00
	4	190,00	1308,15	384,75	1539,90	150,00	959,63	426,50	1067,88	41,75
	5	190,00	1308,92	384,98	1541,10	150,00	961,09	427,15	1068,91	42,17
	6	190,00	1309,93	385,27	1542,22	150,00	962,02	427,57	1069,73	42,30
	·									
	n	190,00	1317,50	387,50	1550,00	150,00	967,50	430,00	1075,00	42,50
Einmaliger monetärer Transfer	0	240,00	1360,00	400,00	1600,00	100,00	900,00	400,00	1000,00	0
	1	190,00	1360,00	400,00	1550,00	150,00	900,00	400,00	1050,00	0
	2	240,00	1317,50	387,50	1590,00	100,00	945,00	420,00	1012,50	32,50
	3	240,00	1351,50	397,50	1599,00	100,00	911,25	405,00	1003,75	7,50
	4	240,00	1359,15	399,75	1600,90	100,00	903,38	401,50	1001,63	1,75
	5	240,00	1360,77	400,23	1601,19	100,00	901,46	400,65	1001,04	0,42
	6	240,00	1361,01	400,29	1601,13	100,00	900,93	400,42	1000,81	0,13
	·									
	n	240,00	1360,00	400,00	1600,00	100,00	900,00	400,00	1000,00	0
Summe										42,50

Die Periode 0 gibt die Gleichgewichtswerte der verschiedenen Variablen in der Ausgangssituation an.

In der Periode 1 möge das Geberland einen autonomen Kapitalexport in Höhe von T = 50 vornehmen. Im ersten Fallbeispiel wird dieser Kapitalexport in den Folgeperioden aufrechterhalten, im zweiten Fallbeispiel ist der monetäre Transfer ein einmaliger Vorgang. Dementsprechend wird die autonome Absorption des Geberlandes (des Empfängerlandes) im ersten Fallbeispiel anhaltend und im zweiten Beispiel nur einmal in der Periode 1 um T = 50 gesenkt (erhöht). Im ersten Fallbeispiel steigt der Außenbeitrag bzw. der Leistungsbilanzsaldo des Geberlandes im Laufe des Anpassungsprozesses (von Periode 2 an) allmählich bis auf den neuen Gleichgewichtswert in Höhe von 42,50. Die Veränderung des Außenbeitrags, die bis zum Erreichen des neuen Gleichgewichts eingetreten ist, läßt sich aus der schon in Tabelle I.4 genannten allgemeinen Lösungsgleichung berechnen:

$$(\text{I-17}) \qquad dH/T = \frac{sm^* + s^*m}{ss^* + sm^* + s^*m} = 0,85$$

Dem anhaltenden autonomen monetären Transfer in Höhe von T = 50 folgt somit nach Abschluß der Anpassungsvorgänge ein anhaltender induzierter realer Transfer von 42,50. 85 % des autonomen monetären Transfers werden also letzten Endes durch den realen Transfer aufgewogen. Im zweiten Fallbeispiel nimmt der Außenbeitrag der Periode 2 zunächst relativ stark zu, geht dann aber allmählich wieder auf den Ausgangswert (von Null) zurück. In jeder Periode, in der H positiv ist, kommt es allerdings zu einem induzierten realen Transfer vom Empfängerland zum Geberland. Der gesamte induzierte reale Transfer entspricht der Summe dieser Einzeltransfers in allen Perioden des Anpassungsprozesses. Dem einmaligen autonomen monetären Transfer in Höhe von T = 50 folgen reale Transfers, die sich letztlich zu einem Betrag von 42,50 addieren. Auch hier wird somit der autonome monetäre Transfer schließlich zu 85 % durch den realen Transfer aufgewogen. Hinsichtlich der Kompensation des monetären Transfers durch den realen Transfer gibt es also keinen wesentlichen Unterschied. Gravierend ist der Unterschied allerdings in bezug auf die Einkommensänderungen: im ersten Fallbeispiel wird das Einkommen des Geberlandes (des Empfängerlandes) schließlich dauerhaft verringert (erhöht); im zweiten Fallbeispiel sinkt (steigt) das Einkommen des Geberlandes (des Empfängerlandes) nur vorübergehend.

Da der reale Transfer in beiden Fallbeispielen geringer ist als der autonome monetäre Transfer, verschlechtert sich die Zahlungsbilanz des Geberlandes – und zwar im ersten Fallbeispiel auf Dauer und im zweiten Fallbeispiel vorübergehend bis zum Abschluß der Anpassungsvorgänge. In einem flexiblen Wechselkurssystem wird die Währung des Geberlandes deshalb auf Dauer oder vorübergehend abgewertet, und bei normaler Reaktion der Leistungsbilanz auf die Wechselkursänderung ist von daher mit einem Zahlungsbilanzausgleich zu rechnen. In einem Festkurssystem ist die Zentralbank des Geberlandes gezwungen, die überschüssige Devisennachfrage, die mit dem Zahlungsbilanzdefizit einhergeht, zu befriedigen – sofern die untere Bandgrenze bereits erreicht ist. Sie verliert damit Währungsreserven. Allerdings ist es denkbar, daß es neben den bereits explizit erfaßten Einkommensänderungen auch noch zu Zins- und Güterpreisänderungen kommt, die ihrerseits Kapitalbewegungen induzieren sowie weitere Leistungstransaktionen bewirken und so möglicherweise die Zahlungsbilanz zum Ausgleich bringen. Auf solche Zins- und Preiseffekte soll hier jedoch nicht weiter eingegangen werden.

I-2.4: Eine kritische Beurteilung von Nettokapitalexporten einer Volkswirtschaft

Kapitalexporte werden in Hinsicht auf ihre wirtschaftlichen Folgen häufig sehr skeptisch beurteilt. Weitverbreitet ist die Auffassung, *Netto*kapitalexporte seien mit einem Kaufkraftentzug verbunden und würden sich deshalb nachteilig auf die Beschäftigungslage auswirken.[12] Solche Befürchtungen geben auch immer wieder Anlaß zu der Forderung, zumindest im Falle relativ hoher Kapitalabflüsse ins Ausland Maßnahmen zur Verbesserung der Kapitalbilanzsituation zu ergreifen. Der Maßnahmenkatalog reicht von extremen, marktinkonformen Strategien, wie z. B. strenge Kapitalverkehrsbeschränkungen, über marktwirtschaftliche Lösungen, z. B. in Form von Zinserhöhungen mit Hilfe einer restriktiven Geldpolitik, bis hin zur Korrektur der staatlichen Wirtschaftspolitik, z. B. die Abschaffung der Quellensteuer auf Zinseinkünfte. Sind die hier angesprochenen Befürchtungen und Forderungen aber überhaupt gerechtfertigt? Um diese Frage beantworten zu können, werden zunächst die Argumente des Kaufkraftentzugs und der Beschäftigungseinbußen etwas näher betrachtet sowie anschließend einige grundlegende Überlegungen zum internationalen Zahlungsbilanzausgleich angestellt.

I-2.4.1: Kaufkraftentzug und Beschäftigungseinbußen

Die Auffassung, es finde ein Kaufkraftentzug statt, beruht auf der Annahme, die monetären Transfers im Rahmen von Nettokapitalexporten privater Wirtschaftssubjekte oder öffentlicher Haushalte (ohne Zentralbank) würden nicht von (induzierten) realen Transfers aufgewogen.[13] Von hierher wird dann unmittelbar auf eine Beeinträchtigung der Beschäftigungslage geschlossen. Bekanntlich kann diese Beeinträchtigung aber nur eintreten, wenn die Nettokapitalexporte direkt oder auf indirektem Wege eine Verringerung der Nachfrage nach inländischen Gütern nach sich ziehen und es von daher zu Produktionseinschränkungen kommt.

Für die Zusammenhänge zwischen Nettokapitalexporten, realen Transfers und Güternachfrage spielt das Wechselkurssystem eine entscheidende Rolle. In einem System flexibler Wechselkurse, in dem die Zentralbank keine Devisenmarktinterventionen vornimmt, muß einem negativen Saldo der Kapitalverkehrsbilanz im engeren Sinne zwingend ein entsprechender positiver Saldo der Leistungsbilanz gegenüberstehen. Nehmen die Nettokapitalexporte privater Wirtschaftssubjekte oder öffentlicher Haushalte (ohne Zentralbank) zu, so müssen folglich Anpassungsprozesse stattfinden, die eine Verbesserung der Leistungsbilanz implizieren. Im allgemeinen sind es Wechselkursänderungen, im vorliegenden Fall Abwertungen der Währung des Geberlandes, die dieses Ergebnis herbeiführen. Die monetären Transfers aus den Nettokapitalexporten sind dann auch zwangsläufig von gleich hohen realen Transfers aus der Leistungsbilanzverbesserung begleitet. Dies bedeutet zu-

---

[12] Vor dem Hintergrund eines extrem hohen Defizits in der Kapitalverkehrsbilanz, das im Jahr 1988 mit ca. 115 Mrd. DM einen historischen Höchststand erreichte, war dieser Aspekt für die Bundesrepublik Deutschland gerade in jüngster Zeit höchst aktuell.

[13] Es ist zu beachten, daß hier die Nettokapitalexporte der privaten Wirtschaftssubjekte und der öffentlichen Haushalte ohne Zentralbank betrachtet werden; diese Nettokapitalexporte entsprechen dem negativen Saldo der Kapitalverkehrsbilanz im engeren Sinne. In den Nettokapitalexporten sind induzierte monetäre Transfers aufgrund von Kapitalimporten, die im Gefolge von autonomen Kapitalexporten auftreten, bereits implizit erfaßt. Für die hier untersuchten ökonomischen Effekte von Nettokapitalexporten spielen solche induzierten monetären Transfers, sieht man von möglichen Einflüssen auf die Zinsstruktur im Geberland ab, folglich keine Rolle.

gleich, daß es auch keine Beeinträchtigung der Nachfrage nach inländischen Gütern geben kann. Selbst dann, wenn die privaten Wirtschaftssubjekte bzw. die öffentlichen Haushalte des Geberlandes ihre Nettokapitalexporte vollständig durch Kürzung der Ausgaben für heimische Güter finanzieren, wird der inländische Nachfrageausfall durch die Leistungsbilanzverbesserung ausgeglichen. Es ist auch möglich, daß zumindest ein Teil der Nettokapitalexporte aus ungenutzten Bargeldbeständen bzw. aus einer Überschußkasse im Besitz privater Wirtschaftssubjekte (einschließlich der Geschäftsbanken) oder öffentlicher Haushalte (ohne die Zentralbank) realisiert wird. In diesem Fall ist der inländische Nachfrageausfall geringer als die Leistungsbilanzverbesserung, und demzufolge müßte die gesamte (in- und ausländische) Nachfrage von Gütern des Geberlandes sogar zunehmen. Aufgrund solcher logischer Implikationen könnte der Schluß gezogen werden, die Befürchtungen, daß Nettokapitalexporte einen Kaufkraftentzug und von daher eine Beschäftigungseinbuße implizieren, seien bei freier Wechselkursbildung unbegründet. Es ist aber zu bedenken, daß die Verbesserung der Leistungsbilanz, die im Zuge der Nettokapitalexporte eintreten muß, mit erheblichen Anpassungsproblemen verbunden sein kann. Wie aus der Diskussion des J-Kurven-Effektes bekannt ist, reagieren die Export- und die Importnachfrage häufig erst mit gewissen zeitlichen Verzögerungen auf Wechselkursänderungen. Deshalb besteht die Gefahr, daß umfangreiche zusätzliche Nettokapitalexporte eine destabilisierende Wechselkursentwicklung, hier eine destabilisierende Abwertung der Währung des Geberlandes auslösen. Und selbst dann, wenn sich schließlich ein stabiler Zustand einstellen sollte, wäre letztlich eine relativ große Wechselkursänderung bzw. Abwertung erforderlich, wenn die Preiselastizitäten von Export- und Importnachfrage gering sind. Um solche Wirkungen zu verhindern, wird die Zentralbank des Geberlandes im allgemeinen an den Devisenmärkten intervenieren und so versuchen, eine gewisse Wechselkursstabilität zu erhalten bzw. die Anpassungsvorgänge zu stabilisieren. Ein quasi automatischer Ausgleich des negativen Saldos der Kapitalverkehrsbilanz (im engeren Sinne) durch eine entsprechende Verbesserung der Leistungsbilanz findet dann nicht mehr statt. Jetzt werden Zusammenhänge relevant, wie sie für ein System fester Wechselkurse typisch sind.

Für feste Wechselkurse sind die Wirkungen der Kapitalexporte auf die Leistungsbilanz und die Nachfrage nach heimischen Gütern weiter oben bereits eingehend untersucht worden. Es sei noch einmal daran erinnert, daß die Leistungsbilanz- und Nachfrageeffekte entscheidend von der Art der Finanzierung der Kapitalexporte – hier der gesamten Nettokapitalexporte – sowie von den Reaktionen in den Empfängerländern abhängig sind. Vor diesem Hintergrund lassen sich dann auch im Rahmen einer theoretischen Analyse keine definitiven Aussagen über die Richtung der Leistungsbilanz- und Einkommenseffekte von Kapitalexporten und somit über die Höhe der realen Transfers machen. Ein wichtiges Ergebnis der Untersuchungen ist aber zu konstatieren: Selbst dann, wenn Kapitalexporte – hier Nettokapitalexporte – zu einem gewissen Teil direkt durch Einschränkung von Ausgaben für den Kauf inländischer Güter finanziert werden, können Wirkungsabläufe in Gang gesetzt werden, z. B. über internationale Rückwirkungen oder über inländische Preisveränderungen, die den direkten Effekt auf die Nachfrage nach inländischen Gütern letztlich kompensieren oder überkompensieren und dementsprechend reale Transfers implizieren, die nach einer gewissen Zeit die gleiche Höhe wie die monetären Transfers erreichen bzw. die monetären Transfers sogar übersteigen. Es ist allerdings aufgrund der komplexen internationalen Zusammenhänge kaum möglich, empirisch nachzuweisen, ob die Bedingungen für das Eintreten solcher Wirkungen erfüllt sind oder nicht. Folglich läßt sich den oben genannten Befürchtungen zwar entgegenhalten, sie seien unter theoretischem Aspekt nicht in jedem Fall gerechtfertigt, aber völlig zurückweisen lassen sie sich nicht.

I-2.4.2: Nettokapitalexporte und internationaler Zahlungsbilanzausgleich

Für die Funktionsfähigkeit des internationalen Güter- und Kapitalverkehrs sind die Mechanismen des Zahlungsbilanzausgleichs von großer Bedeutung. In einem System, in dem sich Wechselkurse frei bilden, in dem es also keine offiziellen Devisenmarktinterventionen gibt, ist die Gesamtbilanz aus Leistungsbilanz und Kapitalverkehrsbilanz im engeren Sinne ex definitione immer ausgeglichen.[14] Sieht man von den Möglichkeiten vorübergehender Anpassungsfriktionen ab, so können in einem solchen System keine internationalen Zahlungsschwierigkeiten auftreten; ein Devisenabfluß, der z. B. durch ein Leistungsbilanzdefizit entsteht, wird durch den Devisenzufluß aus dem Überschuß der Kapitalverkehrsbilanz (im engeren Sinne) kompensiert.

Im System fester Wechselkurse oder bei kontrolliertem bzw. schmutzigem Floaten ist dieser Automatismus nicht gegeben. Die Devisenbilanz bzw. die Gesamtbilanz aus Leistungsbilanz und Kapitalverkehrsbilanz im engeren Sinne muß jetzt nicht zwingend ausgeglichen sein; und von daher können Länder, deren Devisenbilanz infolge von Nettokapitalexporten ein Defizit aufweist, in internationale Zahlungsschwierigkeiten geraten. Um solche Schwierigkeiten zu vermeiden, müßte versucht werden, soweit wie eben möglich einen internationalen Zahlungsbilanzausgleich zu realisieren. Dieser Aspekt sollte bei der Beurteilung von Nettokapitalexporten ebenfalls beachtet werden.

Für ein Land, dessen Devisenbilanz defizitär ist, können Nettokapitalexporte ein grundlegendes Problem darstellen. In einem System fester Wechselkurse ist dieses Land entweder zur Zahlungsbilanzfinanzierung oder zur Zahlungsbilanzanpassung gezwungen. Die Zahlungsbilanzfinanzierung bedeutet den Verlust von Währungsreserven bzw. die Aufnahme von Auslandskrediten, die Zahlungsbilanzanpassung läßt sich im allgemeinen nur über eine restriktive Geld- und/oder Fiskalpolitik erreichen und kann deshalb mit Beschäftigungseinbußen verbunden sein. Angesichts dieser Lage ist es verständlich, daß die ökonomischen Folgen von Nettokapitalexporten in einem Defizitland eher skeptisch beurteilt werden und eine Neigung besteht, Maßnahmen zur Drosselung von Nettokapitalexporten einzusetzen.

In Hinsicht auf einen internationalen Zahlungsbilanzausgleich sollten demgegenüber Nettokapitalexporte eines Landes, das (umfangreiche) Überschüsse in der Leistungsbilanz und in der Devisenbilanz aufweist, positiv beurteilt werden. Die Nettokapitalexporte dieses Landes stellen ein Devisenrecycling dar, das internationale Zahlungsprobleme vermeiden hilft. Allerdings ist es nicht unbedingt erforderlich, daß die „Devisenrückführung" durch Nettokapitalexporte privater Wirtschaftssubjekte oder öffentlicher Haushalte (ohne Zentralbank) erfolgt. Die Devisen, die der Zentralbank eines Landes im Falle von Devisenbilanzüberschüssen bzw. von Überschüssen in der Gesamtbilanz aus Leistungsbilanz- und Kapitalverkehrsbilanz im engeren Sinne zufließen, könnten von der Zentralbank selbst im Ausland (zinsbringend) angelegt werden. Es ist aber zu bedenken, daß solche Anla-

---

[14] Es ist üblich, in diesem Fall von einer ausgeglichenen Zahlungsbilanz zu sprechen. Sieht man von der Bilanz der Restposten ab, so handelt es sich dabei jedoch um eine ausgeglichene Devisenbilanz.

gen zu den offiziellen Währungsreserven zählen. Anhaltende Devisenbilanzüberschüsse würden somit trotz der hier skizzierten Anlagepolitik der Zentralbank die offiziellen Währungsreserven laufend erhöhen. Die offiziellen Währungsreserven sind aber nach wie vor ein wichtiger Indikator für die internationale Zahlungsfähigkeit eines Landes, und wachsende Währungsreserven wertet man allgemein als Ausdruck zunehmender internationaler Zahlungsbilanzungleichgewichte. Erfahrungsgemäß sieht sich deshalb ein Überschußland über kurz oder lang dem Druck von Defizitländern ausgesetzt, geeignete Maßnahmen zum Abbau der Devisenbilanzüberschüsse und damit zur Erreichung eines internationalen Zahlungsbilanzausgleichs zu ergreifen. Solche Maßnahmen sind i.d.R. auf einen Abbau der Leistungsbilanzüberschüsse gerichtet und implizieren deshalb zugleich restriktive Einkommens- und Beschäftigungseffekte. Die Nettokapitalexporte privater Wirtschaftssubjekte und öffentlicher Haushalte (ohne Zentralbank) vermindern also den Zwang, zu solchen restriktiven Maßnahmen zu greifen. Nettokapitalexporte, mit denen Devisenbilanzüberschüsse vermieden und dementsprechend Leistungsbilanzüberschüsse kompensiert werden, bieten somit keinen Anlaß für eine skeptische Beurteilung. Sie sind nicht als ein Kaufkraftentzug, sondern als eine Kaufkraft- bzw. Devisenrückführung ins Ausland bzw. in die Defizitländer zu begreifen. Da sie restriktive Maßnahmen der Zahlungsbilanzanpassung vermeiden helfen, erweist sich in einem Land mit hohen Leistungsbilanzüberschüssen letztlich auch das Argument der Beschäftigungseinbußen durch Nettokapitalexporte als wenig tragfähig.[15]

Obwohl die grenzüberschreitenden Kapitaltransfers für den internationalen Zahlungsbilanzausgleich und die Erhaltung der internationalen Zahlungsfähigkeit unverzichtbar sind, stoßen Nettokapitalimporte in den Empfängerländern keineswegs auf eine allgemeine Zustimmung. Man befürchtet dort – vor allem bei Direktinvestitionen – einen „Ausverkauf" heimischer Vermögenswerte und eine zu starke Beeinflussung durch das Ausland sowie – bei allen Formen des Kapitalimports – unübersehbare Folgelasten aus Zins- und Tilgungsverpflichtungen. Solche Befürchtungen werden nicht nur seitens der hochverschuldeten Entwicklungsländer und Staatshandelsländer, sondern seit kurzem auch im größten westlichen Industrieland, den USA, geäußert. Mit Nettokapitalimporten von zeitweise über 100 Mrd. US-Dollar im Jahr haben sich die USA nämlich im Laufe der 80er Jahre von einem Nettogläubiger- zu einem internationalen Nettoschuldnerland entwickelt.

I-3: Die Auslandsverschuldung der Entwicklungs- und Staatshandelsländer

I-3.1: Die Verschuldungslage

Aufgrund hoher Leistungsbilanzdefizite nahm die Auslandsverschuldung (bzw. die negative Nettoauslandsposition) vieler Entwicklungsländer (einschließlich der sogenannten Schwellenländer) im Laufe der 70er Jahre und insbesondere zu Beginn

---

[15] In der Bundesrepublik Deutschland standen im Zeitraum von 1985 bis 1988 Überschüssen in der Leistungsbilanz in Höhe von ca. 299 Mrd. DM Nettokapitalexporte der privaten Wirtschaftssubjekte und der öffentlichen Haushalte (ohne Zentralbank) in Höhe von etwa 295 Mrd. DM gegenüber. Die Nettokapitalexporte der Bundesrepublik können in diesem Zeitraum also als ein wesentlicher Beitrag zum internationalen Zahlungsbilanzausgleich verstanden werden.

Tabelle I.6: Die langfristige Auslandsverschuldung der Entwicklungsländer 1971–1982 (in Mrd. $)

	1974	1975	1976	1977	1978	1979	1980	1981	1982	1982[1]
1. Auslandsverschuldung	84	174	211	263	333	391	449	504	555	878
1.1 Kredite der OECD-Länder 1.1.1 Kredite im Rahmen der Entwicklungshilfe	24 (26,6)	34 (19,5)	37 (17,5)	41 (15,6)	49 (14,7)	53 (13,6)	57 (12,7)	57 (11,3)	60 (10,8)	59 (6,7)
1.1.2 Exportkredite	27 (32,1)	42 (24,1)	51 (24,2)	65 (24,7)	85 (25,5)	98 (25,1)	113 (25,2)	119 (23,6)	123 (22,2)	151 (17,2)
1.1.3 Finanzmarktkredite[2]	20 (23,8)	61 (35,1)	80 (37,9)	103 (39,2)	134 (40,2)	151 (36,6)	176 (39,2)	209 (41,5)	236 (42,5)	483 (55,0)
1.2 Multilaterale Kredite	10 (11,9)	22 (12,6)	26 (12,3)	33 (12,5)	40 (12,0)	46 (11,8)	55 (12,2)	63 (12,5)	74 (13,3)	73 (8,3)
1.3 Sonstige Kredite[3]	3 (3,6)	15 (8,6)	17 (8,1)	21 (8,0)	25 (7,5)	43 (11,0)	48 (10,7)	56 (11,1)	62 (11,2)	112 (12,6)
2. Schuldendienst 2.1 Zinsendienst 2.2 Zinsen und Tilgungen	3,3 11,0	9,3 25,8	10,5 31,9	12,9 42,1	17,6 59,0	26,0 71,1	37,2 83,8	48,5 101,8	54,5 108,4	74,9 131,6

Quelle: Organisation for Economic Co-Operation and Development, Financing and External Debt of Developing Countries, 1982 Survey, Paris 1982, S. 26 f. und 1985 Survey, Paris 1986, S. 62 f. sowie eigene Berechnungen.

[1] Daten nach der Erweiterung der Verschuldungsstatistik der OECD.
[2] Kredite von privaten Banken oder anderen Privatpersonen sowie Verbindlichkeiten aus Wertpapieremissionen.
[3] Insbesondere bilaterale Kredite von Nicht-OECD-Ländern.

Anmerkung: Anteile an der gesamten Auslandsverschuldung jeweils in Klammern.

der 80er Jahre erheblich zu. Eine Bekämpfung der Leistungsbilanzdefizite mit Hilfe von Anpassungsmaßnahmen, z. B. mit Hilfe von Währungsabwertungen oder restriktiven Geld- und Fiskalpolitiken, war entweder wenig erfolgreich oder aus politischen Gründen, z. B. wegen befürchteter Beschäftigungseinbußen, nicht gewünscht. Auch eine regulierende, protektionistische Politik, z. B. in Form von Zöllen oder Importkontingenten, schied meistens aus, weil eine Beschränkung der Importe im Interesse einer ausreichenden Versorgung mit Investitionsgütern und sogar mit Konsumgütern politisch ebenfalls unerwünscht war oder weil man Retorsionsmaßnahmen seitens der Industrieländer befürchtete. Eine konsequente, auf den Abbau der Leistungsbilanzdefizite gerichtete Politik wurde vor diesem Hintergrund kaum betrieben, und folglich war man zur Defizitfinanzierung im Ausland gezwungen.

Die verfügbaren empirischen Daten zur Auslandsverschuldung der Entwicklungsländer[16] sind für den Zeitraum bis einschließlich 1981 unvollständig; sie erfassen nicht alle Länder und beschränken sich auf die langfristige Auslandsverschuldung. Die in der Tabelle I.6 enthaltenen Daten für 1971 sowie für den Zeitraum von 1975 bis 1982 geben deshalb nur einen Teil der tatsächlichen Auslandsverschuldung wieder. Erst angesichts einer krisenhaften Zuspitzung des Verschuldungsproblems wurden die statistischen Erhebungen ab 1982 erheblich erweitert; inzwischen werden alle Formen der Auslandsverschuldung und fast alle Schuldnerländer einbezogen.

Trotz der eingeschränkten Datenerfassung vermittelt die Tabelle I.6 sehr wohl einen brauchbaren Einblick in die schnelle Zunahme der Auslandsverschuldung zwischen 1971 und 1982 sowie in die Verschiebungen der Verschuldungsstruktur. Die langfristige Auslandsverschuldung der erfaßten Entwicklungsländer nahm innerhalb von nur 10 Jahren um über 500 % zu, während sich gleichzeitig das zusammengefaßte Bruttosozialprodukt dieser Länder nicht einmal verdoppelte. Der gesamte Schuldendienst (Zinsendienst und Tilgungen) stieg sogar um das Zehnfache, von 11 auf fast 109 Mrd. US-Dollar. Beachtlich waren auch die strukturellen Verschiebungen: während 1971 nur etwa 24 % der langfristigen Kredite vom freien internationalen Kapitalmarkt bzw. Finanzmarkt (aus Bankkrediten oder Wertpapieremissionen) stammten, erreichte dieser Anteil 1982 fast 43 %. Parallel dazu nahm der Anteil der bilateralen Kredite von Industrieländern im Rahmen von Entwicklungshilfeprogrammen sowie der multilateralen Kredite supranationaler Organisationen (insbesondere der Weltbank) von etwa 41 % auf 24 % ab. Da die Zinssätze am freien internationalen Kapitalmarkt Ende der 70er Jahre bis 1982

---

[16] Die wichtigsten Quellen sind: Organisation for Economic Co-Operation and Development, External Debt Statistics, The Debt And Other External Liabilities Of Developing, CMEA And Certain Other Countries And Territories, Paris; Organisation for Economic Co-Operation and Development, Financing and External Debt of Developing Countries, Surveys, Paris; The World Bank, World Debt Tables, External Debt of Developing Countries, Washington, D. C.; International Monetary Fund, World Economic Outlook, Washington, D. C.; Organisation for Economic Co-Operation and Development and Bank for International Settlements, Statistics on External Indebtedness, Bank and Trade-related Non-Bank External Claims on Individual Borrowing Countries and Territories, Paris; Bank für Internationalen Zahlungsausgleich, Die Fälligkeits- und Sektorenverteilung der Internationalen Bankausleihungen, Basel. Diese Veröffentlichungen erscheinen regelmäßig mindestens einmal im Jahr. Die Angaben in diesen Quellen weichen allerdings teilweise erheblich voneinander ab, da es Unterschiede in den Erhebungstechniken sowie in Hinsicht auf die erfaßten Länder und Verschuldungsarten gibt.

stark anstiegen, ergab sich aus dieser Strukturverschiebung eine erhebliche Zunahme der Zinsbelastung; der Zinsendienst lag 1982 sechzehnmal so hoch wie im Jahr 1971. Die schon aus dem Güterverkehr resultierenden Leistungsbilanzdefizite wurden durch den Zinsendienst, der in der Dienstleistungsbilanz zu buchen ist, noch weiter erhöht.

Die letzte Spalte der Tabelle I.6 enthält zum Vergleich die Angaben zur Auslandsverschuldung der Entwicklungsländer nach der Erweiterung der statistischen Erhebungen. Hier sind nun auch die kurzfristigen Auslandsschulden einbezogen. Da die Finanzierung im kurzfristigen Bereich fast ausschließlich auf dem freien internationalen Kapitalmarkt erfolgte, liegt der Anteil der Finanzmarktkredite mit 55 % erheblich über dem zuvor genannten Wert für die langfristige Verschuldung. Der Anteil der zinsgünstigen bilateralen und multilateralen Kredite beträgt jetzt nur noch 15 %.

Aufgrund des rapide angestiegenen Schuldendienstes und wegen der weiterhin hohen Defizite im Güterverkehr mit dem Ausland gerieten einige Entwicklungsländer zu Beginn der 80er Jahre in ernsthafte Zahlungsschwierigkeiten. Devisenreserven waren kaum vorhanden, und die notwendige Beschaffung von Devisenkrediten war meistens nur am freien Kapitalmarkt zu sehr hohen Zinssätzen möglich. Der durchschnittliche Zinssatz für freie Kapitalmarktkredite erreichte 1981 ein Niveau von etwa 16 %. Die Zuspitzung der Verschuldungssituation – verbunden mit ersten Anzeichen von Zahlungsschwierigkeiten – führte im Jahr 1982 zu einer weltweiten Krisenstimmung. Man sah in dem bereits erreichten Niveau und in der schon absehbaren weiteren Zunahme der Auslandsverschuldung der Entwicklungsländer eine ernsthafte Gefahr für die Funktionsfähigkeit der internationalen Kapitalmärkte und von daher für die weltwirtschaftlichen Beziehungen schlechthin. Häufig war damals zu hören, das internationale Finanzsystem stehe kurz vor einem Kollaps. Zwar hat sich die Verschuldungssituation der meisten Entwicklungsländer seither nicht wesentlich gebessert – in einigen Fällen hat sie sich sogar noch weiter verschlechtert –, aber das internationale Finanzsystem ist nicht zuletzt wegen des konjunkturellen Aufschwungs in den Industrieländern nach 1982 sowie wegen umfangreicher bilateraler und multilateraler Hilfsmaßnahmen über die Krise hinweggekommen. Der konjunkturelle Aufschwung versetzte nämlich die privaten Kreditgeber, insbesondere die Banken, in die Lage, Zins- und Tilgungsausfälle zu verkraften, und die Unterstützungen seitens supranationaler Organisationen (z. B. der Weltbank) verschafften den Schuldnerländern eine gewisse Entlastung bei Anschlußfinanzierungen.

Die Tabelle I.7 zeigt die gesamte Auslandsverschuldung, den Schuldendienst sowie einige Verschuldungsquoten der Entwicklungsländer für den Zeitraum von 1982 bis 1988. Die Zuwachsraten der Verschuldung sind während dieser Zeit im Durchschnitt erheblich geringer gewesen als in den 70er Jahren und unmittelbar zu Beginn der 80er Jahre. Dadurch hielt sich auch der Anstieg des Anteils der Auslandsverschuldung am zusammengefaßten Bruttosozialprodukt der Entwicklungsländer in Grenzen. Während sich der Anteil zwischen 1975 und 1982 von unter 20 % auf etwa 31 % erhöhte, kam es jetzt „nur" noch zu einem weiteren Anstieg auf 38 %; 1988 ging der Anteil wegen der weltweit günstigen Konjunkturentwicklung, an der eine Reihe von Entwicklungsländern partizipieren konnten, sogar leicht zurück. Parallel dazu haben sich auch die Anteile des Zinsendienstes sowie des gesamten Schuldendienstes (Zinszahlungen und Tilgungen) nach Erreichen der Spitzenwerte von 16 % bzw. 30 % im Jahr 1985 inzwischen zurückgebildet, nämlich auf 11 % bzw. 23 % im Jahr 1988. Hervorzuheben ist nicht zuletzt die Entwicklung der Ver-

Tabelle I.7:   Die Auslandsverschuldung der Entwicklungsländer 1982–1988

	1982	1983	1984	1985	1986	1987	1988
1. Gesamte Auslandsverschuldung (in Mrd. $)	878	944	974	1078	1176	1296	1240
1.1 Kredite der OECD-Länder 1.1.1 Kredite im Rahmen der Entwicklungshilfe	59 (6,7)	61 (6,5)	61 (6,3)	75 (7,0)	90 (7,7)	113 (8,7)	115 (9,3)
1.1.2 Exportkredite	151 (17,2)	154 (16,3)	158 (16,2)	187 (17,3)	222 (18,9)	250 (19,3)	242 (19,5)
1.1.3 Finanzmarktkredite[1]	483 (55,0)	525 (55,6)	537 (55,1)	603 (55,9)	604 (51,3)	630 (48,6)	590 (47,6)
1.2 Multilaterale Kredite	73 (8,3)	84 (8,9)	95 (9,8)	108 (10,0)	136 (11,6)	169 (13,0)	175 (14,1)
1.3 IWF-Kredite	19 (2,2)	29 (3,1)	32 (3,3)	35 (3,3)	38 (3,2)	40 (3,1)	33 (2,7)
1.4 Sonstige Kredite[2]	93 (10,5)	91 (9,6)	91 (9,3)	70 (6,5)	86 (7,3)	94 (7,3)	85 (6,8)
2. Schuldendienst (in Mrd. $) 2.1 Zinsendienst 2.2 Zinsendienst und Tilgungen	 75 132	 71 132	 72 132	 80 152	 70 144	 66 156	 77 178
3. Verschuldungsquoten (in %) 3.1 Auslandsverschuldung/Brutto-sozialprodukt 3.2 Zinsendienst/Exporterlöse 3.3 Schuldendienst/Exporterlöse	 31 14 24	 33 14 26	 34 14 25	 37 16 30	 38 14 29	 38 11 25	 36 11 23

Quelle: Organisation for Economic Co-Operation and Development, Financing and External Debt of Developing Countries, 1987 Survey und 1988 Survey; eigene Berechnungen.

[1] Kredite von privaten Banken oder anderen Privatpersonen sowie Verbindlichkeiten aus Wertpapieremissionen.

[2] Insbesondere bilaterale Kredite von Nicht-OECD-Ländern.

Anmerkung: Anteile an der gesamten Auslandsverschuldung jeweils in Klammern.

schuldungsstruktur. Der Anteil der freien Finanzmarktkredite ging nach Erreichen einer Höchstmarke von fast 56 % im Jahr 1985 auf knapp 48 % im Jahr 1988 zurück; und aufgrund der schon erwähnten Hilfsmaßnahmen nahm der Anteil der Kredite, den die Industrieländer im Rahmen von Entwicklungshilfeprogrammen gewährten, sowie der multilateralen Kredite (vor allem der Weltbank) von 17 % im Jahr 1985 auf über 23 % im Jahr 1988 zu. Es läßt sich somit feststellen, daß seit 1982 eine gewisse Entspannung in der Verschuldungssituation eingetreten ist. Das trifft allerdings nicht für alle Entwicklungsländer zu. Während die gesamte Auslandsverschuldung der Entwicklungsländer zwischen 1982 und 1988 um etwa 48 % angestiegen ist, lag die Zuwachsrate für die Entwicklungsländer mit niedrigem Einkommen

Tabelle I.8 Die Auslandsverschuldung der RWG-Länder 1984–1987(in Mrd. $)

	1984	1985	1986	1987
Gesamte Auslandsverschuldung	82	100	114	129
1. Kredite der OECD-Länder 1.1 Exportkredite	32 (39,0)	37 (37,0)	42 (36,8)	43 (33,3)
1.2 Finanzmarktkredite	32 (39,0)	51 (51,0)	62 (54,4)	76 (58,9)
2. Multilaterale Kredite	2 (2,4)	2 (2,0)	2 (1,8)	2 (1,6)
3. Sonstige Kredite	16 (19,6)	10 (10,0)	8 (7,0)	8 (6,2)

Quelle: Organisation for Economic Co-Operation and Development, External Debt Statistics, At End-December 1984 and End-December 1985, Paris 1987, S. 15; At End-December 1985 and End-December 1986, Paris 1987, S. 19; At End-December 1986 and End-December 1987, Paris 1988, S. 15 und S. 19.

Anmerkung: Anteile an der gesamten Auslandsverschuldung jeweils in Klammern.

(die sogenannten LICS) bei 91 % und für die Entwicklungsländer mit mittlerem Einkommen (die sogenannten LMICS) bei 64 %. Demgegenüber konnten die Entwicklungsländer mit höherem Einkommen (die sogenannten UMICS) die Zuwachsrate mit 29 % relativ niedrig halten. Zur letzten Gruppe zählen allerdings auch die asiatischen Schwellenländer Hongkong, Singapur, Südkorea und Taiwan (die „four little tigers"), die in jüngster Zeit eine beachtliche ökonomische Prosperität erlebten. Auch bei einer Betrachtung einzelner Entwicklungsländer zeigen sich gravierende Unterschiede. So konnte beispielsweise Südkorea seine Verschuldung verringern, während gleichzeitig Länder wie China und Irak mit 335 % bzw. 198 % zwischen 1982 und 1988 einen dramatischen Zuwachs verzeichneten.

Erhebliche Verschuldungszuwächse ließen sich gerade in jüngster Zeit für die Gruppe der RGW-Länder (Bulgarien, DDR, Polen, Rumänien, Tschechoslowakei, UdSSR und Ungarn) beobachten (siehe Tabelle I.8). Während die Verschuldungskrise von 1982 nur die Entwicklungsländer (außerhalb des RGW) betraf, wird die aktuelle Situation (1988/89) auch von verstärkten Verschuldungsproblemen einzelner RGW-Länder, so vor allem Polens und Ungarns, geprägt. In diesem Zusammenhang ist nicht zuletzt die Zunahme des Anteils der freien Kapitalmarktkredite der RGW-Länder, nämlich von 39 % im Jahr 1984 auf fast 59 % im Jahr 1987, von Bedeutung.

Wenn auch heute kaum noch zu befürchten ist, daß das internationale Finanzsystem wegen der Verschuldungssituation der Entwicklungsländer und der RGW-Länder zusammenbricht, stellt diese Situation weiterhin ein gravierendes weltwirtschaftliches Problem dar. Die aus der Verschuldung resultierenden Belastungen beeinträchtigen die ökonomische Entwicklung vieler Schuldnerländer und stellen dadurch eine latente Gefahr für die weltwirtschaftlichen Beziehungen dar. Es ist deshalb erforderlich, die Ursachen der hohen Auslandsverschuldung der Entwicklungsländer und der RGW-Länder aufzudecken und möglichst schnell Maßnahmen zur Lösung des Verschuldungsproblems zu ergreifen. Mit diesen Aspekten, den Ursachen und den Lösungsalternativen, beschäftigen sich die nachfolgenden Untersuchungen. Sie konzentrieren sich allerdings zunächst auf die Auslandsverschuldung der Entwicklungsländer. Viele Aspekte, die hier aufgezeigt werden, gelten gleichermaßen für die RGW-Länder. Auf einige Besonderheiten dieser Länder wird in einem abschließenden Abschnitt jedoch etwas näher eingegangen.

I-3.2: Die Ursachen der Auslandsverschuldung von Entwicklungsländern

I-3.2.1: Neuverschuldung und Leistungsbilanz

Um die Ursachen der Auslandsverschuldung aufzuzeigen, ist es angebracht, die Zusammenhänge mit Zahlungsbilanzströmen etwas näher zu betrachten. Aufgrund der spezifischen Merkmale der in den offiziellen Statistiken üblichen Definition der Auslandsverschuldung sind diese Zusammenhänge allerdings komplizierter als es auf den ersten Blick scheinen mag. Man könnte nämlich vermuten, die Auslandsverschuldung eines Landes sei mit der negativen Nettoauslandsposition gleichzusetzen und die Erhöhung der Auslandsverschuldung entspreche demnach der negativen Veränderung der Nettoauslandsposition. Bekanntlich umfaßt die Nettoauslandsposition die Nettoforderungen aller Wirtschaftssubjekte – also der privaten Wirtschaftssubjekte, der öffentlichen Haushalte und der Zentralbank – eines Landes gegenüber dem Ausland. In den offiziellen Statistiken versteht man demgegenüber unter Auslandsverschuldung im allgemeinen alle Verbindlichkeiten, die den privaten Wirtschaftssubjekten sowie den öffentlichen Haushalten *ohne Zentralbank* aus Kapitalimporten im Zuge von Kreditaufnahmen im Ausland oder von Wertpapierverkäufen an Ausländer jeweils abzüglich der entsprechenden Kredit- und Wertpapiertilgungen entstanden sind und die Zins- und Tilgungsverpflichtungen implizieren. In aller Regel handelt es sich dabei um Verbindlichkeiten, die in ausländischer Währung, meistens in US-Dollar, nominiert sind. Diese Definition der Auslandsverschuldung weist drei Besonderheiten auf:

1. Devisenforderungen bzw. Währungsreserven der Zentralbank werden nicht mit den Auslandsverbindlichkeiten der anderen Sektoren saldiert und vermindern somit nicht die Auslandsverschuldung.

2. Forderungen, die private Wirtschaftssubjekte und öffentliche Haushalte (ohne Zentralbank) aus einer Kreditvergabe an das Ausland – insbesondere aus der Gewährung von Exportkrediten – gebildet haben bzw. bilden, werden ebenfalls nicht mit den Auslandsverbindlichkeiten dieser Sektoren saldiert und bedeuten deshalb gleichfalls keine Minderung der Auslandsverschuldung.[17]

3. Verbindlichkeiten gegenüber dem Ausland, die aus *Netto*kapitalimporten im Zuge von Direktinvestitionen entstanden sind bzw. entstehen, werden nicht zur Auslandsverschuldung gerechnet. Man geht nämlich davon aus, daß Direktinvestitionen sehr langfristige Anlagen darstellen, die nicht unmittelbar mit Zins- und Tilgungsverpflichtungen verbunden sind.

---

[17] Die Kapitalexporte bestehen vorwiegend aus Exportkrediten, denn die meisten Entwicklungsländer verfolgen eine Politik der Kapitalverkehrsbeschränkungen und verbieten Kapitalexporte zum Zwecke von Portfolioinvestitionen. Das schließt selbstverständlich nicht aus, daß nichtregistrierte bzw. illegale Kapitalexporte für andere Zwecke als der Gewährung von Exportkrediten stattfinden. Solche Kapitalexporte sind dann allerdings in der offiziellen Kapitalverkehrsbilanz nicht enthalten.

Da die zuvor unter 1. und 2. genannten Forderungen nicht mit den Auslandsverbindlichkeiten saldiert werden, kann man die in den offiziellen Statistiken ausgewie-
sene Auslandsverschuldung auch als eine Bruttoauslandsverschuldung bezeichnen.

Zwischen der Veränderung der so definierten Auslandsverschuldung und der
Kapitalverkehrsbilanz im engeren Sinne (mit KB bezeichnet) ergibt sich unter Berücksichtigung der genannten Definitionsmerkmale die folgende Beziehung:

$$(\text{I-18}) \qquad dV_Z = KB - KD + KE$$

dV_Z ist die Veränderung der Auslandsverschuldung, so wie sie sich aus der Zahlungsbilanzstatistik bestimmen läßt. KD sind die Nettokapitalimporte aus Direktinvestitionen; KE bezeichnet die Kapitalexporte aus der Kreditvergabe der privaten
Wirtschaftssubjekte und der öffentlichen Haushalte (ohne Zentralbank), insbesondere aus den Exportkrediten an das Ausland. Wertänderungen des Schuldenstandes, die sich aufgrund von Veränderungen von Wechselkursen oder von Wertpa-
pierkursen ergeben können, werden hier nicht erfaßt und bleiben aus Gründen der
Vereinfachung auch im folgenden unberücksichtigt.

Definitionsgemäß entspricht der Saldo der Kapitalverkehrsbilanz KB der negativen Summe der Salden der Devisenbilanz DB, der Leistungsbilanz LB und der
Bilanz der Restposten RB:

$$(\text{I-19}) \qquad KB = - DB - LB - RB$$

Setzt man diese Beziehung in die Gleichung (I-18) ein, so ergibt sich für die
Veränderung der hier definierten Auslandsverschuldung:

$$(\text{I-20}) \qquad dV_Z = - DB - LB - RB - KD + KE$$

Die Leistungsbilanz und die Bilanz der Restposten der Gruppe aller Entwicklungsländer weisen in aller Regel ein Defizit auf, so daß gilt: LB < 0 und RB < 0.
Vor diesem Hintergrund bietet es sich an, die Gleichung (I-20) so umzuformen, daß
sich unmittelbar die Entstehungs- und die Verwendungsseite von Devisen erkennen
läßt:

$$(\text{I-20a}) \qquad dV_Z + KD = - DB - LB - RB + KE$$

Auf der linken Seite steht der Devisenzufluß aus den Kapitalimporten, auf der
rechten Seite die Verwendung der Devisen für eine Erhöhung der offiziellen Devi-
senbestände, für die Finanzierung von Leistungsbilanzdefiziten, für die Finanzierung der nicht zurechenbaren internationalen Transaktionen (der Restposten) sowie für die Kapitalexporte, insbesondere die Exportkredite der privaten Wirtschaftssubjekte und der öffentlichen Haushalte (ohne Zentralbank). Zeitweise haben die Entwicklungsländer – im Rahmen ihrer vorhandenen Währungsreserven –
ihre Leistungsbilanz- und Restpostenbilanzdefizite sowie ihre Kapitalexporte auch
durch Abbau der offiziellen Devisenreserven finanziert, und in diesem Fall war der
Saldo der Devisenbilanz DB positiv.

In der Tabelle I.9 werden die Zusammenhänge zwischen der Veränderung der
Auslandsverschuldung dV_Z und den Zahlungsbilanzströmen gemäß Gleichung
(I-20) bzw. (I-20a) für die ölimportierenden und die ölexportierenden sowie für fünf-
zehn hochverschuldete Entwicklungsländer aufgezeigt.

Tabelle I.9: Zahlungsbilanzströme und Veränderung der Auslandsverschuldung im Jahr 1982 (in Mrd. $)

		Ölimportierende Entwicklungs- länder	Ölexportierende Entwicklungs- länder	15 hochver- schuldete Ent- wicklungsländer
Devisenbilanz (Verwendung von Währungsreserven)	− DB	− 3,7	− 35,3	− 23,0
Leistungsbilanz- defizit	− LB	77,7	4,8	51,3
Defizit der Rest- postenbilanz	− RB	16,8	8,3	17,1
Kapitalimporte aus Direktinvestitionen (und sonstige nicht verschuldungsrele- vante Transaktionen)	− KD	− 12,2	− 2,0	− 7,5
Kapitalexporte (insbesondere Export- kredite an das Ausland)	KE	6,7	43,1	10,7
Veränderung der Aus- landsverschuldung (ohne Weränderungen)	dV_z	85,3	18,9	48,6

Quelle: International Monetary Fund, World Economic Outlook, April 1987, Washington, D.C., 1987, S. 167 ff.

Die Gleichung (I-20) macht unmittelbar deutlich, daß zwischen der Veränderung der Auslandsverschuldung (gemäß offizieller Definition) und der negativen Verän- derung der Nettoauslandsposition eines Landes – wie weiter oben bereits erwähnt – ein erheblicher Unterschied besteht. Bekanntlich entspricht die positive (negative) Veränderung der gesamten Nettoauslandsposition eines Landes dem Leistungsbi- lanzüberschuß (Leistungsbilanzdefizit). Die Veränderung der Auslandsverschul- dung wird demgegenüber auch durch andere Zahlungsbilanzströme determiniert.[18] Zwei Beispiele machen den Unterschied deutlich:

1. Ein Kapitalimport infolge von ausländischen Direktinvestitionen, der unmittel- bar zur Finanzierung eines zusätzlichen Leistungsbilanzdefizits verwendet wird und somit im Zuge eines Realtransfers wieder ins Ausland abfließt, vermindert zwar die gesamte Nettoauslandsposition des Landes, läßt aber die Auslandsver- schuldung unverändert.
2. Ein zusätzliches Leistungsbilanzdefizit, das aus vorhandenen Währungsreserven der Zentralbank finanziert wird, impliziert zwar eine Verringerung der Nettoaus- landsposition, hat aber keine Veränderung der Auslandsverschuldung zur Folge.

---

[18] Von 1982 bis 1987 machten die kumulierten Leistungsbilanzdefizite der Entwicklungsländer einen Betrag von etwa 300 Mrd. US-Dollar aus. Dementsprechend verringerte sich die Net- toauslandsposition dieser Länder um 300 Mrd. US-Dollar. Die Auslandsverschuldung ge- mäß der Definition in der Gleichung (I-20) stieg demgegenüber um 360 Mrd. US-Dollar.

Die Auslandsverschuldung läßt sich zum einen durch direkte Erhebungen in den Schuldnerländern oder bei den Gläubigern und zum anderen – wie zuvor aufgezeigt – durch Fortschreibungen aus der Zahlungsbilanzstatistik bestimmen. Für viele Entwicklungsländer zeigen sich allerdings erhebliche Divergenzen zwischen den Daten der Verschuldungsstatistik (bei Direkterhebungen) und den Daten der Zahlungsbilanzstatistik (bei Fortschreibungen). Die Veränderung der Auslandsverschuldung ist nach der Verschuldungsstatistik in aller Regel höher als die aus der Zahlungsbilanzstatistik gemäß Gleichung (I-20) berechnete Veränderung. Die Differenz kann zu einem gewissen Teil auf Ungenauigkeiten in der Zahlungsbilanzstatistik sowie auf Erhebungsfehler in der Verschuldungsstatistik zurückzuführen sein. Es ist aber zu vermuten, daß die Differenz zum weitaus größten Teil aus Kapitalimporten resultiert, die nicht registriert wurden und deren Verwendung in der offiziellen Zahlungsbilanzstatistik ebenfalls nicht erfaßt worden ist. So besteht beispielsweise die Möglichkeit, daß die Leistungsbilanzdefizite in der Zahlungsbilanzstatistik zu niedrig ausgewiesen sind und die nichtregistrierten Kapitalimporte zur Finanzierung dieser Defizite verwendet wurden. Allerdings geht man im allgemeinen davon aus, daß diese Kapitalimporte überwiegend der Finanzierung von ebenfalls nichtregistrierten Kapitalexporten gedient haben und daß diese Kapitalexporte eine Kapitalflucht darstellen. Will man die Veränderung der Auslandsverschuldung gemäß der Verschuldungsstatistik mit den Zahlungsbilanzströmen in Verbindung setzen, so ist die Gleichung (I-20) auf der linken Seite um die zuvor genannten nichtregistrierten Kapitalimporte sowie auf der rechten Seite um die gleich hohen nichtregistrierten Kapitalexporte – jeweils mit KV bezeichnet – zu erweitern:

(I-21) $dV = dV_Z + KV = -DB - LB - RB - KD + KE + KV$

dV bezeichnet die Veränderung der Auslandsverschuldung gemäß der Verschuldungsstatistik (ohne Berücksichtigung von Wertänderungen der Bestände).

Wie weiter unten noch näher zu erläutern ist, werden die nichtregistrierten Kapitalexporte üblicherweise als Kapitalflucht bezeichnet. Es ist anzunehmen, daß die Bilanz der Restposten, die in den Entwicklungsländern im allgemeinen defizitär ist, zu einem erheblichen Teil nichtregistrierte Kapitalexporte enthält und daß hierin also auch Kapitalflucht zum Ausdruck kommt. Es bietet sich deshalb an, die Positionen – RB und KV in der Gleichung (I-21) zu einer Größe KF zusammenzufassen und diese Größe (überwiegend) der Kapitalflucht zuzuschreiben:

(I-22) $dV = -DB - LB - KD + KE + KF$

Die Gleichung (I-23) liefert – ohne daß allerdings die grundlegenden Ursachen deutlich werden – Anhaltspunkte für eine Erklärung des starken Anstiegs der Auslandsverschuldung der Entwicklungsländer:

1. Die zusammengefaßte Leistungsbilanz der Entwicklungsländer war Jahr für Jahr – und zeitweise in hohem Umfang – defizitär (LB < 0).
2. Die ausländischen Direktinvestitionen in den Entwicklungsländern gingen insbesondere angesichts der drohenden Verschuldungskrise zeitweise erheblich zurück (Verringerung der Größe KD).
3. Die Kapitalflucht nahm mit dem Anstieg der Verschuldung und den damit verbundenen Folgewirkungen (z. B. Währungsabwertungen) drastisch zu (KF > 0).
4. Die vorhandenen Devisenreserven der Entwicklungsländer reichten zur Zahlungsbilanzfinanzierung, die aufgrund der Leistungsbilanzdefizite und der Kapi-

talflucht erforderlich war, nicht aus; ein anhaltend positiver Saldo der Devisenbilanz der Zentralbank (also $-\mathrm{DB} < 0$) war deshalb nicht möglich.

Der Anstoß zur Ausweitung der Auslandsverschuldung ging allerdings von den Leistungsbilanzdefiziten aus; und diese Defizite blieben trotz einer relativ hohen Kapitalflucht, die vor allem zwischen 1980 und 1985 zu beobachten war, der treibende Faktor der weiteren Verschuldungseskalation. In der folgenden Ursachenanalyse stehen deshalb auch die Leistungsbilanzdefizite im Vordergrund. Um einen tieferen Einblick in die Ursachen zu gewinnen, muß die zusammengefaßte Leistungsbilanz der Entwicklungsländer noch differenzierter betrachtet werden:

$$\text{(I-23)} \qquad LB = E^n - M^n - iV_{-1} + \ddot{U}B$$

Bekanntlich setzt sich die Leistungsbilanz aus der Handels-, der Dienstleistungs- und der Übertragungsbilanz zusammen. In Hinsicht auf das hier betrachtete Verschuldungsproblem bietet es sich allerdings an, alle Gütertransaktionen – also auch Dienstleistungstransaktionen, die keine Faktorentgelte darstellen – in einer Bilanz des Güterverkehrs $H^n = E^n - M^n$ zusammenzufassen und die Zinszahlungen, die aus der Auslandsverschuldung resultieren, gesondert zu betrachten. E^n ist der Exportwert, M^n der Importwert im Rahmen des Güterverkehrs. Die Größe $-iV_{-1}$ ist der Zinsendienst für die ausstehende Auslandsverschuldung; es wird angenommen, daß hierfür der Schuldenstand am Ende der Vorperiode V_{-1} sowie ein (durchschnittlicher) Zinssatz i maßgeblich sind. Weitere internationale Transaktionen aus Faktorleistungen bleiben hier aus Gründen der Vereinfachung unberücksichtigt. Die Übertragungsbilanz $\ddot{U}B$ schließt als eine für die Entwicklungsländer besonders wichtige Komponente die unentgeltlichen Entwicklungshilfeleistungen anderer Länder, vor allem der Industrieländer, ein.

In den folgenden Untersuchungen können nur globale Ursachen der Auslandsverschuldung aufgezeigt werden, d. h., Ursachen, die jeweils für eine größere Zahl von Entwicklungsländern gleichzeitig Bedeutung hatten oder noch immer haben. Auf länderspezifische Gegebenheiten, die zweifellos ein breitgefächertes Ursachenspektrum implizieren, kann hier im einzelnen nicht eingegangen werden.

I-3.2.2: Externe Ursachen

Der Anstieg der Auslandsverschuldung der Entwicklungsländer läßt sich auf externe Faktoren, die die Schuldnerländer nicht unmittelbar beeinflussen konnten bzw. können, auf interne Faktoren, die ausschließlich den spezifischen Gegebenheiten in den Schuldnerländern zuzuschreiben sind, sowie auf Faktoren, die in der Auslandsverschuldung selbst begründet sind und eine immanente Verschuldungsdynamik implizieren, zurückführen. Die folgende Untersuchung konzentriert sich zunächst auf die externen Faktoren bzw. Ursachen. Die besondere Bedeutung dieser Faktoren ist in einer ökonometrischen Studie von Cline herausgestellt worden.[19] Cline kam zu dem Ergebnis, daß mehr als 80 % des Zuwachses der Auslandsverschuldung der ölimportierenden Entwicklungsländer im Zeitraum zwischen 1974 und 1982 mit den Wirkungen von vier externen Faktoren erklärt werden kann, nämlich mit den beiden Ölpreisschocks von 1973/74 und 1979/80, mit der Verschlechterung der

---

[19] W. R. Cline, International Debt and Stability of the World Economy, in: Institute for International Economics, Policy Analyses in International Economics, No. 4, Washington, D. C., 1983, S. 20 ff.

Terms of Trade dieser Ländergruppe, mit dem weltweiten Zinsanstieg sowie mit der Weltrezession in den Jahren 1981 und 1982.[20] Ob dieser hohe Beitrag von nur vier externen Faktoren zum Verschuldungsproblem der ölimportierenden Länder, auf die im Jahr 1982 mit etwa 80 % immerhin der größte Teil der Auslandsverschuldung aller Entwicklungsländer entfiel, tatsächlich zutraf, sei dahingestellt. Es ist aber unumstritten, daß externe Faktoren bzw. Ursachen für die Verschuldungsentwicklung in den 70er Jahren und zu Beginn der 80er Jahre eine maßgebliche Rolle gespielt haben. Den von Cline hervorgehobenen externen Faktoren sind allerdings noch drei weitere Faktoren hinzuzufügen: die Dollarkursentwicklung zu Beginn der 80er Jahre, der Protektionismus der Industrieländer sowie die Praxis der Kreditvergabe bis 1982.

a) Ölpreisschocks

Nach einer empirischen Untersuchung des Internationalen Währungsfonds (IWF) mußten die ölimportierenden Entwicklungsländer von 1974, dem Jahr des ersten Ölpreisschocks, bis einschließlich 1982, dem Jahr der Verschuldungskrise, einen Betrag von etwa 345 Mrd. US-Dollar für Ölimporte aufwenden. Der jährliche Anteil der Ölimporte an den Gesamtimporten dieser Länder stieg von 5,9 % im Jahr 1973 auf über 20 % zu Beginn der 80er Jahre an.[21] Man schätzt, daß die ölimportierenden Entwicklungsländer aufgrund der beiden Ölpreisschocks im Vergleich mit einer Situation einer normalen Ölpreisentwicklung etwa 260 Mrd. US-Dollar mehr aufwenden mußten; dieser Mehraufwand macht aber bereits 54 % der Erhöhung der Auslandsverschuldung dieser Ländergruppe zwischen 1974 und 1982 aus.[22] Tatsächlich waren die Entwicklungsländer von dem drastischen Anstieg der Ölpreise weitaus stärker betroffen als die meisten Industrieländer. Sie verfügten kaum über Devisenreserven, um die höheren Ölrechnungen bezahlen zu können, und ihnen fehlte das technische Know-how, um die Abhängigkeiten von Öleinfuhren durch Einsatz von Substitutionsgütern und/oder Änderung der Produktionsverfahren nennenswert vermindern zu können. Den Industrieländern gelang es, ihre Exporte in den Jahren der Ölpreiskrisen zwischen 1974 und 1981 erheblich zu steigern, und dieser Anstieg wurde vor allem durch Importe der ölexportierenden Länder ermöglicht. Das Recycling der sogenannten Petrodollars fand für die Industrieländer somit zu einem großen Teil über Gütertransaktionen, also über reale Transfers statt. Die ölimportierenden Entwicklungsländer waren in ihren Exportanstrengungen weit weniger erfolgreich. Sie konnten nur einen geringen Teil der Devisenabflüsse in die Ölexportländer durch höhere Güterexporte in eben diese Länder ausgleichen. Das Recycling der Petrodollars mußte für sie deshalb zum weitaus größten Teil – überwiegend auf dem Umweg über die Euromärkte – durch monetäre Gegentransfers und damit durch eine Auslandsneuverschuldung erfolgen. Entscheidend für diese Situation war die Tatsache, daß die ölexportierenden Länder vor allem am Import von Investitionsgütern und hochwertigen Verbrauchsgütern interessiert waren, diese Güter aber von den ölimportierenden Entwicklungsländern kaum angeboten wurden.

---

[20] Als ölimportierend werden Länder bezeichnet, die im Handel mit Öl keinen Ausfuhrüberschuß erzielten bzw. Netto-Ölimporteure sind. In der Untersuchung von Cline wird Mexiko, das erst zu Beginn der 80er Jahre zum Netto-Ölexporteur wurde, zu den ölimportierenden Ländern gezählt.

[21] International Monetary Fund (IMF), World Economic Outlook, Washington, D.C., 1982, S. 144 ff. sowie 1983, S. 171.

[22] International Monetary Fund, World Economic Outlook, Washington, D.C., 1982, S. 163.

Es ist allerdings erstaunlich, daß nicht nur die ölimportierenden, sondern auch die meisten ölexportierenden Länder bis zum Jahr 1982 eine relativ hohe Auslandsverschuldung aufgebaut haben und einzelne Ölexportländer im Laufe der 80er Jahre sogar in eine tiefgreifende Verschuldungskrise geraten sind. Diese Entwicklung hatte zwei Gründe:

1. Im Vertrauen auf hohe Gewinne, die die Ölpreisexplosion verhieß, waren private Banken der Industrieländer nicht nur bereit, sondern sogar bemüht, diesen Ländern in einer großzügigen Vergabepraxis umfangreiche Kredite zu gewähren. Dadurch wurden viele Finanzierungswünsche geweckt, die sich zunächst auch problemlos erfüllen ließen.
2. Die Kredite wurden teilweise für die Erschließung neuer Ölvorkommen eingesetzt, aber zu einem nicht unerheblichen Teil auch in konsumtive Verwendungen gelenkt. In den meisten Ländern versäumte man es, Investitionen in alternativen Produktionsbereichen vorzunehmen und so die häufig anzutreffende einseitige Abhängigkeit von Ölexporten zu überwinden. Als dann mit Einsetzen der Weltrezession im Jahr 1981 Ölnachfrage und Ölpreise zurückgingen, fehlte es plötzlich einer Reihe von ölexportierenden Ländern an den nötigen Einnahmen, um den Schuldendienst aus der bis dahin aufgelaufenen Auslandsverschuldung zu erfüllen.

Wie schwer die Auslandsverschuldung für einige ölexportierende Länder inzwischen wiegt, läßt sich aus der Tabelle I.10 ablesen.

Tabelle I.10: Auslandsverschuldung von ölexportierenden Ländern (in Mrd. $)

	1975[1])	1980[1])	1982	1987
Algerien	6,5	20,6	19,3	26,7
Ecuador	0,4	3,8	7,0	10,1
Indonesien	4,9	11,0	27,8	53,0
Irak	1,0	2,4	5,3	15,8
Iran	5,1	10,9	8,4	4,7
Kuwait	0,3	0,8	9,5	8,0
Libyen	0,3	1,4	3,9	2,0
Mexiko	19,9	53,8	96,2	120,7
Nigeria	1,1	5,9	14,1	31,9
Saudi Arabien	0,5	3,6	15,4	16,7
Venezuela	2,6	17,2	33,3	29,0
Vereinigte Arabische Emirate	0,9	2,0	9,9	8,8

Quelle: Organisation for Economic Co-Operation and Development, Financing and External Debt of Developing Countries, 1985 Survey (Paris 1986) und 1987 Survey (Paris 1988) und OECD, External Debt Statistics, Paris 1988.
[1]) Kurzfristige Auslandsverschuldung mit 20 % der Gesamtverschuldung eingerechnet.

b) Verschlechterung der Terms of Trade

Die beiden Ölpreisschocks 1974/75 und 1979/80 waren jeweils mit einer drastischen Verschlechterung der Terms of Trade (der Commodity Terms of Trade)[23] der ölim-

---

[23] Verhältnis von Preisniveau der Exportgüter und Preisniveau der Importgüter jeweils auf der Basis einer einheitlichen Währung, üblicherweise auf der Basis des US-Dollars.

portierenden Entwicklungsländer verbunden. Um das gleiche Importvolumen wie zuvor bezahlen zu können, hätten sie folglich eine erheblich größere Menge an Exportgütern verkaufen müssen. Das gelang ihnen, wie zuvor schon erwähnt, jedoch nicht. Bis 1980/81 ließen sich die Einflußfaktoren „Ölpreisschocks" und „Verschlechterung der Terms of Trade" nicht voneinander trennen. Daß die Terms of Trade-Begründung der Auslandsverschuldung jedoch eine eigenständige Bedeutung hatte, zeigte sich in der Phase der Ölpreisstabilisierung zwischen 1981 und 1985 sowie insbesondere in der Phase des Ölpreisverfalls 1986/87. Die Terms of Trade-Situation verbesserte sich für die ölimportierenden Entwicklungsländer in dieser Zeit nicht; vielmehr war zeitweise sogar noch eine weitere Verschlechterung – besonders drastisch im Jahr 1982 – zu beobachten. Hervorgerufen wurde dies durch einen Druck auf die Weltmarktpreise vieler Exportgüter der ölimportierenden Entwicklungsländer; der Entlastung auf seiten der Ölpreise standen 1981 zeitweise erhebliche Einbußen beim durchschnittlichen Exportgüterpreisniveau gegenüber. Die Erwartung, daß sich nach Überwindung der Ölpreisschocks die Terms of Trade wieder verbessern würden und es dadurch auch zu einer gewissen Entspannung der Verschuldungssituation kommen müsse, wurde also nicht erfüllt. Die Terms of Trade-Entwicklung trug sogar vorübergehend (vor allem 1982) zu einer Verschärfung des Verschuldungsproblems bei.[24]

Der Druck auf das Exportgüterpreisniveau wurde anfangs auf die schlechte Konjunkturlage (1981/83) in den Industrieländern zurückgeführt. Daß diese Erklärung nicht ausreichte, zeigte sich sehr deutlich in der Phase des wirtschaftlichen Aufschwungs, der sich nach 1983 in allen Industrieländern durchsetzte. Auch jetzt fand keine nennenswerte Verbesserung der Terms of Trade der ölimportierenden Entwicklungsländer statt. Der Hauptgrund hierfür dürfte in der unzureichenden, der weltwirtschaftlichen Entwicklung zu wenig angepaßten Güterangebotsstruktur dieser Länder zu suchen sein. Darauf soll jedoch erst weiter unten bei der Diskussion der internen Ursachen näher eingegangen werden.

Der Ölpreisverfall von 1986/87 brachte eine drastische Verschlechterung der Terms of Trade der ölexportierenden Länder mit sich. Einige dieser Länder, die schon in früheren Jahren eine hohe Auslandsverschuldung aufgebaut hatten, gerieten dadurch in erhebliche internationale Finanzierungsprobleme. Zu nennen sind hier insbesondere Mexiko, Nigeria und Indonesien, deren Auslandsverschuldung sich in nur zwei Jahren – von Ende 1985 bis Ende 1987 – um fast 60 Mrd. US-Dollar auf insgesamt 205 Mrd. US-Dollar erhöhte. Daß der externe Faktor „Terms of Trade-Verschlechterung" diese Wirkung haben konnte, ist freilich auch hier vor allem in einem intern bedingten Mangel an international konkurrenzfähigen Alternativprodukten begründet.

Die Abbildung I.1 zeigt die Entwicklung der Terms of Trade der ölimportierenden und der ölexportierenden Entwicklungsländer von 1974 bis 1986. Besonders deutlich ist der steile Anstieg der Terms of Trade der ölexportierenden Länder im Zuge der Ölpreisschocks sowie der drastische Rückgang mit dem Ölpreisverfall.

---

[24] Cline kommt in seinen Untersuchungen zu dem Ergebnis, daß die Auslandsverschuldung der ölimportierenden Entwicklungsländer durch die Verschlechterung der Terms of Trade 1981/82 um etwa 80 Mrd. US-Dollar gestiegen ist. W. R. Cline, a.a.O., S. 25.

Abbildung I.1:

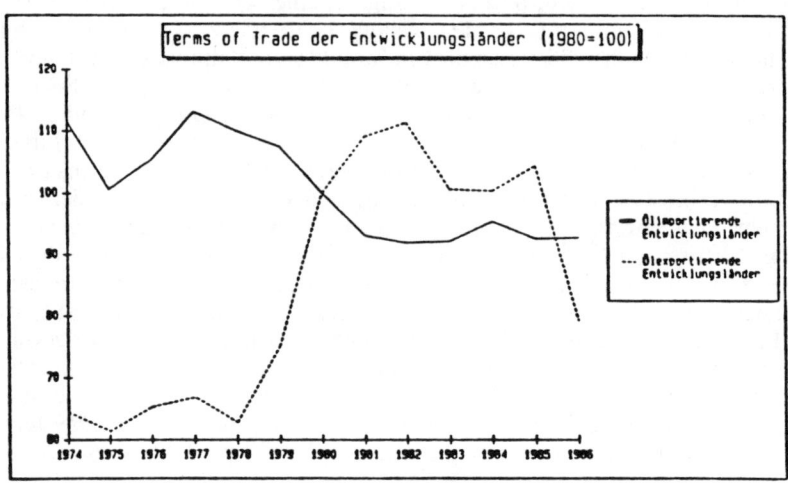

c) **Terms of Trade-Argument und Protektionismus der Industrieländer**

Zur Erklärung der Terms of Trade-Situation der ölimportierenden und der ölexportierenden Entwicklungsländer wurde zuvor – abgesehen vom Einfluß der beiden Ölpreisschocks – auf interne Verursachungsfaktoren verwiesen. Häufig, nicht zuletzt von den Entwicklungsländern selbst, wird aber die These vertreten, die ungünstige Terms of Trade-Situation sei vor allem extern determiniert. Die Industrieländer, so ist zu hören, würden von den Entwicklungsländern überhöhte Preise für ihre Industrieprodukte fordern, umgekehrt aber die Preise der von den Entwicklungsländern gelieferten Güter – vor allem der Rohstoffe, der Agrarprodukte und der „minderwertigen" gewerblichen Produkte – drücken. Man geht offenbar davon aus, daß die Industrieländer sowohl auf der Anbieter- als auch auf der Nachfragerseite als Monopolist oder zumindest als Oligopolist mit gemeinsamer Preisstrategie auftreten und die Marktmechanismen folglich außer Kraft gesetzt sind. Wenn diese Auffassung auch übertrieben ist, so läßt sie sich dennoch nicht gänzlich zurückweisen. Noch immer bedienen sich die Industrieländer protektionistischer Maßnahmen, um international nicht konkurrenzfähige Produktionsbereiche zu schützen. Sie erschweren oder verhindern dadurch Entwicklungsländern den Zutritt zu Märkten, auf denen diese Länder aufgrund komparativer Produktionskostenvorteile sehr wohl konkurrenzfähig wären; und sie bewirken tatsächlich, daß die Entwicklungsländer erhebliche Preiseinbußen hinnehmen, um Protektionsschranken zu überwinden und so überhaupt in die Industrieländer exportieren zu können. Umgekehrt verbietet es sich für die Entwicklungsländer im allgemeinen, mit Retorsionsmaßnahmen zu reagieren; denn für viele technologisch hochwertige Güter – insbesondere Investitionsgüter – der Industrieländer besteht eine Importabhängigkeit. Diese Abhängigkeit kommt in einer relativ niedrigen Preiselastizität der Nachfrage zum Ausdruck. So gibt es zwar, anders als häufig behauptet, seitens der Industrieländer kein Preisdiktat für solche Produkte, aber bei relativ knappem Angebot, das vor allem in einer günstigen Konjunkturlage zu verzeichnen ist, impliziert schon die geringe Preiselastizität über den Marktmechanismus relativ hohe Preise. Ein solcher Marktmechanismus entspricht allerdings den Prinzipien des Freihandels.

Entscheidend ist allein, daß das protektionistische Gebaren von Industrieländern, das die Exportmöglichkeiten von Entwicklungsländern beeinträchtigt, mitverantwortlich für die schlechte Terms of Trade-Situation dieser Länder ist und so schließlich auch als ein Bestimmungsfaktor der Auslandsverschuldung der Entwicklungsländer in Betracht gezogen werden muß.

d) Weltkonjunktur

Die beiden Ölpreisschocks waren in den Industrieländern jeweils von einer Konjunkturabschwächung begleitet, die sich auch dämpfend auf die Importe dieser Länder aus den ölimportierenden Entwicklungsländern auswirkte. Deren Leistungsbilanzdefizite nahmen dadurch unmittelbar zu, und dementsprechend waren sie auch zu einer höheren Auslandsneuverschuldung gezwungen. Der Konjunktureinbruch nach der ersten Ölpreiskrise war allerdings nur relativ moderat und von kurzer Dauer. Schon 1976 nahmen die Importe der Industrieländer wieder stark zu; der Wert der Importe aus den ölimportierenden Entwicklungsländern stieg in nur fünf Jahren bis einschließlich 1980 um über 150 %. Schwerwiegend war demgegenüber der Konjunktureinbruch nach dem zweiten Ölpreisschock. Die Importe der Industrieländer aus den ölimportierenden Entwicklungsländern gingen 1981 und 1982 absolut zurück, und gemessen am Wachstum zwischen 1976 und 1980 ergaben sich für die betroffenen Länder kräftige Exporteinbußen, die erhebliche Leistungsbilanzdefizite implizierten und erneut eine starke Zunahme der Auslandsverschuldung mit sich brachten. Die Verschuldungskrise im Jahr 1982 war zweifellos auch eine Folge dieser konjunkturell bedingten Zahlungsbilanzprobleme.

Den Konjunktureinbruch bekamen allerdings auch die ölexportierenden Länder zu spüren. Die Industrieländer verringerten ihre mengenmäßigen Importe aus den Ölexportländern drastisch, so daß bei gleichzeitig nachgebenden Ölpreisen der entsprechende Importwert 1981 und 1982 um fast 70 Mrd. US-Dollar zurückging. Für einige Ölexportländer – hier sind vor allem wiederum Mexiko, Nigeria und Indonesien zu nennen –, die gerade begonnen hatten, in großem Umfang Investitionsgüter aus den Industrieländern zu beziehen,[25] kam es dadurch zu hohen Leistungsbilanzdefiziten und folglich zu einer starken Zunahme der Auslandsverschuldung.

Der Konjunkturaufschwung in den Industrieländern, der 1983 einsetzte, hat den ölimportierenden Ländern eine gewisse Entlastung in ihrer Verschuldungssituation gebracht. Ihre Leistungsbilanzdefizite gegenüber den Industrieländern gingen zurück, und entsprechend konnte auch der Zuwachs der Auslandsverschuldung gebremst werden. Für die ölexportierenden Länder ließen sich allerdings die Wirkungen des Ölpreisverfalls nicht durch die konjunkturell bedingte Zunahme der Ölimportmengen der Industrieländer kompensieren, so daß sich, wie schon weiter oben erläutert, die Verschuldungssituation für einige der ölexportierenden Länder in jüngster Zeit sogar noch erheblich verschlechtert hat. Ohne den positiven Konjunkturimpuls in den Industrieländern wäre ihr Verschuldungsproblem jedoch noch größer.

e) Zinsentwicklung

Ein wichtiger externer Faktor für die Verschuldungskrise der Entwicklungsländer zu Beginn der 80er Jahre war die Zinsentwicklung am internationalen Kapital-

---

[25] 1981 lag der Wert der Importe dieser Länder aus den Industrieländern um 100 % über dem Wert von 1979.

markt. Bedingt durch eine stark restriktive Geldpolitik in den großen westlichen Industrieländern, so insbesondere in den USA, stieg beispielsweise der Zinssatz am Eurogeldmarkt von etwa 6 % im Jahr 1977 auf fast 17 % im Jahr 1981 an.[26] Entsprechend nahmen auch die Zinssätze für neue Kredite privater Kreditgeber an die Entwicklungsländer zu. Der durchschnittliche Zinssatz der Auslandsverschuldung der Entwicklungsländer kletterte so von 6 % im Jahr 1977 auf über 11 % in den Jahren 1981 und 1982.[27] Die daraus resultierende Zinsmehrbelastung ist, geht man vom Zinssatz des Jahres 1977 als Vergleichsgröße aus, in den beiden Jahren 1981 und 1982 insgesamt mit ungefähr 65 Mrd. US-Dollar anzusetzen. Da Überschüsse im Güterverkehr für den Zinsendienst nicht zur Verfügung standen, bedeutete die Zinsmehrbelastung zwingend eine entsprechende Auslandsneuverschuldung.

Die Zinserhöhungen belasteten die Entwicklungsländer nicht zuletzt deshalb so stark, weil sich die Struktur ihrer Auslandsverbindlichkeiten im Laufe der 70er Jahre erheblich in Richtung auf private Gläubiger verschoben hatte. Die Zinssätze für bilaterale und multilaterale Kredite blieben nämlich auch in der Phase des Zinsanstiegs am freien Kapitalmarkt nahezu unverändert. Daß der durchschnittliche Zinssatz der Auslandsverschuldung der Entwicklungsländer bis 1988 wieder auf etwa 6 % zurückgegangen ist, hängt nicht zuletzt mit dem gleichen Phänomen zusammen: der Anteil der Kredite vom freien Kapitalmarkt ist in den vergangenen Jahren (seit 1986) sukzessive geringer geworden. Hält dieser Trend an, dann dürfte vom neuerlichen Zinsanstieg (ab 1988) keine Verschärfung des Verschuldungsproblems der Entwicklungsländer ausgehen.

f) Dollarkursentwicklung

Zwischen 1980 und 1985 kam es zu einer starken Aufwertung des US-Dollars gegenüber den Währungen der westlichen Industrieländer; der Wert eines Sonderziehungsrechts (SZR) ging – jeweils in US-Dollar – von 1,3275 im Juli 1980 über 1,0915 im Juli 1982 auf 0,9617 im Februar 1985 zurück.

Häufig wird die Meinung vertreten, diese Aufwertung habe das Verschuldungsproblem der ölimportierenden Entwicklungsländer noch verschärft. Zur Begründung wird auf die höheren Schuldendienstbelastungen verwiesen. Tatsächlich ist festzustellen, daß der größte Teil der Auslandsverschuldung der Entwicklungsländer in US-Dollar nominiert und der entsprechende Schuldendienst ebenfalls in US-Dollar zu leisten ist. Die Entwicklungsländer erzielten ihre Deviseneinnahmen – insbesondere aus Güterexporten – aber nicht nur in US-Dollar, sondern je nach Abnehmerland auch in anderen Währungen westlicher Industrieländer. Nicht zuletzt setzten und setzen sie zur Zahlungsbilanzfinanzierung Sonderziehungsrechte ein. Mit der Dollaraufwertung nahm aber der Dollarwert der nicht auf Dollar lautenden Devisen sowie der Sonderziehungsrechte ab. Damit ging auch der durchschnittliche Dollarwert je Exporteinheit zurück. Diese Beeinträchtigung ließ sich nicht von der Importseite her kompensieren, weil der größte Teil des Importwerts der ölimportierenden Entwicklungsländer – nicht zuletzt wegen der bis einschließlich 1985 relativ hohen Ausgaben für Ölimporte – während der Zeit der Dollarauf-

---

[26] London Interbank Offer Rate (LIBOR) für Dreimonatseinlagen in US-Dollar. Dieser Zinssatz galt und gilt als Orientierungsgröße für die Zinssätze auf private Kredite an Entwicklungsländer.

[27] Im kurzfristigen Bereich stieg der durchschnittliche Zinssatz auf etwa 16 %, im langfristigen Bereich auf etwa 9,5 %.

wertung auf US-Dollar lautete. Vor diesem Hintergrund brachte die Dollaraufwertung tatsächlich eine relativ höhere Belastung durch den Schuldendienst mit sich. Andererseits gelangten auch die ölimportierenden Entwicklungsländer durch die Dollaraufwertung in den Genuß von Wettbewerbsvorteilen in den Ländern des sogenannten Dollarraums, insbesondere in den USA. So konnten sie beispielsweise ihre wertmäßigen Exporte in die USA von 1983 bis 1985 um ca. 35% (um 25 Mrd. US-Dollar) steigern, während sie gleichzeitig mit allen übrigen Industrieländern nur einen Zuwachs von etwa 9% (um 13 Mrd. US-Dollar) erreichten.

Ob die Dollaraufwertung das Verschuldungsproblem tatsächlich verschärft hat, läßt sich also nicht eindeutig beurteilen. Grundsätzlich ist aber zu konstatieren, daß die Dollarkursentwicklung für alle Entwicklungsländer nicht nur unter dem Aspekt der Handelsströme, sondern auch unter dem Aspekt des Schuldendienstes von großer Bedeutung ist und daß eine Dollaraufwertung (Dollarabwertung) eine höhere (geringere) Schuldendienstbelastung impliziert.

g) Praxis der Kreditvergabe

Unter dem Eindruck der Verschuldungskrise zu Beginn der 80er Jahre wurde immer wieder der Vorwurf erhoben, private Banken der westlichen Industrieländer hätten den Entwicklungsländern allzu leichtfertig Kredite gewährt und in vielen Fällen sogar aufgedrängt. Die privaten Banken hätten deshalb die Verschuldungskrise mit zu verantworten. Tatsächlich fand, wie oben schon erwähnt, das Recycling der Petrodollars größtenteils über den freien internationalen Kapitalmarkt, insbesondere über den Euromarkt statt; und selbstverständlich suchten die auf diesem Markt tätigen privaten Banken nach zinsbringenden Verwendungsmöglichkeiten für die vor allem aus den Ölexportländern zufließenden Mittel. Die Banken übernahmen also im Grunde nur eine Vermittlerfunktion bei der Lenkung der internationalen Zahlungsströme. Ob die Banken die Aufgabe haben, durch Kreditverweigerung Disziplinierungsfunktionen zu übernehmen und so Länder zu zwingen, geeignete Maßnahmen der Zahlungsbilanzanpassung einzusetzen, muß bezweifelt werden. Allerdings kann man den Banken vorwerfen, daß sie die Folgen der Kreditvergabe an die Entwicklungsländer nicht richtig eingeschätzt und häufig adäquate Bonitätsprüfungen der Schuldnerländer versäumt haben. So bestand zeitweise die groteske Situation, daß sich Entwicklungsländer Kredite leichter bei privaten Banken westlicher Industrieländer als auf offizieller bilateraler oder multilateraler Ebene (z.B. bei der Weltbank) beschaffen konnten. Der eklatante Anstieg des Anteils der freien bzw. privaten Kapitalmarktkredite an den gesamten Kreditverbindlichkeiten Ende der 70er und Anfang der 80er Jahre war u.a. auf dieses Phänomen zurückzuführen. Und daß dieser Anstieg mitverantwortlich für die Verschuldungskrise war, ist unumstritten. Insofern läßt sich die Meinung, die Praxis der Kreditvergabe privater Banken habe zur Verschärfung des Verschuldungsproblems beigetragen, nicht widerlegen.

Bekanntlich ist der Anteil der Kredite vom freien Kapitalmarkt an der gesamten Auslandsverschuldung der Entwicklungsländer in den vergangenen Jahren (seit 1985) zugunsten des Anteils der bilateralen und vor allem der multilateralen Kredite rückläufig. Nun wendet sich allerdings die Kritik gegen die Auflagen, die vor allem der Internationale Währungsfonds (IWF) mit neuen Krediten an Entwicklungsländer verbindet; der IWF versucht nämlich, die Kreditnehmer zu bewegen, eine Zahlungsbilanzanpassung zu betreiben, um so wenigstens allmählich das Verschuldungsproblem zu lösen. Es sei dahingestellt, ob die vom IWF empfohlenen

Zahlungbilanzanpassungsmaßnahmen in jedem Einzelfall adäquat sind, doch mit einer großzügigen Kreditvergabepraxis wäre keiner Seite gedient. Ohne Zwang zur Zahlungsbilanzanpassung würden sich die Verschuldungsprobleme alsbald wieder vergrößern, die offiziellen Kreditgeber (z. B. die Weltbank) in Zahlungsschwierigkeiten geraten und die internationalen Finanzmärkte letztlich erneut belastet.

I-3.2.3: Interne Ursachen

Wie zuvor schon mehrmals angeklungen ist, läßt sich das Verschuldungsproblem der Entwicklungsländer nicht allein mit externen Ursachen erklären; Einflußfaktoren, die nur mit spezifischen Gegebenheiten in den Entwicklungsländern selbst zusammenhängen, spielen zweifellos eine ebenso wichtige Rolle. Zu nennen sind hier beispielsweise Importabhängigkeiten und Exportschwächen aufgrund unzulänglicher Produktionsstrukturen, Schwierigkeiten bei der ökonomischen Anpassung an weltwirtschaftliche Strukturveränderungen, ineffiziente Verwendungen der Auslandskredite, hohe öffentliche Budgetdefizite, Fehler der nationalen Geldpolitiken, Überbewertungen von Währungen sowie Kapitalflucht aufgrund politischer Instabilitäten. Auf einige dieser Faktoren soll jetzt etwas näher eingegangen werden.

a) Importabhängigkeiten

Hinsichtlich der Bedeutung interner Faktoren für die Auslandsverschuldung bestehen zwischen den einzelnen Entwicklungsländern gravierende Unterschiede. Einigen Ländern, die nach den offiziellen Einteilungen (noch immer) den Entwicklungsländern zugeordnet werden, ist es in einem gewaltigen Investitions- und Innovationsprozeß in den 70er und den 80er Jahren gelungen, den Anschluß an den Produktionsstandard westlicher Industrieländer zu finden und ihre internationale Wettbewerbsfähigkeit erheblich zu steigern. Zu nennen sind hier insbesondere Hongkong, Singapur, Südkorea und Taiwan, die sogenannten „four little tigers". Eine zweite Gruppe von Ländern, die sogenannten Schwellenländer, hat zwar in der Zeit nach dem Zweiten Weltkrieg große Anstrengungen unternommen, die Entwicklung zu einer modernen Industrie- und Dienstleistungsgesellschaft voranzutreiben, besitzt aber im Vergleich zu den westlichen Industriestaaten nach wie vor einen gewaltigen Nachholbedarf. Hier ist vor allem auf die Länder Mittel- und Südamerikas zu verweisen. Schließlich gibt es noch immer viele Entwicklungsländer, so vor allem in Afrika, die den ersten Schritt vom einfachen Agrarland zu einem industrialisierten Land überhaupt noch nicht vollzogen haben oder gerade erst dabei sind, diesen Weg zu beschreiten. Die Importabhängigkeiten und die Exportschwächen sind dementsprechend differenziert zu betrachten.

Die Importabhängigkeit bedeutet, daß das betroffene Land keine oder nur unzulängliche importkonkurrierende Produktionsbereiche besitzt und deshalb ein Preiswettbewerb aus eigener Kraft unmöglich ist. Im allgemeinen kommt die Importabhängigkeit in einer relativ geringen Preiselastizität der Nachfrage zum Ausdruck. Aufgrund einer geringen Preiselastizität besteht aber die Gefahr, daß ein Anstieg der Importpreise – auch nach Abschluß von Anpassungen der mengenmäßigen Nachfrage – eine Erhöhung des Importwerts impliziert und von daher eine Verschlechterung der Leistungsbilanz mit sich bringt. Das hat sich besonders deutlich im Gefolge der beiden Ölpreisschocks gezeigt. In welchen Produktionsbereichen Importabhängigkeiten bestehen und wie intensiv diese Abhängigkeiten sind, hängt wesentlich vom Entwicklungsstand eines Landes ab. Grundsätzlich läßt sich feststellen, daß fast alle Entwicklungsländer, wie auch die Industrieländer, vom Import gewisser Rohstoffe mehr oder weniger abhängig sind. Während es aber den meisten Industrieländern immer wieder gelingt, solche Abhängigkeiten durch Entwicklung von (teilweise synthetischen) Substitutionsprodukten oder durch Verbesserungen der Produktionsverfahren zu mindern, können sich die Entwicklungsländer wegen des fehlenden technischen Know-hows i. d. R. nicht aus diesen Abhängigkeiten lösen. Es ist deshalb auch nicht erstaunlich, daß die Entwicklungsländer letztlich von der Ölpreisexplosion am stärksten betroffen waren und hierin nicht zuletzt wegen der internen Anpassungsschwierigkeiten ein wichtiger Grund für die Verschuldungskrise zu Beginn der 80er Jahre lag. Das traf damals übrigens auch für die jetzt hochindustrialisierten „four little tigers" zu.

Zur Realisierung des Industrialisierungs- und Innovationsprozesses sind Entwicklungsländer außerdem abhängig von Importen technologisch hochwertiger Investitionsgüter aus den westlichen Industrieländern. Auch die inzwischen in der Industrialisierung weit vorangeschrittenen Entwicklungsländer Asiens (vor allem die „four little tigers") waren in der Aufbauphase gezwungen, solche Güter in großen Mengen zu importieren; auch für sie ergaben sich daraus Leistungsbilanzdefizite und Erhöhungen ihrer Auslandsverschuldung. Inzwischen haben sie aber auch im Investitionsgüterbereich importkonkurrierende Produktionen aufgebaut und so ihre Importabhängigkeiten vermindert. Zusammen mit den Erfolgen auf der Exportseite erzielen sie so seit Mitte der 80er Jahre beachtliche Leistungsbilanzüberschüsse, die es ihnen ermöglichen, ihre Auslandsverschuldung nun sogar abzubauen. Alle anderen Entwicklungsländer sind von dieser Entwicklungsstufe noch weit entfernt. Der Importbedarf an Investitionsgütern für den Aufbau moderner Produktionskapazitäten sowie einer Infrastruktur im Verkehrs- und Kommunikationsbereich ist nach wie vor sehr hoch. Viele Entwicklungsländer müßten die Nachfrage nach solchen Investitionsgütern eigentlich sogar noch steigern, wenn sie in ihrer ökonomischen Entwicklung mit den weltwirtschaftlichen Erfordernissen Schritt halten wollen. Diese Feststellung gilt auch für die meisten ölexportierenden Entwicklungsländer; denn sie haben sich lange Zeit fast ausschließlich auf die Erschließung ihrer Ölvorkommen konzentriert und dabei die allgemeine Erweiterung ihrer Produktionsstrukturen versäumt.

Leider ist festzustellen, daß viele Entwicklungsländer nicht nur auf den Import von Rohstoffen und Investitionsgütern, sondern auch von lebensnotwendigen Konsumgütern angewiesen sind. Das trifft vor allem für die Länder auf der niedrigen ökonomischen Entwicklungsstufe zu. In diesen Ländern sind die Fertigungsverfahren selbst in den traditionellen Produktionsbereichen häufig so primitiv, daß sich beispielsweise die klimatischen Erschwernisse noch immer nicht meistern lassen. Hier sind derzeit auch kaum Verbesserungen zu verzeichnen, und angesichts des relativ hohen Bevölkerungswachstums dürfte der Bedarf solcher Länder an Importen lebensnotwendiger Güter in Zukunft sogar noch steigen. Insgesamt bleibt also festzustellen, daß den Importabhängigkeiten nicht nur eine gewisse Zunahme der Auslandsverschuldung der Entwicklungsländer in der Vergangenheit zuzuschreiben ist, sondern daß in ihnen auch in Zukunft ein wichtiger interner Faktor für die Leistungsbilanz- und Verschuldungssituation von Entwicklungsländern zu sehen ist.

b) Exportschwächen

Die Exportfähigkeit eines Landes hängt ebenfalls von seinem Entwicklungsstand ab. Diese Fähigkeit wird vor allem bestimmt durch die Breite des Güterangebots, die Qualität der Güter, die Preise der Güter im Vergleich zu den Weltmarktpreisen sowie die Zuverlässigkeit der Lieferanten. Typisch für die meisten Entwicklungsländer ist nach wie vor eine relativ enge Produktpalette, nicht selten sogar eine Beschränkung auf eine oder zwei Güterkategorien (z. B. Rohöl, Kaffee, Reis). Dominierend sind dabei Güter der primären Produktionssektoren, also landwirtschaftliche Güter und Grundstoffe, sowie gewerbliche Produkte minderer Qualitätsstufe, für die auf den Weltmärkten im allgemeinen ein starker Preiswettbewerb besteht. Für viele dieser Güter ist die Preiselastizität der gesamten Nachfrage auf dem entsprechenden Weltmarkt relativ gering, so daß sich zum einen mit Hilfe von Preissenkungen keine erheblichen Absatzsteigerungen erzielen lassen und zum anderen Angebotsausweitungen einen erheblichen Druck auf die Preise ausüben können. Deshalb sind auch die Möglichkeiten vieler Entwicklungsländer, ihre Exporterlöse mit Hilfe von Preiszugeständnissen oder Produktionssteigerungen zu erhöhen, äußerst begrenzt.

Die Märkte der Güter des primären Bereichs sind aber nicht nur durch eine geringe Preiselastizität der Nachfrage, sondern gleichzeitig auch durch eine ebenfalls geringe Preiselastizität des Angebots sowie eine geringe Einkommenselastizität der Nachfrage gekennzeichnet.[28] Zudem ist zu beobachten, daß sich solche Güter häufig ohne große Probleme durch andere Güter, so insbesondere durch synthetische Produkte, substituieren lassen. So ergibt sich dann auch die folgende Asymmetrie: Einerseits nimmt die Nachfrage nach solchen Gütern (wegen der geringen Einkommenselastizität) im Zuge einer konjunkturellen Expansion der Weltwirtschaft meistens nur relativ wenig zu, andererseits aber zieht ein zunehmendes Angebot an Ersatzprodukten oftmals eine beträchtliche Verringerung der Nachfrage nach sich. Wie die Abbildungen I.2a) und b) deutlich machen, führen sowohl eine Nachfragereduktion als auch eine Angebotsausweitung zu relativ starken Preissenkungen und gleichzeitig zu relativ hohen Erlöseinbußen. In den Steigungen der Nachfrage- und Angebotskurve kommen jeweils die niedrigen Preiselastizitäten zum Ausdruck. Eine Nachfrageverringerung (Verschiebung von x_n nach x'_n) bewirkt eine Preissenkung auf p_1 und eine Erlösminderung in Höhe der schraffierten Fläche; eine Angebotsausweitung senkt den Preis auf p_2 und vermin-

Abbildung I.2:

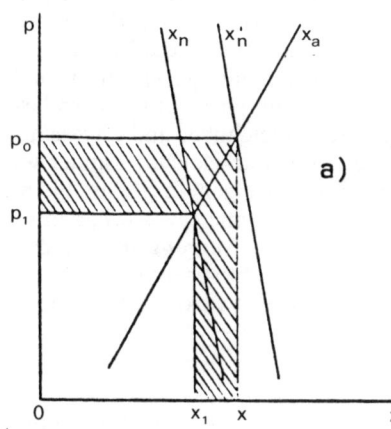
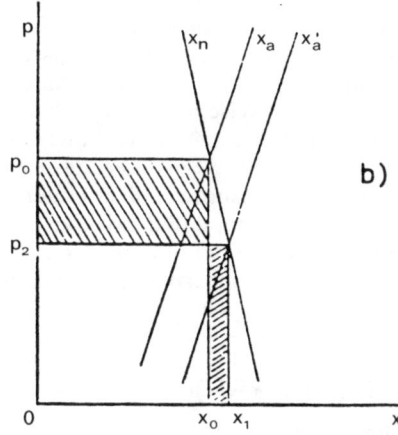

[28] Zur Bedeutung der Preiselastizitäten siehe das Kapitel C, insbesondere Abschnitt C-2.3.5.

dert den Erlös um den Differenzbetrag zwischen rechts- und linksschraffierter Fläche. Diese Fälle treten in der Realität häufig auf, weil zusätzliche Anbieter auf den Markt kommen, weil Angebotsausweitungen seitens einiger Anbieter zumeist relativ leicht möglich sind und/oder weil die Nachfrage wegen des Angebots an Ersatzprodukten auf andere Märkte umgelenkt wird. Als Fazit ist festzuhalten, daß viele Entwicklungsländer aufgrund ihrer einseitigen Exportausrichtung auf Güter des primären Bereichs mehr oder weniger ständig einem Preis- und Erlösdruck ausgesetzt sind.

Es gibt bisher nur wenige Entwicklungsländer, denen es im Zuge des Industrialisierungsprozesses gelungen ist, durch Verbesserungen ihrer Produktionsstrukturen in bisher von den Industrieländern beherrschte Weltmarktsegmente einzudringen und dort international konkurrenzfähig zu werden. Beispielhaft sind, wie schon mehrmals erwähnt, die vier asiatischen Schwellenländer Hongkong, Singapur, Südkorea und Taiwan, die ihren Weltmarktanteil zwischen 1980 und 1988 (auf ca. 7 %) verdoppelt haben. Demgegenüber ging der Weltmarktanteil der meisten anderen Entwicklungsländer (einschließlich Schwellenländer) in der gleichen Zeit erheblich zurück.[29] Dies ist nicht zuletzt auf die zuvor skizzierten Exportschwächen zurückzuführen.

c) Öffentliche Budgetdefizite und ineffiziente Verwendungen der Auslandskredite

Anhaltende Defizite in den Staatsbudgets sind heutzutage für alle Volkswirtschaften zu einer Selbstverständlichkeit geworden. Hierin besteht zwischen Entwicklungsländern und Industrieländern kein Unterschied. In den ölimportierenden Ländern waren die öffentlichen Budgets in den 70er und 80er Jahren durchweg defizitär. In den ölexportierenden Ländern gab es nur im Gefolge der beiden Ölpreisschocks vorübergehend Budgetüberschüsse, seit 1981 sind aber auch hier – relativ hohe – Defizite aufgetreten (siehe hierzu die Tabelle I.11). Im Verhältnis zum Bruttosozialprodukt sind die öffentlichen Budgetdefizite der Gesamtheit der Entwicklungsländer aber keineswegs spektakulär. Die auf das Bruttosozialprodukt bezogenen Neuverschuldungsquoten der öffentlichen Haushalte waren in einigen Industrieländern (z. B. Italien und Japan) ebenso hoch. Entscheidend für den Zusammenhang zwischen öffentlichen Budgetdefiziten und Auslandsneuverschuldung ist nicht

Tabelle I.11: Budgetsalden der öffentlichen Haushalte der Entwicklungsländer (in Mrd. $)

	Ölimportierende Länder	Ölexportierende Länder
1979	− 58,2	+ 7,9
1980	− 62,5	+ 27,9
1981	− 82,9	− 12,9
1982	− 105,7	− 37,9
1983	− 99,3	− 46,1
1984	− 87,2	− 37,2
1985	− 87,9	− 36,7
1986	− 105,6	− 57,3

Quelle: International Monetary Fund, World Economic Outlook 1987, Washington, D.C., 1987; eigene Berechnungen.

Anmerkung: Budgetüberschuß: +, Budgetdefizit: −

---

[29] Zu den Welthandelsanteilen siehe das Kapitel A, Abschnitt A-2.2.

die absolute oder relative Höhe der öffentlichen Budgetdefizite, sondern die Fähigkeit eines Landes, die mit den Defiziten verbundenen Ansprüche des Staates aus
eigener Kraft zu befriedigen. Hier liegt das Problem der meisten Entwicklungsländer. Die privaten Ersparnisse reichen im allgemeinen nicht aus, neben den privaten
auch noch die öffentlichen Kreditwünsche vollständig zu decken. Es besteht also
eine – für viele Entwicklungsländer typische – Sparlücke. Die öffentlichen Haushalte sehen sich deshalb gezwungen, zumindest einen Teil ihrer Budgetdefizite mit
Auslandskrediten zu finanzieren.

Die Sparlücke hat allerdings nicht nur diese finanzwirtschaftliche, sondern auch
eine güterwirtschaftliche Konsequenz. In der Sparlücke kommt nämlich auch zum
Ausdruck, daß die privaten und öffentlichen Ansprüche auf Konsum- und Investitionsgüter nicht vollständig aus heimischer Produktion befriedigt werden können
und folglich Importüberschüsse erforderlich machen. Aus der volkswirtschaftlichen Gesamtrechnung ist nämlich bekannt, daß die gesamte private Ersparnis S_P
(die Ersparnis der privaten Haushalte und Unternehmungen) ex post der Summe
aus Nettoinvestitionen der Unternehmungen I_P, Budgetdefizit des Staates D_S (bzw.
Nettoinvestition abzüglich Ersparnis des Staates), Außenbeitrag und Nettoüber-
tragungen vom Ausland ins Inland entspricht.[30] Außenbeitrag und Nettoübertra-
gungen ergeben den Leistungsbilanzsaldo LB. Somit gilt:

(I-24) $S_P = I_P + D_S + LB$

Eine Sparlücke bedeutet: $S_P < I_P + D_S$. Gemäß Gleichung (I-24) ist damit aber
zugleich ein Leistungsbilanzdefizit impliziert:

(I-24a) $S_P - I_P - D_S = LB < 0$

Mit dem Leistungsbilanzdefizit nimmt bekanntlich die Auslandsverschuldung
zu. Die öffentlichen Budgetdefizite tragen also bei Existenz einer Sparlücke zur
Erhöhung der Auslandsverschuldung bei. Das geschieht direkt, wenn sich der Staat
im Ausland verschulden muß, oder indirekt, wenn sich der Staat zwar im Inland
verschuldet, die privaten Investoren deshalb aber ihre Kreditwünsche (teilweise) im
Ausland decken müssen.

Es ist aber keineswegs zwingend, daß eine Sparlücke – für sich betrachtet – zu
einem Verschuldungsproblem oder gar zu einer Verschuldungskrise führt. Problematisch wird sie nur dann, wenn die Auslandskredite in Verwendungen gelenkt
werden, deren Produktivität zu gering ist, um die für den Schuldendienst erforderlichen Erträge abzuwerfen. Nur vor diesem Hintergrund sind die öffentlichen Budgetdefizite der Entwicklungsländer zu kritisieren und für das Verschuldungsproblem bzw. die Verschuldungskrise mitverantwortlich zu machen. Ein zu großer Teil
der Staatsbudgets wurde nämlich für konsumtive Ausgaben absorbiert, so z. B. für
militärische Zwecke oder für einen aufgeblähten Verwaltungsapparat. Die gerade
für Entwicklungsländer so wichtigen Ausgaben für Infrastruktur und Bildung sowie für Forschung und Entwicklung kamen dabei zu kurz. Aus den öffentlichen
Budgetdefiziten ergaben sich deshalb meistens keine wesentlichen Entwicklungs-
und Wachstumsimpulse, die es über kurz oder lang ermöglichen würden, sowohl die
Sparlücke abzubauen oder sogar zu beseitigen als auch den Schuldendienst für die
Auslandsverschuldung problemlos zu erfüllen.

---

[30] Siehe hierzu: A. Stobbe, Volkswirtschaftslehre I, Volkswirtschaftliches Rechnungswesen,
6. Auflage, Berlin–Heidelberg–New York, 1984, S. 122 ff.

d) Fehler der Geld- und Währungspolitik

In den meisten Entwicklungsländern hat es vor allem in den 70er und zu Beginn der 80er Jahre ein extensives Geldmengenwachstum gegeben. Zum einen finanzierten die öffentlichen Haushalte einen Teil ihrer Defizite durch Geldschöpfung, zum anderen betrieben die Zentralbanken in der Hoffnung auf Beschäftigungseffekte selbst eine autonome expansive Geldpolitik. Da die Liquiditätsschwemme vor allem die Nachfrage im konsumtiven Bereich anheizte und die Wachstumsrate der Geldmenge – zeitweise erheblich – über der Wachstumsrate des Produktionspotentials lag, wurden nachhaltige Inflationsimpulse ausgelöst. Diese implizierten häufig auch kräftige Preiserhöhungen im Exportgüterbereich.

Um nachteilige Folgen für die Exporte und damit für die Leistungsbilanz zu vermeiden, hätte man die eigene Währung abwerten und so die in Auslandswährung – z. B. in US-Dollar – ausgedrückten Exportgüterpreise konstant halten müssen. Zu solchen kompensierenden Abwertungen war man allerdings meistens nicht bereit, weil sich hierdurch die – teilweise unverzichtbaren – Importe verteuert und wegen der relativ geringen Preiselastizität der Importnachfrage gleichzeitig auch die Importwerte erhöht hätten. Bei Verzicht auf kompensierende Abwertungen kam es aber, gemessen an den Kaufkraftparitäten, zu Überbewertungen der Währungen von Entwicklungsländern.

Aus der Überbewertung seiner Währung konnten einem einzelnen Entwicklungsland allerdings ebenfalls erhebliche Nachteile erwachsen. Es zeigte sich nämlich, daß die Preiserhöhungen von Exportgütern nicht nur Einbußen bei den mengenmäßigen Exporten, sondern auch beim Exportwert implizierten. Sofern es auf dem Weltmarkt viele Anbieter für ein bestimmtes Exportgut gibt – und das ist typisch für viele Exportgüter von Entwicklungsländern –, läßt sich die Nachfragesituation für ein einzelnes Entwicklungsland in einer geknickten Nachfragekurve zum Ausdruck bringen, die im Preiserhöhungsbereich eine relativ hohe Preiselastizität und im Preissenkungsbereich eine relativ geringe Preiselastizität repräsentiert. In der Abbildung I.3 ist dieser Fall dargestellt.

Abbildung I.3:

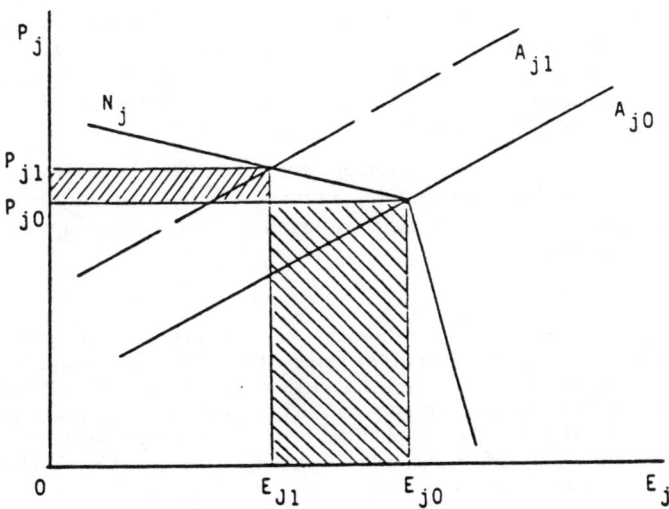

Der Konkurrenzdruck auf dem Weltmarkt hält andere Länder davon ab, ihre Preise ebenfalls zu erhöhen – zumal dann, wenn sie selbst nicht oder nicht in der Stärke mit dem Inflationsproblem konfrontiert sind wie das hier betrachtete einzelne Entwicklungsland. Erhöht dieses Land seinen Exportgüterpreis (Verschiebung der Angebotskurve in der Abbildung I.3 von A_{j0} nach A_{j1}), so verliert es demzufolge relativ viel Nachfrage an die anderen Entwicklungsländer. Anhand der schraffierten Flächen läßt sich in der Abbildung I.3 leicht nachvollziehen, daß so ohne weiteres eine Verringerung des Exportwerts eintreten kann. Umgekehrt ist es dem einzelnen Entwicklungsland oftmals nicht möglich, mit einer Preissenkung eine Erhöhung des Exportwerts zu erreichen. Um nämlich Absatzverluste zu verhindern, sehen sich die anderen Anbieterländer i. d. R. gezwungen, ihre Preise ebenfalls zu senken. Wegen der relativ geringen Preiselastizität der Gesamtnachfrage ist aber die totale Absatzsteigerung auf dem betrachteten Weltmarkt nur gering. Folglich wird auch der Absatz des einzelnen Entwicklungslandes nur wenig zunehmen.

Die Inflation bringt ein einzelnes Entwicklungsland also in eine Dilemmasituation: kompensiert man die Preiserhöhungen bei den Exportgütern durch Abwertungen, so besteht die Gefahr, daß der Importwert steigt und sich von daher die Leistungsbilanz verschlechtert; nimmt man die Überbewertung der eigenen Währung hin, so ist nicht auszuschließen, daß der Exportwert sinkt und die Leistungsbilanz gleichfalls verschlechtert wird. Es ist somit gerechtfertigt, die inflationäre Geldpolitik der Entwicklungsländer als eine wichtige interne Ursache von Leistungsbilanzdefiziten und Auslandsverschuldung anzuprangern. Offenbar haben aber einige Länder, so vor allem hochverschuldete Länder in Südamerika, auch am Ende der 80er Jahre noch immer nicht begriffen, welchen Schaden sie sich selbst mit ihrer inflationären Geldpolitik zufügen.

e) Kapitalflucht

Die Kapitalflucht wird als ein gravierender Faktor für die Eskalation der Auslandsverschuldung einer Reihe von Entwicklungsländern eingestuft. Nach Schätzungen der OECD machte beispielsweise die Kapitalflucht aus den überwiegend hochverschuldeten Ländern Mittel- und Südamerikas von 1980 bis einschließlich 1986 einen Betrag von ca. 105 Mrd. US-Dollar aus. Die Kapitalfluchtquote, der Anteil der als Kapitalflucht bezeichneten Kapitalexporte an der Nettokreditaufnahme im Ausland, erreichte hier einen Wert von über 70 %. Entsprechende Schätzungen der OECD für eine Gruppe, die die meisten Entwicklungsländer mit nennenswerter Auslandsverschuldung umfaßt, weisen im Zeitraum von 1980 bis 1986 eine Kapitalfluchtquote von etwa 22 % nach.[31]

Als Kapitalflucht werden, wie schon erwähnt, die offiziell nicht registrierten Kapitalexporte privater Wirtschaftssubjekte und staatlicher Institutionen bezeichnet. Solche versteckten oder – bei Registrierungspflicht – illegalen Kapitalexporte finden im allgemeinen statt, wenn

---

[31] Organisation for Economic Co-Operation and Development (OECD), Financing and External Debt of Developing Countries, 1987 Survey, Paris 1988, S. 26 und S. 39. Duwendag ermittelte für eine Gruppe von 15 Großschuldnern in der Zeit von 1970 bis 1983 eine Kapitalfluchtquote von 46 %, für eine Gruppe von 25 Großschuldnern im gleichen Zeitraum eine Quote von 31 %: D. Duwendag, Kapitalflucht aus Entwicklungsländern, in: A. Gutowski (Hrsg.), Die internationale Schuldenkrise, Ursachen – Konsequenzen – Historische Erfahrungen, Berlin 1986, S. 115–149.

- Kapitalexporte im Zuge von Kapitalverkehrsbeschränkungen verboten sind
- Devisenbewirtschaftungsmaßnahmen den offenen bzw. registrierten Kapitalexport unmöglich machen
- Steuerhinterziehung betrieben wird
- illegale internationale Geschäfte (z. B. Unterfakturierung von Exporten, Überfakturierung von Importen, illegaler Drogen- oder Waffenhandel) gedeckt werden sollen.

In den meisten Entwicklungsländern ist der internationale Kapitalverkehr reglementiert; sowohl die Devisenbewirtschaftung als auch die strikten Verbote von Kapitalexporten sind weithin gebräuchlich. Kapitalexporte sind vor diesem Hintergrund nur in illegaler Form, also in Form einer Kapitalflucht möglich.

Sieht man von den Motiven der Steuerhinterziehung und der Vertuschung illegaler internationaler Geschäfte ab – Motive, die nicht nur für Entwicklungsländer von Bedeutung sind –, so lassen sich die relativ hohen (versteckten) Kapitalexporte von Entwicklungsländern auf einige spezifische interne Gegebenheiten in diesen Ländern zurückführen. Grundsätzlich ziehen Wirtschaftssubjekte Kapitalanlagen im Ausland entsprechenden Anlagen im Inland vor, wenn sie für die Auslandsanlagen höhere Erträge erwarten. Die relativen Ertragserwartungen für in- und ausländische Anlagen werden beispielsweise beeinflußt durch

- interne politische Instabilitäten, die längerfristige Entscheidungen über Kapitalanlagen im eigenen Land unmöglich machen
- interne ökonomische Probleme, die Beschäftigungs- und Realeinkommenseinbußen erwarten lassen
- Inflation, die die reale Verzinsung von Kapitalanlagen schmälert
- eine Überbewertung der eigenen Währung, die eine Abwertung und damit einen Währungsgewinn von Auslandsanlagen erwarten läßt.

Die Kapitalflucht kann angesichts der zuvor genannten Gegebenheiten ein eigenständiger verursachender Faktor für die Auslandsverschuldung von Entwicklungsländern sein, sie kann aber auch durch die Verschuldungsproblematik selbst induziert werden und sich so mit der Auslandsverschuldung zu einem circulus vitiosus verknüpfen. Wenn nämlich zu erwarten ist, daß wegen Schwierigkeiten bei der Bedienung des Schuldendienstes tiefgreifende interne wirtschaftspolitische Maßnahmen (z. B. Steuererhöhungen oder Währungsabwertungen) erforderlich werden oder sich der Zufluß neuer Auslandskredite verringert und deshalb eine ökonomische Krise droht, wird die Neigung zur Kapitalanlage im Ausland bzw. zur Kapitalflucht zunehmen; das Verschuldungsproblem wird dadurch zwangsläufig verschärft.

Es ist zu beachten, daß versteckte Kapitalexporte, die keinen Einfluß auf die Leistungsbilanz haben, die Nettoauslandsposition eines Landes nicht verändern. Den zusätzlichen Verbindlichkeiten, die aus der Nettokreditaufnahme im Ausland resultieren, stehen zusätzliche Forderungen aus den Kapitalexporten gegenüber. Allerdings nimmt die Auslandsverschuldung zu, weil sie definitionsgemäß nur die Verbindlichkeiten aus den Nettokreditaufnahmen im Ausland umfaßt. Mit Blick auf die Nettoauslandsposition könnte man zu dem Schluß kommen, die Kapitalflucht stelle kein gravierendes Problem dar. Man darf aber nicht übersehen, daß Auslandsforderungen, die aus Kapitalflucht entstanden sind, zwei Besonderheiten aufweisen: die Erträge aus solchen Anlagen werden im allgemeinen nicht ins Heimatland transferiert und die Anlagebeträge werden nur selten wieder repatriiert. Es ist also nicht zu erwarten, daß die mit Nettokreditaufnahmen im Ausland verbundenen Schuldendienstbelastungen durch entgegengerichtete Transaktionen aus Kapitalfluchtanlagen nennenswert vermindert werden. Die Unterscheidung von Nettoauslandsposition und Auslandsverschuldung ist insofern gerechtfertigt.

I-3.2.4: Verschuldungsdynamik und Verschuldungsquoten

Die Zinszahlungen, die auf die bereits bestehende Auslandsverschuldung zu leisten sind, implizieren – für sich betrachtet – eine (weitere) Zunahme der Auslandsverschuldung und sind somit verantwortlich für eine immanente Verschuldungsdynamik. Das wird in den Gleichungen (I-22) und (I-23) deutlich, aus denen sich die Veränderung der Auslandsverschuldung (ohne Wertänderungen) ergibt:

$$(I\text{-}25) \qquad dV = -DB - (E^n - M^n) - \ddot{U}B - KD + KE + KF + iV_{-1}$$

Zur Vereinfachung werden alle Zahlungsbilanzströme außer dem Zinsendienst in einer Größe $-ZB$ zusammengefaßt.

$$(I\text{-}25a) \qquad dV = -ZB + iV_{-1}$$

$ZB < 0$ ($ZB > 0$) zeigt an, daß die verschuldungsrelevanten Zahlungsbilanzströme ein Defizit (einen Überschuß) aufweisen und somit ceteris paribus eine Erhöhung (Verringerung) der Auslandsverschuldung nach sich ziehen. Aus (I-25a) ergibt sich nach Division durch V_{-1} die Wachstumsrate der Auslandsverschuldung:

$$(I\text{-}26) \qquad dV/V_{-1} = -ZB/V_{-1} + i$$

Höhe und Richtung der Zahlungsbilanzströme – in Relation zum Schuldenstand am Ende der Vorperiode – sowie der durchschnittliche Zinssatz bestimmen also die Wachstumsrate der Auslandsverschuldung. Wertänderungen des Schuldenstandes bleiben hier allerdings unberücksichtigt. Zu Beginn der 80er Jahre nahmen in den Entwicklungsländern gleichzeitig die Defizite der Zahlungsbilanzströme ZB und der Zinssatz i zu, und dementsprechend erhöhte sich auch die Wachstumsrate der Auslandsverschuldung. Sie erreichte im Jahr 1981 mit fast 20 % eine besorgniserregende Höhe, und es ist verständlich, daß dies als Ausdruck einer Verschuldungskrise gedeutet wurde. Bei globaler Betrachtung aller Entwicklungsländer läßt sich seit 1983 eine deutliche Entspannung der Verschuldungssituation, gemessen an der Wachstumsrate der Auslandsverschuldung feststellen. Zum einen lieferten nämlich die jährlichen Zahlungsbilanzströme ZB seither Überschüsse und zum anderen ist der durchschnittliche Kreditzinssatz i erheblich gesunken. Die deutliche Verbesserung der Größe ZB resultierte vor allem aus einem Rückgang der Kapitalflucht, einem Abbau von Devisenreserven (vorwiegend von seiten der ölexportierenden Länder), einer Zunahme offizieller Entwicklungshilfezahlungen sowie einer Verbesserung der Handels- und Dienstleistungsbilanz (ohne Zinsbilanz), die einerseits auf Importeinschränkungen (vor allem seitens südamerikanischer und afrikanischer Länder) und andererseits auf eine Erhöhung des Exportwerts (vor allem bei den „four little tigers") zurückzuführen war. Man darf allerdings nicht übersehen, daß die Verschuldungsentspannung nicht für alle Entwicklungsländer gleichermaßen gilt; die Auslandsverschuldung einiger Länder nimmt nach wie vor mit relativ hohen Raten zu. So verzeichnete beispielsweise Indonesien allein im Jahr 1987 eine Zuwachsrate von über 21 %. Angesichts des hohen Importbedarfs und der weiterhin bestehenden Exportschwächen vieler Entwicklungsländer ist in den nächsten Jahren kaum mit nennenswerten Überschüssen in den jährlichen Zahlungsbilanzströmen ZB zu rechnen. Es wäre schon ein Erfolg, wenn die gesamte Gruppe der Entwicklungsländer auf mittlere Sicht einen Ausgleich dieser Zahlungsbilanzströme erzielen würde. Die Wachstumsrate der Auslandsverschuldung aller Entwicklungsländer ließe sich dann wenigstens auf die Höhe des durchschnittlichen Kreditzinssatzes begrenzen.

Die Wachstumsrate der Auslandsverschuldung ist allerdings kein brauchbarer Indikator für die Schuldenlast und für die Fähigkeit der Entwicklungsländer, die Verpflichtungen aus dem Schuldendienst zu erfüllen. Für entsprechende Informationen sind drei Indikatoren üblich:

- Die Verschuldungsquote $v_Y = V/Y$, die den Anteil der Auslandsverschuldung am nominellen Bruttosozialprodukt angibt
- die Zinsendienstquote $v_Z = iV/E$, die den Anteil der Zinszahlungen an den nominellen Exporterlösen beschreibt
- die Schuldendienstquote $v_S = (i + t) V/E$, mit der Zinszahlungen und Tilgungen zu den nominellen Exporterlösen in Bezug gesetzt werden (mit t als Tilgungssatz).

Die Abbildungen I.4a) bis e) zeigen diese Quoten für alle Entwicklungsländer, für die ölimportierenden Entwicklungsländer, für die ölexportierenden Entwicklungsländer, für die 15 hochverschuldeten Entwicklungsländer sowie schließlich für die Entwicklungsländer mit niedrigem Einkommen jeweils im Zeitraum von 1980 bis 1987.

Die Verschuldungsquote ist für alle Gruppen anhaltend gestiegen, während bei der Zinsendienstquote und bei der Schuldendienstquote unterschiedliche Bewegungen festzustellen sind. Bei der Zinsen- und der Schuldendienstquote ist für die Gruppe aller Entwicklungsländer seit 1982 eine gewisse Stabilisierung eingetreten. Allerdings konnten die ölimportierenden Länder und die hochverschuldeten Länder ihre Quoten sukzessive verringern, wogegen die ölexportierenden Länder und die Länder mit niedrigen Einkommen bis 1986/87 teilweise noch erhebliche Zunahmen zu verzeichnen hatten.

Die drei genannten Quoten wurden und werden zur Feststellung der weiteren Kreditwürdigkeit von einzelnen Entwicklungsländern herangezogen. Es muß allerdings in Frage gestellt werden, ob die Quoten hierfür tatsächlich brauchbare Informationen liefern. Offenbar soll mit der Verschuldungsquote eine Beziehung zur internen Leistungsfähigkeit eines Landes hergestellt werden. Das nominelle Bruttosozialprodukt sagt darüber aber wenig aus, denn es setzt sich multiplikativ aus einer realen Komponente und einer Preiskomponente zusammen. Mit einer inflationären Politik ließe sich folglich – zumindest für eine gewisse Zeit – eine Aufblähung des nominellen Bruttosozialprodukts erreichen, die in US-Dollar ausgedrückte Größe Y in der Verschuldungsquote bei Verhinderung einer inflationskompensierenden Wechselkursentwicklung erhöhen und damit zugleich die Quote v_Y verringern. Hierin ist aber weder eine Erhöhung der internen Leistungsfähigkeit noch eine Reduktion der Schuldenlast zu sehen. Vielmehr dürfte die inflationäre Politik über kurz oder lang eine Verschärfung des Verschuldungsproblems mit sich bringen, weil sie die Leistungsbilanz beeinträchtigt und die Kapitalflucht fördert.

Die Zinsendienst- und die Schuldendienstquote zeigen zwar an, welcher Teil der nominellen Exporterlöse bereits für die Zins- und Tilgungsleistungen absorbiert wird, aber sie geben damit kaum einen Einblick in die Fähigkeit eines Landes, diese Leistungen auch tatsächlich zu erfüllen. Entscheidend für diese Fähigkeit ist die Verfügbarkeit von internationaler Liquidität, die für Zins- und Tilgungsleistungen mobilisiert werden kann. Eine solche Verfügbarkeit hängt aber ab von den vorhan-

Abbildung I.4:

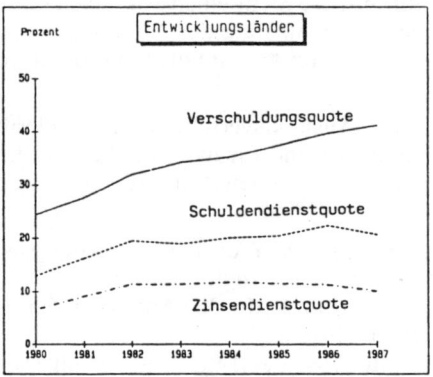

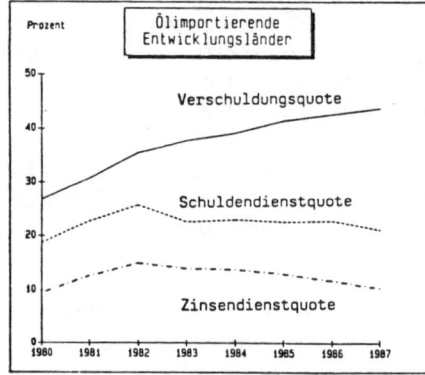

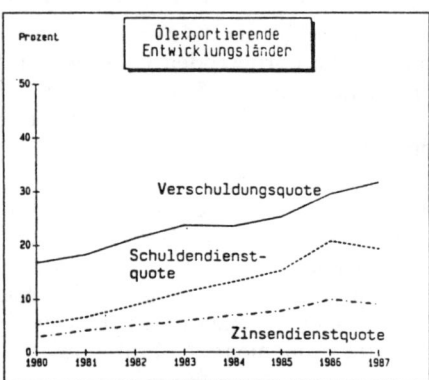

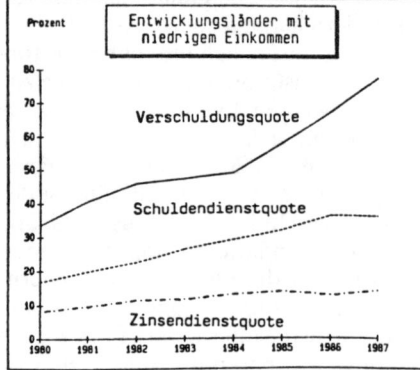

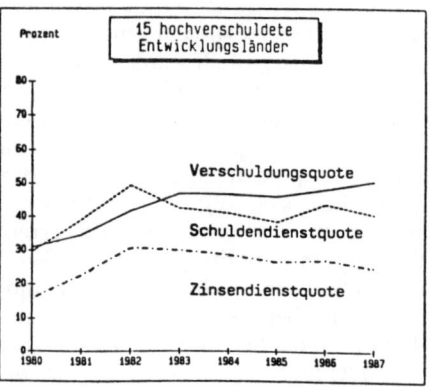

denen Devisenreserven, von der Absorption internationaler Liquidität für unverzichtbare Importe von Gütern und Dienstleistungen, von den Devisenzuflüssen aus Entwicklungshilfe, Direktinvestitionen und neuen Auslandskrediten sowie nicht zuletzt von Devisenverlusten durch Kapitalflucht. Wenn sich beispielsweise die Exporterlöse erhöhen und gleichzeitig der Wert der unbedingt notwendigen Importe,

z. B. aufgrund von Preissteigerungen, zunimmt, sinken zwar die beiden Quoten, aber an der Fähigkeit zur Schuldenbedienung hat sich nichts geändert.

Wenn die Quoten auch nicht für eine Abschätzung der zukünftigen Kreditwürdigkeit eines Landes geeignet sind, so geben sie dennoch einen guten Einblick in vergangene Entwicklungspfade und Entwicklungstrends der Auslandsverschuldung. Vor allem die Zinsendienst- und die Schuldendienstquote haben nach wie vor eine große Bedeutung für die Bereitschaft von Gläubigern, insbesondere von Banken, Entwicklungsländern sowohl Refinanzierungskredite als auch neue Kredite zu gewähren. Um nicht in eine Situation der Illiquidität oder gar der Insolvenz zu geraten, kann es für Entwicklungsländer deshalb sehr wohl wichtig sein, einen weiteren Anstieg der Zinsendienst- und Verschuldungsquoten zu verhindern. Eine Stabilisierung (Verringerung) dieser Quoten läßt sich aber nur erreichen, wenn die Wachstumsrate der Auslandsverschuldung nicht höher ist (bzw. geringer ist) als die Wachstumsrate der nominellen Exporterlöse.

I-3.3: Ansätze zur Lösung des Verschuldungsproblems

I-3.3.1: Der Handlungsbedarf

Wenn auch die Auslandsverschuldung der meisten Entwicklungsländer heute (Ende der 80er Jahre) mit einer kleineren Rate als zu Beginn der 80er Jahre – also zur Zeit der akuten Verschuldungskrise – wächst und sich die Zinsendienst- und Schuldendienstquoten für die gesamte Gruppe der Entwicklungsländer in den vergangenen Jahren stabilisiert haben, kann von einer tiefgreifenden und nachhaltigen Entspannung der Verschuldungssituation noch nicht die Rede sein. Einerseits ist die Entspannung zu einem erheblichen Teil auf günstige weltwirtschaftliche Entwicklungen (z. B. auf die allgemeine Zinssenkung, den Konjunkturaufschwung in westlichen Industrieländern, die Ölpreisverringerung) zurückzuführen, die nicht dauerhaft sein dürften, andererseits täuscht die Aggregatbetrachtung darüber hinweg, daß sich die Verschuldungslage – gemessen am Wachstum der Auslandsverschuldung sowie an den Zinsendienst- und Schuldendienstquoten – für einzelne Entwicklungsländer, darunter einige große Entwicklungsländer wie Argentinien und Indonesien sowie fast alle kleineren Entwicklungsländer mit niedrigem Einkommen, im Laufe der 80er Jahre sogar noch verschlechtert hat. Vielfach sind Zinsendienstquoten im Bereich von 25 % (z. B. Brasilien, Chile, Ecuador, Mexiko) bis zu 35 % (z. B. Argentinien) anzutreffen. Auch wenn aus solchen Quoten, wie schon erwähnt, nicht unmittelbar auf die Gefahr von Illiquidität oder sogar Insolvenz geschlossen werden kann, zeigen sie eine auf Dauer nicht tragbare Belastung an. Denn schließlich ist mit ihnen impliziert, daß 25 % oder sogar 35 % der Exporterlöse allein für den Zinsendienst absorbiert werden und folglich nicht mehr für Güterimporte zur Verfügung stehen. Soll die Auslandsverschuldung nicht noch weiter erhöht werden und fehlt es, was meistens der Fall ist, an anderen Devisenquellen, muß man entsprechend auf Güterimporte in einer beachtlichen Größenordnung verzichten. Ein solcher Verzicht kann aber eine ernsthafte Gefährdung des ökonomischen Entwicklungsprozesses bedeuten und dadurch über kurz oder lang Ursache einer neuen Verschuldungsspirale sein. Vor diesem Hintergrund ist es wichtig, die bestehenden Schuldenbelastungen zu vermindern und Maßnahmen zu ergreifen, die geeignet sind, eine weitere Verschuldungseskalation zu verhindern. Dementsprechend lassen sich zwei Lösungsstrategien unterscheiden, zum einen eine Strategie, die sich auf einen Abbau bestehender Schuldenbelastungen konzentriert, und zum anderen eine Strategie, die auf Verbesserungen ökonomischer Rahmenbedingungen gerichtet ist, durch die es den Entwicklungsländern möglich wird, ihre Schuldendienstverpflichtungen zu erfüllen und die weitere Zunahme der Auslandsverschuldung in vertretbaren Grenzen zu halten.

Zur ersten Strategie zählen beispielsweise Umschuldungen, Tilgungsstreckungen, Schuldenswaps oder ein Schuldenerlaß. Die zweite Strategie setzt an den Ursachen der Auslandsverschuldung an. Mit Blick auf die Gleichung (I-25) sind Maßnahmen denkbar

- die auf eine Verbesserung des Außenbeitrags $E^n - M^n$, z. B. durch Exportförderungen, Importbeschränkungen, Importsubstitutionen oder Verbesserungen der Terms of Trade gerichtet sind
- die eine Zunahme der Direktinvestitionen KD bewirken
- die die Kapitalflucht verhindern.

Schließlich gehört auch die Erhöhung der Entwicklungshilfe seitens der Industrieländer und seitens ökonomisch starker Entwicklungsländer (z. B. der „four little tigers") – also eine Erhöhung der Position $\ddot{U}B$ in der Gleichung (I-25) – zu dieser zweiten Lösungsstrategie. Die Ausgestaltung und die Brauchbarkeit einiger Lösungsansätze werden jetzt näher untersucht.

I-3.3.2: Vorschläge zur Verringerung der bestehenden Schuldenbelastungen

a) Umschuldungen

Umschuldungen implizieren eine Neustrukturierung der bestehenden Verschuldung. So werden beispielsweise die Laufzeiten von Krediten und damit die Tilgungsfristen verlängert sowie in Höhe der Tilgungen oder in Höhe des gesamten Schuldendienstes Refinanzierungskredite gewährt, die i.d.R. mit tilgungsfreien Zeiten ausgestattet sind. Der Gläubiger, an den die Tilgungen und/oder die Zinszahlungen zu leisten sind, kann unmittelbar entsprechende Refinanzierungskredite gewähren. In der Praxis werden solche Refinanzierungskredite allerdings meistens durch ein Bankenkonsortium oder durch den IWF bzw. durch die Weltbank gewährt, so daß sich nicht nur die Laufzeitenstruktur, sondern auch die Gläubigerstruktur der Verschuldung verändert. Mit den Umschuldungsmaßnahmen wird zwar eine Verringerung der Schuldendienst- und in vielen Fällen auch der Zinsendienstquote erreicht, aber der Schuldenstand bleibt bei Fristenverlängerungen sowie bei Refinanzierungen von Tilgungsbeträgen erhalten oder nimmt bei Refinanzierungen von Zinszahlungsbeträgen sogar zu. Umschuldungen bedeuten deshalb eine Verlagerung von Schuldenbelastungen in die Zukunft und stellen somit lediglich ein Mittel zur kurzfristigen Überwindung einer Liquiditätskrise dar. Trotzdem waren Umschuldungen, da es an schnell wirkenden Alternativmaßnahmen mangelte, in der Zeit nach Auftreten der akuten Verschuldungskrise im Jahr 1982 bis heute (1989) das am häufigsten angewendete Instrument zur Bekämpfung des Verschuldungsproblems.[32]

Bei den Umschuldungsprogrammen und bei der Überbrückung akuter Liquiditätsengpässe spielte der Internationale Währungsfonds eine wichtige Rolle. Private Gläubiger waren meistens nur zu Umschuldungen bereit, wenn ein Schuldnerland

---

[32] Allein in den Jahren von 1983 bis 1987 wurden Umschuldungen in Höhe von etwa 400 Mrd. US-Dollar vorgenommen. Siehe hierzu: The Worldbank, World Debt Tables, External Debt of Developing Countries, 1987/88 Ed., Vol. I., Analysis and Summary Tables, Washington, D.C., 1988, Appendix IV.

mit dem IWF ein Maßnahmenpaket vereinbarte, das geeignet schien, die interne Leistungsfähigkeit des Landes zu verbessern und so die Erfüllung des zukünftigen Schuldendienstes zu gewährleisten. Verbunden mit wirtschaftspolitischen Handlungsanweisungen und Auflagen, gewährte der IWF im Zusammenhang mit Umschuldungen privater und öffentlicher Gläubiger häufig auch kurz- und mittelfristige Liquiditätshilfen. Diese Politik des IWF war allerdings bisher kaum erfolgreich. Unter dem Druck der Verschuldungskrise wurde zwar bekundet, die IWF-Auflagen zu erfüllen, aber meistens erwies sich die konkrete Durchführung schließlich aus politischen und sozialen Gründen als unmöglich. Der große Einfluß, den der IWF Mitte der 80er Jahre bei der Lösung von Verschuldungsproblemen hatte, ist deshalb erheblich gesunken.

b) Schulden-Schulden-Swaps (Debt-Debt-Swaps)

Die Debt-Debt-Swaps bzw. die Debt for Bonds-Swaps stellen eine Umwandlung von privaten Bankkreditforderungen in Anleihen dar, die mit einem festen oder mit einem variablen Zins ausgestattet sind. Eine solche Umwandlung ist, damit sie sowohl für ein Schuldnerland als auch für eine Gläubigerbank vorteilhaft ist bzw. vorteilhaft sein kann, durch bestimmte Gestaltungsmerkmale gekennzeichnet:

1. Der Nominalwert der Anleihe ist niedriger als der Nominalwert der eingetauschten Kreditforderung.
2. Der Nominalzins der Anleihe ist – bei variabler Verzinsung zum Zeitpunkt der Umwandlung – höher als der Kreditzinssatz.
3. Die Laufzeit der Anleihe ist i. d. R. länger als die Restlaufzeit der Kreditforderung, so daß der Tilgungszeitpunkt in die Zukunft verschoben wird.
4. Die Anleihe ist marktgängig und kann somit von der Gläubigerbank veräußert werden.

Beim sogenannten Mexiko-Paket, mit dem Mexiko 1988 und 1989 Debt for Bonds-Swaps durchführte, kam noch eine besondere Rückzahlungsgarantie für die Anleihen hinzu: Mexiko zeichnete Zero-Bonds des amerikanischen Schatzamtes, die mit der Laufzeit der Swap-Anleihen übereinstimmten und deren Gegenwert durch die Zinskapitalisierung nach Laufzeitende dem Tilgungsbetrag der Swap-Anleihen entspricht.[33]

Die Debt-Debt-Swaps ließen sich bisher nur in einem geringen Volumen realisieren. Da Kursentwicklung und Verzinsung der Swap-Anleihen risikobehaftet sind, bleiben nämlich die Verhandlungen zwischen dem Schuldnerland und der Gläubigerbank über den Abschlag auf die Kreditforderung meistens erfolglos. Außerdem sind Gläubigerbanken i. d. R. nur zu einem Swap bereit, wenn – wie beim Mexiko-Paket – eine Tilgungsgarantie gegeben wird. Diese Garantie können aber viele Entwicklungsländer nicht beibringen – oder die Bereitstellung einer solchen Garantie ist mit so hohen Kosten verbunden, daß sich der Swap trotz Abschlag auf die Kreditforderungen nicht lohnt. Da die Entlastung aus dem Abschlag wohl kaum größer ist als die zusätzliche Belastung aus der höheren Verzinsung der Swap-Anleihen und aus den Kosten der Tilgungsgarantien, bedeuten Debt-Debt-Swaps wahrscheinlich nur eine Verschiebung von Verschuldungslasten in die Zukunft.

---

[33] Die Laufzeit von Zero-Bonds und Swap-Anleihen betrug 20 Jahre, so daß der Kaufpreis der Zero-Bonds erheblich unter dem Emissionspreis der Swap-Anleihen lag.

c) Schulden-Beteiligungs-Swaps (Debt-Equity-Swaps)

Bei den Debt-Equity-Swaps erfolgt eine Umwandlung von Kreditforderungen in Beteiligungen bzw. in Direktinvestitionen in den Schuldnerländern. Da ausländische Forderungen aus Direktinvestitionen bekanntlich nicht zur Auslandsverschuldung gezählt werden, ergibt sich mit einer solchen Umwandlung unmittelbar eine Schuldenverringerung. Dieser Lösungsvorschlag ist aber weder für das Schuldnerland noch für den Gläubiger unproblematisch. Aus der Sicht des Schuldnerlandes ist beispielsweise zu beachten:

1. Um eine Umwandlung attraktiv zu machen, muß der Beteiligungswert relativ zum Wert der Kreditforderungen niedrig angesetzt werden. Deshalb besteht die Gefahr, daß ausländische Investoren, die ohnehin Direktinvestitionen vorgenommen hätten, den Weg über die Debt-Equity-Swaps wählen. In diesem Fall wird der Schuldenabbau nicht erreicht.
2. Eine nennenswerte Verringerung der Auslandsverschuldung durch Debt-Equity-Swaps würde bedeuten, daß sich die Eigentumsverhältnisse merklich zugunsten von Ausländern ändern müßten.
3. Es ist keineswegs ausgeschlossen, daß die Kapitalerträge, die aus den Direktinvestitionen resultieren und ins Ausland abfließen, höher sind als der Zinsendienst auf die Kreditforderungen.
4. Für die Umwandlung in Direktinvestitionen müssen im Schuldnerland selbst in der entsprechenden Währung Mittel zur Verfügung gestellt werden. Angesichts der ohnehin geringen privaten Ersparnisse und der hohen öffentlichen Budgetdefizite in den Entwicklungsländern dürfte das im allgemeinen nur über eine zusätzliche Geldschöpfung möglich sein. Damit besteht aber die Gefahr inflationärer Impulse, die ihrerseits, wie weiter oben schon erläutert, die Schuldenprobleme verstärken können.

Aus der Sicht des Gläubigers ist zu bedenken:

1. Die Umwandlung einer auf US-Dollar lautenden Kreditforderung in eine Direktinvestition, die in der Währung des Schuldnerlandes bewertet wird, birgt erhebliche zukünftige Währungsrisiken in sich, deren Absicherung hohe Kosten verursacht oder eventuell überhaupt nicht möglich ist.
2. Es ist schwierig, gerade in den hochverschuldeten Entwicklungsländern Beteiligungsobjekte zu finden, deren Ertragsrisiko kleiner oder zumindest nicht größer ist als das Risiko der Kreditforderungen.
3. Vor allem bei politisch instabilen Verhältnissen (in vielen Ländern Mittel- und Südamerikas sowie Afrikas) besteht ein hohes Transfer- bzw. Repatriierungsrisiko sowohl für die Kapitalerträge als auch – zu einem zukünftigen Zeitpunkt – für das Beteiligungskapital selbst.

Angesichts der relativ hohen Risiken für beide Vertragsparteien ist es nicht verwunderlich, daß die Debt-Equity-Swaps in Hinsicht auf ihre reale Umsetzung unbedeutend geblieben sind.

d) Schulden- und Zinsendienstbegrenzungen

Mit der Einführung einer Obergrenze für die Schuldendienstquote ist die Absicht verbunden, nicht nur die aktuelle Schuldendienstbelastung zu verringern, sondern die Tilgungen und Zinszahlungen grundsätzlich an der individuellen Leistungs- bzw. Zahlungsfähigkeit eines Schuldnerlandes zu orientieren. Die Schuldnerländer hoffen, die mit dieser Strategie gewonnenen Liquiditätsspielräume kurz- und mittelfristig für wachstumsstimulierende Importe nutzen zu können und so langfristig eine höhere Schuldendienstfähigkeit zu erlangen. Tatsächlich macht die Begrenzung der Schuldendienstquote auch nur Sinn, wenn sich diese Hoffnung erfüllt. Denn wenn die Gläubiger an ihren Ansprüchen auf Tilgungs- und Zinszahlungen voll und ganz festhalten, impliziert diese Strategie lediglich eine Schuldendienststreckung und folglich eine Verschiebung der aktuell bestehenden Belastungen in die Zukunft. Fraglich ist allerdings, ob die Gläubiger der Schuldendienstbegrenzung zustimmen. Sie werden dazu nur bereit sein, wenn ansonsten mit einem – möglicherweise vollständigen – Verlust ihrer Forderungen zu rechnen ist oder wenn sie für die vorübergehenden Einbußen später einen Ausgleich in Form höherer Zinsen erhalten. Im zweiten Fall nimmt aber die Gesamtzinsbelastung für ein Schuldnerland zu, und der kurzfristige Vorteil der Schuldendienstbegrenzung könnte sich nach einiger Zeit in einen Nachteil umkehren. Die Schuldnerländer fordern selbstverständlich eine Begrenzung ohne zusätzliche Lasten. Abgesehen von einzelnen Fällen, in denen ein totaler Forderungsverlust drohte, haben sich private Gläubiger deshalb bisher nicht zu Schuldendienstbegrenzungen bereit erklärt. Da es den Gläubigern in aller Regel an einklagbaren Sicherheiten fehlt, können Schuldnerländer die Begrenzung ihrer Schuldendienstquote grundsätzlich einseitig erklären. Ein Beispiel hierfür sind Peru und Sambia, die eine Obergrenze von 10 % festgesetzt haben. Allerdings ist es fraglich, ob einseitige Schritte zur Lösung des Schuldenproblems geeignet sind. Private Gläubiger dürften angesichts solcher Zwangsmaßnahmen wohl kaum zu Refinanzierungskrediten und erst recht nicht zu neuen Krediten bereit sein, und die betroffenen Schuldnerländer können deshalb sehr wohl in noch größere Liquiditätsprobleme geraten.

Bei der Zinsendienstbegrenzung geht es in aller Regel um eine Fixierung von Höchstzinssätzen, die nicht nur unter den aktuellen Zinssätzen auf die bestehende Auslandsverschuldung, sondern auch unter den aktuellen Zinssätzen für Neuausleihungen liegen sollten. Während öffentliche Kreditgeber – auf bilateraler und multilateraler Ebene – schon immer Zinssätze eingeräumt haben, die unter den entsprechenden Sätzen des freien Kapitalmarktes lagen, und häufig im nachhinein einer Senkung ihrer Kreditzinssätze zugestimmt haben, besteht auf seiten der privaten Gläubiger bislang kaum eine Bereitschaft zu einem solchen Schritt. Dieser wäre nämlich einem Forderungsverzicht gleichzusetzen. Die Zustimmung zur Zinssenkung und zur Festlegung von Höchstzinssätzen läßt sich vermutlich nur erreichen, wenn den privaten Gläubigern die kurz- und mittelfristig entgangenen Zinseinnahmen auf längere Sicht wieder ausgeglichen werden. Dann aber würde diese Lösungsstrategie wiederum nur eine zeitliche Verschiebung der Schuldenbelastung bedeuten.

e) Schuldenerlaß

In jüngster Zeit hat sich nicht nur auf seiten der öffentlichen Gläubiger, sondern auch auf seiten der privaten Gläubiger mehr und mehr die Meinung durchgesetzt, daß sich das Verschuldungsproblem bzw. die Verschuldungskrise vieler Entwicklungsländer nur lösen läßt, wenn anstelle einer lediglich zeitlichen Verschiebung von Schuldendienstbelastungen auf Teile der Forderungen dauerhaft verzichtet wird.[34] Diese Auffassung geht von der Einsicht aus, daß viele Entwicklungsländer

---

[34] Diese Meinung liegt auch dem Brady-Plan vom März 1989 zugrunde. US-Finanzminister Brady schlägt darin vor, daß die privaten Gläubiger Wertberichtigungen, die sie auf ihre Kreditforderungen gegen Entwicklungsländer vorgenommen haben und noch vornehmen werden, an die entsprechenden Länder weitergeben und damit offen einen Schuldenerlaß anerkennen.

nicht nur kurzfristige Liquiditätsschwierigkeiten haben, sondern daß sie sich bereits in einer Situation der Insolvenz befinden. So wie es bei Kreditforderungen gegenüber Unternehmungen im nationalen Raum allgemein üblich ist, sei aber in einer Insolvenzsituation, so die Meinung, ein Vergleich anzustreben, der zwingend einen gewissen Forderungsverzicht impliziere. Öffentliche Kreditgeber – darunter auch der IWF und die Weltbank – haben sich in den vergangenen Jahren schon mehrmals in Einzelfällen zu einem solchen Schritt entschlossen. Vor allem den ärmsten Entwicklungsländern sind so Schulden erlassen worden. Für private Gläubiger ist es allerdings schwierig zu entscheiden, welche Länder in den Genuß von Forderungsverzichten kommen sollen und wie hoch diese Verzichte sein sollen. Anders als bei insolventen Unternehmungen im nationalen Raum, fehlen ihnen dazu im allgemeinen die Beurteilungskriterien, zumal Insolvenz ja auch bedeutet, daß es nicht nur an liquiden Mitteln (bei Entwicklungsländern an internationaler Liquidität), sondern auch an ausreichenden liquidierbaren Vermögenswerten mangelt. Die letzte Bedingung ist für Entwicklungsländer aber wohl kaum erfüllt. Dennoch dürfte es auch den privaten Gläubigern in absehbarer Zeit nicht erspart bleiben, in Einzelfällen einen Schuldenerlaß in Erwägung zu ziehen und die Vergleichsquoten mit den Schuldnerländern selbst auszuhandeln.

Ein genereller Schuldenerlaß für alle Entwicklungsländer, so wie er von bestimmten gesellschaftlichen Gruppen und auch von einigen Schuldnerländern immer wieder gefordert wird, kann allerdings sowohl mit Blick auf die Gläubigerseite als auch mit Blick auf die Schuldnerseite kaum in Betracht kommen:

1. Die Auslandsverschuldung der Entwicklungsländer ist inzwischen so hoch, daß durch entsprechende Wertberichtigungen, zumal wenn diese in relativ kurzer Zeit erfolgen müßten, sowohl öffentliche als auch private Kreditgeber selbst in Schwierigkeiten geraten würden.
2. Die Schuldnerländer würden sich nicht mehr veranlaßt sehen, mit wirtschaftspolitischen Anpassungsmaßnahmen die internen Ursachen ihrer ökonomischen Probleme zu bekämpfen. Ihre Leistungsbilanzdefizite dürften vermutlich wieder zunehmen, und die Verschuldungsspirale käme dann erneut in Gang.
3. Private Gläubiger dürften in Zukunft kaum noch zu einer Kreditvergabe an Entwicklungsländer bereit sein. Damit aber würde die gesamte Finanzierungslast direkt (bei bilateraler Kreditvergabe) oder indirekt (bei multilateraler Kreditvergabe) den öffentlichen Haushalten der Industrieländer zufallen. Es ist aber zweifelhaft, ob sich diese Aufgabe angesichts der teilweise ohnehin schon hohen öffentlichen Budgetdefizite der Industrieländer erfüllen läßt. Zu befürchten wäre in diesem Fall eine Geldschöpfungsfinanzierung der Kredite, die ihrerseits Inflation nach sich ziehen und so die Weltkonjunktur gefährden könnte.[35]

Ein Schuldenerlaß ist vor diesem Hintergrund nur in Ausnahmefällen möglich und sollte i. d. R. auch nur dann zur Anwendung kommen, wenn vorher oder zumindest gleichzeitig konkrete politische und wirtschaftspolitische Maßnahmen zur Verbesserung der internen ökonomischen Bedingungen ergriffen werden. In den meisten Fällen gibt es aber, wie jüngste Erfahrungen zeigen, keine oder nur eine geringe Akzeptanz für entsprechende Auflagen.

---

[35] Auch die Zuteilung neuer Sonderziehungsrechte käme einer internationalen Geldschöpfungsfinanzierung gleich.

I-3.3.3: Maßnahmen zur Verbesserung der Bilanz des Güterverkehrs

Wie weiter oben ausführlich erläutert wurde, gehören Exportschwächen sowie Importabhängigkeiten zu den wichtigen internen Ursachen der Auslandsverschuldung der Entwicklungsländer. Die Entwicklungsländer müßten deshalb selbst mit geeigneten Maßnahmen Einfluß auf ihre Exporte und ihre Importe von Waren und gewissen Dienstleistungen nehmen, um so die Leistungsbilanzsituation zu verbessern und den Zwang zur Auslandsverschuldung zu verringern. Grundsätzlich lassen sich dabei die Exportförderung bzw. Exportdiversifizierung, die Importsubstitution, die Importbeschränkung und die Stabilisierung der Terms of Trade unterscheiden.

a) Exportförderung und Exportdiversifizierung

Von grundlegender Bedeutung ist die Frage, ob sich ein Entwicklungsland auf eine Förderung traditioneller Produktionsbereiche konzentrieren soll oder ob es versuchen soll, bisher vernachlässigte oder noch nicht vorhandene Produktionsbereiche zu entwickeln und dadurch neue Märkte zu erschließen. Im Rahmen der Ursachenanalyse ist bereits festgestellt worden, daß Exportschwächen auch nach dem Konjunkturaufschwung in den Industrieländern seit 1983 vor allem bei den Entwicklungsländern bestehen, die ihren Exportschwerpunkt im Bereich der Grundstoffe, d.h. der Agrarprodukte sowie der mineralischen Produkte (Rohstoffe) haben. Demgegenüber konnten Entwicklungsländer, deren Exportschwerpunkt im Bereich der Fertigprodukte liegt, ihre Exporterlöse in den vergangenen Jahren ganz erheblich steigern und ihren Anteil am gesamten Exportwert aller Entwicklungsländer von etwa 24 % im Jahr 1980 auf etwa 44 % im Jahr 1986 erhöhen. Die Tabelle I.12 macht deutlich, welchen Anteil Entwicklungsländer mit unterschiedlichen Exportschwerpunkten an den gesamten Exporterlösen in den Jahren 1980, 1982 und 1986 hatten.

Der Ölpreisverfall hat den Anteil der Entwicklungsländer mit Schwerpunkt im Rohölexport selbstverständlich drastisch verringert. Auffallend ist aber, daß die Gruppe der Entwicklungsländer mit Exportschwerpunkten in den traditionellen Bereichen der Agrarprodukte und der mineralischen Rohstoffe (außer Rohöl) im Gegensatz zur Gruppe der Fertigwarenexporteure vom weltweiten Konjunkturaufschwung kaum profitieren konnte. Dafür lassen sich folgende Gründe anführen:

1. Die Einkommenselastizität der Nachfrage nach primären Gütern (Güter des Grundstoffbereichs) ist erheblich kleiner als Eins, und folglich nahmen und nehmen die Exporte solcher Güter nur unterproportional zur Erhöhung des Welteinkommens zu.[36]
2. Mineralische Rohstoffe wurden und werden in den Industrieländern teilweise durch synthetische Produkte ersetzt oder durch Verbesserung von Produktionsverfahren eingespart.
3. Die Exporte von Agrarprodukten werden nach wie vor durch stark restriktive protektionistische Maßnahmen der Industrieländer beeinträchtigt.

Ein weiterer wichtiger Grund, der allerdings auch für die Entwicklungsländer mit dem Exportschwerpunkt im Bereich von Fertigprodukten zutrifft, besteht in den

---

[36] Empirische Schätzungen deuten darauf hin, daß die Einkommenselastizitäten zwischen 0,3 und 0,5 liegen. Siehe hierzu z. B.: M.P. Todaro, Economic Development in the Third World, 3. ed., New York 1987, S. 405 ff.

unzulänglichen Handelsverflechtungen zwischen den Entwicklungsländern selbst. Diese interne Handelssituation ist vor allem auf einen ausgeprägten nationalen Protektionismus und auf eine unzureichende Diversifizierung des Exportangebots vieler Entwicklungsländer zurückzuführen.[37]

Aus diesen Erkenntnissen lassen sich einige Konsequenzen für die an Exporten orientierte Handelspolitik der Entwicklungsländer ableiten:

1. Die Exportförderung muß sich insbesondere auf den Bereich der Fertigprodukte konzentrieren und hier eine Angebotsdiversifizierung erreichen. Das bedeutet allerdings keineswegs, daß die traditionellen Bereiche der Produktion von Grundstoffen vernachlässigt werden dürfen. Zum einen liegen hier nach wie vor gewisse komparative Produktionsvorteile, die es zu erhalten gilt, und zum anderen muß die Agrarproduktion intensiviert werden, um angesichts eines hohen Bevölkerungswachstums eine von entsprechenden Importen unabhängige interne Versorgung sicherzustellen. Wünschenswert ist also eine Politik, die zugleich den grundlegenden internen Bedürfnissen und den externen Erfordernissen Rechnung trägt.

2. Die Handelsbeziehungen zwischen den Entwicklungsländern oder zumindest zwischen größeren Gruppen von Entwicklungsländern müssen ausgeweitet werden. Das macht eine stärkere wirtschaftliche Integration erforderlich, die ihrerseits mit einem Abbau des Protektionismus verbunden ist. Die Integration intensiviert nicht nur den internen Handel, sondern ermöglicht auch die gemeinsame Durchführung von Projekten zur Exportförderung und Exportdiversifizierung sowie zur Entwicklung der nationalen Märkte. Diese Aufgabe können vor allem kleinere Entwicklungsländer im Alleingang meistens nicht bewältigen.

Welcher Maßnahmen sich die Politik der Exportförderung zu bedienen hat, hängt ganz wesentlich von den spezifischen ökonomischen Gegebenheiten in einem Land ab. Dort, wo bereits Unternehmungen im Bereich von Fertigprodukten tätig sind, werden Ausbau sowie Produktivitäts- und Qualitätsförderung im Vordergrund stehen, um so eine Angebotsdifferenzierung und eine höhere internationale Wettbewerbsfähigkeit zu erreichen. Dort, wo der Bereich der Fertigprodukte noch fehlt, wird es erforderlich sein, die nötige Infrastruktur (Verkehr, Kommunikationssysteme, Ausbildung) zu schaffen und mit ausländischer Hilfe sowohl Investitionsgüterimporte als auch Technologietransfers zu realisieren.

Für einige Entwicklungsländer kann es sinnvoll sein, neben dem Bereich der Fertigproduktion oder sogar anstelle dieses Bereichs den Tourismus und damit den Export von Dienstleistungen zu fördern. Auch dazu sind umfangreiche Infrastrukturinvestitionen (insbesondere im Verkehrswesen) quasi als Vorleistung nötig; und ausländische Hilfe – hier beim Aufbau von Hotelkapazitäten – dürfte ebenfalls unabdingbar sein. Die Förderung des Tourismus ist häufig einfacher als die Entwicklung völlig neuer industrieller Produktionsbereiche, die unter dem Aspekt der

---

[37] Die mit über 50 Ländern zahlenmäßig größte Gruppe der Entwicklungsländer in Afrika (ohne Ölexportländer) erzielte 1986 nur 5,5 % ihrer Exporterlöse im Handel untereinander und 10,6 % im Handel mit den Entwicklungsländern anderer Regionen. Die größte interne Handelsverflechtung bestand 1986 zwischen den asiatischen Entwicklungsländern mit ca. 27 % ihrer Exporterlöse. Hier haben sich die Exportdiversifizierung und der Abbau von Protektionismus günstig ausgewirkt. Allerdings konnten diese Länder, insbesondere wegen protektionistischer Schranken, im Handel mit allen anderen Entwicklungsländern 1986 nur 9,4 % ihrer Exporterlöse erzielen. Siehe hierzu das Kapitel A, Abschnitt A-2.3.

Tabelle I.12: Exporte und Güterbilanzsaldo der Entwicklungsländer – differenziert nach Exportschwerpunkten (in Mrd. $)

Entwicklungsländer mit Exportschwerpunkt in:	1980			1982			1986		
	EW	EG	GB	EW	EG	GB	EW	EG	GB
Rohöl	328,1	377,4	127,0	251,4	305,7	24,5	128,3	170,4	−1,4
Agrarprodukten	85,8	108,7	−29,8	82,1	106,2	−23,2	94,4	121,6	2,3
Mineralischen Produkten (außer Rohöl)	47,8	56,2	2,4	35,0	43,4	−7,0	35,2	42,9	3,7
Fertigwaren	149,3	189,6	−14,4	159,1	206,0	6,8	221,7	270,9	18,2
Dienstleistungen	19,6	45,2	−12,1	18,8	45,9	−13,1	21,9	47,9	−10,2
Entwicklungsländer insgesamt	630,6	777,1	73,1	546,4	707,2	−12,0	501,5	653,7	12,6

Quelle: IMF, World Economic Outlook, April 1987, Washington, D.C., 1987, S. 156 ff.

Erläuterung: EW: Warenexporte (f. o. b.); EG: Exporte von Waren und Dienstleistungen; GB: Saldo der Handelsbilanz und der Dienstleistungsbilanz ohne Zinszahlungen.

internationalen Wettbewerbsfähigkeit heute einen hohen Einsatz an technischem Know-how erforderlich machen; andererseits ist die Tourismusbranche weitaus sensibler in Hinsicht auf nationale politische Verhältnisse und für politisch weniger stabile Systeme deshalb eine risikoreiche Produktionsorientierung. Daß die Entwicklungsländer, deren Exportschwerpunkt bei den Dienstleistungen liegt, in den vergangenen Jahren nur relativ geringe Exporterfolge erzielen konnten (siehe hierzu die Tabelle I.12), hängt nicht zuletzt mit politischen Instabilitäten zusammen.

b) Importsubstitution

Die Politik der Importsubstitution ist darauf gerichtet, importkonkurrierende Produktionsbereiche auf- bzw. auszubauen und so die Importnachfrage nach bestimmten Gütern zumindest teilweise durch eigene Angebote zu befriedigen. Im Vergleich zur Exportförderung bzw. Exportdiversifizierung läßt sich die Importsubstitution in vielen Entwicklungsländern leichter durchführen:

1. Der hohe internationale Konkurrenzdruck, dem ein Entwicklungsland im Exportgüterbereich i. d. R. ausgesetzt ist, läßt sich im importkonkurrierenden Bereich durch protektionistische Maßnahmen bzw. durch Abschottung der nationalen Märkte autonom verringern.
2. Exportgüter erfordern meistens einen hohen Einsatz an moderner Technologie, der sich im allgemeinen nur mit großen Unternehmungen und mit umfangreichen Ressourceneinsätzen realisieren läßt; importkonkurrierende Produktion ist demgegenüber – nicht zuletzt wegen der protektionistischen Wettbewerbsminderung – mit relativ geringer Technologie und in kleineren Unternehmungen möglich.
3. Die Qualitätsanforderungen an Exportgüter sind sehr hoch und aufgrund von Mängeln der Produktionsfaktoren (z. B. aufgrund von mangelnder Qualifikation der Arbeitskräfte) häufig nicht zu erfüllen; die Qualitätsansprüche an importkonkurrierende Güter im eigenen Land sind dagegen in aller Regel erheblich geringer.

Diese Gründe waren maßgebend dafür, daß der Politik der Importsubstitution vielfach der Vorzug vor der Strategie der Exportförderung gegeben wurde. Vor allem Entwicklungsländer mit relativ hoher Bevölkerung und damit umfangreichen eigenen Märkten haben diese Politik in der Zeit nach dem 2. Weltkrieg jahrelang verfolgt. Demgegenüber sahen sich kleinere Länder – hier sind vor allem Hongkong, Singapur und Taiwan zu nennen – wegen ihrer internen Marktenge gezwungen, in erster Linie die Exporte zu forcieren.

Die spezifischen Produktionsbedingungen in den Entwicklungsländern implizieren in aller Regel, daß sich die Importsubstitution vor allem auf den Bereich der Verbrauchsgüter konzentriert. Wenngleich auch der Aufbau einer importkonkurrierenden Produktion im Investitionsgüterbereich wünschenswert sein mag, fehlt es demgegenüber den meisten Entwicklungsländern noch immer am erforderlichen technischen Know-how, um auch hier eine durchgreifende Importsubstitution zu realisieren. Die Politik der Importsubstitution muß folglich selektiv angesetzt werden. Es ist deshalb auch üblich, den externen Wettbewerbsdruck durch spezielle Zölle auf solche Güter zu mindern, die man selbst herstellen möchte. Begründet werden solche Zölle mit dem bekannten Erziehungszollargument, wonach die protektionistischen Maßnahmen vorübergehend anzuwenden sind, nämlich so lange, bis die importkonkurrierenden Unternehmungen dem internationalen Konkurrenzdruck gewachsen sind. Die Importsubstitution läßt sich selbstverständlich nur in mehr oder weniger langen Anpassungszeiträumen realisieren. In dieser Zeit tragen die Verbraucher aufgrund der zollinduzierten Preiserhöhungen einen gewissen Teil der Lasten dieser Politik. Nur dann, wenn die internationale Wettbewerbsfähigkeit der importkonkurrierenden Unternehmungen überhaupt jemals erreicht wird, lassen sich Zollschutz und Belastungen aus höheren Preisen irgendwann wieder beseitigen.

Ob die Politik der Importsubstitution einen wesentlichen Beitrag zur Verbesserung der Leistungsbilanz- und der Verschuldungssituation leistet, ist keineswegs sicher:

1. Auf- und Ausbau der importkonkurrierenden Produktionsbereiche machen in aller Regel Importe von Investitionsgütern sowie ausländische Kapitalhilfe erforderlich.
2. Bei der Produktion importkonkurrierender Güter sind wahrscheinlich Vorleistungsgüter (z. B. Rohstoffe) nötig, die möglicherweise importiert werden müssen.
3. Die Preise der Exportgüter können steigen, wenn die Expansion der importkonkurrierenden Produktion mit einem generellen Anstieg der Lohn- und Kapitalkosten einhergeht und/oder wenn die Exportgüterunternehmungen höhere Preise für Vorleistungsgüter aus den importkonkurrierenden Bereichen zu zahlen haben.
4. Die Hinwendung zur Politik der Importsubstitution kann zugleich die Vernachlässigung der gezielten Exportförderung bzw. Exportdiversifizierung bedeuten, so daß die Gefahr besteht, auf der Exportseite an internationaler Wettbewerbsfähigkeit zu verlieren.
5. Die Schutzzölle können, vor allem bei längerer Dauer, Retorsionsmaßnahmen anderer Länder – nicht zuletzt auch anderer Entwicklungsländer – provozieren.

Auch unter entwicklungspolitischen Gesichtspunkten ist der Vorrang der Importsubstitution vor der Exportförderung bzw. Exportdiversifizierung bedenklich:

1. Häufig wurde und wird die Importsubstitution ohne Rücksicht auf internationale komparative Produktionsvorteile durchgeführt. Es ist deshalb zu erwarten, daß die handelspolitische Orientierung auf importkonkurrierende Güter Wohlfahrtsverluste mit sich bringt.
2. Importsubstitution hat ihre Grenzen dort, wo der Import bestimmter Güter vollständig verdrängt ist (exzessive Importsubstitution). Damit sind aber wahrscheinlich auch die Wachstumsimpulse begrenzt, die andernfalls aus einer Exportförderung und aus einer Partizipation an der Expansion des Welthandelsvolumens hätten erzielt werden können.

Der Betonung der Politik der Importsubstitution lag häufig die Vorstellung zugrunde, daß Auf- und Ausbau der importkonkurrierenden Produktionsbereiche einer Exportförderung bzw. Exportdiversifizierung vorangehen müsse. Die importkonkurrierenden Unternehmungen würden, so die Hoffnung, über kurz oder lang das im Exportgüterbereich nötige Know-how liefern und dementsprechend quasi Wegbereiter einer allgemeinen Steigerung der internationalen Wettbewerbsfähigkeit sein. Solche Hoffnungen haben sich leider bis heute kaum erfüllt. Häufig waren es ausländische Unternehmungen, die die Förderung der Importsubstitution über den Weg von Direktinvestitionen in Entwicklungsländer ausgenutzt haben. Zwar wurden dabei die gewünschten Produktionsbereiche geschaffen oder ausgeweitet, aber einerseits gingen die Gewinne zum Teil an das Ausland verloren und standen folglich nicht adäquat für weitere entwicklungspolitische Projekte zur Verfügung, andererseits blieben die Spill over-Effekte hinter den Erwartungen zurück, weil die ausländischen Unternehmungen kein grundlegendes Interesse an einem allgemeinen Technologietransfer und an einer Entwicklung international wettbewerbsfähiger Exportgüterunternehmungen hatten.

Trotz der insgesamt ernüchternden Erfahrungen kann auf eine Politik der Importsubstitution nicht vollkommen verzichtet werden. Im Rahmen einer umfassenden entwicklungspolitischen Strategie, die die Exportförderung bzw. Exportdiversifizierung gleichermaßen berücksichtigt und die sich strikt an vorhandenen oder zumindest wahrscheinlich erreichbaren komparativen Produktionsvorteilen orientiert, muß die Importsubstitution auch in Zukunft eine wichtige Rolle spielen. Das gilt ganz besonders dann, wenn ein Entwicklungsland Gefahr läuft, selbst in traditionellen Produktionsbereichen von Importen abhängig zu werden. Die Importsubstitution allein reicht aber auf keinen Fall aus, Leistungsbilanz- und Verschuldungsprobleme dauerhaft zu überwinden.

c) Importbeschränkungen

Angesichts der Verschuldungskrise und der beschränkten Möglichkeiten, mit Hilfe einer Politik der Importsubstitution und/oder der Exportförderung kurz- und mittelfristig Leistungsbilanzverbesserungen zu erreichen, griffen fast alle Entwicklungsländer nach 1982 zum Mittel der quantitativen Importbeschränkungen. Tatsächlich ist die Verbesserung der Handels- und Dienstleistungsbilanz (ohne Zinsbilanz) vieler Entwicklungsländer – so inbesondere in Mittel- und Südamerika sowie in Afrika – zu einem erheblichen Teil auf diese Politik zurückzuführen. Importbeschränkungen erweisen sich aber nach allen Erfahrungen über kurz oder lang als ein völlig untaugliches Mittel. Vielmehr tragen sie meistens über kurz oder lang zur Problemverschärfung bei. Werden nämlich Investitionsgüterimporte beschränkt, so wird die interne ökonomische Entwicklung gehemmt; werden Importe von Gütern des Grundbedarfs beschränkt, so entstehen soziale Spannungen. In beiden Fällen drohen politische Instabilitäten, die wirtschaftspolitische Handlungsunfähigkeit zur Folge haben und eine adäquate Bekämpfung der Ursachen von Leistungsbilanz- und Verschuldungsproblemen unmöglich machen.

d) Stabilisierung der Exportpreise

Wie weiter oben im Rahmen der Ursachenanalyse eingehend erörtert wurde, führen Nachfrage- und/oder Angebotsänderungen auf den Märkten der primären Güter häufig zu relativ starken Preis- und Erlösänderungen. Da Angebotsausweitungen aufgrund einer offensiven Exportpolitik und Nachfrageverringerungen aufgrund eines zunehmenden Angebots an Ersatzprodukten (z. B. synthetischen Produkten) typisch für viele dieser Märkte sind, eine günstige Weltkonjunktur diese Vorgänge wegen der geringen Einkommenselastizität der Nachfrage aber meistens nicht zu kompensieren vermag, sehen sich Entwicklungsländer, die ihren Exportschwerpunkt bei solchen Gütern haben, immer wieder einem starken Preis- und Erlösdruck ausgesetzt. Es ist deshalb verständlich, wenn diese Länder nach Wegen zur Stabilisierung der entsprechenden Exportgüterpreise und Exporterlöse suchen, um so eine Verschlechterung ihrer Leistungsbilanzsituation zu vermeiden. Vier Möglichkeiten bieten sich hierfür an:

1. *Multilaterale Liefer- und Abnahmeverpflichtungen:* Zwischen den Lieferanten (den Entwicklungsländern) und den Abnehmern (vor allem den Industrieländern) werden einerseits Liefer- und Abnahmemengen sowie andererseits Höchst-

und Mindestpreise vertraglich festgelegt. Die Lieferanten verpflichten sich, zu den Höchstpreisen die vereinbarten Mengen zu liefern, auch wenn die Angebots- und Nachfragekonstellation am Weltmarkt zu höheren Preisen führen würde; die Abnehmer verpflichten sich, die vereinbarten Mengen zu den Mindestpreisen zu kaufen, auch wenn die Marktkonstellationen niedrigere Preise implizieren würden.

2. *Marktausgleichslager (Buffer stocks):* Wie zuvor, so werden auch hier Mindest- und Höchstpreise festgesetzt. Würde der Weltmarktpreis wegen eines Überangebots unter den Mindestpreis fallen, so werden so lange Mengen in ein zentrales bzw. supranationales Lager aufgenommen, bis sich der Mindestpreis am Markt einstellt; es wird also künstlich Nachfrage geschaffen. Umgekehrt werden aus dem Lager Mengen an den Markt abgegeben, wenn der Marktpreis infolge einer Überschußnachfrage den Höchstpreis übersteigen würde. Eine supranationale Behörde sorgt hier also mit Hilfe sogenannter Buffer stock-Interventionen für die Preisstabilisierung.

3. *Indexierung:* Die Preisentwicklung von Gütern des primären Bereichs wird an die Preisentwicklung von Industriegütern gebunden. Man geht bei diesem Modell davon aus, daß die Industriegüterpreise im Durchschnitt erheblich weniger schwanken und außerdem im Zeitablauf überwiegend einen steigenden Trend aufweisen. Da die Importe der Entwicklungsländer größtenteils aus Gütern industrieller Fertigung bestehen, ist auch die Absicht, die Terms of Trade zu stabilisieren, erkennbar.

4. *Kartellierung:* Analog zum Preis- und Mengenkartell der OPEC werden Anbieterkartelle auch für andere Güter des Grundstoffbereichs gebildet. In einem ersten Schritt werden die Preise vereinbart, die man am Weltmarkt erzielen möchte. In einem zweiten Schritt sind dann unter Berücksichtigung der Weltnachfrage die Angebotsmengen, die insgesamt auf den Weltmarkt gebracht werden, sowie die Verteilung dieser Mengen auf die einzelnen Anbieter festzulegen.

Die Stabilisierung der Exportpreise für Grundstoffgüter bzw. für Rohstoffe ist auch das wichtigste Ziel des Integrierten Rohstoffprogramms (IRP), das auf der UNCTAD-Konferenz in Nairobi bereits im Jahr 1976 verabschiedet wurde. Dieses Programm sieht für zehn sogenannte Kern-Rohstoffe (core commodities) die Errichtung von Marktausgleichslagern und für weitere acht Grundstoffgüter multilaterale Liefer- und Abnahmeverpflichtungen vor.[38] Bei diesen Gütern besitzen die Entwicklungsländer einen Weltexportanteil von etwa 60 % (bei den Kern-Rohstoffen von etwa 75 %). Die Finanzierung der Marktausgleichslager soll durch einen Gemeinsamen Fonds erfolgen, dessen Mittel nach festgelegten Quoten von allen Mitgliedsländern des Programms bereitzustellen sind; auf die westlichen Industrieländer entfällt dabei ein Anteil von über 70 %.

Obwohl mehr als 90 Länder, darunter auch viele Industrieländer, bis heute ihren Beitritt zum Rohstoffprogramm erklärt haben, ist man der Realisierung der Ziele des Programms bisher kaum näher gekommen. Weder bei der Einrichtung von Marktausgleichslagern noch in Hinsicht auf multilaterale Liefer- und Abnahmeverpflichtungen hat es in den Jahren nach der Verabschiedung des Programms nennenswerte Fortschritte gegeben. Nach wie vor stößt die weltweite Regulierung

---

[38] Die Kern-Rohstoffe sind: Baumwolle, Hartfasern (Sisal), Jute, Kaffee, Kakao, Kautschuk, Kupfer, Tee, Zinn und Zucker. Die anderen Rohstoffe sind: Bananen, Bauxit, Eisenerz, Fette und Öle (z. B. Palmöl), Mangan, Phosphate, Rindfleisch und Tropische Hölzer.

der Rohstoffmärkte auf einen erheblichen Widerstand der größeren Industrieländer, so vor allem der USA, Japans und Großbritanniens. Es ist deshalb auch kaum damit zu rechnen, daß sich mit dem Integrierten Rohstoffprogramm jemals die angestrebten Ziele erfüllen lassen. Eine grundlegende Bedingung für das Funktionieren von Marktausgleichslagern sowie von multilateralen Liefer- und Abnahmeverpflichtungen ist nämlich die Teilnahme aller oder zumindest fast aller Liefer- und Abnehmerländer. Andernfalls können Höchst- oder Mindestpreise sowie Angebotsmengen unterlaufen werden. Eine weltumspannende Teilnahme am Rohstoffprogramm dürfte aber eine Utopie bleiben.

Es ist auch äußerst zweifelhaft, ob die totale Regulierung der Märkte vieler landwirtschaftlicher und mineralischer Produkte für die Entwicklungsländer tatsächlich vorteilhaft ist. Es besteht nämlich die Gefahr, daß Entwicklungsländer in der Erwartung garantierter Exporterlöse den Auf- und Ausbau alternativer Produktionsbereiche vernachlässigen und nach einem Scheitern der Marktregulierung abrupt in eine tiefgreifende Strukturkrise geraten. Umfassende Marktregulierungen sind aber nach allen Erfahrungen über kurz oder lang immer zum Scheitern verurteilt; denn sie besitzen einen immanenten Anreiz zu Produktionsausweitungen und Angebotsüberschüssen, wodurch einerseits die Einigung über Liefer- und Abnahmequoten und andererseits, insbesondere bei Marktausgleichslagern, die gemeinsame Finanzierung immer schwieriger wird. Die Probleme der EG mit der Gemeinsamen Agrarmarktordnung liefern hierfür ein anschauliches Beispiel. Wie die EG-Agrarmarktordnung, so würde auch eine weltweite Regulierung der Rohstoffmärkte letztlich eine gewaltige Ressourcenvergeudung verursachen. Über kurz oder lang müßte man zu der Überzeugung gelangen, es wäre für alle Seiten (Entwicklungsländer und Industrieländer) vorteilhafter gewesen, die Ressourcen für grundlegende Verbesserungen der Produktionsstrukturen einzusetzen.

I-3.3.4: Direktinvestitionen

Ein Entwicklungsland könnte versuchen, beispielsweise mit Hilfe von Steuererleichterungen oder anderen Formen von Subventionen zusätzliche ausländische Direktinvestitionen anzuziehen. Hätte diese Politik Erfolg, so würde die Aufnahme von Auslandskrediten, die unmittelbar eine Erhöhung der Auslandsverschuldung mit sich bringen, durch Kapitalimporte ersetzt, die zwar ebenfalls Verbindlichkeiten gegenüber Ausländern begründen, aber die Auslandsverschuldung – da Direktinvestitionen nicht unmittelbar mit Zins- und Tilgungsverpflichtungen verbunden sind – definitionsgemäß nicht erhöhen. Die Auslandsverschuldung bzw. der Anstieg der Auslandsverschuldung läßt sich also durch zusätzliche Direktinvestitionen verringern.

Die Beurteilung der Direktinvestitionen darf sich allerdings nicht nur von solchen sehr kurzfristigen Effekten leiten lassen. Selbst wenn man sich auf den Aspekt der Auslandsverschuldung beschränkt, ist zu erwägen, welche Folgewirkungen bestimmte Direktinvestitionen auf die Zahlungsbilanzströme und darüber auf die weitere Entwicklung der Auslandsverschuldung haben. Eine mindestens ebenso große Bedeutung haben aber noch andere Aspekte, z. B. der Einfluß von Direktinvestitionen auf interne ökonomische Entwicklungsprozesse oder die politische bzw. gesellschaftspolitische Einschätzung von Direktinvestitionen. Da es hier primär um die Auslandsverschuldung von Entwicklungsländern geht, soll der zuerst genannte Aspekt zunächst etwas ausführlicher untersucht werden. Auf die anderen Aspekte wird abschließend nur noch kurz eingegangen.

In Hinsicht auf die Auslandsverschuldung spielen vor allem die Reaktionen der Leistungsbilanz im Gefolge von Direktinvestitionen eine herausragende Rolle. Zu fragen ist, ob es kurz-, mittel- und langfristig zu einer Verbesserung oder zu einer Verschlechterung der Leistungsbilanz kommt und ob dementsprechend die zuvor genannte sehr kurzfristige Entlastung der Auslandsverschuldung von hierher unterstützt oder konterkariert wird. Die folgenden Leistungsbilanzreaktionen sind zu erwägen:

1. Sofern es sich nicht nur um eine Übernahme von Kapitalanteilen an einer bereits bestehenden Unternehmung bzw. um eine Substitution einer vormals inländischen durch eine ausländische Beteiligung handelt, sind Direktinvestitionen im allgemeinen mit dem Ausbau oder sogar einem völlig neuen Aufbau von Produktionskapazitäten verbunden. Da die Entwicklungsländer i. d. R. nicht über eine eigene Investitionsgüterindustrie verfügen und da es häufig sogar an Produktionsbereichen mangelt, die zur Lieferung der nötigen Infrastruktur (vor allem Verkehrswege, Kommunikationswesen) fähig sind, ziehen Direktinvestitionen meistens Importe solcher Güter nach sich. Die Leistungsbilanz wird von hierher kurz- und mittelfristig verschlechtert.

2. Können nach dem Auf- bzw. Ausbau der Produktionskapazitäten und der Aufnahme der Produktion die erforderlichen Vorleistungsgüter nicht von anderen Unternehmungen innerhalb des Entwicklungslandes geliefert werden, ergibt sich ein Zwang zu entsprechenden Importen. Diese Importe bewirken – isoliert betrachtet – möglicherweise sogar eine längerfristig angelegte Verschlechterung der Leistungsbilanz.

3. Bedeutsam ist auch der Transfer von Gewinnen, die die ausländischen Investoren aus ihrer Kapitalanlage über kurz oder lang erzielen können. Findet ein offener Gewinntransfer statt, so bedeutet dies eine Verschlechterung der Dienstleistungsbilanz und darüber der Leistungsbilanz insgesamt. Denkbar ist aber auch, daß anstelle des offenen Gewinntransfers oder in Ergänzung dazu ein versteckter Gewinntransfer vorgenommen wird, und zwar beispielsweise durch Überfakturierung von importierten Vorleistungsgütern, die die ausländische Mutterunternehmung liefert. In diesem Fall ergibt sich die Verschlechterung der Leistungsbilanz über die Handelsbilanz.

4. Die mit den Direktinvestitionen auf- bzw. ausgebauten Produktionskapazitäten können im Exportgüterbereich oder im importkonkurrierenden Bereich angesiedelt sein. Im ersten Fall ist mit einer Intensivierung der Exporttätigkeit, im zweiten Fall mit einer Verdrängung bestimmter Importe zu rechnen. Beides würde sich – isoliert betrachtet – in einer anhaltenden Verbesserung der Leistungsbilanz ausdrücken.

5. Findet im Zuge von Direktinvestitionen ein Technologie- und Wissenstransfer in das Entwicklungsland statt, so sind Spill over-Effekte in andere Produktionsbereiche dieses Landes möglich. Es ist denkbar, daß das Entwicklungsland im Zuge eines mehr oder weniger langen Diffusionsprozesses in die Lage versetzt wird, aus eigener Kraft die internationale Wettbewerbsfähigkeit im Exportgüterbereich sowie im Bereich der importkonkurrierenden Produkte zu stärken oder weitere Produktionskapazitäten in diesen Bereichen aufzubauen. Hieraus wäre in längerfristiger Perspektive eine Verbesserung der Leistungsbilanz zu erwarten.

Hier wird deutlich, daß eindeutige Aussagen über die mittel- und längerfristigen Wirkungen von Direktinvestitionen auf die Leistungsbilanz eines Entwicklungslandes nicht möglich sind. Kurzfristig muß allerdings, vor allem wegen der nötigen Investitionsgüterimporte, mit einer Verschlechterung der Leistungsbilanz gerechnet werden.

Außer den zuvor genannten Leistungsbilanzeffekten sind noch andere verschuldungsrelevante Folgewirkungen von Direktinvestitionen denkbar:

1. Vor allem dann, wenn sich die Kapitalanlagen aus der Sicht des Auslands als vorteilhaft erweisen, können Direktinvestitionen weitere Kapitalimporte ausländischer Investoren nach sich ziehen. Dadurch wird die Auslandsverschuldung bzw. die Zunahme der Auslandsverschuldung unmittelbar vermindert.

2. Ausländische Beteiligungen, die eine günstige interne ökonomische Entwicklung sowie eine Verbesserung der internationalen Wettbewerbsfähigkeit erwarten lassen, verbessern wahrscheinlich die internationale Bonität des Entwicklungslandes. Dadurch wird es für dieses Land leichter, zinsgünstige Kredite am internationalen Kapitalmarkt sowie vom Internationalen Währungsfonds zu erhalten und dadurch sowohl Refinanzierungen zu sichern als auch die Schuldendienstbelastungen zu vermindern.

3. Wenn sich Direktinvestitionen positiv auf die ökonomische Lage – vor allem auf die Beschäftigungs-, die Inflations- und die Verschuldungssituation – auswirken und so auch zur politischen Stabilität beitragen, ist mit einem Rückgang der Kapitalflucht und möglicherweise sogar mit einer Repatriierung von Fluchtkapital zu rechnen. Damit würde sich aber unmittelbar eine Verringerung der Auslandsneuverschuldung ergeben.

Wie oben schon erwähnt, darf sich eine Politik der Förderung von Direktinvestitionen nicht nur an verschuldungsrelevanten Wirkungen orientieren. Unter ökonomischem Aspekt ist es auch wichtig, welche internen Beschäftigungs-, Wachstums- und Verteilungseffekte ausländische Kapitalbeteiligungen mit sich bringen. Die Wirkungen auf Beschäftigung und Wachstum hängen entscheidend davon ab, ob zum einen zusätzliche Produktionskapazitäten geschaffen werden (additive Direktinvestitionen) oder lediglich vorhandene Kapitalanteile in ausländische Hände wechseln (substitutive Direktinvestitionen) und ob zum anderen die oben schon erwähnten Spill over-Effekte bzw. Diffusionsprozesse stattfinden. Bei der Beurteilung der Wirkungen auf die Einkommensverteilung sind mehrere Aspekte wichtig: inwieweit werden die Aufwendungen des Staates für Steuererleichterungen und Subventionen, die zur Förderung von Direktinvestitionen gewährt wurden, durch zusätzliche Steuereinnahmen aus den Direktinvestitionen aufgewogen oder überkompensiert? Wie verwenden die ausländischen Investoren ihre Gewinne aus Direktinvestitionen; verbleiben diese Gewinne zur Wiederanlage im Land oder findet ein Transfer ins Ausland statt? Produzieren die mit Direktinvestitionen entstandenen oder ausgebauten Unternehmungen mit einer relativ hohen Arbeits- oder einer relativ hohen Kapitalintensität und welche Konsequenzen ergeben sich hieraus für die relativen Faktorentgelte, insbesondere für die Arbeitseinkommen? Unter politischem Aspekt ist zu prüfen, ob die Einflußnahme, die ausländische Investoren durch Direktinvestitionen auf die heimische Wirtschaft gewinnen, die nötige Akzeptanz in der Gesellschaft findet oder ob sich die Förderung von Direktinvestitionen wegen Angst vor Ausbeutung (z. B. bei Rohstoffen) durch Ausländer sowie vor ökonomischen und politischen Abhängigkeiten vom Ausland von vornherein verbietet. All diese Aspekte können jedoch, da sie mit der Auslandsverschuldung nicht unmittelbar im Zusammenhang stehen, hier nicht vertieft werden.

I-3.3.5: Entwicklungshilfe

Unter Entwicklungshilfe versteht man alle Leistungen privater und öffentlicher Institutionen von Ländern oder internationaler bzw. supranationaler Organisationen, die zu Konditionen gewährt werden, die günstiger als die Marktbedingungen sind. Es ist allerdings üblich geworden, nur solche Leistungen als Entwicklungshilfe zu bezeichnen, die im Vergleich zu den normalen Marktkonditionen einen sogenannten Hilfsanteil von mindestens 25 % enthalten. Zu unterscheiden sind die Handelshilfe (z. B. die Schenkung von Gütern, die Einräumung von Zollpräferenzen), die Kapitalhilfe (z. B. Geldschenkungen, die Gewährung zinsgünstiger oder zinsloser Darlehen) sowie die immaterielle technische, organisatorische und soziale Hilfe (z. B. Überlassung von Produktionstechnologien, Entsendung von Helfern bzw. Experten). Für die Gewährung von Entwicklungshilfe können humanitäre Motive (z. B. Katastrophenhilfe), politische Motive (z. B. zur Sicherung militärischer Stützpunkte), moralische Motive (z. B. Wiedergutmachungsleistungen) und rein ökonomische Motive (z. B. Unterstützung beim Aufbau von Produktionsbereichen oder Hilfen zur Überwindung von Zahlungsbilanzproblemen) ausschlaggebend sein.

Seitens der Entwicklungsländer selbst werden Forderungen nach mehr Entwicklungshilfe vor allem mit ökonomischen Zielen und mit moralischen Verpflichtungen der Geberländer begründet. Unter moralischem Aspekt wird beispielsweise auf die Ausbeutung seitens der Industrieländer zur Zeit der Kolonialherrschaft verwiesen und Entwicklungshilfe dementsprechend als eine Wiedergutmachungsleistung deklariert.

Schon in den 60er Jahren wurde von den Vereinten Nationen das Ziel formuliert, daß die öffentliche Entwicklungshilfe der wirtschaftlich fortgeschrittenen Länder mindestens 0,7 % ihres Bruttosozialprodukts betragen sollte. Obwohl die meisten Länder der entsprechenden UN-Resolution zustimmten (mit Ausnahme der USA und der Schweiz), wurde dieses Ziel bis heute nur von wenigen Ländern erreicht. Die Tabelle I-13 gibt einen Überblick über die öffentliche Entwicklungshilfe von Ländern und Ländergruppen in den Jahren 1982 und 1987.

Die Gruppe der Industrieländer (OECD) hat einen Anteil von etwa 0,35 % ihres Bruttosozialprodukts für öffentliche Entwicklungshilfe aufgewendet. Dieser Anteil ist seit Beginn der 70er Jahre nahezu unverändert geblieben. Allerdings waren die auf das Bruttosozialprodukt bezogenen Anteile Großbritanniens und der USA stark rückläufig. Zu Beginn der 70er Jahre lagen sie bei 0,6 % bzw. 0,31 %; inzwischen (1987) sind sie auf 0,28 % bzw. 0,2 % gesunken. Trotz immer noch relativ hoher Sozialproduktsanteile sind auch die Entwicklungshilfeleistungen der arabischen OPEC-Länder, gemessen am Bruttosozialprodukt, sukzessive zurückgegangen, nämlich von fast 5 % in den 70er Jahren auf 1,76 % im Jahr 1987. Relativ bescheiden ist nach wie vor der Beitrag der RGW-Länder; ihre Sozialproduktsanteile liegen schätzungsweise bei 0,2 %.

Die humanitären, politischen und moralischen Aspekte der Entwicklungshilfe sollen hier nicht weiter betrachtet werden. Ausschließlich unter rein ökonomischen Gesichtspunkten sei die Frage untersucht, ob Entwicklungshilfe geeignet ist, einen nennenswerten Beitrag zur Überwindung von Zahlungsbilanz- und Verschuldungsproblemen zu leisten. Geld- und Sachgeschenke sowie eine unentgeltliche Bereitstellung von Dienstleistungen und Technologien verbessern die Übertragungsbilanz eines Entwicklungslandes; die Gewährung zinsgünstiger Kredite (relativ zu den Marktkonditionen) bedeutet eine Entlastung des Zinsendienstes und von daher eine Verbesserung der Dienstleistungsbilanz. Entwicklungshilfe bzw. zusätzliche Entwicklungshilfe ist also im Vergleich zum Status quo ante mit einer Verbesserung der Leistungsbilanz des Empfängerlandes verbunden. Ohne diese Entwicklungshilfe hätte das Empfängerland entweder seine Importe einschränken oder seine Aus-

Tabelle I.13:　Öffentliche Entwicklunghilfe

Geberländer	1982		1987	
	Mrd. $	Anteil am BSP (%)	Mrd. $	Anteil am BSP (%)
Industrieländer (OECD)	27,78	0,36	41,53	0,35
OAPEC (Arabische OPEC-Länder)	5,79	1,81	3,28	1,76
RGW-Länder	3,07	(0,20)[1]	4,87	(0,20)[1]
Sonstige Länder	0,71	–	0,67	–
Gesamt	37,35	–	50,35	–
Ausgewählte Länder:				
Bundesrepublik Deutschland	3,15	0,48	4,39	0,39
Dänemark	0,42	0,77	0,86	0,88
Frankreich	4,03	0,74	6,53	0,74
Großbritannien	1,80	0,37	1,87	0,28
Italien	0,81	0,20	2,62	0,35
Japan	3,02	0,28	7,45	0,31
Niederlande	1,47	1,07	2,09	0,98
Saudi-Arabien	3,85	2,50	2,90	3,42
Schweiz	0,25	0,25	0,55	0,31
UdSSR	2,50	(0,25)[1]	4,32	(0,25)[1]
USA	8,20	0,27	8,95	0,20

Quellen: OECD, Development Cooperation, Paris 1988; Weltbank, Weltentwicklungsbericht 1988.
[1] Anteile geschätzt.

landsneuverschuldung erhöhen müssen. Es ist also zu konstatieren, daß Entwicklungshilfe kurzfristig direkt zur Verminderung von Leistungsbilanz- und/oder Verschuldungsproblemen beiträgt.

Unter mittel- und längerfristigem Aspekt fällt die Beurteilung jedoch nicht so eindeutig aus. Nachhaltige positive Wirkungen hat die Entwicklungshilfe nur dann, wenn sie zur Verbesserung der Produktionsverfahren und Produktionsstrukturen verwendet wird und wenn sich dadurch beispielsweise in den Produktionsbereichen der Exportgüter und/oder der importkonkurrierenden Güter eine größere internationale Wettbewerbsfähigkeit ergibt. Allzu häufig wird Entwicklungshilfe jedoch in konsumtive Verwendungen gelenkt, und ihre Wirkung erschöpft sich dann in einem kurzfristigen Leistungsbilanz- und Konsumvorteil. Noch problematischer ist die Entwicklungshilfe jedoch dann, wenn sie im Empfängerland den Zwang zur Forcierung der internen ökonomischen Entwicklung mindert und möglicherweise sogar Anstrengungen in Richtung auf die Realisierung einer größeren internationalen Wettbewerbsfähigkeit als überflüssig erscheinen läßt. In diesem Fall kann der kurzfristige Vorteil der Entwicklungshilfe durch die Nachteile, die sich mittel- und längerfristig aus solchen Versäumnissen ergeben, kompensiert werden. Das Empfängerland wird dann einerseits auf Dauer von der Entwicklungshilfe abhängig, sieht sich aber dennoch andererseits immer wieder mit Leistungsbilanz- und Verschuldungsproblemen konfrontiert.

Die langjährigen Erfahrungen mit der Entwicklungshilfe zeigen leider, daß eine Neigung besteht, sie für die Befriedigung kurzfristiger konsumtiver Bedürfnisse einzusetzen und die zukunftsorientierte investive Verwendung zu vernachlässigen. Es ist deshalb auch verständlich, daß einige Industrieländer und supranationale Organisationen (z. B. der IWF) Entwicklungshilfe, sofern sie aus rein ökonomischen Motiven gegeben wird, an wirtschaftspolitische Auflagen binden. Entwicklungshilfe soll, so die Zielsetzung, der Strukturanpassung und Strukturgestaltung und nicht als finanzielle Basis für die Erhaltung von nicht marktgerechten Produktionsstrukturen dienen.

I-3.4: Spezielle Proleme der RGW-Länder

Zu Beginn der 80er Jahre, als sich die Verschuldungskrise der Entwicklungsländer anbahnte, war die Auslandsverschuldung der RGW-Länder – gemessen an ihrem Sozialprodukt und ihren Exporten in Länder außerhalb des RGW – relativ gering. Erst ab Mitte der 80er Jahre kam es zu einem beachtlichen Anstieg, und die Verschuldungssituation einiger RGW-Länder, so insbesondere Polens und Ungarns, muß inzwischen (im Jahr 1989) als äußerst kritisch eingestuft werden. Daß es für die RGW-Länder im Laufe der 70er und Anfang der 80er Jahre noch nicht zu einem Verschuldungsproblem kam, ist nicht zuletzt auf den geringen Einfluß der für die Entwicklungsländer relevanten externen Ursachen zurückzuführen:

1. Die Ölpreisexplosion traf die RGW-Länder kaum, da sie in der Rohölversorgung autark waren; für die UdSSR als Erdölexporteur brachte sie sogar erhebliche Vorteile.
2. Zinsanstieg und Dollaraufwertung zu Beginn der 80er Jahre blieben ohne nennenswerte Wirkung, weil sowohl der Auslandsschuldenstand als auch die Auslandsneuverschuldung noch relativ niedrig waren.
3. Die Terms of Trade blieben relativ stabil, weil zum einen der größte Teil des Außenhandels zwischen den RGW-Ländern selbst abgewickelt wurde und zum anderen der übrige Teil des Außenhandels fast ausschließlich unter Ausschaltung von unmittelbaren Markteinflüssen auf bilateraler Basis erfolgte.
4. Devisenverluste aus Kapitalflucht waren unbedeutend, weil eine totale Devisenbewirtschaftung betrieben wurde (bzw. betrieben wird) und weil illegale internationale Kapitaltransaktionen mit Hilfe rigoroser Kontroll- und Sanktionsmethoden nahezu ausgeschlossen wurden.
5. Der Konjunktureinbruch in den Industrieländern in den Jahren 1981/82 beeinträchtigte die Exporte der RGW-Länder auf direktem Wege weit weniger stark als die Exporte der Entwicklungsländer. Aufgrund der spezifischen Außenhandelsorientierung der RGW-Länder war deren direkte Konjunkturabhängigkeit von den Industrieländern relativ gering.

Die Tatsache, daß die Auslandsverschuldung der RGW-Länder erst seit Mitte der 80er Jahre stark zunahm, also in einer Zeit, in der die Industrieländer einen kräftigen Konjunkturaufschwung erlebten und weltwirtschaftliche Störeinflüsse keine große Bedeutung hatten, gibt schon einen Hinweis darauf, daß die Ursachen im wesentlichen in den RGW-Ländern selbst zu suchen sind. Die wichtigsten internen Ursachen sollen jetzt etwas näher betrachtet werden.

1. Bis Mitte der 70er Jahre wickelten die RGW-Länder etwa zwei Drittel ihres Außenhandels untereinander ab; der Anteil des Handels mit den westlichen Industrieländern lag unter 20 %. Im Zuge des politischen Entspannungsprozesses intensivierten die meisten RGW-Länder ihre Außenhandelsbeziehungen zu den

westlichen Industrieländern; der Handelsanteil wurde so bis 1987 auf knapp über 30 % erhöht, wogegen der interne Handelsanteil auf etwa 50 % zurückging. Nach wie vor sind es aber vor allem Güter des Grundstoffbereichs (Agrarprodukte, mineralische Produkte einschließlich Rohöl und Erdgas), die in die westlichen Industrieländer exportiert werden. Aus diesen Außenhandelsstrukturen resultieren einige spezifische Probleme:

a) Die internen Handelsbeziehungen beruhten (bzw. beruhen) fast ausschließlich auf bilateralen Vereinbarungen über Preise und Mengen. Eine „echte" Marktpreisbildung gab und gibt es nicht. Zwar ist man vor einigen Jahren dazu übergegangen, die Preise der bilateral gehandelten Güter an den Weltmarktpreisen zu orientieren, doch einem internationalen Wettbewerb waren bzw. sind solche Güter nicht ausgesetzt. Für die entsprechenden Produktionsunternehmungen bestand deshalb in der Vergangenheit auch kaum ein Zwang, ihre Produkte – z.B. in Hinsicht auf Qualität und begleitende Service- und Ersatzteilleistungen – am internationalen Standard, so wie er unter den westlichen Industrieländern üblich ist, auszurichten. Bei vielen Produkten aus industrieller Fertigung fehlt es deshalb bis heute an einer ausreichenden internationalen Wettbewerbsfähigkeit, und eine Ausweitung der Exporte solcher Produkte in die westlichen Industrieländer erweist sich deshalb als sehr schwierig.

b) Die mangelnde Orientierung der Produktion von industriellen Gütern am internationalen Standard bzw. der fehlende internationale Konkurrenzdruck haben dazu geführt, daß die Produktivitäts- und die Innovationsförderung in fast allen Produktionsbereichen vernachlässigt worden sind. Dadurch ergaben sich – im Vergleich zu Produkten der westlichen Industrieländer und sogar einiger Schwellenländer außerhalb des RGW – erhebliche Qualitätsrückstände und Technologielücken. Spätestens zu Beginn der 80er Jahre erkannten die RGW-Länder, daß solche Lücken nur durch Importe von hochwertigen Investitionsgütern sowie durch Technologietransfer aus den westlichen Industrieländern zu überwinden sind und daß sich nur über einen Import von westlichem Know-how der Anschluß an die internationale Entwicklung erreichen läßt. Im Bereich von Hochtechnologiegütern war man also von Importen aus den westlichen Industrieländern abhängig, und eine Intensivierung solcher Importe war unumgänglich.

c) Die Exportschwächen bei Produkten aus industrieller Fertigung sowie der Zwang zu Importen hochwertiger Investitionsgüter ließ sich nicht durch eine Steigerung der Exporte von Gütern aus dem Grundstoffbereich ausgleichen. Denn bei diesen Gütern standen und stehen die RGW-Länder unter dem gleichen internationalen Preis- und Erlösdruck wie die Entwicklungsländer. Dieser Aspekt wurde weiter oben schon ausführlich erörtert.

2. Für die kleineren RGW-Länder, z. B. für Ungarn und für Polen, gab und gibt es noch zusätzliche Probleme beim Export von Gütern des Grundstoffbereichs. Aufgrund bilateraler Vereinbarungen sind sie gezwungen, einen erheblichen Teil dieser Güter (landwirtschaftliche Produkte, Rohstoffe) an die UdSSR zu liefern, und zwar häufig zu Preisen, die unter dem Weltmarktniveau lagen bzw. liegen. Ihre Exportfähigkeit in Richtung auf westliche Industrieländer ist von hierher – also selbst für Produkte, für die gewisse komparative Produktionsvorteile bestehen –, eingeschränkt. Die Lieferverpflichtungen sind aber eine direkte Folge des Mangels an eigenen Produktionsstätten für Güter aus industrieller Fertigung, und zwar nicht nur für Vorleistungs- und Investitionsgüter, sondern auch für viele Konsumgüter. Solche Produkte mußten bzw. müssen deshalb teilweise aus

der UdSSR im Austausch mit den Gütern des Grundstoffbereichs bezogen werden, zumal der Devisenmangel einen Bezug aus westlichen Industrieländern häufig unmöglich macht.

3. Der Auf- und Ausbau von Unternehmungen, die Exportgüter produzieren und dabei internationalen Ansprüchen gerecht werden oder die importkonkurrierende Güter herstellen und in diesem Produktbereich dem Wettbewerbsdruck von Anbietern außerhalb des RGW standhalten könnten, scheitert meistens an der ineffizienten Bürokratie bzw. Zentralverwaltungswirtschaft:

- Technische Neuerungen werden aufgrund schwerfälliger Entscheidungsabläufe und einer weit verbreiteten Risikoscheu nur zögernd in die Produktionsprozesse eingeführt
- neue Produktionsverfahren lassen sich oftmals nicht optimal nutzen, weil es an einer entsprechenden Ausbildungsqualität und auch an einer ausreichenden Arbeitsmoral fehlt
- Fehlentscheidungen bei Investitionen sind zahlreich, weil die Entscheidungsebene nicht gleichzeitig die ergebnisorientierte Verantwortung trägt
- auf der zentralen Entscheidungsebene fehlt es an einer Verbindung von Marktbeobachtung, Produktentwicklung, Produktion und Absatz
- Exportaufträge werden von der zentralen Behörde häufig an Unternehmungen vergeben, die keine Marktnähe besitzen und/oder deren Produktionsrisiko durch den Staat nahezu ausgeschaltet ist
- sofern sie – wie in Ungarn – überhaupt zugelassen sind, haben kleinere, dezentral geleitete, wettbewerbsorientierte Unternehmungen auf vielen Exportmärkten keine Überlebenschancen, da sie von den großen, hochsubventionierten Staatsunternehmungen im Zuge eines unlauteren Preiswettbewerbs verdrängt werden.

Es ist festzustellen, daß die Exporte in westliche Industrieländer oftmals nur durch eine massive Exportförderung mit Hilfe staatlicher Preissubventionen aufrechterhalten oder gesteigert werden können. Auf der Importseite finden sich ähnliche Fehler: die wirtschaftspolitischen Maßnahmen sind – wie in vielen Entwicklungsländern – überwiegend auf Importrestriktion, nicht aber auf Importsubstitution gerichtet. Anstatt die importkonkurrierenden Produktionsbereiche in ihrer internationalen Wettbewerbsfähigkeit zu stärken, werden sie durch staatliche Importregulierungen auf Dauer geschützt. Solche Rahmenbedingungen sind aber nicht geeignet, eine moderne, an den Weltmärkten orientierte Produktionsstruktur zu realisieren.

Vor dem hier skizzierten Hintergrund ist es nicht erstaunlich, daß die RGW-Länder ihre Exporte in die westlichen Industrieländer in den 80er Jahren (zwischen 1981 und 1987) nur geringfügig steigern konnten. So traten im Handel mit den westlichen Industrieländern trotz einer restriktiven Importpolitik Jahr für Jahr Leistungsbilanzdefizite auf, und diese Defizite ließen sich nur durch eine laufende Kreditaufnahme in den westlichen Industrieländern finanzieren. Der Zwang zur Modernisierung fast aller Produktionsbereiche impliziert aber weiterhin einen hohen und möglicherweise sogar zunehmenden Bedarf an Importen von Investitionsgütern aus den westlichen Industrieländern. Die Leistungsbilanz- und Verschuldungsprobleme dürften deshalb den RGW-Ländern in naher Zukunft erhalten bleiben.

Zur Lösung dieser Probleme sind grundsätzlich ähnliche Strategien wie für die Entwicklungsländer denkbar. Von den an der Verschuldung direkt ansetzenden Maßnahmen stehen allerdings Debt-Debt- bzw. Debt for Bonds-Swaps und Debt-Equity-Swaps gegenwärtig nicht zur Diskussion. Die Emission von Wertpapieren am internationalen Kapitalmarkt, die fungibel sind, sowie ausländische Beteiligungen, die eine direkte Einflußnahme auf inländische Unternehmungen oder gar die vollständige Übernahme von Unternehmungen ermöglichen würden, sind seitens der meisten RGW-Länder aus systempolitischen Gründen unerwünscht. Von den Maßnahmen zur Verbesserung der Bilanz des Güterverkehrs (vor allem im Handel mit den Industrieländern) kommen vor allem die Exportförderung, die Exportdiversifizierung und die Importsubstitution in Frage. Die dafür erforderlichen wirtschaftspolitischen Schritte stimmen weitgehend mit denjenigen überein, die weiter oben für die Entwicklungsländer erörtert worden sind.

Unter den Problemlösungsstrategien besitzen zur Zeit – vor allem aus der Sicht der RGW-Länder selbst – die Joint Ventures mit Unternehmungen westlicher Industrieländer einen herausragenden Stellenwert. Bei *Joint Ventures* handelt es sich um eine Kooperation von selbständig bleibenden Unternehmungen, die ihre gemeinsamen Ziele vertraglich vereinbaren. Die Beherrschbarkeit einer Unternehmung durch eine Vertragspartei ist dabei grundsätzlich ausgeschlossen. Die RGW-Länder verfolgen mit Joint Ventures vor allem das Ziel, daß Unternehmungen aus westlichen Industrieländern Kapital sowie insbesondere technisches und organisatorisches Know-how zur Verfügung stellen. Umgekehrt sind Unternehmungen westlicher Industrieländer primär daran interessiert

- sich einen Marktzugang zu den RGW-Ländern zu verschaffen und sich so neue Bezugsquellen oder Absatzmöglichkeiten zu erschließen
- die arbeitsintensive Fertigung von Gütern (z. B. bei Bekleidung) in die lohnkostengünstigen Unternehmungen der RGW-Länder zu verlagern.

Andere Formen von Direktinvestitionen, die eine weitreichende Einflußnahme westlicher Kapitaleigner auf RGW-Unternehmungen möglich machen würden, sind, wie schon erwähnt, derzeit nicht möglich. Immerhin bietet sich den RGW-Ländern mit Joint Ventures die Chance, auf direktem Wege in den Besitz moderner Produktionsverfahren und betrieblicher Organisationsformen zu gelangen und gleichzeitig die Wirtschaftsbeziehungen mit westlichen Industrieländern zu intensivieren. Den Joint Ventures kommt deshalb für die Lösung der Leistungsbilanz- und Verschuldungsprobleme eine große Bedeutung zu.

Angesichts der oben skizzierten problemverursachenden Faktoren wird es den RGW-Ländern allerdings nicht erspart bleiben, auch grundlegende ökonomische und gesellschaftspolitische Reformen in Angriff zu nehmen. Bürokratie und Zentralisierung müssen einem modernen erfolgsverantwortlichen Management und dezentralen, betrieblichen Entscheidungsstrukturen weichen; der Ressourceneinsatz muß nach marktwirtschaftlichen Kriterien – nicht durch zentralstaatliche Lenkung, sondern durch Ausnutzung der Lenkungsfunktion von Marktpreisen – erfolgen; die Leistungs- und Innovationsbereitschaft innerhalb der Unternehmungen muß durch Erweiterung der individuellen Freiheiten und Entscheidungsspielräume gefördert werden.

Selbst wenn die RGW-Länder, so wie es sich in der DDR, der CSSR, Polen, der UdSSR, Ungarn und Rumänien abzeichnet, die ökonomischen und politischen Reformen in Angriff nehmen, sind kurzfristige Erfolge nicht zu erwarten. Das Aufholen eines lange Zeit versäumten Strukturwandels ist nach allen Erfahrungen ein langwieriger Prozeß. Schließlich dürften die Reformen auch nur dann erfolgreich sein, wenn die westlichen Industrieländer – letztlich in ihrem eigenen Interesse – einen gewissen Beitrag leisten. Hier gilt es, protektionistische Maßnahmen, die sowohl Exporte der RGW-Länder in westliche Industrieländer behindern als auch den Export bestimmter Güter westlicher Industrieländer in die RGW-Länder (z. B. gemäß der Cocom-Liste)[39] verbieten, abzuschaffen und die wirtschaftliche Koordination mit den RGW-Ländern zu intensivieren. Die im Juni 1988 getroffenen Vereinbarungen über einen Ausbau der Wirtschaftsbeziehungen zwischen der Europäischen Gemeinschaft und den RGW-Ländern sowie die auf wirtschaftlichem Gebiet bestehenden bilateralen Kooperationsabkommen zwischen der Bundesrepublik Deutschland und einzelnen RGW-Ländern (z. B. Polen, Ungarn und UdSSR) weisen in diese Richtung. Ob der RGW als Organisation und als Wirtschaftspartner der EG angesichts der politischen Umwälzungen im Ostblock überhaupt Bestand hat, ist derzeit (Ende 1989) nicht absehbar. Wenn die Kooperation mit der EG fruchtbar sein und einen wesentlichen Beitrag zur Lösung der ökonomischen Probleme der RGW-Länder bringen soll, sind jedenfalls tiefgreifende Reformen in Richtung auf marktwirtschaftliche Strukturen unerläßlich.

---

[39] Cocom: Coordinating Committee for West-East Trade. 1950 gegründete informelle Organisation der NATO, die die Exportbeschränkungen im West-Ost-Handel festlegt.

Anhang

Anhang C

Anhang C.1: Reaktion des Export- und des Importwerts in Inlandswährung

Für die Veränderungen des Export- und des Importwerts ergibt sich aufgrund der Gleichungen (C-8) und (C-9):

(C.1.1) $\quad dE^n = P_E dE + E dP_E$

(C.1.2) $\quad dM^n = w P_M^* dM + P_M^* M dw + w M dP_M^*$

Produkte von zwei oder mehr Veränderungsgrößen werden in Hinsicht auf die Marginalbetrachtung vernachlässigt.

Dividiert man (C.1.1) und (C.1.2) durch E^n bzw. M^n, so erhält man die Veränderungsraten des Export- und des Importwerts:

(C.1.3) $\quad \hat{E}^n = \hat{E} + \hat{P}_E$

(C.1.4) $\quad \hat{M}^n = \hat{M} + \hat{w} + \hat{P}_M^*$

Die Veränderungsraten der mengenmäßigen Exporte und Importe lassen sich aus den Gleichungen (C-3) bis (C-6) gewinnen:

(C.1.5) $\quad \hat{E}_N = n_E (\hat{P}_E - \hat{w})$

(C.1.6) $\quad \hat{M}_N = n_M (\hat{w} + \hat{P}_M^*)$

(C.1.7) $\quad \hat{E}_A = a_E \hat{P}_E$

(C.1.8) $\quad \hat{M}_A = a_M \hat{P}_M^*$

n_E und n_M sind die Preiselastizitäten der Ex- bzw. der Importnachfrage, a_E und a_M die entsprechenden Angebotselastizitäten.

Im Gleichgewicht gilt:

(C.1.9) $\quad \hat{E}_N = \hat{E}_A = \hat{E}$

(C.1.10) $\quad \hat{M}_N = \hat{M}_A = \hat{M}$

Setzt man die Gleichungen (C.1.5) bis (C.1.8) in diese Gleichgewichtsbedingungen ein, so lassen sich die Veränderungsraten der Preisniveaus bestimmen:

(C.1.11) $\quad \hat{P}_E = - \dfrac{n_E}{a_E - n_E} \hat{w}$

(C.1.12) $\quad \hat{P}_M^* = \dfrac{n_M}{a_M - n_M} \hat{w}$

Unter Berücksichtigung der Gleichungen (C.1.7) bis (C.1.12) folgt nun aus den Gleichungen (C.1.3) und (C.1.4):

(C.1.13) $\quad \hat{E}^n = - \dfrac{n_E (1 + a_E)}{a_E - n_E} \hat{w}$

$$(C.1.14) \qquad \hat{M}^n = \frac{a_M(1 + n_M)}{a_M - n_M}\, \hat{w}$$

Wegen $\hat{E}^n = dE^n/E^n$, $\hat{M}^n = dM^n/M^n$ und $\hat{w} = dw/w$ folgen hieraus die Gleichungen (C-10) und (C-11).

Anhang C.2: Die Robinson-Bedingung

Für die Veränderung des wertmäßigen Leistungsbilanzsaldos in Inlandswährung gilt:

$$(C.2.1) \qquad dH^n = dE^n - dM^n = E^n\hat{E}^n - M^n\hat{M}^n$$

Ist die Leistungsbilanz in der Ausgangssituation ausgeglichen, so gilt: $E^n = M^n$.

Setzt man unter dieser Bedingung in (C.2.1) die Gleichungen (C.1.13) und (C.1.14) des Anhangs C.1 ein, so folgt:

$$(C.2.2) \qquad dH^n = E^n \left(-\frac{n_E(1 + a_E)}{a_E - n_E} - \frac{a_M(1 + n_M)}{a_M - n_M} \right) \hat{w}$$

Für einen einheitlichen Nenner läßt sich diese Gleichung auch schreiben als:

$$(C.2.3) \qquad dH^n = -\frac{E^n}{w}\, \frac{a_E a_M(1 + n_E + n_M) - n_E n_M(1 + a_E + a_M)}{(a_E - n_E)(a_M - n_M)}\, dw$$

Hieraus folgt unmittelbar die Robinson-Bedingung (C-12).

Anhang C.3: Reaktion des Export- und des Importwerts in Auslandswährung

In Veränderungsraten ausgedrückt, folgen aus den Gleichungen (C-13) und (C-14):

$$(C.3.1) \qquad \hat{E}^n_{\$} = \hat{E}^n - \hat{w}$$

$$(C.3.2) \qquad \hat{M}^n_{\$} = \hat{M}^n - \hat{w}$$

Hierin sind die Gleichungen (C.1.13) und (C.1.14) des Anhangs C.1 einzusetzen. Es folgt dann:

$$(C.3.3) \qquad \hat{E}^n_{\$} = -\frac{a_E(1 + n_E)}{a_E - n_E}\, \hat{w}$$

$$(C.3.4) \qquad \hat{M}^n_{\$} = \frac{n_M(1 + a_M)}{a_M - n_M}\, \hat{w}$$

Wegen $\hat{E}^n_{\$} = dE^n_{\$}/E^n_{\$}$, $\hat{M}^n_{\$} = dM^n_{\$}/M^n_{\$}$ und $\hat{w} = dw/w$ ergeben sich hieraus die Gleichungen (C-15) und (C-16).

Anhang C.4: Die Reaktion der Terms of Trade

Ausgedrückt in Veränderungsraten, ergibt sich aus der Gleichung (C-36):

$$(C.4.1) \qquad \hat{q} = \hat{P}_E - \hat{P}^*_M - \hat{w}$$

Hierin werden die Gleichungen (C.1.11) und (C.1.12) des Anhangs C.1 eingesetzt:

(C.4.2) $\hat{q} = -\dfrac{n_E}{a_E - n_E}\,\hat{w} - \dfrac{n_M}{a_M - n_M}\,\hat{w} - \hat{w}$

Auf einen gemeinsamen Nenner gebracht, ergibt sich hieraus:

(C.4.3) $\hat{q} = \dfrac{n_E n_M - a_E a_M}{(a_E - n_E)\,(a_M - n_M)}\,\hat{w}$

Wegen $\hat{q} = dq/q$ und $\hat{w} = dw/w$ folgt daraus die Gleichung (C-37).

Anhang C.5: Internationale Einkommensinterdependenzen

Aus den Gleichungen (C-44a), (C-45a) und (C-48a) ergibt sich auf der Basis von
Veränderungsgrößen das folgende System:

(C.5.1) $\begin{bmatrix} s & 0 & -1 \\ 0 & s^* & 1 \\ m & -m^* & 1 \end{bmatrix} \begin{bmatrix} dY \\ dY^* \\ dH \end{bmatrix} = \begin{bmatrix} d\bar{A} \\ d\bar{A}^* \\ d\bar{M}^* - d\bar{M} \end{bmatrix}$

Hieraus folgt bei Anwendung der Cramerschen Regel:

(C.5.2) $\mathrm{Det}\,N = ss^* + s^*m + sm^*$

(C.5.3) $\mathrm{Det}\,Z(dY) = (s^* + m^*)d\bar{A} + m^*d\bar{A}^* + s^*(d\bar{M}^* - d\bar{M})$

(C.5.4) $\mathrm{Det}\,Z(dY^*) = (s + m)d\bar{A}^* + md\bar{A} - s(d\bar{M}^* - d\bar{M})$

(C.5.5) $\mathrm{Det}\,Z(dH) = -s^*md\bar{A} + sm^*d\bar{A}^* + ss^*(d\bar{M}^* - d\bar{M})$

Das führt zu:

(C.5.6) $dY = \mathrm{Det}\,Z(dY)/\mathrm{Det}\,N$

(C.5.7) $dY^* = \mathrm{Det}\,Z(dY^*)/\mathrm{Det}\,N$

(C.5.8) $dH = \mathrm{Det}\,Z(dH)/\mathrm{Det}\,N$

Anhang C.6: Wirkungen einer Veränderung der Terms of Trade bei vollkommen elastischem Güterangebot

Aus der Gleichung (C-55a) läßt sich gewinnen:

(C.6.1) $dH = dE - q^*dM - Mdq^* = dE - q^*dM - q^*M\hat{q}^*$

dE und dM sind aus den Gleichungen (C-53) und (C-54) zu bestimmen:

(C.6.2) $dE = \dfrac{\delta E}{\delta Y^*}\,dY^* + \dfrac{\delta E}{\delta q}\,dq = m^*dY^* + En_E\hat{q}$

(C.6.3) $dM = \dfrac{\delta M}{\delta Y}\,dY + \dfrac{\delta M}{\delta q^*}\,dq^* = mdY + Mn_M\hat{q}^*$

n_E und n_M sind die bereits bekannten Preiselastizitäten der Export- bzw. der Importnachfrage. m und m* sind die marginalen Importquoten des Inlands bzw. des Auslands. Die Gleichungen (C.6.2) und (C.6.3) werden in die Gleichung (C.6.1) eingesetzt:

(C.6.4) $dH = m^* dY^* - q^* m dY + E n_E \hat{q} - q^* M (1 + n_M) \hat{q}^*$

Gemäß Gleichung (C-52a) gilt:

(C.6.5) $\hat{q}^* = - \hat{q}$

In der Ausgangssituation soll eine ausgeglichene Leistungsbilanz vorliegen: $E = q^* M$. Darüber hinaus bleiben internationale Rückwirkungen unberücksichtigt: $dY^* = 0$. Für diese Annahmen ergibt sich aus (C.6.4) unter Berücksichtigung von (C.6.5):

(C.6.6) $dH = - q^* m dY + E (1 + n_E + n_M) \hat{q}$

Wegen $\hat{q} = dq/q$ entspricht diese Gleichung der Gleichung (C-56). Drückt man die Gleichung (C-57) in Veränderungsgrößen aus, so folgt:

(C.6.7) $dY = c dY + dH$

Aus den Gleichungen (C.6.6) und (C.6.7) lassen sich der Leistungsbilanz- und der Einkommenseffekt einer Veränderung der Terms of Trade berechnen:

(C.6.8) $\begin{bmatrix} 1 - c & -1 \\ q^* m & 1 \end{bmatrix} \begin{bmatrix} dY \\ dH \end{bmatrix} = \begin{bmatrix} 0 \\ E (1 + n_E + n_M) \hat{q} \end{bmatrix}$

(C.6.9) $Det N = 1 - c + q^* m > 0$

(C.6.10) $Det Z (dY) = E (1 + n_E + n_M) \hat{q}$

(C.6.11) $Det Z (dH) = E (1 - c)(1 + n_E + n_M) \hat{q}$

(C.6.12) $dY = Det Z (dY) / Det N$

(C.6.13) $dH = Det Z (dH) / Det N$

Wegen $\hat{q} = dq/q$ erhält man daraus die Gleichungen (C-58) und (C-59).

Anhang C.7: Wechselkurswirkungen bei preiselastischem Güterangebot

Unter Berücksichtigung der Gleichgewichtsbedingung $X = Y$ resultiert aus der Gleichung (C-61):

(C.7.1) $dY = \dfrac{\delta X}{\delta P} dP = Y \dfrac{\delta X}{\delta P} \dfrac{P}{X} \hat{P} = Y a_X \hat{P}$

Die Veränderungsrate der Terms of Trade lautet:

(C.7.2) $\hat{q} = \hat{P} - \hat{w} - \hat{P}^*$

Internationale Rückwirkungen sind annahmegemäß ausgeschlossen, so daß $\hat{P}^* = 0$ zu setzen ist. Der Rest wird in die Gleichung (C.6.6) des Anhangs C.6 eingesetzt:

(C.7.3) $\qquad dH = -q^*m dY + E(1 + n_E + n_M)(\hat{P} - \hat{w})$

Die Gleichung (C.6.7) des Anhangs C.6 sowie die Gleichungen (C.7.1) und (C.7.3) ergeben nun das folgende System:

(C.7.4) $\qquad \begin{bmatrix} 1-c & -1 & 0 \\ q^*m & 1 & -bE \\ -1 & 0 & Ya_X \end{bmatrix} \begin{bmatrix} dY \\ dH \\ \hat{P} \end{bmatrix} = \begin{bmatrix} 0 \\ -bE\hat{w} \\ 0 \end{bmatrix}$

$\qquad$ mit: $\quad b = 1 + n_E + n_M$

(C.7.5) $\qquad \text{Det} N = Ya_X(1 - c + q^*m) - bE$

(C.7.6) $\qquad \text{Det} Z(dY) = -Ya_X bE\hat{w}$

(C.7.7) $\qquad \text{Det} Z(dH) = -Ya_X(1 - c) bE\hat{w}$

(C.7.8) $\qquad \text{Det} Z(\hat{P}) = -bE\hat{w}$

Daraus folgt:

(C.7.9) $\qquad dY = \text{Det} Z(dY)/\text{Det} N = -\dfrac{bE}{N}\hat{w}$

(C.7.10) $\qquad dH = \text{Det} Z(dH)/\text{Det} N = -(1 - c)\dfrac{bE}{N}\hat{w}$

(C.7.11) $\qquad \hat{P} = \text{Det} Z(\hat{P})/\text{Det} N = -\dfrac{bE}{N Ya_X}\hat{w}$

$\qquad$ mit: $\quad N = 1 - c + q^*m - \dfrac{bE}{Ya_X}$

Wegen $\hat{w} = dw/w$, $\hat{P} = dP/P$, $dH^n = PdH$ und $E^n = PE$ erhält man hieraus die Gleichungen (C-62) bis (C-64).

Anhang C.8: Wechselkurswirkungen bei internationalen Rückwirkungen

Das Modell umfaßt die bereits im Anhang C.7 verwendeten Gleichungen für das Inland – hier die Gleichungen (C.8.1) bis (C.8.6) –, weitere drei Gleichungen für die Erfassung des Auslands – hier die Gleichungen (C.8.7) bis (C.8.9) – sowie die schon häufig verwendeten Definitionsgleichungen für die in- und ausländischen Terms of Trade – hier die Gleichungen (C.8.10) und (C.8.11):

(C.8.1)	$Y = A(Y) + H$	Gleichung (C-57)
(C.8.2)	$X = X(P)$	Gleichung (C-61)
(C.8.3)	$Y = X$	Gleichung (C-61a)
(C.8.4)	$H = E - q^*M$	Gleichung (C-55a)
(C.8.5)	$E = E(Y^*, q)$	Gleichung (C-53)
(C.8.6)	$M = M(Y, q^*)$	Gleichung (C-54)
(C.8.7)	$Y^* = A^*(Y^*) - qH$	Gleichung (C-66)
(C.8.8)	$X^* = X^*(P^*)$	Gleichung (C-67)

(C.8.9) $Y^* = X^*$ Gleichung (C-67a)

(C.8.10) $q = P/wP^*$ Gleichung (C-52)

(C.8.11) $q^* = 1/q$ Gleichung (C-52a)

Für die Veränderungsrate der Terms of Trade gilt gemäß (C.8.10) und (C.8.11):

(C.8.12) $\hat{q} = \hat{P} - \hat{P}^* - \hat{w}$

(C.8.13) $\hat{q}^* = \hat{P}^* + \hat{w} - \hat{P}$

Setzt man diese Gleichungen in die Gleichung (C.6.4) des Anhangs C.6 ein, so ergibt sich bei ausgeglichener Leistungsbilanz in der Ausgangssituation $(E = q^* M)$:

(C.8.14) $dH = m^* dY^* - q^* m dY + E(1 + n_E + n_M)(\hat{P} - \hat{P}^* - \hat{w})$

Die Veränderungsraten des in- und des ausländischen Preisniveaus sind aus den Gleichungen (C.8.2) und (C.8.8) zu gewinnen:

(C.8.15) $dX = X a_X \hat{P}$

(C.8.16) $dX^* = X^* a_X^* \hat{P}^*$

Unter Berücksichtigung der Gleichgewichtsbedingungen (C.8.3) und (C.8.9) folgt hieraus:

(C.8.17) $\hat{P} = dY / Y a_X$

(C.8.18) $\hat{P}^* = dY^* / Y^* a_X^*$

a_X und a_X^* geben die Preiselastizitäten des in- und des ausländischen Güterangebots an. Diese beiden Gleichungen werden nun in die Gleichung (C.8.14) eingesetzt:

(C.8.19) $dH = \left(m^* - \dfrac{bE}{Y^* a_X^*} \right) dY^* - \left(q^* m - \dfrac{bE}{Y a_X} \right) dY - bE\hat{w}$

             mit: $b = 1 + n_E + n_M$

$E/Y = e$ ist die Exportquote des Inlands. Analog dazu ist M/Y^* die Exportquote des Auslands. Wegen der Annahme einer in der Ausgangssituation ausgeglichenen Leistungsbilanz läßt sich M auch ersetzen durch qE, so daß $qE/Y^* = e^*$ der zuvor genannten Exportquote (in der Ausgangssituation) entspricht. Unter Berücksichtigung von e und e* läßt sich (C.8.19) so schreiben:

(C.8.20) $dH = \dfrac{1}{q}(qm^* - be^*/a_X^*)\, dY^* - (q^* m - be/a_X)\, dY - bE\hat{w}$

Die Einkommensänderungen ergeben sich aus den Gleichungen (C.8.1) und (C.8.7):

(C.8.21) $dY = c\, dY + dH$

(C.8.22) $dY^* = c^* dY^* - q\, dH - H\, dq$

Da die Leistungsbilanz in der Ausgangssituation annahmegemäß ausgeglichen ist $(H = 0)$, hat das Produkt Hdq den Wert Null. Die Gleichungen (C.8.20) bis (C.8.22) ergeben das folgende System:

$$(C.8.23) \quad \begin{bmatrix} 1-c & 0 & -1 \\ 0 & 1-c^* & q \\ q^*m - be/a_X & -\dfrac{1}{q}(qm^* - be^*/a_X^*) & 1 \end{bmatrix} \begin{bmatrix} dY \\ dY^* \\ dH \end{bmatrix} = \begin{bmatrix} 0 \\ 0 \\ -bE\hat{w} \end{bmatrix}$$

$$(C.8.24) \quad \text{Det}\,N = (1-c)(1-c^*) + (1-c)(qm^* - be^*/a_X^*)$$
$$+ (1-c^*)(q^*m - be/a_X)\,^1$$

$$(C.8.25) \quad \text{Det}\,Z(dY) = -(1-c^*)bE\hat{w}$$

$$(C.8.26) \quad \text{Det}\,Z(dY^*) = q(1-c)bE\hat{w}$$

$$(C.8.27) \quad \text{Det}\,Z(dH) = -(1-c)(1-c^*)bE\hat{w}$$

Daraus folgt:

$$(C.8.28) \quad dY = \text{Det}\,Z(dY)/\text{Det}\,N$$

$$(C.8.29) \quad dY^* = \text{Det}\,Z(dY^*)/\text{Det}\,N$$

$$(C.8.30) \quad dH = \text{Det}\,Z(dH)/\text{Det}\,N$$

Wegen $\hat{w} = dw/w$, $dH^n = PdH$ und $E^n = PE$ gelangt man von hierher zu den Gleichungen (C-68), (C-69) und (C-72). Setzt man die Gleichungen (C-68) und (C-69) in die Gleichungen (C.8.17) und (C.8.18) ein, so ergeben sich die Gleichungen (C-70) und (C-71), wobei zu beachten ist, daß gilt:

$$\hat{P} = dP/P, \quad \hat{P}^* = dP^*/P^*, \quad \hat{w} = dw/w, \quad e = E/Y \text{ und } e^* = qE/Y^*$$

Setzt man die Gleichung (C.8.20) in die Gleichung (C.8.21) ein, so ergibt sich:

$$(C.8.31) \quad dY(1 - c + q^*m - be/a_X) = (m^* - be^*/qa_X^*)dY^* - (bE/w)dw$$

Hieraus sind unmittelbar die partiellen Reaktionen dY/dY^* (gemäß Gleichung C-73) und dY/dw (gemäß Gleichung C-73a) zu gewinnen. Analog dazu wird die Gleichung (C.8.20) in die Gleichung (C.8.22) eingesetzt. Bei $H = 0$ gilt:

$$(C.8.32) \quad dY^*(1 - c^* + qm^* - be^*/a_X^*) = q(q^*m - be/a_X)dY + (bqE/w)dw$$

Darin zeigen sich unmittelbar die partiellen Reaktionen dY^*/dY (gemäß Gleichung C-74) und dY^*/dw (gemäß Gleichung C-74a).

Anhang C.9: Terms of Trade und heimische Absorption

Drückt man die Gleichungen (C-75) bis (C-78) in Veränderungsraten aus, so ergeben sich:

$$(C.9.1) \quad \hat{Q} = a\hat{P} + (1-a)(\hat{w} + \hat{P}^*)$$

$$(C.9.2) \quad \hat{Y}_Q = \hat{P} + \hat{Y} - Q$$

$$(C.9.3) \quad \hat{A}_Q = e_A \hat{Y}_Q$$

$$(C.9.4) \quad \hat{A} = \hat{Q} + \hat{A}_Q - \hat{P}$$

Setzt man (C.9.1) bis (C.9.3) in (C.9.4) ein, so läßt sich gewinnen:

$$(C.9.5) \quad \hat{A} = e_A \hat{Y} - (1-a)(1 - e_A)(\hat{P} - \hat{P}^* - \hat{w})$$

Der Ausdruck $\hat{P} - \hat{P}^* - \hat{w}$ entspricht bekanntlich der Veränderungsrate $\hat{q}$ der inländischen Terms of Trade.

Die Elastizität e_A ist gemäß Gleichung (C-80) definiert. Wegen $\hat{A} = dA/A$, $\hat{Y} = dY/Y$ und $\hat{q} = dq/q$ gelangt man von der Gleichung (C.9.5) unmittelbar zu der Gleichung (C-79). Unter Berücksichtigung der Gleichung (C-79) ergibt sich die Einkommensänderung wie folgt:

(C.9.6) $\quad dY = c\,dY - A(1 - a)(1 - e_A)\hat{q} + dH$

Da das inländische Güterangebot annahmegemäß vollkommen elastisch ist und internationale Rückwirkungen unberücksichtigt bleiben, sind die Größen $\hat{P}$ und $\hat{P}^*$ mit Null anzusetzen, und folglich gilt: $\hat{q} = -\hat{w}$.

Aus der Gleichung (C.6.6) des Anhangs C.6 für den realen Leistungsbilanzsaldo sowie der Gleichung (C.9.6) für das Realeinkommen resultiert nun das folgende System:

(C.9.7) $\quad \begin{bmatrix} 1 - c & -1 \\ q^*m & 1 \end{bmatrix} \begin{bmatrix} dY \\ dH \end{bmatrix} = \begin{bmatrix} A(1 - a)(1 - e_A)\hat{w} \\ -E(1 + n_E + n_M)\hat{w} \end{bmatrix}$

(C.9.8) $\quad \mathrm{Det}\,N = 1 - c + q^*m$

(C.9.9) $\quad \mathrm{Det}\,Z(dY) = -E(1 + n_E + n_M)\hat{w} + A(1 - a)(1 - e_A)\hat{w}$

(C.9.10) $\quad \mathrm{Det}\,Z(dH) = -E(1 - c)(1 + n_E + n_M)\hat{w} - Aq^*m(1 - a)(1 - e_A)\hat{w}$

Daraus folgt:

(C.9.11) $\quad dY = \mathrm{Det}\,Z(dY)/\mathrm{Det}\,N$

(C.9.12) $\quad dH = \mathrm{Det}\,Z(dH)/\mathrm{Det}\,N$

Wegen $\hat{w} = dw/w$, $dH^n = P\,dH$, $E^n = PE$ und $A^n = PA$ gelangt man von hierher zu den Gleichungen (C-81) und (C-82).

Anhang C.10: Wechselkurswirkungen bei importierten Zwischenprodukten

Aus den Gleichungen (C-83), (C-84) und (C-87) folgt die bereits bekannte Einkommensgleichung:

(C.10.1) $\quad Y = A(Y) + H$

Die Veränderung des Realeinkommens lautet somit:

(C.10.2) $\quad dY = c\,dY + dH$

Die Veränderung des Leistungsbilanzsaldos wird aus den Gleichungen (C-85) bis (C-87) bestimmt:

(C.10.3) $\quad dH = dE - q^*\,dM^v - q^*M^v\hat{q}^*$

(C.10.4) $\quad dE = En_E\hat{q}$ (für $dY^* = 0$)

(C.10.5) $\quad dM^v = v\,dX + X\,dv$

(C.10.6) $\quad dv = vn_v\hat{q}^*$

$v = M^v/X$ ist der Inputkoeffizient für die importierten Zwischenprodukte in der Ausgangssituation. Setzt man diese Größe in (C.10.6) und die Gleichung (C.10.6) dann anschließend in die Gleichung (C.10.5) ein, so folgt:

(C.10.7) $dM^v = vdX + M^v n_v \hat{q}^*$

Die Gleichungen (C.10.4) und (C.10.7) werden jetzt in die Gleichung (C.10.3) eingesetzt und dabei wird zugleich die Identität $\hat{q}^* = - \hat{q}$ berücksichtigt:

(C.10.8) $dH = En_E \hat{q} - q^* vdX + q^* M^v (1 + n_v) \hat{q}$

Annahmegemäß ist die Leistungsbilanz in der Ausgangssituation ausgeglichen: $E = q^* M^v$. Dann folgt aus (C.10.8):

(C.10.9) $dH = - q^* vdX + E(1 + n_E + n_v) \hat{q}$

Aus der Gleichung (C-84) ist die Veränderung der Produktion X zu bestimmen:

(C.10.10) $dX = dY + q^* dM^v + q^* M^v \hat{q}^*$

Setzt man für dM^v die Gleichung (C.10.7) ein und werden dabei die Identitäten $\hat{q}^* = - \hat{q}$ und $E = q^* M^v$ berücksichtigt, so erhält man:

(C.10.11) $dX = q^* vdX + dY - E(1 + n_v) \hat{q}$

$\hat{q}$ setzt sich bekanntlich wie folgt zusammen:

(C.10.12) $\hat{q} = \hat{P} - \hat{P}^* - \hat{w}$

$\hat{P}^*$ wird mit Null angesetzt, da internationale Rückwirkungen vernachlässigt werden.

$\hat{P}$ läßt sich aus der Gleichung (C-88b) gewinnen:

(C.10.13) $\hat{P} = e_P \hat{w}$

Unter Berücksichtigung von (C.10.12) und (C.10.13) – mit $\hat{P}^* = 0$ – bilden die Gleichungen (C.10.2), (C.10.9) und (C.10.11) das folgende System:

(C.10.14) $\begin{bmatrix} 1-c & 0 & -1 \\ -1 & 1-q^*v & 0 \\ 0 & q^*v & 1 \end{bmatrix} \begin{bmatrix} dY \\ dX \\ dH \end{bmatrix} = \begin{bmatrix} 0 \\ E(1-e_P)(1+n_v)\hat{w} \\ -E(1-e_P)(1+n_E+n_v)\hat{w} \end{bmatrix}$

(C.10.15) $\text{Det} N = (1-c)(1-q^*v) + q^*v = 1 - c(1 - v/q) > 0$

(C.10.16) $\text{Det} Z(dY) = - Eq^*v(1-e_P)(1+n_v)\hat{w}$
$- E(1-q^*v)(1-e_P)(1+n_E+n_v)\hat{w}$
$= - E(1-e_P)[1 + n_v + n_E(1 - v/q)]\hat{w}$

(C.10.17) $\text{Det} Z(dX) = E(1-c)(1-e_P)(1+n_v)\hat{w}$
$- E(1-e_P)(1+n_E+n_v)\hat{w}$
$= - E(1-e_P)[n_E + c(1+n_v)]\hat{w}$

(C.10.18) $\operatorname{Det} Z(dH) = -E(1-c)(1-q^*v)(1-e_P)(1+n_E+n_v)\hat{w}$
$$-Eq^*v(1-c)(1-e_P)(1+n_v)\hat{w}$$
$$= -E(1-c)(1-e_P)[1+n_v+n_E(1-v/q)]\hat{w}$$

Daraus folgt:

(C.10.19) $dY = \operatorname{Det} Z(dY)/\operatorname{Det} N$

(C.10.20) $dX = \operatorname{Det} Z(dX)/\operatorname{Det} N$

(C.10.21) $dH = \operatorname{Det} Z(dH)/\operatorname{Det} N$

Wegen $\hat{w} = dw/w$, $dH^n = PdH$ und $E^n = PE$ gelangt man von hierher unmittelbar zu den Gleichungen (C-89) bis (C-91).

Anhang C.11: Wechselkurswirkungen bei importierten End- und Zwischenprodukten

Die Gleichung (C.10.3) des Anhangs C.10 ist hier um die importierten Endprodukte zu ergänzen:

(C.11.1) $dH = dE - q^*dM^v - q^*M^v\hat{q}^* - q^*dM^e - q^*M^e\hat{q}^*$

dM^e läßt sich aus der Gleichung (C-94) gewinnen:

(C.11.2) $dM^e = mdY + M^e n_M\hat{q}^*$

In die Gleichung (C.11.1) sind nun die Gleichungen (C.10.4) und (C.10.7) des Anhangs C.10 sowie die Gleichung (C.11.2) einzusetzen:

(C.11.3) $dH = -q^*mdY - q^*vdX + En_E\hat{q} - q^*M^e(1+n_M)\hat{q}^*$
$$-q^*M^v(1+n_v)\hat{q}^*$$

Die Relation von importierten End- und Zwischenprodukten wird mit h bezeichnet:

(C.11.4) $h = M^e/M^v$ oder $M^e = hM^v$

Für die Ausgangssituation soll eine ausgeglichene Leistungsbilanz vorliegen, so daß gilt:

(C.11.5) $E = q^*(M^e + M^v) = q^*M^v(1+h)$

Setzt man nun in die Gleichung (C.11.3) für M^e das Produkt hM^v und für q^*M^v gemäß Gleichung (C.11.5) den Quotienten $E/(1+h)$ ein, so ergibt sich:

(C.11.6) $dH = -q^*mdY - q^*vdX + \dfrac{E}{1+h}[1+n_v+n_E(1+h)$
$$+h(1+n_M)]\hat{q}$$

Aus den Gleichungen (C.10.7) und (C.10.10) des Anhangs C.10 folgt bei Beachtung von $q^*M^v = E/(1+h)$:

(C.11.7) $dX = q^*vdX + dY - \dfrac{E}{1+h}(1+n_v)\hat{q}$

Anstelle von $\hat{q}$ wird jetzt gemäß Gleichung (C.10.12) und (C.10.13) des Anhangs C.10 – für $\hat{P}^* = 0$ – der Ausdruck $-(1 - e_P)\hat{w}$ eingesetzt.

Das Lösungssystem setzt sich nun wie folgt aus der Gleichung (C.10.2) des Anhangs C.10 sowie den Gleichungen (C.11.6) und (C.11.7) zusammen:

$$(C.11.8) \quad \begin{bmatrix} 1-c & 0 & -1 \\ -1 & 1-q^*v & 0 \\ q^*m & q^*v & 1 \end{bmatrix} \begin{bmatrix} dY \\ dX \\ dH \end{bmatrix} = \begin{bmatrix} 0 \\ \dfrac{E}{1+h}(1-e_P)(1+n_v)\hat{w} \\ -\dfrac{E}{1+h}(1-e_P)b\hat{w} \end{bmatrix}$$

mit: $b = 1 + n_v + n_E(1+h) + h(1+n_M)$

$$(C.11.9) \quad \operatorname{Det} N = (1-c)(1-q^*v) + q^*v + q^*m(1-q^*v)$$
$$= 1 - (c - m/q)(1 - v/q) > 0$$

$$(C.11.10) \quad \operatorname{Det} Z(dY) = -\frac{E}{1+h}(1-e_P)[q^*v(1+n_v) + b(1-q^*v)]\hat{w}$$

$$= -\frac{E}{1+h}(1-e_P)\{1 + n_v + (1-v/q)[n_E(1+h)$$
$$+ h(1+n_M)]\}\hat{w}$$

$$(C.11.11) \quad \operatorname{Det} Z(dX) = \frac{E}{1+h}(1-e_P)[(1-c+q^*m)(1+n_v) - b]\hat{w}$$

$$= -\frac{E}{1+h}(1-e_P)[(c-q^*m)(1+n_v) + n_E(1+h)$$
$$+ h(1+n_M)]\hat{w}$$

$$(C.11.12) \quad \operatorname{Det} Z(dH) = -\frac{E}{1+h}(1-c)(1-e_P)[q^*v(1+n_v) + b(1-q^*v)]\hat{w}$$

$$= -\frac{E}{1+h}(1-c)(1-e_P)\{1 + n_v$$
$$+ (1-v/q)[n_E(1+h) + h(1+n_M)]\}\hat{w}$$

Daraus folgt:

(C.11.13) $dY = \operatorname{Det} Z(dY)/\operatorname{Det} N$

(C.11.14) $dX = \operatorname{Det} Z(dX)/\operatorname{Det} N$

(C.11.15) $dH = \operatorname{Det} Z(dH)/\operatorname{Det} N$

Wegen $\hat{w} = dw/w$, $dH^n = PdH$ und $E^n = PE$ ergeben sich hieraus unmittelbar die Gleichungen (C-95) bis (C-97).

Anhang D

Anhang D.1: Die Wechselkursabhängigkeit des realen Außenbeitrags

Die Grundlage für die hier formulierte Funktion des realen Außenbeitrags bzw. des realen Leistungsbilanzsaldos bilden die Exportfunktion (C-53), die Importfunktion (C-54) sowie die Leistungsbilanzgleichung (C-55a) im Kapitel C, Abschnitt C-7.1. Wie im Anhang C.6 zum Kapitel C beschrieben wurde, beträgt die Veränderung des realen Leistungsbilanzsaldos (siehe dazu die Gleichung C.6.4) in bezug auf die Terms of Trade:

(D.1.1) $dH = En_E\hat{q} - q^*M(1 + n_M)\hat{q}^*$

mit: $q = P/wP^*$, $q^* = 1/q$, $n_E \leq 0$, $n_M \leq 0$

E sind die realen Exporte, M die mengenmäßigen Importe jeweils in der Ausgangssituation. Bei konstanten Preisniveaus folgt hieraus:

(D.1.2) $dH = - [En_E + q^*M(1 + n_M)]\, dw/w$

Bei $E = q^*M$ ist dH/dw positiv, wenn die bekannte Marshall-Lerner-Bedingung $- n_E - n_M > 1$ erfüllt ist. Hier wird darüber hinaus angenommen, daß der Ausdruck in der eckigen Klammer der Gleichung (D.1.2) negativ ist. Diese Bedingung sei als „modifizierte Marshall-Lerner-Bedingung" bezeichnet. Zwischen H und w besteht dann ebenfalls eine positive Beziehung.

Anhang D.2: Wirkungen der Geld-, Fiskal- und Wechselkurspolitik bei Neutralisierung von Devisenzuflüssen und Devisenabflüssen

Ausgedrückt in Veränderungsgrößen, folgt aus dem Modell (D-17) bis (D-20) das folgende System:

$$(D.2.1) \quad \begin{bmatrix} (s+m) & -a_i & 0 \\ l_Y & l_i & 0 \\ -m & k_i & -1 \end{bmatrix} \begin{bmatrix} dY \\ di \\ dR \end{bmatrix} = \begin{bmatrix} dA_s + h_w dw \\ g\, dB^a \\ -h_w dw - Z_{-1} \end{bmatrix}$$

Die Zahlungsbilanz ist in der Ausgangssituation annahmegemäß ausgeglichen. Für die kurzfristige Lösung gilt deshalb: $Z_{-1} = 0$. Die Geldpolitik kommt in der Größe dB^a zum Ausdruck. Zu beachten ist, daß diese Größe nicht die zur Neutralisierung erforderliche Veränderung der monetären Basis enthält.

Bei Anwendung der Cramerschen Regel folgt aus (D.2.1):

(D.2.2) $Det\, N = - l_i(s + m) - l_Y a_i$

(D.2.3) $Det\, Z(dY) = - a_i\, g\, dB^a - l_i\, dA_s - l_i\, h_w\, dw$

(D.2.4) $Det\, Z(di) = - g(s + m)dB^a + l_Y\, dA_s + l_Y\, h_w\, dw$

(D.2.5) $Det\, Z(dR) = g[sk_i - m(a_i - k_i)]dB^a + (l_Y k_i + l_i m)dA_s$
$\qquad\qquad\qquad - h_w[l_i s + l_Y(a_i - k_i)]dw$

Das führt zu:

(D.2.6) $dY = Det\, Z(dY)/Det\, N$,

(D.2.7) $\quad$ di $= \operatorname{Det} Z(\mathrm{di})/\operatorname{Det} N$,

(D.2.8) $\quad$ dR $= \operatorname{Det} Z(\mathrm{dR})/\operatorname{Det} N$

Anhang D.3: Kurzfristige Wirkung der Geldpolitik im Fall ohne Neutralisierung

Die Veränderung der Währungsreserven führt jetzt auch zu einer Veränderung der Geldmenge. Wird diese Änderung auf dem Geldmarkt berücksichtigt, so ist das System (D.2.1) wie folgt zu modifizieren:

(D.3.1)
$$
\begin{bmatrix} (s+m) & -a_i & 0 \\ l_Y & l_i & -g \\ -m & k_i & -1 \end{bmatrix}
\begin{bmatrix} dY \\ di \\ dR \end{bmatrix} =
\begin{bmatrix} dA_s \\ gdB^a \\ 0 \end{bmatrix}
$$

Da die Zahlungsbilanz annahmegemäß in der Ausgangssituation ausgeglichen ist, wurde hier von vornherein Z_{-1} Null gesetzt. Außerdem wird hier nur die Fiskal- und die Geldpolitik betrachtet. Bei Anwendung der Cramerschen Regel folgt:

(D.3.2) $\quad \operatorname{Det} N = -l_i(s+m) - a_i(l_Y + gm) + gk_i(s+m)$

(D.3.3) $\quad \operatorname{Det} Z(dY) = -a_i gdB^a - (l_i - gk_i)dA_s$

(D.3.4) $\quad \operatorname{Det} Z(di) = -g(s+m)dB^a + (l_Y + gm)dA_s$

(D.3.5) $\quad \operatorname{Det} Z(dR) = -g[k_i(s+m) - a_i m]dB^a + (ml_i + l_Y k_i)dA_s$

Die Zählerdeterminante $\operatorname{Det} Z$ ist jetzt wieder jeweils durch die Nennerdeterminante $\operatorname{Det} N$ zu dividieren. Dividiert man außerdem noch durch den Zinskoeffizienten k_i, so gelangt man zu den Lösungsgleichungen (D-24) bis (D-26).

Anhang D.4: Ein konkretes Beispiel zur Geldpolitik

Setzt man in das System (D.2.1) des Anhangs D.2 die konkreten Koeffizientenwerte ein, so folgt im Falle einer Neutralisierungspolitik:

(D.4.1)
$$
\begin{bmatrix} (1-0{,}675+0{,}175) & +800 & 0 \\ 0{,}25 & -600 & 0 \\ -0{,}175 & +220 & -1 \end{bmatrix}
\begin{bmatrix} dY \\ di \\ dR \end{bmatrix} =
\begin{bmatrix} 0 \\ 2dB^a \\ -Z_{-1} \end{bmatrix}
$$

Bei Anwendung der Cramerschen Regel folgt hieraus:

(D.4.2) $\quad \operatorname{Det} N = 500$,

(D.4.3) $\quad \operatorname{Det} Z(dY) = 1600\,dB^a$

(D.4.4) $\quad \operatorname{Det} Z(di) = -dB^a$,

(D.4.5) $\quad \operatorname{Det} Z(dR) = -500\,dB^a + 500\,Z_{-1}$

Setzt man die autonome Veränderung der monetären Basis $dB^a = 10$ ein und dividiert man die Zählerdeterminanten jeweils durch die Nennerdeterminante, so ergibt sich die in der Tabelle D-1 dargestellte Lösung. Zu beachten ist, daß die autonome monetäre Basis B^a infolge der Veränderung der Währungsreserven auch noch endogen verändert wird.

Im Falle des Fehlens einer Neutralisierungspolitik muß entsprechend dem System (D.3.1) des Anhangs D.3 in der ersten eckigen Klammer des obigen Systems

(D.4.1) in der dritten Spalte und der zweiten Zeile der negative Wert -2 des Geld-schöpfungsmultiplikators stehen. Die Nennerdeterminante und die Zählerdetermi-nanten lauten dann:

(D.4.6) $\text{Det} N = 1000$,

(D.4.7) $\text{Det} Z (dY) = 1600 \, dB^a - 1600 Z_{-1}$

(D.4.8) $\text{Det} Z (di) = -dB^a - Z_{-1}$

Die Zählerdeterminante für die Veränderung der Währungsreserven entspricht der oben in (D.4.5) genannten Zählerdeterminanten.

Für die Veränderung der Salden der Leistungsbilanz und der Kapitalverkehrsbi-lanz gilt:

(D.4.9) $dH = -0{,}175 \, dY$

(D.4.10) $dK = 220 \, di$

Anhang D.5: Längerfristige Wirkungen der Fiskal- und der Wechselkurspolitik

Längerfristig wird ein Gleichgewicht realisiert, das bei Fehlen einer Neutralisie-rungspolitik der Zentralbank zwingend auf der Z-Kurve liegt. Folglich kann dieses Gleichgewicht aus dem Schnittpunkt von Z-Kurve und IS-Kurve gewonnen wer-den. Das Lösungssystem lautet deshalb:

(D.5.1) $$\begin{bmatrix} s+m & -a_i \\ -m & k_i \end{bmatrix} \begin{bmatrix} \Delta Y \\ \Delta i \end{bmatrix} = \begin{bmatrix} dA_s + h_w \, dw \\ -h_w \, dw \end{bmatrix}$$

(D.5.2) $\text{Det} N = k_i (s+m) - a_i m$

(D.5.3) $\text{Det} Z (\Delta Y) = k_i \, dA_s + h_w (k_i - a_i) \, dw$

(D.5.4) $\text{Det} Z (\Delta i) = m \, dA_s - s h_w \, dw$

Anhang D.6: Wirkungen der Geld- und der Fiskalpolitik bei flexiblem Wechselkurs

Zur Lösung sind gleichzeitig der Güter-, der Geld- und der Devisenmarkt zu be-trachten. Ausgedrückt in Veränderungsgrößen lautet das System somit:

(D.6.1) $$\begin{bmatrix} (s+m) & -a_i & -h_w \\ l_Y & l_i & 0 \\ -m & k_i & h_w \end{bmatrix} \begin{bmatrix} dY \\ di \\ d_w \end{bmatrix} = \begin{bmatrix} dA_s \\ g \, dB^a \\ 0 \end{bmatrix}$$

(D.6.2) $\text{Det} N = h_w [s l_i + l_Y (a_i - k_i)]$

(D.6.3) $\text{Det} Z (dY) = g h_w (a_i - k_i) \, dB^a + h_w l_i \, dA_s$

(D.6.4) $\text{Det} Z (di) = g h_w s \, dB^a - h_w l_Y \, dA_s$

(D.6.5) $\text{Det} Z (dw) = g [m (a_i - k_i) - s k_i] \, dB^a + (m l_i + k_i l_Y) \, dA_s$

Anhang D.7: Anpassungsverzögerungen auf dem Devisenmarkt

Zur Berechnung der langfristigen Änderung des Wechselkurses ist das System (D.6.1) des Anhangs D.6 zu verwenden.

Zur kurzfristigen Lösung ist dieses System jedoch wie folgt zu modifizieren:

$$(D.7.1) \quad \begin{bmatrix} (s+m) & -a_i & -b_1 h_w \\ l_Y & l_i & 0 \\ -m & k_i & b_1 h_w \end{bmatrix} \begin{bmatrix} dY_j \\ di_j \\ dw_j \end{bmatrix}$$
$$= \begin{bmatrix} h_w(b_2 dw_{j-1} + b_3 dw_{j-2} + b_4 dw_{j-3}) \\ g dB_j^a \\ -h_w(b_2 dw_{j-1} + b_3 dw_{j-2} + b_4 dw_{j-3}) \end{bmatrix}$$

$(D.7.2) \quad \text{Det}\,N = b_1 h_w [sl_i + l_Y(a_i - k_i)]$

$(D.7.3) \quad \text{Det}\,Z(dY_j) = g b_1 h_w (a_i - k_i) dB_j^a$

$(D.7.4) \quad \text{Det}\,Z(di_j) = g b_1 h_w s B_j^a$

$(D.7.5) \quad \text{Det}\,Z(dw_j) = g[m(a_i - k_i) - sk_i] dB_j^a$
$$\qquad\qquad - h_w[sl_i + l_Y(a_i - k_i)](b_2 dw_{j-1}$$
$$\qquad\qquad + b_3 dw_{j-2} + b_4 dw_{j-3})$$

Zur Berechnung der in der Abbildung D.12 dargestellten Veränderung des Wechselkurses ist die Zählerdeterminante $\text{Det}\,Z(dw_j)$ durch die Nennerdeterminante $\text{Det}\,N$ zu dividieren, und danach sind die im Text angegebenen konkreten Koeffizientenwerte einzusetzen. Dabei ergibt sich dann:

$$(D.7.6) \quad dw_j = \frac{0{,}65}{450} dB_j^a - \frac{1}{0{,}4}(0{,}3 dw_{j-1} + 0{,}2 dw_{j-2} + 0{,}1 dw_{j-3})$$

Die erste Zeile des Systems (D.7.1) zeigt die Reaktion des Gütermarktes auf die verzögerte Wechselkursanpassung. Hierin werden zugleich die Verschiebungen der IS-Kurve deutlich. Die dritte Zeile des Systems (D.7.1) zeigt entsprechend die Reaktionen auf dem Devisenmarkt und folglich die Verschiebungen der Z-Kurve.

Anhang D.8: Kontrolliertes Floaten

Die Veränderung der Währungsreserven resultiert aus den Interventionen der Zentralbank. Diese Veränderung ist jetzt also endogen zu bestimmen. Das inländische Geldangebot wird damit ebenfalls zu einer endogenen Modellgröße, und zwar gilt: $dM = gdR$. Das Lösungssystem lautet dementsprechend:

$$(D.8.1) \quad \begin{bmatrix} (s+m) & -a_i & 0 \\ l_Y & l_i & -g \\ -m & k_i & 0 \end{bmatrix} \begin{bmatrix} dY \\ di \\ dR \end{bmatrix} = \begin{bmatrix} h_w dw_z \\ 0 \\ -dK^a - h_w dw_z \end{bmatrix}$$

Mit dw_z ist die von der Zentralbank gewünschte Veränderung des Wechselkurses bezeichnet worden. Diese Veränderung ist in dem hier diskutierten Beispiel mit Null anzusetzen. Deshalb gilt:

$(D.8.2) \quad \text{Det}\,N = gsk_i + gm(k_i - a_i)$

$(D.8.3) \quad \text{Det}\,Z(dY) = -ga_i dK^a$

$(D.8.4) \quad \text{Det}\,Z(di) = -g(s+m) dK^a$

$(D.8.5) \quad \text{Det}\,Z(dR) = -[l_i(s+m) + a_i l_Y] dK^a$

Anhang D.9: Koordination von Geld- und Fiskalpolitik bei festem Wechselkurs

Die zur Erreichung des Einkommensziels und des Zahlungsbilanzausgleichs erforderlichen Veränderungen der Staatsausgaben und des Geldangebots müssen jetzt endogen bestimmt werden. Das Einkommensziel $dY = Y_v - Y_0$ sowie das Zahlungsbilanzziel $dZ = 0 - Z_0$ sind exogen vorgegeben. Das Lösungssystem lautet dementsprechend:

$$(D.9.1) \quad \begin{bmatrix} 1 & 0 & a_i \\ 0 & 1 & -l_i \\ 0 & 0 & k_i \end{bmatrix} \begin{bmatrix} dA_s \\ dG \\ di \end{bmatrix} = \begin{bmatrix} (s+m)(Y_v - Y_0) \\ l_Y(Y_v - Y_0) \\ m(Y_v - Y_0) - Z_0 \end{bmatrix}$$

$(D.9.2) \quad \mathrm{Det}\,N = k_i$

$(D.9.3) \quad \mathrm{Det}\,Z(dA_s) = [sk_i + m(k_i - a_i)](Y_v - Y_0) + a_i Z_0$

$(D.9.4) \quad \mathrm{Det}\,Z(dG) = (l_Y k_i + m l_i)(Y_v - Y_0) - l_i Z_0$

$(D.9.5) \quad \mathrm{Det}\,Z(di) = m(Y_v - Y_0) - Z_0$

Anhang D.10: Koordination von Geld- und Wechselkurspolitik

Endogen zu bestimmen sind jetzt die Veränderung des Geldangebots und die Veränderung des Wechselkurses, die zur Zielerreichung erforderlich sind. Das Lösungssystem lautet deshalb:

$$(D.10.1) \quad \begin{bmatrix} 0 & h_w & a_i \\ 1 & 0 & -l_i \\ 0 & h_w & k_i \end{bmatrix} \begin{bmatrix} dG \\ dw \\ di \end{bmatrix} = \begin{bmatrix} (s+m)(Y_v - Y_0) \\ l_Y(Y_v - Y_0) \\ m(Y_v - Y_0) - Z_0 \end{bmatrix}$$

$(D.10.2) \quad \mathrm{Det}\,N = -h_w(k_i - a_i)$

$(D.10.3) \quad \mathrm{Det}\,Z(dG) = h_w[sl_i - l_Y(k_i - a_i)](Y_v - Y_0) + h_w l_i Z_0$

$(D.10.4) \quad \mathrm{Det}\,Z(dw) = -[sk_i + m(k_i - a_i)](Y_v - Y_0) - a_i Z_0$

$(D.10.5) \quad \mathrm{Det}\,Z(di) = h_w s(Y_v - Y_0) + h_w Z_0$

Anhang D.11: Koordination von Geld-, Fiskal- und Wechselkurspolitik

Das Lösungssystem (D.9.1) des Anhangs D.9 ist jetzt um die Wechselkursänderung zu erweitern. Die Gütermarktgleichung (erste Zeile von D.9.1) und die Zahlungsbilanzgleichung (dritte Zeile von D.9.1) lauten dann:

$(D.11.1) \quad dA_s + a_i di = (s+m)(Y_v - Y_0) - h_w dw$

$(D.11.2) \quad k_i di = m(Y_v - Y_0) - Z_0 - h_w dw$

Hierin wird nun für die Wechselkursänderung dw jeweils die Gleichung (D-56) eingefügt. Somit ergibt sich für die Lösung das folgende System:

$$(D.11.3) \quad \begin{bmatrix} 1 & 0 & a_i \\ 0 & 1 & -l_i \\ 0 & 0 & k_i \end{bmatrix} \begin{bmatrix} dA_s \\ dG \\ di \end{bmatrix} = \begin{bmatrix} s(Y_v - Y_0) + H_0 \\ l_Y(Y_v - Y_0) \\ H_0 - Z_0 \end{bmatrix}$$

$(D.11.4) \quad \mathrm{Det}\,N = k_i$

$(D.11.5) \quad \mathrm{Det}\,Z(dA_s) = sk_i(Y_v - Y_0) + (k_i - a_i)H_0 + a_i Z_0$

(D.11.6) $\text{Det} Z(dG) = k_i l_Y (Y_v - Y_0) + l_i H_0 - l_i Z_0$

(D.11.7) $\text{Det} Z(di) = H_0 - Z_0$

Anhang D.12: Zahlungsbilanzausgleich und Vollbeschäftigungseinkommen bei flexiblem Wechselkurs

Endogen zu bestimmen sind der fiskal- oder der geldpolitische Instrumentenein-satz, der Zinssatz und der Wechselkurs. Die Lösung macht also drei Gleichungen erforderlich, nämlich die Gleichungen für den Gütermarkt, den Geldmarkt und den Devisenmarkt. Das Lösungssystem lautet somit:

(D.12.1)
$$\begin{bmatrix} 1(0) & a_i & h_w \\ 0(1) & -l_i & 0 \\ 0 & k_i & h_w \end{bmatrix} \begin{bmatrix} dA_s(dG) \\ di \\ dw \end{bmatrix} = \begin{bmatrix} (s+m)(Y_v - Y_0) \\ l_Y(Y_v - Y_0) \\ m(Y_v - Y_0) \end{bmatrix}$$

(D.12.2) $\text{Det} N = -h_w l_i (= h_w k_i - h_w l_i)$

(D.12.3) $\text{Det} Z(dA_s) = \text{Det} Z(dG) = -h_w [sl_i - l_Y(k_i - a_i)](Y_v - Y_0)$

Anhang D.13: Kontrolliertes Floaten und Vollbeschäftigungseinkommen

Endogen zu bestimmen sind jetzt der fiskal- und der geldpolitische Instrumenten-einsatz sowie das Zinsniveau. Exogen vorgegeben sind das Einkommens- und das Wechselkursziel. Das Lösungssystem lautet deshalb:

(D.13.1)
$$\begin{bmatrix} 1 & 0 & a_i \\ 0 & 1 & -l_i \\ 0 & 0 & k_i \end{bmatrix} \begin{bmatrix} dA_s \\ dG \\ di \end{bmatrix} = \begin{bmatrix} (s+m)(Y_v - Y_0) - h_w(w_z - w_0) \\ l_Y(Y_v - Y_0) \\ m(Y_v - Y_0) - h_w(w_z - w_0) \end{bmatrix}$$

(D.13.2) $\text{Det} N = k_i$

(D.13.3) $\text{Det} Z(dY) = [sk_i + m(k_i - a_i)](Y_v - Y_0) - h_w(k_i - a_i)(w_z - w_0)$

(D.13.4) $\text{Det} Z(dG) = (k_i l_Y + ml_i)(Y_v - Y_0) - h_w l_i(w_z - w_0)$

(D.13.5) $\text{Det} Z(di) = m(Y_v - Y_0) - h_w(w_z - w_0)$

Anhang D.14: Geldpolitik bei internationalen Rückwirkungen und festem Wechselkurs

Um allgemein die Wirkungen der inländischen Geldpolitik, der inländischen Fis-kalpolitik oder einer Wechselkursänderung zu bestimmen, ist – ausgedrückt in Ver-änderungsgrößen – das folgende System zu verwenden:

(D.14.1)
$$\begin{bmatrix} (s+m) & -m^* & -a_i & 0 \\ -m & (s^*+m^*) & 0 & -a_i^* \\ l_Y & l_Y^* & l_i & l_i^* \\ -m & m^* & k_i & -k_i \end{bmatrix} \begin{bmatrix} dY \\ dY^* \\ di \\ di^* \end{bmatrix} = \begin{bmatrix} dA_s + h_w dw \\ -h_w dw \\ gdB^a \\ -h_w dw \end{bmatrix}$$

Vereinfachend liegen folgende Annahmen zugrunde: der Wechselkurs hat in der Ausgangssituation den Wert Eins; die Geldschöpfungsmultiplikatoren sind in bei-den Ländern gleich groß ($g = g^*$); der Einfluß wechselkursinduzierter Wertände-rungen der Währungsreserven auf die in- und ausländische Geldmenge bleibt unberücksichtigt! Die erste Zeile des obigen Systems zeigt den inländischen Gütermarkt, die zweite Zeile den ausländischen Gütermarkt. Der in- und der ausländische Geldmarkt bilden jetzt einen gemeinsamen internationalen Geldmarkt, der in der dritten Zeile erfaßt ist. Daß zwingend ein gemeinsamer internationaler Geldmarkt besteht, zeigt sich bei Betrachtung der – ebenfalls in Veränderungsgrößen ausgedrückten – nationalen Geldmärkte:

$$(D.14.2) \qquad g \, dB^a + g \, dR = l_Y \, dY + l_i \, di$$

$$(D.14.3) \qquad -\frac{g^*}{w} \, dR = l_Y^* \, dY^* + l_i^* \, di^*$$

Über die Veränderung der Währungsreserven dR besteht also eine direkte Beziehung zwischen den beiden Geldmärkten. Dieser Zusammenhang wurde im Text mit den Gleichungen (D-65), (D-66) und (D-65a) erklärt. Durch Einsetzen von dR läßt sich also die Gleichung (D.14.3) direkt in die Gleichung (D.14.2) integrieren, und man gewinnt so den gemeinsamen internationalen Geldmarkt. Die letzte Zeile des obigen Systems zeigt schließlich das Zahlungsbilanzgleichgewicht.

Ist die Zinselastizität des internationalen Kapitalverkehrs unendlich groß ($k_i = \infty$), so gilt: $di = di^*$. Die Zinsänderung di wird auf dem gemeinsamen internationalen Geldmarkt bestimmt. Die Zahlungsbilanz ist aufgrund der vollkommenen Kapitalmobilität immer ausgeglichen, so daß die Zahlungsbilanzgleichung der vierten Zeile des obigen Systems nun unberücksichtigt bleiben kann. Das Lösungssystem reduziert sich dann zu:

$$(D.14.4) \qquad \begin{bmatrix} (s+m) & -m^* & -a_i \\ -m & (s^*+m^*) & -a_i^* \\ l_Y & l_Y^* & (l_i + l_i^*) \end{bmatrix} \begin{bmatrix} dY \\ dY^* \\ di \end{bmatrix} = \begin{bmatrix} 0 \\ 0 \\ g \, dB^a \end{bmatrix}$$

In Hinsicht auf die hier untersuchte Problemstellung wird jetzt nur die Geldpolitik berücksichtigt. Die Lösung dieses Systems führt unmittelbar zu den Gleichungen (D-68) bis (D-70). N entspricht der Nennerdeterminanten Det N.

Anhang D.15: Fiskalpolitik bei internationalen Rückwirkungen und festem Wechselkurs

Ist der Wechselkurs konstant, so besteht bei $k_i = 0$ der folgende Zusammenhang zwischen der Veränderung des ausländischen und der Veränderung des inländischen Einkommens:

$$(D.15.1) \qquad dY^* = \frac{m}{m^*} \, dY \quad \text{bei:} \quad dw = 0$$

Setzt man diese Beziehung in das System (D.14.1) des Anhangs D.14 ein, so ergibt sich das folgende Lösungssystem:

$$(D.15.2) \qquad \begin{bmatrix} s & -a_i & 0 \\ s^* m/m^* & 0 & -a_i^* \\ (l_Y + l_Y^* m/m^*) & l_i & l_i^* \end{bmatrix} \begin{bmatrix} dY \\ di \\ di^* \end{bmatrix} = \begin{bmatrix} dA_s \\ 0 \\ 0 \end{bmatrix}$$

Aus diesem System sowie aus der Gleichung (D.15.1) lassen sich unmittelbar die im Text genannten Lösungsgleichungen (D-71) bis (D-73) gewinnen.

Für den Fall von $k_i = \infty$ ist das System (D.14.4) des Anhangs D.14 zu verwenden. Dort muß jedoch im Vektor der exogenen Größen in der ersten Zeile dA_s und in der dritten Zeile 0 stehen. Dann ergibt sich als eine Zählerdeterminante:

(D.15.3) $\operatorname{Det} Z(dY^*) = [m(l_i + l_i^*) - a_i^* l_Y] dA_s$

Hieraus folgt unmittelbar die Bedingung (D-74).

Anhang D.16: Fiskalpolitik bei internationalen Rückwirkungen und flexiblem Wechselkurs

Endogen zu bestimmende Größen des Modells sind jetzt das in- und das ausländische Einkommen, das in- und das ausländische Zinsniveau sowie der Wechselkurs. Das Gleichungssystem – ausgedrückt in Veränderungsgrößen – lautet somit:

$$(D.16.1) \quad \begin{bmatrix} (s+m) & -m^* & -a_i & 0 & -h_w \\ -m & (s^*+m^*) & 0 & -a_i^* & h_w \\ l_Y & 0 & l_i & 0 & 0 \\ 0 & l_Y^* & 0 & l_i^* & 0 \\ -m & m^* & k_i & -k_i & h_w \end{bmatrix} \begin{bmatrix} dY \\ dY^* \\ di \\ di^* \\ dw \end{bmatrix} = \begin{bmatrix} dA_s \\ 0 \\ gdB^a \\ 0 \\ 0 \end{bmatrix}$$

Erfaßt sind: in der ersten Zeile der inländische Gütermarkt,
in der zweiten Zeile der ausländische Gütermarkt,
in der dritten Zeile der inländische Geldmarkt,
in der vierten Zeile der ausländische Geldmarkt und
in der fünften Zeile das Zahlungsbilanzgleichgewicht.

Bei vollkommen zinselastischem Kapitalverkehr gilt: $di = di^*$. Aus dem obigen System kann jetzt die letzte Zeile gestrichen werden, so daß die im Text genannten Lösungsgleichungen (D-77) und (D-78) aus dem folgenden System zu gewinnen sind:

$$(D.16.2) \quad \begin{bmatrix} (s+m) & -m^* & -a_i & -h_w \\ -m & (s^*+m^*) & -a_i^* & h_w \\ 1 & 0 & l_i/l_Y & 0 \\ 0 & 1 & l_i^*/l_Y^* & 0 \end{bmatrix} \begin{bmatrix} dY \\ dY^* \\ di \\ dw \end{bmatrix} = \begin{bmatrix} dA_s \\ 0 \\ 0 \\ 0 \end{bmatrix}$$

Hier wurde lediglich auf die Fiskalpolitik Bezug genommen. Darüber hinaus ist in der dritten und in der vierten Zeile jeweils durch den Kassenhaltungskoeffizienten dividiert worden. Für die Einkommenseffekte der Fiskalpolitik folgt aus dem System (D.16.2):

(D.16.3) $\operatorname{Det} N = h_w [s^* + (l_Y^*/l_i^*)(sl_i/l_y + a_i + a_i^*)]$

(D.16.4) $\operatorname{Det} Z(dY) = h_w \dfrac{l_Y^*}{l_Y} \dfrac{l_i}{l_i^*} dA_s$

(D.16.5) $\operatorname{Det} Z(dY^*) = h_w dA_s$

Anhang D.17: Internationales Policy-mix

Endogen zu bestimmen sind jetzt der geld- und fiskalpolitische Instrumenteneinsatz im Inland, der geldpolitische Instrumenteneinsatz im Ausland sowie das in- und das ausländische Zinsniveau. Exogen vorgegeben sind demgegenüber das in- und das ausländische Einkommensziel sowie das Ziel des außenwirtschaftlichen Gleichgewichts. Das Lösungssystem umfaßt – ausgedrückt in Veränderungsgrößen – die folgenden fünf Gleichungen:

(D.17.1) $\quad dA_s + a_i\,di = (s + m)\,Y_z - m^*Y_z^*$

(D.17.2) $\quad a_i^*\,di^* = (s^* + m^*)\,Y_z^* - mY_z$

(D.17.3) $\quad dG - l_i\,di = l_Y Y_z$

(D.17.4) $\quad dG^* - l_i^*\,di^* = l_Y^* Y_z^*$

(D.17.5) $\quad k_i(di - di^*) = -Z_0 + mY_z - m^*Y_z^*$

$\qquad$ mit: $\quad Y_z = Y_v - Y_0, \; Y_z^* = Y_v^* - Y_0^*$

In dieser Reihenfolge sind dargestellt: der inländische Gütermarkt, der ausländische Gütermarkt, der inländische Geldmarkt, der ausländische Geldmarkt sowie die Zahlungsbilanz. Auf der linken Seite der Gleichungen stehen jeweils die endogen zu bestimmenden Größen. Zur Vereinfachung können di und di* aus (D.17.3) und (D.17.4) bestimmt und in die übrigen Gleichungen eingesetzt werden. Das Lösungssystem lautet dann:

(D.17.6)

$$
\begin{bmatrix} 1 & a_i/l_i & 0 \\ 0 & 0 & a_i^*/l_i^* \\ 0 & k_i/l_i & -k_i/l_i^* \end{bmatrix}
\begin{bmatrix} dA_s \\ dG \\ dG^* \end{bmatrix}
$$

$$
= \begin{bmatrix} \left(s + m + l_Y \dfrac{a_i}{l_i}\right) Y_z - mY_z^* \\[2mm] \left(s^* + m^* + l_Y^* \dfrac{a_i^*}{l_i^*}\right) Y_z^* - mY_z \\[2mm] -Z_0 + \left(m + l_Y \dfrac{k_i}{l_i}\right) Y_z - \left(m^* + l_Y^* \dfrac{k_i}{l_i^*}\right) Y_z^* \end{bmatrix}
$$

Hieraus können – z. B. durch Anwendung der Cramerschen Regel – die Lösungsgleichungen (D-79) bis (D-81) gewonnen werden. Auf eine Wiedergabe der Nennerdeterminanten sowie der Zählerdeterminanten sei hier verzichtet.

Anhang D.18: Preiseffekte bei festem Wechselkurs

Aus den Gleichungen (D-82) und (D-83) ergeben sich die folgenden Veränderungen des Saldos der Leistungsbilanz sowie des Preisniveaus:

(D.18.1) $\quad dH = -m\,dY + m^*\,dY^* + n_q \dfrac{H}{P}\,dP - n_q \dfrac{H}{w}\,dw$

(D.18.2) $\quad dP = e_Y \dfrac{P}{Y}\,dY + e_w \dfrac{P}{w}\,dw$

Setzt man dH in die Gleichungen des Gütermarktes und der Zahlungsbilanz ein, so erhält man das folgende Lösungssystem:

$$(D.18.3) \quad \begin{bmatrix} (s+m) & -a_i & -n_q\dfrac{H}{P} \\[2ex] -e_Y\dfrac{P}{Y} & 0 & 1 \\[2ex] m & -k_i & -n_q\dfrac{H}{P} \end{bmatrix} \begin{bmatrix} dY \\[2ex] di \\[2ex] dP \end{bmatrix} = \begin{bmatrix} dA_s - n_q\dfrac{H}{w}dw \\[2ex] e_w\dfrac{P}{w}dw \\[2ex] -n_q\dfrac{H}{w}dw \end{bmatrix}$$

Die erste Zeile zeigt den Gütermarkt, die zweite Zeile die Preisreaktion gemäß Gleichung (D.18.2) und die dritte Zeile die Zahlungsbilanz. Die Nennerdeterminante sowie die Zählerdeterminanten für dY und dP lauten:

$$(D.18.4) \quad \operatorname{Det} N = sk_i + (k_i - a_i)\left(m - n_q e_Y \frac{H}{Y}\right)$$

$$(D.18.5) \quad \operatorname{Det} Z(dY) = k_i dA_s - n_q \frac{H}{w}(k_i - a_i)(1 - e_w)dw$$

$$(D.18.6) \quad \operatorname{Det} Z(dP) = k_i e_Y \frac{P}{Y} dA_s + \frac{P}{w}\left[se_w k_i + (k_i - a_i)\left(e_w m - n_q e_Y \frac{H}{Y}\right)\right]dw$$

Hieraus ergeben sich unmittelbar die im Text verwendeten Lösungsgleichungen (D.85) bis (D-88).

Anhang D.19: Preiseffekte bei flexiblem Wechselkurs

Ist die Zinselastizität des internationalen Kapitalverkehrs unendlich groß, so sind das Einkommen, das Preisniveau und der Wechselkurs endogen zu bestimmen. Das Lösungssystem lautet dann:

$$(D.19.1) \quad \begin{bmatrix} (s+m) & -n_q\dfrac{H}{P} & n_q\dfrac{H}{w} \\[2ex] -e_Y\dfrac{P}{Y} & 1 & -e_w\dfrac{P}{w} \\[2ex] l_Y & \dfrac{G}{P} & 0 \end{bmatrix} \begin{bmatrix} dY \\[2ex] dP \\[2ex] dw \end{bmatrix} = \begin{bmatrix} dA_s \\[2ex] 0 \\[2ex] \dfrac{1}{P}gdB^a \end{bmatrix}$$

Die erste Zeile zeigt den Gütermarkt, die zweite Zeile die Preisreaktion und die dritte Zeile den Geldmarkt. Das Preisniveau P hat in der Ausgangssituation annahmegemäß den Wert Eins. Damit ergibt sich das folgende Ergebnis:

$$(D.19.2) \quad \operatorname{Det} N = e_w(s+m)\frac{G}{w} - n_q\frac{H}{w}\left[l_Y(1 - e_w) + e_Y\frac{G}{Y}\right]$$

$$(D.19.3) \quad \operatorname{Det} Z(dY) = -gn_q\frac{H}{w}(1 - e_w)dB^a + e_w\frac{G}{w}dA_s$$

(D.19.4) $\mathrm{Det\,Z\,(dP)} = -\dfrac{g}{w}\left[n_q e_Y \dfrac{H}{Y} - e_w(s+m)\right]dB^a - \dfrac{1}{w}l_Y e_w dA_s$

(D.19.5) $\mathrm{Det\,Z\,(dw)} = g\left(s+m - n_q e_Y \dfrac{H}{Y}\right)dB^a - \left(l_Y + e_Y \dfrac{G}{Y}\right)dA_s$

Die Gleichungen (D-89) und (D-90) ergeben sich aus:

(D.19.6) $dY = \mathrm{Det\,Z\,(dY)}/\mathrm{Det\,N}$

Anhang D.20: Preiseffekte und Policy-mix

Unter Berücksichtigung des Einkommensziels $Y_v - Y_0$ und des Ziels des außenwirtschaftlichen Gleichgewichts $Z = 0$ ergibt sich aus der Zahlungsbilanzgleichung die folgende Zinsänderung:

(D.20.1) $di = \dfrac{1}{k_i}\left[m(Y_v - Y_0) - Z_0 + n_q \dfrac{H}{w}dw\right]$

Die zur Zielerreichung notwendige Veränderung der autonomen staatlichen Absorption ergibt sich aus der Gütermarktgleichung:

(D.20.2) $dA_s = (s+m)(Y_v - Y_0) - a_i di + n_q \dfrac{H}{w}dw$

Schließlich ist die zur Zielerreichung notwendige Veränderung der autonomen monetären Basis aus der Geldmarktgleichung zu gewinnen:

(D.20.3) $dB^a = \dfrac{1}{g}[l_Y(Y_v - Y_0) + l_i di]$

In die Gleichungen (D.20.2) und (D.20.3) wird für di jetzt die Gleichung (D.20.1) eingesetzt. Danach ist die Veränderung des Wechselkurses dw gemäß Gleichung (D-91b) einzufügen. Damit ergeben sich unmittelbar die im Text verwendeten Gleichungen (D-92) und D-93). Die Zinsänderung gemäß Gleichung (D-94) ergibt sich, wenn in (D.20.1) die Wechselkursänderung gemäß Gleichung (D-91b) eingesetzt wird.

Anhang E

Anhang E.1: Der Liquiditätsmechanismus bei festem Wechselkurs

Bei $dR^n = 0$ folgt aus (E-4b) in Veränderungsraten:

(E.1.1) $\qquad \hat{P} + n_E(\hat{P} - \hat{w} - \hat{P}^*) - \hat{w} - \hat{P}^* - n_M(\hat{w} + \hat{P}^* - \hat{P}) = 0$

Wegen $\hat{w} = 0$ läßt sich (E.1.1) auch schreiben als:

(E.1.2) $\qquad (1 + n_E + n_M)\hat{P} = (1 + n_E + n_M)\hat{P}^*$

Somit stimmen die Veränderungsraten $\hat{P} = dP/P$ und $\hat{P}^* = dP^*/P^*$ überein.

Anhang E.2: Der Nachfrage- und Einkommensmechanismus bei festem Wechselkurs

Ausgedrückt in Veränderungsraten, lautet das Gleichungssystem (E-6) und (E-6a):

(E.2.1)
$$\begin{bmatrix} 1 - a_Y + q^*m & -(1 + n_E + n_M)E/P \\ -e_Y P/Y & 1 \end{bmatrix} \begin{bmatrix} dY \\ dP \end{bmatrix}$$
$$= \begin{bmatrix} -dP^*(1 + n_E + n_M)E/P^* \\ 0 \end{bmatrix}$$

Die Nennerdeterminante lautet somit:

(E.2.2) $\qquad \mathrm{Det}\,N = 1 - a_Y + q^*m - e_Y(1 + n_E + n_M)E/Y$

Und für die beiden Zählerdeterminanten gilt:

(E.2.3) $\qquad \mathrm{Det}\,Z(dY) = -\dfrac{E}{P^*}(1 + n_E + n_M)dP^*$

(E.2.4) $\qquad \mathrm{Det}\,Z(dP) = -\dfrac{P}{P^*}\dfrac{E}{Y}e_Y(1 + n_E + n_M)dP^*$

Aus (E.2.2) und (E.2.4) folgt unmittelbar die Lösung (E-7), denn es gilt: $dP = \mathrm{Det}\,Z(dP)/\mathrm{Det}\,N$. Mit (E.2.2) und (E.2.3) ist der Einkommenseffekt bestimmt: $dY = \mathrm{Det}\,Z(dY)/\mathrm{Det}\,N$.

Anhang E.3: Der direkte Kostenmechanismus bei festem Wechselkurs

Aus der Gleichung (E-6b) folgt:

(E.3.1) $\qquad dP = \dfrac{P}{k}e_k\,dk$

Hierin ist für dk gemäß Gleichung (E-6c) einzusetzen:

(E.3.2) $\qquad dk = vw\,dP^*$ (bei $dk^a = 0$)

Nach Erweiterung mit P^* ergibt sich unmittelbar die Lösungsgleichung (E-8).

Anhang E.4: Der indirekte Kostenmechanismus
bei festem Wechselkurs

Aus den Gleichungen (E-9) und (E-9a) folgt:

(E.4.1) $\hat{I}^n = e_Q \hat{Q} = e_Q [b\hat{P} + (1 - b)\hat{P}^*]$ (bei $\hat{w} = 0$)

Entsprechend läßt sich aus (E-9b) gewinnen:

(E.4.2) $\hat{P} = e_k \hat{k} + e_{P*} \hat{P}^*$ (bei $\hat{w} = 0$)

Aus der Gleichung (E-9c) folgt schließlich:

(E.4.3) $\hat{k} = \dfrac{I^n / \alpha}{k} \hat{I}^n = \gamma \hat{I}^n$

Setzt man nun (E.4.1) und (E.4.3) in (E.4.2) ein, so erhält man:

(E.4.4) $\hat{P} = \gamma b e_Q e_k \hat{P} + [e_{P*} + \gamma (1 - b) e_Q e_k] \hat{P}^*$

Hieraus kann unmittelbar die Lösung (E-10) gewonnen werden.

Anhang E.5: Interdependenzen der Übertragungsmechanismen
bei festem Wechselkurs

Bezogen auf das längerfristige Gleichgewicht mit $Z = dR^n = 0$ ergibt sich – ausgedrückt in Veränderungsgrößen – aus den Gleichungen (E-11), (E-11a), (E-11e) und (E-11f) das folgende System:

(E.5.1)

$$\begin{bmatrix} 1 - a_Y + q^* m & -a_i & -(1 + n_E + n_M) E/P \\ -e_Y P/Y & 0 & 1 \\ q^* m & -k_i & -(1 + n_E + n_M) E/P \end{bmatrix} \begin{bmatrix} dY \\ di \\ dP \end{bmatrix}$$

$$= \begin{bmatrix} -dP^*(1 + n_E + n_M) E/P^* \\ dP^* e_{P*} P/P^* \\ -dP^*(1 + n_E + n_M) E/P^* \end{bmatrix}$$

Hieraus folgt:

(E.5.2) $\text{Det}\,N = sk_i + q^* m(k_i - a_i) - e_Y(k_i - a_i)(1 + n_E + n_M) E/Y$

(E.5.3) $\text{Det}\,Z(dY) = -dP^*(1 - e_{P*})(k_i - a_i)(1 + n_E + n_M) E/P^*$

(E.5.4) $\text{Det}\,Z(dP) = \dfrac{P}{P^*} dP^* [sk_i e_{P*} + q^* m(k_i - a_i) e_{P*}$

$\qquad\qquad - e_Y(k_i - a_i)(1 + n_E + n_M) E/Y]$

Auf eine Darstellung der Zählerdeterminante $\text{Det}\,Z(di)$ wurde verzichtet. Aus (E.5.2) und (E.5.4) folgt die Lösung (E-12), denn es gilt: $dP = \text{Det}\,Z(dP)/\text{Det}\,N$.

Die Veränderungen des Einkommens, des Preisniveaus und des Zinsniveaus vollziehen sich im Rahmen eines mehr oder weniger langen Anpassungsprozesses, in dem es fortlaufend zu Veränderungen der Währungsreserven und darüber der

Geldmenge kommt. Die Währungsreserven R^n werden im Anpassungsprozeß so lange verändert, bis die für dY, dP und di erforderliche Geldmenge erreicht ist. Die Veränderung der Währungsreserven und der Geldmenge während des gesamten Anpassungsprozesses lassen sich aus den Gleichungen (E-11b) und (E-11c) berechnen:

$$(E.5.5) \qquad dG^n = LdP + P(l_Y dY + l_i di)$$

$$(E.5.6) \qquad dR^n = \frac{1}{g} dG^n$$

Anhang E.6: Der Nachfrage- und Einkommensmechanismus bei flexiblem Wechselkurs

Aus der Gleichung (E-17b) folgt:

$$(E.6.1) \qquad di = - \frac{l_Y}{l_i} dY - \frac{L}{Pl_i} dP$$

Setzt man diese Beziehung für di in die Gleichung (E-17) ein und wird weiterhin beachtet, daß aufgrund der Gleichungen (E-17d) und (E-17e) $dH = k_{P*} dP*$ gilt, so läßt sich das Gleichungssystem (E-17), (E-17a) und (E-17b) in Veränderungsgrößen wie folgt schreiben:

$$(E.6.2) \qquad \begin{bmatrix} \left(s + l_Y \dfrac{a_i}{l_i}\right) & \dfrac{L}{P} \dfrac{a_i}{l_i} & 0 \\[2ex] \dfrac{P}{Y} e_Y & -1 & 0 \\[2ex] -q^* m & \dfrac{E}{P}(n) & -\dfrac{E}{w}(n) \end{bmatrix} \begin{bmatrix} dY \\[2ex] dP \\[2ex] dw \end{bmatrix} = \begin{bmatrix} k_{P*} dP* \\[2ex] 0 \\[2ex] \dfrac{E}{P*}(n)dP* + k_{P*} dP* \end{bmatrix}$$

mit: $(n) = (1 + n_E + n_M)$

Hieraus folgt:

$$(E.6.3) \qquad \text{Det } N = \frac{E}{w}(n)\left[s + \frac{a_i}{l_i}\left(l_Y + e_Y \frac{L}{Y}\right)\right]$$

$$(E.6.4) \qquad \text{Det } Z(dY) = \frac{E}{w}(n)k_{P*}dP*$$

$$(E.6.5) \qquad \text{Det } Z(dP) = \frac{E}{w}(n)\frac{P}{Y}e_Y k_{P*}dP*$$

Auf eine Darstellung der Zählerdeterminante für die Wechselkursänderung wurde verzichtet. Aus den Gleichungen (E.6.3) und (E.6.5) läßt sich unmittelbar die Lösung (E-15f) gewinnen, denn es gilt: $dP = \text{Det } Z(dP)/\text{Det } N$. Die in der Abbildung E.6 dargestellte Einkommensänderung läßt sich aus den Gleichungen (E.6.3) und (E.6.4) gewinnen: $dY = \text{Det } Z(dY)/\text{Det } N$.

Anhang E.7: Der Kostenmechanismus bei flexiblem Wechselkurs

Ausgedrückt in Veränderungsraten, läßt sich das Gleichungssystem (E-18) bis (E-18c) wie folgt darstellen:

$$(E.7.1) \quad \begin{bmatrix} (1 + n_E + n_M) & -(1 + n_E + n_M) \\ 1 & -e_k \end{bmatrix} \begin{bmatrix} \hat{P} \\ \hat{w} \end{bmatrix} = \begin{bmatrix} n_E \hat{P}_E^* + (1 + n_M) \hat{P}_M^* \\ e_k \hat{P}_M^* \end{bmatrix}$$

Hieraus folgt:

$$(E.7.2) \quad \text{Det}\, N = (1 - e_k)(1 + n_E + n_M) = N$$

$$(E.7.3) \quad \text{Det}\, Z(\hat{P}) = e_k n_E (\hat{P}_M^* - \hat{P}_E^*)$$

$$(E.7.4) \quad \text{Det}\, Z(\hat{w}) = n_E(e_k \hat{P}_M^* - \hat{P}_E^*) - (1 - e_k)(1 + n_M)\hat{P}_M^*$$

Aus den Gleichungen (E.7.2) und (E.7.3) folgt unmittelbar die Lösung (E-19), denn es gilt:

$$\hat{P} = \text{Det}\, Z(\hat{P})/\text{Det}\, N .$$

Anhang E.8: Der direkte Preismechanismus bei flexiblem Wechselkurs

In der zweiten Zeile des Systems (E.7.1) im Anhang E.7 sind der Elastizitätswert e_k durch e_E und die Preisänderungsrate $\hat{P}_M^*$ durch $\hat{P}_E^*$ zu ersetzen. In der Nennerdeterminante (E.7.2) tritt dann anstelle von e_k die Elastizität e_E.

Die Zählerdeterminanten für die Veränderungsraten des inländischen Preisniveaus und des Wechselkurses lauten jetzt:

$$(E.8.1) \quad \text{Det}\, Z(\hat{P}) = -e_E(1 + n_M)(\hat{P}_M^* - \hat{P}_E^*)$$

$$(E.8.2) \quad \text{Det}\, Z(\hat{w}) = -(1 + n_M)(\hat{P}_M^* - e_E \hat{P}_E^*)$$

Aus (E.8.1) folgt unter Berücksichtigung der Nennerdeterminante unmittelbar die Lösungsgleichung (E-19b).

Anhang H

Anhang H.1: Zollwirkungen bei vollkommen elastischem Güterangebot

Aus (H-13) folgt:

(H.1.1) $dH = dE - q^* dM$

dE und dM ist aus (H-7) und (H-8) zu berechnen:

(H.1.2) $dE = m^* dY^* + En_E z^*$ bei: $dP = 0$, $dP^* = 0$, $dw = 0$, $z_0^* = 0$

(H.1.3) $dM = mdY + Mn_M z$ bei: $dP = 0$, $dP^* = 0$, $dw = 0$, $z_0 = 0$

Es wird angenommen, daß in der Ausgangssituation kein Zoll erhoben wurde und folglich die Zollsätze z_0 und z_0^* in dieser Situation Null sind. Aus den Gleichungen (H-9) und (H-10) folgt unter Beachtung von (H-11) und (H-12):

(H.1.4) $dY = a_Y dY + dH$ bzw. $sdY = dH$

(H.1.5) $dY^* = a_Y^* dY^* - qdH$ bzw. $s^* dY^* = - qdH$

Die Gleichungen (H.1.1) bis (H.1.5) lassen sich auch wie folgt schreiben:

(H.1.6)
$$
\begin{bmatrix} s & 0 & -1 \\ 0 & s^* & q \\ q^* m & -m^* & 1 \end{bmatrix}
\begin{bmatrix} dY \\ dY^* \\ dH \end{bmatrix} =
\begin{bmatrix} 0 \\ 0 \\ En_E z^* - q^* Mn_M z \end{bmatrix}
$$

Hieraus können leicht die Lösungen (H-14) und (H-15) berechnet werden.

Anhang H.2: Zollwirkungen bei Berücksichtigung von Preisreaktionen

Bei Berücksichtigung von Preisänderungen gilt für die Verwendung der Exporte und der Importe:

(H.2.1) $dE = m^* dY^* + En_E z^* + \dfrac{E}{P} n_E dP - \dfrac{E}{P^*} n_E dP^*$

bei: $dw = 0$, $z_0^* = 0$

(H.2.2) $dM = mdY + Mn_M z - \dfrac{M}{P} n_M dP + \dfrac{M}{P^*} n_M dP^*$

bei: $dw = 0$, $z_0 = 0$

Für die Preisreaktionen gilt:

(H.2.3) $dP = \dfrac{1}{a_X} \dfrac{P}{Y} dY$ mit: $a_X = \dfrac{\delta X}{\delta P} \dfrac{P}{X}$, $X = Y$

(H.2.4) $dP^* = \dfrac{1}{a_X^*} \dfrac{P^*}{Y^*} dY^*$ mit: $a_X^* = \dfrac{\delta X^*}{\delta P^*} \dfrac{P^*}{X^*}$, $X^* = Y^*$

Das Gleichungssystem (H.1.6) ist somit wie folgt zu modifizieren:

$$(H.2.5) \quad \begin{bmatrix} s & 0 & -1 \\ 0 & s^* & q \\ q^*m - \dfrac{1}{a_X}\gamma & -m^* + \dfrac{1}{a_X^*}\gamma^* & 1 \end{bmatrix} \begin{bmatrix} dY \\ dY^* \\ dH \end{bmatrix} = \begin{bmatrix} 0 \\ 0 \\ En_E z^* - q^* M n_M z \end{bmatrix}$$

mit: $\gamma = \dfrac{E}{\gamma} n_E + q^* \dfrac{M}{Y}(1 + n_M); \quad \gamma^* = \dfrac{E}{Y^*} n_E + q^* \dfrac{M}{Y^*}(1 + n_M)$.

Hieraus läßt sich der Nennerausdruck (H-16) berechnen.

Literatur

1. Grundlegende Lehrbücher zur mikro- und makroökonomischen Theorie

Barro, R. J., Macroeconomics, 2. Aufl., New York 1987.
Branson, W. H., Macroeconomic. Theory and Policy, New York 1989.
Claassen, E.-M., Grundlagen der makroökonomischen Theorie, München 1980.
Dornbusch, R. und Fischer, S., Macroeconomics, 4. Aufl., New York 1987.
Felderer, B. und Homburg, St., Makroökonomik und neue Makroökonomik, 3. Aufl., Berlin-Heidelberg-New York 1987.
Schumann, J., Grundzüge der mikroökonomischen Theorie, 5. Aufl., Berlin-Heidelberg-New York 1987.
Stobbe, A., Volkswirtschaftliches Rechnungswesen, 7. Aufl., Berlin-Heidelberg-New York 1989.
Westphal, U., Makroökonomik. Theorie, Empirie und Politikanalyse, Berlin-Heidelberg-New York 1988.

2. Allgemeine Lehrbücher zur Theorie und Politik der Internationalen Wirtschaftsbeziehungen

Adebahr, H., Währungstheorie und Währungspolitik. Einführung in die monetäre Außenwirtschaftslehre. Außenwirtschaft, Bd. I, Berlin 1978.
Adebahr, H. und Maennig, W., Außenhandel und Weltwirtschaft. Außenwirtschaft, Bd. II, Berlin 1987.
Berg, H., Internationale Wirtschaftspolitik, Göttingen 1976.
Birnstiel, E., Theorie und Politik des Außenhandels, Stuttgart 1982.
Blümle, G., Außenwirtschaftstheorie, Freiburg 1982.
Borchert, M., Außenwirtschaftslehre. Theorie und Politik, 3. Aufl., Wiesbaden 1987.
Carbaugh, R. J., International Economics, 3. Aufl., Belmont 1989.
Carlberg, M., Makroökonomik der offenen Wirtschaft, München 1989.
Caves, R. E. und Jones, R. W., World Trade and Payments, 4. Aufl., Boston 1985.
Dernburg, T. F., Global Macroeconomics, New York 1989.
Dornbusch, R., Open Economy Macroeconomics, New York 1980.
Enders, W. und Lapan, H. E., International Economics. Theory and Policy, Englewood Cliffs 1987.
Ethier, B., Modern International Economics, 2. Aufl., New York 1988.
Gandolfo, G., International Economics, I. The Pure Theory of International Trade, Berlin-Heidelberg-New York 1987.
Gandolfo, G., International Economics, II. International Monetary Theory and Open-Economy Macroeconomics, Berlin-Heidelberg-New York 1987.
Gehrels, F., Außenwirtschaftstheorie, München 1985.
Glastetter, B., Außenwirtschaftspolitik, 2. Aufl., Köln 1979.
Glismann, H. H., Horn, J., Nehring, S. und Vaubel, R., Weltwirtschaftslehre. Eine problemorientierte Einführung. I. Außenhandels- und Währungspolitik, 3. Aufl., Göttingen 1986.
Glismann, H. H., Horn, J., Nehring, S. und Vaubel, R., Weltwirtschaftslehre. Eine problemorientierte Einführung. II. Entwicklungs- und Beschäftigungspolitik, 3. Aufl., Göttingen 1987.
Grubel, H., International Economics, Homewood (Ill.) 1977.
Hodgson, J. S. und Herander, N. G., International Economic Relations, Englewood Cliffs 1983.
Jarchow, H.-J. und Rühmann, P., Monetäre Außenwirtschaft. I. Monetäre Außenwirtschaftstheorie, 2. Aufl., Göttingen 1988.
Jarchow, H.-J. und Rühmann, P., Monetäre Außenwirtschaft. II. Internationale Währungspolitik, Göttingen 1984.
Kenen, P. B., The International Economy, Englewood Cliffs 1985.
Kindleberger, C. P. und Lindert, P. H., International Economics, 7. Aufl., Homewood (Ill.) 1982.
Konrad, A., Zahlungsbilanztheorie und Zahlungsbilanzpolitik, München 1979.
Kreinin, M. E., International Economics. A Policy Approach, 5. Aufl., Orlando 1987.

Krugman, P. R. und Obstfeld, M., International Economics. Theory and Policy, Glenview (Ill.) 1988.
Külp, B., Außenwirtschaftspolitik, Tübingen 1978.
Laffer, A. B. und Miles, N. A., International Economics in an Integrated World, Glenview (Ill.) 1982.
Meier, G. N., International Economics. The Theory of Policy, New York-Oxford 1980.
Rose, K., Theorie der Außenwirtschaft, 10. Aufl., München 1989.
Salvatore, D., International Economics, New York 1983.
Siebert, H., Außenwirtschaft, 4. Aufl., Stuttgart 1989.
Södersten, B., International Economics, 2. Aufl., London 1980.

3. Spezielle Literatur zur Theorie und Politik der internationalen Wirtschaftsbeziehungen

Allen, P. und Kenen, P. B., Asset Markets, Exchange Rates and Economic Integration, Cambridge (Mass.) 1981.
Aschinger, F. E., Das Währungssystem des Westens, 2. Aufl., Frankfurt 1973.
Baghwati, J. N. (Ed.), International Trade: Selected Readings, 2. Aufl., Cambridge (Mass.) 1987.
Baghwati, J. N. (Ed.), Essays in International Economic Theory, Vol. 1, The Theory of Commercial Policy, Cambridge (Mass.) 1983.
Baghwati, J. N. (Ed.), Essays in International Economic Theory, Vol. 2, International Factor Mobility, Cambridge (Mass.) 1983.
Balassa, B., The Theory of Economic Integration, London 1962.
Baltensperger, E. und Böhm, P., Stand und Entwicklungstendenzen der Wechselkurstheorie – ein Überblick, in: Außenwirtschaft, 37. Jahrgang 1982, S. 109–157.
Bender, D., Arbitrage, in: Handwörterbuch der Wirtschaftswissenschaft (HdWW), Bd. 1, Stuttgart-Tübingen-Göttingen 1977, S. 325–333.
Bender, D., Finanzmarkttheorie des Wechselkurses, in: Handwörterbuch der Wirtschaftswissenschaft (HdWW), Bd. 9, Stuttgart-Tübingen-Göttingen 1982, S. 748–764.
Bender, D., Außenhandel, in: Vahlens Kompendium der Wirtschaftstheorie und Wirtschaftspolitik, Bd. 1, 3. Aufl., München 1988, S. 408–462.
Bender, D., Entwicklungspolitik, in: Vahlens Kompendium der Wirtschaftstheorie und Wirtschaftspolitik, Bd. 2, 3. Aufl., München 1988, S. 495–537.
Bender, D., Stabilisierungspolitik in kleinen offenen Volkswirtschaften, in: Hemmer, H. R. und Schröder, J. (Hrsg.), Außenwirtschaft, Göttingen 1988.
Berg, H., Außenwirtschaftspolitik, in: Vahlens Kompendium der Wirtschaftstheorie und Wirtschaftspolitik, Bd. 2, 3. Aufl., München 1988, S. 451–493.
Bilson, J. und Marston, R. C. (Eds.), Exchange Rate Theory and Practice, Chicago 1984.
Bombach, G., Gahlen, B. und Ott, A. E., Die nationale und internationale Schuldenproblematik, Tübingen 1989.
Buckley, A., Multinational Finance, Oxford 1986.
Buiter, W. H. und Marston, R. C., International Economic Policy Coordination (Eds.), Cambridge 1985.
Claassen, E.-M. (Hrsg.), Kompendium der Währungstheorie, München 1977.
Cloudon, M. P., World Debt Crisis. International Lending on Trial, Cambridge (Mass.) 1986.
Corden, W. N., Inflation, Exchange Rates and World Economy, 3. Aufl., Chicago 1986.
Deutsche Bundesbank, Internationale Organisationen und Abkommen im Bereich von Währung und Wirtschaft, Sonderdruck Nr. 3, 3. Aufl., Frankfurt 1986.
Deutsche Bundesbank, Geldpolitische Aufgaben und Instrumente, Sonderdruck Nr. 7, 4. Aufl., Frankfurt 1987.
Deutsche Bundesbank, Die Zahlungsbilanzstatistik der Bundesrepublik Deutschland, Sonderdruck Nr. 8, Frankfurt 1987.
Dixit, A. und Norman, V., Theory of International Trade, Cambridge (Mass.) 1980.
Donges, J. B., Außenwirtschafts- und Entwicklungspolitik, Heidelberg 1981.
Dornbusch, R., Expectations and Exchange Rate Dynamics, in: Journal of Political Economy, Vol. 84, 1976, S. 1161–1176.

Dornbusch, R., Exchange Rate Expectations and Monetary Policy, in: Journal of International Economics, Vol. 6, 1976, S. 231–244.

Dornbusch, R., Exchange Rate Economics: Where do we stand?, in: Bandary, J. und Putman, B. (Eds.), Economic Interdependence and Flexible Exchange Rates, Cambridge (Mass.) 1983, S. 45–83.

El-Agraa, A. N. (Ed.), International Economic Integration, 2. Aufl., London 1988.

Frenkel, J. A. (Ed.), Exchange Rates and International Macroeconomics, Chicago 1983.

Frenkel, J. A. und Johnson, H. G., The Monetary Approach to the Balance of Payments, London 1979.

Giersch, H. (Ed.), The International Debt Problem, Lessons for the Future, Tübingen 1986.

Grünärml, F., Euro-Dollarmarkt, in: Handwörterbuch der Wirtschaftswissenschaft (HdWW), Bd. 2, Stuttgart-Tübingen-Göttingen 1980, S. 450–464.

Gutowski, A. (Hrsg.), Die internationale Schuldenkrise. Ursachen – Konsequenzen – historische Erfahrungen, Berlin 1986.

Hemmer, H. R., Außenhandel, II: Terms of Trade, in: Handwörterbuch der Wirtschaftswissenschaft (HdWW), Bd. 1, Stuttgart-Tübingen-Göttingen 1977, S. 388–403.

Hemmer, H. R., Wirtschaftsprobleme der Entwicklungsländer, München 1978.

Hesse, H., Außenhandel, I: Determinanten, in: Handwörterbuch der Wirtschaftswissenschaft (HdWW), Bd. 1, Stuttgart-Tübingen-Göttingen 1977, S. 364–388.

Hoffmann, L., Zölle, I: Theorie und Politik, in: Handwörterbuch der Wirtschaftswissenschaft (HdWW), Bd. 9, Stuttgart-Tübingen-Göttingen 1982, S. 630–648.

Holtz, U. (Hrsg.), Verschuldungskrise der Entwicklungsländer, Baden-Baden 1988.

Issing, O., Internationale Währungspolitik, in: Handwörterbuch der Wirtschaftswissenschaft (HdWW), Bd. 8, Stuttgart-Tübingen-Göttingen 1980, S. 522–542.

Jarchow, H. J., Zahlungsbilanz, I: Theorie und Politik, in: Handwörterbuch der Wirtschaftswissenschaft (HdWW), Bd. 9, Stuttgart-Tübingen-Göttingen 1982, S. 539–562.

Jones, R. W. und Kenen, P. B. (Eds.), Handbook of International Economics, Volume I, International Trade, Amsterdam 1984.

Jones, R. W. und Kenen, P. B. (Eds.), Handbook of International Economics, Volume II, International Monetary Economics and Finance, Amsterdam 1985.

Kindleberger, C. P., The World in Depression 1929–1939, London 1973.

Klein, W. H., International Debt and the Stability of the World Economy, in: Institute for International Economics, Policy Analyses in International Economics, No 4, Washington, DC, 1983.

Lessard, D., International Financial Management, Boston 1979.

Luckenbach, H. (Hrsg.), Theorie der Außenwirtschaftspolitik, Berlin 1979.

Mundell, R. A., International Economics, New York 1968.

Rodriguez, R. und Carter, E., International Financial Management, 3. Auflage, New York 1984.

Rose, K., Wechselkurs, in: Handwörterbuch der Wirtschaftswissenschaft (HdWW), Bd. 8, Stuttgart-Tübingen-Göttingen 1980, S. 576–605.

Rose, K., Europäisches Währungssystem, in: Handwörterbuch der Wirtschaftswissenschaft (HdWW), Bd. 2, Stuttgart-Tübingen-Göttingen 1980, S. 512–517.

Schäfer, W., Sonderziehungsrechte, in: Handwörterbuch der Wirtschaftswissenschaft (HdWW), Bd. 6, Stuttgart-Tübingen-Göttingen 1981, S. 556–562.

Schröder, J., Internationale Kapitalbewegungen, II: Theorie und Politik, in: Handwörterbuch der Wirtschaftswissenschaft (HdWW), Bd. 4, Stuttgart-Tübingen-Göttingen 1978, S. 389–404.

Siebert, H., Zollunionen und Präferenzzonen, in: Handwörterbuch der Wirtschaftswissenschaft (HdWW), Bd. 9, Stuttgart-Tübingen-Göttingen 1982, S. 666–678.

Sohmen, E., The Theory of Forward Exchange, Princeton 1966.

Wermuth, D. und Ochynski, D., Strategien an den Devisenmärkten. Eine Anleitung für die Praxis, 3. Aufl., Wiesbaden 1987.

Willms, M., Währung, in: Vahlens Kompendium der Wirtschaftstheorie und Wirtschaftspolitik, Bd. 1, 3. Auflage, München 1988, S. 215–255.

Willms, M., Transfertheorie, in: Handwörterbuch der Wirtschaftswissenschaft (HdWW), Bd. 8, Stuttgart-Tübingen-Göttingen 1980, S. 8–17.

Register

Korrigenda

Seite 62:
In der Abbildung B.22 sind A_1 und A_2 in K_1 und K_2 umzubenennen – und umgekehrt.

Seite 82:
In der Abbildung B.31 muß auf der Abszisse x* durch e* ersetzt werden.

Seite 92:
Im zweiten Absatz, Zeilen 11 und 12, muß es heißen: „steigt die Konsumentenrente um die Fläche Fp_ap_cJ".

Seite 144:
In der letzten Zeile muß dY_1 durch dY_d ersetzt werden.

Seite 160:
In der Gleichung (C-79) ist A/q durch $\dfrac{A}{q}$ zu ersetzen.

Seite 164:
In den Gleichungen (C-90) und (C-91) muß eP zu e_P verändert werden.

Seite 183:
Die Fußnote 6 bezieht sich auf die Gleichungen (D-21) bis (D-23).

Seite 201:
Im zweiten Absatz, Zeile 2 und 3, ist „geringere Steigung" durch „größere Steigung" zu ersetzen.

Seite 247:
In der Gleichung (D-83) muß es heißen: q = P/wP*.

Seite 248:
In der Fußnote 43 muß es heißen: „Nur wenn die marginale Sparquote s den Wert Null hat".

Seite 253:
Im Abschnitt D-5.3, erster Absatz, Zeile 6, muß es heißen: „Güterangebot vollkommen preisunelastisch ist".

Seite 304:
In den Gleichungen (E-18a) und (E-18b) muß jeweils im Nenner δq_E bzw. δq_M^* stehen.

Seite 321:
In der Gleichung (F-2a) muß es heißen: $n_E = \dfrac{\delta E}{\delta q} \dfrac{q}{E} \leq 0$.

Seite 460:
In der sechsten Zeile ist BD durch BC zu ersetzen.

Seite 464:
Im letzten Absatz, zweite Zeile, muß es heißen: „im Sinne des Laursen-Metzler-Effektes".

Seite 526/527:
In den Gleichungen (I-14) und (I-15) sowie in der Tabelle I.4 ist dT jeweils durch T zu ersetzen.

Seite 543:

Im Anschluß an die Gleichung (I-22) muß es heißen: „die Gleichung (I-22) liefert …".

Seite 554:

In der Abbildung I.2 sind die Bezeichnungen x_n und x'_n zu vertauschen.

Seite 614:

Hier ist der nachfolgende Anhang I anzufügen.

Anhang I:
Einkommens- und Leistungsbilanzwirkungen eines autonomen Kapitalexports

Die Gleichungen (I-4) bis (I-7) sowie (I-11) bis (I-13) lassen sich zu folgendem System reduzieren:

$$(I.1.1) \quad \begin{bmatrix} s+m & -m^* & 0 \\ -m & s^*+m^* & 0 \\ m & -m^* & 1 \end{bmatrix} \begin{bmatrix} dY \\ dY^* \\ dH \end{bmatrix} = \begin{bmatrix} -(b-bt-b^*t^*)T \\ (b^*-b^*t^*-bt)T \\ (bt+b^*t^*)T \end{bmatrix}$$

Daraus folgt:

$$(I.1.2) \quad \mathrm{Det}N = ss^* + sm^* + s^*m = N > 0$$

$$(I.1.3) \quad \begin{aligned} \mathrm{Det}dY &= -(s^*+m^*)(b-bt-b^*t^*)T + m^*(b^*-b^*t^*-bt)T \\ &= [m^*(b^*-b) - s^*(b-bt-b^*t^*)]T \end{aligned}$$

$$(I.1.4) \quad \begin{aligned} \mathrm{Det}dY^* &= (s+m)(b^*-b^*t^*-bt)T - m(b-bt-b^*t^*)T \\ &= [m(b^*-b) + s(b^*-b^*t^*-bt)]T \end{aligned}$$

$$(I.1.5) \quad \begin{aligned} \mathrm{Det}dH &= [(s+m)(s^*+m^*) - mm^*](bt+b^*t^*)T \\ &\quad + [m(s^*+m^*) - mm^*](b-bt-b^*t^*)T \\ &\quad + [m^*(s+m) - mm^*](b^*-b^*t^*-bt)T \\ &= [ss^*(bt+b^*t^*) + sm^*b^* + s^*mb]T \end{aligned}$$

Es gilt: $dY = \mathrm{Det}dY / \mathrm{Det}N$ usw.

Oldenbourg · Wirtschafts- und Sozialwissenschaften · Steuer · Recht

Wirtschaftslexika von Rang!

Kyrer
Wirtschafts- und EDV-Lexikon

Von Dr. Alfred Kyrer, o. Professor für Wirtschaftswissenschaften.
ISBN 3-486-29911-5
Kompakt, kurz, präzise: In etwa 4000 Stichwörtern wird das Wissen aus Wirtschaftspraxis und -theorie unter Einschluß der EDV für jeden verständlich dargestellt.

Heinrich / Roithmayr
Wirtschaftsinformatik-Lexikon

Von Dr. L. J. Heinrich, o. Professor und Leiter des Instituts f. Wirtschaftsinformatik, und Dr. Friedrich Roithmayr, Betriebsleiter des Rechenzentrums der Universität Linz.
ISBN 3-486-20045-3

Das Lexikon erschließt die gesamte Wirtschaftsinformatik in einzelnen lexikalischen Begriffen. Dabei ist es anwendungsbezogen, ohne Details der Hardware: Zum „Führerscheinerwerb" in anwendungsorientierter Informatik in Wirtschaft und Betrieb geeignet, ohne „Meisterbriefvoraussetzung" für das elektronische Innenleben von Rechenanlagen.

Woll
Wirtschaftslexikon

Herausgegeben von Dr. Artur Woll, o. Professor der Wirtschaftswissenschaften unter Mitarbeit von Dr. Gerald Vogl, sowie von Diplom-Volksw. Martin M. Weigert, und von über einhundert z. Tl. international führenden Fachvertretern.
ISBN 3-486-29691-4
Der Name „Woll" sagt bereits alles über dieses Lexikon!

 Oldenbourg · Wirtschafts- und Sozialwissenschaften · Steuer · Recht